C·H·Beck
PAPERBACK

1932 erhielt Iwan Maiski die Ernennung zum sowjetischen Botschafter in London. Früher als andernorts hatte man im Kreml erkannt, dass Hitler vor den Toren der Reichskanzlei stand und seine «Machtergreifung» Europa einen neuen Krieg bringen konnte. Maiski sollte eine Annäherung Moskaus an die Westmächte vorbereiten. Nach vielen Rückschlägen wurde er im Zweiten Weltkrieg tatsächlich zum Architekten des sowjetisch-westlichen Bündnisses. Der Kampf gegen das Dritte Reich war das Lebensthema des weltgewandten Diplomaten und zieht sich wie ein roter Faden durch seine Aufzeichnungen. Dass diese überhaupt existieren, ist eine Sensation, denn unter Stalins Terrorregime konnten sie ihren Urheber leicht den Kopf kosten. So sind Maiskis Tagebücher ein einzigartiges Dokument, das ungewöhnliche Einblicke gibt in die sowjetischen Versuche zur Eindämmung Hitlers. Doch Maiski war auch ein literarisch begabter Beobachter mit besten Kontakten. Seine brillant erzählten Einträge ergeben ein farbiges Gemälde seiner Zeit und bieten eine intime Einsicht in seine Gespräche – etwa mit Winston Churchill, dessen Hass auf Nazideutschland so tief saß, dass er sogar seine lebenslange Abneigung gegenüber dem Bolschewismus überwand und einen bislang unbekannten vertrauten Umgang mit dem sowjetischen Botschafter pflegte.

Gabriel Gorodetsky ist Quondam Fellow am All Souls College in Oxford und Prof. em. für Geschichte an der Universität Tel Aviv. Für die Edition des Tagebuchs hat er 15 Jahre lang akribisch die Archive durchforstet, um die Einträge mit zusätzlichem Material abzugleichen und zu kommentieren. Die vorliegende Ausgabe präsentiert eine Auswahl.

DIE MAISKI-TAGEBÜCHER

EIN DIPLOMAT IM KAMPF GEGEN HITLER 1932–1943

Herausgegeben von Gabriel Gorodetsky

Aus dem Englischen übersetzt
von Karl Heinz Siber

C.H.BECK

Titel der Originalausgabe:
«The Maisky Diaries. Red Ambassador to the Court
of St. James's 1932–1943»
Zuerst erschienen 2015 bei Yale University Press,
New Haven, USA, und London, UK

Die deutsche Ausgabe ist leicht verändert und enthält zusätzlich den wissenschaftlichen Apparat, der in der englischsprachigen Ausgabe für die dreibändige Gesamtausgabe vorgesehen ist.

Die 1. Auflage dieses Buches erschien 2016 in gebundener Form im Verlag C.H.Beck

Mit 86 Abbildungen

1. Auflage in der Reihe C.H.Beck Paperback. 2024
Für die deutsche Ausgabe:

www.chbeck.de
Umschlaggestaltung: Rothfos & Gabler, Hamburg
Umschlagabbildung: Maiski, 19. März 1937 © Getty Images
Satz: Janß GmbH, Pfungstadt
Druck und Bindung: GGP Media GmbH, Pößneck
Gedruckt auf säurefreiem, alterungsbeständigem Papier
Printed in Germany
ISBN 978 3 406 81395 5

verantwortungsbewusst produziert
www.chbeck.de/nachhaltig

INHALTSVERZEICHNIS

EINLEITUNG

Das einzigartige und faszinierende Tagebuch von Iwan Michailowitsch Maiski, der von 1932 bis 1943 als sowjetischer Botschafter in London amtierte, ist unter den ganz wenigen Tagebüchern, die hohe Sowjetfunktionäre in den dreißiger Jahren und während des Zweiten Weltkriegs führten, sicherlich das wichtigste.[1] Stalin gewöhnte es seinen Gefolgsleuten ab, Dinge zu Papier zu bringen, erlaubte nicht einmal das Anfertigen von Notizen bei Sitzungen im Kreml. Ein Tagebuch zu führen war «ein riskantes Unterfangen [in einer Zeit], da Leute in Todesangst Papiere und Archive verbrannten. Tagebücher waren besonders heikel und etwas, wonach die Polizei bei Razzien in den Wohnungen verdächtiger ‹Volksfeinde› gezielt suchte.»[2] Tatsächlich wurden auch die Tagebücher Maiskis schließlich vom Ministerium für Staatssicherheit zusammen mit seinem umfangreichen persönlichen Archiv beschlagnahmt, nachdem er im Februar 1953 (zwei Wochen vor Stalins Tod) unter dem Vorwurf der Spionage für Großbritannien verhaftet worden war.[3] Nach seiner Begnadigung 1955 führte Maiski einen langwierigen – letzten Endes vergeblichen – Kampf um die Rückgabe seines Archivs. Das Außenministerium lehnte seine Anträge und Bitten mit der Begründung ab, das Tagebuch enthalte «etliches amtliches Material». Man gewährte ihm lediglich ein Jahr lang eingeschränkten Zugriff auf das Tagebuch, als er seine Memoiren schrieb, jedoch keinen Zugang zu irgendwelchen anderen Unterlagen.[4] Sein Tagebuch blieb jahrzehntelang auch für die historische Forschung unzugänglich.

Glückliche Zufälle sind oft der Schlüssel zu wissenschaftlichen Entdeckungen. 1993 konnte ich unter der Ägide des israelischen und des sowjetischen Außenministeriums ein Forschungsprojekt starten, das seinen krönenden Abschluss in der gemeinsamen amtlichen Veröffentlichung von Dokumenten zu den israelisch-sowjetischen Beziehungen fand. Ich kann nur schwer in Worte fassen, welche Erregung mich überkam, als im Verlauf der Suche nach Belegen für die Mitwirkung Maiskis an dem Entschluss der Sowjets, den britischen Teilungsplan für Palästina von 1947 zu unterstützen,[5] der Archivar im russischen Außenministerium Maiskis voluminöses Tagebuch für das ereignisreiche Jahr 1941 zutage förderte. Bis dahin war noch nie ein persönliches Dokument von solcher thematischen Breite, solchem Wert und solchem Umfang, das neues Licht auf den Zweiten Weltkrieg und seine Entstehung werfen konnte, aus sowjetischen Archiven aufgetaucht. Schon beim ersten Durchblättern des Bandes bemerkte ich eine beeindruckende Unmittelbarkeit und Offenheit und war fasziniert von Maiskis analytischem Scharfsinn und seiner überragenden Prosa. Die Tagebücher umfassen mehr als 1800 Seiten – eine ebenso akribische wie offenherzige Chronik der Beobachtungen, Aktivitäten und Gespräche des quirligen sowjetischen Botschafters in London. Maiski tippte seine täglichen Eindrücke immer abends in die Maschine; es gibt aber auch handgeschriebene Einträge (die in der russischen Ausgabe bemerkenswerterweise fehlen); diese wurden oft in sicherer Entfernung von dem wachsamen «Auge Moskaus» in seinem Dienstzimmer in der Botschaft niedergeschrieben.

Das vollständige Tagebuch von Iwan Maiski veröffentlicht Yale University Press in drei reich mit Anmerkungen versehenen Bänden. Für die einbändige Ausgabe eine Auswahl zu treffen (sie enthält nur rund 25 Prozent des Tagebuchtextes und meiner Kommentare) war besonders schmerzhaft, weil die weggelassenen Passagen nicht weniger faszinierend und fesselnd sind als die beibehaltenen. Meine Grundregel war, den Wesensgehalt und den Fluss der Erzählung zu wahren. Auslassungen sind durch [...] gekennzeichnet. Wo Maiski selbst Auslassungspunkte gesetzt hat, fehlen die eckigen Klammern. Maiski streute gelegentlich englische, französische oder deutsche Formulierungen ein. An Stellen, an denen dies bedeutungsvoll erscheint, wurden diese fremdsprachigen Elemente belassen und sind kursiviert. Wo Maiski ein Wort durch Unterstreichen hervorgehoben hat, wurde dies beibehalten.

Das Verfahren, das durchlaufen werden musste, um die Tagebücher deklassifiziert zu bekommen und sie in Russland veröffentlichen zu können (die rechtliche Voraussetzung für jedwede Veröffentlichung solcher Dokumente im Westen), war langwierig und mühselig. Die editorische Arbeit an der russischen Ausgabe teilten sich das Institut für Allgemeine Geschichte an der Russischen Akademie der Wissenschaften unter Leitung seines Direktors Alexander Oganowitsch Tschubarian und Vitali Jurewitsch Afiani, Direktor der Archive der Russischen Akademie der

Wissenschaften, in denen Maiskis umfangreiches persönliches Archiv verwahrt wird. Ich bin beiden für ihre Kooperation zu großem Dank verpflichtet, muss allerdings sagen, dass das Ergebnis ihrer kompetenten Redaktionsarbeit nach wie vor eine gewisse amtliche Strenge atmet und in der Tendenz die etablierte russische Deutung der geschichtlichen Vorgänge aufrechterhält, die in den Zweiten Weltkrieg mündeten.

Die Kommentare und Anmerkungen in dem vorliegenden Band entsprechen nicht denen der russischen Ausgabe. Ursprünglich war ich versucht, meine editorischen Eingriffe auf das absolute Minimum zu beschränken und Maiski seine Geschichte selbst erzählen zu lassen. Dann jedoch wurde klar, dass angesichts der repressiven Bedingungen, unter denen Maiski sein Tagebuch führte, detaillierte Erläuterungen zum jeweiligen Kontext unerlässlich waren: Namentlich als die Zeiten rauer wurden und der Sturm an den Toren seiner Botschaft rüttelte, sah er sich gezwungen, viele Lücken in seiner ansonsten reichhaltigen und informativen Darstellung zu lassen. In der Sorge, das Tagebuch könne beschlagnahmt und der Nachwelt vorenthalten werden, bewahrte Maiski drei Exemplare davon auf. Die Kommentare beschränken sich daher keineswegs auf das bewährte Muster, dem Leser grundlegende Hilfswerkzeuge an die Hand zu geben. Darüber hinaus stelle ich den Tagebucheinträgen ausgewählte Teile der umfangreichen Korrespondenz aus Maiskis Privatarchiv (das ich in Moskau ausfindig machte) sowie aus seinem Telegrammverkehr mit dem russischen Außenministerium gegenüber, ferner seine Memoiren, die er nach seiner Verhaftung als Rechtfertigungsschrift abfasste, und eine Vielzahl anderer archivalischer Quellen. Ich hatte das Privileg, Zugang zu Maiskis persönlichen Fotoalben zu haben; einige der Bilder (von denen sich die meisten auf im Tagebuch geschilderte Vorgänge beziehen) sind hier abgedruckt. Oft übermitteln sie eine Botschaft, die tausend Wörter nicht formulieren könnten. Mein Dank gilt Dr. Alexej D. Voskressenski, einem Großneffen und Erben Maiskis, für seine Erlaubnis, Maiskis unglaublich persönlichen und zuweilen intimen Blick mit den Lesern zu teilen.

Das Tagebuch Iwan Maiskis ist kein typisches Sowjettagebuch, kein Instrument der «Selbstvervollkommnung», wie das Regime es als Mittel der politischen Schulung und Umerziehung propagierte. Es ist ein persönliches Tagebuch, das die sowjetischen Behörden seiner Zeit als «im Wesentlichen bürgerlich» abqualifiziert hätten, weil es vorwiegend um

Eine Beispielseite aus dem Tagebuch – Aufzeichnungen über ein Treffen mit Anthony Eden, 10. Juni 1941

das eigene Ich kreist und nicht eine Übung in Selbstkritik ist mit dem Ziel, ein guter Kommunist zu werden. Es ist ein Zeugnis der beherrschenden Rolle, die persönliche Freundschaften, Konflikte und Rivalitäten in der frühsowjetischen Politik spielten – sie überlagerten alle Kontroversen über Politik und Ideologie. Es bestätigt, dass man die sowjetische Gesellschaft und Politik ohne den menschlichen Faktor nicht adäquat beschreiben kann. Maiski lässt keinen Zweifel an seinen kommunistischen Überzeugungen, versenkt sich aber zugleich voll und ganz in die Tradition des Tagebuchschreibens, wie von der westlichen Intelligenz praktiziert. Sein Tagebuch ist voller kluger Beobachtungen des politischen und gesellschaftlichen Geschehens in England, und es ist gewürzt mit Anekdoten und Klatsch. Im Einklang mit Churchill betont und rühmt überraschenderweise auch Maiski die Rolle «großer Männer» in der Geschichte. Er erkennt außerdem die Einzigartigkeit von Ereignissen an, anstatt sich der marxistischen Interpretation zu verschreiben, die den Einzelnen nur als untergeordnete Figur eines größeren sozialen Tableaus sieht. Weit davon entfernt, «den ‹Beitrag von einzelnen Personen› zur großen allgemeinen Sache» zu verneinen, vertrat Maiski in einem Brief an den sowjetischen Kommissar für Auswärtige Angelegenheiten, Georgi Tchitscherin, die Auffassung, man könne «kaum bestreiten, dass ‹Persönlichkeit› in der Geschichte eine gewisse Rolle spielt oder spielen kann. Zuweilen auch gar keine kleine.» Es genüge doch, erinnerte er den Minister, sich zu vergegenwärtigen, «was Iljitsch[I] für unsere Revolution bedeutet hat».[6]

Offenkundig war Maiski sich seiner Rolle als einer von denen, die Geschichte machen, bewusst. Nach einer bedeutsamen Unterredung mit Churchill im September 1941, als das Schicksal Moskaus am seidenen Faden hing, schrieb er:

> Ich verließ das Haus eine Viertelstunde vor der verabredeten Zeit. Der Mond schien hell. Phantastisch geformte Wolken rasten von West nach Ost. Wenn sie den Mond verdeckten und ihre Ränder in Rot und Schwarz getaucht waren, erschien der Anblick düster und unheilverkündend. Als stehe die Welt am Vorabend ihrer Vernichtung. Ich fuhr durch die vertrauten Straßen und dachte: «Noch ein paar Minuten, und ein wichtiger, vielleicht entscheidender historischer Moment, befrachtet mit den schwersten Konsequenzen, wird über uns kommen. Werde ich ihm gewachsen sein? Habe ich genug Stärke, Energie, Raffinesse, Beweglichkeit und Verstand, um meine Rolle mit möglichst großem Erfolg für die UdSSR und für die Menschheit zu spielen?»

Das Tagebuch umspannt eine dramatische und entscheidende Epoche und deckt ein weites Spektrum an Themen ab. Offenkundig wurde es mit Blick auf die Nachwelt geschrieben.[7] Maiski sah sich an die vorderste Front des geschichtlichen Prozesses versetzt und gewann (viel früher als andere) die Überzeugung, dass Europa einem Weltkrieg entgegentrieb. Er kommt immer wieder auf die Kehrtwende der sowjetischen Außenpolitik in den frühen dreißiger Jahren zu sprechen und auf die Beweggründe für den Beitritt seines Landes zum Völkerbund sowie für sein Umschwenken auf

---

I Lenin.

eine Politik der «kollektiven Sicherheit». Es war Maiski, der Moskau als Erster auf die Gefahren hinwies, die einerseits der Nationalsozialismus und andererseits die Appeasement-Politik bedeuteten. Fieberhaft bemühte er sich, sowjetische und britische Interessen in Einklang zu bringen. Das wurde jedoch zunehmend schwieriger, nachdem 1937 Chamberlain das Premierministeramt übernommen hatte und in Moskau die berüchtigten brutalen Säuberungen stattfanden. Die ausführlichen Eintragungen des Jahres 1938 geben Einblick in die Vorgänge, die in die Münchner Konferenz mündeten, und in deren verheerende Auswirkungen auf das Konzept der kollektiven Sicherheit sowie auf das persönliche und politische Schicksal sowohl Maiskis als auch des sowjetischen Außenkommissars Maxim Litwinow. Die Einträge von 1939 offenbaren den ungeheuren psychischen Druck, unter dem Maiski bei seinen verzweifelten Versuchen stand, den Abschluss eines Dreierpakts zwischen der Sowjetunion, Großbritannien und Frankreich zu beschleunigen, der verhindern sollte, dass die Sowjetunion in die Isolation geriet. Sie zeigen, wie oft Maiski auf Konfliktkurs zur eigenen Regierung geriet; dies kulminierte in einer stürmischen Besprechung am 21. April 1939 im Kreml, bei der er und Litwinow scharf kritisiert wurden und die zwei Wochen später zur Entlassung Litwinows führte. Das Tagebuch macht zudem deutlich, in welche Verwirrung der Ribbentrop-Molotow-Pakt die sowjetischen Diplomaten stürzte, und beschreibt den Weg Großbritanniens vom Frieden zum Krieg.

Fesselnd sind auch Maiskis Sicht – als gut informierter Außenseiter – auf London während des deutschen Bombenkriegs und die Schilderung seiner häufigen Treffen mit Churchill und Eden in kleinstem Kreis. Die Bedeutung seiner Erinnerungen an die Kriegszeit lässt sich kaum überschätzen. Während es gängige Praxis war, dass der Außenminister Aufzeichnungen über all seine Gespräche mit Botschaftern anfertigte, war der Premierminister dazu nicht verpflichtet. Es finden sich infolgedessen in den britischen Archiven keine Unterlagen zu den zahlreichen wichtigen Unterredungen zwischen Maiski und Churchill vor und während des Zweiten Weltkriegs. Die einzigen verbliebenen Quellen zu diesen Gesprächen sind daher Maiskis detaillierte und zeitnah niedergeschriebene Tagebucheinträge und seine knapper gefassten Telegramme an das Außenministerium in Moskau. Seine Tagebücher werden so zu einer unverzichtbaren Quelle und treten an die Stelle der überwiegend tendenziösen und bruchstückhaften retrospektiven Darstellungen, mit denen Histo-

Maiski stößt mit seinem Alliierten im Kampf gegen Hitler an – vermutlich handelt es sich um Wodka.

riker bis heute vorliebnehmen mussten. Es wäre kaum übertrieben zu sagen, dass diese Tagebücher einige Kapitel der Geschichte, wie wir sie zu kennen glaubten, neu schreiben. Die nie da gewesenen und außergewöhnlichen Beziehungen, die Maiski zu den politischen Führern Großbritanniens aufgebaut hatte, spiegeln sich in dem Abschiedsbrief, den der Botschafter nach seiner Abberufung an Churchill schrieb:

> Im Rückblick auf diese elf Jahre kann ich, ohne zu zögern, sagen, dass von einem persönlichen und politischen Standpunkt aus meine Verbindung mit Ihnen, die sich über eine so lange Zeit erstreckt hat, das Glanzlicht meiner hiesigen Mission als Botschafter gewesen ist. [...] Ich habe all unsere Begegnungen und Gespräche sehr genossen, unabhängig davon, ob Sie ein Amt innehatten oder nicht, gaben Sie mir doch immer das Gefühl, es mit einem der bemerkenswertesten Engländer unserer Zeit zu tun zu haben.

Das Motiv, das sich als roter Faden durch Maiskis historische Aufzeichnungen zieht, ist sein persönlicher Kampf um das physische Überleben in der Zeit des Großen Terrors, nach der er und die mit ihm befreundete Feministin Alexandra Kollontai, sowjetische Botschafterin in Stockholm, in ganz Europa als einzige auf ihren Posten verblieben waren.[8] Während seiner gesamten Amtszeit als Botschafter balancierte Maiski auf dem Drahtseil; er versuchte einerseits, bei seinen Unterredungen mit britischen Gesprächspartnern offen und ehrlich zu sein, und musste andererseits aufpassen, den Kreml nicht zu verärgern. Diese Spannung entlädt sich in den Tagebüchern immer wieder: Weil Maiski fürchtete, das Verhältnis zwischen den beiden Ländern könne durch gegenseitiges Misstrauen vergiftet werden, und weil er sich der eigenen Gefährdung stets bewusst war, verschwieg er dem Kreml oft bedeutsame Erkenntnisse. Ein schlagendes Beispiel war das Zurückhalten der Information, dass Churchill ihm 1943 anvertraut hatte, er sehe für eine Landeoperation über den Ärmelkanal selbst im Jahr 1944 keine Möglichkeit.[9]

Die miteinander verflochtenen Erzählstränge würzt und belebt Maiski mit scharfsichtigen und zuweilen amüsanten Beobachtungen und Anekdoten aus der britischen Gesellschaft und Politik, über Mitglieder des Königshauses, Schriftsteller und Künstler. Die Lust, mit der Maiski Prosatexte und Lyrik schrieb, verrät einen fast zwanghaften Drang, seinen Gedanken und Gefühlen Ausdruck zu verleihen. Das Ergebnis ist ein Konglomerat aus Literatur und Geschichtsschreibung. «Ich hatte seit meiner Kindheit literarische Neigungen», schreibt er rückblickend.

> Als Junge machte es mir Spaß, ein Tagebuch zu führen und mit Verwandten und Freunden Briefe zu wechseln. [...] Solange ich zurückdenken kann, dichtete oder beschrieb ich immer irgendetwas – einen Wald nach dem Regen, eine Notaufnahmestation, eine Reise nach Chernoluch'ye, einen Nadelwald unweit von Omsk usw. Als ich etwas größer war, erprobte ich mein Geschick an Tagebüchern, Schulaufsätzen und Artikeln zu aktuellen Themen.

In späteren Jahren gestand Maiski der Sozialistin Beatrice Webb von der Fabian Society, die ebenfalls literarische Ambitionen hegte, dass er das diplomatische Metier eigentlich nicht mochte – er und seine Frau seien in der Welt der Akademiker oder Freiberufler wesentlich glücklicher gewesen, im Hörsaal, in der Bibliothek oder im Labor.[10] Als Maiski mit 70 Jahren inhaftiert wurde, schrieb er denn auch einen faszinierenden Roman mit dem Titel *Blizko-Daleko* («Nah und weit weg»).

Damit nicht genug, war Maiski mit einem außerordentlich guten Gedächtnis gesegnet, das ihn in Verbindung mit seinem psychologischen Einfühlungsvermögen, seiner scharfen Beobachtungsgabe und seiner unersättlichen Neugier zu einem der kenntnisreichsten Zeugen der dramatischen Ereignisse und der handelnden Personen der dreißiger Jahre macht.

> Die langjährige diplomatische Praxis hatte mein Gedächtnis darauf trainiert, wie eine fotografische Platte zu funktionieren, die ohne Probleme alle typischen Merkmale der Personen, die ich kennenlernte, registrierte: Ihre äußere Erscheinung, ihre Worte, Gesten und ihre Art zu reden brannten sich unverzüglich auf diese Platte ein und verdichteten sich zu hochaufgelösten Bildern. Zu einem mentalen Urteil über eine Person – positiv oder negativ, mit oder ohne Einschränkungen – gelangte ich oft noch an Ort und Stelle, direkt nach dem ersten Kennenlernen.[11]

«Wenn Sie von der Galerie im Parlament auf uns herabblickten», erinnerte sich Harold Nicolson, Autor, Diplomat und Tagebuchschreiber, in einem Brief an Maiski, «dann taten Sie es mit einem wohlwollenden Interesse, in der Art eines Biologen, der das Verhalten von Molchen in einem Bassin untersucht.»[12]

Maiski hatte während des Ersten Weltkrieges zwei Jahre im Londoner Exil verbracht und in den zwanziger Jahren zwei Jahre als Geschäftsträger der dortigen Botschaft; in dieser Zeit und in seinen elf Jahren als Botschafter hatte er einen riesigen Bekanntenkreis gewonnen. Das enge persönliche Verhältnis, das Maiski zu vielen britischen Spitzenpolitikern und -beamten sowie zu Intellektuellen und Künstlern unterhielt, verschaffte ihm eine perfekte Rundumsicht. Seine Aufzeichnungen dokumentieren Gespräche mit allein fünf britischen Premierministern – David Lloyd George, Ramsay MacDonald, Stanley Baldwin, Neville Chamberlain und Winston Churchill –, den Königen George V. und Edward VIII., außerdem einer eindrucksvollen Garde prominenter Persönlichkeiten wie Anthony Eden, Lord Halifax, Lord Beaverbrook, Lord Simon, Lady Nancy Astor, Clement Attlee, Sidney und Beatrice Webb, Stafford Cripps, John Maynard Keynes, Robert Vansittart, Joe Kennedy, Harry Hopkins, Jan Christian Smuts, Bernard Shaw und H. G. Wells, um nur einige zu nennen.

Für Fachfremde mit begrenztem Einblick in die von den Russen veröffentlichten reichhaltigen und faszinierenden Dokumente zur Vorgeschichte des Krieges bietet das Tagebuch einen seltenen Einblick in das Innenleben des Sowjetregimes; die Einträge stellen viele der vorherrschenden, oft tendenziösen Geschichtsdeutungen sowohl russischer als auch westlicher Provenienz in Frage. Für den Fachmann ergänzt das Tagebuch die von den Russen veröffentlichten dokumenty vneschnei politiki SSSR (nachfolgend als *DVP* angeführt), indem es eine farbige und offenherzige Beschreibung von Maiskis Gesprächspartnern liefert und dabei auch die eigenen emotionalen, ideologischen und politischen Befindlichkeiten und Einsichten offenbart, die in den offiziellen Dokumenten fehlen. Es ist überdies erstaunlich zu erfahren, wie offen und rückhaltlos britische Politiker und Amtsträger wie Eden, Lord Beaverbrook, Lloyd George und Vansittart mit dem sowjetischen Botschafter sprachen – und dabei zuweilen mehr Sympathie für die sowjetische Sache erkennen ließen, als man es sich bislang hätte vorstellen können. Es ist eine Sache zu lesen, dass nach Überzeugung der Sozialistin Beatrice Webb «das kapitalistische System noch höchstens 20 bis 30 Jahre zu leben» hatte, aber eine ganz andere zu erfahren, dass Brendan Bracken, Churchills Vertrauter, erklärte, er sei «skeptisch, was die Zukunft des Kapitalismus betrifft», und glaube, dass «die Welt auf einen Triumph des Sozialismus» zusteuere, wenn auch «nicht genau auf den Sozialismus, den wir in der Sowjetunion haben».[13] Anthony Eden antwortete bei einem ihrer intimen Kamingespräche auf Maiskis Randbemerkung, der Kapitalismus sei «eine ausgelaugte Kraft»:

> Ja, da haben Sie recht. Das kapitalistische System in seiner heutigen Form hat seine große Zeit hinter sich. Was wird an seine Stelle treten? Ich kann es nicht konkret sagen, aber es wird sicherlich ein anderes System sein. Staatssozialismus? Ein halber Sozialismus? Ein Dreiviertelsozialismus? Vollständiger Sozialismus? Ich weiß es nicht. Vielleicht wird es ein ‹konservativer Sozialismus› in einer besonders reinen britischen Form sein.[14]

Die Fülle an Memoiren und Tagebüchern westlicher Politiker um den Zweiten Weltkrieg ist bezeichnend im Vergleich zu dem wenigen, das sich auf der sowjetischen Seite findet. Die einzigen relevanten Memoiren aus der russischen Sphäre sind die in den sechziger Jahren von Militärs veröffentlichten. Weil es so wenig an persönlicher Erinnerungsliteratur gibt, stellen die in mehreren Bänden erschienenen Memoiren Maiskis,[15] versetzt mit ausgewählten Zitaten aus seinem Tagebuch, eine unverzichtbare Quelle für die historiographische Rekonstruktion der sowjetischen Politik dar. Diese auf dem Höhepunkt des Kalten Krieges in der Rückschau abgefassten Memoiren sind zwar eine fesselnde Lektüre, aber ungeachtet dessen höchst strittig und irreführend. Gerade deshalb kommt Maiskis laufend und spontan verfasstem Tagebuch eine ungeheure geschichtliche Bedeutung zu. In seinen Memoiren stellt er die sowjetische Außenpolitik als moralisch und politisch rechtschaffen dar und blendet strittige Fragen aus, wogegen die Tagebucheinträge seine unmittelbaren, weit weniger zurechtgerückten Eindrücke wiedergeben.

Diese Diskrepanz zwischen den Memoiren und dem Tagebuch ist nicht überraschend. Ab Ende der vierziger Jahre war der Stern Maiskis im Sinken begriffen. Auf dem Höhepunkt der antijüdischen Paranoia, die der «Ärzteverschwörung» von 1952 folgte, wurde er verhaftet und der Spionage, des Verrats und der zionistischen Konspiration angeklagt.[16] Der Tod Stalins zwei Wochen später, im März 1953, rettete ihm das Leben, doch blieb er noch zwei weitere Jahre im Gefängnis, weil er angeblich gemeinsame Sache mit Stalins früherem Günstling und Chef des NKWD L. P. Beria gemacht hatte. Es scheint, dass Beria 1953 tatsächlich in Maiski einen Kandidaten für das Amt des Außenministers sah und ihm die Koordinierung der nachrichtendienstlichen Aktivitäten in Großbritannien übertrug. Doch dann wurde Beria selbst im Juli 1953 verhaftet und bald darauf hingerichtet. Im Zusammenhang mit dem Vorwurf der angeblichen Komplizenschaft mit Beria und der Inhaftierung wurde sicher auch die Erinnerung an Maiskis frühere Verbindung zu den Menschewiken wieder aufgewärmt.[17]

Sofort nach Stalins Tod wandte sich Maiski aus seiner Gefängniszelle heraus an Georgi Malenkow, den neu gewählten Vorsitzenden des Ministerrats. Maiski bot an, für seine vergangenen Fehler Buße zu tun, indem er helfe, eine Gruppe junger, fähiger sowjetischer Historiker zusammenzustellen, die sich der Sonderaufgabe widmen würde, «gegen die bürgerliche Verfälschung der Zeitgeschichte vorzugehen [...] falls es möglich wäre, mein Leben zu schonen».[18] 1955, im Alter von 72 Jahren, stürzte sich ein nach zweieinhalb Jahren der Demütigung und Einkerkerung kranker und gebrechlicher Maiski in einen langwierigen und verzweifelten Kampf um die Wiederherstellung seiner Parteimitgliedschaft und seiner Zugehörigkeit zur Akademie der Wissenschaften, vor allem aber um seine vollständige Rehabilitierung.[19] Aus der Haft entlassen, beschwerte er sich umgehend bei Nikita Chruschtschow, dass man ihn «verfemt» habe, und gelobte, «mein Äußerstes für das Wohl der Partei» zu tun, indem er «dem sowjetischen Staat als wissenschaftlicher Historiker» gute Dienste leisten werde. Er erbot sich, Forschungen zur Geschichte des Zweiten Weltkrieges zu betreiben, «unter besonderer Berücksichtigung und kritischer Bewertung der im Westen veröffentlichten Literatur».[20] In einem ähnlichen Schreiben an Woroschilow, den Vorsitzenden des Präsidiums des Obersten Sowjets, äußerte er seinen «glühenden Wunsch», in den ihm verbleibenden Jahren als «hauseigener Historiker der Außenpolitik der UdSSR [...] die bedeutendsten bürgerlichen Verfälscher der Zeitgeschichte, insbesondere der Zeit des Zweiten Weltkriegs, zu demaskieren» und damit dem sowjetischen Staat seinen «bestmöglichen Dienst zu erweisen».[21] Der historiographische Wert seiner Memoiren litt zusätzlich unter der strengen Zensur, der sie von Anfang an unterzogen wurden und die ihn später auch noch zwang, kritische Passagen über Stalin aus der 1971 erschienenen russischen Endfassung zu streichen.[22]

Die Geschichte von Maiskis langer Botschaftermission in London, wie er sie in seinen Tagebüchern in rückhaltloser Offenheit erzählt, ist in der Tat atemberaubend. Zu Beginn des 19. Jahrhunderts sagte der britische Diplomat Stratford Canning voraus, die öffentliche Meinung werde womöglich «zu einer Macht heranwachsen, die gewaltiger ist als alles, was je zuvor in der Geschichte der Menschheit losgetreten worden ist». Sein französischer Kollege Jules Cambon, ein erfahrener Diplomat, äußerte die Überzeugung, ein Botschafter dürfe sich, wenn er ein Land gründlich kennenlernen wolle, nicht auf Kontakte zu Ministern beschränken, sondern werde gegebenenfalls feststellen, dass «auch die Freundschaft zu Frauen von hoher gesellschaftlicher Stellung von großem Wert für ihn sein könnte». Aber eigentlich war erst Maiski derjenige, der einen revolutionären Stil der Diplomatie einführte, mit dem er viele seiner Gesprächspartner irritierte, der aber seither sehr viele Nachahmer gefunden hat. Er war mit Sicherheit der erste Botschafter, der die öffentliche Meinung im Gastgeberland systematisch manipulierte und beeinflusste, und zwar hauptsächlich über die Presse. Ein Gast bei einem Empfang in der Botschaft erinnerte sich, beobachtet zu haben, wie Maiskis Erster Sekretär auf dem Korridor «dem politischen Redakteur des *News Chronicle*, Cummings, auseinandersetzte, dass seine Artikel über den finnischen Krieg ‹maßlos übertrieben› gewesen seien».[23] Als begnadeter «PR-Mann» zu einer Zeit, da dieses Metier noch in den Kinderschuhen steckte, hatte Maiski keine Scheu davor, sich mit Oppositionsgruppen, Hinterbänklern, Zeitungsredakteuren, Gewerkschaftern, Schriftstellern, Künstlern und

Intellektuellen anzufreunden. «Ich habe nie einen Vertreter einer fremden Macht kennengelernt», erinnerte sich John Rothenstein, Direktor der Tate Gallery, «der im Gespräch so entwaffnend war, als besitze sein Zuhörer sein vollstes Vertrauen, oder der sich so große Mühe gab, die Politik – oder die vorgebliche Politik – seiner Regierung auch einem politischen Leichtgewicht verständlich zu erklären. Und anders als die meisten seiner sowjetischen Kollegen schien er absolut gewillt, persönliche Freundschaften zu schließen.»[24]

Iverach McDonald, damals ein junger Auslandskorrespondent der Londoner *Times*, hinterließ eine treffende Erinnerung an Maiski und seinen Modus Operandi:

> Die meisten britischen Beamten empörten sich über die Art und Weise, wie Maiski sich einmischte, wann immer es ihm beliebte, unbekümmert um normale diplomatische Usancen. [...] Er zögerte nie, seinen Zuhörern durch rechtzeitige und wohlbedachte Indiskretionen Munition zu liefern, die sie gegen Chamberlain, John Simon und die anderen einsetzen konnten. Seine Mittagstischrunden konnten förmlich und orthodox ablaufen, aber auch wie das Treffen einer oppositionellen Clique. [...] Jedes Mal, wenn ich ihn in seiner Botschaft in der Millionaires' Row besuchte, schien er alle Zeit der Welt für ein Gespräch mit einem jungen Mann zu haben. Er pflegte demonstrativ sein Telefon auszustöpseln, zum Zeichen dafür, dass wir nicht gestört werden würden. Oder er ging mit mir hinunter bis ans Ende des Gartens, wo hinter der Hecke die Kensington Gardens begannen und wir im warmen Sonnenschein und in völliger Vertraulichkeit flanieren und reden konnten.[25]

Maiski pflegte die Beziehungen zu einem bedeutsamen Teil der britischen Presse mit außerordentlichem Geschick. Er las praktisch alle britischen Tages- und Wochenzeitungen. Er rühmte sich gerne, dass er jederzeit, wenn es ihm nötig erschiene, einen Leserbrief in der *Times* platzieren könne.[26] Sein «Gespür für tagesaktuelle Veränderungen des Denkens und Fühlens und seine ebenso leutseligen wie gelassenen Reflexionen über den gesamten Krieg in all seinen Verästelungen», bemerkte ein amerikanischer Journalist, machten Maiski zu «einem der kompetentesten Beobachter» in London.[27] Was ein Botschafter anstreben müsse, seien, so erklärte Maiski seiner Freundin Beatrice Webb, «enge persönliche Beziehungen zu allen rührigen Leuten in dem Land, in dem er akkreditiert ist – aus allen Parteien oder Kreisen einflussreicher Meinungsbildner, anstatt sich mit den anderen Diplomaten und dem inneren Zirkel der Regierenden, ob königlich oder [bürgerlich], abzukapseln». Natürlich war Maiski zuerst und vor allem ein Beauftragter seiner Regierung, aber wenn er in der ihm eigenen ruhigen, oft humorvollen Weise redete, erweckte er immer den Eindruck, «er spreche weit mehr als Individuum denn bloß als ein Lautsprecher seines Herrn».[28]

Insbesondere Maiskis Bemühungen, den Pressemagnaten Lord Beaverbrook zu umgarnen, zahlten sich aus. Dessen *Daily Express* stilisierte Stalin zum Verteidiger der nationalen Interessen der Sowjetunion, anstatt ihn zum Vorkämpfer einer Weltrevolution zu stempeln. Im Herbst 1936 verwies Beaverbrook Maiski auf die «freundliche Haltung» seiner Zeitungen Stalin gegenüber und versicherte ihm: «Kein von mir beherrschtes Presseorgan wird irgendetwas tun oder sagen, das geeignet wäre, Ihr Botschafteramt zu gefährden.»[29] 1939 arrangierte Beaverbrook mit Hilfe Maiskis für einen seiner Nachwuchsjournalisten eine Russlandreise. In einem Brief an den Botschafter schrieb Beaverbrook, der junge Journalist wandle «in all seinen politischen Meinungen in den Fußstapfen seines Meisters. Natürlich pfeifen die Spatzen von den Dächern, dass der Meister in den Fußstapfen Maiskis wandelt.» 1942 gehörte Beaverbrook zu den glühenden Befürwortern einer zweiten Front.[30]

Wohlwollen wurde von Maiski oft mit Freundschaftsgaben vergolten. «Ich erlaube mir, mein Ihnen gegebenes Versprechen zu halten», schrieb Maiski an Beaverbrook, «und hoffe, Sie werden die Kostprobe russischen Wodkas, die ich auf den Weg gebracht habe, zu genießen wissen. Meine Frau hat Ihnen, wie ich glaube, etwas über den russischen Likör namens Zapenkanka erzählt und lässt eine Kostprobe davon beilegen, in der Hoffnung, dass er Ihnen schmecken wird.»[31] William Camrose, Redakteur beim konservativen *Daily Telegraph*, schätzte offensichtlich den russischen Kaviar, den der Botschafter ihm jedes Jahr zu Weihnachten zukommen ließ:

> Mein lieber Botschafter, kein Geschenk hätte passender oder willkommener sein können als die Dosen köstlichen Kaviars, die ich gestern Abend erhielt.
>
> Selbst wenn sonst nie etwas Gutes aus Russland gekommen wäre, ist der Kaviar allein schon ein großes Geschenk an die Zivilisation! [...] Allerbesten Dank für Ihre freundliche Aufmerksamkeit.[32]

Im britischen Außenministerium, dem Foreign Office, war man äußerst ungehalten darüber, dass gegen Maiski «keine Restriktionen verhängt werden, um ihn daran zu hindern, so ziemlich alles zu tun, was er will», und dass er «äußerst ausgiebigen Gebrauch von seinem freien Zugang zu allen Kabinettsmitgliedern und anderen» machte.[33] Andererseits räumte Alexander Cadogan, permanenter Unterstaatssekretär im Foreign Office, widerwillig ein: «Es ist noch nicht gelungen, irgendwelche persönlichen Schwächen des Herrn Maiski zu entdecken, die sich mit einem Geschenk aus den Händen des Außenministers oder Premierministers füttern ließen.»[34] Offiziele Beschwerden blieben ebenso wirkungslos.

Seine ideologischen Vorlieben bewogen Maiski dazu, sich um besonders enge Kontakte zur Londoner City zu bemühen, von der er glaubte, sie kontrolliere die britische Politik. Gleich nach seiner Ankunft in London bat er seinen alten Freund H. G. Wells, ein «informelles Treffen mit ‹ein paar intelligenten Bankiers› zu arrangieren, [...] so dass sich die Gelegenheit zu einem guten Gespräch ergibt». Wells erfüllte ihm den Wunsch. Er drängte Brendan Bracken, «Maiskis morbides Bedürfnis, Bankiers auf die Schultern zu klopfen und sich mit ihnen auf Du und Du zu stellen», zu befriedigen.[35] Francis Williams, Redakteur beim *Daily Herald*, erinnerte sich, wie überrascht er war, als sich im Verlauf eines delikaten Mittagsbanketts in der Botschaft eine sehr persönliche und «höchst angenehme und zivilisierte Konversation» über Theater und Literatur in London entwickelte. Kaum hatte sich der «englisch wirkende Butler» zurückgezogen und die Gäste bei Kaffee und Brandy zurückgelassen, kam Maiski auf seine hohe Wertschätzung für Williams' Kolumne zu City-Themen zu sprechen. Wie Williams später eingestand, hatte er ein «leicht mulmiges Gefühl», als Maiski ihn, nachdem er ihn über das Ausmaß deutscher Geldgeschäfte in der City aufgeklärt hatte, mit Fragen über die generelle Stimmung dort und ihren Einfluss auf die britische Regierung löcherte. Ihm sei in dem Moment klar geworden, dass «der Grad meiner ‹Zuverlässigkeit› aus der russischen Warte auf die denkbar schonendste Weise ausgetestet wurde». Beim Abschied brachte Maiski die Hoffnung zum Ausdruck, in Zukunft gelegentlich mit dem Journalisten essen gehen zu können, und scheute sich auch nicht, ihm einen konkreten Vorschlag zu unterbreiten:

> Ich nehme an, Sie würden nicht in Erwägung ziehen, mir von Zeit zu Zeit schriftliche Berichte über Institutionen und Vorgänge in der City zukommen zu lassen? Ich fände es sehr interessant, wenn Sie das tun könnten. Es muss eine Menge Dinge geben, die Sie im Blatt

> nicht unterbringen können. Es wäre von höchstem Wert, und wir (mit federleichter Betonung auf dem «wir») wären dafür außerordentlich dankbar.

Ergänzend dazu gab es jedes Jahr zu Weihnachten ein Glas Kaviar und eine Flasche Wodka mit den persönlichen Empfehlungen des Botschafters. Der schmale Grat zwischen Rekrutierung und Wahrung der eigenen beruflichen Integrität wurde, wie das Tagebuch eindeutig offenlegt, von vielen führenden Publizisten und Journalisten (und vielleicht auch von Politikern) eindeutig überschritten.[36]

Die traditionellen Vorurteile über Russland und seine Völker – das fatalste Element in den Beziehungen zwischen Großbritannien und Russland seit dem 18. Jahrhundert – machten die Situation Maiskis in London besonders prekär. Überhaupt nicht hilfreich für ihn war dabei die traditionelle russische Xenophobie, zu der sich verstärkend noch die Neigung der sowjetischen Revolutionäre gesellte, die westliche Bourgeoisie zu dämonisieren. Obwohl Maiski von allen Seiten als der vielleicht bemerkenswerteste und bestinformierte Botschafter am Court of St. James gefeiert wurde, schlug ihm dennoch manchmal ein an Feindseligkeit grenzender Argwohn entgegen. Die lange Tradition des Misstrauens und der gegenseitigen Verdächtigungen stellte eine schwer überwindliche Hürde für den Erfolg seiner Mission dar. Die breite Popularität, die er in der Bevölkerung genoss, bescherte ihm erst recht «Verärgerung und Geringschätzung» in den höheren Kreisen, in denen er oft als «dieser kleine tatarische Jude» bezeichnet wurde.[37] Selbst Freunde konnten sich nicht immer Anspielungen auf seine untersetzte, «sub-falstaff'sche» Gestalt verkneifen. «Er sitzt da in seinem häßlichen viktorianischen Arbeitszimmer», verrät uns die giftige Tinte in Harold Nicolsons Tagebuch, «wie ein Zwerg in einem Sessel, dreht die Daumen, zwinkert mit den Augen und sieht so aus, als reichten seine Beine nicht bis auf den Fußboden.»[38] Das ambivalente Verhältnis zu Maiski brachte womöglich General Edward Spears am prägnantesten auf den Punkt: «Von kräftiger Statur, offensichtlich sehr stark und schlau, ein typischer Tatar und zweifellos letztendlich brutal, wie es Leute seines Stammes nun einmal sind» – die Tatsache, dass Maiski (zumindest väterlicherseits) polnische Wurzeln im sogenannten russischen Ansiedlungsrayon hatte, interessierte offenbar nicht.[39] Beatrice Webb, die Maiski besonders nahestand, fragte sich,

> was der Aristokrat Eden, der faschistische Charmeur Grandi, der Nazistrolch von Ribbentrop gegenüber dem untersetzten, hässlichen jüdischtatarischen Sowjetbotschafter empfinden, der mehr Ähnlichkeit mit einem cleveren, im Weltmarkt agierenden Geschäftsmann hat als mit einem zwischen den Regierungen der Welt pendelnden Berufsdiplomaten. Die halbe Regierung und das halbe Foreign Office betrachten ihn als Staatsfeind Nummer eins, während die anderen ihn nervös als einen möglichen Verbündeten bei der Rettung des britischen Empire vor dem militanten Futterneid Deutschlands und Italiens beäugen.[40]

Ein plastisches Potpourri solcher Wahrnehmungen liefert die Schilderung eines von Maiski in der sowjetischen Botschaft veranstalteten Mittagessens durch Harold Nicolson:

> Die Tür öffnete mir ein Herr mit weichem Kragen und stoppeligem gelbem Schnurrbart. Ich wurde in ein Zimmer von beispielloser Scheußlichkeit geführt, wo ich von Botschafter Maiksy [...] überschwenglich begrüßt wurde. [...] Wir standen in dem greulichen Vorzimmer und bekamen Sherry, der nach dem Korken schmeckte, während der Mann mit dem gelben Schnurrbart und eine unappetitliche Muschiktochter Geschirr und Bananen in das Zimmer nebenan trugen.
>
> Dann gingen wir zu Tisch in einem Wintergarten, mehr Winter als Garten. Wir fingen an mit Kaviar, was nur gut war. Dann gab es ein weinig feuchte tote Forelle. Danach gab es große Brocken Huhn, umgeben von üppigen Bergen von Brunnenkresse. Dann gab es das, was in Krankenhäusern «Fruchtgelee» genannt wird. [...]
>
> Während des ganzen Essens hatte ich das Gefühl, daß mir das alles ungeheuer vertraut sei. Es war gewiß nicht das Rußland, das ich kannte. Und dann plötzlich merkte ich, daß es der Orient war. Sie spielten Europäer [...]. Sie sind Orientalen geworden.[41]

Anderen jedoch, etwa dem Labour-Mitglied Herbert Morrison, erschien Maiski als ein Mann, der einleuchtende Dinge sagte, der «vernünftig und lebhaft argumentierte, dies aber mit einer fast westlichen Objektivität tat, die Diskussionen mit ihm, anders als mit den meisten Kommunisten, anregend und fruchtbar machte».[42] Auch Rab Butler, damals Unterstaatssekretär für Auswärtiges, billigte Maiski zu, «sicherlich der beharrlichste» aller ausländischen Repräsentanten in London zu sein. Bernard Pares, der Doyen der britischen Russlandhistoriker, schwärmte von Maiski, von dem er «nie eine Vorhersage bekommen hatte, die nicht eingetroffen wäre».[43]

Agnia Maiski, die stets charmante Gastgeberin

Und Bruce Lockhart[I] bekannte, dass Maiski «sein England gewiss gründlich kannte, wenn nicht sogar für den Geschmack mancher Leute zu gründlich. Als ich ihm Lebwohl sagte, dachte ich mir, dass wir vielleicht lange warten müssten, bis wir wieder einen so guten russischen Botschafter geschickt bekämen.»[44]

Anders als die späteren Vertreter der «stalinistischen Schule der Diplomatie» mit ihrer Verschlossenheit und ihrem schroffen Auftreten arbeiteten Maiski und seine Frau Agnia als Team zusammen und taten ihr Möglichstes, um durch reine Freundlichkeit die öffentliche Meinung in Großbritannien für sich zu gewinnen. Konservative waren bei ihren Mittagsbanketten genauso willkommen wie Labour-Leute. Als Maiski nach London kam, bat er Bruce Lockhart, ihn in die Londoner Gesellschaft einzuführen. Dieser gab sich überrascht und sagte, Maiski kenne doch die britischen Sozialisten sicher besser als er. «Das schon», antwortete Maiski,

---

I Sir Robert Hamilton Bruce Lockhart, 1914–1917 geschäftsführender britischer Generalkonsul in Moskau; 1918 als Sondergesandter in Russland festgenommen und gegen Litwinow ausgetauscht; 1941–1945 leitendes Mitglied der Political Warfare Executive.

«aber ich möchte mehr von den Leuten kennenlernen, die dieses Land führen.» Es sprach sich herum, dass die von Maiski gegebenen Empfänge anfänglich «von Linken, verrückt gekleidet, bevölkert waren», dass sich seine Gäste aber «mit der Zeit von roten Krawatten zu gestärkten Hemden und Abendgarderobe weiterentwickelten, bis eines Abends H. G. Wells, der zu einem großen Empfang in einem gewöhnlichen Straßenanzug erschienen war, feststellte, dass er der einzige so informell Gekleidete war».

Maiski schaffte es, selbst in der schwierigsten Periode, während der Dauer des deutsch-sowjetischen Pakts und des sowjetisch-finnischen Krieges, nur wenige seiner britischen Freunde zu verlieren. Louis Fischer, der gut informierte internationale Journalist, fand es bemerkenswert, «wie akribisch und mit welch unendlich großer Sorgfalt [Maiski Beziehungen zu] zahlreichen wichtigen Persönlichkeiten des politischen Lebens in Großbritannien pflegte» und «seine attraktive Gattin das Ihre zur Mehrung seiner Beliebtheit in der guten Gesellschaft beitrug».[45] Agnia war in seinem Leben omnipräsent, und in den seltenen Phasen, in denen sie sich eine Einkaufstour gönnte, indem sie etwa auf dem Rückweg von einer Versammlung des Völkerbunds in Genf einen längeren Zwischenstopp in Paris einlegte, schien er aus dem Gleichgewicht zu geraten. «Meine liebste *Turtschik*», schrieb er ihr bei einer solchen Gelegenheit,

> ich langweile mich zu Tode. Nicht nur dass ich allein bin, vollständig allein in den vier Wänden dieser Wohnung, noch dazu bin ich bis gestern nicht einmal auf die Straße gegangen. [...] Ich lese eine Menge, höre Radio und Schallplatten. Marussja füttert mich gut genug, und die häusliche Seite der Dinge ist im Allgemeinen ‹in Ordnung›. [...] Ich kann es nicht erwarten, dich bald wiederzusehen. Ich küsse meine liebe süße *Turtschik* inbrünstig und warte voller Ungeduld auf sie. Michailitschi.[46]

Der Eindruck, den die beiden vermittelten, war der zweier «scharf kontrastierender Naturelle: Sie war eine Frohnatur, optimistisch und eine kompromisslose Revolutionärin, er war ruhig, mit einem gelegentlichen Anflug von dunklen Vorahnungen, zwar ein loyaler und pflichtbewusster Botschafter, aber mit ziemlich liberalen Ansichten.»[47] Agnia fand wie ihr Mann das komfortable Leben in London mit all seinen glitzernden Facetten offenbar verlockend. Herbert Morrison gewann den Eindruck, sie genieße ihre Zeit in London, «denn sie bewunderte die Londoner und mochte ihre Lebensart. Ich erinnere mich, wie ich ihr bei einem Empfang in der Sowjetbotschaft beisprang, so gut ich konnte, als sie darum bat, ihr

Das Team

den Lambeth Walk[48] beizubringen. Sie vergaß es mir nie.»[49] Agnia war eine hübsche Frau mit guten Umgangsformen, die sich «attraktiv kleidete» und im Parlament einmal Kritik dafür erntete, dass sie «1500 Guineen für einen Pelzmantel» ausgegeben hatte, während die russischen Armeen «von den Deutschen niedergemacht» wurden und sie selbst in den Fabriken Geld für das Rote Kreuz sammelte.[50] In den späten zwanziger Jahren hatte das Narkomindel, das Volkskommissariat für Auswärtige Angelegenheiten, eine Schneider- und Bekleidungswerkstatt eingerichtet, die die Garderobe für die sowjetischen Diplomaten und ihre Frauen herstellte. Es waren nach Beatrice Webb, die ein Faible für die Haute Couture hatte, «mit Bedacht nach den an den Höfen oder in den betreffenden Hauptstädten vorherrschenden Modetrends gefertigte Kleider. Woraus sich die Eleganz von Madame Maiski und Madame Litwinow erklärt, über die in den Modezeitschriften so viel geredet wird.» Das galt freilich nicht für den Botschafter, der seine «stämmige Figur», wie sie beobachtete, oft «in eine Art Urlaubsgarderobe hüllt, lose hängende, leichte Gewänder in denkbar unkonventionellen Schnitten und Farben». Ideologisch um einiges militanter als ihr Gatte, war Agnia hin und wieder streitlustig und ließ ihren Gefühlen freien Lauf. Bei einem Empfang im Buckingham Palace lief ihr eine ehemalige Kammerzofe der russischen Zarin über den Weg, die ein Medaillon mit dem Bild der Zarin trug. Es ging anschließend das Gerücht, Agnia habe das Medaillon bespuckt.[51]

Wie viel Spielraum Botschafter selbst unter Stalins brutal autoritärem Regime hatten, ist eine der erstaunlichsten Erkenntnisse aus Maiskis Tagebuch. Viele seiner Initiativen flossen direkt in die sowjetische Politik ein, zuweilen sogar gegen die im Kreml vorherrschenden Auffassungen. Schlagende Beispiele hierfür sind Maiskis rigoroses Eintreten für Verhandlungen über eine Tripelallianz mit den Westmächten Anfang 1939 und seine Kampagne für die «zweite Front» in den Jahren 1941 bis 1943. Um Beachtung zu finden, musste Maiski oft eigene Ideen seinen britischen Gesprächspartnern unterschieben, während die archivierten Akten zeigen, dass sie tatsächlich von ihm stammten. Ich weise in meinen Kommentaren den Leser auf eine Handvoll solcher Vorgänge hin. Ein typisches Beispiel waren die Bemühungen Maiskis, Stalin nach der niederschmetternden Erfahrung des Münchner Abkommens von einem Kurs abzubringen, der in die Isolation und in die Arme Nazideutschlands führen würde.

Vergeblich kämpfte Maiski darum, Stalin und Litwinow vom Rückzug aus Spanien abzuhalten. In einem Tagebucheintrag vom 1. Oktober 1938 schrieb er, wie dringend er seiner Regierung geraten hatte, beim Konzept der kollektiven Sicherheit zu bleiben; er hatte zu diesem Zweck auf ein Gespräch mit Lloyd George verwiesen und diesen mit dem Ausspruch zitiert: «Ziehen Sie bloß nicht aus Spanien ab, was immer Sie sonst auch tun!» Ferner habe Lloyd George – vermutlich von Maiski souffliert – erklärt: «Isolationismus wäre eine schlechte Politik für die UdSSR.»[52] Es war Maiski, der früh vor den Auswirkungen der großen Säuberung auf die öffentliche Meinung in Großbritannien warnte und sich dafür aussprach, durch öffentliche Verhandlungen ein Zeichen für eine ordentliche Rechtsprechung zu setzen. Später warnte er Moskau, die Säuberungen in der Armeeführung könnten die Aussichten auf den Abschluss einer Tripelallianz erheblich verschlechtern.[53] Er fädelte Edens bahnbrechende Moskaureise und sein Treffen mit Stalin 1935 ein, wobei er bewusst Eden dem amtierenden Außenminister Lord Simon vorzog.[54] Schon Ende 1937 gab Maiski Stalin eine Empfehlung für den Umgang mit den Protagonisten der Appeasement-Politik: «Lassen wir die ‹westlichen Demokratien›

Tee im Wintergarten der Botschaft

gegenüber den Aggressoren Farbe bekennen. Was hätten wir davon, für sie die Kastanien aus dem Feuer zu holen? Mit ihnen zusammen kämpfen – auf jeden Fall; sich als Kanonenfutter für sie hergeben – niemals!» Stalin wiederholte die Argumente des Botschafters fast wörtlich in seiner berühmten «Kastanien»-Rede vom März 1939.[55] Während seiner Glanzzeit in London, nach dem deutschen Überfall auf Russland, schmiedete Maiski, während der Kreml in lähmender Schockstarre verharrte, das Bündnis gegen Hitler, brachte Churchills berühmte Rede vom 22. Juni 1941 auf den Weg, in der dieser der Sowjetunion Hilfe versprach, und initiierte die Moskaureise von Roosevelts rechter Hand Harry Hopkins im Juli 1941, desgleichen die Reise Edens im Dezember und den ersten Besuch Churchills in Moskau im August 1942.

Die besonderen Umstände, unter denen Maiski sein Tagebuch niederschrieb, erfordern eine Rekonstruktion der Lücken, die es aufweist, und der ausgeblendeten Dimensionen. Überdies erschließt sich der Sinn vieler Einträge nur vor dem Kontext, in dem sie niedergeschrieben wurden. Das bedeutete für mich, dass ich gründliche Archivrecherchen sowohl in russischen als auch in westlichen Archiven betreiben musste. Des Weiteren waren die Einträge mit einer Fülle von Dokumenten in privaten Nachlässen und Archiven abzugleichen. Ergänzt und abgerundet wurde dies durch eine erschöpfende Auswertung des breiten Spektrums an veröffentlichtem dokumentarischen Material, im Druck erschienenen Tagebüchern und Sekundärquellen.

Dem Tagebuch beigeheftet waren zahlreiche einschlägige Zeitungsartikel, der eine oder andere Ausschnitt aus einer Korrespondenz und Kopien einiger Telegramme von Churchill an Stalin (und umgekehrt) aus der Kriegszeit. Da die meisten dieser Quelltexte bereits anderswo veröffentlicht sind, habe ich hier auf sie weitgehend verzichtet. Manche der ausführlichen Gesprächsprotokolle dienten Maiski als Grundlage für seine amtlichen Berichte, die teilweise anderswo im Druck erschienen sind, allerdings nur in russischen Veröffentlichungen.

Einführende Erläuterungen zu einzelnen Personen finden sich jeweils bei der ersten Erwähnung. Angeführt wird dort in der Regel die Stellung, die der Betreffende während der vom Tagebuch abgedeckten Zeit innehatte. Um dem Leser zu helfen, die Auswirkungen der großen Säuberung auf das diplomatische Korps zu verstehen, habe ich versucht, das Schicksal der Mitarbeiter der Londoner Botschaft und der altgedienten Narkomindel-Kader, die ihr zum Opfer fielen, zu dokumentieren.

Bei der Schreibung russischer Personen- und Ortsnamen wurde die vereinfachte Transliteration verwendet, wie sie zu Maiskis Zeit üblich war. Dabei wird etwa bei auf «ИЙ» endenden Eigennamen der Schlussvokal zu «i» (wie bei Maiski, Trotzki usw.). Der sowjetische Außenminister trug bis 1946 den amtlichen Titel «Volkskommissar für Auswärtige Angelegenheiten», und die sowjetischen Auslandsbotschafter wurden bis 1941 als *polpred* bezeichnet. Ich verwende in aller Regel die im Westen gebräuchlichen Bezeichnungen Minister, Botschafter usw., die im Übrigen auch die sowjetischen Botschafter selbst damals benutzten.

Dieses Tagebuch wird mit Erlaubnis der Familie Scheffer-Voskressenski veröffentlicht, der Erben Iwan Maiskis. Für ihre Kooperation und Hilfe bei der Erarbeitung dieser Ausgabe bin ich ihr zu großem Dank verpflichtet. Danken möchte ich auch dem russischen Außenministerium, bei dem die Tagebücher Maiskis treuhänderisch verwahrt werden, das mir Zugang zu den Originalen gewährte und mich bei der Auffindung archivalischer Quellen und historischer Fotografien unterstützte.

Es gibt wohl heute nicht mehr viele Verleger, die sich voller Begeisterung auf die Veröffentlichung eines so voluminösen, mit zahlreichen und ausführlichen Anmerkungen gespickten Buches einlassen würden. Daher gilt mein Dank der Yale University Press für ihre äußerst großzügige Bereitschaft, das Tagebuch vollständig in drei Bänden zu publizieren. Besonders dankbar bin ich Robert Baldock, dem Leiter der Londoner Niederlassung, der mich zu einer einbändigen Ausgabe für ein breiteres Publikum ermutigte. Ebenso groß ist meine Dankesschuld gegenüber Wolfgang und Jonathan Beck, weil sie die herausragende historische Bedeutung des Tagebuchs von Iwan Maiski erkannten. Ihre anhaltende und großzügige Unterstützung hat die Entstehung dieser wunderbaren deutschen Ausgabe möglich gemacht. Wolfgang Becks unbeirrter Glaube an mich und seine verlässliche Freundschaft waren und sind ein Elixier der Inspiration. Mein Dank geht ferner an meinen gewissenhaften Lektor Sebastian Ullrich, der mit seinen prägnanten und dabei immer klugen und punktgenauen Einwürfen das Projekt hochprofessionell betreut hat, von der editorischen Arbeit bis zum fertigen Buch. Christiane Schmidt hat das Manuskript akribisch lektoriert, und Carola Samlowsky war mir eine unschätzbare Hilfe bei der Beschaffung und Aufbereitung der raren Fotografien, die den Text ergänzen.

Das Buch ist das Ergebnis von mehr als fünfzehn Jahren umfänglicher Forschung und Recherche. In diesen eineinhalb Jahrzehnten durchpflügte ich die wichtigen Staatsarchive in Russland, Großbritannien und den USA und spürte parallel dazu Dutzende Standorte privater Nachlässe auf, um diese zu durchforsten. Ich fühlte mich in den Archiven stets willkommen und konnte auf die engagierte Hilfe der Mitarbeiter zählen. Ich bin ihnen allen dankbar, doch würde die Aufzählung ihrer Namen an dieser Stelle den Rahmen sprengen; die Anmerkungen sprechen Bände der Anerkennung für sie alle.

Ich hatte das große Glück, in den Genuss mehrerer großzügiger Forschungsstipendien des Institute for Advanced Study in Princeton und des Rockefeller Research Center in Bellagio zu kommen. Seinen Anfang nahm dieses Buchprojekt an der Universität von Tel Aviv, den überwiegenden Teil der Arbeit machte ich dann aber unter der Ägide des Oxforder All Souls College. Es war Isaiah Berlin, der legendäre Historiker und All-

Souls-Fellow, der mir 1969 mein erstes Gastspiel in Oxford ermöglichte und mich ermunterte, dort zu promovieren; der Kreis schloss sich auf wundersame Weise, als das College mir 2006 ein Fellowship anbot. Sir John Vickers, der Dekan des College, und die Fellows hießen mich willkommen als einen der Ihren und scheuten keine Mühe, ein zugleich anspruchsvolles und kongeniales Klima für die Abfassung des Buches zu schaffen.

Die Arbeit an der deutschen Ausgabe ging größtenteils unter der Ägide des Freiburg Institute for Advanced Study (FRIAS) in Freiburg im Breisgau vonstatten; ich fand dort die denkbar günstigsten Arbeitsbedingungen vor, nämlich einen fruchtbaren Boden für die Erprobung meiner Ideen im Gedankenaustausch mit führenden Historikerkollegen. Mein besonderer Dank gilt Jörn Leonhard und Ulrich Herbert, Direktoren der School of History, und meinen dortigen Kollegen Jörg Baberowski, Horst Carl, Martin H. Geyer, Wolfgang Knöbl und Dietmar Neutatz.

Zu guter Letzt wäre Ruth Herz, meine Frau, Freundin und Gefährtin, die Erste, die bekennen würde, dass die Jahre, die wir mit Iwan Maiski verbracht haben, keine strapaziöse Phase unseres Lebens waren, sondern eine faszinierende gemeinsame Reise.

DER WERDEGANG EINES SOWJETISCHEN DIPLOMATEN

Iwan Michailowitsch Lachowiecki kam am 7. Januar 1884 in dem altrussischen Städtchen Kirillow (etwa 400 Kilometer nördlich von Moskau) auf die Welt, und zwar in dem komfortablen Ambiente eines Aristokratenschlosses, wo sein Vater Hauslehrer des Sohns der Familie war. Maiski («Mai-Mann») ist ein Pseudonym, das er sich 1909 im deutschen Exil zulegte. Seine Kindheit verbrachte er im sibirischen Omsk, wo sein Vater, der in St. Petersburg Medizin studiert hatte, als Militärarzt diente.[1] Maiskis Vater war polnisch-jüdischer Abstammung, etwas, das Maiski für sich zu behalten vorzog. In seinen zauberhaften Kindheitserinnerungen betonte er immer wieder, dass in seinem Elternhaus ein atheistisches Klima geherrscht habe, wies aber auch darauf hin, «dass wir offiziell natürlich als orthodox galten. [...] Als Schuljunge war ich verpflichtet, im Unterricht den Katechismus zu lernen, am Samstag die Vesper und am Sonntag den Gottesdienst zu besuchen und vor Ostern unweigerlich zur Beichte zu gehen.» Später stellte er freilich fest, dass es für ihn schwierig war, das «jüdische Image» abzuschütteln. Sowohl in England als auch in der Sowjetunion wurde er von anderen oft als Jude wahrgenommen. Der Neffe des berühmten russischen Historikers Jewgeni Tarle erinnert sich, dass seine Tante Manetschka, die «eine Witterung für Juden hatte, die in der Zeit der ‹proletarischen Revolution› aufgestiegen waren, mir ihren Verdacht anvertraute, dass Maiski nicht wirklich Maiski heiße und erst recht nicht ‹Iwan Michailowitsch›; wahrscheinlicher sei vielmehr ‹Isaak Moisewitsch›». Einer von Maiskis engsten Freunden in Großbritannien, der linke jüdische Verleger Victor Gollancz, erinnerte sich, dass Maiski gerne und oft «wunderbare jüdische Geschichten erzählte, die er als armenische bezeichnete, und großes Vergnügen an meinen hatte, die er ebenfalls armenisch nannte».[2]

Maiskis Vaters «heimliche Liebe» und das «Labsal seiner Seele» war seine «Leidenschaft für die Naturwissenschaften». Der Vater war für den Jungen ein alles überragendes Vorbild und Inspirationsquelle für seine

Iwan Lachowiecki (Maiski) mit seiner jüngeren Schwester

unersättliche intellektuelle Neugier, für Hingabe an den Beruf und für überbordenden Ehrgeiz. Die Strenge und das etwas zurückhaltende Naturell seines Vaters wurden durch Maiskis Mutter Nadeschda Iwanowna (geborene Dawydowa) ausgeglichen, eine Dorflehrerin mit ausgeprägten literarischen und künstlerischen Interessen. In seinen Memoiren porträtiert Maiski seine Mutter als mit einem «unruhigen Geist» gesegnet, «lebhaft, in steter Bewegung, leicht aufbrausend, gesprächig. [...] Sie hatte etwas Besonderes an sich, etwas, das nur ihr eigen war, das die Menschen zu ihr hinzog und sie leicht zum Mittelpunkt der Aufmerksamkeit machte.»

Von Kindesbeinen an wurde Maiski mit Literatur vertraut gemacht. Die vollgestopften Bücherregale im Elternhaus enthielten wunderschön gebundene Gesamtausgaben von Shakespeare, Byron und Schiller, dazu die Schriften der radikaleren russischen Intelligenzija, etwa von Nekrassow, Dobroljubow, Herzen und Pissarew. Maiski wurde aufmerksamer Zeuge der in seiner Zeit tobenden Debatte über den Sinn und Zweck von

Literatur und Kunst wie auch der Diskussionen über Realismus und Ästhetizismus. Während er in späteren Jahren – aus leicht verständlichen Gründen – behauptete, sich auf die Seite der «Utilitaristen» geschlagen zu haben, verschlang er als Kind und Jugendlicher in Wahrheit wahllos «Stapel von Büchern und Zeitschriften». Besonders faszinierte ihn Heine, der ihm sein Leben lang als Kompass und Gefährte diente und dessen Porträt er sich später in sein Amtszimmer hängte. Gerade 16 geworden, ließ er seiner Bewunderung für Heine in einem Brief an seine Cousine und Vertraute Jelisaweta, genannt Pitschuschka, freien Lauf:

> Ich kenne kein schöneres Gesicht als Heines [...] Heine begeistert mich mit jedem Tag mehr. Und ich glaube, daß dieser ewig spöttische, ewig skeptische Aristophanes des neunzehnten Jahrhunderts eins der bedeutendsten Genies und einer der besten Kenner der menschlichen Seele unseres Zeitalters war. Heine – das ist gleichbedeutend mit Menschsein. Er verkörpert dies in seiner Person in einer solchen Vollkommenheit wie kein anderer. Alle guten und schlechten Eigenschaften der Menschheit spiegeln sich in ihm wider, mit all ihren Leiden und Nöten, all ihrer Bosheit und Auflehnung – der ganze bunte Jahrmarkt des Lebens.[3]

Die literaturgeschwängerte Atmosphäre zu Hause schärfte Maiskis ausgeprägte Beobachtungsgabe, zu der sich eine reiche Phantasie und eine immense Neugier gesellten. Das alles trug zur Herausbildung seiner vielschichtigen Persönlichkeit bei, die bei allen romantischen und künstlerischen Zügen doch von einem «Glaube[n] an die Vernunft, an Wissen und Wissenschaft, an das Recht des Menschen, Herr seines Lebens auf Erden zu sein», bestimmt war.[4] Die Romane, die der junge Maiski las, öffneten ihm ein Fenster nach Europa und weckten in ihm das Interesse an der Geographie und den sehnlichen Wunsch zu reisen, Leidenschaften, die besonders nach seiner Auswanderung ins Exil seine Entwicklung zum Kosmopoliten beförderten. Früh genährt wurde seine Wissbegierde durch den intensiven Kontakt zu dem bunten Treiben am Hafen von Omsk, wo er jede freie Minute damit zubrachte, an den Kais und auf den Schiffen herumzustreunen; er «beobachtete und beschnupperte alles, horchte auf jedes Wort und schloß mit Jungen Bekanntschaft, die ebenso neugierig waren wie ich. [...] Ich hörte die Lotsen und Matrosen von ihrer Arbeit und ihren Abenteuern erzählen, von fernen Städten und Gegenden, in die sie gekommen waren.»[5]

Als Maiski sich später eine revolutionäre Vergangenheit zurechtzimmerte, entdeckte er eine rebellische Ader in der Familie – zunächst in Person eines nonkonformistischen Geistlichen, der um die Mitte des 19. Jahrhunderts aus der Bahn geraten war und sich revolutionären Kreisen angeschlossen hatte. Auch behauptete er, seine Eltern hätten mit der Volkstümler-Bewegung sympathisiert; seine Mutter sei sogar zu den einfachen Leuten gegangen, und sein Vater sei einmal in der Klinik, in der er arbeitete, mit der Obrigkeit in Konflikt geraten, weil er angeblich die jungen Medizinkadetten im Revolutionsjahr 1905 nicht vom Äußern aufsässiger Ideen abgehalten habe. Sehr viel Aufhebens machte Maiski von dem besonderen Verhältnis, das er zu seinem künstlerisch tätigen Onkel M. M. Tschemodanow pflegte, der als Semstwo-Arzt in einem abgelegenen Dorf arbeitete und am Rande in revolutionäre Aktivitäten verwickelt war. Im Kern waren Maiskis Kindheit und Jugend und seine Erziehung und Bildung jedoch typisch für die gebildete Mittelschicht ohne ausgeprägte Politisierung.[6]

Nach Absolvierung des örtlichen Gymnasiums, von dem er im Alter von 17 Jahren mit einer Goldmedaille abging, schrieb er sich an der Universität von St. Petersburg ein, wo er Geschichte und Philologie studierte. Sein literarisches Talent machte sich um diese Zeit herum bemerkbar, als die Zeitschrift *Sibirisches Leben* sein erstes Gedicht, «Ich wäre gern ein großes Gewitter», unter dem Pseudonym Neuer Mann veröffentlichte. Seine Hochschullaufbahn in St. Petersburg nahm freilich ein abruptes und verfrühtes Ende, als er verhaftet und der revolutionären Agitation angeklagt wurde.[7] Er wurde nach Omsk zurückgeschickt und unter polizeiliche Bewachung gestellt; hier schloss er sich dem Menschewiken-Flügel der russischen sozialdemokratischen Bewegung an. 1906 sperrten die Behörden ihn wegen angeblicher aktiver Teilnahme an der Revolution von 1905 ein und verurteilten ihn zu einer Verbannungsstrafe in Tobolsk, wo er ein Manuskript verfasste, bei dem die *History of Trade Unionism* der Webbs Pate stand. Über diese Schrift war er als Student in St. Petersburg zufällig gestolpert, und sie leistete, wie er später Sidney und Beatrice Webb anvertraute, «einen großen Beitrag zu meiner politischen Bildung und half mir bis zu einem gewissen Grad, den Weg zu finden, den ich in meinem weiteren Leben einschlug». «Tatsächlich», schrieb er 1901 an seine Cousine, «habe ich keinen Roman je mit so großer Spannung gelesen wie das Buch der Webbs! Wie schwächlich, dürftig und sinnlos mir all meine früheren literarischen Schwärmereien erscheinen!»[8] Die evolutionäre Strömung des Fabianismus mit ihrer ausgeprägten sozial-humanistischen

Ein vorbildlicher Gymnasiast (Maiski ist der Vierte von links in der ersten Reihe)

Orientierung passte zu Maiskis Wesen und diente ihm als politische Richtschnur. Auch als er mit seiner Menschewiken-Vergangenheit brechen und sich als Gefolgsmann des Bolschewismus bekennen musste, blieb sie bei ihm präsent und schlummerte nur knapp unter der Oberfläche. In England pflegte er enge persönliche Beziehungen zu den Webbs, was sein Tagebuch und das von Beatrice Webb ausgiebig bezeugen.

Das Urteil gegen Maiski wurde nach einiger Zeit in eine Verbannung ins Ausland umgewandelt. In seinen Memoiren, die er unter dem Damoklesschwert der großen Säuberung und unter dem Eindruck des Ribbentrop-Molotow-Pakts schrieb (in einer Zeit, da sein Stern in Moskau recht tief gesunken war), behauptete Maiski, sein Wunsch, ins Ausland zu gehen, sei von dem Bedürfnis bestimmt gewesen, dort «den Sozialismus und die europäische Arbeiterbewegung» zu studieren. Es scheint jedoch, dass der Reiz des Exils tiefer reichende Wurzeln hatte, dass darin nämlich jene kosmopolitische Sehnsucht und jene durchdringende Neugier zum Ausdruck kamen, die sich bis in seine Kindheit zurückverfolgen lassen; Maiski hatte seinen Vater, der überzeugt war, dass «nichts die Entwicklung eines Kindes so fördert wie das Reisen und das Kennenlernen neuer Orte, neuer Menschen, neuer Völker und Sitten», auf dessen weitläufigen Dienstreisen quer durch Sibirien begleitet. Als die Familie für ein Jahr nach St. Petersburg zog, fand der neunjährige Iwan es noch immer faszinierend, «lange Zeit an den Granitkaimauern der Newa zu stehen und die komplizierten Manöver der finnischen Boote, das Beladen ausländischer

Schiffe und die winzigen finnischen Dampfboote zu beobachten, die wie dunkelblaue Käfer in alle Richtungen davonflitzten». Seine Exiljahre verstärkten seine lebenslange Bewunderung für die europäische (und namentlich die deutsche) Kultur, wie er in einem Brief an seine Mutter offen bekannte: «Ich bin äußerst glücklich darüber, im Ausland zu sein. Ich habe das Gefühl, hier schnell und kraftvoll heranzureifen, in seelischer und geistiger Hinsicht. Und eigentlich bin ich den Umständen fast dankbar, die mich gezwungen haben, den Boden Russlands zu verlassen.»[9] «Ich liebe es zu reisen», vertraute er Jahre später George Bernard Shaw an, «und bin in Europa und Asien viel gereist. [...] Wenn ich sehe, wie Leute einen Zug, ein Schiff oder ein Flugzeug besteigen, wird es mir warm ums Herz.»[10]

Nach einem kurzen Aufenthalt in der Schweiz ließ Maiski sich in München nieder, das damals der Nabel der russischen Emigranten- und Künstlerszene und vor allem auch die Heimat Kandinskys und seines Kreises war. Ungeachtet seiner Verbindungen zur revolutionären Bewegung in Russland kümmerte Maiski sich auch um die Aktivitäten der deutschen Sozialdemokratischen Partei und der Gewerkschaften. Er machte an der Münchner Universität seinen Magister in Wirtschaftswissenschaften und steckte bereits tief in der Arbeit an seiner Dissertation, als die sich zusammenziehenden Wolken des Krieges zu einer nicht geplanten und schicksalhaften neuen Emigration führten, dieses Mal nach London. Das Nomadenleben entsprach ihm durchaus:

> Nach Deutschland wird es sehr gut sein, mit Land und Leuten im Vereinigten Königreich vertraut zu werden, und letzten Endes ist es mir nicht so wichtig, wo ich lebe, in München oder London. Auf dem Weg nach England werde ich einen einwöchigen Zwischenstopp in Paris einlegen, um mir die Stadt anzuschauen. [...] Und dann werde ich mich von dort aus in die britische Hauptstadt aufmachen. Ich reise in neue Länder mit großem Interesse und großen Erwartungen; ob Letztere sich erfüllen, werden wir sehen. Im Grunde liegt der größte Zauber des Lebens nach meiner Meinung in einem ständigen Wechsel der Eindrücke, und nichts befördert das so sehr wie das Reisen, die schnelle Bewegung von einem Ort zum anderen.[11]

Maiskis erste Begegnung mit London im November 1912 bot jedoch ganz und gar keinen Vorgeschmack auf die Faszination, die England später auf ihn ausüben sollte. Weder seine Kindheit und Jugend in Russland noch

Ein Revolutionär wächst heran: Maiski als Student in St. Petersburg.

sein Leben im deutschen Sozialistenmilieu hatten ihn für jene blinde Bewunderung für den britischen Liberalismus empfänglich gemacht, der so viele romantische Exilanten des 19. Jahrhunderts verfallen waren. Sein erster Eindruck von London war, dass diese Stadt ihn «verschlang und erstickte». Er konnte die Sprache nicht und fühlte sich in «diesem riesigen Meer aus Stein» verloren.[12] Diesen ersten düsteren Eindrücken verlieh er in einem Brief an seine Mutter Ausdruck:

> Natürlich finde ich London sehr interessant – vom politischen und sozioökonomischen Standpunkt aus – und bedaure keineswegs, dass ich den jetzigen Winter hier verbringe. Ich würde mir aber nicht wünschen, mich allzu lange hier aufzuhalten. Der bloße Gedanke, hier auf Dauer stecken zu bleiben, bereitet mir fröstelnden Missmut. Nein, ich mag London wirklich nicht! Es ist riesengroß, finster, schmutzig, ungemütlich, mit langweiligen Reihen identischer kleiner Häuser und dauernd in Nebel gehüllt. […] Man sieht hier manchmal wochenlang keine Sonne, und das ist schrecklich bedrückend. Ich verstehe jetzt, warum ‹Spleen› die englische Krankheit genannt wird, und ich verstehe auch, warum Heine das Land der stolzen Briten so wenig mochte. «Ein Land, welches längst der Ozean verschluckt hätte», schrieb er einmal, «wenn er nicht befürchtete,

daß es ihm Übelkeiten im Magen verursachen möchte.» Und er lag nicht ganz falsch: Die «Nuss» England zu verdauen wäre nicht ganz einfach.[13]

Die Jahre in London und seine Freundschaft mit Georgi Wassiljewitsch Tschitscherin und Maxim Maximowitsch Litwinow (die später als «Kommissare für Auswärtige Angelegenheiten» zwei Jahrzehnte lang die sowjetische Außenpolitik lenken sollten) erwiesen sich jedoch als höchst folgenreich für Maiskis spätere Karriere. Zusammengeführt wurden die drei von Litwinows späterer Ehefrau Ivy, die in London aus der höchst unwahrscheinlichen Verbindung zwischen einem jüdischen Intellektuellen und der Tochter eines Obersten der Britisch-Indischen Armee hervorgegangen war. Die nonkonformistische Schriftstellerin und Rebellin fand Erholung von ihrer verachteten Erwerbsarbeit (bei einer Versicherungsfirma) im Hause ihrer Tante und ihres Onkels namens Eder in Golders Green. Die beiden Linksintellektuellen gaben turbulente Abendgesellschaften, an denen Revolutionäre, Freudianer, Fabianer und literarische Figuren wie Bernard Shaw und H. G. Wells teilnahmen.[14] Es war im Haus des Ehepaars Eder, wo Maiski, der dort oft zu Gast war, sich mit Litwinow und Tschitscherin befreundete.[15]

Die drei wohnten nur wenige Ecken voneinander entfernt, zuerst in Golders Green und später in Hampstead Heath inmitten einer aufblühenden Kolonie politischer Exilanten, die Bande zueinander knüpften, die alle Spaltungen innerhalb der russischen sozialistischen Bewegungen durchdrangen und überdauerten. Tschitscherin, dessen adlige Familie ihre Herkunft und ihren Namen zu einem italienischen Höfling zurückverfolgen konnte, der sich in der Regierungszeit von Zar Iwan III. in Russland niedergelassen hatte, hatte in den Archiven des zaristischen Außenministeriums gearbeitet. Er war so etwas wie ein Universalgelehrter mit einem enzyklopädischen Erinnerungsvermögen. Ein Mann der Renaissance, beschlagen in Literatur und Kultur, war er auch ein guter Pianist und Autor eines viel gerühmten Buches über die Opern Mozarts. In London gab er den Exzentriker und Asketen und führte ein eher bohemehaftes Leben. Der Geistesmensch Tschitscherin war ursprünglich ein Jünger Tolstois gewesen, bevor er sich der exilrussischen revolutionären Bewegung angeschlossen hatte, innerhalb deren er dem Menschewismus zuneigte. Dieser kurzzeitige «Irrweg» hinderte Lenin nicht daran, Tschitscherin später zum Kommissar für Auswärtige Angelegenheiten zu ernennen. Seine

Unterschrift ziert die Verträge von Brest-Litowsk und Rapallo, tragende Säulen der sowjetischen Außenpolitik.

Litwinow, der ebenfalls einen jüdischen Hintergrund hatte und gar nicht versuchte, sich einen intellektuellen Anschein zu geben, erwies sich in der Folge als akribischer Arbeiter im Dienste des Narkomindel (des Volkskommissariats für Auswärtige Angelegenheiten, sozusagen des sowjetischen Außenministeriums), ein Mann, der die Regeln und den Verhaltenskodex des diplomatischen Metiers penibel befolgte und die ihm auferlegten ideologischen Zwänge im Grunde verachtete. Trotz der unübersehbaren persönlichen Geringschätzung, die er gegenüber Tschitscherin hegte, schafften es die beiden Männer überraschenderweise, fast ein Jahrzehnt lang harmonisch zusammenzuarbeiten.

Zum Zeitpunkt ihres Aufeinandertreffens in England hatte sich Litwinow, der acht Jahre älter war als Maiski, bereits den Ruf eines mit allen Wassern gewaschenen Revolutionärs erworben. Es war daher nur natürlich, dass er zu Maiskis Mentor wurde und ihn mit dem Land, seinen politischen Institutionen, seiner Kultur sowie einem großen persönlichen Freundeskreis bekannt machte. Was Maiski an Litwinow am meisten schätzte, waren seine Charakterstärke und seine Fähigkeit, den Wesenskern einer Frage zu erfassen, ohne sich in einem Gewirr von Details zu verlieren. Dazu kam sein ironischer Witz.

Der Ausbruch des Ersten Weltkrieges führte zu einer Entfremdung zwischen Maiski und Litwinow, die einen langen Schatten noch über ihre späteren Arbeitsbeziehungen werfen sollte. Während Litwinow Lenins Eintreten für einen militanten Defätismus befürwortete, bekannte Maiski sich zur internationalistischen und pazifistischen Position der Menschewiken, die den Krieg möglichst schnell beendet sehen wollten. Eine Zeit lang zeigte Maiski sogar großes Interesse an den damals populären Ideen der von Friedrich Naumann propagierten «Mitteleuropa»-Konzeption, einem Versuch, die beiden wirkmächtigsten Bewegungen der deutschen Geschichte, die bürgerliche National- und die sozial orientierte proletarische Bewegung, zu verschmelzen; ferner war sie bestrebt, divergente gesellschaftliche Strömungen miteinander zu verflechten, etwa das Christentum mit dem deutschen Idealismus oder den Humanismus mit Klassensolidarität und Demokratie.[16]

Maiskis eingewurzelter Pragmatismus und seine humanistische Haltung, die durch seine Erfahrungen in England weiteren Auftrieb bekom-

Um der alten Zeiten willen: Ivy und Maxim Litwinow beim Tee mit Iwan und Agnia in der sowjetischen Botschaft, 1935

men hatte, traten immer deutlicher zutage, je weiter sich der Erste Weltkrieg in die Länge zog. Seine tiefe Sorge galt der Zukunft der westlichen Zivilisation und der europäischen Intelligenz, deren Angehörige an den Fronten massenweise abgeschlachtet wurden; nach seiner Überzeugung musste der Humanismus über jedes Parteiinteresse gestellt werden. Auf eine Rüge des Menschewiken-Führers Martow erwiderte er:

> Je länger sich der Krieg hinzieht, desto mehr werden die Krieg führenden Völker mit einer sehr ernsten Gefahr konfrontiert: Eine enorme Zahl gebildeter Leute – Schriftsteller, Künstler, Gelehrte, Ingenieure usw. – wird auf den Schlachtfeldern sterben. Die Länder dezimieren ihre geistige Aristokratie, ohne die, da kannst du sagen, was du willst, kein geistiger, gesellschaftlicher oder politischer Fortschritt möglich ist. [...] Natürlich sind Verluste aller Art schwer zu verkraften, Verluste an Bauern, Verluste an Arbeitern usw., aber ich meine doch, dass Verluste aus den Reihen der Intelligenzija, relativ gesehen, die schlimmsten sind, weil sie am schwersten ausgeglichen werden können. Die Intelligenzija ist eine Frucht, die langsam reift, und es könnte eine ganze Generation dauern, bis die durch den Krieg bewirkte Dezimierung auch nur zum Teil wettgemacht ist.

> Aus diesem Grund glaube ich, dass jetzt eine Zeit begonnen hat, in der die Völker im Interesse der eigenen Selbsterhaltung ihre Intellektuellen schützen müssen, wie sie zum Beispiel auch ihre Facharbeiter, Chemiker, ausgebildeten Rüstungsarbeiter usw. schützen.[17]

Bei aller Mühe, die Maiski sich gab, im Tagebuch (und noch mehr in der Autobiographie) die Seelenverwandtschaft und menschliche Wärme hervorzuheben, durch die sich seine Beziehung zu Litwinow auszeichne – was Historiker veranlasst hat, in den beiden ein Tandem zu sehen –, so unübersehbar ist, dass es zwischen ihnen zu Spannungen kam. Ihre Wesensart hätte kaum unterschiedlicher sein können, und Litwinow scheute sich nicht, sich mit Maiski anzulegen und dessen Aufsätze über auswärtige Angelegenheiten zu kritisieren; mehrmals beklagte er sich sogar bei Stalin über ihn.[18] Es war typisch für Litwinow, dass er gegenüber anderen auf Distanz blieb, wohinter allerdings vor allem eine tief sitzende Abneigung gegen kosmopolitische Intellektuelle steckte. «Litwinow hatte keine Freunde», erinnerte sich Gustav Hilger, altgedienter Diplomat und gut informierter Berater der deutschen Botschaft in Moskau. «Es gab da ein Mitglied des Kollegiums des Auswärtigen Kommissariats, zu dem ich eine von gegenseitigem Vertrauen getragene Beziehung aufgebaut hatte. Ich fragte ihn eines Tages, wie er mit Litwinow auskomme, und erhielt die vielsagende Antwort: ‹Mit Litwinow kommt man nicht aus, man arbeitet lediglich mit ihm – wenn man keine andere Wahl hat.›»[19]

Außerdem verabscheute Litwinow Diplomaten, die das Rampenlicht suchten (und zu denen gehörte Maiski sicherlich). «Würde», hieß es über Litwinow, «gehörte zu seinem Wesen. [...] Schmeichelei und Stiefelleckerei waren ihm völlig fremd, und er konnte sie bei anderen nicht ertragen.»[20] Dessen ungeachtet waren sich die beiden in den dreißiger Jahren in der Beurteilung des internationalen Geschehens einig, und Litwinow stand Maiski, ohne zu zögern, bei und schützte ihn auch vor den Repressalien, die das Ministerium 1938 trafen.[21] Maiski tat das Seinige, um die besondere Beziehung zu Litwinow, die im gemeinsamen Exil entstanden war, zu pflegen. In seinem Gratulationsschreiben an den Außenminister nach dessen Verhandlungen in Washington, die 1934 in die diplomatische Anerkennung der Sowjetunion durch die US-Regierung mündeten, schrieb Maiski: «Vielleicht liegt es an dem Band unserer 20-jährigen Bekanntschaft und an den Jahren der Emigration, die wir in London teilten, dass ich deine Arbeit und deine Reden in der sowjetischen und internationalen

Arena immer mit ganz besonderem Interesse und mit Gefühlen verfolge, die einen fast persönlichen Charakter haben. [...] Unsere lange Bekanntschaft gibt mir das Recht, dir offen Dinge zu sagen, die unter anderen Umständen unangebracht erscheinen könnten.»[22]

Maiskis Verhältnis zu Alexandra M. Kollontai, der schillernden und militanten Feministin und späteren Sowjetbotschafterin in Norwegen und anschließend in Schweden, in deren Haus er Litwinow kennenlernte, war ein völlig anderes. Zu ihr unterhielt er sein Leben lang eine herzliche persönliche Freundschaft. «Ich finde es interessant, mit Maiski zusammen zu sein», notierte Kollontai in ihrem Tagebuch, «weil wir nicht nur über Geschäftliches reden. Er ist ein lebhafter Mensch mit Augen, Hirn und Gefühlen, offen für die Beobachtung des Lebens in all seinen Facetten und in allen Bereichen. Er ist keine langweilige, engstirnige Person, die keinen Schritt über die Schwelle der laufenden Geschäfte und Themen tut.»[23]

Kurz nach der Februarrevolution von 1917, die das Zarenregime zu Fall brachte, kehrte Maiski nach Russland zurück und erhielt von Alexander Kerenski das Angebot, als stellvertretender Arbeitsminister in die provisorische Regierung einzutreten. Politisch bewegte er sich zu der Zeit zügig in eine Richtung rechts von der Partei der Menschewiken. Nach der Auflösung der konstituierenden Versammlung durch die Bolschewiken im Januar 1918 und nach Ausbruch des Bürgerkriegs gelang es Maiski nicht, die Menschewiken von der Notwendigkeit zu überzeugen, das in Samara basierte Komitee der Mitglieder der konstituierenden Versammlung *(Komutsch)* in seinem Kampf gegen die Bolschewiken zu unterstützen. Sein diesbezüglicher Appell entsprach seiner Überzeugung – einem Erbteil seiner sozialdemokratischen Erfahrungen in Westeuropa –, dass ein Neutralbleiben im Bürgerkrieg «der menschlichen Natur und der Logik» widerspreche und dass das *Komutsch*, das aus geflohenen Mitgliedern der Versammlung bestand, das Organ einer «demokratischen Gegenrevolution» war. Maiski bot der Partei die Stirn, und im Juli 1918 wechselte er über die Frontlinie und trat als Arbeitsminister in die auf verlorenem Posten stehende *Komutsch*-Regierung ein. Er machte sich damit zum Vorkämpfer der einzigen sozialistischen Kraft im Lande, die sich zum bewaffneten Kampf gegen den Bolschewismus bekannte.[24] Dieser Schritt sollte ihn für den Rest seines Lebens verfolgen und später zu einem entwürdigenden Reuebekenntnis führen, das die Menschewiken als «Erinnerungen eines Abtrünnigen» schmähten. Der «frisch getaufte Konvertit» Maiski wurde denn auch aus der Partei der Menschewiken ausgeschlossen und brachte ein ewiges Kainsmal in seine neue Kongregation mit.[25]

Als Admiral Koltschak von der Weißen Armee, dem Hauptkontrahenten der Bolschewiken im Bürgerkrieg, 1919 die Kontrolle über die Rebellenregierung übernahm und die Sozialisten in ihren Reihen zu verfolgen begann, musste Maiski erneut die Flucht antreten, die ihn dieses Mal in die Mongolei führte. Das Jahr, das er dort verbrachte – «die frühere Heimat des Dschingis Khan zu Pferd und auf dem Rücken eines Kamels durchquerend und [...] zwischen verlassenen Bergen und Steppen fern vom politischen Kampf, von der aufgeheizten öffentlichen Atmosphäre, vom Einfluss parteiischer Traditionen und Vorurteile» –, gab ihm reichlich Gelegenheit, über das Wesen der Revolution und über seine persönliche Zukunft zu sinnieren.

Schon im Sommer 1919 hatte Maiski halbherzige und zögerliche Versuche unternommen, mit der Vergangenheit zu brechen und den Weg zu den Bolschewiken zu finden. Doch in den Augen Letzterer war dieses Bemühen, unternommen, als ihr Schicksal noch auf der Kippe stand, unzureichend.[26] Ein Jahr später schrieb er an den Volkskommissar für Erziehung, A. W. Lunatscharski, zu dem er in den Exiljahren freundschaftliche Beziehungen geknüpft hatte:

> Ich sehe heute, dass die Menschewiken tugendhafte, aber talentlose Schüler der Vergangenheit waren, ängstliche Imitatoren lange überholter Modelle, Leute, die in alten Klischees und Formeln aus Büchern dachten, ohne jenes kostbare Gespür für das Leben, Gespür für die Epoche. [...] Die Bolschewiken dagegen zeichneten sich durch Kühnheit und Originalität aus, legten keine besondere Pietät gegenüber den Anliegen der Vergangenheit oder gegenüber dogmatischen Beschwörungsformeln an den Tag. Sie waren flexibel, praktisch und entscheidungsfreudig [...] Sie sprachen eine neue Sprache auf dem Feld der revolutionären Kreativität, schufen neue Formen des Staates, des Wirtschaftslebens und der sozialen Beziehungen, [...] für deren Verwirklichung anderen die Kühnheit fehlte.[27]

Bis an sein Lebensende, insbesondere in den düsteren Zeiten des Großen Terrors, warf Maiskis frühere Zugehörigkeit zu den Menschewiken, vor allem die Rolle, die er im Bürgerkrieg gespielt hatte (die in seinen Memoiren und Schriften sorgsam ausgespart wurde), einen großen dunklen

Mit Beatrice Webb, Maiskis engster Vertrauten in Großbritannien

Schatten auf seine Karriere und seine Glaubwürdigkeit in Moskau. Mit der zurechtgebogenen Geschichte seiner Bekehrung zum Bolschewismus, wie er sie Lunatscharski unterbreitet hatte – das Eingeständnis seines zeitweiligen Unvermögens, in der bolschewistischen Revolution eine legitime sozialistische Revolution zu erkennen –, bemäntelte er den qualvollen Prozess der Gewissensprüfung, der zur Wandlung gehörte und den er nie wirklich zu Ende brachte.

Maiskis innerer Konflikt fand seinen Ausdruck in den *Gipfeln (werschini)*, einem Versdrama in vier Akten, das viel über die unverwüstlich romantische Natur seines Denkens verriet, atmete es doch den Geist der universalen humanistischen Tradition der russischen Intelligenzija des 19. Jahrhunderts, mit utopischen Visionen als Farbtupfer. Zum unverwechselbaren Kodex der Intelligenzija gehörte das Postulat, junge Russen unabhängig von ihrer Klassenherkunft zu Intellektuellen zu erziehen. Auf der Titelseite der *Gipfel* prangte ein Epigraph von Maiskis Lieblingsdichter Heinrich Heine, auf Deutsch und in russischer Übersetzung: «Wir wollen hier auf Erden schon das Himmelreich errichten.» Gegenstand des Stückes war «das unaufhörliche Streben der Menschheit den leuchtenden Gipfeln des Wissens und der Freiheit entgegen, die sichtbar waren und schön, aber unerreichbar blieben, weil der Weg zum Ziel ein unendlicher war». Wie sehr Maiski wirklich bereute und sich nun vollständig mit den Bolschewiken identifizierte (wie er es im ersten Band seiner 1939/40 unter bedrückenden Umständen geschriebenen Memoiren so nachdrücklich beteuerte), ist schwer zu sagen. In einer nachdenklichen Stimmung bezog er sich einmal voll Empathie auf Tschitscherins Version seiner Bekehrung zum Bolschewismus, die ein Spiegelbild seiner eigenen Befindlichkeit zu sein schien:

> «Ich war früher einmal Menschewik, aber unsere Wege haben sich getrennt. Der Krieg hat mich sehr viel gelehrt, und jetzt sind all meine Sympathien auf der Seite der russischen Jakobiner.» [Tschitscherin] zögerte einen Augenblick und fügte dann hinzu: «Ich meine die Bolschewiken.» Ich bin mir nicht sicher, dass Georgi Wassiljewitsch zum Zeitpunkt dieser Konversation ein überzeugter Bolschewik war.[28]

Später vertraute Beatrice Webb, die zu Maiskis engsten Freunden gehörte, ihrem Tagebuch ein prägnantes und präzises Porträt seiner geistigen und politischen Persönlichkeit an:

> Maiski ist mit Sicherheit einer der am wenigsten engstirnigen Marxisten und einer, der sich der Verirrungen der marxistischen Terminologie – ihrer Scholastik und dogmatischen Auswüchse – vollkommen bewusst ist. Immerhin hat er im Ausland gelebt, unter Ungläubigen und Spießbürgern, und vielleicht ist sein Denken leicht angekränkelt von der sophistisch-agnostischen Sichtweise des Auslands auf das geschlossene Universum der Moskauer Marxisten.[29]

Besorgt wegen der «irdischen Strafen», die in Moskau wegen seiner «politischen Sünden» auf ihn warten mochten, hoffte Maiski, durch Lunatscharski eine Amnestie für alles Vergangene zu erhalten und dazu eine Garantie für sicheres Geleit, die ihn vor «Festnahme, Durchsuchung, Einziehung usw.» schützen würde. Lunatscharski leitete das Versdrama mitsamt dem Begleitschreiben an Lenin weiter und empfahl, Maiski zu rehabilitieren und ihn in die bolschewistische Partei aufzunehmen. Das Politbüro stimmte zu, wenn auch nicht ohne Bedenken; es schlug vor, das wirtschaftliche Fachwissen Maiskis «zuerst in den Provinzen zu nutzen». Dementsprechend erhielt er Anweisung, sich nach Omsk zu begeben, wo er in der Folge den ersten sibirischen Staatsplan *(Gosplan)* auf den Weg brachte. Die *Prawda* veröffentlichte derweil sein Reuebekenntnis.[30]

Maiskis Ambitionen waren freilich eher intellektueller als politischer Art. Sie führten ihn bei der ersten sich bietenden Gelegenheit nach Moskau, wo er unverzüglich Kontakt mit Tschitscherin und Litwinow aufnahm – «um der alten Zeiten willen», wie er sich später erinnerte,[31] aber ganz offensichtlich auch in der Hoffnung, seine Glaubwürdigkeit aufzupolieren, die durch seine Zusammenarbeit mit den Menschewiken gelitten hatte.[32] Zähneknirschend akzeptierte er das Angebot, die Leitung der Presseabteilung des Volkskommissariats für Auswärtige Angelegenheiten (Narkomindel) zu übernehmen, eine Stelle, in der er allenfalls ein Sprungbrett für Größeres sah. Im Ministerium lernte er Agnia Alexandrowna Skipina kennen, eine resolute sozialistische Aktivistin, die seine dritte Frau werden sollte. (Aus einer kurzen früheren Ehe war eine Tochter hervorgegangen, die bei ihrer Mutter in St. Petersburg lebte und mit der Maiski, der keine weiteren Kinder hatte, sporadischen Kontakt hielt; seine zweite, ebenfalls kurze Ehe hatte nur dem Zweck gedient, einer in London gestrandeten Russin zu einem besseren Aufenthaltsstatus zu verhelfen.)

Kaum hatte Maiski sich auf seinem neuen Posten eingerichtet, geriet er in Streit mit Lew Karachan[I], einem Schützling Tschitscherins, und betrieb dessen Entlassung. Dieses Ziel erreichte er zwar nicht, doch gelang es ihm, Molotow, den damaligen Sekretär des Zentralkomitees der Partei, zu bewegen, ihn nach St. Petersburg zu versetzen, wo er für kurze Zeit als stellvertretender Redaktionsleiter der *Petrogradskaja Prawda* arbeitete. Dieses Zwischenspiel als «zweite Geige» endete in einem scharfen Konflikt mit dem Chefredakteur, der, wie Maiski sich in Moskau beschwerte, sein Möglichstes tue, «mir die Arbeit bei der Zeitung unmöglich zu machen». Ein kurzes Gastspiel als Redakteur bei der Kulturzeitschrift *swesdaï* («der Stern») fand Anfang 1925 ein ähnliches Ende nach einem redaktionsinternen Streit. Im Großen und Ganzen war das Leben in Leningrad nichts für Maiski (und wahrscheinlich noch weniger für seine junge Frau). Er fühlte sich, wie er Molotow erklärte, wie ein «Außenseiter, ... ein Bürger zweiter Klasse». In der verhältnismäßig ruhigen Zeit der Neuen Ökonomischen Politik (NEP) konnte Maiski noch relativ gelassen seine Laufbahn organisieren; so schrieb er einmal an Molotow, er denke «ernsthaft darüber nach», zum Narkomindel zurückzukehren.[33]

Auf den ersten Stufen seiner Karriereleiter als Bolschewist fiel Maiski durch ein überbordendes Selbstbewusstsein auf, das sich aus einem Ge-

---

I Amtierte 1918–1920 und 1927–1934 als stellvertretender Volkskommissar für Auswärtige Angelegenheiten und später als sowjetischer Botschafter in Polen, China und der Türkei. Seine Rückberufung, Verhaftung und Hinrichtung 1937 markierte den Beginn der Säuberungen im Narkomindel.

fühl intellektueller Überlegenheit speiste und mit einer Neigung zur Penetranz einherging; er machte sich damit bei seinen Kollegen und Vorgesetzten nicht gerade beliebt, geriet vielmehr oft auf Kollisionskurs zu ihnen. In den dreißiger Jahren mit ihrem repressiven innenpolitischen Klima sorgte Maiskis Überlebenswille für die zeitweilige Zügelung dieser Persönlichkeitszüge, die sich aber während seiner Amtszeit als Botschafter in London dennoch immer wieder bemerkbar machten, namentlich in seinem Umgang mit britischen Amtsträgern.

In Moskau erwies sich Maiskis besonderes Verhältnis zu Litwinow, der dabei war, Tschitscherin die Rolle des starken Mannes im Narkomindel abzujagen, als nützlich. 1925 wurde Maiski als Botschaftsrat an die sowjetische Gesandtschaft in London versetzt, eine Stellung, die ihm offensichtlich sehr behagte. Zusammen mit seiner Frau Agnia bezog er, wie er seiner Mutter berichtete,

> ein kleines Haus, in dem niemand sonst wohnt; wir haben ein Hausmädchen und unseren eigenen Haushalt. [...] Agnia lernt Gesang und Englisch und hat angefangen, ein bisschen auf Englisch zu schnattern. Unser Haus befindet sich in einem der besten Londoner Vororte, unweit des Botanischen Gartens; die Luft ist wunderbar, nur ist es eine Schande, dass wir so wenig Gelegenheit haben, sie zu genießen.[34]

Allein, auch sein Gastspiel in London litt unter gestörten Beziehungen zu seinen Vorgesetzten in der Botschaft. Maiski entschied sich, nach Moskau zurückzukehren, ließ sich aber nach weniger als einem Jahr von Litwinow überreden, es noch einmal in der Londoner Botschaft zu versuchen. Es waren dies turbulente Zeiten in den britisch-sowjetischen Beziehungen, geprägt durch die Affäre um den «Sinowjew-Brief» von 1924, der zum Sturz des ersten Labour-Kabinetts unter Ramsay MacDonald beitrug, und die finanzielle Unterstützung britischer Bergleute durch die Sowjetunion während des Generalstreiks von 1926. In Moskau befürchtete man eine Beziehungskrise und vielleicht sogar eine erneute militärische Intervention des Westens wie schon im Bürgerkrieg. Weiter angefacht wurde die Krisenstimmung durch den unerwartet frühen Tod des sowjetischen Botschafters in London, Leonid Krasin. Maiski war einer der wenigen Revolutionäre, die fließend Englisch sprachen und wussten, wie die Dinge in England liefen, und daher waren seine Dienste in diesem Moment höchst gefragt. Kaum je findet Erwähnung, dass der Botschaftsrat Maiski in Ermangelung eines Botschafters de facto als sowjetischer *polpred* in London fungierte. «In den alten Tagen», prahlte er in einem Brief an seinen Vater, «rangierte ein Botschaftsrat in der ‹Rangtafel› sehr weit oben. Heutzutage hat die Rangtafel jede Bedeutung für uns verloren; ich kann dir jedoch versichern, dass die Arbeit eines Botschaftsrats in einer Stadt wie London höchst interessant und wichtig ist. [...] London ist heute das Machtzentrum der Weltpolitik, vergleichbar nur mit Moskau.»[35]

Sein erzwungener Weggang aus England nach dem Abbruch der diplomatischen Beziehungen im Mai 1927 versetzte Maiski, wie er dem prorussischen Redakteur des *Manchester Guardian*, C. P. Scott, anvertraute, in eine Stimmung, «die große Ähnlichkeit mit persönlicher Trauer hat». Seine Jahre im Londoner Exil und die Arbeit in der Botschaft hätten ihm geholfen, «die britische Kultur zu verstehen und zu respektieren, die bei allen Unterschieden zur russischen Kultur doch vieles in sich birgt, das sowohl wertvoll als auch großartig ist».[36]

Nach sechs Wochen Erholung und Behandlung im Sanatorium von Kislowodsk im Kaukasus («auf ärztliche Anweisung») wurde Maiski zum Legationsrat an der sowjetischen Botschaft in Tokio ernannt und verbrachte dort die nächsten zwei Jahre. Eine Zeit lang fand er Gefallen an der Aufgabe. «Ich kam Ende Oktober in Tokio an», schrieb er an H. G. Wells, «und schaue mich derzeit mit dem denkbar größten Interesse um und studiere dieses außerordentliche Land, das Ihnen vor rund 20 Jahren eine gute Portion Inspirationen für Ihr ‹Modern Utopia› lieferte.» In einem Brief an den linken Publizisten Henry Brailsford feierte Maiski Japan als «ein einzigartiges Land [...], das auf bemerkenswerte Art orientalische Mittelalterlichkeit mit modernstem Amerikanismus verbindet. [...] Geben Sie noch die Naturschönheiten dazu, die *Eigentümlichkeit* der Menschen, Bräuche und Konventionen. [...] Kein Wunder, dass ich bis jetzt keinen Grund hatte, mich darüber zu beklagen, dass unser Auswärtiges Amt mich in dieses Land geschickt hat.»[37]

Da es ihm schon immer schwergefallen war, in untergeordneter Stellung zu arbeiten, war Maiski erfreut, als der sowjetische Botschafter in Japan nach Paris versetzt wurde, denn dies machte ihn (wenn auch nur vorübergehend) zum Chef der Botschaft. In Japan entwickelte er sein Verständnis von Diplomatie weiter. Insbesondere wurde seine Überzeugung gestärkt, dass Diplomaten sich voll und ganz in die Kultur und Sprache des Landes, in das sie entsandt worden waren, versenken sollten.[38] In dem Bemühen, die russische Öffentlichkeit mit japanischer Kultur vertraut zu

Lehrzeit an der sowjetischen Botschaft in Tokio

machen, organisierte er eine Tournee des führenden Kabuki-Theaterensembles durch Russland – gegen Widerstände innerhalb konservativer japanischer Kreise. Als die Truppe nach ihrer umjubelten Russlandtour zum ersten Mal wieder zu Hause in Japan auftrat, setzten gedungene Ganoven «kurz vor Beginn der Vorstellung überall im Saal unter den Sitzen lebende Schlangen aus. Während der Vorstellung begannen die Schlangen zu zischen und hervorzukriechen. Eine Panik brach aus, Männer maulten, Frauen kreischten, Kinder weinten. Der Vorhang musste herabgelassen und die Vorstellung unterbrochen werden.»[39]

Einige Monate später versank Maiski, als er sich – nach wie vor am äußeren Rand des diplomatischen Orbits, fern von Moskau und Europa – erneut in einer untergeordneten Stellung wiederfand, in Niedergeschlagenheit. In solchen Situationen ließ er sich, wie auch später immer wieder, von den Launen seiner Frau beeinflussen, die sich, wie er einem Freund anvertraute, «unbedeutend vorkommt, in erster Linie unbeschäftigt».[40] Die Botschaft in Tokio erwies sich als Brutstätte des Intrigantentums und der üblen Nachrede. Agnia und die Frau des Handelsattachés kämpften «mit gezücktem Dolch» um die Rolle der «First Lady» bei offiziellen Anlässen. Diese erbitterte Rivalität zwischen den zwei Frauen, die sich in einer Korrespondenzflut zwischen der Botschaft und dem Narkomindel niederschlug, wurde nicht zugunsten Agnias entschieden und spaltete die russische Kolonie.[41] Ein knappes Jahr nach Beginn seiner Mission beklagte Maiski sich bei Tschitscherin, das Leben in Japan sei «im Großen und Ganzen langweilig und ermüdend: Es gibt wenig politisch zu tun (nicht genug für zwei), und über jede auch nur einigermaßen bedeutsame Frage wird in Moskau entschieden». Um diese Zeit zehrte an Tschitscherins Kräften freilich schon ein schwerer Diabetes, und sein Einfluss innerhalb des Narkomindel war im Schwinden begriffen.[42]

Maiski wandte sich daher mit der ausdrücklichen Bitte um eine rasche Versetzung an Litwinow und begründete diese mit dem Hinweis auf die Menière'sche Krankheit, unter der seine Frau seit dem gemeinsamen Aufenthalt in London leide und die sich, so behauptete er, in Tokio verschlimmert und dazu geführt habe, dass sie auf einem Ohr taub sei. Des Weiteren klagte er über die Streiche, die das Tokioter Wetter seiner Gesundheit spiele. Auch wenn die Entscheidung über seine künftige Verwendung allein Sache des Kollegiums des Narkomindel war, scheute Maiski sich nicht zu sagen, dass er gerne ein oder zwei Jahre in Moskau Station machen würde, fügte aber im selben Atemzug hinzu, er habe auch «gegen eine Rückkehr in den Westen absolut nichts einzuwenden». Litwinow antwortete wohlwollend; er bot Maiski den Botschafterposten in Kaunas (Litauen) an, den er als den viertwichtigsten nach Berlin, Paris und Warschau bezeichnete. Er sei aber auch bereit, über anderes zu sprechen, wenn dies Maiski nicht zusage. Es ist bemerkenswert, dass an der Schwelle zu den dreißiger Jahren ein sowjetischer Diplomat noch immer die Möglichkeit hatte, seine Arbeitsbedingungen mitzubestimmen.

Maiski war sehr erleichtert, als er über die Entscheidung des Politbüros informiert wurde, ihn im Januar 1929 aus Tokio abzuziehen. «Ihr Verhalten», schrieb er an Litwinow mit seiner mittlerweile vertrauten, ironisch gebrochenen Keckheit, «stärkt zwangsläufig meinen ‹Narkomindel-Patriotismus› und mein Verlangen, in diesem Milieu zu arbeiten.»[43] Am 4. April wurde er der Presseabteilung des Narkomindel zugeteilt. Doch schon eine Woche später fiel die Entscheidung, ihn als generalbevollmächtigten Gesandten nach Helsinki zu schicken; dort verbrachte er seine nächsten drei Dienstjahre. Die Krönung dieser Amtszeit war der Abschluss des Nichtangriffspakts von Helsinki im Jahr 1932.[44] Helsinki war ein Einsatzort von Bedeutung, für Maiski jedoch alles andere als attraktiv; ganz offensichtlich hatte er es auf einen erheblich prestigeträchtigeren und diffizileren Posten in Mittel- oder Westeuropa abgesehen. «Die Russophobie und die Sowjetophobie, die hier herrschen», mokierte er sich in einem Brief an H. G. Wells, «sind unüberwindbar. Es ist so etwas wie ein akutes allgemeines Delirium.» Dennoch versuche er fürs Erste, sich «einen fröhlichen und guten Kampfgeist zu bewahren».[45]

Offensichtlich liebäugelte Maiski weiterhin mit einer Versetzung nach London. Auch nach seinem unfreiwilligen Abschied aus England 1927 war er mit dem politischen Geschehen dort in Tuchfühlung geblieben. Brailsford, H. G. Wells und andere hielten ihn gründlich über die Vorgänge im Vorfeld der Parlamentswahl von 1929 auf dem Laufenden, aus denen sich die Möglichkeit einer Wiederaufnahme der diplomatischen Beziehungen ergeben könnte – wenn nicht sogar die Möglichkeit seiner Rückkehr nach London. Diese Hoffnung zerschlug sich jedoch nach der Wahl, als der Außenminister des Kabinetts Ramsay MacDonald, Arthur Henderson, die Rückkehr zu normalen Beziehungen zwischen der Sowjetunion und Großbritannien von einer Einigung über die zaristischen Altschulden abhängig machte. Wie Maiski von seinen Gewährsleuten in London erfuhr, war MacDonald, «sei es per Zufall oder mit Absicht, voll in die Falle der Torys getappt», indem er «seine alte Erklärung zur Identität der Sowjetregierung mit der Komintern [sic!]» wiederholt habe. Die drei Monate, die Maiski vor seiner Entsendung nach Helsinki in Moskau verbrachte, bestärkten ihn in der Überzeugung, dass die sowjetische Regierung trotz der kritischen Lage im Inland «gegenwärtig keinesfalls in der Stimmung ist, diesen exorbitanten Preis zu bezahlen».[46] Er konzentrierte sich daher zunächst auf Mitteleuropa.

Die Aussichten Maiskis auf einen Karrieresprung verbesserten sich, als Litwinow im Juli 1930 den leidenden Tschitscherin als Kommissar für Auswärtige Angelegenheiten ablöste. Maiski war einer der Ersten, die Litwinow gratulierten, wenn auch etwas herablassend, indem er ihn an die Träume und Hoffnungen erinnerte, die sie einst im Londoner Exil geteilt hatten, und an die endlosen Abende in einer «schäbigen, rußigen Mietwohnung am Oakley Square 72», die sie mit Diskussionen über weltpolitische Fragen verbracht hatten. Das war nur ein Vorspiel zu wiederholten Ersuchen um eine Versetzung weg aus Helsinki, dieser «kleinen Stadt im politischen Niemandsland», die noch dazu «sehr langweilig» sei, wohl kaum ein Ort, an dem «ein aktiver und tatkräftiger *polpred* es lange aushalten kann». Wieder versuchte Maiski, seine Laufbahn mitzubestimmen; er nannte den nächsten Jahreswechsel als Stichtag für seine Versetzung – offensichtlich war er sogar bereit, seinen Status als Narkomindel-Mitarbeiter aufzugeben. «Meine Absicht, mich ernsthaft in eine dauerhafte diplomatische Arbeit einzubringen, über die ich dir vor einigen Jahren aus London schrieb, hat sich in der seither vergangenen Zeit nicht abgeschwächt, sondern hat sich eher noch verstärkt», ließ er Litwinow wissen, «so dass ich es bedauern würde, aus dem Narkomindel auszuscheiden. Sollten sich natürlich irgendwelche konkreten Aussichten auf eine Versetzung auftun, würde ich dich bitten, zuerst mit mir darüber zu reden.»[47]

Die zunehmend strengere Kontrolle, die Stalin über das Volkskommissariat ausübte, hatte den Entscheidungsspielraum Litwinows zusehends verengt. Weder Maiskis persönliche Vorsprache während eines Urlaubsaufenthalts in Moskau Anfang 1931 noch ein späteres Ersuchen, in dem er wiederum auf Agnias gesundheitliche Probleme verwies (die seiner Aussage nach nur in Wien behandelt werden könnten), schienen einen zunehmend genervten Litwinow zu beeindrucken. «Wie dir bekannt sein sollte», erinnerte er Maiski, «liegt die Entscheidung darüber nicht bei mir allein, sondern bei anderen Instanzen, die am allerwenigsten geneigt sind, persönliche Gesichtspunkte zu berücksichtigen.»[48] Maiski ließ sich davon nicht abschrecken, sondern verfolgte seine Sache weiterhin, allerdings vergeblich: «Bist du sicher, dass ein Posten in Wien mich zu diplomatischer Passivität verurteilen würde? Ist es wirklich unmöglich, von Wien aus Ungarn und den Balkan zu bearbeiten? Wäre es nicht möglich, Wien zu unserer direkten Relaisstation für die Zusammenarbeit mit dem Völkerbund usw. zu machen?»[49]

Da jegliche Antworten ausblieben, beschränkte Maiski sich eine Weile darauf, Litwinow mit Lob zu überhäufen, während er mit gespitzten Ohren auf neue Chancen wartete: «Ich habe heute nichts Dienstliches für dich, wollte dir nur, wenn auch von Weitem, zu deinen kürzlichen Erfolgen in Genf gratulieren. [...] Die hiesigen Diplomaten zeigen auch ein verstärktes Interesse an deiner Persönlichkeit und sprechen recht oft über deine Erfolge in Genf.»[50]

Nachdem Maiski sich schon mit einem längeren Aufenthalt in Helsinki abgefunden hatte, machte ihn die am 3. September 1932 telefonisch übermittelte Nachricht von seiner Ernennung zum Generalbevollmächtigten in London vollkommen sprachlos.[51] Als die Maiskis einen guten Monat vorher die Botschafterin Kollontai in Stockholm besuchten und sich ihr offen anvertrauten, hatte mit Gewissheit noch nichts auf eine Entsendung Maiskis ins Vereinigte Königreich hingedeutet. «Nach einer zweitrangigen Mission als Generalbevollmächtigter in Finnland», schrieb Kollontai in ihr Tagebuch, «jetzt plötzlich London, und das auch noch in einer so turbulenten Zeit.»[52] Viele von Maiskis Diplomatenkollegen zeigten sich geschockt über diese Berufung, erinnerten sie sich doch an dubiose Kapitel seiner Vergangenheit wie seine Mitarbeit in der Gegenregierung in Samara während des Bürgerkriegs. Die Entscheidung war offenkundig unter großem Zeitdruck getroffen worden und spiegelte einen Richtungswechsel in der sowjetischen Außenpolitik wider. Litwinow hatte Stalin davon überzeugt, dass Maiskis Vertrautheit mit England – insbesondere seine Fähigkeit, mit Menschen umzugehen und sie in Gespräche zu verwickeln – einen entscheidenden Vorteil bot. Stalin betrachtete die Entsendung Maiskis als «eine Art Experiment».[53] Schon zwei Tage später bemühte sich Litwinow um ein Agrément für Maiski. Als ziemlich dürftige Erklärung für die abrupte Abberufung des bisherigen Botschafters Sokolnikow führte er dessen Wunsch an, «eine Arbeit in der Sowjetunion aufzunehmen»; auch tue ihm «das Londoner Klima nicht gut». Da auf der vom britischen Innenministerium geführten «schwarzen Liste» sowjetischer Diplomaten, die sich während der Krise von 1927 subversiv betätigt hatten,[54] Maiskis Name nicht verzeichnet war, teilte das Foreign Office mit, man habe «im Register des M. Maiski nichts gefunden, das ihn für die Regierung ihrer Majestät zur Persona non grata machen würde». Zumal er für seine Tätigkeit in Finnland eine Bilanz vorweisen konnte, die «nicht übel» sei.[55]

Die Versetzung nach London, auf einen Posten, der perfekt auf sein Naturell und seine Ambitionen zugeschnitten war, wertete Maiski als Anerkennung seiner Begabung und seines Nimbus, als einen verdienten Aufstieg in die Rolle eines Hauptdarstellers auf der politischen Bühne. «London», schrieb er seinem Vater, «ist eine Weltmetropole. Die andere Weltmetropole ist Moskau. Ich werde am Schnittpunkt dieser beiden Weltsysteme arbeiten müssen, daher ist es keine Überraschung, dass meine gesamte Zeit und Energie in die Bearbeitung der vielen Probleme fließt, die aus der gleichzeitigen Existenz der sowjetischen und der kapitalistischen Welt erwachsen.»[56] Whitehall deutete die Bestallung Maiskis als

Signal dafür, dass die Sowjetunion das revolutionäre Bild, das man in Großbritannien von ihr hatte, abstreifen wollte, indem sie einen pragmatischen und evolutionären Weg in Richtung Sozialismus einschlug. Dafür war Sokolnikow offensichtlich nicht der richtige Mann. Er war, wie Maiski, der Sohn eines jüdischen Arztes aus der Provinz. Er hatte 1918 den mit Deutschland geschlossenen Waffenstillstand von Brest-Litowsk unterschrieben und sich in der Zeit der NEP als Finanzminister hervorgetan. Dass er sich 1924 der «neuen Opposition» unter Kamenew und Sinowjew angeschlossen hatte, die die Abberufung Stalins als Generalsekretär der Partei betrieb, hatte 1929 zu seiner Abschiebung nach London als Botschafter geführt. Solange die Beziehungen zu Großbritannien nur auf kleiner Flamme köchelten, konnte man ihn beruhigt als Botschafter dort belassen. Doch die Isolation, in der er sich in London befand, beraubte ihn zunehmend der Fähigkeit, sich auf die in raschem Wandel begriffenen Umstände einzustellen, die ein Interagieren mit den Briten im nationalen russischen Interesse unerlässlich erscheinen ließen. Sein Englisch war dürftig, und selbst die wohlwollende Beatrice Webb empfand ihn als «beflissen und asketisch – ein ausgesprochener Puritaner – Nichtraucher, kein Weintrinker, [...] mit einem naiven Glauben an den Kommunismus als das letzte Wort der Wissenschaft». Den größten Teil seiner freien Zeit verbrachte Sokolnikow im Lesesaal des Britischen Museums. Für Beatrice Webb war er «ein eigentümliches Mitglied des diplomatischen Korps [...] eine Null».

Für Maiski hatte Litwinow sich gerade wegen seiner Geschicklichkeit im Umgang mit Menschen entschieden. Als der britische Botschafter in Moskau, Sir Esmond Ovey, Maiski zum ersten Mal begegnete, fand er ihn «aufgeschlossen und gesprächig [...], ein sehr viel besserer ‹Einfädler› als sein Vorgänger». Als Ovey sich Litwinow gegenüber in diesem Sinn äußerte, lautete die prompte Antwort: «Deswegen habe ich ihm den Posten gegeben!»[57] Frau Kollontai in Stockholm führte die Entsendung Maiskis auf die wachsende Befürchtung Moskaus zurück, das sich verschlechternde Verhältnis könne erneut, wie schon 1927, zum Abbruch der Beziehungen führen. Die Tatsache, dass Litwinow sie mit Telegrammen eingedeckt hatte, in denen er alle möglichen Auskünfte über die britische Politik erbeten hatte, war für sie ein Zeichen dafür, dass Moskau seinem Botschafter in London nicht mehr vertraute.

Zwei Dinge begünstigten die Berufung Maiskis nach London: der

Wunsch Stalins, Sokolnikow von diesem Posten abzuberufen, und das Bestreben Litwinows, den Schwerpunkt seiner diplomatischen Aktivität von Berlin nach London zu verlegen und Breschen in die Mauer der konservativen Feindseligkeit zu schlagen. Dass es Maiski gelungen war, einen Nichtangriffspakt mit Finnland zu schließen, spielte sicher eine ebenso große Rolle wie seine beharrliche Lobbyarbeit in eigener Sache; hinzu kam, dass Litwinow um Maiskis großen Bekanntenkreis in England, seine Beherrschung der Sprache und seine Vertrautheit mit dem Land wusste.[58] An die Stelle des erklärten Revolutionärs Sokolnikow trat, wie Beatrice Webb nach ihrer ersten Begegnung mit Maiski notierte, «ein gewiefterer Diplomat und weniger glühender Kommunist». Seine menschewistische Vergangenheit wurde in der Tat im Foreign Office ebenso registriert wie die Umstände, die zu seiner Aufnahme «in die bolschewistische Gemeinde» um den Preis einer «förmlichen Abbitte» geführt hatten. Der sowjetische Kommunismus sei «im Werden begriffen», vertraute er Beatrice Webb an. Er äußerte sich abfällig über «die fanatische Metaphysik» – bei ihm ein Tarnbegriff für Ideologie – und die Repression, die er als unvermeidliches Übergangsstadium bezeichnete. Er glaubte an die «neue Zivilisation», die in der Sowjetunion entstand, und bezeichnete sie als den «nächsten», aber keineswegs abschließenden Schritt in der Weiterentwicklung der Menschheit.[59] Diese werde, so erklärte er Beatrice Webb, «weiter marschieren zu immer mehr Wissen, Liebe und Schönheit». Er schwelgte in utopischen Träumen über eine Zeit, in der der Einzelne sich «im Einsatz für die Interessen der Gemeinschaft als Ganze verwirklichen würde. Durch den Fortschritt unseres Wissens würde der Mensch diesen Planeten erobern, dann im nächsten Schritt die Venus!»[60] Maiski scheute sich nicht, mit den Webbs das «gefährliche Spiel» des Spekulierens darüber zu spielen, was «nach dem Verschwinden Stalins» passieren werde, und verwarf die Vorstellung, ein anderer «vergötzter Führer» werde ihm nachfolgen. Die Gesellschaft werde mit solchen zum Idol hochgejubelten Führern «aufräumen und eine vollkommen freie kommunistische Demokratie errichten».[61]

Am 5. September 1932 erhielt Maiski von Litwinow die Mitteilung, er habe «die Entscheidung über [deine] Bestallung mit der *instanzija* [Stalin] geklärt, sie muss also nur noch vom Zentralexekutivkomitee bestätigt werden, was nach dem Eintreffen des Agréments geschehen wird». Man legte Maiski, der sich schon bereiterklärt hatte, auf seine Sommerferien zu verzichten, nahe, nach Moskau zu kommen und sich vor der Abreise nach London eine Woche lang unterrichten und einweisen zu lassen. Litwinow versicherte ihm, die Weisungen, die er erhalten werde, spiegelten nicht Litwinows «persönliche Ansichten [wider], sondern die Direktiven unserer höheren Gewalten».[62] Man machte Maiski mit der im Kreml vorherrschenden Einschätzung vertraut, die Weimarer Republik in Deutschland liege in ihren «letzten Zügen»; Hitlers unmittelbar bevorstehende Machtübernahme werde die internationale Politik in Turbulenzen stürzen und jenen Frieden bedrohen, der für die gesellschaftliche, wirtschaftliche und politische Transformation der Sowjetunion unabdingbar sei. Litwinow hatte bereits ironisch angemerkt, in der internationalen Politik sei es unmöglich, Fünfjahrespläne zu machen. Der Aufstieg des Nationalsozialismus in Deutschland erforderte einen Salto mortale in den Beziehungen zu Großbritannien, dem Land, das bislang als Speerspitze des kapitalistischen Kreuzzugs gegen die russische Revolution gegolten hatte. Die Außenpolitik war, anders als die Innenpolitik, überwiegend reaktiv geworden, mit einem Kompass, der sich nur noch an den ständig wechselnden Herausforderungen orientierte.[63]

Die harte Wirklichkeit diktierte den Abschied von der bisherigen Strategie, im Umfeld der Labour-Partei sozialistische Solidarität und Unterstützung für die russische Revolution zu mobilisieren; jetzt galt es, um die Konservativen zu werben, die «wahren Herren in Großbritannien», wie Litwinow zu betonen nicht müde wurde.[64] Maiski brauchte nur wenige Tage, um Litwinow ein Arbeitsprogramm vorzulegen, in dem er seine unkonventionelle Art der Diplomatie umriss, insbesondere seine Absicht, die Presse zu bearbeiten und persönliche Diplomatie zu betreiben mit dem Ziel, «die Anzahl der Visiten, die das diplomatische Etikett dem neuernannten Botschafter vorschreibt, und besuche nicht nur den engen Kreis von Personen, die mit dem Außenministerium in Verbindung stehen, sondern auch Mitglieder der Regierung, namhafte Politiker, Männer der City und Kulturschaffende».[65]

Die Zusammenarbeit mit den Konservativen war eine besondere Herausforderung und machte die ohnehin schon spannungsreiche Aufgabe der sowjetischen Diplomaten noch heikler. Schon während seiner Zeit in Helsinki hatte Maiski mit dem Wesen revolutionärer Diplomatie gerungen. Orientierungshilfe hatte er sich unter anderem von dem sozialistischen Intellektuellen Brailsford erhofft: «Ist Ihnen irgendein Werk

Das verführerische, bourgeoise Ambiente der Londoner Botschaft

bekannt zu den Themen diplomatische Tätigkeit/diplomatische Beziehungen, Stellung revolutionärer Diplomaten an ausländischen Höfen und Regierungssitzen usw. aus den Zeiten der englischen, amerikanischen (1776) und Französischen (1789) Revolution? Kennen Sie vielleicht interessante Memoiren solcher revolutionärer Diplomaten?» Das Thema beschäftigte ihn auch noch 1933; wie er in diesem Jahr Beatrice Webb anvertraute, versuchte er herauszufinden, «wie die revolutionären Diplomaten empfangen wurden und wie sie sich verhielten».[66]

Das Dilemma des bolschewistischen Diplomaten, dem oft ein Stigma anhaftete und der gleichzeitig dem verlockenden Charme der Bourgeoisie ausgesetzt war, bestand darin, sich einerseits einer gesellschaftlich gebilligten Lebensführung und eines entsprechenden Auftretens zu befleißigen und mit dem «Feind» zu fraternisieren (oder sich gar mit ihm zu identifizieren), zugleich aber seinen revolutionären Kampfgeist und sein Ethos am Leben zu halten. Dies wurde insbesondere nach den diplomatischen Rückschlägen von 1927 noch schwieriger; die Sowjets hatten sich in den Generalstreik von 1926 eingemischt, was dazu führte, dass die Taktik der «Einheitsfront» in die Brüche ging, die sowjetische Botschaft die Unterstützung der Labour-Partei verlor und die sowjetische Diplomatie sich in die Höhle des konservativen Löwen begeben musste.

Dieser Zwiespalt machte Maiski während der gesamten Dauer seiner diplomatischen Laufbahn zu schaffen, und es gelang ihm nur in sehr bescheidenem Maß, damit klarzukommen. Angesichts seiner menschewistischen und «konterrevolutionären» Vergangenheit eignete er sich besonders gut als Zielscheibe für Verratsvorwürfe, die er mit großem Kampfgeist zu parieren versuchte. Als ein Artikel in der *Prawda* das Problem zur Diskussion stellte, beeilte er sich, in einem ausführlichen Brief, der zeigte, dass er sich des Problems vollkommen bewusst war, die Lauterkeit seiner Motive darzulegen:

> Bei den Leuten, die im Ausland für uns arbeiten, findet ein beständiger innerer Kampf zwischen zwei Elementen statt: dem gesunden revolutionären und proletarischen Element, das sich ein realistisches Bild vom diplomatischen «Protokoll» macht, [...] und einem ungesünderen, opportunistischen Element, das sich verhältnismäßig leicht dem Einfluss des bourgeoisen Umfeldes aussetzen lässt. [...] Der Kampf zwischen diesen beiden Elementen unterliegt der Regel, dass «einmal das eine, einmal das andere die Oberhand gewinnt». Es besteht insbesondere die Gefahr, dass die Befürworter des «Protokolls» einen gewissen Vorsprung gewinnen. ... Es wäre sehr wichtig, wenn ihr auch weiterhin unser «Ausland» nicht vergessen und von Zeit zu Zeit Fragen zum Leben der sowjetischen Diplomatie außerhalb der UdSSR publizieren würdet. Das wäre eine große Ermutigung für diejenigen Elemente in den Reihen unserer Auslandsarbeiter, die im «Protokoll» lediglich ein notwendiges Übel sehen und daher versuchen, alle bürgerlichen Förmlichkeiten auf das absolut notwendige Minimum zu reduzieren. Ich selbst habe mehrmals erlebt, wie sowjetische Diplomaten in Zweifelsfällen, in denen unklar war, wo genau das unvermeidliche Minimum lag, Sätze sagten wie: «Lieber zu viel als zu wenig», «mit Butter verdirbt man den Haferbrei nicht» und Ähnliches.[67]

Eine ähnliche Gewissenserforschung betrieb Maiski in einem persönlichen Brief an Tschitscherin, in dem er ihn nachträglich zu seinen zehn Jahren an der Spitze des Narkomindel beglückwünschte:

> Du standest vor einer sehr schwierigen Aufgabe: einen Außenminister vollkommen neuen Typs zu schaffen. [...] Diese Aufgabe war weitaus schwieriger, als etwa einen Finanzminister oder einen Landwirtschaftsminister neuen Typs zu schaffen, weil du wegen der Charakteristik dei-

ner Arbeit immer auf dem schmalen Grat wandeln musstest, der uns von der bürgerlichen Welt trennt. Du hast eine verteufelt schwierige Stellung gehalten.[68]

Es ist höchst aufschlussreich, dass Maiski sich in Großbritannien mit dem Vornamen «Jean» einführte und diesen auch unter seine Briefe setzte – der französischen Variante des englischen John oder des polnischen Jan (wie ihn sein Vater in seiner Jugend gerufen hatte) – anstatt des archetypischen russischen Äquivalents Iwan.

PROLOG

27. Oktober 1937[1]

Der erste «Fünfjahresplan» meiner Botschaftermission in England ist zu Ende!

An den 27. Oktober 1932 erinnere ich mich lebhaft. Meine Berufung zum Botschafter in London kam für mich vollkommen überraschend. Zwar hatte ich in [Helsinki] aus dem *Manchester Guardian* erfahren, dass Sokolnikow[I] seinen Posten bald räumen würde, und hatte mich oft gefragt, wer ihm nachfolgen könnte, doch wenn ich mir die Anwärter durch den Kopf gehen ließ, hatte ich, aus welchen Gründen auch immer, nie an mich selbst gedacht. Ich fühlte mich eines so erlauchten und verantwortungsvollen Postens noch nicht «würdig». Andererseits hatte ich gerüchteweise gehört, das NKID[2] sehe in mir einen der erfolgreichsten Botschafter und würde mich wahrscheinlich bald aus Finnland anderswohin versetzen [...] Aber meine Phantasie reichte nicht weiter als nach Prag oder Warschau.

Dann plötzlich, am 3. September, erhielt ich von M. M. [Litwinow[II]] die Mitteilung, ich sei zum Botschafter in Großbritannien ernannt worden.

I Grigori Jakowlewitsch Sokolnikow (Girsch Jankelowitsch Brilliant) war wie Maiski Sohn eines jüdischen Arztes aus der Provinz. Er war einer der Unterzeichner des 1918 mit Deutschland geschlossenen Friedensvertrags von Brest-Litowsk und glänzte als sowjetischer Finanzminister in der Phase der Neuen Ökonomischen Politik; er verlor das Amt, nachdem er die Abberufung Stalins als Generalsekretär der Partei gefordert und die Kollektivierungspolitik kritisiert hatte. Er amtierte 1929–1932 als Botschafter in London und 1933/34 als Stellvertretender Volkskommissar für Auswärtige Angelegenheiten. 1936 wurde er verhaftet und wegen trotzkistischer Betätigung zu zehn Jahren Gefängnis verurteilt. Auf Befehl Berias wurde er 1939 von Mithäftlingen ermordet.

II Maxim Maximowitsch Litwinow (Meir Moisejewitsch Wallach), ab 1898 Mitglied der Russischen Sozialdemokratischen Partei, 1917/18 diplomatischer Vertreter des Sowjetregimes in London, 1918 in den USA, 1921–1930 Stellvertretender Volkskommissar für Auswärtige Angelegenheiten, 1930–1939 Volkskommissar für Auswärtige Angelegenheiten, 1941–1943 sowjetischer Botschafter in den USA, 1943–1946 Stellvertretender Volkskommissar für Auswärtige Angelegenheiten. (Wird in Maiskis Tagebuch häufig als M. M. abgekürzt.)

Ich traute meinen Augen nicht. Das Telegramm kam frühmorgens. Ich ging ins Schlafzimmer, wo Agnia[I] noch schlummerte, weckte sie und sagte: «Ich habe eine wichtige Neuigkeit.»

«Was? Was ist passiert?», fragte sie in spontaner Besorgnis. «Es ist wegen N., nicht wahr?»

Wir hatten zu der Zeit große Probleme mit einem unserer Mitarbeiter, und ich rechnete minütlich mit einem Bescheid aus Moskau.

«Vergiss N.!», rief ich aus. «Es geht um etwas viel Größeres.»

Ich erzählte Agnia von meiner neuen Berufung. Sie war nicht weniger erstaunt als ich. Sogleich erörterten wir, noch im Schlafzimmer, die neue Lage aus jedem denkbaren Blickwinkel und schmiedeten unsere Pläne für die unmittelbar bevorstehende Zukunft.

Das Vertrauen, das M. M. und die «hohe Instanz» [Stalin[II]] in mich setzten, rührte mich sehr, und ich gab meinen Gefühlen in einem Antworttelegramm Ausdruck. Die Nachricht von meiner Versetzung nach London löste in unserer Kolonie in [Helsinki] Verwunderung aus. [...] Man gratulierte mir, schüttelte mir die Hand und wünschte mir allen Erfolg und alles Glück. Wir nahmen mehrere Fotografien der ganzen Kolonie und diverser Teilgruppen auf. Die Kolonie bereitete uns einen warmherzigen Abschied.

Ein paar Tage später schaute ich im [finnischen] Außenministerium vorbei und sagte dem damals amtierenden Außenminister Yrjö-Koskinen[III], dass ich das Land für immer verlassen würde.

[...] Dann begann das Warten auf das britische Agrément. London

---

I Agnia Alexandrowna Maiskaja (geb. Skipina), Ehefrau von I. M. Maiski (im Tagebuch häufig als A. oder A. A. abgekürzt). Agnia hatte bereits eine Ehe hinter sich und eine Tochter zur Welt gebracht, die im Kindesalter verstarb. Als die Maiskis 1926 in London lebten, zog Maiskis Tochter zu ihnen, doch Agnia klagte darüber, dass diese Konstellation ihre Ehe belaste; deshalb wurde die Tochter zu ihrer Mutter nach Leningrad geschickt. Agnia blieb bis zu Maiskis Tod seine Türwächterin, die alle begutachtete, denen Zugang zu ihrem Mann gewährt wurde.

II Josef Wissarionowitsch Stalin (Dschugaschwili), ab April 1922 Generalsekretär des Zentralkomitees der Kommunistischen Partei der Sowjetunion (KPdSU), 1919–1953 Mitglied von dessen Politbüro, ab Mai 1941 Vorsitzender des Rates der Volkskommissare der UdSSR. Stalin avancierte während des Großen Vaterländischen Kriegs zum Volkskommissar für Verteidigung, Oberkommandierenden, Marschall der Sowjetunion (1943) und Generalissimo der Sowjetunion (1945).

III Aarno Armas Sakari Yrjö-Koskinen, 1931/32 Außenminister Finnlands, 1930–1939 finnischer Botschafter in der UdSSR.

hatte es mit einer Antwort nicht eilig: Fast drei Wochen vergingen, ehe endlich eine Reaktion aus England erfolgte.

M. M. teilte mir schriftlich mit, dass ich mich spätestens in der zweiten Oktoberhälfte in London einfinden müsse, und schlug mir angesichts dessen vor, ich solle unverzüglich einen Monat Urlaub nehmen. Ich saß aber gerade an der Schlussredaktion der zweiten Ausgabe von *Contemporary Mongolia*, und mir war klar, dass ich in England keine Zeit mehr für eine literarische Betätigung haben würde, schon gar nicht in den ersten sechs Monaten; so verzichtete ich auf einen Urlaub, um in Finnland bleiben und die Arbeit fertigstellen zu können. [...]

Am 2. Oktober reiste ich aus [Helsinki] ab. Nach einem Zwischenstopp in Leningrad kam ich schließlich in Moskau an. An meinen dortigen Aufenthalt habe ich nur vage Erinnerungen. Wir verbrachten zwei Wochen in der Hauptstadt und waren die ganze Zeit beschäftigt. Ich hatte mehrere Unterredungen mit M. M. und machte mich mit den Materialien vertraut. Vor meiner Abreise besuchte ich W. M.[I] Er erteilte mir die folgende Anweisung: «Knüpfe so viele Kontakte wie möglich, in allen Schichten und Kreisen! Sei *au fait* mit allem, was in England passiert, und halte uns auf dem Laufenden.»

Ich befolgte diesen Rat während der Dauer meiner Arbeit in London. Und nicht ohne Erfolg, wie ich sagen darf.

Ich begab mich auf den Weg zu meinem neuen Posten in London um den 20. Oktober herum. [...] Agnia und ich verbrachten ungefähr zwei Tage in Berlin. Wir machten auch für ein paar Tage Station in Paris, wo Agnia sich mit dem Nötigsten eindeckte – wenn eine Frau beschließt, sich neu einzukleiden, dauert das immer eine ziemliche Zeit. Zu Agnias Gunsten muss jedoch gesagt werden, dass sie in dieser Hinsicht ein eher bescheidener Mensch ist.

Am Morgen des 27. [Oktober] reisten wir aus Paris nach London ab. Ich hatte zuvor mit London telefoniert und Kagan[II] gebeten, mich in Dover

---

I Vermutlich Wjatscheslaw Michailowitsch Molotow (Skrjabin), 1926–1952 Mitglied des Politbüros, 1930–1957 Vorsitzender des Rats der Volkskommissare, 1939–1949, 1953–1956 Volkskommissar für Auswärtige Angelegenheiten.

II Sergej Borissowitsch (Samuil Benzionowitsch) Kagan, 1932–1935 Erster Sekretär an der sowjetischen Botschaft in London, ab 1935 auf Empfehlung Maiskis Botschaftsrat, fungierte in der Folge als dessen rechte Hand, 1939 aus dem Narkomindel ausgeschlossen und in die Finanzabteilung des Moskauer Stadtkomitees der Partei versetzt.

Eine triumphale Rückkehr nach London

abzuholen. Unsere Reise zwischen den beiden westlichen Hauptstädten verlief ohne Zwischenfall.[3] Wir hatten eine ziemlich ruhige See. Auf dem Weg von Dover nach London brachte Kagan mich auf den Stand der aktuellen Dinge. Fast die gesamte Kolonie erwartete uns in London am Bahnhof – rund 300 Personen. Auch Monck[I] war da, als Vertreter des Foreign Office. Es herrschte ein schreckliches Gedränge auf dem Bahnsteig. Unsere Genossen umringten uns, ließen uns lautstark hochleben und veranstalteten ein Mordsgetümmel. Pressefotografen starteten ihr Gewitter. [...]

Von einigen zuvorkommenden Polizisten geführt, kämpften wir uns durch das Bahnsteiggewühl dem Ausgang entgegen, eskortiert von einer lärmenden Schar von Genossen. Nicht lange, und wir saßen in einem eleganten Botschaftsauto, das uns in schneller Fahrt durch vertraute Londoner Straßen zu unserem neuen «Zuhause», 13 Kensington Palace Gardens, W 8, chauffierte ...

Langsam steigen wir die steinerne Treppe zum Foyer hinauf. ... Wir gehen weiter hoch in den ersten Stock ... öffnen die Türen unserer Wohnung mit der Aufschrift «privat» ... spazieren durch die Zimmer ... schauen aus den Fenstern ...

I John B. Monck, 1936–1945 Vizemarschall des diplomatischen Korps.

Antrittsbesuch im St. James Palace: Maiski präsentiert sein Beglaubigungsschreiben als sowjetischer Botschafter.

Ein neues Heim, ein neues Land, ein neuer Posten. Ein Gedanke schießt mir durch den Kopf wie ein Blitz: «Wie viel Zeit werde ich hier zuzubringen haben? Was werde ich sehen? Was werde ich erleben? Und was wird die Zukunft mir bringen? ...»

1934

► Maiski begann erst 1934 mit systematischen Tagebuchaufzeichnungen, als das Verhältnis zwischen der UdSSR und Großbritannien einen Tiefpunkt erreicht hatte. Anfang 1933 wurden in Moskau sechs britische Ingenieure der Firma Metro-Vickers festgenommen und der Sabotage und Spionage angeklagt. Der Metro-Vickers-Prozess markierte den Zenit eines wirtschaftlichen und diplomatischen Ringens, dessen Ausgangspunkt ein 1930 von der Labour-Regierung abgeschlossenes britisch-sowjetisches Handelsabkommen war, das Großbritannien benachteiligte. Das neue *National Government*, das 1931 an die Macht kam – gebildet von allen drei großen Parteien, aber de facto eine Regierung der Konservativen –, zwang den Russen eine Neuverhandlung des Abkommens auf, doch diese geriet nach der Verurteilung der britischen Ingenieure ins Stocken. Die Anprangerung des bestehenden Handelsabkommens durch den britischen Außenminister Lord Simon[1] dämpfte die Begeisterung etwas, mit der Maiski sich in seine neue Mission stürzte.[1]

Da Hitler inzwischen fest im Sattel saß und nicht bereit war, den Geist von Rapallo wiederzubeleben, schienen die Voraussetzungen für eine Verbesserung der Beziehungen zu Großbritannien jedoch günstig zu sein. Die Teilnahme Litwinows an der Londoner Weltwirtschaftskonferenz im Juni 1933 führte zu einer Unterredung mit Simon und in der Folge zu einer Aufhebung aller zuvor gegen Russland verhängten Wirtschaftssanktionen; die inhaftierten britischen Ingenieure wurden auf freien Fuß gesetzt. Unverzüglich begannen erneut Verhandlungen eines Handelsabkommens, das am 16. Februar 1934 unterzeichnet wurde und den Weg für den Beitritt Russlands zum Völkerbund noch im selben Jahr ebnete.[2]

Bei der Erledigung seiner Pflichten als Botschafter in London hielt Maiski sich akribisch an die Vorgaben Litwinows, der schon 1931 die Nazis als Bedrohung erkannt hatte. Freilich hatte Litwinow fast ein Jahr gebraucht, um Stalin

1 John Allsebrook Simon (1. Viscount Simon), 1931–1935 britischer Minister für Auswärtige Angelegenheiten, 1935–1937 Innenminister, 1937–1940 Schatzkanzler, 1940–1945 Lordkanzler.

davon zu überzeugen, was eine Machtergreifung Hitlers in Deutschland bedeutete, nämlich dass es «unausweichlich früher oder später zum Krieg in Europa» kommen werde.[3] Formell vollzog sich der Umschwung in der sowjetischen Außenpolitik von einer isolationistischen, militanten Position gemäß der Formel «Klasse gegen Klasse» hin zu einem System kollektiver Sicherheit in Europa und Fernost im Dezember 1933. Litwinow drängte auf den Abschluss eines regionalen wechselseitigen Beistandspakts im Rahmen des Völkerbundes; was ihm dabei vorschwebte, bezeichnete er als «östliches Locarno».

Vansittart[I], permanenter Unterstaatssekretär im Foreign Office, machte sich auf britischer Seite für solche Ideen stark. Er stand kritisch zu Simon, Anthony Eden[II] und Neville Chamberlain[III], die in bilateralen Abkommen mit rivalisierenden Staaten das beste Mittel für die Erhaltung von Frieden und Stabilität sahen – eine Konzeption, die schließlich zur Appeasement-Politik geführt hat.[4] Vansittarts strategische Vision nach der Machtergreifung Hitlers beruhte auf der Prämisse, dass Großbritannien ein regionales Machtgleichgewicht sowohl in Europa als auch in Fernost durch ein Bündnis mit der Sowjetunion aufrechterhalten könnte, die in der Lage war, sowohl dem japanischen als auch dem deutschen Expansionsdrang einen Riegel vorzuschieben. Ein erklärter Gegner emotionsgesteuerter Politik, ließ er sich von seiner Abscheu gegenüber dem Kommunismus nicht davon abhalten, im internationalen Machtspiel die gewichtige russische Karte zu spielen.[5] Ihm schwebte eine europäische Sicherheitsarchitektur nach dem Vorbild der Entente zwischen Großbritannien, Frankreich und Russland am Vorabend des Ersten Weltkriegs vor.

Vansittart und Maiski übernahmen die Kassandra-Rolle und verkündeten ihre Vorahnungen über die Absichten Hitlers mit Entschiedenheit. Die Vansittarts lernten Maiski und seine Frau 1933 bei einem Empfang im Buckingham Palace kennen. Nach einiger Zeit begannen die beiden Paare, sich häufig zu

---

I Robert Gilbert Vansittart (1. Baron Vansittart), 1920–1924 Erster Privatsekretär von Lord Curzon und in der Folge (1928–1930) von mehreren aufeinanderfolgenden Premierministern, 1930–1938 permanenter Unterstaatssekretär für Auswärtiges, 1938–1941 diplomatischer Chefberater des Außenministers.

II Robert Anthony Eden (1. Earl of Avon), 1923–1957 konservativer Unterhausabgeordneter für Warwick und Leamington, 1931–1934 Unterstaatssekretär für Auswärtiges, 1934/35 Lordsiegelbewahrer, 1935–1938, 1940–1945, 1951–1955 Außenminister, 1939/40 Minister für die Dominions, 1940 Kriegsminister.

III Arthur Neville Chamberlain, 1923–1924, 1931–1937 brit. Schatzkanzler, 1923, 1924–1929, August–November 1931 Gesundheitsminister, 1937–1940 Premierminister und Erster Lord des Schatzamts.

Ballettstunden für die Jugend: Alltagsleben der Kinder des Botschaftspersonals

treffen; Maiski und Vansittart vertraten nicht nur ähnliche politische Auffassungen, sondern standen sich auch durch ihre gemeinsame Bewunderung für Heine, Lermontow und Kant in literarischer und kultureller Hinsicht nahe. Ihre Gespräche schweiften zu den kulturellen Wallfahrtsorten Londons wie den Balletts Russes von de Basil in Covent Gardens oder der Neuinszenierung von Bernard Shaws *Heiliger Johanna* in der russischen Botschaft.[I] Was sie jedoch mehr als alles andere zusammenschweißte, war die klarsichtige Überzeugung, dass das nationalsozialistische Deutschland eine existenzbedrohende Gefahr für Großbritannien und die Sowjetunion darstellte.[6] Sie einte auch der Glaube an die große Bedeutung persönlicher Beziehungen in der Diplomatie.[7] Ihren Ausdruck fand diese Überzeugung in der im Tagebuch Maiskis ausgiebig dokumentierten Praxis Vansittarts, durch die verdeckte Lancierung von Informationen öffentlichen Druck aufzubauen – ein Verfahren, das Maiski schnell perfektionierte. «Seltsam», vermerkte Hugh Dalton[II] einmal, «wie diese beiden

I George Bernard Shaw, irischer Dramatiker, Kritiker und Sozialist, gehörte 1885–1911 dem Exekutivausschuss der Fabian Society an.

II Hugh Dalton, 1936/37 Vorsitzender der Nationalen Exekutive der Labour-Partei, 1940–1942 Minister für Kriegswirtschaft, 1942–1945 Präsident des Board of Trade.

höchst unterschiedlichen Zeugen in vielen Punkten die Aussagen des jeweils anderen untermauerten.»[8] Der Aufstieg Chamberlains ins Premierministeramt führte zu Vansittarts Beförderung auf den speziell für ihn geschaffenen Posten eines «diplomatischen Chefberaters» Anfang 1938, was indes praktisch bedeutete, dass er aus den politischen Entscheidungsprozessen herausfiel. Maiski wurde damit zu einem entscheidenden Zeitpunkt eines wichtigen Partners im Foreign Office beraubt.

Ihre erste politisch folgenreiche Begegnung ergab sich bei einem Mittagessen, das Vansittart am 21. Juni 1934 zu Ehren Maiskis gab und an dem auch Simon teilnahm. Auf ihn, den Außenminister, gemünzt, flüsterte Lady Vansittart Maiski ins Ohr: «‹Macht Ihnen mein linker Nachbar diese Schwierigkeiten?› [...] ‹Aber warum sollten Sie nicht offen über alles mit Van sprechen?›» Ihre forsche Intervention führte zu Unterredungen am 3., 12. und 18. Juli (alle im Tagebuch geschildert). Sie markierte den Beginn einer langwährenden Verbindung, die ein Tauwetter in den britisch-sowjetischen Beziehungen herbeiführte und es Litwinow ermöglichte, in Moskau der Politik der kollektiven Sicherheit zum Durchbruch zu verhelfen.[9]

12. Juli

Vanisattart bat mich vorbeizukommen, um mich über die Ergebnisse von Barthous[I] Besuch zu unterrichten.[10] Die Briten sind mit dem Resultat sehr zufrieden. Die britische Regierung hat zugesagt, den Plan eines «Ostpakts» ebenso zu unterstützen wie das Projekt eines ergänzenden französisch-sowjetischen Garantiepakts, allerdings unter der heiklen Bedingung, dass man Deutschland eine Beteiligung gleichrangig mit Frankreich und der UdSSR anbietet. Simon wird sich morgen im Unterhaus in diesem Sinne äußern. Die britischen Botschafter in Berlin und Warschau sind angewiesen worden, («freundlich») für die Beteiligung am Ostpakt zu werben, und der britische Botschafter in Rom hat Anweisung erhalten, die italienische Regierung um Unterstützung für den britischen Vorstoß zu bitten.

Ich bekundete meine Zufriedenheit mit dem Bericht Vansittarts und versprach, die sowjetische Regierung über den Wunsch Großbritanniens, Deutschland in den Garantiepakt einzubeziehen, zu unterrichten. [...]

I Jean Louis Barthou, 1934 französischer Außenminister, am 9./10. Juli zu Besuch in London.

18. Juli

Heute teilte ich Vansittart mit, dass die sowjetische Regierung bereit ist, Deutschland als gleichberechtigtes Mitglied im französisch-sowjetischen Garantiepakt zu akzeptieren. Vansittart war darüber sehr erfreut und versprach, alles zu tun, um eine breite Berichterstattung in der Presse zu gewährleisten. Es wäre gut, wenn die sowjetische Regierung ihren Beschluss ebenfalls öffentlich bekannt gäbe. Der einzige Einwand der Deutschen gegen den Ostpakt ist damit aus dem Weg geräumt. Falls Deutschland jetzt trotzdem den Vorschlag erneut ablehnt, darf es sich nicht beschweren, wenn andere Länder gegenüber seinen Absichten misstrauisch werden.

Ich erkundigte mich, wie die britischen Démarchen in Berlin und Warschau, über die Vansittart mich am 12. Juli informierte, aufgenommen wurden.

V. antwortete, die Reaktion Neuraths[I] sei unterkühlt und abweisend gewesen, die von Beck[II] frostig. Beide hätten jedoch zugesagt, «sich mit der Sache zu beschäftigen». Bislang liege keine Antwort von ihnen vor.

V. verdeutlichte mir dann erneut den Wunsch der britischen Regierung nach einer Verbesserung der englisch-sowjetischen Beziehungen. «Eine gewisse Verbesserung ist schon sichtbar», sagte Vansittart, «aber ich sehe keinen Grund, warum dieser Prozess nicht noch ein bedeutsames Stück weitergehen könnte.» Die UdSSR ist besorgt über die Haltung, die Großbritannien gegenüber Deutschland und Japan einnimmt, doch hat [Außenminister] Simon das Verhältnis der britischen Regierung [zu Deutschland] am 13. Juli im Unterhaus klargestellt. (Ich nickte und sagte, seine Rede sei in unserem Land gut angekommen.)[11] [...]

V. sieht jedoch seinerseits Anlass, sich über Unarten der sowjetischen Presse zu beschweren, die nicht selten Großbritannien vorwirft, Japan und Deutschland gegen die UdSSR auszuspielen. [...] Es ist wünschenswert, jeden direkten Vorwurf zu vermeiden, dass Großbritannien sich auf einen Krieg gegen die UdSSR vorbereite; das wäre nur Wasser auf die Mühlen derjenigen Elemente in Presse und Parlament, die einer englisch-

---

I Konstantin von Neurath, 1930–1932 deutscher Botschafter in London, 1932–1938 deutscher Außenminister, 1939–1941 Reichsprotektor in Böhmen und Mähren.

II Józef Beck, 1932–1939 polnischer Außenminister.

sowjetischen Annäherung feindselig gegenüberstehen («erst recht, da derartige Vorwürfe absolut unbegründet sind»).

Ich antwortete, ich hätte zwar volles Verständnis für V.s Gefühle und Absichten, sähe aber auch, dass das 19. Jahrhundert zweifellos ein schwieriges Vermächtnis hinterlassen habe, während die sowjetische Periode durch eine unablässige Feindseligkeit Großbritanniens gegen den jungen Arbeiter-und-Bauern-Staat geprägt sei. Könne man sich darüber wundern, dass die sowjetischen Massen sich an den Gedanken gewöhnt hätten, in Großbritannien ihren Feind zu sehen? [...]

9. August

Ich stattete Vansittart einen Besuch ab, um ihm vor der Abreise in meinen Urlaub Lebwohl zu sagen, und er nutzte meinen Besuch für eine ernsthafte politische Unterredung.

Als Erstes ließ V. mich in Beantwortung unserer Démarche vom 3. August (von Kagan während meines Aufenthalts in Schottland übergeben) wissen, dass die britische Regierung sich gerne für die Aufnahme der UdSSR in den Völkerbund einsetzen und die von diesem ausgesprochene Einladung befürworten werde.[12] [...]

«Wir werden also», fuhr V. fort, «bald Mitglieder im selben ‹Klub› sein. (V. meinte den Völkerbund.) Ich bin sehr zufrieden. Ich sehe im Moment kein einziges größeres internationales Problem, das Großbritannien und die UdSSR ernsthaft entzweien könnte. Die Richtung, in die sich die Dinge entwickeln, und die Logik der Ereignisse bringen unsere Länder einander immer näher, sowohl in Europa als auch im Fernen Osten. Wir sind uns einig darin, woher die Bedrohungen für die Welt kommen – und auch unsere Ansichten darüber, wie der Gefahr zu begegnen ist, dürften sich in vieler Hinsicht gleichen. Unsere ernsten und offenen Gespräche (insbesondere das erste am 3. Juli) haben viel zur Klärung unserer jeweiligen Positionen und zum Anwachsen unseres Verständnisses füreinander beigetragen, aber das ist erst der Anfang. Der Umstand, dass die britische Regierung sich für den Ostpakt eingesetzt hat und jetzt bereit ist, die Aufnahme der UdSSR in den Völkerbund zu befürworten, ist der beste Beweis für einen ernst gemeinten Wandel in den englisch-sowjetischen Beziehungen.» [...]

«Während Ihres Urlaubs», sagte V., «werden Sie natürlich Herrn Litwinow sehen. Sagen Sie ihm bitte, dass es im Interesse der Verbesserung unseres Verhältnisses wünschenswert sei, alle Verärgerungen zu vermeiden, wie etwa den Fall Metro-Vickers oder den Streit über die Goldvorkommen an der Lena.[13] Solche Vorfälle sind vielleicht nicht ausschlaggebend per se, doch bergen sie die Gefahr, dass sie bei den englischen Massen Leidenschaften aufrühren könnten, die man besser nicht entflammen sollte. Wichtig ist auch, dass in beiden Ländern die Presse diskret agieren sollte. Jetzt, da Großbritannien und die UdSSR Mitglieder im selben ‹Klub› werden, wäre es seltsam, wenn wir anfingen, einander der Falschspielerei zu bezichtigen oder unter dem Tisch Pistolen aufeinander zu richten.»[14] [...]

Zum Abschluss fragte ich V., was er über den Ostpakt wisse. V. sagte, Deutschland und Polen hüllten sich in Schweigen. Dabei kann es nicht lange bleiben. Beide Regierungen haben genug Zeit gehabt, die Sache zu «studieren». Man muss jetzt auf eine direkte Antwort von ihnen bestehen. Wenn keine kommt, müssen Frankreich und die UdSSR handeln. Es wäre gefährlich, die Unterzeichnung des Paktes hinauszuzögern. Im Großen und Ganzen ist Hitlers Standpunkt in letzter Zeit immer rätselhafter geworden. Nach dem Tod Hindenburgs[I] ist er zum wahren Herrn Deutschlands aufgestiegen. Was will er? Krieg oder Frieden? Österreich sollte der Prüfstein sein. Die Zeit wird es zeigen. Bis jetzt hat Hitler sich an die Regel aus *Alice im Wunderland* gehalten: «Morgen Marmelade und gestern Marmelade, nie aber heute Marmelade.» Genauso hält Hitler es mit dem Frieden. Er verspricht immer Frieden für morgen, aber nie für heute.

Wir verabschiedeten uns herzlich und verabredeten, uns in zwei Monaten, nach meiner Rückkehr nach London, wieder zu treffen.

▸ Maiski, der leidenschaftlich gern reiste, verließ England für eine an Eindrücken reiche dreimonatige Tour zu den Wiegen der abendländischen Zivilisation – Italien, Griechenland und Konstantinopel –, um anschließend der Sowjetunion einen Heimatbesuch abzustatten. Kurz vor seiner Rückkehr nach London führte er intensive Gespräche mit Stalin und Litwinow über den künftigen Kurs der sowjetischen Außenpolitik; er gewann dabei den Eindruck, dass Stalin «inzwischen annähernd dieselbe geistige Dominanz über seine Kollegen

I Paul Ludwig von Hindenburg, 1916–1919 Chef der obersten Heeresleitung, 1925–1934 deutscher Reichspräsident.

erlangt hat, wie Lenin[I] sie einst innehatte».[15] Wieder in London, versuchte Maiski fieberhaft, seine Gesprächspartner davon zu überzeugen, dass die Sowjetunion sich von ihrem revolutionären Tatendrang verabschiedet habe.[16] Im Foreign Office stieß er damit jedoch auf taube Ohren. Man registrierte zwar, mit welchem Eifer die sowjetische Regierung versuchte, «sich hier beliebt zu machen», glaubte aber, sie tue dies eher aus Opportunismus denn aus Überzeugung.[17] Ungeachtet dessen veranlasste die Befürchtung, die Russen und die Deutschen könnten zueinanderfinden, das Foreign Office dazu, auf die sowjetischen Avancen einzugehen.[18]

31. Oktober

Neulich sagte mir jemand, dass die Zuschauer lachen, wenn der Premierminister in der Wochenschau auftritt. MacDonalds[II] persönliche Autorität scheint auf einen sehr niedrigen Stand gesunken zu sein.

1. November

Ich komme zunehmend zu der Überzeugung, dass trotz allem weiterhin Baldwin[III] der eigentlich führende Kopf der konservativen Partei ist – und demzufolge der führende Mann Englands und des britischen Empire. Er ist freilich kein gewöhnlicher Führer. H. Macmillan[IV] (von den Konservativen) sagte mir einmal: «Baldwin ist unser Kutusow» (er meinte den Kutusow aus L. Tolstois *Krieg und Frieden*).

I Wladimir Iljitsch Lenin (Uljanow), Gründer der Russischen Kommunistischen Partei (Bolschewiki), 1917 führender Kopf der bolschewistischen Revolution, 1917–1924 Vorsitzender des Rates der Volkskommissare.

II James Ramsay MacDonald, 1924, 1929–1931 Premierminister der ersten und zweiten Labour-Regierung, 1931–1935 Premierminister des National Government, 1935–1937 Lord President of the Council.

III Stanley Baldwin (1. Earl Baldwin of Bewdley), 1923/24, 1924–1929, 1935–1937 britischer Premierminister.

IV Harold Macmillan (1. Earl of Stockton), 1924–1929, 1931–1964 Unterhausabgeordneter (MP) der Konservativen, 1940–1942 parlamentarischer Staatssekretär im Ministry of Supply, 1942–1945 Unterstaatssekretär im Kolonialministerium.

4. November

Im heutigen *Observer* kritisiert Garvin[I] heftig die Forderung Japans nach Flottenparität mit Großbritannien und den USA. Vom Standpunkt des britischen Imperialismus aus betrachtet, bergen seine Argumente sehr viel Wahrheit. Garvin kommt zu der Schlussfolgerung: Falls sich eine Einigung zwischen Japan, den USA und Großbritannien als unmöglich erweist, muss man sich um eine Übereinkunft zwischen den USA und Großbritannien (gegen Japan) bemühen. [...]

In derselben Ausgabe meldet der *Observer* aus Kalkutta, dass Gandhi[II] sich erschöpft und desillusioniert zurückzieht und dass der indische Kongress, in dem sich inzwischen fast ausschließlich äußerst pragmatische politische Feilscher tummeln, bereit ist, sich mit der von den Briten ausgearbeiteten Reform der indischen Verfassung abzufinden und vollen Nutzen aus den Ämtern und gut gepolsterten Positionen zu ziehen, die sie ihnen bescheren wird. Gandhis «unpraktischer Idealismus» behindert diese Feilscher nur. Deswegen sind sie froh, ihn seinen Abschied nehmen zu sehen. ...

[...] Gandhi! Ich habe Fülöp-Millers Buch *Lenin und Gandhi*, erschienen 1927 in Wien, gelesen. Der Autor zeichnet die beiden Führer ziemlich gekonnt, stellt sie einander als die beiden gleich hohen «Gipfel» unseres Zeitalters gegenüber. Vor sieben Jahren kam dieser Vergleich nur Kommunisten absurd vor, vielleicht auch einigen klarsichtigeren Vertretern der europäischen Bourgeoisie. Aber heute? Wer, selbst aus den Reihen der bürgerlichen Intellektuellen, würde es heute wagen, Lenin und Gandhi gleichzusetzen? Jeder Mensch, selbst ein Feind, kann heute sehen, dass Lenin ein historischer Montblanc ist, der in der tausendjährigen Evolution der Menschheit für alle Zeit ein strahlender Leuchtturm bleiben wird, während Gandhi nur ein Berg aus Pappmaschee ist, der rund zehn Jahre ein zweifelhaftes Licht ausstrahlte, bevor er von einem Tag auf den anderen in sich zusammenfiel, um wenige Jahre später im Mülleimer der Ge-

---

I James Louis Garvin, 1908–1942 Chefredakteur des *Observer*.

II Mohandas Karamchand Gandhi, Anführer der indischen Nationalbewegung gegen die britische Kolonialherrschaft. Maiskis Urteil über Gandhi reflektiert die offizielle, kritische Haltung zu Gandhi, dessen Konzept des gewaltlosen Widerstands Moskau mit den Interessen der nationalen Bourgeoisie identifizierte.

schichte vergessen zu werden. Das ist die Art und Weise, wie die Zeit und die Ereignisse echtes Edelmetall von seinen billigen Imitaten abscheiden.

► Maiski pflegte, wie es heute gängige Praxis wäre, in den dreißiger Jahren jedoch eher ungewöhnlich war, mit Sorgfalt gute Beziehungen zu den Verlegern und Redakteuren führender Zeitungen, besonders der konservativeren Blätter. Seine ausgiebige Korrespondenz mit Garvin, dem engen Vertrauten von Lord und Lady Astor[1] und Chefredakteur des *Observer*, belegt dies bestens. Maiski setzte Garvin – manchmal eher subtil, manchmal ziemlich offen – über Dinge ins Bild, die in seinen Augen wichtig genug waren, um veröffentlicht zu werden.[19]

9. November

Heute hatte ich eine lange Unterredung mit Simon. [...] Er erklärte kategorisch, die britische Regierung habe kein Auge auf sowjetisches Territorium geworfen und habe auch nie Verfechter der Theorie unterstützt, dass Großbritannien von einem *nice little war* im Fernen Osten zwischen der UdSSR und Japan profitieren würde. [...] Gleichzeitig machte er deutlich, dass eine Annäherung an die UdSSR nicht so weit gehen dürfe, dass dadurch die Beziehungen Großbritanniens zu irgendeiner dritten Macht Schaden nähmen (wobei er offenkundig an Japan und vielleicht auch an Deutschland dachte).[20] [...]

Das heutige Gespräch mit S. könnte sich als Seifenblase erweisen, könnte sich aber auch als wichtiges historisches Ereignis entpuppen. Alles hängt vom Urteil des Kabinetts ab.

Ich sitze an meiner Schreibmaschine und frage mich, welche der Alternativen sich einstellen wird. Warten wir's ab.

1 Lady Nancy Astor, 1919–1945 MP der Konservativen für Plymouth und die erste Frau mit einem Sitz im Unterhaus. Die nonkonformistische Politikerin begleitete Bernard Shaw auf einer Rundreise durch Russland und traf mit Stalin zusammen, verlagerte aber ihre Sympathien in Richtung Hitler, als sie den «Cliveden Set» ins Leben rief, eine Speerspitze der Anbiederung an den Nationalsozialismus.

10. November

Gestern Abend nahm ich am jährlichen Dinner des Bürgermeisters[I] [von London] teil. Der 9. November ist ein großer Tag im Leben der Stadt. Seit undenklichen Zeiten findet die Amtseinführung von Bürgermeistern an diesem Tag statt. [...] Die Lord Mayor Show, eine mittelalterliche Zeremonie, zieht durch die Straßen der Stadt, und am Abend findet in der Guildhall ein opulentes Bankett für die Honoratioren Londons statt, an dem 500 bis 600 Gäste teilnehmen. Auch Botschafter stehen auf der Gästeliste, aber ... zum einen werden ihre Frauen nicht mit eingeladen (während die englischen Honoratioren ihre Ladys mitbringen), und zum Zweiten wird die Ehre nicht allen Diplomaten zuteil, sondern nur den Botschaftern und den zwei ranghöchsten Missionschefs.

Die abendliche Zeremonie ist höchst eigentümlich. Der neu gewählte Bürgermeister und seine Frau – der amtierende Bürgermeister[II] ist Witwer und kam daher in Begleitung seiner Tochter – stellen sich auf ein kleines Podium am hinteren Ende des langen Foyers der Guildhall-Bibliothek. Ein schöner dunkelroter Teppich, auf dem die neu ankommenden Gäste einherschreiten, erstreckt sich vom Eingang des Foyers bis zum Podium. Ein in Tudor-Tracht gekleideter Herold gibt mit lauter Stimme den Namen jedes Gastes bekannt. Die Gäste sind angehalten, den langen Teppich gemessenen Schrittes abzuschreiten, das Podium zu betreten und dem Bürgermeister und seiner Frau die Hand zu schütteln. Danach sortieren sie sich rechts oder links vom Gastgeber ein, je nach ihrer Stellung und ihrem Rang. Allmählich sammelt sich zu beiden Seiten des Teppichs eine große Schar von Gästen, die jeden Neuankömmling aufmerksam beäugen. Es ist Brauch, dass herausragende Gäste mit Applaus begrüßt werden. Die Lautstärke des Beifalls variiert deutlich in Abhängigkeit vom Status und von der Popularität des jeweiligen Gastes. Wenn alle Gäste da sind, stellt man sich zur feierlichen Prozession auf. Trompeter in mittelalterlichen Kostümen übernehmen die Führung, gefolgt vom City Marshal und vom Beichtvater des Bürgermeisters. Dann kommt links der Träger des Amtsstabes, gefolgt vom Bürgermeister, der einen Hut und eine Robe mit langer Schleppe trägt; dann der Premierminister (MacDonald) mit dem Schwert-

---

I Sir Stephen Henry Molyneux Killik.

II Sir Percy Vincent.

träger zur Rechten und dahinter die Gattin des Premierministers (in diesem Fall seine Tochter Ishbel[1]) und die Frau des Bürgermeisters. [...] Die gesamte Prozession bewegt sich langsam durch die Bildergalerie der Guildhall und dreht eine Runde im Bankettsaal, bevor die Teilnehmer schließlich ihre Plätze an der Dinnertafel einnehmen. Der «Festschmaus» nimmt schließlich seinen Lauf, beginnend mit der obligatorischen Schildkrötensuppe, die ziemlich unverdaulich zu finden ich mir offenbar nicht abgewöhnen kann ...

Im Großen und Ganzen beeindruckt das Schauspiel durch seine Farbenpracht und durch seine mittelalterliche Feierlichkeit. Kein Wunder, auf dem Umschlag des gedruckten Programms und der Speisekarte ist das Faksimile der Charta eingraviert, die König Johann am 9. Mai 1215 erließ. Diese bekräftigte die Privilegien der City of London und garantierte den Baronen das Recht, im jährlichen Turnus ihren Bürgermeister zu wählen, von dem Loyalität zum König, Bescheidenheit und die Fähigkeit, die Stadt zu regieren, erwartet wurden und der unmittelbar nach seiner Wahl dem König – oder in dessen Abwesenheit dem obersten königlichen Richter – vorgestellt werden musste.

Das gestrige Bankett hatte mehrere interessante Momente zu bieten.

[...] Als ich mich auf der Suche nach meinem Platz nur noch zwei Stühle von meinem Ziel entfernt befand, drangen plötzlich russische Worte an mein Ohr. Ich hob den Kopf und konnte das folgende Schauspiel beobachten: Auf der anderen Seite der Tafel, direkt meinem Platz gegenüber, stand eine hochgewachsene grauhaarige Dame, die ein graublaues Seidenkleid und darüber einen gelblichen Brokatumhang trug, in ziemlicher Aufregung und fuchtelte mit den Händen. Ihr Gesicht war ganz hübsch, jetzt aber mit roten Flecken übersät. Zwei Personen waren bei ihr und wirkten ziemlich ratlos: ein grün gekleidetes junges Mädchen und ein respektabler grauhaariger Herr in einem Samtanzug mit einem Stern auf der Brust. Ich hörte, wie die Frau in hysterischem Ton auf Russisch sagte: «Ich kann hier nicht sitzen! Das geht einfach nicht!» Der respektable Herr flüsterte der grauhaarigen Dame etwas ins Ohr, in dem Bemühen, sie zu beruhigen, was ihm jedoch nicht gelang. «Ich werde hier nicht

1 Ishbel MacDonald, Besitzerin eines Gasthofs und Tochter des Premierministers Ramsay MacDonald.

sitzen! Ich gehe!», zeterte die widerspenstige Dame. Das Mädchen in Grün änderte die Sitzordnung so ab, dass die Dame zwei Stühle weiter zu sitzen kam. Sie beruhigte sich ein wenig, verlor aber erneut die Fassung, als ich mich anschickte, meinen Platz einzunehmen, und rief mit entgleisten Gesichtszügen: «Blut an deinen Händen!»

Ich warf der erregten Dame einen ironischen Blick zu und begann eine ruhige Unterhaltung mit meiner Sitznachbarin. Die Dame gegenüber ließ sich auf ihren Stuhl fallen und verschob wütend eine Vase, so dass die Blumen mir die Sicht auf sie verdeckten.

Im weiteren Verlauf fragte ich meine Nachbarin (die Gattin des Ratsherrn Twyfold, wie sich herausstellte) nach dem Namen der Dame, die gerade die Szene veranstaltet hatte. «Oh», sagte sie, «das ist Lady Studd. Ihr Ehemann, Sir Kynaston Studd[1] (der Herr im Samtanzug) war Ratsherr. Er amtierte ein Jahr lang als Bürgermeister und ging dann in den Ruhestand. Er ist reich, und sie ist eine russische Fürstin. Sie haben in den Kriegsjahren geheiratet.» Dann sagte meine Sitznachbarin noch mit vielsagender Betonung: «Lady Studd ist eine charmante Frau, aber etwas feinnervig.»

Wie schön, dieses herrliche britische Understatement! Der Gatte der russischen Fürstin, vom Verhalten seiner Frau offenbar peinlich berührt, bemühte sich anschließend, ganz besonders nett zu mir zu sein (ebenfalls eine Kostprobe der feinen englischen Art), und brachte sogar einen Toast auf meine Gesundheit aus. Seine Frau schien irgendwann ihre Erregung mit Wein hinuntergespült zu haben und ließ offenbar Gnade vor Recht ergehen. Sie schob die sichtversperrende Vase weg und begann mich mit größter Unverfrorenheit zu mustern ...

15. November Heute nahm ich an dem von der altehrwürdigen Gilde The Worshipful Company of Stationers and Newspaper Makers (schon 600 Jahre alt) veranstalteten Bankett teil.

Ich hatte erwartet, dass einige uralte Bräuche mit diesem Abendessen einhergingen, wurde aber enttäuscht. Es war ein Festmahl wie alle anderen, bis hin zur unvermeidlichen Schildkrötensuppe; nur die bemalten

---

1 Sir John Edward Kynaston Studd, 1923–1942 Ratsherr der City of London, 1928/29 Bürgermeister von London.

Bogenfenster des Speisesaals erinnerten an die Vergangenheit. Ich sage nicht ganz die Wahrheit: Es wurde auch «The Loving Cup» zelebriert; ich hatte das schon bei den Banketten des Bürgermeisters erlebt. Aber die Gäste – sie steuerten einen eigenartigen Hauch mittelalterlicher Atmosphäre bei. Zu meiner Rechten saß Lord Marshall[I] (Verleger und ehemaliger Bürgermeister von London), der stolz erklärte, der Gilde seit 55 Jahren anzugehören!

«Ist die Mitgliedschaft erblich?», fragte ich etwas verwundert.

«Nein», antwortete Lord Marshall, «das nicht. Ich trat der Gilde bei, kaum dass ich als Lehrling in meinem Beruf angefangen hatte.»

Wie sich herausstellte, war mein Platznachbar schon 70. Zu meiner Linken saß Lord Wakefield[II], seines Zeichens Ölmagnat, prominenter Philanthrop und Londoner Ratsherr. Er ist auch um die 70 Jahre alt (ein Schulkamerad von Marshall!). Dieser ehrwürdige Honoratior des britischen Empire erzählte mir, er habe vor rund 30 Jahren (eine wahrhaft englische Zeitspanne!) eine Reise nach St. Petersburg geplant und die Fahrkarten sogar schon in der Tasche gehabt, als er im letzten Moment ein Telegramm erhalten habe mit der Botschaft: «Pest in Russland». Natürlich habe er sich gegen die Reise entschieden. Vielleicht sei jetzt der richtige Zeitpunkt, sie nachzuholen? ... Ich bestärkte ihn darin.

«Sagen Sie mir», fuhr er fort, wobei er sich an die Stirn fasste, als komme ihm eine Erinnerung. «Sie haben da offenbar einen Mann ... Lenin ... Ist der wirklich ungeheuer gescheit?»

«Ich kann Ihnen versichern, dass er das war», antwortete ich lächelnd, «aber leider ist er 1924 verstorben.»

«Verstorben?» Wakefield wirkte enttäuscht. «Wirklich? ... Das wusste ich nicht.»

So gut ist die Creme der englischen Bourgeoisie also über sowjetische Angelegenheiten informiert! Das riecht wirklich nach Mittelalter! ...

Seit letztem Jahr amtiert der Prince of Wales[III] als Vorsitzender (oder

---

I Horace Brooks Marshall (1. Baron Marshall of Chipstead), 1918/19 Bürgermeister von London.

II Charles Cheers Wakefield (1. Viscount Wakefield), britischer Geschäftsmann, 1915/16 Bürgermeister von London.

III Prince of Wales: 1911–1936 Edward Windsor, geb. von Sachsen-Coburg und Gotha. Im Januar 1936 als Edward VIII. zum König von England gekrönt, dankte im Dezember 1936 ab und nahm den Titel Duke of Windsor an.

Meister) der Gilde. Unser «Freund», der Erzbischof von Canterbury[I], brachte einen witzigen Toast auf den Prinzen aus. (Der Erzbischof ist, das muss gesagt werden, ein herausragender Festredner.) Der Prinz blieb die formgerechte Antwort nicht schuldig. Dann begaben sich alle in den Rauchsalon. Dort verwickelte mich der Prinz, der es als Gastgeber als seine Pflicht erachtete, mit jedem der anwesenden Diplomaten ein paar Nettigkeiten auszutauschen, ganz unerwartet in ein langes und unangemessen ernstes Gespräch. Zuerst fragte er mich, ob ich viele Reden halten müsse. Als ich ihm ein Kompliment für seine Rede machte, begann er leicht befangen über die besten englischen Redner der Vergangenheit und Gegenwart zu sprechen. Er erwähnte den verstorbenen Lord Birkenhead[II], General Smuts[III] und Lloyd George[IV], nicht aber MacDonald. Über Letzteren sagte er: «Wissen Sie, er ist nicht gerade ...», wobei er leicht das Gesicht verzog. [...] Er kam dann auf die internationale Politik zu sprechen, äußerte sich ausführlich über die Gefahr eines Krieges und die verzwickte internationale Lage und kam schließlich zu dem Fazit, niemand wolle Krieg – England nicht, Frankreich nicht («kann bei einem Krieg nur verlieren») und auch Deutschland nicht. Ich äußerte meine Zweifel an den friedlichen Absichten des Letztgenannten und auch Japans. Der Prinz widersprach nicht, betonte aber umso leidenschaftlicher, dass England nur nach Frieden strebe und dass militaristisches Denken dem Geist des britischen Volkes fremd sei. [...] Was mich betraf, so erklärte ich, die sowjetische Außenpolitik sei eine Politik für den Frieden, und ich sei froh, vom Prince of Wales zu hören, dass Großbritannien dasselbe Ziel verfolge. Das gefiel dem Prinzen, der zum wiederholten Mal sagte, niemand wolle wirklich Krieg, und die Kräfte des Friedens seien viel zahlreicher und mächtiger als die Kräfte des Krieges. Ich setzte dem jedoch entgegen, dass die Kräfte des Krieges weit besser organisiert seien, insbesondere die Waffenhersteller, und dass deshalb die Gefahr des Krieges tatsächlich ernst zu nehmen sei. [...] Gegen Ende unseres Gesprächs erkundigte er sich nach meiner Vergangenheit, und ich schilderte ihm meine diplomatische Lauf-

---

I William Cosmo Gordon Lang, 1928–1942 Erzbischof von Canterbury.

II Frederick Edwin Smith (1. Earl of Birkenhead), 1924–1928 Minister für Indien.

III Feldmarschall Jan Christian Smuts, 1939–1948 Premierminister, Außen- und Verteidigungsminister der Südafrikanischen Union.

IV David Lloyd George, 1890–1945 Liberaler MP für Caernarvon, 1916–1922 Premierminister von Großbritannien, 1926–1931 Vorsitzender der Liberalen Partei.

bahn. Daraufhin fragte er: «Wo haben Sie Englisch gelernt?» Ich antwortete, dass ich fünf Jahre lang, zwischen 1912 und 1917, als politischer Emigrant in England gelebt hatte. Der Prinz lachte und rief: «Und jetzt sind Sie der Botschafter! Es ist ein Zeichen unserer Zeit. Wir leben in einer erstaunlichen Epoche!»[21]

Unsere Plauderei dauerte zehn bis 15 Minuten. Der Prinz und ich standen in der Mitte des Rauchsalons, während eine Schar schockierter Diplomaten und rund 200 britische Honoratioren, an ihrer Spitze der Erzbischof von Canterbury, um uns herumstanden und einander Blicke zuwarfen und Dinge zuraunten.

16. November

Ich besuchte Eden nach meiner Rückkehr aus dem Urlaub. Ich hatte nicht vorgehabt, über ernste Themen zu sprechen, doch irgendwie schien unsere Unterhaltung von selbst auf die aktuellen politischen Fragen hinzuführen. Die wichtigsten:

(1) Eden sagte wörtlich: «Im Augenblick bestehen zwischen Großbritannien und der UdSSR nirgendwo auf der Welt Konflikte. Sie haben im Gegenteil ein gemeinsames und höchst wichtiges Interesse – die Erhaltung des Friedens. Ihr braucht Frieden, um euer großes Experiment weiter durchzuführen, wir brauchen ihn für die Entwicklung und das Gedeihen von Wirtschaft und Handel. Dies schafft günstige Voraussetzungen für die Verbesserung der englisch-sowjetischen Beziehungen.»

(2) Eden war sehr erfreut zu erfahren, dass wir unsere Bemühungen um den Abschluss des Ostpakts nicht eingestellt haben. Er erklärte, er werde über dieses Thema in Genf mit Beck reden. (Eden reist morgen nach Genf ab, um an der Sitzung des Völkerbundrates teilzunehmen.)

(3) Die Gespräche zwischen Eden und Ribbentrop[1] hatten einen ganz und gar unseriösen Charakter. Eden ist sehr skeptisch, was die Wahrscheinlichkeit einer baldigen Rückkehr Deutschlands in den Völkerbund angeht. Es ist möglich, dass Hitler selbst keinen Krieg will, aber alles, was derzeit in Deutschland passiert, deutet auf Krieg hin. Deshalb ist Deutschland zum gegenwärtigen Zeitpunkt der potenzielle Kriegsherd Nummer eins.

[...] Eden lud mich ein vorbeizuschauen, wenn er aus Genf zurück ist.

---

1 Joachim von Ribbentrop, 1936–1938 deutscher Botschafter in Großbritannien, 1938–1945 deutscher Außenminister.

▶ Die Schilderung des Gesprächs mit Eden ist ein typisches Beispiel für die subversiven Methoden, die Maiski während seiner gesamten Botschaftermission anwandte, um Moskau die eigenen Ideen schmackhaft zu machen, indem er diese seinen Gesprächspartnern in den Mund legte. Unter den Bedingungen des Großen Terrors in den späten dreißiger Jahren wurde dies zur einzigen Erfolg versprechenden Vorgehensweise. Im vorliegenden Fall suggerierte er Litwinow, dass Eden sich über ein Treffen mit ihm am Rande der Völkerbundsitzung freuen würde. Er hoffte, dass ein solches Treffen der Annäherung zwischen den beiden Ländern einen Schub verleihen und zugleich einen Keil zwischen Eden und Simon treiben würde.[22]

23. November

Die mit der königlichen Hochzeit verbundenen Feierlichkeiten haben begonnen.[23] Heute gab unser Doyen, der Brasilianer de Oliveira[I], einen Empfang für das diplomatische Korps, «um den Herzog von Kent[II] und Prinzessin Marina[III] kennenzulernen». Gegen 18 Uhr versammelten sich alle Missionschefs in Begleitung ihrer Frauen in der verhältnismäßig kleinen Residenz des Doyens. [...] Das glückliche Paar traf um 18.30 Uhr ein, begleitet von den Eltern der Braut. Im Saal breitete sich erwartungsvolle Spannung aus. Stille, Geflüster, neugierige Blicke aus Frauenaugen. ... Schließlich erschienen die hohen Gäste im Schlepptau des Doyens und seiner Gattin. Marina sah für mich bezaubernd aus, viel besser als in den Zeitungen, eine Blonde mit opulentem Haar, rosiger Haut, strahlenden Augen. Dünn und vornehm. Wie mir ein Diplomat später sagte, gehörten ihre Fotografen erschossen für das, was sie Marina angetan hatten. Wie recht er hatte! Auch der Herzog von Kent ist nicht schlecht, hochgewachsen, schlank und mit einem recht sympathischen Gesicht. Er hat eine etwas geduckte Haltung und scheint sehr schüchtern zu sein. Auf jeden Fall ist er der bestaussehende unter den Söhnen des Königs. Im Großen und Ganzen geben die beiden aus physischer und physiologischer Sicht ein hübsches Paar ab. Die Eltern der Braut – Prinz Nikolaus von Griechen-

---

I Raul Regis de Oliveira, 1925–1940 brasilianischer Botschafter in London, 1933–1940 Doyen des diplomatischen Korps.

II Prinz George Edward, Herzog von Kent, vierter Sohn von König George V.

III Prinzessin Marina, Herzogin von Kent, Frau des Herzogs von Kent.

land[I] und seine Frau (meines Wissens eine russische Fürstin[II]) – sehen wie provinzielle Grundbesitzer von mittlerem Vermögen aus …

Der Doyen hielt eine kurze Begrüßungsansprache auf Englisch und überreichte dem Brautpaar im Auftrag und Namen des gesamten diplomatischen Korps eine große Silberterrine und zwei silberne Salatschüsseln. (Heute erhielt ich einen Brief vom Doyen mit der Mitteilung, dass das Geschenk 300 Pfund gekostet habe und mein Anteil daran sechs Pfund betrage.) Die Unterschriften aller Missionschefs, die sich an den Kosten des Geschenks beteiligt haben, sind im Innern der Terrine eingraviert, mein Name ist einer der Ersten. Er fällt sogleich ins Auge, wenn man hineinblickt. Wird das nicht ein Vergnügen für Marina! Es könnte ihr den Appetit verderben, so fürchte ich. […]

27. November

Die zweite Feier im Gesamtrahmen der königlichen Hochzeit! Ein großer Abendempfang zu Ehren Marinas im Buckingham Palace. Mehr als 800 Gäste, darunter alle Missionschefs. Als Zugabe eine ganze «Brigade» gekrönter Häupter – die gesamte königliche Familie (König[III] und Königin[IV], der Prince of Wales, der Herzog von York[V] mit seiner Frau, der Herzog von Kent, der jüngere Sohn John, die sogenannte königliche Prinzessin, d. h. die Tochter des Königs, an der Seite ihres Gatten; nur der Herzog von Gloucester[VI] fehlte – er hält sich derzeit in Australien auf), ferner der König von Dänemark[VII] mit seiner Gattin, der König von Norwegen[VIII] mit der seinen, Prinzregent Paul von Jugoslawien,[IX] Prinzessin Juliana von Holland[X] (die Thronerbin) usw. Zugegen waren auch eine Menge Großfürsten unterschiedlichster nationaler Zugehörigkeit, dar-

---

I Fürst Nikolaus von Griechenland, Vater von Prinzessin Marina, die 1934 den Herzog von Kent heiratete.

II Es handelte sich um Großfürstin Elena Wladimirowna von Russland.

III George V., 1910–1936 König des Vereinigten Königreichs Großbritannien.

IV Victoria Mary, 1910–1936 Gemahlin von König George V.

V Der spätere König George VI.

VI Prinz Henry William, Herzog von Gloucester, dritter Sohn von König George V.

VII Christian X., 1912–1947 König von Dänemark.

VIII Haakon VII. (geb. Christian Frederik), 1905–1957 König von Norwegen.

IX Prinz Paul, 1934–1941 Prinzregent von Jugoslawien, im März 1941 durch einen Staatsstreich abgesetzt, nachdem er dem Pakt der Achsenmächte beigetreten war.

X Prinzessin Juliana van Oranje Nassau, 1948–1980 Königin der Niederlande.

unter Kyrill Wladimirowitsch Romanow[I] («Kaiser von ganz Russland»!), begleitet von seiner Frau und seiner Tochter Kira[II], die als eine von acht Brautjungfern amtierte. Des Weiteren eine endlose Zahl von Prinzessinnen (griechischer, jugoslawischer und sonstiger Provenienz) [...]

Das Prozedere: Alle Botschafter und Gesandten der Länder, deren Oberhäupter an der Hochzeitsfeier teilnahmen, bildeten im Ballsaal des Palastes einen Halbkreis, aufgereiht nach Dienstalter, wogegen die verbleibenden Gesandten und Geschäftsträger in die anschließende lange Galerie beordert wurden. Vertreter der englischen Aristokratie und des hohen Bürgertums sammelten sich gruppenweise in den anderen Räumen. Eine lange und schwindelerregende Kavalkade gekrönter Häupter ergoss sich aus dem an den Saal angrenzenden Eckzimmer. Als Erste defilierten der britische König und die Königin am Spalier der Botschafter und ihrer Frauen entlang, schüttelten alle Hände und tauschten mit einigen auserwählten Gästen Höflichkeiten aus. Zu den Letzteren gehörten unser Doyen (dank seines Ranges) und Matsudaira.[III] (Die Engländer haben Angst vor den Japanern!) Das Königspaar begab sich aus dem Saal in den angrenzenden Raum, in dem die Gesandten warteten, blieb aber nicht vor einzelnen Diplomaten stehen, sondern begnügte sich mit einem pauschalen Kopfnicken nach rechts und links. Die ausländischen Königspaare (aus Dänemark, Norwegen usw.) folgten, ebenso die Mitglieder der britischen Königsfamilie. Sie alle schüttelten uns die Hände und lächelten uns höflich an. [...] In Wirklichkeit stimmt das nicht ganz: Es gab Ausnahmen. Marinas Mutter schritt demonstrativ an Agnia und mir vorbei, ohne uns zu grüßen. Nun ja, wir werden auf dieser Welt auch ohne ihren Händedruck zurechtkommen! Zwei oder drei verschrumpelte alte Hexen, hässlich wie die Sünde, hielten inne, als sie aus dem Eckzimmer kamen, flüsterten heimlichtuerisch und spähten in unsere Richtung, bevor sie beschlossen, sich unter Umgehung des Spaliers der Botschafter direkt in den Raum zu begeben, in dem sich die restlichen Diplomaten aufhielten. Der sowjetische Botschafter hatte sie in Angst

---

I Kyrill Wladimirowitsch Romanow, russischer Großfürst; führte 1924–1938 den Titel «Kaiser im Exil», da er nach der Ermordung der Zarenfamilie der nominelle Thronfolger war.

II Großfürstin Kira Kirillowna, zweite Tochter des Großfürsten Kyrill Wladimirowitsch von Russland.

III Tsuneo Matsudaira, 1929–1936 japanischer Botschafter in London.

und Schrecken versetzt! Auch einige mit Ordensbändern und Diademen bestückte Damen und Herren kamen bei meinem Anblick aus dem Tritt und verdrückten sich sogleich; es dürfte sich um Kyrill und sein Gefolge gehandelt haben. Unter dem Strich war meine Teilnahme an dem königlichen Empfang für eine bestimmte Teilgruppe der Gäste eine unangenehme Überraschung. [...]

Gegen Ende des Empfangs wurde ich Zeuge eines seltsamen Schauspiels. Der König ging auf Baldwin zu und sprach ihn an. Ich weiß nicht, worüber sie redeten, dafür stand ich zu weit weg; aber ich konnte mir nicht verkneifen, sie zu beobachten. Der König – klein, mit schütterem Haar, zerbrechlich wirkend und mit fast senkrecht herabhängenden Armen – bewegte seine Lippen langsam und blickte, leicht nach vorne geneigt, den konservativen Parteiführer mit Hundeaugen an. Baldwin – von kräftiger Statur, mit dickem Bauch, rotem Haar und einem selbstbewussten Grinsen im Gesicht – stand dem König mit arrogant geschwellter Brust gegenüber und lauschte ihm mit ruhiger und majestätisch anmutender Miene. Seine Arme hielt er zunächst in die Taille gestemmt, dann kratzte er sich lässig am Hinterkopf, faltete schließlich die Arme über seine ausladende Brust. Der König redete einfach weiter und weiter. ... Als Beobachter der Szene fragte man sich unwillkürlich: «Welcher der beiden ist hier Herr im Haus?» Der König schien es eindeutig nicht zu sein.

Lady Astor bekam mich zu fassen. In ein fein gewobenes grünes Samtkleid gehüllt und so sprühend und energiegeladen wie eh und je, hob sie sich sehr erfreulich von der allgemeinen Blasiertheit und Dekadenz ab.

«Ich hatte gerade einen regelrechten Krach mit Kira!», schmetterte sie mir begeistert entgegen.

«Worüber?», fragte ich.

«Über die UdSSR natürlich! Ich habe versucht, ihr zu beweisen, dass sie unrecht hat und dass ihr blutigen Bolschewisten gute Leute seid.»

«Ich kann mir vorstellen, wie das auf Kira gewirkt hat!», sagte ich kichernd.

«Lachen Sie nicht!», versetzte Lady Astor, packte mich am Arm und zog mich hinter sich her. «Kommen Sie mit», sagte sie, «ich werde Sie Kira vorstellen, sie möchte Sie kennenlernen.» ...

Es gelang mir nur mit Mühe, mich loszueisen und in der Menge unterzutauchen.

Was für eine verrückte Frau!

▶ Die Memoiren Maiskis vermitteln, insbesondere in ihrer russischen Ausgabe, die darauf zugeschnitten war, die sowjetische Politik am Vorabend des Krieges möglichst gut aussehen zu lassen, ein unvorteilhaftes, mit vielen Unwahrheiten gespicktes Bild von Lady Astor. Sie bemänteln, wie sehr diese außerordentlich glamouröse und witzige Amerikanerin ihn faszinierte, die 1919 als erste Frau ins britische Parlament einzog – eine Abgeordnete der konservativen Partei, die nach einer Rundreise durch Russland und einer Begegnung mit Stalin 1931 im Kreml zur Verfechterin der sowjetischen Sache wurde. Ganz offensichtlich fühlte Maiski sich zu der «kleinen, dünnen, eleganten Lady mit dem leicht gekräuselten dunklen Haar, dem ausdrucksvollen kleinen Gesicht und den lebhaften, listigen Augen» hingezogen, ohne ihr je zu verfallen. Sie war in seinen Augen «die absolute Verkörperung der ewigen Rastlosigkeit». Er war und blieb ein häufiger Besucher ihres dem Schloss von Versailles nachempfundenen Landsitzes in Cliveden (Buckinghamshire), und dies auch noch nach 1937, als dieser zu einem Mekka für Appeaser wie Chamberlain, Halifax[I], Hoare[II] und andere wurde, die lange Wochenenden dort verbrachten.[24]

28. November

Von 15 bis 17 Uhr waren Agnia und ich im St. James Palace bei einer Sondervorführung der Hochzeitsgeschenke für den Herzog von Kent und Marina. Ein Riesenauflauf von Menschen. Ein unglaubliches Gedränge und Durcheinander. Da waren so viele Geschenke, dass man beim Betreten des mit Tischen, Sesseln, Betten und anderen Geschenken ausstaffierten Saals glauben konnte, in einem Möbelhaus zu sein. Die

---

I Edward Frederick Lindley Wood (1. Earl of Halifax), Prize Fellow des All Souls College in Oxford, 1926–1932 Vizekönig von Indien, 1935–1938 Fraktionsführer der Konservativen im Oberhaus, 1935 Kriegsminister, 1935–1937 Lordsiegelbewahrer, 1937/38 Lord President of the Council, 1938–1940 Außenminister, 1941–1946 britischer Botschafter in den Vereinigten Staaten.

II Samuel John Hoare (1. Viscount Templewood), konservativer Politiker, 1931–1935 Indienminister, 1935 Außenminister, 1936/37 Erster Lord der Admiralität, 1937–1939 Innenminister, 1939/40 Lordsiegelbewahrer, 1940 Luftfahrtminister, 1940–1944 Botschafter in Spanien in besonderer Mission.

größte Aufmerksamkeit wurde den Schmuckstücken zuteil, insbesondere den drei diamantenbesetzten Diademen, die Marina von ihrem Bräutigam, ihrem Vater und der britischen Königin geschenkt bekommen hat. Die Diademe waren unter Glas ausgestellt, und die Frauen der Botschafter und der britischen Honoratioren kamen fast um vor Neid und Verzückung. Von all den Büchern, die der Herzog und Marina bekommen haben, erregte ein in Leder gebundenes Werk mit dem Titel *Russian Imperial Dinner Service* meine Aufmerksamkeit.

Während unserer Fahrt von der Botschaft zum Palast senkte sich ein schwerer dunkler Nebel auf London. Es war ein bemerkenswerter Anblick: In der einen Richtung war der Himmel schon schwarz und undurchdringlich, in der anderen leuchtete er noch, von rasch schwächer werdenden lilafarbenen Lichtstreifen erhellt, die ihm ein strohartiges Antlitz verliehen. Es lag etwas Bedrohliches und Tragisches in dieser seltenen Farbkombination, als ob irgendeine schwere Naturkatastrophe sich ankündige oder stattfinde, wie der Untergang von Pompeji oder das große Erdbeben von 1923 in Japan. …

29. November

Die königliche Hochzeit fand heute endlich statt. Vom Morgengrauen an, ja sogar schon vom Vorabend an, schien London gleichsam aus den Nähten zu platzen. Bis zu einer halben Million Menschen fielen vom ganzen Land her in die Hauptstadt ein. Viele Besucher kamen aus dem europäischen Ausland. In den Straßen, durch die die Hochzeitsprozession ziehen würde, drängte sich eine immense Menschenmenge, die sich teils schon am Vorabend eingefunden hatte, um sich die besten Plätze zu sichern. Bezeichnenderweise bestand die Menge fast zur Gänze aus Frauen. Zumindest konnte ich auf meinem Weg von der Botschaft zur Westminster Abbey kaum auch nur einen einzigen Mann ausmachen; auch einige Zeitungen (zum Beispiel der *Manchester Guardian*) stellten dies fest. An mehreren Stellen entlang der Strecke hatte man große Zuschauertribünen errichtet und verkaufte die Plätze zu Preisen zwischen einer und zehn Guineen. Die Stadt war, insbesondere im Zentrum, mit Flaggen, Girlanden und Bannern festlich geschmückt, auf denen Bilder des Bräutigams und der Braut prangten, und am Abend wurde die Stadt in ein Lichtermeer getaucht. Das volle Programm sozusagen. Man hat diese Hochzeit wirklich zu einem nationalen Ereignis gemacht.

[...] Dieses Mal war ich verpflichtet, an der Heiratszeremonie selbst teilzunehmen, die in der Westminster Abbey stattfand. So hatte Moskau es beschlossen. Es war das erste Mal seit meiner Schulentlassung vor 33 Jahren, dass ich wieder einem Gottesdienst beiwohnte! Das ist eine ganz schön lange Zeitspanne.

Das Diplomatenkorps saß zur Rechten des Eingangs, die Mitglieder der Regierung zur Linken. Simon war mein Pendant auf der gegenüberliegenden Seite. MacDonald sang während des Gottesdienstes die Kirchenlieder inbrünstig mit. Baldwin gähnte gelangweilt, während Elliott[I] einfach vor sich hindöste. Churchill[II] wirkte tief bewegt, und einmal schien es sogar, als tupfe er sich mit einem Taschentuch die Augen trocken. Henderson[III] sang sich bei *God Save the King* fast die Seele aus dem Leib. Alle königlichen Häupter waren rechts und links von der Kanzel gruppiert, und auf den verbleibenden Plätzen drängten sich Vertreter des Adels und des *big business*. Ein weiß gekleideter Chor belegte die Plätze auf der Galerie, von der aus das Dröhnen der Orgel die Kathedrale bis in ihre höchsten Gewölbe mit der Musik von Bach, Händel und Elgar ausfüllte.

Mein Auftauchen in der Kirche führte zu einem Austausch von Blicken und geflüsterten Bemerkungen in den Reihen der Diplomaten und Regierungsmitglieder. [...] Mein Nachbar, ein nepalesischer Minister[IV], bot einen bemerkenswerten Anblick: Er trug eine goldene Kopfbedeckung, die mit großen Diamanten und Rubinen besetzt war und aus der oben ein riesiger «Hahnenschweif» herauswuchs. Das Ganze bot einen eher belustigenden

---

I Walter Elliot, 1924–1945 MP der Konservativen, 1932–1936 Landwirtschaftsminister, 1936–1938 Minister für Schottland, 1938–1940 Gesundheitsminister, 1941/42 Direktor für Öffentlichkeitsarbeit im Kriegsministerium.

II Sir Winston Leonard Spencer Churchill, 1924–1931, 1939–1945 MP der Konservativen für den Wahlkreis Epping, 1924–1929 Schatzkanzler, 1939–1940 Erster Lord der Admiralität, 1940–1945, 1951–1955 Premierminister.

III Arthur Henderson, 1908–1910, 1914–1917 Vorsitzender der Labour-Partei, 1911–1934 Generalsekretär der Labour-Partei, 1929–1931 Außenminister, 1934 Friedensnobelpreisträger.

IV General Bahadur S. J. B. Rana, 1934–1936 erster Botschafter Nepals in London, Präsident des Komitees für die Reform der nepalesischen Verfassung von 1947 und damit dritter Mann im Staat hinter dem Maharadscha und dem Premierminister und De-facto-Herrscher. General Bahadur verschwand nach dem Ende des Rana-Regimes aus dem öffentlichen Leben Nepals. Mein Dank gilt Prof. David Gellner vom All Souls College in Oxford für diese Informationen. Siehe S. 120–123.

Anblick, aber immerhin trug dieser Vertreter Nepals in dem Moment zweifellos mehrere zehntausend Pfund auf dem Haupt.

1. Dezember

Ein furchtbares Desaster! Genosse Kirow[I] ist im Smolny in Leningrad ermordet worden. Wer hat ihn getötet? Was war das Motiv? Wer hat den Auftrag erteilt? ... Noch weiß ich nichts. Die Fleet Street schwirrt von Gerüchten und alternativen Versionen. Manche sagen, der Mörder sei ein Ingenieur, der mit Kirow eine Rechnung offen hatte. Andere (der *Daily Express*) äußern die Vermutung, Alfred Rosenberg[II], Hitlers Adjutant, habe die Finger im Spiel gehabt. Ich weiß nur eines mit Bestimmtheit: In dem von Stalin, Molotow, Woroschilow[III] und anderen unterzeichneten Nachruf (den ich im Radio hörte) heißt es: «Der Mörder wurde vom Klassenfeind geschickt.»[25]

Die Meldung von dem Attentat kam bei uns gegen neun Uhr abends an. Um 23.30 Uhr hatten sich die Ozerskys[IV], Alperowitsch und Kagan in meinem Amtszimmer eingefunden. Wir alle fühlten uns danach, zusammen zu sein, suchten die Anteilnahme im Kollektiv und ein Ventil für unsere Erregung. Wir redeten, tauschten Gedanken, Mutmaßungen und Hypothesen aus. [...]

Es ist einfach entsetzlich! Ein ganz und gar unerwarteter Bruch in der Entwicklung, die unser Land im verflossenen Jahr genommen hat. Je früher ich alle Details erfahre, desto leichter wird es sein, die Bedeutung dieses tragischen Vorfalls im Smolny zu beurteilen.

I Sergei Mironowitsch Kirow, 1926–1934 Erster Sekretär des Leningrader Regionalkomitees der KPdSU, ab 1930 Mitglied des Politbüros der Partei.

II Alfred Rosenberg, Chefredakteur des NS-Parteiorgans *Völkischer Beobachter*, 1933–1945 Leiter des Außenpolitischen Amtes der NSDAP, 1941–1944 Reichsminister für die besetzten Ostgebiete.

III Kliment Jefremowitsch Woroschilow, 1934–1940 Volkskommissar für Verteidigung, ab 1935 Marschall der Sowjetunion, 1939/40 Oberkommandeur der sowjetischen Streitkräfte im Krieg gegen Finnland, 1940–1945 Stellv. Vorsitzender des Rats der Volkskommissare der UdSSR, 1941 Oberbefehlshaber der nordwestlichen Truppen und der Leningrader Front.

IV Alexander Wladimirowitsch Ozersky, 1931–1937 Leiter der sowjetischen Handelsmission in Großbritannien. 1937 nach Moskau zurückbeordert, verhaftet und hingerichtet, postum rehabilitiert.

6. Dezember

Heute wurde die Urne mit der Asche des Genossen Kirow an der Kremlmauer auf dem Roten Platz beigesetzt. Hunderttausende waren dabei, zusammen mit Truppen, Mitgliedern des Zentralkomitees und der Regierung. [...]

Auch hier in London gedachten wir unseres dahingegangenen Führers. Die Botschaftsfahne hing auf Halbmast. Unsere gesamte sowjetische Kolonie versammelte sich in der Botschaft. Das Foyer war mit Grünschmuck und Blumen ausstaffiert. Eine Lenin-Büste und Porträtbilder Stalins und Kirows zierten die Wände. Ich hielt eine kurze Ansprache zum Gedenken an den Verstorbenen. Lazyan[1] (von der Handelsmission) teilte seine Erinnerungen an Kirow mit uns. Wir sangen einen Trauermarsch zu Klavierbegleitung. Dann gingen wir in ruhiger und nachdenklicher Stimmung auseinander. [...]

Ich kann mich mit dieser schrecklichen Tragödie einfach nicht abfinden. Erst vor sechs Wochen saß ich noch in Kirows Büro, und wir diskutierten intensiv über die internationale Lage und insbesondere über die englisch-sowjetischen Beziehungen. Kirow war ein ausgezeichneter Kenner der auswärtigen Politik. Er fasste seine Meinung gewöhnlich in einfache Worte, doch hatten sie eine profunde und reiche Substanz. Er sah in den britischen Konservativen einen äußerst ernst zu nehmenden Feind. Ich erinnere mich an einen Besuch bei Kirow in Leningrad auf dem Weg nach Helsinki im Herbst 1931, nachdem die Wahl in Großbritannien den Konservativen einen Erdrutschsieg beschert hatte. Als wir auf die Wahl zu sprechen kamen, rief Kirow aus: «Einen solchen Sieg zu erringen und dabei voll und ganz die Selbstbeherrschung zu bewahren – das ist Regierungskunst in höchster Vollendung! Erst gestern gab es eine Meuterei in der Marine.» (Er spielte auf Invergordon an.)[26] «Was hätte Mussolini nach einem solchen Triumph getan? Er hätte die Meuterer in Stücke gehauen; er hätte Hunderte Seeleute erschießen lassen. ... Und was machten die Konservativen? Sie behielten kühlen Kopf; sie ließen sich vom Erfolg nicht berauschen. Sie errangen einen rauschenden Sieg und sagten zu den Meuterern: Lassen wir die Vergangenheit ruhen! Ja, diese Leute verstehen zu herrschen. Man muss sie ernst nehmen.»

---

1 I. Lazyan, ein Protégé Mikojans in der Londoner Handelsmission.

Aus Kirows Stimme sprach eine tiefe Abscheu, in die sich ein ebenso tiefer Respekt mischte.

[...] Die Ermordung Kirows kommt zu einem für uns politisch sehr ungünstigen Zeitpunkt. Sie läuft der allgemeinen Richtung unserer inneren und äußeren Entwicklung zuwider. Es ist undenkbar, dass sie aus ernsten Vorgängen im tiefen Inneren des Sowjetsystems resultierte. Viel eher riecht sie nach den Hinterlassenschaften der Vergangenheit, die noch nicht völlig ausgeräumt sind. Aber welche?! ...

In jedem Fall wird der Mord Nachwirkungen auf uns in Europa haben. Vielleicht keine großen Komplikationen, aber doch Komplikationen. Die Zeit wird es zeigen.

13. Dezember

Auf Weisung von M. M. [Litwinow] weihte ich Vansittart in das französisch-sowjetische Protokoll vom 5. Dezember ein.[27] V. fühlte sich durch unser Entgegenkommen offensichtlich geschmeichelt und bestätigte erneut, dass die britische Regierung dem Ostpakt gewogen bleibt, wie sie es schon im Sommer war.

[...] Wir kamen auf den gegenwärtigen Stand der englisch-sowjetischen Beziehungen zu sprechen. [...] V. bemerkte, unsere Gespräche im letzten Sommer hätten nach seiner Ansicht einen «Wendepunkt in den englisch-sowjetischen Beziehungen» herbeigeführt. [...] Wir könnten jetzt über die nächsten Schritte hin zu einer weiteren Verbesserung unseres Verhältnisses nachdenken.

Ich bestärkte V. darin und regte als eine Art Vorspiel an, dass wir uns zusammen eine Weltkarte vornähmen, um zu sehen, ob wir eine einzige Region fänden, in der die Interessen Großbritanniens und der UdSSR aufeinanderprallen könnten. V. willigte sogleich ein. [...] Ich brachte meine Zufriedenheit mit den Ergebnissen unserer Analyse zum Ausdruck und fügte hinzu, dass ich mich fünf Wochen zuvor mit Simon über dasselbe Thema unterhalten hätte und dass Simon das Kabinett über den wesentlichen Inhalt unseres Gesprächs unterrichten wolle. V. zog erstaunt die Augenbrauen hoch. Nein, er wisse nichts von Simons Démarche, werde sich aber um Klärung bemühen. ...

Ich riet V., dies nicht tragisch zu nehmen, schloss aber im Stillen, dass Simon in seiner gewohnten Janusköpfigkeit offensichtlich sein Versprechen nicht gehalten hatte. [...]

17. Dezember

Für heute hatte ich die Coles[I] eingeladen und führte mit ihnen ein ernstes Gespräch über die *Declaration of the 43.*[28] Im Verlauf der Unterredung gerieten beide in große Erregung, erbleichten und erröteten abwechselnd. Bei Frau Cole beobachtete ich sogar ein nervöses Zittern der Hände.

Ich erteilte meinen Gästen einen scharfen Verweis. Ich ließ sie wissen, dass die sowjetischen Behörden im Verlauf der letzten drei oder vier Monate die Existenz einer großen terroristischen Verschwörung gegen unsere Parteiführer, allen voran den Genossen Stalin, aufgedeckt hatten. Organisiert und finanziert wird diese durch die deutschen «Nazis». Ihre Handlanger sind russische Weiße Garden und all die kleinen Gruppen von Unzufriedenen, die es innerhalb der UdSSR gibt. Die Weißen Garden passieren in Polen, Lettland und Finnland mit Hilfe der Behörden dieser Länder heimlich die Grenze und nehmen, sobald sie auf sowjetischem Boden sind, Kontakt mit Verschwörern mit sowjetischem Pass auf. Die zurückliegenden Monate haben eine Serie von Anschlägen auf das Leben der Genossen Stalin, Woroschilow, Molotow, Postyschew,[II] Balyzkyj[III] und anderer gebracht. Zum Glück war diesen Mordversuchen dank der Wachsamkeit des NKWD[IV] bislang kein Erfolg beschieden. Bei Kirow hatten die Verschwörer jedoch Glück. Der Tod Kirows sei, so sagte ich, ein schlagender Beweis für die Ernsthaftigkeit der terroristischen Bedrohung. Der sowjetischen Regierung bleibe in einer solchen Situation nichts anderes übrig, als scharfe Maßnahmen gegen die Verschwörer zu ergreifen – nicht nur gegen die für den Tod Kirows Verantwortlichen, sondern gegen all jene, die im Lauf der letzten Monate zu diversen Zeiten und an diversen Orten unter Terrorismusverdacht festgenommen worden sind. Wir könnten die Terroristen nicht öffentlich anklagen und

---

I G. D. H. Cole, 1944–1957 Chichele-Professor für Gesellschafts- und Politiktheorie und Fellow am All Souls College in Oxford, 1939–1946, 1948–1950 Vorsitzender der Fabian Society, 1952–1957 deren Präsident.

II Pawel Petrowitsch Postyschew, 1925–1937 Mitglied des Zentralkomitees der Kommunistischen Partei der Ukraine.

III Wsewolod Balyzkyj, 1924–1930, 1934–1937 Volkskommissar für Inneres in der Ukraine.

IV Volkskommissariat für innere Angelegenheiten.

verurteilen, ohne Schwierigkeiten mit Deutschland und anderen Staaten zu bekommen, die zweifellos an der Sache beteiligt waren. [...] Es ist schwer und unangenehm, 80 bis 100 Leute zu erschießen, aber immer noch besser, als das Leben von Millionen Arbeitern und Bauern auf dem Schlachtfeld zu opfern. Außerdem sollte man nie die Worte Mirabeaus[1] vergessen, der vor rund 140 Jahren sagte, man könne eine Revolution nicht mit Lavendelöl durchführen.

Die Coles erhoben keine Einwände. [...] Besondere Kopfschmerzen bereitete ihnen allerdings die Frage: Was waren diese Hinrichtungen? Eine Rückkehr zum «roten Terror» der Vergangenheit oder ein Einzelfall von nur temporärer Bedeutung? Ich beruhigte sie, indem ich erklärte, der im Frühjahr dieses Jahres eingeschlagene «neue Kurs» werde nicht rückgängig gemacht. Der «neue Kurs» gehe weiter. Die gegen die Terroristen ergriffenen Maßnahmen seien ein außerordentlicher Vorgang, herbeigeführt durch außerordentliche Umstände. [...]

19. Dezember

Heute führten Vansittart und ich die am 13. Dezember begonnene Unterredung zu Ende.

Einleitend brachte V. seine Zufriedenheit mit dem Ergebnis unserer gemeinsamen «Bestandsaufnahme» der englisch-sowjetischen Beziehungen zum Ausdruck. Auch ich bekundete meine Zufriedenheit, fügte jedoch hinzu, die Annäherung zwischen der UdSSR und Großbritannien sei und bleibe ein sehr zartes und empfindliches Pflänzchen, das sehr viel Zuwendung und Pflege brauche, um normal zu wachsen und sich zu entwickeln. [...]

Wir wandten uns dann der Frage zu: Wie weiter? «Die aktuelle Phase der englisch-sowjetischen Beziehungen», sagte ich, «beschwört das folgende Bild herauf: Nach einer langen Periode stürmischer Tage ist endlich ruhiges Wetter aufgezogen. Es ist ein bisschen neblig, ein bisschen kühl. Der Himmel ist bedeckt. Die Sonne ist noch nicht in Sicht. Das ist natürlich ein großer Schritt vorwärts, verglichen mit dem, was vorher war ...»

«Aber es ist noch nicht genug, wollen Sie sagen», rief V. lachend aus. «Man braucht ein bisschen Sonne, ein bisschen Wärme. ...»

---

1 Comte de Mirabeau, prominenter Agitator in der Zeit der Französischen Revolution, der für eine konstitutionelle Monarchie eintrat.

«Und warum nicht?», versetzte ich.

«Ich gebe Ihnen vollkommen recht», sagte V.

Wir begannen also darüber zu sprechen, mit welchen praktischen Schritten sich ein besseres Klima in den englisch-sowjetischen Beziehungen erreichen ließe. [...] Ganz am Ende unserer Unterredung kamen wir auf die Möglichkeit zu sprechen, dass britische Minister und Persönlichkeiten des öffentlichen Lebens die UdSSR besuchen könnten. «Warum», fragte ich, «reisen hochrangige Engländer frohgemut und freizügig durch die ganze Welt, nur nicht in die UdSSR? Ist das nicht auch eine Form der verfestigten ‹Benachteiligung›? Dabei könnten ihre Besuche viel zum Einreißen der Chinesischen Mauer beitragen, die seit der Revolution zwischen unseren Ländern aufgerichtet worden ist.»

V. versuchte die britischen Minister in Schutz zu nehmen, indem er auf ihren extrem vollen Terminkalender verwies. «Ich komme kaum je aus London weg», bemerkte er und illustrierte dies mit einem aussagekräftigen Beispiel: «Ich bin nur einmal in Amerika gewesen, als ich 1929 mit MacDonald Hoover[I] besuchte.»

Ich lächelte und versetzte halb im Scherz: «Aber Sie haben Ihren Urlaub in Italien verbracht! Warum nicht auch einmal im Kaukasus?» [...]

20. Dezember

► Dem Eintrag beigeheftet ist ein Zeitungsausschnitt aus dem *Manchester Guardian* vom 20. Dezember 1934:

> «Die Heirat eines Juden mit einer nichtjüdischen Frau muss mit dem Tode bestraft werden», sagte Herr Julius Streicher[II], Gauleiter Schlesiens [tatsächlich Frankens], in seinem Vortrag vor 3000 Anwälten und Richtern aus Nordbayern auf einer Versammlung des Bundes Nationalsozialistischer Deutscher Juristen in München. Und seine Worte wurden mit Jubel quittiert.
>
> «Die Blutkörperchen eines Juden», fügte er hinzu, «unterscheiden sich grundlegend von denen eines nordischen Menschen. Ein nichtjüdisches Mädchen ist in dem Moment, wo sie einen Juden heiratet, für ihr eigenes Volk auf immer verloren.»

I Herbert Hoover, 1929–1933 Präsident der Vereinigten Staaten.

II Julius Streicher, Gründer und Verleger der antisemitischen Wochenzeitung *Der Stürmer.*

Idioten! Und blutrünstige Bestien noch dazu. Der Tag der Abrechnung wird kommen, und Hitler wird für das Unglück von Millionen bezahlen.[29]

Das Gezeter über die Erschießungen nimmt kein Ende. Kaum habe ich die Proteste der «linken» Labour-Leute abgewürgt, da tauchen die Rechten am Horizont auf. Das ist vor allem das Werk von Citrine[I]. Der *Daily Herald* veröffentlichte heute einen empörten Leitartikel.[30]

27. Dezember

Vansittart bat mich überraschend zu sich, mitten in der Weihnachtszeit. Ich war auf meinem Weg zum FO [Foreign Office] in einer gewissen Anspannung. Tatsächlich bestand jedoch kein Grund zur Sorge. [...]

V. [...] ließ mich wissen, er habe über unsere letzten Gespräche intensiv nachgedacht und sei zu der Schlussfolgerung gekommen, dass Ministerbesuche in der UdSSR eines der besten Mittel zur Verbesserung der Beziehungen zwischen unseren Ländern seien [...] Ich brachte das Gespräch auf den von Neurath als Gegengewicht zum Ostpakt vorgeschlagenen Viererpakt und erklärte rundheraus, dass der Viererpakt für uns in jedweder Form (zum Beispiel auch als Fünfer- oder Sechserpakt) inakzeptabel ist, weil er nur die Autorität des Völkerbundes untergraben würde. V. versprach, das Kabinett über unsere Haltung zu diesem Pakt zu unterrichten.[31]

Als ich mich zum Gehen wandte, teilte V. mir in einem sehr persönlichen und freundlichen Ton und «in absoluter Vertraulichkeit» mit, dass, wenn die sowjetischen «Einmischungen» in die inneren Angelegenheiten Englands weitergehen würden, all unsere Bemühungen um die Verbesserung der englisch-sowjetischen Beziehungen den Bach hinuntergingen.[32] [...]

I Walter McLennan Citrine, 1926–1946 Sekretär des Generalrats des britischen Gewerkschaftsdachverbandes TUC, 1929–1946 Direktor des *Daily Herald*. Citrine widersetzte sich 1925–1927 dem Bündnis zwischen sowjetischen und britischen Gewerkschaften.

31. Dezember

Ein weiteres Jahr ist zu Ende gegangen, und ich stehe an der Schwelle eines neuen! Unwillkürlich fällt mein Blick zurück auf die verflossenen zwölf Monate ...

Aus politischer und wirtschaftlicher Sicht ist dieses letzte Jahr ein Erfolg für uns gewesen, auch wenn es gegen Ende vom Tod Kirows überschattet worden ist. Wir sind stärker und erwachsener geworden und haben angefangen, eine größere globale Rolle zu spielen. Unsere Flugbahn hat die ganze Zeit steil nach oben geführt. Insbesondere hat das verflossene Jahr eine deutliche Wende in den englisch-sowjetischen Beziehungen gebracht: die Unterzeichnung des Handelsvertrags, meine Sommergespräche mit Vansittart, das Bekenntnis der britischen Regierung zum Ostpakt, die erstaunlichen Debatten im Parlament am 13. Juli, in deren Verlauf sich Churchill und Austen Chamberlain[1] zu «Freunden» der Sowjetunion erklärten und deren Aufnahme in den Völkerbund forderten – all dies markiert den Anbruch einer neuen Phase in den Beziehungen zwischen der UdSSR und Großbritannien.

Nicht dass die englischen Lords plötzlich eine Zuneigung zu uns entwickelt hätten, den ungewaschenen Bolschewiken – nein, das ist nicht der Fall und wird nie der Fall sein. Es ist einfach der Augenblick gekommen, an dem die Fähigkeit, «den Tatsachen ins Auge zu sehen» (ob einem diese nun angenehm oder unangenehm sind), eine für britische Politiker so charakteristische Fähigkeit, endlich die Oberhand über ihre klassenbedingte und politische Feindschaft uns gegenüber gewonnen hat. Wir sind inzwischen zu einer so starken und stabilen internationalen Kraft geworden, dass selbst die unbelehrbarsten konservativen Bestien, ob sie wollen oder nicht, uns nicht mehr ignorieren können und sich gezwungen sehen, unsere Existenz anzuerkennen und als eingefleischte Politiker von uns zu erlangen, was immer ihnen nutzt. [...]

Wie ist das Jahr für mich persönlich verlaufen? Ich lasse es Revue passieren, sortiere Tatsachen und Daten. Agnia und ich sind beide wohl-

---

1 Joseph Austen Chamberlain, 1892–1937 MP der Konservativen, älterer Halbbruder von Neville Chamberlain, 1924–1929 Außenminister, Architekt des Vertrages von Locarno, wofür er 1925 den Friedensnobelpreis erhielt.

Agnia im Sanatorium
in Sotschi

auf. Feka[1] hielt sich einen Monat bei uns in London auf, und wir machten zusammen eine sehr schöne Rundreise durch England und Schottland. [...] Dann verbrachten wir einen zweieinhalb Monate langen Urlaub in der UdSSR, hin und zurück über Berlin. Wir waren in Moskau, Leningrad (ohne Agnia, die nicht mitfuhr), Kislowodsk, Sotschi, Sochumi, Gagra und Nowy Afon. Wir legten etwas an Gewicht zu und fegten die Spinnweben weg. Ich verließ den Kurort mit 69 Kilo Gewicht. [...] Und das ist, glaube ich, das Wesentliche. Nicht allzu viel und nicht allzu interessant. Es verblasst im Vergleich zu den wahrhaft großen Ereignissen im politi-

1 Feoktista (Feka) Poludowa, Agnias Schwester. Deren Ehemann Poludow unterschrieb den von der «Plattform der 10» lancierten offenen Brief gegen Stalin, wurde verhaftet und erschossen, und Feka landete für acht Jahre in der Verbannung, d. h. im Gulag.

Der unvermeidliche Besuch einer Kolchose bei Sotschi

schen, gesellschaftlichen und wirtschaftlichen Leben der UdSSR, die 1934 gebracht hat. […] Aber weshalb sage ich, es verblasst? So sollte es sein: Für Kommunisten müssen sich die persönlichen Dinge im großen Ganzen auflösen oder zumindest weit in den Hintergrund treten.[33] […]

1935

8. Januar

Ein Brand in der Botschaft.

Gegen 23 Uhr abends quoll neben dem offenen Kamin in meinem Arbeitszimmer plötzlich Rauch aus dem Boden. Allgemeine Aufregung brach aus, Feueralarm wurde gegeben, und als wir die Bodenbretter lösten, entdecken wir Flammen unter der Wand neben dem Kamin. Wir löschten sie, so gut wir konnten, doch kam immer noch Rauch nach, wenn auch weniger als zuvor. Wir verbrachten viel Zeit mit der Suche nach der Ursache, beschlossen aber schließlich, die Feuerwehr zu rufen. Fünf Jungs mit Kupferhelmen kamen. Sie brachen den Holzboden, den Kamin und die Mauer auf und stellten fest, dass ein dicker tragender Balken unter der Bodenplatte des Kamins in Brand geraten war. Wie die Feuerwehrleute vermuteten, brannte der Balken wahrscheinlich schon mehrere Wochen oder sogar Monate, hatte jedoch mangels Zuluft keine Nahrung bekommen, so dass er lediglich durchgeglimmt und verkohlt war. Das mag so gewesen sein, half mir aber nicht weiter. Das Feuer wurde gelöscht, der tragende Balken entfernt. Gegen vier Uhr morgens rückten die Feuerwehrleute ab und hinterließen ein schreckliches Durcheinander in meinem Arbeitszimmer. [...]

18. Januar

Michail Scholochow[1] ist abgereist. Er hatte sich mit seiner Frau rund zwei Wochen lang in London aufgehalten. Sie wohnten in der Botschaft. Ich arrangierte zwei Empfänge für ihn, einen für Journalisten, die ihn interviewten (mit sehr geringer Resonanz in der Presse), den anderen für Schriftsteller. [...] Ich mochte Scholochow sehr gern. Er ist jung (29) und voller Lebensfreude. Ein leidenschaftlicher Jäger und Angler. Sein Ruhm ist ihm nicht zu Kopf gestiegen. Er ist bescheiden und geradeheraus. Wird das so bleiben? Wir werden sehen. Er hat eine tolle Frau –

---

1 Michail Alexandrowitsch Scholochow, Literaturnobelpreis 1965, Autor von *Der Stille Don*, *Neuland unterm Pflug* und *Sie kämpften für ihre Heimat*.

intelligent, positiv, angenehm. Das ist ein großer Glücksfall für ihn. Eine Frau wie sie wird ihn von den vielen Torheiten abhalten, für die unsere jungen Schriftsteller so anfällig sind. Scholochow sieht bezaubernd aus: ein blauäugiger Blondschopf, mittelgroß, gut proportioniert, ein feingliedriger Mensch mit dichten Locken über einer großen, offenen Stirn, der ständig eine Pfeife zwischen den Zähnen stecken hat. Genau wie man sich einen Dichter vorstellen würde. Wie schade, dass er so wenig von England zu sehen bekommen hat. Er verbrachte die meiste Zeit damit, Leute aus der Literaturszene zu treffen, an Partys teilzunehmen und einzukaufen (er hatte eine Menge Geld – das Honorar, das er für die Veröffentlichung von *Der stille Don*[1] im Ausland erhalten hat).

25. Januar

[...] Gestern habe ich in Cambridge einen Vortrag über Planung in der UdSSR gehalten. [...] Nach dem Vortrag gab es Tee am Trinity College [...], und wir plauderten unermüdlich über eine breite Palette von Themen. Es waren rund 15 Personen; es wurde geraucht, es ging hoch her, Tassen wurden umgeworfen – es ging also zu, wie man es bei einem lautstarken Studententreffen erwarten würde. Mein allgemeiner Eindruck ist der, dass die jungen Leute in Cambridge an einem Scheideweg stehen. Die Vergangenheit bereitet ihnen ernsthaftes Kopfzerbrechen, und sie sind auf der Suche nach neuen Lösungen für die Herausforderungen der Gegenwart. Es ist ein Zustand voller Verheißungen und Gefahren: Wer wird die Stimmungslage der Jungen treffen? Die Rechte oder die Linke? Die Faschisten oder die Kommunisten? Derzeit haben die Faschisten die besseren Chancen, und hierin liegt die größte Gefahr.[2]

4. Februar

Mir sind die folgenden Einzelheiten über das Treffen zwischen den englischen und französischen Ministern bekannt geworden.[1]

MacDonald und Simon sind immer Fürsprecher Hitlers gewesen, namentlich MacDonald. Baldwin und Eden ergriffen vorsichtig die Partei der Franzosen. Vansittart betonte, wie wichtig die Beteiligung Italiens an

---

1 Pierre Etienne Flandin, 1934/35 Premierminister von Frankreich. Flandin und sein Außenminister Laval hielten sich vom 1. bis 3. Februar in London auf und trafen sich mit MacDonald und Simon.

Maiski versucht sich am «Punting» in Cambridge, dem Reich der «Cambridge Five».

allen europäischen Kombinationen sei. MacDonald gab sich die größte Mühe, die Franzosen von der Unmöglichkeit des Ostpakts zu überzeugen. («Deutschland will ihn nicht, und es ist unmöglich, Deutschland irgendetwas aufzuzwingen.») Er empfahl ihnen, nicht auf ihn zu bestehen, sondern sich mit dem Aufbau einer westlichen Sicherheitsarchitektur zu begnügen und Osteuropa dem natürlichen Gang der Dinge zu überlassen.

MacDonald und Simon ernteten heftigen Gegenwind von französischer Seite. Während Flandin über weite Strecken stumm blieb, redete Laval in großer Ausführlichkeit. [...] Die Franzosen [...] sprachen sich für eine Weiterarbeit am Ostpakt aus. Die Engländer waren dagegen, doch am Ende kam ein Kompromiss zustande: Alle im Kommuniqué angesprochenen Probleme sollten «im Konsens» gelöst werden. Diesem Verfahren fehlt freilich jede Klarheit. Deutschland ist in Genf nicht präsent, doch wo sonst als in Genf könnte man einen geeigneten Ort für die Abhaltung so komplizierter Verhandlungen unter Beteiligung so vieler Mächte finden? Die Engländer sind anscheinend willens, bei Verhandlungen zwischen Deutschland und anderen Staaten die Rolle eines ehrlichen Mittlers zu übernehmen, doch die Franzosen können dieser Vorstellung gar nichts abgewinnen. Wir werden sehen. [...]

6. Februar

Masaryk[1] (der tschechische Botschafter) teilte mir heute mit, er habe gestern ein offenes Gespräch mit Vansittart geführt. Er verhehlte nicht seine Sorge über die Zusammenkunft der englischen und französischen Minister. [...] V. habe ihm jedoch versichert, es gebe für die Tschechoslowakei keinen Grund, um ihre Zukunft zu fürchten. England habe, so sagte V., ein außerordentliches Interesse an der Unversehrtheit und Wohlfahrt der Tschechoslowakei. Eher skeptisch habe V. sich über die bevorstehenden Gespräche mit Deutschland geäußert, von denen er sich kaum ein positives Ergebnis verspreche. Dennoch sei der Schritt richtig, und sei es nur, um der öffentlichen Meinung in Großbritannien die Augen zu öffnen. [...]

Aus einer zuverlässigen journalistischen Quelle habe ich erfahren, dass Hoesch (der deutsche Botschafter) mit Zustimmung Simons Hitler empfohlen hat, in seiner Antwort auf den gemeinsamen englisch-französischen Vorschlag das Thema Ostpakt ans untere Ende der Tagesordnung für die Verhandlungen zu setzen. Gelänge es, in allen davor rangierenden Punkten Einigkeit zu erzielen, lasse sich der Ostpakt ohne Weiteres «im Sand begraben». Ein cleverer Trick! Aber wird Hitler schlau genug sein, den Rat seines Botschafters zu befolgen?[3]

10. Februar

MacDonald und Simon [...] führen eine systematische Kampagne, den Ostpakt zu zerstören und das Augenmerk ausschließlich auf Fragen der «westlichen Sicherheit» zu lenken. Sie geben, anders gesagt, Hitler zu verstehen: «Lass Frankreich und England in Ruhe, dafür kannst du in Osteuropa machen, was du willst.» Mein Eindruck ist, dass Baldwin, Eden und Vansittart sich der Unmöglichkeit und der Gefahren einer Politik der Beihilfe und des Gewährenlassens bewusst sind, und doch haben sie einstweilen MD und S. freie Hand gegeben. [...]

Unsere sowjetische Aktivität ist jetzt zu einem wichtigen Faktor auf der internationalen Bühne geworden. Ich meine, es ist an der Zeit, unsere sowjetische Haltung zum Kommuniqué vom 3. Februar klarzustellen.[4]

---

1 Jan Garrigue Masaryk, 1925–1938 tschechoslowakischer Botschafter in Großbritannien, 1940–1945 Außenminister der tschechoslowakischen Exilregierung in London und Stellvertretender Premierminister.

20. Februar

Gestern hielt ich meinen Vortrag bei der Völkerbund-Union. Den Londoner Zeitungen hatte ich vorab mitgeteilt, dass ich vorhätte, eine wichtige politische Erklärung abzugeben.[5] Das hatte zur Folge, dass der Saal an der School of Economics zum Platzen voll war (rund 600 Leute waren da) und dass Korrespondenten aller Zeitungen und Agenturen am Pressetisch saßen, darunter viele Ausländer. [...] Der Schluss meines Vortrags, in dem es um das Kommuniqué vom 3. Februar ging, stieß auf besondere Aufmerksamkeit. Ausschnitte daraus wurden gestern Abend im Radio gesendet. [...] Wunderbar! Wir haben den ersten Schuss auf MacDonald und Simon abgegeben. Die Kugel scheint ins Schwarze getroffen zu haben. Wir dürfen uns aber nicht auf den Lorbeeren ausruhen.

21. Februar

Der zweite Schuss folgte schneller, als sogar ich es mir hätte vorstellen können.

Am frühen Morgen des 20. Februar habe ich aus Moskau unsere Analyse des Londoner Kommuniqués mit der Aufforderung erhalten, den Text heute Simon zu übergeben.

[...] Simon empfing mich im Parlamentsgebäude. Eden war während der gesamten Unterredung zugegen, sagte aber wenig. Simon kam zunächst auf meinen Vortrag bei der Völkerbund-Union zu sprechen, beglückwünschte mich dazu und bat mich, ihm einzelne Punkte zu erklären. Danach las ich unsere Analyse des Kommuniqués vor und legte das Dokument auf den Schreibtisch des Außenministers. [...] Ich stellte S. die Frage, die ich ein paar Tage zuvor Vansittart gestellt hatte, nämlich wie sich die britische Regierung verhalten werde, falls Deutschland alle Punkte des Londoner Programms außer dem Ostpakt akzeptiert. Meine Frage brachte meinen Gesprächspartner in Verlegenheit, und er begann in hochtrabenden, aber zusammenhanglosen Sätzen um den heißen Brei herumzureden. Was er anscheinend sagen wollte, war Folgendes: Falls Deutschland die Forderung ablehne, werde man den Pakt «kastrieren» – anstelle eines Beistandspakts auf Gegenseitigkeit werde dann ein normaler Nichtangriffspakt geschlossen werden.

Ich hielt eine erbitterte Gegenrede; ich gestehe, dass ich mich nicht sehr gewählt ausdrückte. Ich erklärte, die gegenseitige militärische Beistandspflicht sei der Kernpunkt des Pakts, und wir könnten in diesem Punkt keine Zugeständnisse machen; ohne einen Ostpakt mit gegenseitiger Beistandspflicht werde es weder Abrüstung noch ein europäisches Sicherheitssystem geben, auch nicht in seiner begrenzten westlichen Form.

S. war erkennbar betroffen. Sich den Nasenrücken reibend, fragte er zynisch: Was sind Sie bereit anzubieten, um die deutsche Zustimmung zum Ostpakt zu erkaufen? Ich antwortete, die Sicherheitsgarantie, die Deutschland ebenso wie die anderen Mächte hätten, wenn der Pakt zustande käme, wäre Gegenleistung genug. S. drehte die Augen zur Zimmerdecke und zuckte auf unentschiedene Art mit den Schultern.

Ich verließ das Treffen mit dem ziemlich sicheren Eindruck, dass Simon endlich eingesehen hat, dass der Versuch, die UdSSR von der Behandlung der Frage des «europäischen Appeasement» fernzuhalten, fehlgeschlagen ist. Wenn in diesem Bereich irgendetwas erreicht werden soll, muss die UdSSR gleichberechtigt mit den anderen Großmächten einbezogen werden.[6]

28. Februar

Ich befand mich diese Woche in einer sehr schwierigen Lage.

Ich hatte nie den geringsten Zweifel daran, dass die Meldungen in der *Times* und im *Daily Telegraph* über den Besuch eines britischen Ministers in Moskau das Werk des Foreign Office und Vansittarts im Besonderen waren. Während der auf die Veröffentlichung folgenden Woche blies die Presse dieses Thema unaufhörlich und systematisch in jeder erdenklichen Weise auf. [...] Vansittart sagte mir ungefähr um die Zeit, als ich ihn mit Putna[1] bekannt machte, das Foreign Office habe mit den Presseberichten über einen Ministerbesuch in Moskau nichts zu tun, finde jedoch, dass man die Idee ernsthaft prüfen müsse. Es war also, kurz gesagt, absolut klar, dass die britische Regierung in dem Wissen, dass ein «europäisches Sicherheitssystem» unmöglich ohne uns zusammenzubasteln wäre,

---

1 Witowt Kasimirowitsch Putna, der sich im russischen Bürgerkrieg auszeichnete, ergriff 1923 Partei für die trotzkistische Opposition. Zwischen 1927 und 1931 amtierte er in drei Ländern – Japan, Finnland und Deutschland – als sowjetischer Militärattaché, 1934–1936 in gleicher Funktion in Großbritannien. Im Sommer 1936 wurde er aus London zurückberufen, verhaftet, gefoltert und zum Tode verurteilt. Maiski wurde 1938 in Moskau gezwungen, Putna zu denunzieren. Putna wurde 1957 postum rehabilitiert.

zu der Überzeugung gelangt war, dass sie wenigstens politisches Kapital aus der Sache schlagen sollte, indem sie die UdSSR in die Konstruktion eines Sicherheitssystems einbezog – konkret durch die Rolle eines «ehrlichen Maklers» (in der die Engländer sich immer wohlgefühlt haben), der hilft, einen Kompromiss zwischen Berlin und Moskau in der Frage des Ostpakts zu finden. [...]

Doch unsere Leute in Moskau ließen sich nicht weichklopfen. Auf meine erste Anfrage, welche Linie ich fahren sollte – ich stellte sie, unmittelbar nachdem die ersten Meldungen in der Presse erschienen waren –, erhielt ich die Antwort, es handele sich um unautorisierte Presseberichte; ich solle stillhalten und Moskau informieren, wenn sich das Foreign Office an mich wende. Offenbar hatte das NKID anfänglich sogar den Eindruck, Simon wolle sich mit seinem Moskaubesuch ein Alibi für einen Besuch in Warschau verschaffen. (Wie man in der Presse lesen konnte, würde der britische Außenminister aus Berlin nach Warschau und von dort aus nach Moskau weiterreisen.) Ich widersprach dem unter Verweis auf das mir zur Verfügung stehende Material und fragte, ob die sowjetische Presse nicht, natürlich mit aller gebotenen Vorsicht, signalisieren könne, dass ein Besuch Simons willkommen sei. Allein, das NKID wollte sich nicht einmal dafür erwärmen und äußerte Zweifel, ob Simon wirklich kommen wolle. Immerhin erhielt ich die Genehmigung, den Gedanken eines Simon-Besuchs in Moskau zu befürworten, wenn ich vom Foreign Office oder ihm nahestehenden Kreisen auf das Thema angesprochen würde. [...] Am 25. Februar erklärte Simon in Beantwortung der Frage eines Unterhausabgeordneten, die Regierung denke über einen Besuch des Außenministers in Moskau nach. Ich wandte mich erneut an M. M. und erhielt endlich heute die Weisung, Vansittart zu sagen, dass ich autorisiert sei, eine offizielle Einladung an Simon auszusprechen, sobald die britische Regierung sich eine endgültige Meinung über den Besuch eines englischen Ministers in der UdSSR gebildet habe. Allerdings will das NKID Simon sehen und nicht jemand anderen .... Hmm! Sicherlich spielen hier Prestigeerwägungen eine Rolle: Wenn Simon nach Berlin fährt, kann auch nur er nach Moskau kommen. Das leuchtet so weit ein. Dennoch würde ich mich nicht so ultimativ auf ihn festlegen. Mir scheint sogar, dass Eden die vorteilhaftere Lösung wäre. Sei es, wie es will, jedenfalls brachte der heutige Tag eine große Erleichterung. ...

29. Februar

Die Familie von Lloyd George und fast seine gesamte «Partei» speisten gestern mit uns zu Mittag: der alte Mann selbst, seine Frau, Gwilym[I] und Megan[II]. Außerdem waren Maitland[III] (ein prominenter Konservativer), Jarvie (ein Bankier),[IV] der «unabhängige» Labour-Mann Josiah Wedgwood[V] und andere dabei.

Ich kann Lloyd George nur bewundern. Er ist 72 und noch immer quicklebendig. Er sah nach seinem Urlaub blendend aus, braun gebrannt mit ausdrucksstarkem, wachem Blick unter einer Mähne schlohweißen Haars. Der alte Mann war in ausgelassener Stimmung. Er trank bei Tisch keinen Wein, genoss aber den Wodka und kippte nach dem ersten noch einen oder zwei weitere.

L. G. sagte, er sei an der deutschen Frage im Augenblick nicht allzu sehr interessiert. Die von dem deutschen Säbelrasseln entfachten Befürchtungen seien stark übertrieben. Deutschland brauche mindestens noch zehn Jahre, um seine militärische, wirtschaftliche und finanzielle Macht wiederherzustellen. Bis dahin könne Europa ruhig schlafen.

L. G. macht sich sehr viel größere Sorgen um das, was in Fernost geschieht. [...] Japan möchte offensichtlich, unter ausgedehntem Einsatz von Zuckerbrot und Peitsche, auf dem asiatischen Kontinent ein mächtiges «gelbes» Reich errichten.

[...] L. G. erregte sich und schoss eine Salve kritischer Querschüsse gegen die Regierung ab. Er war in Fahrt und geißelte die Minister, nannte sie Schwachköpfe ohne jede Phantasie und ohne eine Politik, die so ge-

---

I Gwilym Lloyd George, Sohn von Lloyd George, Abgeordneter der Liberalen und Parlamentarischer Staatssekretär im Handelsministerium.

II Megan Lloyd George, Tochter von Lloyd George, 1929–1951 Abgeordnete der Liberalen, 1957–1966 Labour-Abgeordnete.

III Arthur Maitland.

IV J. Gibson Jarvie, Vorsitzender des United Dominions Trust, lobte in einer viel beachteten Rede 1932 in Glasgow Stalins Fünfjahresplan. Stalin zitierte diese Rede in der Folge häufig, allerdings unter Weglassung der von Jarvie gemachten Einschränkung, die Sowjetunion beanspruche für sich, «ein kommunistischer Staat zu sein», doch tatsächlich praktiziere das Land «heute ohne Frage einen staatlichen Kapitalismus».

V Josiah Clement Wedgwood (Erster Baron Wedgwood), 1919–1942 Labour-Abgeordneter, versuchte 1940, Botschafter in Moskau zu werden, doch entschied Churchill sich für Cripps.

nannt werden könne. Am schärfsten äußerte er sich über MacDonald und [Neville] Chamberlain.

4. März

Als ranghöchster weiblicher Gast saß Lady Vansittart beim Abendessen in der Botschaft neben mir und schilderte mir mit größter Offenheit die Schwierigkeiten, denen ihr Mann sich gegenwärtig gegenübersieht. [...] Das Problem der Besuche Simons in diversen europäischen Hauptstädten im Zusammenhang mit dem englisch-französischen Abkommen macht Vansittart das Leben zur Hölle. Das liegt an den gegensätzlichen Auffassungen, die Vansittart und Simon in zahlreichen Fragen haben. Hinzu kommt, dass Simon nur einen geringen Teil seiner Zeit dem Foreign Office widmet und den ganzen Berg der Routinearbeit Vansittart überlässt. Letzterer steckt bis zum Hals in Arbeit, vom frühen Morgen bis spätabends, während Simon jedes Wochenende in sein Landhaus fährt und Golf spielt. [...] Nachdem ich Vansittart über die positive Haltung der sowjetischen Regierung zu einem Besuch Simons unterrichtet hatte, sah er es als überaus wichtig an, dieses Thema an die Spitze der Tagesordnung zu setzen. Doch dann gelang es ihm über mehrere Tage hinweg nicht, mit Simon in Kontakt zu treten, der nach der Rückkehr von seiner Vortragsreise nach Paris nicht einmal im Foreign Office vorbeischaute, sondern direkt zum Golfspielen in sein Landhaus gefahren war. Vansittart versuchte ihn zu erreichen, doch Simon tat offenkundig sein Möglichstes, um ihm aus dem Weg zu gehen. Am Sonntag, dem 3. März, suchte Vansittart, mit seiner Geduld am Ende, aus eigenen Stücken Baldwin und anschließend MacDonald auf. Er führte mit beiden lange Gespräche und erlangte ihre Zustimmung zu einem Moskaubesuch Simons. Die endgültige Entscheidung fällt höchstwahrscheinlich auf der nächsten Kabinettssitzung, d. h. am 6. März. All das hat jedoch ihrem Mann extrem zugesetzt und seine Nerven schrecklich strapaziert. [...] Ich fragte Lady V., ob Simon alleine nach Berlin fahren werde oder mit Eden. Sie antwortete mit einem Seufzer der Erleichterung: «Zum Glück zusammen mit Eden. Simon ist empfänglich für Schmeicheleien, und Hitler wird sich in dieser Beziehung wohl großzügig zeigen. Das könnte Simon verleiten, in Berlin die eine oder andere unbedachte Äußerung zu tun. Eden wird ihn bremsen und auf Kurs halten.»

5. März

Vansittart und seine Frau aßen bei uns in der Botschaft zu Abend. Nach dem Essen führte ich ein Gespräch mit V. […] Ich lenkte V.s Aufmerksamkeit auf die unwürdige Unterwürfigkeit, die die britische Presse und auch einige Kabinettsmitglieder, vor allem Simon, gegenüber Hitler an den Tag legen. Das ist eine schlechte Taktik, sie facht nur den Appetit des Führers an und macht ihn noch unbeugsamer. Simon hat noch nicht die deutsche Grenze überquert, hat aber bei seinem Gespräch mit Laval am 28. Februar in Paris bereits vorgeschlagen, an die Stelle des Ostpakts mit wechselseitiger Beistandsverpflichtung bilaterale Nichtangriffspakte zwischen Deutschland und seinen Nachbarn zu setzen. Welchen Zweck soll das erfüllen? Ich fügte hinzu, dass wir in der Frage des Ostpaktes keinerlei Zugeständnisse machen können.[7] […] Was für ein unglückseliges Zusammentreffen: Simon in England und Laval in Frankreich. Schlechtere Außenminister kann man sich aus unserer Warte kaum vorstellen, und das in einer so ernsten Zeit!

7. März

Die Entscheidung ist gefallen!

Vansittart rief mich heute an, um mir mitzuteilen, dass das Kabinett beschlossen hat, Eden nach Moskau zu schicken. Simon wird nach der Mittagspause im Parlament eine Erklärung dazu abgeben.

[…] Ich machte ein paar anerkennende Bemerkungen über Eden, fügte aber hinzu, dass ich autorisiert worden sei, die offizielle Einladung an Simon oder aber an Simon und Eden auszusprechen. Jetzt, da sich die Lage geändert habe, müsse ich aus Moskau noch einmal neue Instruktionen erbitten. Vansittart hatte daran nichts auszusetzen. Er machte zum Abschluss eine bedeutsame Bemerkung: Er beschwor mich, ihm zu glauben, dass der Beschluss, Eden zu schicken, das Äußerste ist, was in der gegenwärtigen Situation zu erreichen sei. Ich verstand.

Es fährt also Eden! Sehr gut! Es besteht kein Zweifel, dass dies ein historischer Schritt ist.[8]

8. März

Die Entscheidung, Eden zu schicken und nicht Simon, ist zweifellos eine milde Form von Diskriminierung der Sowjetunion seitens der britischen Regierung. [...]

Tatsache ist aber, dass Eden für uns besser ist als Simon, denn Edens Stern ist im Aufsteigen begriffen, während der von Simon untergeht. Eden ist von Baldwin, einem einflussreichen Konservativen, gefördert worden, während Simon im Grunde niemanden repräsentiert. Im eigenen Land kompromittiert, genießt er weder bei den Konservativen noch bei den Liberalen, noch bei Labour viel Sympathie. Schließlich pflegt Eden eine tolerante Haltung gegenüber der UdSSR, während Simon unser unversöhnlicher Gegner ist. Ja, Eden ist viel besser!

[...] Ich habe heute ein langes Telegramm nach Moskau geschickt mit der Bitte, Eden zuvorkommend zu empfangen. Abwarten, wie die Reaktion ausfällt.

► Die Idee, dass ein britischer Minister Moskau besuchen könnte, wurde zuerst im Herbst 1934 von Maiski aufs Tapet gebracht. Er hatte den Plan mit Vansittart ausgeheckt, hinter dem Rücken Litwinows und Simons und lange bevor von der Reise des britischen Außenministers nach Berlin die Rede war. Maiski hatte jedoch von Litwinow wenig Zuspruch erhalten, der fürchtete, jede russische Initiative könnte von den Briten zurückgewiesen oder als Trumpfkarte in ihren Verhandlungen mit den Deutschen verwendet werden.[9]

Maiski, der großes Zutrauen in seine Fähigkeit hatte, im Verein mit Vansittart und Eden einen Coup zu landen, schmiedete seine Pläne unverdrossen weiter. Am 11. Februar drängte er Litwinow, ihm Leitlinien für eine bevorstehende Unterredung zukommen zu lassen, die nach seiner Darstellung Vansittart vorgeschlagen hatte. (In Wirklichkeit war er selbst es gewesen.) Widerwillig gab Litwinow Maiski grünes Licht, die britische Haltung in dieser Frage zu sondieren, blieb aber höchst skeptisch, ob dabei etwas herauskommen würde – selbst die Deutschen, gab er zu bedenken, seien überzeugt, dass die Briten «nicht das geringste Interesse an einem Ost-Locarno haben».[10] Maiski scheute sich nicht, Unterstützung von unerwarteter Seite zu suchen: Er wandte sich an Molotow, den Vorsitzenden des Rates der Volkskommissare und die rechte Hand Stalins.[11] Als bekannt wurde, dass Simon ein Treffen mit Hitler in Berlin plante, gab Litwinow zu guter Letzt dem von Maiski aufgebauten

Druck nach und gewährte ihm freie Hand, selbst zu entscheiden, wann der richtige Zeitpunkt für eine Einladung an die Briten gekommen war.[12]

9. März

Hurra! Eden scheint sich der Gunst Moskaus zu erfreuen. M.M. hat mich gebeten, eine offizielle Einladung auszusprechen, und schlägt vor, dass Eden so bald wie möglich nach Moskau kommt. [...] Zeitgleich mit der Abreise Simons nach Berlin oder gleich nach den Berliner Gesprächen. [...] Ich habe in Moskau angefragt, ob ich Eden begleiten solle. Es wäre gut, wenn das mit einem Ja beantwortet wird.

11. März

[...] Ribbentrop ist vor wenigen Tagen in Berlin mit François-Poncet[I] zusammengetroffen und hat ihm in etwa Folgendes gesagt: Lasst uns alle strittigen Fragen unter uns beilegen. Vergessen Sie Russland – das ist eine asiatische Macht. Warum sollten wir Europäer es nach Europa hineinlassen? François-Poncet antwortete, Russland sei nach den Maßstäben der physischen und politischen Geographie ein europäisches Land.

Eine typisch deutsche Taktlosigkeit!

12. März

Das Foreign Office zeigt sich besorgt und konsterniert über das Ausbleiben jeder Resonanz in der sowjetischen Presse auf die Besuchsabsicht Edens. Das ist wirklich nicht ganz in Ordnung. Ich werde Moskau anstoßen müssen. [...] Wir werden sehen, was das bringt. Es ist ein Risiko, aber eines, das sich lohnt. ... M.M. steht dem Besuch Edens nach wie vor skeptisch gegenüber. Er meint sogar, es könne eventuell gar nicht dazu kommen oder zumindest nicht in absehbarer Zeit. Aus diesem Grund hat er die Entscheidung darüber, ob ich Eden begleiten soll oder nicht, verschoben. Er hat einen weiteren Vorbehalt: Eden ist kein Amtsträger des Foreign Office. Ich werde trotzdem mitfahren. Ich werde es arrangieren.

I André François-Poncet, 1931–1938 französischer Botschafter in Deutschland, 1938–1940 in Italien.

13. März

Wahrscheinlich als Folge des gestrigen Telefonats mit Eden[13] luden mich Simon und Eden heute ins Parlament ein. Ich traf um drei Uhr nachmittags ein. Wir redeten rund 40 Minuten lang. Gegenstand unseres Gesprächs war die Wahl des Zeitpunkts für Edens Moskaubesuch. Simon führte fast die ganze Zeit das Wort, beweihräucherte sich und jonglierte geschickt mit Worten. Eden sagte wenig. [...] Einmal richtete Simon plötzlich den Blick zur Decke und fragte: «Verzeihen Sie bitte diese Frage, die Ihnen eigenartig vorkommen mag: Aber könnte der Lordsiegelbewahrer [d. i. Eden] eine Unterredung mit Herrn Stalin bekommen?»

Ich hatte auf diese Frage gewartet und antwortete ruhig: «Ich weiß es nicht. Herr Stalin ist kein Mitglied des Rates der Volkskommissare und trifft sich normalerweise nicht mit Außenministern und Diplomaten.»

Erneut startete S. einen Versuch, mich zu überzeugen. Ach, natürlich erhebe er ein Treffen mit Stalin nicht zu einer unverzichtbaren Vorbedingung für Edens Moskaubesuch. Er kenne Litwinow sehr gut, respektiere und schätze ihn. Doch andererseits sei Stalin für die britische Öffentlichkeit der maßgebliche Mann der Sowjetunion. Die britische Regierung, die dem Besuch Edens in Moskau eine enorme Bedeutung beimesse, würde den Besuch gerne so gestalten, dass er den größtmöglichen Eindruck auf die öffentliche Meinung in Großbritannien mache. Wie ich doch selbst am besten wissen müsse, seien nicht alle in Großbritannien mit dem Beschluss der Regierung einverstanden, einen Minister in die UdSSR zu entsenden; in so manchen einflussreichen Kreisen runzle man darüber die Stirn. Es sei daher wichtig, diesen Besuch für einen radikalen Umschwung in der öffentlichen Meinung zu nutzen. In diesem Sinne sei es äußerst wünschenswert, Eden ein Treffen mit Stalin zu ermöglichen.

Ich versprach, die nötigen Anfragen in Moskau zu machen. [...] In diesem Moment betrat Simons Sekretärin das Zimmer und sagte, S. werde im Unterhaus erwartet. [...] Eden und ich blieben alleine zurück. Eden sagte in einem ganz besonderen Ton: «Ich sollte eigentlich immer an der Seite von Sir John bleiben, sowohl während der Vorbereitungen als auch während der Verhandlungen mit Deutschland.»

Man kann das so verstehen: Die Konservative Partei weigert sich entschieden, Simon allein nach Berlin reisen zu lassen. Der «Parteikommissar» – Eden – muss ihm assistieren.

14. März

M. M. rief mich um ein Uhr nachmittags aus Moskau an, wie ich es in dem gestern an ihn geschickten Telegramm erbeten hatte.[14] Er sprach direkt aus dem Büro des Genossen Stalin. Die Antwort lautete wie folgt: Lass Eden am 28. März nach Moskau kommen; Genosse Stalin wird ihn empfangen; ich solle Eden von Berlin aus begleiten; es sei wünschenswert, dass Simon eine öffentliche Erklärung über die gleichrangige Bedeutung der Reisen nach Berlin und Moskau abgibt. [...]

Um drei Uhr nachmittags war ich wieder im Parlament, dieses Mal in Edens Arbeitszimmer. Er fragte mich etwas ungeduldig: «Also, was gibt es Neues?» Ich referierte den wesentlichen Inhalt der Antwort aus Moskau. Eden war äußerst erfreut. Über das Treffen mit Stalin sagte er: «Sie verstehen natürlich, dass ich darauf nicht unbedingt um meinetwillen bestehen würde. Aber für die britische Öffentlichkeit, für den Mann auf der Straße, ist ein solches Treffen sehr wichtig.»[15] Er war zutiefst gerührt zu erfahren, dass ich ihn begleiten würde.

[...] Hurra! M. M. hat sich von seiner großzügigen Seite gezeigt: Ich habe die Erlaubnis, mit Eden zusammen oder auch einen Tag vorher nach Moskau zu reisen – unter der Bedingung, dass Eden sich bald auf den Weg macht. Ich verstehe diese Bedingung nicht, aber die Hauptsache ist geschafft. Selbst wenn Eden die Reise nicht in Bälde antritt, werde ich dabei sein. Die Sache ist sicher![16]

17. März

Ein bedeutsames historisches Datum: Hitler hat gestern ein neues Gesetz erlassen: Die allgemeine Wehrpflicht wird in Deutschland wieder eingeführt, und die Truppenstärke der Wehrmacht ist auf 500 000 Mann erhöht worden. Ein großer Schritt auf dem Weg in einen neuen Weltkrieg!

Somit liegen die Karten auf dem Tisch. Der Versailler Vertrag ist offen und in aller Form in Fetzen gerissen worden. Nazideutschland verwandelt sich in eine ernst zu nehmende Militärmacht, seine Streitkräfte werden jetzt zahlenmäßig stärker sein als die der Franzosen. Die englisch-französische Vereinbarung vom 3. Februar ist damit praktisch bedeutungslos geworden. Ein Besuch Simons in Berlin ist nun zwecklos – was kann er unter den neuen Bedingungen dort noch aushandeln?

Die Folgen dieses letzten Schrittes der Deutschen werden unermesslich sein. Dem Bemühen um eine französisch-deutsche Wiederannäherung, wie Flandin und Laval sie sich erträumt haben, ist der Boden entzogen worden. Als Nächstes kommt der Abschluss des Ostpakts ohne Deutschland und womöglich auch ohne Polen. Die Franzosen haben in dieser Frage die ganze Zeit gezögert und laviert – doch jetzt muss aller Ungewissheit ein Ende gesetzt werden. In den Abendnachrichten wurde Lavals bevorstehender Besuch in Moskau angekündigt. Sehr gut. Gut möglich, dass der Ostpakt in Moskau unterzeichnet wird. Die Engländer werden natürlich auf Zeit spielen und zweigleisig fahren, aber sie werden das aufgrund der Logik der Dinge nicht lange tun können. [...]

Das Siegel des Todes zeichnet sich auf dem Antlitz der kapitalistischen Welt immer klarer ab. Der grausame und idiotische Versailler Vertrag, die idiotische Nachkriegspolitik Frankreichs und Großbritanniens gegenüber Deutschland, Hitlers idiotisch provozierendes Verhalten. ... Die Welt rast infolgedessen immer schneller und immer unkontrollierbarer einer militärischen Katastrophe entgegen, deren Schoß die proletarische Revolution gebären wird!

19. März

[...] M. M. ist sehr wütend – und das zu Recht – über die englische Note an Hitler zum Erlass vom 16. März.[17] Er sieht darin eine vollendete Kapitulation vor Deutschland.

Ich werde ein paar demütigende Details hinzufügen. Die Note wurde von Phipps[1] (dem britischen Botschafter in Berlin) am 18. um ca. 16 Uhr zugestellt. Die Antwort kam gegen 19 Uhr des gleichen Tages und wurde sofort telefonisch nach London übermittelt. Um 21 Uhr wurde die Parlamentssitzung unterbrochen (etwas in der Geschichte noch nie Dagewesenes!), damit Simon die freudige Nachricht bekannt geben konnte: Hitler ist bereit, den britischen Ministern jetzt endlich eine Audienz zu gewähren!

Wie schändlich! Wie erniedrigend! Da sieht man, wohin der Hass auf die Sowjetunion Leute führen kann. ...[18]

---

1 Eric Phipps, 1922–1928 britischer Gesandter in Paris, 1928–1933 in Wien, 1933–1937 britischer Botschafter in Berlin, 1937–1939 in Paris.

20. März

[...] Vansittart lud mich heute zu sich ein. Er war in einer etwas melancholischen, vielleicht sogar bedrückten Stimmung, als hätte er am Vortag einen Krankheitsanfall erlitten und sich noch nicht ganz davon erholt. V. sprach darüber, wie extrem wichtig die Verbesserung der englisch-sowjetischen Beziehungen sei, sprach über seinen Kampf um diese Verbesserungen und darüber, wie wunderbar er Edens bevorstehenden Moskaubesuch finde. Ja, er sieht in Edens Besuch ein Ereignis von historischer Dimension, und es komme entscheidend darauf an, dass der Besuch einschneidende historische Konsequenzen zeitigt. [...] Mit beinahe zitternder Stimme fügte V. hinzu: «Seit vielen Monaten arbeiten wir zusammen an dem Ziel einer Annäherung zwischen England und der Sowjetunion, und ich habe die Sache bis ins jetzige Stadium vorangebracht, in dem Sie direkte Gespräche auf Ministerebene eingefädelt haben. An diesem Punkt musste ich mich natürlich unsichtbar machen und zurücknehmen ...»

Ich warf V. einen etwas überraschten Blick zu, und meine Überraschung wuchs noch mehr: Es war offensichtlich, dass er eifersüchtig auf meine Kontakte zu Eden war – oder auf den Umstand, dass der Prozess der englisch-sowjetischen Annäherung weiterging, obwohl Vansittart eine weniger aktive Rolle als zuvor spielte! [...]

21. März

Ich habe heute aus bewährten Quellen merkwürdige Dinge erfahren. Simon ist anscheinend besessen von der ziemlich phantastischen Vorstellung, Premierminister nach MacDonald zu werden, dessen Rücktritt sofort nach den Feierlichkeiten zum 25-jährigen Thronjubiläum von George V. angeblich beschlossene Sache ist. Simon braucht einen eindrucksvollen «Erfolg», um dieses Ziel zu erreichen. Es war sein Plan, diesen «Erfolg» aus Berlin nach Hause mitzubringen. Aus diesem Grund nahm er Anfang des Jahres über Lothian[1], Ribbentrop und andere «geheime» Verhandlungen (ohne Wissen des Foreign Office) mit Hitler auf. Hitler führte Simon an der Nase herum, indem er sich weigerte, verbind-

1 Philip Kerr (11. Marquess of Lothian), 1916–1921 Lloyd Georges Privatsekretär, 1931/32 Kanzler des Herzogtums Lancaster, 1939/40 britischer Botschafter in den USA.

liche Festlegungen zu treffen, und stattdessen die vage Botschaft aussandte, er sei unter bestimmten Bedingungen (welchen?) möglicherweise bereit, die Frage einer Rüstungsbeschränkung, einer Rückkehr in den Völkerbund und einer Beibehaltung der entmilitarisierten Zone entlang der französischen Grenze zu «erwägen». Simon glaubte mit eigentümlicher Naivität, all diese Zugeständnisse mehr oder weniger in der Tasche zu haben, woraus sich die eklatant prodeutsche Linie erklärt, die er in den letzten drei Monaten an den Tag gelegt hat. Daher auch sein Drang, nach Berlin zu reisen, und seine unterwürfige Haltung gegenüber Hitler und seiner «Halsstarrigkeit» sowie in Bezug auf den Erlass vom 16. März. In einer Besprechung am Sonntag, dem 17. März, an der Baldwin, MacDonald, Eden, Simon und Vansittart teilnahmen und auf der über die Reaktion auf den deutschen Erlass beraten werden sollte, stritten sich Simon und Vansittart so heftig, dass Vansittart drauf und dran war, seinen Rücktritt zu erklären. [...]

22. März

Heute hatten wir Unterredungen zu dritt, Eden, Vansittart und ich. [...] Eden und Vansittart versicherten mir, wir hätten [in Bezug auf das Treffen in Berlin] nichts zu befürchten. Die britischen Vertreter seien nicht bevollmächtigt, irgendetwas zu entscheiden oder gutzuheißen; ihre Aufgabe sei es, zu erläutern und zu eruieren. Sie sind sich über die Bedeutung der Sicherheit im Osten absolut im Klaren. Sie werden gegenüber Hitler Festigkeit zeigen. Ich dachte mir: «Mögen eure Worte wahr werden. Warten wir ab, was passiert ...»

Um 16 Uhr verabschiedete ich Eden am Flugfeld von Croydon. Kagan war bei mir. Strang[I] und Hankey[II] begleiteten Eden. Edens Gattin, eine hochgewachsene, sympathisch aussehende Frau, war auch dort. Desgleichen Hankeys Frau. Wir wurden in verschiedenen Posen und Kombinationen fotografiert. [...] Simon wird am Morgen des 27. nach London zurückkommen, während Eden und ich uns am Abend des 26. in Berlin

I William Strang, 1930–1933 Mitarbeiter der britischen Botschaft in Moskau, 1933–1937 Direktor des Völkerbundreferats im Foreign Office, 1939–1943 Stellvertretender Unterstaatssekretär für Auswärtige Angelegenheiten.

II Maurice Hankey (1. Baron Hankey), 1912–1938 Sekretär des Committee of Imperial Defence, 1916–1938 Sekretär des Kabinetts, 1939/40 Minister ohne Geschäftsbereich, 1941/42 Generalzahlmeister.

Anthony Eden wird von seiner Frau und Maiski verabschiedet auf dem Weg zu Hitler und Stalin.

am Bahnhof treffen und von dort aus durch Polen nach Moskau fahren werden. [...]

Als Edens Flugzeug sich schwerfällig in die Luft erhob – dröhnend, brausend und im ganzen Umkreis einen entfesselten Wind aufwirbelnd –, konnte ich mir den Gedanken nicht verkneifen: «Das ist der Beginn eines wichtigen Fluges, der vielleicht wirklich Geschichte machen wird. ... Wird er das?» [...]

► Maiski begleitete Eden auf dessen Zugfahrt von Berlin nach Moskau.[19] Nach einem Vorbereitungstreffen mit Litwinow erlaubte man Eden zähneknirschend, sich im Puschkin-Museum die für die normale Öffentlichkeit geschlossene, wunderbare Sammlung impressionistischer Werke – «bürgerliche Kunst» – anzuschauen. Von dort aus verfrachtete man ihn in Litwinows Datscha. An einen strammen Spaziergang auf gefrorenem Boden durch den umliegenden Wald schloss sich ein bankettartiges Mittagessen an. Auf den ser-

Eden darf noch vor der offiziellen Einweihung an einer Fahrt der neuen Moskauer Metro teilnehmen.

vierten Butterstücken, oben zu Röschen geformt, war Litwinows berühmter Ausspruch eingraviert: «Der Friede ist unteilbar.» Das veranlasste Strang zu einer lakonischen Warnung, als Maiski sich gerade davon nahm: «Passen Sie auf, wie Sie das schneiden!»[20] An seinem letzten Tag wurde Eden das Erlebnis einer Fahrt auf der gerade fertiggestellten ersten Linie der spektakulären Moskauer Metro zuteil. Er wusste natürlich nicht, dass sie von Insassen der Zwangsarbeitslager gebaut worden war.

Der Höhepunkt seines Moskaubesuchs war jedoch eindeutig die Begegnung mit Stalin am 29. März. Aus Vorgesprächen der Engländer mit Litwinow hatte die russische Seite ein klares und detailreiches Bild von den fruchtlosen Gesprächen in Berlin gewonnen.[21] Auf dem Weg nach Moskau hatte Eden telegraphisch seinen Eindruck nach London übermittelt, dass Deutschland wahrscheinlich nicht in den Völkerbund zurückkehren werde, doch seine Empfehlung, ein System der kollektiven Sicherheit unter dem Dach des Völkerbundes zu errichten, wurde nicht aufgegriffen.[22]

Die Unterredung mit Stalin dauerte eineinviertel Stunden. Eden versuchte es zunächst mit Schmeicheleien, wurde aber von Stalin ziemlich brüsk unterbrochen. Im weiteren Verlauf musste Eden, von Litwinow in die Enge getrieben, zugeben, dass der Hauptunterschied zwischen dem britischen und dem sowjetischen Standpunkt darin bestand, «dass [Großbritannien] die deutsche Politik nicht für aggressiv hielt».[23] «Haben wir im Vergleich zu, sagen wir, 1913», wollte Stalin von Eden wissen, «eine bessere oder schlechtere Situation?» Edens Versicherung, die Situation sei besser, überzeugte Stalin nicht.[24] Das aggressive Agieren sowohl Japans als auch Deutschlands, erklärte Stalin weiter, beschwöre jetzt eine akute Kriegsgefahr herauf, der man nur durch einen Beistandspakt auf Gegenseitigkeit einen Riegel vorschieben könne. Das Gleichnis, mit dem Stalin seine Forderung illustrierte, nachdem er Edens Plädoyer für bilaterale Abkommen vom Tisch gewischt hatte, fand Maiski sicherlich nicht amüsant:

> Stalin: «Nehmen Sie uns sechs, die wir hier in diesem Raum sind. Angenommen, wir schlössen einen Beistandspakt auf Gegenseitigkeit, und angenommen, dem Genossen Maiski falle es dann ein, einen von uns anzugreifen – was würde passieren? Mit unserer vereinten Kraft würden wir dem Genossen Maiski eine tüchtige Abtreibung verpassen.»
>
> Genosse Molotow (scherzhaft): «Deswegen zeigt Genosse Maiski hier ein so demütiges Verhalten.»
>
> Eden (lachend): «Ja, ich verstehe wohl Ihre Metapher.»[25]

Trotz der Mühe, die Maiski und Litwinow sich gegeben hatten, brachte der Besuch nur geringe Fortschritte in Richtung auf den anvisierten Ostpakt und führte vor allem nicht zu einem drastischen Sinneswandel bei Eden.[26] Der hatte den Eindruck gewonnen, Stalin sei «ein Mann mit ausgeprägt orientalischen Charakterzügen, mit unerschütterlicher Selbstgewissheit und Selbstkontrolle, dessen Höflichkeit uns in keiner Weise über eine unerbittliche Härte hinwegtäuschen konnte».[27]

In ihren Memoiren würdigten sowohl Maiski als auch Eden den Moskaubesuch als den Höhepunkt der diplomatischen Bemühungen um eine Wende in den englisch-sowjetischen Beziehungen und um die Begründung einer wirksamen Anti-Hitler-Koalition.[28] Die Erwartungen, die Maiski in Eden gesetzt hatte, waren jedoch offensichtlich zu hoch gesteckt. Maiski war weder der erste noch der letzte Politiker, der sich von Edens vornehmem Auftreten, seinem Charme und seiner offenkundig Respekt gebietenden Persönlichkeit beeindrucken ließ, nicht zu vergessen seine Fähigkeit, Autorität und Macht auszustrahlen (obwohl er von beidem keine Spur besaß). Lloyd George, der «walisische

Zauberkünstler», der früher einmal große Stücke auf Eden und dessen Courage gehalten hatte, betrachtete ihn, so überlieferte es Maiski, als «einen Hasenfuß». Sein Urteil über Eden fiel ungnädig aus: «Sie alle nennen ihn einen lieben Kerl, sie sagen, er habe das Herz am rechten Fleck, ich bezweifle, ob das auch für sein Rückgrat gilt!»[29]

Während die Gespräche im Kreml noch im Gang waren, hatte Litwinow erfahren, dass London den Franzosen davon abgeraten hatte, in ihrem Beistandspakt mit Russland (der am 2. Mai 1935 unterzeichnet wurde) irgendwelche handfesten Verpflichtungen einzugehen, was die Frage, in welcher Form und welchem Ausmaß militärische Beihilfe zu leisten war, offenließ.[30] Weiter geschürt wurde das Misstrauen der Sowjets dadurch, dass Russland nicht zu der Konferenz von Stresa Mitte April eingeladen wurde, auf der Italien, Frankreich und Großbritannien über Maßnahmen berieten, Deutschland in Schach zu halten. Eine außerordentliche Sitzung des Rates des Völkerbunds am 17. April 1935 endete mit einer kraftlosen Warnung an Deutschland wegen der Nichterfüllung seiner internationalen Verpflichtungen. Maiski legte bei seinen Tagebucheinträgen eine Pause bis Anfang Juni ein.[31]

Anstatt sich, wie Maiski es prophezeit hatte, gegen Deutschland zu wenden, drängten die Hardliner im Foreign Office das Kabinett regelrecht, den Deutschen weitere Zugeständnisse zu machen. Hitler lehnte in seiner Reichstagsrede am 21. Mai die englisch-französischen Vorschläge für Abrüstung und einen Ostpakt ab. Auf der Sitzung des Generalrats des Völkerbundes in Genf ging Eden Litwinow bewusst aus dem Weg, und Letzterer musste erkennen, wie erfolgreich die Nazis mit ihrer schrillen und beharrlichen Kampagne gegen die «bolschewistische Gefahr» waren.[32]

3. Juni

Ich nahm am Dinner für die «sterbenden Schwäne» teil, wie die Diplomaten es nennen. In diesen Tagen wird eine Kabinettsumbildung stattfinden, und MacDonald wird als Premierminister zurücktreten. Auch viele andere Minister werden ausgetauscht. Heute waren jedoch die bisherigen Regierungsmitglieder noch auf ihrem Posten und luden zum jährlichen Dinner aus Anlass des Geburtstags des Königs ins Foreign Office ein. Die Feier fiel größer als sonst aus; der König ist 70 geworden.

[...] Zu meiner Linken saß Halifax, einst Vizekönig von Indien und zur Zeit Erziehungsminister ... Er begann von sich aus, über die von Deutschland ausgehende Bedrohung zu sprechen, und erkundigte sich nach unse-

Maiskis Coup: Eden in Stalins Büro im Kreml

rer Haltung zu Hitler, nach dem französisch-sowjetischen Pakt usw. Ein Fazit ziehend, sagte Halifax: «Es ist äußerst ärgerlich, dass die deutsche Gefahr in Europa wieder auferstanden ist. Ich würde alles dafür geben, wenn jemand mir überzeugend darlegen könnte, dass eine solche Gefahr nicht existiert. Aber Tatsachen sind Tatsachen. Da die deutschen Absichten unklar sind, muss man seine praktischen Berechnungen nach dem schlimmsten möglichen Szenario ausrichten, nicht nach dem besten.»

5. Juni

Ein ziemlich ungewöhnlicher Nachbar ist letztes Jahr in das Gebäude mit der Hausnummer 12A eingezogen (unsere Botschaft trägt die Nr. 13), nämlich General Sir Bahadur Shamsher Jang Bahadur Rana, außerordentlicher Gesandter und Generalbevollmächtigter Nepals, mit seinem Mitarbeiterstab. Ich hatte in den Zeitungen gelesen, dass dieser Bahadur als Sondergesandter nach London gekommen sei, um dem König den höchsten Orden seines Landes zu verleihen, und dass er seine Mission mit Erfolg und mit aller geziemenden Feierlichkeit erfüllt habe.

Später dachte ich, da ich bis zum Hals in Alltagsgeschäften steckte, nicht mehr an Bahadur, glaubte sogar, er sei in sein gebirgiges Vaterland zurückgekehrt.

Dann stellte sich plötzlich heraus, dass Bahadur mein Nachbar ist! In Anbetracht der besonderen Empfindlichkeit der Engländer in «indischen Angelegenheiten» wies ich die Mitarbeiter der Botschaft an, sich den Nachbarn gegenüber zurückhaltend, ja abweisend zu verhalten und keine Freundschaften mit ihnen zu schließen. Doch an einem schönen Sommertag stattete Bahadur selbst mir einen Besuch ab. Obwohl unsere Gebäude aneinanderstoßen, kam er im Auto (ach ja, der Orient!). Er trug seine Landestracht: eine runde Lammfellmütze, einen langen schwarzen Kaftan (ein Mittelding zwischen Gehrock und Lapserdack[1]) über einem kurzen dicken Rumpf, eine wie ein Strumpf am Schienbein anliegende Hose und weiße Stoffschuhe. Seine schwarze Mütze nahm Bahadur auch im Gebäudeinneren nicht ab. Es war gerade Teezeit. Das Mädchen brachte ein Tablett mit zwei Tassen, einer Teekanne, heißem Wasser und den anderen nötigen Utensilien herein. Mit einer herzlichen Geste lud ich Bahadur ein teilzunehmen. ... Und dann! Dann ergriff der schiere Horror Besitz von seinem Gesicht, und seine Hände krampften sich zusammen, als wolle er sich vor einem Knüppelhieb schützen. Ich schaute meinen Gast konsterniert an. Er sagte in bedauerndem Ton: «Die Gesetze meines Landes verbieten es mir, mit Ausländern eine Mahlzeit zu teilen.» [...] Ich warf Bahadur einen überraschten Blick zu und fragte: «Wie wollen Sie in London arbeiten? Die Leute treffen sich hier andauernd zu Besprechungen beim Mittagessen, beim Dinner oder beim Nachmittagstee.»

«Ja, das ist mir bekannt», antwortete mein Gast, «aber mir sind die Hände gebunden.»

Das Mädchen verließ den Raum, und ich schloss die Tür hinter ihr. Bahadur blickte sich vorsichtig um und sagte: «Sie können sich nicht vorstellen, wie schwer es hier in London für mich ist. Ich verstehe nur zu gut, dass ich hier nichts erreichen kann, wenn ich es ablehne, Mahlzeiten mit Ausländern zu teilen, aber was kann ich tun? So sind die Gesetze meines Landes nun einmal. Ich habe mich bereits mit einem Brief zu dieser

---

1 Jüdisches Kleidungsstück, ein kurzer Rock mit einer genau bestimmten Anzahl von Bändchen und Fransen. Die Talmudisten tragen diese «jüdische Montur» unter dem oberen langen Rock.

Unannehmlichkeit an Seine Majestät meinen Herrscher gewandt und warte ungeduldig darauf, dass er dieses ernste Problem löst.»

Man höre und staune, welche Probleme sich in der Epoche der sozialistischen Revolution und im 18. Jahr der Sowjetherrschaft in der UdSSR ergeben können! Essen oder nicht Essen – das ist hier die Frage!

Ich hatte Mitleid mit Bahadur, und er sagte, vielleicht ein bisschen gerührt (oder beim Gedanken an meine sowjetische Herkunft), mit gesenkter Stimme und wachsamen Blicken in Richtung Tür: «Hier unter uns kann ich eine kleine Ausnahme machen, aber es soll niemand davon erfahren. ...» Voller Scheu griff Bahadur nach der Tasse, die ich ihm reichte, doch das Angebot, vom Gebäck zu probieren, wies er entschieden zurück. Nachdem er die Tasse halb leer getrunken hatte, stellte er sie auf den Tisch und sagte flehentlich: «Das sollte auf jeden Fall unter uns bleiben.» Ich versprach feierlich, das Geheimnis zu bewahren.

Unser Gespräch wandte sich danach anderen Themen zu. Wir redeten über unser Domizil, über die Lebensumstände in London, das Wetter usw. Aus irgendeinem Grund interessierte sich mein Gast ungemein dafür, ob ich einen Kuhstall hätte oder nicht. Verblüfft antwortete ich, ich hätte eine Garage, aber keinen Kuhstall.

«Aber mir geht es gerade um einen Kuhstall», insistierte Bahadur mit einem mir rätselhaften Nachdruck.

Ich verstand nicht, worauf er hinauswollte. Weshalb sollte ein Mensch in London plötzlich einen Kuhstall brauchen? Nach einigen vorsichtigen Erkundigungen stellte sich heraus, dass Bahadur wirklich einen Kuhstall brauchte. In Befolgung der Bräuche und religiösen Gebote seines Landes hatte er aus Nepal nicht nur seine Nationaltracht, seine Wohnungseinrichtung und Dienerschaft mitgebracht, sondern auch seine nepalesische Kuh. Die Versorgung der Kuh bereitete meinem Nachbarn Schwierigkeiten ohne Ende. In Ermangelung eines Kuhstalls im Haus musste er für seine vierbeinige Freundin eine separate Bleibe mieten, und dies hat sich als äußerst unbequeme Lösung erwiesen. Deshalb interessierte es ihn so brennend zu erfahren, ob ich einen Kuhstall habe.

[...] Etwas Rätselhaftes ist Bahadurs Frau zugestoßen. Er kam in London als Ehemann an. Seine Frau wurde krank und starb, doch woran, weiß ich nicht. Ich weiß nur, dass sie krank wurde, während ihr Mann sich auf einer Italienreise befand, wo er Mussolini und dem italienischen König den höchsten Orden seines Landes überreichte. Bahadurs Mitarbeiter brachten seine Frau, als ihr Tod sich abzeichnete, hinaus aufs Land auf eine Lichtung, und dort hauchte sie schließlich ihr Leben aus. Sie taten das offenbar, weil es nach hinduistischen Vorschriften schlecht für den Verstorbenen ist, wenn sein Leichnam von steinernen Mauern umschlossen ist. Aus Sorge um ihre Herrin waren die Hausdiener mit ihr rechtzeitig aus dem steinernen London herausgefahren. Einmal besuchte ich Bahadur in der Zeit, in der er trauerte. Er empfing mich in einer Garderobe, die wie ein weißer Pyjama unter einem leichten Sommermantel aussah, hatte weiße Stoffschuhe an und trug eine kleine weiße Mütze. Es war ein recht belustigender Anblick (als sei es gerade mitten in der Nacht und er aus dem Bett gesprungen), aber wie sich herausstellte, war das die nepalesische Trauerkleidung.

Ein paar Monate später reiste Bahadur aus London ab und kehrte mit einer neuen Frau zurück, die nie das Haus verlässt. Sie betritt nicht einmal den Garten der Botschaft.

6. Juni

Ich besuchte Vansittart. Er begrüßte mich herzlich, sah aber irgendwie erschöpft und verstört aus. Blasser als gewöhnlich. Er nahm mich zur Seite und ließ mich in absoluter Vertraulichkeit (doch mit der Bitte, die sowjetische Regierung zu informieren!) wissen, Samuel Hoare sei zum Außenminister ernannt worden.[33] Er habe sich Besseres erhofft, doch sei dies auch nicht allzu schlimm. [...] Vansittart fürchtet jedoch, dass der Name Hoare in Moskau einen ungünstigen Eindruck machen und dass die sowjetische Presse ihm einen feindseligen Empfang bereiten könnte. Man dürfe nicht vorschnell urteilen. ... Ich antwortete, dass wir die Umbildung der britischen Regierung mit Gleichmut betrachteten und dass wir das neue Foreign Office und ebenso die neue Regierung als Ganze nicht nach ihren Worten, sondern nach ihren Taten beurteilen würden.[34]

Heute fand ein Galadiner zu Ehren Edens statt. 27 Gäste waren da. Die Atmosphäre war nicht schlecht, trotz der Tatsache, dass Hoare zum Außenminister ernannt worden ist. Eden und Lord Cecil[I] versicherten

---

I Robert Cecil (Gascoyne-Cecil), (1. Viscount Cecil of Chelwood), 1923–1945 Präsident des Völkerbundes, 1937 Friedensnobelpreis.

mir, Hoare sei ein überzeugter Befürworter kollektiver Sicherheit und werde einen guten Außenminister abgeben. Wir werden sehen!

► Vansittart half Maiski, eine einflussreiche Lobby in konservativen Zirkeln aufzubauen. Die von ihm arrangierte Begegnung Maiskis mit dem Zeitungsmagnaten Beaverbrook[1] führte zur ersten wohlwollenden Berichterstattung über Moskau im *Daily Express*, der bis dahin nach Maiskis Dafürhalten nur «offensichtliche Verleumdungen» gebracht hatte. In der Folge wurde Maiski zu einem «Familiendinner» im Hause Vansittart eingeladen, bei dem er Churchill kennenlernte. «Ich möchte Ihnen diesen Gentleman mit allem Nachdruck empfehlen», schrieb Beaverbrook an Maiski. «Charakterlich hat er in der britischen Politik nicht seinesgleichen. Ich weiß alles über seine Vorurteile. Aber ein Mann mit Charakter, der die Wahrheit sagt, ist für die Nation von großem Wert.» Tatsächlich erklärte Churchill Maiski, er beabsichtige angesichts des Aufstiegs des Nationalsozialismus, der England zu einem «Spielball in den Händen des deutschen Imperialismus» zu reduzieren drohe, seinen langjährigen Kampf gegen die Sowjetunion einzustellen, von der er nicht mehr glaube, dass sie noch eine Bedrohung für England darstelle, zumindest nicht in den nächsten zehn Jahren. Er bekannte sich voll und ganz zur Idee der kollektiven Sicherheit als der einzigen Strategie, mit der Nazideutschland Einhalt geboten werden könne.[35] Doch der Wind drehte sich gegen die von Maiski und Vansittart 1934 in die Wege geleitete Politik der Annäherung. Der französisch-sowjetische Pakt bot den Deutschen einen willkommenen Vorwand, den Vorschlag eines Ostpakts endgültig zu beerdigen. Unter diesen Umständen beschloss das Foreign Office im Spätherbst, sowohl die Politik des Treibenlassens (des Abwartens, was passiert) als auch die Politik der «Einkreisung» (der Bildung einer antideutschen militärischen Allianz mit Frankreich, Russland und der Kleinen Entente, dem Bündnis zwischen der Tschechoslowakei, Jugoslawien und Rumänien) zu verwerfen und sich für die dritte Option zu entscheiden, nämlich sich mit Deutschland zu arrangieren – eine Politik, die den Übergang zum Appeasement markierte.[36]

---

1 William Maxwell Aitken, (1. Baron Beaverbrook), aus Kanada stammender britischer Politiker, Finanzier und Zeitungsverleger, ab 1916 Eigentümer der Zeitungsgruppe *Daily Express*, 1918 Gründer des *Sunday Express*, ab 1923 Eigentümer des Londoner *Evening Standard*, 1940/41 Minister für die Flugzeugfertigung, 1941/42 Minister für Nachschub, 1943–1945 Lordsiegelbewahrer und Minister für Kriegsproduktion.

12. Juni

Komme gerade von meiner ersten Begegnung mit S. Hoare. Er hatte mich eingeladen getreu dem Usus, alle in London akkreditierten diplomatischen Vertreter zu empfangen, doch unsere Unterredung, die rund 40 Minuten dauerte, ging weit über die bloße diplomatische Etikette hinaus.[37] Welchen ersten Eindruck von «meinem» neuen Außenminister habe ich gewonnen?

Zuerst die Äußerlichkeiten: Der Schreibtisch in seinem Arbeitszimmer ist umgestellt worden. Was kommt als Nächstes, frage ich mich. Wird H. sich auf das Verschieben von Möbeln beschränken? ... Die Zeit wird es zeigen.

H. ist herb, elegant und nicht sehr groß. Sein Gesicht ist scharf geschnitten, intelligent und zeigt eine kontrollierte Aufmerksamkeit. Er ist sehr höflich und rücksichtsvoll, aber vorsichtig. Er fühlt sich in seiner neuen Stellung noch nicht sicher, ist mit den aktuellen Problemen nicht vertraut und hat vor allen Dingen Angst, jemandem zu nahezukommen. Er will ungebunden sein und sich möglichst viel Handlungsspielraum in alle Richtungen bewahren.

[...] Ich fragte H., wie sich nach seiner Ansicht der Friede in Europa sichern ließe. Er machte eine Gebärde der Ratlosigkeit und verweigerte eine Antwort mit dem Hinweis, dass er doch erst seit drei Tagen Außenminister sei. [...] Dann begann H., «laut zu denken», und ich hatte bald reichlich Grund, mich in meinem Unbehagen bestätigt zu sehen. Seine «Gedanken» liefen auf Folgendes hinaus: Die Engländer haben genug von endlosen, nutzlosen Gesprächen. Sie wollen Taten, nicht Worte. Ein kleiner praktischer Erfolg ist besser als eine Lastwagenladung voll rhetorischer Eloquenz. Die Abrüstungskonferenz ist gescheitert, weil sie sich Aufgaben vornahm, die zu breit und umfassend waren. Hätten sich die Mächte vor 15 Jahren auf Rüstungsbeschränkungen in getrennten Bereichen und nicht in pauschaler Form geeinigt, hätten wir es heute mit einer ganz anderen Situation zu tun. Die britische Öffentlichkeit wünscht sich jetzt, dass «irgendwie irgendwo irgendetwas getan wird».

Ich antwortete, dass ich H.s Theorie sehr gefährlich fände. Abrüstung lasse sich nicht stückweise durchführen, und der Ausdruck «irgendwo» lasse sich leicht im Sinne der Hitler'schen Vorstellungen deuten: «Sicherheit» im Westen und freie Hand [für Deutschland] in Osteuropa. Befürwortet H. solche Vorstellungen? Glaubt er, dass der Friede teilbar ist? H. antwortete, die britische Regierung werde bei der Fortführung ihrer Außenpolitik natürlich unsere Sicht der Dinge berücksichtigen, wich aber meiner direkten Frage ein weiteres Mal aus. [...]

Was sind meine Erkenntnisse? Ich bin ziemlich beunruhigt. Auch wenn Vansittart mir versicherte, dass H.s Ansichten im Großen und Ganzen mit den seinen übereinstimmen, meine ich dennoch, dass H. sich in den nächsten Monaten als gefährlicher erweisen könnte, als Simon es war. Er ist ein Neuling, unterschätzt die Schwierigkeiten und neigt zum Experimentieren. Er will schnelle, konkrete, vorzeigbare Erfolge, um seine Berufung vor der englischen Öffentlichkeit zu rechtfertigen. Er möchte seine «nüchterne», «konkrete», «praktische» Politik zum Gegenbild der «verschwommenen», «hochgestochenen», «rückgratlosen» Politik Simons präsentieren. Das ist gefährlich. Simon verfügte bei all seinen negativen Zügen doch über einige Erfahrung. Er hatte mehr als einmal den Kürzeren gezogen und sich bei seinen Versuchen, diverse internationale Probleme beizulegen, viele blutige Nasen geholt. [...] H. möchte offensichtlich Experimente im Bereich der englisch-deutschen Beziehungen anstellen – was wird sich daraus ergeben? H. wird natürlich lernen, wir wollen jedoch hoffen, dass sein Lernprozess nicht einen zu hohen Preis fordern wird.[38]

Wir müssen doppelt wachsam sein! Frankreich, die Kleine Entente und die UdSSR müssen maximale Aktivität an den Tag legen!

19. Juni

Ich habe (eingestandenermaßen von dritter Seite) einige Details über Stalins Treffen mit Laval erfahren.

Nach dem Austausch der Begrüßungsformeln erklärte L. mit allem, was er an französischer Parlamentärshöflichkeit aufbieten konnte, er sei hocherfreut über die kürzlich erfolgte Unterzeichnung des französisch-sowjetischen Pakts, der sich nicht gegen irgendein bestimmtes Land richte. S. antwortete: «Was soll das heißen? Er richtet sich absolut gegen ein bestimmtes Land – Deutschland.»

L. war etwas baff, versuchte aber sogleich, sich zu berichtigen, und brachte mit derselben charmanten Höflichkeit seine Freude über [Stalins] Offenheit zum Ausdruck. Nur wirkliche Freunde könnten so offen miteinander reden.

Dann fragte S. ihn: «Sie kommen gerade aus Polen zurück. Was geschieht dort?» L. verfiel in seiner Antwort in langwierige, artige und verschnörkelte Erklärungen der Art, dass in Polen zwar prodeutsche Einstellungen nach wie vor verbreitet seien, dass es aber Zeichen der Besserung gebe, die am Ende zu einem Kurswechsel der polnischen Politik führen würden usw. S. unterbrach L. und erklärte kurz und bündig: «In meinen Augen gibt es dafür gar keine Anzeichen!» Dann fügte er hinzu: «Sie sind ein Freund der Polen, also versuchen Sie bitte, ihnen klarzumachen, dass sie ein Spiel spielen, das ihnen zum Verhängnis werden wird. Die Deutschen werden sie betrügen und über den Tisch ziehen. Sie werden Polen in ein Abenteuer hineintreiben, und wenn es Schwäche zeigt, werden sie es entweder einsacken oder es sich mit einer anderen Macht teilen.[39] Ist es das, was die Polen brauchen?» L. war von S.s Direktheit und Offenheit wiederum schockiert.

Als im Verlauf ihres Gesprächs die Rede auf Macht und Einfluss der katholischen Kirche kam, fragte L. S., ob man sich nicht um eine Versöhnung zwischen der UdSSR und dem Papst[1] bemühen könne, vielleicht durch Abschluss eines Pakts mit dem Vatikan. ... S. lächelte und sagte: «Einen Pakt? Einen Pakt mit dem Papst? Nein, das wird nicht passieren! Wir schließen Pakte nur mit Leuten, die Armeen haben, und der römische Papst hat, soweit ich weiß, keine Armee.»

2. Juli

Abessinien steht heute im Mittelpunkt der Aufmerksamkeit.[40] Die Engländer stecken in einem kleinen Dilemma. Die gestrige Unterhaussitzung war interessant. Das Vorhaben, ein winziges Stück von Britisch-Somaliland einschließlich des Hafens Zeila an Abessinien abzutreten, löste einen absoluten Aufruhr im Parlament aus! Laute Zwischenrufe von den Bänken, als Hoare sagte, das Parlament solle der Exekutive «vertrauen»! Jemand brüllte sogar: «Hitler!»

Ich weiß nicht, wie die britische Regierung sich aus dieser schwierigen Situation herauswinden wird, aber wenn der Geist der britischen Diplomatie noch nicht dahingeschieden ist, dürfte Baldwin, seine Inspiration aus langjähriger imperialistischer Politik schöpfend, ungefähr den folgenden Plan ausgearbeitet und in die Tat umgesetzt haben: [...] Großbri-

1 Pius XI., Papst 1922–1939.

tannien erklärt sich zur Bildung einer Einheitsfront mit Frankreich und der UdSSR bereit. Die drei Regierungen teilen Mussolini unverzüglich mit (solange der Krieg in Afrika noch nicht begonnen hat), dass sie, wenn der Völkerbund Italien zum Aggressor erklärt, gezwungen sein werden, Wirtschaftssanktionen gegen [Italien] zu verhängen. [...] Würden Großbritannien und Frankreich die Kraft und Entschlossenheit aufbringen, einen solchen Plan durchzuführen, wäre nicht nur das Abessinienproblem für viele Jahre gelöst und das Ansehen des Völkerbundes erheblich gestärkt, sondern die Einheitsfront aus Großbritannien, Frankreich, Italien und der UdSSR gegen die deutsche Gefahr wäre gefestigt, und der Weg zu einer relativen Beruhigung in Europa stünde offen. Können Großbritannien und Frankreich die nötige Kraft und Entschlossenheit finden? Ich zweifle daran. Aber es wird sich zeigen.

9. Juli

Vansittart bat mich um ein Treffen, um mir seine Sicht der Dinge vortragen zu können. [...] Natürlich verteidigte V. den Flottenvertrag.[41] Beiläufig bemerkte er, dass er selbst auch dafür sei, ihn zu unterzeichnen. Die Gründe? Es sind deren zwei: (1) Besser etwas als nichts [...] (2) Hätte man sich nicht geeinigt und hätte die britische Regierung unter dem Zwang des unvermeidlichen Flottenrüstungswettlaufs in einem oder zwei Jahren die Steuern erhöhen müssen, gäbe es in England einen lauten Aufschrei und Vorwürfe an die Regierung, dass sie den vielversprechenden Vorschlag Deutschlands abgelehnt hätte, nur um Frankreich gefällig zu sein. [...]

Meine Ansicht: [...] (1) Konservative und Labour raufen sich verzweifelt um die Wählerstimmen der Pazifisten, und der Flottenvertrag lässt sich dem Wahlvolk als erster echter Schritt auf dem Weg zu einer Kürzung oder Beschränkung der Rüstungsausgaben in einem für England so wichtigen Bereich wie der Kriegsmarine präsentieren. (2) Abnehmender Glaube an die Wirksamkeit kollektiver Sicherheit und das daraus resultierende Verlangen, mittels vorteilhafter bilateraler Abkommen «die Gunst des Augenblicks zu nutzen». [...] (3) Der antisowjetische Faktor: Warum nicht die deutsche Stellung in der Ostsee für alle Fälle stärken? Warum nicht die «Sowjets» in Europa binden? Wer weiß, vielleicht wollen die eines Tages das Kommunistische Manifest den Völkern des Westens mit aufgepflanztem Bajonett beibringen? ...

► Vor der Abreise in einen längeren Sommerurlaub in einem Sanatorium in Kislowodsk verabschiedete Maiski sich von Samuel Hoare. Er hatte nach dem Gespräch das dumpfe Gefühl, Hoare sei «voll und ganz bereit, [...] einen Kompromiss mit Deutschland herbeizuführen».[42] In Moskau stellte Maiski fest, dass Gerüchte über französische und britische Versuche, sich mit Deutschland zu arrangieren, den Kreml äußerst beunruhigt hatten. Man war dort zu der Überzeugung gelangt, dass Deutschland entschlossen sei, die Tschechoslowakei zu zerschlagen und den «Anschluss» Österreichs zu vollziehen. Maiski befürchtete jetzt, die Entwicklung werde Russland isolieren. Er hatte das Gefühl, dass ihm der Boden unter den Füßen wegbröckelte. In einem streng vertraulichen Brief an Litwinow äußerte er die Befürchtung, dass man ihm den Botschafterposten in Washington antragen werde, und erhob heftige sachliche und persönliche Einwände gegen seine Versetzung:

> In beruflicher Sicht wäre es vollkommen irrational, wenn ich aus England wegginge. Ich kenne das Land gut, die Leute, die Sitten und Bräuche. Ich habe zahlreiche Beziehungen unterschiedlicher Art, die ich im Laufe von zehn Jahren aufgebaut habe. [...] Soweit ich es sagen und beurteilen kann, ist es mir gelungen, mir hier in Regierungskreisen, in der Öffentlichkeit und in der Politik eine beachtliche Stellung zu erarbeiten. [...] Erst jetzt, als Generalbevollmächtigter in England, bin ich ganz in meinem Element [...] und in der Lage, der UdSSR den maximalen diplomatischen Gewinn zu bieten. [...] Aus persönlicher Sicht ziehe ich England jedem anderen Land mit Ausnahme der UdSSR vor. [...] Ich würde wirklich nur sehr ungerne in die USA gehen: Ich habe dieses Land noch nie sehr geschätzt. Die Außenpolitik Washingtons ist von nur geringem Interesse; sie ist zutiefst provinziell, und wir können uns in der nahen Zukunft nichts Positives von ihr versprechen.[43]

6. November

Nach fast dreimonatiger Abwesenheit aus England besuchte ich Hoare, um unseren Kontakt zu erneuern. Er war so ungemein höflich, dass mich ein etwas unbehagliches Gefühl beschlich. Zu hoher Zuckergehalt und zu viel Förmlichkeit. Unwillkürlich hat man das Gefühl, auf der Hut sein zu müssen. ...

Wir unterhielten uns natürlich über den italienisch-abessinischen Konflikt.

Hoare fing an, sich über die Franzosen zu beschweren; sie seien viel zu optimistisch, wenn sie glaubten, der Streit lasse sich im Handumdrehen beilegen. Das Entwirren des afrikanischen Knotens werde vielmehr nach allem, was man wisse, ein langwieriger Prozess sein. Die italienischen Forderungen sind für Abessinien nach wie vor vollkommen inakzeptabel, ebenso für den Völkerbund und für England. Es wäre am allerbesten, wenn der Krieg ohne Sieger und Verlierer beendet werden könnte; der künftige Friede wäre dann stabiler.

[...] Ich setzte H. über unsere Position ins Bild. Wir haben keinen Streit mit Italien. Die politischen und wirtschaftlichen Beziehungen zwischen der UdSSR und Italien waren in den letzten zehn Jahren gut. Wir haben in Afrika keine Interessen. Wenn wir derzeit gegen Italien Stellung beziehen, tun wir das nur als loyales Mitglied des Völkerbundes und weil wir eine Lehre erteilen wollen, die als Warnung für jeden künftigen Aggressor dienen kann. Italien ist kein sehr ernst zu nehmender Aggressor, aber es gibt gefährlichere Kandidaten auf der Welt, insbesondere in Europa. Für sie muss ein einschlägiges Exempel statuiert werden.

H. versicherte mir, dass sich die britische Position genau mit der unsrigen decke. Auch England verfolge in diesem Konflikt keine eigenen Interessen. Es lässt sich, wie er sagt, einzig und allein von der Loyalität zum Völkerbund und von dem Wunsch leiten, einem gefährlicheren potentiellen Aggressor, der in drei, fünf oder zehn Jahren auf den Plan treten könnte, eine Warnung zu erteilen. (Wie ich sieht auch H. in Italien keinen Furcht einflößenden Aggressor.) H. formulierte seinen Gedanken in einer Weise, die deutlich machte, dass er dabei an Deutschland dachte.

15. November

Gestern Abend saßen wir fünf (Agnia und ich, die Kagans und Mironow) im Royal Automobile Club und lauschten bis zwei Uhr nachts den Radiomeldungen über die Wahlergebnisse. Wir durchwanderten eine Zeit lang Straßen, in denen es für einen Wahlabend ungewöhnlich ruhig zuging. Heute haben wir das Ergebnis des gestrigen Wahlgangs in groben Zügen erfahren. Die Resultate sind, nun ja, nicht schlecht, auch wenn sie von meinen Erwartungen abweichen. [...] Das National Government wird eine rücksichtsvollere Politik gegenüber der UdSSR betreiben und ihre Loyalität zum Völkerbund hervorkehren müssen. Sie wird sich schwerer tun, an antisowjetischen Intrigen mitzuwirken. Die Chancen auf eine Verbesserung der englisch-sowjetischen Beziehungen sind gestiegen. Würde nur nicht Labour mit seiner absurden Deutschfreundlichkeit alles verderben! Wir werden sehen.[44]

14. Dezember

Die Lage wird immer mysteriöser.

Am 11. September hielt Hoare seine berühmte Rede in Genf, in der er mit Bestimmtheit erklärte, die britische Außenpolitik werde von jetzt an die Politik des Völkerbundes sein. Seine Rede wurde hier und im Ausland als bedeutender, fast historischer Meilenstein im Bereich der internationalen Politik gefeiert. In den nächsten zwei Monaten erklärten, unterstrichen und versicherten lautstark Baldwin, Hoare, Eden und alle anderen Mitglieder der britischen Regierung ihre Loyalität zu dem am 11. September gegebenen Versprechen.

[...] Ich war davon ausgegangen, dass Loyalität zum Völkerbund nach wie vor im höchsten Interesse der britischen Regierung läge. Und dann taucht ganz plötzlich der Hoare-Laval-«Friedensplan»[45] in Paris auf! Ein Plan, der den denkbar eklatantesten, denkbar schamlosesten Verrat an den Grundsätzen des Völkerbundes darstellt! Und der Zeitpunkt? Drei Wochen nach der Wahl! Und in welchem Moment genau? Im Moment des offenkundigen Scheiterns der italienischen Armee in Abessinien und exponentiell zunehmender Probleme für Mussolini bei sich daheim!

Es will einem nicht in den Kopf! Was hat es zu bedeuten? Wer ist verantwortlich?

Da ich die hiesigen politischen und diplomatischen Gepflogenheiten kenne, kann ich mir leicht den folgenden Hergang vorstellen. ... Nach der Wahl wurde Verbindung mit Laval aufgenommen [...] Die Maische gärte in der Höllenküche der Imperialisten. Als Hoare in der Schweiz «Ferien» machte, gab man ihm nur allgemeinste Anweisungen mit: Tue dein Bestes, um den Konflikt baldmöglichst zu beenden, und sei es durch eine «Korrektur» der abessinischen Grenzen und durch das Angebot gewisser wirtschaftlicher Privilegien für Italien im Reich des Negus.[1] (Irgendetwas muss man Mussolini schließlich geben!) Hoare kam nach Paris. Laval bedrängte ihn, machte ihm klar, dass England in einem bewaffneten Konflikt mit Italien nicht auf Frankreich zählen könne. Er lehnte es kategorisch ab, sich Erdölsanktionen [gegen Italien] anzuschließen. ... Was war zu tun? In Hoare wallten imperialistische Gefühle auf (ein natürlicher Reflex bei ihm), und er beschloss zu zeigen, dass er aus anderem Holz

---

1 Haile Selassie, 1930–1974 Kaiser von Abessinien (Äthiopien).

geschnitzt ist als Simon oder andere, die nur zu endlosem Palaver in der Lage waren. Er konnte ein Alexander der Große der britischen Außenpolitik werden.

[…] Inzwischen ist in England eine echte politische Krise ausgebrochen. Die Zeitungen melden heute, dass Hoare sich eilends auf den Heimweg begeben hat und am 19. Dezember im Unterhaus sprechen wird. Hoare hat es fertiggebracht, sich beim Schlittschuhlaufen in England die Nase zu brechen. Aus diesem Grund wird er ein paar Tage lang das Haus nicht verlassen. Wie symbolisch! Ja, Hoare hat nicht nur einen körperlichen, sondern auch einen politischen Nasenbeinbruch erlitten. Wird er und wird die Regierung die richtigen Schlüsse daraus ziehen? Wird Hoare zurücktreten? Wir werden sehen. Um die Wahrheit zu sagen, ich bezweifle es.

1936

20. Januar

Wickham Steed[1] aß mit mir zu Mittag. [...] Wir sprachen über die Krankheit des Königs, und Steed gab einige interessante Details über George V. und seine Vorgänger preis. [...] Über König Edward VII.: Steed war einmal in Karlsbad, wohin der König für eine Kur gereist war, Teil des königlichen Reisetrosses. König Edward musste ein Glückwunschtelegramm an die Pfadfinder in England schicken. Der Sekretär des Königs fragte Steed, ob er einen Entwurf dafür schreiben könne. Das tat er. Am nächsten Tag ließ der Sekretär Steed voller Bedauern wissen: «Ich fürchte, da läuft nichts. Der König hat Ihren Entwurf gelesen und sagte: Das sind nicht die Worte eines väterlichen Königs an seine Kinder, sondern ein Leitartikel aus der *Times*. Das ist nicht das Richtige für mich.» Edward formulierte das Telegramm selbst; nach Aussage Steeds war es tatsächlich sehr viel besser als der Text, den er selbst geschrieben hatte.

Auch König George schrieb die meisten seiner Reden und Ansprachen an die Nation selbst. Vor ein paar Jahren, als Steed noch bei der *Times* arbeitete, bat ihn der Sekretär des Königs, einen Mann zu schicken, der Entwürfe für die Reden des Monarchen schreiben könne. Steed schickte einen hervorragenden Journalisten. Einen Monat später kehrte der Journalist enttäuscht zu Steed zurück und sagte: «Ich werde dort überhaupt nicht gebraucht. Bei jeder Rede, die ich zu schreiben versuchte, schrieb der König einen ganz neuen Text, und kaum ein Satz von mir blieb stehen. Ich habe meinen Posten im Palast aufgekündigt.» Wie Steed erzählte, war der König 1928, kurz vor Ausbruch seiner Krankheit, in einer sehr niedergeschlagenen Verfassung. Er hatte das Gefühl, seine Pflichten nur ungenügend zu erfüllen und bei seinen Untertanen zunehmend an Ansehen

---

1 Henry Wickham Steed, Auslandskorrespondent der BBC und vormaliger Redakteur der *Times*. Er machte sich für die «Protokolle der Weisen von Zion» stark, gehörte aber trotz seines notorischen Antisemitismus zu den Ersten, die vor den Plänen Hitlers warnten.

und Respekt zu verlieren. Er spielte sogar mit dem Gedanken abzudanken. Baldwin, der zu der Zeit Premierminister war, versuchte dem König gut zuzureden, und sprach sich entschieden gegen eine Abdankung aus. Im Dezember 1928 erkrankte George schwer. Die breite Welle der öffentlichen Sympathie, die ihm im Verlauf seiner Krankheit zuteilwurde, beeindruckte den König zutiefst. Er wurde ruhiger, als er sich davon überzeugt hatte, dass das Empire ihn brauchte; sein Lebenswille war wieder deutlich zu erkennen. Seine psychische Verfassung hatte sehr zur geradezu wundersamen Genesung des Königs vor sieben Jahren beigetragen. «Vielleicht wird derselbe Lebenswille den König auch jetzt wieder retten», sagte Steed abschließend. «Wer weiß?...»

21. Januar

König George V. ist gestern gestorben.

Gerüchte über seine Krankheit hatten sich schon an Weihnachten verbreitet. Sie wurden offiziell dementiert. Der König hielt sogar seine weihnachtliche Radioansprache an das Empire, und viele, darunter Bernard Shaw, beglückwünschten ihn öffentlich dazu, wie gut er das gemacht hatte. Danach verstummten alle Gerüchte. Erst am Abend des 17. Januar gelangte ein ärztliches Bulletin an die Öffentlichkeit, das sich zur gesundheitlichen Verfassung des Königs äußerte. Übers Radio wurde mitgeteilt, die Schwächung der Herztätigkeit des Königs gebe «Anlass zur Sorge». Das waren eine schwerwiegende Symptomatik und eine ernste Warnung. Dann ging es mit ihm weiter bergab. Ein prominenter Kardiologe wurde nach Sandringham gerufen. Die Bulletins kamen in immer kürzeren Abständen heraus und hatten eine immer beunruhigendere Botschaft. Am Sonntag, den 19. Januar informierte ich Moskau telegraphisch über das nahende Ende des Königs und bat darum, im Falle des Falles Beileidstelegramme von Kalinin[1] an die Königin und die königliche Familie und von Molotow an Baldwin zu schicken. Am 20. Januar gingen Agnia und ich ins Kino. Beim Verlassen des Kinos gegen 23 Uhr sahen wir plakatierte Zeitungsseiten mit der Aufschrift «Der König liegt im Sterben». Zu

---

1 Michail Iwanowitsch Kalinin, 1926–1946 Mitglied des Politbüros und 1938–1946 Vorsitzender des Obersten Sowjet der UdSSR und damit formelles Staatsoberhaupt der Sowjetunion. Während er die Säuberungen überstand, wurde seine Frau verhaftet, gefoltert und in den Gulag verbannt; sie kam 1945 frei, ein Jahr vor Kalinins Tod.

Hause angekommen, schalteten wir das Radio an und horchten. Jede Viertelstunde kam ein Bulletin. Die Kagans kamen herüber, um mit uns vorm Radio zu sitzen. Um 0.15 Uhr erklärte der Radiosprecher mit bewegter Stimme: «Mit tiefstem Bedauern ...» Alles war klar. Der König war am 20. Januar 1936 um 23.55 Uhr verstorben.

Wir weckten Falin (unseren Chauffeur)[1] und [...] fuhren in die Stadt, um zu sehen, was sich tat. Es herrschte ungewöhnlich viel Verkehr. Vor dem Buckingham Palace gab es eine lange schwarze Menschenschlange, die sich langsam an den Toren vorbeibewegte, an denen die Mitteilung vom Tod des Königs hing. Der Platz vor dem Palast und die darauf zulaufenden Straßen waren mit Autos verstopft. Eine große Truppe Polizisten hatte es nicht leicht, für Ordnung zu sorgen. Es herrschte eine verhaltene, erwartungsvolle Stille, aber ohne Tränen oder hysterische Ausbrüche – vielleicht wurden sie auch von der Dunkelheit verschluckt. Wir fuhren weiter zur Fleet Street, in der es laut und aufgeregt zuging. Zeitungsjungen mit dicken Stapeln frisch gedruckter Ausgaben rannten in alle Richtungen davon und riefen: «Der König ist tot!» Passanten hielten sie an und beeilten sich, eine der noch druckfrisch riechenden Zeitungen zu kaufen. Wir kauften auch ein paar. Es waren die Ausgaben des nächsten Tages aller bedeutenden Zeitungen (*Daily Herald*, *Daily Express*, *Daily Mail* und andere), und sie waren fast zur Gänze dem Tod des Königs gewidmet. Es fanden sich in ihnen schon Leitartikel zum Thema, ausführliche Überblicke über die Regierungszeit des Königs, Charakterstudien über George V. als Herrscher und als Mensch sowie Willkommensgrüße an die Adresse des neuen Königs Edward VIII. Ich schaute auf meine Uhr: Es war noch nicht ein Uhr morgens. Gerade einmal vor einer Stunde hatte das Herz des Königs zu schlagen aufgehört. Die Londoner Presse arbeitet schnell! Zweifellos sind die Leitartikel, Rückblicke und Grußadressen im Voraus geschrieben worden, und die Druckerpressen warteten nur noch auf das Signal, Millionen Exemplare auf die Welt loszulassen – aber dennoch ...

Ich schickte ein Telegramm nach Moskau mit dem Vorschlag, Litwinow, der im nicht weit entfernten Genf ist, solle am Begräbnis von König George teilnehmen. Wird das Zustimmung finden? Wir werden sehen. Es wäre gut, denn alles andere würde von unserer Seite vorsätzlich kühl wirken, was wir im Moment politisch überhaupt nicht gebrauchen könnten.

Maiski heißt die Litwinows in der sowjetischen Botschaft in London willkommen.

► Als Maiski im November 1932 George V. kennenlernte, staunte er über die Ähnlichkeit zwischen dem König und seinem Cousin, Zar Nikolaus II.[1] «Ich dachte, er würde mich als [...] Mörder ansehen», bekannte Maiski, «aber es war ganz anders, als ich es erwartet hatte.» Maiski hasste es, wenn solche Anspielungen gemacht wurden. «Wenn wir Königsmörder sind», sagte er einmal zu Lady Vansittart, «wenn wir Zar Nikolaus umgebracht haben, dann habt ihr König Karl umgebracht, und dann haben die Franzosen Ludwig XVI. unter die Guillotine gesteckt.» «Ja», gab Lady Vansittart zurück, «aber das ist 200 Jahre her oder noch länger, und ihr habt die gesamte Zarenfamilie umgebracht.» Nach Maiskis Erinnerung fügte sie in einem für Engländer typischen Gedankensprung hinzu: «Und überhaupt! Ihr habt sogar ihren Hund umgebracht!» Die aufmerksame Lady Vansittart bemerkte Tränen in Maiskis Augen, als er hinter dem Sarg des Zarenvetters herging.[2]

1 Nikolaus Alexandrowitsch Romanow, Vetter von George V., 1894–1917 letzter russischer Kaiser. Er wurde im Zuge der Februarrevolution von 1917 zur Abdankung gezwungen und im Juli 1918 mit seiner Familie von den Bolschewisten erschossen.

26. Januar

M. M. [Litwinow] ist gerade angekommen. Ich fuhr nach Dover, um ihn abzuholen.

Parallel zu meinem Telegramm vom 21. Januar, dem ich am nächsten Tag ein weiteres hatte folgen lassen, hatte M. M. selbst auch ein Telegramm geschickt und Moskau empfohlen, eine Sonderdelegation zu dem Begräbnis zu schicken, bestehend aus ihm selbst und jemandem aus den höchsten Rängen der Roten Armee. Wir hatten denselben Gedanken gehabt. ...

Agnia macht sich viel Arbeit mit dem Kranz, den wir auf den Sarg des Königs legen werden. Es ist ein erlesener Kranz: weiße Lilien und Maiglöckchen und in der Mitte rote Orchideen. Das in Schwarz und Rot gehaltene Band trägt die Inschrift: «Vom Zentralexekutivkomitee der UdSSR». Die Zeitungen haben sowohl die Schönheit des Kranzes erwähnt als auch die schiere Tatsache, dass er abgelegt wurde. ...

28. Januar

Die Beerdigung des Königs fand heute zu guter Letzt statt. Es war alles höchst feierlich und beeindruckend, aber ich werde die Feier hier nicht ausführlich beschreiben; das findet sich in den Zeitungen. Ich möchte hier etwas anderes festhalten, was in der Presse nicht erwähnt wurde und wahrscheinlich auch nie erwähnt werden wird.

Wir haben in den letzten acht Tagen ein Chaos erster Klasse erlebt!

Der König starb am Abend des 20. Januar. Ich erwartete, dass das Foreign Office und der Doyen am nächsten Morgen allen Diplomaten mitteilen würden, was zu tun war. Nichts dergleichen passierte! Niemand sagte uns das Geringste. [...] Es stellte sich die Frage nach der Botschaftsflagge: Wie lang sollte sie auf Halbmast bleiben? Auch dazu bekamen wir weder vom Foreign Office noch vom Doyen eine konkrete Auskunft. Ich beschloss, dass wir sie bis zum Tag des Begräbnisses so stehen lassen sollten, und das stellte sich als richtig heraus: Die anderen Diplomaten machten es ebenso. Am 23. Januar wurde der Leichnam des Königs aus Sandringham nach London gebracht und der Sarg in der Westminster Hall des Parlamentsgebäudes aufgebahrt. Hunderttausende pilgerten am Sarg vorbei. Sollten die Diplomaten an dieser Prozession teilnehmen? Weder das Foreign Office noch der Doyen wussten eine Antwort.

Trauerfeier für den verstorbenen König George V., einen Cousin von Zar Nikolaus II.

[...] Wir kamen um 12.05 Uhr in Windsor an. Der Trauergottesdienst sollte um 13.15 Uhr beginnen. Es bestand also eine Lücke von einer Stunde. Warum? Wofür? Vom Bahnhof gingen wir direkt zur St. George's Chapel, setzten uns in eine der Bankreihen vor dem Altar und warteten. Es war kalt und ungemütlich. Die Damen saßen zusammengekauert und fröstelnd da, eingepackt in Mäntel und Umhänge. Man unterhielt sich mit gesenkten Stimmen. [...] Die Orgel begann zu spielen, und von Zeit zu Zeit erschienen eine oder mehrere weibliche Gestalten mit langem Schleier und nahmen in den Bankreihen Platz. Wie Geister aus der anderen Welt. Es war nervtötend, die Zeit verstrich unerträglich langsam. Ich studierte die Gesichter von Regierungsmitgliedern und ihren Frauen auf der mir gegenüberliegenden Seite. Da waren Baldwin, Simon, Halifax,

Duff Cooper[I], Elliott, Stanley[II] und andere. Eden saß irgendwo hinter mir, wo ich ihn nicht sehen konnte. Die Uhr schlug eins, dann Viertel nach. Kein Sarg. Halb zwei, Viertel vor zwei ... noch immer kein Sarg. Was war los? Uns wurde mulmig zumute. Nach langer Zeit, so gegen zwei Uhr, vernahmen wir das laute Trampeln von Tausenden Füßen, den Lärm von Trompeten und Kommandos, und nun wurde der Sarg des Königs, mit violettem Samt bezogen, in die Kirche gebracht. Weshalb die Verspätung? Wie sich herausstellte, hatten die Menschenmassen die Polizeiabsperrungen den Weg nach Paddington entlang durchbrochen und sich auf die Straßen und Plätze ergossen. Es hatte rund 40 Minuten gedauert, den Weg frei zu machen. [...]

Der Sarg wurde auf einem Gestell vor dem Altar abgesetzt. Die ganze Königsfamilie nahm hinter dem Sarg Platz, dahinter die Militärs, Höflinge und zahlreiche andere. Letzte Gebete, Abschiedsworte, dann war alles vorbei. Das Gestell setzte sich ganz langsam abwärts in Bewegung. Der Sarg sank weiter und weiter in die Krypta hinab. Jetzt hatte er schon den Boden erreicht. Die Königin (ich hatte von meinem Platz aus gute Sicht auf sie) erschauerte und krümmte sich zusammen, behielt aber die Fassung, keine Tränen. Dagegen weinte die Herzogin von Athlone[III] offen. Der neue König warf dreimal Erde in die offene Krypta. Dann defilierte die königliche Familie langsam an der Graböffnung vorbei. Die Diplomaten und Regierungsmitglieder schlossen sich nicht an, sondern drehten ab und gingen durch eine andere Tür nach draußen. Der Spanier kam zu mir und fragte: «Können Sie mir sagen, warum man uns volle zwei Stunden lang der Kälte ausgesetzt hat?» Das war auch mein Gedanke.

Wir kehrten zum Bahnhof zurück. Ein Zug fuhr ab, dann ein weiterer und ein dritter .... Nach 40 Minuten Wartezeit bestiegen wir den Diplomatenzug, in dem ein versprochenes Mittagessen auf uns warten sollte (wir hatten inzwischen alle Hunger). Dieses bestand jedoch nur aus Tee und

---

I Duff Alfred Cooper (1. Viscount Norwich of Aldwick), 1934–1935 Finanzstaatssekretär im Schatzamt, 1935–1937 Kriegsminister, 1937/38 Erster Lord der Admiralität, 1940/41 Informationsminister, 1941–1943 Kanzler des Herzogtums Lancaster.

II Oliver Stanley, 1924–1945 Abgeordneter der Konservativen, 1935–1937 Präsident des Board of Education, 1937–1940 Präsident des Board of Trade, 1940 Kriegsminister, 1942–1945 Kolonialminister.

III Alice, Herzogin von Athlone, das am längsten lebende Enkelkind von Königin Victoria.

Sandwiches. Wir kamen in London um vier Uhr an und waren eine halbe Stunde später zu Hause.

Ein solches Chaos und Durcheinander! Ich bin sicher, die Deutschen hätten in einer ähnlichen Situation alles unendlich besser organisiert. Sogar wir in Moskau hätten wahrscheinlich viele der Pannen vermieden, die den Engländern unterlaufen sind. Ich komme immer mehr zu der Überzeugung, dass die Engländer Ereignisse, die jedes Jahr wiederkehren (zum Beispiel die Luftfahrtschau in Hendon), sehr gut organisieren können. Sie sammeln Jahr für Jahr Erfahrungen und machen guten Gebrauch davon. Wenn es aber darum geht, etwas von null aus aufzuziehen, und vor allem unter Zeitdruck, darf man zuversichtlich einen Reinfall erwarten. [...]

29. Januar

Ein Tag voller Verabredungen und Besprechungen.

Gestern Abend kam eine Einladung Edens an Litwinow, Agnia und mich zu einem Mittagessen mit ihm heute um 13.30 Uhr. Heute Morgen teilte mir der Marschall des diplomatischen Korps (Sir Sidney Clive)[I] mit, dass der König Litwinow um 14.30 Uhr eine Privataudienz gewähren werde. Dann rief Baldwins Sekretär an und sagte, der Premierminister erwarte Litwinow heute um 15.30 Uhr. Ich musste Eden anrufen und ihn bitten, unser Mittagessen auf 13 Uhr vorzuverlegen.

Der Lunch fand in Edens Privatwohnung statt. Es war mein erster Besuch bei ihm zu Hause. Nichts Besonderes oder Glanzvolles. Ein gewöhnliches englisches Bürgerhaus, ziemlich kalt, mit abgewohnten Möbeln und etwas Bohemecharme. Ein Stapel Grammophonplatten lag auf dem Boden des Salons: Walzer, Foxtrott und Polka. An den Wänden des Speisezimmers hingen ein paar schöne Bilder und einige Vigeland-Drucke[II].

Wir trafen ein bisschen zu früh ein; Eden war noch bei einer Kabinettssitzung, Mrs Eden war noch im Haushalt beschäftigt. Eden kam mit Duff Cooper, dem Kriegsminister. Wir begaben uns in ein kleines Esszimmer im Erdgeschoss, zu einem Tisch mit Platz für höchstens zehn Personen. Aus irgendeinem Grund saß ich zur Rechten der Dame des Hauses und Litwinow zu ihrer Linken. Die Frau von Duff Cooper, eine

I Generalleutnant Sir Sidney Clive, 1934–1945 Marschall des diplomatischen Korps.

II Adolf Gustav Vigeland, norwegischer Bildhauer.

außerordentlich hübsche und eindrucksvolle Dame, schwebte eine halbe Stunde zu spät ein. Ernste Gespräche wurden nicht geführt. [...] Beim Abschied vereinbarten wir mit Duff Cooper ein Mittagessen in unserer Botschaft, bei dem er Tuchatschewski[I] kennenlernen würde. Als Eden uns im Treppenhaus verabschiedete, sagte er zu Litwinow: «Falls Sie mit mir reden möchten, ich stehe Ihnen zu Diensten.»

Litwinow fuhr direkt zum Palast weiter, während Agnia und ich heimkehrten. Der Empfang, den der König ihm bereitete, war sehr zuvorkommend und liebenswürdig. [...] Ihre Unterredung dauerte 50 Minuten anstelle der normalen 15 oder 20 – auf Initiative des Königs. Es war ein sehr breit gefächertes Gespräch. Edward sprang von einem Thema zum anderen, stellte Fragen und wartete auf Litwinows Antworten. Einige waren sehr heikel. So wollte Edward zum Beispiel wissen, warum und unter welchen Umständen Nikolaus II. getötet wurde. Vielleicht weil die Revolutionäre seine Wiedereinsetzung fürchteten? [...] Dann kam Edward auf Trotzki[II] zu sprechen und fragte, weshalb dieser aus der UdSSR ausgewiesen worden sei. M. M. lieferte die gebotenen Erklärungen und wies besonders auf die Debatte über die Möglichkeit oder Unmöglichkeit hin, den Sozialismus in einem Land zu errichten. Der König hörte ihm aufmerksam zu und sagte dann, als wäre der Groschen gefallen: «Dann ist Trotzki also ein internationaler Kommunist, während Sie alle nationale Kommunisten sind.» Außenpolitisch interessierte sich der König für unser Verhältnis zu Deutschland und das zu Polen. M. M. sagte, wir wollten gute Beziehungen zu beiden Ländern und arbeiteten darauf hin, aber leider bisher ohne großen Erfolg. Die Politik der UdSSR sei eine Politik des Friedens. «Ja», antwortete Edward, «alle Nationen wollen Frieden, niemand will Krieg.» Im Verlauf der Unterhaltung bemerkte er auch: «Deutschland

---

I Michail Nikolajewitsch Tuchatschewski, Marschall der Sowjetunion und ein brillanter, innovativer Militärtheoretiker, 1925–1928 Chef des Generalstabes der Roten Armee, 1934–1936 Stellvertreter des Volkskommissars für Verteidigung, fiel den Stalin'schen Säuberungen zum Opfer, wurde im Juni 1937 zum Tode verurteilt und hingerichtet, 1957 postum rehabilitiert.

II Leo Trotzki (Lew Dawidowitsch Bronstein), als Akteur der bolschewistischen Revolution von 1917 nur noch von Lenin überragt, 1917/18 erster Volkskommissar für Auswärtige Angelegenheiten, danach Kommissar für das Kriegswesen und für Marineangelegenheiten, 1927 von Stalin entmachtet und aus Russland ausgewiesen. In der Folge zum schärfsten Kritiker des Stalinismus avanciert, wurde Trotzki 1940 in Mexico City ermordet, wo er politisches Asyl gefunden hatte.

und Italien haben gar nichts. Sie sind unzufrieden. Es sollte etwas getan werden, um ihre Lage zu verbessern, soweit es Rohstoffe, Wirtschaft etc. betrifft.» [...] In Bezug auf den Völkerbund war Edward ein wenig skeptisch; er äußerte die Befürchtung, der Völkerbund könne als Ergebnis seiner Bemühungen ganz Europa mit Kriegskeimen übersäen. Man konnte den Eindruck gewinnen, Edward bedaure das Scheitern des Hoare-Laval-Plans.

[...] Im Großen und Ganzen machte der König auf M. M. den Eindruck eines lebhaften und temperamentvollen Mannes mit regem Interesse an den internationalen Angelegenheiten.

Nach seiner Unterredung mit dem König begab Litwinow sich zu Baldwin. Ihr Gespräch war kurz, dauerte 15 oder 20 Minuten und bewegte sich eher im Trivialen. Litwinow sprach später von einer unverfänglichen Plauderei. Baldwin teilte M. M. mit, [...] dass er zu Beginn des Krieges Russisch gelernt habe und russische Literatur sehr schätze.

[...] Abends gingen wir ins Kino. Keine gute Idee. Wir sahen uns *Top Hat*[3] an – eine ganz alberne Komödie, an der M. M. keine Freude hatte. Nach dem Kino aßen wir bei Scotts zu Abend, einem in den 1850er Jahren eröffneten Restaurant.

30. Januar

[...] Vor dem Eintreffen Litwinows in London hatte ich Vansittart gegenüber angedeutet, dass es eine gute Sache sein könne, wenn er und Litwinow sich zu einem persönlichen Gespräch träfen. Ich hatte ein Mittagessen in der Botschaft angeregt, V. hatte mein Angebot ausgeschlagen und auf einem Mittagessen bei sich zu Hause bestanden; ich hatte nicht widersprochen. [...] Das Mittagessen fühlte sich wie eine Familienangelegenheit an. [...] Das Gespenst Hitler beherrschte die gesamte Konversation. Wir sprachen über die von Deutschland ausgehende Gefahr und wie man sie bannen könne [...] Ich berichtete über mein kürzlich geführtes Gespräch mit Austen Chamberlain und wies mit Nachdruck auf dessen Ansicht hin, der Friede lasse sich nur mit Hilfe «eines starken Völkerbundes» bewahren, und der Völkerbund könne nur stark sein, wenn die Großmächte unter seinen Mitgliedern – Großbritannien, Frankreich und die UdSSR – politisch auf einer Linie seien und eng zusammenarbeiteten. [...] «Ich schließe mich voll und ganz den Postulaten Chamberlains an», pflichtete M. M. bei.

[…] Um 17.30 Uhr ging M. M. ins Foreign Office, um mit Eden zu sprechen. […] Sein allgemeiner Eindruck von der Unterredung war folgender: Eden sei weitgehend einverstanden mit der von M. M. vorgeschlagenen politischen Linie, wolle aber von der Einschätzung der Lage, in der sie beide übereinstimmten, keine konkreten Schlussfolgerungen ableiten.[4]

▶ Falls Maiski gehofft hatte, Eden könne durch seinen Moskaubesuch für die sowjetische Linie gewonnen werden, stand ihm eine Enttäuschung bevor. «Ich habe für Herrn Maiski keine Nachsicht», gab Eden zu Protokoll. «Ich hoffe, dass man M. Maiski, wenn er das nächste Mal mit Klagen kommt, sagen wird, unser guter Wille hänge vom Wohlverhalten seiner Regierung ab, will sagen, dass sie ihre Nase und ihre Finger aus unserer Innenpolitik heraushält. Ich habe in der letzten Zeit einige Kostproben davon erlebt, wozu das führen kann. […] Mit den Moskowitern dieses Schlages bin ich fertig.»[5]

Die Ernennung Edens zum Außenminister setzte die von Maiski geweckten Erwartungen dem Realitätstest aus, besonders vor dem Hintergrund des raschen Abdriftens der Briten in Richtung Appeasement. Am 6. Januar kam es zu einer kurzen Begegnung Maiskis mit Eden, als der Außenminister seine traditionelle Runde von Vorstellungsgesprächen mit ausländischen Botschaftern absolvierte. In seinem Bericht nach Hause hob Maiski hervor, dass Eden nach wie vor zu den Positionen stehe, die er in Moskau vertreten hatte, und dass er am Ostpakt festhalten wolle. Aus den britischen Akten ergibt sich freilich ein anderes Bild; sie beschreiben einen Maiski, der verzweifelt versuchte, Bewegung in die bilateralen Beziehungen zu bringen. Er verhehlte Eden nicht, dass es «ihm persönlich großen Kummer bereiten würde […] und es für Europa ein Unglück wäre», wenn diese Gelegenheit ungenutzt bliebe.[6] Edens Direktive an seine Beamten im Foreign Office lautete jedoch: «Sosehr ich gute Beziehungen zum [russischen] Bären anstrebe, so wenig möchte ich eine zu enge Umarmung mit ihm. Ich traue ihm nicht und bin sicher, dass in seinem Herzen Hass gegen alles lodert, wofür wir stehen.»[7]

Es wurde zunehmend deutlich, dass Maiskis persönliches Geschick eng mit dem Erfolg der Politik der kollektiven Sicherheit verknüpft war. Er konnte es sich nicht leisten, einfach abzuwarten. Am 11. Februar ging er in die Offensive. Er konfrontierte Eden mit einer ausführlichen Einschätzung der internationalen Lage. Zu seinem Kummer musste er realisieren, dass Eden entschlossen war, keine weiteren Verpflichtungen in Mittel-und Südosteuropa einzugehen, sondern offenbar erwartete, dass Frankreich «die Drecksarbeit» erledigte. Sollte

Maiski sich noch Hoffnungen gemacht haben, die Entwicklung hin zum Appeasement aufhalten zu können, so zerschlugen sich diese, als Eden sich der Einschätzung seiner Beamten im Foreign Office anschloss und über den sowjetischen Botschafter urteilte: «Nehmen wir uns in Acht vor Mr Maiski, er ist ein in der Wolle gefärbter Propagandist.»[8] Die Ernüchterung kam am 7. März, als Hitler den Locarno-Vertrag für obsolet erklärte und seine Truppen ins entmilitarisierte Rheinland einmarschieren ließ, ein Schritt, den er mit der angeblichen Unvereinbarkeit des Locarno-Vertrages mit dem am 27. Februar ratifizierten französisch-sowjetischen Abkommen rechtfertigte. Baldwin räumte im Kabinett ein, dass Frankreich mit sowjetischer Hilfe Deutschland möglicherweise militärisch besiegen könne, äußerte jedoch die Befürchtung, dies werde zu einer «Bolschewisierung» Deutschlands führen. Es würde ihm, so versicherte er, nicht das Herz brechen, wenn Hitler sich ostwärts wendete.[9]

8. März

Die britische Antwort auf Hitlers «Coup» im Rheinland gefällt mir nicht. Die heutige Sonntagspresse ist erschreckend. Im *Observer* erteilt Garvin Hitler einen milden Tadel für seine Ungezogenheit und reitet dann auf der Notwendigkeit herum, sich mit den «brillanten und zeitgemäßen Vorschlägen des Führers» zu beschäftigen, und zwar «in einem Geist des Verständnisses und guten Willens». [...] Ich habe noch keine einflussreichen Leute zu diesem Thema kontaktiert (das «weekend»!), spüre jedoch in der britischen Politik eine neue und sehr gefährliche Wende hin zur Deutschfreundlichkeit. [...]

9. März

Es war mir nicht möglich, Eden zu treffen, der um vier Uhr nach Frankreich abgeflogen ist, daher sprach ich mit seinem Stellvertreter Cranborne[1]. Die Stimmung der Engländer? Sie sind darauf aus zu verhandeln – natürlich. Es ist eindeutig eine englische Nationalkrankheit: Verhandlungen, Verhandlungen, Verhandlungen .... Demzufolge ist die briti-

---

1 Robert Arthur Gascoyne Cecil (Viscount Cranborne, später 5. Marquess of Salisbury), 1935–1938 parlamentarischer Unterstaatssekretär für Auswärtige Angelegenheiten, 1940–1942 und 1943–1945 Minister für die Dominions, 1942 Kolonialminister, 1942/43 und 1951/52 Lordsiegelbewahrer.

sche Regierung bereit, mit Sondierungen (was für ein liebreizendes Wort!) zu beginnen ….

10. März

Die Weisungen von M. M. sind gekommen. Sie decken sich voll und ganz mit dem, was ich gestern Cranborne sagte.[10] M. M. stellt fest, dass der britische Standpunkt auf eine Belohnung für den Aggressor, das Auseinanderbrechen des kollektiven Sicherheitssystems und das Ende des Völkerbundes hinausläuft. Gespräche mit Hitler am Tag nach seiner Rede werden schädlichere Folgen nach sich ziehen als der Hoare-Laval-Plan. Das Vertrauen zu Großbritannien wird für immer untergraben sein. Der Völkerbund wird seine Bedeutung als Friedensinstrument verlieren. Die UdSSR ist bereit, jede vom Völkerbund kollektiv beschlossene Maßnahme zu unterstützen. Ganz recht! …

[…] Eden und Halifax haben Vertreter der Locarno-Mächte eingeladen, am 12. März nach London zu kommen, und für den 14. den gesamten Rat des Völkerbundes. Ich werde also M. M. bald hier in London sehen. Er ist gestern aus Moskau abgereist.

3. April

Ein neues Memorandum von Hitler, überbracht von Ribbentrop aus Berlin! Die britische Antwort darauf ist ein bisschen besser. […] Fast die gesamte Presse spricht sich für Verhandlungen aus, aber in einem erheblich unaufgeregteren Geist als zuvor. […] Eden spielt eindeutig auf Zeit. Erst heute sagte er Ribbentrop, dass die Vorschläge Hitlers eine gewisse Zeit des «ruhigen Überlegens» bräuchten.

[…] Meine persönliche Meinung ist die, dass eine vorübergehende Isolierung Deutschlands das Mindesterfordernis ist, desgleichen die Ausarbeitung eines «Friedensplans» für den ganzen Kontinent durch die anderen europäischen Mächte (entweder innerhalb des Völkerbundes oder außerhalb). Dieser sollte dann Hitler angeboten werden. Moskau denkt in dieselbe Richtung.

8. April

Agnia und ich haben bei den Vansittarts zu Mittag gegessen. Ich dachte, ich könnte mit V. offen über die aktuelle Lage sprechen, aber es schien, als wolle er dies vermeiden. […] V. ist schlecht gelaunt. Er macht den Eindruck eines Mannes, der nicht ganz bei sich selbst ist. [...] V. meint, es sei unmöglich, Verhandlungen zu vermeiden: Die britische Öffentlichkeit werde für eine Gesprächsverweigerung kein Verständnis haben. Die Verhandlungen sollten dafür genutzt werden, Hitler bloßzustellen. So könne man am leichtesten der öffentlichen Meinung auf die Sprünge helfen.

[...] Wir reisen morgen für zehn Tage nach Frankreich: Ostern. Zeit, die Spinnweben wegzupusten.

► Am 24. April drängte Maiski Litwinow in einem streng persönlichen Brief, sich als Schrittmacher einer europäischen Versöhnung zu betätigen und dort für Abhilfe zu sorgen, wo man deutsche Anliegen als berechtigt anerkennen konnte. «Wenn wir nicht wollen, dass unsere Autorität und unser Einfluss bei den demokratischen Elementen Europas schweren Schaden nimmt», schrieb er u. a., «dann sollten wir gleichzeitig mit der Äußerung der schärfstmöglichen Kritik an Hitlers außenpolitischen Methoden [...] einen eigenen ‹Friedensplan› propagieren, unter dessen Vorzeichen wir anfangen können, die demokratischen und pazifistischen Elemente in Ost und West zu mobilisieren».[11] «Mir scheint», schrieb er an Bernard Shaw, «dass die größte Sünde heutiger Staatsmänner der Wankelmut und die Unentschiedenheit im Denken und Handeln sind. Das ist die Schwäche, die uns in Bälde in einen Krieg schlittern lassen könnte. Zum Glück besitzt Stalin in höchstem Maß die entgegengesetzten Qualitäten!»[12]

Paradoxerweise waren die Einzigen, von denen er Tröstliches zu hören bekam, die beiden größten Verfechter des britischen Empire, Beaverbrook und Churchill.[13] Maiski lud Churchill zu einem Mittagessen *à deux* ein und stellte fest, dass er in zwei Punkten die sowjetische Auffassung teilte: dass der Friede «unteilbar» und die von Deutschland ausgehende Bedrohung akut sei. «Wir wären vollkommene Idioten», sagte Churchill, «wenn wir heute wegen einer hypothetischen Gefahr des Sozialismus, die vielleicht einmal unsere Kinder und Enkel bedrohen könnte, der Sowjetunion den Beistand verweigerten.»

3. Mai

Gestern floh der abessinische Negus aus seiner Hauptstadt. [...] Sein Plan ist es, nach Palästina zu gehen. [...] Der Krieg ist zu Ende, Abessinien ist erobert. Mussolini triumphiert. Das ist auch der letzte Sargnagel für den Völkerbund, und Europa steht an einem schicksalhaften Scheideweg. Man riecht schon das Schießpulver! Ein furchtbarer Sturm nähert sich in Höchstgeschwindigkeit!

Ich habe den ganzen Vormittag im Garten verbracht und darüber nachgedacht, wie und wann man unter der Botschaft einen Schutzraum gegen Gasangriffe bauen könnte. Wir werden ihn bald brauchen. Ich werde das Kommissariat um Sonderkredite und Anweisungen bitten müssen.

10. Mai

Am 5. Mai legte ich dem neuen König meine neuen Akkreditierungspapiere vor. Das Zeremoniell war vereinfacht und wurde in voller Übereinstimmung mit den Usancen […] und auf jeden Fall nach dem vom verstorbenen George V. eingeführten Prozedere vollzogen. Keine Hofkarossen wurden nach mir ausgeschickt, und mein «Gefolge» begleitete mich nicht; ich fuhr einfach mit dem eigenen Auto zum Palast. Alle Missionschefs versammelten sich im Bow Room und präsentierten dem König im angrenzenden Raum in der Reihenfolge ihres Dienstalters ihre Beglaubigungen. Die Türen zwischen den beiden Sälen standen offen, so dass die Wartenden Gesprächsfetzen aus der Unterhaltung des Königs mit dem Missionschef, der gerade seine Papiere vorlegte, hören konnten.

[…] Ich betrat den Raum und übergab den Umschlag mit meinen Beglaubigungen an Eden, der an der Seite stand und den Umschlag auf einen Stapel ähnlicher Kuverts legte, die sich in einem Körbchen befanden. Derweil schüttelte Edward mir die Hand und stellte mir einige zum Anlass passende Fragen. […] Am Ende sagte der König: «Im Januar hatte ich eine lange und interessante Unterredung mit Herrn Litwinow.» Ich antwortete, ich hätte von dem Gespräch gehört, und Herr Litwinow sei *delighted* über seine Begegnung mit dem König gewesen. Damit hatte es sich. Mir schien, der König war mir gegenüber abweisender als bei unseren früheren Begegnungen, als er noch der Prince of Wales war. Warum? War es die Folge einer allgemeinen Vernebelung in der britischen Außenpolitik? Oder spiegelte es Edwards angeblich wachsende Deutschfreundlichkeit wider? Oder täusche ich mich vielleicht, und der König strahlte in seinem Verhalten gar keine Kälte aus?

Auf dem Weg aus dem Palast traf ich Monck, den Protokollchef des Foreign Office, und ließ ihn wissen, dass ich dem König bei der nächsten Audienz neue Mitglieder meines diplomatischen Stabes vorstellen werde.

«Ja, natürlich!», antwortete Monck.

«Aber Sie sollten wissen», fuhr ich fort, «dass eines der neuen Mitglieder eine Frau ist, Mosina, die Handelsbeauftragte.»

Der Ausdruck auf Moncks Gesicht veränderte sich. In dem Bemühen, seine Verlegenheit mit einem Lachen zu überspielen, rief er aus: «Oh, das ist dann etwas anderes!» Er zögerte einen Augenblick, ehe er fortfuhr: «Vielleicht wäre es besser, die Dame nicht bei der Audienz vorzustellen, sondern bei einem Gartenfest im Sommer? Was meinen Sie?» [...]

Das Gespräch [...] erinnerte mich an Kollontais[I] Schilderung der Irrungen und Wirrungen, die ihre Ernennung am schwedischen Hof und bei den Protokollbeamten auslöste. [...] Die Vorlage der Beglaubigungen findet vormittags statt. Botschafter, die keine Uniform tragen, kommen gewöhnlich im Frack, also in Abendgarderobe. Was sollte sie anziehen? Ein Abendkleid? Es geziemt einer Dame nicht, vormittags ein Abendkleid zu tragen. Ein Nachmittagskleid? Der Protokollchef geriet in Panik. Daraufhin nahm A. M. die Dinge selbst in die Hand und verkündete: Ich werde ein schwarzes langärmeliges Kleid mit weißem Spitzenkragen tragen. Der Protokollchef runzelte die Stirn, war aber einverstanden.

Dazu kam, dass nach schwedischem Usus niemand mit einer Kopfbedeckung vor den König treten darf. Männer legen ihre Beglaubigungen barhäuptig vor. Was sollte A. M. tun? Sie ist eine Dame, und Damen tragen bei ihren alltäglichen Besorgungen einen Hut. Eine lange und lebhafte Diskussion entbrannte. A. M. plädierte für einen Hut, der Protokollchef dagegen. Schließlich fragte der arme Protokollchef in höchster Not: «Was für Hüte haben Sie denn?» A. M. sagte: «Einen kleinen schwarzen Hut ohne Krempe.» Der Protokollchef hob die Hände und rief aus: «Alles klar, alles klar! Ein kleiner schwarzer Hut ohne Krempe. Aber bitte ganz

---

I Alexandra Michailowna Kollontai (geb. Domontowitsch), aus wohlhabender Familie stammende Tochter eines Obersten im Generalstab der zaristischen Streitkräfte, die zu einer herausragenden Vorkämpferin für die Gleichberechtigung der Frau wurde. Die militante Revolutionärin schloss sich zunächst den Menschewiken an, wechselte aber bei Ausbruch des Ersten Weltkriegs zu Lenin und den Bolschewisten über. 1917 wurde sie zur Volkskommissarin für Soziale Fürsorge ernannt, doch ihr Einsatz für die Arbeiteropposition beendete ihre politische Karriere vorzeitig. Sie wurde in den diplomatischen Dienst abgeschoben, amtierte als sowjetische Botschafterin in Norwegen (1923–1926, 1927–1930), Mexiko (1926/27) und Schweden (1930–1945). Nach dem Zweiten Weltkrieg kehrte sie nach Moskau zurück und übernahm eine nichtaktive Rolle als Beraterin des sowjetischen Außenministeriums (1945–1952).

klein!» So wurde schließlich auch in dieser Frage von globaler Bedeutung Einigkeit erzielt.

[…] Ein weiteres «Problem». Nach dem Vorlegen der Beglaubigungen unterhält sich der König mit dem Diplomaten, wobei beide stehen. In der schwedischen Gesellschaft bietet jedoch ein Mann, der sich mit einer Dame unterhält, dieser einen Sitzplatz an. Wie sollte das bei A. M. gehalten werden? Der Protokollchef setzte durch, dass A. M. während des Gesprächs stehen bleiben sollte, wie ein männlicher Gesandter.

Als es dann so weit war, lief nichts so, wie es geplant war, ab. Als A. M. mit ihren Papieren im Türdurchgang erschien, zuckte der König zusammen und tat einige zögerliche Schritte auf sie zu. Sie trafen sich in der Mitte. Als sie die Beglaubigungen übergeben hatte und das Gespräch begann, geriet der König erneut in Verlegenheit und sagte etwas verwirrt: «Jetzt sollte ich Sie eigentlich bitten, Platz zu nehmen.» A. M. setzte sich, und der König nahm neben ihr Platz, so dass sie den Rest ihrer Unterhaltung im Sitzen bestritten. […] Somit kann man sagen, dass sich der Gentleman in ihm gegen den König in ihm durchsetzte. …

26. Mai

J. Cummings[1] erzählte mir von seinem Gespräch mit Churchill. Churchill wetterte und polterte gegen die Rückgratlosigkeit und Unentschlossenheit der Regierung. Baldwin bekam den Löwenanteil der Vorwürfe ab. Cummings fragte, wann Baldwin zurücktreten werde, was Churchill mit dem erregten Ausruf quittierte: «Nie wird er von sich aus zurücktreten! Er will nicht nur bis zur Krönung bleiben, sondern auch danach, wenn man ihn lässt. Baldwin muss mit einem Tritt hinausbefördert werden – das ist die einzige Möglichkeit, ihn loszuwerden.» Dann setzte Churchill hinzu: «Baldwin erinnert mich an einen Mann, der sich an die Gondel eines aufsteigenden Ballons klammert. Lässt er los, solange der Ballon erst fünf oder sechs Meter vom Boden weg ist, fällt er, wird sich aber nicht die Knochen brechen. Je länger er sich festhält, mit desto größerer Sicherheit wird er sterben, wenn irgendwann das Unvermeidliche geschieht und er herunterfällt.»

---

1 Arthur John Cummings, 1920–1955 Redakteur beim liberalen *News Chronicle*, berichtete u. a. über die Prozess gegen britische Ingenieure der Fa. Metro Vickers 1933 in Moskau und den Reichstagsbrandprozess 1933 in Leipzig.

Gut gesagt und typisch Churchill. Das erinnert mich daran, wie Churchill vor etwa drei Monaten die Frage eines Kollegen, weshalb Baldwin die Ernennung eines Verteidigungsministers hinausgezögert habe, mit dem folgenden vernichtenden Bonmot beantwortete: «Nun ja, Baldwin sucht nach einem, der als Verteidigungsminister unscheinbarer ist als er selbst, und so jemand ist nicht leicht zu finden.»

28. Mai

Gestern kamen Sir Edward Grigg[I] und General Spears[II] zum Mittagessen; dabei stießen sie Flüche und Verwünschungen (soweit das auf Englisch und am Tisch des Botschafters einer Großmacht möglich ist) gegen Baldwin und die Regierung aus. Das Kabinett habe kein Rückgrat, sei unfähig, in schwerwiegenden Fragen Entscheidungen zu treffen, und habe keine politische, insbesondere keine außenpolitische Linie. Es sei bei helllichtem Tag vom Weg abgekommen und führte das Land schnurstracks in die Katastrophe und Europa in den Krieg. Als ich aber die politische Linie meiner Gäste zu ertasten versuchte, kam das peinliche Erwachen: Auch sie waren ratlos und nicht in der Lage, klare Kante zu zeigen. Wie Grigg sagte, brauchen die Massen [...] die führende Hand des Staates. Die gibt es nicht. Daher wird, falls Hitler die Tschechoslowakei überfällt, «England unfähig sein, etwas zu tun – es sei denn vielleicht, dass es Hilfe von der UdSSR bekäme?» [...]

► Hier klafft eine große Lücke im Tagebuch, und das in einer ziemlich schicksalhaften Zeit, die geprägt war von einer rapiden Verschlechterung des Verhältnisses zwischen den beiden Ländern und vom Beginn der politischen Schauprozesse und des Terrors in Moskau. Das Debakel, das England und Frankreich im Umgang mit Mussolini erlitten, weckte bei der Sowjetunion, so beklagte Maiski, Zweifel daran, «ob es sich noch lohnt, sich an so halbherzige Partner wie die britische Regierung zu binden». Trotz wiederholter Rück-

---

I Edward Grigg (1. Baron Altrincham), 1923–1925 Direktor von Reuters, 1933–1945 Abgeordneter der Konservativen, 1939/40 parlamentarischer Staatssekretär des Informationsministers, 1940–1942 parlamentarischer Unterstaatssekretär im Kriegsministerium.

II Sir Edward Louis Spears, 1922–1924, 1931–1945 Abgeordneter der Konservativen, Mai–Juni 1940 Churchills persönlicher Abgesandter beim französischen Premierminister und bei General de Gaulle, 1942–1944 britischer Gesandter in Syrien und im Libanon.

schläge blieb Maiski – bis zum Ausbruch des Krieges –, anders als Litwinow, der Überzeugung treu, dass zwischen England und der Sowjetunion ein Gleichklang der Interessen bestehe und dass die Briten sich früher oder später um sowjetische Hilfe bemühen müssten. Bis dahin musste er jedoch selbstverständlich nach der Pfeife Moskaus tanzen, unternahm aber beharrlich subversive Versuche, den Boden für britische Avancen zu bereiten.

Die schnelle Abfolge der Ereignisse machte es für die Sowjetunion schwierig, tatenlos zuzusehen, wie Hitler anscheinend mit Erfolg britische Politiker umgarnte, indem er die «rote Gefahr» in grellen Farben an die Wand malte. Trotz der giftigen Reaktion Hitlers auf die vorsichtigen sowjetischen Anklopfversuche entschied Stalin sich für weitere aussichtslose Verhandlungen in Berlin.[14] Es dauerte eine Weile, bis die Schockwellen des furchtbaren Spanischen Bürgerkrieges, der am 17. Juli ausbrach, als General Francisco Franco[I] einen Militärputsch gegen die spanische Volksfrontregierung ausrief, in Moskau voll erfasst wurden. Der Bürgerkrieg untergrub die Bemühungen Litwinows, die Weltkriegskoalition gegen Deutschland wiederzubeleben. Er sah sich zunehmender Kritik ausgesetzt, und das zu einem Zeitpunkt, da es in seinem Privatleben drunter und drüber ging. Ende Juli 1936 entschied er sich, die 17-jährige Zina – die Litwinows Frau Ivy[II] als «heiratsfähig, […] entschieden vulgär, sehr sexy, wirklich sehr sexy» beschrieb – als «seine Tochter» ins Sanatorium von Kislowodsk mitzunehmen, woraufhin seine Frau ihre Sachen packte und sich ins ferne Swerdlowsk verabschiedete. Dort blieb sie ungeachtet seiner flehentlichen Bitten die drei Jahre bis zu seiner Absetzung und gab an einer Schule Englischunterricht.[15] Ein großer Teil der Melancholie und Resignation, in die Litwinow verfiel und die oft dem Scheitern seiner Politik der kollektiven Sicherheit und den haarsträubenden Säuberungen in seinem Ministerium angelastet werden, lassen sich eindeutig den Vorgängen in seinem Privatleben zuschreiben.

Auf dem Sprung nach Kislowodsk erteilte Litwinow Maiski den Rat, in einen frühen Sommerurlaub zu gehen, wehrte aber weiterhin dessen Versuche ab, die enge persönliche Vertrautheit aus gemeinsamen Exiltagen wiederherzustellen. Wiederholt machte er seinen Anspruch deutlich, Primus inter Pares zu sein. «Es wäre schwierig», beschied er Maiski, der um die Erlaubnis ersucht

I General Francisco Franco, 1935 Chef des spanischen Generalstabs, 1935 Oberkommandierender auf den Kanarischen Inseln, 1936–1939 Oberkommandierender und Staatschef des Nationalistischen Regimes in Spanien.

II Ivy Litwinow, Maxim Litwinows britische Frau.

hatte, an der Septembersitzung des Völkerbundes teilzunehmen, «dich ohne guten Grund an die Stelle Potjomkins[I] oder Shteins[II] zu setzen, da die beiden sich dort sehr gute Kontakte erarbeitet haben.» Maiski reiste am 11. August aus England in die Sowjetunion ab, zunächst nach Sotschi und von dort aus weiter in den Kaukasus, den er in glückseliger Abgeschiedenheit von der Welt erkundete.[16] Die harte Wirklichkeit erwartete ihn bei seiner Rückkehr nach Moskau. Er wurde dringend ins Außenministerium einbestellt, über den Krieg in Spanien ins Bild gesetzt, eilends zu einer nächtlichen Zusammenkunft mit Stalin expediert und angewiesen, sofort auf seinen Posten zurückzukehren.[17]

In London fand Maiski eine unschöne Lage vor, die ihm in den folgenden drei Jahren schwer zu schaffen machen sollte. Während seiner Abwesenheit hatten Großbritannien und Frankreich ein «Nichtinterventionskomitee» gebildet, dem sich die Sowjetunion am 23. August anschloss. Die Dutzenden von Sitzungen dieses Komitees im Verlauf der nächsten drei Jahre kosteten Maiski nicht nur viel Energie, sondern offenbarten auch immer mehr die Hilflosigkeit Russlands, das sich dem Westen zunehmend entfremdete.[18] Das lag zu einem nicht geringen Teil daran, dass es Hitler gelang, den Spanischen Bürgerkrieg ideologisch einzufärben und britische Befürchtungen anzustacheln, dass der Kommunismus von Spanien nach Frankreich übergreifen werde, dessen Premierminister, der Sozialist Léon Blum[III], an der Spitze einer Volksfrontregierung stand. Mit einem Schlag machte der Krieg in Spanien die schrittweisen

---

I Wladimir Petrowitsch Potjomkin, Pädagoge, der seine politische Karriere mit der Ausarbeitung revolutionärer Bildungspläne für sowjetische Schulen im Auftrag des Volkskommissariats für Volksbildung startete. Sein erfolgreiches Wirken als politischer Agitator im Bürgerkrieg öffnete ihm 1922 die Tür zu einer diplomatischen Laufbahn. 1932–1934 sowjetischer Botschafter in Italien, 1934–1937 in Frankreich, 1937–1940 Stellv. Volkskommissar für Auswärtige Angelegenheiten. Überstand die Absetzung Litwinows 1939, wurde aber ein Jahr später von seinem Posten abberufen und in seinen früheren Wirkungsbereich als Pädagoge zurückversetzt, wo er die Aufgabe erhielt, im sowjetischen Schulwesen den traditionellen nationalen und kulturellen Werten Russlands wieder zu Geltung zu verhelfen.

II Boris Jefimowitsch Shtein, 1927–1932 Generalsekretär der sowjetischen Delegation bei der Genfer Abrüstungskonferenz, 1932, 1934 Chef der Zweiten Westlichen Abteilung des NKID, 1934–1938 Mitglied der sowjetischen Delegation beim Völkerbund, 1933/34 Botschafter in Finnland und danach in Italien, 1939 als Dozent an die Diplomatische Akademie des NKID abgeschoben.

III André Léon Blum, ab 1904 Mitglied der Sozialistischen Partei Frankreichs, 1919–1928, 1929–1940 Abgeordneter in der Deputiertenkammer, 1936/37, 1938, 1946 französischer Premierminister, 1937/38, 1948 Vizepremier.

Erfolge zunichte, die Maiski in England erzielt hatte. Geschockt von der harschen Reaktion der Briten, von der Drohung der Franzosen, den gegenseitigen Beistandspakt aufzukündigen, und von der prekären Lage auf dem Kriegsschauplatz, konnte Litwinow Stalin davon überzeugen, dass die Sowjetunion ihre Unterstützung für die spanische Volksfront allmählich zurückfahren müsse. «Die spanische Frage hat unsere internationale Stellung zweifellos erheblich geschwächt», erklärte Litwinow dem aufbegehrenden Maiski. «Sie hat unser Verhältnis zu England und Frankreich verdorben und in Bukarest und sogar in Prag Zweifel gesät.»[19]

1. Dezember

Lothian aß heute mit mir zu Mittag. Trotz einiger Schlaglöcher entlang des Weges treffen und unterhalten wir uns von Zeit zu Zeit. Es ist interessant. Er ist ein intelligenter Vertreter und Ideologe par excellence des imperialistischen Flügels der englischen Bourgeoisie, und was er von sich gibt, spiegelt häufig die neueste Stimmungslage wider ...

Heute war die Stimmung diffus und aufgeschreckt. Lothians Deutschfreundlichkeit ist verflogen, was insbesondere an Hitlers kolonialen Forderungen liegt. «Ich habe meine deutschen Freunde nachdrücklich davor gewarnt, dieses Fass aufzumachen, denn es kann Zwietracht zwischen Deutschland und England säen, aber sie wollen nicht hören», sagte er. L. übte Kritik am deutsch-japanischen Pakt[20] und auch am französisch-sowjetischen Pakt; Letzterer habe zu Ersterem geführt. [...] Was die spanische Frage betrifft, scheint L. uns näher zu sein, als ich es erwartete. Von den imperialen Interessen Großbritanniens ausgehend, würde L. einen Sieg der spanischen [Volksfront-]Regierung vorziehen. Aus diesem Grund kritisierte er die Position der britischen Regierung heftig. «Alle intelligenten Leute verstehen», sagte L., «dass wir derzeit in Spanien Zeugen des ersten ernsten Duells zwischen der UdSSR auf der einen Seite und Deutschland und Italien auf der anderen werden. Eine Menge hängt vom Ausgang dieser Kraftprobe ab, darunter die künftige Orientierung der britischen Politik. Die Engländer erliegen immer der Anziehungskraft des Siegers. Wenn in diesem Konflikt die faschistischen Mächte gewinnen, könnte England sich ihnen letzten Endes – und mit großem Widerstreben – anschließen. Gewinnt die UdSSR, wird eine englisch-französisch-sowjetische Allianz in naher Zukunft ein *fait accompli* sein.»

1937

10. Januar

Die letzten zwei oder drei Monate haben unübersehbare Verschiebungen in der britischen Außenpolitik gebracht. Diese kündigten sich in Edens vier Reden letzten November und Dezember an, außerdem in der veränderten Haltung der britischen Regierung zur spanischen Frage.

[...] Nach den Reden von Eden verstehe ich die derzeitige Position der britischen Regierung so: Englands lang anhaltender Rückzug im Angesicht der Aggression hat ein Ende gefunden, zumindest solange die von Eden verkündeten Leitlinien in Kraft bleiben; bis jetzt hat aber noch keine Gegenoffensive gegen die Aggressoren stattgefunden.

[...] Ein paar Worte zur spanischen Frage. Letzten Oktober setzte die britische Regierung eindeutig auf einen Sieg Francos. Das wurde in dem berüchtigten Nichtinterventionskomitee nur allzu deutlich. Damit nicht genug, verstieg sich Eden im Parlament zu einer unbedachten Äußerung gegen die UdSSR. [...] Es heißt, Eden seien die Worte in einem Augenblick äußerster Verärgerung herausgerutscht, als er von Labour-Abgeordneten unter Beschuss genommen wurde, und er habe seine Unbeherrschtheit anschließend sehr bedauert. ... Vielleicht.

Die Haltung der britischen Regierung hat sich sicherlich zum Besseren gewandelt. [...] Sich hier irgendwelchen Illusionen hinzugeben wäre natürlich gefährlich. Die Engländer sind zutiefst mit dem Virus des «Kompromisses» und der «Politik des Machtgleichgewichts» infiziert. Außerdem ist und bleibt der Klassenhass gegen die UdSSR eine festgefügte Realität. Die aktuelle Lage hält zudem die City davon ab, irgendwelche drastischen Veränderungen im politischen und wirtschaftlichen Bereich loszutreten. Ich weiß nicht, ob die britische Politik auf ihrem derzeitigen Niveau bleiben wird (wenn schon nicht darüber), doch sind die oben beschriebenen Verschiebungen sicherlich interessant und dürfen nicht ignoriert werden.[1]

16. Januar

Der japanische Botschafter Yoshida Shigeru[I] stattete mir einen unerwarteten Besuch ab. [...] [Er] war offensichtlich gekommen, um etwas Beruhigendes über die Folgen des deutsch-japanischen Pakts zu sagen und bei dieser Gelegenheit auch zu zeigen, dass er nicht der aggressiven Schule des politischen Denkens in Japan angehört. Zumindest war Y. sehr offen. Er äußerte scharfe Kritik an der Handlungsweise der Armee und Marine seines Landes und sagte, das japanische Volk habe einen hohen Preis für deren «Dummheiten» zu zahlen. [...]

12. März

Am 4. März legten alle Chefs der diplomatischen Missionen dem neuen König George VI.[II] ihre Beglaubigungen vor. Das Verfahren war vereinfacht und lief *en masse* ab. Alle Botschafter und Gesandten nahmen in der Reihenfolge ihres Dienstalters im Bow Room des Buckingham Palace Aufstellung. Einer nach dem anderen wurde im benachbarten Raum vom König erwartet, legte ihm seine Beglaubigungen vor, tauschte, wie protokollarisch vorgesehen, ein paar Bemerkungen mit ihm aus und verabschiedete sich. Der König nahm sich für jeden Diplomaten zwei oder drei Minuten Zeit. Eden war bei dem Zeremoniell zugegen und sprang ein, da der König wortkarg ist und leicht in Verlegenheit gerät. Außerdem stottert er. Das Ganze ging reibungslos vonstatten. Der einzige Schock, der in der Presse und in der Gesellschaft ziemlichen Wirbel auslöste, war Ribbentrops «Nazigruß». Als der deutsche Botschafter den Raum betrat, in dem der König wartete, streckte er zum Gruß den rechten Arm hoch, anstatt die übliche Verneigung zu machen. Diese «Neuerung» sorgte bei den Engländern für sehr böses Blut und löste in konservativen Kreisen Befremden aus. Ribbentrop wurde der Taktlosigkeit bezichtigt, und man stellte mich ihm gegenüber – einen «guten Jungen», der den König standesmäßig begrüßt, ohne die geballte Faust hochzustrecken.[2]

Um die Ehefrauen der Diplomaten kennenzulernen, luden der König und die Königin heute die Missionschefs und ihre Gattinnen zum Fünf-

---

I Yoshida Shigeru, 1936–1939 japanischer Botschafter in England, 1946–1954 Ministerpräsident von Japan.

II George VI., 1936–1952 König von England.

uhrtee ein. Ribbentrop begrüßte den König erneut mit dem ausgestreckten Arm, verbeugte sich hingegen vor der Königin in gehöriger Weise. Die kleinen Prinzessinnen waren ebenfalls zugegen, Elizabeth[I] und Margaret Rose[II], beide in hellrosa Kleidchen und offensichtlich furchtbar aufgeregt, an einem so «wichtigen» Empfang teilnehmen zu dürfen. Sie legten eine kindliche Neugier auf alles, was sie sahen, an den Tag, traten von einem Fuß auf den anderen, begannen zu kichern und sich danebenzubenehmen – zum erheblichen Missvergnügen der Königin. Lord Cromer[III] führte meine Frau und mich zum königlichen Paar, und wir plauderten ziemlich lange – ich mit dem König und Agnia mit der Königin. Die Damen sprachen die meiste Zeit über Kinder, während der König sich nach dem Befinden unserer Marine und des Weißmeer-Ostsee-Kanals erkundigte. Der König zeigte sich sehr angetan, als ich ihm sagte, dass das Schlachtschiff *Marat* zu den Krönungsfeierlichkeiten einlaufen werde.

16. April

Meine Frau und ich waren von Eden zum Lunch ins Savoy eingeladen. Eine bunte Mischung von Gästen: der Minister für Verteidigungskoordination Inskip[IV], der Marschall des diplomatischen Korps Clive, die Botschafter von China, Österreich und anderen Ländern, alles in allem 25 Personen. Ich war der ranghöchste Gast.

Während des Essens hörte Frau Eden nicht auf, darüber zu klagen, wie eingespannt sie sei und vor allem in wie großer Eile alles gemacht werden müsse. Keinen Moment Zeit, um nachzudenken oder zu verschnaufen. Alles laufe in einem halsbrecherischen Tempo ab, und man fühle sich wie in einem Mahlstrom mitgerissen, aus dem es kein Entrinnen gebe. Unsere Väter und Großväter hätten wirklich in einer besseren Zeit gelebt! Alles auf der Welt sei damals ruhiger, stiller und stetiger gewesen. Man habe genug Zeit gehabt, einen Spaziergang zu machen, ein Buch zu lesen oder über etwas nachzudenken. «Warum wurde ich nicht in dieser alten Zeit geboren?», fragte Mrs Eden seufzend.

I Elizabeth Windsor, Tochter von George VI., als Elizabeth II. ab 1952 Königin von England.

II Prinzessin Margaret Rose Windsor (Countess of Snowdon), Tochter von George VI.

III Rowland Thomas Baring (2. Earl of Cromer).

IV Thomas Inskip (1. Viscount Caldecote), 1936–1939 Minister für Verteidigungskoordination.

Nach dem Essen unterhielt ich mich mit ihrem Mann. Unser Gespräch drehte sich um Spanien. [...] Bis jetzt gelingt es Eden noch, die britische Regierung bei der Position zu halten, Franco nicht als kriegführende Partei anzuerkennen.

Die Haltung Edens in der spanischen Frage ist im Grunde genommen unredlich: Vordergründig ist es England egal, welche Seite gewinnt, denn Spanien wird aus seinem Bürgerkrieg extrem geschwächt hervorgehen und anfangen müssen, sich nach Geld umzutun, und das kann es nur in London oder Paris finden. Das Pfund ist mächtiger als die Kanone. Von daher sorgt sich die britische Regierung nicht allzu sehr um den Ausgang des spanischen Krieges. Auf der anderen Seite hat Eden schreckliche Angst davor, dass England in die spanischen Vorgänge verstrickt werden könnte, weil Spanien Eden zufolge für jeden, der die Nase in dessen Angelegenheiten zu stecken versuche, eine Todesfalle sei. Siehe Napoleon, Wellington und jetzt Mussolini. Mussolinis Ansehen war vor seinem spanischen Abenteuer deutlich höher, als es heute ist. Und wenn er sich nicht beeile, Spanien den Rücken zu kehren, werde es für ihn ein schlimmes Ende nehmen.

An dieser Stelle fügte Eden mit seinem typischen Grinsen hinzu: «Sie leisten mit Ihrer spanischen Kampagne glänzende Arbeit: Sie tun, was immer Sie für notwendig halten, ohne in den Morast zu geraten. Sie wahren sogar den Anschein vollkommener Unschuld.» Ich antwortete im selben Ton: «Sogar Ribbentrop hat jetzt aufgehört, darüber zu lamentieren, dass eine große sowjetische Streitmacht in Spanien stehe.» «Eine Streitmacht, sagen Sie?», rief Eden aus. «Sie haben den Spaniern etwas sehr viel Wichtigeres gegeben als eine Streitmacht, besonders als eine Streitmacht der italienischen Art.» Ich lächelte und sagte: «Das Nichtinterventionskomitee urteilte, eine Teilnahme der UdSSR am Krieg in Spanien sei nicht bewiesen.»

18. April

Die Vansittarts kamen zum Mittagessen zu uns. Ein Lunch *à quatre*, und wir redeten ziemlich offen. Vansittart ist sicher, dass das Kabinett nach der Krönung umgebildet wird, dass Baldwin abtritt, Chamberlain seinen Platz einnimmt und Simon sehr wahrscheinlich Schatzkanzler wird. Eden wird auf seinem Posten bleiben. Als ich nach Chamberlains Außenpolitik fragte, sagte V., an ihrer generellen Ausrichtung werde sich nichts ändern, sie werde jedoch etwas klarer strukturiert sein. Was

Deutschland betreffe, so halte man Chamberlain für «*all right*». Nun, wir werden sehen.

Ich sehe V.s Ausführungen etwas skeptisch. Ich weiß noch, wie er im Frühjahr 1935 versuchte, meine Bedenken betreffend Hoare zu zerstreuen, und wir wissen, wie das ausgegangen ist. ...

Nach V.s Eindruck nehmen in England antideutsche und antiitalienische Einstellungen zu. Ein Wandel in der Haltung der *Times* sei in dieser Beziehung besonders signifikant. Sogar Lothian sehe Deutschland mit zunehmendem Misstrauen. Die Aussichten auf einen neuen Locarno-Pakt seien sehr gering.[3] [...]

21. April

Eden und seine Frau kamen zum Dinner in die Botschaft. Es waren viele Diplomaten, Persönlichkeiten des öffentlichen Lebens und andere Gäste da. Im Großen und Ganzen ist es gut gelaufen.

Nach dem Essen hatte ich ein langes Gespräch mit Eden. [...] Spanien nahm natürlich den größten Teil unserer Diskussion in Anspruch, und Eden legte dabei einen in meinen Augen ungerechtfertigten Optimismus an den Tag. Deutschland zeige eine zunehmende Neigung, aus Spanien abzuziehen. Dieselbe Tendenz greife auch in Italien Raum, wo der «spanische Krieg» zunehmend an Popularität verliere.

[...] Wenn sich die Erwartungen Edens erfüllen (was er hofft), wäre spätestens zu Winteranfang der Boden bereitet für die Inangriffnahme der bedeutsamen europäischen Themen. Das umso mehr, als die britische Rüstungsproduktion sich bis dahin beträchtlich gesteigert haben wird, während die internen Schwierigkeiten Deutschlands und Italiens sich verschärfen werden.

Ich widersprach dem und übte Kritik an Edens Denkmodell. Im Besonderen brachte ich meine felsenfeste Überzeugung zum Ausdruck, dass Mussolini sich nicht ohne Weiteres aus Spanien zurückziehen wird. Ich spüre das bei jeder Sitzung des Nichtinterventionskomitees. Eden blieb bei seiner Meinung und sagte schließlich: «Ihr Sowjets seid ewige Pessimisten. Ihr seht überall Gefahren, auch da, wo keine sind.»

«Aber finden Sie nicht, dass wir in neun von zehn Fällen recht behalten?», gab ich zurück.

Eden lachte, doch in dem Moment kam seine Frau, um sich zu verabschieden.[4]

Die Matrosen des Kriegsschiffes *Marat*, die Churchill und den König durch ihr «Hurra» und ihr vorbildliches Verhalten beeindruckt hatten, werden vom Botschafter begrüßt.

24. Mai

Das Schlachtschiff *Marat*, das gekommen war, um an den Krönungsfeierlichkeiten teilzunehmen, lief gestern aus. Eine Woche lang lag die *Marat* im Spithead. Ihr Erscheinen hatte in jedem Fall eine positive Wirkung. Zum einen war es so etwas wie eine offizielle Anerkennung der sowjetischen Marine durch England. Nie zuvor hatten sowjetische Schiffe an einer Flottenparade in Großbritannien teilgenommen. Zum Zweiten war es eine gelungene Demonstration der Qualität unserer Marine. Zwei Dinge beeindruckten die Engländer besonders: Während der ganzen Woche gab es keinen einzigen Fall eines alkoholbedingten Fehlverhaltens, einer Schlägerei oder eines Skandals unter Beteiligung von Seeleuten der *Marat*. Die Zellen für sowjetische Seeleute, die die Engländer für den Fall der Fälle vorbereitet hatten, blieben also leer, während in ähnlichen, für Seeleute anderer Länder vorgehaltenen Zellen kein Mangel an Kunden herrschte. Zum Zweiten dauerte es, als die *Marat* im Spithead eintraf, 55 Minuten, bis sie angelegt hatte, während Kriegsschiffe anderer Nationen für diese Operation mehrere Stunden brauchten – bei der letzten

Krönung 1911 hatte ein russisches Schlachtschiff sogar ganze 15 Stunden dafür gebraucht. Außerdem wurde die Teilnahme der *Marat* in Kreisen des Hofes und der Politik als Zeichen für die freundschaftliche Einstellung der UdSSR zu England gewertet.

Churchill sagte mir, der König und die Regierung seien besonders beeindruckt gewesen von dem «Hurra!», mit dem die Besatzung der *Marat* die vorbeifahrende königliche Jacht grüßte, wie es traditioneller Brauch ist. Es war ein gewöhnliches russisches «Hurra!», breit, dröhnend und markerschütternd, jedenfalls im Vergleich mit dem kurzen und abgehackten Hurra der Engländer und der meisten anderen Nationen, das eher an Hundegebell erinnert. ...

9. Juni

Ich besuchte Vansittart. [...] Ich sagte, ich hätte in jüngster Zeit eine gewisse Veränderung im englisch-deutschen Verhältnis beobachtet. Ich zählte eine Reihe von Tatsachen auf: die Versetzung von Phipps aus Berlin nach Paris; die Entsendung von Sir Nevile Henderson[1], einem fanatischen Freund der Deutschen, als Botschafter nach Berlin anstelle von Phipps, den Hitler nicht mag; einen Tonartwechsel in der konservativen Presse Großbritanniens gegenüber Deutschland; die breite Berichterstattung in der englischen Presse über die Entsendung medizinischen Personals per Flugzeug nach Gibraltar, um den verwundeten Seeleuten der *Deutschland* ärztliche Hilfe zu leisten;[5] und schließlich die Reden Hendersons in Berlin bei der Vorlage seiner Beglaubigung und namentlich bei dem von der Deutsch-Englischen Gesellschaft veranstalteten Bankett.[6] All dies legt bestimmte Schlussfolgerungen nahe. Ich betonte insbesondere, dass in Moskau Hendersons letzte Rede mit «Erstaunen» registriert worden sei, um nicht von anderen, deutlicheren Gefühlen zu reden.

V. versuchte natürlich, mich zu überzeugen, dass sich nichts verändert habe, dass alles beim Alten geblieben sei. Ein weiterer Fall von «auf der Stelle treten». [...] Was Henderson angeht, so war seine Rede bei dem deutsch-englischen Bankett in Berlin gänzlich sein eigenes Werk. [...] Aber V. plädierte auf «mildernde Umstände» mit Blick auf Hendersons Mangel an Erfahrung und seine geringe Vertrautheit mit der aktuellen europäi-

---

1 Sir Nevile Henderson, 1937–1939 britischer Botschafter in Deutschland.

schen Politik; er war bis dato in Südamerika tätig. V. brachte die Hoffnung zum Ausdruck, dass Henderson in Zukunft vorsichtiger agieren werde. [...]

▶ Die Drift in Richtung Appeasement wurde zum Gegenstand gegensätzlicher Einschätzungen beim Narkomindel und an der Londoner Botschaft. Litwinow hielt an seiner Überzeugung fest, dass es der britischen Regierung vor allem darum gehe, sich in Spanien nicht die Hände schmutzig zu machen, während Maiski «nicht geneigt» war, den britischen Angeboten an die Adresse Berlins «viel Bedeutung beizumessen». Er rechnete damit, dass Hitler erneut «tricksen» und dies das Ende der Annäherung zwischen England und Deutschland sein werde.[7]

16. Juni

Heute stattete ich Titulescu[1] einen Besuch ab, der wie immer im Hotel Ritz abgestiegen ist und sich so laut, schillernd, selbstbewusst – um nicht zu sagen unverschämt – präsentiert, wie man ihn kennt.

Titulescu war etwa eine Woche lang in London. Er hat es geschafft, sich mit Chamberlain, Eden, Vansittart, Churchill und vielen anderen hochgestellten Leuten zu treffen.

[...] Titulescu hat allen mehr oder weniger dasselbe gesagt: Der Friede in Europa und die Unversehrtheit des britischen Empire hingen davon ab, ob rechtzeitig eine von England, Frankreich und der UdSSR geführte Friedensfront errichtet werden kann. Gelinge dies, werde alles gut. Gelinge es nicht, werde die Menschheit im Allgemeinen und Großbritannien im Besonderen eine Tragödie in zwei Akten erleben: Der erste Akt werde die Errichtung des Reichs *Mitteleuropa* durch die Deutschen sein, der zweite Akt die Vernichtung des britischen Empire durch dieses. Die Briten sollten ihre Wahl treffen, und zwar schleunigst.

[...] Titulescu hatte auch den Eindruck, dass seit seinem letzten Londonbesuch im März 1936 die deutschfreundliche Stimmung in England stark zugenommen habe.

In Beantwortung meiner Frage zu seinen Plänen für die nahe Zukunft erzählte mir Titulescu zuerst in großer Ausführlichkeit die Geschichte, wie die Deutschen in der Schweiz und in Bukarest dreimal versucht

1 Nicolae Titulescu, 1927/28, 1932–1936 rumänischer Außenminister, 1920–1936 permanenter Vertreter Rumäniens beim Völkerbund.

hätten, ihn zu vergiften. Dann sagte er, er werde im Oktober nach Rumänien zurückkehren. Es sei natürlich gefährlich, aber er müsse es tun. Er wolle nicht zum Fahnenflüchtigen werden, denn das wäre das Ende jeder ernsthaften politischen Betätigung und seines Kampfes. Titulescu ist schließlich noch immer ein Mann voller Leidenschaft und Entschlossenheit. Beim Abschied ließ er eine für ihn typische Bemerkung fallen: «Wenn ich nicht innerhalb der ersten sechs Monate nach meiner Heimkehr ermordet werde, wird Rumänien mir gehören!»[8]

1. Juli

Unterredung mit Lloyd George.[9]

[...] In dem Moment, als ich das Wort «Regierung» aussprach, schnellte Lloyd George von seinem Stuhl hoch. «Regierung?», fragte er sarkastisch. «Ist das wirklich eine Regierung? Es ist viel eher eine Versammlung der Mittelmäßigen, eine Gruppe hoffnungsloser Milchgesichter. Haben sie einen Willen? Haben sie Mut? Können sie für unsere Interessen einstehen? Sie haben ein reiches Vermächtnis von ihren Vorfahren geerbt, das sie aber sehr schlecht verwalten, und ich fürchte, sie werden es verspielen. Sie alle sind erbärmliche Feiglinge. Nicht Feigheit, sondern Wagemut ist es, was wir brauchen, um unser großes Empire aufzubauen und zu schützen!»

Ich bemerkte, dass am Horizont der europäischen Demokratien momentan nur sehr wenige große Persönlichkeiten zu erblicken seien.

«Da haben Sie absolut recht», rief Lloyd George aus. «Wo sind sie, die großen Persönlichkeiten? Die europäische Demokratie erleidet eine Hungersnot. [...] Es bringt nichts, in England oder Frankreich Ausschau zu halten. Baldwin, Chamberlain, Blum oder Chautemps[I] – wofür ist irgendeiner von denen gut? Sie haben es mit wirklich ernst zu nehmenden und mächtigen Figuren zu tun – Hitler und Mussolini. Diese faschistischen Diktatoren sind keine Idioten. Sie sind aus knorrigem Holz geschnitzt und wenden grobe Mittel an, Gewalt, Unverfrorenheit und Einschüchterung. Aber sie handeln, sie sind voller Entschlusskraft und Energie, und ihre Länder folgen ihnen. Sind unsere Minister gut genug, um, konfrontiert mit diesen Diktatoren, für unsere Interessen einzustehen? Sind sie

---

I Camille Chautemps, französischer Sozialist, Feb. 1930, 1933/34, 1937/38 Premierminister.

dazu fähig? Nicht im Entferntesten! Wenn Winston Churchill Premierminister wäre, das wäre einer, der sich bei den Diktatoren Respekt zu verschaffen wüsste, aber die Konservativen haben eine Heidenangst, Churchill in die Regierung zu berufen. Die Folge ist, dass jetzt bei uns Milchgesichter Männern der Tat – Hitler und Mussolini – gegenübertreten. Was für ein Elend, dass die beiden Faschisten und Feinde der Demokratie sind. Man muss zugeben, dass sie Ausbünde an Tatkraft sind. Können Sie sich vorstellen, was passierte, wenn, sagen wir, Eden Gespräche mit Mussolini führte? Wir können sicher sein, dass Mussolini mit Eden den Boden schrubben würde. Genau das ist in der Zeit des Abessinienkrieges passiert. Euer Stalin ist ein ganz anderes Kaliber. Er ist ein großer und ziemlich entschlossener Mann. Er ist zupackend, kann Diktatoren beeindrucken und hat das Zeug, Hitler und Mussolini in die Schranken zu weisen. Die Unsrigen sind ein reines Unglück. Nehmen Sie Chamberlain – ein schmalspuriges, begrenztes und wirkungsloses Individuum. Ein Fisch mit einem kalten Kopf – so habe ich ihn in den letzten Debatten im Parlament beschrieben. […] Chamberlains ‹großer Plan› läuft auf Folgendes hinaus: im Laufe des nächsten Jahres Frieden mit Deutschland und Italien zu schließen und einen Viererpakt zustande zu bringen. Im Hinblick auf Mittel- und Südosteuropa ist Chamberlain bereit, sich mit vagen Nichtangriffsversprechungen der Diktatoren zufriedenzugeben. Ihr Land [die Sowjetunion] soll aus dem europäischen Konzert ausgeschlossen und sich selbst überlassen werden.[10] Wenn das alles geschafft ist, will Eden sich den Wählern stellen. Er wird ihnen sagen: ‹Das unlösbare Problem der europäischen Friedenssicherung ist jetzt von mir und meiner Regierung gelöst worden. Jetzt ist alles gut. Wählt die Konservativen!› Nach dem Wahlsieg wird er die Herrschaft seiner Partei für weitere fünf Jahre sichern. Die Einladung an Neurath, London zu besuchen, war sein Werk. […]»

«Jedoch», fuhr Lloyd George fort, «will ich Ihnen offen sagen, dass unsere Opposition, namentlich Labour, kaum besser ist als die Regierung. Ja, sie ist sogar schlechter und schwächer. Die Opposition hat weder führende Köpfe noch Programme, noch Energie, noch Kampfgeist.»

[…] Ich fragte Lloyd George nach seinen Eindrücken bei seiner Deutschlandreise letztes Jahr. Die Frage munterte ihn auf, und er sagte: «Ich besuchte Hitler und führte ein langes Gespräch mit ihm. Ich erlebte ihn als einen sehr unprätentiösen, bescheidenen und ziemlich gebildeten

Mann. Man kann mit ihm in Ruhe über Dinge diskutieren und Meinungen austauschen. Er hat aber eine neuralgische Stelle – den Kommunismus. Jedes Mal, wenn die Rede auf den Kommunismus oder die Kommunisten kam, wurde er sofort wütend, und sein Gesicht verwandelte sich regelrecht: In seinen Augen loderte eine finstere Glut, und seine Lippen begannen zu zucken. Mehrere Male versuchte ich ihm beizubringen, dass ein ungesundes Verhältnis zu Ihrem Land Deutschland nur zum Nachteil gereichen werde. Aber das machte auf Hitler keinen Eindruck. Er fing sofort wieder an, über den Kommunismus und die kommunistische Bedrohung zu zetern, und hatte fast Schaum vor dem Mund. Er glaubt wirklich, dass die Vorsehung ihn auf diese Welt geschickt hat, um eine besondere Mission zu vollbringen: die westliche Zivilisation zu retten und die Hydra des Kommunismus zu zerschmettern. Nach allem, was ich bei dieser Begegnung erlebte, bin ich voll und ganz überzeugt davon, dass er nie bereit sein wird, irgendeinen Vertrag mit der Sowjetunion zu schließen oder auch nur jemals seinen Namen unter ein internationales Dokument zu setzen, das auch die Unterschrift Stalins trägt.»

27. Juli

Unterredung mit Eden.

Eden lud mich ein, ihn im Unterhaus zu besuchen. Er sagte mir, er sei im Begriff, einen dreiwöchigen Urlaub anzutreten (ohne indes das Land zu verlassen). Lord Halifax werde in seiner Abwesenheit für ihn die Geschäfte führen.

[...] Eden begann mit dem Fernen Osten. Gerade an diesem Morgen hatte er beunruhigende Nachrichten aus Peking bekommen.[11] Es scheint, dass sein anfänglicher Optimismus sich als ungerechtfertigt erwiesen hat. Die Entwicklung in China sei dabei, eine sehr gravierende Wendung zu nehmen, und die Japaner könnten jetzt jeden Moment in Peking einmarschieren.

Dann fragte Eden, wie wir die Ereignisse in China bewerten. Ich erwiderte, über deren wahres Wesen gebe es doch kaum noch Zweifel. Japan versucht, den «Mukden-Zwischenfall», der vor sechs Jahren passiert ist, zu wiederholen. Anders gesagt, Japan ist bestrebt, im nördlichen China ein zweites Mandschukuo zu errichten. Seine Methode ist genau dieselbe wie 1931. In seinem Expansionsdrang wird sich Japan, wie jeder Aggressor, in erster Linie von empirischen, opportunistischen Überlegungen leiten lassen. Es wird ausprobieren, wie weit es straflos gehen kann. Der Erfolg oder Misserfolg dieses neuen japanischen Projekts wird in hohem Maß von zwei Faktoren abhängen: erstens von der Stärke des chinesischen Widerstandes und zweitens vom Verhalten der Großmächte, die im Fernen Osten Interessen zu verteidigen haben.

[...] Ich fragte Eden, wie andere Großmächte auf diese absehbare Entwicklung zu reagieren gedachten. Eden zuckte mit den Achseln und sagte: «Das weiß ich nicht.» Er sagte mir, er habe zweimal versucht, die USA in eine Einheitsfront aus drei Mächten (Großbritannien, Vereinigte Staaten und Frankreich) gegen die japanische Aggression einzubinden, jedoch ohne Erfolg.[12] [...]

▸ Nach seiner Ernennung zum Premierminister im Mai 1937 beeilte sich Chamberlain, Eden die Initiative zu entreißen und die Außenpolitik in die Hand zu nehmen. Er hoffte, wieder gute Beziehungen zu Italien herstellen zu können, indem er Mussolini die Mitgliedschaft in einem Viererpakt (zusammen mit Deutschland und Frankreich) anbot. Maiski war Neville Chamberlain, dem damaligen Schatzkanzler, erstmals am 16. November 1932 begegnet. Der Brite hatte sich damals verächtlich über den «widerwärtigen, aber cleveren kleinen Juden» Maiski geäußert, ließ sich jedoch in den frühen Jahren seines Umgangs mit dem Botschafter nichts von der Abneigung anmerken, die er ihm später entgegenbrachte.[13] Der Kontrast zwischen Chamberlains Urteil über den italienischen Botschafter Grandi[1] und über Maiski – er traf einmal beide am selben Tag –, wie er ihn in einem Brief an seine Schwester zum Ausdruck brachte, ist äußerst aufschlussreich: «Meine Unterredung mit Grandi scheint in Italien einen sehr guten Eindruck gemacht zu haben, und wie ich sehe, haben sie inzwischen ‹enthüllt›, dass ich einen persönlichen Brief an Mussolini geschrieben habe. [...] Mein Gespräch mit Maiski fand auf sein Ersuchen hin statt und war von ihm aus zweifellos als Gegendemonstration gedacht. Aber er hatte eigentlich nichts zu sagen.»[14]

1 Dino Grandi, 1929–1932 italienischer Außenminister, 1932–1939 Botschafter in Großbritannien, 1939–1943 Justizminister.

29. Juli

Unterredung mit Chamberlain,

1. Mich an den englischen Usus haltend, hatte ich seit Langem vorgehabt, dem neuen PM einen offiziellen Besuch abzustatten.[15] [...] Er empfing mich am 29. Juli in seinem Arbeitszimmer im Unterhaus. Da ich wusste, dass er sehr beschäftigt war, beschloss ich, keine Zeit zu verlieren und den Stier an den Hörnern zu packen. Schon vor dem Besuch bei ihm hatte ich erfahren, dass der Abschluss eines Viermächtepakts und insbesondere die Verbesserung der Beziehungen zwischen Großbritannien und Deutschland die Generallinie seiner Außenpolitik ist. Ich wollte herausfinden, ob das stimmt, und fragte ihn rundheraus: Was wären in Ihren Augen die besten Methoden, um die «Befriedung Europas» zu erreichen?

2. Chamberlain, der mit einer solchen Frage eindeutig nicht gerechnet hatte, zögerte und blickte mich entweder überrascht oder verlegen an. Dann setzte er zu einer Antwort an, wobei er seine Worte zögerlich und mit gelegentlichen Aussetzern artikulierte: «Ich kann Ihnen keine Abkürzung, die zu diesem Ziel führt, nennen. Die Befriedung Europas ist ein kompliziertes und langwieriges Geschäft. Sie erfordert viel Geduld. Jedes Mittel und jede Methode, die Ergebnisse zeitigt, ist gut. Jede sich bietende Gelegenheit sollte genutzt werden.» Der PM hielt für einen Moment inne, überlegte und fuhr fort: «Ich glaube, eine erfolgreiche Lösung der spanischen Frage könnte der erste direkte Schritt in Richtung auf eine Befriedung Europas sein.» [...] Glaubt Chamberlain, dass die Italiener und die Deutschen wirklich bereit sind, ihre sogenannten Freiwilligen aus Spanien abzuziehen? Ich bezweifle es. Chamberlain antwortete darauf nicht sofort. Er blickte erst aus dem Fenster, dann an die Decke, bevor er langsam zu sprechen begann. «Ohne Zweifel ist Mussolini erpicht darauf, ein faschistisches Spanien zu sehen. [...] Nach Meinung Mussolinis ist ein Sieg Francos nötig, um zu verhindern, dass Spanien zu einem ‹bolschewistischen Staat› wird. Sollte Franco scheitern, wäre der Triumph des Kommunismus in Spanien nach Aussage Mussolinis unabwendbar, und das ist etwas, das Italien nicht akzeptieren kann.»

[...] Sodann erkundigte sich der PM, was wir von dem spanischen Konflikt hielten und welche Position die UdSSR in dieser Frage einnehme. Ich gab die diesbezüglichen Erklärungen und betonte unseren Wunsch, Interventionen zu unterbinden und den spanischen Konflikt zu einer rein innerspanischen Angelegenheit zu machen. Gemäß unseren gemeinsamen Grundsätzen streben auch wir danach, «das Recht auf nationale Selbstbestimmung» für das spanische Volk durchzusetzen. Es ist nicht unser Ziel, in Spanien ein kommunistisches oder irgendein anderes System zu errichten. [...] Chamberlain lauschte meinen Darlegungen mit großer Aufmerksamkeit und offensichtlichem Wohlwollen, doch wie anschließend sogleich deutlich wurde, hatte er sich seinen ganz eigenen Reim darauf gemacht. Der PM sagte: «Mussolini will in Spanien einen faschistischen Staat etablieren, und das wollen Sie nicht. Wir sind mit zwei Extrempositionen konfrontiert. Großbritannien versucht, eine Mittelstellung zwischen Ihnen und Mussolini zu beziehen.» Ich wandte ein, dass er ein falsches Bild des aktuellen Standes der Dinge zeichne. Tatsächlich will Mussolini ein sehr genau definiertes Regime in Spanien errichten – ein faschistisches –, wogegen die UdSSR nicht das Ziel verfolgt, dort ein bestimmtes Regime, sei es ein sozialistisches, ein kommunistisches oder ein anderes, zu errichten.

[...] Der PM legte erneut eine Denkpause ein und wandte sich dann einem anderen Thema zu. «Ein bestimmter Gedanke quält mich beständig: Europa ist heute voller Angst und Misstrauen. Länder und Staaten vertrauen einander nicht. Sobald eine Macht aufzurüsten beginnt, hegt eine andere sofort den Verdacht, dass sich diese Waffen gegen sie richten werden, und beginnt ebenfalls aufzurüsten, um die reale oder imaginäre Bedrohung zu parieren. [...] Es wird Jahre und Jahre brauchen, Europa zu befrieden. Aber man könnte zumindest einen ersten Schritt machen, um eine bekömmlichere Atmosphäre in unserem Teil der Welt zu schaffen, finden Sie nicht auch?» Ich fragte Chamberlain, woran genau er dabei denke. Der PM antwortete: «Neben der spanischen Frage gäbe es eine zweite, sehr wichtige und dringliche Frage – die deutsche. In meinen Augen wäre es sehr wichtig, die Deutschen so weit zu bringen, dass sie von allgemeinen Phrasen über die ‹Saturierten› und die ‹Habenichtse›, deren wahren Sinn niemand versteht, zu einer praktischen und geschäftsmäßigen Erörterung ihrer Wünsche übergingen. Wenn wir die Deutschen an den Verhandlungstisch bringen und mit dem Bleistift in der Hand all ihre Beschwerden, Forderungen und Wünsche durchgehen könnten, trüge das sehr viel dazu bei, die dicke Luft zu vertreiben oder zumindest Klarheit über die aktuelle Situation zu schaffen. Wir wüssten dann, was die Deutschen wollen, und wüssten auch, ob es möglich wäre, ihre Forderungen zu erfüllen. Wir würden ihnen so weit entgegenkommen, wie wir es könnten; wenn das nicht möglich wäre, würden wir andere Entscheidungen treffen.»

[...] Die Unterredung hat bei mir grundsätzlich den Eindruck hinterlassen, dass Chamberlain ernsthaft an einen Viermächtepakt und an die Errichtung eines westlichen Sicherheitssystems denkt und bereit ist, um dieses Zieles willen erhebliche Zugeständnisse an Deutschland und Italien zu machen. Stellte sich jedoch im Verlauf der Entwicklung heraus, dass eine Einigung mit diesen beiden Ländern unmöglich ist oder dass England dafür einen inakzeptabel hohen Preis bezahlen müsste, träte er den faschistischen Mächten sehr viel entschiedener entgegen, als Baldwin es getan hat.[16]

1. August

Der Ferne Osten ist in Brand geraten. Die Konsequenzen sind schwer vorhersehbar, könnten aber ungeheuer sein.

Unmittelbar nachdem die Japaner Mitte Juli nahe Peking eine Offensive gestartet hatten, wollte der chinesische Botschafter in Moskau wissen, was wir zu tun gedächten. Sein besonderes Interesse galt der Frage, ob wir bereit seien, im Alleingang oder gemeinsam mit anderen Mächten zu intervenieren. M. M. [Litwinow] antwortete, wir würden nicht alleine intervenieren, aber wenn uns eine gemeinsame Démarche angetragen werde, seien wir bereit, darüber zu reden.

[...] Der chinesische Finanzminister Kong Xiangxi[I], der kürzlich, aus den USA kommend, in England eingetroffen ist, besuchte mich am 23. Juli in Begleitung von Quo Tai-chi[II]. Kong, ein kräftiger, untersetzter Mann, ca. 50 Jahre alt, mit kantiger Gestik und grobschlächtigen Manieren, verlor keine Zeit und forderte unsere Unterstützung für China, wobei er mir auf ziemlich linkische Art deutlich zu machen versuchte, dass die Einnahme Pekings durch die Japaner lediglich ein Vorspiel zu einem Überfall auf die UdSSR wäre. [...] Wie Kong mir außerdem erzählte, hat er in Deutschland vor seinem USA-Besuch Gespräche mit führenden

---

I Kong Xiangxi, 1933–1944 chinesischer Finanzminister, 1933–1945 Gouverneur der Bank of China.

II Quo Tai-chi, 1932–1941 chinesischer Botschafter in London, 1934–1938 Delegierter beim Völkerbund, April–Dezember 1941 chinesischer Außenminister.

Männern des Regimes geführt und festgestellt, dass Göring hochgradig antisowjetisch eingestellt sei; im Gegensatz dazu sei Schacht[I] ein «Sowjetfreund». Hitler wiederum habe sich angeblich im Verlauf einer zweistündigen Unterredung mit Kong für den Gedanken erwärmt, dass eine Normalisierung des Verhältnisses zwischen Deutschland und der UdSSR vielleicht möglich sei.

[...] Quo Tai-chi suchte mich heute auf. Er sagte mir, er habe sich zweimal mit Eden getroffen und darauf bestanden, dass die UdSSR in ein gemeinsames Vorgehen im Fernen Osten einbezogen werden müsse. Das habe Eden jedoch mit der Begründung abgelehnt, es würde die Situation nur noch komplizierter machen. Quo hat den Eindruck, dass Eden einfach Angst vor Deutschland und Italien hat. [...] Nach seiner Aussage versuche der britische Botschafter in Berlin, Henderson, den US-Botschafter in Deutschland, Dodd[II], für die Idee einer gemeinsamen englisch-amerikanischen Anleihe für Hitler einzunehmen. Außerdem habe Henderson in Gesprächen mit den führenden Nazis die Meinung geäußert, wenn Deutschland Österreich und die Tschechoslowakei unter «föderalen» Vorzeichen annektiere, könnte sich Großbritannien damit ohne Weiteres abfinden. Hurensohn!

10. August

Masaryk suchte mich auf. Ich protokolliere die folgenden Punkte seines Berichts: (1) Er richtete neulich an Vansittart die unverblümte Frage: Wie stellt sich Großbritannien zur «Russlandpolitik» der Tschechoslowakei und insbesondere zum tschechisch-sowjetischen Pakt? Die in Europa weitverbreitete Meinung sei die, dass England diese Politik und insbesondere den Pakt missbillige. Ob das wahr sei. Vansittart antwortete, es sei absolut unwahr. Unter Berücksichtigung der gegenwärtigen Lage in Europa habe Großbritannien volles Verständnis für die aktuellen Beziehungen zwischen der Tschechoslowakei und der UdSSR und heiße sie sogar gut. (2) Masaryk definiert die britische Haltung zur Tschechoslowakei wie folgt: Den Briten ist das Schicksal der Tschechoslowakei nicht gleichgültig, sie empfinden sogar Wohlwollen für die Tschechoslo-

---

I Hjalmar Schacht, 1923–1930, 1933–1939 Reichsbankpräsident, 1934–1937 Wirtschaftsminister, 1939–1943 Minister ohne Geschäftsbereich.

II William Edward Dodd, 1933–1937 US-Botschafter in Deutschland.

wakei als einen Vorposten der Demokratie in Mitteleuropa; ihr Wohlwollen sei jedoch lauwarm, und man könne schwerlich auf eine entschiedene Reaktion aus London zählen, wenn die Tschechoslowakei bedroht werde. Mir scheint, dass Masaryks Beschreibung der Situation korrekt ist. (3) Vansittart und das Foreign Office als Ganzes sind über den Flirt des PM mit Mussolini nicht glücklich. Sie glauben, dass die Voraussetzungen für eine Übereinkunft noch nicht gegeben sind, vor allem aber ärgern sie sich darüber, dass Chamberlain bei seinen Versuchen, eine Verständigung mit Italien herbeizuführen, das Foreign Office vollkommen ignoriert hat.[17]

23. August

Ich war zu Besuch bei Vansittart. [...] Im Großen und Ganzen war V. sehr pessimistisch gestimmt, insbesondere im Hinblick auf den Fernen Osten und den Mittelmeerraum. Es werde alles immer schlimmer, die Gefahr komme immer näher, und doch würden keine nennenswerten Maßnahmen ergriffen, um ihr zu begegnen. Wohin steuere die Welt?

V. äußerte seine Verbitterung darüber, dass internationale Komplikationen dieses Jahr allen den Urlaub verdorben hätten. Er selbst müsse ununterbrochen in London bleiben. Eden ist zwar in Ferien, aber nur für drei Wochen und ohne England zu verlassen – und mit gelegentlichen Abstechern in die Hauptstadt. Selbst der PM musste seinen Urlaub unterbrechen und eine außerordentliche Kabinettssitzung anberaumen. Dies sei das erste Mal seit dem Krieg, dass der PM seinen Urlaub nicht ungestört verbringen könne.[18] So weit seien wir gekommen!

Während ich V. zuhörte, musste ich in mich hineinlächeln – wenn der gestörte Urlaub doch nur das einzige Problem wäre!

27. Oktober[19]

Der erste «Fünfjahresplan» meiner Botschaftermission in England ist zu Ende! [...]

Fünf Jahre sind vergangen. Und was für Jahre! [...] Wie ein Blitz geht mir der Gedanke durch den Kopf: Wie viel Zeit werde ich hier noch zubringen müssen? Was werde ich noch sehen? Was werde ich erleben? Und was wird die Zukunft mir bringen? ...

16. November

Heute nahmen Agnia und ich an dem «Staatsbankett» teil, das George VI. zu Ehren des belgischen Königs Leopold veranstaltete, der zu einem viertägigen Besuch gekommen ist. Es war ein Bankett wie jedes andere: 180 Gäste, die komplette königliche Familie, Regierungsmitglieder, Botschafter (aber keine Gesandten) und einiges an britischer Prominenz. Wir aßen mit goldenen Gabeln und Messern von goldenen Tellern. Das Essen war, anders als man es von der englischen Küche sonst gewöhnt ist, schmackhaft (dem Vernehmen nach hat der König einen französischen Koch). Zwei Dutzend schottische «*pipers*» enterten den Saal während des Essens, drehten langsamen Schrittes mehrere Runden um die Tische und erfüllten dabei die Palastgewölbe mit ihrer halb barbarischen Musik. Mir gefällt sie. Sie hat etwas von den Bergen und Wäldern Schottlands in sich, von der Ferne vergangener Jahrhunderte, von der Urtümlichkeit der menschlichen Frühgeschichte. Der Klang des Dudelsacks hat auf mich schon immer eine eigenartig erregende Wirkung ausgeübt, hat mich in ferne Sphären entführt, in eine Welt weiter Felder und grenzenloser Steppen, wo es weder Menschen noch Tiere gibt und wo man sich jung und wagemutig fühlt. Ich merkte aber, dass viele Gäste die Musik nicht goutierten. Sie fanden sie roh, schrill und unpassend laut für das eigentlich feierliche und kultivierte Ambiente eines Palastes. Leopold war einer der verstimmten Gäste. ...

Nach Ansprachen von George VI. und Leopold, die die unverbrüchliche Freundschaft zwischen ihren Ländern proklamierten, verteilten sich die Gäste auf die umliegenden Räume, und wir Botschafter wurden im Bow Room versammelt, in dem beide Könige samt Ministern und einigen hochrangigen Höflingen Stellung bezogen hatten. Die Damen fanden sich mit der jungen Königin und der Königinmutter im benachbarten Saal wieder. Es lief wie immer bei einem «Staatsbankett»: Erst sprachen die beiden Könige miteinander, während die Botschafter wie teure «diplomatische Möbel» an den Wänden entlang aufgereiht waren. Dann begannen Lord Cromer und andere Höflinge, zwischen den Gästen umherzuschwirren und diejenigen, denen die Gunst «allerhöchster Beachtung» widerfahren sollte, zu einem der beiden Könige zu geleiten. Leopold unterhielt sich mit Chamberlain, Hoare, Montagu Norman (dem Gouverneur der Bank von England) und aus den Reihen der Botschafter mit Grandi, Ribbentrop und Corbin[I]. Eine Hinwendung zum «Aggressor» und dessen Kollaborateuren war offensichtlich.

Kaum nötig zu erwähnen, dass mir so viel Ehre nicht zuteilwurde. Die UdSSR ist im Moment aus der Mode, besonders unter den Führern der Konservativen Partei. Auch der japanische Botschafter Yoshida, der sich in einer Ecke herumdrückte, wurde nicht aufgefordert, seine Aufwartung zu machen. Kein Wunder, denn japanische Kanonen nehmen derzeit in China britisches Kapital und britisches Prestige unter Feuer! ...

Ich wurde dieses langweiligen Geschehens schließlich überdrüssig und fasste schon die Absicht, mich in die anderen Räume hinauszustehlen, wo ich viele interessante Leute sehen konnte, die ich kannte. Doch genau in dem Moment kam plötzlich Bewegung in den Bow Room. Ich blickte mich um und erkannte, was vorging: Aus einem benachbarten Saal kam Lord Cromer mit Churchill im Schlepptau und stellte ihn König Leopold vor. George gesellte sich kurz darauf zu ihnen. Die drei unterhielten sich lebhaft und längere Zeit, wobei Churchill nach Kräften gestikulierte und die Könige zu lautem Gelächter animierte. Dann war die Audienz zu Ende; Churchill entfernte sich von den Königen und lief Ribbentrop in die Arme. Ribbentrop verwickelte den berühmten «Deutschenfresser» in ein Gespräch, und sogleich bildete sich eine Gruppe um die beiden. Ich konnte nicht hören, worüber sie redeten, sah aber aus der Distanz, dass Ribbentrop seine üblichen düsteren Weissagungen absonderte, die Churchill mit Scherzen beantwortete und dafür von den Umstehenden mit Lachsalven belohnt wurde. Irgendwann wurde es Churchill offenbar langweilig, und er drehte sich um und erblickte mich. Dann passierte Folgendes: Unter den Augen aller Anwesenden und in Gegenwart der beiden Könige durchquerte Churchill den Saal, kam auf mich zu und schüttelte mir kraftvoll die Hand. Wir vertieften uns in eine angeregte und ausgedehnte Diskussion, in deren Verlauf König George hinzutrat und etwas zu Churchill sagte. Es entstand der Eindruck, George hätte, beunruhigt durch Churchills unerklärliche Tuchfühlung mit dem «bolschewistischen Botschafter», beschlossen, ihn aus den Fängen des «Moskauer Teufels» zu befreien. Ich trat zurück und wartete ab, wie es weitergehen würde. Churchill beendete sein Zwiegespräch mit George und wandte sich mir

---

I André Charles Corbin, 1933–1940 französischer Botschafter in Großbritannien.

wieder zu, um unsere unterbrochene Diskussion fortzusetzen. Die geldgeadelten Diplomaten um uns herum waren nachgerade schockiert.

Was hatte Churchill mitzuteilen?

Churchill sagte mir ohne Umschweife, er betrachte den «antikommunistischen Pakt» als in erster Linie gegen das britische Empire und erst in zweiter Linie gegen die UdSSR gerichtet. Er messe diesem Abkommen zwischen den Aggressoren eine hohe Bedeutung bei, nicht so sehr für die Gegenwart als für die Zukunft. Deutschland sei der Hauptfeind. «Die erstrangige Aufgabe für uns alle, die wir die Sache des Friedens verteidigen», fuhr Churchill fort, «ist zusammenzuhalten. Sonst sind wir aufgeschmissen. Ein schwaches Russland stellt die größte Gefahr für die Sache des Friedens und für die Unversehrtheit unseres Empires dar. Wir brauchen ein starkes, sehr starkes Russland.» An dieser Stelle senkte Churchill die Stimme ab, als gehe es um Vertrauliches, und stellte mir eine Reihe von Fragen: Was in der UdSSR vorgehe, ob die jüngsten Ereignisse nicht unsere Streitkräfte geschwächt hätten, ob sie nicht unsere Fähigkeit erschüttert hätten, dem Druck Japans und Deutschlands zu widerstehen?

«Darf ich mit einer Gegenfrage antworten?», versetzte ich. «Wenn ein illoyaler General, der ein Korps oder eine Armee befehligt, durch einen aufrichtigen und zuverlässigen General ersetzt wird, bedeutet das eine Stärkung oder eine Schwächung eines Heers? Wenn ein Direktor einer großen Fabrik, der sich in Sabotage ergeht, durch einen aufrichtigen und zuverlässigen Direktor ersetzt wird, bedeutet das eine Schwächung oder eine Stärkung unserer Rüstungsindustrie?» Ich fuhr in dieser Weise fort, die Ammenmärchen über die Auswirkungen der «Säuberung» auf die allgemeine Lage der UdSSR, die sich gegenwärtig hier so großer Beliebtheit erfreuen, zu zerpflücken.

Churchill hörte mir mit größter Aufmerksamkeit zu, schüttelte allerdings hin und wieder skeptisch den Kopf. Als ich zu Ende war, sagte er: «Es ist sehr beruhigend, das alles zu hören. Wenn Russland dabei ist, stärker zu werden anstatt schwächer, dann ist alles gut. Ich wiederhole: Wir alle brauchen ein starkes Russland, wir brauchen es ungemein!» Dann, nach einer kleinen Pause, fügte Churchill hinzu: «Dieser Trotzki, er ist ein ausgemachter Teufel. Er ist eine destruktive und keine aufbauende Kraft. Ich bin ganz und gar für Stalin.»[20]

Ich fragte Churchill, was er von Halifax' bevorstehendem Berlinbesuch halte.[21] Churchill verzog seine Miene und sagte, seines Erachtens sei die Reise ein Fehler. Sie werde zu nichts führen, die Deutschen würden nur noch hochnäsiger werden und den Besuch als ein Zeichen für Englands Schwäche werten. Das sei weder England noch der Sache des Friedens dienlich. Aber Halifax sei wenigstens ein ehrlicher Mensch und werde sich nicht in irgendwelche «schändlichen» Machenschaften einwickeln lassen, etwa einen Verrat an der Tschechoslowakei oder freie Hand für Deutschland im Osten. Aber dennoch hätte man sich nie auf diesen Besuch einlassen sollen!

Churchill schüttelte mir die Hand und regte an, dass wir uns öfter treffen sollten.

▸ Die drei Säuberungswellen im Narkomindel setzten Ende 1937 ein, gewannen nach der Münchener Konferenz an Dynamik und erreichten ihren Zenit mit der Entlassung Litwinows Anfang Mai 1939 und dem darauffolgenden «Großreinemachen» im Volkskommissariat für Auswärtige Angelegenheiten. Stalin war entschlossen, die alten Seilschaften zu zerschlagen und vor allem den an vielen Stellen bestehenden doppelten Loyalitäten – zu ihm und zu Steigbügelhaltern auf den diversen Ebenen der Partei- und Staatshierarchie – ein Ende zu machen. Das Kommissariat für Auswärtige Angelegenheiten war besonders anfällig, da das Führungspersonal von Tschitscherin und Litwinow persönlich aus ihrem kosmopolitischen, polyglotten und freidenkerischen Gefolge rekrutiert worden war, vielfach Leute aus den Reihen der revolutionären Intelligenzija des späten Zarenreichs. Der Vorwurf des Kosmopolitismus implizierte vor allem die Unterstellung einer Verseuchung durch direkten Kontakt mit dem korrumpierenden bourgeoisen Milieu. Die alten Kader sollten durch eine neue Generation von Führungskräften ersetzt werden, Leute «ohne Überheblichkeit aus lauter Stolz auf ihre revolutionären Verdienste», die ihren Aufstieg einzig Stalin persönlich verdanken würden.

Mindestens 62 Prozent aller ranghohen Diplomaten und Beamten aus der alten Garde des Volkskommissariats wurden ermordet, nur 16 Prozent verblieben auf ihren Posten, derweil das Narkomindel von NKWD-Leuten infiltriert wurde. Die alles verschlingende Säuberung und der elementare Selbsterhaltungstrieb sorgten für einen (heimlich und öffentlich geführten) Kampf jeder gegen jeden innerhalb des diplomatischen Apparats. Ebenso stark ins Gewicht fiel das verheerende Echo, das der Terror im Ausland hinterließ.[22] Maiski war aufs Höchste alarmiert über die Hinrichtung von Litwinows Stellvertreter Krestinski[1], der durch Potjomkin ersetzt wurde, einen verschlagenen und ehrgeizigen Diplomaten, der sich in Gegenwart Litwinows «vor Schmeicheleien wand», in Abwesenheit seines Chefs hingegen keinen Zweifel daran ließ, dass er sich zutraute, ein mindestens ebenso guter Kommissar für Auswärtige Angelegenheiten zu sein.

«Der letzte Winter und der jetzige Sommer», klagte Maiski in einem Brief an seinen Bruder, «waren im Bereich der internationalen Angelegenheiten bislang sehr aufregend, was meine Gesundheit erheblich angegriffen hat. Damit nicht genug, hatte ich dieses Jahr im Durchschnitt 50 Prozent mehr zu tun als in den Vorjahren. [...] Das hat sich im Lauf der Zeit erheblich auf meine nervliche Verfassung, meine Konzentration und insgesamt auf meine tägliche Arbeit ausgewirkt.»[23] Maiskis Anspielung auf die nervenzehrende Situation ist typisch für die depressive Stimmung, die das diplomatische Korps der Sowjetunion in ganz Europa ergriffen hatte, als die Ausläufer der Terrorwelle an die Türen des Narkomindel zu schlagen begannen.[24] Vorsicht war unbedingt zum obersten Gebot geworden, was sich gut an der geringen Zahl von Einträgen in Maiskis Tagebuch aus der zweiten Jahreshälfte 1937 ablesen lässt. Eine indiskrete Äußerung oder ein Gefühlsausbruch konnten einem Diplomaten zum Verhängnis werden, wenn Anklage gegen ihn erhoben wurde. Andererseits war das Bedürfnis nach Artikulierung und Empathie wohl unwiderstehlich. Ein Liebesbrief Maiskis an Agnia anlässlich ihres Hochzeitstages fließt über von Anspielungen auf die Brüchigkeit der Zukunft und die Notwendigkeit, den fliehenden Augenblick zu feiern – und vor allem die Vergangenheit. An den Anfang stellt Maiski zwei Zeilen aus Nikolai Nekrassows unheilverkündendem Gedicht «Ein Neues Jahr»:

> [...] Und zurückzubringen, was einmal dem Leben entrissen worden ist,
> Liegt nicht in der Macht des Schicksals.

> Meine liebe, geliebte und ein ganz kleines bisschen verrückte Agneschetschka! Der Dichter hat recht. Die Zukunft bringt, was sie bringt, doch die 15 Jahre, die wir zusammen verbracht haben, gehören uns, und niemand vermag daran das Geringste zu ändern. In Erinnerung an diese 15 Jahre, die trotz eines gelegentlichen Schattens Jahre der Liebe, des Lebens, des Kampfes und der Bewegung waren, [...] bitte ich dich, dieses bescheidene Geschenk von mir anzunehmen.

---

1 Nikolai Nikolajewitsch Krestinski, 1930–1937 Stellvertretender Außenminister der Sowjetunion, 1938 erschossen, postum rehabilitiert.

Was die Zukunft betrifft ... lass uns in Freundschaft und guten Mutes unserer «Silberhochzeit» entgegenschreiten.

Michailitsch[25]

Kein Wunder also, dass Maiski, als die Zeit für seinen Sommerurlaub näher kam, fest entschlossen war, auf seinem Weg zum Sanatorium einen Bogen um Moskau zu machen. Auch Litwinow ächzte unter dem Druck; er genoss die Kur, der er sich in der Tschechoslowakei unterzog, und erst recht die fünf Tage, die er abzuzweigen vermochte, bevor die Vollversammlung des Völkerbunds in Genf zusammentrat. Er durchstreifte Österreich und die Schweiz und versuchte, keinen Gedanken an die am Himmel der internationalen Politik aufziehenden Wolken und an «andere unangenehme Dinge» aufkommen zu lassen. Er beschützte seine Botschafter jetzt, indem er sie zu einer Konferenz nach Genf lud. Maiski, den man im Jahr zuvor noch von der Teilnahme an der Vollversammlung abgehalten hatte,[26] sah sich nun willkommen geheißen, aber zugleich mit der Anweisung konfrontiert, seine Ferien in Russland zu verschieben und auf seinem Posten zu bleiben.[27] Zwei prominente Mitglieder der sowjetischen Gesandtschaft in London, der Militärattaché Putna und der Leiter der Wirtschaftsdelegation, Ozersky, waren nach Hause zurückgerufen und hingerichtet worden. Der altgediente Erste Sekretär der Botschaft, Kagan, war ebenfalls nach Moskau zurückbeordert worden – wie so viele andere erfahrene Diplomaten mit der Begründung, man wolle verhindern, dass er sich «zu gut an bestimmte Länder akklimatisiert».[28] Durch die Londoner Presse schwirrte das Gerücht, auch Maiskis Abberufung stehe kurz bevor.[29]

Es war schwer genug, nach Beginn der Säuberungen einen kühlen politischen Kopf zu bewahren, doch ebenso strapaziös waren für Maiski die ständigen Anfragen und Aufforderungen von Freund wie Feind, mit Erklärungen für die Säuberungen aufzuwarten. Er äußerte sich normalerweise, wie Beatrice Webb notierte, «zurückhaltend über die Verhaftungen und Verhaftungsgerüchte, rechtfertigt manche, dementiert andere». Agnia, deren Schwager gerade verhaftet und in einen Gulag verfrachtet worden war,[30] wirkte auf Webb «müde und, wie ich meine, depressiv». Sie fragte sich, «ob Maiski sich noch lange als Botschafter in England halten wird. [...] Die armen Maiskis, was für ein Leben sie führen müssen!»[31] In der Tat erlitt Agnia einen Nervenzusammenbruch, von dem sie sich erst Anfang 1938, wenn auch nur teilweise, erholte.

Ohne Datum, ca. 20. November[32]

[…] Obwohl die Reaktionen in England auf den antikommunistischen Pakt scharf ablehnend sind, bedeutet das nicht, dass die unmittelbaren praktischen Folgerungen, die die herrschende Elite der Konservativen Partei daraus zieht, zu einer Annäherung an unsere Politik führen. Ich habe mehr als einmal über Chamberlains außenpolitische Pläne informiert: Er will um jeden Preis ein Abkommen mit Deutschland und Italien über ein wie auch immer geartetes «westliches Sicherheitssystem» und sich dann in der Rolle des «europäischen Friedensbringers» den Wählern stellen, um so die Macht seiner Partei für die nächsten fünf Jahre zu sichern. Eden ist gegen diese Politik; er findet, sie sei kurzsichtig und ein Affront gegen alle Grundsätze des Völkerbundes. Dass zwischen dem PM und dem Außenminister Uneinigkeit über die generelle Linie der britischen Politik besteht, unterliegt keinem Zweifel. Eden besitzt freilich nicht das Format, die Unabhängigkeit und die Entschlossenheit, um sich gegen die Linie Chamberlains durchsetzen zu können. Er hat die Unterstützung «junger» Konservativer. […] Chamberlain hat seinen Rückhalt hingegen bei den einflussreicheren «Alten» wie Halifax, Simon und Hoare. Was die beiden Letzteren betrifft, so mischen sich in ihre politischen Überlegungen auch Momente der persönlichen Abneigung gegen Eden. Das führt dazu, dass Chamberlains Linie die Oberhand behält; ihre praktische Umsetzung wird jedoch etwas durch den von der Gruppe um Eden geleisteten Widerstand gebremst. Das Gerücht, dass Chamberlain Eden ersetzen wird, möglicherweise durch Halifax, nehme ich nicht ganz ernst. Man kann nur schwer glauben, dass Chamberlain sich von seinem Außenminister Eden trennt, denn dieser ist in England sehr beliebt und hat den Respekt der Opposition. Auch verhält sich das Londoner diplomatische Korps ihm gegenüber sehr freundlich, und er genießt bei den Franzosen einen ausgezeichneten Ruf. Ein Hinauswurf Edens wäre ein Tiefschlag für das Ansehen des Kabinetts und würde diesem einen ganz und gar reaktionären Anstrich verleihen, was die Wahlchancen der Opposition verbessern würde. Und welchen Sinn ergäbe das? Trotz aller Meinungsverschiedenheiten mit dem Außenminister weiß der PM nur zu gut, dass Eden eigene Karriereziele hat und dass es am Ende trotz allem möglich ist, mit ihm «zurechtzukommen». Eden ist kein Mann aus Eisen, sondern eher einer aus weichem Ton, der sich unter den Fingern eines geschickten Töpfers kneten lässt.

Um aber auf die Pläne Chamberlains zurückzukommen: Ich gelange immer mehr zu der Überzeugung, dass er zu vielem bereit ist, um sie umzusetzen. Er ist zum Beispiel bereit, Spanien zu opfern. Er ist bereit, eine deutsche Hegemonie in Mittel- und Südosteuropa zu akzeptieren – wenn sie nicht zu anrüchige Formen annimmt. Kaum nötig zu sagen, dass er im Falle eines Angriffs des faschistischen Blocks auf die UdSSR keinen Finger rühren würde, um ihr zu helfen. Kurz gesagt, Chamberlain wäre gern bereit, für das Zusammenschmieden eines «westlichen Sicherheitssystems» einen sehr hohen Preis zu zahlen. [...]

1. Dezember

Im Oktober zeigte sich der «Cliveden Set» besonders aufgekratzt und aktiv. Er gruppiert sich um Lady Astors Salon und kann auf die *Times* und den *Observer* als seine Sprachrohre zählen. Die Schlüsselfiguren dieser Clique sind Lady Astor, Garvin, Geoffrey Dawson[I] (Redakteur bei der *Times*) und Lothian. Von Letzterem hat man den Eindruck, dass er in jüngster Zeit gewackelt hat, er hat jedoch noch nicht mit dem Cliveden Set gebrochen. Dawson hat besonders viel Elan.

Die Gruppe um Lady Astor hat mächtige Freunde im Kabinett: die Mehrzahl der «Alten», darunter Hoare, Simon, Halifax, Kingsley Wood[II] und Hailsham[III]. Von diesen «Cliveden»-Ministern spielt Hoare die aktivste Rolle. Er hasst Eden und will an seine Stelle treten. Chamberlain als PM versucht sich neutral zu verhalten, teilt aber im Grunde die Einstellungen und Ansichten der «alten Männer».

Das Programm der «alten Männer» lässt sich so zusammenfassen:

ein politisches Geschäft mit Deutschland und Italien (mindestens in Gestalt eines Viermächtepakts), notfalls um den Preis großer Opfer: Deutschland bekommt freie Hand in Mittel-, Südost- und Osteuropa; Spanien wird verlieren; Hitler wird mit bestimmten kolonialen Entschädigungen bedacht.

I George Geoffrey Dawson, 1898 Prize Fellow am All Souls College, 1912–1919, 1923–1941 Redakteur bei *The Times*, Appeasement-Befürworter.

II Sir Howard Kingsley Wood, 1935–1938 Gesundheitsminister, 1938–1940 Luftfahrtminister, April–Mai 1940 Lordsiegelbewahrer, 1940–1943 Schatzkanzler im Kabinett Churchill.

III Douglas Hogg (1. Viscount Hailsham), 1924–1928 Attorney General, 1928/29, 1935–1938 Lordkanzler, 1931–1935 Kriegsminister.

[…] Als Nächstes kommt das, was viele schmunzelnd die Cliveden-Verschwörung nennen.

Dies sind die Etappen der «Verschwörung»:

Im Laufe des Oktobers versammeln sich die «Verschwörer» auf dem Landsitz Lady Astors in Cliveden. Sie schmieden einen großen «Aktionsplan» mit dem Ziel, die generelle Linie der britischen Politik entscheidend zu verändern, nämlich in Richtung auf einen Viermächtepakt und eine Wiederannäherung an Deutschland. Hoare spielt die Hauptrolle. Halifax und Kingsley Wood sind aktive Mitverschwörer.

Die Zeitschrift *The Field* lädt Halifax ein, die Internationale Jagdausstellung zu besuchen, die im November in Berlin stattfinden wird. Die «Verschwörer» beschließen, die Gelegenheit zu nutzen und ein «privates Treffen» zwischen Halifax und Hitler zu arrangieren. Simon und Hailsham sind Feuer und Flamme dafür. Chamberlain gibt seinen Segen dazu, ohne selbst mitzumischen. Nevile Henderson (Botschafter in Berlin) lässt in Hitlers Anwesenheit einen Versuchsballon steigen. Hitler erklärt sich zu einem Treffen mit Halifax bereit. Eden und Vansittart sind von Anfang an strikt gegen das Vorhaben, können es aber nicht verhindern.

Anfang November, kurz vor der Unterzeichnung des antikommunistischen Dreierpakts in Rom (6. November), trifft aus Berlin, von Henderson weitergeleitet, eine vorläufige Diskussionsgrundlage ein, offensichtlich von der Hand Görings.

Eden und Vansittart sprechen sich erneut kategorisch gegen Halifax' Reisepläne aus, besonders angesichts der «Grundlage». Chamberlain findet, die deutschen Forderungen gingen «zu weit», meint aber, Halifax solle dennoch fahren. Weshalb nicht trotz allem mit Hitler reden? Das könne nicht schaden. Ein langwieriger Kampf entbrennt im Kabinett. Eden, der am 1. November zu der Konferenz in Brüssel abgereist ist, kehrt am 5. zum Wochenende zurück und versucht ein weiteres Mal, Halifax von der Reise abzubringen. Er fährt am 8. wieder nach Brüssel. Die Frage, ob Halifax nach Berlin reisen wird, bleibt in der Schwebe.

Am 10. November boxen die «großen Vier» (Chamberlain, Halifax, Hoare und Simon) in Abwesenheit Edens den Beschluss zu Halifax' Berlinreise durchs Kabinett, und Halifax fährt am 16. November nach Deutschland. Eden protestiert und droht mit Rücktritt (tritt aber nicht zurück).

[…] Hitler und Halifax treffen sich in Berchtesgaden. Hitler doziert, Halifax hört zu und stellt nur hin und wieder eine Frage oder wirft eine

Bemerkung ein. Hitler macht allgemeine Aussagen in relativ gemäßigter Diktion. Er bittet um die grundsätzliche Anerkennung eines deutschen Anspruchs auf Kolonien ohne Kompensationen und des Rechts, die Beziehungen zu mitteleuropäischen Ländern bilateral zu regeln. Zudem deutet er an, dass er bereit sei, unter bestimmten Bedingungen in einen «reformierten» Völkerbund zurückzukehren. Halifax erklärt, die britische Regierung sei Deutschland nicht feindlich gesinnt und schließe die Möglichkeit gewisser Veränderungen in Mitteleuropa nicht aus, die jedoch nur mit friedlichen Mitteln und nur mit Zustimmung Frankreichs vollzogen werden dürften. So gut wie keine Rede ist in dem ganzen Gespräch von der UdSSR und vom Kommunismus.

Am 22. November kehrt Halifax ziemlich ernüchtert nach London zurück. Auch Chamberlain ist enttäuscht. Dagegen jubiliert Eden und richtet am Abend des 22. (wie ich von Masaryk weiß) in einem Restaurant eine Feier für ein paar seiner Freunde aus. Mrs Eden ist entzückt und verkündet voller Freude, die dunklen Wolken, die sich über ihrem Mann zusammengebraut hatten, seien abgezogen. In unserer Unterredung vom 26. November bestätigt Harold Nicolson[1], das Ergebnis der Halifax-Reise habe Edens Stellung gestärkt. Die Gefahr hat sich jedoch noch nicht verzogen, denn Chamberlain wird sicherlich einen neuen Versuch machen, zu einer Verständigung mit Deutschland zu kommen.

[...] Wie lauten meine Schlussfolgerungen? Hier sind sie:

Die Cliveden-Verschwörung hat offensichtlich einen Rückschlag erlitten. Der Versuch, den Kurs der britischen Außenpolitik zu ändern, ist gescheitert. Sie bleibt so, wie sie vorher war, also schwach, wankelmütig, hüh und hott, vor dem Aggressor kuschend, aber wenigstens keine Politik des Sichverbündens mit dem Aggressor auf Kosten dritter Länder.

Chamberlain hat eine schöne Lektion erteilt bekommen. Die Position Edens ist erheblich gestärkt. Der PM wird offenkundig seine Linie in naher Zukunft «begradigen» müssen.

[...] Die finale Erkenntnis: Wir müssen auf der Hut sein!

---

1 Harold George Nicolson, 1909–1929 Beamter im Foreign Office, 1935–1945 Parlamentsabgeordneter der Labour-Partei, 1940/41 parlamentarischer Privatsekretär des Informationsministers, öffentliche Person und Tagebuchschreiber.

► Die gnadenlosen Säuberungen in Moskau bedeuteten de facto, dass Maiskis persönliches Überleben vom Erfolg des Konzepts der kollektiven Sicherheit abhing; die bemerkenswerten Beziehungen, die er in London geknüpft hatte, waren dafür von entscheidender Bedeutung. Für Maiski war dies ein extrem riskanter Drahtseilakt: Er musste eine delikate Balance finden zwischen der Notwendigkeit, Moskau mit objektiven Bestandsaufnahmen zu versorgen, und der Notwendigkeit, die Aussichten auf ein Bündnis mit dem Westen am Leben zu halten. Maiski teilte keineswegs die Auffassung, die Sowjetunion werde durch äußeren Zwang in die Isolation getrieben. Er bekniete Litwinow, sich um Kompromisse zu bemühen.[33] Allein, Litwinow wischte Maiskis Appelle vom Tisch, sei es auf Geheiß Stalins[34] oder, was wahrscheinlicher ist, aus eigener Überzeugung.[35] «Wir sind manchmal lieber isoliert», erklärte er, «als bei den Schandtaten der anderen mitzumachen, und deshalb fürchten wir die Isolation nicht.» Wenn allerdings Maiski die Karte der «Isolation» ausspielte, um in London Bedenken gegen den Plan eines Viermächtepakts zu wecken, handelte er sich damit jedes Mal eine heftige Rüge aus Moskau ein, weil er angeblich «unnötige Nervosität und Bedrückung» auslöse.[36] Für den Moment konnte Maiski sich Rückendeckung für seine Bestrebungen sichern, zu einer Zusammenarbeit mit Eden zu kommen, und erhielt dafür sogar grünes Licht von Stalin persönlich.[37]

4. Dezember

Und tschüss! Ahlefeldt[1] ist ein typischer Diplomat der Vorkriegsgeneration, ein Etiquettefetischist und politisch ahnungslos. Im Laufe von fünf Jahren habe ich an ihm nie ein Zeichen wirklicher Intelligenz wahrgenommen. Nur *bonhomie*.

Und erst seine Frau! Gütiger Himmel! Aufgeschossen wie eine Teleskopstange, flach wie eine Flunder und mit einem Hals, der so lang und kümmerlich ist, dass sie ihn stets mit einem hohen Kragen aus Flitter, Schmucksteinen und Zelluloid einrüsten musste. Die Gräfin war wirklich eine Vogelscheuche. Eine drei Fuß lange Nase, Augen wie ein Frosch und eine Haut, die vor lauter Welkheit und Bösartigkeit dunkel geworden war. Jedes Mal, wenn ich sie anschauen musste, wurde mir übel.

Zusätzlich zu allen diesen Reizen ist die Gräfin Ahlefeldt auch noch

---

1 Graf Preben Ferdinand Ahlefeldt-Laurvig, 1921–1937 dänischer Gesandter in Großbritannien.

der russischen Weißen Garde entsprungen. Sie war einst Ehrenjungfer am Hof von Maria Fjodorowna[I] gewesen und hatte im Anitschkow-Palast gelebt. Dann war sie vor der Revolution geflohen und hatte ihren prächtigen «Gemahl» geheiratet. Natürlich hasste sie uns mit einem geradezu physischen Widerwillen, und das war der eigentliche Kern des Konflikts zwischen der sowjetischen Botschaft und der dänischen Gesandtschaft; er hat die bisherigen fünf Jahre meiner Londoner Zeit überdauert.

12. Dezember

Das Wochenende verbringen wir bei den Webbs.

[...] Beatrice erzählte uns die amüsante Geschichte von Bernard Shaws Heirat.

Es war das Jahr 1908. Shaw verdiente höchstens sechs Pfund die Woche und wohnte auf dem Land bei den Webbs. Er war ein Draufgänger, hatte Affären ohne Ende, und seine «Freundinnen» machten Szenen, die den Webbs unendlichen Ärger bereiteten. Einige der Freundinnen, mit denen Shaw Schluss gemacht hatte, gaben Beatrice die Schuld an der Treulosigkeit ihres frivolen Liebhabers. Sie waren eifersüchtig auf sie und verfolgten sie mit Ausbrüchen von Empörung und Verzweiflung. Irgendwann war Beatrice es leid, und sie beschloss, Bernard müsse heiraten.

In diesem kritischen Moment kam eine alte Schulfreundin von Beatrice, Charlotte Townshend, zu Besuch. Charlotte war unverheiratet und verfügte nach dem Tod ihres Vaters über ein jährliches Einkommen von rund 5000 Pfund. Charlotte beschloss, bei den Webbs einzuziehen. Beatrice machte sie darauf aufmerksam, dass da noch zwei Männer wohnten, Shaw und Graham Wallas[II]. Charlotte hatte daran nichts auszusetzen. Beatrice erörterte ihre Verheiratungspläne mit ihrem Mann Sidney und sagte ihm, sie habe bedauerlicherweise das Gefühl, dass Charlotte mit ihrem Naturell und ihren Vorlieben besser zu Wallas (der auch Junggeselle war) passen würde als zu Shaw. Zu ihrer großen Überraschung und Freude waren Charlotte und Bernard jedoch schon nach drei Tagen unzertrennlich. Sie hatten eine stürmische Hochgeschwindigkeitsaffäre miteinan-

---

I Maria Fjodorowna, Ehefrau von Zar Alexander III.

II Graham Wallas, Schriftsteller, politischer Psychologe und Pädagoge, zusammen mit Sidney Webb und Bernard Shaw einer der führenden Köpfe der Fabian Society in ihrer Frühzeit.

Bernard Shaw besucht die Botschaft.

der, aber Shaw wollte nicht heiraten, denn wie konnte er, ein armer Schlucker, eine wohlhabende Erbin zur Frau nehmen?

Um diese Zeit trafen die Webbs Vorkehrungen für einen Amerikaaufenthalt. Beatrice rief Shaw zu sich und erklärte ihm rundheraus: Entweder du heiratest unverzüglich, oder du verlässt mein Haus. Wenn du ohne uns hierbleibst, wird alle Welt deine Beziehung bemerken, und wir kommen alle in Teufels Küche.

Shaw verschmähte die Heirat, zog am nächsten Tag aus und mietete eine Dachkammer in London. Auch Charlotte verließ das Haus. Sie ging sich Rom anschauen. Die Webbs reisten nach Amerika ab.

Einige Zeit später, als sie bereits in Amerika waren, erhielten sie ein Telegramm von Wallas mit der Nachricht, Shaw liege im Sterben. (Shaw hatte Tuberkulose, und das Leben in der Dachkammer forderte seinen Tribut.) Die Webbs waren schockiert und trafen Anstalten, nach England zurückzukehren. Doch schon am nächsten Tag erhielten sie ein zweites

Telegramm von Wallas, das sie sehr überraschte: Bernard hatte Charlotte geheiratet.

Die Webbs waren perplex. Die Erklärung kam später. Wallas hatte als Erste Charlotte telegraphisch benachrichtigt, dass Shaw erkrankt war. Charlotte war Hals über Kopf nach England zurückgekehrt und hatte Shaw in einer schönen Villa untergebracht. Sie hatte Ärzte engagiert, die ihn einer strengen Folge von Behandlungen unterzogen. Daraufhin hatte Bernard zu Charlotte gesagt: «Wenn es so ist, müssen wir heiraten. Es ist wohl Schicksal.» Sie heirateten noch am selben Tag. Bernard und Charlotte sind heute noch zusammen. Shaw ist 80, Charlotte 82.

1938

4. Januar

Ich habe Vansittarts Namen in der Neujahrsehrenliste gefunden. Aber was für eine Art «Ehre» ist das? Das ist bis jetzt schwer zu sagen.

Man hat V. mit einer hohen Ehrung bedacht und dazu noch mit einer neuen Position: Er ist nicht mehr permanenter Unterstaatssekretär (was als De-facto-Chef der Mitarbeiter des Foreign Office und damit in einem erheblichen Umfang Chef des FO selbst ein wichtiger Posten war), sondern wird zum «diplomatischen Chefberater» des Außenministers befördert. Was bedeutet das? [...] Falls es V. gelingt, sich in das engste Gefolge des PM hineinzuarbeiten (wie Horace Wilson[1], der wirtschaftliche Chefberater der britischen Regierung) und dessen Vertrauen zu gewinnen, dann wird diese Versetzung für ihn tatsächlich ein großer Schritt nach oben sein, und sein Einfluss wird zunehmen. Wenn V. das jedoch nicht schafft und in der Funktion eines «Beraters» einzig für das FO hängen bleibt, wird man die Berufung in sein neues Amt als eine Degradierung betrachten müssen, genauer gesagt, als eine Vorstufe zum Ruhestand, allerdings mit Uniform, Dekorationen und einer Pension. Wir werden sehen, was wir sehen werden. [...]

27. Januar

Ich besuchte Vansittart und erkundigte mich nach seinem neuen Amt und seinen Aufgaben.

Nach allem, was V. mir sagte, stehen die Dinge wie folgt: Er bleibt im Foreign Office, behält sein altes Büro und liest die gesamte Korrespondenz, hat aber keine administrativen Pflichten mehr. [...] V. wird sich voll und ganz darauf konzentrieren, Ausarbeitungen und Empfehlungen zu den Hauptfragen der Außenpolitik zu erstellen. Wie wird sich das Verhält-

1 Sir Horace John Wilson, 1921–1930 permanenter Staatssekretär im Arbeitsministerium, 1930–1939 wirtschaftlicher Chefberater der britischen Regierung, 1937–1940 abgestellt für Sonderaufgaben im Dienst Chamberlains.

nis zwischen V. und Cadogan[I] im Bereich solcher «Empfehlungen» gestalten? [...] V. konnte in dieser Frage überhaupt keine Aufklärung geben. Das Problem besteht offensichtlich sowohl für ihn als auch für Cadogan fort. Spannungen und Konflikte sind möglich. Doch V. denkt nicht daran, klein beizugeben. Er sagte mir lachend: «Ich habe immer beratend gewirkt, wenn ich darum gebeten wurde, aber auch wenn ich nicht darum gebeten wurde, es jedoch für nötig hielt. Ich beabsichtige, auch weiterhin so zu verfahren.»

► Wie Maiski den Webbs anvertraute, neigte die sowjetische Regierung dazu, «in Richtung Isolation zu gehen; sie wird zwar nicht aus dem Völkerbund austreten, aber aufhören, Interesse an ihm zu zeigen. Kollektive Sicherheit muss entweder überall oder nirgendwo gelten – für Deutschland im Westen ebenso wie für Japan im Osten.» Offenkundig hatte Maiski Schdanows[II] Frontalangriff auf Litwinow genau registriert, der der Politik des Narkomindel ein vernichtendes Zeugnis ausstellte. Schdanow war jetzt Vorsitzender der Außenpolitischen Kommission des Obersten Sowjets, die allmählich dabei war, dem geschwächten Politbüro und dem Narkomindel die außenpolitische Konzeptarbeit zu entwinden. Litwinow hatte in seiner Verzweiflung ein an Stalin adressiertes Rücktrittsschreiben aufgesetzt, aber nicht abgeschickt.

Am 24. Januar ersuchte Maiski Litwinow vertraulich um die Erlaubnis, kurzfristig nach Genf kommen zu dürfen, um mit ihm «eine höchst wichtige persönliche Frage» zu besprechen. Wenn es nicht möglich sei, eine Dienstreise zu genehmigen, sei er bereit, sie als «privaten Ausflug» zu deklarieren.[1] Es liegen zwar keine Berichte darüber vor, was in Genf besprochen wurde, aber Indizien legen nahe, dass Maiski sich wachsende Sorgen um die Zukunft Litwinows, seines Schutzengels und Mentors, machte, ebenso wie um die eigene Zukunft als Botschafter in London. Sein Leben war schwierig geworden angesichts bereits in der Presse breitgetretener Gerüchte über seine kurz bevorstehende Abberufung und angesichts der Umtriebe des NKWD in der Botschaft.[2]

I Alexander Cadogan, 1938–1946 Permanenter Unterstaatssekretär für Auswärtiges.

II Andrei Alexandrowitsch Schdanow, als Nachfolger Kirows (nach dessen Ermordung 1934) Generalsekretär der Kommunistischen Partei in Leningrad, 1938–1947 Vorsitzender des Obersten Sowjet der RSFSR, 1939–1948 Mitglied des Politbüros. War an den Säuberungen der dreißiger Jahre aktiv beteiligt, war Urheber der «Schdanow-Doktrin», der ideologischen Grundlage für die rigorose Sowjetisierung Osteuropas und für die kulturellen Säuberungen der Nachkriegsära.

7. Februar

Nun hat Hitler seiner Wehrmacht einen Schlag versetzt![3] Die legale «Opposition» gegen die Vorherrschaft der «Partei», die sich um die Reichswehr gruppierte und der Großindustrielle, Großgrundbesitzer, Diplomaten alter Schule usw. angehörten, ist zerschlagen. Die Ausbootung Schachts war ein Vorzeichen des sich zusammenbrauenden Gewitters. Blombergs[1] Ehe mit einer Plebejerin war der auslösende Funke. Ist die «Säuberung» vorbei? Schwer zu sagen. Ich vermute, dass den gedemütigten Militärs noch etliche Exilierungen, Verhaftungen usw. bevorstehen. Um Hitler Gerechtigkeit widerfahren zu lassen: Er führte die Operation sehr geschickt und blitzschnell durch. Selbst wenn das für ihn nur ein 75-prozentiger Sieg ist, so ist es doch ein Sieg. [...] Im Prinzip war die Wehrmacht ein mäßigender Faktor der deutschen Politik: Sie war gegen die Besetzung des Rheinlands und zeigte wenig Begeisterung für das spanische Abenteuer. Die Wehrmacht glaubte, Deutschland sei für einen großen Krieg noch nicht gerüstet und dürfe aus diesem Grund keine übermäßigen Risiken eingehen.

Was dürfen wir jetzt erwarten, nach diesem Gewaltstreich gegen die Wehrmacht? Eine wachsende Aggressivität der deutschen Politik (nicht umsonst ist Ribbentrop zum Außenminister ernannt worden), eine Stärkung der Achse und des antikommunistischen Blocks und, als Folge davon, die beschleunigte Herausbildung zweier Fronten, wobei dies vielleicht kein linearer Prozess sein wird. Resolutere Versuche, sich Österreich und vielleicht die Tschechoslowakei einzuverleiben, sind sehr wahrscheinlich, ebenso ein forderndes Auftreten in der Frage der Kolonien und eine aktive Unterstützung von Japan im Fernen Osten und Italien in Spanien.

Die Vorgänge vom 4. Februar haben in England tiefen Eindruck gemacht. [...] Ich habe keinen Zweifel daran, dass die erste Reaktion der britischen Regierung darin bestehen wird, die englisch-deutschen Verhandlungen zu intensivieren. Chamberlain und Co. werden sagen, man müsse die letzte Chance, einen Krieg zu vermeiden, am Schopf packen. Ach,

---

1 Werner Fritz von Blomberg, 1933–1938 Reichswehr- bzw. Reichskriegsminister, 1935–1938 Oberbefehlshaber der deutschen Wehrmacht.

diese ewigen Appeaser! Ist denn nirgendwo ein Ende ihrer Kurzsichtigkeit und Feigheit in Sicht?

[...] Wenn Hitler es schafft, sich nicht wie ein Elefant im Porzellanladen zu benehmen, und insbesondere wenn er in seine Rede am 20. Februar ein paar ermutigende Worte einflicht,[4] wird Chamberlain ihm begeistert auf halbem Weg entgegenkommen. Die bis jetzt in Zeitlupe verlaufenden englisch-deutschen Verhandlungen, über die Vansittart mir neulich berichtete, werden dann Tempo aufnehmen, und am Horizont werden sich die Umrisse eines Viermächtepakts abzeichnen, der auf Kosten von Mittel-, Südost- und Osteuropa gehen wird.

11. Februar[5]

War bei Eden. [...] Ich war kaum durch die Tür, da bombardierte Eden mich schon mit Fragen: Was ich von den Entwicklungen in Deutschland hielte, welche Folgen der Rücktritt Gogas[1] haben werde, ob Mussolini sich wirklich aus Spanien zurückziehen werde etc. Eden war in einer so aufgekratzten, ja erregten Verfassung, dass ich ihn fragen musste, was der Grund für seine Euphorie sei.

Eden gestand, dass er schon eine ganze Weile nicht mehr so glücklich gewesen sei. [...] Deutschland werde dank der jüngsten Ereignisse für eine gewisse Zeit schwächer werden. Zwar habe die Partei über die «gemäßigten» Elemente gesiegt, doch sei das neu entstandene «Gleichgewicht» keineswegs stabil, und es könnten etliche unerwartete Dinge passieren. Eden zählte die verschiedenen Bereiche staatlichen Handelns in Deutschland auf und zog aus den seit dem 4. Februar vorgenommenen personellen Veränderungen bei den Streitkräften, in der Wirtschaft, im Außenministerium usw. den Schluss, dass «kleinere», unerfahrenere Leute an die Stelle von Persönlichkeiten mit größerem Gewicht getreten seien. Das werde zwangsläufig die Effizienz des Staatsapparats beeinträchtigen. Als Eden das Außenministerium erwähnte, vollführte er eine komische hektische Geste, als verscheuche er einen Geist, der ihm plötzlich erschienen war, und rief mit einem Lachen aus: «Aus Gründen der diplomatischen Etikette muss ich schweigen, aber Sie wissen, was ich denke!» Ich lachte laut. Ribbentrops Schatten schwebte in diesem Moment über uns. Ich wandte mich entschieden gegen Edens Optimismus und sagte, dass ich im

1 Octavian Goga, 1937/38 rumänischer Ministerpräsident.

Gegenteil mit einer Verschärfung der deutschen Aggression in mehrere Richtungen rechnete. Was werde konkret mit Österreich und der Tschechoslowakei passieren? Eden versuchte seine Haltung zu begründen, was ihm aber nicht gut gelang. Schließlich sagte er, Deutschland werde sich wahrscheinlich himmelschreiender benehmen als je zuvor, aber es werde an Gefährlichkeit verlieren. Ich schüttelte ungläubig den Kopf.

[...] Ich kritisierte Eden ein weiteres Mal wegen seines Gleichmuts. Ich wünschte mir, dass er recht behielte, sehe aber keine hinreichenden Gründe, die dafürsprechen. [...] Eden macht tatsächlich M.M. Konkurrenz! Oder, genauer gesagt, er will an jedem politischen Scheideweg auf Tuchfühlung mit der UdSSR bleiben. Das ist sehr beruhigend. Es ist diese neue Qualität, die ich an ihm in jüngster Zeit beobachte und die bei unserem Treffen kurz vor dem Jahreswechsel so lebhaft zum Ausdruck kam.

Doch die Beziehung zwischen Eden und Chamberlain verbessert sich kein bisschen. Aus diversen Quellen habe ich erfahren, dass Eden die Lösung der spanischen Frage als Grundvoraussetzung für eine Verständigung mit Italien betrachtet, während Chamberlain bereit ist, Spanien aufzugeben, wenn alle Stricke reißen. Bislang ist es Eden offensichtlich gelungen, das Kabinett von seiner Sicht der Dinge zu überzeugen, aber niemand kann garantieren, dass Chamberlain nicht schon morgen seine Revanche bekommt.[6]

25. Februar

Nach den Aufregungen und Sorgen der vergangenen Tage geht das Leben wieder seinen normalen Gang. Chamberlain hat sich schließlich durchgesetzt: Halifax wurde zum Außenminister ernannt, aber es ist der PM, der im Unterhaus zu allen wichtigeren außenpolitischen Fragen das Wort ergreifen wird. Ein gewisser Butler[1], ehedem parlamentarischer Staatssekretär im Arbeitsministerium, hat Cranbornes Posten übernommen. [...]

▶ Maiski fertigte nach der Berufung Halifax' zum Außenminister eine Charakterstudie des Mannes an, den er als «typischen Vertreter der alten Generation der Konservativen» einstufte. Während er die geistigen und administrativen

1 Richard Austen Butler, 1932–1937 Unterstaatssekretär des India Office, 1938–1941 Unterstaatssekretär für Auswärtiges, 1941–1945 Bildungsminister.

Fähigkeiten von Halifax (Fellow des All Souls College in Oxford) lobte, stellte er seinem außenpolitischen Urteil ein schlechtes Zeugnis aus; Halifax sei auf das Ziel eines «Machtgleichgewichts» im Dienst der Sicherheit des Westens fixiert und zeichne sich durch «Desinteresse an englisch-französischer Zusammenarbeit und eine Präferenz für eine Annäherung an Deutschland und Italien aus. Gegenüber der Sowjetunion nimmt er eine feindselige Haltung ein, ist aber bislang nicht antisowjetisch aufgetreten.» Nach Amtsantritt habe Halifax, der «eine besondere Abneigung gegen Gespräche mit Russen und Japanern hegt», die Tendenz gezeigt, solche Gespräche an seinen parlamentarischen Unterstaatssekretär Butler zu delegieren.

1. März

Heute empfing Halifax alle Botschafter, einen nach dem anderen. Monck begrüßte sie im Foyer und führte die Regie; er teilte jedem Botschafter mit, dass er zehn bis 15 Minuten mit Halifax verbringen könne.

«Nun, das wird genügen», bemerkte ich scherzhaft, «um dem Außenminister ein paar Fragen zu stellen, die ihm die Laune verderben werden.»

«Oh weh! Oh weh!», erwiderte Monck mit einem Anflug von Traurigkeit. «Früher hat sich das nicht gehört, gleich beim ersten Besuch beim neu ernannten Außenminister ernsthafte Angelegenheiten anzusprechen.»

[...] In Anbetracht der wenigen Zeit, die zur Verfügung stand, stellte ich Halifax nur zwei Fragen:

(1) Wie steht Großbritannien zu Mitteleuropa? Die Antwort war kaum verständlich: Großbritannien sehe sich als Akteur mit Interessen in dieser Region, könne aber keinerlei Verpflichtungen a priori übernehmen. Alles wird von den Umständen abhängen. Diese Haltung scheint fast vorsätzlich darauf berechnet, Hitlers Appetit anzuregen und ihn zu einem aggressiven Vorgehen zu ermuntern.[7]

(2) Wie steht Großbritannien zu Spanien, konkreter, ist in der «Lösung» der spanischen Frage eine Übereinkunft zwischen London und Rom ohne Abzug der ausländischen Truppen aus Spanien vorstellbar? Auch darauf erhielt ich eine vage und ausweichende Antwort. [...]

Meine Fragen verdarben Halifax sicherlich die Laune, aber ich weiß jetzt wenigstens, wo wir stehen. Die neuen führenden Köpfe der britischen Außenpolitik werden weder zugunsten Mitteleuropas noch zugunsten Spaniens einen Finger rühren. Ich habe sogar das Gefühl, dass Chamberlain tief in seinem Inneren bereits beschlossen hat, Spanien an Mussolini zu «verkaufen», wenn ihm der Preis dafür annehmbar erscheint.

Halifax' Umgangsformen sind die eines wohlerzogenen englischen Lords. Er ist höflich, beinahe freundlich. Redet wenig und ergeht sich dann in Allgemeinplätzen. Appelliert gerne an hehre Gefühle und edle Grundsätze, an die er halb glaubt, halb, den Heuchler mimend, zu glauben vorgibt. Dabei verliert er nie die eigenen Interessen aus dem Blick. Mal sehen, wie wir miteinander zurechtkommen. [...]

8. März[8]

Neville Chamberlain. Um den Hergang und die Bedeutung der Kabinettskrise besser zu verstehen, die mit dem Rücktritt Edens endete, müssen wir uns ein klareres Bild von der Persönlichkeit des aktuellen Premierministers machen – Neville Chamberlain. [...] Er ist gewiss kein Mann von großem Format. Er ist engstirnig, trocken, begrenzt, es fehlt ihm nicht nur an äußerer Brillanz, sondern auch an einem weiten politischen Horizont. Man nennt ihn hier oft einen «Buchhalter der Politik»: Er sieht die ganze Welt in erster Linie durch das Prisma von Dividenden und Börsenkursen. Aus diesem Grund ist Chamberlain ein Liebling der Londoner City, die ihm vorbehaltlos vertraut. Zugleich ist Chamberlain aber sehr starrsinnig und hartnäckig, und wenn sich eine Idee erst einmal in seinem Kopf festgesetzt hat, vertritt er sie bis zum bitteren Ende – eine ziemlich gefährliche Eigenschaft für den Premierminister einer Großmacht, aber er kann nicht über seinen Schatten springen. Ein besonders wichtiger Zug von Chamberlains Persönlichkeit ist sein hoch entwickeltes «Klassenbewusstsein», das natürlich das «Klassenbewusstsein» eines Mitglieds der Bourgeoisie einer Großmacht ist.

[...] Baldwin betete in der Einsicht, dass der Zerfall des Kapitalismus und die Schaffung eines neuen Gesellschaftssystems auf dessen Trümmern unausweichlich sein könnte, zu Gott und wünschte sich nur eines: «Lass es nach mir passieren! Ich möchte noch im Kapitalismus sterben. Ich bin an ihn gewöhnt und unter seinen Bedingungen nicht allzu schlecht gefahren. Die neue Generation kann tun, was sie will.» Chamberlain tickt anders. Er ist ein gläubiger Jünger des Kapitalismus. Er ist der festen Überzeugung, dass der Kapitalismus nicht nur das beste, sondern das einzig mögliche sozioökonomische System ist – dass er da war, da ist und dableiben wird. Der Kapitalismus ist für Chamberlain so zeitlos und unveränderlich wie das Gravitationsgesetz. Das macht ihn zu einem auftrumpfenden und selbstbewussten Repräsentanten des bürgerlichen Klassenbewusstseins, das, wie wir wissen, in unserer Zeit nur in einem zutiefst reaktionären Kleid daherkommen kann.

Chamberlain ist in der Tat ein Reaktionär reinsten Wassers mit einer streng antisowjetischen Einstellung. [...] Er hat nicht nur theoretisch die Einsicht gewonnen, sondern empfindet mit jeder Faser seines Körpers, dass die UdSSR der Hauptfeind und dass der Kommunismus die Hauptgefahr für das kapitalistische System ist, das ihm so am Herzen liegt. [...] Das ist der Premierminister, mit dem wir es heute in England zu tun haben.

Die heraufziehende Krise. [...] Fast vom ersten Tag seiner Amtszeit an schlug Chamberlain Eden gegenüber den folgenden Kurs ein: entweder den Außenminister zu «zähmen» und zu einem folgsamen Werkzeug seiner Politik zu machen oder (wenn das nicht gelingt) ihn so unauffällig wie möglich loszuwerden. [...] Der Außenminister erwies sich freilich als eine sehr viel härtere Nuss, als der PM es erwartet hatte. Alle Versuche, Eden zu steuern, schlugen fehl. [...] Im Amtssitz des PM entstand so etwas wie ein paralleles Foreign Office, geleitet von Chamberlains erstem Sekretär Sir Horace Wilson, der unabhängig vom wirklichen Foreign Office und sogar gegen dessen Wünsche agierte. Chamberlain suchte sich in mehreren Ländern eigene «inoffizielle», niemandem verantwortliche Agenten, die ihn mit Informationen versorgten, die dem widersprachen, was Botschafter und Gesandte meldeten; der PM schenkte diesen Informationen größeres Vertrauen als den Berichten des Foreign Office. [...] Das Verhältnis zwischen PM und Außenminister wurde daher von Monat zu Monat angespannter, und der Streit über die Verhandlungen mit Italien war dann nur der Tropfen, der das Fass zum Überlaufen brachte.

Die Krise. [...] Die Witwe des verstorbenen Austen Chamberlain machte vor einiger Zeit eine Ferienreise nach Rom. Mussolini beschloss, sie zu «erobern», und tat es. Er überschüttete die ehrenwerte Lady Chamberlain mit Freundlichkeiten und Aufmerksamkeiten und schaffte es, ihr einzureden, dass Großbritannien seine «Freundschaft» zu einem sehr bescheidenen Preis erwerben könne. Gleichzeitig gab er Lady Chamberlain unverfroren zu verstehen, dass er sich eine Verständigung mit Großbritannien nicht vorstellen könne, solange Eden Außenminister sei. Daraufhin bombardierte Lady Chamberlain ihren Schwager mit Briefen, in denen sie ein schnelles und entschlossenes Handeln forderte. Ihre Botschaft von Mussolini an Chamberlain lautete: Auf dem Weg zu einer Versöhnung zwischen Großbritannien und Italien stehe man an dem Punkt eines «jetzt oder nie». [...] Obwohl Italien gerade erneut gegen eine internationale Vereinbarung verstoßen hatte, runzelte Chamberlain nicht einmal die Stirn, sondern erklärte Grandi zum wiederholten Mal und nachdrücklicher als zuvor, dass er ernsthafte Gespräche in Rom als höchst wünschenswert erachte. Nach Grandis Abreise wies Eden den PM auf die Gefahren einer solchen Annäherung an die Italiener hin und fügte hinzu, wenn Chamberlain die Absicht habe, auf diesem Weg weiterzugehen, müsse er, Eden, zurücktreten. So langsam sah das nach einer Krise aus. Unter Missachtung einer altehrwürdigen britischen Tradition berief Chamberlain für den nächsten Tag (Samstag, den 19. Februar) eine Sondersitzung des Kabinetts ein, auf der er die Frage nach sofortiger Aufnahme von Verhandlungen zwischen Großbritannien und Italien zur Diskussion stellte. Es folgte eine harte Auseinandersetzung, bei der, wie nicht anders zu erwarten, die meisten Minister, allen voran Chamberlain, Hoare und Simon, gegen Eden Stellung bezogen. [...] Am Ende der Sitzung begab sich Eden zum Foreign Office (nur durch eine Straße vom Amtssitz des PM getrennt) und kehrte eine Viertelstunde später mit seinem Rücktrittsschreiben zurück. Eden fuhr dann nach Hause und ließ die Regierung höchst aufgeregt zurück. Chamberlain, der die politischen Auswirkungen eines Eden-Rücktritts fürchtete, beschwor mehrere von Edens engsten Freunden im Kabinett, diesen zum Rücktritt vom Rücktritt zu überreden. Ich weiß, dass den ganzen Abend des 19. Februar und am Vormittag des 20. Elliott, Morrison[I] und der junge MacDonald[II] sich sehr darum bemühten, Eden zum Verbleiben im Kabinett zu bewegen, doch Eden ließ sich nicht erweichen. Am Sonntag, den 20. Februar war für 15 Uhr eine weitere Sondersitzung des Kabinetts anberaumt, bei der Chamberlain selbst, unterstützt von vielen seiner Kollegen, versuchte, Eden zur Rücknahme sei-

---

I William Morrison (1. Viscount Dunrossil), 1936–1939 Minister für Landwirtschaft, Fischerei und Ernährung, 1939/40 Minister für Ernährung, 1940–1942 Generalpostmeister.

II Malcolm John MacDonald, 1935–1938, 1938/39 Minister für die Dominions, 1935, 1938–1940 Kolonialminister.

ner Entscheidung zu überreden. Auch dieser Versuch schlug fehl. Eden ließ sich nicht beirren.

Was steht jetzt zu erwarten? [...] Die Ereignisse der nächsten sechs bis acht Monate werden es erweisen, und spätere Historiker werden vielleicht das Jahr 1938 als entscheidend für die Entwicklung der Außenpolitik in unserer Epoche benennen. In der Zwischenzeit sollten wir auf eine Verschlechterung der englisch-sowjetischen Beziehungen gefasst sein, deren Dauer direkt vom Schicksal des Viermächtepakts abhängen wird.

► Der Rücktritt Edens, des Ministers, um den Maiski sich so sehr bemüht hatte, war ein erneuter Schlag gegen das Konzept der kollektiven Sicherheit. Es wurde weiter untergraben durch die kleinlaute Reaktion der Briten auf Hitlers Einmarsch in Österreich am 12. März, der ein Vorbote für das tschechoslowakische Debakel sechs Monate später war.[9] «Extrem pessimistisch» rechnete Maiski nunmehr damit, dass Chamberlain den Viermächtepakt «unter Ausschluss der Sowjetunion» wieder zum Leben erwecken würde. Er setzte keine großen Hoffnungen in Chamberlain, von dem er annahm, dass er sich ausschließlich von seiner ideologischen Voreingenommenheit leiten ließ. Maiskis Hauptsorge war die, dass die Krise den Weg der Sowjetunion in die Isolation beschleunigen könnte, «der in Moskau schon seit längerer Zeit als Option gesehen wird». Wäre es möglich gewesen, eine engere und wirkungsvollere Allianz zwischen der UdSSR, Frankreich und Großbritannien zustande zu bringen, hätte die sowjetische Regierung, wie Maiski dem französischen Botschafter in London erklärte, «sich sicher für eine aktivere Politik der europäischen Zusammenarbeit starkgemacht. Erst die aufeinanderfolgenden Enttäuschungen, die man ihr bereitet hat, haben zu dem allmählichen Kurswechsel geführt.»[10] Gegenüber Lloyd George äußerte Maiski die Vermutung, Chamberlain spiele «mit nur einer Karte, auf die er sein ganzes Geld gesetzt hat».[11] In der Tat vertraute Chamberlain am 18. März seiner Schwester an, er habe sich «von dem Gedanken völlig verabschiedet, irgendwelche Garantien zu geben, sei es der Tschechoslowakei selbst oder aber Frankreich bezüglich dessen Verpflichtungen gegenüber diesem Land.»[12]

Litwinow hatte es zwar geschafft, Stalin davon zu überzeugen, dass es gut sei, nicht «vollkommen passiv» zu bleiben, doch als er an die Europäer einen «letzten Appell» für eine kollektive Friedenssicherung richtete, rechnete er kaum noch mit zustimmenden Reaktionen. Er verfolgte mit diesem Appell ebenso das Ziel, Russland vor dem Vorwurf des Isolationismus zu schützen wie den verbreiteten Gerüchten, die Säuberungen hätten das sowjetische Militär geschwächt, den Boden zu entziehen. Maiski musste sich auch vor dem Sturm schützen, der sich in Moskau zusammenbraute, wo kurz zuvor der dritte Schauprozess gegen frühere Trotzkisten begonnen hatte, denen man vorwarf, in konspirativer Zusammenarbeit mit Deutschen und Japanern das Sowjetregime stürzen zu wollen. Unter den Angeklagten waren der 70-jährige Christian Rakowski, der erste sowjetische Botschafter in Großbritannien, und Arkadi Rosengoltz, der 1926 in London Maiskis Vorgesetzter gewesen war. Beide wurden verurteilt und schließlich erschossen.

22. März

Heute stattete ich Kennedy[I] einen Gegenbesuch ab, dem neuen US-Botschafter in Großbritannien. Er ist ein Original: hochgewachsen, kräftig, rotes Haar, eine energische Gestik, eine laute Stimme und ein dröhnendes, ansteckendes Lachen – der Inbegriff eines gesunden und kraftstrotzenden *business man*, von denen es in den USA so viele gibt, ein Mann ohne psychische Deformationen und hochfliegende Träume.[13]

Als Kennedy mich besucht hatte, blieb er eine ganze Stunde und rief beim Gehen: «Geben Sie mir nur die Zeit, mit all diesen Besuchen und Formalitäten fertigzuwerden, dann werde ich wieder bei Ihnen vorbeikommen. Wir können dann einige Stunden damit zubringen, all die Fragen zu erörtern, die mich interessieren. Ich mag Sie. Sie kennen sich in Ihrem Geschäft aus. Keiner der Diplomaten hier in London hat in einer so klaren, menschlichen Sprache mit mir geredet. Ich weiß das zu schätzen. Ich bin eigentlich kein Diplomat. Ich führe gern richtige Gespräche.»

Heute besuchte ich Kennedy also in seinem neuen Domizil am Grosvenor Square. Es ist ein viergeschossiges Bürogebäude, in dem nicht nur die US-Botschaft untergebracht ist, sondern auch all ihre Untergliederungen: die Luftfahrt- und Marineattachés, Handels- und Landwirtschaftsberater und andere. Das Personal der Botschaft umfasst, die Dienstboten eingeschlossen, 170 Mitarbeiter. Nicht schlecht!

Kennedy lachte wieder lauthals und erzählte mir nebenbei interessante Dinge.

«Verraten Sie mir etwas», rief er aus. «All diese Briten versichern mir

---

I Joseph Patrick Kennedy, US-amerikanischer Finanzmagnat, der den Wahlkampf Roosevelts mit viel Geld unterstützte. 1937–1940 US-Botschafter in Großbritannien.

immer wieder, dass nach zuverlässigsten Quellen Ihr Land in einer tiefen inneren Krise stecke (weshalb Reisen in die UdSSR in letzter Zeit für Ausländer so kompliziert geworden seien) und dass Ihre Streitkräfte in die Brüche gingen und zu keiner ernsthaften militärischen Operation mehr fähig seien. Sie wären also, das behaupten die Briten, nicht in der Lage, der Tschechoslowakei zu helfen, wenn diese von Deutschland angegriffen würde, selbst wenn Sie das wollten. Sie erzählen dasselbe den Franzosen und fragen sie: Lohnt es sich unter diesen Umständen, sich buchstabengetreu an das Abkommen mit der Tschechoslowakei zu halten und dabei viel aufs Spiel zu setzen?»

Ich machte mich über die englischen Unterstellungen lustig und setzte Kennedy die wahre Sachlage auseinander.[14] Er dankte mir und gestand, dass er praktisch nichts über die UdSSR wisse. Er hoffe, eines Tages unser Land besuchen zu können.

So sind also die Engländer! Chamberlain möchte Frankreich seinem östlichen Verbündeten entfremden und macht sich dafür die jüngsten Prozesse in Russland zunutze. Das wird nicht funktionieren.

23. März

Unterredung mit Churchill.

(1) Randolph Churchill[1] rief mich an und sagte, sein Vater würde sich sehr über eine Begegnung mit mir freuen. Wir kamen überein, uns zum Lunch in Randolph Churchills Wohnung zu treffen. Ich fand dort einen sehr erregten Winston Churchill vor. Er kam unmittelbar zur Sache und hielt mir den folgenden Vortrag: «Könnten Sie mir bitte offen sagen, was in Ihrem Land vor sich geht? [...] Sie kennen meinen allgemeinen Standpunkt. Ich verabscheue Nazideutschland zutiefst. Ich halte es für einen Feind nicht nur des Friedens und der Demokratie, sondern auch des britischen Empire. Nach meiner Überzeugung dürfte das einzige zuverlässige Mittel zur Zähmung dieser Bestie eine ‹große Allianz› aller friedliebenden Staaten unter den Fittichen des Völkerbunds sein. Russland sollte einen der vorderen Ränge in dieser Allianz einnehmen. Wir brauchen unbedingt ein starkes Russland als Gegengewicht zu Deutschland und Japan. Ich arbeite seit Längerem daran und werde weiterhin daran arbeiten, eine solche Allianz zu-

1 Randolph Churchill, Sohn Winston Churchills, 1940–1945 Abgeordneter der Konservativen.

stande zu bringen, obwohl ich mich oft in meiner Partei in der Minderheit befinde. In letzter Zeit höre ich jedoch von allen Seiten, namentlich von konservativen Freunden und von ihnen nahestehenden Ministern und Beamten, dass Russland derzeit eine schwere Krise durchmache. Sie behaupten unter Berufung auf angeblich zuverlässige Quellen, dass in Russland ein heftiger innerer Kampf tobe, dass als Folge der jüngsten Ereignisse Ihre Armee kurz vorm Zerfall stehe und ihre Kampffähigkeit verloren habe und dass Russland, allgemein gesprochen, als ernst zu nehmender außenpolitischer Faktor zu bestehen aufgehört habe.» [...]

Churchills Blicke, seine Stimme und seine Gestik ließen keinen Zweifel an seiner Aufrichtigkeit. Ich musste das Wort ergreifen, um meinem Gesprächspartner einen längeren Vortrag über elementare politische Dinge zu halten und ihm die Erklärung der jüngsten Vorgänge zu liefern, die er erbeten hatte. Churchill hörte mir höchst aufmerksam zu und unterbrach mich gelegentlich mit kurzen Einwürfen und Fragen. Als ich fertig war, schien Churchill etwas besserer Laune zu sein; erleichtert aufseufzend, rief er aus: «Na, dann Gott sei Dank. Sie haben mich ein bisschen beruhigt.» Er setzte ein spitzbübisches Grinsen auf und fuhr fort: «Sie sind natürlich Botschafter, so dass man Ihre Worte *cum grano salis* nehmen muss. Trotzdem sind mir sehr viele Dinge jetzt klarer, und ich fange an zu verstehen, was in Ihrem Land vorgeht.» Nach einer Minute Stille sprach Churchill weiter: «Ich hasse Trotzki! Ich habe seit einiger Zeit seine Aktivitäten in den Blick genommen. Er ist Russlands böser Geist, und es ist sehr gut, dass Stalin ihm seine Grenzen aufgezeigt hat.» Nach einer weiteren Pause rief Churchill, wie als Antwort auf die eigenen Überlegungen: «Ich bin ganz klar ein Anhänger von Stalins Politik. Stalin schafft ein starkes Russland. Wir brauchen ein starkes Russland, und ich wünsche Stalin jeden Erfolg.»[15] [...]

(2) Als wir mit der Erörterung der innenpolitischen Lage in der UdSSR fertig waren, beschloss ich, eine Retourkutsche zu fahren, und fragte Churchill: Was passiert zurzeit in England? Im Rahmen meiner beruflichen Aufgaben hätte ich in den letzten fünf Jahren die Außen- und Innenpolitik meines Gastlandes aus nächster Nähe verfolgt, und ich müsse sagen, dass ich mit jedem Jahr pessimistischer geworden sei, was die britische Außenpolitik angehe. [...] Die Schwäche und der Wankelmut der britischen Regierung und die Art und Weise, wie sie fortwährend dem Aggressor nachgebe, schadeten dem Ansehen Großbritanniens ausge-

sprochen und ließen die Aktien des deutsch-italienischen Faschismus steigen. All dies sei darüber hinaus für die Sache des Friedens sehr schlecht und leiste isolationistischen Neigungen in anderen Ländern Vorschub, auch in der UdSSR. Ich wolle damit nicht sagen, dass die sowjetische Regierung sich für eine Politik des Isolationismus entschieden habe. Das habe sie gewiss nicht; die sowjetische Regierung bekenne sich, wie zuvor, zu den Grundsätzen der kollektiven Sicherheit und zu den Statuten des Völkerbundes. [...] Ich müsse aber sagen, dass mehr und mehr Leute in der UdSSR anfingen, sich die Frage zu stellen, ob die «westlichen» Demokratien überhaupt noch das Zeug zu einer kraftvollen Reaktion gegen die Aggressoren hätten?

(3) [...] Ich hatte heftigen Widerspruch und Einwände von meinem Gesprächspartner erwartet, doch ich täuschte mich. Er reagierte ganz anders. Churchill gab zu, dass an meiner Kritik an den Torys viel Wahres dran sei, und in seinem Gesicht stand Bitterkeit. Im Lauf der letzten fünf oder sechs Jahre habe die führende Gruppe in der Partei tatsächlich ein Ausmaß an Feigheit und Kurzsichtigkeit gezeigt, für das es in der Geschichte, wenn überhaupt, nur wenige Beispiele gebe. [...] Ich fragte, wer in einem umgebildeten Kabinett Premierminister werden könne. Chamberlain? Churchill zuckte mit den Achseln und antwortete: «An diesem Punkt werden die Dinge sehr kompliziert. Die Konservative Partei lässt sich von niemandem vorschreiben, wer ihr Spitzenmann sein soll. Auf der anderen Seite kann die Opposition Chamberlain auf keinen Fall akzeptieren. Es wurde mit dem Gedanken gespielt, Baldwin zurückzuholen.» [...] Nebenbei bemerkt, hatte ich von diesem Vorschlag bereits vor ein paar Tagen gehört, auch dass die Befürworter dieser Alternative meinten, dann wäre Churchill der eigentliche Kopf der Regierung und würde das Kabinett im Unterhaus vertreten. Als ob er meine Gedanken erraten hätte, begann Churchill darüber zu philosophieren, wie sehr er seine Position als «freiberuflicher Tory» genieße, der es sich erlauben könne, die Regierung zu kritisieren; er sagte, er werde diese Stellung nicht gegen einen Kabinettsposten eintauschen.

«Es ist weitaus angenehmer», bemerkte Churchill sarkastisch, «Bücher zu lesen oder Artikel zu schreiben, als zu versuchen, eine Null auf einem Ministersessel davon zu überzeugen, dass 2×2=4 ist.» Aber es war klar, dass er nur so tat und kokettierte. Ich erkundigte mich nach den Absichten Edens. Churchill meinte, es sei noch zu früh, darüber etwas zu sagen. Er habe den Eindruck, dass Eden einen offenen Krach mit der Konservativen Partei lieber vermeiden wolle. Solche Streitigkeiten seien immer unangenehm. Sie bescherten dem «Rebellen» unendliche Probleme. Hinzu komme, dass Eden sich inzwischen an Macht und eine hohe Stellung gewöhnt habe. Dies könne einen Menschen verderben. Churchill war daher der Meinung, dass Eden dies aussitzen werde. Wenn die Zeit für die voraussehbare Kabinettsumbildung reif sei, werde Eden zweifellos ins Kabinett zurückkehren und ein hohes Amt übernehmen. [...]

(4) Unser Gespräch verlagerte sich auf internationale Fragen. Churchill empfindet die allgemeine Lage als bedrohlich. Wohin steuert Hitler? Churchill zweifelt nicht daran, dass Hitler von einem «Mitteleuropa» träumt, das sich von der Nordsee [sic! – Maiski meint möglicherweise die Ostsee] bis zum Schwarzen Meer und zum Mittelmeer erstreckt, möglicherweise bis Bagdad. Seine Chancen seien ausgezeichnet, es sei denn, er stoße auf wirksame Gegenwehr seitens der anderen Großmächte. [...] Churchill möchte jedoch nicht glauben, dass Hitler in nächster Zukunft die Tschechoslowakei angreifen werde. Was habe er davon? Eine offene Aggression gegen die Tschechoslowakei könne Frankreich und die UdSSR auf den Plan rufen, was Hitler sich nicht wünschen könne, da er für einen regelrechten Krieg noch nicht gerüstet sei. [...] Churchill findet, dass die isolationistischen Neigungen, die sich nach meinem Zeugnis bei Teilen der öffentlichen Meinung in der Sowjetunion beobachten ließen, ziemlich gefährlich seien. Denn in seinen Augen sei es nahezu unvermeidlich, dass Hitlers nächster Schritt nach der Errichtung eines Reiches «Mitteleuropa» ein Angriff auf die UdSSR mit ihren riesigen Territorien und unermesslichen Ressourcen sei.

(5) Ich sagte dagegen, ich hätte eine ganz andere Vorstellung davon, was die fernere Zukunft bringen werde. Selbst wenn wir unterstellten, dass Hitler es fertigbringe, ein Reich «Mitteleuropa» zu erschaffen, glaubte ich nicht, dass sich seine Angriffslust anschließend nach Osten richten werde. [...] Wenn Churchill mit seiner Einschätzung recht habe, dass Hitler noch vier oder fünf Jahre brauche, um «Mitteleuropa» zu errichten (falls er nicht auf den Widerstand anderer Großmächte stieße), bedeutete dies eine Friedensgarantie für die UdSSR während dieser Zeit. Was wiederum bedeutete, dass wir unseren dritten Fünfjahresplan fertigstellen könnten. [...]

(6) Meine Argumentation schien Churchill zu beeindrucken, denn er

antwortete: «Nehmen wir einmal an, dass ein ‹Mitteleuropa› für euch und uns gleich gefährlich ist. Folgt daraus nicht, dass wir im Kampf gegen Hitlers Deutschland gemeinsame Sache machen müssten?» Ich antwortete, wir seien seit jeher aktive Vorkämpfer des kollektiven Vorgehens gegen Aggression gewesen, wo immer sie geschehe, und seien es geblieben, und wir seien just deswegen in den Völkerbund eingetreten. Jetzt sei sein Land am Zug, nicht unseres. Soweit ich es beurteilen könne, habe Chamberlain nicht die Absicht, gegen Aggression zu kämpfen, sondern wolle ein Geschäft mit den Aggressoren in Form eines «Viermächtepakts» machen, der auf Kosten Mittel- und Südosteuropas und auch auf Kosten der UdSSR gehe, die in die Isolation geraten werde. [...] Churchill machte eine zornige Handbewegung und antwortete verächtlich: «Eines Viermächtepakts? Was für ein Unsinn! Was für eine Art von Viermächtepakt sollte das sein? [...] Chamberlain ist ein kompletter Ignorant in außenpolitischen Angelegenheiten, weshalb er ernsthaft über einen Viermächtepakt schwafeln kann.» Dann breitete Churchill seine Vision aus. Gegenwärtig befürworte er die Idee einer «großen Allianz» unter der Ägide des Völkerbundes. Sie werde zuerst und vor allem dem Zweck dienen, eine Einheitsfront aus Großbritannien, Frankreich, der Kleinen Entente und der UdSSR zu schmieden.

(7) «Aber dies», fuhr Churchill fort, «ist natürlich nur die allerschlechteste, die allerletzte Lösung. Weniger eine Lösung als eine schiere Notwendigkeit. Ich habe die Hoffnung auf etwas Besseres noch nicht aufgegeben. Ich glaube, die Zeit der großen Allianz wird kommen. [...] Heute stellt der Kommunismus keine große Gefahr für das Empire dar. Heute geht die größte Bedrohung für das britische Empire vom deutschen Nazismus mit seiner Vision einer globalen Hegemonie aus. Deshalb scheue ich gegenwärtig keine Mühe, den Kampf gegen Hitler zu führen. Wenn eines schönen Tages die faschistische deutsche Bedrohung verschwindet und die kommunistische Bedrohung wieder ihr Haupt erhebt, dann – das sage ich Ihnen offen – würde ich die Fahne des Kampfes gegen euch erneut hissen. Ich erwarte jedoch nicht, dass das in naher Zukunft so kommt oder mindestens nicht zu meinen Lebzeiten.» (Churchill ist 63 Jahre alt.) «Bis dahin ist unser Weg derselbe. Deswegen spreche ich mich für die Idee einer ‹großen Allianz› und vielleicht einer engeren Zusammenarbeit zwischen London, Paris und Moskau aus.» Mit seiner Rede fertig, stellte Churchill mir, hintergründig lächelnd, die

Frage: «Sagen Sie mir doch, was Sie, die UdSSR, von uns fordern?» Ich antwortete: «Wir fordern nichts, aber wir würden uns freuen, wenn Sie, Großbritannien, ein gutes Mitglied des Völkerbunds wären.» Churchill rief aus: «Das ist doch auch mein Wunsch. Und es ist der Wunsch vieler meiner Freunde.»

29. März

Zum ersten Mal überhaupt, seit ich in England lebe – ob einst im Exil oder später nach der Revolution –, habe ich einer Sitzung des Oberhauses beigewohnt.

Auf der Tagesordnung standen außenpolitische Themen. Die roten Lederbänke waren mit höchstens 100, 120 Personen besetzt. Sie sahen aus wie Fliegen in der Milch, da die Kammer Platz für dreimal so viele bietet. Dabei war heute ein «großer Tag»! Normalerweise sind nicht mehr als 30 bis 40 Lords anwesend, wobei die Beschlussfähigkeit für das Haus bei ... drei liegt! ...

Doch was für eine Sitzung! Eröffnet wurde sie vom Vorsitzenden der Labour-Opposition, Lord Snell[I], mit einem Angriff auf die Außenpolitik der Regierung. Ich hatte mehr oder weniger dieselben Dinge ein paar Tage zuvor im Unterhaus von Attlee[II] und Noel-Baker[III] gehört. Doch was für ein Kontrast, was für ein ungeheurer Kontrast in der Präsentation! Die Stimme des Redners war gedämpft, sein Auftreten demonstrativ respektabel, seine Gestik fast die eines Predigers, seine Worte wie in Watte gepackt. Auf Snell folgte ein Lord von der Liberalen Partei, der so leise sprach, dass ich kein Wort verstand. Er sah aus wie 80. Dann ergriff der Erzbischof von Canterbury das Wort und ... erklärte seine volle und bedingungslose Unterstützung für Chamberlain! Wo war seine alte Loyalität zum Völkerbund geblieben? Wo seine antideutschen Neigungen? Mit seinem weißen Umhang, der von Weitem zerknittert und ungepflegt aussah, wirkte der Erzbischof wie ein großer Vogel mit gekrümmtem Schnabel. Nach ihm sprachen weitere Lords, deren Namen ich nicht mehr weiß und

---

I Henry Snell (1. Baron Snell), 1934–1938 Vorsitzender des London County Council.

II Clement Richard Attlee (1. Earl Attlee), 1935–1955 Vorsitzender der Labour-Partei, 1940–1942 Lordsiegelbewahrer, 1942/43 Stellvertretender Premierminister und Minister für die Dominions, 1943–1945 Lord President of the Council, 1945–1951 Premierminister.

III Philip John Noel-Baker, 1929–1931, 1936–1970 Abgeordneter der Labour-Partei.

die erklärten, Hitler sei ein wunderbarer Mann, der mit der Besetzung Österreichs das Richtige getan habe – schließlich habe er dadurch der Welt einen weiteren «Bürgerkrieg» in Europa erspart. Unglaublich! Ein Redner forderte die Herausgabe einer ungekürzten englischen Übersetzung von Hitlers *Mein Kampf*, die höchstens einen Shilling pro Exemplar kosten dürfe – so beeindruckt war er von der Tiefgründigkeit und Hellsichtigkeit der Schriften des Führers. Unter anhaltendem Jubel von den Regierungsbänken erklärte Ponsonby[I], weshalb England sich kein Kopfzerbrechen über den Völkerbund machen solle und warum es nicht im britischen Interesse liege, der Tschechoslowakei zu Hilfe zu kommen, einem Land, das 99 Prozent [der Briten] nicht lokalisieren könnten. [...] Wie kann ich meine Eindrücke zusammenfassen?

Niemals in meinem Leben habe ich eine solche Ansammlung von Reaktionären gesehen wie in diesem Oberhaus. Sichtbar überwachsen vom Schimmel der Jahrhunderte. Sogar die Luft in der Kammer ist abgestanden und gelblich. Sogar das durch die Fenster hereinscheinende Licht ist funzelig. Die Männer, die auf diesen roten Bänken sitzen, sind geschichtsblind wie Molche und bereit, wie geprügelte Hunde dem NS-Diktator die Stiefel zu lecken. Sie werden dafür bezahlen, und ich werde es noch erleben! [...]

12. April

Eine sehr interessante Unterhaltung mit Sun Fo[II]. (Übrigens ist er nicht der Sohn Sun Yat-sens[III], wie viele glauben. Die einzige Verbindung ist die, dass seine zweite Frau die Tochter einer Schwester des großen chinesischen Revolutionärs ist.)

Sun Fo hat sechs Wochen in Moskau verbracht und sich um eine Vereinbarung mit der sowjetischen Regierung über eine Unterstützung Chinas bemüht. Er verabschiedete sich zufrieden und äußerte seine Dankbarkeit für die konsequente Umsetzung der in Moskau vereinbarten Beschlüsse. Ursprünglich war Sun Fo jedoch nicht ganz so erfreut über

---

I Arthur Ponsonby (1. Baron Ponsonby of Shulbrede), 1922–1930 Abgeordneter der Labour-Partei, 1931–1935 Oppositionsführer im Oberhaus (House of Lords).

II Sun Fo, 1926–1950 Mitglied des Zentralkomitees der Kuomintang.

III Sun Yat-sen, chinesischer Revolutionär, 1912 Gründer der Kuomintang (Nationale Volkspartei), 1921/22, 1923–1925 Präsident der Nationalregierung der Republik China.

die Moskauer Verhandlungen. Soweit ich es aus seinen ziemlich nebulösen Erklärungen erschließen konnte (er äußert sich normalerweise klar, präzise und offen), hatte er gehofft, die sowjetische Regierung von der Notwendigkeit eines gemeinsamen militärischen Vorgehens gegen Japan überzeugen zu können. Die Sowjetregierung lehnte dieses Ansinnen ab, versprach jedoch, China durch die Lieferung von Waffen, Flugzeugen etc. aktiv zu unterstützen. Die Ergebnisse haben sich in den militärischen Operationen in China sichtbar niedergeschlagen. Zweifellos sind die chinesischen Erfolge der letzten drei Wochen zu einem nicht geringen Teil dem Eintreffen unserer Flugzeuge, Panzer, Artillerie etc. zu verdanken. Kein Wunder, dass Sun Fo fast triumphiert.

Interessant sind die Details seiner entscheidenden Unterredung mit Stalin. «Man teilte mir das Datum eines Treffens mit Ihrem Führer mit», erzählte Sun Fo, «aber nicht die Uhrzeit. Ich machte mich fertig. Ich saß in der Botschaft und wartete. Der Abend kam: acht Uhr, neun Uhr, zehn Uhr, elf Uhr ... nichts! Etwas enttäuscht beschloss ich, den Tag abzuhaken. Ich kleidete mich aus und ging zu Bett. Dann plötzlich, eine Viertelstunde vor Mitternacht, kamen Leute, um mich abzuholen: ‹Bitte, Sie werden erwartet.› Ich sprang auf, zog mich an, und es ging los. Molotow und Woroschilow waren bei Stalin. Gegen Ende der Unterredung kamen auch Mikojan[I] und Jeschow[II] dazu. Die Unterredung dauerte von Mitternacht bis 5.30 Uhr morgens. Dann war alles beschlossene Sache.»

Sun Fo zufolge entschied sich die sowjetische Regierung im Verlauf dieser Unterredung gegen ein direktes militärisches Eingreifen in den Krieg gegen Japan. Die Gründe, die Stalin für diese Entscheidung anführte, referierte Sun Fo wie folgt: (1) Ein militärisches Vorgehen der UdSSR würde unverzüglich das gesamte japanische Volk zusammenschweißen, das gegenwärtig die japanische Aggression in China keineswegs einmütig unterstützt. (2) Ein militärisches Vorgehen durch die

---

I Anastas Iwanowitsch Mikojan, 1935–1952 Mitglied des Politbüros, 1938–1949 Volkskommissar für Außenhandel, 1939–1945 Mitglied des Staatlichen Verteidigungskomitees.

II Nikolai Iwanowitsch Jeschow, 1936–1938 Volkskommissar für Innere Angelegenheiten (und damit Chef des NKWD) und Generalkommissar für Staatssicherheit, Regisseur des «Großen Terrors». 1938/39 Volkskommissar für Wassertransport (nach seiner Entmachtung), im April 1939 verhaftet und unter Anklage wegen Spionage und Verschwörung gestellt, im Februar 1940 zum Tode verurteilt und erschossen.

UdSSR könnte auf der anderen Seite rechte Elemente in China verunsichern und somit die nationale Einheitsfront spalten, die sich dort kürzlich herauskristallisiert hat. [...] (4) Ein militärisches Vorgehen der UdSSR könnte, und das ist besonders wichtig, von Deutschland für einen Überfall auf den europäischen Teil unseres Landes genutzt werden, und das würde einen Weltkrieg auslösen. Aus all diesen Gründen hält Stalin ein offenes militärisches Eingreifen der UdSSR gegen Japan für unzweckmäßig. Er ist jedoch gerne bereit, China durch Lieferung von Waffen und so weiterzuhelfen.

► Die Zeit war gekommen für Maiskis obligatorischen Sommerurlaub und, weit erschreckender, für die neu eingeführte Prozedur der alljährlichen Botschafteranhörung im Ministerium.[16] Maiski hatte seine bedrückenden Berichte ans Narkomindel zum Thema Appeasement neuerdings mit illusionären Beteuerungen – gestützt vor allem auf Gespräche mit oppositionellen Politikern wie Churchill, Lloyd George und Beaverbrook – abgemildert, die besagten, die britische Regierung verliere «systematisch den Boden unter den Füßen, wenngleich dieser Prozess nicht schnell genug vorangeht»[17]. Zur Selbstabsicherung entlockte Maiski vor seiner Abreise nach Moskau Lloyd George noch «eine freundliche Botschaft der Bewunderung an Stalin als den größten lebenden Staatsmann». Er versäumte es nicht, den alten Mann der britischen Liberalen über seine Aufenthaltsorte in Russland zu unterrichten,[18] und befleißigte sich, wohl wissend, dass er überwacht wurde, einer regelmäßigen Korrespondenztätigkeit von unterwegs.[19] Mit gleicher Stoßrichtung hatte er in einem früheren Bericht an das Narkomindel viel Aufhebens von einer prosowjetischen Geste Chamberlains gemacht; dieser war angeblich bei einem königlichen Empfang am 11. Mai demonstrativ auf Maiski zugekommen, hatte sich nach seinen Urlaubsplänen erkundigt und ausdrücklich gefragt, wann man ihn in London zurückerwarten könne. Dieses bemerkenswerte Interesse sei, so hatte Maiski eifrig hinzugefügt, von britischen Journalisten aufmerksam registriert worden, die deswegen seit dem frühen Morgen des folgenden Tages bei der Botschaft angerufen hätten.[20]

Anders als seine vorherigen Urlaube verbrachte Maiski diesen ortsfest in einem Sanatorium außerhalb Moskaus, von wo aus er tatsächlich ins Narkomindel einbestellt wurde und die Weisung erhielt, eine «geständige» autobiographische Skizze niederzuschreiben, in der er die eigene politische Kurzsichtigkeit und sein Versäumnis, die «Volksfeinde» innerhalb seiner Botschaft zu identifizieren, einräumen musste. Er wurde mit Zeugenaussagen konfrontiert, die man seinen früheren Untergebenen Putna, Militärattaché an der Botschaft, und Ozersky, Leiter der Handelsdelegation in London, abgepresst hatte. Beide hatten angeblich Kompromittierendes über ihn ausgesagt, bevor sie erschossen wurden. Zusammen mit Litwinow wurde Maiski am 1. Juni in den Kreml expediert, wo Stalin ihm in Anwesenheit Molotows und Woroschilows dringend riet, in Deckung zu bleiben und vorsichtig zu agieren. Danach wurde er «auf Bewährung» entlassen, wohl wissend, dass er sich in einer prekären Lage befand.[21]

Maiski und Agnia kehrten Ende Juli nach London zurück; sie schenkten den Webbs reinen Wein ein über das «erkaltete» Verhältnis des Kreml zu Großbritannien, über den in Moskau gepflegten «Hass auf Chamberlain» als Feind der Sowjetunion, über die «Sorge um die Tschechoslowakei» und über die wachsende «Distanz zur derzeitigen französischen Regierung». In weiteren offenherzigen Gesprächen mit Harold Nicolson und Vansittart warnte Maiski vor der «sich in Russland anbahnenden Tendenz in Richtung Isolation», als deren Ursache er die Absicht des Westens benannte, Russland «auf Armeslänge» zu halten, von der er aber auch sagte, dass sie «hoffentlich nicht zu weit fortschreiten wird». Wie bei einer Unterredung mit Halifax ein paar Tage zuvor versicherte er auch jetzt wieder: «Wenn wir und Frankreich für die Tschechen in den Krieg zögen, so würde Russland helfen.»[22]

Maiskis persönliches Heil lag im Erfolg des Konzepts der kollektiven Sicherheit. Da Litwinow wegen der schwankenden und skeptischen Haltung des Kreml, wegen der Säuberungen in seinem Ministerium und wegen seiner familiären Probleme in eine zunehmende Lähmung verfiel, wurde Maiski von nun an zur alleinigen treibenden Kraft in dem Bemühen, ein Umdenken in der britischen Politik herbeizuführen. Er hoffte, durch Rückgriff auf unkonventionelle Methoden seinem Ziel näher zu kommen. Die eklatanten Diskrepanzen zwischen Maiskis Berichten nach Moskau und den britischen Akten (ebenso wie seine irreführenden und tendenziösen Memoiren) offenbaren, dass er sich im folgenden Jahr sorgfältig bemühte, eigene Vorstellungen britischen Gesprächspartnern in den Mund zu legen. Mit dieser Methode hoffte er Moskau zustimmende Antworten zu entlocken, die dann vielleicht eine Kettenreaktion in Gang setzen würden, die zu einer Wiederbelebung des Konzepts der kollektiven Sicherheit führen und die Sowjetunion aus ihrer zunehmenden erzwungenen Isolation herausführen könnte. Vielleicht ebenso bemerkenswert waren seine ungenierten Einmischungen in die britische Innenpolitik, vor allem seine

Versuche, die Opposition gegen Chamberlain zu munitionieren, in der auf Wunschdenken basierenden Hoffnung, die sich verschärfende internationale Lage werde sie anspornen, den Premierminister zu stürzen und entweder Eden oder Churchill an seine Stelle zu setzen.[23]

10. Mai

Sir Horace Wilson kam zum Mittagessen. [...] Ich hatte ihn Ende 1932 bei meiner Ankunft in Großbritannien als Botschafter kennengelernt. [...] Er hat sich mir als schlauer, geschickter und etwas zynischer Bursche eingeprägt, der sich in der Wirtschaftspolitik gut auskennt, ein Händchen für die Formulierung von Kompromissen hat und ein engagierter Kämpfer für die Interessen der britischen Unternehmer und Händler ist. Ich habe bei ihm aber nie ein Verständnis für die internationale Politik entdecken können und noch weniger eine Neigung, sich auf diese komplexe und sensible Materie einzulassen.

[...] Heute hatten Wilson und ich ein *tête-à-tête* beim Lunch. Wir redeten natürlich über internationale Angelegenheiten. Ich führte den Gedanken aus, dass es Hitlers unmittelbares Ziel sei, ein Reich «Mitteleuropa» zu errichten, und dass die Politik Chamberlains ihm die Erreichung dieses Ziels erleichtere. Ein solches «Mitteleuropa» werde nach meinem Dafürhalten die Interessen nicht nur der UdSSR, sondern auch – und vielleicht noch mehr – die Großbritanniens bedrohen.

Auf eine subtile, aber vollkommen klare Weise legte Wilson dar, dass Hitler im Anschluss an «Mitteleuropa» seinen nächsten Schlag ostwärts, gegen die UdSSR, richten werde und dass dies mit den britischen Interessen durchaus im Einklang stehe. [...] «Ich gebe zu», sagte er, «dass Ihre Überlegungen vernünftig begründet sind. Es besteht die Möglichkeit, dass Hitler sich vielleicht nicht ostwärts wendet. Dennoch neige ich nicht dazu, selbst für diesen Fall «Mitteleuropa» als eine furchtbare Bedrohung für Großbritannien einzuschätzen. Sehen Sie, heute ist Deutschland ein Monolith: ein Volk, ein Staat, ein Führer. Das ist seine Stärke. «Mitteleuropa» wird etwas anderes sein: ein Konglomerat von Völkerschaften, Staatsapparaten und Wirtschaftsregionen. Innere Widersprüche, Reibungen, Kämpfe und Konflikte sind unvermeidlich. All diese hemmenden Faktoren werden sicherlich ins Spiel kommen, mit der Folge, dass Mitteleuropa sich womöglich als schwächer erweisen wird als das Deutschland von heute. Und ich zweifle nicht daran, dass es weniger aggressiv sein wird. Deutschlands leerer Magen wird gefüllt sein. Es wird an Gewicht zulegen und ruhiger werden ...»

Darauf läuft also die «Philosophie» Wilsons – oder, man kann auch sagen, die von Chamberlain – hinaus![24]

4. August

Ich habe interessante Informationen über die englisch-französischen Gespräche während des Parisbesuchs des Königs erhalten. [...] Zum Thema Tschechoslowakei hatte Halifax Folgendes zu sagen: Die Tschechoslowakei sei ein künstlicher Staat, der nicht in der Lage sei, sich selbst zu verteidigen und sich Unterstützung von außen zu sichern. Großbritannien werde sich nicht von den Entwicklungen in Mitteleuropa abkoppeln, aber Frankreich solle mehr Druck auf Prag ausüben und größere Zugeständnisse an Henlein[1] fordern. Die Tschechen müssten dazu gebracht werden, sich mit den Deutschen zu arrangieren.[25] [...]

6. August

Masaryk hatte mir viel Interessantes zu erzählen.

Die britische Démarche vom 21. Mai in Berlin[26] ging unter höchst dramatischen Begleitumständen vonstatten. Zunächst ließ Henderson (der britische Botschafter in Deutschland) gemäß strikten Anweisungen aus London Ribbentrop wissen, dass die Zusammenziehung deutscher Truppen an der Grenze zur Tschechoslowakei ernste Folgen für die Welt nach sich ziehen könne, dass die Tschechoslowakei jeder deutschen Aggression mit bewaffnetem Widerstand begegnen werde, was wiederum ein militärisches Eingreifen Frankreichs und der UdSSR nach sich ziehe, dass in diesem Fall der Krieg europäische Dimensionen annehmen werde und dass es Großbritannien nicht möglich sein werde, sich aus dem Konflikt herauszuhalten. Hitler solle darüber nachdenken, ob es in seinem Interesse liege, das britische Empire unter den Kriegsgegnern Deutschlands zu sehen, und er solle im Licht dieser Möglichkeiten seine nächsten Züge bedenken.

Diese Aussagen Hendersons erzürnten Ribbentrop, der in der für ihn typischen Stillosigkeit zeterte: «Euer britisches Empire ist eine leere

---

1 Konrad Henlein, 1933–1938 Anführer der faschistischen Sudetendeutschen Heimatfront, 1939–1945 Gauleiter von Böhmen und Mähren.

Hülse. Es ist angefault und im Verfall begriffen. Es wäre schon lange zusammengebrochen, hätte Deutschland es nicht gestützt. Welches Recht haben Sie, hier mit Ihren Ratschlägen anzukommen und sich in Angelegenheiten einzumischen, die Sie nicht betreffen?»

Jetzt war Henderson an der Reihe, in Wut zu geraten, und unter Faustbieben auf die Tischplatte rief er aus, er werde solche Ausfälle gegen sein Land nicht hinnehmen. Er griff nach seinem Hut und ging in Richtung Tür. Ribbentrop rief ihm nach: «Großbritannien wird von Juden regiert, hahaha! Ist es nicht so?»

Henderson hielt im Türdurchgang inne, drehte sich um und schmetterte zurück: «Wenigstens werden wir von Gentlemen regiert!» Im Hinausgehen knallte der britische Botschafter die Tür von Ribbentrops Amtszimmer zu.

Als Halifax den Bericht Hendersons über sein Gespräch mit dem deutschen Außenminister erhielt, geriet er in Verlegenheit und wandte sich mit der Bitte an Lothian, Hitler persönlich mitzuteilen, dass die britische Démarche vom 21. Mai nicht den Zweck gehabt habe, den Führer vor den Kopf zu stoßen, dass die britische Regierung auf seine friedlichen Absichten vertraue und dass Großbritannien die Tschechoslowakei nicht mit Waffengewalt verteidigen werde. Es traf Halifax wie ein Keulenschlag, als Lothian sich nicht nur kategorisch weigerte, diesen Auftrag auszuführen, sondern auch erklärte, dass er diese auf Kapitulation hinauslaufende britische Politik missbillige.

[...] Um Himmels willen! Das Hüh und Hott und die Bocksprünge der britischen Politik! Masaryk erzählte mir auch Folgendes. Seit dem *Anschluss* Österreichs hat Halifax unaufhörlich gefordert, die Tschechoslowakei müsse den Sudetendeutschen möglichst weitgehende Zugeständnisse machen und solle das so bald wie möglich tun.

[...] Man stelle sich vor, wie schockiert Masaryk gewesen sein muss, als Halifax ihn Mitte Juli zu sich einlud und ihm eine ganz andere Melodie vorzusingen begann. Im Namen der britischen Regierung sprechend, brachte er seine Sorge darüber zum Ausdruck, dass die Gespräche zwischen der tschechoslowakischen Regierung und Henlein in Anbetracht der sehr ernsten Fragen, um die es dabei gehe, zu schnell vorangingen, dass kein Grund bestehe, die Dinge zu übereilen, und dass es sehr gut sei, wenn die Tschechen die Gespräche bis in den Spätherbst ausdehnen könnten. Masaryk verstand erst einmal gar nichts, doch kurze Zeit später klärte sich das Rätsel auf. Die britische Regierung hatte erfahren, dass Hitler einen Überfall auf die Tschechoslowakei plante und vorhatte, den Abbruch der Gespräche zwischen der tschechoslowakischen Regierung und Henlein als Vorwand zu benutzen. Der britischen Regierung war der Schreck in die Glieder gefahren. [...] Chamberlain war auf die «brillante Idee» gekommen, die Gespräche in die Länge zu ziehen, um Zeit zu gewinnen.

Daher auch die Mission von Runciman[I].[27] Chamberlain selbst hatte sich dies ausgedacht (oder auch Horace Wilson, was ich für wahrscheinlicher halte). Weder Halifax noch das Foreign Office, noch Corbin, Masaryk oder die Regierungen der Tschechoslowakei und Frankreichs wussten das Geringste von dem «genialen Plan» des PM. Alle gegenteiligen Gerüchte und Behauptungen sind unwahr. Eine halbe Stunde bevor Halifax zusammen mit dem König nach Paris reiste, eröffnete Chamberlain seinem Außenminister: «Ach übrigens, könnten Sie die Haltung der französischen Regierung zu diesem Projekt sondieren ...», und skizzierte seinen Plan, Runciman in die Tschechoslowakei zu entsenden. So wird heute in England Außenpolitik gemacht! [...]

10. August

Zur Kontaktauffrischung nach meinem Urlaub besuchte ich Oliphant[II]. Er ist noch genau derselbe, hat sich kein bisschen verändert.

Ich fragte ihn nach dem Sinn der Runciman-Mission. Oliphant warf mir einen stechenden Blick zu, zupfte an seinem langen roten Schnurrbart und sagte mit einem Anflug kaum merklicher Ironie: «Was macht Runciman in Prag? Er versucht die Stimmung zu erfassen.»

Ich musste unwillkürlich lachen. Nach Aussage Oliphants wird Runciman vier bis sechs Wochen in der Tschechoslowakei verbringen. Er habe keinen festen Plan, nur ein paar Ideen. Natürlich sei Runciman ungeachtet aller Dementis letzten Endes ein Vertreter der britischen Regierung. Aber was sei daran schlecht? Wenn es Runciman gelinge, die Tschechen mit den Deutschen zu versöhnen, wunderbar. Wenn er scheitere, sei das

---

I Walter Runciman (1. Viscount Runciman of Doxford), britischer Politiker und Großreeder, 1931–1937 Abgeordneter der Liberalen, 1931–1937 Präsident des Board of Trade, 1938/39 Lord President of the Council.

II Lancelot Oliphant, 1936–1939 Stellvertretender Unterstaatssekretär für Auswärtiges.

auch kein Grund zum Weinen: Wir werden dann zumindest etwas Zeit gewonnen haben.

«Sind Sie verstimmt? Ich sehe es Ihnen an der Nasenspitze an, dass Sie unsere Politik in der Tschechoslowakei ablehnen. Warum?»

«Ja, wir sind unzufrieden mit Ihrer Politik», sagte ich, «denn Sie sind ständig bestrebt, nicht etwa dem Aggressor Zügel anzulegen, sondern dem Opfer der Aggression. Die Mission Runcimans dient demselben Zweck.[28] [...]»

17. August

Als ich mich in den Urlaub verabschiedete, hatte Halifax mich gebeten, ihn aufzusuchen, sobald ich aus Moskau zurück sei.

[...] Das Treffen fand heute statt. Halifax erkundigte sich, wie ich über das Tschechoslowakeiproblem dächte. Ich nutzte die Gelegenheit, um das Thema ausführlich zu erörtern. Ich erzählte Halifax, dass ich bei meiner Ankunft in der UdSSR eine große Enttäuschung über die Politik Großbritanniens und Frankreichs wahrgenommen hätte. Nach Meinung meiner Moskauer Freunde demonstriere diese Politik die Schwäche der «westlichen Demokratien» und sei daher eine Ermutigung für die Aggressoren. Die Regierungen, die solche Politik betreiben, machen sich mitverantwortlich für die Entfesselung eines neuen Weltkriegs.[29] Die Tschechoslowakei sei ein gutes Beispiel für diese Einschätzung. Wir hätten den Eindruck, dass der Kurs, den Großbritannien und Frankreich in dieser Frage steuern, eine ungesunde Verzerrung darstelle. Großbritannien und Frankreich seien bestrebt, dem Opfer der Aggression Zügel anzulegen, nicht dem Aggressor. In Prag erhöben sie ihre Stimme so, dass die Tschechen sich beleidigt fühlten, während sie in Berlin so leise sprächen, dass Hitler ihnen keine Beachtung schenke. Was ist aus Überparteilichkeit und Gerechtigkeit geworden? Es sei doch recht verständlich, dass die sowjetische Regierung einer solchen Politik nichts abgewinnen könne. Die Sowjetregierung bleibe bei ihrer Einschätzung, dass das Schicksal der Tschechoslowakei in den Händen der «westlichen Demokratien» liege. Falls Großbritannien und Frankreich willens und in der Lage seien, Deutschland gegenüber eine feste Haltung einzunehmen, werde das die Tschechoslowakei retten, und Europa werde die Gewähr für einen dauerhaften Frieden haben.

Was ich sagte, war starker Tobak, und ich erwartete, dass Halifax mit einem energischen Verteidigungsplädoyer für die Politik der britischen Regierung kontern würde. Aber da täuschte ich mich wieder einmal. Halifax dachte nicht daran, mir etwas entgegenzuhalten. Sein ganzes Mienenspiel und Verhalten, seine Gesten und seine wenigen Einwürfe zeigten deutlich, dass er mit einem erheblichen Teil von dem, was ich gesagt hatte, wenn nicht mit allem, einig war. ...

24. August

Nicolson bestätigt, dass Eden es auf das Amt des Premierministers abgesehen habe, dass er aber wohl einige Zeit brauchen werde, um sein Ziel zu erreichen. Er bestätigt darüber hinaus, dass Chamberlain nach wie vor stark dastehe («Er hat uns vor dem Krieg bewahrt!»), auch wenn die sogenannte solide konservative Meinung sich mehr und mehr gegen seine Außenpolitik wende. Es gelte jedoch als unpatriotisch, den PM öffentlich zu kritisieren. ...

26. August

Was für ein elendes Leben!

Masaryk kam, um mir die neuesten Nachrichten zu hinterbringen. Es ist zum Verzweifeln. Die antitschechoslowakische Kampagne in Deutschland schwillt Tag für Tag weiter an. Henlein lehnt alle Zugeständnisse ab. Ginge es nach ihm, würde er sicherlich einem Kompromiss zustimmen, aber Hitler lässt das nicht zu. Die Mission Runcimans steht vor dem Scheitern. [...] Der einzige Lichtblick in diesem unheilvollen Bild ist die heutige Mitteilung aus Moskau, die Prag an Masaryk weitergeleitet hat. Der deutsche Botschafter [in Moskau], Schulenburg[1], gab gegenüber Genosse Litwinow eine Erklärung ab. [...] Die Neutralität Deutschlands in Bezug auf den jüngsten japanisch-sowjetischen Konflikt in der Mandschurei betonend, brachte er die Hoffnung zum Ausdruck, die UdSSR werde Gleiches mit Gleichem vergelten, wenn Deutschland die Lösung der Sudetenfrage in die eigenen Hände nehmen müsse. Darauf entgegnete M. M. jedoch, die UdSSR könne in diesem Fall nicht neutral bleiben, sondern werde alle ihre Verpflichtungen gemäß dem tschechoslowakisch-sowjetischen Beistandspakt erfüllen; auch Frankreich werde eingreifen müssen, und auf

1 Friedrich-Werner Graf von der Schulenburg, 1934–1941 deutscher Botschafter in der UdSSR.

längere Sicht werde auch Großbritannien in den Krieg hineingezogen werden. [...]

Masaryk wollte wissen, ob Litwinow eine dementsprechende Aussage auch öffentlich, gegenüber der Presse, tätigen könne. Das sei von großer Bedeutung und werde die Entschlossenheit Frankreichs, der Tschechoslowakei zu Hilfe zu kommen, erheblich stärken. Ich versprach, diese Bitte nach Moskau weiterzuleiten.

Ich fragte Masaryk, wie er die aktuelle Haltung der Briten sehe.

Masaryk machte eine resignierte Handbewegung und sagte: «Na ja, Sie kennen doch die Engländer! Erst gestern sagte Halifax zu Cambon[I], die britische Regierung betrachte die Lage in Mitteleuropa zwar als sehr ernst, werde aber wohl kaum über ihre Erklärungen vom 24. März (Rede Chamberlains)[30] und vom 21. Mai (Démarche Hendersons in Berlin) hinausgehen.» Simon werde sich morgen im selben Sinne äußern. Flüche! Welchen Sinn haben zweideutige Gesten und schlüpfrige, halbherzige Versprechungen? Heute, da man mit der Faust auf den Tisch schlagen müsste, um die Katastrophe abzuwenden? [...]

29. August

Vansittart lud mich zu einem Lunch *tête-à-tête* ein. Wir sprachen in vollkommener Offenheit.

Als Erstes erkundigte sich der Gastgeber, welche Eindrücke von der allgemeinen Stimmung in Moskau ich gewonnen hätte. Ich sagte sinngemäß dasselbe wie in meiner Unterredung mit Halifax am 17. August. Vansittart war sichtlich beunruhigt ob der zunehmenden Enttäuschung in Moskau über die englisch-französische Politik und darüber, dass wir in Richtung Isolation gehen. Er begann leidenschaftlich dafür zu werben, dass wir nicht die Hoffnung aufgeben dürften und dass sich im tiefen Inneren Großbritanniens bedeutsame Prozesse anbahnten, die in Bälde konkrete Ergebnisse zeitigen würden. Er schloss mit der Aussage: «Ein Abgleiten Großbritanniens und der UdSSR in eine isolationistische

I Roger Cambon, Mitarbeiter der französischen Botschaft in London. Cambon blieb nach dem Rücktritt von Botschafter Corbin am 26. Juni 1940 als Geschäftsträger vor Ort, bis er am 5. Juli ebenfalls aus dem Dienst schied.

Politik hieße, den Deutschen Europa auf einem Silbertablett zu servieren.»

Ich antwortete, dass ich dieser Aussage zustimmen müsse, dass aber, wenn gegen unseren Willen dieser Fall eintrete, Großbritannien den Großteil der Verantwortung dafür trage. Es sei Großbritannien gewesen, das im Verlauf der letzten drei Jahre dem Völkerbund und dem Konzept der kollektiven Sicherheit einen Schlag nach dem anderen versetzt habe. [...]

30. August Heute fand eine Kabinettssitzung statt, und die Regierung fasste einen wirklich «wichtigen Beschluss»: nichts zu tun. Nevile Henderson nahm an der Sitzung teil, um einige Themen zu beleuchten. Morgen fährt er nach Berlin zurück, aber anders, als Gerüchte es gestern wissen wollten, hat er keinen «persönlichen Brief» Chamberlains an Hitler dabei. Er ist nicht einmal beauftragt, sich um ein Treffen mit Hitler oder Ribbentrop zu bemühen.

Es heißt also *«wait and see»*. Englands beliebtestes politisches Motto!

Jemand aus meinem Bekanntenkreis hat eine Botschaft von Halifax an mich weitergeleitet: Obwohl bei der heutigen Kabinettssitzung kein Beschluss gefasst wurde, stand nach dreistündiger Debatte fest, dass alle Minister mit einer Ausnahme (wer könnte es sein? Kingsley Wood?) der Meinung seien, Großbritannien könne sich unmöglich heraushalten, wenn es wegen der Tschechoslowakei zu einem Krieg komme.

Sehr gut. Aber welche praktischen Folgerungen lassen sich daraus ableiten? Zwei sind denkbar: Die erste ist, die Tschechoslowakei jetzt wirksam zu unterstützen, Hitler abzuschrecken und auf diese Weise einen Krieg abzuwenden. Die zweite ist, «freundschaftlichen» Druck auf die Tschechoslowakei auszuüben, und zwar dahingehend, dass sie Hitler in allem nachgibt, ohne zu kämpfen, und damit einen Krieg abzuwenden. Ich hege den starken Verdacht, dass das Kabinett sich für die zweite Möglichkeit entscheiden könnte.

► Maiski wusste nicht, dass Chamberlain gerade den höchst «unkonventionellen und kühnen» Plan «Z» aus dem Hut gezaubert hatte, der

«Halifax den Atem raubte»: Falls die Krise in der Tschechoslowakei anhalte, wolle er, so sein Vorschlag, nach Deutschland fliegen und sich mit Hitler treffen, um einen Krieg abzuwenden.[31] Litwinow bat am Vorabend seiner Abreise nach Genf am 2. September Payart[I], den französischen Geschäftsträger in Moskau, dem französischen Außenminister Bonnet[II] zu bestätigen, dass die Sowjetunion im Falle eines deutschen Angriffs fest zu ihren vertraglichen Verpflichtungen gegenüber der Tschechoslowakei stehe. Er regte eine unverzügliche Konferenz zwischen Großbritannien, Frankreich und der UdSSR an, die mit Konsultationen zwischen den Vertretern der sowjetischen, französischen und tschechischen Streitkräfte einhergehen sollte. Payart enthielt seinen Vorgesetzten den wesentlichen Inhalt der Botschaft (die er ohne jeden Grund als unaufrichtig betrachtete) jedoch vor.[32] Von Litwinow ins Bild gesetzt, entschied sich Maiski, den Inhalt der Payart anvertrauten Botschaft an einen breiten Empfängerkreis zu streuen.[33]

31. August

Sir Horace Wilson besuchte mich heute, und wir aßen zusammen zu Mittag. [...] Er befand sich in einer völlig anderen Stimmungslage als noch vor vier Monaten. Damals hatte ich ihn als einen Mann voller Energie, Selbstvertrauen und Optimismus erlebt. Er war überzeugt gewesen, zusammen mit Chamberlain ein neues und ruhmreiches Kapitel im Buch von Europas «Appeasement» schreiben zu können. Jetzt wirkte W. irgendwie niedergeschlagen, furchtsam und verbraucht. Und das Gespräch mit ihm nahm einen verzweifelten, fast panischen Ton an.

Die Blumen haben in der Tat ihre Blütenblätter abgeworfen, und das Feuer ist erloschen. ...

[...] Hitler jagt ihm ersichtlich Angst ein. Er erwarte von ihm fast nichts mehr außer Unheil. Der Viermächtepakt sei in fernem Nebel verschwunden. Die Tschechoslowakei sei heute das Schlüsselproblem. Gehe sie ver-

---

I Jean Payart, 1931–1938, 1939–1941 Erster Sekretär an der französischen Botschaft in Moskau.

II Georges-Etienne Bonnet, 1936/37 französischer Botschafter in den USA, 1937/38 französischer Finanzminister, 1938/39 Außenminister, 1939/40 Justizminister, 1941/42 Mitglied des Nationalen Widerstandsrats der Résistance.

loren, werde die Errichtung von «Mitteleuropa» nicht mehr aufzuhalten sein. [...]

«Aber wenn Ihnen die überragende Bedeutung des tschechoslowakischen Problems so klar ist», bemerkte ich, «warum ist Großbritannien dann nicht willens, klar und resolut Position zu beziehen? Damit könnte man doch Hitler zügeln und den Krieg verhindern.»

In seiner Antwort spielte W. auf der gewohnten englischen Leier. Die öffentliche Meinung werde «kein Verständnis» für einen Krieg wegen der Tschechoslowakei aufbringen, die Dominions seien gegen ein Eingreifen ihres Mutterlandes in europäische Angelegenheiten, das britische Wiederaufrüstungsprogramm stecke noch in den Anfängen (der Bau von Flugzeugen sei erst im Juli auf Touren gekommen). Frankreich, Großbritanniens engster Verbündeter, sei in finanzieller, politischer und militärischer Hinsicht schwach auf der Brust (die französische Luftfahrt sei nicht konkurrenzfähig etc.). Wenn man den Konflikt nur um zwölf oder wenigstens sechs Monate hinauszögern könne, werde Großbritannien sich stärker fühlen, und alles sei anders.

Diese Leier ließ bei mir die Sicherungen durchbrennen, und ich versetzte: «Nehmen wir einmal an, dass die öffentliche Meinung es falsch fände, ‹für die Tschechoslowakei zu kämpfen›, wie Sie sagen, auch wenn es hier tatsächlich nicht so sehr um die Tschechoslowakei geht als um die Zukunft des britischen Empire. Nehmen wir an, das wäre so, wäre es dann nicht möglich, mit einer Devise an die Öffentlichkeit zu gehen, die dem gewöhnlichen Engländer eher einleuchtet wie zum Beispiel: ‹Wir werden unter allen Umständen zu Frankreich stehen.›?» [...]

W. zuckte mit den Achseln und begann laut zu denken. Natürlich könne eine entschiedene Erklärung dieser Art sehr wahrscheinlich einen Krieg abwenden. Aber das bedeute, Deutschland herauszufordern! Zu welchem Zweck? Um eine hypothetische Gefahr zu bannen, die erst in einigen Jahren akut werden könne? Wie solle man die Verantwortung für so etwas übernehmen? Schön, wenn Hitler es mit der Angst bekomme. Aber was, wenn nicht? Was, wenn er weiter auf Angriff mache? Es ist haarsträubend! Nein, lieber abwarten und Tee trinken. Vielleicht erledigen sich die Dinge auf die eine oder andere Art von selbst.

In dieser Verfassung befindet sich der Chefberater des Premierministers heute. [...]

1. September

Gestern lud mich Winston Churchill zum Abendessen ein. Wir trafen uns in der Wohnung seines Sohnes Randolph.[34]

Churchill-*père* ging sogleich in die Vollen. Die Lage in Europa sei außerordentlich ernst. Jeden Tag könne es zum Krieg kommen. Sollte die Tschechoslowakei sich einem deutschen Einmarsch mit Waffengewalt widersetzen, werde ihr Frankreich zweifellos zu Hilfe kommen. Auch Großbritannien werde eingreifen müssen, wenn auch vielleicht nicht gleich zu Anfang. [...]

Doch das Wichtigste sei, einen Krieg zu verhindern. Wie? Churchill hat dafür einen Plan. Im entscheidenden Moment, wenn die Prager Gespräche schließlich in der Sackgasse steckten und Hitler mit dem Säbel zu rasseln beginne, sollten Großbritannien, Frankreich und die UdSSR eine gemeinsame diplomatische Botschaft an Deutschland richten – Churchill betonte, dass sie einen gemeinschaftlichen Charakter haben müsse –, in der sie sich gegen die deutsche Drohung mit einem Angriff auf die Tschechoslowakei verwahrten. Der genaue Wortlaut der Botschaft sei nicht so entscheidend, sie könne notfalls in einem gemäßigten Ton gehalten sein. Worauf es ankomme, sei, dass die drei Mächte im Schulterschluss vorgingen. Eine Démarche dieser Art, die zweifellos die moralische Unterstützung Roosevelts[1] erhielte, werde Hitler einschüchtern und das Fundament für eine Achse London–Paris–Moskau bilden. Nur die Existenz einer solchen Achse könne die Menschheit vor einem neuen Blutbad bewahren. [...]

Was ich von diesem Plan hielte? Wie werde sich die Sowjetregierung dazu stellen?

Ich antwortete, dass ich nicht für die sowjetische Regierung sprechen könne. Meine persönliche Meinung sei, dass es ein guter Plan ist, der jedoch keine Chance hat, in die Tat umgesetzt zu werden. Ich könne einfach nicht glauben, dass Chamberlain bereit sei, im Schulterschluss mit der UdSSR gegen Deutschland aufzutreten. [...]

---

1 Franklin Delano Roosevelt, 1928–1932 Gouverneur des Staates New York, 1933–1945 32. Präsident der USA.

2. September

[...] Ein Besuch von Corbin, der gerade aus einem Urlaub in Évian-les-Bains zurückgekehrt war. In Paris hatte er Daladier[1] und Bonnet getroffen. Sie halten die Lage in Europa für kritisch, und Corbin will so engen Kontakt mit mir halten wie möglich. Den Franzosen sei Simons Rede in Paris nicht klar und entschieden genug gewesen. Frankreich selbst werde seine Verpflichtungen gegenüber der Tschechoslowakei erfüllen.

Sehr gut. Aber da war auch etwas, das mir nicht gefiel. Ich fragte Corbin, worin die französische Regierung einen ausreichend schwerwiegenden Akt der Aggression sehen werde, um ihre Beistandsverpflichtung gegen Deutschland zu erfüllen. [...] Corbin war verunsichert und begann um den Brei herumzureden. Er sagte schließlich, es sei schwierig, hypothetische Situationen im Konkreten zu erörtern. [...]

3. September

Eine äußerst bedeutsame Unterredung fand gestern in Moskau zwischen M. M. [Litwinow] und dem französischen Geschäftsträger Payart statt.

Payart erschien auf Geheiß Bonnets mit einer offiziellen Anfrage: Wie könne die UdSSR im Fall einer deutschen Aggression der Tschechoslowakei zu Hilfe kommen, da doch Polen und Rumänien nicht ohne Weiteres bereit seien, einen Korridor für sowjetische Truppen und Flugzeuge zu öffnen?

M. M. konterte mit dem für ihn typischen Sarkasmus, dass die UdSSR eine analoge Frage an Frankreich richten müsse, da die französischen Verpflichtungen gegenüber der Tschechoslowakei bedingungslos seien, während die der UdSSR nur wirksam würden, wenn Frankreich zuvor die seinen in die Tat umgesetzt habe.

Payart konnte oder wollte keine eindeutige Antwort auf M. M.s Frage geben, woraufhin dieser unbeirrt weiterbohrte: Unter der Voraussetzung, dass Frankreich seine Verpflichtungen erfülle, sei die UdSSR entschlos-

1 Édouard Daladier, 1932–1934, 1936–1938, September 1939 bis März 1940 französischer Verteidigungsminister, Januar bis Oktober 1933, Januar 1934, April 1938 bis März 1940 Premierminister.

sen, die ihren aus dem sowjetisch-tschechischen Beistandspakt ebenfalls zu erfüllen. Die Bedenken Rumäniens gegen einen Durchmarsch sowjetischer Truppen durch sein Staatsgebiet ließen sich höchstwahrscheinlich ausräumen, wenn der Völkerbund Deutschland als den Aggressor und die Tschechoslowakei als Aggressionsopfer benenne. Den Einwand Payarts, man könne vom Völkerbund wohl kaum einen einstimmigen Beschluss in diesem Sinn erwarten, konterte M. M. mit der Feststellung: Selbst wenn nur eine Mehrheit der Mitglieder des Völkerbunds diese Einstufung mittrage (und wenn darunter namentlich die Großmächte seien), habe eine solche Resolution eine immense moralische Wirkung und werde den notwendigen Eindruck auf Rumänien nicht verfehlen, das sich hoffentlich dem Mehrheitsvotum anschlösse. Angesichts der Schwerfälligkeit des Völkerbunds erachtete M. M. es als wünschenswert, möglichst bald die Vorkehrungen für eine solche Resolution zu treffen und sich dabei auf die Vorschriften von Artikel 11 der Völkerbundstatuten[35] zu berufen.

Wie M. M. weiter zu bedenken gab, habe es wenig Sinn, über militärische Hilfe für die Tschechoslowakei durch drei Länder (Frankreich, die UdSSR und die Tschechoslowakei) zu sprechen, ohne rechtzeitig vorher militärische Einsatzpläne zu erstellen. Dafür brauche es Verhandlungen zwischen den Generalstäben der drei Streitkräfte. Die UdSSR sei bereit, an solchen Verhandlungen teilzunehmen.

Das Entscheidende zum jetzigen Zeitpunkt sei jedoch, den Ausbruch eines Krieges zu verhindern. Was dies betreffe, so glaube M. M., dass die Vorschläge, die er am 17. März, unmittelbar nach dem *Anschluss* Österreichs, unterbreitet hat, jetzt eine besondere Bedeutung gewinnen. Alle friedliebenden Mächte der Welt sollten sich zusammenfinden, um sich zu beraten und nach wirksamen Mitteln gegen die Aggression zu suchen. Eine gemeinsame Erklärung Großbritanniens, Frankreichs und der UdSSR könne im Verein mit dem garantiert zu erwartenden moralischen Rückhalt seitens Roosevelts mehr als alles andere dazu beitragen, Hitler von gewaltsamen Schritten abzuhalten.

Unglücklicherweise hätten wir sehr wenig Zeit und müssten schnell handeln.

[...] Somit haben wir unsere Haltung zur Tschechoslowakeikrise mit absoluter Klarheit dargelegt.[36] Wir sind bereit, der Tschechoslowakei bewaffnete Hilfe zu leisten, wenn die anderen bereit sind, ihre Verpflichtungen zu erfüllen. Werden sie sich den Anforderungen dieses furchtbar ernsten geschichtlichen Moments gewachsen zeigen? Wir werden sehen. Auf jeden Fall aber ist es so, dass, falls die Tschechoslowakei doch zugrunde gerichtet und Deutschland zur Hegemonialmacht in Westeuropa aufsteigen würde, die Verantwortung dafür nicht der UdSSR in die Schuhe geschoben werden kann.

4. September

Ich besuchte Churchill auf seinem Landgut.

Ein wunderbarer Ort! Vierunddreißig Hektar Land. Eine ausladende grüne Senke. Auf einer Anhöhe steht das zweistöckige gemauerte Haus des Eigners – groß und geschmackvoll. Von der Terrasse aus hat man einen atemberaubenden Blick auf die Hügellandschaft Kents, alles in einen wahrhaft englischen dunkelblauen Dunst gehüllt. Auf dem anderen Hügel steht ein schönes Wäldchen. Den Abhang hinunter reihen sich Teiche in drei Höhenlagen, alle mit Goldfischen unterschiedlicher Größe besetzt: Im obersten Teich wiegen sie bis zu drei, vier Pfund, im nächsten sind sie etwas kleiner, und die wirklich winzigen sind in dem untersten Teich am Fuß der Senke. Churchill ist von seinen großen und kleinen Fischen fasziniert; er hält vergnügte Vorträge über all ihre Eigenarten und sieht in ihnen offensichtlich eine von Englands ganz besonderen Attraktionen.

Auf dem Gut befinden sich auch ein angelegtes Schwimmbecken, ein schöner Garten, ein reiches Angebot von Früchten (Pflaumen, Pfirsiche u. a.), ein Tennisplatz, in Käfigen gehaltene blaue Vögel, die mit menschlicher Stimme sprechen können, und sehr vieles mehr. Churchill führte mich zu einem Atelierpavillon mit Dutzenden Gemälden an den Wänden – eigenen Werke. Einige davon gefielen mir sehr. Schließlich zeigte er mir seinen größten Stolz, ein Gartenhäuschen, das sich noch im Bau befindet und das er in seiner Freizeit mit eigenen Händen hochmauert.

«Ich bin Maurer, müssen Sie wissen», sagte Churchill und grinste. «Ich schaffe bis zu 500 Backsteine am Tag. Heute habe ich einen halben Tag gearbeitet, und schauen Sie, ich habe eine Mauer hochgezogen.»

Er tätschelte die noch feuchte und unfertige Ziegelmauer liebevoll und mit Freude.

Kein schlechtes Leben, das die Führer der britischen Bourgeoisie da haben! Es gibt für sie eine Menge zu verteidigen in ihrem kapitalistischen System!

Churchill muss meine Gedanken erraten haben, denn er sagte lachend und seinen ganzen blühenden Grund mit einer Armbewegung umfassend: «Sie können sich das alles mit gutem Gewissen zu Gemüte führen! Mein Landsitz ist kein Produkt der Ausbeutung des Menschen durch den Menschen; es wurde ausschließlich von meinen Autorentantiemen gekauft.»

Sie müssen recht ordentlich sein!

Dann tranken wir drei Tee – Churchill, seine Frau und ich. Auf dem Tisch waren außer dem Tee noch diverse alkoholische Getränke aufgebaut. Mein Gott, konnte Churchill je ohne sie auskommen? Er trank einen Whisky-Soda und bot mir einen russischen Wodka von vor dem Krieg an. Er hat es irgendwie fertiggebracht, diese Rarität aufzuheben. Ich äußerte mein Erstaunen, aber Churchill unterbrach mich: «Das ist längst nicht alles! In meinem Keller habe ich eine Flasche Wein von 1793! Nicht schlecht, oder? Ich bewahre sie für einen ganz besonderen, einen wahrhaft außergewöhnlichen Anlasse auf.»

«Für welchen genau, wenn ich fragen darf?»

Churchill schmunzelte hintergründig, überlegte und erklärte dann plötzlich: «Wir werden diese Flasche trinken, wenn Großbritannien und Russland Hitlers Deutschland besiegt haben.»

Mir stockte fast der Atem. Churchill legt seinem Hass auf Berlin wirklich keinerlei Zügel mehr an!

Seine Frau machte einen guten Eindruck auf mich. Ich kannte sie bisher kaum. Eine lebhafte, intelligente Frau, die sich für Politik interessiert und etwas davon versteht. Mit einem Seitenblick auf seine Frau bemerkte Churchill leutselig: «Ich sage ihr alles, aber sie kann den Mund halten. Sie plaudert keine Geheimnisse aus.»

Randolph Churchill war nicht zugegen; er absolviert eine dreimonatige Ausbildung bei der Armee.

► Das Tagebuch verrät nichts über den eigentlichen Zweck dieses zweiten Treffens der beiden Männer innerhalb von zwei Tagen, nämlich Churchill «im Detail» mit Payarts Botschaft an Litwinow vertraut zu machen und ihn so weit zu bringen, dass er die Information an Halifax weiterleitete. Maiski handelte aus eigener Initiative. Churchill schrieb in seinen Erinnerungen, Maiski habe gebeten, nach Chartwell kommen und Churchill «unverzüglich in einer dringenden Angelegenheit» sprechen zu dürfen. Dieser stufte die Unterredung als so bedeutsam ein, dass er ihr in einer frühen Entwurfsfassung seiner Kriegserinnerungen ein eigenes Kapitel – «The Maisky Incident» [«Der Maiski-Vorfall»] – widmete, das jedoch nach dem Einwand von Churchills Literaturagenten, die Schilderung des Treffens sei «farblos», gestrichen wurde.[37]

5. September

Heute traf ich Corbin und stellte zu meiner Überraschung fest, dass er noch nichts von der Unterredung Litwinows mit Payart am 2. September wusste. Ich musste sie ihm in allen Einzelheiten berichten. Seltsam! Eine so wichtige Besprechung in einem so entscheidenden Moment hätte man, wie mir scheint, dem französischen Botschafter in London sofort übermitteln müssen, aber ... Etwas stimmt hier nicht! Ebenso seltsam ist, dass entgegen der sonstigen Gesprächigkeit der Franzosen in der französischen Presse kein Wort über die Moskauer Unterredung erschienen ist. Offenbar versucht Bonnet, diese Nachricht unter dem Deckel zu halten [...]

7. September

[...] Ich habe selten eine so große Entrüstung empfunden wie beim Lesen des Zitats [in der heutigen *Times*].[38] [...] Hitler hat die Augenbrauen hochgezogen – werfen wir ihm also einen weiteren Knochen hin ... Schändlicher Verrat nicht nur an der Tschechoslowakei, sondern an der ganzen europäischen Welt! Ein Dolchstoß in den Rücken der Tschechoslowakei im entscheidendsten Augenblick ihrer Geschichte! Das ist englische Politik.

[...] Halifax hat die wichtigsten Aussagen seiner bevorstehenden Rede in Genf über die Reform des Völkerbunds hergeschickt. Sehr nett von ihm. Aber die Sachen, die er auf den Tisch zu legen plant! Ich traue meinen Augen kaum. Halifax beabsichtigt, den Artikel 16 für optional zu erklären und Artikel 19 zu einer «Realität» zu machen.[39] Einen solchen Vorschlag ausgerechnet jetzt zu präsentieren, da die Tschechoslowakei sich in tödlicher Gefahr befindet – kommt das nicht einem weiteren schändlichen Verrat an der Tschechoslowakei und der europäischen Welt als Ganzer gleich?

8. September

Eine unerwartete Einladung zu Halifax.[40] Wie sich herausstellte, wollte er mich bitten, Litwinow eine Entschuldigung dafür zu übermitteln, dass es nicht möglich sein wird, mit ihm in Genf ein Gespräch über die europäische Krise zu führen. Es tue Halifax wirklich sehr leid, er habe sich sehr darauf gefreut, M. M. zu treffen und mit ihm zu reden, aber da sei leider nichts zu machen. An der Spitze der britischen Delegation beim Völkerbund werde Lord De La Warr[I] stehen.

Dann kam Halifax auf aktuelle Angelegenheiten zu sprechen; er äußerte die Befürchtung, dass Henlein womöglich auch den vierten Plan ablehnen werde. Ich warf leicht verärgert ein, dass der Leitartikel in der *Times* von gestern Henlein sicher in seiner Entscheidung bestärken werde. Das brachte Halifax plötzlich in Bewegung; unter leichtem Erröten sagte er, der Leitartikel sei bedauerlich, er habe nicht die Meinung der britischen Regierung zum Ausdruck gebracht, und man habe sowohl Prag als auch Berlin bereits entsprechend informiert. «Unglücklicherweise», fügte Halifax etwas naiv hinzu, «nimmt uns unser Dementi niemand ab.»

Ich sagte dazu nichts, aber ich nehme es ihnen auch nicht ab. Zu Recht. Denn als ich Halifax fragte, ob die britische Regierung glaube, dass der vierte Plan[41] für die Tschechoslowakei die äußerste Grenze des Annehmbaren sei, war der Außenminister verwirrt und sagte lediglich, dieser Plan stelle einen «großen Schritt vorwärts» dar. [...]

11. September

Hier sind wir, endlich in Genf.

Wir reisten aus London am 9. September gegen neun Uhr morgens ab. Um die Mittagszeit gingen wir in Dover an Bord der Fähre. Die See war rau, aber Agnia ertrug es tapfer. In Calais nahmen wir ein entgegen unseren Erwartungen ziemlich ungenießbares Mittagessen im Bahnhofsrestaurant zu uns. Gegen 23 Uhr trafen wir in Paris ein, nach einer Fahrt, über die es wenig zu berichten gibt. Mich überraschte, wie leer gefegt die französischen Straßen waren, sehr wenige Autos, und wir mussten kaum einmal überholen. Ganz anders als in England.

Auch in der Botschaft herrschte gähnende Leere. Suriz[II] und seine

---

I Herbrand Edward Dundonald Brassey Sackville (9. Earl De La Warr), 1936/37 Parlamentarischer Unterstaatssekretär für die Kolonien, 1937/38 Lordsiegelbewahrer, 1938–1940 Präsident des Board of Education, 1931–1943 Vorsitz National Labour Committee.

II Jakow Sacharowitsch Suriz schloss sich wie Maiski 1902 der revolutionären Bewegung an. Verhaftung und Exil, zunächst in Tobolsk, später in Berlin, wo er studierte. 1918 für das NKID rekrutiert, 1923–1934 sowjetischer Botschafter in der Türkei, 1934–1937 in Deutschland, 1937–1939 Angehöriger der sowjetischen Mission beim Völkerbund, 1937–

Ruhepause auf dem Weg nach Genf

Familie sind bereits nach Genf abgereist. Hirschfeld ist in die UdSSR abkommandiert worden und wird in Moskau bleiben und arbeiten. Einige der Botschaftsmitarbeiter sind weg, entweder in Ferien oder geschäftlich unterwegs. [...] Am Vormittag des 10. flanierten wir durch die Stadt und machten einige Einkäufe. Um ca. 15 Uhr, nach einem Mittagessen in einem Restaurant, das wir unterwegs entdeckten, ging unsere Reise weiter. Wir wollten vor Einbruch der Nacht bis Dijon kommen, doch da es ein dunkler und nasser Abend war, beschlossen wir, in Avalon abzusteigen. Wir quartierten uns in einem kleinen, primitiven Hotel kurz vor diesem Städtchen ein und bekamen dort ein herrliches Abendessen serviert. Ich bin für die Qualität von Speisen nicht sehr empfänglich, aber in diesem Fall waren sogar meine Geschmacksnerven überraschend angetan von der bemerkenswerten Qualität der Poularde, die uns aufgetragen wurde. Um elf Uhr morgens saßen wir wieder im Auto. Mittagessen in Dijon, der Hauptstadt Burgunds. Auch das ausgezeichnet. Die Franzosen sind in kulinarischen Angelegenheiten einfach genial. Wir tranken zum Essen einen fantastischen Burgunder. Ob wegen des Weines oder aus einem anderen Grund, jedenfalls ließ ich meinen Baedeker für Frankreich in dem Restaurant liegen. [...] In guter Stimmung (zu der das gute Wetter

---

1940 Botschafter in Frankreich. Im März 1940 von den Franzosen zur Persona non grata erklärt, wurde er nach Moskau zurückberufen und bis zu seiner Pensionierung 1948 mit untergeordneten diplomatischen Funktionen betraut.

seinen Teil beitrug) und mit einem angenehmen Ballast in unseren Mägen verließen wir Dijon gegen 15 Uhr und trafen nach Durchquerung des Jura um ca. 19 Uhr in Genf ein.

Wir trafen im Richmond niemanden an. Es war Sonntag, und M. M. hatte sich schon am Morgen, begleitet von der gesamten Delegation und «Untersekretär» Sokolin[1], wie immer an Sonntagen aufgemacht, um Frankreich zu erkunden. Man erwartete die Gruppe spätabends zurück. Nachdem wir unser Zimmer bezogen hatten, drehten Agnia und ich eine schnelle Runde durch die Stadt. Wir aßen im Bavaria zu Abend.

13. September

Agnia und ich nutzten die Tatsache, dass die Kommissionen noch nicht ernsthaft zu arbeiten begonnen hatten, für eine Ausfahrt nach Montreux. Das Wetter lächelte auf uns herab, der Genfer See glitzerte, wie es seine umwerfende Art ist, leider lag ein leichter Dunstschleier über dem französischen Ufer. Wir besuchten die Burg Chillon. Ich war schon in den Jahren meiner Emigration dort gewesen, und sie war mir damals düster, bedrohlich und zugleich majestätisch erschienen – vielleicht hatte ich noch unter dem Eindruck des berühmten Gedichts von Byron, für den ich in meiner Kindheit und Jugend so schwärmte, gestanden. Jetzt erschien mir die Burg weit weniger imposant, ein Mittelding zwischen einem Museum und einem auf alt getrimmten Hotel. Die Romantik war der Prosa des Lebens gewichen. Es langweilte mich sogar. Vielleicht sind es aber auch die Jahre, die ihren Tribut gefordert haben? Immerhin sind 30 vergangen, seit ich zum ersten Mal meinen Fuß in die Burg Chillon gesetzt hatte – und was für 30 Jahre waren das!

Auf dem Rückweg von Montreux machten wir für ein Mittagessen in Ouchy (Lausanne) halt. Ich fand das Hotel Angleterre, in dem Byron unter dem Eindruck seines Besuchs auf der Burg Chillon 1816 sein berühmtes Gedicht schrieb.[42] Eine Metallplakette an der Außenwand des Hotels erinnert daran ...

Die Lage verschärft sich zunehmend. Nach Hitlers gestriger Rede gab Henlein heute bekannt, dass [...] eine Volksabstimmung das Gebot der

1 Wladimir Alexandrowitsch Sokolin, 1936–1939 Mitarbeiter der sowjetischen Botschaft in Paris.

Stunde sei. Im Sudetenland sind Tumulte und Provokationen ausgebrochen. Die Spannung steigt mit jeder Stunde. Attlee war wieder bei Chamberlain und sagte, eine Volksabstimmung in der gegenwärtigen Situation würde auf eine Teilung der Tschechoslowakei hinauslaufen, und deshalb sei die britische Arbeiterbewegung dagegen. Der PM antwortete, auch er sei gegen eine Volksabstimmung, doch durch die Art, wie er es sagte, verließ Attlee das Gespräch mit einem mulmigen Gefühl ...

Ich habe den Eindruck, die Welt taumelt unkontrollierbar einem neuen Weltkrieg entgegen [...] Unsicher ist nur noch, wann er ausbrechen wird.

14. September

Der Tag verging in langweiligen Ausschusssitzungen. [...] Spätabends rief K[agan] aus London an und verkündete die neueste Sensation: In der heutigen Kabinettssitzung wurde der Beschluss gefasst, dass Chamberlain morgen zu einem Treffen mit Hitler nach Berchtesgaden fliegt.[43]

Unglaublich! Der Regierungschef des britischen Empire vollführt mit dem Hut in der Hand einen Canossagang zum deutschen «Führer». So tief ist das britische Bürgertum gesunken![44]

► Rab Butler, der sich sogar noch stärker als Chamberlain für Appeasement und für das Münchner Abkommen einsetzte, behauptete in seinen Memoiren, man habe zweifelsfrei davon ausgehen müssen, «dass die Russen es nicht ernst meinten» und dass «Litwinow sich bewusst ausweichend und vage» ausgedrückt habe.[45] Tatsächlich stützen Maiskis Tagebuch und andere einschlägige Belege jedoch die Einschätzung, dass Stalins vorsichtiges Taktieren und Litwinows vage öffentliche Verlautbarungen Ausdruck eines sowjetischen Dilemmas waren: Jede öffentliche Äußerung hätte als Provokation an die Adresse Deutschlands gewertet werden und unabsehbare Folgen haben können, hätten die englisch-deutschen Verhandlungen in der Tat einen positiven Abschluss gefunden, was allgemein erwartet wurde. Während ein einseitiges militärisches Eingreifen für die Sowjetunion tatsächlich nicht in Frage kam, hielt sie an ihren vertraglichen Verpflichtungen unter der Bedingung, dass die Franzosen die ihren vorgängig erfüllten, standhaft fest. Diese Herangehensweise, ein Vorbote für die Verhandlungen über eine Tripelallianz im folgenden Jahr, speiste sich aus den dauerhaften und eindeutigen Lehren, die man aus dem Scheitern des Versuchs gezogen hatte, das Abkommen mit Frankreich aus dem Jahr 1934 zu einem vollwertigen Militärbündnis weiterzuentwickeln, und aus der deprimierenden Erfahrung des Alleingangs in Spanien, während die Appeasement-Politik gegenüber Deutschland voll im Schwange war. Es war eine Sache, an den Rändern Europas gegen Deutsche und Italiener zu kämpfen, aber eine ganz andere, an der eigenen Grenze einem hochgerüsteten Deutschland gegenüberzustehen, während Westeuropa unbekümmert zuschaute. Was Litwinow demgemäß in Genf anstrebte, war die Aufnahme militärischer Gespräche in London und Paris (die Hitler vielleicht abgeschreckt hätten) anstelle von Verhandlungen mit Beneš[1] auf der Prager Burg.[46]

Die Sitzung des moralisch bankrotten Völkerbundes, der im Großen und Ganzen so tat, als gäbe es die Tschechoslowakeikrise nicht, fiel zeitlich mit den Unterredungen zwischen Chamberlain und Hitler zusammen, die in die Münchner Konferenz mündeten. Es war, wie sich herausstellte, Litwinows Schwanengesang.[47] Alexandra Kollontai lief Litwinow in die Arme, als er aus seinem Gespräch mit Bonnet kam: «Mit unwirschen Handbewegungen und in offensichtlicher Verärgerung [sagte er]: ‹Ergebnisse? Absolut keine [...] Die Franzosen haben nicht die Absicht, ihre Verpflichtungen gegenüber der Tschechoslowakei zu erfüllen. Was unseren sowjetischen Vorschlag betrifft, so duckt Bonnet sich weg und macht Ausflüchte, behauptet sogar, sich erst mit London beraten zu müssen. Eine Verzögerungstaktik, mit anderen Worten. Und das jetzt, da es auf jede Stunde ankommt.›»[48] Bei der Besprechung mit der britischen Delegation am 23. September betonte Litwinow erneut «die feste Entschlossenheit der sowjetischen Regierung, all ihre Verpflichtungen gemäß dem sowjetisch-tschechischen Pakt zu erfüllen». Allein, seine Forderung nach einem Krisentreffen der beteiligten Mächte entweder in Paris oder in London, um vor dem Hintergrund des Scheiterns der Godesberger Gespräche zwischen Chamberlain und Hitler militärische Planungen zu koordinieren, wies das Foreign Office rundweg als «wenig nützlich» zurück, weil man damit «Deutschland sicherlich provozieren» würde.[49]

---

1 Edvard Beneš, 1919/20 tschechoslowakischer Vertreter bei der Pariser Friedenskonferenz, 1918–1935 Außenminister der Tschechoslowakei, 1935–1938, 1946–1948 Präsident der Tschechoslowakischen Republik, 1940–1945 Präsident (im Exil) der Provisorischen Tschechoslowakischen Regierung in London.

15. September

Am Vormittag fuhren Agnia und ich zum Vierwaldstätter See und machten auf dem Rückweg halt in Lausanne. Mittagessen wieder im Hotel Angleterre. Anschließend machten wir einen schönen, langen Spaziergang durch die Stadt. Ich fand die Straße und das Haus wieder, wo ich im Sommer 1908 gewohnt hatte, direkt nach meiner Auswanderung aus der Provinz Tobolsk. Die Adresse lautet 17, Avenue Eduard Dapples. [...] Tausende von Erinnerungen kamen hoch. Wie viel Wasser ist seither unter der Brücke durchgeströmt! Wie sich die Zeiten geändert haben! Wie auch ich mich geändert habe! 1908 und 1938 – das ist wie zwei Welten, durch Jahrhunderte getrennt.

[...] Der Besuch Chamberlains bei Hitler steht im Mittelpunkt der Aufmerksamkeit.

Attlee und Greenwood[I] waren bei Chamberlain und ließen sich von ihm den Zweck der Reise erklären. Sie sei, das liege doch auf der Hand, notwendig, um herauszufinden, was Hitler in der Sudetenfrage wolle, und ihn zugleich über «Englands Absichten» zu informieren. Konkrete Vorschläge nimmt der PM nicht mit. Er wird in Berchtesgaden keine bindenden Vereinbarungen treffen. Typisch englische Tricks. Mit einigem Beigeschmack.

Kagan lässt mich wissen, dass London im Alarmzustand sei und dass die britische Regierung nach und nach ihre Armee und Marine mobilmache. Die auf offener See befindlichen Kriegsschiffe seien sogar mit scharfer Munition versorgt worden.

16. September

M. M. berichtete mir über seine Unterredungen mit Bonnet in Genf (11. September) und mit Herriot[II] (etwas später).

Bonnet war wie immer zweideutig und ausweichend. Er wollte wissen, wie unsere Position in der Tschechoslowakeifrage sei. M. M. wieder-

---

I Arthur Greenwood, 1935–1954 Stellvertretender Vorsitzender der Labour-Partei, 1940–1942 Mitglied des Kriegskabinetts und Minister ohne Geschäftsbereich.

II Édouard Herriot, 1919–1935 Vorsitzender der Radikalen Partei, 1924/25, 1926, 1932 Premierminister von Frankreich, 1934/35 Stellvertretender Premierminister, 1936–1940 Präsident der Abgeordnetenkammer.

Bei Genf betrauern Maiski und Kollontai das Schicksal ihrer Weggefährten.

holte, was er am 2. September in Moskau Payart gesagt hatte, nur mit sehr viel mehr Nachdruck. Ich bin nicht sicher, welchen Eindruck das auf Bonnet machte. Wahrscheinlich keinen sehr guten. Bonnet tut, was er kann, um sich vor der Erfüllung der Verpflichtungen gemäß dem französisch-tschechischen Abkommen von 1935 zu drücken. Unsere Standhaftigkeit durchkreuzt seine Pläne. Gut möglich, dass er versucht, die Sache zu verschleiern ...

Chamberlain ist also heute in Berchtesgaden. Nach Pressemeldungen wird er mindestens einen oder zwei Tage lang Hitlers Gast sein.

Die *Times* hat es natürlich eilig, ein Haar in der Suppe zu finden. [...] Sie deutet an, die Absichten der UdSSR seien unklar, und die Tschechoslowakei könne von uns wohl kaum wirkliche Unterstützung erwarten. Es muss dafür ein tieferes Motiv geben. Mander[1] sagte gestern, [...] nach

---

1 Geoffrey Le Mesurier Mander, Industrieller, Kunstsammler, 1929–1945 Abgeordneter der Liberalen Partei, in den dreißiger Jahren Kämpfer gegen die Appeasement-Politik

seinen Informationen würden Großbritannien und Frankreich starken Druck auf die Tschechoslowakei ausüben, sie solle ihren Pakt mit der UdSSR aufkündigen, der in Wirklichkeit eher ein Nachteil als ein Vorzug sei. Es scheint, als hätte dieser Prozess schon eingesetzt: Heute wandte sich die tschechoslowakische Regierung mit einer offiziellen Anfrage an die Sowjetregierung – ob sie sich auf die lokale Erfüllung des sowjetisch-tschechoslowakischen Paktes durch uns verlassen könne?

18. September

Sonntag. Die gesamte Delegation hat sich unter Führung von M. M. in die französischen Savoyen aufgemacht. Wir haben gut gegessen, sind gewandert, haben geredet und waren abends wieder zurück.

Die Entwicklung geht in halsbrecherischem Tempo weiter. Entgegen allen Erwartungen hatte Chamberlain nur eine Unterredung mit Hitler, am 16. September, und entschied sich danach für die sofortige Rückkehr nach London. Gestern, am 17., ist er in Croydon gelandet. [...]

Am späten Abend trafen die ersten Nachrichten aus London ein. Chamberlain hat auf einer Sitzung den Vorschlag vorgelegt, die sudetendeutschen Gebiete, in denen der deutsche Bevölkerungsanteil bei über 50 Prozent liegt, abzutreten [...] und für den Rest des tschechoslowakischen Staatsgebietes seitens der vier Westmächte Garantien auszusprechen. [...]

Kagan teilt uns mit, dass er auf Laytons[1] Ersuchen hin Besuch von einem höchst besorgten Cummings erhalten hat. Ein Kabinettsmitglied habe Layton gesagt, selbst wenn Frankreich mit der Waffe in der Hand anträte, um die Tschechoslowakei zu schützen, würde die UdSSR nicht mehr unternehmen, als die deutsche Aggression beim Völkerbund zur Sprache zu bringen. Ob das wahr sei? Kagan mokierte sich natürlich über diese Ente und dementierte sie. Doch woher kam sie geschwommen? [...]

---

und für den Völkerbund, 1942–1945 Parlamentarischer Privatsekretär von Luftfahrtminister Sir Archibald Sinclair.

1 Walter Layton, 1922–1938 Redakteur des *Economist*, 1940–1942 leitender Beamter im Ministerium für Nachschub.

19. September

Was für ein lebloser Ort Genf heute ist! Die Vollversammlung, die Kommissionen, die Sitzungen, die Protokolle, Arbeitsessen und Abendgesellschaften, der politische Klatsch auf den Korridoren ... Wer braucht das alles jetzt? Und ist es wirklich wichtig? Ereignisse von größter Bedeutung tragen sich in der Welt zu, Ereignisse, von denen die Zukunft Europas und vielleicht der ganzen Menschheit im wörtlichen und unmittelbaren Sinn abhängt; und wir wandern hier im bürgerlichen, verschlafenen, langweiligen Genf wie müde Fliegen durch die Korridore des Völkerbunds und unseres Hotels und warten auf Nachrichten aus jenem großen und realen (wenngleich auch kranken und widerwärtigen) Leben, das irgendwo jenseits dieser schönen, mächtigen Berge zu Tal stürzt wie ein reißender Strom.[50] Was für ein Jammer, dass ich hier, in Genf, bin. [...] Mir hängt Genf inzwischen zum Halse heraus, und ich kann es nicht erwarten, wieder nach London zurückzukehren. Nun, wir müssen einfach durchhalten ...

Aus London kommt die Meldung, dass aus den Treffen der englischen und französischen Minister ein sogenannter englisch-französischer Plan von drei Punkten zur Beilegung des Sudetenlandproblems hervorgegangen sei. [...] Gerüchte besagen, der tschechische Gesandte in Paris, Osouský[I], sei nach seiner Unterredung mit Bonnet in Tränen aufgelöst gewesen. In London habe Masaryk obszöne Flüche ausgestoßen (er kann nur zu gut Russisch!), nachdem er von Halifax den Text des Plans vorgelegt bekommen hatte.

[...] Die Labour-Abordnung hatte eine stürmische Unterredung mit Chamberlain. Sie forderte, dass man Hitler entschlossen entgegentreten müsse, und erklärte: «Jetzt oder nie!» Der PM räumte ein, dass früher oder später ein Kampf gegen Deutschland unvermeidlich sei, meinte jedoch, der gegenwärtige Moment sei dafür ungeeignet. [...] Dalton (eines der drei Mitglieder der Abordnung) unterbrach Chamberlain und sagte, nach ihm vorliegenden Informationen sei der Standpunkt der Sowjetunion recht klar; die sowjetische Regierung sei zweifelsfrei bereit, ihre Verpflichtungen gemäß dem sowjetisch-tschechoslowakischen Pakt zu erfüllen.

I Štefan Osouský, 1920–1939 tschechoslowakischer Botschafter in Frankreich.

Chamberlain geriet in leichte Verlegenheit und erklärte, er habe seine Informationen über die sowjetische Position von Bonnet erhalten, der sich vor Kurzem in Genf mit Litwinow getroffen habe. [...] Bonnet! Er ist also die Quelle all dieser Fabeln über die angebliche Position der UdSSR! Ein verabscheuenswürdiges Individuum. [...]

21. September

M. M. hielt heute in der Versammlung [des Völkerbundes] eine bedeutsame Rede. Eine kraftvolle, schneidende, glanzvolle Rede! Das Publikum lauschte mit angehaltenem Atem. Zum ersten Mal seit Beginn der Tagung war der Saal brechend voll. Ich musterte die Gesichter: Viele drückten Sympathie aus, und viele vermochten an den Stellen, wo M. M. seinem diabolischen Witz freien Lauf ließ, ein Lächeln nicht zu unterdrücken. [...]

Die Niedertracht der Engländer und Franzosen kennt keine Grenzen! Gestern Abend nahm Chamberlain, nachdem die Antwort der Tschechoslowaken mit ihrem Vorschlag, den deutsch-tschechischen Konflikt durch ein Schiedsverfahren regeln zu lassen, eingegangen war, Kontakt zu Daladier auf, und dann schickten die beiden Premiers spät in der Nacht (um drei Uhr, wie mir gesagt wurde), ohne ihr Kabinett zu informieren, ein Ultimatum an die tschechoslowakische Regierung: Entweder die Tschechoslowakei akzeptiert den «englisch-französischen» Plan, oder London und Paris überlassen die Tschechoslowakei im Fall eines deutschen Angriffs ihrem Schicksal. Die Franzosen machten sogar deutlich, dass sie sich in diesem Fall nicht mehr an das tschechisch-französische Abkommen gebunden fühlten. Man setzte den Tschechen eine Frist von sechs Stunden für eine Antwort. [...]

22. September

Die tschechoslowakische Regierung ist zurückgetreten. [...] Jubel und Freudenfeste in Deutschland. Völlig verdient. Nicht nur dass Hitler das Sudetenland kampflos bekommt, es wird ihm auch noch von den Briten und Franzosen auf dem Silbertablett überreicht. [...]

Heute ist Agnia zu einer Autorundreise durch die Schweiz aufgebrochen. Warum sollte sie nicht ein bisschen von dem Land sehen? Wer weiß, ob wir je wieder die Chance dazu haben werden. Schließlich könnte Hitler schon morgen mit gleichem Recht und mit gleichem Erfolg seine Krallen nach der Schweiz ausstrecken. [...]

Von De La Warr erfahre ich, dass in England die Spannung Tag für Tag steigt. Der «englisch-französische Plan» sei äußerst unpopulär. Unglücklicherweise nähmen die Franzosen die Pose der bedingungslosen Kapitulation ein. Das Verhalten Daladiers und Bonnets bei den Gesprächen kürzlich in London sei ein Tiefschlag für die Hoffnungen jener Engländer gewesen, die für eine aktivere Politik eintreten. Es komme jetzt entscheidend darauf an, die Moral der Tschechoslowaken wenigstens für die nächsten beiden Tage zu stützen und Frankreich massiv zu einer Korrektur seiner Position zu drängen. In England werde es zu einem großen Aufbäumen kommen, und die Dinge würden sich herauskristallisieren. Diese Ansichten De La Warrs erscheinen mir, offen gesagt, zu optimistisch, aber [...] er kam schließlich direkt aus London zurück, wo er dem Kabinett angehört! [...]

23. September

[...] Ich wohnte der Sitzung der sechsten Kommission bei, auf der die Debatte über Artikel 16 fortgeführt wurde. [...] Kurz vor Ende der Sitzung kam ein Sekretär der britischen Delegation auf M. M. zu und sagte, De La Warr und Butler würden gerne an Ort und Stelle ein Gespräch mit ihm und mir führen. Eine Viertelstunde später waren wir alle im Büro des britischen *sous-secrétaire* versammelt. Es war gegen acht Uhr abends, und der Raum wurde gleichsam von einem romantischen Dämmerlicht beherrscht.

De La Warr sprach als Erster. Er hatte soeben Anweisungen aus London erhalten, möglichst bald ein Gespräch mit Litwinow und mir zu führen. Es laufe schlecht in Godesberg.[51] Mit dem Abbruch der Verhandlungen sei jede Stunde zu rechnen. Die britische und die französische Regierung hätten die Tschechoslowakei bereits informiert, dass sie nicht mehr das Recht zu haben glaubten, sie von einer Mobilmachung abzuhalten. Prag werde wahrscheinlich noch heute Abend die Mobilmachung verkünden. Deutschland werde einen solchen Schritt sicher nicht hinnehmen. Wir könnten also mit einem bewaffneten Vorgehen Hitlers gegen die Tschechoslowakei rechnen. Was dann? Welchen Standpunkt werde die UdSSR in einer solchen Situation einnehmen?

M. M. antwortete, er würde zunächst gerne die Tatsachen kennenlernen. Was gehe in Godesberg vor? Worüber werde dort gesprochen? Auf welche Schwierigkeiten seien sie gestoßen?

De La Warr und Butler wussten jedoch nicht viel (oder gaben vor, nicht viel zu wissen). Das erklärten sie mit dem Hinweis, die Telefonverbindungen zwischen Godesberg und London würden von den Deutschen abgehört, so dass die britische Delegation in Godesberg sehr vorsichtig sein müsse. Reiner Unsinn! Ich schließe aber die Möglichkeit keineswegs aus, dass London De La Warr und Butler bewusst im Dunkeln tappen lässt. So sehen die von Chamberlain eingeführten Arbeitsmethoden in der Außenpolitik aus. Jedoch sagten die beiden Engländer uns, dass Hitler eine Reihe neuer und unannehmbarer Forderungen gestellt habe und dass der PM am morgigen Tag nach Großbritannien zurückkehren werde. Sehr wahrscheinlich werde in London unverzüglich eine neue Runde von Besprechungen britischer und französischer Minister angesetzt. Doch was hielten wir von der Situation?

M. M. antwortete, dass wir unseren Standpunkt in seinen Ansprachen vor dem Völkerbund am 21. September und heute deutlich genug dargelegt hätten. Wir seien aufrichtig bereit, unsere Verpflichtungen gemäß dem sowjetisch-tschechoslowakischen Pakt zu erfüllen. Es hänge von Frankreich ab. Aber auch die englische Position sei wichtig.

De La Warr versuchte auszuloten, ob die sowjetische Regierung schon irgendwelche militärischen Maßnahmen ergriffen habe. Ob man die Streitkräfte mobilisiert habe, und sei es auch nur teilweise? Seien Truppen an die Grenze verlegt worden?

M. M. vermied es, diese Fragen direkt zu beantworten, und sagte nur, er halte sich seit fast drei Wochen im Ausland auf. [...] Butler sagte, er wünsche sich Klarheit in der Frage, wann und unter welchen Bedingungen die UdSSR bereit sei, tätig zu werden. Erst nach einem Eingreifen Frankreichs? Oder schon vorher?

M. M. erwiderte mit absoluter Eindeutigkeit, man sei bereit, aber erst nach Frankreich. So sähen es die Verpflichtungen vor, die die UdSSR im Rahmen des tschechoslowakisch-sowjetischen Pakts eingegangen sei.

«Was sollte dann der nächste konkrete Schritt sein?», fragte De La Warr.

«Falls die britische Regierung ernsthaft beschließt, in den heraufziehenden Konflikt einzugreifen», antwortete M. M., «sollte der nächste Schritt meines Erachtens sofort eine Konferenz zwischen Großbritannien, Frankreich und der UdSSR sein mit dem Ziel, einen allgemeinen Aktionsplan auszuarbeiten.»

De La Warr stimmte dem zu und fragte M. M., wo eine solche Konferenz stattfinden könne.

M. M. erklärte, der Konferenzort sei von sekundärer Bedeutung, mit einem Vorbehalt: Die Konferenz solle nicht in Genf stattfinden. Hitler habe sich so sehr daran gewöhnt, Genf mit folgenlosem Gerede gleichzusetzen, dass eine hier stattfindende Konferenz keinen geziemenden Eindruck auf ihn machen würde. Und ihn zu beeindrucken sei jetzt wichtiger als alles andere.

De La Warr und Butler bestätigten die Richtigkeit dieses Gedankens, und De La Warr fragte M. M., ob er irgendwelche Einwände dagegen habe, die Konferenz in London abzuhalten. M. M. erwiderte, er habe keine.

«Wer könnte auf der Konferenz die UdSSR vertreten?», fragte De La Warr weiter. «Könnten Sie persönlich daran teilnehmen?»

M. M. antwortete: «Wenn Minister anderer Länder auf der Konferenz zugegen sind, bin ich bereit, nach London zu kommen.» [...]

Beim Abschiednehmen sagten De La Warr und Butler gleich mehrere Male mit bedeutungsvoller Betonung: «Lassen Sie uns das heutige Treffen als den ersten *informal step* auf dem Weg zu einer regelmäßigen Kontaktpflege zwischen den beiden Regierungen betrachten. *Informal* natürlich! Nur *informal*!»

Auf dem Nachhauseweg tauschten M. M. und ich unsere Eindrücke der Unterredung mit den Briten aus. M. M. war, wie gewohnt, äußerst skeptisch. Auch ich bin nicht in einer sehr optimistischen Stimmung, aber eines ist mir klar: Wenn London so großen Wert darauf legt, sich um wenigstens *informal contacts* zur sowjetischen Regierung zu bemühen, muss Chamberlain es schon sehr schwer haben.[52]

Am späteren Abend gab De Valera[1], Präsident der Versammlung, im Hotel Les Bergues einen großen Empfang. Bis zu 1000 Personen jeder Couleur und jeder Rangstufe waren versammelt. Es war heiß, stickig und überfüllt, doch das schien niemand wahrzunehmen. Die Gedanken aller Anwesenden waren anderswo. Die Nachricht von der Mobilmachung der Tschechoslowakei war am späten Nachmittag bekannt geworden. Godesberg wurde von allen als völliger Fehlschlag bewertet.

---

1 Éamon (Edward) De Valera, 1917 Vorsitzender der Sinn-Fein-Partei, 1932–1948, 1951–1954 Premierminister von Irland.

[...] Den ganzen Abend wurde ich den Gedanken nicht mehr los, dass es keinen Ausweg gab und dass ein Krieg unvermeidlich war. [...] Hitler wird natürlich den Weg der Gewalt gehen. Die Tschechoslowakei wird sich mit denselben Mitteln wehren. Es wird Krieg geben, und Frankreich wird Prag zu Hilfe kommen. Wir werden es Frankreich nachtun. Und dann werden die Dinge ihren unvermeidlichen Verlauf nehmen.

24. September

Ein herrlicher, heller, sonniger Tag. Aus unseren Hotelfenstern können wir die sperrige dunkle Masse von Le Salève erkennen, die grünen Felder und Bäume, den blauen See, der uns anzulachen scheint, den gelben Ameisenhügel der Stadt, getaucht in das heitere, frühlingshafte Sonnenlicht ...

Vor diesem zauberhaften Hintergrund mag man kaum glauben, dass die Welt an der Schwelle zu einer großen Katastrophe steht. Oder wird es vielleicht nicht so kommen?

Es ist Samstag. Nur sehr wenige Kommissionen des Völkerbunds halten heute eine Sitzung ab. M. M. und ich verbringen den Vormittag mit Flanieren und Einkaufen. [...] Wir schlenderten eine ganze Weile durch die Gegend, kauften Barometer, Thermometer, Kuverts, Papier und andere Kleinigkeiten. Als wir die Brücke überquerten und auf das klare blaue Wasser hinabblickten, das rauschend unter uns wegschäumte, konnte ich mir die Bemerkung nicht verkneifen: «Was für ein herrlicher Tag, ein so schönes Wetter.»

«Hör auf damit», brummte M. M. mich an. «Du beschwörst damit für morgen nur schlechtes Wetter herauf.»

Für den morgigen Sonntag plant er seine gewohnte Spritztour aufs Land im Auto.

«Wenn Suriz Karten spielt, beginnt er immer mit dem Ausruf: ‹Wunderbare Karten! Schönes Blatt!›, um dann in aller Regel als Verlierer zu enden.»

M. M. reagierte halb grummelnd halb lachend. Immerhin! ... Nicht einmal er ist gegen so etwas wie Aberglauben gefeit.

Chamberlain kam aus Godesberg rechtzeitig zum Mittagessen nach London zurück. Die Details kommen allmählich ans Licht.

Wie sich herausstellt, konfrontierte Hitler den britischen Premierminister in Godesberg mit einer Reihe neuer, unerwarteter Forderungen. [...] Der Appetit kommt beim Essen. Nach Berchtesgaden hat Hitlers Appetit allem Anschein nach erheblich zugenommen. Das ist keine Überraschung, so wie Chamberlain sich dort verhalten hat. Aber wird selbst ein Chamberlain bereit sein, Hitlers unverschämte Forderungen zu schlucken? Und werden die Franzosen sie schlucken? Das ist jetzt der springende Punkt. Man könnte meinen, dass London und Paris an dem Ultimatum von Godesberg ersticken müssten. Aber wer weiß? [...] Halifax hat das Memorandum heute Masaryk übergeben. Dabei kam es zu folgendem Zwiegespräch:

> Halifax: Weder ich noch der Premierminister trauen uns zu, Ihnen einen Rat zu Herrn Hitlers Memorandum zu erteilen. Doch möchte ich Ihnen von Mann zu Mann sagen: Überlegen Sie gut, bevor Sie eine ablehnende Antwort geben. Der Premierminister ist überzeugt, dass Herr Hitler nur das Sudetenland begehrt und dass er, wenn er dieses erhält, keine weiteren Forderungen mehr stellen wird.
>
> Masaryk: Und das glauben Sie?
>
> Halifax (aufbrausend): Ich habe Ihnen gesagt, dass der PM davon überzeugt ist.
>
> Masaryk: Wenn weder Sie noch der Premierminister uns einen Rat zu dem Memorandum geben möchten, worin besteht dann die Rolle des PM?
>
> Halifax: Seine Rolle ist die eines Briefträgers, sonst nichts.
>
> Masaryk: Verstehe ich das richtig, dass der britische Premierminister zu einem Botenjungen für diesen Mörder und Räuber Hitler geworden ist?
>
> Halifax (peinlich berührt): Ja, wenn Sie so wollen.

Meldung aus Moskau, dass Potjomkin den polnischen Geschäftsträger gestern einbestellt und ihm offiziell mitgeteilt hat, dass, falls Polen die tschechoslowakische Grenze überschritte, die sowjetische Regierung darin einen von Polen begangenen Akt der Aggression sähe und den sowjetisch-polnischen Nichtangriffspakt von 1932 mit sofortiger Wirkung aufkündigen würde. [...]

25. September

Sonntag. Der Völkerbund macht Pause. Außerhalb von Genf, in der großen Welt, wo unheilverkündende Dinge vor sich gehen, zeigt das Thermometer noch 40 Grad. In Prag machen sich Menschen bereit, für

Da der Völkerbund wegen Chamberlains Treffen mit Hitler in Bad Godesberg gelähmt ist, machen die Überlebenden der Säuberungen (v. r. n. l.: Maiski, Litwinow, Suriz, Shtein und Kollontai) einen Ausflug in die französischen Alpen.

die Freiheit und Unabhängigkeit ihres Landes zu sterben. In London tagte das britische Kabinett gestern viele Stunden lang, und heute ist eine erneute Zusammenkunft britischer und französischer Minister angesetzt, bei der über das Godesberger Ultimatum gesprochen werden soll. Doch hier in Genf ist es Sonntag, Stille, Ruhe und Erholung von der Arbeit – wie wir als Kinder sangen.

Wir alle, mit Ausnahme von A. M., machen einen weiteren Ausflug nach Frankreich. M. M. will irgendein neues, noch nicht getestetes Restaurant irgendwo in Doucier (Jura) finden. Auf dem Weg dorthin steigen wir aus und gehen spazieren, reden und schließen Wetten ab. M. M. fragt mich: «Nun, was denkst du: Wird es einen Krieg geben oder nicht? Gestern am Genfersee waren wir unterschiedlicher Meinung. Ich glaube, die Engländer und die Franzosen werden ein weiteres Mal nachgeben, und es wird keinen Krieg geben.[53] Jakow Sacharowitsch [Suriz] ist meiner Meinung; Boris Jefimowitsch [Shtein] und Wladimir Alexandrowitsch [Sokolin] vertreten die gegenteilige Ansicht. Und was sagst du?»

Shtein mischt sich in das Gespräch ein und stellt die These auf, die Tschechen würden das Ultimatum ablehnen; Engländer und Franzosen könnten in einer solchen Situation keinen so großen Druck auf sie ausüben; die Deutschen würden angreifen, die Tschechen Widerstand leisten, die Franzosen den Tschechen zu Hilfe kommen müssen, und dann werde der weitere Gang der Dinge einem Lawinenabgang gleichen. Ich höre Shtein zu, und seine Logik scheint unwiderleglich. Aber eine Stimme tief in meinem Inneren sagt mir: Werden Chamberlain und Daladier ihren Mann stehen, wenn die Zeit kommt, klar und deutlich zu sagen: Krieg? Ich bezweifle es. So antworte ich M. M.: «So wie ich meine englischen Freunde kenne, bin ich geneigt, dir zuzustimmen. Es spielen jedoch in die aktuelle Situation noch andere Faktoren hinein, die bislang nicht berücksichtigt worden sind und die das Zeug haben, eine große Rolle zu spielen: zum Beispiel das Verhalten der Tschechen in einer Gefahrensituation. Ich kann deshalb keine Wette abschließen.»

Das Restaurant in Doucier war herausragend. Das Essen war himmlisch. Nach dem Lunch bestellten Agnia und ich Tee. Der Besitzer, der uns persönlich bediente (und warum auch nicht? M. M. wurde auf den ersten Blick erkannt, und von da ab sahen wir uns beständig in eine Atmosphäre liebenswürdiger Aufgeregtheit gehüllt), verzog vor Schreck und Unglauben das Gesicht. «Tee?», fragte er völlig entgeistert. «Sie möchten gerne Tee?»

Wir erkannten, dass wir ein Sakrileg begangen hatten. Der Besitzer fuhr fort: «Ich habe erstklassigen Kaffee! ... Wunderbaren Kaffee ... Sie werden einen so köstlichen Kaffee nirgendwo anders finden!»

Wir gaben uns geschlagen. Sie brachten uns duftenden schwarzen Kaffee ...

Als wir spätnachts nach Genf zurückkehrten, fanden wir die Meldung vor, dass die Tschechoslowakei das Godesberger «Memorandum» zurückgewiesen hatte.

Maiski und Suriz in Genf – die beiden überlebenden ehemaligen Menschewiki in der Londoner und Pariser Botschaft

26. September

Aus Moskau kam heute die Weisung, dass Suriz, Merekalow[1] und ich auf unsere Posten zurückkehren sollten. Suriz war schon seit fünf Tagen wieder in Paris. Nach Rücksprache mit M. M. beschlossen Merekalow und ich, morgen zu reisen. Ich werde die Bahn nehmen, um am 28. September anzukommen, für den eine Parlamentssitzung anberaumt ist, auf der Chamberlain eine Erklärung zu seinen Gesprächen mit Hitler

1 Alexei Fjodorowitsch Merekalow, 1937–1938 Stellvertretender Volkskommissar für Außenhandel, im April 1938 von Stalin persönlich zum Sowjetbotschafter in Berlin bestellt, initiierte ein Jahr später die Wiederannäherung an Deutschland, im Mai 1939 nach Moskau zurückbeordert und auf einen Leitungsposten in der russischen Fleischindustrie abgeschoben.

abgeben wird und auf der vielleicht, wer weiß, ein Beschluss in Sachen Krieg gefasst wird. Agnia wird einen oder zwei Tage später mit dem Auto nachkommen. [...]

Als Chamberlain aus Godesberg zurückkam, suchten Attlee und Greenwood ihn auf. Bei dem Gespräch war auch Halifax zugegen.

Chamberlain begann mit langatmigen Ausführungen der Art, dass Hitler «ein ehrlicher Mensch» sei und dass er, wenn er das Sudetenland bekäme, besänftigt sei. Der Vortrag langweilte Greenwood, der den Premierminister mit der Frage unterbrach: «Haben Sie Hitlers *Mein Kampf* gelesen?»

Chamberlain wurde wütend und erwiderte gereizt: «Ja, das habe ich, aber ich habe mit Hitler gesprochen, und das haben Sie nicht!» [...]

27. September

Am Vormittag bereitete ich mich auf die Bahnreise vor. Agnia und ich machten letzte kleine Einkäufe und letzte Besuche. Ein grauer, nebliger Tag. Dann und wann etwas Nieselregen. Am Abend wurde in Genf eine Verdunkelung angeordnet. Die Stadt versank in vollständiger Dunkelheit. Die Scheinwerfer der Autos, die herumfuhren, leuchteten in einem dunklen Blau. Trotz der Tatsache, dass es ein Probealarm war – oder vielleicht gerade deshalb –, füllten sich die Straßen rasch mit Leuten. Von überall her hörte man das Geräusch von Schritten, dazu gedämpftes Gelächter und Gesprächsfetzen. Junge Leute lockte es in besonders großer Zahl hervor. Sie amüsierten sich!

Am Bahnhof war es stockdunkel. Ich tat mich ziemlich schwer, einen Gepäckträger und dann meinen Waggon zu finden. Ich verabschiedete mich von Agnia, und der Zug fuhr ab. Wie sich herausstellte, war Louis Fischer[1] mein Kabinengenosse. Wir unterhielten uns lange über Spanien und die europäischen Angelegenheiten. Er erzählte mir neben anderen Dingen, dass Chamberlain an diesem Abend eine Radioansprache gehalten habe. Der Premierminister habe fast geweint, seine Stimme habe gezittert, und er habe sich nicht mit dem Gedanken versöhnen können,

---

1 Louis Fischer, US-amerikanischer Journalist, der in den Jahren nach der Revolution Zugang zur sowjetischen Führung erlangte.

dass womöglich binnen Stunden oder Tagen ein Krieg ausbrechen könne. Das ist schlimm. Eine solche Rede lässt nichts Gutes ahnen. [...]

28. September

Der Zug lief pünktlich in Paris ein. Es war etwa sieben Uhr morgens. Ich wurde am Bahnhof abgeholt und begab mich für eine halbe Stunde in die Botschaft. Angesichts der frühen Stunde sah ich davon ab, Suriz zu wecken. Ich traf in der Kanzlei nur einen oder zwei Mitarbeiter an. Mein Zug nach London fuhr 8.20 Uhr. Ich hatte mich bewusst für einen frühen Zug entschieden, der um 15.21 Uhr in London sein sollte, da ich vorhatte, vom Bahnhof direkt zu der Parlamentssitzung zu gehen, auf der Chamberlain um 15.30 Uhr sprechen sollte. [...]

Die Fahrt von Paris nach London verlief ohne Zwischenfälle. Die See war ruhig. [...] Eine große Enttäuschung erwartete mich an der britischen Küste. Der «Kriegsalarm» der letzten Tage hatte bereits die Pünktlichkeit der Züge beeinträchtigt. Unser Zug von Dover nach London hatte eine Stunde Verspätung. Das hatte für mich sehr unangenehme Folgen. Ich hatte gehofft, mein Zeitpuffer von neun Minuten würde reichen, um es von der Victoria Station rechtzeitig zum Beginn von Chamberlains Rede ins Parlament zu schaffen. Aber dann kam ich statt um 15.21 Uhr erst um 16.25 Uhr in London an. Am Bahnhof fragte ich mich natürlich, ob es nicht schon zu spät war, noch zum Parlament zu gehen, doch ich schüttelte den Gedanken ab, sprang aus dem Zug und eilte nach Westminster.

Als ich, nach einem Gewaltmarsch durch die Korridore des Parlamentsgebäudes ziemlich außer Atem, die Stufen zur Diplomatengalerie hinaufrannte, verfiel der dicke, gutmütige Polizist am Zugang, der mich gut kannte, in ein fröhliches Grinsen und fragte eilig: «Haben Sie die gute Nachricht schon gehört? Der Premierminister hat dem Haus gerade mitgeteilt: Herr Hitler hat ihn zu einer neuen Konferenz in München eingeladen. Morgen.»

Ich rannte weiter. Nicht nur alle Galerien, auch alle Zugänge zu ihnen waren gedrängt voll. Mit großer Mühe kämpfte ich mich zur vordersten Reihe durch, doch es gab kein Durchkommen zur Diplomatengalerie. Schlimmer war, dass es da, wo ich war, keine freien Sitze gab. Ich blieb stehen und musterte meine Umgebung. Unten war die Kammer schwarz vor Abgeordneten. Es waren nicht nur alle Bänke so eng besetzt, dass niemand sich rühren konnte, auch in den Gängen drängten sich Abgeordnete zuhauf. Eine ungeheure Anspannung lag in der Luft, fast unerträglich, als könnte es jeden Augenblick zu einer Explosion kommen.

Chamberlain sprach noch. Als ich hereinkam, näherte er sich gerade dem Ende seiner Rede. Er hatte soeben die Einladung Hitlers und seine Zusage, am nächsten Tag nach München zu fliegen, verkündet.[54] [...]

29. September

Halifax lud mich ein. Er begann mit Rechtfertigungen. Die britische Regierung fürchte, die Viererkonferenz, die heute in München zusammengetreten sei, könne bei der sowjetischen Regierung gewisse ungute Vermutungen wachrufen, schließlich kenne London sehr genau unsere Haltung zu allem, was einem «Viermächtepakt» ähnlich sehe. Halifax will unser Misstrauen zerstreuen. Auch wenn sich in München nur vier Mächte träfen, habe die britische Regierung immer den Wunsch gehabt und habe ihn nach wie vor, gute Beziehungen zur UdSSR aufrechtzuerhalten, und verstehe nicht, weshalb dies nicht möglich sein solle.

Als Nächstes gab Halifax mir einen Überblick über die Umstände, die zur Münchner Konferenz geführt haben. Der Premierminister habe in seinem verzweifelten Bemühen, einen Krieg abzuwenden, am Morgen des 28. September einen letzten Appell an Hitler und Mussolini gerichtet. Um 16 Uhr habe er – während seiner Rede im Parlament – die Einladung Hitlers erhalten, am 29. zu einer Konferenz nach München zu kommen, an der auch Mussolini und Daladier teilnähmen. Chamberlain habe die Einladung angenommen, ohne sich mit den Franzosen zu beraten, da ihm die Sachlage absolut klar erschienen sei. Schließlich habe auch Daladier die Einladung nach München angenommen, ohne die Briten zurate zu ziehen. Die Frage, ob nicht auch die UdSSR eingeladen werden solle, habe die britische Regierung zum einen deshalb nicht aufgeworfen, weil die Zeit furchtbar knapp gewesen sei und man keine Minute habe verlieren dürfen, zum anderen und vor allem aber, weil man im Vorhinein gewusst habe, wie Hitler auf einen solchen Vorschlag reagiert hätte. Man könne die letzte Chance, den Frieden zu erhalten, nicht wegen eines Streits über den Teilnehmerkreis der Konferenz aufs Spiel setzen.[55] [...]

Nachdem ich mir das alles angehört hatte, erkundigte ich mich nach der Tagesordnung der Konferenz. Halifax warf die Hände nach vorn und sagte, man habe keine Zeit gehabt, eine Tagesordnung auszuarbeiten; sie werde sich wohl weitgehend aus den Absichten und der Stimmungslage

«Was, kein Stuhl für mich?»: Karikatur von David Low

des «Führers» ergeben. In jedem Fall schließe Halifax die Möglichkeit nicht aus, dass in München Fragen aufgeworfen würden, die nicht nur die Tschechoslowakei betreffen, sondern auch andere Probleme wie Spanien, die allgemeine «Befriedung» in Europa usw.[56] [...]

30. September

[...] Gestern blieb ich bis fast vier Uhr auf und hörte Radio. Um 2.45 Uhr wurde endlich gemeldet, dass in München eine Einigung erzielt und dass der Friede Europas gesichert worden sei. Aber was für eine Einigung! Und was für ein Friede!

Chamberlain und Daladier haben vollständig kapituliert. Die Viererkonferenz akzeptierte im Wesentlichen das Godesberger Ultimatum mit geringfügigen und vernachlässigbaren Modifikationen. Dass der Anschluss des Sudetenlandes an Deutschland nicht am 1., sondern am 10. Oktober stattfinden wird, ist der eine «Sieg», den die Briten und Franzosen errungen haben. Was für ein grandioser Erfolg!

Ich lief lange Zeit in Gedanken im Esszimmer hin und her. Meine Gedanken waren quälend. Es ist schwer, die wirkliche Bedeutung dessen, was sich gerade ereignet hat, auf einmal zu erfassen, aber ich spüre und begreife, dass letzte Nacht eine Wegmarke von kolossaler geschichtlicher Bedeutung passiert worden ist. Mit einem Ruck ist Quantität in Qualität umgeschlagen und die Welt plötzlich eine andere geworden. [...]

Morgens wachte ich mit Kopfschmerzen auf, und als Erstes fiel mir ein, dass ich unverzüglich Masaryk besuchen müsse. Als ich sein Empfangszimmer betrat, war niemand darin. Nach einer Minute hörte ich vom Treppenhaus her eilige Schritte, und der Hausherr glitt herein. Etwas Seltsames und Unnatürliches umwehte seine hochgewachsene, kräftige Gestalt, als hätte sie plötzlich einen Eispanzer angesetzt und ihre gewohnte Agilität verloren. Masaryk warf mir einen flüchtigen Blick zu und versuchte in gewohnter Weise Konversation zu machen. «Was für ein schönes Wetter wir heute haben, nicht wahr?»

«Vergessen Sie das Wetter», sagte ich mit einer unwillkürlichen Handbewegung. «Dafür bin ich nicht hergekommen. Ich bin hier, um in diesem außerordentlich schweren Moment mein tiefes Mitgefühl mit Ihrem Volk zum Ausdruck zu bringen und auch meine große Empörung über das schändliche Verhalten Britanniens und Frankreichs.»

Es war, als ob plötzlich Strom durch Masaryks langen Körper flösse. Das Eis schmolz im Nu, die Starre wich einer bebenden Erregung. Nach einigen eher komischen schaukelnden Bewegungen durch Wippen mit den Füßen warf er sich mir unvermittelt an die Brust und schluchzte bitterlich. Ich war darauf nicht gefasst und ein bisschen konsterniert. Er gab mir einen Kuss und murmelte durch seinen Tränenschleier: «Die haben mich in die deutsche Sklaverei verkauft, wie sie früher Neger in die amerikanische Sklaverei verkauft haben.»

Ganz allmählich beruhigte sich Masaryk und begann Entschuldigungen für seine Schwäche zu stammeln.

Ich drückte ihm fest die Hand. [...]

Gestern hatte ich eine lange Unterredung mit Churchill. Das war, bevor die Meldung aus München kam, und Churchill brachte seine fast hundertprozentige Zuversicht zum Ausdruck, dieses Mal werde Chamberlain Hitler keine nennenswerten Zugeständnisse machen können. Zumindest werde Chamberlain nicht hinter den englisch-französischen Plan vom 18. September zurückgehen können! Wie furchtbar Churchill sich doch getäuscht hat! [...]

Am Ende berichtete mir Churchill von der Kampagne gegen die UdSSR, die derzeit in London inszeniert werde. Wie sich herausstellt, haben der Cliveden Set und andere verwandte Elemente nach Kräften Gerüchte verbreitet, die sowjetische Luftfahrt sei ausgezehrt: Die jüngsten «Säuberungen» hätten sie fast ihres gesamten qualifizierten Personals beraubt. [...] Churchill hat aus Kabinettskreisen erfahren, dass die britische Regierung in den Besitz eines Dokuments gelangt sei, das bestätige, dass zwischen 60 und 70 Prozent der Offiziere unserer Luftwaffe in der einen oder anderen Form «liquidiert» worden seien. Churchill bemühte sich zwar, ein skeptisches Grinsen aufzusetzen, während er mir das alles erzählte, aber ich merkte, dass ihn die «Informationen», die er bekommen hatte, Sorgen bereiteten. Ich mokierte mich über das leere Geschwätz des Cliveden Set und versuchte Churchill zu beruhigen. Wie weit mir das gelungen ist, weiß ich nicht.

1. Oktober

Ich suchte Lloyd George in Churt auf. Wir führten ein langes Gespräch über die Krise. Neben anderen Dingen erzählte mir Lloyd George eine bemerkenswerte Geschichte. Vor einer Woche kam Baldwin zu Chamberlain und sagte: «Sie müssen alles in Ihrer Macht Stehende tun, um einen Krieg abzuwenden, notfalls um einen demütigenden Preis. Stellen Sie sich einfach vor, was passieren wird, wenn es zum Krieg kommt! Unser vollständiger Mangel an Kriegsbereitschaft wird sofort offenkundig werden, und dann will die empörte Öffentlichkeit uns beide an einer Straßenlaterne hängen sehen.» Lloyd George ist überzeugt, dass diese Erwägung eine bedeutende Rolle bei der Kapitulation in München gespielt hat. [...]

Lloyd George interessierte sich für die sowjetische Resonanz auf die Münchner Konferenz. Ich sagte ihm, ich sei noch nicht voll informiert worden, zweifle jedoch nicht daran, dass die Reaktion negativ und heftig ausfallen werde. Die Enttäuschung und der Ärger über Großbritannien und Frankreich nähmen zweifellos zu, und in der Bevölkerung würden sich die isolationistischen Neigungen verstärken. Natürlich werde die sowjetische Regierung mit ihrem quasi angeborenen Realismus (von dem Chamberlains Welten entfernt) kaum irgendwelche folgenschweren Entscheidungen überhastet treffen. Am wahrscheinlichsten sei, dass sie abwarten, die Dinge durchdenken, die aktuelle Lage auf den Prüfstand stellen und die absehbaren Folgeentwicklungen analysieren werde, bevor sie sich zu irgendwelchen Veränderungen in unserer Außenpolitik entschließe. Ich spräche jetzt aber nicht von der Stimmungslage der breiten Öffentlichkeit.

▸ Für die Sowjetunion (und für Litwinow und Maiski persönlich) bedeutete das Münchner Abkommen einen katastrophalen Rückschlag. Litwinows «langjährige und unermüdliche Bemühungen, seiner Politik der kollektiven Sicherheit gegen Deutschland zum Durchbruch zu verhelfen», berichtete der britische Botschafter aus Moskau, «scheinen [...] ins Wasser gefallen zu sein». Litwinow habe sich «seit seiner Ankunft [aus Genf] kaum sehen lassen».[57] Maiski sah sich schweren Vorwürfen ausgesetzt, er habe es versäumt, sich kritisch zu den «trügerischen Erfindungen» Halifax' und anderer über angebliche Konsultationen oder gar eine Zusammenarbeit mit der Sowjetunion vor dem Münchner Abkommen zu äußern. «Man hat den Eindruck», hieß es in einer dieser Maßregelungen, «dass du diese Augenwischerei allen Ernstes akzeptierst, die du jedoch leicht hättest durchschauen können.»[58] Es verwundert angesichts dessen kaum, dass Maiski in der Folge mit Attributen wie «nebulös», «sardonisch», «ominös» bedacht wurde, als einer, der aus seiner «unsagbaren Verachtung für die Politik Chamberlains» kaum einen Hehl mache, eine Politik, von der er fürchtete, sie werde in einen Viermächtepakt und in der Folge zu einer institutionalisierten Isolation Russlands führen.[59] Für Maiski war Chamberlain von jetzt an «der Feind», und Halifax verspottete er als «den Bischof», der sich «zum Gebet zurückzieht und danach ein schlimmerer Heuchler ist als davor».[60]

Die wütende Kritik der Sowjetunion am Münchner Abkommen hätte Chamberlain zum Nachdenken darüber bewegen müssen, dass die Sowjetunion die Konsequenz ziehen könnte, sich auf sich selbst zurückzuziehen und sich, der daraus entstehenden Not gehorchend, um ein Arrangement mit Hitler zu bemühen. Angesichts fehlender politischer Alternativen ließ Stalin sich jedoch noch eine Weile von Litwinow von einem Rückzug in die Isolation abhalten, besonders nach Hitlers Einmarsch in Prag im März 1939. Maiskis existenzielles Bedürfnis, die Fahne der kollektiven Sicherheit hochzuhalten, führte zu einem ambivalenten Taktieren: Während er einerseits die Gefahr einer Isolierung der Sowjetunion an die Wand malte, versicherte er den Briten andererseits, dass eine solche Entwicklung nicht sehr wahrscheinlich sei.[61]

11. Oktober

In den heutigen Morgenzeitungen stieß ich auf einen Bericht über die Rede, die Lord Winterton[1] (Kabinettsmitglied und Kanzler des Herzogtums Lancaster) am 10. Oktober in Shoreham gehalten hat. «Russland», erklärte er darin, «hatte im Verlauf der Krise um die Tschechoslowakei keine Unterstützung angeboten und hat sich aufgrund seiner militärischen Schwäche lediglich auf vage, allgemein gehaltene Versprechungen beschränkt.»

Ich beschloss, sofort tätig zu werden, sogar ohne vorherige Rücksprache mit Moskau. Zuallererst schickte ich meine Stellungnahme zu Wintertons Lügenmärchen an die Presse und ersuchte dann Halifax um ein Treffen. [...] Ich traf die folgende Feststellung:

[...] «Die Absicht hinter den von den vorerwähnten Personen verbreiteten Verleumdungen ist vollkommen klar. Sie wollten schlicht und einfach die Verantwortung von dem kranken auf den gesunden Akteur abwälzen und den Anschein erwecken, dass am systematischen Zurückweichen Großbritanniens und Frankreichs vor den Aggressoren, das in dem Münchner Abkommen gipfelte, die UdSSR schuld wäre.» [...]

Ich wandte mich, da ich meine Mission für vollbracht hielt, bereits zum Gehen, als Halifax, offensichtlich von meinem Schlusssatz provoziert, mich zurückhielt und zu sprechen begann: «Mir scheint, dass Sie, wie auch viele andere in Europa, die Position Englands nicht klar genug erkannt haben. Wir sind der Meinung, dass die Welt heute Zeuge eines Kampfes zwischen zwei Ideologien wird – dem Faschismus und dem Kommunismus. Wir als Engländer unterstützen weder den einen noch den anderen. Mehr noch, wir mögen weder den einen noch den anderen. Wir haben unsere Vorstellungen und Institutionen, die sich im Verlauf von Jahrhunderten herausgebildet haben. Wir möchten diese nicht gegen irgendetwas anderes eintauschen. In dem Kampf zwischen den beiden Fronten nehmen wir eine neutrale oder, wenn Sie so wollen, mittlere Position ein. Genau aus diesem Grund werden wir auf dem Festland so oft missverstanden und so oft von beiden Seiten angegriffen.»

---

1 Lord Edward Winterton, 1937–1939 Kanzler des Herzogtums Lancaster, März bis Mai 1938 Stellvertretender Staatssekretär für Luftfahrt, März 1938 bis Januar 1939 Kabinettsmitglied.

Ich habe diese «Philosophie» der feigen Briten schon tausendmal gehört, so dass es mir nicht schwerfiel, die nötigen Gegenargumente vorzubringen. Ich sagte mit verhaltenem Spott, der berüchtigte «Antikomintern-Pakt», der sich vorgeblich vor allem gegen die UdSSR richten solle, habe bisher gute Dienste gegen China, Spanien, die Tschechoslowakei, Abessinien sowie gegen die Interessen des britischen und des französischen Empire geleistet.[62] [...]

25. Oktober

Kriegsminister Hore-Belisha[1] kam zum Mittagessen herüber. [...] Er war leutselig, schüttete russischen Wodka in sich hinein und sagte einige interessante Dinge. Die Flugzeugflotten Deutschlands und Großbritanniens verhalten sich zueinander wie 3 zu 1. Die Produktionskapazität der deutschen Flugzeugfabriken liegt bei 800 Stück pro Monat, während die Briten planen, ihre Produktion frühestens Ende 1939 auf 700 Flugzeuge im Monat zu steigern. [...] Ich fragte, ob das Kabinett wenigstens vorhabe, in naher Zukunft ein Ministerium für Rüstungsproduktion zu eröffnen und die Wirtschaft zu mobilisieren.

«Noch nicht», antwortete Hore-Belisha.

«Warum nicht?», hakte ich nach.

«Warum nicht?» Belisha zuckte mit den Achseln und sagte in sarkastischem Ton: «Sind Sie in letzter Zeit in der 10, Downing Street gewesen?»

«Nein, bin ich nicht.»

«Da haben Sie's. Wären Sie dort gewesen, hätten Sie sehen können, dass es in der Wohnung des PM von Blumensträußen wimmelt, die ihm Verehrerinnen aus dem ganzen Land geschickt haben. Der PM betrachtet München allen Ernstes als einen Sieg und ist überzeugt, dass er, wenn er nur Hitler und Mussolini mit Samthandschuhen anfasst, Europa den Frieden sichern wird.»

In die Sprache der Politik übersetzt, bedeutet das, dass Chamberlain vorhat, sogar noch weiter zurückzuweichen. Hore-Belisha bestätigte das: Auch wenn noch kein offizieller Kabinettsbeschluss gefasst worden sei, sei die Mehrheit der Minister der Meinung, man solle mit Hitler einen «Kolonialpakt» schließen.[63]

---

1 Leslie Hore-Belisha (1. Baron Hore-Belisha of Devonport), 1937–1940 britischer Kriegsminister, 1939/40 Mitglied des Kriegskabinetts.

3. November

Halifax lud Agnia und mich zum Lunch ein. [...] Außer den Gastgebern waren Inskip, De La Warr und Butler mit ihren Gattinnen dabei. Es gab gute Hausmannskost. Ernste Gespräche wurden nicht geführt. Nach dem Essen ließ mir Inskip die Haare zu Berge stehen, indem er sich plötzlich über seine Unfähigkeit mokierte, militärische Fachausdrücke zu durchschauen. «Was ist eine Division? Es gibt eine Friedensdivision und eine Kriegsdivision, eine kontinentale Division, eine kaiserliche Division, eine stationierte Division und eine Territorialdivision, und jede dieser Divisionen besteht aus einer unterschiedlichen Anzahl von Männern. Der Unterschied beträgt manchmal bis zu 50 oder 60 Prozent! Oder nehmen Sie Luftgeschwader. Wie viele Flugzeuge hat ein Geschwader? Neun? Zwölf? Fünfzehn? Man weiß es nie. Oder die Marine. Aus wie vielen Schiffen besteht eine Flottille? Diese Fachausdrücke sind mir ein Buch mit sieben Siegeln. Warum kann das Militär seine Begrifflichkeit nicht vereinfachen und konkretisieren?»

Das waren die Worte des britischen Ministers für die Koordination der Verteidigung! Ist es da noch verwunderlich, dass die Verteidigung seines Landes in einem so erbärmlichen Zustand ist?[64] [...]

9. November

Wieder einmal nahm ich am traditionellen Bankett des Bürgermeisters der City of London[1] teil. Zum sechsten Mal. Es wird langweilig, weil sich jedes Jahr dieselbe Zeremonie wiederholt.

[...] An der Tafel wurde ich zwischen den Hoares, Mann und Frau, platziert, und führte ein sehr interessantes Gespräch mit Sir Samuel. Anfänglich vermied ich absichtlich politische Themen und sprach vorwiegend über Literatur. Hoare sagte, er lese eine Menge, auch russische Literatur. Er hat ein Faible für Stendhal und Mérimée. Er lobte Alexej Tolstois *Peter der Erste*, das er in der Übersetzung gelesen habe, über die Maßen. Hoare ist auch ein glühender Bewunderer Puschkins – dessen sämtliche Werke hat er im Original gelesen. [...] Allmählich wandte sich unser

1 Sir Frank Henry Bowater, 1929/30 Sheriff von London, 1934–1937 Mitglied des London County Council, 1938/39 Bürgermeister von London.

Als Gastgeber von Alexej Tolstoi, dem Autor des Buches *Peter der Erste*.

Gespräch dann doch politischen Themen zu, und was ich da von Hoare zu hören bekam, war höchst charakteristisch und lehrreich.

Nach Aussage Hoares, der Innenminister ist und Chamberlains «innerem Kabinett» angehört, stehen die Aussichten für Frieden in Europa heute besser als vor sechs oder zwölf Monaten. Warum? Einfach weil das tschechoslowakische Problem, das als Einziges zum Auslöser einer europäischen Katastrophe hätte werden können, gelöst ist. Die Expansion Deutschlands nach Südost sei ein «natürlicher Prozess» und dürfe nicht zu einem europäischen Krieg führen. Spanien sei keine Bedrohung mehr für den Frieden in Europa. Es gebe somit keine politischen Verwicklungen mehr, die sich in einem europäischen Krieg entladen könnten. [...]

Ich zog aus meinem Gespräch mit Hoare den Schluss, dass die britische Regierung nicht ernsthaft plant aufzurüsten und sich offensichtlich mit der Aussicht auf eine deutsche Vorherrschaft in Europa abgefunden hat. Was steckt dahinter?

Der Hauptgrund ist, wie mir scheint, dass Chamberlain noch immer nicht die Hoffnung aufgegeben hat, mit den Aggressoren «zurande zu kommen», und sei es auf Kosten dritter Länder und mit dem Effekt, die Aggressoren, insbesondere Deutschland und Japan, gegen die UdSSR in Stellung zu bringen.

25. November

Eden und seine Frau kamen zum Lunch. Sie musterten mit Kenneraugen die Wände des gelben Salons und des oberen Speisezimmers. Sie waren voll des Lobes für die Gemälde von Kustodiew[I] und Grabar[II] wie auch für die Möbel. Auch einige andere Bilder und Radierungen gefielen ihnen. Ich erinnerte mich daran, dass Eden, als er seinen Moskauaufenthalt plante, mich bat, in sein Tagesprogramm einen Besuch im Museum für Westliche Malerei einzuplanen. Seine künstlerische Herkunft kommt zum Vorschein!

Die Tafelrunde bestand aus uns vieren. Die Unterhaltung war sehr offen, weit offener als zu der Zeit, als Eden Außenminister war.

Ich fragte Eden, wie er die unmittelbare Zukunft Englands beurteile. Werden Chamberlain und seine Politik des «Appeasement» lange Bestand haben?

Eden zuckte mit den Achseln und erwiderte, die aktuelle Lage sei sehr unklar. Chamberlain habe sicherlich seine Partei hinter sich und könne sich bis zur nächsten Wahl halten. [...]

«Folgt daraus», versetzte ich, «dass im Augenblick keine Hoffnung auf eine Kursänderung in der britischen Außenpolitik besteht?»

«Was kann ich sagen?», antwortete Eden. «Eine Kursänderung in der Politik ist auch ohne eine Wahl vorstellbar. Der Gang der Dinge könnte auch die amtierende Regierung unter Handlungszwang bringen.»

Eden hielt eine Sekunde inne, bevor er weitersprach: «Wenn ich an Chamberlains Stelle wäre, täte ich Folgendes: Ich träte vor die Partei und die Nation und sagte: Ich habe alles in meiner Macht Stehende getan, um eine Vereinbarung mit Deutschland zu erreichen und die ‹Befriedung› Europas zu sichern. Ich habe für dieses Ziel alle erdenklichen Zugeständ-

---

I Boris Michailowitsch Kustodiew, russischer Maler und Bühnenbildner, vor allem bekannt für seine Porträts und Szenen aus dem traditionellen Landleben.

II Igor Emmanuilowitsch Grabar, sowjetischer Maler, spezialisiert auf Landschaften und Ansichten alter russischer Landgüter, 1913–1925 Kurator der Tretjakow-Galerie, 1944–1960 Wissenschaftlicher Direktor des Zentralen Restaurationsateliers in Moskau.

nisse gemacht. Ich habe viele Opfer gebracht. Ich war bereit, meinen Stolz und den meines Landes zu vergessen und Anwürfe, Kritik und Beschuldigungen auszuhalten, alles um der Erreichung des Zieles willen. [...] Doch jetzt erkenne ich, dass all meine Anstrengungen umsonst waren: Deutschland will keinen ehrenhaften Frieden für beide Seiten, es will eine *pax germanica*. Damit kann ich nicht einverstanden sein. Die Grenze ist überschritten. So weit können wir nicht gehen. Wir müssen uns verteidigen. Wenn der Premierminister die Situation so darstellte, hätte er ein einiges Land hinter sich und könnte eine entschlossene und würdige Politik für einen echten Frieden betreiben.»

«Glauben Sie, dass Chamberlain fähig ist, einen Salto dieser Art zu vollbringen?»

Eden schmunzelte. «Nein, er wird das natürlich nicht tun.»

«Wie können Sie dann einen Kurswechsel in der Außenpolitik unter dem derzeitigen PM erwarten?», fragte ich nach.

«Ich spreche von der Regierung, nicht vom PM», antwortete Eden. «Ein Kurswechsel in der Politik ist natürlich nur möglich, wenn das gegenwärtige Kabinett grundlegend erneuert wird.»

[...] Das Problem sei, dass die Macht des Parteiapparats immens gewachsen sei und viele Abgeordnete in Angst und Schrecken versetze. Vor 25 Jahren gab es noch viele konservative Abgeordnete mit Privatvermögen, die sich unabhängig fühlten und sich wenig um die ihnen vom Fraktionseinpeitscher erteilten Anweisungen scherten. Sie redeten und stimmten ab, wie es ihnen beliebte. Heutzutage erhalten die allermeisten Abgeordneten der Konservativen in Wahlkampfzeiten Zuschüsse von der Partei und sind daher bemüht, sich bei der Fraktionsführung lieb Kind zu machen.

«Ist das nicht so, Beatrice[1]?», fragte Eden seine Frau.

Beatrice pflichtete ihrem Mann bei und nannte ihren verstorbenen Vater als ein typisches Beispiel. Im weiteren Verlauf unserer Unterhaltung beendete Eden seine Meinungsäußerungen noch mehrmals mit der Floskel: «Ist das nicht so, Beatrice?»

Offenbar ist Beatrice nicht nur Edens Gattin, sondern auch seine Beraterin.

[...] Eden ließ kein gutes Haar an Chamberlains Außenpolitik. Sie

1 Beatrice Eden, Anthony Edens Ehefrau.

führe auf direktem Wege zum Niedergang des britischen Empire. Die Politik des PM in Sachen Wiederaufrüstung sei eigentlich kriminell. Große Sorge bereiten Eden auch die unmittelbaren Zukunftsaussichten in Frankreich. Er interessiert sich sehr für unsere Standpunkte zu internationalen Angelegenheiten und war sichtlich erfreut zu hören, dass wir nicht zu übereilten unumstößlichen Entschlüssen neigten, sondern den Gang der Dinge in Europa aufmerksam verfolgten. Er wiederholte, dass nach seinem Ermessen das Heil einzig und allein in einer Achse London–Paris–Moskau liege, und fügte in diesem Zusammenhang hinzu, er werde die Rede, die er während seines Moskaubesuchs 1935 bei einem dortigen Abendessen gehalten hatte, in eine Sammlung seiner Reden aufnehmen, die demnächst als Buch erscheine.

Im Verlauf unserer Unterhaltung bemerkte ich en passant, der Kapitalismus sei eine ausgelaugte Kraft. Ich war überrascht, als ich Edens Antwort hörte: «Ja, da haben Sie recht. Das kapitalistische System in seiner heutigen Form hat seine große Zeit hinter sich. Was wird an seine Stelle treten? Ich kann es nicht konkret sagen, aber es wird sicherlich ein anderes System sein. Staatssozialismus? Ein halber Sozialismus? Ein Dreiviertelsozialismus? Vollständiger Sozialismus? Ich weiß es nicht. Vielleicht wird es ein ‹konservativer Sozialismus› in einer besonders reinen britischen Form sein. Wir werden sehen.»

18. Dezember

[…] Masaryk, den ich vor zwei Tagen traf, erzählte mir, bei seiner Abschiedsaudienz habe der König ausgiebig über die Probleme lamentiert, auf die Chamberlain bei seinem Versuch, seine «Appeasement»-Politik gegenüber Akteuren wie Hitler und Mussolini durchzusetzen, immer wieder stoße. Wörtlich sagte der König: «Diese Leute (Hitler und Mussolini) waren für ihre Völker einmal nützlich. Sie einigten sie und flößten ihnen Mut und Zuversicht ein. Doch die nutzbringende Mission Hitlers und Mussolinis ist vorbei. Alles, was sie jetzt tun, ist gegen uns und gegen die Zivilisation gerichtet.»

Und Halifax bat Masaryk bei dessen Abschiedsbesuch, dem US-Präsidenten Roosevelt, den Masaryk auf seiner Reise in die USA zu treffen hofft, auszurichten, dass «weder der Premierminister noch ich uns irgendwelchen Illusionen in Bezug auf Deutschland hingeben».

Symptomatisch.

Opfer des Münchner Abkommens: Maiski tröstet Masaryk.

19. Dezember

Heute hatten wir ein Abschiedsessen für Masaryk. [...] Die Zahl der abspringenden Diplomaten steigt rapide an: Franckenstein[I], der Österreicher, der inzwischen eingebürgert ist und den Titel Sir George Franckenstein trägt; Martin, der Abessinier, der seit dem 15. November (dem Tag, an dem das englisch-italienische Abkommen in Kraft trat) zu keinem einzigen offiziellen Empfang mehr eingeladen worden ist; und jetzt Masaryk. All dies im Verlauf eines einzigen Jahres! Was für eine Beschleunigung! Es fragt sich, wer der Nächste sein wird.

In seiner sympathischen, aber auch sehr diffusen Rede verkündete Masaryk: «Ich werde dafür kämpfen, dass die ‹Loreley› wieder auf Deutsch gesungen wird!»[65]

► Seit München stand für Litwinow fest, dass es aussichtslos war, Großbritannien und Frankreich für das Konzept der kollektiven Sicherheit gewinnen zu wollen. Seine Haltung entsprach jetzt weitgehend den im Kreml vor-

I Georg Freiherr von und zu Franckenstein, 1920–1938 österreichischer Gesandter in London.

herrschenden isolationistischen Überzeugungen, doch war er politisch gelähmt, da er weiterhin mit der diskreditierten Idee der kollektiven Sicherheit verbunden wurde und sich weigerte, die auf der Hand liegende Alternative einer Aussöhnung mit Deutschland auch nur in Erwägung zu ziehen. Maiski, dessen Handlungsspielraum sich bedeutend verengt hatte, bewahrte sich noch einen Funken Hoffnung darauf, dass der Schaden repariert werden könne. Er bemühte sich unermüdlich, oppositionelle Elemente in den Kreisen der Regierung zum Handeln zu bewegen.[66]

Nach wie vor verwöhnte Maiski seine «Kollaborateure» mit Geschenken wie Kaviar und Wodka, besonders jetzt, da das Jahr sich seinem Ende zuneigte.[67] Auf der anderen Seite machte er Litwinow gegenüber keinen Hehl daraus, dass nach seiner Überzeugung die Politik Chamberlains nicht auf «Widerstand» angelegt war, sondern auf «ein weiteres Zurückweichen vor dem Aggressor». Aus der Umgebung Chamberlains hatte er die folgende Äußerung zugetragen bekommen: «Welchen Sinn hat es, eine Kuh zu füttern, die Hitler sowieso schlachten wird?» Litwinow war erfreut zu sehen, dass Maiski «die Erfolge der englischen Opposition nicht überbewertet».[68]

Das Jahr 1938 endete für Maiski also niederschmetternd. Er hatte sich ein Stück weit von Litwinow, seinem einzigen verbliebenen Förderer in Moskau, der selbst am Rande des Abgrunds entlangbalancierte, entfremdet. Zu Beginn des Jahres hatte Maiski sich noch – wenn auch mit einem Schuss Galgenhumor – beim Narkomindel dafür bedankt, dass es der Botschaft «neues Blut injiziert» habe, und versprochen, er werde «diesen neuen Leuten helfen, auf eigenen Füßen zu stehen». Allerdings hatte er auch – vermutlich in dem Bemühen, die eigenen Überlebenschancen zu erhöhen – eine Mahnung ausgesprochen: Die neuen Kader besäßen «keine Erfahrung in der diplomatischen Arbeit, namentlich in Bezug auf die schwierige und sensible Arbeit, die in Metropolen wie London geleistet werden muss».[69]

In seiner Privatsphäre sah er sich wachsenden Zumutungen ausgesetzt, kulminierend in einem kritischen Bericht einer Ermittlungskommission nicht nur über die Arbeit der Botschaft, sondern auch über ihre Inneneinrichtung. An der Stellungnahme, die Maiski dazu abgab, lässt sich ablesen, wie prekär und zuweilen entwürdigend die Stellung eines sowjetischen Botschafters in jenen Jahren war:

> [...] Im Verlauf der letzten paar Jahre habe ich mich bemüht, die botschaftseigene Sammlung von Gemälden zu ergänzen und zu erneuern, so dass sie adäquate Werke alter und neuer Künstler repräsentiert. In diesem Sinn habe

Maiski: «Im Empfangszimmer hängt ein sehr gelungenes, lebensgroßes Porträt des Genossen Stalin, gemalt von Sokolow, so platziert, dass es den Raum beherrscht.»

ich […] ein paar Gemälde zeitgenössischer sowjetischer Künstler und einige Porträts des Genossen Stalin hinzugenommen … eine Büste von Lenin und andere Kunstwerke. […] So wie Abs. 7 [des Berichts] formuliert ist, kann der Eindruck entstehen, es gebe in der Botschaft keine Porträts [von Stalin]. Das genaue Gegenteil ist der Fall. Gerade im Empfangszimmer, von dem die Rede ist, hängt ein sehr gelungenes, lebengroßes Porträt des Genossen Stalin von Sokolow[1], so platziert, dass es den Raum beherrscht. […] Viele weitere Porträts unseres Führers befinden sich in anderen Räumen und Bereichen der Botschaft.[70]

1 Der Maler Michail Xenofontowitsch Sokolow startete seine künstlerische Laufbahn als innovativer und überaus produktiver Suprematist und landete später als Mitglied des Moskauer Instituts für Malerei und Grafikkunst (1936–1938) beim sozialistischen Realismus. In dieser Zeit bestellte Stalin bei Sokolow das besagte Porträt und ein Gemälde, das Lenin bei der Ankunft auf dem Finnischen Bahnhof in St. Petersburg im April 1917 zeigt, im Begriff, die bolschewistische Revolution ins Werk zu setzen. Auf dem Bild sieht man Stalin aus dem Zug steigen, der aber in Wirklichkeit nicht an Ort und Stelle gewesen war. 1938 wurde Sokolow verhaftet und zu sieben Jahren Verbannung in Sibirien verurteilt.

1939

10. Januar

Ein neues Jahr. Was wird es bringen?

Ich rechne mit einem stürmischen und schwierigen Jahr, einem epochalen vielleicht sogar. Wir werden sehen ...

Den Jahreswechsel feierten wir in Paris. Agnia und ich stahlen uns für fünf, sechs Tage davon; wir brauchten einen Tapetenwechsel. Wir waren unserer gewohnten Londoner Umgebung einfach überdrüssig. Wir haben es uns gut gehen lassen, verbrachten einen großen Teil unserer Zeit mit Spaziergängen durch Paris – eine wunderbare Stadt! Jammerschade, dass es die Hauptstadt eines im Niedergang begriffenen Landes ist. Wir besuchten Museen, Galerien und Theater – sahen fast alle Stücke, die gerade auf dem Spielplan stehen –, und natürlich diskutierte ich ausgiebig mit S[uriz] über diverse politische Themen. [...]

19. Januar

Ich gratuliere dir, Iwan Michailowitsch, zu einem wichtigen Geburtstag: Heute wirst du 55 Jahre alt!

Ich bin mehr als ein halbes Jahrhundert alt. Was für eine Lebenszeit! Mein Lebensfaden verläuft entlang der Grenze zweier großer Epochen, zwischen dem Ende des Kapitalismus und dem Anfang des Sozialismus. [...] Was hält die Zukunft bereit?

[...] Wenn ich unvorhersagbare und unerwartete Ereignisse einmal außer Acht lasse – von denen unsere Zeit mehr als genug bereithält –, kann ich versuchsweise den folgenden «Plan für den Rest meines Lebens» (schließlich ist das Ende schon in Sichtweite) skizzieren:

Nach meinem derzeitigen Gesundheitszustand zu urteilen (auch hier wieder unvorhergesehene Ereignisse und Umstände außer Acht lassend), kann ich hoffen, ca. 75 Jahre alt zu werden. Ich habe also noch rund 20 Jahre zur Verfügung. Ich teile diese Zeit in zwei mehr oder weniger gleich lange Phasen ein. Die nächsten zehn Jahre, bis ich 65 bin, können noch für aktive Arbeit im Dienst der Partei und des Staates genutzt

Vor dem Sturm: eine Pause in Paris

werden, also im Dienst des Sozialismus. Unter Berücksichtigung meiner Erfahrung, meines Wissens, meiner Ausbildung usw. wäre es am zweckmäßigsten, wenn ich im Bereich der Außenpolitik verbliebe. Die darauf folgenden zehn Jahre, zwischen 65 und 75, sollten der Aufgabe gewidmet werden, mein Leben zu resümieren und «abzurunden» insbesondere meine Memoiren zu schreiben, für die ich vielleicht den Titel «Der Roman meines Lebens» wählen werde. [...]

26. Januar

Barcelona ist gefallen. Der bloße Gedanke daran lässt mir das Herz bluten. Während der vergangenen zweieinhalb Jahre, in denen das Schicksal mich so eng mit den Geschicken Spaniens verbunden hat, habe ich mich mit dem heroischen Kampf der spanischen Republik identifiziert. Ihre Siege waren meine Siege, ihre Niederlagen meine Niederlagen. Es mag seltsam erscheinen, aber irgendwie ist es, als ob wir in der Sowjetunion auf einmal das spanische Volk neu entdeckt hätten. In der Vergangenheit hat es nie Schnittpunkte zwischen den Geschicken Spaniens und denen Russlands gegeben. Wir wussten wenig von diesem Land und seiner Bevölkerung. Wir interessierten uns nie für sie. Erst jetzt, da der Lärm und Donner des spanischen Krieges an unser Ohr dringt, haben wir plötzlich verstanden und empfunden, wie wunderbar, stolz und heldenhaft das spanische Volk ist und welche Potenziale revolutionärer Energie es in langen Perioden der Unterdrückung und des Leidens angesammelt hat. [...]

Barcelona ist gefallen. Ich fürchte, dass das der Anfang vom Ende ist. [...]

3. Februar

Besuchte Butler. Völliges Chaos in den Korridoren des Foreign Office: Aktenschränke, Kartons, Stapel von Aktenordnern, gebündelte Dokumente etc. Ein Durchkommen praktisch unmöglich. Ich fragte den Wachhabenden, was los sei. Wie sich herausstellt, wird unter dem Foreign Office ein gassicherer Schutzbunker gebaut, so dass das Untergeschoss vorübergehend geräumt werden muss. [...]

▸ Der Pesthauch der Isolation, der nach dem Münchner Abkommen aus dem Kreml wehte und dessen ungute Wirkung durch Litwinows Niedergeschlagenheit, Enttäuschung und seinen Ausschluss aus der politischen Willensbildung (die sich zunehmend in den Händen Stalins und Molotow konzentrierte) verstärkt wurde, trieb Maiski zum Rückzug ins Schneckenhaus. Er war freilich an dieser Entwicklung nicht ganz unschuldig. In seinem Bemühen, mit dem Kreml Schritt zu halten, hatte er in Moskau mit der These Misstrauen erregt, Chamberlain fördere bewusst eine «ukrainische Stoßrichtung» der deutschen Aggression und wolle Hitler den Weg dorthin ebnen.[1] Zugleich hatte Maiski die ihm erteilte Weisung, erst einmal stillzuhalten, aufs Eklatanteste ignoriert und im Gegenteil versucht, durch Läuten aller Alarmglocken die Briten zum Handeln zu animieren. Litwinow schloss sich der Einschätzung Maiskis nicht an, wonach die Konservativen gerade einen Prozess der «Ernüchterung» durchmachten, der sie erkennen lasse, dass «Chamberlains Weg des ‹Appeasement›» nicht weit in die Zukunft führen werde und dass der Zeitpunkt näher rücke, «an dem man in aller Entschiedenheit wird sagen müssen: ‹Bis hierher und nicht weiter!›»[2]

4. Februar

Aus einer guten Quelle höre ich, dass Hitlers Politik grundsätzlich auf Folgendes hinausläuft:

Sein langfristiges Ziel ist es, die UdSSR zu zerstückeln und eine Reihe «unabhängiger» Staaten zu gründen, die «freundschaftliche» Beziehungen zu Deutschland unterhalten.

Bevor er sich an die Bewältigung «dieser großen und komplizierten Aufgabe» macht, hält Hitler es jedoch für nötig, im Westen den Rücken frei zu bekommen, indem er sich von Großbritannien und Frankreich «wirkliche Garantien» geben lässt, dass sie ihn nicht angreifen, während er seine Pläne im Osten in die Tat umsetzt. [...]

13. Februar

Samuel Hoare kam zum Lunch. Es war, wenn ich mich nicht irre, sein erster Besuch in der sowjetischen Botschaft. In der kurzen Zeit, seit er an der Spitze des Foreign Office steht, konnte er keinen Besuch möglich machen. Hudson[1], der elanvolle und intelligente Staatssekretär des Außenhandelsministeriums, war auch dabei. [...]

Die Art und Weise, wie Hoare über die UdSSR sprach, war völlig unerwartet. Er war des Lobes voll über unsere Luftwaffe und mokierte sich über diejenigen, die von der Schwäche der Roten Armee sprechen. Er sagte: «Sie sind ein Land, das nie besiegt werden kann. Auch wir sind ein Land, das nie besiegt werden kann. Anders als andere sind Ihr Land und unseres fähig, bei der Beurteilung von Ereignissen langfristig zu denken. Es macht nichts, wenn Dinge sechs Wochen oder sechs Monate lang schlecht laufen; am Ende werden wir beide die Oberhand behalten.»

Er fügte hinzu: «Das Entscheidende ist im Augenblick, dass sowohl Sie als auch wir aufrüsten.»

Und noch mehr: «Unsere und Ihre Feinde sind genau dieselben.»

Du lieber Himmel, was für eine Kehrtwende! Etwas Derartiges habe ich aus dem Mund von Samuel Hoare noch nie gehört. Da muss etwas dahinterstecken. [...]

1 Robert Spear Hudson (1. Viscount Hudson), 1931–1935 parlamentarischer Staatssekretär im Arbeitsministerium, 1935/36 Minister für Altersversorgung, 1937–1940 Staatssekretär im Außenhandelsministerium, 1938 Mitglied des Kronrats.

20. Februar

Wir hatten Halifax, Churchill, Dawson of Penn[I], die Rothensteins (Vater und Sohn)[II], Balutis[III] und ein paar andere zum Abendessen, alle in Begleitung ihrer Ehefrau. Es war das erste Mal, dass Winston Churchill die sowjetische Botschaft betreten hat. Er hat das bisher immer vermieden, und wir trafen uns gewöhnlich auf neutralem Boden.

Wie Halifax mir unter anderem sagte, hat er sich nach unserer Unterredung am 27. Januar intensiv mit den englisch-sowjetischen Wirtschaftsbeziehungen beschäftigt und ist zu dem Schluss gekommen, dass eine Aufkündigung des aktuellen Handelsabkommens nicht wünschenswert sei. Tatsache sei aber, dass sich britische Industrielle immer wieder über einige Probleme in den Wirtschaftsbeziehungen zwischen den beiden Ländern beklagen. Die beste Lösung sei in seinen Augen der Besuch eines britischen Ministers in Moskau, der versuchen solle, die strittigen Fragen in freundschaftlichen Gesprächen zu klären. Ein solcher Besuch könne außerdem eine bestimmte politische Wirkung entfalten, was in der aktuellen Situation besonders begrüßenswert sei. So kam es also zu der Reise Hudsons, die heute im Parlament bekannt gegeben wurde.[3] [...]

27. Februar

Dieser Tag wird in die Geschichte Großbritanniens und Frankreichs als ein Tag der Schande und der Torheit eingehen: London und Paris haben Franco *de jure* anerkannt ...

Großbritannien und Frankreich brauchten einst sieben Jahre, um die sowjetische Regierung anzuerkennen. Sie brauchten kaum sieben Tage, um Franco anzuerkennen. Diese Tatsachen reflektieren die wahre Natur der «kapitalistischen Demokratien», so wie ein Wassertropfen die Sonne reflektiert.

I Bertrand Dawson (1. Viscount Dawson of Penn), Leibarzt der englischen Königsfamilie.

II William Rothenstein, 1920–1935 Rektor des Royal College of Art, 1927–1933 Kurator der Tate Gallery, 1938–1964 Direktor der Tate Gallery.

III Bronius Kazys Balutis, 1928–1933 Botschafter Litauens in Washington, ab 1934 in London.

28. Februar

Azcárate[I] kam mich um ca. 18 Uhr besuchen. Innerlich muss er zutiefst aufgewühlt oder gar erschüttert sein, doch nach außen hin bewahrt er seine gewohnte Zurückhaltung und Beherrschung.

Azcárate erhielt gestern eine Note aus dem Foreign Office, in der Halifax ihm höflich und förmlich mitteilt, dass die britische Regierung beschlossen hat, Franco anzuerkennen, und infolgedessen «Ihr Name nicht mehr auf der Liste ausländischer Repräsentanten an diesem Hof geführt werden kann; aus diesem Grund können Ihnen diplomatische Vorrechte nicht länger gewährt werden». Die Note enthält allerdings die großzügige Zusage, dass Azcárates persönliche Vorrechte – insbesondere seine Steuerbefreiung – noch drei Monate bestehen bleiben, so dass er seine Amtsgeschäfte ohne unangebrachten Zeitdruck abwickeln kann.

Da Azcárate nicht willens ist, die Botschaft persönlich an Alba[II] zu übergeben, einigte er sich mit dem Foreign Office darauf, dass Letzteres das Gebäude von ihm übernehmen und später die Schlüssel an Alba weiterreichen wird. [...]

▶ In Bezug auf den Spanischen Bürgerkrieg waren sich Maiski und Litwinow von Anfang an uneins. Auch wenn Maiski eine Zeit lang Stalin hinter sich wusste, sah er sich doch später gezwungen, Selbstkritik zu üben für diese Einmischung in eine Sphäre, die nicht zur Gänze in sein Ressort fiel. Das Nichtinterventionskomitee wurde am 20. April, nach der Anerkennung der Regierung Franco durch Großbritannien, aufgelöst.[4]

2. März

Gestern veranstalteten wir einen, wie die englischen Zeitungen es heute etwas bombastisch nennen, «historischen Empfang» in der Botschaft. In Wirklichkeit hatte der Empfang als solcher nichts Besonderes an sich, es war schlicht die normale Abendgesellschaft für «Freunde» und «Bekannte», wie wir sie jedes Jahr veranstalten. ...

Doch die Gästeliste ... ja, die war außergewöhnlich!

I Pablo de Azcárate y Flórez, 1936–1939 spanischer Botschafter in London.

II Jacobo Fitz-James Stuart (17. Herzog von Alba), 1930/31 spanischer Außenminister, 1939–1945 spanischer Botschafter in Großbritannien.

Ich fange vorne an. Als ich Ende Januar die Einladungen für den Empfang am 1. März verschickte, gingen wie üblich Karten an alle Kabinettsmitglieder. Ich erwartete von allen Ministern eine höfliche Absage, Zusagen von höchstens zweien oder dreien, die dann aber nicht wirklich kämen. So war es zuvor immer gewesen.

Man stelle sich meine Verblüffung vor, als ich am 1. Februar einen ausführlichen Brief aus dem Büro des Premierministers erhielt mit der Mitteilung, dass Chamberlain dem Empfang beizuwohnen gedenke; seine Frau, die an dem betreffenden Abend leider einen Wohltätigkeitsball besuchen müsse, wo sie mit der Herzogin von Gloucester[1] verabredet sei, werde nichtsdestotrotz ihr Bestes tun, um vorbeizuschauen; sie werde Madame Maiski zu einem späteren Zeitpunkt Genaueres mitteilen. Nach der Lektüre dieses Briefes sagte ich zu mir: «Aha, da steckt etwas dahinter! Kein einziger britischer Premierminister (nicht einmal einer von der Labour-Partei) hat seit Beginn der Sowjetherrschaft jemals die Schwelle der sowjetischen Botschaft überschritten, und jetzt, siehe da: Nicht nur der ‹Mann mit dem Regenschirm› höchstpersönlich, sondern auch seine Gattin beehren sich, unseren Empfang zu besuchen!» [...] Wichtiger als alles andere war, wer unsere Einladung annahm, alle Säulen der Gesellschaft: wichtige Abgeordnete und Geschäftsleute, Bankiers, Lords, unverwüstliche Torys, hochwohlgeborene Aristokraten, Regierungsmitglieder ... Gut, gut, gut! 13 Kabinettsmitglieder, also mehr als die Hälfte, sagten zu, und die meisten kamen auch. So etwas war in den etwas mehr als sechs Jahren meiner Tätigkeit in London noch nie da gewesen. So sieht eine Verschiebung in der internationalen Konstellation aus! So sieht eine Zunahme der sowjetischen Macht aus!

Ich hatte trotzdem bis zur allerletzten Minute meine Zweifel, ob Chamberlain persönlich erscheinen werde. Ich rechnete eigentlich damit, dass irgendetwas «Unvorhergesehenes» in letzter Minute sein Kommen verhindern würde. [...] Die Aufregung, die das Erscheinen des Premierministers in der Schar der Gäste auslöste, lässt sich nur schwer beschreiben. Niemand wusste vorher etwas, und niemand (von den über 500 Eingeladenen) hätte etwas so «Gewagtes» von ihm erwartet. Die Menge geriet regelrecht in Wallung und unter Spannung. Leute verstummten mitten

1 Prinzessin Alice Christabel, Duchess of Gloucester.

Chamberlain wagt sich in die Höhle des Löwen.

im Satz und drängten wie Kinder nach vorne, um den Anblick Chamberlains im Innern der sowjetischen Botschaft auf sich wirken zu lassen. Ich geleitete ihn zunächst zum weißen Ballsaal und dann in mein Dienstzimmer, wo ich ihm und seiner Tochter Erfrischungen anbot. Chamberlain lehnte Wodka dankend ab, hatte aber nichts gegen Glühwein. Der Raum füllte sich rasch mit Leuten. Ich versuchte die Menge draußen zu halten, was mir aber nicht immer gelang. Wir standen an der Anrichte und erörterten diverse Themen.

Chamberlain brachte zunächst die bevorstehende Reise Hudsons zur Sprache. Sie dient dem Zweck, einige wirtschaftliche Streitpunkte beizulegen und den Boden für eine Ausweitung des englisch-sowjetischen Handels zu bereiten. Anders als Halifax und Vansittart verlor Chamberlain kein Wort über die politischen Aspekte der Reise.[5]

[...] Ich fragte den PM, wie er die unmittelbaren Perspektiven für Europa einschätze.

Chamberlain erwiderte, er bleibe trotz allem «Optimist». Im Großen und Ganzen sehe er eine Verbesserung der Situation. Das deutsche und das italienische Volk wollten keinen Krieg. Sowohl Hitler als auch Mussolini haben Chamberlain persönlich versichert, dass sie ihre Aufgabe in der friedlichen Weiterentwicklung der ihnen zu Gebote stehenden Ressourcen sehen. Chamberlain hat den unbedingten Eindruck gewonnen, dass Hitler und Mussolini einen Krieg fürchten.

Ich lächelte und sagte, dass ich mit ihm in einem Punkt weitgehend übereinstimme: dass Hitler und Mussolini in der Tat Angst vor einem ausgewachsenen Krieg hätten. Die Gefahr liege jedoch darin, dass beide der festen Überzeugung seien, dass sie unblutige Siege erringen könnten, Siege, die auf Täuschung und der Fähigkeit basierten, die Nerven besser unter Kontrolle zu haben als andere politische Führer.

Chamberlains Miene verdüsterte sich, und er streckte seinen Körper um einige Zentimeter in die Höhe. Dann sagte er gereizt: «Die Zeit für solche Siege ist vorbei!»

Wir ließen das Thema sein und landeten irgendwie bei Chamberlains Vater. Sofort heiterte sich die Stimmung des PM auf, und er schien herzlicher zu werden.

«Wissen Sie», sagte er, «mein Vater hat nie geglaubt, dass ich in die Politik gehen würde. Als er 1912 starb (sein wirkliches Todesjahr war 1914), hatte ich selbst noch keine Ahnung, dass ich einmal Abgeordneter und Minister werden könnte.»

«Und wie ist es dann so gekommen?», fragte ich.

«Das war so: 1911 wurde ich in den Gemeinderat von Birmingham gewählt. 1915 und 1916 war ich Bürgermeister von Birmingham. Lloyd George, der damalige Premierminister, bot mir das Amt eines Generaldirektors beim National Service an. Ich akzeptierte und erklärte meinen Rücktritt als Bürgermeister. Ich stellte jedoch bald fest, dass Lloyd George mir nicht die Unterstützung gewährte, die mir zustand, deshalb trat ich nach einem halben Jahr zurück.» (Lloyd George wiederum hat mir einmal erzählt, Chamberlain habe sich als ein ziemlich unbrauchbarer Generaldirektor erwiesen.) «In mein Amt als Bürgermeister von Birmingham konnte ich nicht zurückkehren, da es bereits anderweitig vergeben war. Also ging ich in mich und beschloss, mein Glück in der Politik zu suchen.

Maiski mit Robert Hudson

Ich zog ins Parlament ein und begann mich mit Staatsangelegenheiten zu befassen. Ich kann mit einigem Recht sagen, dass ich dank Lloyd George Politiker geworden bin.»

Dann fügte er etwas trotzig und mit viel Sarkasmus in der Stimme hinzu: «Lloyd George bereut es möglicherweise, aber jetzt ist es zu spät!»

Chamberlain und Lloyd George werden wohl in diesem Leben keine Freunde mehr. Bestimmt nicht!

[...] Ich gewann aus diesem Gespräch den Eindruck, dass der PM sich selbst als einen «Mann der Vorsehung» sieht! Er ist in diese Welt hineingeboren worden, um eine «heilige Mission» zu vollbringen.

Eine gefährliche Selbsteinschätzung.

8. März

(1) Meine Frau und ich aßen mit den Hudsons zu Mittag. Wir waren unter vier Augen und konnten daher eingehend und ungeniert über Hudsons bevorstehenden Moskaubesuch reden. Zuerst sprachen wir über Triviales, etwa wie sich die Moskauer kleiden, welches Wetter dort

herrscht, welche Sehenswürdigkeiten die Stadt und ihre Umgebung zu bieten haben etc. [...]

(2) Hudson stellte mir geradeheraus die folgende Frage: Möchte «Moskau» ernsthaft über eine merkliche Verbesserung der Beziehungen zu Großbritannien reden? Er habe in London mehr als einmal gehört, dass daran große Zweifel bestehen. Wie man ihm gesagt habe, sei Moskau nach München zu dem Entschluss gekommen, sich in seine Grenzen zurückzuziehen, mit dem Westen zu brechen und eine Politik der Isolation zu betreiben, und es sei aus diesem Grunde sinnlos, sich um eine Verständigung mit Moskau zu bemühen. Das Hauptziel seines Besuchs – und das sei sehr viel wichtiger als die Wirtschaftsverhandlungen als solche – bestehe darin, die diesbezügliche Stimmungslage in Moskau im direkten Kontakt mit führenden Persönlichkeiten der Sowjetunion zu sondieren. Vom Ergebnis dieser Fühlungnahme werde sehr viel abhängen, weil in den nächsten zwölf Monaten, so sehe er es, entscheidende Weichenstellungen erfolgen würden, die den Kurs der britischen Außenpolitik auf viele Jahre hinaus, wenn nicht für die Dauer einer ganzen Generation, bestimmen würden. Er sagte sogar, die Stimmung im Land (will sagen England, will sagen Konservative Partei) habe sich in den letzten zwei oder drei Monaten erheblich gewandelt, wie doch auch mir kaum entgangen sein dürfte. [...] «Die Vorbehalte gegen den Kommunismus, die einer Zusammenarbeit zwischen unseren Ländern im Weg standen, sind fast ganz überwunden. In London fragt man sich allerdings voller Skepsis, ob wir eine solche Zusammenarbeit überhaupt wünschen.» Hudsons Hauptaufgabe sei es, in dieser Frage Klarheit zu schaffen und das Kabinett dann zu unterrichten.[6] [...] Hudson werde mit losgebundenen Händen nach Moskau reisen. [...]

(3) Ich sagte ihm, dass er selbstverständlich mit einem sehr freundlichen Empfang in Moskau rechnen könne und dass Vertreter der sowjetischen Regierung natürlich bereit seien, mit ihm über die ihm am Herzen liegenden Themen zu sprechen. [...]

9. März

Wie mir Beaverbrook erzählte, hatte Chamberlain neulich eine Unterredung mit Churchill und musste dabei zugeben, dass die Politik des «Appeasement» gescheitert sei. Chamberlain werde natürlich alles in seiner Macht Stehende tun, um einen Konflikt hinauszuzögern und durch verschiedene Manöver die Spannungen abzumildern, doch sei selbst ihm inzwischen klar, dass ein dauerhafter Friede und eine echte Freundschaft zwischen Großbritannien und Deutschland unmöglich sind. Daraus erkläre sich nach Meinung Beaverbrooks die auffällige Hinwendung des Premierministers zur UdSSR, die er durch die Teilnahme an unserem Empfang demonstriert habe. Beaverbrook überschüttete mich bei dieser Gelegenheit mit einer Flut ziemlich dick aufgetragener Komplimente: «Bleiben Sie noch zwei oder drei Jahre hier, und Sie werden die reiche Ernte im Bereich der englisch-sowjetischen Beziehungen einfahren können, die Sie mit Ihrer Arbeit in den vorausgegangenen Jahren vorbereitet haben.»

Beaverbrook sagte mir auch, dass in der breiten Öffentlichkeit eine deutschfeindliche Stimmung schnell um sich greife und dass im Kontrast dazu prosowjetische Gefühle unübersehbar zunähmen. [...] Sinclair[I] erzählte mir, dass auf jeder Kundgebung landauf, landab, auf der er gesprochen habe, die bloße Erwähnung der UdSSR und die Forderung nach einem gemeinsamen Kampf für den Frieden mit stürmischem Beifall quittiert worden seien. [...]

15. März

Ich war zum Lunch bei Randolph Churchill. Zugegen waren sein Vater, Lord Dufferin[II] (stellvertretender Kolonialminister), der Sohn von Lord Canrose[III] (Verleger des *Daily Telegraph*), und der amerikanische Zeitungskorrespondent Roy Howard[IV], dem Genosse Stalin im März 1936 das berühmt gewordene Interview gewährte, das der japanischen Aggression gegen die Mongolische Volksrepublik ein Ende setzte. Wir redeten natürlich über die internationale Lage und dabei zuerst und vor allem über die Tschechoslowakei.

Winston Churchill vertrat die Ansicht, Hitlers Vorgehen gegen die Tschechoslowakei[7] bedeute keineswegs, dass Deutschland sich jetzt nach

I Archibald Sinclair (1. Viscount Thurso), 1931/32 Minister für Schottland, 1940–1945 Minister für Luftfahrt, 1935–1945 Vorsitzender der Liberalen Partei.

II Basil Hamilton-Temple-Blackwood (4. Marquess of Dufferin and Ava), 1936/37 Lord-in-waiting, 1937–1940 parlamentarischer Unterstaatssekretär für die Kolonien.

III Der Sohn war John Seymour Berry (2. Viscount Camrose).

IV Roy Wilson Howard, 1931–1960 Redakteur und späterer Generaldirektor des *New York World-Telegram* und der *Sun*.

Osten wenden werde. Es sei einfach so, dass Hitler, bevor er zu einem ernsthaften Schlag im Westen ausholen könne, in seinem «Hinterzimmer» aufräumen müsse, durch Ausschaltung der tschechoslowakischen Armee, der tschechoslowakischen Luftwaffe etc. Außerdem sei Hitler erpicht darauf, sich durch tschechoslowakische Waffen, Munition, Flugzeuge und hochwertige Rüstungsfirmen zu verstärken.

Sehr eindringlich erkundigte Winston Churchill sich nach dem Tenor der jüngsten Rede Stalins.[8] Habe Stalin sagen wollen, dass er eine Zusammenarbeit mit den Demokratien ablehne?

Ich antwortete, eine solche Deutung sei unzutreffend. Wir seien immer für die kollektive Abwehr von Aggressionen eingetreten und würden das weiterhin tun; es sei aber von grundlegender Bedeutung, dass die «Demokratien» auch tatsächlich bereit seien, gegen den Aggressor zu kämpfen und nicht nur darüber zu palavern.

Churchill misst der Reise Hudsons große Bedeutung bei. Sie sei ein deutliches Zeichen dafür, dass sich im Denken der herrschenden Kreise etwas bewege. Selbst wenn Chamberlain den Moskaubesuch Hudsons als rein taktisches Manöver konzipiert habe (eine Möglichkeit, auf die ich hingewiesen hatte), werde die Logik der Ereignisse dafür sorgen, dass sie einen deutlich ernsthafteren Charakter annehme. [...]

19. März

Die Atmosphäre in Europa heizt sich zunehmend auf. Am Abend des 17. März übte Chamberlain in einer Rede in Birmingham scharfe Kritik an Deutschlands jüngsten Schritten, wagte es aber nicht, in letzter Konsequenz die logischen Schlüsse daraus zu ziehen. Die gestrigen Zeitungen hatten auf den Titelseiten in dicken Schlagzeilen über das deutsche «Ultimatum an Rumänien» berichtet. [...] Wie ich erfahren habe, hatte Halifax selbst die Presse am Abend zuvor mit dieser Nachricht versorgt. Das «deutsche Ultimatum» schlug in England und Frankreich hohe Wellen.

Halifax beschränkte sich jedoch nicht darauf, das «Ultimatum» öffentlich zu machen. Am selben Abend, dem 17. März, schickte er dringliche Anfragen nach Paris, Moskau, Warschau, Ankara und vielleicht noch an einige andere Hauptstädte mit der Frage an die jeweilige Regierung, wie sie auf die deutsche Aggression gegen Rumänien zu reagieren gedenke.

Seeds[I] legte M. M. diese Anfrage am Morgen des 18. März vor. M. M. stellte die Gegenfrage über die Position der britischen Regierung und wies darauf hin, dass Rumänien selbst uns nicht um Unterstützung gebeten hatte. Er sagte dennoch zu, Seeds Anfrage an die sowjetische Regierung weiterzugeben, und noch am selben Abend übermittelte er Seeds unsere Vorschläge: unverzüglich eine Konferenz der sechs Mächte einzuberufen, die sich durch den Vorgang am stärksten betroffen fühlten (Großbritannien, Frankreich, UdSSR, Polen, Türkei und Rumänien), und zu erörtern, mit welchen Maßnahmen man der drohenden Gefahr Paroli bieten könne. Es sei ratsam, diese Konferenz in Bukarest abzuhalten, doch könne man darüber noch verhandeln.[9]

Zur selben Zeit, da Seeds in Moskau sein erstes Gespräch mit M. M. führte, wurde ich in London zu Halifax gebeten. Er sprach zuerst über Hudson (dessen Abreise aus London für 14 Uhr am 18. März geplant war) und bat darum, ihm einen freundlichen Empfang zu bereiten. [...]

Ich traf Halifax um 12.45 Uhr. Davor, um elf Uhr vormittags, hatte ich eine Unterredung mit Vansittart, der mir ebenso euphorisch wie ausführlich auseinandersetzte, wie wichtig es sei, den Besuch Hudsons zu einem «Erfolg» zu machen. Die Stimmungslage in Großbritannien wandle sich wegen der jüngsten Ereignisse rapide. Die Federführung für die britische Außenpolitik sei dabei, aus 10, Downing Street ins Foreign Office zurückzukehren. Halifax teile nunmehr Vansittarts Sicht der Dinge.

[...] Um 15 Uhr des heutigen Tages suchte ich Halifax auf, um ihn über unsere Antwort auf die britische Anfrage zu informieren. (Auch wenn Seeds ihn sicherlich über seine Kanäle informiert hatte, konnte es nicht schaden, wenn er sie sicherheitshalber noch einmal von mir bekam.) Noch wichtiger war mir herauszufinden, welchen Eindruck die Antwort auf die britische Regierung macht. Es war Sonntag, doch Halifax war im Foreign Office. Er hatte schon im Lauf des Vormittags mit dem PM über unseren Vorschlag einer Sechsmächtekonferenz gesprochen. Halifax findet diesen Vorschlag «verfrüht»: Wenn eine solche Konferenz nicht im

---

I Zum krönenden Abschluss eines ehrgeizigen Lebensweges wurde William Seeds, der zu Beginn des 20. Jahrhunderts Russisch studiert und einige Jahre in St. Petersburg verbracht hatte, 1938 zum Botschafter in der Sowjetunion ernannt, führte die Moskauer Verhandlungen über einen Dreierpakt und kehrte im Dezember 1939, nach dem sowjetischen Einmarsch in Finnland von der Politik beider Seiten enttäuscht und desillusioniert, nach London zurück.

Maiski verabschiedet Seeds anlässlich dessen Ernennung zum Botschafter in Moskau.

Vorfeld gut vorbereitet werde, könne sie fehlschlagen und sich politisch negativ auswirken. Außerdem müssten wir schnell handeln, doch das Einberufen einer Konferenz werde einige Zeit in Anspruch nehmen. Statt einer Konferenz schlägt die britische Regierung die möglichst baldige Veröffentlichung einer «Viermächteerklärung» (Großbritannien, Frankreich, UdSSR und Polen) vor, in der diese Mächte bekannt geben, dass sie der deutschen Aggressionsdrohung entgegentreten werden, indem sie gemeinsam über Maßnahmen der Gegenwehr beraten. Das sei der erste Schritt. Sobald die vier Mächte diese Erklärung unterschrieben hätten, würden die anderen friedliebenden Länder aufgerufen, sich anzuschließen, und dann könne man eine Konferenz unter Beteiligung der betreffenden Länder einberufen, auf der Methoden und Formen der Aggressionsabwehr besprochen und beschlossen werden könnten. Natürlich müsse zuerst Einigkeit im Kreis der «großen Vier» erzielt werden.

Ich begann mit der Aufzählung meiner Einwände. Ich sagte, die Konferenz könne innerhalb weniger Tage einberufen werden, wenn man sie wirklich wolle; man könne Termin und Ort schon morgen veröffentlichen;

dies allein hätte einen weitreichenden politischen Effekt, und wenn die Briten es wirklich ernst meinten, sei die Gefahr eines Scheiterns der Konferenz sehr gering. Doch Halifax ließ sich nicht umstimmen. Er erklärte mir, dass am Text der Erklärung bereits gearbeitet werde. Das Kabinett solle ihn morgen beschließen, und er solle dann sofort in die jeweiligen Hauptstädte übermittelt werden. [...]

Es ist deutlich geworden, dass Chamberlain sich an einen echten Kampf gegen die Aggression nicht heranwagt. Er arbeitet noch immer für ein «Appeasement».

22. März

Heute unterbreiteten wir den Briten unsere Antwort: Wir sind bereit, ihre «Viermächteerklärung» zu unterschreiben, wenn Frankreich und Polen das ebenfalls tun. Um der Erklärung größeres Gewicht zu verleihen, schlagen wir vor, dass nicht nur die Außenminister der vier Länder sie unterzeichnen, sondern auch ihre Regierungschefs.

Großbritannien, Frankreich und die UdSSR haben ihre Zustimmung erteilt. Aber was ist mit Polen? Gestern auf einem Bankett im [Buckingham] Palace zu Ehren Lebruns[I] fragte ich Raczyński[II] (den polnischen Botschafter) danach. Er sagte, er persönlich finde die Erklärung gut und richtig und würde sie nur zu gerne unterschreiben, er sei aber nicht sicher, ob man in Warschau seine Haltung teile. Raczyński ist kein besonders passender Repräsentant Becks. Er ist westlich orientiert und ein Mann des Völkerbundes, er kann schwerlich der Maßstab für die Denkweise der polnischen Regierung sein. Wir werden sehen. [...]

▶ Wie Maiski gegenüber Dalton einräumte, verfolgten die Sowjets mit ihrem Vorschlag nicht zuletzt das Ziel, «die britischen und französischen Absichten, denen sie nicht trauten, auszutesten».[10] Litwinow, der nach wie vor höchst skeptisch war, untersagte seinen Diplomaten, irgendwelche Initiativen zu ergreifen. «Falls Großbritannien und Frankreich es mit einer Kursänderung ernst

---

I Albert Lebrun, 1932–1940 14. und letzter Präsident der französischen Dritten Republik.

II Graf Edward Bernard Raczyński, 1932–1934 polnischer Delegierter zur Abrüstungskonferenz in Genf, 1934–1945 polnischer Botschafter in Großbritannien (und unter dem Alias «der Pole» bekannt).

meinen», wies er sie an, «sollen sie entweder sagen, was sie von unseren bisherigen Vorschlägen halten, oder eigene anbieten. Die Initiative muss ihnen überlassen bleiben.»[11] Maiski, dem es schwerfiel, sich an Litwinows Weisungen zu halten, wendete auch jetzt wieder sein altbewährtes Mittel an, seine Gesprächspartner so lange zu bearbeiten, bis sie Ideen äußerten, die er an den Kreml übermitteln konnte, der nicht ahnte, dass sie oft von ihm selbst stammten.[12]

25. März

[...] Mein allgemeiner Eindruck ist der, dass der PM noch immer an Appeasement glaubt und noch immer hofft, Hitler in Richtung Ukraine schubsen zu können. Doch die Stimmung in der britischen Öffentlichkeit verhärtet sich rapide. England erblickt erneut vor seinem geistigen Auge das Phantom einer nach der Hegemonie auf dem europäischen Festland greifenden Großmacht. Dieses Phantom hat vergessen geglaubte Ängste und mächtige Leidenschaften in der englischen Seele wiedererweckt. Philipp II. von Spanien, Ludwig XIV., Napoleon I., der deutsche Kaiser! England hat hartnäckige und zerstörerische Kriege gegen die «Hegemonen» der Vergangenheit geführt. Es war immer erst zufrieden, wenn der Feind vollständig vernichtet war. Diese Gefühle und Stimmungen weckt bei ihnen heute der Name Hitler. Natürlich wird England, wenn Hitler sich nach Osten wendet, mit entschiedenen Maßnahmen gegen Deutschland noch warten. Die meisten Torys sind jedoch weit davon entfernt, an «östliche Ambitionen» Hitlers zu glauben. Sehr viele von ihnen fürchten das Gegenteil: dass Hitler, wenn er sich erst einmal den Balkan und das Baltikum mit ihren Rohstoff- und Nahrungsressourcen einverleibt und Polen auf die eine oder andere Weise handlungsunfähig gemacht hat, seine dann kolossale, neu gewonnene Macht auf Frankreich und England loslassen wird.

► Am Nachmittag des 29. März unterbreitete Halifax Chamberlain Geheimdienstberichte aus Berlin über einen bevorstehenden deutschen Überfall auf Polen. Die beiden beschlossen sogleich, eine Garantieerklärung herauszugeben, in der sie den Polen militärischen Beistand versprachen, falls irgendeine Macht durch ihr Handeln «eindeutig die Unabhängigkeit Polens bedrohen sollte».[13] Chamberlain entschied sich bewusst für Polen als Partner anstelle der Sowjetunion, und zwar gegen den nachdrücklichen Rat seiner Stabschefs. Indem er das tat, drängte er nicht nur Russland weiter in die Isolation, sondern bereitete auch ungewollt den Boden für eine sowjetisch-deutsche Annäherung (diktiert vom Wunsch eines misstrauischen Kreml, den Briten ein Schnippchen zu schlagen).[14]

29. März

Ich war zu Besuch bei Cadogan.[15]

Zuallererst ersuchte ich um eine Erklärung für den seltsamen Vorfall, der sich im Zusammenhang mit unserem Abschlusskommuniqué zum Besuch Hudsons in Moskau ereignet hatte.[16] [...]

Cadogan fragte mich, ob ich gelesen hätte, welche Erklärung der PM gestern im Parlament abgegeben habe. Ich bejahte das und fügte hinzu, die Erklärung habe mich sehr überrascht. Chamberlain hatte gesagt, die Absichten der britischen Regierung gingen «bedeutend weiter als bloße Konsultationen», und «Mächte, mit denen wir in Verhandlungen stehen, sind klar und deutlich darüber informiert worden, welche Schritte wir unter bestimmten Umständen zu tun bereit sind». Bis heute hätte ich allen Grund gehabt zu glauben, die Sowjetunion sei eine der Mächte, mit denen Großbritannien in Verhandlungen steht, doch ich kennte zur Stunde nur den Entwurf für eine «Viermächteerklärung», der bloß «Konsultationen» vorsehe und nichts darüber hinaus. Ob es verwunderlich sei, dass mich die gestrige Enthüllung des Premierministers in gewisser Weise sprachlos mache.

Als ich das sagte, trug ich bewusst ein wenig dick auf: Ich hatte nämlich aus inoffiziellen Quellen schon etwas von den neuen Plänen der britischen Regierung erfahren, während das Foreign Office mir kein Wort davon gesagt hatte.

Cadogan geriet in eine gewisse Verlegenheit und begann die aktuelle Situation zu erklären. Wie sich herausgestellt habe, sei die «Viermächteerklärung» heute schon Geschichte. Die in britischen Regierungskreisen jetzt vorherrschende Ansicht sei die: Zunächst sei es erforderlich, einen Viermächteblock aus Großbritannien, Frankreich, Polen und Rumänien zu bilden, wobei die ersten beiden sich verpflichten, den beiden Letzteren im Falle eines deutschen Angriffs militärischen Beistand zu leisten. Die UdSSR bleibe vorläufig hinter der Seitenlinie, werde aber in der zweiten Stufe einbezogen. [...] Ich machte Cadogan gegenüber keinen Hehl aus meinem tiefen Misstrauen. So wie ich die Engländer und die Traditionen der britischen Außenpolitik kennte, könne ich nicht davon ausgehen, dass Chamberlain irgendwelche festen Verpflichtungen in Osteuropa einginge.[17] [...]

31. März

Polen steht im Zentrum der Aufmerksamkeit. Die deutsche Presse fährt eine rabiate Kampagne gegen Polen. Deutsche Truppen werden an der polnischen Grenze zusammengezogen. Man rechnet damit, dass Hitler jeden Moment losschlägt, aber in welche Richtung? Das ist noch nicht ganz klar. Am wahrscheinlichsten gegen Danzig oder Schlesien. Oder vielleicht in beide Richtungen zugleich.

Angesichts der aktuellen Lage hat der diplomatische Apparat der Briten in den letzten sieben oder acht Tagen ein ganz untypisches, fieberhaftes Arbeitstempo vorgelegt. Als sich herausstellte, dass die «Viermächteerklärung» wegen der Bedenken Polens nicht zustande kommen werde, intensivierte die britische Regierung, ohne auch nur ein Wort mit uns zu sprechen, ihre Suche nach anderen Mitteln und Wegen, die Aggression zu stoppen. Wie gewöhnlich, wählten die Engländer die Methode des schleichenden Empirismus, des Peilens über den Daumen. Sie beschlossen das Folgende: Lasst uns, da in diesem Moment Polen das Land ist, dem akute Gefahr droht, darüber nachdenken, wie Polen geholfen werden kann. Und nur Polen. Der Kampf gegen die Aggression in Europa im Allgemeinen interessiert uns nicht. Es ist schon zwei Tage her, dass Cadogan mich über die Richtung informierte, in die sich das Denken der britischen Regierung bewegt. Übrigens wurde in der Kabinettssitzung vom 29. März zu guter Letzt kein Beschluss gefasst. Doch am selben Abend und am gestrigen Tag, dem 30. März, kam es zu einer fast kontinuierlichen Abfolge von Sitzungen des Kabinetts und seines außenpolitischen Ausschusses (Chamberlain, Halifax, Simon, Hoare und zwei oder drei weitere Minister), alles in dem Bemühen, den bestmöglichen Weg zur Unterstützung Polens zu finden. Erst heute sickern die Ergebnisse dieser ganzen ungewöhnlichen Geschäftigkeit in der Downing Street durch. [...]

Am 29. erhielt ich nach der Mittagspause einen Anruf aus dem Foreign Office mit der Bitte, um 19 Uhr bei Halifax vorzusprechen. Ich sagte zu. Doch um 18 Uhr rief Halifax' Sekretär erneut an und sagte, der Minister könne mich heute leider nicht mehr empfangen; er bat mich, am folgenden Tag um 16 Uhr zu kommen. Wieder sagte ich zu. Am 30. März um 15 Uhr kam ein weiterer Anruf aus dem Foreign Office; der Außenminister könne mich auch heute nicht empfangen und verschiebe meinen Besuch gerne auf den folgenden Vormittag um 10.30 Uhr. Ich sagte auch da wieder zu. Am 31. um zehn Uhr kam ein weiterer Anruf aus dem FO: Halifax sehe sich nicht in der Lage, seine letzte Terminzusage einzuhalten. Er werde mich wissen lassen, wenn er mich empfangen könne.[18] Schließlich meldete sich zur Mittagszeit desselben Tages, des 31. März, Halifax' Sekretär und bat mich, um 12.45 Uhr ins FO zu kommen. Erst dann kam mein Treffen mit Halifax zustande.

Es begann mit ausführlichen Entschuldigungen seitens des Außenministers. Es tue ihm furchtbar leid, dass er unser Treffen immer wieder habe verschieben müssen, doch seien die letzten beiden Tage mit unendlich vielen Sitzungen angefüllt gewesen. «Es ist nicht so leicht, ein Dokument auszuarbeiten, das auf eine Revolution in unserer Außenpolitik hinausläuft», sagte Halifax zu seiner Entlastung.

Er überreichte mir sodann ein Blatt Papier mit dem Text der Rede, die der Premierminister um 15 Uhr im Parlament halten wird. Ich überflog das Dokument. Halifax schaute mich aufmerksam an, und als ich mit Lesen fertig war, fragte er mich gespannt, was ich davon hielte. Ich antwortete, es sei schwierig für mich, eine wohlüberlegte Meinung zu formulieren, da ich den Text der Rede des Premierministers gerade erst im Schnellgang durchgelesen hätte, doch mein erster Eindruck sei, dass es dem Dokument an Präzision fehle.[19] [...] Halifax fing an, den Text des Dokuments zu erläutern, wobei jedoch nicht zu übersehen war, dass meine Worte ihn ein bisschen verwirrten. Er fragte: «Aber grundsätzlich liegt die Aussage doch auf einer Linie mit Ihren Zielen, nicht wahr?»

«Vielleicht», sagte ich, «aber es klingt nicht entschieden und konsequent genug.»

Halifax schwieg einen Moment lang, um dann auszurufen: «Was würden Sie denken, wenn der Premierminister dem Parlament sagte, dass auch die sowjetische Regierung seine Erklärung gutheißt?»

Dann fügte er nach einem kurzen Zögern und so, als ob er die Wörter gegen seine Überzeugung herauspresste, hinzu: «Wenn der Premierminister das sagen könnte, würde es die Situation erheblich entspannen ... Es würde unnötigen Diskussionen und Meinungsverschiedenheiten in unserem Kreis vorbeugen ...»

Schlagartig wurde mir klar, was dahintersteckte: Chamberlain wollte uns als Schutzschild gegen die Angriffe der Opposition benutzen. Ich tat überrascht und antwortete: «Ich verstehe Sie nicht ganz, Lord Halifax. Sie haben uns nicht konsultiert, als Sie Ihre polnische Aktion vorbereiteten. Die sowjetische Regierung hat diese Erklärung hier noch nicht gesehen. Ich selbst hatte erst vor wenigen Augenblicken die Chance, mich damit vertraut zu machen. Wie soll unter diesen Voraussetzungen der Premierminister sagen können, dass die sowjetische Regierung seine Erklärungen gutheiße? Ich halte das für ziemlich abenteuerlich.»

Halifax schaute verlegen und sagte schnell: «Sie haben vielleicht recht.» [...]

► Allem Anschein nach war es weder das Münchner Abkommen noch Stalins «Kastanien»-Rede vom März 1939, noch die Absetzung Litwinows im Mai, die maßgeblich den Weg für den Ribbentrop-Molotow-Pakt und die Eröffnungssalve des Zweiten Weltkriegs ebneten, sondern die den Polen gegebenen Garantien. Indem Chamberlain Polens Unversehrtheit garantierte, verabschiedete er sich im Grunde von der traditionellen Rolle Großbritanniens als Garant und Schiedsrichter des europäischen Machtgleichgewichts und ließ sich stattdessen auf eine direkte Konfrontation mit Deutschland ein. Die ausgesprochene Garantie besaß zwei weitreichende potentielle Wirkungen. Abgesehen davon, dass Chamberlain damit die Demütigung konterte, die Hitler ihm durch den dreisten Widerruf des Münchner Abkommens zugefügt hatte, setzte Chamberlain vor allem auf den Abschreckungseffekt: Die Garantie für Polen würde, so hoffte er, Hitler in Schach halten und ihn zwingen, an den Verhandlungstisch zurückzukehren. Die zweite potentielle Folgewirkung hatte Chamberlain aber nicht bedacht: Wenn Hitler an seinen Gebietsforderungen gegenüber Polen festhielt, würden die Nazis, weil das unbedingte Vermeiden eines Zweifrontenkrieges eines ihrer militärstrategischen Axiome war, zwangsläufig einen Nichtangriffspakt mit der Sowjetunion anstreben. Das bedeutete, dass für die Sowjetunion die ihr bis dahin verschlossene «deutsche Option» plötzlich offenstand. Als es Chamberlain dämmerte, dass der Weg zu einem anvisierten «zweiten München» keineswegs frei passierbar war, sondern im Gegenteil eine reale Kriegsgefahr drohte, musste er widerwillig versuchen, der Sowjetunion zumindest ein partielles Beistandsversprechen zu entlocken, das er für die praktische Implementierung der Garantie unbedingt brauchte. Auf diese Weise wurde die Sowjetunion, ohne dass irgendjemand das vorausgeplant hätte, zum Dreh- und Angelpunkt des europäischen Machtgleichgewichts.

1. April

Gestern, nach der Verlesung der Erklärung im Parlament, lud Chamberlain Lloyd George in sein Amtszimmer ein, um sich mit ihm über internationale Angelegenheiten auszutauschen. Ein nie da gewesenes Ereignis, da Chamberlain und Lloyd George einander hassen.

Im Verlauf ihrer Diskussion warf Lloyd George in aller Deutlichkeit die Frage auf, ob nicht die UdSSR in ein europäisches System von Sicherheitsgarantien einbezogen werden müsse. Chamberlain antwortete wie immer, dass er das nur allzu gerne täte, dass das aber mit Polen und Rumänien nur schwer zu machen sei. Daraufhin fragte Lloyd George: «Wenn aber die Frage einer Einbeziehung der UdSSR noch in der Luft hängt, wie konnten Sie dann das Risiko eingehen, Polen eine einseitige britische Garantie zu geben? Das ist verdammt gefährlich.»

Chamberlain parierte die Äußerung von Lloyd George mit der Aussage, gemäß ihm vorliegender Informationen werde Hitler niemals einen Krieg an zwei Fronten riskieren.

«Und wo ist Ihre zweite Front?», versetzte Lloyd George.

«Polen», antwortete Chamberlain.

Lloyd George brach in schallendes Gelächter aus und begann sich über den Premierminister lustig zu machen: «Polen! Ein Land mit einer schwachen Wirtschaft, von innerer Zwietracht zerrissen, ein Land, das weder eine Luftwaffe noch eine anständig ausgerüstete Armee hat [...] Und das ist eure zweite Front! Was für ein Unsinn! Ohne die UdSSR kann es keine zweite Front geben. Eine Garantie für Polen ohne die UdSSR ist ein unverantwortliches Glücksspiel, das ein böses Ende für unser Land nehmen kann!»

Chamberlain hatte keine Antwort.[20]

6. April

Heute hatte ich ein Treffen mit Halifax, der mich über die Ergebnisse seiner Gespräche mit Beck unterrichtete. Halifax zufolge waren die drei Tage, die Beck in London verbracht hat, sehr lukrativ. Das wichtigste Ergebnis sei das bilaterale Abkommen über den gegenseitigen Beistand gegen Angriffskriege, das der Premierminister heute im Parlament vorgestellt hat. Damit ist die einseitige Garantie, die Großbritannien am 31. März für Polen ausgesprochen hat, jetzt zu einem wechselseitigen Beistandspakt zwischen den beiden Ländern weiterentwickelt worden. [...][21]

Beim Abschied äußerte Halifax inbrünstig die Hoffnung, dass er sich über Ostern fünf Tage lang auf sein Landgut zurückziehen könne. Man stelle sich vor: Er ist seit sage und schreibe sechs Wochen nicht mehr «zu Hause» gewesen!

Wird es ihm vergönnt sein? Ich weiß es nicht. Dunkle Wolken ziehen sich über dem albanischen Horizont zusammen.

► Vorsichtig seine Bahn zwischen den Klippen einer ziemlich schizophrenen sowjetischen Politik ziehend, gestand Maiski den Webbs, dass er, wie andere sowjetische Diplomaten auch, in eine zunehmende Isolation geraten war, dass er kaum noch mit irgendeinem der führenden Leute in Moskau kommuniziere und sich «aus den Kreisen der Molotow-Stalin-Regierung ausgeschlossen» fühle. Moskau habe, vertraute er ihnen an, Chamberlain nie getraut, und es sei fraglich, ob die Sowjets «sich einem Pakt anschließen, solange er Premier bleibt».[22] Maiski fuhr fort, die Moskauer Unschlüssigkeit vorsichtig zu kritisieren, und drängte Litwinow, ihm Weisungen hinsichtlich der «Richtungen, die unsere Arbeit hier einschlagen sollte», zu erteilen, besonders für den Fall, dass die Westmächte einen Beistandspakt auf Gegenseitigkeit anböten. Die Reaktion war freilich ein schwerer Vorwurf an die Adresse Maiskis: Er habe sich, ohne es zu merken, zu Wachs in den Händen Chamberlains und Vansittarts machen lassen. Er nahm sich daraufhin vor, «stillzuhalten und keine Nervosität oder Ungeduld zu zeigen», konnte es sich aber doch nicht verkneifen, über Gewährsleute (die versprechen mussten, seinen Namen nicht zu erwähnen) das Foreign Office für eine Einladung Litwinows nach London zu gewinnen. Cadogan beendete die Debatte mit dem (Chamberlain entlehnten) Satz: «Ich sehe in einer Verbindung mit den Sowjets eher eine Last als einen Gewinn.»[23]

11. April

Halifax hat es jetzt doch nicht auf sein Landgut geschafft! Die Italiener fielen am Morgen des 7. in Albanien ein, und heute ist König Zogu[I] bereits auf der Flucht ins Exil.

Ich suchte Halifax auf seine Bitte hin auf.[24] Wir unterhielten uns aus-

I Ahmet Muhtar Bej Zogolli, 1928–1939 König Zogu I. von Albanien.

führlich über das Überhandnehmen der Aggression in Europa und die Notwendigkeit, schnellstmöglich Schritte dagegen zu unternehmen. Halifax wollte wissen, ob wir bereit seien, Polen eine Garantie in einer Form zu geben, in der Warschau sowjetische Hilfe akzeptieren könnte – Waffen, Munition, Flugzeuge etc., aber keine großen Bodentruppenverbände. Ich vermied es, ihm eine direkte Antwort zu geben. Des Weiteren gab Halifax mir zu verstehen, dass die britische Regierung daran arbeitet, auch für Griechenland und möglicherweise für Rumänien Garantien auszusprechen. Zur Begründung sagte er, Großbritannien denke wie die UdSSR über den Aufbau eines Sicherheitssystems für ganz Europa nach, nur dass sich unsere Methoden unterschieden: Großbritannien will Sicherheit «von unten her» aufbauen, will einen Baustein auf den anderen schichten, während die UdSSR die europäische Sicherheit «von oben her» errichten wolle, durch Schaffung eines möglichst umfassenden Friedensblocks. Nach Ansicht Halifax' ist der britische Weg der praktikablere.

Ich widersprach, indem ich die Aggression mit Wasser verglich: Wenn man einen Wasserstrom in eine Richtung aufstaut, fließt er in eine andere ab. Wir sollten keine Haarspalterei betreiben und nicht amateurhaft an die Sache herangehen. Wir müssen die Ausbreitung der Aggression über Europa sofort stoppen, und das einzige Mittel, dies zu erreichen, ist die Bildung eines «Friedensblocks» um die «große Troika»: Großbritannien, Frankreich und die UdSSR. Unsere Unterredung führte natürlich zu nichts, aber ich glaube, dass ich Halifax ein paar nützliche Ideen in den Hinterkopf setzen konnte. [...][25]

▶ Litwinow konnte dem Kurs, den Maiski in seinen Unterredungen mit Halifax einschlug, wenig abgewinnen. Er griff zu der ungewöhnlichen Taktik, sich von Stalin grünes Licht für eine Zurechtweisung Maiskis geben zu lassen, und wies Letzteren an, «in Gesprächen mit Vertretern der britischen Regierung größere Zurückhaltung» walten zu lassen.[26]

14. April

Auf Anweisung aus Moskau suchte ich heute Halifax auf. Ich bezog mich darauf, dass er in unseren vorausgegangenen Gesprächen die Frage aufgeworfen habe, welche Arten von Unterstützung die UdSSR Polen und Rumänien gewähren könne, und sagte, die sowjetische Regierung sei im Grundsatz bereit, Rumänien zu helfen, wolle aber erst einmal von der britischen Seite hören, wie sich nach ihrer Meinung eine solche Unterstützung am besten organisieren lasse.

Halifax war sehr erfreut, das zu hören, schien aber zugleich auch etwas aufgebracht zu sein. Wie sich herausstellte, hatte er just vor meinem Besuch Instruktionen für Seeds aufgeschrieben. Darin trug er diesem auf, die sowjetische Regierung zu fragen, ob sie sich in der Lage sehe, einseitige Garantien für Polen und Rumänien zu geben, analog zu den Garantien, die Großbritannien und Frankreich Rumänien und Griechenland gewährt hätten, mit der Maßgabe, dass die UdSSR Warschau und Bukarest Militärhilfe nur auf deren Ersuchen hin und nur in den vorher vereinbarten Formen leisten werde. Halifax glaubte, es sei mit Hilfe dieser Konditionen möglich, die Probleme zu umschiffen, die zum Untergang der «Viermächteerklärung» geführt hatten. Diese Weisungen an Seeds sollten am Abend nach Moskau übermittelt werden. Was sollte Halifax jetzt unternehmen, nachdem er meine Neuigkeiten vernommen hatte? Die Anweisungen so übermitteln, wie sie waren, oder sie zurückhalten?

Er machte eine Sprechpause und dachte nach. Endlich sagte er: «Was Sie mir gesagt haben, widerspricht nicht meinen Instruktionen. Ich werde sie daher so wegschicken, wie sie sind, und hinzufügen, dass ich Ihre Mitteilung erhalten habe, nachdem die Instruktionen bereits aufgesetzt waren.»

Halifax äußerte die Hoffnung, dass die sowjetische Antwort auf die britische Anfrage bald komme, wenn möglich spätestens am 17. April. Er fragte mich nach meiner Meinung zu dem britischen Vorschlag, doch ich wich einer Diskussion zu diesem Thema aus. [...]

► Halifax schlug der sowjetischen Regierung vor, «eine unilaterale öffentliche Erklärung aus eigener Initiative» abzugeben, deren Brisanz durch jede Menge Kleingedrucktes abgemildert werden sollte: «Im Fall einer Aggression gegen jedweden europäischen Nachbarn der Sowjetunion, gegen die sich das betroffene Land wehrt, werde die sowjetische Regierung Beistand leisten, wenn dies gewünscht wird, und zwar auf eine Art und Weise, die als möglichst angemessen betrachtet wird.» Eine «positive Erklärung» durch die sowjetische Regierung hätte nach Halifax' Überzeugung «eine stabilisierende Wirkung auf die internationale Lage». Diese Vorstellung von einer «stabilisierenden Wirkung» spiegelte das Abschreckungselement in der britischen Politik wider, die immer bestrebt war zu schlichten.[27]

15. April

Gestern spätabends erhielt ich die Anweisung, mich unverzüglich auf den Weg nach Moskau zu machen, zu Beratungen über die englisch-sowjetischen Verhandlungen. Sehr gut. Das wird mir helfen, erheblich mehr Klarheit über die vor uns liegenden Aufgaben zu gewinnen.

Heute ist Samstag, und es wird nicht möglich sein, alle Formalitäten vor Montag, den 17., zu erledigen. Ich werde am 18. abreisen. Um Zeit zu gewinnen, werde ich über Stockholm nach Helsinki fliegen und von dort aus mit dem Zug über Leningrad nach Moskau weiterreisen. Ich bin noch nie geflogen. Versuchen wir es mal. Es ist höchste Zeit, dass ich mich an die modernsten Transportmittel gewöhne.

16. April

[Maiski schildert seinen Besuch in Hudsons Landhaus.]

[...] Sehr viel interessanter war meine Unterhaltung mit Elliot, den ich bei Hudson traf. Er zog mich beiseite und ließ mir, während wir durch den Park schlenderten, eine ganze Menge aufregende Informationen zukommen.

Ich fragte Elliot: «Die britische Regierung scheint in ihrer Außenpolitik die Richtung zu ändern – ist dies eine ernst gemeinte Wende oder nicht? [...] Ja, sagte Elliot, die Wende in der englischen Politik sei ernst gemeint. Der Wunsch, mit der UdSSR zusammenzuarbeiten, sei ehrlich vorhanden. [...] Chamberlain? Ein seltsamer Bursche! Bis jetzt habe er sein ganzes Vertrauen in Hitler gesetzt, von dem er glaubte, er habe nur eines im Sinn: alle Deutschen in einem einzigen Staat zu vereinen. Prag sei eine schreckliche Katastrophe für Chamberlain gewesen, sowohl politisch als auch psychisch. Der PM mache sicherlich gerade einen tief greifenden Sinneswandel durch, den er aber noch nicht vollständig vollzogen habe. Echos aus der Vergangenheit schimmerten noch durch – zum Beispiel in Chamberlains Einstellung zu Italien. Er sei von Hitler durch und durch enttäuscht, habe sich aber noch ein gewisses Vertrauen zu Mussolini bewahrt. Damit werde es irgendwann auch vorbei sein.

Chamberlain habe verstanden, dass eine Zusammenarbeit zwischen Großbritannien und der UdSSR unausweichlich sei. Er bewege sich in diese Richtung, aber langsam und mit stotterndem Motor. Es sei nicht

«Chamberlains tapferer Versuch, sich mit der sowjetischen Kultur bekannt zu machen, angeleitet von M. Maiski»: Karikatur von David Low

leicht für ihn, diese Wende zu vollziehen. Im Moment nagten am Premierminister zwei quälende Zweifel: (1) Ist die Rote Armee kampfstark? Wie ein rechter Kaufmann möchte er nicht die Katze im Sack kaufen. (2) Was sind die wahren Absichten der UdSSR? […][28]

► Maiskis verbissene Entschlossenheit, aktiv den Dialog mit den Briten zu suchen, tat bei Litwinow endlich Wirkung. Dieser machte sich jetzt – gegen offen geäußerte Bedenken Stalins und Molotows – nachdrücklich für ein Angebot an London stark, die diversen unilateralen Garantien durch einen ausgewachsenen, verbindlichen Dreierpakt zu ersetzen. Der Vorschlag wurde den Briten am 17. April zugestellt.[29] Litwinow, der immer noch hoffte, die Kontrolle über die sowjetische Außenpolitik in den Händen behalten zu können, obwohl sie ihm zusehends entglitt, bemühte sich vergeblich, Maiski Deckung zu geben und dessen Rückberufung zu verhindern. Würde man Maiski aus London abziehen, so würde die dortige Botschaft, warnte Litwinow, «ihre Funktionsfähigkeit verlieren, denn es gibt dort [außer Maiski] niemanden, der ernsthafte diplomatische Verhandlungen führen könne oder den die Engländer zur Kenntnis nähmen». Suriz in Paris, der ebenfalls einen Marschbefehl nach Moskau erhalten hatte, war von Potjomkin in einer handschriftlichen Mitteilung gewarnt worden, er solle Vorsicht walten lassen, denn «der kleinste Ausrutscher wird nicht nur registriert, sondern zieht auch eine prompte und heftige Reaktion nach sich».[30] Merekalow, der Dritte im Bunde der zurückberufenen Botschafter, sollte nie mehr an die Berliner Botschaft zurückkehren; er wurde aus dem Narkomindel entfernt.

17. April

Die Presse hat meine Reise nach Moskau bereits zur Sensation erster Klasse erklärt, und heute rufen alle Zeitungen pausenlos in der Botschaft an, um die Hintergründe zu erfahren; sie wollen wissen, wann und von welchem Bahnhof aus ich abreise. Bis jetzt haben wir es geschafft, alles geheim zu halten.

Der Tag vor meiner Abreise brachte die gewohnte Hektik. Ich stattete Cadogan einen kurzen Besuch ab, um eine kleinere Routineangelegenheit zu regeln und ihn über meine Abreise zu informieren. Ich konnte ja nicht gut ohne Vorwarnung in einem Moment verschwinden, in dem schwierige diplomatische Verhandlungen in Gange sind. Dann nahm ich an einem Bankierslunch teil, den Brendan Bracken[1], Redakteur der *Financial News*, veranstaltete und an dem neben anderen auch Anselm Rothschild und die Vorstände der Lloyds Bank teilnahmen. Dann führte ich ein Gespräch mit unseren Mitarbeitern.

Gegen 23 Uhr erhielt ich einen überraschenden Anruf von Sir Walter Layton, Redakteur des *News Chronicle*. Er bat um Verzeihung für die späte Störung und fragte, ob er gleich vorbeikommen könne, denn er müsse mich einfach vor meiner Abreise noch einmal sehen. Er traf um 23.30 Uhr ein und lenkte das Gespräch sogleich auf den aktuellen Stand der englisch-sowjetischen Beziehungen. Er betonte, die öffentliche Meinung in England sei in den letzten vier oder fünf Wochen radikal umgeschlagen;

---

1 Brendan Rendall Bracken, Redakteur bei *The Banker*, Direktor der *Financial News*, Geschäftsführer des *Economist*, 1940–1944 parlamentarischer Privatsekretär des Premierministers, 1941–1945 Informationsminister.

England habe allen Ernstes und auf lange Sicht einen neuen Weg eingeschlagen und sei jetzt aufrichtig gewillt, gegen Aggressoren vorzugehen und eine Verständigung und Zusammenarbeit mit der UdSSR herbeizuführen. An Tonlage und Tenor von Laytons Vortrag konnte ich erkennen, dass er mir diesen nächtlichen Besuch nicht aus eigener Initiative abstattete, sondern auf Anweisung von jemandem ... Von wem? Ich kann das nicht sicher sagen, doch möglich ist, dass er auf Anweisung des PM gekommen ist, denn ich weiß, dass Layton Zugang zu Chamberlain hat und dieser im Verlauf der Septemberkrise Layton mehr als einmal instruiert hatte.

In der britischen Regierung scheint große Unruhe darüber zu herrschen, dass ich nach Moskau beordert worden bin, und sie will mich offenbar vor meiner Abreise – und durch mich die sowjetische Regierung – davon überzeugen, dass sie ernsthaft gewillt ist, mit uns zusammen an der Errichtung einer Friedensfront zu arbeiten.

18. April

Gestern übergab M. M. Seeds unsere Antwort auf den britischen Vorschlag vom 14. April. Die wesentlichen Punkte unserer Antwort sind:

Nach der britischen Anfrage, ob die sowjetische Regierung bereit sei, unseren unmittelbaren europäischen Nachbarn im Fall einer Aggression Beistand zu leisten, traf in Moskau ein französischer Vorschlag ein, sich auf ein bilaterales Abkommen über gegenseitigen militärischen Beistand gegen Aggressoren zu einigen. Indem die sowjetische Regierung den französischen Vorschlag grundsätzlich akzeptiert und sich seinem Geist anschließt, und ferner in dem Wunsch, ein festes Fundament für die künftigen Beziehungen zwischen den drei Staaten zu legen, möchte sie die britischen und die französischen Vorschläge miteinander verbinden und als Ergebnis die nachfolgend genannten Punkte der britischen und französischen Regierung anheimstellen:

(1) Die UdSSR, Frankreich und Großbritannien unterzeichnen ein Abkommen mit einer Laufzeit von fünf bis zehn Jahren, in dem sie sich gegenseitig verpflichten, im Fall einer Aggression auf europäischem Boden gegen einen der drei Vertragsstaaten unverzüglich Beistand in allen Formen zu leisten, einschließlich militärischer Hilfe.

(2) Die UdSSR, Frankreich und Großbritannien nehmen sich vor, den

zwischen der Ostsee und dem Schwarzen Meer gelegenen und an die UdSSR grenzenden Staaten im Fall einer Aggression gegen diese Staaten Unterstützung jeglicher Art zu gewähren, einschließlich militärischen Beistands.

(3) Die UdSSR, Frankreich und Großbritannien werden zum frühestmöglichen Zeitpunkt erörtern und festlegen, in welcher Form und in welchem Ausmaß jeder von ihnen in Übereinstimmung mit den Artikeln 1 und 2 militärische Unterstützung leistet. [...]

28. April

Die zehn Tage, die seit meinem letzten Eintrag verstrichen sind, erscheinen mir aus heutiger Sicht fast wie ein Märchen ... Ich flog also am 18. April um ca. 9.15 Uhr morgens aus Croydon ab. [...] Ich betrat das Flugzeug mit hoch erhobenem Haupt, aber, wie ich zugebe, nicht ohne ein gewisses Bangen: Was, wenn sich doch herausstellen sollte, dass ich das Fliegen nicht vertrage? Die letzten Abschiedsworte ... die letzten Kusshände ... das letzte aufgeregte Getue des Bordpersonals ... Der Propeller beginnt laut zu schnattern, und die riesige Douglas, die 21 Passagiere tragen kann, macht sich schwerfällig auf den Weg die Startbahn hinunter ... Dann hebt sie plötzlich vom Boden ab und beginnt ihren Steigflug ... Eine grüne Wiese, Hangars, kleine Häuser mit roten Dächern – alles kippt schnell und unerwartet nach unten weg ... entfernt sich weiter und weiter. [...] Einem natürlichen Reflex gehorchend, suche ich mit den Augen nach den Schwimmgürteln aus Kork, bis mir plötzlich klar wird: Was würden sie nutzen? Wenn mit dem Flugzeug etwas schiefgeht, werden Schwimmgürtel aus Kork nicht helfen. Wir werden sterben, während wir noch in der Luft sind, oder in dem Moment, da das Flugzeug auf dem Wasser aufschlägt. [...] Plötzlich schüttelt sich der riesige stählerne Rumpf des Flugzeuges mehrere Male. Seine mächtigen Flügel vollführen scharfe Schwenks, erst nach links, dann nach rechts. Die Erschütterungen sind so heftig, dass es die Passagiere aus ihren Sitzen hebt und sich alle fieberhaft an ihre Sitzgurte klammern. Dicker weißer Nebel zu beiden Seiten des Flugzeugs. Durch die Fenster nichts zu erkennen. Wir sind in den Wolken. Der Pilot geht wieder in den Steigflug. Der Zeiger des Höhenmessers wandert ... aufwärts und aufwärts ... zweieinhalbtausend Meter schon ... Der Nebel ist verschwunden, wir sind aus den Wolken heraus ... über uns nur die helle, aber irgendwie kalte Sonne und der endlose blaue Himmel.

Unter uns wieder ausladende Felder mit weißer, gelockter Baumwolle und darüber hinwegstreichend, wie ein böser Raubvogel, der pfeilschnelle Schatten unseres Flugzeugs, schwarz und in Form eines Kreuzes ...

Alexandra M. Kollontai und der erste Sekretär holen mich am Flugplatz ab. Auch hier ein Schwarm von Fotografen und Reportern. Wir steigen in ein Auto und fahren zur Botschaft ...

Ich telefoniere nach London und melde Agnia meine wohlbehaltene Ankunft und meinen Sieg im Bereich des Fliegens.

Ich verbrachte die Nacht in Stockholm und flog am 19. um neun Uhr weiter nach Helsinki. [...] Die Stunden bis zum Abend vergingen wie im Flug. Journalisten belagerten mich natürlich, begierig darauf herauszufinden, welche «Vorschläge» ich dabeihätte. Ich fertigte sie mit einem Lachen ab: «Meine Taschen sind leer.» Das versetzte die Journalistenbrüder nur in noch größere Neugier. Ich stattete keinem der Minister einen Besuch ab. Ließ ihnen nur meine Visitenkarte schicken. Dann wanderte ich durch die Stadt und kaufte ein paar Dinge. Um 23.20 Uhr fuhr mein Zug aus Helsinki ab. Der Zug war genau derselbe wie früher. Ich schlief wie ein Säugling und stieg am Morgen in Rajajoki aus dem Zug, um mir die Beine zu vertreten und etwas zu trinken. Auch hier hatte sich nichts verändert. Wir überquerten den Sestra-Fluss. ... Mein Vaterland! Beloostrow! Ich nahm einen tiefen Atemzug und lauschte meiner inneren Stimme: Ja, hier weht eine andere Luft! Kräftig, belebend, widerhallend und vor allem unsere!

[...] In Leningrad holte mich A. W. Burdukow[I] ab. Natascha[II] lag mit Lungenentzündung im Krankenhaus. Das war eine unschöne Überraschung für mich. Ich bekam meinen Enkel zu sehen – einen wundervollen kleinen Jungen mit blauen Augen und hellem Haar. Sein Lieblingsvergnügen ist es, ein Spielzeug zu ergreifen und auf den Boden zu schleudern. Ich besuchte Natascha im Krankenhaus und reiste abends nach Moskau weiter.

Ich verbrachte vier Tage in Moskau (mehr erlaubten mir meine Chefs nicht), die fast wie im Traum vergingen. Ich wohnte im Hotel Moskwa.

I Alexei Wassiljewitsch Burdukow, sowjetischer Kaufmann und Entdeckungsreisender in der Mongolei.

II Maiskis einzige Tochter aus erster Ehe.

Für 47 Rubel am Tag hatte ich ein ziemlich anständiges Zimmer im dritten Stock mit Bad, doch oh je, die Badewanne war in einem Zustand, der in mir nicht den Wunsch weckte, sie zu benutzen. Ich traf sehr viele Leute, nahm an mehreren Besprechungen über die englisch-französisch-sowjetischen Verhandlungen teil, schaute in meiner Wohnung vorbei, unterhielt mich mit Verwandten und ... schaffte es nicht, eine einzige Theatervorstellung zu besuchen. Es war dafür einfach nicht genug Zeit.

Am 24. April nahm ich den *Krasnaja Strela* zurück nach Leningrad und verbrachte einen halben Tag dort. Ich besuchte Natascha im Krankenhaus, spielte mit meinem Enkel und redete mit A. W. Ich traf auch mit einigen Leningrader Amtsträgern zusammen. Um 18.25 Uhr nahm ich den Zug nach Helsinki. [...] Dieses Mal war ein Treffen mit den finnischen Ministern unvermeidlich. Erkko[I] ließ mich über Derewjanski[II] ausdrücklich um einen Besuch bitten, und es wäre ungehörig gewesen, ihm einen Korb zu geben. Hier war ich also wieder, in dem mir sehr vertrauten Gebäude des Außenministeriums, und saß in dem mir sehr vertrauten Amtszimmer des Außenministers in einem mir sehr vertrauten Armsessel.

[...] Um 17.30 Uhr flog ich aus Helsinki ab und saß schon um 20 Uhr in A. M. Kollontais gemütlicher Wohnung in Stockholm. Der Flug verlief reibungslos, trotz einer sehr dichten Nebelbank über der Ostsee.

Am 27. um neun Uhr flog ich aus Stockholm ab und landete um 16 Uhr wohlbehalten in Paris. Wir hatten nur eine Zwischenlandung, in Kopenhagen, wo ich eine totale Belagerung durch Fotografen und Reporter erlebte, die später absurde Falschmeldungen in die Welt setzten. Den ganzen Abend verbrachte ich im Gespräch mit Suriz. Danach schlenderten wir stundenlang durch die alten Viertel von Paris, und J. S. Suriz erzählte mir – liebevoll und mit beachtlichem Kenntnisreichtum – die Geschichte vieler Gebäude während der Ereignisse von 1789 bis 1793. Er sprach mitreißend und mit echter Hingabe.

Heute um 10.30 Uhr verließ ich Paris mit der Bahn Richtung Bou-

---

I Juho Eljas Erkko, 1938/39 finnischer Außenminister, 1939/40 finnischer Botschafter in Schweden.

II Wladimir Konstantinowitsch Derewjanski, Elektroingenieur und überzeugter Bolschewist, der in den diplomatischen Dienst berufen wurde, 1938/39 Botschafter in Helsinki, April bis Oktober 1940 in Lettland.

logne-Folkestone und traf gegen 17 Uhr nach einer ohne Zwischenfälle verlaufenen Fahrt in London ein. Ich bin wieder zu Hause. Es ist, als wäre ich nie weg gewesen.

► «Die unvergessliche Sitzung in Moskau» am 21. April handelt Maiski in seinem Tagebuch in einem einzigen, eher nichtssagenden Absatz ab. Molotow, Mikojan, Kaganowitsch[1] und Woroschilow – die gesamte für die sowjetische Außenpolitik zuständige Politbüro-Viererbande (*tschetwerka*) – waren zugegen, dazu Litwinow und Potjomkin. Nach einer gründlichen Bestandsaufnahme Maiskis zur allgemeinen Lage und Stimmung in Großbritannien, zu den politischen Perspektiven und zu den Kräfteverhältnissen zwischen den Unterstützern und den Gegnern eines Pakts wurde der Botschafter aufgefordert, die Aussichten für eine positive Antwort auf die sowjetischen Vorschläge zu beurteilen.[31] Die prägnante Darstellung in seinen Memoiren vermittelt keinen Eindruck davon, wie sehr es ihn schockierte, zum ersten Mal Litwinow, Stalin und Molotow in persönlicher Interaktion zu erleben und zu sehen, welches «extrem angespannte» Verhältnis zwischen ihnen bestand. Als später Beatrice Webb Maiski über die Begegnung mit Stalin befragte, schloss sie aus «seiner finsteren Miene und seiner einsilbigen Antwort», dass er wohl «für den zum Idol erhobenen Führer der Massen nicht besonders viel übrighatte».[32] Maiski fand, dass die Stimmung, die in Moskau herrschte, unter dem Eindruck der Meldungen über ernsthafte Kriegsvorbereitungen der Deutschen «in beunruhigender Weise aufgewühlt» war. Stalin gebe sich zwar nach außen gefasst, sei aber «in höchstem Maß enttäuscht» darüber, dass England die sowjetischen Vorschläge «in der Luft hängen» lasse. Molotow war offensichtlich «wütend, geriet ständig mit Litwinow aneinander und bezichtigte ihn aller möglichen Todsünden».[33]

Die Hauptsorge in Moskau, die abzumildern Maiski, nach seinen Memoiren und seinem Tagebuch zu urteilen, offensichtlich nicht gelang, war die, «dass man womöglich in London oder Paris ein Komplott ausgeheckt hatte mit dem Ziel, Moskau in einen Krieg zu verwickeln und es dann im Stich zu lassen».[34] Maiski erwähnt weder die Forderung Molotows, auch alternative

---

1 Lasar Moissejewitsch Kaganowitsch, Mitglied von Stalins innerstem Zirkel, 1935–1944 Volkskommissar für das Eisenbahn- und Transportwesen, 1937–1939 für die Schwerindustrie, 1938–1944, 1944–1947 Stellvertretender Vorsitzender des Rates der Volkskommissare, 1942–1945 Mitglied des Staatlichen Verteidigungskomitees.

Optionen zu erwägen, einschließlich einer Verbesserung der Beziehungen zu Deutschland, noch Litwinows dramatisches Rücktrittsangebot, das Stalin (vorläufig) ablehnte. Schon seit 1934 hatte Molotow dem Konzept der kollektiven Sicherheit immer nur lauwarmen Beifall gezollt, und er war die treibende Kraft hinter den diversen Versuchen, wieder in Verhandlungen mit Berlin einzutreten.[35]

Die flüchtige Zusammenfassung der Besprechung, die Maiski in seine Memoiren aufnahm, täuscht über den Umstand hinweg, dass, als er sich erst einmal über die im Kreml vorherrschende Stimmungslage klar geworden war, die Euphorie, die er noch bei seiner Abreise nach Moskau ausgestrahlt hatte, einer Ernüchterung gewichen war, die sich in einem «nicht sehr tröstlichen» Bericht niederschlug. Dessen Kern bildete eine für die Sowjetunion verheerende Prognose zu den Aussichten auf Verhandlungen zwischen Deutschland und den «Appeasern», und sie bestärkte Stalin offenbar in seiner zwanghaften Sorge wegen eines möglichen «Danziger Abkommens», das Deutschland freie Hand im Osten gäbe. Maiskis Bericht stand in scharfem Widerspruch zu Litwinows Weigerung, sich der Auffassung anzuschließen, dass England und Frankreich emsig versuchten, Deutschland in einen Krieg gegen die Sowjetunion hineinzutreiben – diese Weigerung war ein Grund für Litwinows Absetzung zwei Wochen später.[36]

Die Darlegungen Maiskis im Kreml bestärkten Stalin sicherlich in dem Bemühen, die deutsche Option mit Hilfe Merekalows weiter auszuloten, der nun schleunigst in den Kreml beordert wurde, um an der letzten Stunde der Besprechung teilzunehmen. Nach den üblichen Begrüßungsfloskeln fragte Stalin Merekalow rundheraus: «Werden die Deutschen gegen uns marschieren oder nicht?» Merekalow führt in seinen bruchstückhaften Memoiren, ähnlich wie Maiski, seine Leser in die Irre, indem er sie glauben macht, er sei ohne Rücksicht darauf, was Stalin hören wollte, das Wagnis eingegangen, dem *woschd* zu eröffnen, dass Hitler die Sowjetunion angreifen werde, vermutlich in den Jahren 1942/43. In Wahrheit sprach Merekalow, der noch unter dem Eindruck einer Unterredung mit dem deutschen Außenstaatssekretär Ernst von Weizsäcker am 17. April stand, ausführlich über die Aussichten auf eine zumindest vorübergehende Annäherung an Deutschland, denn für dieses sei – zumindest solange es sich vorrangig mit Frankreich und Polen auseinandersetzte – die Neutralität der Sowjetunion unverzichtbar.

Auch wenn Maiski Stalins Entscheidung pries, den Verhandlungen mit den Westmächten noch eine Chance zu geben, ließ Moskau ihn nicht im Zweifel

Ein angespannter Maiski auf dem Weg nach Moskau, April 1939.

darüber, dass diese Gespräche gleichsam «auf Bewährung» stattfänden und sich fest auf dem Boden der sowjetischen Vorschläge zu bewegen hätten.[37] In einem handgeschriebenen Beiblatt zum Eintrag vom 28. April skizzierte Maiski grob die Weisungen, die Moskau ihm mitgegeben hatte und in denen einer «großen Allianz» mit Frankreich und England weiterhin Vorrang eingeräumt wurde. Diese Allianz sollte eine Laufzeit von mindestens fünf Jahren haben, und es sollten für sie folgende Vorbedingungen erfüllt sein: eine eindeutige Definition dessen, was man unter Aggression verstand; das Recht für sowjetische Truppen, durch fremdes Staatsgebiet zu marschieren; der gleichzeitige Abschluss des politischen und eines militärischen Abkommens; eine Vereinbarung über die wechselseitigen Einflusssphären entlang der Schwarzmeerküste; und die Zusicherung, dass keine der beteiligten Mächte «nach Abschluss einer Vereinbarung» separate Verhandlungen führen werde. Trotz alledem war Litwinow und Maiski angesichts der britischen Verzögerungstaktik klar, dass sie nicht mehr viel Zeit hatten.[38]

29. April

Die Einladung von Halifax traf schon ein paar Stunden vor meiner Rückkehr aus Moskau ein. Ich suchte ihn heute auf. Er erkundigte sich zunächst, ob meine Reise interessant gewesen sei, und erwartete von mir offenbar Erhellendes. Ich sagte nur: «Ja, sehr interessant», und kam dann gleich auf unsere Vorschläge vom 17. April zu sprechen, auf die die Engländer bis dato noch gar nicht geantwortet hatten.

Erleichtert kehrt Maiski aus Moskau zurück, April 1939.

Halifax entschuldigte sich für die Verzögerung, die er dem Umstand zuschrieb, dass die britische Regierung in den letzten 14 Tagen mit der Umsetzung der allgemeinen Wehrpflicht voll beschäftigt gewesen sei, doch dann begann er vorsichtig, unsere Vorschläge zu kritisieren. Zwar seien sie «sehr logisch und gut aufgebaut», doch wäre ihre praktische Umsetzung mit großen Schwierigkeiten verbunden. Er stimmte dann wieder die alte Leier über Polen und Rumänien an.

Nach ein paar Minuten begann Halifax jedoch sich selbst zu widersprechen. Im Zusammenhang mit dem Besuch Gafencus[1] (des rumänischen Außenministers) erklärte er, dieser habe ihm gesagt, Rumänien werde im Kriegsfall sowjetischen Beistand brauchen, aber bis dahin könne, so fürchteten die Rumänen, ein offenes Zusammengehen mit der UdSSR Deutschland «provozieren». Rumänien wolle vorläufig eine bestimmte «Balance» zwischen der Sowjetunion und Deutschland wahren. Wie es scheint, sind die Bedenken Rumäniens gegen den Einschluss der UdSSR in die Sicherheitsgarantie nicht grundsätzlicher, sondern taktischer Natur.

[...] Gegen Ende streiften wir Hitlers gestrige Rede.[39] Halifax meint, sie ändere nichts an der aktuellen Lage. Er sehe in nächster Zukunft keine neuen Verhandlungen mit Deutschland, trotz Hitlers indirekter

---

1 Grigore Gafencu, 1932, 1939/40 rumänischer Außenminister, 1940/41 Gesandter in Moskau.

Einladung. Nicht ganz so sicher sei er sich im Hinblick auf Flottenverhandlungen im engeren Sinn (der alte «Appeaser»!).

Ein wenig peinlich berührt, erklärte Halifax (auf meine Frage hin) die Gründe für die Rückkehr des britischen Botschafters nach Berlin.

Die Sache ist die: Wenn man zu einem Land diplomatische Beziehungen unterhält, braucht man dort einen Botschafter. Daher konnte Henderson nur für kurze Zeit abgezogen werden. Eine Rede Hitlers war angekündigt – was hätte man machen sollen? Wäre die Rede «scharf» ausgefallen, hätte eine unverzügliche Rückkehr Hendersons fehl am Platz gewirkt. Aber ähnlich seltsam wäre seine Rückkehr auch gewesen, wenn die Rede «sanft» ausgefallen wäre, denn dann wäre es vielleicht als Hinweis darauf gedeutet worden, dass die britische Regierung den Versprechungen Hitlers Glauben schenkt, eines Mannes, dem man niemals vertrauen sollte. Angesichts dieses Dilemmas entschied sich Halifax, den Knoten zu durchschlagen, indem er Henderson ein paar Tage vor dem Termin der Hitler-Rede zurückschickte. Man habe Henderson nur einen Auftrag mitgegeben: die deutsche Regierung über die beschlossene Wiedereinführung der Wehrpflicht zu unterrichten, bevor der Beschluss im Parlament offiziell verkündet wurde. Alle anderen Gerüchte seien reine Spekulation und nicht der Rede wert.[40]

► Der außenpolitische Ausschuss schloss sich nach Erörterung der «äußerst unangenehmen» sowjetischen Vorschläge Chamberlains Verzögerungstaktik an, die darin bestand, das ursprüngliche Angebot einer einseitigen Garantie erneut zu unterbreiten und den Vorwurf, die britische Politik sei ideologisch motiviert, zurückzuweisen.[41] «Wenn man zwischen den Zeilen liest», hieß es im Foreign Office, sei der wahre Beweggrund für die Taktik des Kabinetts «der Wunsch, uns russischen Beistand zu sichern und uns zugleich freie Hand für den Versuch zu lassen, Deutschland den Weg zu einer östlichen Expansion auf Kosten Russlands zu ebnen».[42]

2. Mai

Wie stellt sich die aktuelle Lage in England dar?

Unter Berücksichtigung allen mir zu Gebote stehenden Materials würde ich sie wie folgt beschreiben:

Die Einstellung der breiten Bevölkerungsmassen ist überall entschieden antideutsch, abgesehen von einem Teil Schottlands. [...] In der Regierung sieht es ein bisschen anders aus.

[...] Umbau der Regierung. Ein solcher wird mittlerweile als absolut unerlässlich erachtet, und selbst die Beaverbrook-Presse hat eine darauf abzielende Kampagne gestartet. Aber Chamberlain zögert die Hereinnahme solcher Persönlichkeiten wie Eden, Churchill und anderer ins Kabinett so lange wie nur möglich hinaus.

[...] Unsere Vorschläge. Es kann kaum bezweifelt werden, dass die britische Regierung sie letzten Endes akzeptieren wird. Ihre Lage ist hoffnungslos. Doch Chamberlain stemmt sich stur dagegen und lässt uns seit nunmehr über zwei Wochen auf die englische Antwort warten. Damit nicht genug, versuchte er anfänglich auch noch, die sowjetischen Vorschläge zu vertuschen und vor der Öffentlichkeit zu verbergen. Dank der Befürworter eines englisch-sowjetischen Militärbündnisses in Regierungskreisen wurden unsere Vorschläge jedoch bröckchenweise an die Presse lanciert, und zum Zeitpunkt meiner Rückkehr aus Moskau wusste die Öffentlichkeit in Grundzügen Bescheid. Die Opposition begann im Parlament Druck zu machen, und in der Presse begann eine lebhafte Debatte. Die britische Regierung wird somit auf die eine oder andere Weise die sowjetischen Vorschläge in allernächster Zukunft beantworten müssen. Vielleicht wird sie sie nicht sofort akzeptieren wollen, aber früher oder später wird sie es müssen. [...] Deswegen bin ich [...] geneigt, die «Generallinie» in der Entwicklung der englisch-sowjetischen Beziehungen in einem optimistischen Licht zu sehen.

3. Mai

Nahm an einem englisch-chinesischen Dinner teil, bei dem Quo Tai-chi, Lord Chatfield[I] und Lord Snell sprachen und wo die Mitteilung, dass der sowjetische Botschafter unter den Gästen weilte, mit lautem und einhelligem Applaus quittiert wurde.

Als die Ansprachen sich dem Ende näherten, trat Vernon Bartlett[II] von hinten an mich heran und drückte mir einen Zettel in die Hand.

I Admiral Alfred Ernle Montacute Chatfield (1. Baron Chatfield), 1939/40 Minister für Verteidigungskoordination.

II Vernon Bartlett, linker Anti-Appeaser, Korrespondent des *News Chronicle*.

«Der Tanzbär – eine Programmänderung»: Karikatur von David Low

Darauf stand: «Meldung kam gerade aus Moskau, dass Litwinow zurückgetreten ist.»

▸ Die Absetzung Litwinows am 3. Mai hatte erhebliche Auswirkungen auf der internationalen Bühne, auch für Maiski persönlich. Von einem Tag auf den anderen war ihm, der immer ein Protegé Litwinows gewesen war, der sichere Halt weggebrochen. Man kann sich leicht seine Erschütterung vorstellen, als er das – ungewöhnlicherweise von Stalin persönlich gezeichnete – Telegramm las, das ihn und andere wichtige Botschafter über den «ernsten Konflikt» zwischen Litwinow und Molotow informierte, der sich aus der «illoyalen Haltung des Genossen Litwinow gegenüber dem Rat der Volkskommissare der UdSSR» ergeben habe.[43] Maiski galt jetzt als Relikt der Vergangenheit und sah sich Schritt für Schritt ausgegrenzt. Er war praktisch der letzte verbliebene aufrichtige Befürworter eines Pakts mit dem Westen. Trotz der Beteuerung Molotows, die Ablösung Litwinows bedeute keinen Kurswechsel in der sowjetischen Außenpolitik, kursierten im Westen jede Menge Spekulationen über just einen solchen.[44]

Maiski selbst erklärte später rückblickend, das Versäumnis der Briten, auf die sowjetischen Vorschläge einzugehen, habe «der Politik einer wirksamen kollektiven Sicherheit den vernichtenden Schlag versetzt und zur Entlassung Litwinows geführt». Die Schuld für die Absetzung Litwinows und für die Hinwendung Moskaus zu Deutschland einzig und allein beim britischen «Appeasement» zu suchen ist jedoch eine These, die nur noch schwerlich zu halten ist.

Die Absetzung Litwinows ebnete den Weg zu einer Neuorientierung der sowjetischen Außenpolitik. Es empfiehlt sich, diese Wende in einen größeren Kontext einzubetten, nämlich den der Errichtung des stalinistischen Staatsgebäudes.[45] Der Prozess führte dazu, dass die erste Generation sowjetischer Diplomaten aus dem Kader des Narkomindel hinausgedrängt wurde; die meisten von ihnen waren Intellektuelle aus den Reihen der revolutionären Intelligenzija der zaristischen Periode. Sie wurden zügig durch Diplomaten ersetzt, die vielleicht unerfahren, aber dafür fanatische und ausgebildete junge Stalinisten waren, bei denen man sicher sein konnte, dass sie der Linie des Kreml gehorchten, besonders in einer so kritischen Phase. Man versperrte diesen Novizen bewusst den Zugang zum politischen Entscheidungsprozess und engte ihre Handlungsspielräume ein. Wie Alexandra Kollontai ihrem Tagebuch anvertraute, hatte irgendwo in den Untiefen ihres Bewusstseins «schon lange Zeit das Gefühl geschlummert, dass Moskau mit Maxim Maximowitsch nicht mehr glücklich war. [...] Die Symptome waren unsichtbar, aber sie waren da.»[46] Ivy Litwinow sinnierte rückblickend darüber, dass das «Menetekel» spätestens Ende 1938 deutlich «ablesbar» geworden war, als «mehr und mehr eng mit L. verbundene Leute» zu Verfolgten geworden seien.[47] Litwinow selbst hatte sich Ende 1938 beim französischen Botschafter in Moskau beklagt: «Wie kann ich in Sichtweite der Lubjanka Außenpolitik machen?»[48]

Persönliche Antipathien und Eifersüchteleien, wie sie zwischen den beiden Grundtypen von Revolutionären charakteristisch waren, verbreiterten die bestehende Kluft immer weiter.[49] «Du denkst, wir sind alle Idioten!», rief Molotow Litwinow nach, als dieser nach seiner Entlassung Stalins Dienstzimmer verließ.[50] Auf einer Sitzung des Kommissariats [für Auswärtige Angelegenheiten] im Juli 1939 beschuldigte Molotow Litwinow, er habe sich nicht an die Parteilinie gehalten und «an einer Reihe von Leuten festgehalten, die der Partei und dem Sowjetstaat distanziert und feindlich gegenüberstehen». Sich unabhängig dünkende Botschafter würden an Stalins Hof nicht mehr wohlgelitten sein. Maiski fiel es in der Folge ausgesprochen schwer, sich mit Molotows Definition der Botschafterrolle abzufinden, wonach die Aufgabe darin bestand, «einfach das weiterzugeben, was man ihnen weiterzugeben aufträgt». Eine «zentralisierte Diplomatie» bot ab jetzt die Gewähr dafür, dass «der Botschafter nicht mehr die Möglichkeit hatte, irgendwelche Initiativen zu ergreifen. [...] Es war Stalin und nicht irgendein Diplomat, der die entscheidende Rolle spielte.»[51] Mit der Absetzung «des klugen Kosmopoliten M. Litwinow», resümierte Seeds ein Jahr später, sei die sowjetische Politik in die Hände Stalins und seines inneren Kreises übergegangen, auf Männer, die von «provinziellem» Format gewesen seien und in jedem Kompromiss ein «Zeichen der Unaufrichtigkeit» gesehen hätten.[52]

Was den Sturz Litwinows weiter beschleunigt haben könnte, war das Wortprotokoll der Vernehmung Jeschows[I] vom 27. April, das dessen Nachfolger Beria[II] an Stalin übermittelt hatte. Dieses Protokoll sollte in vorläufige Ermittlungen des NKWD gegen Litwinow wegen «Hochverrats» münden, die aber Ende Juni eingestellt wurden. Jeschow hatte unter anderem berichtet, wie er einmal unerwarteterweise in einem Sanatorium in Meran einen Abend mit Litwinow zugebracht hatte. Nachdem Litwinow einen Foxtrott getanzt hatte, habe er vom Leder gezogen: «Wir sind hier und suchen Erholung, gehen in Restaurants, tanzen, aber wenn die in der UdSSR davon erfahren würden, würden sie einen Proteststurm vom Zaun brechen. Wir tun hier nichts besonders Schreckliches, aber sehen Sie, wir haben keine Kultur; unsere Staatsmänner haben schon überhaupt keine Kultur. [...] Würden unsere politischen Führer persönliche Beziehungen zu politischen Persönlichkeiten Europas knüpfen, könnten sich eine Menge scharfe Kanten in unseren Beziehungen zu anderen Ländern abschleifen.»[53]

Maiskis Stellung war noch prekärer geworden, denn in Moskau ging die Disziplinierung innerhalb des Narkomindel unvermindert weiter. Molotow wurde von Stalin angewiesen, das Ministerium von Elementen zu säubern, die

---

I Nikolai Iwanowitsch Jeschow, ‹Stalins loyaler Scharfrichter›, war 1938–1940, in der Hochphase des «großen Terrors», Chef der sowjetischen Geheimpolizei NKWD, fiel 1940 aber selbst dem Terror zum Opfer.

II Lawrenti Beria, Nachfolger Jeschows als Chef des NKWD bis Dezember 1953, wurde nach dem Tod Stalins wegen eines angeblichen Komplotts zum Sturz des kommunistischen Regimes angeklagt und hingerichtet. Eines der verborgenen Kapitel in Maiskis Leben hatte mit den subversiven Kontakten zu tun, die er mit Beria während dessen Aufstieg zu knüpfen gezwungen war. Siehe unten S. 792–796.

nur «halbe» Parteisoldaten waren, insbesondere von Juden. Damit nicht genug, verschärfte der NKWD seine direkte Kontrolle der Auslandsbotschaften, und praktisch der gesamte Personalkader des Ministeriums wurde ausgetauscht. Maiski wurde von den neu eingestellten Diplomaten ausgegrenzt, die den eher volkstümlich orientierten, freundlichen Führungsstil Molotows attraktiv fanden, der eine Verjüngung des Narkomindel zu bewirken schien.[54] Andererseits machte die akute Angst vor einem «zweiten München» Maiskis Verbleib in London unerlässlich.

6. Mai

Halifax bestellte mich zu sich und fragte mich direkt: Litwinow ist abgetreten – bleibt es bei Ihrer alten Politik? Bleibt es insbesondere bei Ihren Vorschlägen vom 17. April?

Die britische Regierung hat ihre Antwort auf unsere Vorschläge vorbereitet, aber bevor sie sie an Seeds schickt, möchte Halifax meine Antwort auf seine Fragen hören.

Ich lachte und sagte, ich hätte kein Verständnis für seine Zweifel. Natürlich bleiben sowohl unsere Politik als auch unsere Vorschläge in Kraft.

Halifax war sichtbar erleichtert, meine Antwort zu hören.

Dann setzte er mir den Kern der britischen Antwort auseinander. Alles andere als beruhigend. Die britische Regierung sieht sich nicht in der Lage, unsere Vorschläge zu einem Dreierpakt zu akzeptieren, weil sie glaubt, dass ein solcher Pakt nur andere Mächte abschrecken werde, deren Beteiligung an der «Friedensfront» sehr wichtig sei. [...] Infolgedessen habe die britische Regierung beschlossen, uns erneut ihre Formel vom 14. April zukommen zu lassen. [...]

Ich brachte meine große Enttäuschung zum Ausdruck. Die britische Regierung hat drei Wochen gebraucht, um unsere Vorschläge zu prüfen, und nach dieser Zeit des Kreißens gebiert der Berg eine Maus. [...] Es versteht sich von selbst, dass die britische Regierung das Recht hat, jede Formel, die sie wünscht, nach Moskau zu schicken, aber ich konnte Halifax im Voraus sagen, dass Moskau diese Formel zurückweisen werde.

9. Mai

Gestern schickte die britische Regierung endlich ihre Antwort auf unsere Vorschläge vom 17. April. Eine wenig befriedigende Antwort.[55] [...] Eine ziemlich lange, verwirrende und ungeschickte Stellungnahme und vor allem noch schlimmer als das, was Halifax mir am 6. Mai sagte. Ich suchte ihn auf, um den Grund für diese Diskrepanz herauszufinden, aber der Außenminister konnte mir wenig über die Tatsache hinaus sagen, dass die britische Formel zum Zeitpunkt unseres Gesprächs noch nicht endgültig ausgearbeitet war. Das bedeutet, dass der Premierminister an der vom Foreign Office ausgearbeiteten Formel Änderungen vorgenommen haben muss. Mir fiel bei der Gelegenheit ein, dass in dem Moment, da ich am 6. Mai das Amtszimmer von Halifax verließ, sein Sekretär hereinkam und ihn daran erinnerte, dass der PM ihn nach meinem Besuch in 10, Downing Street erwartete.

[...] Halifax versicherte mir, die britische Regierung habe großes Interesse daran, mit uns so bald wie möglich in Verhandlungen zu treten und zu einer Übereinkunft zu kommen.

Ich blieb die ganze Zeit über kühl und kritisch. Zahlreiche Indizien legen den Schluss nahe, dass Hitlers Rede vom 28. April zu einer vorübergehenden Renaissance des «Appeasement» in Regierungskreisen geführt hat. Die *Times* hat neulich geschrieben, man solle «noch einen Versuch» unternehmen, zur Aussöhnung mit Deutschland zu kommen; das muss also wohl die Auffassung des Premierministers oder mindestens von Sir Horace Wilson sein. Die Rechnung wird nicht aufgehen! Die Zeit für ein «Appeasement» ist gekommen und wieder gegangen. Ob Chamberlain will oder nicht, er wird größere Zugeständnisse an unsere Sicht der Dinge machen müssen. Denn das liegt in der Logik der gegenwärtigen Situation.

11. Mai

[...] Als ich heute in einer anderen Sache (mehr dazu weiter unten) mit Halifax sprach, war seine erste Frage: «Haben Sie von der sowjetischen Regierung Anweisung erhalten, mir etwas Bestimmtes mitzuteilen?»

Der Außenminister war sehr enttäuscht, als ich ihm sagte, dass ich zu diesem Thema nichts Neues mitgebracht hätte.

Am Montag, den 15. Mai wird der Rat des Völkerbunds zusammentreten, unter dem Vorsitz der UdSSR. Suriz hat Moskau gebeten, die Sitzung auf den 22. Mai zu vertagen, damit Potjomkin, der erst heute aus Moskau von seiner dreiwöchigen Rundreise durch die Balkanländer und den Nahen Osten zurückkehrt, der Sitzung beiwohnen kann. Das ist sicherlich sinnvoll. Eine Vertagung der Ratssitzung bedarf jedoch der einstimmigen Zustimmung all seiner Mitglieder (und vor allem der Großmächte). Suriz hat sich bereits die Zustimmung der Franzosen gesichert. Ich musste mich um die Zustimmung der Engländer kümmern.

Halifax öffnete seinen Terminkalender und begann laut zu denken: «Die Woche vom 22. Mai ist bei mir schon sehr voll. ... Aber ... aber das entscheidende Kriterium sollte hier die Möglichkeit des Vertreters Ihrer Regierung sein, nach Genf zu kommen ... Somit stimme ich, obwohl das ziemlich schwierig für mich wird, der Verschiebung zu.»

Dann fragte mich Halifax, wer genau aus Moskau kommen werde. [Genosse] Molotow? Oder [Genosse] Potjomkin?

Vorsichtshalber nannte ich keinen Namen, sondern sagte lediglich, «ein Vertreter der sowjetischen Regierung» werde kommen.

Halifax gelangte offensichtlich zu der Überzeugung, dass [Genosse] Molotow nicht reisen werde, denn er fragte plötzlich, ob [Genosse] Potjomkin Englisch spreche. Und ob es ihm generell möglich sein werde, sich in Genf mit der sowjetischen Abordnung auf Englisch zu unterhalten?

Ich antwortete halb im Scherz: «Wenn eine gemeinsame politische Sprache gefunden wird, werden sich linguistische Probleme leicht überwinden lassen.»

15. Mai Ich bin zum Repräsentanten der UdSSR auf der bevorstehenden Sitzung des Rates des Völkerbundes bestimmt worden. Genosse Potjomkin kommt nicht nach Genf. Die sowjetische Abordnung wird einzig aus mir bestehen. Das bedeutet, dass ich auch den Vorsitz der Ratssitzung führen werde.

Es ist eine unangenehme Situation. Wir haben um die Verschiebung der Ratssitzung gebeten, damit eine sowjetische Abordnung aus Moskau nach Genf kommen kann. Jetzt, da die Sitzung auf unser Ersuchen hin verschoben worden ist, wird niemand aus Moskau kommen. Die Engländer und die Franzosen werden sicherlich beleidigt und wütend sein, umso mehr, als Halifax große Hoffnungen in die Möglichkeit setzte, zu einer endgültigen Verständigung mit der sowjetischen Regierung in der Frage der «europäischen Sicherheit» zu kommen.

[...] Jetzt wird Maiski in Genf sein, derselbe Maiski, mit dem Halifax sich an jedem beliebigen Tag in London treffen kann. Welchen Grund kann es für weitere Verzögerungen geben? Wir werden die Antwort schnell und ohne Umschweife geben müssen.

▶ Maiski war der Urheber der Idee, dass Halifax zu einer «freimütigen» Diskussion mit Molotow nach Moskau reisen könnte. Halifax wollte das Treffen jedoch lieber am Rande der bevorstehenden Sitzung des Rates des Völkerbundes in Genf, die unter russischer Präsidentschaft stattfinden würde, abhalten. Er freute sich auf eine Unterredung mit Molotow oder Potjomkin, «die im vollen Wissen um die Gedankengänge der sowjetischen Regierung sprechen könnten».[56]

16. Mai

Am 14. Mai bekam Seeds in Moskau unsere Antwort auf die britischen Vorschläge vom 8. Mai ausgehändigt. Sie läuft auf das Folgende hinaus:

Die Vorschläge der britischen Regierung vom 8. Mai können nicht als Grundlage für den Aufbau einer Friedensfront und zur Abwehr der weiter um sich greifenden Aggression in Europa dienen. [...]

17. Mai

Gestern kamen die Vansittarts zu einem «intimen» Lunch herüber. Wir sprachen ausgiebig über internationale Angelegenheiten und vor allem über die englisch-sowjetischen Verhandlungen. Vansittart äußerte die Ansicht, der zweite Punkt aus unserer letzten Vorschlagsliste (militärische Verhandlungen) sei leicht umzusetzen, wogegen der erste (ein Dreierpakt für militärischen Beistand) und der dritte (Garantien für mittel- und osteuropäische Länder) größere Schwierigkeiten bereiteten. Ich wiederum gab Vansittart ziemlich klar zu verstehen, dass diese drei Punkte aus unseren Vorschlägen das Minimum darstellten und dass ich, wenn die britische Regierung keine Neigung zeige, sie zu akzeptieren, keine Chance sehe, überhaupt zu einer Vereinbarung zu kommen.[57]

Heute um 12.30 Uhr ließ Vansittart mich dringend ins FO rufen. Er empfing mich nicht in seinem Dienstzimmer, sondern daneben im Büro seines Sekretärs. Er entschuldigte sich mit dem Hinweis, dass in seinem Zimmer gerade eine wichtige Sitzung stattfinde. Tatsächlich ging während meiner Unterredung mit Vansittart die Tür zu seinem Dienstzimmer für den Bruchteil einer Sekunde auf, und ich erhaschte einen Blick auf mehrere Beamte des Foreign Office, eingehüllt in Wolken von Tabaksqualm.

Vansittart machte einen höchst erregten Eindruck. Er sagte, er habe gestern, nach unserem Lunch, Gelegenheit gehabt, mit Halifax zu sprechen, und habe danach beschlossen, sich «in Eigeninitiative» um eine Beschleunigung der Suche nach einer Grundlage für ein Übereinkommen zwischen unseren Regierungen zu bemühen. Zu diesem Zweck habe er eine Formel ausgearbeitet, doch bevor diese nach Moskau übermittelt werde, wolle er hören, was ich davon hielte. [...] Ich antwortete, es sei nicht nötig, die von Vansittart ausgearbeitete Formel an Seeds zu schicken. Sie werde unvermeidlich auf Ablehnung stoßen.

[...] Heute Abend um 19 Uhr lud Vansittart mich erneut ins FO. Dieses Mal empfing er mich in seinem Büro. Er wirkte noch erregter als am Vormittag, überreichte mir ein Blatt des bläulichen Papiers, das im FO so häufig verwendet wird, und bat mich, das Dokument, das er ausgearbeitet hatte, vorurteilsfrei und in vollem Bewusstsein der Verantwortung durchzulesen, die in diesen kritischen Tagen auf unser aller Schultern liege. Sein Entwurf sei vielleicht nicht optimal, aber doch das Weitestgehende, für das er im Moment eine Zustimmung des Kabinetts bekommen könne. [...] Ich überflog Vansittarts neue Formel und hob den Kopf. Vansittart schaute mich mit stockendem Atem an und wartete auf meine Antwort.

Ich schüttelte skeptisch den Kopf.

«Ihre neue Formel», sagte ich, «ist gekonnt ausgearbeitet, unterscheidet sich aber im Wesentlichen kaum von dem, was Sie mir heute früh gezeigt haben. Aus dieser Tatsache ergibt sich, wie ich mich dazu stelle.» [...] Vansittart bat mich nachdrücklich, die Formel nach Moskau zu übermitteln und sie der sowjetischen Regierung zu empfehlen. Er äußerte auch den Wunsch, unsere Antwort so bald wie möglich zu erhalten, am liebsten schon am nächsten Tag, dem 18. Mai.[58] [...]

18. Mai

Heute Morgen ließ ich mir, während ich durch den Garten der Botschaft spazierte, die gestrige Initiative Vansittarts durch den Kopf gehen. Ich denke, sie lässt sich wie folgt erklären:

Die Antwort der sowjetischen Regierung vom 14. Mai brachte die britische Regierung in die Klemme. Unsere Vorschläge sind klar, einfach, vernünftig und haben eine Affinität zum Denken des Mannes auf der Straße. Sie sind bereits an die Presse durchgesickert, und wenn die englisch-sowjetischen Meinungsverschiedenheiten über die Bestimmungen und Konditionen des Abkommens der britischen Öffentlichkeit zur Beurteilung vorgelegt würden, würde Chamberlain definitiv den Kürzeren ziehen. Auf der anderen Seite machen die Verpflichtungen, die die britische Regierung gegenüber Polen, Rumänien und Griechenland eingegangen ist, eine rasche Einigung mit der Sowjetunion vom britischen Standpunkt aus absolut unumgänglich. Denn ohne uns können sie diese Verpflichtungen nicht einlösen. Was kann England (oder was können selbst England und Frankreich zusammen) tatsächlich für Polen und Rumänien tun, wenn Deutschland diese angreift? Sehr wenig. Bevor eine britische Blockade gegen Deutschland dieses ernsthaft in Schwierigkeiten brächte, hätten Polen und Rumänien schon aufgehört zu existieren. Britische Garantien im Osten ohne ein Abkommen mit uns würden den Briten also zwangsläufig die militärische Niederlage bescheren, mit allen sich daraus ergebenden Konsequenzen. Das gilt für den Fall, dass England Wort hält. Sollte es sein Wort brechen und Polen und Rumänien den Beistand unter irgendeinem Vorwand vorenthalten, dann würde es damit das eigene Todesurteil als Großmacht unterschreiben. Denn das würde nicht nur weltweit einen katastrophalen Verlust an Glaubwürdigkeit – politisch wie wirtschaftlich – bedeuten, sondern auch den rapiden Zerfall seines Empire.

All diese – innenpolitischen, imperialen und internationalen – Erwägungen schwirren Chamberlain und seinen Ministern zweifellos durch den Kopf. Und sie haben eine besondere Brisanz in diesem Augenblick, da im Unterhaus am 19. Mai eine Debatte über die britische Außenpolitik angesetzt ist, in der Churchill, Eden, Lloyd George und andere «Stars» das Wort ergreifen werden und die im Wesentlichen auf die Frage hinauslaufen wird: Warum ist noch kein Pakt mit der UdSSR unterzeichnet worden?[59] Der Premierminister ist aus psychologischen Gründen nach wie vor nicht in der Lage, einen solchen Pakt zu schlucken, würde dieser ihn doch ein für alle Mal ins antideutsche Lager verpflanzen und all seinen Projekten, die in Richtung auf eine Wiederbelebung des «Appeasement» weisen, ein Ende bereiten. Das ist der Grund, weswegen Chamberlain mit uns schachert wie ein alter Zigeuner, der uns einen Klepper anstelle eines guten Pferdes unterjubeln will. Es wird nicht funktionieren! Aber er hat die Hoffnung noch immer nicht aufgegeben ...

19. Mai

Zu meiner Überraschung traf die Antwort aus Moskau am 18. um 17 Uhr ein. [...] Die Antwort war, wie ich es erwartet hatte, kurz und unzweideutig: inakzeptabel.

Ich suchte Vansittart heute um 10.30 Uhr in seiner Wohnung auf. Er schien von unserer Antwort nicht überrascht. Es sieht so aus, als sei er nach unserem Gespräch am Abend des 17. Mai voll und ganz darauf vorbereitet gewesen. Er seufzte nur und murmelte, wie zu sich selbst: «Na, dann ist wohl nichts zu machen. Sieht so aus, als müssten wir uns noch einmal reinknien und uns etwas Neues ausdenken.»

[...] Um 19 Uhr bat mich Vansittart, für ein paar Minuten bei ihm vorbeizukommen. Als ich in den Flur seiner Wohnung trat, kam er mir entgegengeeilt, begrüßte mich und meldete aufgeregt, er habe mir gute Neuigkeiten mitzuteilen. Gerade eben habe man sich entschieden, Seeds zu beauftragen, der sowjetischen Regierung mitzuteilen, dass als Folge des Meinungsaustausches in der jüngsten Vergangenheit (des britischen Vorschlags vom 8. Mai, unseres Gegenvorschlags vom 14. Mai sowie meiner Gespräche mit Halifax, Vansittart und anderen) die Positionen der Beteiligten zweifelsfrei geklärt und die bestehenden Schwierigkeiten eindeutig identifiziert werden konnten. Die britische Regierung werde sich alle Mühe geben, diese Schwierigkeiten zu überwinden, und hoffe, die geeigneten Mittel hierfür zu finden. Für die neuen Vorschläge bedürfe es jedoch eines Sonderbeschlusses des gesamten Kabinetts, und den werde es auf seiner Sitzung am 24. Mai fassen. [...] Vansittart hofft, dass nächste Woche eine Einigung gelingt.

Ich schüttelte zweifelnd den Kopf und konnte mir beim Abschied eine kleine Spitze – natürlich vollkommen außerdienstlicher Art – nicht verkneifen: «Geben Sie es zu, Sir Robert, tief in Ihrem Inneren sind Sie froh, dass wir so hart geblieben sind!»

Vansittart lachte laut auf und rief aus: «Vielleicht!»

Wir verabschiedeten uns bis zum Monatsende. Agnia und ich nehmen den Nachtzug nach Genf.

21. Mai

Nun sind wir also in Genf.

Wir trafen gestern um neun Uhr in Paris ein und schlenderten bis abends durch die Stadt. Redeten viel mit Suriz. Machten ein paar Einkäufe.

[...] Zufällig reisten Halifax und ich dann im selben Zug von Paris nach Genf, sogar im selben Waggon. Am Bahnhof machten uns Fotografen das Leben zur Hölle: Sie brannten darauf, ein Foto von mir und dem britischen Außenminister zu machen. Ich schaffte es jedoch, mich dem zu entziehen.

Als der Zug sich in Bewegung setzte, sprach Halifax mich im Gang unseres Waggons an und sagte, er würde sich freuen, am morgigen Tag in Genf ein profundes Gespräch zu führen. Er versprach, mich unmittelbar nach unserer Ankunft anzurufen. Auf den Anruf warte ich noch.

Der Zug aus Paris trifft in Genf teuflisch früh ein, um 7.13 Uhr. Wir alle krochen verschlafen und missmutig aus dem Waggon. Aus irgendeinem merkwürdigen Grund beschloss Halifax, vom Bahnhof zum Hotel zu Fuß zu gehen. Es war ein grauer, nieselnder Morgen, und seine lange, schlaksige Gestalt schien, wie sie so unter einem schwarzen Regenschirm durch die Straßen Genfs schritt, einer Karikatur von Low[1] entsprungen.

Halifax rief an, und wir trafen uns um 11.30 Uhr in seinem Hotel. Auch Strang wohnte der Unterredung bei, die fast eineinhalb Stunden dauerte.

Gleich zu Anfang bat mich Halifax, unsere unnachgiebige Opposition gegen die britische Formel vom 8. Mai zu erklären.

Unter Betonung der Tatsache, dass es sich um meine persönliche Meinung handelte, zählte ich die für unsere Haltung maßgeblichen Gründe auf.

1 David Low, britischer Karikaturist für *The Star* (1919–1927), *Evening Standard* (1927–1950), *Daily Herald* (1950–1953) und *Manchester Guardian* (ab 1953). War regelmäßig in der sowjetischen Botschaft in London zu Gast.

Die Sowjetunion kann nach dem Stand von heute einen von zwei Wegen einschlagen:

(1) Eine Politik der Isolation und der Bewegungsfreiheit in internationalen Angelegenheiten. Damit könnte sie ihre relative Sicherheit gewährleisten (unter Berücksichtigung ihrer Macht, ihrer überreichen Ressourcen, ihrer Bevölkerungszahl etc.). «Relativ», weil eine solche Politik nicht die Gewähr böte, einen Weltkrieg mit allen sich daraus ergebenden Konsequenzen zu verhindern.

(2) Eine Politik der Errichtung eines Friedensblocks, in erster Linie mit Großbritannien und Frankreich; ein solcher würde der Sowjetunion erhebliche militärische Verpflichtungen auferlegen und ihre Handlungsfreiheit in internationalen Angelegenheiten einschränken, würde jedoch größere Sicherheit versprechen, denn dieser Weg böte die Hoffnung, dass man einen Weltkrieg verhindern könnte.

Die UdSSR ziehe den zweiten Weg vor und möchte ihn gerne einschlagen. [...] Ja, die Sowjetunion sei bereit, Handlungsspielräume aufzugeben und erhebliche Verpflichtungen zu übernehmen, aber nur unter der Bedingung, dass die Briten und die Franzosen es wirklich ernst meinen. Andernfalls sieht die UdSSR keinen Sinn darin, die Möglichkeiten aufzugeben, die der erste Weg bietet.

[...] Halifax entgegnete, die britische Regierung lasse sich von zwei Hauptmotiven leiten:

Zum einen wollen die baltischen Staaten bei aller Angst vor Deutschland keine Bestandsgarantie von Seiten eines Dreierpakts. Man könne im Endeffekt anderen eine Sicherheitsgarantie nicht aufzwingen.

Zum Zweiten – und das sei erheblich wichtiger – glauben viele in Großbritannien, ein Dreierpakt könne Hitler dazu provozieren, sofort einen Krieg zu entfesseln; anstatt einen Krieg zu verhindern, werde ein solcher Pakt ihn also vielleicht beschleunigt herbeiführen. Halifax betonte ausdrücklich, dass dies nicht seine Meinung sei, sondern eine in einflussreichen britischen Kreisen und auch bei einigen seiner Kollegen verbreitete Auffassung.

Ich erwiderte, ich fände beide Argumente nicht überzeugend. [...] Der größte Fehler, den bestimmte englische Persönlichkeiten begingen, sei ihr vollständiges Unvermögen, die Psychologie von Männern wie Hitler und Mussolini zu begreifen. Diese Engländer sähen diese mit denselben Augen wie einen *business man* aus der Londoner City oder einen eng-

Bonnet und Halifax erwägen widerwillig Verhandlungen über einen Dreierpakt in Genf, Mai 1939.

lischen *country gentleman*. Einem größeren Irrtum könnten sie gar nicht erliegen! Aggressoren hätten eine vollkommen andere Mentalität! Wer die Mentalität eines Aggressors verstehen wolle, tue besser daran, Al Capone als Vergleich zu nehmen. [...] Sie verstünden einzig die Sprache der Gewalt! Deshalb sei ich absolut überzeugt, dass die Errichtung eines Dreierpakts nicht nur keinen Krieg auslösen, sondern sogar Hitler und Mussolini veranlassen werde, den Rückzug anzutreten.

Maiski als Ratsvorsitzender des Völkerbunds auf der letzten Tagung vor dem Krieg, Mai 1939

23. Mai

In meiner Funktion als Ratsvorsitzender gab ich heute im Hotel de Bergues ein Mittagessen für alle Mitglieder des Rates und des Sekretariats des Völkerbundes. Ich hatte zu diesem Zweck aus London Kaviar und Wodka mitgebracht. Wir servierten traditionelle russische Vorspeisen, *kulebjaka*, eingelegte Pilze und andere Köstlichkeiten, für die die sowjetischen Mittagstafeln dank M. M. [Litwinow] in Genf schon länger bekannt und berühmt sind.

Während des Essens unterhielt ich mich intensiv mit Halifax, der als ranghöchster Gast zu meiner Rechten saß. Halifax erkundigte sich nach dem Stellenwert der Religion in der UdSSR (er ist ein sehr religiöser Mensch, einer der ranghöchsten Vertreter des englischen Katholizismus). Das Gespräch wandte sich dann dem Sturz der Romanow-Dynastie zu, und ich konnte Halifax viele kuriose Details aus den letzten Jahren der

Zarenherrschaft in Russland erzählen. Er zeigte großes Interesse an Rasputin[1] und an der Korrespondenz zwischen Zar und Zarin, die in den ersten Jahren nach der Revolution veröffentlicht wurde.

Wir sprachen kaum über aktuelle Fragen. Ich wollte von Halifax lediglich wissen, ob er nach unserer Unterredung vom 29. Mai zu irgendwelchen Schlussfolgerungen gekommen sei. Halifax gab keine ganz offene Antwort, sondern stellte die Gegenfrage: «Sie sind also ganz sicher, dass ein Dreierpakt die Kriegsgefahr beseitigen könnte?»

«Ja, das bin ich», antwortete ich.

Dem hatte Halifax nichts hinzuzufügen; ich gewann irgendwie den Eindruck, dass er in seinem Geist den einen oder anderen Passus der Rede unterstrich, die er morgen vor dem Kabinett halten wird. [...]

25. Mai

Von Halifax instruiert, suchte Butler mich heute Vormittag [beim Völkerbund] auf und überreichte mir ein Memorandum mit folgender Quintessenz:

Die Regierung seiner Majestät neigt jetzt, nachdem sie die Angelegenheit sorgfältig abgewogen hat, zu der Auffassung, dass eine wirksame Zusammenarbeit gegen die Aggression in Europa zwischen der sowjetischen, der französischen und der britischen Regierung auf ein System wechselseitiger Garantien gegründet werden könnte, das grundsätzlich den Prinzipien des Völkerbundes entsprechen sollte. Die besagten Garantien würden für den Fall eines direkten Angriffs auf eines der drei Länder durch einen europäischen Staat gelten und ebenso auch für den Fall, dass eines der drei Länder infolge eines Angriffs auf ein anderes europäisches Land in eine kriegerische Auseinandersetzung mit dem angreifenden Staat geriete. Die Modalitäten der letztgenannten Eventualität müssten noch sorgfältig ausgearbeitet werden.

[...] Das Memorandum schloss mit der Aussage, man werde der sowjetischen Regierung in nächster Zukunft «eine Formel [anbieten], die den vorerwähnten Grundsätzen Ausdruck verleiht».

«Und, was meinen Sie?», fragte Butler mich, nachdem ich das Memorandum überflogen hatte.

---

1 Grigori Jefimowitsch Rasputin, russischer Mystiker, der der Zarin Alexandra Feodorowna als Berater diente. Wurde im Dezember 1916 ermordet.

«Es ist zweifellos ein Schritt vorwärts», antwortete ich, «aber ich werde ein endgültiges Urteil erst abgeben, wenn ich die versprochene ‹Formel› schwarz auf weiß vor Augen habe.»

«Sie sind sehr vorsichtig», sagte Butler mit einem Lachen.

«Das habe ich in London gelernt», gab ich im selben Ton zurück.

► Maiski fasste seinen für Moskau bestimmten Bericht aus Genf so ab, dass er den Ansichten Molotows und Stalins entsprach, wie er sie während seines letzten Aufenthalts in Moskau kennengelernt hatte. Es sei «vollkommen offensichtlich», schrieb Maiski, dass die britische Regierung sich «einem Dreierpakt einzig aus dem Wunsch heraus verschließt, ihre Brücken zu Hitler und Mussolini nicht abzubrechen».[60] Er zog aus den Gesprächen aber ein optimistisches Fazit und äußerte die Überzeugung, Halifax schätze seine Argumente und werde «dem Kabinett einen günstigen Bericht erstatten». Die Presse rechne mit dem Zustandekommen eines Abkommens innerhalb einer oder zwei Wochen.[61]

Chamberlain war enttäuscht, dass Halifax es nicht geschafft hatte, Maiski von seiner Forderung nach einem Pakt abzubringen. Er räumte dennoch, von innenpolitischen Erwägungen geleitet, «sehr widerstrebend» ein, dass es höchst schwierig sein werde, den sowjetischen Vorschlag abzulehnen. Zugleich blieb er bei seinem tiefen Misstrauen gegenüber den Zielen der Sowjets. Große Sorge bereitete ihm vor allem, wie Maiski zutreffend vermutete, die Befürchtung, eine Allianz könne «jegliche Verhandlungen oder Diskussionen mit den totalitären [Regimen] schwierig, wenn nicht unmöglich machen». Schwerer als solche Betrachtungen wog jedoch die im Kabinett um sich greifende bittere Erkenntnis, dass eine Allianz unerlässlich geworden war, wenn man Hitler noch Einhalt gebieten wollte.[62]

28. Mai

Sehr erleichtert reiste ich heute aus Genf ab. Unter den Dingen, die ich mitnahm, war ein unangenehmer, diffuser Nachgeschmack. Wir hatten die ganze Zeit über schlechtes Wetter gehabt. Der Völkerbund verströmte Aasgeruch. Aber was mir an Genf am übelsten aufstieß, war die Tatsache, dass ich aus nächster Anschauung die unglaubliche Macht der juristischen und verfahrenstechnischen Trickserei erleben durfte, die sich im «Palast der Völker» eingenistet hat.

[...] Gestern, am 27. Mai, legte Seeds in Moskau dem Genossen Molotow Vorschläge vor. Sie sind der konkrete Ausdruck der «Grundsätze», die in dem Memorandum, das Butler mir am 25. Mai in Genf übergab, ausgeführt wurden.

30. Mai

In Abwesenheit von Halifax und Cadogan, die über Pfingsten verreist sind, lud Oliphant mich zu einem Besuch ein. Er begrüßte mich etwas missmutig, als wäre er unfair behandelt oder beleidigt worden.[63]

Er begann damit, dass er mir zahlreiche verschlüsselte Botschaften vorlas, die in den vergangenen vier bis fünf Tagen zwischen London und Moskau ausgetauscht worden sind. [...] Halifax hatte sicher damit gerechnet, dass wir die Vorschläge unverzüglich annehmen, doch stattdessen hatte Molotow Seeds mit einem ganzen Schwall unfreundlicher Kommentare empfangen: dass die britische Regierung die Gespräche in die Länge ziehe, dass sie eine effektive Gegenwehr gegen die Aggression nicht wirklich wolle, dass man den Völkerbund nur deshalb in die britischen Vorschläge eingebunden habe, weil man eine sofortige Reaktion auf den Angriff eines Aggressors erschweren wolle etc. Seeds und Payart hatten sich bemüht, Molotows misstrauische Vermutungen zu entkräften, was ihnen aber offenbar nicht gelungen war.

Oliphant findet das alles sehr beunruhigend. Er beteuert, die britische Regierung wolle so schnell wie möglich zu einer Einigung kommen. Um die neuen Schwierigkeiten zu überwinden, hat Oliphant gestern neue Weisungen an Seeds geschickt. [...]

Nachdem Oliphant mich mit dem Inhalt dieser Weisungen vertraut gemacht hatte, fragte er, ob sie die Zweifel der sowjetischen Regierung zerstreuen und zu einem baldigen Abschluss der Gespräche führen würden.

Ich wiederholte, dass ich diese Frage nicht mit Bestimmtheit beantworten könne. Die Weisungen seien sicher in der Absicht erteilt worden, einige unserer Bedenken zu zerstreuen, aber ob das gelinge? Ich sei nicht sicher. Die sowjetische Regierung habe sich angewöhnt, nicht an Worte, sondern an Taten zu glauben.

Persönlich könne ich nur sagen, dass ich, nachdem ich mich mit den britischen Vorschlägen vertraut gemacht hätte, ebenfalls enttäuscht sei. Nach meiner Unterredung mit Halifax in Genf hätte ich klarere, einfachere und bestimmtere Vorschläge erwartet. Tatsächlich aber enthielten sie viele zweideutige Aussagen, die unterschiedliche Interpretationen zuließen. Da ich sehr wohl um die hohe Kompetenz der Beamten des Foreign Office wisse – und insbesondere derjenigen, die an der Formulierung dieser Vorschläge beteiligt seien –, könne ich die Makel nicht auf das Konto von Fahrlässigkeit buchen. Hinter Unzulänglichkeiten des Wortlauts müssten sich irgendwelche Absichten verbergen. Und das müsse mich und alle anderen auf der sowjetischen Seite zwangsläufig misstrauisch machen. Wir stünden in Verhandlungen über ein Dokument von überragender politischer und militärischer Bedeutung, das womöglich über Millionen und Abermillionen Menschenleben entscheiden werde – deshalb könne man nichts anderes erwarten, als dass wir jedes Wort und jeden Artikel des Dokuments unter die Lupe nähmen. Halifax habe keinen Grund, überrascht oder enttäuscht zu sein. [...]

▸ Das treibende Motiv hinter der Politik des Kreml war nach wie vor ein tief sitzendes Misstrauen gegen Chamberlain. Der französisch-sowjetische Pakt – der sich, wie Molotow Seeds noch einmal ins Gedächtnis rief, «als bloße Illusion auf Papier erwiesen» hatte – habe die Russen gelehrt, dass es «absolut notwendig» sei, «zugleich sowohl ein politisches als auch ein militärisches Abkommen» abzuschließen.[64] In seiner Rede vor dem Obersten Sowjet am 31. Mai tat Molotow sich schwer, den Verdacht zu zerstreuen, dass die «maßgeblichen Repräsentanten» in Großbritannien, die «den Erfolg des unglückseligen Münchner Abkommens glorifizieren», «ein ehrliches Verlangen» zeigten, sich von der Politik der Nichtintervention, der Politik des Nichtvorgehens gegen weitere Aggressionen, zu verabschieden. Der Spalt, den Stalin in seiner «Kastanien»-Rede aufgespreizt hatte, verbreiterte sich noch weiter, als Molotow erklärte, es gebe «keine Notwendigkeit, sich wirtschaftlichen Beziehungen zu solchen Ländern wie Deutschland und Italien zu verweigern».[65]

3. Juni

▸ Kommentarlos beigefügt findet sich das satirische Gedicht *Decameron* von Don-Aminado (Aminad Schpoljanski), einem in der Emigration lebenden Dichter, das die russische Emigrantenzeitung *Poslednie nowosti* am 2. Juni 1939 veröffentlicht hatte. Der Autor persiflierte das englisch-sowjetische Bündnis: Die Geschichte endet mit einem frevelhaften Verhältnis zwischen der verheirateten «russischen Dame» und Hitler auf der einen, dem «englischen Lord» und der «italienischen Dame» auf der anderen Seite. Die Kuppler Potjomkin und Maiski landen im Gefängnis.

Decameron

Sie waren gegensätzlich wie Juni und Dezember
und hatten beide eine ziemlich hohe Meinung von sich.
Die Braut war Komsomol-Mitglied,
der Bräutigam ein englischer Lord.

Diesen Kontrast konnten sie nicht fassen,
und doch beschlossen sie zu heiraten.
Sie trug ein bedrucktes Baumwollkleid,
er einen samtbesetzten Frack.

Und so geschah es im Standesamt,
dass sie, gehorchend ihrer Bürgerpflicht,
dem Gatten einen Kuss entbot
und mit recht zauberhafter Schönheit glänzte.

Ein Telegramm traf aus Kalinin ein, und Halifax
schickte bald eins hinterher.
Unser Paar begab sich auf die Reise,
einen Fuß vor den anderen setzend.

Sie bemühten sich und strebten, und sie litten.
Sich in mehreren Friedhöfen ergehend,
sangen sie von Schufterei und Arbeitern
und hofften, das Leben heiterer machen zu können.

Doch bald begannen ihre Nachbarn zu tuscheln:
Die Blüte ihrer Liebe fängt an zu welken,
die Dame macht Besuche bei Hitler,
der Lord bei seiner italienischen Gespielin ...

Die Herrscher, wie Engel vom Sinai,
beförderten sie direkt in die Hölle.
Die Arrangeure Potjomkin und Maiski
wurden kurzerhand zu Gefängnishaft verurteilt.

D. Aminado

8. Juni

Halifax lud mich heute zu sich ein und informierte mich über den Beschluss der britischen Regierung, Strang nach Moskau zu schicken. Die Beweggründe für den Beschluss sind folgende: Seeds hat seit vielen Monaten keinerlei Kontakt mit dem Foreign Office und ist über die gegenwärtige Stimmungslage und die Wünsche der britischen Regierung schlecht unterrichtet. Halifax wollte ihn zur Unterweisung nach London bestellen, aber Seeds erkrankte an einer Grippe. Man beschloss daher, Strang nach Moskau zu schicken, mit dem Auftrag, Seeds zu helfen und ins Bild zu setzen. Außerdem ist die britische Regierung der Meinung, das Verfahren des Austauschs diplomatischer Noten, wie es bis jetzt praktiziert worden ist, führe zu Missverständnissen und Zeitverlusten. Die gefährliche internationale Lage mache aber rasches Handeln erforderlich. Aus diesem Grund strebe die britische Regierung eine «Konferenz am runden Tisch» in Moskau an. Der britische Vertreter bei der Konferenz werde Seeds sein, Strang werde ihm gute Hilfsdienste leisten. Aus der ganzen Wortklauberei ging für mich eines klar hervor: Das Foreign Office erachtet Seeds als unzureichend qualifiziert für ernsthafte Verhandlungen und schickt daher Strang als Verstärkung. Wohlan!

► Ironischerweise wurde Maiski in der Folge zunehmend von den Verhandlungen ferngehalten, die ein wachsamer Molotow in Moskau führte, während die Sowjets zur selben Zeit Fühler nach Deutschland ausstreckten. Halifax hatte Bedenken, die Gespräche in London abzuhalten, da er doch gewisse Zweifel hatte, ob Moskau Maiski «irgendeinen Verhandlungsspielraum einräumen würde». Eine merkliche Dissonanz tat sich jetzt auf: Während Maiski sich zuversichtlich über die Chancen für das Zustandekommen eines Abkommens äußerte, blieb Molotow skeptisch, und seine Haltung verhärtete sich. Maiski spielte die Hindernisse herunter und neigte, wie er an Kollontai schrieb, zu der Auffassung, das Bündnis werde «in nicht zu ferner Zukunft» zustande kommen. Den Webbs sagte er, nach seiner Überzeugung werde das Abkommen «diese oder nächste Woche ausverhandelt und unterschrieben sein».[66]

«Sie müssen sich nur hinsetzen»: Karikatur von David Low

12. Juni[67]

[...] Diesem Teil unserer Unterredung wohnte Strang bei. Halifax schrieb alles auf, was ich sagte. Er schien erfreut und fragte, ob eine gleichlautende Aussage gegenüber der französischen Regierung in Paris gemacht worden sei. Da ich ihm darauf keine bestimmte Antwort geben konnte, kündigte Halifax an, er werde von sich aus meine Botschaft an die Franzosen übermitteln. [...] [Strang] und Seeds hätten die volle Ermächtigung erhalten, zu einer sofortigen Übereinkunft mit der sowjetischen Regierung zu gelangen und dabei dem allgemeinen britischen Standpunkt Rechnung zu tragen. Halifax hoffe, dass dies gelingen werde. Zum Zweiten die Frage, ob unsere Zweifel hinsichtlich Paragraph 6 der jüngsten sowjetischen Vorschläge (dem zufolge der Pakt und die Militärkonvention gleichzeitig in Kraft treten sollen) möglicherweise zerstreut werden könnten, wenn für den Beginn der militärischen Verhandlungen ein verbindlicher Termin festgelegt werde.

Ich ließ mich auf keine Diskussion über diese Punkte ein und bemerkte lediglich, dass wahrscheinlich all diese Fragen in Moskau zur Sprache kämen.

[...] Dann bemerkte ich wie nebenbei, dass ich nicht ganz verstünde, warum Halifax es für nötig befunden hätte, seine jüngste Rede gerade jetzt (Donnerstag, den 8. Juni) zu halten.[68] Ich fände sie verfrüht.

Ein bisschen peinlich berührt, verteidigte sich Halifax mit dem Argument, seine Rede sei ausgewogen gewesen, er habe harte und weiche Töne mehr oder weniger gleichmäßig verteilt, und der Hauptzweck der Rede sei es gewesen, der Propaganda von Goebbels[I] über die angebliche «Einkreisung» Deutschlands etwas entgegenzusetzen, einer Propaganda, die in den Herzen der Deutschen leider Anklang gefunden habe. Eine Rückkehr zum Appeasement werde es auf keinen Fall geben. [...] «Ihre letzte Rede», sagte ich, «hat schon jetzt Spekulationen aller Art heraufbeschworen, die man klugerweise lieber hätte vermeiden sollen.»

[...] Bevor ich mich verabschiedete, ließ ich den dezenten Hinweis fallen, dass ein Besuch Halifax' in Moskau eine gute Sache wäre und dass ihn dort ein freundlicher Empfang erwarten würde. Mein Hinweis fiel auf fruchtbaren Boden. Zwar griff Halifax zunächst zu den konventionellen Ausflüchten, indem er auf die internationale Situation verwies, die ihn in London festhalte, aber ich merkte, dass er Gefallen an meiner Idee fand. Er versprach, darüber nachzudenken.

Die Briten waren offenkundig gekränkt über das Nichterscheinen Potjomkins in Genf. Auch dass Woroschilow die Einladung ausschlug, den britischen Manövern beizuwohnen, ärgerte sie.[69] Hinter Halifax' Rede vom 8. Juni steckte zweifellos der Wunsch, uns für unsere Kompromisslosigkeit in den Verhandlungen die Faust zu zeigen. Ich glaube aber trotz allem, dass Halifax, wenn nicht außergewöhnliche Umstände dazwischenkommen, nach Moskau reisen wird.

▶ Maiski ging über Molotows bestimmte, aber lakonische Anweisung, «eine Bemerkung fallen zu lassen», dass Halifax in Moskau willkommen sei, deutlich hinaus. Wie die britischen Akten zeigen, bekniete er Halifax mehr als einmal mit Argumenten wie: «vieles [hängt] von Ihnen [...] persönlich ab. Wenn Sie sich bereit erklären, diese Woche noch, äußersten Falls aber nächste Woche, nach Moskau zu fahren, dort die Verhandlungen zum Abschluß zu bringen und den Pakt zu unterzeichnen, bliebe der Friede in Europa gewahrt.» Chamberlain hatte jedoch inzwischen Halifax' anfänglich positiver

---

I Paul Joseph Goebbels, 1933–1945 NS-Reichsminister für Propaganda und Volksaufklärung.

Reaktion auf die Idee, dass Churchill oder Eden nach Moskau gehen könnten, einen Dämpfer verpasst: «Einen Minister oder einen Exminister hinzuschicken», hatte er erklärt, «wäre gegenüber einem harten Verhandler wie Molotow die denkbar schlechteste Taktik.» Was Chamberlain jedoch in Wahrheit umtrieb, war die Befürchtung, die Opposition, von der er wusste, dass sie ständig mit Maiski Dinge ausheckte, könne eine solche Mission zum Anlass nehmen, ihn zu stürzen.[70]

17. Juni

Die Gespräche in Moskau begannen erst am 15. Juni. Es ist eine echte «Konferenz am runden Tisch»: die Genossen Molotow und Potjomkin auf der einen Seite, Seeds, Strang und Naggiar[I] (der französische Botschafter) auf der anderen. Doch vorzeigbare Ergebnisse gibt es bis jetzt nicht.

In der ersten Sitzung (15. Juni) legten Briten und Franzosen ihre Auffassungen dar und schlugen mehrere mögliche Lösungen vor. Trotz meiner Mahnung vom 12. Juni waren ihre Rohentwürfe so gestrickt, dass TASS[II] sie am späten Nachmittag in einem Kommuniqué als «ganz und gar nicht zufriedenstellend» bezeichnete. Der Kern der Sache war, dass die Briten und Franzosen sich weigerten, unsere Forderungen bezüglich der Garantien für die baltischen Staaten voll und ganz zu übernehmen.

Am 16. fand eine weitere Sitzung statt, auf der [Genosse] Molotow erklärte, die Gespräche hätten gezeigt, dass das Problem der Garantien für kleinere Länder seitens der Dreierpaktstaaten noch nicht reif für eine Lösung sei. Die sowjetische Regierung schlage daher vor, die Frage der Garantien für andere Länder zu vertagen und vorerst nur den Dreierpakt zwischen Großbritannien, Frankreich und der UdSSR über wechselseitigen Beistand im Falle einer direkten Aggression gegen eines dieser Länder abzuschließen.[71]

Die britischen und der französische Teilnehmer waren schockiert und wünschten sich Zeit, um mit ihren Hauptstädten Rücksprache zu halten. Ich glaube, dass unser Vorstoß richtig war und dazu auch noch taktisch

I Paul-Émile Naggiar, 1932–1939 französischer Botschafter in Jugoslawien und China, 1939/40 in Moskau.

II Die Telegrafenagentur der Sowjetunion.

klug. Natürlich passt die von [Genosse] Molotow vorgeschlagene Lösung unseren Partnern überhaupt nicht ins Konzept, aber taktisch und inhaltlich sind wir im Recht.

23. Juni

Halifax bat mich zu sich und empfing mich mit bitteren Beschwerden: Wir würden unnötige Schwierigkeiten machen, seien absolut unnachgiebig, bedienten uns deutscher Verhandlungsmethoden (indem wir unseren Preis nannten und 100-prozentige Erfüllung forderten), mit der Folge, dass wir den Abschluss des Abkommens hinauszögerten und der Sache des europäischen Friedens einen Bärendienst erwiesen. Halifax beschloss diesen heftigen Ausbruch mit einer direkten Frage: «Wollen Sie ein Abkommen, oder wollen Sie keines?»

Ich schaute Halifax erstaunt an und antwortete, ich fände es unmöglich, über eine solche Frage auch nur zu diskutieren. Die Klagen des Außenministers erschienen mir vollkommen unbegründet. [...] «Verzeihen Sie bitte, Lord Halifax», versetzte ich, «die sowjetische Regierung hat nicht einfach Nein zu Ihnen gesagt; sie hat auch drei ausführliche Gegenvorschläge vorgelegt.»

Halifax [...] gestand, dass er trotz der vielen Telegramme, die er von Seeds und Strang bekommen hatte, nicht ganz verstanden habe, wo das Problem liege. Warum seien wir mit der letzten britischen Formel nicht einverstanden, die in seinen Augen alle denkbaren Fälle von Aggression im Ostseeraum abdecke? Warum bestünden wir darauf, in dem Abkommen die drei baltischen Staaten ausdrücklich zu benennen? Ob ich nicht vielleicht den sowjetischen Standpunkt genauer erläutern könne?

Ich antwortete, die Verhandlungen fänden in Moskau statt, und ich sei nicht mit jedem Detail vertraut. Wenn Halifax konsterniert sei oder Zweifel habe, bestehe die beste Abhilfe darin, sich in Moskau um Klärung zu bemühen. Halifax gefiel meine Antwort offensichtlich nicht, aber da war für ihn nichts zu machen. [...]

In jedem Moment der Unterredung konnte ich Halifax' Ärger und Unmut spüren.[72]

▸ Wenn Maiski in seinen Memoiren behauptete, ein Dreierpakt sei eine realistische Alternative zum Ribbentrop-Molotow-Pakt gewesen, so sollte dies vor dem Hintergrund der laufenden deutsch-sowjetischen Verhandlungen überprüft werden, über die er nicht gut informiert war. Eine Untersuchung der langwierigen sowjetisch-deutschen Verhandlungen von 1939 weckt Zweifel an der Auffassung, der Ribbentrop-Molotow-Pakt sei unter Zwang und in Ermangelung jeglicher Alternative um fünf vor zwölf unterzeichnet worden. Bei seiner Berufung zum Außenminister scheint Molotow zwar nicht den ausdrücklichen Auftrag erhalten zu haben, einen neuen außenpolitischen Kurs einzuschlagen und sich um eine politische Annäherung an Deutschland zu bemühen. Die alternativen Optionen blieben vorläufig ein ausgewachsener Pakt mit dem Westen oder die Isolation. Litwinow hatte beiden Optionen seinen Segen erteilt. Der offensichtliche Vorteil der Isolation lag für die Sowjetunion darin, dass sie ihre neu errungene Stellung als «Verwalterin» des europäischen Machtgleichgewichts aufrechterhalten konnte, indem sie eine Entscheidung für die eine oder die andere Seite so lange wie möglich hinausschob. Zugleich war ein Rückzug in die «Isolation» aber auch ein praktischer Deckmantel, unter dem man Alternativoptionen bedenken konnte. Zum Zeitpunkt der Ernennung Molotows hatte die sowjetische Regierung das Scheitern des Konzepts der «kollektiven Sicherheit» eingesehen und Deutschland als neue Perspektive in den Blick genommen.

Die «Männer von München», die Appeaser, nahmen die sowjetische Politik durch ein ideologisch geschliffenes Prisma wahr. Aber auch die Entscheidung Stalins, die deutsche Option in Betracht zu ziehen, war Ausfluss eines sich immer mehr verdichtenden Verdachts, Großbritannien und Frankreich seien entschlossen, Hitler nach Osten abzudrängen. Befördert wurde die Entscheidung durch nüchterne Berechnungen des wirtschaftlichen und militärischen Nutzens, der sich aus einer Annäherung an Deutschland ziehen ließe. Anfang April gab Hitler die Planungen für «Fall Weiß», den Überfall auf Polen, in Auftrag. Innerhalb einer Woche lagen Stalin dank seines militärischen Nachrichtendienstes detaillierte Informationen über die deutschen Absichten vor. Trotzdem blieb der Verdacht einer heimlichen Absprache zwischen Großbritannien und Deutschland bestehen. Er ist spürbar zwischen den Zeilen eines eingehenden zwölfseitigen Memorandums, das am 15. Mai Molotow übergeben wurde (und das den Historikern bisher entgangen ist). Unter der Überschrift «Die dunklen Manöver der englischen Diplomatie im August 1914» versucht es zu demonstrieren, wie viel Ähnlichkeit die damaligen Vorgänge mit «den Manövern vom Mai 1939» aufweisen. Molotow arbeitete das Memorandum aufmerksam durch und unterstrich die zahllosen Bezüge zur Politik Großbritanniens 1914, das damals angeblich zugesagt hatte, neutral zu bleiben und auch ein Stillhalten Frankreichs zu garantieren, falls Deutschland den Krieg ostwärts trüge. Mit wie viel Unbehagen und Skepsis Molotow die «demütigenden» britischen Vorschläge für einen Dreierpakt quittierte, wurde aus seiner Korrespondenz sowohl mit Maiski als auch mit Suriz deutlich.[73] Der Hauptgrund für die Entscheidung des Politbüros, die Verhandlungen mit Deutschland weiterzuführen, war allem Anschein nach die Befürchtung, später einem mit Polen verbündeten Deutschland gegenüberzustehen, während sich Großbritannien und Frankreich für neutral erklärten.[74]

Die Russen machten keinen Hehl aus ihrem tief sitzenden Verdacht, die deutschen Avancen seien «eine Art Spiel», um einen Keil zwischen Moskau und London zu treiben. Das beste Mittel, um dieses Misstrauen zu überwinden, werde, so ließ Molotow den deutschen Botschafter in Moskau, Schulenburg, wissen, das Gießen eines tragfähigen «politischen Fundaments» sein. Ende Mai hatten sich die Russen davon überzeugen lassen, dass Deutschland nicht die Absicht hatte, die Sowjetunion anzugreifen, und dass ideologische Differenzen kein Hindernis für eine Normalisierung der Beziehungen darstellen sollten. Berlin suggerierte den Sowjets sogar, Deutschland werde, wenn die Sowjetunion sich von Großbritannien und Frankreich lossage, möglicherweise bereit sein, einer Vereinbarung über die «Aufteilung von Einflusssphären» näher zu treten.

Anfang Juni, als die sowjetische Regierung ihren Entwurf für einen Dreierpakt an London übermittelte, erteilte Stalin Molotow handschriftlich die Anweisung herauszufinden, ob die Deutschen es ernst meinten; er könne es «nicht akzeptieren, wenn die Verhandlungen von den Deutschen ein weiteres Mal unerwartet und aus unbekannten Gründen unterbrochen» würden. Stalin setzte Leitlinien für die Verhandlungen fest und erstellte eine Liste benötigter Importgüter, darunter wichtige Rüstungsgüter, offensichtlich in der Absicht, den guten Willen der Deutschen auf die Probe zu stellen.[75] Am 19. Juni erhielt Stalin eine aus dem Hauptquartier von General Kleist hervorgegangene nachrichtendienstliche Analyse, die besagte, Hitler sei entschlossen, die polnische Frage um jeden Preis zu lösen – selbst auf die Gefahr eines Zweifrontenkrieges hin. Der Bericht lieferte ferner eine Bestätigung der schon am 22. April bei der wichtigen Besprechung im Kreml von Merekalow übermittelten Information, Hitler zähle auf die Bereitschaft Moskaus, «in Verhandlungen mit uns zu treten, da sie [die russische Regierung] kein Interesse an einem Konflikt mit Deutschland haben und keinen Wert darauf legen könne, sich zum Nutzen Englands und Frankreichs besiegen zu lassen». Hitler sei jetzt, so das Fazit des Berichts, überzeugt, dass «in den deutsch-russischen Beziehungen eine neue Rapallo-Stufe» erklommen werden solle, zumindest für eine bestimmte Zeitdauer.

29. Juni

► An dieser Stelle ist dem Tagebuch ein Artikel von Schdanow kommentarlos beigeheftet, der an dem Tag unter der Überschrift «Die Regierungen Großbritanniens und Frankreichs wollen kein gleichberechtigtes Abkommen mit der UdSSR» in der *Prawda* erschienen war.[76]

1. Juli

Wir verbrachten den gestrigen Tag in Canterbury als Gäste des Dekans der Kathedrale von Canterbury (Dr. Hewlett Johnson).[1]

Ungeachtet seiner 65 Lebensjahre hat der Dekan vor Kurzem eine 35 Jahre junge Künstlerin, die seine Studentin war, geheiratet. Er ist zwar noch voller Leben, Energie und Elan, auch wenn er fast eine Vollglatze und das ihm (seitlich) verbliebene Haar die silberne Farbe des Greisenalters hat. Die Engländer sehen solche Dinge aber anders als wir Russen. Wie ich vor Kurzem in einer Zeitung las, hat ein 89-jähriger Lord eine 45-jährige Witwe geheiratet. Und solche Vorkommnisse sind keine Seltenheit.

Die Dekane englischer Kathedralen stehen nicht schlecht da! Dr. Johnson hat ein prachtvolles Haus, Dienstboten, ein Auto, einen wunderbaren Garten und natürlich ein recht «ordentliches» Einkommen. Den Garten durchzieht eine römische Mauer, die rund 1500 Jahre alt ist und in deren Schatten wir mit unseren Gastgebern ruhig und gemütlich entlangspazierten. Die Römer hatten eine Ahnung vom Bauen!

Alles um das Wohnhaus des Dekans herum ist tief in Geschichte getaucht. Die Kathedrale stammt aus dem 12. Jahrhundert und erhielt ihre heutige Gestalt erst im 15. Jahrhundert. Seitdem sind keine größeren Umbauten mehr vorgenommen worden. Das Haus des Dekans ist fast 700 Jahre alt. Es wurde, wie der Dekan mir erzählte, im Jahre 1583 «modernisiert»! Mit einer weit ausholenden Armbewegung deutete er auf ein an der Wand des Wohnzimmers hängendes Porträt – es ist ein Bild des unerhörten «Modernisierers» aus dem 16. Jahrhundert, in der Kleidermode und mit den Insignien seiner Zeit. Alle Wände im Haus sind mit Porträts der Vorgänger des Dekans gepflastert; die bewährte Tradition verlangt, dass jeder neue Dekan sein Porträt der altehrwürdigen Sammlung

---

1 Hewlett Johnson, 1931–1963 der «Rote Dekan» von Canterbury.

hinzufügt. Dr. Johnson hat diese Hausaufgabe schon gemacht: Sein Bildnis, gemalt von seiner Frau, hängt im Treppenhaus zum zweiten Stock. Im Garten kamen wir an einem kleinen Brunnen vorbei, ungewöhnlich gestaltet, und ich fragte den Dekan, ob er schon lange da sei. Dr. Johnson zuckte mit den Achseln und entgegnete fast entschuldigend: «Oh, höchstens 200 Jahre.»

Obwohl von all diesen Antiquitäten umgeben, ist der Dekan durch und durch ein Zeitgenosse. Beim Spazieren durch den Garten plauderten wir über diverse philosophische Themen, und der Dekan gestand mir, dass er in der Frage des Lebens nach dem Tode unsicher sei – vielleicht gebe es eines, vielleicht aber auch nicht. Es ließen sich ebenso viele Argumente dafür wie dagegen anführen, und somit betrachte er die Frage als unentscheidbar.

Keinen Zweifel hege er hingegen daran, dass unser Leben auf Erden für so viele Menschen wie möglich besser, schöner und erhabener gemacht werden müsse. Das sei seiner Meinung nach das wahre Wesen eines wahren Christentums. Das sei auch sein persönliches Lebensziel. An diesem Maßstab gemessen, seien nicht nur Deutschland und Italien, sondern auch England und die Vereinigten Staaten keine christlichen Länder. Allgemein gelte, dass das wahre Wesen des wahren Christentums unter den Bedingungen des Kapitalismus nicht zu verwirklichen sei. Das gehe nur im Sozialismus oder, noch besser, im Kommunismus. Aus diesem Grund sehe Dr. Johnson in der UdSSR das einzige wahrhaft christliche Land in unserer Zeit. Und deshalb bringe er der Sowjetunion so viel Sympathie entgegen und bewundere sie so sehr. Deshalb gibt er sich jede erdenkliche Mühe, die Wahrheit über die Sowjetunion unter die englischen Massen zu tragen, und widme so viele seiner Predigten in der Kathedrale der UdSSR. Der Erzbischof von Canterbury habe seinen Dekan mehr als einmal ermahnt, er «rede zu viel von Russland», aber Dr. Johnson ließ sich nicht beirren ...

So sieht die Philosophie des gegenwärtigen Dekans von Canterbury aus.

Dr. Johnson ist in der Tat seit Langem ein großer Freund der UdSSR. Er hat uns auch in schwierigen Zeiten die Stange gehalten, etwa als es um den Fall Metro-Vickers ging. Er hat die UdSSR 1937 besucht und seither auf Hunderten Veranstaltungen in ganz England Hunderte enthusiastische Reden über die Sowjetunion gehalten. Er ist gerade mit einem Buch über die UdSSR fertig geworden, das bei Gollancz[1] erscheinen wird, mit Illustrationen von der Hand seiner Frau. […] Dr. Johnson ist auf jeden Fall eine sehr interessante und typisch englische Persönlichkeit. Wenn man ihm zuhört, versteht man die Rolle der Religion im englischen Leben besser oder auch die Rolle solcher historischer Kuriositäten wie den berühmten Anführer der Chartisten, Reverend Stephens.[77]

4. Juli

Meine Skepsis bezüglich der Moskauer Gespräche hat sich als gerechtfertigt erwiesen.

[…] Am 3. Juli übergab [Genosse] Molotow unsere Antwort auf die von unseren Partnern vorgelegten Vorschläge.

Wir stimmten zu, dass die Namen der Länder, für die Garantien übernommen werden, in einem Appendix genannt werden sollen, äußerten aber unsere Überraschung darüber, dass anders als in allen vorhergegangenen Verhandlungsrunden, in denen von nur acht «Schützlingen» die Rede war, deren Zahl jetzt plötzlich auf elf gestiegen ist. Um unsere Kompromissbereitschaft zu zeigen, erklärten wir uns bereit, Holland und die Schweiz in die Liste der zu garantierenden Länder aufzunehmen, wenn auch unter einer Bedingung: Da der Einschluss der beiden Länder eine Ausweitung unserer Verpflichtungen bedeutet, fühlen wir uns berechtigt, im Gegenzug eine Ausweitung der Sicherheitsgarantien für uns zu verlangen in Form wechselseitiger Beistandspakte zwischen der Sowjetunion auf der einen Seite und der Türkei bzw. Polen auf der anderen. Zusätzlich haben wir vorgeschlagen – unabhängig von der Verpflichtung zu unverzüglicher Hilfe in den im Pakt definierten Fällen –, dass die «großen Drei» sich zur Beratung treffen, wann immer sich eine Situation ergibt, die den Eintritt des Beistandsfalles wahrscheinlich macht. […]

▸ Molotow gab Maiski jetzt nachdrücklicher als zuvor zu verstehen, dass er in den britischen Vorschlägen «eine Wiederholung der vorherigen

---

1 Victor Gollancz; nach dem Studium am St Paul's und am New College in Oxford gründete Gollancz ein außerordentlich profitables und erfolgreiches Verlagshaus, das seinen Namen trug. Seine Begeisterung für politische Agitation fand ihren Niederschlag in der Gründung des Left Book Club. Gollancz, ein enger Freund der Maiskis, gründete 1941 das Anglo-Soviet Public Relations Committee und amtierte als dessen Präsident.

Vorschläge» sehe und dass man sie «als inakzeptabel zurückweisen» müsse.[78] Um die Befürchtung der sowjetischen Seite zu zerstreuen, den Briten gehe es vor allem darum, die Sowjets «zur Übernahme von Verpflichtungen zu verleiten und sie dann im Stich zu lassen», bewog Halifax den außenpolitischen Ausschuss am 26. Juni, die von den Sowjets geforderte Ausdehnung der Garantien auf alle baltischen Staaten zu akzeptieren. «Wir gehen bis an die äußerste Grenze», hielt Cadogan in seinem Tagebuch fest, «ohne irgendeine sichere Hoffnung meinerseits, dass die Schmutzfinken antworten werden.» Am anderen Ende bezeichnete Molotow die britischen Unterhändler als «Gauner und Betrüger», die immer wieder zu «plumpen Tricks» griffen. Er war darauf aus, möglichst schnell eine wasserdichte Vereinbarung entweder mit den Briten oder mit den Deutschen zu erreichen.[79]

5. Juli

Seit ungefähr zwei Wochen tobt hinter den Kulissen des Parlaments eine mächtige Kampagne für eine sofortige Kabinettsumbildung. […] Ich bin und bleibe ziemlich skeptisch, was die Erfolgsaussichten dieser Kampagne betrifft (wie viele davon hat es bis heute gegeben?), trotz der «glanzvollen» Namen ihrer Rädelsführer. Ich habe schon so oft gehört, dass es «so nicht weitergehen kann», dass «Chamberlain sich auf dünnem Eis bewegt», dass eine Umbildung bereits beschlossene Sache sei, dass irgendwo in diesem oder jenem politischen Machtzentrum eine Liste der neuen Minister erstellt werde – und doch hat sich nichts geändert. Chamberlain kümmert das kein bisschen, und Churchill sitzt nach wie vor in seiner Lieblingsecke hinter den Kulissen. Ich fürchte, so wird es auch dieses Mal ausgehen: Die Leute werden viel Wirbel machen, viel reden, sich aufregen, und die Regierung wird unverändert bleiben. Ich bin mehr und mehr überzeugt, dass die englische Elite Churchill erst am Tag, nachdem England der Krieg erklärt wurde, die Macht überträgt. Nicht ohne Grund hat Mrs Chamberlain neulich ihrem Mann gesagt: «Churchill einzuladen, ins Kabinett einzutreten, wäre gleichbedeutend mit deinem politischen Selbstmord.»

Das ist jammerschade, denn würde Churchill heute in die Regierung eintreten, ließe sich der Krieg noch abwenden.[80]

6. Juli

Halifax bat mich zum Gespräch.

Er begann natürlich mit Klagen über den langsamen Fortgang der Gespräche und suggerierte dabei eindeutig, dass daran hauptsächlich wir schuld seien. Ich konnte seine Beschwerden unschwer parieren. [...] Halifax erklärte mir, die britische Regierung wolle einen weiteren, letzten Versuch machen, sich mit uns in der Frage der Garantien zu einigen. Sollte dieser Versuch fehlschlagen, würden Großbritannien und Frankreich sich vorderhand mit einem einfachen Dreierpakt für wechselseitigen Beistand begnügen, der im Falle einer direkten Aggression gegen einen der Signatarstaaten wirksam würde.

Halifax versucht uns Angst einzujagen. Ein einfacher Dreierpakt bringt weder Großbritannien noch Frankreich etwas. London schachert. Wir werden ebenfalls schachern.

12. Juli

In Moskau fanden am 8. und 9. Juli wieder Verhandlungsrunden statt, doch bin ich mir über die Details etwas im Unklaren. [...] Halifax rief mich heute wieder zu sich. Im Verlauf meiner «Unterrichtung» über den Gang der Verhandlungen sagte er, die britische Regierung werde, was die Frage der «indirekten Aggression» angehe, an ihrer bisherigen Formel festhalten. Sie fürchte, andernfalls «die baltischen Staaten in die Arme der Deutschen zu treiben». Was die Gleichzeitigkeit zwischen dem Inkrafttreten des Pakts und der Verabschiedung der Militärkonvention angehe, werde die britische Regierung dagegen höchstwahrscheinlich keine Bedenken anmelden. [...] Später fügte Halifax hinzu, die britische Regierung habe nichts gegen die sofortige Aufnahme militärischer Verhandlungen. Könne man nicht die Meinungsverschiedenheiten in dieser Frage dadurch beheben, dass man feste Termine sowohl für den Beginn als auch für den Abschluss militärischer Verhandlungen festlege?

Ich antwortete, es falle mir schwer, die Frage zu beantworten; er tue besser daran, sich damit an Moskau zu wenden.

13. Juli

Die britische Regierung führt gegenwärtig eine größere Kampagne: Gerüchte werden breit gestreut, an die Presse, im Parlament, an die Öffentlichkeit und an politische Kreise. Sie besagen, die sowjetische Regierung stelle sich bei nachrangigen Fragen stur und ziehe damit die Verhandlungen in die Länge; sie «spiele» nur und wolle in Wirklichkeit gar keinen Pakt schließen. Als habe die sowjetische Regierung einen Flirt mit Hitler begonnen und sei bereit, mit Deutschland zusammen einen Block zu bilden.

Die Absicht hinter dieser Kampagne ist offenkundig: Chamberlain will die Gespräche sabotieren und uns zum Sündenbock dafür machen. Wir werden unser Bestes tun, um diesen Komplott zu durchkreuzen.

Der Fairness halber sei jedoch gesagt, dass die Kampagne ihre demoralisierende Wirkung selbst bei einigen unserer «Freunde» in Labour- und linken Kreisen nicht verfehlt hat.

18. Juli

Erst gestern geruhten Seeds und Co., dem Genossen Molotow einen Besuch abzustatten. Die neuen Instruktionen, über die Halifax mich am 12. informierte, brauchten also fünf Tage, um aus London zur britischen Botschaft in Moskau zu gelangen! Offenbar nutzt die britische Diplomatie Ochsengespanne als Transportmittel.

Keine Fortschritte sind in der Frage der indirekten Aggression erzielt worden. […] In der Tat hat die Sitzung vom 17. Juli einen so unangenehmen Nachgeschmack hinterlassen, dass unsere Leute in Moskau sich zu fragen beginnen, ob bei diesen endlosen Gesprächen je etwas herauskommen wird. Einige Indikatoren sprechen dafür, dass sie in allernächster Zeit abgebrochen werden. Für den Moment gilt: abwarten.

► In der Kabinettssitzung vom 19. Juli stellte sich Halifax an die Seite Chamberlains und zog nun den «Abbruch der Verhandlungen» der Annahme der sowjetischen Bedingungen vor.[81] Nachdem Chamberlain dem Druck widerstanden hatte, ein Abkommen mit Russland zu schließen, stellte er wieder Hitler diverse wirtschaftliche Anreize in Aussicht, um ihn von kriegerischen Unternehmungen abzuhalten. Einige Mittelsmänner, die mit dem Segen Halifax' agierten,[82] ebneten den Weg zu einem Treffen namhafter britischer Industrieller mit Göring.[83] Diese Verhandlungen führten zwar zu nichts, nährten aber das Misstrauen der Sowjets weiter, und trugen möglicherweise durchaus dazu bei, dass Maiski in den zwei Wochen vor dem Abschluss des Molotow-Ribbentrop-Pakts in seiner Einschätzung der britischen Absichten eine Kehrtwende vollzog. Maiski, der, wie der folgende Eintrag zeigt, noch bis zum Kriegsausbruch und sogar noch darüber hinaus an eine Einigung mit Großbritannien glaubte, war jetzt auf die Linie Moskaus eingeschwenkt.[84]

25. Juli

Halifax lud mich zu sich ein und sagte, auf der letzten Sitzung am 23. Juli in Moskau habe Molotow vorgeschlagen, sofort mit militärischen Verhandlungen zu beginnen, und habe erneut betont, die sowjetische Regierung werde den Pakt ohne eine Militärkonvention nicht unterzeichnen.[85] Genosse Molotow habe Seeds und Co. ferner zu verstehen gegeben, dass, wenn sich in der Frage der Militärkonvention eine günstige Lösung finde, die verbliebenen politischen Schwierigkeiten (indirekte Aggression) keine unüberwindbaren Hindernisse mehr darstellten. Da die britische Regierung Seeds nicht ermächtigt hatte, in der vom Genossen Molotow aufgeworfenen Frage eine Entscheidung zu treffen, wandte er sich an London. Heute fasste die britische Regierung einen außerordentlich wichtigen Beschluss: Sie akzeptiert den Vorschlag des Genossen Molotow und ist bereit, unverzüglich in militärische Verhandlungen einzutreten, die parallel zu den politischen Gesprächen stattfinden sollen. Der Pakt und die Militärkonvention sollen zeitgleich unterschrieben werden. Die britische und die französische Militärmission werden in sieben bis zehn Tagen nach Moskau abreisen. Über die Zusammensetzung der Missionen muss noch entschieden werden. […][86]

28. Juli

Endlich wieder zu Hause! Wir waren zwar nur 36 Stunden fort, aber wie viele interessante, lebhafte und unvergessliche Eindrücke drängten sich in dieser kurzen Zeitspanne!

Es begann auf eine sehr einfache, ja prosaische Weise. Vor etwa einem Monat lud der Ortsverband Cardiff der Gesellschaft für kulturelle Beziehungen zur UdSSR Agnia und mich zu einem Lunch ein, um uns eine Sammlung von Schallplatten mit walisischen Volksliedern zu überreichen. […] Am Bahnhof in Cardiff holten uns die örtlichen Vertreter der

[Gesellschaft] ab, und sie brachten auch Herrn W. G. Howell[1] mit, den Bürgermeister von Cardiff, in voller Amtstracht einschließlich goldener Ketten um den Hals; seine Frau begleitete ihn. [...]

Unterwegs bemerkte W. G. Howell wie nebenbei: «Letzte Woche war die Herzogin von Kent bei uns zu Gast.»

Ich lächelte in mich hinein.

Als wir am Rathaus vorbeifuhren, bemerkte ich zu meiner Überraschung eine große rote Hammer-und-Sichel-Fahne auf dem First des Gebäudes. Auf meinen fragenden Blick hin erklärte mir der Bürgermeister, man habe die Fahne zu Ehren des sowjetischen Botschafters gehisst. In der Tat wehte die rote Fahne auf dem Mast des Cardiffer Rathauses während der gesamten 24 Stunden, die ich in der Stadt zubrachte. Nichts Vergleichbares findet sich in der Geschichte der englisch-sowjetischen Beziehungen je zuvor.

Am Abend gab der Bürgermeister im Rathaus einen großen offiziellen Empfang zu unseren Ehren, zu dem rund 900 Personen kamen – eine bunte Mischung aus Würdenträgern, politischen Parteien und gesellschaftlichen Gruppen aus dieser krisengeplagten Steinkohleregion. Von in der Wolle gefärbten Konservativen bis zu Kommunisten reichte das politische Spektrum. Der Bürgermeister und seine Frau begrüßten zusammen mit Agnia und mir die Gäste. Vom endlosen Händeschütteln schwollen unsere Finger an. Während die Gäste hereinströmten, spielte eine junge Frau in walisischer Nationaltracht Volkslieder auf der Harfe. Es war ein bisschen exotisch, aber schön und angenehm.

Der Empfang begann mit einer konzertanten Darbietung eines der besten walisischen Arbeiterchöre – des *Pendyrus Male Choir.* 150 Sänger, darunter, wie sich herausstellte, 90 Bergleute und 60 Arbeitslose. Der Chor war wirklich überragend. Die Solostimmen waren gut, aber die vom ganzen Chor gesungenen walisischen Volkslieder waren das Beste von allem. Höchst bemerkenswert war auch, dass das Konzert mit einer wunderbaren Interpretation der «Internationale» begann. Es endete natürlich mit «God Save the King», aber das war lediglich ein Tribut an die Tradition, denn immerhin handelte es sich um einen offiziellen Empfang, veranstaltet vom offiziellen Bürgermeister im offiziellen Rathaus. [...]

---

1 William Gough Howell, 1938/39 Bürgermeister von Cardiff.

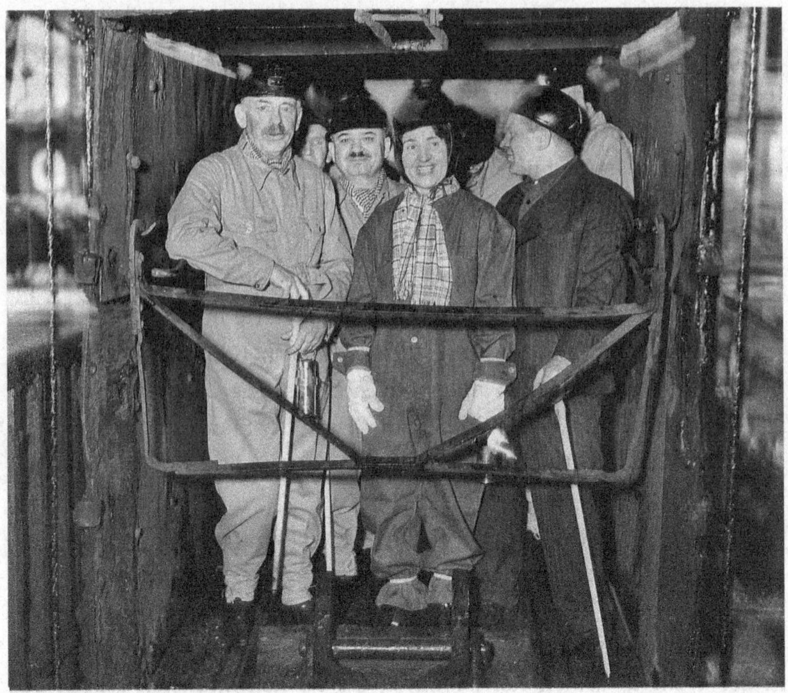

In ihrem Element: die Maiskis bei einer Bergwerksbesichtigung in Wales

Am frühen Vormittag des folgenden Tages begann für uns ein langes und ermüdendes Tagesprogramm.

Die erste Station war der Temple of Peace, den sich Lord Davies[1] ausgedacht und für den er rund 50 000 Pfund ausgegeben hat. Es ist ein sehr schönes Bauwerk mit Marmorsäulen, einer großen Vorhalle und Dutzenden kleinerer Räume – das Hauptquartier der örtlichen Freunde des Völkerbunds. [...] Dann war das Walisische Nationalmuseum an der Reihe. Der Direktor und seine Assistenten führten uns. [...] Es steht außer Frage, dass die Waliser andere Menschen sind als die Engländer, lebhaft, gesprächig, fröhlich, musikalisch, künstlerisch. Walisische Lieder erinnern ein wenig an ukrainische Musik.

[...] Die Nine Mile Point Colliery, deren Besitzer Lord Davies ist. Wir werden von einer großen Menge von Bergleuten, Frauen und Kindern

1 David Davies (1. Baron Davies), Gründer und Treuhänder der League of Nations Union.

empfangen. Grußbotschaften, freundliche Sprechchöre, Beifall, zum Gruß hochgereckte Fäuste. Wir streifen uns Bergmannskluft über und bekommen Grubenlampen in die Hand gedrückt. Pressefotografen knipsen um die Wette. Wir fahren auf knapp 400 Meter Tiefe hinunter. Begleitet vom Bergwerksdirektor, von Verwaltungsbeamten und Gewerkschaftern, wandern wir zusammen mit Lord Davies zwei Stunden lang durch die Stollen, betasten das Grubenholz mit den Händen, brechen Kohlebrocken ab, streicheln die «Grubenponys» (die sich als Großpferde entpuppen) und tun im Großen und Ganzen alles, was man bei solchen Gelegenheiten tun sollte. Agnia ist bester Stimmung – aufgeregt und fröhlich. Doch mich beeindruckt das Bergwerk nicht besonders. Es ist nicht das erste Mal, dass ich unter Tage bin. Außerdem bin ich sicher, dass diese trockene, gut ausgezimmerte und hochgradig modernisierte Zeche bis zu einem gewissen Grad ein «Vorzeigebergwerk» ist, mit dem man «prominente Reisende» beeindrucken will.

Wir fahren wieder nach oben. Inspizieren die Kohlewaschanlage und die Waagen, die das Gewicht der Loren messen. Dann säubern wir uns. Ich dusche im gut ausgestatteten Schachtbad. Dann trinken wir im Kontor der Zeche Tee und brechen auf, zurück nach Cardiff, von wo um 18.36 Uhr unser Zug nach London abfährt. [...]

Im Speisezimmer des Bürgermeisters unterhielt ich mich nach dem Abendessen kurz vor unserer Rückfahrt nach London mit Lord Davies.

«Was Sie mir über die englisch-sowjetischen Verhandlungen berichten, stimmt mich sehr traurig», sagte Lord Davies. «Wenn ich sehe, was heute in meinem Land geschieht, wenn ich sehe, wie Chamberlain und seine Regierung dem Aggressor ein hochkarätiges Zugeständnis nach dem anderen machen, wenn ich sehe, wie diese dumme und engstirnige Politik den Weg für den Niedergang unseres Empire bereitet, bricht es mir das Herz. Ich frage mich oft, warum mich nicht im letzten Krieg in Frankreich eine deutsche Kugel erwischt hat. Das wäre einfacher gewesen.»

Solche Gefühle weckt der gegenwärtige Niedergang der britischen Bourgeoisie bei ihren ehrlichsten und weitsichtigsten Vertretern! [...]

4. August

[...] Die Mitglieder der militärischen Abordnung nach Moskau – Admiral Drax[I] (Chef), Luftmarschall Burnett[II] und Generalmajor Heywood[III] – kamen zum Mittagessen. Im Gespräch waren die Gäste sehr zurückhaltend und zogen es vor, über unverfängliche Themen zu sprechen wie die Rebhuhnjagd; allerdings werden sie die diesjährige Jagdsaison in Moskau verbringen müssen.[87]

Ich erfuhr jedoch während dieses Essens etwas, das mich ernsthaft beunruhigte. Als ich den zu meiner Rechten sitzenden Drax fragte, warum die Abordnung nicht, um Zeit zu sparen, mit dem Flugzeug nach Moskau reisen werde, schürzte er seine Lippen und sagte: «Wissen Sie, wir sind fast 20 Mann und haben eine Menge Gepäck ... Es wäre unbequem mit dem Flugzeug ...»

Ich kann nicht behaupten, dass ich diese Antwort überzeugend fand. Ich fragte weiter: «Wenn das so ist, warum nehmen Sie nicht ein Kriegsschiff? Einen schnellen Kreuzer zum Beispiel ... Es würde Eindruck machen, und Sie wären schneller in Leningrad.»

Drax schürzte wieder die Lippen und sagte nach reiflichem Nachdenken: «Aber das würde bedeuten, dass wir 20 Offiziere aus ihren Kabinen schmeißen müssten ... Das wäre unangemessen ...»

Ich traute meinen Ohren nicht. So zarte Gefühle und so viel Takt und Rücksicht!

Der Admiral beeilte sich dann aber, mich mit der guten Nachricht zu erfreuen, dass für die militärische Abordnung ein Schiff gechartert worden sei, die *City of Exeter*, die sie und die französische Abordnung nach Leningrad bringen werde. An dieser Stelle schaltete sich Korzh[IV] in die Unterhaltung ein und bemerkte mit spitzer Zunge, er habe gerade heute vom Eigner dieses Schiffes erfahren, dass dessen Höchstgeschwindigkeit

---

I Admiral Reginald Aylmer Ranfurly Plunkett-Ernle-Erle-Drax, 1935–1938 Oberkommandierender in Plymouth.

II Charles Stuart Burnett, 1933–1935 Chef des Iraq Command, 1936–1939 Chef des Training Command, 1939/40 Generalinspekteur der Royal Air Force (RAF).

III Generalmajor Thomas George Gordon Heywood, 1936–1939 Brigadier der Royal Artillery in Aldershot.

IV Michail Wassiljewitsch Korzh, 1937–1942 Erster Sekretär der sowjetischen Botschaft in Großbritannien.

Die gemeinsame britische und französische Militärabordnung schifft sich auf dem Weg nach Russland auf einem Frachter ein.

bei 13 Knoten die Stunde liege. Ich warf Drax einen überraschten Blick zu und rief: «Ist das die Möglichkeit?»

Drax war peinlich berührt und murmelte: «Der Board of Trade hat das Schiff gechartert. Ich kenne keine Einzelheiten.»

Die englische und die französische Militärabordnung reisen also per Frachtschiff nach Moskau; es kann sich, nach der Reisegeschwindigkeit zu urteilen, nur um einen Frachter handeln! Und das zu einer Zeit, da in Europa der Boden unter unseren Füßen zu brennen beginnt! Unglaublich! Will die britische Regierung wirklich ein Abkommen? Ich gelange immer mehr zu der Überzeugung, dass Chamberlain ungerührt ein eigenes Spiel spielt: Was er braucht, ist kein Dreierpakt, sondern Gespräche über einen Pakt als Trumpfkarte, um mit Hitler gut verhandeln zu können. [...]

▸ Von einigen seltenen Ausnahmen abgesehen, blieb Maiski buchstäblich bis zu dem Tag, an dem der Ribbentrop-Molotow-Pakt abgeschlossen wurde, der Überzeugung treu, dass eine Vereinbarung mit den Westmächten zwangsläufig kommen müsse. In seinen apologetischen Memoiren referierte er das Geschehen auf irreführende Weise und erweckte den Eindruck, Halifax' Weigerung, nach Moskau zu gehen, und das bizarre Zwischenspiel mit der Militärabordnung hätten ihn aufgerüttelt und zu der Überzeugung gebracht, dass die Verhandlungen über ein Abkommen zum Scheitern verurteilt seien. Diese Darstellung, von Maiski gewissenhaft konstruiert und zur Rechtfertigung des Ribbentrop-Molotow-Pakts von ihm weithin verbreitet, übernahm später auch Stalin. Die Weigerung Halifax', nach Moskau zu kommen, und die Ankunft der traurigen Militärabordnung in Moskau hätten ihm keine andere Wahl gelassen, als mit Hitler zu paktieren.[88] Der nachfolgende Tagebucheintrag widerlegt Maiskis spätere Behauptungen; er wirft ein erhellendes Licht auf seine persönliche Einstellung zu diesem Zeitpunkt. Auch bei einem Besuch bei den Webbs in ihrem Landhäuschen zwei Tage später war er sich seiner Sache noch sicher: «Großbritannien wird gezwungen sein, sich in eine Allianz [mit der Sowjetunion] zu begeben.»[89]

5. August

Ging zum Bahnhof St. Pancras, um die britische und die französische Militärabordnung zu verabschieden. Jede Menge Menschen, Reporter, Fotografen, Damen und junge Mädchen. Ich traf General Doumenc[I], den Chef der französischen Abordnung, und einige seiner Gefährten. Die Leiter der britischen Abordnung – Admiral Drax (Chef), Luftmarschall Burnett und Generalmajor Heywood – waren gestern meine Mittagessensgäste gewesen, und wir begrüßten einander wie alte Bekannte.

Auf dem Nachhauseweg konnte ich mir ein Schmunzeln über den boshaften Sinn für Humor, den die Geschichte zuweilen zeigt, nicht verkneifen.

Subjektiv gesehen, fällt es schwer, sich eine Situation vorzustellen, die günstigere Voraussetzungen für einen englisch-deutschen Block gegen die UdSSR und ungünstigere Voraussetzungen für einen englisch-sowjetischen Block gegen Deutschland bieten würde. In der Tat liegen die spontanen Präferenzen der «oberen Zehntausend» Britanniens

---

I Joseph Édouard Aimé Doumenc, französischer General, 1937–1939 Befehlshaber der 1. Militärbezirks, 1939–1942 Mitglied des Anglo-French Supreme War Council.

ganz sicher bei Deutschland. In seinen Träumen malt sich Chamberlain ein Geschäft mit Hitler auf Kosten dritter Länder aus, letzten Endes auf Kosten der UdSSR. Selbst jetzt träumt der PM noch von «Appeasement». Auf der anderen Seite, in Berlin, hat Hitler schon immer einen deutsch-britischen Block favorisiert. Er verkündete das schon in *Mein Kampf* mit Inbrunst. Einflussreiche Kreise in den Reihen der deutschen Faschisten, Bankiers und Industriellen treten ebenfalls für engere Beziehungen zu England ein. Ich wiederhole, der subjektive Faktor steht nicht nur zu 100, sondern zu ganzen 150 Prozent hinter einem englisch-deutschen Block.

Und doch kommt dieser Block nicht zustande. Langsam, aber unaufhaltsam verschlechtern sich die englisch-deutschen Beziehungen und bekommen Spannungsrisse. Trotz der vielen Versuche Chamberlains, zu «vergessen», zu «vergeben», zu «versöhnen», «einen gemeinsamen Nenner zu finden», kommt immer etwas Schwerwiegendes dazwischen, was die Kluft zwischen London und Berlin weiter aufreißt. Warum? Weil die fundamentalen Interessen der beiden Mächte – der objektive Faktor – sich als absolut unvereinbar erweisen. Und dieser grundlegende Konflikt der Interessen setzt sich klar gegen den Einfluss des subjektiven Faktors durch. Abstoßung ist stärker als Anziehung.

Das Umgekehrte gilt für die englisch-sowjetischen Beziehungen. Hier wirkt der subjektive Faktor einem englisch-sowjetischen Block scharf entgegen. Die Bourgeoisie und der Hof mögen den «Sowjetkommunismus» nicht, verabscheuen ihn sogar; Chamberlain hätte seit jeher am liebsten der UdSSR die Kehle durchgeschnitten. Und wir auf der sowjetischen Seite hegen keine große Sympathie für die «oberen Zehntausend» Großbritanniens. Die Erblasten der Vergangenheit, die Erfahrungen, die wir jüngst in der sowjetischen Periode gemacht haben, und die ideologische Politik haben im Zusammenwirken unser subjektives Verhältnis zur herrschenden Elite Englands – und insbesondere zum Premierminister – mit dem Virus eines voll und ganz gerechtfertigten Misstrauens vergiftet. Ich wiederhole, der subjektive Faktor wirkt in diesem Fall nicht nur zu 100, sondern zu vollen 150 Prozent einem englisch-sowjetischen Block entgegen.

Und dennoch nimmt dieser Block allmählich Gestalt an. Wenn ich auf die sieben Jahre meiner Botschaftertätigkeit in London zurückblicke, zeigt sich mir ein sehr lehrreiches Gesamtbild. Langsam, aber stetig – über

Zickzackwege, Rück- und Fehlschläge – haben sich die englisch-sowjetischen Beziehungen verbessert. Vom Metro-Vickers-Fall zum Besuch der Militärabordnung in Moskau! Das ist der Weg, den wir zurückgelegt haben! Die tiefe Kluft zwischen London und Moskau wird zunehmend schmäler. Ingenieure und Techniker montieren Stahlträger und Gitterelemente, um die Brücke über den verbliebenen Abgrund zu schlagen und zu verankern. Warum? Weil die fundamentalen Interessen der beiden Mächte – der objektive Faktor – konvergieren. Und diese grundlegende Konvergenz setzt sich gegen den Einfluss des subjektiven Faktors durch. Anziehung ist stärker als Abstoßung.

Die Reise der britischen Militärabordnung nach Moskau ist ein historischer Meilenstein. Sie legt Zeugnis dafür ab, dass der Prozess der Anziehung in ein sehr hohes Entwicklungsstadium eingetreten ist.

Doch was für eine Ironie, dass ausgerechnet Chamberlain derjenige ist, dem das Zusammenschmieden des englisch-sowjetischen Blocks gegen Deutschland zufällt!

Ja, dieser Schelm namens Geschichte hat wirklich einen diabolischen Humor.

Allerdings ist alles im Fluss. Das Verhältnis der oben beschriebenen Kräfte entspricht der gegenwärtigen historischen Situation. Das Bild würde sich drastisch ändern, wenn und falls die Frage einer proletarischen Revolution außerhalb der UdSSR auf die Tagesordnung käme.

► Die Verhandlungen mit den Briten und Franzosen fanden inzwischen parallel zu denen mit den Deutschen statt, auch wenn Letztere seit April etwas an Schwung verloren hatten.[90] Dass sie überhaupt stattfanden, blieb Maiski ebenso verborgen wie den anderen sowjetischen Gesandten. Am 10. Juli erklärten sich die Deutschen mit dem Vorschlag der Russen einverstanden, die wirtschaftlichen und politischen Verhandlungen zu verbinden, was Stalin unverzüglich mit der Aussage quittierte: «Wir sind bereit loszulegen.» Zu weiterführenden Verhandlungen kam es jedoch zunächst nicht; das änderte sich, als am 26. Juli der sowjetische Geschäftsträger in Berlin die Mitteilung erhielt, Ribbentrop habe ein persönliches Interesse an der Verbesserung der sowjetisch-deutschen Beziehungen bekundet.

Eingedenk der Warnung Maiskis, dass die Briten sich noch immer bemühten, mit den Deutschen auf einen gemeinsamen Nenner zu kommen, war Stalin entschlossen, den verabredeten militärischen Verhandlungen mit den Demokratien zuvorzukommen. Am 2. August erhielt Astachow[1] grünes Licht für ein Treffen mit Ribbentrop. Er stellte fest, dass der deutsche Außenminister großes Interesse am Abschluss eines Wirtschaftsabkommens zeigte, das «eine Verbesserung der politischen Beziehungen signalisieren könnte». Ribbentrop gab die Parole aus, es gebe zwischen den beiden Ländern «vom Schwarzen Meer bis zur Ostsee» keine Konflikte, und man könne über alle Fragen mit offenem Ergebnis diskutieren. Am 12. August berichtete Astachow aus Berlin, die Deutschen drängten im Hinblick auf einen drohenden Konflikt mit Polen darauf, in wirtschaftliche wie auch politische Verhandlungen einzutreten.

Kurz nach Beginn der militärischen Verhandlungen in Moskau, am 15. August, deutete Schulenburg gegenüber Molotow die Bereitschaft Ribbentrops an, Russland zu besuchen. Molotow zeigte sich zwar empfänglich, verlangte aber, da er hinter allem verborgene Intrigen witterte, detailliertere Informationen über den Inhalt der deutschen Vorschläge. Offensichtlich ging es ihm darum, den Deutschen möglichst günstige Konditionen abzutrotzen, solange die militärischen Verhandlungen mit den Demokratien andauerten. Erst am 17. August, nach dem ergebnislosen Abbruch der unglückseligen militärischen Verhandlungen, sprach Molotow gegenüber Schulenburg die Möglichkeit eines Nichtangriffspakts und eines «Sonderprotokolls» an, das die Interessenssphären der beiden Länder behandeln sollte. Über den Text eines solchen Abkommens verständigten sich beide Seiten am 19. August.

Zwei Tage später wandte Hitler sich persönlich an Stalin und unterbreitete ihm etwas, das man kaum anders als ein Ultimatum nennen kann: Er forderte Moskau auf, Ribbentrop innerhalb der nächsten Tage zwecks Unterzeichnung der Vereinbarung zu empfangen. Stalin antwortete nach weniger als zwei Stunden. Die Verhandlungen im Kreml dauerten nicht lange. Stalin bestand auf einem Junktim zwischen der Unterzeichnung des Nichtangriffspakts und einer grundsätzlichen Einigung auf ein Geheimprotokoll, das die Aufteilung Mittel- und Osteuropas in «Einflusssphären» regeln werde. Er ließ für den verblüfften Ribbentrop eine direkte Telefonverbindung zu Hitler einrichten, der sofort seine Zustimmung gab.[91]

---

1 Georgi Alexandrowitsch Astachow, 1934/35 sowjetischer Botschaftsrat in London, 1936/37 Leiter der Presseabteilung des NKID, 1937–1939 Botschaftsrat und Geschäftsträger der sowjetischen Botschaft in Deutschland. Da er als Gefolgsmann Litwinows galt, wurde er 1939 aus dem Außenministerium ausgeschlossen, des Verrats bezichtigt und in ein Straflager verbannt, wo er 1942 starb.

Agnia bewundert den frisch eingetroffenen ZIS-101 (Zawod imeni Stalina), der dem damals aktuellen Buick-Modell nachempfunden war.

20. August

Wir konnten uns für eine Woche davonstehlen, die wir beim Theaterfestival in Malvern verbrachten. Vor elf Jahren beschlossen Barry Jackson, der prominente und wohlhabende Mäzen aus Birmingham, und Bernhard Shaw, das erste Theaterfestival auf englischem Boden auf die Beine zu stellen. [...] Wir sahen alle sechs [Stücke], darunter Bernard Shaws *In Good King Charles's Golden Days* und Vansittarts *Dead Heat.*

Neben dem Besuch der Theaterstücke unternahmen wir Ausflüge durch die wunderbare Landschaft um Malvern, stiefelten die schönen, aber kleineren Berge der Umgebung hinauf und wieder hinab, ruhten uns aus und lasen. Shaw und Vansittart hatten uns nach Malvern eingeladen. Wir trafen einige Diplomaten und Leute aus der Londoner «Gesellschaft». Wir waren Gäste auf dem Landgut von Sir Sidney Clive, dem Marschall des diplomatischen Korps. Die Gespräche am Teetisch drehten sich vorwiegend um die sich zuspitzende internationale Lage. Einer der Gäste aus der Londoner City fragte mich, womit in der kommenden Woche zu rechnen sei. Ich wollte mich nicht auf eine längere Analyse einlassen und sagte nur: «Ich fürchte, die nächste Woche wird sehr schwierig.»

Ich glaube, damit richtigzuliegen, aber wir werden sehen.

21. August

Allem Anschein nach sind unsere Verhandlungen mit den Briten und Franzosen gescheitert. Schon im Juli war aus Moskau ein starkes Verlangen zu spüren, sie zu beenden. Jetzt hat sich eine schlechte zu einer noch schlechteren Lage weiterentwickelt. Nach Informationen zu urteilen, die mir aus diversen Quellen zugeflossen sind, stellt sich die Lage in groben Zügen so dar:

Als am 12. August die Verhandlungen zwischen den militärischen Abordnungen in Moskau begannen, fragte die sowjetische Seite nach den Beglaubigungsschreiben der britischen und der französischen Abordnung. Wie sich herausstellte, hatten sie nichts dergleichen mitgebracht. Das machte natürlich einen sehr schlechten Eindruck. Die sowjetische Seite bat Briten und Franzosen, die gewünschten Briefe aus London und Paris zu besorgen. Ein paar Tage später trafen sie ein und wurden vorgelegt, aber ... sie erwiesen sich als so allgemein und vage gehalten, dass uns klar wurde, dass London und Paris nicht die ernsthafte Absicht hatten, ein Abkommen zu schließen.

Als Nächstes kam die Polenfrage aufs Tapet. Als die Briten und die Franzosen, nachdem sie ihre Überlegungen zu der Militärhilfe, die sie Polen im Bedarfsfall würden leisten können, vorgebracht hatten, die sowjetische Seite fragten, was sie für Polen tun könne, skizzierte Genosse Woroschilow unseren Plan. Da die UdSSR keine gemeinsame Grenze mit Deutschland hat, könne sie Polen, Frankreich und Britannien natürlich nur dann wirksamen Beistand leisten, wenn Polen der Roten Armee die Durchquerung seines Staatsgebiets erlaube. [...] Die polnische Regierung lehnte es aber kategorisch ab, sowjetische Truppen über ihr Staatsgebiet marschieren zu lassen, und erklärte sogar, sie brauche keinen Beistand von der UdSSR. Polen werde es aus eigener Kraft schaffen, wenn Großbritannien und Frankreich ihre Verpflichtungen erfüllten. Was den Polen am meisten Horror bereitete, war die Aussicht, die Rote Armee durch Piłsudskis[1] Geburtsstadt Wilna marschieren zu sehen. «Der Geist Piłsudskis», trompeteten sie theatralisch, «wird aus seinem Grab emporsteigen, wenn wir zulassen, dass russische Truppen durch Wilna ziehen.»

---

1 Józef Klemens Piłsudski, 1926–1928, 1930 polnischer Premierminister, 1926–1935 Kriegsminister.

[...] Die Verhandlungen blieben an dieser Frage hängen. Sie steckten in der Sackgasse. Welchen Sinn hat es in der Tat, mit den Briten und den Franzosen zu reden, wenn die Polen sich kategorisch weigern, den einzigen Plan zu akzeptieren, der Polen retten könnte?

Ein weiteres Mal ist deutlich geworden, dass London und Paris es mit einem Abkommen nicht ernst meinen. Haben sie vielleicht sogar die Polen dazu animiert, unseren Vorschlag abzulehnen?

Einige bedeutsame Entscheidungen kommen meinem Gefühl nach auf uns zu ...

► Obwohl die britische Regierung dem Wunsch der Sowjets stattgegeben hatte, zügig in militärische Verhandlungen einzutreten, wies sie ihre Delegation an, «bei den Verhandlungen ein sehr langsames Tempo zu gehen», den Russen «reserviert» zu begegnen, bis eine politische Übereinkunft erreicht sei, und «Ermächtigungen aus London abzuwarten, bevor zentrale Fragen behandelt werden».[92] Wie Suriz aus Paris an Molotow meldete, war General Doumenc nicht glücklich über diese Instruktionen, in denen er «nicht mehr als allgemeine und vorgestanzte Phrasen und Formeln» sah. Bei der Abreise konnte er sich des Eindrucks nicht erwehren, dass dem «alten Frachtkahn ein gewisser Symbolwert» innewohne. Er empfand ihn als «Verkörperung der alten britischen Handelsflotte: solide, in die Jahre gekommen, mit einer ausschließlich aus Indern bestehenden Mannschaft, die die Fahne des Empire hochhält».[93]

Am 16. August waren die Verhandlungen zum Stillstand gekommen, während zugleich die Deutschen ihren Druck auf Moskau erhöhten.[94] Marschall Woroschilow mahnte Briten und Franzosen, eine «definitive» Antwort auf die sowjetische Forderung bezüglich Polen müsse «so bald wie möglich» gegeben werden und sei «äußerst wichtig».[95] In seinen Unterredungen mit dem amerikanischen Botschafter beteuerte Molotow, er messe den Verhandlungen «große Bedeutung» bei und «zähle auf ihren Erfolg», aber nur wenn anstelle «allgemeiner Deklarationen» die Festlegung «konkreter Verpflichtungen» für einen wechselseitigen Beistand träte.[96] Doumenc teilte denn auch seiner Regierung mit, die Russen hätten «klar und deutlich die Absicht bekundet, sich nicht herauszuhalten, [sondern] allen Ernstes etwas zu tun». Beeindruckt von der «Präzision» der sowjetischen Angaben über den Umfang ihrer potentiellen militärischen Unterstützung, beurteilte er diese als «beträchtlich» und bezifferte sie auf «70 bis 100 Prozent der Truppen, die wir aufbieten würden».[97] Eine zumindest teilweise positive französische Stellungnahme wurde Woroschilow am 22. August übermittelt; sie enthielt allerdings den Vorbehalt, dass im konkreten Fall «der Gang der Dinge» darüber entscheiden werde, wie die Unterstützung genau aussähe. Genau in diesem Moment verbreitete sich jedoch die dramatische Neuigkeit, dass Ribbentrop mit einem großen Beratertross am folgenden Morgen in Moskau einfliegen werde, um einen Nichtangriffspakt zu unterzeichnen.[98]

22. August

Gestern gegen Mitternacht erhielt ich einen Anruf von Hillman vom *International News Service*; in großer Alarmstimmung und Erregung brüllte er ins Telefon, gerade sei aus Berlin die folgende Meldung hereingekommen: Deutschland und die UdSSR seien dabei, einen Nichtangriffspakt zu schließen. Ribbentrop werde zu diesem Zweck morgen nach Moskau fliegen. Sei das die Möglichkeit?

Unwillkürlich schlug ich die Hände vors Gesicht.

Dem schlossen sich rasch mehrere Anrufe verschiedener Zeitungen und Agenturen an. Das war aber erst der Anfang. Keine halbe Stunde später standen vor der Botschaft Schlangen von Taxis, und ein paar Reporter versuchten sich Zugang zu verschaffen und forderten von mir eine Stellungnahme. Kaum nötig zu sagen, dass ich es vermied, mit der Presse zu sprechen. Der Pförtner sagte den Reportern, ich sei nicht da. Sie beschlossen zu warten, bis ich zurückkäme, stiegen wieder in ihre Taxis und blieben sitzen; nur ein paar Journalisten machten sich zu Korzhs Wohnung auf. Die Belagerung der Botschaft dauerte bis zwei Uhr. Des Wartens überdrüssig, fuhren die Journalisten kurz nach zwei Uhr weg, in der Einsicht, dass sie mich hier nicht zu fassen bekämen.

Seit dem frühen Morgen geht es in der Stadt drunter und drüber, es herrscht fast Panik. Telefonanrufe, Besuche, Bitten um ein Treffen. Lloyd George kam eigens aus Churt und lud mich zum Lunch in sein Büro ein. Der alte Mann hat große Befürchtungen, aber auch volles Verständnis für uns. Er sagte mir unverhohlen: «Ich habe das seit Langem kommen sehen. Ich staune noch immer über Ihre Geduld. Wie konnten Sie mit dieser Regierung so lange verhandeln?»

Wir führten ein langes Gespräch über die aktuelle Lage und erörterten die Position, die der alte Mann in dieser Frage einnehmen würde. Schließlich sagte er ohne Umschweife: «Solange Chamberlain am Ruder bleibt, wird es keine ‹Friedensfront› geben. Dieser Mann wird das Empire zerstören.»

Später stattete mir die Herzogin von Atholl[I] einen Besuch ab. Verwirrt und in tiefer Sorge. Was bedeutet das? Die vollständige Neutralität der Sowjetunion? Freie Hand für Deutschland in Europa? Wir hatten ein langes Gespräch. Die Herzogin war ein bisschen beruhigt, als sie ging.

Am Abend kamen Greenwood und Dalton zu Besuch. Auch sie sind beunruhigt, konsterniert und außerstande, irgendetwas zu verstehen. [...]

▶ Dalton und Greenwood trafen auf einen Maiski, der «von der letzten Wendung der Dinge genauso überrascht war wie wir». In Stockholm reagierte Kollontai «wütend und irritiert», als sie von dem Pakt erfuhr und die in der Botschaft ausliegenden Zeitungen durchblätterte. Litwinow, der sich in seine Datscha verzogen hatte, «wurde fast verrückt: ‹Worauf wollen die hinaus? Worauf wollen die hinaus? Haben sie wirklich die Absicht, sich mit den Deutschen zusammen zu tun?›»[99] Agnia offenbarte Eden beim Mittagessen vertraulich, dass für Maiski «die jüngsten Vorgänge eine Enttäuschung» gewesen seien.[100] Seit der Verlegung der Verhandlungen nach Moskau Mitte Juni etwas ins Abseits geraten, klammerte Maiski sich nach wie vor – sogar noch nach der Unterzeichnung des Pakts – an die Überzeugung, ein Abkommen mit den Westmächten sei möglich und in Reichweite. «Besorgt» über den drohenden Abzug der militärischen Abordnung aus Moskau, bedrängte er Dalton und Greenwood, sich zu beeilen und «die politischen und militärischen Verhandlungen zum Abschluss zu bringen», da Russland «neutral bleibe, falls es zum Krieg komme».[101]

23. August

Nevile Henderson war in Berchtesgaden und hat Hitler einen persönlichen Brief von Chamberlain übergeben, in dem Letzterer den Führer darauf aufmerksam macht, dass im Falle einer deutschen Aggression gegen Polen England seine feierlich gegebenen Zusagen einhalten werde. Hitler entgegnete in schärfster Form, kein britischer Brief werde Deutschland davon abhalten, seine «vitalen Interessen» wahrzunehmen.

Ribbentrop ist mit einem Gefolge von 32 Adjutanten nach Moskau geflogen. Das sieht ihm ähnlich. Ich erinnere mich, dass er, als er noch Botschafter in Großbritannien war, zwischen London und Berlin stets in

---

I Katharine Marjory Stewart-Murray geb. Ramsay (Duchess of Atholl), 1923–1938 Abgeordnete der Konservativen für Kinross und West Perthshire.

Begleitung von nicht weniger als 30 bis 40 Adjutanten unterwegs war. Die Verhandlungen haben schon angefangen.

[...] Die Vorbereitungen für den Notfall sind in der Stadt in vollem Gang. Bunker werden ausgehoben, Sandsäcke vor Gebäuden aufgeschichtet, Fenster verdunkelt, Museen und Galerien ausgeräumt; die Evakuierung von Schulen, Frauen und Kindern wird organisiert, und im Radio werden Instruktionen durchgegeben, wie mit ... Katzen und Hunden zu verfahren sei.

Die Spannung nimmt zu, zusammen mit dem dumpfen Gefühl, dass etwas Furchtbares, Bedrohliches und Unabwendbares passiert. Ist das der Ernstfall? Oder sind es nur die psychologischen Vorbereitungen auf ein neues München? Wir werden sehen. Es besteht kein Zweifel, dass Chamberlain sich ein zweites München sehnlichst wünscht. Das Dumme ist, dass Hitlers Appetit zusehends wächst, was eine Neuauflage von München erschwert. [...]

24. August

Am späten gestrigen Abend wurde in Moskau der Nichtangriffspakt zwischen der UdSSR und Deutschland unterzeichnet, und heute fliegt Ribbentrop nach Hause zurück. Der Pakt bestimmt Konsultationen zwischen den Regierungen in Angelegenheiten von beiderseitigem Interesse und enthält keine Notausstiegsklausel. Die Laufzeit des Pakts beträgt zehn Jahre.

Unsere Politik vollführt allem Anschein nach eine scharfe Richtungsänderung, deren Bedeutung und deren Konsequenzen mir noch nicht ganz klar sind. Ich muss auf weitere Informationen aus Moskau warten. [...]

29. August

Ein Tag voller nervöser Erwartung und Anspannung.

Die Aussichten auf Krieg oder Frieden liegen auf unstetigen, bebenden Waagschalen, und wer kann sagen, was der nächste Tag bringen wird?

[...] Das Parlament ist zusammengetreten. Chamberlain verlas eine kurze Bekanntmachung, in der es hieß, seit der Parlamentssitzung vom 24. August habe sich nichts geändert, die Kriegsgefahr sei nicht geringer geworden. Dann kam der Premierminister auf die bedeutsamen Vorgänge der letzten paar Tage zu sprechen, wie die Reisen Hendersons und die britische Antwort auf Hitlers Vorschlag; er betonte noch einmal, dass Großbritannien seine Verpflichtungen gegenüber Polen erfüllen werde. Im Großen und Ganzen klang die Rede des Premierministers recht entschlossen. [...]

Ständiges Geknattere von Flugzeugen erfüllt die Luft. Bei Nacht durchfurchen die Lichtstrahlen von Suchscheinwerfern wie Schwerter den Himmel, auf der «Jagd» nach feindlichen Bombern.

In Moskau herrscht eindeutig eine ganz andere Stimmung vor: Man rechnet dort nicht mit Krieg, sondern zählt auf ein neues München. Hier sind die Tatsachen:

Vor wenigen Tagen fragte ich beim NKID nach, ob man vertrauliches Material noch unbedenklich mit Diplomatenpost verschicken könne, angesichts einer denkbaren Unterbrechung des Eisenbahnverkehrs oder sogar eines möglichen Ausbruchs von Feindseligkeiten zwischen Deutschland und Polen in nächster Zukunft. Man gab mir zur Antwort: Verschickt die Post auf dem üblichen Weg – der Ton, in dem die Antwort gehalten war, verriet mir, was Moskau mir sagen wollte: «Immer mit der Ruhe!» Dennoch zog ich es vor, vertrauliches Material nicht den Kurieren anzuvertrauen. Und ich tat gut daran, es nicht zu tun. Wie ich heute erfahre, sind diese Kuriere in Berlin stecken geblieben.

Am 27. August teilte mir das NKID mit, dass ich zum Chef der sowjetischen Delegation bei der Versammlung des Völkerbunds am 11. September ernannt worden bin. Danke für den Vertrauensbeweis. Ich habe allerdings meine Zweifel, ob die Vollversammlung unter den gegenwärtigen Vorzeichen überhaupt stattfinden wird.

Heute, am 29. August, legte die *Kooperatsija* aus Leningrad mit Mitgliedern der Gesangs- und Tanzkompanie Rotes Banner an Bord ab. Morgen, am 30., soll die *Marija Ujianowa* mit dem Rest der Truppe auslaufen.[102] In Southampton soll die Kompanie an Bord der *Aquitania* gehen, mit Ziel Amerika. Ich fürchte jedoch, dass es vielleicht anders kommt: Neue Entwicklungen könnten die Kompanie zwingen, in die UdSSR zurückzukehren.

31. August

Ein weiterer Tag voller Spannung und Anspannung. [...] Um ca. 17 Uhr stiegen Agnia und ich in ein kleines Auto und fuhren in der Stadt umher, um zu sehen, was vor sich ging. Es war Feierabendzeit. Die übliche

Hektik und Betriebsamkeit auf den Straßen, in der U-Bahn und in Bussen und Straßenbahnen. Aber nicht mehr als sonst. Alle Geschäfte und Cafés sind geöffnet. Die Zeitungsjungen rufen die Schlagzeilen aus. Im Großen und Ganzen wirkt die Stadt normal. Nur die unter den Fenstern aufgeschichteten Sandsäcke und die gelben Schilder mit den Pfeilen, die den Weg zum nächstgelegenen Luftschutzkeller weisen, lassen erahnen, dass England an der Schwelle eines Krieges steht.

Abends gingen Agnia und ich ins Globe-Theater, um Oscar Wildes bezaubernde Komödie *The Importance of Being Earnest* zu sehen. Die Schauspieler waren überragend. Eine Rückblende in die «gute alte Zeit» – ohne Automobile, Radio, Flugzeuge, Luftangriffe, Hitlers und Mussolinis –, die scheinbar wieder zum Leben erwachte. Die Menschen waren damals witzig und naiv, jedenfalls nach den Maßstäben von heute. Wir lachten zwei Stunden lang. Das ist etwas, wofür man dankbar sein muss.

Als wir aus dem Theater nach Hause kamen, meldete der Rundfunk sensationelle Neuigkeiten – 16 Punkte, die Hitler von Polen fordert: die sofortige Rückgabe Danzigs, eine Volksabstimmung im «Korridor», ein Internationales Komitee unter Beteiligung Italiens, Großbritanniens, Frankreichs und der Sowjetunion, eine Abstimmung 1940 usw. usf.

Was ist das? Ein Schritt zurück? Eine Drosselung des Tempos?

Ich bezweifle es. Es ist zu spät für ein Zurückweichen Hitlers. Es kann sich eigentlich nur um ein Manöver handeln. Ist es ein Versuch, die Weltöffentlichkeit und vielleicht auch die deutsche Bevölkerung zu täuschen, bevor man zum entscheidenden «Sprung» ansetzt?

1. September

Die gestrigen Zweifel haben sich voll und ganz bestätigt. Heute, am frühen Morgen, griff Deutschland Polen ohne jede Vorwarnung an und begann polnische Städte zu bombardieren. Die polnischen Land- und Luftstreitkräfte leisten überall heftigen Widerstand.

Der Krieg ist also ausgebrochen. Ein großer geschichtlicher Knoten ist aufgeknüpft worden. Der erste Stein rollt den Abhang hinab. Viele weitere werden folgen. Heute hat die Welt die Schwelle zu einer neuen Epoche überschritten. Sie wird daraus in stark veränderter Form hervorgehen. Die Zeit für große Umwälzungen im Leben der Menschheit ist gekommen. Ich denke, ich werde sie erleben, wenn nicht ein verrückter Zufall mein Leben vorzeitig beendet ...

Das Parlament trat um 18 Uhr zusammen. Als ich in Westminster vorfuhr, brach ein Blitzlichtgewitter los. Und warum auch nicht? Was für eine Sensation: der sowjetische Botschafter bei einer Parlamentssitzung zum Thema Krieg. Und das direkt nach der Unterzeichnung des sowjetisch-deutschen Pakts!

Auf den Korridoren des Parlaments herrschte eine nervöse und panische Stimmung. Eine bunte Menschenschar aus allen Alters- und Gesellschaftsklassen hatte sich eingefunden. Da waren viele ziemlich junge Frauen und Mädchen, die frenetisch gestikulierten und in lautem Falsett durcheinanderredeten. Ich ging die Gänge entlang, wurde von den Parlamentspolizisten in gewohnter Weise gegrüßt und näherte mich dem Zugang zur Diplomatengalerie. Diese war mit Botschaftern, Gesandten, hohen Kommissaren und anderen «Notabeln» bereits dicht besetzt. Als der Türwächter mich erblickte, schob er ein paar «Gesandte» zur Seite, um mir einen schmalen Durchgang zur Treppe freizumachen. Auf dem Weg nach oben grüßte ich den Rumänen, den Dänen, den Ägypter, den Finnen und einige andere Diplomaten. Die Stimmung teilte sich mir unmittelbar mit: unterdrückte Feindseligkeit mit einem Schuss Ehrerbietung.

Ähnliches wiederholte sich oben, als ich mich an einigen «bedeutenden Ausländern» vorbeizwängte und mich auf der vorderen Bank neben Quo Tai-chi setzte. Wir begrüßen einander freundlich, wie wir es immer tun. Raczyñski, der auf der anderen Seite Tai-chis saß, schüttelte mir die Hand, und zwar so, dass es sich «anders» anfühlte. Was Cartier[1] (den Belgier) und Corbin anging (der in den letzten paar Wochen ziemlich grau geworden ist), so konnten sie sich kaum dazu durchringen, mir die Hand zu geben. Ich beantwortete dies damit, dass ich ihnen nur die Finger reichte. Kennedy sprang, als er sah, dass wir nebeneinander sitzen würden, sogleich von seinem Platz auf, machte eine verlegene Handbewegung und suchte sich einen Platz in der zweiten, für die «Gesandten» bestimmten Reihe, und das trotz der stolzen Eitelkeit, die er als amerikanischer Botschafter sonst zur Schau trägt. Die Ereignisse der letzten paar Tage haben die Stimmungslage in Diplomatenkreisen sicherlich erschüttert.

Ich blickte nach unten. Der kleine Saal des Unterhauses war zum Bersten voll mit aufgeregten MPs. Sie saßen dicht gepackt wie Sardinen.

---

1 Baron Emile de Cartier de Marchienne, 1927–1946 belgischer Botschafter in London.

Dasselbe galt für die Regierungsbank. Alle «Stars» – falls es solche gibt – waren anwesend: Chamberlain, Simon, Hore-Belisha, Kingsley Wood, Brown[I], Inskip und der ganze Rest. Auch die «Stars» der Opposition hatten sich in vorderster Reihe der Abgeordnetenbänke versammelt, mit Ausnahme Attlees, der sich von einer Operation noch nicht voll erholt hat. Die Atmosphäre war drückend, bedrohlich und düster. Auf den für die Lords, die Presse und für Gäste bestimmten Galerien herrschte drangvolle Enge. Unweit der «Clock» saßen der Herzog von Gloucester und der Herzog von Kent in schlichten grauen Anzügen. Einige wenige Abgeordnete trugen Kaki, darunter Hauptmann Macnamara[II], der mir in spanischen Angelegenheiten mehrere Besuche abgestattet hat. Alle Augen waren auf mich gerichtet. Auch von dort schlug mir die gleiche Stimmung entgegen: unterdrückte Feindseligkeit, gemischt mit einem Schuss Ehrerbietung. Ich ließ dieses Bombardement der Blicke ruhig über mich ergehen, dann begann ich einzelne Gesichter zu identifizieren. Lady Astor schien, wie man es von ihr gewöhnt ist, auf Nadeln zu sitzen und schaute zu mir herüber, als wolle sie mich an den Haaren zerren. Mander, Nicolson und Ellen Wilkinson[III] blickten mich mit freundlichen, funkelnden Augen an. Ich hatte den Eindruck, dass auch Eden einen raschen, ganz und gar nicht feindseligen Blick in meine Richtung warf, kann dafür aber nicht die Hand ins Feuer legen.

Die Reden waren kurz und wurden der großen geschichtlichen Bedeutung des Moments bei Weitem nicht gerecht.

Chamberlain, der furchtbar niedergeschlagen wirkte und mit leiser, lebloser Stimme sprach, gestand, er habe vor 18 Monaten (als Eden zurücktrat!) darum gebetet, niemals die Verantwortung für eine Kriegserklärung übernehmen zu müssen, doch jetzt stehe zu befürchten, dass er nicht darum herumkomme. Die wahre Verantwortung für die Entfesselung eines Krieges liege jedoch nicht beim britischen Premierminister, sondern «auf den Schultern eines Mannes – des deutschen Kanzlers», der nicht zögere, «im Interesse seiner unsinnigen Ambitio-

---

I Ernest Brown, 1935–1940 Arbeitsminister, 1939/40 Minister für den National Service, 1940/41 Schottlandminister, 1941–1943 Gesundheitsminister.

II John Macnamara, 1935–1944 Abgeordneter der Konservativen.

III Ellen Wilkinson, Abgeordnete der Labour-Partei, wegen ihrer militanten und aktivistischen Rolle in der Gewerkschaftsbewegung «die rote Ellen» genannt, 1940–1945 parlamentarische Staatssekretärin im Ministerium für Innere Sicherheit.

nen» die Menschheit in den Abgrund eines immensen Unheils zu stürzen. [...] Chamberlain verkündete, am heutigen Tag würden der britische und der französische Botschafter in Deutschland Ribbentrop eine Note überreichen, in der Deutschland aufgefordert werde, die Aggression gegen Polen einzustellen und seine Truppen vom polnischen Staatsgebiet zurückzuziehen. Sollte das nicht geschehen (und natürlich rechnete der PM nicht damit, dass der Forderung nachgekommen werde), würden der britische und der französische Botschafter um die Herausgabe ihrer Pässe bitten, und Großbritannien und Frankreich würden Polen zu Hilfe kommen, unter Einsatz aller ihnen zu Gebote stehenden Mittel. Das würde Krieg bedeuten, einen langen und harten Krieg, aber «es wird uns nichts anderes übrig bleiben, als die Zähne zusammenzubeißen und ihn bis zum Ende durchzufechten».[103]

Starke und ernste Worte. Hin und wieder versuchte Chamberlain sogar, mit der Faust auf die berühmte «Truhe», die als Rednerpult dient, zu trommeln. Aber alles kostete ihn eine so qualvolle Überwindung und war mit so viel Verzweiflung in seinen Blicken, seiner Stimme und seinen Gesten beladen, dass man es kaum ertrug, ihm zuzuhören und zuzuschauen.[104] Und das ist das Oberhaupt des britischen Empire im schicksalhaftesten Moment seiner Geschichte! Er ist nicht das Oberhaupt des britischen Empire, sondern sein Totengräber! [...][105]

Wenn nicht im allerletzten Moment ein unvorstellbares Wunder geschieht, wird Großbritannien sich in spätestens zwei Tagen im Kriegszustand mit Deutschland befinden.

3. September

Heute ist der Knoten wirklich geplatzt.

Um neun Uhr übergab Henderson auf Anweisung Londons Ribbentrop die «finale Note», in der die britische Regierung die deutsche Regierung auffordert, bis elf Uhr ihre endgültige Antwort auf die Note vom 1. September vorzulegen (in der London den Rückzug der deutschen Truppen vom polnischen Territorium gefordert hatte). Ergänzend zu der Aufforderung erging die Warnung, wenn die deutsche Regierung ihre Antwort nicht bis spätestens elf Uhr geliefert habe, würde dies den Abbruch der diplomatischen Beziehungen und den Beginn des Krieges bedeuten.

Es versteht sich von selbst, dass von Hitler keine Antwort kam. Demzufolge wandte sich der Premierminister um 11.15 Uhr übers Radio an seine Bevölkerung und erklärte, Großbritannien befinde sich ab sofort im Krieg mit Deutschland.

Eine halbe Stunde später erfüllte Sirenengeheul die Luft über London. Die Leute beeilten sich, nach Hause zu kommen, die Straßen leerten sich, Autos hielten mitten auf der Straße an. Was war das? Eine Luftschutzübung? Oder schon ein echter deutscher Angriff?

15 Minuten der Anspannung und ängstlichen Erwartung – dann hörten wir das lang gezogene Sirenensignal: Entwarnung! Es war nur eine Übung gewesen. Keine feindlichen Flugzeuge in Sicht.

Um die Mittagsstunde kam ich im Parlament an. Wegen des Alarms kam ich wenige Minuten zu spät.[106] Ich setzte mich auf den ersten freien Platz in der zweiten Reihe. Chamberlain redete bereits. Ein verfinstertes, ausgezehrtes Gesicht. Eine weinerliche, gebrochene Stimme. Bittere, deprimierte Gesten. Ein zerrütteter Mensch, ein Wrack. Aber gerechterweise muss man sagen, der Premierminister versuchte gar nicht erst, die Tatsache, dass eine Katastrophe über ihn hereingebrochen war, zu verbergen.

«Das ist ein trauriger Tag für uns alle», sagte er, «und für niemanden ein traurigerer als für mich. Alles, wofür ich gearbeitet habe, alles, was ich erhofft habe, alles, woran ich in meinem politischen Leben geglaubt habe, liegt in Trümmern.»

Ich saß da, lauschte und dachte: «Das ist der Führer eines großen Reiches an einem für dessen Fortbestand entscheidenden Tag! Ein alter, löcheriger, abgewetzter Regenschirm! Wen kann er retten? Wenn Chamberlain noch länger Premierminister bleibt, ist das Empire verloren.» [...]

5. September

Chamberlain hat einen «Umbau» seines Kabinetts durchgeführt. Alles ist im Chamberlain-Stil abgelaufen, d. h. mit halber Kraft und unter ausgiebiger Haarspalterei. Er hat sein bisheriges Kabinett quantitativ ein bisschen aufgeblasen, an seiner Qualität hat sich jedoch wenig geändert. Einige Minister haben den Platz getauscht. «Frisches Blut» wurde in Gestalt Churchills (Erster Lord der Admiralität) und Edens (Minister für die Dominions) injiziert.

[...] Wenn das der ganze «Umbau» ist, werden Churchill und Eden feststellen, dass man sie als Geiseln benutzt, und Großbritannien wird mit Sicherheit den Krieg verlieren. Ich glaube allerdings, dass der «Umbau» an dieser Stelle noch nicht zu Ende sein kann. Das war erst der Anfang. Weitere Schritte werden folgen. [...]

► Wieder einmal hing Maiskis Überleben als Botschafter an einem seidenen Faden. Der *Daily Herald* meldete, Maiski werde zur Berichterstattung nach Moskau zurückgerufen. Beatrice Webb hatte Mitleid mit ihm, weil sie glaubte, seine Freunde würden ihn «fallen lassen». Sie fragte sich, ob ihre bevorstehende Begegnung «ein Abschiedsbesuch» sein werde. «Ich fürchte es. [...] Die armen Maiskis, wir werden sie nie wiedersehen. [...] Sie werden zusammen mit ihrem Freund Litwinow irgendwo im Hinterland dieses riesengroßen und geheimnisvollen Territoriums verschwinden, hoffentlich wohlbehalten.»[107] Tatsächlich berappelte sich Maiski schnell wieder und hoffte, die Aufnahme Edens und Churchills ins Kabinett (zu denen er eine über viele Jahre hinweg gepflegte Beziehung hatte) werde die beiden Länder einander doch wieder näherbringen.[108] «Ich hoffe ernsthaft», schrieb ihm Churchill (zum ersten Mal auf dem Briefpapier der Admiralität), «dass zwischen unseren Ländern alles gut gehen wird, und ich bin sicher, Sie werden dafür alles in Ihrer Macht Stehende tun.» «Winston Churchill», berichtete Maiski den Webbs, «vertraue man im Kreml.»[109]

8. September

Gerade von der *Kooperatsija* zurück.[110] Es war später Abend, als wir zurückfuhren. Ein unglaublicher Anblick.

Die Riesenstadt lag in pechschwarzer Dunkelheit. Keine Straßenlampen (alle entfernt!). Keine Lichter in den Häusern. Keine hell erleuchteten Restaurants oder Cafés. Keine hell angestrahlten Anschlagtafeln oder Werbeschilder. Alles war dunkel geworden, wie durch das Schwenken eines Zauberstabs. Nur die Sterne erleuchteten den Himmel, dazu das blinde Zwinkern der automatischen Verkehrsampeln. Aber auch die standen auf halber Kraft: Anstelle der gewohnten strahlenden Farben Rot, Gelb und Grün waren nur kleine, schmale und blasse Kreuze zu sehen, die nachdenklich durch die düsteren Kleider der Nacht blinkten.

Finstere, abgedunkelte und leblose Gebäude wirkten wie bedrohliche Felswände. Die Straßen zwischen ihnen waren schwarze Schluchten. Durch die dicke Dunkelheit bewegten sich langsame Autos wie gespenstische Schatten. Wie Zaubervögel mit einem roten Auge auf dem Schwanz. Lautlos. Unheimlich. Lauernd. Phantastisch. Eine Szene aus Dantes *Inferno*. [...]

So liegt London in Deckung, auf die Angriffe der deutschen Bomber wartend.

13. September

«Na dann hallo, mein lieber Neutraler!», sagte Lloyd George lächelnd, als ich ihm heute in Churt die Hand schüttelte.

Der alte Mann war erpicht auf ein Treffen mit mir, ich besuchte ihn zum Lunch, und wir verbrachten zwei Stunden in lebhaftem Gespräch.

Natürlich sprachen wir die meiste Zeit über den Krieg und damit zusammenhängende Themen. Ich fragte Lloyd George, ob Großbritannien ernsthaft kämpfen werde.

«Ja, das wird es», antwortete Lloyd George unter Schütteln seiner grauen Mähne. «Chamberlain will natürlich Frieden. Er wäre bereit, morgen mit Hitler Frieden zu schließen und ein zweites München aus dem Hut zu zaubern. Aber das kann er nicht machen. Das Land ist gegen ihn.»

Ich wies auf das Fehlen jeder militärischen Begeisterung oder jeder sichtbaren patriotischen Aufwallung hin, wie man sie am Beginn des letzten Krieges erlebt hatte, aber Lloyd George ließ das nicht ganz gelten. «Ja, das trifft zu. Heute werden Sie die etwas leichtsinnige militärische Begeisterung nicht zu sehen bekommen, die 1914 die Szene beherrschte. [...] Aber täuschen Sie sich nicht: Es gibt eine grimmige Entschlossenheit bei den Massen – bei Arbeitern, Bauern, Ladenbesitzern, Intellektuellen und in der Mittelschicht –, den Krieg bis zum Ende zu führen. Eine Regierung, die das ignorieren wollte, würde keine zwei Wochen überdauern.» [...]

17. September

Heute um sechs Uhr früh übergab Potjomkin dem polnischen Botschafter [in Moskau], Grzybowski[1], eine Note, in der die sowjetische Regierung erklärte, da der polnische Staat zerfallen und die polnische Regierung ins Exil gegangen sei, sei der sowjetisch-polnische Nichtangriffspakt null und nichtig. Unter diesen Umständen sei Polen im Allgemeinen und insbesondere sein östlicher Teil zu einem Land geworden, in dem mit allem gerechnet werden müsse. In seinem östlichen Teil lebten zehn bis elf Millionen Weißrussen und Ukrainer, die vom polnischen Staat und von polnischen Großgrundbesitzern unterdrückt würden. Dar-

---

1 Wacław Grzybowski, 1936–1939 polnischer Botschafter in der UdSSR.

aus folge: Die Rote Armee werde die polnische Grenze überschreiten und die Westukraine und das westliche Weißrussland besetzen, um Leben und Eigentum der dortigen Bevölkerung zu schützen.

[...] Das alles schlug in London ein wie ein Blitz aus heiterem Himmel. Zwar wird hier schon lange über eine deutsch-sowjetische Vereinbarung zur «Aufteilung Polens» geredet und gemutmaßt, aber die Tatsache, dass die Rote Armee die polnische Grenze überschritten hat, entfaltet eine ausgesprochene Schockwirkung. Der Schreck ist so groß, dass Greenwood heute am späten Nachmittag eine «Erklärung» herausgegeben hat, in der er die UdSSR scharf attackiert und nachdrücklich die Wiederherstellung Polens fordert.

Wie wird man in England auf unser Vorgehen reagieren? [...] Ich rechne mit einer Protestnote, einer wütenden Parlamentsrede des Premierministers und einer Welle der Kritik in der Presse, aber nicht mit mehr.

19. September

Meine Erwartungen machen Anstalten, sich zu erfüllen. Am späten gestrigen Abend gab die britische Regierung eine zahnlose Erklärung – nicht einmal eine Protestnote – zu unserem Vorgehen in Polen heraus und bekräftigte ihre Entschlossenheit, den Krieg bis zum Ende durchzufechten. Warten wir ab, was Chamberlain morgen im Parlament sagt.

[...] Die Ereignisse der letzten Wochen haben in den Köpfen der Menschen Verheerungen angerichtet. Gollancz ist am Boden zerstört; nach seiner Überzeugung hat der sowjetisch-deutsche Pakt dem Kommunismus den Garaus gemacht.

Strachey[I] kam unter dem Eindruck des Paktes mit Tränen in den Augen zu Harry[II]. Cummings schreibt am 19. September im *News Chronicle*, er könne in den Entwicklungen einfach keinen Sinn erkennen. Duff

---

I Evelyn John St. Loe Strachey, militanter Kommunist und marxistischer Theoretiker, seit 1924 Redakteur bei *The Miner* und der *Socialist Review*. Sagte sich 1940 von der Kommunistischen Partei Großbritanniens (CPGB) los und wurde in der Nachkriegsära zu einem führenden Labour-Politiker.

II Harry Pollitt, 1920 einer der Gründer der CPGB, 1929–1939, 1941–1956 deren Generalsekretär.

Cooper veröffentlichte im heutigen *Evening Standard* einen Artikel über «zwei Ausgeburten des Bolschewismus» – Kommunismus und Faschismus. Tag für Tag erhalte ich viele Briefe – anonyme und andere – von Leuten, die sich in einem ziemlich unglaublichen Schockzustand befinden. Ja, die allgemeine Desorientierung nimmt ein kolossales Ausmaß an. Und es ist nicht leicht, ihr entgegenzuwirken – dazu fehlt es an Information und Material. [...]

21. September

Jetzt, da es Polen nicht mehr gibt, ist die Frage absolut vernünftig: Wird England ernsthaft kämpfen oder nicht?

Die Geschichte hat der Elite der britischen Bourgeoisie einen grausamen Streich gespielt. Heute steckt sie wirklich in der Zwickmühle.

Wenn Großbritannien sich weigert zu kämpfen und sich auf ein neues München (Chamberlains fortwährender Traum) einlässt, würde das nicht nur direkte territoriale, finanzielle und andere Verluste zur Folge haben, sondern noch größere indirekte Schäden. [...] Zu kämpfen würde hingegen bedeuten, dass man sich den ernsthaften militärischen Problemen aussetzen, kolossale menschliche und materielle Verluste erleiden und am Ende im «Sozialismus» landen würde. Die Überzeugung, dass der «Sozialismus» das unausweichliche Ergebnis eines großen Krieges wäre, ist inzwischen weit verbreitet – selbst in bürgerlichen Kreisen. Natürlich hat jeder eigene Vorstellungen davon, was für ein «Sozialismus» das wäre, aber alle sind überzeugt, dass kein Weg daran vorbeiführte. Zu kämpfen ist also auch sehr gefählich.

Kein Wunder, dass die führenden Köpfe der Bourgeoisie gespalten sind. Wie soll das Problem des Krieges gelöst werden? Es ist noch zu früh, das zu sagen. Doch die Möglichkeit eines ernst zu nehmenden Krieges lässt sich nicht ausschließen. Gestern im Parlament erklärte Chamberlain zum wiederholten Mal und absolut kategorisch, die Regierung sei auf einen Krieg eingestellt, der mindestens drei Jahre dauern werde. [...]

23. September

Heute lud mich Halifax aus heiterem Himmel ein; ich hatte ihn fast zwei Monate lang, seit dem 25. Juli, nicht gesehen. Völliges Chaos herrschte auf den vertrauten Gängen des Foreign Office, Tische, Bücherregale, Akten, Kisten, Papier – alles in vollkommener Unordnung aufgestapelt. Man hat wohl für den Fall eines Fliegeralarms irgendwelche zusätzlichen Vorkehrungen beschlossen.

Meine Unterredung mit Halifax dauerte 20 bis 25 Minuten. Die Atmosphäre war von Anfang bis Ende angespannt und gezwungen. Halifax sprach langsam und wählte seine Worte sorgfältig. Er machte viele Pausen, seufzte und starrte an die Decke. Er war peinlich um Höflichkeit bemüht, aber ich spürte, dass er, wenn er mich anblickte, dachte: Bist du ein Feind oder nicht?

Im Wesentlichen hatte Halifax mich rufen lassen, um unsere Stimmungslage und unsere Absichten auszuloten. Er klopfte eine ganze Weile auf den Busch, erklärte, die internationale Lage habe sich in den zurückliegenden Wochen bis zur Unkenntlichkeit verändert, man müsse den Boden unter den Füßen wiederfinden, und er wäre mir und der sowjetischen Regierung äußerst dankbar, wenn wir ihn über unsere Auffassungen zur aktuellen Lage und zur unmittelbar vor uns liegenden Zukunft aufklären könnten.

[...] Mein genereller Eindruck: Die britische Regierung blickt mit größter Nervosität auf unsere Beziehungen zu Deutschland und möchte herausfinden, wie weit diese fortgeschritten sind. Zur selben Zeit denkt sie offen über eine Wiederaufnahme des Kontakts zu uns nach, zögert aber, eine dementsprechende Démarche auf den Weg zu bringen, da sie nicht weiß, wie wir darauf reagieren würden.

27. September

Heute übermittelte ich Halifax die folgenden Antworten der sowjetischen Regierung auf die Fragen, die er in unserem Gespräch am 23. September angesprochen hatte.[111]

[...] Halifax war nicht vollauf zufrieden. Er fragte, ob wir die Absicht hätten, einen polnischen Pufferstaat zu errichten, ich sah mich jedoch nicht in der Lage, seine Wissbegier in diesem Punkt zu stillen. Ferner war er offensichtlich perplex über unsere Erklärung, dass die UdSSR nur so lange neutral bleiben werde, wie England sie nicht zu einem Eingreifen in den Krieg zwingen werde, und fragte mich misstrauisch: «Haben wir Ihnen irgendetwas angetan?»

[...] Auf Halifax' Bitte hin gab ich einen kurzen Überblick über die Eigentumsverhältnisse an Grund und Boden in Polen und über die Armut und Ausbeutung der polnischen, ukrainischen und weißrussischen Bauernschaft.

«Und was tun Sie mit dem Land der Grundbesitzer?»

«Es wird ausnahmslos beschlagnahmt und unter den Bauern verteilt.»

Halifax wedelte mit der Hand und murmelte bedrückt: «Eine schlimme Geschichte.»

Sein Grundbesitzerherz konnte das nicht ertragen.

[...] Am Ende kam Halifax noch einmal auf den ersten Punkt zu sprechen.

«Noch immer», bemerkte er, «kann ich die Ereignisse der zurückliegenden Wochen nicht auf einen Nenner mit den außenpolitischen Grundsätzen bringen, die Herr Stalin auf Ihrem letzten Parteitag proklamiert hat.»

Ich blickte Halifax mit einem halben Lächeln an und antwortete: «Wir haben da ein Volksmärchen. Ein Bauer wurde krank und legte sich ins Bett. Während er hilflos darniederlag, nahm sich einer seiner Nachbarn sein Pferd, ein anderer stahl ihm seine Kuh, ein Dritter schnappte sich seinen Pflug. Als der Bauer sich erholt hatte und wieder an die Arbeit gehen wollte, sah er, dass man ihn beraubt hatte. Er ging zum Haus des ersten Nachbarn, versetzte ihm einen Fausthieb ins Gesicht und holte sich sein Pferd zurück. Dann ging er zu dem zweiten und zu dem dritten Nachbarn und holte sich auf dieselbe Art und Weise seine Kuh und seinen Pflug zurück. Kann man diesem Bauern ‹einen Akt der Aggression› vorwerfen? Nein, kann man nicht. Er holte sich einfach nur das zurück, was seine Nachbarn sich widerrechtlich angeeignet hatten, als er wehrlos war.»

«Glauben Sie etwa, dieses russische Märchen habe eine Relevanz in Bezug auf die jüngsten Ereignisse?», fragte Halifax.

«Zweifellos», antwortete ich, «mit dem einzigen Unterschied, dass im vorliegenden Fall die UdSSR niemandem einen Fausthieb ins Gesicht versetzt hat.» [...]

29. September

Ein weiterer Tag der Aufregungen und Sensationen. Den ganzen Tag über riefen Journalisten an.

Mitteilungen über Ribbentrops Moskaubesuch sind hereingekommen. Ein Freundschafts- und Grenzvertrag, ein Briefwechsel über die Stärkung der Handelsbeziehungen und eine gemeinsame Erklärung zum Frieden in Westeuropa. Zusätzlich ein Beistandspakt auf Gegenseitigkeit zwischen der Sowjetunion und Estland.[112]

▶ Die offizielle sowjetische Darstellung zur Vorgeschichte und zum Zustandekommen des Ribbentrop-Molotow-Pakts, von Maiski sorgfältig zusammengestellt und von Stalin fast wörtlich übernommen, behauptete, der Sowjetunion sei keine andere Wahl geblieben, als ein Abkommen mit Hitler zu schließen. Umso mehr verblüfft es, aus Maiskis Tagebuch zu erfahren, dass Stalin – im Widerspruch zum Forschungsstand – glaubte, einen Krieg gänzlich vermeiden zu können. In dieser Sichtweise war die deutsch-sowjetische Zusammenarbeit also keine provisorische und prekäre Notlösung, sondern etwas, dem die sowjetische Seite eine langfristige Perspektive zutraute. Stalin war entschlossen, die neuen Möglichkeiten zur Korrektur der Ungerechtigkeiten zu nutzen, die seiner Meinung nach Russland nicht nur im Rahmen des Versailler Vertrages, sondern auch im Verlauf des 19. Jahrhunderts zugefügt worden waren – insbesondere durch den demütigenden Pariser Friedensvertrag von 1856 (nach dem Krimkrieg) und den Berliner Kongress (nach den russisch-türkischen Kriegen von 1877/78). Sein Blick richtete sich, wie der der Zaren, auf den Balkan, die Schwarzmeerküste und die türkischen Meerengen.

Die «Friedenskampagne» erscheint unter diesen Vorzeichen nicht so sehr als eine Manifestation des Defätismus, motiviert von ideologischen Hoffnungen auf den Ausbruch einer Revolution, sondern als etwas, das profaneren sowjetischen Interessen und Zielen diente. Sie war Teil des Bemühens, den Krieg rasch zum Abschluss zu bringen. Anschließend sollte nach sowjetischen Vorstellungen eine Friedenskonferenz stattfinden, wahrscheinlich 1941/42. Die Hauptstoßrichtung der Politik Stalins in den Jahren 1939 bis 1941 ging also dahin, sich im Hinblick auf die antizipierte Friedenskonferenz die bestmöglichen Trümpfe zu sichern. Er erwartete, dass auf dieser Konferenz, an der ein stark geschwächtes britisches Empire teilnehmen würde, die Versailler Friedensordnung umgestoßen, die neuen sowjetischen Sicherheitsvorkehrungen in Mittel- und Nordeuropa anerkannt und die sowjetische Interessensphäre nach Süden ausgedehnt würde.[113]

3. Oktober

Heute gab Chamberlain dem Parlament seine Einschätzung der deutsch-sowjetischen Vereinbarungen. Nichts Sensationelles, sondern wie von mir erwartet. Der PM hat uns nicht den Krieg erklärt. Er hat nicht einmal gewagt, den Vertrag von Moskau zu verurteilen.

[...] Die Rede [von Lloyd George] war, wie immer, ein Musterexemplar an guter Rhetorik. Er äußerte sich sehr vorsichtig, denn das Thema war sehr heikel, und man hatte den Eindruck, er wolle ständig mit unsichtbaren Händen das Klima im Unterhaus testen. Sein Gespür für das Parlament ist erstaunlich. Es speist sich aus seinem Talent und aus fünfzig Jahren Erfahrung. Der Saal lauschte ihm gespannt und mit angehaltenem Atem, obwohl er offenkundig gegen den Strom schwamm. Nur hin und wieder vernahm man ein schwaches Zischen aus Richtung der Labour-Bänke, und selbst diese Geräusche akzentuierten nur die andächtige Stille, die das Unterhaus erfüllte.

Lloyd George sagte, die absehbaren Friedensvorschläge sollten vom Parlament sorgfältig geprüft und erörtert werden, bevor die britische Regierung sie beantwortete. Dann sagte er, man könne Hitler natürlich nicht trauen, aber wenn die großen neutralen Mächte – die UdSSR, Italien und die USA – dazu gebracht werden könnten, sich für eine Friedenslösung zu engagieren, werde sich eine andere Situation ergeben. Das schreckliche Blutvergießen, das Europa drohe, ließe sich so vielleicht noch abwenden.

[...] Schließlich wurde ich all dieses Herumtrödelns müde und suchte Lloyd George auf. Er empfing mich in seinem Büro im Parlament. Wir tranken Tee und besprachen die aktuelle Lage.

«Winston ist furchtbar wütend auf mich», sagte der alte Mann mit einem Kichern. «Haben Sie gesehen, wie er sich aufführte, während ich redete?»

Ich hatte gesehen, dass Churchill im Verlauf von Lloyd Georges Rede mehrere Schattierungen von rot und weiß angenommen hatte, dass er erregt den Kopf geschüttelt und generell mit Gesten und Grimassen seiner Missbilligung Ausdruck verliehen hatte.

«Winston ist besinnungslos entschlossen, bis zum Ende zu kämpfen! Er ist wütend und denkt an nichts anderes mehr, als wie man Deutschland den Hals umdrehen kann ... Aber das macht mir nichts aus. Ich sage immer, was ich denke. Während des Burenkrieges war ich gegen den Krieg ...»

6. Oktober

Churchills Sekretär rief an und bat mich, seinen Chef um 22 Uhr in der Admiralität aufzusuchen.[114] Nicht gerade die in England übliche Zeit für ein Treffen mit einem Botschafter, aber die heutige Lage ist alles andere als gewöhnlich, und auch der Mann, von dem die Einladung kam, ist alles andere als gewöhnlich!

Der Abend ist finster und neblig. Die Wolken hängen tief und wirken bedrückend. In den Straßen ist es stockfinster. Ich tat mich etwas schwer, zur Horse Parade zu gelangen, wo die Admiralität ihren Sitz hat. Wir mussten oft anhalten, um unsere Fahrtroute zu überprüfen. Schließlich fanden wir hin. Der mir vertraute Platz erschien fast fremdartig. Das Gebäude der Admiralität ragte wie eine Märchenburg dunkel aus dem wallenden Nebel heraus. Kein einziges Licht oder menschliches Wesen zu sehen. Ich klopfte und klingelte an den verschiedenen Türen und Toren – Stille. Waren sie alle im Tiefschlaf? Oder hatte diese gigantische Behörde, die die Bewegungen aller britischen Kriegsschiffe auf dem gesamten Globus rund um die Uhr dirigiert, den Geist aufgegeben? ... Ich begann ungeduldig zu werden. Endlich erblickte ich im Durchgang zu einem der Tore einen blassen Lichtstrahl, hinter dem ein schläfriger Wachmann auftauchte. Ich erklärte mein Anliegen, Ein paar Minuten später saß ich im Büro des «Ersten Lords der Admiralität».

Churchill begrüßte mich mit einem einladenden Lächeln. Die Wände seines Büros sind mit einer Ansammlung unterschiedlichster Landkarten aus allen Teilen und Winkeln der Erde gespickt, auf denen mit dicken Strichen Schifffahrtsrouten eingezeichnet sind. Eine Lampe mit einem ausladenden, dunklen Schirm hängt von der Decke und spendet ein sehr angenehmes sanftes Licht. Churchill nickte der Lampe zu und sagte, während er Whisky und Soda eingoss,[115] fast triumphierend: «Die Lampe hing schon vor 25 Jahren hier, als ich zum ersten Mal Marineminister war. Dann wurde sie entfernt. Jetzt haben sie sie wieder aufgehängt.»

Wie ausnehmend englisch!

Dann führte mich Churchill zu einer breiten Falttür in der Wand und schob sie auf. In der tiefen Nische erblickte ich eine Karte Europas, in die an etlichen Stellen vergilbte kleine Flaggen eingesteckt waren.

«Die Karte zeigt die Bewegungen der deutschen Marine im letzten Krieg. An jedem Vormittag nach dem Eintreffen der Erkenntnisse der

Marineaufklärung wurden die Flaggen versetzt, was bedeutete, dass wir die Position jedes deutschen Schiffes zu jedem aktuellen Zeitpunkt kannten. Ich habe diese Karte vor 25 Jahren bestellt. Sie ist noch in gutem Zustand. Wir werden sie jetzt wieder brauchen. Wir müssen nur die Flaggen auf den neuesten Stand bringen.»

Ich schaute Churchill mit einem Lächeln an und sagte: «So wiederholt sich also die Geschichte.»

«Ja, sie wiederholt sich, und ich wäre nur allzu glücklich, philosophische Betrachtungen über die eigenartige Geschichte meiner Rückkehr in dieses Büro nach einem Vierteljahrhundert anstellen zu können, hätte ich nicht die teuflische Aufgabe vor mir, Schiffe und Menschenleben vernichten zu müssen.»

Wir kehrten in die Gegenwart zurück, und ich fragte: «Was halten Sie von Hitlers Friedensvorschlägen?»

Churchill sprang auf und begann recht hektisch den Raum zu durchmessen: «Ich habe sie gerade durchgesehen und hatte noch nicht die Zeit, mich mit meinen Kabinettskollegen auszutauschen. Ich persönlich finde sie absolut inakzeptabel. Das sind die Bedingungen eines Eroberers! Aber wir sind noch nicht erobert! Nein, nein, wir sind noch nicht erobert!»

Erneut begann Churchill aufgebracht den Raum zu durchqueren.

«Einige meiner konservativen Freunde», fuhr er fort, «raten zu Frieden. Sie fürchten, dass Deutschland im Kriegsverlauf bolschewistisch wird. Aber ich bin ganz und gar für Krieg bis zur Entscheidung. Hitler muss vernichtet werden. Der Nazismus muss ein für alle Male am Boden zerstört werden. Soll Deutschland doch bolschewistisch werden. Das schreckt mich nicht. Besser Kommunismus als Nazismus.»

Das alles war aber nur Vorgeplänkel. Die Hauptsache, über die Churchill mit mir zu so später Stunde zu sprechen wünschte, war der Stand der englisch-sowjetischen Beziehungen.

Churchill fragte mich, wie wir den gegenwärtigen Stand unserer Beziehungen definieren würden. Ich wiederholte, was ich am 27. September zu Halifax gesagt hatte. Churchill hörte mir aufmerksam zu und referierte dann fast eine Stunde lang darüber, wie die britische Regierung die englisch-sowjetischen Beziehungen einschätzte. Die Quintessenz dieser Einschätzung sieht so aus:

Die englisch-sowjetischen Beziehungen waren immer vom Virus des gegenseitigen Misstrauens vergiftet, heute mehr denn je zuvor. Was ist die

Natur dieses Misstrauens? Großbritannien verdächtigt die UdSSR, ein Militärbündnis mit Deutschland geschlossen zu haben und eines schönen Tages offen an die Seite Hitlers zu treten und mit ihm eine Front gegen die Westmächte zu bilden. Churchill selbst glaubt das nicht, aber viele (darunter einige Regierungsmitglieder und regierungsnahe Kreise) tun dies. Wenn dem so ist, kann das nicht ohne Einfluss auf die allgemeine Einstellung Großbritanniens zur UdSSR bleiben. Andersherum verdächtigt die UdSSR Großbritannien, eine feindselige Politik gegen die UdSSR zu betreiben und diverse Machenschaften gegen sowjetische Interessen im Ostseeraum, in der Türkei, auf dem Balkan und anderswo einzufädeln. Wenn dem so ist, kann das nicht ohne Einfluss auf die allgemeine sowjetische Einstellung zu Großbritannien bleiben. Churchill versteht, dass und warum unser Misstrauen derzeit besonders ausgeprägt ist. Die Verhandlungen über einen Dreierpakt zwischen England, Frankreich und der Sowjetunion seien auf eine abstoßende Art geführt worden (ich kenne seine diesbezügliche Auffassung) und hätten in Moskau einen schlechten Eindruck gemacht. Aber sollen die Toten die Toten begraben. Die Gegenwart und die Zukunft sind wichtiger als die Vergangenheit. Und die Gegenwart und die Zukunft sind genau das, worüber Churchill sprechen möchte.

Sein Ausgangspunkt ist der, dass die grundlegenden Interessen Großbritanniens und der UdSSR nirgendwo kollidieren. Ich weiß, dass er diese Ansicht früher ebenso vertreten hat, wie er es heute tut. Was daraus folgt, ist, dass es keinen Grund für vernachlässigte oder unbefriedigende Beziehungen zwischen uns gibt. [...] Wir sollten uns die Kritik und die Empörung, die in Großbritannien gegen den sowjetisch-deutschen Nichtangriffspakt und gegen die anschließenden Schritte der sowjetischen Regierung laut geworden sind, nicht zu sehr zu Herzen nehmen. Die Reaktionen fielen so heftig aus, weil der Pakt so unerwartet kam. Der anfängliche Schock ist inzwischen jedoch ausgestanden, und die Leute beginnen die Dinge aus einer angemesseneren Perspektive zu betrachten.

Die baltischen Staaten. Die Sowjetunion wird Beherrscherin des östlichen Teils der Ostsee sein. Ist dies aus der Sicht der britischen Interessen gut oder schlecht? Es ist gut. [...] Im Grunde korrespondieren die jüngsten Schritte der sowjetischen Regierung im Ostseeraum mit den britischen Interessen, denn Hitlers potentieller *Lebensraum* wird dadurch beschnitten. Wenn die baltischen Staaten ihre Selbstständigkeit verlieren müssen, ist es besser für sie, in das sowjetische Staatensystem eingegliedert zu werden als in das deutsche. [...]

Zuletzt der Balkan und das Schwarze Meer. Churchill ging zu der großen Europakarte und zog eine weit gespannte Linie, die in etwa die neue sowjetisch-deutsche Einflussgrenze markierte und bis nach Jugoslawien und ins nördliche Rumänien reichte. Dann rief er aus: «Für Deutschland muss gelten: Bis hierher und nicht weiter! Besonders wichtig ist es, dass Deutschland der Griff nach dem Schwarzen Meer verwehrt wird.»

Er dozierte dann mit einiger Leidenschaft darüber, dass Deutschland, wenn es erst einmal das Donaudelta erreicht habe, sich nicht nur den Balkan einverleiben, sondern sich zwangsläufig auch in Kleinasien, Iran und Indien festsetzen werde. Es werde seine Hände dann auch nach der Ukraine und Baku ausstrecken. Weder Großbritannien noch die UdSSR dürften dies zulassen. Auch hier gebe es eher gemeinsame als gegenläufige Interessen. Die sowjetische Regierung erliege einem großen Irrtum, wenn sie glaube, dass Großbritannien auf dem Balkan und in der Türkei gegen sie agiere. Großbritanniens Interesse gelte nur dem einen: nicht zuzulassen, dass Deutschland das Schwarze Meer erreicht. [...]

Welche Schlüsse lassen sich aus alldem ziehen? [...] Die britische Regierung behandelt unsere Neutralitätserklärung als ein positives Faktum und wünscht sich lediglich, dass es sich um eine freundliche Neutralität handeln möge.

[...] Churchill fragte mich, was man tun könne, um das Verhältnis zwischen den beiden Ländern zu verbessern. Gebe es denn keine nützlichen Schritte oder Maßnahmen, die ich empfehlen könne?

Ich sah davon ab, Ratschläge zu geben. Churchill selbst glaubte, das beste Mittel zur Reduzierung der Spannungen sei die Ausweitung des wirtschaftlichen Austauschs. Dann bemerkte er mit einem hintergründigen Lächeln und so, als wolle er einen Strich unter seine Gedanken ziehen: «Stalin spielt im Moment ein großes Spiel und tut das mit glücklicher Hand. Er kann zufrieden sein. Aber ich sehe nicht ein, warum wir unzufrieden sein sollten.»

Wir gingen «wie Freunde» auseinander. Churchill bat mich, in enger Fühlung zu bleiben und mich umstandslos an ihn zu wenden, wann immer es Bedarf dafür gebe. Ich werde mir das merken. [...]

12. Oktober

Heute lieferte Chamberlain im Parlament seine lang erwartete Stellungnahme zu Hitlers «Friedensvorschlägen» vom 6. Oktober. Die Botschaft der Stellungnahme ist eindeutig: Nein!

«Die Vorschläge Hitlers», sagte der Premierminister, «sind in der Sache inakzeptabel. Dazu kommt aber, dass wir diesem Herrn kein einziges Wort glauben. Wenn Hitler wirklich Frieden will, muss er das erst einmal mit Taten, nicht Worten beweisen. Dann können wir in ernste Gespräche eintreten. Es hängt alles von Hitler ab.»

[...] Wenn Hitler also in den nächsten Tagen keine Zugeständnisse macht und keine neuen, akzeptablen Friedensbedingungen vorschlägt – direkt oder durch neutrale Mittler (Mussolini, Roosevelt etc.) –, wird der Krieg ernsthaft beginnen.

13. Oktober

Die Edens kamen zum Mittagessen zu uns. Wir waren zu viert und sprachen offen. Eden war gut gelaunt. Er ist offensichtlich glücklich, in den Schoß der Regierung zurückgekehrt zu sein. Sein hellgrauer Anzug und die bunte Krawatte verliehen ihm ein heiteres, fast frühlingshaftes Aussehen. Dagegen war seine «Beatrice» ganz in Schwarz gehüllt und ungewöhnlich ernst und still.

Wir redeten natürlich über die brennende Frage des Augenblicks – den Krieg. Eden gestand, dass unsere politische Kehrtwende ihn ziemlich ratlos gemacht habe. Er war mit seinem Bataillon im Feldlager, als die Nachricht von der Moskaureise Ribbentrops kam. Ein Offizier weckte ihn um sechs Uhr morgens in seinem Zelt und berichtete es ihm. Eden rief: «Unsinn!», drehte sich auf die Seite und wollte weiterschlafen. Daraufhin hielt der Offizier ihm eine druckfrische Zeitung mit der Meldung vor die Nase. Das genügte, um Eden sofort aus dem Bett springen zu lassen. Er war hellwach. Und auch wenn die nachfolgenden Ereignisse ihm eine Menge Dinge begreiflicher machten, hat er es noch immer nicht ganz verstanden.

Ich erklärte Eden in wenigen Worten die Bedeutung und die Gründe des sowjetischen Handelns, beginnend mit dem sowjetisch-deutschen Nichtangriffspakt. Er hörte mir aufmerksam zu und schien Verständnis zu signalisieren.[116]

Dann war er an der Reihe. Er glaube, heute noch ebenso wie vor vier Jahren, dass die britischen und die sowjetischen Interessen nirgendwo ernstlich kollidieren, in keinem Teil der Welt und in keinem Belang. Was wir heute erleben, sind zeitweilige und vorübergehende Spannungen. Die müssen abgebaut werden. Wie? Wie Churchill und Elliot begann auch Eden mich auszuhorchen: Könnte man nicht eine mit Vollmachten ausgestattete Delegation nach Moskau schicken? Eine Wirtschaftsdelegation vielleicht? Oder eine mit irgendwelchen anderen Angelegenheiten befasste Delegation? Oder ein Mitglied der Regierung? Wie wäre es, wenn Seeds durch eine geeignetere Persönlichkeit ersetzt werde? Wen würden wir besser finden, einen Diplomaten, einen Politiker, eine Person des öffentlichen Lebens, einen Schriftsteller, Bernard Shaw vielleicht? Bei der Nennung von Shaws Namen zeigte Eden ein breites Grinsen, aber er meinte es im Grunde absolut ernst.

Da ich nicht wusste, wie Moskau in diesen Fragen dachte, zog ich es vor, keinen Hinweis zu geben.[117]

Den Krieg betreffend, stellte Eden sich entschieden hinter den offiziellen Standpunkt [seiner Regierung]: Krieg sei unvermeidlich und müsse bis zum Ende geführt werden.

16. Oktober

Halifax bestellte mich heute zu sich und sagte, die britische Regierung werde gerne die englisch-sowjetischen Beziehungen verbessern. Sie sei bereit, mit diesem Ziel im Blick alle erdenklichen Maßnahmen zu diskutieren, halte es jedoch für das Beste, mit den Wirtschaftsbeziehungen zu beginnen (wie wahr: eine Nation von Geschäftsleuten!). Am 27. September hatte ich Halifax in Beantwortung seiner Anfrage mitgeteilt, dass die sowjetische Regierung keine Bedenken gegen die Eröffnung von Wirtschaftsverhandlungen hat.[118] [...]

Ging gestern die Webbs besuchen. [...] Wie viel Snobismus es selbst in den besten englischen Kreisen gibt! In meinen Gesprächen mit den Webbs erwähnte ich, was Churchill mir neulich gesagt hatte: «Besser Kommunismus als Nazismus!» Beatrice zuckte mit den Achseln und meinte, eine solche Aussage sei nicht typisch für die herrschende Elite Großbritanniens (dem würde ich zustimmen). Doch dann hielt sie es aus irgendeinem Grund für nötig hinzuzufügen: «Du musst wissen, Churchill ist kein wirklicher Engländer. Er hat Negerblut. Das erkennt man sogar an seiner Physiognomie.»

Im Anschluss erzählte Beatrice Webb mir eine lange Geschichte über Churchills Mutter, die aus dem Süden der USA stamme, und dass in ihrer Familie etwas «Negerblut» zirkuliere. Ihre Schwester sehe «negroid» aus.

Dann erwähnte ich beiläufig den berühmten Afrika-Entdeckungsreisenden Henry Stanley[1]. [...] Beatrice Webb geriet in Erregung. Wie sich herausstellte, hatte sie Stanley in ihrer Jugend gekannt. Sie beschrieb ihn als einen eher unangenehmen Menschen – und ich bin durchaus bereit, ihr das zu glauben –, aber dann kam etwas, das mich schockierte. Als sie von der Ehe Stanleys mit einem hübschen jungen Mädchen, das eine Freundin von ihr war, erzählte, sagte sie mit einem Anflug von Widerwillen: «Zu der Zeit wunderten sich alle über diese Verbindung. Sie entstammte einer sehr guten Familie, war ein gebildetes, nachdenkliches und hübsches Mädchen, während er ein echter Emporkömmling war, ein grober, ungehobelter Kerl.»

Beatrice warf ihrem Mann einen auffordernden Blick zu, und er signalisierte durch Mienenspiel und Gestik völlige Zustimmung.

Die Crux an der Sache war, dass Stanley ... ein echter Plebejer war, und das spielt sogar für die Webbs eine Rolle.

17. Oktober

Heute hatte ich eine aufschlussreiche Unterredung mit Butler. [...] Wir aßen zu zweit zu Mittag, und er sprach sehr offen. Mein Interesse galt zuerst und vor allem den Erfolgsaussichten von Hitlers «Friedensoffensive». Butler meinte: «Vorläufig null. Nicht weil wir gegen Frieden wären – wir wollen im Gegenteil einen Krieg unbedingt verhindern, und deshalb brauchen wir einen soliden und dauerhaften Frieden und die Gewissheit, dass dieser Friede erhalten bleibt. Wir brauchen die Gewissheit, dass, wenn wir heute Frieden schließen, dieser Friede nicht in sechs Monaten gebrochen wird. Wir sind bereit, für einen soliden und dauerhaften Frieden, der 20 bis 25 Jahre hält, einen hohen Preis zu zahlen. Wir würden den Deutschen nicht einmal substantielle koloniale Zugeständ-

---

1 Henry Morton Stanley, Leiter der Suchexpedition, die 1871/72 den Verbleib des Missionars David Livingstone aufklären sollte und dabei die Quelle des Flusses Kongo entdeckte.

nisse verweigern. Wir haben ein großes Empire und brauchen nicht jeden einzelnen Teil davon. Da ließe sich schon etwas für die Deutschen abzweigen. Natürlich nicht Tanganjika, das sie leicht in eine Marine- und Luftwaffenbasis am Indischen Ozean verwandeln könnten, aber vielleicht Togo, Kamerun etc.»[119]

24. Oktober

Ein seltsamer Krieg!

Es ist, als wäre man an der Westfront. In den Bulletins des französischen Generalstabs kommen Sätze vor wie «Die Nacht verging ereignislos», «Der Tag stand im Zeichen von Patrouillengängen», «Deutsche Truppen in ca. der Stärke einer einzelnen Kompanie trugen eine Offensive vor» etc. Die Bulletins des deutschen Generalstabs sind von ähnlichem Zuschnitt.

Auch am Himmel nehmen wir nur vereinzelte Aufklärungsflüge ohne ernsthafte Folgen wahr. Die Deutschen verkündeten vor Kurzem übers Radio stolz, sie hätten im Verlauf eines knappen Monats 37 französische und zwöf britische Flugzeuge abgeschossen. Die Engländer wiederum rühmten sich vor drei Tagen, von den 30 deutschen Flugzeugen, die kürzlich einen Angriff in Schottland flogen, seien 25 Prozent zerstört worden! Welch erstaunliche Erfolge!

Im Krieg auf See geht es ein bisschen ernster zur Sache. Die britische Blockade wird konsequent umgesetzt, und die Deutschen bekommen sie zu spüren. Mehr als zwanzig U-Boote sind von den Briten und Franzosen versenkt worden. Wie man hört, entspricht dies einem Viertel bis zu einem Drittel der deutschen U-Boot-Flotte. Das wäre plausibel, wäre da nicht die Tatsache, dass die Deutschen den Bau von U-Booten ebenso beschleunigt haben wie den von Flugzeugen. Auch hat Deutschland den Briten eine Reihe eindrucksvoller Schläge im Seekrieg versetzt; der schmerzlichste davon war natürlich der Verlust der *Royal Oak* in Scapa Flow. Das war ein wahrhaft überragender Coup der Deutschen und eine Riesenblamage für die Briten. Doch auch auf See hat der «wirkliche» Krieg noch nicht begonnen.

Ein seltsamer Krieg! Man gewinnt den Eindruck, dass alles, was derzeit passiert, nur ein Eröffnungsgeplänkel ist; die eigentliche Sache liegt noch vor uns.

[...] Es herrscht kein Mangel an Symptomen, die darauf hindeuten, dass die herrschenden Eliten zu beiden Seiten der Front auch jetzt noch versuchen, einen gangbaren Weg zu einem Deal, einem Abkommen, zu finden.

Wird es ihnen gelingen? Ich zweifle daran. Die imperialistischen Widersprüche innerhalb des absterbenden kapitalistischen Systems sind so tief greifend, dass es schwierig sein wird, sie zu überbrücken, selbst für Chamberlain und Daladier. Wenn nicht eine völlig unerwartete Wende eintritt – etwas in der Art eines echten politischen «Wunders» –, wird in allernächster Zukunft ein furchtbares, bestialisches, blindes Gemetzel einsetzen.

28. Oktober

«Wie alt sind Sie, wenn Sie mir eine so indiskrete Frage verzeihen?»

«Wieso indiskret? Ich bin fünfundfünfzig. Und Sie?»

«Oh, ich bin bedeutend älter als Sie ... Ich bin siebenundfünfzig.»

«Sie überraschen mich! Was bedeuten zwei Jahre Unterschied bei Männern unseres Alters?»

Horace Wilson (denn er war es) zuckte mit den Achseln und sagte: «Vielleicht haben Sie recht. Aber darum geht es nicht. Die Sache ist die, dass Sie derselben Generation angehören wie ich und sich an die Zeit erinnern dürften, in der in jedem Moment nur ein Ereignis passierte, nicht hundert, in der man ohne Hast leben, atmen, sich bewegen konnte, in der man Zukunftspläne schmieden und, am wichtigsten von allem, nachdenken konnte. Sind Sie mit dem englischen Wort *to ponder* vertraut?»

«Ja, sicher.»

«Nun denn, ich liebe das ‹*pondern*›, das ‹Nachsinnen› über das Leben, über Menschen und Ereignisse. Aber ich habe heute absolut keine Chance mehr, es zu tun. Die Ereignisse entwickeln sich in einem so wahnwitzigen, unaufhaltsamen Tempo, dass man kaum noch Zeit zum Atemholen hat. Welche Chance hat man unter diesen Umständen, die Entwicklung steuern zu können? Man kann sich heute glücklich schätzen, wenn man mit dem Strom schwimmen und den mächtigsten Schlägen, die man von rechts und links ausgeteilt bekommt, ausweichen kann.»

Ich schaute diesen unscheinbaren, mageren Menschen mit seinen lässigen, etwas katzenhaften Bewegungen und seinem so intelligenten wie durchtriebenen Blick an, den Mann, in dessen Hände ein launisches Schicksal die Zukunft des britischen Empires gelegt hatte, und ertappte mich dabei, wie ich mich fragte: «Ist das jetzt wahr oder nicht? Meint er das ehrlich, oder macht er mir was vor?»

Wir setzten uns zu Tisch und wandten uns anderen Themen zu. Natürlich rückte sofort der Krieg in den Mittelpunkt unserer Aufmerksamkeit. Ich fragte Wilson, wie er die Aussicht auf Frieden einschätze.

[...] «In der Theorie kann die Frage eines Friedens nach wie vor aufgeworfen werden. Denn noch hat der Krieg nicht ernsthaft begonnen. Noch fallen keine Bomben auf London und Berlin. Die Kriegsleidenschaft der Massen ist noch nicht entflammt; sie ist noch weit vom Siedepunkt entfernt. Die Menschen sind noch fähig, ruhig zu überlegen und vernünftig zu argumentieren.» [...]

Wilson nahm einen Schluck Sodawasser (einen von mir angebotenen Wein schlug er entschieden aus) und fuhr fort: «Wo kann ein Friede herkommen? [...] Eine Konferenz erfordert sorgfältige Vorbereitungsarbeiten, aber ich sehe keinerlei Anzeichen dafür, dass solche Arbeiten im Gang wären. Nehmen Sie dann noch die Tatsache dazu, dass wir mit Hitler reden müssten! Wir glauben diesem Mann kein einziges Wort mehr!»

«Bedeutet das», fragte ich, «dass die Vorbedingung für irgendwelche Gespräche über Frieden das Verschwinden Hitlers ist? Und vielleicht auch das Verschwinden aller seiner engsten Vertrauten?»

«Ja, wir würden gerne mit einer anderen Regierung in Deutschland verhandeln», antwortete Wilson. «Aber es würde uns genügen, wenn allein Hitler in der Versenkung verschwände.»

[...] Wenn die Rede auf Hitler kam, konnte ich in Wilsons Stimme und in seinen Augen einen an Hass grenzenden persönlichen Widerwillen erkennen. Er ist offensichtlich außerstande zu vergessen, wie Hitler ihn mit so viel Verachtung und Brutalität «abserviert» hat. Wie ich gehört habe, hegt Chamberlain inzwischen denselben persönlichen Abscheu und Hass Hitler gegenüber. [...]

13. November

Ich aß zu Mittag mit Winston Churchill und Brendan Bracken in Brackens Wohnung in Westminster (8, Lord North Street). Von außen ein ganz schmuckloses Häuschen, innen aber eine phantastisch eingerichtete, moderne Wohnung, einem Vertreter des Bildungsbürgertums angemessen.

Churchill kam leicht verspätet von einer Sitzung des Kriegskabinetts.

Er ist in blendender Verfassung, frisch, verjüngt, voller Tatkraft und mit federndem Gang. Er hat Gefallen an seiner Macht gefunden, Gefallen an seinem Ministerium und an der Möglichkeit, in Entscheidungen von großer Tragweite seine Stärken einzubringen. Eine weitere Quelle seiner Zufriedenheit ist, wie mir scheint, das Wissen darum (und die Erwartung), dass sich große historische Möglichkeiten vor ihm auftun ...

Ich erwähnte den Wunsch Moskaus, das Verhältnis zu England zu verbessern (jedenfalls nach den mir zuletzt zugegangenen Informationen). Churchills Gesichtsausdruck hellte sich auf, und er rief aus: «Das ist sehr gut! Der Wunsch ist das wichtigste. Wo es einen Willen gibt, werden sich Mittel und Wege finden.»

[...] Das Gespräch wandte sich anschließend auf Initiative Churchills Finnland zu. Er befragte mich über die Details unserer Verhandlungen und auch über unsere weitergehenden Absichten. Ich beklagte mich ein weiteres Mal über das Verhalten britischer Diplomaten: Sie stacheln die Finnen zum Widerstand an, versprechen ihnen die «moralische Unterstützung» Großbritanniens, und die Finnen – in der Politik richtige provinzielle Amateure – bilden sich ein, diese «moralische Unterstützung» werde die Mauern Sowjetisch-Jerichos zum Einsturz bringen, und weigern sich hartnäckig, unsere vollkommen rechtmäßigen Ansprüche anzuerkennen. Die Einmischungen Londons haben zur Folge, dass die Aussichten auf eine Vereinbarung zwischen Moskau und Helsinki gesunken sind. Warum verhält sich die britische Diplomatie so? Ich weiß es nicht. [...] «Meine Ansicht zu der von Ihnen aufgeworfenen Frage ist die folgende», entgegnete Churchill. «Russland hat jedes Recht, eine tonangebende Macht im Ostseeraum zu sein, und sollte diese Rolle spielen. Besser Russland als Deutschland. Das ist in unserem britischen Interesse. Ich sehe nicht ein, weshalb wir Ihnen Sand ins Getriebe streuen sollten, wenn Sie an der Ostseeküste Marine- und Luftwaffenstützpunkte errichten. Ich erachte Ihre Ansprüche Finnland gegenüber als selbstverständlich und normal. Es ist wirklich lächerlich, dass Leningrad im Feuerbereich weitreichender, entlang der finnischen Grenze stationierter Geschütze liegt oder dass finnische Inseln die Einfahrt in den Finnischen Meerbusen blockieren. Sie haben jedes Recht, von den Finnen die Begradigung der Grenze durch die Karelische Landenge und die Abtretung einiger weniger Inseln im Finnischen Meerbusen zu verlangen.»

[...] Dann fügte Churchill, während er an seiner Zigarre saugte – wir waren mit dem Essen schon fertig –, nachdenklich hinzu: «Ohne Russland hätte die Marneschlacht wahrscheinlich mit einer Niederlage für uns geendet, und der ganze Kriegsausgang wäre wahrscheinlich ein anderer gewesen. Aus diesem Grund finde ich, dass Großbritannien und Frankreich eine große historische Schuld an Russland abzutragen haben, gleichgültig an was für ein Russland – ein rotes oder ein weißes –, und dass wir jetzt moralisch verpflichtet sind, Russland bei der Stärkung seiner Position im Ostseeraum zu helfen. […] Finnland sollte einer Annäherung zwischen Großbritannien und der UdSSR, das mein wichtigstes politisches Ziel ist, nicht im Wege stehen.»

Churchill fügte hinzu: «Ich möchte jedoch hoffen, dass die UdSSR zur Beilegung ihres Streits mit Finnland nicht auf Gewaltmittel zurückgreift. Würde die UdSSR einen solchen Weg einschlagen, würde das, wie Sie sicherlich verstehen, hier in England einen höchst peinlichen Eindruck machen und die Verbesserung der englisch-sowjetischen Beziehungen für lange Zeit verunmöglichen.»

[…] Wir wandten uns dem Krieg zu. Churchill rief aus: «Ihr Nichtangriffspakt mit Deutschland war der Auslöser des Krieges, aber ich trage Ihnen das nicht nach. Ich bin sogar froh. Ich bin seit langer Zeit überzeugt, dass ein Krieg gegen Deutschland <u>notwendig</u> ist. Ohne Ihren Pakt hätten wir weiter gezögert und alles in die Länge gezogen, und vor lauter Aufschieberei wäre es irgendwann so weit gewesen, dass wir den Krieg nicht mehr hätten gewinnen können. Aber jetzt werden wir ihn gewinnen, auch wenn uns das teuer zu stehen kommen wird.»

Churchill setzte mir seine Gedanken über den Krieg auseinander. Ein Friede sei in naher Zukunft undenkbar. In Friedenszeiten wirkten die Briten oft wie verwöhnte, genusssüchtige Sybariten, doch in Zeiten des Krieges und der äußersten Not könnten sie sich in bösartige Bulldoggen verwandeln, die ihrer Beute nicht mehr von der Kehle gehen.[120]

15. November

Beaverbrook aß mit uns zu Mittag. Ich hatte ihn seit jenem denkwürdigen Lunch Anfang Juli in der Botschaft nicht mehr gesehen. Er hat es fertiggebracht, in der Zeit zweimal in die USA zu reisen, und platzte wie immer förmlich vor Neuigkeiten, vorwiegend welchen aus Übersee. Seine interessanteste Mitteilung war die, dass Roosevelt Beaverbrook zufolge mit ziemlicher Bestimmtheit für den Krieg und für die Teilnahme der USA am Krieg auf der Seite der «Alliierten» eintrete, weil er glaube, der «Faschismus» müsse ein für alle Male ausgemerzt werden. Natürlich behinderten die isolationistischen Überzeugungen der amerikanischen Massen die Verwirklichung dieser Absichten Roosevelts, aber er werde dennoch alles in seiner Macht Stehende tun, um Großbritannien und Frankreich zu helfen, den Krieg zu gewinnen. Unter bestimmten Voraussetzungen (zum Beispiel wenn die Deutschen Holland und Belgien überfielen) könne Roosevelt die Vereinigten Staaten sogar in den Krieg hineindrängen.

Beaverbrook selbst ist gegen den Krieg.

«Ich bin ein Isolationist», schnaubte er. «Meine Sorge gilt dem Schicksal des britischen Empire! Ich möchte, dass das Empire intakt bleibt, verstehe aber nicht, warum wir um dieses Zieles willen einen dreijährigen Krieg zur Niederwerfung des ‹Hitlerismus› führen müssen. Zur Hölle mit diesem Hitler! Wenn die Deutschen ihn wollen, gönne ich ihnen diesen Schatz von Herzen und mache meinen Diener. Polen? Die Tschechoslowakei? Was haben wir mit denen zu tun? Verflucht sei der Tag, an dem Chamberlain eine Garantie für Polen gegeben hat! Es muss sofort eine Friedenskonferenz einberufen werden, ohne jede Vorbedingung. Würde das geschehen, so würde ich diesen Schritt mit allen mir zu Gebote stehenden Mitteln unterstützen, selbst wenn ich dafür meine Zeitungen ruinieren müsste.»

[...] Beaverbrook ist sich sicher, dass Chamberlain bald aus Gesundheitsgründen seinen Rücktritt erklären werde. Nach seiner Meinung werde entweder Hoare oder Halifax sein Nachfolger. Churchill habe offenbar nicht die geringste Chance. Sogar Eden werde eher Premierminister werden als er. Wir werden sehen, ob Beaverbrooks Prophezeiung eintritt, besonders in Bezug auf Churchill. Ich habe bemerkt, dass Beaverbrooks Haltung zu Churchill stark schwankt; an einem Tag kann er ihn als den größten Staatsmann Großbritanniens feiern, am nächsten ihn einen «Schwindler», «Wendehals» oder «eine politische Hure» nennen. Heute ist er sehr wütend auf Churchill, und ist das nicht der eigentliche Grund für seine extrem pessimistische Einschätzung der Chancen Churchills auf das Amt des Premierministers? Es wird sich zeigen.

► Während Maiski in London mit seinen von Moskau nicht autorisierten Avancen an seine früheren britischen Gesinnungsgenossen fortfuhr, gab er sich große Mühe, Molotow in Moskau ruhigzustellen. In einem weitschweifigen achtseitigen Bericht sprach er die entscheidende Frage an, ob Großbritannien in Richtung Krieg oder in Richtung Frieden steuere. Im Gegensatz zu dem, was er seinem Tagebuch anvertraute, bekräftigte er (eingedenk des von Molotow erhaltenen Rüffels) die Einschätzung, dass Chamberlain nach wie vor fest im Sattel sitze, mit Erfolg eine «nationale Einheitsfront» errichtet und das Empire mobilisiert habe. Maiski schrieb, er rechne damit, dass Chamberlain den Sieg über die Gruppe um Churchill davontragen und sich um eine Beendigung des Krieges durch einen gesichtswahrenden Kompromiss bemühen werde. Im gleichen Atemzug fügte er aber warnend hinzu, Chamberlain betreibe nach wie vor eine feindselige Politik gegenüber der Sowjetunion und werde es «am Ende» vielleicht sogar irgendwie schaffen, «Hitler nach Osten umzudirigieren».[121]

27. November

Halifax lud mich zu einem Gespräch über die Wirtschaftsverhandlungen ein. Er sprach jedoch zuerst über Finnland.

Nachdem er seine große Sorge über die Verschärfung des sowjetisch-finnischen Konflikts zum Ausdruck gebracht hatte, begann er mich eingehend über die Moskauer Gespräche auszufragen. Ich erzählte ihm, was ich wusste, und wies insbesondere auf das kompromisslose, ja provokante Verhalten der finnischen Regierung hin, namentlich Erkkös und Cajanders[I]. Ich betonte des Weiteren, dass die Finnen sich weigerten, die Realität anzuerkennen, und dass sie in einer unbegreiflichen Phantasiewelt lebten. [...] Es sei ziemlich offensichtlich, dass jemand hinter ihnen stehe, der sie ansporne und zu ihrer wahnwitzigen Politik dränge. Ich sagte «wahnwitzig», weil die UdSSR, auch wenn sie nichts lieber tue, als den aktuellen Disput auf gutnachbarschaftliche Art beizulegen, natürlich die eigenen Sicherheitsinteressen und namentlich die der Stadt Leningrad berücksichtigen müsse. Es stehe zweifelsfrei fest, dass aus dem Ausland Einfluss auf die Finnen ausgeübt werde.

Halifax unterbrach mich an dieser Stelle und fragte mit einem Ausdruck engelsgleicher Unschuld: «Und woher könnten diese Einflüsse kommen? Aus Amerika?»

Ich antwortete, dass die USA im Allgemeinen und Roosevelt im Besonderen sicher ein wenig für die Verschärfung des sowjetisch-finnischen

---

I Aimo Kaarlo Cajander, 1937–1939 finnischer Premierminister.

Nach dem Ribbentrop-Molotow-Pakt ein Geächteter, muss Maiski mit «Rab» Butler vorliebnehmen, dem parlamentarischen Unterstaatssekretär des Außenministeriums.

Konflikts verantwortlich seien, dass es aber auch in unserer engeren Nachbarschaft einige Länder gebe, die einen noch größeren Teil der Verantwortung trügen. Ich nannte Skandinavien (namentlich Schweden) und ... England. Halifax erschrak offenkundig bei dieser Erwähnung seines Landes. [...]

[...] Als Halifax mich aus seinem Dienstzimmer hinausgeleitete, kam er noch einmal auf die Finnlandfrage zurück. An mich in meiner Funktion als Präsident des Rates des Völkerbundes appellierend, bat er mich, meinen ganzen Einfluss geltend zu machen, um einen offenen Waffengang mit Finnland abzuwenden.[122] [...]

28. November

[...] Ich aß mit Butler zu Mittag. Wir trafen uns nicht in seiner Wohnung (da er fürchtete, ich könne mich dort bei seinem grippekranken Vater anstecken), sondern bei seinem parlamentarischen Sekretär in einem wunderschönen Herrenhaus mit zahlreichen Gemälden, edlen

Möbeln und einem hübschen Esszimmer im Stil der Alhambra. Der Gastgeber war nicht da. Wir waren unter uns.[123]

Nicht weniger als eineinhalb Stunden lang zog Butler, bei seiner Ehre schwörend, jedes erdenkliche Register, um mich davon zu überzeugen, dass die britische Regierung nicht an irgendeiner diplomatischen Kabale gegen die UdSSR beteiligt sei. (Offensichtlich war er über meine Unterredung mit seinem Chef am Vortag orientiert.) Unser Misstrauen gegen die Absichten der britischen Regierung sei absolut unbegründet. Die britische Politik sei nicht so machiavellistisch, wie manche es glaubten. Sie sei geradlinig und stehe aktuell im Zeichen des grundlegenden und entscheidenden Faktums, dass Großbritannien sich im Krieg mit Deutschland befinde. Großbritannien habe genug am Hals. [...] Daher der Vorschlag, Wirtschaftsverhandlungen aufzunehmen, die zwar nicht *per se* wichtig seien, aber doch ein erster Schritt auf dem Weg zu einer allgemeinen Bereinigung der Beziehungen. Leider habe man seit mehr als einem Monat keine Antwort der sowjetischen Regierung auf die britischen Vorschläge vernommen. Das sei sehr schade. Halifax finde unser Schweigen ausgesprochen konsternierend; er habe innerhalb der Regierung energisch für Verhandlungen gekämpft und sehe sich jetzt bloßgestellt. [...]

29. November

Gestern Abend widerrief die sowjetische Regierung den sowjetisch-finnischen Nichtangriffspakt unter Berufung darauf, dass Finnland ihn durch feindselige Maßnahmen verletzt habe. Die diplomatischen Beziehungen zu Finnland wurden heute Abend abgebrochen. [...] Zugleich erklärte Molotow in einer Rede, die ich am Radio gehört habe, dass es, wenn von Finnland freundschaftliche Signale ausgegangen wären, durchaus möglich gewesen wäre, über die Frage einer Wiedervereinigung Sowjetisch-Kareliens mit Finnland zu reden.

[...] Als ich am 21. Januar 1932 zusammen mit dem damaligen finnischen Außenminister Yrjö-Koskinen das Abkommen unterzeichnete, wäre es mir nie in den Sinn gekommen, dass dieser Pakt ein solches Ende nehmen könnte. [...] Ich kann die heutige Position der finnischen Regierung nicht nachvollziehen. Natürlich haben hier viele mitgemischt – die Briten, Franzosen und Skandinavier –, haben den Finnen den Kopf verdreht und den Konflikt drastisch verschärft, den man auf gutnachbarschaftliche Weise hätte beilegen können. Dennoch ...

Ist den Finnen denn nicht klar, dass sie, wenn ihnen Unheil droht, keinen haben, auf dessen Hilfe sie zählen können? Wer wird ihnen beistehen? Die Schweden? Die Briten? Die Amerikaner? Den Teufel werden sie tun! Ein riesiges Pressegewitter, moralische Unterstützung, Ohs und Ahs – ja. Truppen, Flugzeuge, Kanonen, Gewehre – nein. Butler sagte mir gestern unumwunden: «Sollte irgendetwas passieren, wären wir nicht in der Lage, auch nur ein einziges Kriegsschiff nach Finnland zu entsenden.»

Worauf zählen die Finnen?

▸ Schon im Februar 1939 hatte Stalin vergeblich versucht, Finnland zur Abtretung von Territorien zu überreden, die in sowjetischen Augen unabdingbar für die Verteidigung Leningrads waren, das zu der Zeit nur 33 Kilometer von der finnischen Grenze entfernt lag. Die Erinnerung an militärische Interventionen des Westens während des russischen Bürgerkriegs war noch sehr lebendig, und Stalin fürchtete, Finnland werde vielleicht als «Sprungbrett» für einen englisch-französisch-deutschen Angriff auf die Sowjetunion dienen. Nachdem die Sowjetunion den baltischen Staaten analoge Zugeständnisse abgerungen hatte, wurden die Verhandlungen mit Finnland am 12. Oktober in Moskau wieder aufgenommen und schleppten sich bis zum 9. November hin. Die Finnen lehnten die sowjetischen Vorschläge ab, und am 30. November kam es zu einem Grenzzwischenfall, den die Russen zum Vorwand für die Entfesselung eines ausgewachsenen Krieges nahmen. In der Anfangsphase dieses «Winterkrieges» stießen die Russen auf unerwartet zähen Widerstand, der aufzeigte, dass die Rote Armee als Folge der Säuberungen Schwächen aufwies. Erst im März 1940 durchbrachen die Russen die Mannerheim-Linie und erzwangen einen Friedensvertrag. Die undankbare Aufgabe, den Krieg den (angeblich von den Briten dazu ermunterten) Finnen und ihrer Uneinsichtigkeit in die Schuhe zu schieben, fiel Maiski zu.[124]

1. Dezember

Jetzt haben wir also auch einen eigenen «Krieg». Cajander, Tanner[I] und Co. haben die Sache endlich auf die Spitze getrieben. Am Morgen des 30. November war die Rote Armee gezwungen, die finnische

---

I Väinö Alfred Tanner, 1939/40 finnischer Außenminister.

Grenze zu überschreiten und tief auf finnisches Staatsgebiet vorzustoßen. [...]

Die Briten haben mit Empörung reagiert. Die Presse, der Rundfunk, das Kino, das Parlament – alles ist mobilisiert worden. [...] Die Position der britischen Regierung ist Abwarten. Sie will abwarten, in welche Richtung sich der Wind dreht. Bis jetzt sind keine Anzeichen für ein aktives britisches Eingreifen in finnische Angelegenheiten zu erkennen. Ich kann aber nicht sicher sagen, wie sich die britische Regierung verhalten wird, wenn sich die Dinge in Finnland weiter hinziehen. Ich bezweifle jedoch, dass Chamberlain den Tanner, Cajander und Co. offenen militärischen Beistand leistet. Er wird es vermeiden wollen, sich die UdSSR als weiteren Kriegsgegner, zusätzlich zu Deutschland, einzuhandeln.

3. Dezember
Drei Monate Krieg.

Viel hat sich im öffentlichen Leben Großbritanniens im Verlauf dieser kurzen Zeit geändert. Über eine Million Menschen sind zu den Waffen gerufen worden, manche von ihnen sind an der französischen Front eingesetzt; die meisten werden im Inland gedrillt. Auf der Straße, im Omnibus, in der U-Bahn, im Theater, auf der Eisbahn – überall sieht man militärische Uniformen. Und nicht nur an Männern. Auch sehr viele Frauen tragen Kaki, grobe Stiefel, kurze Röcke und kesse Mützen, unter denen störrische Haarsträhnen hervorlugen. Sie gehören dem (weiblichen) Auxiliary Territorial Service an. Auf den Landstraßen und in der Stadt sind relativ wenige Autos unterwegs; das Benzin ist rationiert, und die Rationen sind alles andere als großzügig bemessen. An der Vorderseite von Gebäuden, Läden, Behörden und Sehenswürdigkeiten sind Sandsäcke hoch aufgeschichtet. Das Denkmal am Piccadilly Circus hat als Schutzmantel eine ganze Pyramide aus Sandsäcken bekommen. In Parks, Gärten und auf öffentlichen Plätzen hat man luftdichte Schutzräume, Luftschutzbunker und Flugabwehrbatterien installiert. In der Luft wimmelt es von Hunderten Ballonen, deren silberne Oberfläche in der Sonne glitzert (wenn diese, selten genug, einmal scheint). Am Abend herrscht strenge Verdunkelung. Es ist stockfinster, besonders in unseren Kensington Palace Gardens. Es ist schwierig, gefährlich und trostlos, nach Sonnenuntergang unterwegs zu sein. Nur einige Theater und Kinos haben geöffnet, und die, die aufhaben, schließen früh. Das gesellschaftliche

Leben ist zum Stillstand gekommen, keine großen Empfänge, keine Bankette, kein diplomatisches Leben. Sogar der Bürgermeister hat sein für den 9. November anberaumtes alljährliches Bankett abgesagt. Die Lebensmittelpreise steigen, während Menge und Vielfalt der angebotenen Produkte abnehmen. Gerade sind Butter, Speck und Zucker rationiert worden. Es gibt Klagen über Lebensmittelknappheit in bestimmten Regionen. Die Reisefreiheit, die Pressefreiheit etc. unterliegen einer Reihe von Einschränkungen.

Ja, vieles hat sich verändert. Aber die Grundmuster des englischen Lebens hat das bisher noch nicht allzu sehr durcheinandergebracht. Das Parlament arbeitet mit ein paar Einschränkungen normal weiter. Auch das alte Parteiensystem funktioniert, obwohl die Parteien für die Dauer des Krieges Waffenstillstand im Wahlkampf vereinbart haben. Auch die Regierung arbeitet weiter wie zuvor, abgesehen davon, dass sie durch die Hinzunahme von Churchill und Eden etwas «aufgefrischt» wurde. Chamberlain ist stärker geworden, als er es vorher war; alle Gerüchte und Diskussionen über seinen Rücktritt sind verstummt.

[...] London selbst hat sich äußerlich kaum verändert. Es ist dasselbe alte London – gewiss, es hat die Stirn gerunzelt, den Gürtel enger geschnallt und sich für die schmutzige Arbeit, die zu tun ist, Berufskleidung übergestreift, aber es ist noch immer unser vertrautes London. Die Amüsierlokale sind proppenvoll, trotz der Finsternis und Trostlosigkeit der verdunkelten Stadt.

12. Dezember

Die Rote Armee kommt in Finnland relativ langsam voran. Die Topographie, das Klima, die Jahreszeit (kurze Tage, tiefe Bewölkung, Seen und Sümpfe noch nicht richtig zugefroren) – alles läuft gegen uns. Unter solchen Bedingungen können die mechanisierten Kräfte der Roten Armee nicht voll zur Wirkung kommen. Außerdem haben die Finnen die Karelische Landenge stark befestigt, unter Ausnutzung der zahlreichen Flüsse, Seen und Sümpfe. All diese Schwierigkeiten werden unsere Truppen natürlich überwinden. Was wir jetzt brauchen, ist Geduld. [...]

Die langsamen Fortschritte in Finnland sind Wasser auf die Mühlen derer, die in London eine hysterische antisowjetische Kampagne anzetteln. Losgegangen ist die Kampagne vor knapp zwei Wochen, und nichts deutet darauf hin, dass sie abebbt. Eher nimmt die Spannung sogar zu.

Die Presse tobt noch, wobei die «Linke» (*Daily Herald* und *News Chronicle*) es, wie sich herausstellt, noch schlimmer treibt als die «Rechte» (*Times, Daily Telegraph* etc.). Alle erdenklichen Unterstellungen, Lügen und Absurditäten über die UdSSR werden auf den Titelseiten der Londoner Zeitungen unter Schlagzeilen in fußgroßen Lettern veröffentlicht. Die Presse übertrifft sich immer wieder selbst, wenn sie von der «Bombardierung von Frauen und Kindern» und vom «Einsatz von Gas» durch die Rote Armee berichtet. Wir haben bereits offizielle Gegendarstellungen herausgegeben, aber es nützt nichts.

[...] Die britische Regierung hat sich eindeutig gegen ihre gewohnte vornehme Zurückhaltung entschieden. Weg mit den Samthandschuhen! Anders wäre diese ganze hysterische Kampagne nicht vorstellbar. Halifax' Rede im Oberhaus am 5. Dezember ist in dieser Beziehung höchst aufschlussreich. Ähnlich vielsagend sind die militanten Aktivitäten Butlers in Genf, wo er den Antrag unterstützt, die UdSSR aus dem Völkerbund auszuschließen. Ebenso interessant ist der Umstand, dass die britische Regierung beschlossen hat, ein «Weißbuch» über die im Sommer geführten Verhandlungen in Moskau herauszugeben. Das Foreign Office war bis vor Kurzem noch gegen diese Veröffentlichung und hat mehr als einmal erklärt, ein solches Buch könne sich «ungünstig auf die englisch-sowjetischen Beziehungen» auswirken. Jetzt hat es diese Bedenken offenbar fallen gelassen. Man kann sich leicht vorstellen, was in diesem «Weißbuch» stehen wird! Die britische Regierung wird diese Gelegenheit nutzen, um ihr Verhalten im Verlauf der Gespräche zu rechtfertigen und die Sowjetunion auf die Anklagebank zu setzen. Lügen, üble Nachrede, Verzerrungen – alles wird man zu diesem Zweck einsetzen. Sehr wahrscheinlich keine flagranten Lügen, aber (und das ist sehr viel gefährlicher) eine tückische Mixtur aus Wahrheit und Fälschung.

[...] Was die antisowjetische Kampagne betrifft, so fällt ein Aspekt besonders ins Auge. In den Kampagnen, deren Auslöser die Ereignisse in Polen und anschließend im Baltikum waren, wurde die UdSSR des «Imperialismus» bezichtigt. Jetzt liegt die Betonung auf «Weltrevolution» und «Kommunismus». Die Frage lautet: Wer ist der Feind Nummer eins? Deutschland oder die UdSSR? [...] Andererseits redet man hier trotz der die gesellschaftliche und politische Atmosphäre im Land beherrschenden antisowjetischen Hysterie (im Gegensatz zu Frankreich) nicht vom Abbruch der diplomatischen Beziehungen zur Sowjetunion. Die Engländer sind klüger als die Franzosen. Überdies haben sie es schon einmal versucht und wollen die unerfreuliche Erfahrung nicht wiederholen. Ich kann aber in Bezug auf die fernere Zukunft nicht die Hand dafür ins Feuer legen. In Kriegszeiten ist alles möglich.

[...] Ich bin ein alter Vogel, und das hier ist nicht der erste Sturm, dem ich trotzen muss. Sobald die Ereignisse in Finnland ihren Lauf genommen haben, wird er sich legen. Die Briten sind Meister darin, ein «fait accompli» zu akzeptieren.

15. Dezember

Gestern hat der Völkerbund die UdSSR ausgeschlossen.

[...] Großbritannien und Frankreich zogen in Genf die Fäden. Die USA unterstützten sie im Hintergrund, indem sie Druck auf die Südamerikaner ausübten. Ein Vertreter der USA wohnte den Völkerbundsitzungen als «Beobachter» bei. Es heißt, Paul-Boncour[1], der Leiter der französischen Delegation in Genf, sei persönlich gegen den Ausschluss der Sowjetunion gewesen, sei aber von Daladier überstimmt worden. Was Butler betrifft, so war er offenkundig nicht glücklich mit der ihm übertragenen Rolle, hielt sich aber gewissenhaft an die Linie des Kabinetts. Das Ergebnis: Großbritannien und Frankreich haben in Genf eine wenig beneidenswerte Rolle als Organisatoren eines neuen «antikommunistischen Blocks» gespielt. Ich glaube nicht, dass sie mit ihrem Vorhaben mehr Erfolg haben als Deutschland.

[...] Als ich im Mai aus Genf abreiste, hoffte ich, die großen Säle des Palais des Nations nie wieder mit meiner Anwesenheit beehren zu müssen. Es scheint, dass meine Hoffnung wahr geworden ist. Zumindest werde ich mich nie wieder mit <u>diesem</u> Völkerbund herumschlagen müssen!

► Die Maiskis versuchten sich nichts anmerken zu lassen. Tatsache war jedoch, dass sie sowohl von Gegnern als auch von früheren Freunden gemieden wurden. Vom Nachrichtenfluss aus Moskau abgeschnitten (wie Maiski in einem privaten Schreiben an Litwinow klagte), fürchtete der Botschafter, Großbritannien und Frankreich seien «definitiv zu Feinden der UdSSR

1 Augustin Alfred Joseph Paul-Boncour, 1932/33 französischer Premierminister, 1932–1934, 1936, 1938 Außenminister, 1932–1936 permanenter französischer Vertreter beim Völkerbund.

geworden und planten einen Frieden mit einem besiegten Deutschland und anschließend eine antikommunistische Allianz».[125] Die Maske fiel freilich an Weihnachten, als Gerüchte über einen Abbruch der Beziehungen und über Maiskis Rückberufung zu kursieren begannen. Der Austausch ziemlich bissiger Telegramme mit Molotow trug nicht gerade zu seiner Beruhigung bei. Wie verzweifelt er war, verraten seine inbrünstigen Versuche, Molotow davon zu überzeugen, dass sein Verbleiben in London absolut unerlässlich war, um den Ausbruch militärischer Feindseligkeiten zu verhindern.

31. Dezember

Angesichts der derzeitigen Situation haben wir die Silvesterfeiern in der Botschaft für die ganze [russische] Kolonie abgesagt. Wir haben beschlossen, das neue Jahr einzeln oder in Gruppen zu Hause zu begrüßen. Agnia und ich machten das so, als wären wir in Moskau, um neun Uhr abends Londoner Zeit. Dann schauten wir kurz oben bei den L.s vorbei, wo eine kleine Gruppe von Botschaftsmitarbeitern mit ihren Frauen feierte und wo gesungen und getanzt wurde. Danach machten wir eine Rundfahrt durch die Stadt, um zu sehen, wie die Engländer den Jahreswechsel begingen. Auf den Straßen herrschte die gewohnte Verdunkelungsfinsternis. Die Straßen und Gehwege waren weiß von Schnee; die ganze Woche war für englische Verhältnisse ungewöhnlich kalt gewesen, und es hatte geschneit. Auf den Straßen waren Leute, aber unendlich viel weniger als in früheren Jahren. Am Piccadilly, wo sich am Silvesterabend sonst immer eine unübersehbare, lärmende Menschenmenge singend und tanzend auf dem Platz drängte, sahen wir nur einige wenige kleine, stille Gruppen. An der Paulskathedrale, ebenfalls normalerweise Sammelplatz für ein Meer aus jubelnden, lachenden und tanzenden Menschen, war niemand zu sehen. Derselbe Anblick überall. Nur in Whitechapel ging es lebhafter und lauter zu, was aber vielleicht am Naturell der Bewohner dieses Viertels lag.

Krieg! Sein tödlicher Atem hat die Feiern zur Begrüßung des Jahres 1940 erstickt.

Jetzt sitze ich, wieder zu Hause, da und überlege, was morgen sein wird. [...] Hier bin ich, heiße in London das Jahr 1940 willkommen, und um mich herum herrschen Krieg und «Verdunkelung» – und eine völlige Ungewissheit, was die nahe Zukunft betrifft, nicht nur meine persönliche Zukunft (was würde die auch zur Sache tun?), sondern die

Zukunft Europas und der ganzen Menschheit. [...] Der größere Teil meines Lebens liegt hinter mir. Selbst im besten Fall habe ich nur noch eine kurze Zeitspanne vor mir. Doch bis heute habe ich keine Angst vor dem Tod, und die Tatsache, dass drei Viertel meines Lebens vorbei sind, bereitet mir keine Höllenqualen.

1940

3. Januar

Die Temperaturkurve der englisch-sowjetischen Beziehungen zeigt weiter abwärts.

Das «Weißbuch» über die Verhandlungen im Sommer in Moskau soll in spätestens zwei Wochen herauskommen. Gerüchte wollen nicht verstummen, die besagen, es werde (falls nicht im letzten Augenblick etwas Unerwartetes passiert) so ausfallen, dass es zwangsläufig zum Abbruch der diplomatischen Beziehungen zwischen den beiden Ländern führen wird – oder zumindest zum Abzug der Botschafter.

Der *Daily Worker* hat am 27. Dezember die Alarmglocke geläutet und als Erster vor den Gefahren eines Abbruchs der diplomatischen Beziehungen gewarnt. Noch am selben Tag bezog das Foreign Office über Reuters und durch Interviews mit Auslandskorrespondenten Stellung gegen den Artikel des Arbeiterblattes.

Indessen trat gestern, am 2. Januar, Seeds einen «Urlaub» an und verließ Moskau. Vor seiner Abreise besuchte er die Genossen Potjomkin und Molotow, um mit ihnen über den Stand der englisch-sowjetischen Beziehungen zu sprechen. Man gab ihm zu verstehen, die Sowjetregierung hege keine feindseligen Absichten England gegenüber, sei jedoch fest entschlossen, die Gefahr zu beseitigen, die ein feindseliges bürgerliches Finnland für Leningrad darstelle. [...] Seeds' Abreise bestätigt nur die Gerüchte, denen zufolge die Veröffentlichung des «Weißbuchs» seine fortdauernde Anwesenheit in Moskau ausschließt. Dieselben Gerüchte besagen, dass auch mein Verbleiben in London nach Erscheinen des Buches am seidenen Faden hängen werde; ich muss freilich gestehen, dass mir nicht vollkommen klar ist, wie das gehen könnte. Es wird sich zeigen.

Wie die Zeitungen heute melden, wird auch Naggiar, der französische Botschafter in Moskau, bald einen «längeren Urlaub» antreten. Der italienische Botschafter in Moskau, Rosso[1], hat von seiner Regierung ebenfalls die Anweisung erhalten, in Urlaub zu gehen. [...]

1 Augusto Rosso, 1936–1940 italienischer Botschafter in Moskau.

Somit ziehen also drei Großmächte ihre Botschafter aus Moskau ab. Das ist kein Zufall. Es ist Bestandteil des Plans, den Daladier auf der letzten Sitzung des Alliierten Obersten Kriegsrats am 19. Dezember vorgelegt hat. [...] Dort wurde letztlich beschlossen, eine Politik des Abwartens zu betreiben und diverse Mittel einzusetzen, um Moskau zum Abbruch der Beziehungen zu provozieren, durch Gewährung von Unterstützung für Finnland, durch Abzug der Botschafter, durch Veröffentlichung des «Weißbuchs» usw. [...]

4. Januar

Am Silvesterabend rief mich Beaverbrook unerwartet an, um mir ein gutes neues Jahr zu wünschen, und gestern waren Agnia und ich zum Lunch bei ihm zu Hause. Wir waren nur zu dritt, so dass das Gespräch recht offen war.

Beaverbrook, der mir schon bei früherer Gelegenheit gesagt hat, dass er dem jetzigen Krieg keinen Sinn abgewinnen kann, interessiert sich nun am meisten für die Aussichten auf Frieden. [...] Wie sind die Frontverläufe innerhalb der herrschenden Kreise Britanniens? Die «großen Vier» (Chamberlain, Simon, Hoare und Halifax) sind bereit für einen Friedensschluss ohne Vernichtung Deutschlands, wenn eine akzeptable Basis gefunden wird. Churchill, der sich auf das Lager von Labour und Liberalen sowie auf bestimmte konservative Kreise stützt, vertritt die Auffassung, dass Deutschland vernichtet werden müsse, bevor man über Frieden reden könne.

Wie sind die Aussichten? Beaverbrook glaubt, wenn Hitler auf akzeptable Mindestbedingungen einginge, einschließlich Polens und der Tschechoslowakei – anders gesagt auf Bedingungen, die man dem englischen Volk als zumindest annähernde Erfüllung der eigenen «Kriegsziele» verkaufen könnte –, würden die «großen Vier» sofort einen Frieden schließen. Würde Hitler das ablehnen, würde Churchill triumphieren und der Krieg weitergehen.

Ich fragte Beaverbrook, welche Haltung England einnähme, falls Skandinavien in den Krieg hineingezogen werde. Beaverbrook antwortete ohne Zögern: «Wir würden auf jeden Fall für Skandinavien kämpfen, insbesondere für Norwegen.»

[...] Die englisch-sowjetischen Beziehungen bereiten Beaverbrook sehr großes Kopfzerbrechen. Er selbst ist eindeutig gegen einen Bruch und erst recht gegen einen Krieg. Er glaubt, dass die Briten «die finnische Tapferkeit beklatschen» dürfen, aber von der Lieferung von Waffen und Munition an Finnland absehen sollten. Unglücklicherweise gebe es aber in der ganzen Gesellschaft und in der Regierung maßgebliche Elemente, die für ein Eingreifen in das finnische Geschehen seien, selbst auf die Gefahr hin, damit die UdSSR zum Abbruch der Beziehungen zu provozieren. [...] Falls die USA die diplomatischen Beziehungen zur UdSSR abbrächen, gewännen in Großbritannien die Befürworter einer «resoluten Politik» in der finnischen Frage die Oberhand. [...] Beruhigend findet Beaverbrook die Tatsache, dass Churchill für eine «behutsame» Linie gegenüber der Sowjetunion eintritt. Das sei wichtig, weil der Einfluss Churchills zurzeit groß sei. Aus diesem Grund hat Beaverbrook noch nicht die Hoffnung verloren, dass ein Bruch zwischen Großbritannien und der Sowjetunion noch abgewendet werden kann, aber er schätzt die Lage als gefährlich ein. [...]

► Die Haltung Beaverbrooks war eine Ausnahme. Maiski war in London zum Paria geworden. Die meisten Türen waren ihm verschlossen, seine Einladungen wurden höflich ausgeschlagen. George Bilainkin, ein Journalist, für den die Tür der sowjetischen Botschaft immer offen stand, erwähnte in seinem Tagebuch die «tiefen Ringe» unter den Augen Maiskis, «als in der britischen Öffentlichkeit für eine Kriegserklärung gegen die Sowjetunion getrommelt» wurde: «Als ich wegging, durch die eiskalte und eisbedeckte ‹Millionaires' Row›, blieb ich in Gedanken bei ihrem prominentesten Bewohner, der so viel dafür getan hat, seine Mission zu einem Erfolg zu bringen, der Mitte letzten Jahres schon auf der Siegesstraße war und dann erleben musste, wie ihm der Triumph noch aus den Händen gerissen wurde.»[1]

Maiski tat sich schwer, nach Abschluss des Winterkrieges seine frühere gesellschaftliche Stellung wiederzuerlangen. Noch im Mai 1940 erhielt er auf eine Einladung an Eden und seine Frau, zu einem «ganz privaten» Mittagessen in die Botschaft zu kommen, die lauwarme Antwort: «Ich werde Ihnen, wenn ich darf, später über meine Frau Bescheid geben, die gegenwärtig auf dem Land weilt.»[2] Auch Dalton schildert in seinem Tagebuch ein Mittagessen in der Botschaft, an dem er allein teilnahm, weil seine Frau «lieber tot aufgefunden werden wollte als in [Maiskis] Botschaft».

5. Januar

Heute ist etwas Bemerkenswertes passiert. Strang kam unerwartet vorbei. Ich hatte ihn lange nicht gesehen, seit Anfang August, als er gerade von seinem erfolglosen Besuch in Moskau zurückgekommen war.

Ich bot ihm einen Platz an und eine russische Zigarette. Strang nahm einen tiefen Zug und erklärte dann, er sei «auf Anweisung von Lord Halifax» gekommen, «aber in privater Mission». Mitte Januar solle das «Blaubuch» über die Moskauer Verhandlungen über den Pakt herauskommen (es wird jetzt doch kein «Weißbuch»; der Unterschied liegt darin, dass ein «Weißbuch», das keinen Schutzumschlag hat, gewöhnlich kleiner ist als ein «Blaubuch», das einen solchen hat). In dem Buch würden unter anderen Materialien auch Aufzeichnungen über einige Gespräche enthalten sein, die Halifax einst mit mir geführt habe. Als zuvorkommende Geste würde Halifax mir gerne quasi privat die Gelegenheit geben, mich mit den Textpassagen, die mit mir zu tun haben, vertraut zu machen, bevor das Buch veröffentlicht werde – auch für den Fall, dass Korrekturen nötig seien. Gesprächsaufzeichnungen würden ja schließlich im Nachhinein angefertigt, und man könne sich ihrer Stimmigkeit nie ganz sicher sein. Nach dieser Erklärung zog Strang die Druckfahnen aus der Tasche (ein ansehnliches Päckchen) und schob sie mir mit der Bemerkung zu, er überlasse sie mir gerne zum Durchlesen und für notwendige Korrekturen.

Ich gestehe, dass ich in größter Versuchung war, das Manuskript sogleich zur Hand zu nehmen. Ich hielt mich jedoch zurück, denn mir zuckte der Gedanke durch den Kopf, dass der «ehrenwerte» Lord Halifax eine Falle für mich aufgebaut haben könnte. […] So antwortete ich Strang höflich, ich sei Halifax dankbar für seine Fairness, könne aber das Angebot leider nicht annehmen. Die Veröffentlichung des Blaubuchs sei mit der sowjetischen Regierung nicht abgesprochen. Man habe Letztere nicht einmal über den Beschluss, das Buch zu publizieren, informiert. … Dann schob ich die Fahnen des «Blaubuchs» unbesehen wieder zu Strang hinüber.

Strang war offensichtlich verblüfft, versicherte mir aber, er «verstehe» mich und werde Halifax meine Antwort im Wortlaut übermitteln, der natürlich ebenfalls «volles Verständnis» haben werde. Dann fügte Strang hinzu, während er die Fahnen wieder in seine Tasche steckte: «Lord Halifax hielt es für seine moralische Pflicht, Ihnen dieses Angebot zu machen ... Vielleicht hat er jetzt das Gefühl, ein reines Gewissen zu haben.»

Das ist Halifax, wie er leibt und lebt! Wie mir Pritt[1] einmal erzählte, hatte er von Butler gehört, dass Halifax zu Letzterem am Morgen eines jeden Arbeitstages sagt: «Denken Sie daran, Butler, dass wir heute keinen einzigen unserer Grundsätze opfern dürfen!»

Und kaum hat er dieses «Gebet» an Gott geschickt und seine Seele erleichtert, wendet er sich der nächsten Intrige zu, die in der Hexenküche der britischen Außenpolitik ausgekocht wird.

Sie sind gefährlich, diese Männer Gottes! Halifax hat jetzt schon zwei zynische Versuche gemacht, mich aufs Glatteis zu führen: den ersten am 31. März im Zusammenhang mit der letztjährigen Garantie für Polen, den zweiten heute. Er ist abgeblitzt, aber ich muss wachsam sein!

Strang hat mir im Verlauf unseres Gesprächs heute auch erklärt, dass die britische Regierung nicht vorhabe, die diplomatischen Beziehungen zur UdSSR abzubrechen («vorausgesetzt natürlich, die Sowjetregierung hat ebenfalls nicht die Absicht, das zu tun», fügte er ziemlich spitz hinzu), und dass Seeds in der Tat zwei Monate Urlaub mache, die ihm für Erholungszwecke und ärztliche Behandlung zustünden.

8. Januar

Auch wenn ich das Angebot Strangs, mich mit dem Text des «Blaubuchs» vertraut zu machen, höflich ablehnte, bekam ich seinen Inhalt dennoch zugetragen. [...] Offenbar verfolgt die britische Regierung durch eine bestimmte Auswahl und Anordnung des Materials den Zweck, den Eindruck zu erwecken, die Verhandlungen letzten Sommer seien an der «Doppelzüngigkeit» der UdSSR gescheitert. Das wird auf zweierlei Weise illustriert: (1) Die sowjetische Regierung führte den ganzen Sommer über parallele Verhandlungen, einmal mit den Briten und Franzosen und auf der anderen Seite mit den Deutschen; dabei sei es ihr nicht wirklich um ein Abkommen mit Briten und Franzosen gegangen, sondern nur darum, durch taktische Manöver die Schuld für das Scheitern der Verhandlungen den «Alliierten» zuschieben zu können. (2) Während die sowjetische Regierung in Gestalt des [Genossen] Stalin sich zu der Pflicht bekannt habe, Opfern militärischer Aggression zu Hilfe zu kommen, sei

1 Denis Pritt, linker britischer Anwalt, 1935–1950 Abgeordneter der Labour-Partei.

sie selbst einzig mit dem Gedanken an militärische Aggression beschäftigt gewesen und habe diese schließlich in Finnland auch begangen. Der Leser des Buches soll daraus den Schluss ziehen, die Sowjetunion sei im Grunde ein «Wolf im Schafspelz», und die britische Regierung habe die große Klugheit besessen, auf den Abschluss eines Pakts mit einem so gefährlichen Partner zu verzichten.

Die Rollenteilung zwischen [Genosse] Molotow und mir während der Verhandlungen wird als zusätzlicher Beweis für die sowjetische «Doppelzüngigkeit» angeführt. In Moskau habe [Genosse] Molotow hartnäckig jeden Verhandlungsfortschritt sabotiert, indem er eine Hürde nach der anderen aufgerichtet habe. Derweil hätte ich in London die Wachsamkeit der britischen Regierung eingeschläfert, indem ich ihren Mitgliedern mit netten Worten versichert hätte, die UdSSR wünsche nichts anderes, als auf freundschaftlichem Fuß mit Großbritannien zu bleiben, und indem ich mich lobend über politische Schritte und Vorschläge geäußert hätte. Bei diesem Muster sei es geblieben bis zu dem Augenblick, als die Gespräche abgebrochen wurden.

▸ Der Entwurf für das «Weißbuch» bestand aus 150 Seiten mit Dokumenten, die die offizielle britische Version der Dreimächteverhandlungen von 1939 vermittelten. Die Veröffentlichung des Buches hätte sicherlich Maiskis selbstständige Initiativen ans Licht gebracht (weil die Diskrepanzen zwischen seiner und Halifax' Darstellung der Gespräche offenkundig geworden wären) – und damit die Tatsache, dass er sich nicht an die von Molotow vorgegebene Linie gehalten hatte. Das galt in besonderem Maße für die ausführliche analytische Einleitung aus der Feder des angesehenen Gelehrten Llewellyn Woodward vom All Souls College, dem die redaktionelle Betreuung des Buches übertragen worden war. Er hob ganz besonders darauf ab, dass Maiski Ende März Cadogan versichert hatte, die britischen Garantien für Polen stellten «eine revolutionäre Wende in der britischen Politik» dar und «würden das Vertrauen anderer Länder enorm erhöhen». Maiskis große Befürchtung war, dass das Erscheinen des «Weißbuchs» zu seiner Abberufung führen werde.

Es ist angesichts dessen kaum verwunderlich, dass das betreffende Dokument Maiski weiterhin Albträume bereitete. Doch dann kam für ihn die unverhoffte Rettung. Der Plan, ein «Weißbuch» zu veröffentlichen, war von Anfang an auf Kritik gestoßen, da das Buch nicht nur die angebliche russische Doppelzüngigkeit entlarven würde, sondern auch die Bedenken Chamberlains gegen den Abschluss eines Abkommens und die Gegensätze zwischen der französischen und der britischen Position. Am 6. März gab Chamberlain im Parlament bekannt, dass man von der Veröffentlichung des «Weißbuchs» absehen werde.[3] Nicht lange, und Maiski konnte sich über «Freunde der UdSSR» eine Kopie des eingestampften Buches auf Mikrofilm beschaffen. Wahrscheinlich wurde es ihm über nachrichtendienstliche Kanäle zugespielt (was erneut eine Überschreitung seiner Kompetenzen dargestellt hätte). Seine Vorgesetzten erfuhren davon nichts. Der Mikrofilm wurde 1955 als Beweismittel in seinen Prozess eingeführt und war der Hauptgrund für seine Verurteilung. In seinen Anträgen auf Rehabilitierung führte Maiski das zweifelhafte Argument an, er habe den Mikrofilm versehentlich verlegt, und die ganze Sache sei ihm dann «entfallen».[4]

21. Januar

In den letzten paar Tagen sind mir Informationen zugegangen, wonach sich in Labour-Kreisen eine Auseinandersetzung zum Thema Finnland und die Sowjetunion entwickelt habe. Auf der Sitzung des Vorstands der Labour-Fraktion im Unterhaus am 16. Januar entspann sich eine lange und verwirrende Debatte darüber. [...] Nun erschien heute bei mir überraschend Lord Strabolgi[I] – in Sportkleidung direkt von der Schlittschuhbahn. Unter ausdrücklichem Hinweis darauf, dass er als Privatmann gekommen sei, fragte mich Lord Strabolgi (ehemals Kenworthy) zunächst, ob die sowjetische Regierung unter Umständen eine Delegation aus Gewerkschaftern und Labour-Politikern einladen könne, ähnlich derjenigen, die am 19. Januar auf Einladung finnischer Gewerkschaften und Genossenschaften nach Helsinki gereist sei (Citrine, Noel-Baker und Downie[II]). Labour möchte gänzlich «unparteiisch» sein und beide Seiten anhören. Ich äußerte mein Erstaunen über sein Ansinnen und sagte ihm klar und deutlich, dass es keinerlei Aussichten habe, akzeptiert zu werden.[5] [...]

I Joseph Montague Kenworthy (10. Baron Strabolgi), 1938–1942 Chief Whip der Opposition im britischen Oberhaus.

II John Downie, Vertreter der Genossenschaftsbewegung.

26. Januar

Vor etwa einem Monat (am 24. Dezember) hielt ich in meinem Tagebuch den damaligen Stand der englisch-sowjetischen Beziehungen fest. Heute kann ich die Entwicklungen zusammenfassen, die sich seither vollzogen haben. Zu feiern gibt es nichts!

Die allgemeine Kurve der englisch-sowjetischen Beziehungen setzt ihre Abwärtsbewegung fort. [...] In diesem Zusammenhang gewinnt die finnische Frage eine besondere Bedeutung für die herrschenden Kreise Großbritanniens. Indem sie Mannerheim[1] helfen, hoffen sie zwei Fliegen mit einer Klappe zu schlagen. Erstens hoffen sie, die Moral der kleinen neutralen Länder heben (die «Alliierten» überlassen diese Länder in der Stunde der Not nicht den Launen des Schicksals!) und sie so leichter als Waffenbrüder gewinnen zu können. Zum Zweiten hoffen sie, den Krieg in Finnland verlängern, die UdSSR schwächen, ihre Kräfte im Norden binden und damit ihre Bewegungsfreiheit in andere Richtungen einschränken und zu guter Letzt den Deutschen den Zugang zu Rohstoffen, Nahrungsmitteln usw. aus der UdSSR verwehren zu können.

Dieser Plan ist für die britische Regierung von besonderem Reiz. [...] Es ist aber noch zu früh zu sagen, ob die britische Regierung ihn in die Tat umsetzen kann und bis zu welchem Grad. Eine Reihe von Hindernissen könnte dazwischenkommen, militärische, internationale, innenpolitische. Die Reaktionen in den neutralen Ländern auf Churchills Rede sind diesbezüglich eine nützliche Mahnung.[6] Wir müssen aber doppelt wachsam sein. Selbst wenn die britische Regierung ihre Absichten nur zu 60 oder 70 Prozent wahr macht, wäre der Abbruch der Beziehungen zwischen Großbritannien und der Sowjetunion sehr wahrscheinlich nicht zu vermeiden.

► Dieser Eintrag ging Hand in Hand mit einem langen Brief an Molotow, den Maiski am selben Tag abschickte. In der Überzeugung, dass ihr Abbruch kurz bevorstand, zeichnete Maiski den Zustand der englisch-sowjetischen Beziehungen in düstersten Farben; daraus ergebe sich, warnte er, eine «ernste Gefahr» für die Sowjetunion. Maiski verfolgte mit diesem apo-

1 Baron Carl Gustaf Emil Mannerheim, 1939–1940, 1941–1946 Oberbefehlshaber der finnischen Streitkräfte, 1944–1946 Präsident von Finnland.

kalyptischen Brief das Ziel, Molotow deutlich zu machen, dass, je schneller der Krieg in Finnland beendet werde, «zu für uns günstigen Bedingungen, desto größer die Chancen sind, dass die englisch-sowjetischen Beziehungen die gegenwärtige Krise überdauern». Maiski war sich durchaus der Gefahr bewusst, dass der Krieg in Finnland ein Eingreifen Großbritanniens provozieren könnte, doch gegenüber den führenden Leuten der Labour-Partei, die seine Gedanken kannten, musste er die Fortführung des Krieges verteidigen, da man ihn sonst «zurückberufen und liquidieren» würde.[7]

29. Januar

Was für ein Trip!

Gestern fuhren Agnia und ich nach dem Mittagessen zu den Webbs. Das Wetter ist in diesem Januar bis jetzt kalt und schneereich gewesen. Als wir losfuhren, wurde es gerade ein bisschen wärmer. Der Schnee begann zu tauen, und schon auf dem Weg zu den Webbs kam das Auto hin und wieder ins Rutschen. Gegen Mitternacht machten wir uns auf den Heimweg. Es war sehr dunkel. Eine sehr unangenehme Überraschung erwartete uns auf der Überlandstraße: Es war wie auf einer Eisbahn. Autofahren war fast unmöglich. Der Wagen schlitterte von einer Straßenseite auf die andere. Die Räder griffen nicht. Manchmal bestand Gefahr, dass das Auto sich drehte. Nachdem wir eineinhalb Stunden gefahren waren und kaum sieben bis acht Meilen zurückgelegt hatten, beschlossen wir, irgendwo zu übernachten. Unter größten Schwierigkeiten erreichten wir eine winzige Herberge direkt an der Straße, die den wohlklingenden Namen *Red Lion Hotel, Thursley* trug. Unglücklicherweise war die Herberge bereits randvoll mit anderen gestrandeten Reisenden. Es waren darunter, wie heutzutage überall, viele Seeleute und Soldaten. Aussicht auf ein Zimmer bestand nicht. Wir mussten uns mit zwei Armsesseln vor dem Kamin des Speisezimmers und zwei der Bibliothek der Gastgeber entliehenen faszinierenden Romanen begnügen. So brachten Agnia und ich die ganze Nacht lesend vor dem Kamin zu. Am Morgen setzten wir unsere Fahrt fort. Es hatte über Nacht geschneit, und unser Auto, das wir draußen geparkt hatten (über eine Garage verfügt das Gasthaus nicht), war vollkommen zugefroren. White musste ordentlich arbeiten, bis der Motor ansprang. Auf dem Weg nach London sahen wir Dutzende umgestürzte Bäume, abgerissene Telegrafendrähte und liegen gebliebene Automobile. In der Stadt erfuhren wir, dass der Eisenbahnverkehr zum Erliegen gekommen war: Viele Züge waren auf offener Strecke stecken geblieben, Züge aus Schottland hatten Verspätungen von acht bis neun Stunden etc.

Ich kann sagen, dass mir so etwas in England noch nie zuvor passiert ist! [...]

Beatrice Webb sagte mir gestern, nach ihrer Meinung habe das kapitalistische System noch höchstens 20 bis 30 Jahre zu leben. Ein wahrer Fortschritt! [...] Brendan Bracken kam heute zum Lunch. Auch wenn er für die Konservativen im Parlament sitzt und Churchill nahesteht, ist auch er skeptisch, was die Zukunft des Kapitalismus betrifft. Er legte seine Gedanken ausführlich dar; seiner Meinung nach steuert die Welt auf einen Triumph des Sozialismus zu, aber nicht genau auf den Sozialismus, den wir in der Sowjetunion haben. So wie Gretchen im *Faust* hat Bracken im Prinzip nichts gegen den Sozialismus. Doch solle der sich bitte schön auf eine «respektable» Art durchsetzen, ohne Rauch und Schießpulver und ohne finanziellen Kollaps und wirtschaftliches Chaos. Er hält die Erbschaftssteuer für das beste Mittel, «den Sozialismus herbeizuführen». Durch eine Erhöhung dieser Steuer auf 80 bis 90 Prozent würden alle Kapitalisten nach und nach «enteignet», und der Sozialismus werde nicht aufzuhalten sein. [...]

30. Januar

Ich suchte Butler auf. [...] Er fragte mich, was ich vom Stand unserer Beziehungen hielte. Ich zuckte mit den Achseln und sagte, er wisse darüber sicherlich ebenso viel wie ich. Es gebe zwischen uns keine akuten, konkreten Konflikte, aber ...

«Sie wollen sagen», fiel Butler mir ins Wort, «dass die See ruhig ist, die Wassertemperatur aber sehr niedrig?»

«Ja, da mögen Sie recht haben.»

Butler fragte, ob irgendetwas Bestimmtes getan werden könne, um unsere Beziehungen zu verbessern oder zumindest ihre weitere Verschlechterung zu verhindern. Ich entgegnete, das müsse er besser wissen als ich: All unsere Probleme rührten von der britischen Politik her, insbesondere von dem Wunsch der britischen Regierung, sich in Dinge einzumischen, die sie nichts angehen.

Dagegen wandte Butler ein, die Regierung tue schon das Richtige, aber die «öffentliche Meinung» sei sehr aufgebracht und setze die Regierung unter Druck. [...] «Die Hauptschwierigkeit in den englisch-sowjetischen Beziehungen», sagte er, «ist, dass Sie unseren Todfeind unterstützen. Viele in England sind überzeugt, dass Sie ein in Eisen gegossenes Bündnis mit Deutschland haben, das Sie beide zu einem Einheitsblock verschweißt.»

Ich riet Butler unter Hinweis auf die Reden des Genossen Molotow, nichts auf leeres Gerede zu geben. Butler lauschte mir mit offenkundigem Wohlgefallen, aber wenig Vertrauen. Dann rief er: «Wenn wir nur sicher wüssten, dass Sie die Hände wirklich frei haben und eine eigene, selbstständige Politik verfolgen, könnte so vieles anders sein.»

Soweit ich es verstanden habe, meinte er, dass dann auch in der Haltung Englands zur finnischen Frage vieles anders sein könnte.

Ich lachte und sagte, die Sowjetunion habe immer nur eine eigene selbstständige Politik verfolgt und tue das auch weiterhin. [...]

▶ Maiski hatte den Webbs versichert, er befolge die «aus Moskau ergangene Weisung, die Stellung zu halten», auf eine «heitere und trotzige Weise».[8] Tatsächlich jedoch verschwieg er in seinem Tagebuch und in seinen Berichten an Molotow bewusst, wie sehr er um das eigene Überleben bangte, und auch seine wiederholten inständigen Bitten an Butler, «nicht zu sehr auf die Pauke zu hauen [...] und unsere diplomatischen Beziehungen aufrechtzuerhalten», erwähnte er mit keinem Wort. Damit nicht genug, verteidigte er den Ribbentrop-Molotow-Pakt und klagte darüber, dass «wir in einer Periode des Wandels leben, dass alles Erdenkliche passieren könnte, dass im Dschungel die einander fremdesten Tiere zueinander finden konnten – wenn sie glaubten, ihr gemeinsames Interesse lasse dies ratsam erscheinen».[9]

Woodward, der Herausgeber des «Weißbuchs», war der Erste, der Maiskis Unterredung mit Butler öffentlich machte, in seiner 1962 erschienenen offiziellen Geschichte der britischen Außenpolitik im Zweiten Weltkrieg.[10] Maiski reagierte wutentbrannt und leugnete in seinen Memoiren nachdrücklich, die Dschungelmetapher gebraucht zu haben. Freilich bezeugt Alexander, Erster Lord der Admiralität[1], den folgenden Dialog mit Maiski einige Monate später: «Ich sagte beiläufig: ‹Wir leben in seltsamen und schnelllebigen Zeiten›, worauf [Maiski] antwortete: ‹Ja, das ist die Epoche des Dschungels.›»[11]

---

1 Albert Victor Alexander, 1929–1931, 1940–1946 als erster Labour-Politiker First Lord of the Admiralty.

8. Februar

Der Alliierte Oberste Kriegsrat trat am 5. Februar in Paris zusammen. [...] Die Franzosen forderten nach wie vor den Abbruch der Beziehungen zur UdSSR. [...] Aber die Briten blieben bei ihrer bisherigen Haltung gegenüber der UdSSR (nicht von sich aus die Beziehungen abzubrechen, sondern die UdSSR so lange zu provozieren, bis sie es selbst tut). [...] In Bezug auf Finnland einigten sich die Beteiligten darauf, ihre materielle Unterstützung für Finnland zu «beschleunigen» und «aufzustocken» sowie die «Freiwilligenbewegung anzuregen».

Am Tag der Sitzung des Obersten Kriegsrats inszenierte die französische Polizei eine dreiste Razzia in einer unserer Handelsmissionen. Ein echter *Arcos Raid*[12], wenn nicht schlimmer. Offenbar wollten die Franzosen ein «günstiges Klima» für die Durchsetzung des Beschlusses, die Beziehungen zur UdSSR abzubrechen, erzeugen und den Briten präventiv die Hände binden. Vorderhand sieht es so aus, als habe das nicht geklappt. [...]

11. Februar

War zu Besuch beim *Old Wizard* in Churt. Es ist immer vergnüglich und erbaulich, mit ihm zu sprechen, besonders in schwierigen Zeiten. Er hat ein höchst bemerkenswertes Gehirn, so etwas wie ein intellektuelle Hochspannung erzeugender Dynamo aus Fleisch und Blut. Er fängt sofort auf, was man meint, und beantwortet es mit einer Kaskade brillanter Ideen und Vergleiche. Auch besitzt er im Übermaß jene erhabene Weisheit, die ihn durch Dinge hindurchsehen lässt; er lässt sich nicht durch ein glanzvolles Äußeres ablenken, spielt nicht den Entrüsteten, wird nicht laut, weinerlich oder ungehalten, sondern versteht einfach nur, stellt alles in Rechnung und zieht die adäquaten Schlussfolgerungen. Wann immer man mit Lloyd George diskutiert, spürt man sogleich, dass man es mit einem Mann von höchstem Kaliber zu tun hat, der alle um ihn herum überragt, Minister, Abgeordnete, Persönlichkeiten des öffentlichen Lebens. Der Unterschied zwischen Lloyd George und jedem anderen «Führer» dieser Tage ist wie der Unterschied zwischen Kreisler[I] und dem

---

I Fritz Kreisler, aus Österreich stammender amerikanischer Geiger und Komponist.

Mit Lloyd George, dem «alten Zauberer»

Ersten Geiger eines Provinzorchesters. Man kann ohne Bedenken sagen, er ist eine phänomenale Persönlichkeit.

Wir unterhielten uns heute rund drei Stunden. Meine Argumente und Überlegungen einmal beiseitelassend, will ich versuchen, ein Destillat dessen, was der «alte Zauberer» mir gesagt hat, auszuschenken:

«Sollte es zu einem Krieg zwischen England und der UdSSR kommen», rief Lloyd George unter heftigem Schwenken seines Zwickers, «dann wäre das die größte Katastrophe. Man erschrickt, wenn man es sich nur vorstellt. Aber man sollte nicht die Augen vor den Tatsachen verschließen. Die englisch-sowjetischen Beziehungen haben sich seit Beginn des finnischen Krieges verschlechtert und haben heute ein prekäres Stadium erreicht.»

[...] Die Lage sei sehr ernst, aber nicht ganz hoffnungslos. Chamberlain, Hoare, Halifax und Kingsley Wood seien gegen einen Krieg. Simon halte sich wie gewöhnlich bedeckt. Diese Gruppe habe womöglich das Zeug, dem französischen Druck zu widerstehen. Doch auch die sowjetische Regierung müsse Flexibilität zeigen. Zuallererst dürfe sie sich nicht provozieren lassen. Es sei sehr gut, dass die sowjetische Regierung auf die Farce in Genf und auf die Razzia in der Pariser Handelsmission besonnen reagiert habe. Und es sei sehr gut, dass die sowjetische Regierung den Abgang von Seeds («ein großer Narr») nicht mit meiner Abberufung beantwortet habe. Suriz dürfe nicht aus Paris abgezogen werden.

21. Februar

Unsere unleugbaren Erfolge an der Front (Durchbruch im westlichen Abschnitt der Mannerheim-Linie) haben in Großbritannien einen mächtigen, aber zweischneidigen Eindruck gemacht.

Unsere Erfolge haben dazu geführt, dass die vernünftigeren Leute – zu diesen sollten wir die Gruppe um Chamberlain im Kabinett zählen, dazu Beaverbrook, Labour-Leute wie Hicks[I], Tom Williams[II], Strabolgi und andere – zurückhaltender und vorsichtiger geworden sind, was die Unterstützung Finnlands betrifft. Sie sind weniger denn je geneigt, das Risiko eines Krieges gegen die Sowjetunion einzugehen.

Die weniger vernünftigen Leute, darunter bestimmte Minister, deren Anführer Churchill zu sein scheint (über dessen Position zur finnischen Frage ich allerdings nichts mit Bestimmtheit weiß), Gefolgsleute von Hore-Belisha, Liberale mit Sinclair vorneweg und diverse Zeitungen, *News Chronice, The Star, Sunday Times* und andere, gelangen zum gegenteiligen Schluss. Jetzt, da sie merken, dass Mannerheim schwächelt, haben sie in London eine fieberhafte Kampagne vom Stapel gelassen, mit der sie tatkräftige Unterstützung für die Finnen auf breitester Front, bis hin zur Entsendung von Truppen, mobilisieren wollen, wobei sie die Risiken eines offenen Krieges gegen die UdSSR und die Gefahr, Skandinavien in ein Schlachtfeld zwischen den «Alliierten» und Deutschland zu verwandeln, ignorieren.

Wenn ich all diese Faktoren in Ruhe abwäge, neige ich zu der Ansicht, dass die Leute in der erstgenannten Gruppe bedeutend mehr Gewicht auf die Waage bringen als die in der zweiten, nicht zuletzt weil ja

---

I Ernest George Hicks, 1931–1950 Abgeordneter der Labour-Partei, 1925–1927 Vorsitzender des Trades Union Congress (TUC), als solcher an der Gründung des dem TUC zuarbeitenden Anglo-Russian Joint Advisory Committee beteiligt.

II Tom Williams, Mitglied des Anglo-Russian Parliamentary Committee.

auch das Schicksal Englands auf dem Spiel steht. [...] Unter dem Strich muss man die Lage als gefährlich ansehen und sich klarmachen, dass sie mit einer Reihe von Unwägbarkeiten behaftet ist. Unerwartete Geschehnisse könnten leicht dazu führen, dass man in einen großen Krieg hineingezogen wird. Das beste Mittel, diese Gefahr abzuwenden, ist ein schnelles Vorankommen an der finnischen Front. Die englisch-französischen Berechnungen beruhen auf der Annahme, dass die entscheidende Phase des Krieges in Finnland nicht vor Mai beginnen wird. Wenn wir diese Berechnungen durchkreuzen und den Krieg innerhalb einiger weniger Wochen beenden könnten (oder den Finnen zumindest einen entscheidenden Schlag versetzen könnten, nach dem die Hoffnungslosigkeit ihrer Lage für alle Welt sichtbar würde), wäre das unser Ausweg aus der Gefahrenzone.

Die Wurzel des britischen Tatendrangs ist die verbreitete Überzeugung, die UdSSR und Deutschland seien «Verbündete» – wenn noch nicht jetzt und in aller Form, dann doch in absehbarer Zukunft. Daher die Neigung, zwischen Deutschland und der UdSSR nicht mehr zu unterscheiden und beide als «Feinde» zu betrachten. Hier müssen wir die Erklärung für Churchills und Hore-Belishas veränderte Gangart suchen. [...] Ich versuche all meinen Gesprächspartnern zu beweisen, dass das Gerede von einem sowjetisch-deutschen «Bündnis» absurd sei. Da aber im Augenblick in der diplomatischen Welt niemand irgendetwas glaubt, was jemand anderes sagt, mache ich mir keine Illusionen über die Wirksamkeit meiner Dementis in dieser Frage. Moskau hätte hier anschaulichere Belege liefern sollen.[13]

13. März

Ich habe letzte Nacht kaum geschlafen. Moskau teilte am Abend über Funk mit, dass nach Mitternacht eine wichtige Nachricht übermittelt werde. Mir war sofort klar, dass es sich nur um den Friedensvertrag mit Finnland handeln konnte, und ich setzte mich vor das Radio, um auf die Meldung zu warten. Das Warten zog sich lange hin. Erst um 3.30 Uhr Moskauer Zeit wurden das Ende des sowjetisch-finnischen Krieges und der Abschluss eines Friedensvertrages zwischen den kriegführenden Ländern endlich verkündet.

Hurra! Ich hätte am liebsten einen Hut in die Luft geworfen.

Wir haben eine sehr große Gefahr hinter uns gelassen. Wir haben uns die Möglichkeit bewahrt, uns aus einem imperialistischen Krieg herauszuhalten. Und wir haben bekommen, was wir haben wollten: Leningrad und unsere nordwestlichen Grenzen sind jetzt sicher.

Am Nachmittag ging ich ins Parlament, wo Chamberlain eine Erklärung zum Friedensschluss abgeben sollte. Die Diplomatengalerie war praktisch leer. Anwesend waren außer mir nur der Bulgare und ... der Herzog von Alba (der Spanier). Das Haus selbst war dagegen halb voll, und die Luft schwirrte wie vor einem Gewitter.

Chamberlain gab eine kurze Erklärung ab, die kaum mehr als Formalitäten enthielt. [...] Ich erinnere mich nicht, [das Parlament] in einem solchen Zustand der Erregung und des Furors erlebt zu haben. Es gibt in der Tat nur ein Wort, um die Stimmung zu beschreiben, in der sich die allermeisten Abgeordneten, von wenigen Ausnahmen abgesehen, befanden: Furor. Ohnmächtiger Furor zwar, aber doch Furor – lebhafte, kochende, überschäumende Wut ...

Es ist geplatzt! Was für ein Jammer, es ist geplatzt, waren die Worte, die in der Luft zu hängen schienen.

Diese blinde Wut fand Ausdruck in den Reaktionen der Parlamentarier auf diverse antisowjetische Salven, die Minister und Parlamentsmitglieder abfeuerten. Als Chamberlain im Zusammenhang mit den finnischen Ereignissen von «Aggression» sprach, ließ zustimmendes Geheul das Haus erbeben. Als der «Unabhängige» McGovern[1] die UdSSR und den Genossen Stalin aufs Korn nahm, schaukelten sich die «*Hear! Hear!*»-Rufe zu einem eine ganze Minute andauernden ohrenbetäubenden Gebrüll auf.

Von meinem Platz oben auf der Diplomatengalerie aus beobachtete ich diesen bösartigen Ausbruch wütender Ohnmacht mit einem Gefühl der Überlegenheit. Und zugleich war mir klarer als je zuvor, dass der Friedensschluss gerade noch zur rechten Zeit gekommen war.[14] [...]

16. März

Ich besuchte Lloyd George in Churt. Der alte Mann ist erkältet und nicht bei bester Gesundheit, aber er lebt und hat so viel Strahlkraft wie eh und je.

---

1 John McGovern, 1939–1959 schottischer Unterhausabgeordneter, 1941–1943 Vorsitzender der Independent Labour Party.

Er gratulierte mir zum rechtzeitigen Friedensschluss.

«Ich will gar nicht erst anfangen, der Sache auf den Grund zu gehen», sagte er. «Ich könnte mir vorstellen, dass wir da unterschiedlicher Meinung wären, aber ich bin sehr froh über den Frieden. Die Gefahr eines Krieges zwischen England und der UdSSR war ziemlich real. Ich habe dafür in den vergangenen Wochen, seit unserem letzten Treffen, viele Indizien gesehen. Hätte sich der Krieg bis Mai hingezogen, wäre der Konflikt zwischen unseren Ländern, das kann ich Ihnen versichern, unabwendbar geworden.»

[...] Im Verlauf unserer Unterredung fragte Lloyd George, wann ich Halifax das letzte Mal getroffen hätte. Ich sagte, das sei vor dreieinhalb Monaten gewesen, am Vorabend des finnischen Krieges. Lloyd George hob die Hände in einer übertriebenen Geste der Verzweiflung gen Himmel und rief aus: «Sag bloß! Wenn ich an Halifax' Stelle wäre, würde ich Sie mindestens zweimal die Woche einbestellen und versuchen, Sie zu beeinflussen und zu verhindern, dass die UdSSR Deutschland zu nahekommt. Dreieinhalb Monate! Um Gottes willen!»

Ein schelmischer Funke sprühte aus Lloyd Georges Augen, und er sagte mit seinem ansteckenden Lachen: «Ich habe jede Menge Pflaumenbäume in meinem Garten. Die kurzen tragen eine Menge Früchte. Die sehr hohen verschlingen eine Tonne Dünger, tragen aber gar keine Früchte. Sie sind absolut kahl. Mein Gärtner sagt über die hohen: ‹Sie sind schön anzuschauen, aber erwarten Sie bloß keine Ernte von ihnen.› Dasselbe gilt für Halifax: Er ist hochgewachsen und sieht gut aus, aber er ist kahl wie ein Feigenbaum.»

Und noch einmal lachte der alte Mann lauthals.

► Der Tagebucheintrag vom 18. März (hier nicht abgedruckt) ist Maiskis offizielles «Protokoll» seiner Unterredung mit Butler. Paradoxerweise war Butler, der jetzt die Nachfolge Vansittarts als Maiskis «Verbündeter» im Foreign Office antreten sollte, ein Appeaser reinsten Wassers gewesen und hatte sich bis zum Abschluss des Ribbentrop-Molotow-Pakts rigoros gegen einen Dreierpakt positioniert. Jetzt setzte er sich mit derselben unbeirrten Entschlossenheit, mit der er zuvor die Appeasement-Politik unterstützt hatte, für ein gemäßigtes Auftreten gegenüber der Sowjetunion ein. «Die britische Politik hat eine gewisse vornehme Reinheit», notierte Butler einmal, «mit der Folge, dass – vorausgesetzt, das Recht ist auf unserer Seite und das menschliche Gehirn diktiert die Logik eines Vorgehens – sie einen Feind nach dem anderen zur Schar unserer Gegner hinzufügt.» Seine Auffassungen deckten sich jetzt paradoxerweise mit der neuen Politik des Kreml, die ein Friedensabkommen erlangen wollte, das nicht nur den Krieg möglichst schnell beenden, sondern auch eine neue europäische Ordnung schaffen sollte, innerhalb deren die Sowjetunion mit einem ramponierten Großbritannien und mit Deutschland eine geteilte Hegemonie ausüben würde.

Wie Maiski Butler anvertraute, war er sich ziemlich sicher, dass es «nicht in Herrn Hitlers Interesse liege, den Krieg weiterzuführen». Butler war nach der Unterredung überzeugt, Maiski wolle ihm unbedingt die Idee einpflanzen, «wir sollten den Deutschen zeigen, dass wir nicht an der völligen Zugrunderichtung des deutschen Volkes interessiert sind». Maiski hatte zuvor schon Bernard Pares, dem herausragenden Russlandhistoriker, gesagt, sein Land sei «vor allen Dingen gegen eine Ausweitung des Krieges. [...] Russland werde einen Verhandlungsfrieden einem Diktatfrieden vorziehen; Letzterer wäre die Folge des Triumphs entweder der einen oder der anderen Seite und würde nur zu weiteren Kriegen führen».[15] Maiski unterstrich, dass die UdSSR einerseits «nicht den Wunsch hat, unter die Knute der Deutschen zu geraten oder in weitere Unannehmlichkeiten mit ihnen verwickelt zu werden», dass es auf der anderen Seite aber «möglich sein könnte, einen Handel mit [Hitler] zu machen dergestalt, dass die Deutschen ihre Kolonien wiederbekommen und im Gegenzug den Polen und Tschechen ein größeres Maß an Freiheit gewährt wird».[16]

19. März

[...] Bei Beaverbrook zu Mittag gegessen. Er war außer sich vor Wut; die «elf Punkte» für den Frieden, die heute in der Presse veröffentlicht worden sind, empören ihn zutiefst. Diese Punkte seien nichts anderes als das, worauf sich Hitler und Mussolini am Brenner geeinigt haben.[17]

«Das ist ein Eroberungsfriede!», schnaubte Beaverbrook. «Wir werden solche Friedensbedingungen niemals annehmen!»

Beaverbrook ist der Meinung, England könne Polen und die Tschechoslowakei ihrem Schicksal überlassen und sogar einige seiner Kolonien opfern, werde aber niemals das Recht Hitlers anerkennen, den «Wirtschaftsraum» in Europa zu errichten, über den er mit Sumner Welles[I] gesprochen hat und der in den elf Punkten umrissen wird.

I Benjamin Sumner Welles, 1937–1943 stellvertretender US-amerikanischer Außenminister.

«Wie Sie wissen, war ich gegen den Krieg», fuhr Beaverbrook fort. «Ich wollte einen raschen Frieden. Aber jetzt bin ich ganz und gar für Krieg! Ich befürworte sogar eine Verschärfung der Blockade und des Luftkrieges! Ich bin bereit, mich selbst als MG-Schütze in ein von meinem Sohn gesteuertes Flugzeug zu setzen!»

Beaverbrook ist gegen jede Sentimentalität im Krieg. Das Völkerrecht sei irrelevant. Auge um Auge, Zahn um Zahn!

Nie zuvor habe ich Beaverbrook in so kriegerischer Stimmung erlebt. [...]

23. März

Der finnische Krieg ist vorbei, und allem Anschein nach kehrt wieder Normalität ein. [...] Ja, zweifellos ist die Normalität des seltsamen *Sitzkrieges* wieder eingekehrt.

Das Parlament tagt dreimal pro Woche ... Die Abgeordneten stellen wie gewöhnlich ihre Fragen ... Die Minister verlesen wie gewöhnlich ihre Antworten ... Der Speaker sitzt wie gewöhnlich mit seiner Perücke da und nickt vor sich hin ... Die Ministerien halten ihre Konferenzen ab und machen ihre Hausaufgaben, wie gewöhnlich ... Die Zeitungen erfinden Sensationsgeschichten und verbreiten Gesellschaftsklatsch, wie gewöhnlich ... Die Läden verkaufen ihre Waren ... Die Bankiers zählen das Geld und verlesen ihren jährlichen Geschäftsbericht ... Liebespaare ziehen sich in die Schlupfwinkel der Parks zurück ... Scharen von Kindern tollen übermütig auf den Spielplätzen umher ... Die Taxis reihen sich an ihren Standplätzen auf ... Zeitungsjungen schreien sich die Kehle heiser, um ihre Abendzeitungen zu verkaufen, wie gewöhnlich ...

Alles ist wie immer. Alle leben für das Heute, für die kleinen Bedürfnisse der Stunde, der Minute. Niemand denkt an die Zukunft, niemand versucht nach vorne zu blicken. Man vermeidet es instinktiv, auch dann noch, wenn sich ein vorwitziger Gedanke einstellt, der einen an die Schwelle führt, von der aus sich Ausblicke auf die Zukunft öffnen. Alle scheinen besonders erpicht darauf zu betonen, dass alles seinen normalen, gewohnten, traditionellen Gang geht. Nichts Neues unter der Sonne. Keine Exzesse.

Mir hingegen erscheint alles auf Abruf, irreal, fantastisch ...

Vielleicht liege ich falsch oder zumindest nicht ganz richtig, aber immer wieder erscheint ein bestimmtes Bild vor meinem geistigen Auge:

Eine gigantische Welle. Sie wird größer, schwillt an, richtet sich höher und höher auf. In ihrer dunklen Tiefe verbergen sich mächtige Turbulenzen. Unermessliche Kräfte vereinigen und konzentrieren sich dort. Jeden Augenblick werden sich diese Kräfte jetzt in einer katastrophalen, unbezähmbaren Sturzflut ihre Bahn brechen. Solange die Welle jedoch an ihrer Oberfläche noch relativ glatt und ruhig ist, schippern winzige Boote voller Passagiere auf dieser Oberfläche in ihrer normalen, gewohnten Ordnung oder vielmehr Unordnung hin und her. Die Boote erzeugen verschlungene Bewegungsmuster aus Bahnen, die sich kreuzen und wieder auseinanderlaufen. Die Passagiere rufen einander Dinge zu, lachen und diskutieren. Herren flirten mit Damen, und die Damen flirten zurück und malen sich das Gesicht an. Bunte Taschentücher flattern, die Brise trägt sorglose Stimmen davon. Alles erscheint für die Ewigkeit bestimmt, normal, unveränderlich, gewöhnlich ... Niemand denkt an den Sturm, der kurz davor ist loszubrechen ...

Und dann plötzlich ein lautes Krachen und Brausen! ...

Die Katastrophe ist da.

27. März

► Ein Ausschnitt aus der *Times* vom 27. März 1940: «Sowjetunion ruft ihren Botschafter zurück», ist dem Tagebucheintrag beigeheftet. Für Maiski sicherlich ein Anlass zu höchster Beunruhigung. Angeblich hatte Suriz, der sowjetische Botschafter in Paris, an Stalin ein Telegramm mit Informationen über die Haltung Frankreichs zum finnischen Krieg geschickt, das die Zensur abgefangen hatte und das die französische Regierung als Einmischung in ihre inneren Angelegenheiten betrachtete. Die französische Regierung hatte Suriz zur Persona non grata erklärt. Um den Franzosen keinen Vorwand für den Abbruch der diplomatischen Beziehungen zu liefern, hatte Molotow (der Suriz – und Maiski – immer als Leute Litwinows betrachtet hat) Suriz gerügt und ihn seines Amtes als Botschafter in Frankreich enthoben.[18]

Eine absolut idiotische Geschichte! Ich kenne keine Details über die Verschickung dieses Telegramms (wir hier verschicken solche Dinge niemals als Klartexttelegramme), aber die Franzosen sind offensichtlich auf Krawall aus. Ich verstehe ihre Politik nicht. Worauf zählen sie?

Ich habe heute mit Suriz telefoniert. Er wird in wenigen Tagen Paris verlassen. Noch ist nicht darüber entschieden worden, wer dort bleibt. [...] Aus der Presseabteilung des Foreign Office habe ich heute erfahren, dass die Abberufung von Suriz eine rein französische Angelegenheit ist, dass die britische Regierung damit absolut nichts zu tun hat und dass in den englisch-sowjetischen Beziehungen alles beim Alten bleibt. Wir werden sehen.

▶ Ein zweiter Eintrag vom 27. März ist ein langer Bericht an Molotow über eine fruchtlose Unterredung mit Halifax. Maiski hatte von seiner Regierung die Anweisung erhalten, eine Wiederaufnahme der Wirtschaftsverhandlungen vorzuschlagen als Mittel, um der mit Nachdruck vorgetragenen Forderung der Franzosen nach Bombardierung der Ölfelder von Baku etwas entgegenzusetzen. Halifax war sich darüber im Klaren, dass eine solche Operation «fast mit Gewissheit zu einem festgefügten Bündnis zwischen Deutschland und der Sowjetunion führen werde», und wies das Foreign Office daher an, die Wirtschaftsverhandlungen zu führen, wenn auch mit einer «stiff upper lip» und so zu verfahren, dass Großbritannien sich nicht die Möglichkeit verbaue, «zu einem späteren Zeitpunkt im Kaukasus aktiv zu werden, sollten die Türken sich dort zu einer Zusammenarbeit mit uns durchringen». Erst der deutsche Angriff auf Frankreich sorgte dafür, dass diese Operation, die vielleicht zu einer Eskalation geführt hätte, an deren Ende Großbritannien sich in einem Krieg gegen Deutschland und Russland wiedergefunden hätte, in der Schublade verschwand.[19]

28. März

[...] Sylvester, Lloyd Georges persönlicher Sekretär, erzählte mir die folgende Geschichte:

Im Jahr 1917 (Sylvester arbeitete zu der Zeit schon für Lloyd George) ernannte Lloyd George Neville Chamberlain zum Direktor des für die Wehrpflicht zuständigen Ministeriums. Die Streitkräfte brauchten dringend Soldaten. Große Hoffnungen ruhten auf dem Ministerium. Chamberlain ging an die Aufgabe mit den Methoden und dem Blickwinkel eines Bürgermeisters von Birmingham heran, der er bis dahin gewesen war. Er machte einen städtischen Beamten aus Birmingham, einen gewissen Smith, zu seinem permanenten Unterstaatssekretär. Smith war ein Mann von geringem Format, der nicht die leiseste Ahnung vom Londoner Stadtleben, vom Funktionieren des Staatsapparats, von den in Kriegszeiten erforderlichen Arbeitsmethoden etc. hatte. Doch Chamberlain agierte ganz und gar nach den Maßgaben und Ratschlägen seines Unterstaatssekretärs. Schnell stellte sich heraus, dass das Ministerium nicht in der Lage war, den Streitkräften die erforderliche Zahl von Wehrpflichtigen zu liefern. Lloyd George war sehr ungehalten und bat Bonar Law[1] und Austen Chamberlain, ihren Einfluss auf Neville Chamberlain geltend zu machen. Sie versuchten das mehrere Male, aber ohne Erfolg. Neville beantwortete jeden ihrer Vorstöße damit, er werde sich «nach den Ratschlägen von Mr Smith» richten. Lloyd George verlor schließlich die Geduld und herrschte Neville an: *«Get out! Get out, you and your Mr Smith!»*

Chamberlain musste das Ministerium «in Schimpf und Schande» verlassen. Er hat das bis heute nicht vergessen. Sylvester hält es deshalb für unwahrscheinlich, dass Lloyd George in ein von Chamberlain geleitetes Kabinett eintreten könnte. Nur absolut außergewöhnliche Umstände könnten Chamberlain zwingen, das zuzulassen. [...]

Randolph Churchill ist einer derjenigen, die in letzter Zeit wieder in mein Sichtfeld getreten sind. Früher besuchte er mich häufig und rief mich noch öfter an. Nach der Kriegserklärung, als er Offizier in einem auf dem Land stationierten Panzerbataillon wurde, schaute er jedes Mal, wenn er nach London kam, bei mir vorbei. Doch nach Ausbruch des finnischen Krieges ward er nicht mehr gesehen, und ich hörte dreieinhalb Monate nichts von ihm. Letzte Woche, nach dem Friedensschluss mit den Finnen, besuchte Randolph mich ganz unerwartet. Und vor Kurzem kam er erneut vorbei und brachte seine junge Frau mit (die er ganz kurz nach Kriegsbeginn geheiratet hatte). Das hat etwas zu bedeuten. Noch aufschlussreicher ist der Stimmungswandel, der sich bei ihm vollzogen hat: Als der Krieg erklärt wurde, machte er Sprüche über einen leichten Sieg, doch jetzt zeigt er sich sehr besorgt, was den Verlauf und das Ergebnis des Krieges angeht.

---

1 Andrew Bonar Law, Politiker der Konservativen, 1922/23 Premierminister.

2. April

Die Rede des Genossen Molotow vor dem Obersten Sowjet am 29. März wird zweifellos ein positives Echo finden.[20] Seine Stellungnahme wird gewiss den Elementen im Ausland, die gegen uns sind, namentlich in England und Frankreich, das Leben schwerer machen. Beaverbrook ist schlicht begeistert. Er rief mich an und brüllte durchs Telefon: «Molotow ist für Isolation! Wunderbar! Das deckt sich mit britischen Interessen.»

Was Beaverbrook meint, ist klar. In den letzten zwei Monaten war man sich in England im Großen und Ganzen darin einig, dass die UdSSR ein «Verbündeter Deutschlands» sei. Sogar Butler hat diese Befürchtung geäußert. In den jüngsten Wochen hat die Presse jede Menge Aufhebens von einem «totalitären Dreierblock» (Deutschland, Italien und die UdSSR) in der Balkanfrage gemacht. Die «alliierten Länder» interpretieren nunmehr Molotows Rede wie folgt: Ein «Bündnis» zwischen Moskau und Berlin besteht nicht, die UdSSR bleibt bei ihrer selbstständigen Politik, und diese steht für Neutralität. Was könnte besser sein? ... Der Albtraum, der auf den Seelen Londons und Paris lastete, ist weg.

Es gibt natürlich Skeptiker. Manche sagen: «Neutralität ... Nun ... Was für eine Neutralität? Es gibt viele Arten von Neutralität.»

Diese Leute halten es für besser abzuwarten, als schon zu trommeln. [...]

5. April

Heute kamen die Shaws zum Mittagessen zu uns. Wir hatten das betagte Paar mehrere Monate lang nicht gesehen. Sie sind voller Elan, besonders er, aber so langsam lässt ihre Gesundheit sie im Stich. Kein Wunder, er ist 83 und sie noch älter. Doch Shaws Verve, sein Gedächtnis und sein Interesse am Weltgeschehen sind noch immer frappierend. Wir waren nur zu viert am Tisch (was den beiden Alten, wie wir am Ende herausfanden, gut gefiel). Das sind die besten Gesprächsvoraussetzungen, und Shaw tauchte gleich in Erinnerungen an weit Zurückliegendes ein. Er gestikulierte viel während seiner lebhaften Erzählung.

«In den achtziger Jahren, nachdem wir gerade die Fabian Society gegründet hatten, wurde eine Versammlung im Hyde Park zum Maifeiertag organisiert. Ich war Vorsitzender und Redner. Als die Veranstaltung vorbei war, machte ich mich durch die Menschenmenge auf den Weg aus dem Park. Plötzlich hielt mich ein bärtiger Mann mittlerer Größe in einem braunen Anzug an. Nachdem er mir zu der erfolgreichen Versammlung gratuliert hatte, fragte er: ‹Kennen Sie mich?› Ich hatte das Gefühl, ihm schon mal begegnet zu sein, wusste aber nicht mehr, wo und wann. Ich gab ihm die übliche einfallslose Antwort, sein Gesicht komme mir sehr bekannt vor, ich könne mich aber an die Umstände unserer Begegnung nicht erinnern. Der bärtige Mann lachte und sagte leutselig: ‹Nein, Sie kennen mich nicht. Ich bin Friedrich Engels.› So sieht also Engels aus, dachte ich mir. Ich hatte eine Menge über ihn gehört, aber wir waren uns noch nie begegnet. Am Maifeiertag des folgenden Jahres hielt ich wieder eine Rede im Hyde Park. Und wieder kam Engels auf mich zu und fragte scherzhaft: ‹Und, erkennen Sie mich jetzt?› ‹Aber natürlich erkenne ich Sie! Sie sind der große Engels!›, rief ich frohlockend und schüttelte ihm fest die Hand.»

[...] Nach Engels kamen wir auf Marx zu sprechen. Shaw hatte Marx nie kennengelernt; er starb, bevor Shaw sich der sozialistischen Bewegung anschloss. Er kannte aber Marx' Tochter Eleanor, die in der Familie Tussy genannt wurde.

«Sie war auffallend blond», erinnerte sich Shaw, «lebhaft und äußerst intelligent. Sie beherrschte mehrere Sprachen perfekt. Wirkte oft als Dolmetscherin an internationalen Konferenzen und Kongressen mit. Sie war jedoch eine sehr ‹parteiische› Dolmetscherin: Sie übersetzte die Reden ‹ihrer Leute› mit einer Brillanz, die diese im Original gar nicht hatten (sie war selbst eine herausragende Rednerin), wogegen sie ihre ‹Gegenspieler› wie Dummköpfe aussehen ließ, die sie nicht waren. Ich bemerkte das und bestand fortan auf bezahlten und ‹unparteiischen› Dolmetscher für unsere Kongresse.»

Shaws Miene bewölkte sich kurz, und er fuhr dann mit gesenkter Stimme fort: «Eleanor ließ sich mit Aveling[1] ein. Haben Sie den Namen je gehört?»

Ich nickte.

«Ich weiß nicht, was die beiden verband. Aveling war ein eigenartiger Mensch. Ich bezweifle nicht, dass er ein überzeugter Sozialist und Atheist war, der für seine Überzeugungen aufs Schafott gegangen wäre, aber im

1 Edward Aveling, prominenter «Darwinist», gründete die Socialist League und die Independent Labour Party.

gewöhnlichen Leben war er ein Mann, dessen Moral sehr zu wünschen übrig ließ.» (Ein Schurke, fügte Shaw hinzu.) «Als Universitätsprofessor betreute er Studienanfänger, am liebsten Mädchen (kurz zuvor waren Frauen zum Studium an Universitäten zugelassen worden). Aveling kassierte gewöhnlich die Gebühr für zwölf Lehrstunden im Voraus, lieh sich zusätzliches Geld von seinen Studenten und gab ihnen dann nur eine Lehrstunde. Wenn die Studenten sich das nicht gefallen ließen, gab es Ärger und einen Skandal, aber Aveling zahlte ihnen das Geld nie zurück. Einmal kam er zu mir und bat mich um fünf Pfund. Da ich Aveling gut kannte, weigerte ich mich, ihm auch nur einen Penny zu geben. Er versuchte alles Mögliche, um mich zu überreden, und erklärte schließlich: ‹Sie können ganz sicher sein, dass Sie das Darlehen zurückbekommen. Wenn Sie in zwei Monaten meinen Schuldschein Eleanor vorlegen und ihr sagen, dass ich im Gefängnis landen werde, wenn sie nicht zahlt, wird sie Ihnen das Geld sofort geben.› Ich war ziemlich wütend und warf Aveling aus dem Haus.»

Shaw hielt inne und fuhr dann fort: «Die arme Eleanor! Sie hat sich umgebracht. Es trug sich so zu: Eleanor und Aveling lebten zusammen, ohne kirchlich geheiratet zu haben. Aveling war rechtsgültig mit einer anderen Frau verheiratet, mit der er nicht zusammenlebte, und das machte eine Eheschließung mit Eleanor unmöglich. Als Avelings Frau starb, tat ihre Familie, die Eleanor hasste, ihr Möglichstes, um ihr auch nach dem Tod der Frau das Leben zu vergällen. In dem Nachruf, den sie in den Zeitungen veröffentlichten, wurde erwähnt, dass die Verstorbene Avelings rechtmäßige Frau war; damit sollte auf Eleanors unrechtmäßigen Status hingewiesen werden. Wie auch immer, Aveling war jetzt ein freier Mann. Eleanor, eine Frau mit fortschrittlichen Ansichten und noblem Charakter, bestand nicht eine Sekunde lang darauf, ihre langjährige Beziehung zu Aveling zu legalisieren. Sie war ganz zufrieden, so weiterzuleben. Und wissen Sie, was Aveling machte? Jetzt, da er ein freier Mann war, verließ er Eleanor und heiratete eine andere Frau. Eleanor, die schon in der Vergangenheit sehr darunter gelitten hatte, wie Aveling mit ihr umging, konnte diesen letzten Tiefschlag nicht verwinden und nahm sich das Leben. Als ich mein Stück *Doctor's Dilemma*[21] schrieb, benutzte ich viel von dem, was ich über Avelings Charakter und seine Eskapaden wusste.»

Wieder hielt Shaw einen Moment inne, dann fuhr er fort: «Da war auch diese wunderbare Frau, Helene[1] ... Sie haben von ihr gehört, da bin ich sicher. Sie arbeitete als so etwas wie die Haushälterin im Hause Marx. Ich fand es immer zum Lachen, dass Marx, der sein ganzes Leben dem Proletariat widmete, tatsächlich nur ein Mitglied des Proletariats kannte, nämlich Helene, die er nicht einmal bezahlte! ... Ja, Marx' finanzielle Lage war meistens furchtbar. Es war eine echte Tragödie. Marx' Frau wurde zuweilen fast verrückt vor Verzweiflung. Aber auch wenn Helene keinen Lohn bekam, wurde sie am Ende doch belohnt: Ihr Name ist auf Marx' Grabstein verewigt.»

[...] Dann kam Shaw auf weniger weit Zurückliegendes zu sprechen.

1931 hatte Shaw mit den Astors und Lothian die UdSSR besucht, und sie wurden vom Genossen Stalin empfangen. Louis Fischer war der Dolmetscher. M. M. [Litwinow] war ebenfalls zugegen.

Nancy Astor war natürlich die Erste, die den Genossen Stalin attackierte. Die Lady versuchte ihm zu beweisen, dass die Kinder in der UdSSR falsch erzogen würden. Sie gab ein Beispiel. Sie hatte gerade eine Kolchosenschule besucht. Da hatte sie einiges auszusetzen: Die Kinder seien zu gepflegt angezogen und zu sauber. Das sei unnatürlich. Kinder sollten schmutzig sein – so sehe es die Natur vor –, außer bei Tisch. Und sie sollten sehr einfach angezogen sein, nur ein Stück Stoff, das man in einer halben Stunde waschen und trocknen könne. Als sie sich in Rage geredet hatte, sagte sie zum Genossen Stalin: «Schicken Sie mir eine vernünftige Frau nach England, und ich werde ihr den richtigen Umgang mit Kindern beibringen.»

Genosse Stalin lächelte und bat sie, ihm ihre Adresse zu geben. Das tat sie. Shaw glaubte, es habe sich seitens Stalin nur um eine Geste der Höflichkeit gehandelt, und so staunte er nicht schlecht, als er später erfuhr, dass nicht nur eine Frau aus der UdSSR Lady Astor aufgesucht hatte, sondern zwölf Frauen.

Als Lothian an der Reihe war, schickte er sich an, dem Genossen Stalin zu erklären, dass die britische Liberale Partei sich gespalten habe. Der Teil unter Führung Simons habe sich mit den Konservativen zusammengetan, während der andere Teil noch am Scheideweg stehe. Nach Ansicht Lothians könne aus diesem zweiten Teil, dessen führender Kopf Lloyd

---

1 Helene Demuth, genannt Lenchen.

George war, nach der notwendigen Schulung vielleicht die britische Partei des wissenschaftlichen Sozialismus hervorgehen.

[...] Lord Astor[1] kam als Nächster an die Reihe. Er hielt einen versöhnlichen Vortrag, in dem er erklärte, die öffentliche Meinung in Großbritannien stehe der Sowjetunion im Großen und Ganzen nicht feindselig gegenüber. Lord Astor war zu der Zeit in einer sehr radikalen Verfassung. Er fühlte sich fast wie ein «Bolschewist» und trug kurzärmelige Hemden. Er wollte etwas sagen, das dem Genossen Stalin gefallen sollte.

Genosse Stalin wandte sich an Shaw und fragte ihn, was er von den Ausführungen Astors halte. Shaw lachte und sagte: ‹In meinem Land, Irland – ich bin, wie Sie wissen, Ire und kein Engländer –, wird heute noch ein Lied gesungen, das angeblich schon Cromwell gesungen hat: *Put your trust in God, but keep your powder dry.* Ich würde also sagen, ich weiß nicht, ob Sie dem lieben Gott vertrauen – vermutlich nicht –, aber ich rate Ihnen aus tiefstem Herzen: Halten Sie Ihr Schießpulver trocken!› ...

6. April

Eine weitere Kabinettsumbildung! Wie gehabt, wie gehabt. Man macht es nach dem Muster von Krylows *Quartett.* Ich kann es mir nicht verkneifen, diesen Fabeldichter zu zitieren:

> Sitzt, wie ihr wollt, in keinem Fall
> seid ihr zu Musikern erkoren.

Und doch, in einem Punkt ist die Umbildung bemerkenswert, aber das betrifft nicht so sehr die Gegenwart wie die Zukunft: Es ist ein Trend, der große Dinge nach sich ziehen könnte. Ich meine die neue Rolle Churchills. Er ist zum Präsidenten eines Komitees ernannt worden, dem der Kriegs-, der Marine- und der Luftfahrtminister sowie die Stabschefs angehören. Zumindest theoretisch ist Churchill damit für die Kriegführung verantwortlich. Aber ... Hoare ist im Rahmen dieser neuesten Rochade Luftfahrtminister geworden. Das heißt, Chamberlain bugsiert einen eigenen Mann in das Komitee, um Churchills Operationen zu sabotieren. Das ändert aber nichts an dem Trend an sich, der sich wahrscheinlich früher

1 Lord Waldorf Astor, Politiker und Zeitungsverleger, der mit seiner Frau Nancy Astor eine große Begeisterung für das Empire und soziale Reformen teilte; 1935–1949 Vorsitzender des Royal Institute of International Affairs.

manifestieren wird, als wir es erwarten. In Kriegszeiten entwickeln Prozesse aller Art ein fieberhaftes Tempo. Wir werden sehen. [...][22]

► Maiskis Ansehen sank nicht nur in England auf einen Tiefpunkt, sondern – sehr viel beunruhigender – auch in Moskau. Die Abberufung von Suriz gab Molotow Auftrieb für den Versuch, auch Maiski die Flügel zu stutzen. Fjodor Gussew[1] vom Narkomindel kritisierte Maiskis diplomatische Aktivitäten in mehreren ungnädigen Briefen heftig. Der Botschafter erhielt Anweisung, sich bei seinen persönlichen Kontakten auf Spitzenbeamte zu beschränken und sich alle nötigen Informationen aus den Medien zu besorgen. Hätte Maiski sich an diese Weisung gehalten, so hätte er sich seiner höchsten Trumpfkarte beraubt, seines großen Kreises von Gesprächspartnern. Nunmehr, mit dem Rücken zur Wand, verlegte er sich einmal nicht auf seine althergebrachte Überlebensstrategie des taktischen Manövrierens und Sicheinschmeichelns, sondern suchte die Konfrontation. Es folgen einige faszinierende Exzerpte aus einem neun Seiten langen visionären «Vortrag» an die Adresse Gussews über Diplomatie im Allgemeinen und Diplomatie in Großbritannien im Besonderen. Es war einerseits ein Plädoyer in eigener Sache, andererseits aber auch eine Klage darüber, dass die Vision einer modernen Diplomatie zusehends verloren gehe und er praktisch ihr einziger übrig gebliebener Verfechter sei:

> [...] Das wichtigste und substantiellste Element für die Arbeit eines jeden Botschafters ist der tatsächliche Kontakt zu Leuten. Es reicht nicht, die Zeitungen zu lesen – das kann man auch in Moskau. Es genügt nicht, mit Büchern und statistischen Berichten zu arbeiten – auch das kann in Moskau gemacht werden. [...] Ein Botschafter ohne exzellente persönliche Kontakte verdient nicht, Botschafter genannt zu werden.
>
> Jedes Land hat seine Besonderheiten. Art und Anzahl der Kontakte unterscheiden sich je nach den unterschiedlichen politischen, wirtschaftlichen und individuellen Bedingungen in den einzelnen Staaten. Es kann in solchen Din-

1 Fjodor Tarassowitsch Gussew, Archetypus des von Stalin und Molotow anvisierten «neuen Diplomaten». Absolvent des Instituts für das sowjetische Bau- und Rechtswesen, arbeitete für die Ökonomische Planungskommission der Region Leningrad. Als die Säuberung im Narkomindel einsetzte, machte er einen Crashkurs in Diplomatie. Seine Loyalität zur Partei ermöglichte ihm eine glänzende Karriere im Narkomindel, 1938, im Alter von 35 Jahren, Direktor der Abteilung für Westeuropa, 1942 sowjetischer Botschafter in Kanada, 1943 Nachfolger Maiskis in London. Sir Archibald Clark Kerr, der britische Botschafter in Moskau, charakterisierte Gussew als einen «groben, unerfahrenen Kerl mit schlechten Umgangsformen».

gen keine allgemeingültige Vorlage geben. Was in Paris akzeptabel ist, mag in Tokio ganz und gar ungehörig sein und umgekehrt. [...] In England ist der Aufbau dieser wichtigen persönlichen Kontakte extrem schwierig und macht erforderlich, als Botschafter einen großen Teil seiner Zeit darauf zu verwenden. [...] Um über alles Wichtige, was in den unterschiedlichen Bereichen des englischen Lebens vor sich geht, auf dem Laufenden zu sein, genügt es nicht, ein oder zwei Leute in jeder Gruppe zu kennen. [...] Es reicht ganz einfach nicht aus, Kontakte zum Beispiel mit dem Außenminister und seinem Stellvertreter zu haben, sondern man muss auch den Leiter des Northern Department des Foreign Office kennen, denn die UdSSR fällt in seinen Zuständigkeitsbereich. [...] Allein im Foreign Office muss man unbedingt mit 15 bis 20 Personen Kontakt halten, und natürlich erfordert unsere Arbeit, dass wir darüber hinaus auch mit anderen Ministerien reden, dem Wirtschafts-, dem Finanz-, dem Handels-, dem Verteidigungsministerium usw.

Oder nehmen wir als anderes Beispiel das Parlament und die politischen Parteien. Dies ist ein äußerst wichtiges Element des politischen Lebens in England. Es ist von großem Nutzen, den wichtigeren Sitzungen des Parlaments beizuwohnen (das rund acht Monate im Jahr tagt). Man gewinnt ein überaus präzises Bild von der gegenwärtigen Stimmungslage im Land. Aber das genügt nicht. Wenn man über die verschiedenen Bereiche der Innen- und der Außenpolitik wirklich gut informiert sein will, muss man in persönlichem Kontakt zu einer erklecklichen Zahl von Parlamentsmitgliedern stehen. Natürlich ist es unrealistisch und auch unnötig, Beziehungen zu allen 615 Abgeordneten zu pflegen. Aber einigen wir uns darauf, dass man rund 100 Abgeordnete aus allen unterschiedlichen Parteien kennen sollte.

Und schon sind wir bei einem weiteren Beispiel, bei der Presse. Hier handelt es sich um eine äußerst komplexe und aktive Gruppe, die eine sehr große Zahl von Personen umfasst. Diese Leute sind eigenwillig und unkonventionell. Sie kommen zum Botschafter mit Fragen aller Art, mit Übersichten und bitten um Details oder Klarstellung – entweder persönlich oder telefonisch, aber potentiell zu jeder Tages- und Nachtstunde. [...] Um normale Kontakte mit der Presse halten zu können, muss man rund fünfzig Personen kennen. [...] Ich habe Berechnungen angestellt und komme zu dem Ergebnis: Wenn der Botschafter seine Aufgaben so erfüllen will, wie er sie erfüllen sollte, muss er zu mindestens 500 Personen Kontakte pflegen (wenn wir die Vertreter aller hier erwähnten Gruppen berücksichtigen).

Zur Natur dieser Kontakte. Was bedeutet es, einen Kontakt zu pflegen? Bestimmt reicht es nicht aus, jemanden auf der Basis des einander Zunickens zu kennen und ihn ein- oder zweimal jährlich bei einem offiziellen Anlass oder in den Gängen des Parlaments zu treffen; die Ernte, die solche Kontakte bringen, ist kein bisschen größer als null. Soll ein Kontakt nach unseren Maßstäben nützlich sein, so muss es ein sehr viel engerer Kontakt sein. Das bedeutet, man muss mit der Person mehr oder weniger regelmäßig zusammentreffen, sie zum Frühstück oder zum Dinner einladen, sie zu Hause besuchen, sie hin und wieder ins Theater einladen, nötigenfalls an der Hochzeit ihres Sohnes oder ihrer Tochter teilnehmen, ihr an ihrem Geburtstag Glückwünsche überbringen, ihr gute Besserung wünschen, wenn sie krank ist. Erst wenn diese Person einem etwas nähergekommen ist (und Engländer beobachten einen ziemlich lange, bevor sie bereit sind, Freundschaft zu schließen), beginnt ihre Zunge sich zu lösen, und erst dann beginnt man, von dieser Person etwas zu erfahren oder ihr andersherum die richtigen Ideen in den Kopf zu setzen.

[...] Wie sollte eine Botschaft arbeiten, um Kontakte zu pflegen? [...] Man wird von jedem Genossen erwarten, sein einschlägiges Wissen zu kultivieren und zu erweitern, die relevanten Leute zu treffen, mit ihnen zu frühstücken oder zu Abend zu essen (in England finden alle Unterredungen gewöhnlich bei Tisch statt – beim Frühstück, beim Tee, beim Dinner etc.), ihnen die Informationen zu geben, die man beschlossen hat, ihnen zu geben, sie in eine für uns günstige Richtung zu dirigieren. Diese Arbeit hat keine klar gezogenen Grenzen.

[...] Ich wiederhole, dass all unsere Kontakte in den Händen zweier Leute gewesen sind, meiner Wenigkeit und des Genossen Korzh. Wir mussten rennen wie Hamster im Rad. Es gereichte uns zum Vorteil, dass ich dank meiner alten Bekannten aus den Jahren der englisch-sowjetischen «Freundschaft» in der Lage war, mit vielen Leuten (Lloyd George, Leighton, Beaverbrook, Churchill, Eden, Butler, Vansittart und anderen) «schlicht» zu verkehren – es war und ist nicht nötig, ihnen jedes Mal, wenn ich sie brauche, ein Frühstück oder ein Mittagessen zu bieten, und manchmal konnte ich sie einfach anrufen oder auf den Korridoren des Parlaments treffen. Aber es war ungeachtet dieser Vorteile doch mitunter physisch unmöglich, zu dieser oder jener Person, die wir als einen nützlichen Kontakt erachteten, eine aktive Beziehung aufrechtzuerhalten; wir hatten also auch viele Lücken und haben sie noch.

Das von Ihnen ausgearbeitete Programm, wenn wir es ernst nehmen (und natürlich sollten wir das tun), ist extrem komplex. Es wird qualifizierte Arbeiter benötigen, die allein schon diesem Projekt sehr viel Zeit widmen müssen. Wen aber haben wir im Moment hier in der Botschaft? Der Genosse Korzh, der Ihrem Wunsch gemäß die Informationsgewinnung steuern soll, hat zum einen absolut keine Zeit für eine solche Arbeit und zum anderen keine Erfahrungen auf dem Gebiet der literarischen oder wissenschaftlichen Recherche. Er war früher Seemann, dann Kommandeur eines Charterschiffes, und in den letzten beiden Jahren hat er als Erster Sekretär tagesaktuelle diplomatische Aufgaben erledigt. Der Praktikant Genosse Krainski[1] hat eine technische Ausbildung, war

---

1 Anatoli (Ariel) Markowitsch Krainski, 1939–1944 Sekretär an der sowjetischen Botschaft in Großbritannien.

zweieinhalb Jahre lang Sicherheitsbeamter [an der sowjetischen Botschaft] in Washington und hat erst vor Kurzem mit eigentlicher Botschaftsarbeit begonnen. Ich habe ihn beauftragt, die englische Wirtschaft im Auge zu behalten. Er ist ein fleißiger Arbeiter, aber es ist ein neues Gebiet für ihn, mit dem er nicht vertraut ist, und er tut sich im Moment noch schwer, sich zu orientieren. Der andere Praktikant, Genosse Mikhailow, kann vorerst noch kein Englisch und hat ein nicht abgeschlossenes Studium an einer Landwirtschaftsakademie hinter sich. Vor seiner Aufnahme ins NKID hat er auf einer Traktorenstation gearbeitet; diplomatische Arbeit oder Recherchearbeit irgendwelcher Art hat er noch nie geleistet. [...]

Ich werde mit ein paar Worten schließen. [...] In dem Zustand der wahnhaften Angst vor Spionen, in dem sich England gegenwärtig befindet, müssen wir bei jedweden Beobachtungsaufgaben äußerste Sorgfalt walten lassen, um unseren Feinden keinen Vorwand für antisowjetische Provokationen zu liefern. In diesem Sinne komme ich zum Ende dieses Briefes und hoffe, dass das Ministerium und die Botschaft ab jetzt enger zusammenarbeiten werden.[23]

Der deutsche Blitzkrieg im Westen sollte Maiski in die Hände spielen, machte er den Botschafter doch wieder zu einer unverzichtbaren Größe und sicherte ihm den weiteren Verbleib in London zu eigenen Bedingungen.

9. April

Was für eine jähe und unerwartete Wendung die Ereignisse genommen haben!

Gestern noch planten die Briten einen langwierigen *Sitz-Krieg*; heute haben die Deutschen den *Blitz-Krieg* auf die Tagesordnung gesetzt.

Deutsche Truppen sind heute Morgen in Dänemark und Norwegen eingerückt. Dänemark leistet anscheinend Widerstand, aber wenn man den deutschen Meldungen Glauben schenkt, wird das Land innerhalb der nächsten 48 Stunden vollständig besetzt sein. Kopenhagen ist bereits in deutschen Händen. [...]

Die vorherrschende Stimmung im Parlament setzte sich heute aus Verwirrung, Wut und Chauvinismus zusammen. Allen ging ein und dieselbe Frage durch den Kopf: Wo zum Teufel war unsere Marine? Wie konnte unsere Marine zulassen, dass die Deutschen nicht nur Oslo erreichten, sondern auch die norwegischen Atlantikhäfen? Kaum hatte jedoch Mander begonnen, diese Fragen an den Premierminister zu richten, als sich von allen Seiten des Hauses ein animalisches Gebrüll gegen den allzu tollkühnen Abgeordneten erhob. Chamberlains Rede war schwach und farblos. Wieder einmal ist er Opfer einer «Überraschung» geworden. [...] Nur eines wurde aus den Worten des PM deutlich: Die Alliierten haben den festen Beschluss gefasst, Norwegen militärischen Beistand zu leisten.

11. April

Heute lieferte Churchill in einer Rede detailliertere Erklärungen zu den Vorgängen in Norwegen. Ich habe ihn nie zuvor in einer solchen Verfassung erlebt. Man merkte ihm an, dass er mehrere Nächte lang nicht geschlafen hatte. Er war bleich, konnte die Worte nicht finden, geriet ins Stocken und verhedderte sich immer wieder. Keine Spur von seiner gewohnten parlamentarischen Brillanz.

Dem Gehalt nach war seine Ansprache unbefriedigend. Ihr roter Faden war Verteidigung in eigener Sache. Churchill versuchte mit eher lahmen Argumenten, den Durchbruch der Deutschen zu erklären: das schlechte Wetter, die Größe des Seegebiets, das man unmöglich zur Gänze kontrollieren könne usw. [...] Chamberlain, der neben Churchill auf der Vorderbank saß, war sichtlich erfreut. Kein Wunder, Churchills Misserfolg ist Chamberlains Erfolg.

13. April

Große Aufregung in den politischen Kreisen. Jeden Augenblick wird mit einem deutschen Überfall auf Holland gerechnet. Die Generalstäbe Großbritanniens, Frankreichs und Belgiens halten eilige Konferenzen ab. Mit Holland wird Kontakt gehalten. Von vielen Seiten hört man, die Deutschen wollten im Westen zuschlagen, um die Aufmerksamkeit der Alliierten von Norwegen abzulenken – nun denn. Das ist sogar besser. Es wird für die Alliierten leichter sein, im Westen Krieg zu führen als in Skandinavien. Hier sind sie besser darauf eingestellt. ...

15. April

Die diplomatischen Beziehungen zwischen der Labour-Partei und der Botschaft sind wiederhergestellt. [...] Attlee und Greenwood statteten mir heute endlich wieder einen Besuch ab.

Weder der «Streit» noch Finnland fanden Erwähnung. Unsere Unterredung konzentrierte sich auf die englisch-sowjetischen Beziehungen im

Die «diplomatischen Beziehungen» zwischen Attlee und Maiski sind wiederhergestellt.

Allgemeinen und auf die Wirtschaftsbeziehungen im Besonderen. Ich informierte die Labour-Führer über den gegenwärtigen Stand der Dinge. Sie brachten ihren brennenden Wunsch zum Ausdruck, unsere Beziehungen zu verbessern, und versprachen ihre Unterstützung. Attlee überließ das Reden weitgehend Greenwood, der sich dafür immer wieder mit der Frage an ihn wandte: «Ist das richtig so, Clem?»

Worauf Attlee unweigerlich die Antwort gab: «Oh ja, absolut.»

Im Großen und Ganzen gewann ich den Eindruck, dass Attlee uns wohlgesinnten ist als Greenwood. Greenwood trank viel, wie es seine Art ist, während Attlee an seinem Cherry Brandy nur nippte.

Somit sind also die diplomatischen Beziehungen wiederhergestellt!

Tatsachen sind ausdauernd, und die Macht der UdSSR ist unbestreitbar eine Tatsache.

2. Mai

Im Verlauf der letzten zwei oder drei Tage hat die Presse die öffentliche Meinung ganz offen auf die Räumung Norwegens vorbereitet. Und heute kündigte Chamberlain diese im Parlament mit klaren Worten an. Die Rede des PM übte eine bedrückende Wirkung aus. Die Abgeordneten waren deprimiert, und die Frage, ob eine Regierungsumbildung jetzt nicht unausweichlich sei, wurde auf den Korridoren offen erörtert. Chamberlain ist offensichtlich bankrott. Doch eine Debatte fand heute nicht statt. Sie ist auf den 7. Mai verschoben worden, und der Tag wird voraussichtlich wichtige Entwicklungen bringen.

Am 29. April übergab ich Halifax unsere Antwort auf das britische Memorandum vom 19. April. Halifax sagte mir, er müsse mit seiner Antwort warten, bis er unser Papier mit seinen Experten analysiert habe. Es war schon nach 18 Uhr, als ich mich mit Halifax traf.

Am 30. April um die Mittagszeit erklärte ein Pressesprecher des Foreign Office auf einer Pressekonferenz, unsere Antwort sei von «maßgeblichen Kreisen» als «unbefriedigend» bewertet worden. Etwas später wurde das im Radio wiederholt. Die «maßgeblichen Kreise» hatten es also geschafft, binnen weniger als 24 Stunden die sowjetische Antwort zu «analysieren» und ihr Urteil zu sprechen! [...]

7. Mai

Beaverbrook kam zum Lunch. Er befindet sich in einer zu allem entschlossenen und kriegsbereiten Gemütsverfassung. Die Alliierten würden bis zum bitteren Ende kämpfen. Lass es dreieinhalb oder sieben Jahre dauern – wie auch immer. Beide Seiten würden am Ende ruiniert sein. Die Zivilisation werde kollabieren. Dann werde das so sein. England werde nicht nachgeben! England könne nicht nachgeben!

Ja, Norwegen sei verloren. Aber in jedem Krieg gebe es Verluste. Wer zuletzt lacht, lacht am besten.

[...] Ich fragte Beaverbrook nach dem Zustand der Regierung. Dürfe man angesichts der parlamentarischen Debatten, die heute beginnen werden, mit irgendwelchen Veränderungen in diesem Bereich rechnen?

Mit einer wegwerfenden Armbewegung versicherte mir Beaverbrook im Brustton der Überzeugung, die Regierung werde in den Debatten natürlich Kritik ernten, aber das werde ohne ernsthafte Folgen bleiben. Chamberlains Stellung sei ungefährdet. [...]

Brendan Bracken stieß gestern im Gespräch mit mir genauso selbstgewiss ins selbe Horn. Und er ist immerhin Churchills Alter Ego und weiß bestens über alles Bescheid, was in der Küche der Politik angerichtet wird.

Es ist seltsam. Beaverbrook und Bracken sind eigentlich außergewöhnlich gut informierte Zeitgenossen. Aber ich habe das Gefühl, dass England sich einer entscheidenden Schwelle nähert, dass diese Debatten etwas bewegen müssten, dass ein Wechsel in der Luft liegt ...

Wir werden sehen.

8. Mai

Meine Vorahnung hat mich nicht getrogen! Nach zweitägigen Debatten ist die Regierung Chamberlain gestürzt ... Die Regierung ist formal noch nicht zurückgetreten, aber das ist nur eine Frage der Zeit und wird in Bälde passieren. Der entscheidende Schlag ist geführt.

Wie ist es passiert?

Es hat sich so zugetragen: Die Abgeordneten verbrachten das Wochenende in ihren Wahlkreisen, horchten an der Basis und waren am Dienstag, den 7. Mai, als sie nach London zurückkamen, ganz andere Leute als die, die am 3. abgereist waren. Denn die «Basis» – das Land und die Wählerschaft – ist überhaupt nicht glücklich darüber, wie der Krieg geführt wird, und ist in großer Erregung und Sorge über die Zukunft Englands. Diese Gefühle fanden in den Debatten der vergangenen zwei Tage lebhaften Ausdruck und führten zum Sturz Chamberlains.

Im Parlament bekam man gestern und heute ein höchst seltsames Schauspiel zu sehen.

Chamberlain, Hoare, Stanley und als Letzter Churchill ergriffen das Wort für die Regierung. Die ersten drei waren sehr schwach. Die Rede Chamberlains war schlicht und einfach Unsinn.[24] Hoare gab mit zuckendem Bein und mit dünner, scharfer Stimme diverse triviale Details über die Einsätze, Landungen und Starts britischer Flugzeuge in Norwegen zum Besten. Hoare ist Minister für Luftfahrt, und all diese Details wären für Spezialisten von Interesse, die sich daran vielleicht sogar orientieren könnten. Aber seine ganze Rede in einem solchen Augenblick (da das Schicksal der Regierung am seidenen Faden hängt und die Art und Weise, wie der Krieg geführt wird, Gegenstand der schärfsten Kritik ist) solchen

Dingen zu widmen – macht er sich damit nicht zu einem politischen Pygmäen? Stanley (der Kriegsminister) war ein bisschen besser, aber nur im direkten Vergleich. Zusammengenommen verfehlten ihre Reden nicht nur das Ziel, der Regierung wieder zu mehr Ansehen zu verhelfen, sondern schadeten ihr im Gegenteil. Churchills Rede machte einiges wieder gut. Sie war interessant und brillant, aber nicht überzeugend. [...]

Im Gegensatz dazu fielen die Attacken auf die Regierung außerordentlich scharf, glanzvoll und in manchen Augenblicken verheerend aus. Lloyd George zeigte sich wieder einmal von seiner unnachahmlichen Seite. Als Churchill den Versuch machte, sich vor die Regierung zu stellen, erntete Lloyd George brüllendes Gelächter mit dem Zwischenruf: «Sie sollten sich nicht in einen Luftschutzbunker verwandeln lassen, der seine Kollegen davor bewahrt, von Splittern getroffen zu werden.»

An Chamberlain gewandt, beschloss der alte Mann seine Rede mit den Worten: «Mit nichts kann er [der Premierminister] mehr zu einer siegreichen Beendigung des Krieges beitragen als damit, dass er die Siegel seines Amtes zurückgibt!»[25] Die Kritik Morrisons[I] an der Regierung und an Chamberlain persönlich war erstaunlich heftig und gipfelte in der Forderung nach dem Rücktritt des Premierministers, Simons und Hoares. Duff Cooper hielt eine glänzende Rede und war der Erste der bisherigen Stützen der Regierung, der ankündigte, gegen sie stimmen zu wollen. Seine Rede hinterließ einen großen Eindruck. Auch Amery[II] forderte den Rücktritt der Regierung. Admiral Keyes[III], der in Uniform und voll dekoriert im Parlament erschien, hielt ein außerordentlich wirksames Plädoyer für die Marine. Keyes ist kein guter Redner und las seine Rede fast ganz vom Blatt. Er strauchelte, geriet in Verwirrung und Erregung und lieferte genau aus diesem Grund eine sehr bewegende Rede ab. [...] Seine Worte hatten dieselbe Wirkung wie aus 16-Zoll-Geschützen abgefeuerte Granaten. Fast alle anwesenden Abgeordneten, die etwas mit dem Militär zu tun haben – Vertreter von Marine, Luftwaffe und Bodenstreitkräften –, sprachen sich gegen die Regierung und ihre Art der Kriegführung aus. Das war sehr wichtig.

I Herbert Stanley Morrison (Baron Morrison of Lambeth), 1934–1940 Labour-Abgeordneter, 1940 Minister für Nachschub, 1940–1945 Innenminister und Minister für Innere Sicherheit, 1942–1945 Mitglied des Kriegskabinetts.

II Leopold Amery, Abgeordneter der Konservativen, 1940–1945 Minister für Indien und Burma.

III Admiral Roger Keyes, 1940/41 Direktor für kombinierte Operationen.

Gestern, am ersten Tag der Debatten, war noch unklar, ob Labour einen Antrag auf die Vertrauensfrage stellen werde. [...] Nicht nur Labour-Leute und Liberale, sondern auch viele, viele Torys waren an der Grenze der Belastbarkeit angelangt. Das Eisen war heiß, und Labour erklärte, es verlange eine Vertrauensabstimmung.

Churchills abschließende Rede und sein heißes Wortgefecht mit Labour hatten die Temperatur in der Kammer beträchtlich erhöht. Dass Labour eine Vertrauensabstimmung beantragte, war Öl ins Feuer. Als die Abstimmung begann und die Abgeordneten durch die zwei Türen hinausdefilierten, summte es in der Kammer wie in einem aufgeschreckten Bienenstock. Die Spannung erreichte den Höhepunkt, als die Stimmenauszähler hereinkamen, zum Pult des Speakers gingen und dem mäuschenstill lauschenden Haus bekannt gaben: «Der Antrag auf eine Vertrauensabstimmung wird mit einer Mehrheit von 281 zu 200 Stimmen abgelehnt.» Triumphgeheul erhob sich von den Oppositionsbänken. Chamberlain saß kreidebleich auf seinem Stuhl. Denn auch wenn der Antrag abgelehnt worden war, hatte die Mehrheit der Regierung einen neuen Tiefpunkt erreicht.[26]

[...] Im Parlamentsrestaurant traf ich vor der Abstimmung Lloyd George. Der alte Mann war sehr aufgeregt und aufgekratzt. «Chamberlain ist erledigt», rief er aus. «Vielleicht hält er sich noch ein paar Wochen ... Wie Sie wissen, kann eine Ente mit gebrochenem Bein immer noch mit den Flügeln schlagen, aber ihr Schicksal ist besiegelt. Das gilt auch für Neville.»

Abrupt wechselte er das Thema und fragte mich: «Wo wird Hitler als Nächstes einfallen? Was meinen Sie?»

«Bei Hitler kann sich niemand sicher sein», antwortete ich, «aber ich denke, dass der Balkan für ihn derzeit die am wenigsten wahrscheinliche Richtung ist.»

«Das sage ich auch», antwortete Lloyd George erregt. «Hitler wird jetzt auf Holland losgehen!»

«Sehr gut möglich», pflichtete ich ihm bei.

13. Mai

Und so ist es gekommen, dass England jetzt eine neue Regierung hat – die Regierung Churchill!

Die Ente mit dem gebrochenen Bein gab ihren Geist schneller auf, als von Lloyd George vorausgesagt. Schuld daran ist Hitler. Doch anstatt mich zu überholen, sollte ich die Dinge so berichten, wie sie sich zugetragen haben.

Am Tag nach der niederschmetternden Abstimmung rief Chamberlain um neun Uhr morgens Amery zu sich und sagte ihm, es sei wohl an der Zeit für eine ernsthafte Regierungsumbildung. Man müsse jedoch Vorkehrungen treffen, um zu verhindern, dass Labour an die Macht komme. Die Regierung müsse in Tory-Händen bleiben. Der Premierminister bot Amery jegliches Ressort an, das er haben wolle (mit Ausnahme des Premierministeramts), einschließlich des Finanz- und des Außenministeriums. Er versprach des Weiteren, der konservativen «Opposition» gefällig zu sein und einigen ihrer prominenten Vertreter Ministerposten anzubieten. Amery wies das Angebot jedoch kategorisch zurück. Er sagte, das hätte nichts mit einem Ressort für ihn zu tun. Es gehe vielmehr um die Zusammensetzung der Regierung und vor allem um den Regierungschef. Amery erklärte, er halte es für undenkbar, dass Chamberlain Premierminister bleibe.

Nachdem Chamberlain es nicht geschafft hatte, Amery zu «kaufen», lud er Attlee und Greenwood ein, ihn nach dem Lunch zu besuchen, und deutete die Möglichkeit an, Labour-Vertreter in eine weiterhin von ihm geführte Regierung aufzunehmen. [...]

Wilson und Margesson[1] setzten ihren Apparat in Bewegung und waren willens, mittels einer groß angelegten Kampagne die «Rettung Chamberlains» durch Opferung einiger seiner unpopulärsten Minister zu bewerkstelligen. Doch dann kam überraschend Hitler dazwischen und kehrte das Unterste zuoberst.

In der Nacht vom 9. auf den 10. Mai marschierten die Deutschen in Holland und Belgien ein. Das hat in England eine ungeheure Wirkung. Die politische Temperatur schnellte sofort nach oben. Das ganze Land geriet unter Hochspannung. Die Dinge entwickelten sich in halsbrecherischem Tempo. Die Pläne Wilsons und Margessons, deren Umsetzung eine gewisse Zeit erfordert hätten, wurden Makulatur.

Allen war jetzt klar, dass der Umbau der Regierung unverzüglich vonstattengehen und sehr viel radikaler ausfallen musste, als man es sich bislang vorgestellt hatte.

---

1 David Reginald Margesson, 1931–1940 Chief Whip der Konservativen Partei, 1940–1942 Kriegsminister.

Am Vormittag des 10. Mai reiste der Vorstand der Labour-Partei, mit Ausnahme Morrisons, nach Bornemouth ab, wo der alljährliche Labour-Parteitag stattfand. Als Vorsitzender des London County Council und Chef der Luftverteidigung blieb Morrison in London, da ein deutscher Luftangriff auf die Hauptstadt nicht auszuschließen war. Der Parteivorstand traf in Bornemouth rechtzeitig zum Mittagessen ein. Danach wurde der Parteitag sogleich eröffnet, und man ging daran, Antworten auf die Fragen Chamberlains zu finden. Die Grundstimmung innerhalb des Parteivorstandes war ziemlich einmütig. Sie alle weigerten sich kategorisch, in eine von Chamberlain geführte Regierung einzutreten, erklärten sich aber bereit, Regierungsämter unter einem anderen Premierminister zu übernehmen, vorausgesetzt, dass ihre Partei einen angemessenen Anteil an den Schlüsselpositionen erhielt. [...] Attlee und Greenwood stiegen gerade ins Auto, als ein Anruf aus London kam: Es war Chamberlains Sekretär, der sich erkundigte, wie Labour sich entschieden habe. Attlee nahm den Anruf entgegen und gab die Antwort durch. Dann fuhren die Labour-Führer los, Richtung London. Sie brauchten rund zweieinhalb Stunden, und als sie um 19 Uhr in der Hauptstadt eintrafen, hatte die Regierung Chamberlain aufgehört zu bestehen. Während sie unterwegs gewesen waren, hatte Chamberlain es fertiggebracht, dem König sein Rücktrittsgesuch zu überreichen, und der König hatte es fertiggebracht, Churchill zum neuen Premierminister zu ernennen.[27] [...]

Unmittelbar nach ihrer Ankunft in London wurden Attlee und Greenwood zu einem Gespräch mit Churchill in der Admiralität eingeladen. Sie konferierten rund zwei Stunden mit dem neuen Premierminister. Es fiel ihnen nicht schwer, sich mit ihm auf eine gemeinsame Politik zu einigen. Vertrackter war die Frage, wer welches Ministerium übernehmen solle, doch auch darüber wurden sie sich nach kurzer Zeit einig. [...]

Das Schwierigste war, mit Churchill zu einer Einigung hinsichtlich Chamberlains zu gelangen. Während Attlee und Greenwood von Bornemouth nach London unterwegs gewesen waren, hatte Chamberlain nicht nur seinen Rücktritt erklärt, sondern auch von Churchill das Angebot erhalten, als Mitglied des Kriegskabinetts in die neue Regierung einzutreten. Churchill hatte diesen Entschluss hauptsächlich aus Rücksicht auf das nach wie vor große Gefolge gefasst, das Chamberlain in den Reihen der konservativen Abgeordneten hatte – Chamberlain würde weniger

Schaden anrichten können, wenn man ihn als «Geisel» im Kabinett behielt, als wenn er von außen Intrigen aller Art anzetteln könnte. [...]

Am Tag nach der Besprechung bei Churchill fand nach der Mittagszeit eine kurze Parlamentssitzung statt, in der Churchill seine neue Regierung vorstellte. Als Chamberlain den Saal betrat, begrüßten ihn die meisten konservativen Abgeordneten mit einem so stürmischen Beifall, dass man darin nur eine Demonstration des Misstrauens gegen Churchill sehen konnte. Verstärkt wurde dieser Eindruck noch dadurch, dass Churchill beim Einzug ins Unterhaus nur relativ bescheidenen Applaus erhielt: Die Labour-Opposition hat nicht die Angewohnheit, konservativen Führern zuzujubeln, und die meisten Torys rührten keine Hand. Das schien Churchill jedoch nichts auszumachen. Er sagte bei der Vorstellung seines Kabinetts nur einige wenige, aber machtvolle Sätze. Er sagte, er habe seinen neuen Kollegen nichts zu bieten als «Blut, Mühsal, Tränen und Schweiß». Er sei jedoch sicher, dass am Ende der Sieg stünde.[28]

So wurde ein neues Kapitel in der Geschichte dieses Krieges und in der politischen Geschichte Englands aufgeschlagen.

15. Mai

Besuchte Lloyd George in seinem Amtszimmer im Thames House.

Er ist in heller Aufregung. Seiner Meinung nach ist Belgien verloren. Noch viel besorgniserregender sei aber, was gestern bei Sedan passiert sei. Es gebe Anzeichen, dass es dort zu einem Durchbruch [der Deutschen] gekommen sei. Wenn sich das bestätige, werde die Lage wirklich unheimlich. Sedan liege am Übergang der Maginot-Linie zu dem Gürtel leichterer Befestigungen entlang der belgischen Grenze in Richtung Nordseeküste. Hätten die Deutschen dort die französischen Linien durchbrochen, könnten sie in den Rücken sowohl der Maginot-Linie als auch der entlang der belgischen Grenze stationierten englisch-französischen Streitkräfte gelangen. Das sei unheimlich gefährlich. Es könne über den Ausgang des Krieges in Frankreich entscheiden. Deswegen konzentriere Lloyd George seine Aufmerksamkeit im Moment auf Sedan.

[...] Ich fragte ihn direkt: «Sie glauben also, Frankreich und England werden den Krieg verlieren?»

Lloyd George wedelte mit der Hand und sagte: «Sie stellen die Frage zu brutal. Ich möchte ... ich kann sie nicht beantworten.»

Er zögerte einen Moment und fügte dann hinzu: «Die Alliierten können den Krieg nicht gewinnen. Wir können jetzt allenfalls darüber nachdenken, wie wir die Deutschen bis zum Herbst aufhalten können, dann werden wir weitersehen.»

Ob wenigstens das zu schaffen ist? ...

Lloyd George deutete mit einer Geste Unsicherheit an. Ich gewann den Eindruck, dass der alte Mann eine Niederlage der Alliierten – namentlich Frankreichs – befürchtete. Er schwieg eine Weile und rief dann bitter aus: «Was für ein schreckliches Unglück, dass wir es letztes Jahr versäumt haben, einen Pakt mit Ihnen zu schließen!»

Lloyd George fragte mich, ob ich Churchill seit seiner Ernennung zum Premierminister getroffen hätte. Ich verneinte das. Lloyd George hakte nach: «Und Winston hat Sie nicht zu einem Gespräch eingeladen?»

«Nein.»

Lloyd George hob ratlos die Hände. «Unglaublich! Wäre ich an Churchills Stelle, wäre das Erste, was ich täte, Sie zu mir zu bestellen und mit Ihnen ein ernstes, offenes Gespräch zu führen.»

In der Folge machte Lloyd George einige kritische Bemerkungen über Churchill. Dieser habe ihm das Angebot gemacht, in das Kriegskabinett einzutreten, was Lloyd George jedoch ablehnte. Er betrachte das gegenwärtige Kabinett als völlig unbrauchbar und habe nicht den Wunsch, Mitverantwortung für dessen Arbeit zu tragen. Warum habe man Chamberlain und Halifax ins Kriegskabinett aufgenommen? Sie könnten dort nichts außer Schaden anrichten. Was für ein Kriegskabinett das sei – Churchill, Chamberlain, Halifax, Attlee und Greenwood? Churchill einmal außer Acht gelassen, wofür taugten die anderen? Chamberlain und Halifax seien einfach Gift, Attlee und Greenwood seien Nullen. Was könnten diese Männer im Kabinett beitragen? Wie könnten sie Churchill helfen? [...][29]

20. Mai

Die Elite der englisch-französischen Bourgeoisie bekommt, was sie verdient.

Wenn man überlegt, was auf der europäischen Bühne in den letzten zwanzig Jahren abgelaufen ist, wird vollkommen klar, der Hauptgrund für die derzeitige Notlage der Alliierten ist der tödliche Hass ihrer bürgerlichen Elite auf den «Kommunismus».

Dieser Hass hat die Elite daran gehindert, im Verlauf dieser Jahre stabile, freundschaftliche Beziehungen zur UdSSR zu etablieren. Es hat immer wieder Höhen und Tiefen gegeben, aber im Großen und Ganzen gestalteten sich unsere Beziehungen die ganze Zeit über unbefriedigend. Es ist doch schließlich so, dass nur wenige große Figuren auf dem internationalen Schachbrett stehen, und wenn ein Spieler auch nur eine von ihnen, aus welchen Gründen auch immer, links liegen lässt, schwächt er seine Stellung erheblich.

Dieser Hass führte dazu, dass die herrschenden Eliten Englands und Frankreichs systematisch die japanischen Kriegstreiber, wie auch Mussolini und Hitler, unterstützten. Damit nicht genug, haben dieselben Eliten Hitler aufgepäppelt – in der Hoffnung, er würde eines Tages nach Osten marschieren und den Bolschewisten den Hals umdrehen. Doch die «Bolschewisten» erwiesen sich als zu stark und zu geschickt. Hitler wandte sich nicht nach Osten, sondern nach Westen. Die herrschenden Eliten Englands und Frankreichs gingen in die Falle, die sie für uns aufgestellt hatten. [...] Wir werden Zeugen des Niedergangs der großen kapitalistischen Zivilisation, eines Niedergangs, der sich in seiner Bedeutung mit dem Untergang des Römischen Reichs vergleichen lässt. Wenn er nicht vielleicht sogar noch bedeutsamer ist ...

22. Mai

Cripps[1] verbrachte den ganzen Abend mit mir. Während des Abendessens erzählte er mir, dass er sich derzeit akribisch auf seinen Moskaubesuch vorbereite. Er war in allen involvierten Ministerien: dem Foreign Office, dem Board of Trade, dem Ministerium für Wirtschaftliche Kriegführung, dem Versorgungsministerium und anderen, sammelte viele Unterlagen und holte Instruktionen ein. Er sagte mir unter anderem, all die Wirtschaftsverhandlungen betreffenden Noten und Memoranden, die mir in den letzten zwei Monaten zugegangen seien, solle ich für null und nichtig erachten. Die britische Regierung wolle einen neuen Anfang machen. [...]

1 Richard Stafford Cripps, linker britischer Intellektueller, 1931–1950 Abgeordneter der Labour-Partei, 1940–1942 britischer Botschafter in der Sowjetunion, Februar bis November 1942 Mitglied des Kriegskabinetts, 1942–1945 Minister für Flugzeugproduktion.

Bis heute kam aus Moskau keine Reaktion auf die Ankündigung, dass Cripps als Sondergesandter kommen werde. Cripps äußerte eine gewisse Besorgnis angesichts dessen. Ich versuchte ihn zu beruhigen, deutete aber auch vorsichtig an, dass die Antwort vielleicht nicht ganz und gar wohlwollend ausfallen könnte. Ich erklärte, die sowjetische Regierung sei Cripps persönlich wohlgesinnt, wie er im Februar am eigenen Leib erfahren habe (als er von Chongqing aus nach Moskau geflogen war); beim Thema Wirtschaftsverhandlungen würde die sowjetische Regierung indessen lieber mit einem Unterhändler reden, der die britische Regierung repräsentiert. Tue Cripps das? ...

Es kann auf diese Frage nur eine Antwort geben, und Cripps versteht das nur zu gut.

25. Mai

Ich suchte Dalton auf. Sein Ministerium wirkt wie eine Festung: Barrikaden aus Sandsäcken vor dem Eingang und Männer mit Gewehren drinnen. Dalton hieß mich sehr herzlich willkommen. Er schüttelte mir die Hand, bot mir seinen besten Armsessel an und strahlte vor Freude. Dalton ist sehr glücklich darüber, Minister zu sein und mich als solcher empfangen zu können.

[...] Er versicherte mir, die neue Regierung habe unter die englisch-sowjetischen Beziehungen der Vergangenheit einen Schlussstrich gezogen und wolle wahrhaft freundschaftliche Beziehungen zur Sowjetunion aufbauen. [...] Dalton hoffe, dass es Cripps, den die britische Regierung nach Moskau schicke, gelingen werde, ein Wirtschaftsabkommen auszuhandeln oder einem solchen zumindest den Weg zu ebnen.

26. Mai

Aus einer zuverlässigen Quelle erfahre ich die folgende schillernde Geschichte:

Churchill wurde am 10. Mai zum Premierminister ernannt. Am Morgen des 11. Mai kam Sir Horace Wilson (inzwischen von allen nur noch Sir Horace Quisling genannt), wie gewohnt glatt rasiert und untadelig gekleidet, in die Downing Street 10 und begab sich, als wäre nichts passiert, in sein Dienstzimmer neben dem des Premierministers. (Unter Chamberlain hatte Wilson ein Büro sowohl im Schatzamt, wo er als permanenter Unterstaatssekretär und *Head of the Civil Service* amtierte, als auch in

Downing Street 10.) Als er die Tür öffnete, fand er in dem Zimmer «deutsche Fallschirmjäger» vor, die über Nacht abgesprungen waren und sein Büro besetzt hatten: Am Schreibtisch saß der rothaarige Brendan Bracken, und auf der Couch hatte es sich Randolph Churchill bequem gemacht. Die beiden «Fallschirmjäger» blickten Wilson bedeutungsvoll an, und Wilson blickte die «Fallschirmjäger» bedeutungsvoll an. Es fiel nicht ein einziges Wort. Sir Horace zog sich zurück.

Wilson wurde anschließend zum neuen Premierminister hereingebeten. Churchill bat ihn, sich zu setzen, und sagte dann: «Sir Horace, wie ich gehört habe, wartet im Schatzamt eine Menge Arbeit auf Sie.»

Churchill legte eine Pause ein und fuhr dann mit noch größerem Nachdruck fort: «Ja, Sir Horace, eine Menge Arbeit!»

Wilson verharrte in einem respektvollen Schweigen und musterte seine Fingerspitzen.

Churchill seufzte und fuhr mit einem bedrohlichen Unterton fort: «Sollte ich erfahren, dass Sie, Sir Horace, irgendetwas anderem nachgehen als den Geschäften des Schatzamtes ..., wird man eine andere Aufgabe für Sie finden, zum Beispiel ... als Gouverneur von Island!»

Die Audienz war vorüber. Und auch die Karriere Wilsons als «Chefberater» des Premierministers in allen Dingen, insbesondere in außenpolitischen Fragen, war beendet. [...]

28. Mai

Leopold von Belgien hat hinter dem Rücken der Alliierten einen Waffenstillstand mit den Deutschen ausgehandelt und lässt nun sogar die deutschen Truppen durch die belgischen Linien den Briten und Franzosen entgegenmarschieren. Dadurch wurde die linke Flanke der Alliierten entblößt, und sie mussten sich in aller Schnelle neu gruppieren und einen vollständigen Rückzug Richtung Dünkirchen antreten. Jede Hoffnung, die von den Deutschen gerissene Bresche wieder schließen zu können – sollte irgendjemand sie noch gehabt haben –, musste aufgegeben werden. Die Alliierten können sich nur noch darauf konzentrieren, ihre Haut zu retten. Wenn es gut geht, werden sie zumindest einen Teil ihrer Truppen aus Flandern abziehen können, aber selbst das ist alles andere als sicher. [...]

Dunkle Wolken hingen heute über dem Parlament. Churchill gab eine knappe Erklärung über die gegenwärtige Lage ab, deren Schlusssatz lautete: «Das Haus muss sich wappnen für schmerzliche und beängstigende

Nachrichten.» Eine einzige Frage wurde auf den Korridoren immer und immer wieder gestellt: Wie konnte das passieren?

Ich suchte anschließend Lloyd George in seinem Büro auf. Er war sehr aufgelöst und außer sich. Eine solche Untergangsstimmung hatte ich bei ihm noch nie erlebt. [...] Ich fragte ihn, wie er die Möglichkeit einer deutschen Landung in England einschätze.

Der alte Mann hob seine Hände und sagte: «Vor vierzehn Tagen hätte ich noch gesagt, das sei absolut unmöglich. Doch Hitler sind inzwischen so viele Dinge gelungen, die man für unmöglich hielt, dass ich mich weigere, irgendeine Voraussage hinsichtlich einer Invasion zu treffen.»

4. Juni

Die Rede Churchills heute im Parlament hinterließ bei den Abgeordneten einen tiefen und positiven Eindruck. Das ist verständlich. Am 28. Mai forderte der Premierminister seine Kollegen auf, sich für schmerzliche Nachrichten aus Flandern zu wappnen. Heute gestand er, dass er vor einer Woche kaum noch Aussichten sah, 30 000 bis 40 000 Mann zu retten. Die Wirklichkeit habe jedoch Gnade walten lassen. Dank eines immensen Kraftakts, dank der Tapferkeit der Truppen, dank einer effizienten Transportleistung und ausgezeichneten Wetters konnten 80 Prozent der in Flandern in der Falle sitzenden Expeditionskräfte (rund 200 000 Mann) evakuiert werden, dazu mehr als 100 000 Franzosen – alles in allem 335 000 Mann. Ein unbestreitbarer Erfolg und einer, der Churchill andächtige Aufmerksamkeit im Haus einbrachte.

Das war aber noch nicht alles. Alle fanden es gut, dass der Premierminister gar nicht erst versuchte, den Ernst der Lage zu beschönigen. Er erklärte unumwunden, die Alliierten hätten in Flandern ein «kolossales militärisches Desaster» erlebt, die Lage an der Front sei sehr gefährlich, und auch wenn die Evakuierung eine große Leistung gewesen sei, könne man doch mit Evakuierungen keinen Krieg gewinnen. Mit fester Entschlossenheit verkündete Churchill, der Kampf werde weitergehen, und England werde sogar alleine weiterkämpfen, wenn es sein müsse!

[...] Nach der Rede Churchills trank ich einen Tee auf der Parlamentsterrasse und traf dort auf Randolph Churchill und Brendan Bracken. Letzterer war jetzt Winston Churchills parlamentarischer Privatsekretär. Wir sprachen über die militärische Lage und die Aussichten für die unmittelbare Zukunft. Was würde Hitler als Nächstes tun? [...]

► Die nachfolgenden Einträge konzentrieren sich auf die Rolle Maiskis bei der Berufung von Stafford Cripps zum britischen Botschafter in Moskau. Diese Ernennung ist Churchill oft als gelungener Schachzug angerechnet worden. Er selbst bedauerte später, nicht rechtzeitig erkannt zu haben, dass «den Sowjetkommunisten die Politiker der äußersten Linken verhaßter sind als die Tories oder die Liberalen».[30] Im Mai 1940 galt seine vordringliche Sorge jedoch den verheerenden Niederlagen der französischen Streitkräfte und der britischen Expeditionskräfte auf französischem Boden. Es war Maiski, der nach vertrautem Muster Butler die Idee eingab, man könne doch Verhandlungen «in mündlicher Form anstatt durch Notenaustausch» führen, und dabei wie beiläufig den Wunsch Cripps' erwähnte, als Unterhändler zu fungieren. Am 16. Mai gab Butler die Anregung an Halifax weiter und drängte ihn, «die Dinge wirklich ein bisschen zu beschleunigen», indem er den Botschafterposten in Moskau wiederbesetzte.[31] Am gleichen Abend war Cripps zum Dinner beim Außenminister. Die besondere Verbundenheit, die zwischen Halifax und Cripps herrschte, hatte ihren Ursprung darin, dass beide einst im Weltbund der Christlichen Kirchen aktiv gewesen waren, einer von Cripps' Vater, Lord Parmoor, inspirierten Bewegung. Cripps legte Halifax seine Ansichten über Indien und Russland dar und bot an, nach Moskau zu reisen und das Beste aus den veränderten Umständen zu machen.[32]

Am nächsten Morgen beriet sich Halifax mit Butler, der sich begeistert für Cripps starkmachte. Butler schlug vor, man solle Cripps einen gewissen «Spielraum für die Diskussion eines sinnvollen Spektrums von Themen mit den sowjetischen Machthabern» gewähren.[33] «Nach der Kabinettssitzung», notierte Halifax in sein Tagebuch, «sprach ich im Garten ein paar Minuten mit [Churchill] zum einen über meine Idee, Stafford Cripps auf eine Erkundungsmission nach Moskau zu schicken, und zum anderen über Zukunftsperspektiven des Krieges.»[34]

Noch bei seinem Besuch bei den Webbs am 20. Mai machte Maiski, der von der neuesten Wendung nichts wusste, seiner «Verachtung und Wut über Halifax» Luft, den «frommen alten Narren».[35] Am Vormittag desselben Tages war Maiski auf den Korridoren des Foreign Office gesehen worden, «sehr aufgewühlt» von den gerade hereinkommenden Meldungen, die vom Kollabieren der französischen Verteidigung und vom Vordringen der Wehrmacht bis an den Ärmelkanal berichteten.[36] Er konnte nicht wissen, dass just in diesem Moment Cadogan Seeds davon in Kenntnis setzte, dass er «nicht nach Moskau zurückkehren, sondern dass Sir Stafford Cripps, einer der am weitesten links stehenden Abgeordneten, als Sondergesandter hinfahren» werde – und dass die Regierung damit die Hoffnung verband, Cripps werde «dem Kreml angenehmer sein als Seeds, der als Repräsentant des berüchtigten (!) Chamberlain gilt».[37]

Maiski erlebte daher eine angenehme Überraschung, als er am Abend in Whitehall, wohin man ihn eingeladen hatte, einen leutseligen Halifax antraf, der «die unnötigen Missverständnisse, die offenbar aufgetreten sind», bedauerte und den Vorschlag machte, Cripps nach Moskau zu entsenden mit dem Auftrag, in Gesprächen mit der sowjetischen Regierung zu sondieren, wie man die Wirtschaftsverhandlungen voranbringen könne. Halifax versicherte Maiski, dass Cripps nicht nur weitgehende Vollmachten erhalten, sondern «natürlich auch jede Freiheit haben wird, andere Fragen zu erörtern, über die die sowjetische Regierung oder er zu sprechen wünschen».[38]

Stalin war von den durchschlagenden Erfolgen, die die deutsche Wehrmacht mit ihrem Blitzkrieg in Frankreich feierte, erschüttert. Bei ihm keimte jetzt die Befürchtung auf, die Entsendung von Cripps könne Hitler provozieren, der darin einen Versuch sehen könnte, ein Bündnis zwischen Russland und Großbritannien zu schmieden mit dem Ziel, einer weiteren deutschen Expansion einen Riegel vorzuschieben. Stalin strebte die Lösung an, dass Cripps als normaler Botschafter nach Moskau komme, der im gewohnten diplomatischen Turnus Seeds ablöste und ihm nachfolgte. Maiski ging am 26. Mai zu Halifax und übermittelte ihm Stalins an die genannte Bedingung geknüpfte Zustimmung. «Die sowjetische Regierung akzeptiert Cripps», schrieb Halifax in sein Tagebuch, «möchte aber, dass er Botschafter wird. Ich sagte Maiski, wir hätten vor, einen Botschafter zu entsenden, hätten aber nicht vermutet, dass die sowjetische Regierung sich herausnimmt, ihn für uns auszusuchen.» Genau so sollte es dann aber sein.[39]

5. Juni

Endlich ist über das Schicksal von Cripps entschieden worden! Aber was für eine Achterbahnfahrt war das!

Alles begann am 20. Mai, als Halifax mich rufen ließ und mir sagte, das Kabinett habe beschlossen, Stafford Cripps als Sondergesandten nach Moskau zu schicken. Zuvor hatte ich ungefähr eine Woche lang von allen Seiten das «Gerücht» gehört, die neue Regierung wolle ein neues Kapitel in den Beziehungen zur Sowjetunion aufschlagen. Es hieß, der Premierminister werde mich zu einem offenen Gespräch einladen, die Frage, wer als britischer Botschafter in Moskau amtieren wird, werde entschieden, und die absurde «Korrespondenz» über Wirtschaftsverhandlungen werde dem Reißwolf übergeben. Meine persönliche Meinung war, dass die Frage nach dem britischen Botschafter in Moskau als Erste behandelt werden sollte. Und als Halifax über die Verbesserung der englisch-sowjetischen Beziehungen zu reden begann, erwartete ich von ihm zu hören, dass man entweder Seeds nach Moskau zurückkehren lassen werde oder dass die britische Regierung um ein Agrément für einen anderen Botschafter bitten werde. Halifax' Mitteilung, man werde einen Sondergesandten schicken, enttäuschte mich sehr, und ich erkundigte mich ziemlich kühl danach, was für eine Mission dieser Gesandte erfüllen solle. Halifax seufzte, überlegte kurz und sagte: «Die Möglichkeiten erkunden.»

«Was für Möglichkeiten?», fragte ich.

Halifax antwortete, er meine «die Möglichkeiten» einer allgemeinen Verbesserung der englisch-sowjetischen Beziehungen, insbesondere die «Möglichkeit» eines Wirtschaftsabkommens mit der UdSSR.

Ich tat meine Überraschung darüber kund, dass die britische Regierung auch jetzt noch nicht mehr im Sinn habe, als lediglich «die Möglichkeiten zu erkunden», anstatt Nägel mit Köpfen zu machen, versprach aber, nach Moskau weiterzugeben, was Halifax mir mitgeteilt hatte.

Wie nicht anders zu erwarten, fand der britische Vorstoß in Moskau keinen Anklang. Und in der Tat, wozu brauchen wir einen astralen Sondergesandten, dessen obskure Mission darin besteht, «die Möglichkeiten zu erkunden»? Moskau ließ sich mit der Antwort indes etwas Zeit und übermittelte diese erst am 26. Mai nach London. Die Antwort lautete, die Sowjetregierung sei bereit, Cripps oder jede andere von der britischen Regierung bevollmächtigte Person zu empfangen, aber nicht in der Funktion eines Sondergesandten, sondern nur als gewöhnlichen Botschafter mit derselben offiziellen Akkreditierung, wie ich sie in London hätte.

[...] Die besagte Antwort aus Moskau traf bei mir am Morgen des 26. Mai ein, und ich gab sie noch am selben Abend (obgleich es ein Sonntag war) an Halifax weiter. Der Außenminister war verwirrt und unangenehm überrascht. Er sagte mir, die Frage nach der Wiederbesetzung des Botschafterpostens in Moskau sei gerade erst ins Blickfeld der Regierung gerückt. Vor vier Tagen habe man beschlossen, Seeds zurückzurufen und ihn durch jemanden anderen zu ersetzen. Halifax sei gerade dabei, mich über die Entscheidung zu informieren und unser Agrément für den neuen Botschafter einzuholen. Leider seien noch nicht alle verfahrenstechnischen Details geklärt, weshalb Halifax mir den Namen des neuen Botschafters erst in einigen Tagen nennen könne. Aber was sollten wir so lange mit Cripps anstellen? Er war schließlich bereits abgereist und halbwegs am Ziel, vielleicht schon in Athen.

Halifax seufzte erneut, überlegte und schlug dann eine Lösung vor: Wir könnten doch Cripps als Sondergesandten agieren lassen, und die britische Regierung werde in wenigen Tagen die Ernennung eines neuen Botschafters bekannt geben, der dann in drei oder vier Wochen sein Amt in Moskau antreten könne.

Ich wandte dagegen ein, die sowjetische Regierung sei lediglich bereit, einen britischen Repräsentanten zu empfangen, nicht deren zwei, und dieser eine Repräsentant müsse der Botschafter sein.

Halifax lavierte und versuchte mich zu überzeugen, dass sein Vorschlag vollkommen praktikabel sei. In letzter Instanz werde sich die britische Regierung bereiterklären, Cripps für die Dauer seiner Mission in Moskau in den Rang eines Botschafters zu erheben, auch wenn eine solche Lösung ihm, Halifax, persönlich nicht gefalle. In den Botschafterrang erhoben werde ein Sondergesandter gewöhnlich nur in den Fällen, in denen er über einen längeren Zeitraum im Zielland seiner Mission bleiben wolle (wie Hoare, der gerade zum «außerordentlichen Botschafter und Generalbevollmächtigten in besonderer Mission» in Spanien ernannt worden sei); Cripps' Mission sei hingegen nur als kurzfristiger Einsatz geplant. [...]

Meine Besprechung mit Halifax fand zwischen 18 und 19 Uhr statt. Um 21 Uhr, als ich wieder zu Hause war, klingelte plötzlich das Telefon, und zu meinem allergrößten Erstaunen hörte ich die folgenden Worte: «Hier spricht Cripps.»

«Von wo aus rufen Sie an?», fragte ich verblüfft und in der Annahme, er befinde sich vielleicht irgendwo in Frankreich.

Ich täuschte mich. Cripps war in England und rief von dem Flugplatz aus an, von dem er tags zuvor hätte abfliegen sollen. Doch aus mehreren Gründen war das Flugzeug immer noch am Boden, und mit seinem Start war erst am nächsten Morgen zu rechnen. Am Samstagvormittag hatte ich nach Cripps gesucht und bei ihm zu Hause angerufen. Man hatte ihn über meinen Anruf informiert, und er wollte sich jetzt erkundigen, was

Sache sei. Ich musste innerlich lachen über diese unvorhergesehene Wendung und antwortete: «Vor zwei Stunden habe ich Halifax die Stellungnahme der sowjetischen Regierung zu Ihrem Besuch übermittelt. Ich rate Ihnen, sich vor Ihrem Abflug mit ihm in Verbindung zu setzen.»

«Was ist der Inhalt der Antwort?», fragte Cripps.

Ich zählte ihm die wichtigsten Punkte auf. Cripps dankte mir und legte auf.

Es war noch keine Stunde vergangen, als das Telefon erneut klingelte. Es war Cripps. «Ich habe gerade mit Halifax gesprochen. Alles ist arrangiert. Ich werde die richtige Beglaubigung erhalten. Halifax wird Sie bitten, ihn morgen in dieser Sache aufzusuchen.»

«Ich werde warten», antwortete ich. «Ich wünsche Ihnen eine gute Reise und eine erfolgreiche Mission.»

Cripps bedankte sich und legte auf.

Am nächsten Tag, dem 27. Mai, wartete ich vergeblich auf Halifax' Einladung. Schließlich rief gegen 19 Uhr Butler an und bat mich, sogleich in seine Wohnung zu kommen. Ich glaubte, er wolle mich über die Ernennung Cripps' zum Botschafter informieren, doch wie sich herausstellte, war dem nicht so. Butler begann mich vielmehr ein weiteres Mal darüber auszufragen, was es mit der Antwort der sowjetischen Regierung auf sich habe, die ich tags zuvor Halifax übergeben hatte; er versuchte herauszufinden, ob irgendeine Hoffnung bestand, dass die sowjetische Regierung sich bereiterklärte, nicht einen, sondern zwei britische Vertreter zu empfangen: den Botschafter und den Sondergesandten. Ich antwortete Butler in aller Klarheit. Im Weggehen sagte er mir, man werde über die Frage, welchen Status Cripps haben werde, wahrscheinlich am morgigen Vormittag entscheiden.

[…] Als Butler mich dann am nächsten Morgen, dem 29. Mai, offiziell wissen ließ, man habe Cripps zum Botschafter ernannt, entstand dennoch erst einmal der Eindruck, der ihm zuerkannte Rang sei der eines «außerordentlichen Botschafters und Generalsbevollmächtigten in besonderer Mission». Butler begründete dies mit dem Hinweis darauf, nach britischem Recht dürfe ein Parlamentsabgeordneter kein aus Staatsmitteln besoldetes Amt bekleiden (Gewaltenteilung zwischen Legislative und Exekutive!). Aus diesem Grund könne ein Unterhausabgeordneter kein regulärer Botschafter sein, sondern nur ein Botschafter «in besonderer Mission».

[…] Le Rougetel[I] wurde am 31. Mai vom Genossen Molotow empfangen und suchte um ein Agrément für Cripps nach. Selbstverständlich ließ Genosse Molotow wissen, dass die sowjetische Regierung einen regulären Botschafter wünscht, nicht einen Gesandten «in besonderer Mission», versicherte ihm aber ihre Bereitschaft, Cripps oder jede andere von der britischen Regierung autorisierte Person als Botschafter zu akzeptieren. Genosse Molotow merkte auch an, dass die britische Regierung offenbar den Wunsch habe, eine politisch links stehende Person nach Moskau zu entsenden. Nach Meinung der sowjetischen Regierung komme es jedoch nicht auf die persönlichen Überzeugungen des Botschafters an, sondern darauf, dass er die Interessen seiner Regierung vertrete. Erfülle ein Botschafter diese Aufgabe, sei uns seine Parteizugehörigkeit gleichgültig.

Die Antwort des Genossen Molotow traf in London am Abend des 1. Juni ein, und das Kabinett beschloss sofort, unsere Wünsche zu erfüllen und Cripps zum Botschafter ohne Sonderstatus zu ernennen.[40]

[…] Die Mandarine im Foreign Office sind außer sich über Cripps' Ernennung. […] Ich fürchte, dass sie ihre Versuche, Cripps zu sabotieren, nicht einstellen werden. Dazu ist der Apparat des Foreign Office zu stark, wogegen Butler, der offenbar Cripps wohlgesinnt ist, nicht genug Durchsetzungskraft oder Einfluss besitzt, um den «Experten» ihre Grenzen aufzuzeigen.[41]

14. Juni

Paris ist gefallen. Paraden Deutscher Truppen über die Champs-Élysées und die großen Boulevards. Hitler hat befohlen, dass in ganz Deutschland Flaggen gehisst und Glocken geläutet werden. Kein Wunder! Nicht einmal Bismarck[II] hat 1871 einen solchen Sieg errungen.

Agnia und ich waren vor zwei Tagen bei den Keynes'[III] zum Mittag-

---

I John Helier Le Rougetel, Erster Sekretär an der britischen Botschaft in Moskau.

II Otto von Bismarck, 1871–1890 deutscher Reichskanzler. Der Vergleich bezieht sich auf den französisch-preußischen Krieg von 1870/71.

III John Maynard Keynes (Baron Keynes of Tilton), britischer Nationalökonom, Autor der *Allgemeinen Theorie der Beschäftigung, des Zinses und des Geldes*, 1911–1940 Herausgeber des *Economic Journal*. Verheiratet mit Lydia Lopokova, Ballerina beim Ballet Russe. Keynes war ein liberaler Agnostiker und ein Verächter des Marxismus, dem er vorhielt, sich auf fehlerhafte ökonomische Prämissen zu stützen: Wenn man Religion brauche, finde man sie wohl kaum «in der versifften Ramschkiste des roten Buchladens».

essen. Sie zeigten sich in extrem pessimistischer Verfassung. Die Lopokova ist völlig durch den Wind und konsterniert und sagte Agnia, sie habe das Gefühl, die alte Welt sei am Untergehen, und eine neue werde geboren. Diese neue Welt jagt ihr offensichtlich einen großen Schrecken ein, und sie weiß nicht weiter. Sie wiederholte mehrere Male: «Wenn die Briten und Franzosen nicht kriegsbereit waren, weshalb haben sie dann den Krieg erklärt?»

Keynes selbst versuchte sich so zu verhalten, wie es einem Nationalökonomen und Philosophen geziemt, aber er gestand, dass er für die Zukunft ausgesprochen schwarzsehe. Die herrschenden Klassen Englands hätten es vermasselt, das habe sich jetzt eindeutig gezeigt. Neue Kräfte müssten an ihre Stelle treten. Welche Kräfte? Auf diese Frage weiß Keynes keine klare Antwort. Er sei jedoch überzeugt, dass England lange und mit aller Kraft kämpfen werde, selbst wenn es allein stünde. Die Möglichkeit einer deutschen Invasion auf den Britischen Inseln verwirft Keynes.

17. Juni

[...] Frankreich hat kapituliert. Warum?

Wie sich gezeigt hat, ist Deutschland Frankreich zweifellos hoch überlegen, was Truppenstärke, Mechanisierung und Luftkriegführung betrifft. Aber das ist noch längst nicht die ganze Wahrheit; es ist vielleicht nicht einmal die Hauptsache. Ich gelange immer mehr zu der Überzeugung, dass Frankreich kapituliert hat, weil es innerlich zerfallen war. Die Herrschaft der «200 Familien» hat ihre Wirkung getan. Sie hat Frankreich gespalten, sein politisches Klima vergiftet, seine militärische Potenz geschwächt und den Weg für die jetzige Niederlage geebnet. Mehr noch, sie hat Elemente des Verfalls in die französischen Streitkräfte eingeschleust und deren Kampfkraft untergraben.[42]

[...] Was wird England jetzt tun?

Klar ist, es muss den Kampf alleine weiterführen. Etwas anderes bleibt ihm nicht übrig. Ich weiß noch, was mir Randolph Churchill vor einigen Wochen sagte: «Selbst wenn das Schlimmste zum Schlimmen kommt, Frankreich kann ohne sein Empire überleben. [...] Bei England ist das anders. Wenn wir unser Empire verlieren, werden wir nicht nur zu einer zweitrangigen, sondern zu einer zehntrangigen Macht. Wir haben nichts. Wir werden alle verhungern. Es bleibt uns also nichts anderes übrig, als bis zum Ende zu kämpfen.»

Die Nachricht von der Kapitulation Frankreichs wurde in England mit Entgeisterung und Schrecken aufgenommen. Auf der Straße hörte man heute viele Stimmen, die sagten, man könne unmöglich alleine weiterkämpfen. Politiker und Journalisten seufzten inbrünstig: «Ach, wenn doch nur in Frankreich eine Revolution ausbrechen und die Regierung Pétain gestürzt würde!»

Selbst von Torys hat man derartige Töne gehört. Kein Wunder! Einige haben ziemlich offen davon gesprochen, man brauche eine Revolution in Frankreich als Köder, um die UdSSR in den Krieg hineinzuziehen. «Paris ist eine Messe wert», sagte Heinrich IV. «Der Einstieg der Sowjetunion in den Krieg gegen Deutschland ist eine Revolution in Frankreich wert», sagen britische Torys heute. [...]

18. Juni

Ich habe den Nachmittag im Parlament verbracht. Churchills heutige Rede hat die Moral gestärkt. Seine Aussage, England werde ungeachtet der französischen Niederlage bis ans Ende kämpfen, wurde mit lautem Beifall von allen Bänken bedacht. Die Argumente, mit denen der Premierminister die Möglichkeit einer deutschen Invasion ausschloss, machten großen Eindruck. In den Wandelgängen war das das einzige Gesprächsthema.

[...] Das Ende der heutigen Sitzung war eine ziemlich ungewöhnliche Demonstration. Der Labour-Abgeordnete John Morgan[1] ging ans Podium und legte dem Haus ans Herz, sich über die Ankunft von Cripps in Moskau und seine Ernennung zum Botschafter zu freuen. Morgan erntete dafür Hochrufe von allen Seiten, und außerdem wandten viele Abgeordnete den Kopf und schauten zur Diplomatengalerie hinauf, wo ich in vorderster Reihe saß. Morgan wünschte dann Cripps allen erdenklichen Erfolg in seinem neuen Amt. Ein beifälliges Raunen ging durch den Saal, und Churchill, der sich von der Regierungsbank erhoben hatte und in meine Richtung blickte, grüßte mich durch Winken. Andere Minister folgten seinem Beispiel. Es handelte sich offensichtlich um eine spontane Demonstration, die nicht abgesprochen war, denn dass ich in diesem Moment auf der Diplomatengalerie saß, war reiner Zufall. [...]

---

1 John Morgan, 1938–1941 Abgeordneter der Labour-Partei für Doncaster.

23. Juni[43]

Schon heute wird deutlich, dass die Entscheidung der britischen Regierung, ungeachtet der Kapitulation Frankreichs den Kampf weiterzuführen, bei den Volksmassen gut ankommt. Besonders großen Widerhall findet sie in der Arbeiterschaft. Die anfängliche Betroffenheit und Verwirrung haben sich verflüchtigt. Jetzt braut sich im Gegenteil eine Sturmfront aus kalter, ausdauernder, wahrhaft britischer Wut zusammen. Alles deutet darauf hin, dass die Engländer sich bis zum Ende wehren werden.

So sieht der allgemeine Hintergrund aus. Vor ihm zeichnen sich einige sehr signifikante Muster ab.

[...] Es besteht eine klare Zweiteilung in den Einstellungen der herrschenden Klasse. Die Gruppe um Churchill tritt für Krieg bis zum Ende ein und ist bereit, um dieses Zieles willen vielen Forderungen der Arbeiterschaft im Bereich der Innen- und Wirtschaftspolitik nachzukommen. Dagegen hat die Gruppe um Chamberlain große Angst vor den gesellschaftlichen und politischen Konsequenzen des Krieges und ist bereit, zu jeder sich bietenden Zeit einen «faulen Frieden» zu schließen, um ihre kapitalistischen Privilegien zu retten. Sie führen ein einfaches Argument ins Feld: lieber «reich» in einem kleinen Empire als «arm» in einem großen. Diese Gruppe hat noch nicht die Hoffnung aufgegeben, Hitler im Verlauf des Krieges irgendwann nach Osten lenken zu können. Natürlich hüllen sich diese Leute derzeit in Schweigen. [...] Die Parole lautet also: Krieg bis zum Ende. Aber wie sieht der allgemeine strategische Plan der britischen Regierung aus? Wenn ich die mir zu Gebote stehenden Informationen resümiere, kann ich die folgende These anbieten:

Die britische Regierung hat vor, bis etwa ans Ende dieses Jahres in der Defensive zu bleiben; sie verfügt nicht über genug Männer, Waffen und Flugzeuge. Bis Anfang 1941 hofft die britische Regierung dieses Problem bewältigt zu haben, in der Luft eine Überlegenheit über die Deutschen zu erringen und zur Offensive übergehen zu können. Bis es so weit ist, muss England in eine uneinnehmbare Festung verwandelt werden, die in der Lage ist, jeden deutschen Angriff abzuwehren.

25. Juni

Der US-Botschafter Kennedy aß heute mit mir zu Mittag. Er sieht schwarz für die Zukunft Großbritanniens. Er bezweifelt, dass England in der Lage sein wird, auf sich gestellt einen längeren Krieg zu führen. Er hält eine deutsche Invasion der Britischen Inseln für möglich. Er glaubt, es gebe kein Mittel gegen eine weitgehende Zerstörung Englands durch deutsche Luftangriffe. Kennedy sagt, die USA würden England in den nächsten paar Monaten auf jede erdenkliche Weise helfen, mit Waffen, Flugzeugen etc., würden aber wohl kaum vor der Präsidentenwahl in den Krieg eintreten, falls nicht etwas ganz Außerordentliches passiere, etwa dass die Deutschen Gas einsetzten. Kennedy tadelte die britische Regierung dafür, dass sie es versäumt habe, letztes Jahr eine Verständigung mit der Sowjetunion zu erreichen, und sagte, die Oberschicht der britischen Gesellschaft sei «*completely rotten*». Ein ziemlich unerwartetes Urteil aus dem Munde eines solchen Mannes! [...][44]

28. Juni

Nach und nach richten sich die Blicke sehr vieler Leute auf die Sowjetunion.

Die zum Scheitern verurteilte «polnische Regierung» kam vor Kurzem zusammen mit ihrem Präsidenten nach London gelaufen. Der polnische Premierminister Sikorski[1] traf sich mit Churchill und versicherte diesem, erst mündlich und danach schriftlich, die polnische Regierung wolle in keiner Weise einer Verbesserung der englisch-sowjetischen Beziehungen im Weg stehen. Hiesige Regierungskreise interpretieren das so: Die «polnische Regierung» sei bereit, ihre Ansprüche auf den Westen der Ukraine und Weißrusslands aufzugeben. Wir brauchen, um die Wahrheit zu sagen, diesen Verzicht nicht, aber als Indikator für die polnische Stimmungslage ist er sehr interessant.

In weniger offiziellen polnischen Kreisen gewinnt die folgende Vor-

1 Władysław Eugeniusz Sikorski, 1922/23 polnischer Premierminister, 1939–1943 Premierminister der polnischen Exilregierung und Oberkommandierender der polnischen Streitkräfte. Einer Verschwörungstheorie zufolge hatte Maiski, der sich im Juli 1943 zufällig auf dem Flugfeld des Flughafens Gibraltar unweit des Flugzeugs befand, in dem Sikorski saß, etwas damit zu tun, dass das Flugzeug beim Start abstürzte und Sikorski den Tod fand.

stellung an Boden: Wenn die Deutschen Herren über Polen bleiben, wird das früher oder später zum Untergang der polnischen Nationalität als solcher führen. Ginge Polen in den Besitz der UdSSR über, so würde die polnische Nationalität bestehen bleiben und sich sogar entwickeln können. Das heißt: Ein sowjetisches Polen wäre wenigstens noch ein Polen!

4. Juli

Churchills heutige Rede im Unterhaus war ein persönlicher Triumph und zugleich eine bedeutsame Demonstration des Patriotismus.

Am Anfang war die Stimmung im Haus schwer einzuschätzen. Churchill wurde, als er hereinkam, mit Lautäußerungen begrüßt, die wohlwollend klangen, aber weder besonders eindrucksvoll noch einstimmig wirkten. Die meisten Hochrufe kamen, wie üblich, von den Oppositionsbänken, während die Konservativen zum größeren Teil in finsterem Schweigen verharrten. Dieses Muster wiederholte sich, als Churchill aufstand, um seine Rede zu halten.

Doch je länger sein brillanter und gekonnter Auftritt andauerte, desto größer die Wirkung auf die Stimmung der Abgeordneten. Churchill hatte natürlich ein Thema, das ein sicherer Trumpf war: Er berichtete, die britische Marine habe einen großen Erfolg errungen; der größere Teil der französischen Flotte befinde sich entweder in britischen Händen oder sei außer Gefecht gesetzt, und damit seien die Chancen für eine deutsche Invasion stark gesunken ... Was blieb dem Haus übrig, als in Jubel auszubrechen? Was, als jeden aufrüttelnden Satz der Rede des PM mit donnerndem Applaus zu belohnen?

Nichts. Das Haus frohlockte und ließ seiner Hochstimmung freien Lauf.

Dann kam Churchill auf die Zukunft zu sprechen. Er verwies alle Gerüchte über einen möglichen Friedensschluss kategorisch ins Reich der Fabel. Er gelobte, bis ans Ende zu kämpfen. An dieser Stelle erreichte der patriotische Jubel seinen Höhepunkt, und als Churchill seine Rede beendet hatte und sich auf seinen Sitz fallen ließ, sprang das ganze Haus ohne Ansehen der Parteizugehörigkeit auf die Füße und applaudierte dem Premierminister mehrere Minuten lang – eine lautstarke, mächtige und einstimmige Ovation. Churchill, der auf der Bank des Schatzamtes saß, hielt den Kopf gesenkt; die Anspannung fiel von ihm ab, und Tränen rollten ihm die Wangen hinab.

Es war ein machtvolles, bewegendes Schauspiel. «Endlich haben wir einen wirklichen Führer!», war der Satz, der durch die Gänge hallte. Bemerkenswerterweise waren es Labour-Abgeordnete, von denen man diesen Satz öfter hörte als von anderen. Vorläufig kann man jedenfalls das Gerede von einem «faulen Frieden» getrost vergessen. [...]

► Der Zusammenbruch Frankreichs bewirkte eine dramatische Veränderung in der sowjetischen Haltung zur Friedensoffensive. Der bisherige Gleichmut wich einer tiefen Besorgnis, die in die hastige Besetzung Bessarabiens und die Annektierung der baltischen Staaten mündete. Seit der Kehrtwende der sowjetischen Außenpolitik durch den Ribbentrop-Molotow-Pakt hatte Maiski sich in einer gefährlichen Lage befunden. Er wurde aus dem politischen Willensbildungsprozess des Kreml ausgeschlossen und sah sich gleichzeitig in Großbritannien gesellschaftlich und politisch ausgegrenzt. Nur noch selten erhielt er Diplomatenpost oder Zeitungen aus Moskau.[45] Da er jüdischer Abkunft war, konnte ihn die Annäherung zwischen Moskau und Berlin kaum gleichgültig lassen. Später fand er in der Tat heraus, dass er in der von Hitler erstellten Liste derjenigen, die nach erfolgter Besetzung Englands erschossen werden sollten, ganz oben stand. Maiski rechnete sicher mit «der Möglichkeit eines vorübergehenden Auftauchens der Deutschen in London. [...] Ich fragte sogar in Moskau an, wie ich mich verhalten solle, falls die Deutschen den Stadtbezirk in London besetzten, in dem sich unsere Botschaft befindet.» Doch so, wie sich die Dinge dann entwickelten, wurde rasch klar, dass «der lange ‹Winter der Unzufriedenheit›» seinem Ende entgegenging und die Gefahr eines Abbruchs der diplomatischen Beziehungen nicht mehr bestand.[46]

Die Erleichterung Maiskis darüber, dass der Sowjetunion vorerst keine Gefahr von Deutschland mehr drohte, wich der ernsten Sorge, ob die Briten einem deutschen Angriff standhalten könnten, und der bangen Frage nach der Wahrscheinlichkeit eines Friedensabkommens. Am 28. Juni machte Alexander, der Erste Lord der Admiralität, nach einer Unterredung mit Maiski Churchill darauf aufmerksam, dass Moskau fürchte, Großbritannien könne sich auf ein Friedensabkommen mit Deutschland nach dem Muster der französischen Kapitulation einlassen. Maiski hatte wenig Gefallen an Alexanders ironischer Bemerkung gefunden, es seien doch bis vor Kurzem die britischen Kommunisten gewesen, die sich als «Vorkämpfer einer Friedensoffensive» betätigt hätten, und stellte klar, dass es die aktuelle Politik der Kommunistischen Partei Großbritanniens sei, «den Widerstand gegen die Invasoren» zu organisieren; zugleich unterstrich er erneut, dass die aktuelle Lage «voller Gefahren» sei.[47] Von Alexander ins Bild gesetzt, traf sich Churchill, der seit seiner Amtsübernahme keinen Kontakt mehr zu Maiski gehabt hatte, am 3. Juli mit dem Botschafter. Die Unterredung (zu der es keinen Tagebucheintrag gibt) war den Memoiren Maiskis zufolge «kurz, aber höchst aufschlussreich». Zu seiner Erleichterung erfuhr er, dass Churchill «Gerüchte über mögliche Friedensverhandlungen kategorisch und nachdrücklich zurückwies». Gegenwärtig verfolge er die Strategie, «die nächsten drei Monate zu überstehen» und danach in die Offensive zu gehen.[48] Das Foreign Office hatte Churchill geraten, jede substantielle politische Diskussion mit Maiski zu vermeiden, der «nicht das Vertrauen seiner eigenen Regierung besitzt und daher unbrauchbar ist». «Sie bezweifeln nicht etwa, dass Maiski probritisch ist, oder?», fragte Randolph Churchill Lord Beaverbrook und ermunterte ihn, Maiski wieder in seinen engeren Zirkel einzubeziehen. «Ich bezweifle das überhaupt nicht, Randolph», antwortete der Pressemagnat, «aber ich bezweifle sehr, dass Stalin pro-Maiski ist.»[49]

5. Juli

Ein Besuch von Pierre Cot[I], den die Gezeiten der Politik an die britischen Küsten gespült haben. [...] Cot erzählte mir sehr viel Interessantes über Frankreich. Seine Darstellung bestätigt voll und ganz, was Negrin[II] mir berichtet hat. Die tiefste Ursache für die vernichtende Niederlage Frankreichs ist der innere Zerfall seiner herrschenden Elite. Cot zeichnete ein höchst lebhaftes Bild dieses Prozesses. Er referierte recht ausführlich über «weibliche Einflüsse» in der Politik. Jeder, der in Frankreich etwas bedeutet, hat eine Frau – oder noch öfter eine «Madame de Pompadour», die in der Politik mitmischt. In der überwältigenden Mehrzahl der Fälle stehen diese Frauen für eine extrem reaktionäre Politik. Man müsse, sagt Cot, dankbar sein, wenn die Mätresse dumm ist, weil sie dann weniger Schaden anrichten kann. Wenn sie jedoch eine kluge Frau ist, stellt sie

I Pierre Cot, 1928–1940 Abgeordneter der französischen Radikalsozialisten, 1933/34, 1936–1938 Luftfahrtminister, 1938/39 Handelsminister, 1940–1944 im britischen Exil.

II Juan Negrín, 1936/37 spanischer Finanzminister, 1937–1939 Premierminister der republikanischen spanischen Regierung, floh 1939 nach dem Sieg Francos nach Paris, wo er eine spanische Exilregierung aufzustellen versuchte, fand 1940 Zuflucht in England, als die Deutschen in Frankreich einmarschierten. Maiski war häufig in Negrins Landhaus in Bovingdon zu Gast.

eine sehr große Gefahr dar. Daladiers Mätresse (Madame Crussol[I]) zum Beispiel ist nicht die Hellste und kann geduldet werden. Doch Reynauds[II] Mätresse (Madame de Portes[III]) ist sehr intelligent und geistreich und hat im Leben Reynauds und in der ganzen Geschichte der französischen Regierung eine verhängnisvolle Rolle gespielt.[50] Reynaud ist an sich kein schlechter Kerl. Er hat gute Absichten und ein gutes Verständnis der Lage, ist aber nicht stark genug; er ist Wachs in den Händen seiner Umgebung, in der Madame de Portes die erste Geige spielt. Sie ist eine extrem reaktionäre Frau. Sie ist befreundet mit Madame Bonnet, Madame Aletz und anderen Damen, die nicht nur vollkommen rückwärtsgewandte Ansichten haben, sondern auch enge Beziehungen zu den Deutschen unterhalten.

Als anschauliches Beispiel führte Cot seinen verhinderten Moskaubesuch an. Als er im April im Anschluss an seine Unterredung mit mir aus London nach Paris zurückkehrte, führte er ein ernstes Gespräch mit Reynaud über die französisch-sowjetischen Beziehungen. Reynaud machte einen sehr vernünftigen Eindruck. Er verstand, dass Frankreich die Beziehungen zu Moskau wieder aufnehmen müsste, und skizzierte in seinem Gespräch mit Cot sogar einige denkbare Schritte in diese Richtung. Cot war zufrieden. Ein paar Tage vergingen, ohne dass irgendwelche praktischen Schritte unternommen wurden. Cot sprach erneut bei Reynaud vor und sah sich mit einem völlig anderen Bild konfrontiert: Der Premierminister druckste herum, sprach von Schwierigkeiten und riet zur Vorsicht. Was war geschehen? Madame de Portes und andere Personen aus Reynauds Gefolge hatten interveniert, und die guten Absichten des Premierministers waren verschwunden. [...]

6. Juli

Stattete Eden einen Besuch im Kriegsministerium ab. Ich hatte ihn einige Zeit nicht gesehen und wollte seine Stimmung erkunden.

[...] Ich stellte Eden dieselbe Frage, die ich einige Tage zuvor Churchill gestellt hatte: Wie sieht die «große Strategie» des Krieges aus, was versteht die britische Regierung darunter?

I Marquise Jeanne de Crussol.

II Paul Reynaud, 1938 französischer Justizminister, 1938–1940, 1948 Finanzminister, 1940 Premierminister.

III Comtesse Hélène de Portes.

Die Antwort Edens lässt sich so resümieren:

Die erste und dringendste Aufgabe bestehe darin, jeden Angriff auf England zurückzuschlagen. Dann sollten alle Register gezogen werden, um Luftüberlegenheit über Deutschland zu gewinnen. Eden glaubt, dass dies innerhalb von rund sechs Monaten erreicht werden könne. Parallel dazu müsse eine große, gut ausgebildete und gut ausgerüstete Armee aufgestellt und eine möglichst hermetische Wirtschaftsblockade über Deutschland und die von ihm besetzten Länder verhängt werden. Später, etwa ab Anfang oder Frühjahr 1941, müsse Großbritannien zu einer Offensive in der Luft und am Boden übergehen. Die britische Offensive sollte dadurch erleichtert werden, dass die Blockade und ihre Auswirkungen zur Aushöhlung Deutschlands von innen her beigetragen hätten.

Ich fragte Eden, ob er an den Abschluss eines Friedensabkommens in naher Zukunft denke, und wenn ja, was für ein Friede das sein könne?

Eden schließt die Möglichkeit eines Friedensvertrages kategorisch aus. Man werde den Krieg «bis ans Ende» führen. Die Operation mit der französischen Flotte habe Englands Kampfentschlossenheit klar demonstriert.[51] Die Absichten Englands seien ernst und unerschütterlich.

7. Juli

Agnia und ich besuchten die Webbs. Wie gewohnt, führte Beatrice einen Gedanken aus, der es wert ist, weitergesponnen zu werden. Er ging so:

England wird zweifellos in der Lage sein, einen deutschen Angriff auf die [Britischen] Inseln zurückzuschlagen. Es wird aber nicht in der Lage sein, Frankreich, Dänemark, Norwegen, Holland und Belgien von den Deutschen zurückzuerobern. Als Folge davon könnte die Situation eintreten, dass Deutschland, mit dem europäischen Kontinent, den es erobert hat, als Machtbasis, nicht in der Lage ist, England zu besiegen, und England, mit seinem Empire und womöglich Teilen des französischen Kolonialreichs, nicht in der Lage ist, Deutschland zu besiegen. Das Ergebnis wird eine Pattsituation sein. In dieser könnten die Sowjetunion und die Vereinigten Staaten als Makler auftreten und einen fairen Frieden in Europa herbeiführen.

Ich habe die folgenden Details einer Unterredung erfahren, die Cripps am 1. Juli in Gegenwart M[olotows] mit S[talin] führte.

Cripps sprach im Namen der britischen Regierung die folgenden vier Themen an:

(1) Allgemeine Politik. Deutschland hat den größeren Teil Europas besetzt und steht im Begriff, seine Vorherrschaft in Europa zu festigen. Es verschlingt eine Nation nach der anderen. Das ist gefährlich, sowohl für England als auch für die Sowjetunion. Könnten die beiden Länder nicht eine gemeinsame Verteidigungsstrategie zur Wiederherstellung des Gleichgewichts in Europa entwickeln?

Stalins Antwort: Die Sowjetunion verfolgt die Entwicklung der Lage in Europa mit höchstem Interesse, weil es so aussieht, als würden sich in Europa in naher Zukunft als Folge der kriegerischen Auseinandersetzungen Schlüsselfragen der internationalen Politik entscheiden. Andererseits kann die sowjetische Regierung in der Hegemonie eines einzelnen Staates über Europa keine Gefahr erkennen, erst recht nicht in der Ambition der Deutschen, sich andere Völker einzuverleiben. [...] Diese guten Beziehungen beruhen nicht auf vorübergehenden, opportunistischen Erwägungen, sondern jeweils auf den nationalen Lebensinteressen beider Staaten. Was die Wiederherstellung eines «Gleichgewichts» in Europa betrifft, so hat dieses «Gleichgewicht» nicht nur Deutschland den Atem genommen, sondern auch der UdSSR. Deshalb wird die sowjetische Regierung alles in ihrer Macht Stehende tun, um dafür zu sorgen, dass das einstige «Gleichgewicht» nicht wiederhergestellt wird. [...]

(3) Der Balkan. Die britische Regierung ist der Überzeugung, dass die Sowjetunion die Kontrolle über die Balkanländer übernehmen sollte, um den Status quo auf dem Balkan aufrechtzuerhalten.

Stalins Antwort: Die sowjetische Regierung ist der Meinung, dass keine einzelne Macht eine exklusive Rolle bei der Vereinigung und Kontrolle des Balkans beanspruchen kann. Die Sowjetunion hat zwar ein Interesse am Balkan, beansprucht aber keine exklusive Rolle in diesem Teil der Welt.

(4) Die Meerengen. Die britische Regierung ist sich der Tatsache bewusst, dass die Sowjetunion mit der Situation an den Meerengen und am Schwarzen Meer unzufrieden ist. Sie glaubt, dass die Sowjetunion ihre Interessen im Bereich der Meerengen sichern sollte.

Stalins Antwort: Die Sowjetunion ist dagegen, dass die Türkei einseitig die Herrschaft über die Meerengen übernimmt, ebenso wie sie dagegen ist, dass die Türkei Bedingungen in Bezug auf das Schwarze Meer diktiert. Die türkische Regierung ist über die Haltung der UdSSR informiert worden.

8. Juli

Jetzt, da Cripps zu guter Letzt als britischer Botschafter in Moskau angekommen ist, versuche ich mir ein stimmiges Bild von ihm zu machen. Wer ist Cripps eigentlich? Welche Hauptcharakterzüge hat er?

[...] Cripps ist zweifellos ein sehr intelligenter und gebildeter Mann. Er ist ein englischer Linksintellektueller, der sich als einen radikalen Sozialisten sieht, aber nie etwas mit dem Marxismus zu tun hatte. Cripps' Sozialismus ist von besonderer englischer Art, eine Mixtur aus Religion, ethischem Idealismus und den praktischen Forderungen der Gewerkschaften. Cripps ist Republikaner, was in England ein ziemlich rares Phänomen ist. In den zurückliegenden Jahren hat er entschieden gegen die Autorität des Königtums Stellung bezogen, so dass sein Name im Buckingham Palace eine Zeit lang «tabu» war. Cripps ist ein gefühlsbetonter Mensch, was ein Grund für seine Unzuverlässigkeit und die vielen Widersprüche zwischen seinen zu verschiedenen Zeitpunkten gehaltenen Reden ist. Besonders wertvoll an Cripps ist, dass er Überzeugungen hat und bereit ist, für diese zu kämpfen. Er hat seine Aufrichtigkeit und seinen Mut mehr als einmal durch die Tat bewiesen, insbesondere im Zusammenhang mit der Propagierung einer «Einheitsfront», für die er einen hohen Preis bezahlen musste.

Obwohl nach britischen Maßstäben ein Vertreter der extremen Linken, ist Cripps ein sehr religiöser Mensch (wenn auch nicht formal im Sinne von Kirchenzugehörigkeit). Er ist ein erklärter Abstinenzler und Vegetarier und isst sogar Gemüse lieber roh als gekocht. Gleichzeitig ist Cripps ein starker Raucher. Er ist ein außerordentlich interessanter Gesprächspartner und ein guter Redner, der seine Reden stark nach dem Kontext ausrichtet, in dem sie gehalten werden. Im Parlament und vor Gericht ist Cripps ein Ausbund an logischer und rechtswissenschaftlicher Eloquenz. Doch auf Massenkundgebungen ist er nicht wiederzuerkennen: Der Anblick einer Menschenmasse steigt ihm zu Kopfe, und er mutiert zum Volkstribun. Seine angestachelte Phantasie trägt ihn weiter und weiter ins Abseits, und er lässt seine sonst üblichen Wenns und Abers weg und wirkt dann linker, als er eigentlich ist. Diese Eigenheit hat ihn häufig unangenehm in die Zwickmühle gebracht. Cripps ist ein sehr schlechter

Taktiker. Er beherrscht nicht die Kunst des Manövrierens, des Wartens auf einen günstigen Augenblick, und er kann nicht mit Leuten umgehen. Diese persönlichen Defizite waren der einzige Grund für seinen Ausschluss aus der Labour-Partei.

Cripps ist ein typischer politischer Individualist, wie man sie in England recht häufig findet. Er ähnelt in dieser Beziehung Lloyd George. Cripps erfreut sich hoher Beliebtheit im denkenden Teil des Proletariats und in den Reihen aufgeklärter Konservativer wie Churchill, Eden und anderer. Bei Labour, im Transport House, genießt er keine Sympathien. Butler und – seltsam genug – Halifax halten sehr viel von ihm. Vielleicht ist die Religion das Band, das Halifax und Cripps verbindet. Cripps' Zukunft vorauszusagen ist schwierig, aber er wird wahrscheinlich in den politischen Entwicklungen der nächsten Jahre eine nicht unbedeutende Rolle spielen. Ich habe mehrere Male die Meinung gehört, Cripps sei der künftige «linke Außenminister» Großbritanniens oder habe sogar das Zeug zu einem «linken Premier». Selbst einer wie Lloyd George sagte mir, nachdem er von der Ernennung Cripps' zum Botschafter in Moskau erfahren hatte: «Ich bedaure das fast. Wir brauchen Cripps hier mehr als in Moskau. Er ist der einzige Mann von Format auf der Oppositionsbank.»

Cripps' Einstellung zur UdSSR lässt an Innigkeit nichts zu wünschen übrig. Ich erinnere mich an den Mut und das Geschick, mit denen er uns im Namen der Labour-Partei in der Debatte über ein Embargo beim Metro-Vickers-Fall verteidigt hat. Ich zweifle nicht daran, dass er nach wie vor die besten Absichten hinsichtlich der englisch-sowjetischen Beziehungen hegt. Aber wird er in der Lage sein, für eine erhebliche Verbesserung dieser Beziehungen zu sorgen? Ich weiß es nicht. Alles wird von der Politik der britischen Regierung abhängen, die in dieser Beziehung sehr viel weiter nach rechts tendiert als Cripps. [...]

► Als Mitglied einer linken Minderheitsfraktion im britischen Parlament fand Cripps sich nun in einer wichtigen internationalen Rolle wieder: als britischer Botschafter bei der einzigen Großmacht in Europa, die sich bislang noch ihre Unabhängigkeit bewahrt hatte; zugleich war und blieb er ein erklärter Gegner seines Premierministers. Cripps war überzeugt, dass Russland früher oder später in einen Krieg gegen Deutschland verwickelt werde, und hoffte, unter diesen Vorzeichen das Fundament für ein Bündnis legen zu können, auf dem man später eine Nachkriegsordnung werde errichten können. Kaum hatte er sich in Moskau eingerichtet, machte er sich auch schon für eine Vereinbarung mit der Sowjetunion stark, in deren Rahmen Großbritannien die von jener getätigten Annexionen teilweise anerkennen werde (vor allem im Baltikum) und aus der dann auch ein Südostbündnis mit der Türkei hervorgehen konnte. Der detaillierte Plan, den Cripps hierfür ausarbeitete – eine Vorahnung der Dinge, die da kommen sollten –, beinhaltete einige sehr radikale Ideen, die darauf beruhten, dass der Krieg nach seiner Überzeugung zwangsläufig erhebliche gesellschaftliche Veränderungen an der Heimatfront brächte. Großbritannien müsse «bereit sein, sich als Vorposten der Vereinigten Staaten zu betrachten». Cripps legte seine Ideen in einem Brief dar, den er an Halifax schickte und den auch Churchill zu sehen bekam.[52]

Churchill beschränkte sich in seiner Botschaft, die Cripps am 1. Juli Stalin übergab (bei ihrer einzigen Begegnung vor dem deutschen Überfall auf die Sowjetunion), auf den allgemeinen Wunsch Großbritanniens nach «harmonischen und für beide Seiten nutzbringenden» Beziehungen zwischen den beiden Ländern ungeachtet ihrer «sehr unterschiedlichen Systeme politischen Denkens».[53] Die konkreten Vorschläge, die Cripps an Stalin richtete, zielten auf die Errichtung eines Bollwerks gegen Nazideutschland auf dem Balkan. Er wählte dafür jedoch einen ungünstigen Zeitpunkt – erst eine Woche war seit der Kapitulation Frankreichs vergangen. Stalin fürchtete, die Briten, die sich im Kriegs- und Belagerungszustand befanden und sich ihres Sieges nicht gewiss sein konnten, würden versuchen, Russland in einen Krieg gegen Deutschland hineinzulocken. Gleichzeitig traute er ihnen aber auch zu, dass sie sich für einen Friedensvertrag mit Deutschland entschieden. Das «Gezerre um den Balkan», das sich in der Folge entspann, vermittelt einen plastischen Einblick in das Denken Stalins und seinen Modus Operandi nach Abschluss des Ribbentrop-Molotow-Pakts. Das Motiv für die Annektierung Bessarabien im Juni 1940 war das Bestreben, die strategische Position der Sowjetunion im Schwarzmeerraum durch die Beherrschung des Donaudeltas zu verbessern.[54]

10. Juli

Ziemlich unerwartet hat mich Halifax nach sechswöchiger Funkstille (ich hatte ihn zuletzt am 26. Mai aufgesucht) eingeladen. Ich traf um 18 Uhr bei ihm ein.

Halifax begann mit einer halbgaren Entschuldigung; er habe mir nichts Besonderes mitzuteilen, sondern wolle mich einfach sehen und mit mir plaudern. Wir hätten uns so lange nicht mehr gesehen, und die Zeiten seien so kompliziert und wechselvoll.

Ich neigte den Kopf und antwortete mit einem angedeuteten Lächeln: «Ich stehe Ihnen zur Verfügung.»

Halifax schlug seine langen dünnen Beine übereinander und sagte: «Cripps hat ein Gespräch mit Herrn Stalin geführt. Ein sehr nützliches und interessantes. Auch ein sehr offenes. Ich messe diesem Meinungsaustausch große Bedeutung bei. Wir werden die richtigen Schlüsse daraus ziehen.»

Da ich über den Inhalt der Unterredung nichts wusste, hielt ich es für das Beste, höflich zu schweigen und den Außenminister weiterreden zu lassen.

[...] Halifax fragte dann, ob ich glaubte, dass die Haus- und Grundbesitzer in England ebenso schlimm seien wie die in Russland, und ob sie dasselbe Schicksal zu erwarten hätten. Ich antwortete, ich sei nicht genügend vertraut mit den englischen Verhältnissen, um mir eine feste Meinung zu bilden, ich hätte aber das Gefühl, dass man es mit den Analogien nicht übertreiben solle. Russland sei ein Agrarland, und deshalb sei der Umgang mit den Grundbesitzern ein zentrales Element unserer Revolution gewesen. England sei ein Industrieland, und somit spielten hier nicht die Grundbesitzer, sondern Bankiers und Industrielle die Schlüsselrolle. Meine Aussage schien Halifax zu gefallen, und er sagte erleichtert: «Man wird unsere Grundbesitzer zu Tode besteuern, aber ich glaube nicht, dass wir eine Agrarrevolution erleben werden ... Ich bin beispielsweise sicher, dass es allen Leuten in meinem Dorf leidtäte, wenn meiner Familie etwas zustieße.»

Ich blickte Halifax an und erinnerte mich, dass ich vor der Revolution von 1905 dieselbe Aussage von vielen Grundbesitzern in Saratow gehört hatte. Doch im Jahr der Revolution hatten wütende Bauern ihre Gutshäuser niedergebrannt. Kommt es wirklich vor, dass Geschichte sich wiederholt?

Dann war unsere Philosophiestunde zu Ende. Halifax wandte sich den gegenwärtigen Vorgängen zu.[55]

[...] Er fragte, ob die neue Grenze zwischen der Sowjetunion und Rumänien endgültig festgelegt worden sei. Ich bejahte das. [...] «Wie sehen Sie das?», setzte er nach. «Ist die Bevölkerung Bessarabiens mit den Veränderungen, die eingetreten sind, zufrieden?»

«Das hängt davon ab, wen Sie meinen», antwortete ich. «Die bessarabischen Grundbesitzer sind natürlich nicht ganz zufrieden, aber ebenso klar ist, dass die bessarabischen Bauern ziemlich zufrieden sind. Für sie bedeutet die neue Zugehörigkeit zur UdSSR nationale Freiheit und eine Verbesserung ihres materiellen Wohlergehens.»

Ich erzählte Halifax, dass die sowjetische Regierung bereits eine Resolution verabschiedet habe, die dreizehnte Sowjetrepublik – die Moldawische – einzurichten, und dass der Umbau der bessarabischen Landwirtschaft nach sowjetischem Vorbild bereits begonnen habe.

«Glauben Sie nicht», sagte Halifax, «dass in naher Zukunft der Balkan in den Krieg hineingezogen werden könnte?»

Ich tat meine Zweifel daran kund, woraufhin Halifax einräumte, dass auch er gegenwärtig nicht mit einem militärischen Konflikt auf dem Balkan rechne. Deutschland und Italien seien dagegen.

Dann fragte er: «Stellen Sie sich vor, Hitler würde morgen von einem Omnibus überfahren oder müsse aus irgendeinem anderen Grund von der Bühne abtreten – könnte das gegenwärtig in Deutschland herrschende Regime fortbestehen? Ich zweifle daran. Weder Göring noch Goebbels ,noch Heß[1] noch irgendein anderer wäre in der Lage, es aufrechtzuerhalten.»

Ich wandte ein, dass ich das für eine zu große Vereinfachung hielte.

[...] Halifax setzte gerade zu einer Antwort an, als sein Sekretär den Raum betrat und meldete, Lord Lloyd (der Kolonialminister) wünsche ihn dringend zu sprechen. Halifax' Miene bewölkte sich, und er sagte im Aufstehen: «Wir müssen uns wieder treffen und uns unterhalten ... Es ist so wichtig, dass wir in dieser Zeit unsere Gedanken austauschen – schließlich stehen wir an der Schwelle zu einer neuen Welt.»

Wir verabschiedeten uns.

Mein Fazit:

(1) Allgemein gilt, dass Halifax, wie viele andere Vertreter der herrschenden Oberschicht, von dunklen Vorahnungen erfüllt ist und verstanden hat, dass der Krieg die Elite ihrer Privilegien berauben wird. An einem bestimmten Punkt könnte dies ihn dazu bringen, sich auf einen «faulen Frieden» mit Hitler einzulassen.

1 Rudolf Heß, 1933–1941 Stellvertreter Hitlers in der NSDAP, flog am 10. Mai 1941 auf eigene Faust mit einem Friedensangebot nach Schottland. Siehe S. 519, 523–526, 528–530.

(2) Im Besonderen: Halifax muss, als Folge der anschwellenden Kritik an Chamberlain, die inzwischen auch ihm schwer zu schaffen macht, taktieren und hält es für nützlich, demonstrativ den Kontakt zum sowjetischen Botschafter zu pflegen. Ich bezweifle, dass es ihm viel helfen wird.

12. Juli

Eden und seine Frau kamen zum gemeinsamen Mittagessen zu uns, zu Agnia und mir. Wir setzten uns in den Wintergarten. Es war ein wunderschöner Tag, und Eden war gut gelaunt. Durch die geöffnete Tür des Wintergartens nach draußen blickend, sagte er mit einem Grinsen: «In Ihr Haus könnte man nur zum Entspannen kommen.»

«Sie sind ganz und gar willkommen!», antwortete ich in demselben Ton.

Eden fragte mich nach unserer Position und kam auf Vergangenes zu sprechen, auf seinen Besuch in Moskau und unsere Treffen und Unterredungen während seiner Zeit im Foreign Office. Er bemerkte: «Wissen Sie, was in dieser Zeit das Schwierigste für mich war? Meine Freunde davon zu überzeugen, dass Hitler und Mussolini ganz andere Leute waren als britische *business men* oder *country gentlemen*, was ihre Psychologie, ihre Beweggründe und ihre Vorgehensweisen betrifft. Meine Freunde weigerten sich einfach, mir zu glauben. Sie dachten, ich sei voreingenommen gegen die Diktatoren und sperrte mich dagegen, sie zu verstehen. Ich sagte immer wieder: ‹Wenn man mit dem Führer oder dem Duce spricht, hat man sofort das Gefühl, man hätte es mit einem Exemplar einer ganz anderen Spezies als der eigenen zu tun. Einige unserer Staatsmänner versuchten in der Folge, auf die Diktatoren in derselben Weise zuzugehen, wie man auf Geschäftsleute zugeht. Die Ergebnisse sind nur allzu bekannt.›»

Dann kamen wir auf aktuelle Ereignisse zu sprechen. Nach Ansicht Edens ist die britische Regierung tief verunsichert. Zahlreiche Indizien und Informationssplitter hätten eindeutig auf den Beginn eines deutschen Angriffs gegen England am 6. Juli hingewiesen. Heute schreibe man den 12. Juli, und noch sei kein Angriff erfolgt. Warum nicht? In den Reihen der Regierung werde spekuliert, aber man wisse nicht, woran man sei.

Ich gab zu bedenken, die Deutschen hätten den Angriff vielleicht wegen des Verlusts der französischen Flotte verschoben. Könne es nicht sein, dass ihre ursprünglichen Angriffspläne auf der Annahme beruht hatten, dass sie über die französische Flotte verfügen könnten, und dass jetzt, nach den Ereignissen vom 2. und 3. Juli, all diese Pläne überarbeitet werden müssten? So etwas brauche Zeit.

Eden fand meinen Gedanken höchst interessant und begann für den Fall, dass er zutraf, Folgerungen daraus zu ziehen. Unter anderem sagte er, die britische Regierung sei über die Verzögerung, was immer der Grund für sie sei, sehr froh. Man habe jetzt mehr Zeit, sich vorzubereiten. Gegen Angriffe von See her sei England schon vollständig gewappnet. Verwickelter sei die Situation in der Luft. Zwar seien die Flugplätze gut geschützt, aber es gebe im Land zu viele Rollbahnen in freier Natur. Man arbeite gerade intensiv daran, diese unbrauchbar zu machen. Alle in England verfügbaren Bagger seien für diese Aufgabe rekrutiert worden. Auch ganze Trupps von Freiwilligen hülfen mit. In der Umgebung der meisten großen Städte sei die «Wühlarbeit» schon ziemlich weit gediehen, man werde aber noch zwei Wochen brauchen, bis alle natürlichen Rollbahnen im ganzen Land unbrauchbar gemacht seien. Es wäre gut, wenn die Deutschen den Briten diese zwei Wochen noch gönnten.

[...] Die Ursachen für die französische Niederlage waren das letzte Thema unserer Unterredung. Im Großen und Ganzen hat Eden die Ursachen einigermaßen erfasst. Ich fragte, ob etwas Ähnliches auch in England passieren könne.

Das verneinte Eden kategorisch.

«Gewiss», sagte er, «gibt es bei uns auch Männer wie Laval, aber sie spielen keine größere Rolle und haben kein Gewicht in der Regierung. Dazu kommt, dass unsere Armee oder doch der größere Teil von ihr schon mit den Deutschen gekämpft und festgestellt hat, dass ‹der Teufel nie so schwarz ist, wie man ihn sich ausmalt›. Das ist unglaublich wichtig. Im Großen und Ganzen ist die Moral unserer Streitkräfte völlig intakt, und ich erwarte von dieser Seite her keine unangenehmen Überraschungen.»

► Maiskis Einschätzung der Aussichten auf eine deutsche Invasion machte auf Eden immerhin so viel Eindruck, dass er Churchill persönlich darüber ins Bild setzte:

> Monsieur Maiski kam mehrere Male auf die handfesten Probleme zu sprechen, die jedem Versuch Hitlers, eine Invasion von See her zu starten, im Weg stehen. Er besitzt zu diesem Aspekt des Problems, wie mir scheint, ein sichereres

> Urteil, als ich es ihm zugetraut hätte. Seiner Ansicht nach ist nicht zu erwarten, dass eine Offensive von See her irgendeinen Erfolg bringen könnte, es sei denn, sie ginge Hand in Hand mit einer Invasion durch Luftstreitkräfte. […] Monsieur Maiski räumte ein, dass er in diesem Fall sich nicht vorstellen könne, wie [die Deutschen] das Kommunikationsproblem lösen könnten.[56]

Ein prominenter amerikanischer Journalist schrieb über Maiski: «Mit seiner Art, die täglichen Schwankungen im Denken und Fühlen in sich aufzunehmen, und seiner wohltuenden, ungekünstelten Betrachtung des ganzen Kriegsgeschehens in all seinen Verästelungen erschien Maiski mir als einer der profundesten und kompetentesten Beobachter, die in England zu treffen ich das Glück hatte.»[57]

22. Juli

Fast ein Monat ist seit der französischen Kapitulation verstrichen, und was damals schon zu erkennen war, ist inzwischen noch klarer geworden. England ist fest entschlossen, auch auf sich allein gestellt «bis ans Ende» gegen Hitler zu kämpfen. (Wer wird festlegen, was «bis ans Ende» heißt?)

[…] So stehen die Dinge. Unter diesen Voraussetzungen ist es schwierig, sich vorzustellen, dass es in naher Zukunft zu einem Friedensschluss kommen könnte. Die Rede, die Hitler am 19. hielt und in der er England «zum letzten Mal» ermahnte, «zur Vernunft zu kommen» und Frieden zu schließen, zeitigte hier nicht die geringste Wirkung. Schon vorher hatten die Deutschen und die Italiener über den Papst und Franco «Friedensfühler» ausgestreckt, doch die britische Regierung hatte mit einem trockenen «Nein!» geantwortet. Im Großen und Ganzen fällt es schwer, sich einen «Deal» zwischen England und Deutschland vorzustellen, solange Churchill Premierminister ist. […]

Es ist natürlich schwierig, sich für die Zukunft festzulegen. Schwer zu sagen, was passieren wird, falls die Deutschen massive Luftangriffe zu fliegen beginnen, falls die angespannte Erwartung sich immer länger hinzieht, falls im Empire Dinge schiefzulaufen beginnen oder falls die kapitalistische Elite Britanniens einmal der Gefahr einer ernsthaften Beschneidung ihrer Rechte und Privilegien ins Auge sehen müsste. Aber einstweilen kann man ziemlich klar erkennen, dass England nicht Frankreich ist. Es wird deutschen Invasoren einen harten Kampf liefern.

25. Juli

[...] Und hier ist noch eine Geschichte, die Prytz[I] mir erzählt hat. Zwei Wochen vor der Abdankung Edwards VIII. im Dezember 1936 weilte Prytz aus geschäftlichen Gründen in London (er bekleidete zu der Zeit noch kein offizielles Amt) und war zu einem von seinem Vorgänger Palmstierna[II] veranstalteten Lunch eingeladen. Der Lunch entpuppte sich als durch und durch «politische» Veranstaltung. Prominentester Gast war der schwedische Kronprinz[III], und unter den anderen Teilnehmern waren Eden, der Erzbischof von Canterbury und weitere Würdenträger. Die Abdankung Edwards lag bereits in der Luft. Einige dem Hof nahestehende Personen baten den schwedischen Kronprinzen, seinen Einfluss auf Edward geltend zu machen und ihn im Interesse der «monarchischen Idee» zur Trennung von Mrs Simpson[IV] zu überreden, so dass er auf dem Thron bleiben könne. Der Kronprinz sagte dies grundsätzlich zu, aber nur unter der Bedingung, dass die britische Regierung nichts dagegen hätte. Tatsächlich hatte man das Mittagessen genau zu dem Zweck angesetzt, die Haltung der britischen Regierung in dieser Frage auszuloten. Doch kaum hatten die Gäste Platz genommen und ein paar Bemerkungen zu dem fraglichen Thema ausgetauscht, als auch schon zweifelsfrei klar wurde, dass es für den Kronprinzen nichts zu tun gab: Die britischen Gäste machten sogleich unmissverständlich klar, dass sie Edwards Abdankung wünschten und ihn nicht länger auf dem Thron sehen wollten. Besonders kompromisslos zeigte sich dabei der Erzbischof von Canterbury. Er sagte zu Prytz, der neben ihm saß, lachend: «Ich bin eine sehr kleine und unbekannte Figur im Empire, aber glauben Sie, dass ich meinen Job behalten könnte, wenn ich Mrs Simpson heiraten würde?»

So blieb es dem schwedischen Prinzen erspart, Edward VIII. die Krone zu retten.

I Björn Prytz, 1938–1947 schwedischer Botschafter in Großbritannien.

II Baron Erik Palmstierna, 1927–1937 schwedischer Botschafter in Großbritannien. Er blieb danach in England und arbeitete aktiv beim Weltkongress der Religionen mit.

III Gustaf VI. Adolf, schwedischer Kronprinz, verheiratet mit Lady Louise Mountbatten, Schwester von Lord Mountbatten und Tante von Prinz Philip.

IV Bessie Wallis Simpson, geb. Warfield, Duchess of Windsor, hatte eine Affäre mit Edward VIII., war der formelle Grund für seine Abdankung 1936 und heiratete ihn 1937.

27. Juli

Dalton aß gestern mit mir zu Mittag. [...] Er erzählte mir eine amüsante Geschichte über Hoare. Hoare befindet sich in einem Zustand andauernder Panik. Er hat sich die Idee in den Kopf gesetzt, dass Hitler davon träumt, ihn zu entführen und als Geisel zu halten – mit der Drohung, ihn um einen Kopf kürzer zu machen, falls die Umstände dies erforderten. Aus diesem Grund hat Hoare die britische Regierung mit verzweifelten Telegrammen des «München»-Typs eingedeckt. Insbesondere protestierte Hoare gegen die Absicht Daltons, am gestrigen 25. Juli [sic!] eine Erklärung zum Beschluss der britischen Regierung abzugeben, Spanien [beim Öl] «auf Rationen zu setzen». Dalton musste diese Erklärung auf den 30. Juli verschieben. Hoare bestand auch darauf, dass Negrin England verlassen müsse.

Wie ich des Weiteren von Dalton erfuhr, möchte die britische Regierung Klarheit in der Frage der Meerengen schaffen; offenbar hat Cripps dieses Thema sogar schon mit dem türkischen Botschafter in Moskau erörtert.

31. Juli

Folgendes trug sich gestern in einer nichtöffentlichen Sitzung des Unterhauses zu:[58]

[...] Butler redete ca. 50 Minuten lang, vorwiegend über Burma. Er sagte, die japanische Marine sei stark, während England nicht einmal ein einziges Schiff aus Europa nach Fernost entsenden könne. Die britische Regierung habe sich mit der amerikanischen beraten, wobei sich gezeigt habe, dass Letztere zwar mit England sympathisiere, sich aber nicht in der Lage sehe, im Falle eines bewaffneten Konflikts zwischen Großbritannien und Japan irgendetwas Handfestes zu unternehmen.

[...] Butler wandte sich dann der UdSSR zu. Er erklärte im Namen der britischen Regierung, England wünsche, freundschaftliche Beziehungen zur Sowjetunion zu wahren und weiterzuentwickeln, und Cripps habe es geschafft, nützliche Kontakte zu Mitgliedern der sowjetischen Regierung zu knüpfen; zugleich wies er auf die den Weg noch blockierenden Schwierigkeiten hin: Die Sowjetunion sei, wie Butler sich ausdrückte, insofern mit Peter dem Großen vergleichbar, als dass sie gegenwärtig darauf geeicht sei, eine rein «realistische» Politik zu machen. Konkret sei die

UdSSR gerade damit beschäftigt, sich die baltischen Staaten einzuverleiben. Die britische Regierung habe nicht die Absicht, eine Politik der Kleinkariertheit zu betreiben, aber sie könne die jüngsten Veränderungen im Baltikum nicht anerkennen. [...] Ungeachtet all dessen böten der uralte «Kampf zwischen dem Teutonen und dem Slawen» und mögliche Konflikte zwischen Deutschland und der Sowjetunion objektiv Vorteile für England.

6. August

Randolph Churchill kreuzte unerwartet in seiner prächtigen Husarenuniform auf. Wie sich herausstellt, ist er von seinem Panzerbataillon zu den neu aufgestellten «mobilen Einheiten»[1] versetzt worden, denen die Aufgabe zugedacht ist, im Falle einer deutschen Invasion einen «Partisanenkrieg zu führen». Randolph erzählte viele interessante Dinge.

Er sagte, das Militär stehe da wie aufgezogen. Man sei bereit für eine Invasion, man brenne darauf, den Deutschen einen «heißen Empfang» zu bereiten, doch die Deutschen kämen einfach nicht. Die britische Luftaufklärung überwache die Küsten Frankreichs, Belgiens und Hollands Tag für Tag: nicht das geringste Anzeichen für eine bevorstehende Invasion. Könne es denn sein, dass Hitler es sich anders überlegt hat?

[...] Niemand kennt des Rätsels Lösung, aber die britische Regierung will für alle Eventualitäten gerüstet sein. So zieht sie zum Beispiel gegenwärtig starke Kräfte im Nahen Osten zusammen. Es sind Australier, die aus England dorthin verlegt werden. Warum gerade Australier? Dafür gibt es zwei Gründe. Erstens sind sie gute Kämpfer. Zweitens weiß in England niemand so recht etwas mit ihnen anzufangen; sie sind einfach zu «freidenkerisch». Sie halten nichts von Disziplin, gehorchen ihren Offizieren nicht, salutieren nicht und liegen ständig im Streit mit den britischen Soldaten. Das Kriegsministerium ist hocherfreut, sie loszuwerden, und entsendet sie nach Ägypten und Palästina.

Ich fragte, was nach Ansicht der britischen Regierung die Hauptstrategie in diesem Krieg sein werde?

Randolph antwortete, es sei das unmittelbare Ziel der britischen Regierung, die Invasionsgefahr zu bannen. In zweiter Linie verfolge man die Ziele: bis Ende diesen oder Anfang nächsten Jahres die Luftüberlegenheit

1 Gemeint ist die Special Operations Executive (SOE).

zu gewinnen; bis zum Frühjahr nächsten Jahres eine drei Millionen Mann starke Landstreitmacht aufzustellen; 1941 in die Offensive zu gehen.

[...] Wir wandten uns innenpolitischen Fragen zu. Ich äußerte meine Zweifel an der Fähigkeit der britischen Elite, den Krieg «bis ans Ende» durchzufechten, denn damit würde sich die Frage nach dem Fortbestand ihrer heutigen Privilegien in schärfster Form stellen! Sind sie bereit, ein solches Opfer zu bringen? Doch wohl kaum. Randolph grinste und antwortete mit einer verächtlichen Armbewegung: «Sind sie bereit? Vater wird ihnen keine andere Wahl lassen!» ...

Mit unverstellter Feindseligkeit und Verärgerung setzte er hinzu: «Mein Vater wird sich ein besonderes Vergnügen daraus machen, die Privilegien unserer Oberschicht zu zerfetzen. Oh ja! Er wird nur allzu gern diese widerwärtige, dekadente Bande in alle Winde zerstreuen!»

Was bedeutet das? Die Meinungen, die Randolph äußert, reflektieren immer die seines Vaters. Wenn der Premierminister bereit ist, die Privilegien der englischen Oberschicht zu liquidieren, in welche Richtung will er dabei gehen? Nach rechts (in Richtung Faschismus) oder nach links (in Richtung Sozialismus)?

7. August

Ich traf Attlee im Parlament und führte ein ernstes Gespräch mit ihm über die Baltikumsfrage. Attlee verhielt sich sehr seltsam. Zuerst stellte er in Zweifel, dass die Bevölkerung Estlands, Lettlands und Litauens ihren Willen, sich der Sowjetunion anzuschließen, in freier Selbstbestimmung bekundet habe. Daraufhin fragte ich ihn direkt: «Bedeutet das, dass Sie die Veränderungen, die sich in den baltischen Staaten vollzogen haben, aus prinzipiellen Gründen nicht anerkennen wollen?»

Attlee erschrak und beeilte sich zu antworten: «Nein, nein! Sie haben mich missverstanden.»

Dann riss er das Ruder herum und erklärte, es sei keine grundsätzliche Frage, sondern eine Frage der Entschädigung: Britische Bürger hätten in den baltischen Staaten Investitionen getätigt, die jetzt verloren seien. Wenn man in der Entschädigungsfrage Einigung erziele, werde es keine Komplikationen geben. [...]

15. August

Traf gestern Lloyd George, der mir einige interessante Neuigkeiten erzählte: Chamberlain hat Darmkrebs, und auch wenn er der Form nach Mitglied des Kabinetts bleibt, ist er so gut wie am Ende. Daraus dürften sich diverse politische Weiterungen ergeben. Eine kennen wir schon: Beaverbrook ist ins Kriegskabinett aufgenommen worden. Weitere Veränderungen sind zu erwarten. Churchill hat Lloyd George erneut (über Beaverbrook) einen Platz im Kriegskabinett angeboten, doch der alte Mann hat das Angebot abgelehnt, weil er mit der Regierung in zwei Fragen über Kreuz liegt, in Sachen Außenpolitik und Indien.

Lloyd George bleibt dabei, dass die wichtigste Frage im außenpolitischen Bereich das Verhältnis zur Sowjetunion ist. Das Kabinett setzt jedoch auf die Vereinigten Staaten. Das ist ein Fehler. Selbst wenn die Vereinigten Staaten in den Krieg eintreten, wird ihre Teilnahme frühestens in zwei bis drei Jahren praktische Auswirkungen haben, denn die USA haben weder ein Heer noch eine Luftwaffe. Das alles muss erst noch aufgebaut werden. [...]

► Am 17. August beklagte sich Cadogan bei Halifax über Cripps. Dieser vertrete die Auffassung, «dass wir den uns ach so wohlgesonnenen Russen alles geben müssen, Anerkennung [der baltischen Staaten], Gold, Schiffe und Vertrauen. Das ist einfach verrückt. Waren uns einig, ihm zu sagen, er solle sich nicht vom Fleck rühren. Wir werden sehen, was wir hier bei Maiski erreichen können. Ich würde sagen, ziemlich genau nichts. H. schlägt jedoch vor, die Sache so anzugehen, dass er Maiski mit Gemahlin zum Dinner einlädt – und damit droht, auch mich einzuladen! Bemerkenswert, wie wir es weiterhin schaffen, uns selbst etwas vorzumachen. Die Russen werden ihren politischen Kurs genau dann ändern, wenn und falls es ihnen vorteilhaft erscheint. Und wenn es tatsächlich so ist, wird es egal sein, ob wir Maiski einen Tritt versetzt haben. Umgekehrt könnten wir Maiski den Hosenbandorden verleihen, ohne dass es einen Deut ändern würde.»[59]

17. August

Der Duke of Windsor ist mit seiner Mrs Simpson auf den Bahamas eingetroffen, wo er zum Gouverneur ernannt worden ist. Im Grunde handelt es sich natürlich um ein Exil. Warum hat man den ehemaligen König so unnachsichtig behandelt?[60]

Wie ich aus äußerst zuverlässigen Quellen erfahren habe, steckt hinter all dem Königin Elizabeth[I]. Sie ist «Herrin im Haus», und der König steht unter ihrem Pantoffel. Sie ist furchtbar ehrgeizig. Sie hat es sich zur Aufgabe gemacht, der königlichen Familie zu Popularität und Glanz zu verhelfen. Sie schickt den König überallhin – in Lager, Fabriken, zu den Truppen, an die Front –, damit er sich überall zeigt und die Leute ihn sehen und sich an ihn gewöhnen. Auch sie selbst gönnt sich keine Pause: Basare, Kliniken, Telefonzentralen, Landwirte etc. – sie besucht alle, erteilt ihren Segen, glänzt mit ihrer Anwesenheit, nimmt Paraden ab. Vor Kurzem hat sie sogar etwas höchst Ungewöhnliches gemacht. Ihr Bruder, der beim MEC[II] dient, veranstaltete eine private Teestunde, zu der er ein Dutzend namhafte amerikanische Journalisten einlud. Die Queen nahm an der Gesellschaft teil und unterhielt sich eineinhalb Stunden «großmütig» mit den Korrespondenten, einzeln und in Gruppen. Das tat sie natürlich nicht für die Zeitungen. Die Queen hat schreckliche Angst davor, dass der Herzog von Windsor zurückkehren und seinem Bruder die Popularität «streitig machen» könnte, die man mit so großer Mühe kreiert hat. Das ist der Grund, weshalb der Herzog von Windsor auf die Bahamas ins Exil geschickt wurde.

20. August

Rein rhetorisch war Churchill heute nicht in Bestform, als er im Parlament über aktuelle Fragen des Krieges und der Außenpolitik sprach. […] Allgemein drückte Churchills Rede ein wachsendes Zutrauen zur Kampfstärke Englands aus und den Glauben daran, dass man das Schlimmste schon hinter sich habe.

[…] Nach Churchills Rede lief ich durch die Wandelgänge. Ich traf viele Leute. […] Alle sind sich einig in der großen neuen Zuversicht und in einer

---

I Ehefrau von König George VI.

II Middle East Command.

ekstatischen Bewunderung für die britische Luftwaffe. Die Leute schnappen fast über vor Stolz auf ihre Piloten.

Megan [Lloyd George] bekundete ihr Interesse am Stand der englisch-sowjetischen Beziehungen. Ich konnte ihr nichts Beruhigendes sagen. Sie bedauerte das, schimpfte auf Halifax und bot die folgende Erklärung für den Stillstand in den Beziehungen zwischen unseren Ländern an: «Ich kenne Churchill seit vielen Jahren, seit ich ein kleines Mädchen war. Er kam zahllose Male zum Lunch oder Dinner zu uns nach Hause und erörterte diverse Angelegenheiten mit meinem Vater. [...] Was ihn immer am meisten faszinierte, war Krieg. Er studierte die Kriege der Vergangenheit und dachte über die Kriege der Zukunft nach. In seiner Phantasie machte er sich immerzu zum Feldherrn, vernichtete ganze Armeen, fegte durch Europa, warf seine Feinde nieder oder schlug sie in die Flucht. Er führte immer militärische Ausdrücke im Mund, und sein Kopf war voller militärischer Pläne und Projekte. Ich bin sicher, dass er auch jetzt wieder ganz und gar mit Krieg beschäftigt und vom Krieg berauscht ist. Das ist das Einzige, worüber er nachdenkt, das Einzige, das ihn interessiert. Alles andere ist für ihn sekundär, das Foreign Office eingeschlossen. Dort hat er Halifax die Zügel überlassen ... Ach, dieser Kerl! Ich glaube, Halifax ist heute weitaus gefährlicher als Chamberlain.»

Es liegt, wie mir scheint, viel Wahrheit in Megans Worten.[61]

22. August

Lunch mit Sir Walter Monckton.[1] Ein ganz eigenwilliger, durch und durch englischer Typ. Offiziell ein Tory, in Wirklichkeit aber ein extremer Radikaler, dem auch revolutionäre Ideen nicht fremd sind. Rechtsberater des Herzogs von Windsor und enger Freund von Cripps. Hat derzeit das Amt des Oberzensors inne und denkt über Revolution in Europa nach.

[...] Die Unterhaltung wandte sich der Rolle Churchills in diesem Krieg zu. Als Anführer militärischer Offensiven sei Churchill gut, sagt Monckton. Aber kann er auch Anführer einer politischen Offensive werden? Das könne Monckton noch nicht sagen, doch schließt er die Möglichkeit nicht aus, dass Churchills romantische Anhänglichkeit an das Empire zusam-

1 Sir Walter Turner Monckton, herausragender radikaler Anwalt mit Gerichtszulassung, 1940/41 Generaldirektor im Informationsministerium, später (während der Sueskrise von 1956) Verteidigungsminister im Kabinett Eden.

men mit seiner Liebe zur Macht ihn zum politischen Führer befähige. Wie weit werde Churchill selbst in diese Richtung gehen? Auch in dieser Frage ist Monckton sich noch nicht sicher. Churchill neige wahrscheinlich dazu, die Privilegien der kapitalistischen Oberschicht stark zu beschneiden, aber werde er das konsequent genug tun, um den Krieg zu gewinnen? Natürlich werde in England alles auf englische Art getan werden. Die Einführung eines Sowjetsystems sei hier vielleicht keine notwendige Voraussetzung für den «Sieg». Die Einführung einer besonderen Übergangsform zum Sozialismus könne genügen. Vielleicht erweise Churchill sich als fähig, einen solchen Sozialismus zu «akzeptieren» oder ihn sogar zu «erschaffen» – er sei schließlich weder Bankier noch Geschäftsmann, also kein Mann der Londoner City. Churchill ist Politiker und Schriftsteller, verdient seinen Lebensunterhalt mit Schreiben. Er stecke nicht so tief im kapitalistischen System wie zum Beispiel Chamberlain. Er sei nicht auf Aktien, Zinseinkünfte, Vermögen an Grund und Boden etc. angewiesen. Er werde seine «Brötchen», was immer auch geschehe, mit literarischer Arbeit verdienen können. Weshalb also sollte er nicht der Anführer einer politischen Offensive werden? Wenn das geschehe, werde der Übergang Englands in ein neues System mehr oder weniger friedlich und ruhig verlaufen. Widersetze sich Churchill jedoch dem Übergang in ein neues System, komme es unvermeidlicherweise zu größeren Verwerfungen.

Ich lauschte Monckton und dachte: Welchen Weg wird Churchill einschlagen? Den nach links oder den nach rechts? Den Richtung Sozialismus oder den Richtung Faschismus? Welche Rolle in den bevorstehenden Ereignissen und Entwicklungen ist für ihn vorgesehen? Welches Bild von ihm wird in das Buch der Geschichte eingehen?

1. September Die Deutschen fliegen seit nunmehr drei Wochen massive Luftangriffe gegen England. [...]

An den Angriffen bei Tag sind jetzt weniger Flugzeuge beteiligt als in der Anfangsphase, dafür sind die Einsätze konzentrierter und gezielter. Die Deutschen bombardieren vor allem das Dreieck London–Dover–Portland. Ihre Hauptziele sind Hafenanlagen, Flugplätze, Industrieanlagen und Eisenbahnen – alle in dem genannten Gebiet. Sie wollen offensichtlich einer Invasion den Boden bereiten. Die Angriffe sind hochfrequent, jeden Tag mehrere. Nachts sind über England nur sehr wenige Maschinen zu sehen, am wenigsten über London. Sie fliegen wieder und wieder im Kreis, mehrere Stunden lang, und werfen gelegentlich Bomben ab. Es handelt sich dabei offensichtlich um eine «psychologische Attacke» auf die breite Bevölkerung. Doch haben diese Nachtangriffe bis jetzt keinen großen Eindruck auf die Engländer gemacht.

Das ist natürlich noch nicht alles. Wir werden sehen, was als Nächstes kommt.

▶ Die «Luftschlacht um England» war das Vorspiel zur «Operation Seelöwe», der für Mitte September geplanten Landung an der britischen Küste. Der Operationsplan wurde am 31. Juli in Berchtesgaden von den Befehlshabern der Marine und des Heeres beschlossen, die allerdings auf ihnen unüberwindlich erscheinende Hindernisse hingewiesen und deswegen große Bedenken angemeldet hatten.[62] Höchst beeindruckt von der zur Schau getragenen Trotzhaltung und Unbeugsamkeit der Einwohner Londons, gelangte Maiski zu der Überzeugung, «dass die deutsche Wehrmacht Großbritannien nicht einnehmen wird und dass die Briten nächstes Jahr im Luftkrieg die Oberhand gewinnen. […] Die Luftangriffe auf Großbritannien werden nachlassen, und es wird zu zunehmend wirkungsvolleren und zerstörerischeren Luftangriffen auf Ziele in Deutschland und in den von ihm besetzten Gebieten kommen.» Des Weiteren war er überzeugt, dass Großbritannien seine Hochburgen im Mittelmeerraum verteidigen werde, doch konnte er sich nicht vorstellen, wie Großbritannien die Deutschen aus den von ihnen eroberten europäischen Ländern vertreiben könnte.

Die beiden Alternativen, die er damals sah, waren (a) ein Verhandlungsfrieden oder (b) die Verwandlung Großbritanniens in «ein vergesellschaftetes Gemeinwesen, nicht unbedingt nach dem sowjetischen Vorbild, aber von der Herrschaft des Kapitalismus und der Grundbesitzer befreit. Es könnte zu einem echten und dauerhaften Pakt zwischen der Sowjetunion und Großbritannien kommen, um Europa aus der Tyrannei Hitlers zu befreien.»[63] Solche Ansichten deckten sich sicher nicht mit der Vision Stalins – in die Maiski nicht eingeweiht war –, den Ribbentrop-Molotow-Pakt auf den Balkan auszuweiten, dem Krieg ein Ende zu bereiten und die Vorherrschaft in Europa zwischen der Sowjetunion und Deutschland aufzuteilen.[64]

8. September

Es scheint, als hätten die Deutschen selbst die Aussichtslosigkeit ihrer bisherigen Taktik eingesehen, denn gestern haben sie auf eine neue Technik des Luftkriegs umgeschaltet.

Die Deutschen flogen gestern Nachmittag einen massiven und intensiven Luftangriff auf London. Es war der erste Luftangriff dieses Ausmaßes und dieser Intensität seit Beginn des Krieges. Die Briten waren von dem Überraschungsangriff offensichtlich schockiert und zeigten eine ziemlich schwache Gegenwehr. Infolgedessen gelang es den Deutschen, die Dockyards in Brand zu setzen und viele Gebäude und Arbeiterhäuser im East End zu zerstören. Die Brände wüten noch heute. Ich machte eine Rundfahrt durch das East End und stellte mich auf den Hügel im Greenwich Park; von dort aus konnte ich deutlich die Feuersäulen und Rauchschwaden sehen, die von diversen Stellen im Hafengebiet aufstiegen. Es heißt, bis zu 400 Menschen seien getötet und 1500 verletzt worden.

In der Nacht vom 7. auf den 8. gab es weitere Luftangriffe. Deutsche Flugzeuge hämmerten weiterhin auf die Stadt ein, wobei sie sich an den Feuerzungen orientierten. Die Arbeiterbezirke – das East End und Kilburn – bekamen am meisten ab. Viele Proletarierhäuser sind zerstört worden. Industrieanlagen, Kraftwerke, Gaswerke usw. haben keine ernsthaften Schäden erlitten. Jedoch ist die finnische Botschaft ausgebombt worden. Ich weiß nicht, ob die Deutschen es speziell auf militärische Ziele abgesehen haben; wenn ja, machen sie ihre Sache schlecht. Verwunderlich ist das kaum: Gestern und heute sind die deutschen Flugzeuge in einer Höhe von rund sieben Kilometern angeflogen.

Der britische Widerstand war letzte Nacht sehr schwach. Zwar durchzuckten Suchscheinwerfer den Himmel, aber sie erfassen selten einmal ein feindliches Flugzeug. Die Flugabwehrkanonen blieben zumeist stumm. Seltsam. Die Leute sind sehr verstört über das Ausbleiben jeder angemessenen Vergeltung. Die Regierung wird große Probleme bekommen, wenn das so weitergeht.

9. September

Subbotić[1] suchte mich vor einigen Tagen auf. Er kam ziemlich aufgelöst an. Gerade hatte er aus Belgrad die Nachricht bekommen, die Sowjetunion und Deutschland hätten soeben Einigung erzielt (oder stünden kurz vor einer Einigung) über die «Abgrenzung ihrer Interessensphären» auf dem Balkan und im Nahen Osten. Der Balkan werde angeblich der deutschen «Einflusssphäre» zugeschlagen, der Iran der sowjetischen. Im Hinblick auf die Türkei sei noch nichts entschieden. Angenommen, das stimmt, bestünde dann nicht die Möglichkeit, Jugoslawien in die sowjetische «Einflusssphäre» aufzunehmen?

Ich machte mich erst einmal über Subbotić lustig, sagte ihm, er solle nicht jedem Gerücht Glauben schenken, besonders nicht in dieser Zeit. Die Sowjetunion versuche nicht, sich irgendwelche «Einflusssphären» zu sichern. Sie betreibe eine Politik des Friedens unter Einsatz der von der jeweiligen Situation diktierten Mittel, und sie sei gegen jede Ausweitung des im Gang befindlichen Konflikts. Die Sowjetunion habe auf dem Balkan Interessen und wolle keinesfalls erleben, dass die Flammen des Krieges auf diesen Teil der Welt übergreifen.

Subbotić ging etwas beruhigt, aber nicht ganz überzeugt seines Weges.

Heute besuchte ich ihn, und es gelang mir, seine Befürchtungen vollkommen zu zerstreuen. Ich versicherte Subbotić im Namen der sowjetischen Regierung, dass zwischen der Sowjetunion und Deutschland keine Vereinbarung über die Aufteilung von «Einflusssphären» in Südosteuropa und im Nahen Osten bestehe und dass dieses Thema in den Gesprächen zwischen der UdSSR und Deutschland noch nicht einmal aufgeworfen worden sei.

Subbotićs Miene heiterte sich auf; er drückte mir kräftig die Hand und sagte, er werde diese außerordentlich wichtige Mitteilung sofort nach Belgrad übermitteln. Beim Abschiednehmen sagte er: «Wir werden uns sozusagen wie unter dem unsichtbaren Schutzschirm der Sowjetunion fühlen.»

---

1 Ivan Subbotić, 1939–1941 jugoslawischer Botschafter in Großbritannien.

Der «luxuriöse» Luftschutzkeller der Botschaft

10. September

Heute machten wir erstmals Bekanntschaft mit den Bomben. Es war gegen ein Uhr morgens. Deutsche Flugzeuge dröhnten beständig über uns hinweg. Agnia und ich waren im Schutzraum und wollten uns gerade schlafen legen. Plötzlich ließ ein schwerer Schlag den Schutzraum erbeben; die Lichter gingen aus, und ein furchtbares Krachen ertönte aus nächster Nähe – wir glaubten, das Botschaftsgebäude selbst sei getroffen ...

[...] Ich griff nach dem Telefon und fragte Krainski, der am Eingang Wachdienst hatte, was passiert sei. Mit zitternder Stimme antwortete Krainski, irgendwo nebenan hätten Bomben eingeschlagen. Unser Gebäude sei nicht beschädigt, von geplatzten Fensterscheiben abgesehen. Er könne in der Dunkelheit nicht viel erkennen, doch sehe es so aus, als sei das Haus auf der anderen Straßenseite schwer getroffen worden und in sich zusammengestürzt.

Agnia und ich stiegen aus dem Schutzraum in die Botschaft hinauf, gingen um das Gebäude herum und besichtigten unsere Wohnung. Alles schien unversehrt, außer den Fensterscheiben und dem Hauptstromkabel. Leicht beruhigt kehrten wir in den Schutzraum zurück und legten uns schlafen.

Um sechs Uhr morgens, als die Entwarnungssirenen ertönten, standen wir auf und gingen auf die Straße hinaus. Der Morgen dämmerte. Asphaltstücke vom Straßenbelag lagen auf unserem Vorhof verstreut. Das uns gegenüberliegende Gebäude der Litauer war noch intakt, schaute uns aber aus den Höhlen seiner zerschmetterten Fenster blind an. Wie wir erfuhren, waren drei kleinere Bomben zwei Häuser weiter (gegenüber der Nr. 11) eingeschlagen. Dort konnte man Bombentrichter erkennen. Leute durchsuchten den Trümmerschutt. Arbeiter schlugen mit Hämmern auf etwas ein. Ich ging hin und hob ein Stück von einem Schrapnell auf. Der Asphalt rauchte noch.

Das Haus schräg gegenüber von uns war auch noch intakt; nur zwei Fensterscheiben fehlten.

Wir kehrten in die Botschaft zurück und gingen in unsere Wohnung, um etwas Schlaf nachzuholen.

13. September

Der siebente Tag der konzentrierten Luftangriffe auf London.

Einmal Deutscher, immer Deutscher. Deutsche handeln nach einem sorgfältig ausgearbeiteten, verbindlichen Plan. Das geschieht jetzt gerade. Jeden Tag wiederholt sich dasselbe Muster. Während der Tagesstunden – zwei, drei oder vier kurze Angriffe. Jeder Angriff dauert meist nicht mehr als eine Stunde, manchmal nur 15–20 Minuten. Massierte Bomberverbände, begleitet von Jagdflugzeugen, nähern sich von der französischen Küste. Britische Jagdflugzeuge und Flugabwehrgeschütze nehmen sie gewöhnlich an der Küste aufs Korn, noch bevor sie in die Nähe Londons kommen. Nur kleine Gruppen deutscher Flugzeuge brechen durch und können die Hauptstadt attackieren. Doch über London stoßen sie wieder auf britische Jäger. Der Luftkampf beginnt, und die Angreifer stürzen entweder ab oder drehen um. (Flugabwehrkanonen werden tagsüber nur selten eingesetzt, um die Bevölkerung nicht durch Splitter zu gefährden.) Diese Tageslichtangriffe vermögen das alltägliche Leben der Stadt kaum zu stören, kommen die Deutschen aber teuer zu stehen: Sie verlieren bei Luftkämpfen untertags 60 bis 80 Maschinen pro Tag, manchmal mehr, die Briten 20 bis 30 Jagdflugzeuge. Noch größer ist das Missverhältnis bei den Menschenverlusten: Die Engländer setzen Jagdflugzeuge mit nur einem Piloten an Bord ein, und 40 Prozent ihrer abgeschossenen Piloten schaffen es, auf die eine oder andere Weise mit dem Leben davonzukommen, während die Deutschen eine beträchtliche Zahl von Bombern mit vier bis fünf Mann Besatzung verlieren, dazu eine Anzahl an Kampfflugzeugen, von denen manche zweifach bemannt sind.

[...] Wir machen uns tagsüber kaum Gedanken um Luftangriffe und versuchen normal zu arbeiten. Das gelingt uns im Allgemeinen auch. Anders sieht es abends aus. Da zieht die ganze Botschaft ins Kellergeschoss um, und wir bleiben dort vom Beginn des ersten Luftangriffs bis zur Schlafenszeit. Wenn wir Bombenexplosionen in geringer Entfernung hören, verziehen wir uns in den «Schutzraum». Agnia und ich haben dort unten unseren eigenen Bunker, in dem wir wie Studenten hausen. Nachts schlafen wir in diesem Schutzraum, der relativ sicher ist, und hören weder die Bomben noch die Flakbatterien. Wir schlafen natürlich wie Soldaten, angezogen oder halb angezogen. Der diensthabende Offizier weckt uns um fünf oder sechs Uhr, sobald das Entwarnungssignal ertönt ist, und wir alle – schlaftrunken und zerzaust – gehen nach Hause, um noch drei oder vier Stunden im eigenen Bett zu schlafen. So leben wir. Es ist mehr oder weniger erträglich (lässt man einmal die Kabbeleien zwischen den Mitarbeitern um die Plätze im Schutzraum außer Acht). Aber kann man längere Zeit so leben? Wir werden es sehen.

Wie hat sich London in diesen letzten Tagen verändert! Nicht wiederzuerkennen. Vor nur einer Woche sah alles relativ normal aus. London hatte noch Ähnlichkeit mit London. Und nun?

Die «Front» ist jetzt in London angekommen. Viele Straßen sind gesperrt. Auf Schritt und Tritt sieht man beschädigte Gebäude, aufgerissene Fahrbahnen und eingedrückte Fenster. Die meisten Theater und Kinos haben geschlossen, und in denen, die noch geöffnet sind, laufen nur noch Matineevorstellungen. Die allabendliche Verdunkelung bringt pechschwarze Finsternis. Ausgestorbene Straßen. Von einem Luftangriff kalt erwischte Omnibusse, Straßenbahnen und Taxis stehen irgendwo wie festgenagelt. Nur die U-Bahn fährt noch, und Militärfahrzeuge knattern mit Vollgas durch die Stadt. Die Flakgeschütze donnern, während Bomben lautlos vom Himmel fallen. An einer Stelle nach der anderen schießt eine Feuerfackel hoch, und Feuerwehrautos rasen rumpelnd und ratternd durch die Straßen.

Ja, nicht viel ist übrig vom alten, vertrauten London. Und mit jedem Tag, der vergeht, wird es weniger.

[...] Was die Transportinfrastruktur angeht, können die Deutschen sich nur sehr unbedeutender Erfolge rühmen. Zwar haben sie die Londoner Dockyards teilweise in Schutt und Asche gelegt, aber im Londoner Hafen geht weiterhin alles seinen Gang. Zwar ist die Waterloo Station geschlossen und die Bahnhöfe Sharing Cross und Victoria leicht beschädigt, aber der Eisenbahnverkehr läuft noch normal, von einigen Störungen (Verspätungen, überfüllte Waggons etc.) abgesehen. Alle Londoner Brücken sind intakt. Omnibusse, Straßenbahnen und Taxis tun ihren Dienst, ebenso wie die U-Bahn und die Flughäfen. Eines ist bemerkenswert: Die Deutschen bombardieren die wichtigsten Londoner Bahnhöfe jede Nacht intensiv, aber ohne schwerwiegende Folgen. [...]

Und wie sieht es mit der Moral aus?

In den ersten zwei bis drei Tagen nach der Intensivierung der Angriffe war die Bevölkerung, vor allem im East End, entgeistert, alarmiert und nervös. Den Leuten machte zu schaffen, dass die Deutschen völlig ungehindert agieren konnten und die Engländer kaum ein Mittel gegen die Nachtangriffe fanden. Zwischen dem 7. und dem 9. September wurden Zehntausende Menschen vom East End in andere Stadtteile evakuiert. Doch bald machte diese Stimmung einer anderen Platz. Dass die Menschen nach wie vor mit großer Sorge und Ungewissheit jedem neuen Tag entgegenblicken, ist klar. Jeder flucht und murrt über die von den Luftangriffen verursachten Unannehmlichkeiten, aber von einer defätistischen Stimmung ist nichts zu spüren. Im Gegenteil, wütende und feindselige Gefühle gegenüber Hitler und Deutschland kommen auf. Und wenn ein Engländer zum Äußersten gereizt wird, verwandelt er sich in ein sehr gefährliches Tier.

Die Stimmungslage der Regierung? Tja, ziemlich unerschütterlich: Krieg «bis ans Ende»! Churchill machte das in seiner Rede vom 11. September ganz deutlich. Es ist genau die Entschlossenheit und Unbeugsamkeit der britischen Regierung, die viel dazu getan hat, dass die Massen über ihren anfänglichen Angstschock hinweggekommen sind. Es gibt keine Panik im Land, und Churchill ist entschlossen, verbissen zu kämpfen. [...]

14. September

Eden aß gestern mit mir zu Mittag.[65] Er sieht gut aus: frisch, braun gebrannt, voller Energie. Er strahlt Zuversicht und Entschlossenheit aus. Wir redeten natürlich über den Krieg.

Eden ist der Meinung, die nächsten zehn Tage seien entscheidend. Entweder werde Hitler innerhalb dieser Zeit einen Landungsversuch wagen, oder er werde ihn für längere Zeit verschieben oder ganz abblasen müssen. Ab September wird die See stürmisch, es gibt Regen und Nebel; das würde den deutschen Kräften eine Landung erheblich erschweren. Zudem wäre mindestens die Hälfte der deutschen Soldaten beim Erreichen der englischen Küste wegen Seekrankheit (der Durchschnittsdeutsche ist «ein lausiger Seemann») nicht mehr einsatzfähig. Aber auch wenn Hitler sich entscheidet, sein Glück mit einer Landung zu versuchen: England ist gewappnet.

«Viele Leute hier», sagte Eden, «hoffen, dass er es versucht. Sie sind sicher, dass wir die Deutschen zurückschlagen können, und das würde den Krieg vielleicht schnell beenden.»

«Und was glauben Sie?», fragte ich den Kriegsminister.

«Auch ich bin überzeugt, dass wir die Deutschen zurückschlagen können», antwortete Eden, «aber es wäre mir lieber, wenn es nicht zu einer Invasion käme. Sie würde einen zu großen Tribut von der Zivilbevölkerung fordern.»

«Aber noch einmal, glauben Sie, dass Hitler sich für eine Invasion entscheidet?», hakte ich nach.

Eden überlegte einen Moment und sagte dann: «Ich glaube, ja. Es gefällt ihm, Dinge zu tun, die niemand vor ihm getan hat, die alle Welt für unmöglich hält. Eine Landung in England? Das hat es seit fast tausend Jahren nicht mehr gegeben. Das ist eine schreckliche Versuchung für Hitler. Und deshalb haben wir uns darauf vorbereitet.»

[...] Eden äußerte Interesse am Zustand und an den Perspektiven des englisch-sowjetischen Verhältnisses.

«Ich persönlich», sagte er, «vertrete dieselbe Ansicht wie vor fünf Jahren, als ich Moskau besuchte. In meinen Augen bestehen zwischen England und der Sowjetunion in keinem Teil der Erde tief greifende, unüberwindliche Differenzen; insofern könnten und müssten die Beziehungen zwischen unseren Ländern gut sein.»

«Sagen Sie mir offen», entgegnete ich, «denken viele Ihrer konservativen Kollegen so wie Sie?»

Eden gab zu, dass eine erhebliche Zahl von Leuten in seiner Partei anders denkt.

«Das ist das ganze Problem», sagte ich. «Deswegen habe ich das Zutrauen in die Möglichkeit einer ernsthaften Verbesserung im englisch-sowjetischen Verhältnis verloren.»

12. Oktober

Was für eine Tour war das gestern!

Ein bisschen Geschichte vorneweg. Im Laufe des Mittagessens, das die Halifaxens am 10. September für Agnia und mich gaben,[66] unterhielten wir uns ausführlich über Luftangriffe und Luftschutzbunker. Rund drei Tage zuvor hatten die Deutschen ihre Bombenoffensive gegen London begonnen. Ich hatte damals eine Rundfahrt durch das East End gemacht und die Brände und Verheerungen im Hafenviertel gesehen. Dabei war mir der Mangel an Schutzräumen in diesem Teil Londons aufgefallen; es waren weniger als in anderen Stadtteilen, in denen ich mich besser auskannte. Diese Beobachtung erwähnte ich im Verlauf des Mittagessens.

Ungefähr zweieinhalb Wochen später erhielt ich einen langen Brief von Halifax, in dem er mir unter Bezugnahme auf einschlägige statistische Daten erklärte, mein Eindruck habe mich getäuscht.[67] Am Ende des Briefes schlug er mir vor, die Luftschutzkeller im East End in einer Rundfahrt zu inspizieren. Er versprach, die Tour zu organisieren. Ich beschloss, die Einladung anzunehmen, und gestern unternahmen Agnia und ich die Rundfahrt durch das East End.

Unser «Guide» war Admiral Evans[I], der kurz zuvor zum «Diktator» der Londoner Luftschutzräume ernannt worden war. Sein Stabschef, Oberst [Name fehlt im Tagebuch],[68] begleitete uns. [...] Wir plauderten mit dem Admiral, während wir von einem Schutzraum zum nächsten fuhren. Er entpuppte sich als ein sehr fröhlicher und gesprächiger Mann, der für seine 60 Jahre erstaunlich jung aussieht. Er erzählte uns seine Geschichte.

«Ich bin von Natur aus einer, der auf Abenteuersuche geht!», rief er mit einem bezaubernden Lachen. «Ganz wie unser Premierminister. Ja, Mr Churchill ist ein großer Abenteurer! Deswegen glaube ich daran, dass er den Krieg gewinnen wird.»

Evans' Laufbahn belegt die Richtigkeit seiner Selbsteinschätzung. Sein Vater war Rechtsanwalt. Im Alter von acht Jahren riss der Junge von zu Hause aus, sein Ziel war «Westindien». Er wurde knapp außerhalb Londons aufgegriffen und seinen Eltern zurückgebracht. Er wurde jedoch nicht ruhiger, sondern lief ein zweites Mal davon und dann ein drittes Mal. Schließlich wurde er wegen «Vagabundierens» verurteilt und in ein Arbeitshaus gesteckt. Dann zog es Evans auf das Meer hinaus. Er besuchte eine Kadettenanstalt und trat mit 18 in die Marine ein. Im Alter von 21 Jahren segelte er mit Scott[II] an Bord der *Discovery* in die Antarktis, wo er zwei Jahre verbrachte. Mit 28 machte er sich erneut mit Scott in Richtung Südpol auf und fungierte als Adjutant des Entdeckers. Er verbrachte drei Jahre auf dem Eiskontinent. Nach dem Tode Scotts führte Evans die überlebenden Mitglieder der Expedition nach England zurück. Im letzten Krieg [Ersten Weltkrieg] diente er als Kapitän eines Zerstörers. 1917 versenkte

---

I Admiral Edward Evans, Marineoffizier und Antarktiserforscher, 1935–1939 Oberbefehlshaber des Kommandobezirks Nore, 1940 Einsatz in Norwegen, schied 1941 aus der Marine aus und wurde zum Londoner Regionalbeauftragten für Zivilverteidigung ernannt.

II Robert Falcon Scott, Offizier der Royal Navy und Entdecker.

Das Ehepaar Maiski mit Admiral Evans

der Zerstörer[I] unter Evans' Befehl im Verein mit einem weiteren Zerstörer, der *Swift*, sechs deutsche Zerstörer. [...] Admiral Evans gibt schon eine außerordentlich farbige Figur ab. Damit nicht genug, ist er auch ein Volksverführer erster Güte, einer vom klassisch-englischen Typ.

[...] Ich konnte mich davon selbst überzeugen, als wir in Tilbury ankamen. [...] Das versammelte Publikum wusste bereits, wer die Ankömmlinge waren. Die Leute begrüßten uns mit lauten Hochrufen: «Hurra! Lang lebe die Sowjetunion!»

Agnia und ich sahen uns von allen Seiten eingekeilt. Leute schüttelten uns die Hände, stießen begeisterte Rufe aus, reckten die geballte Faust und umarmten uns. Der Admiral behielt kühlen Kopf. Er nahm uns am Arm, und wir drei machten uns, begleitet von einem lokalen Wart und einem einzigen Polizisten, auf den Weg zum Tunnel.

Wir liefen 15 bis 20 Minuten lang durch den Luftschutztunnel. Warfen einen Blick auf die Sanitätsstation, wo man uns bat, das Gästebuch zu signieren. Wir besichtigten die primitiven – sehr primitiven – Schlafstellen,

I *HMS Broke.*

die die Leute vom East End sich gebastelt hatten. Der Schutzraum war überfüllt und schmutzig. Versiffte Bettwäsche lag auf dem Steinboden, Abfall sammelte sich in Häufchen, und Hunderte Kinder unterschiedlichsten Alters und Aussehens streiften um uns herum. Die Unterschiedlichkeit der Personen und ihrer Verfassung erstaunte uns. Ich sah abgemagerte und hungrige Gesichter und gleich daneben rotwangige wohlgenährte Physiognomien, von denen ich annehme, dass sie zur Kategorie «Ladeninhaber in Whitechapel» gehörten. Hochgewachsene, phlegmatische Engländer rangelten sich mit raubeinigen Iren und nervös umhergeisternden Juden. Ja, das ganze ethnographische Spektrum des East End war versammelt.

Plötzlich wandte sich der Admiral an den uns begleitenden Wart und rief: «Holen Sie die Leute zusammen! Ich möchte ein paar Worte an sie richten.»

Der Wart sprang auf ein Podium und brüllte, so laut er konnte, und mit wedelnden Armen: «Hier herüber! Hier herüber! Admiral Evans wird sprechen!»

Die Leute kamen angelaufen und sammelten sich vor dem Podium, auf das der Admiral mit einer für sein Alter ungewöhnlichen Leichtigkeit gesprungen war. Im Nu hatte sich eine große, dicht gedrängte, dampfende Menschenmasse versammelt. Männer, Frauen und Kinder. Hüte, Mützen und kahle Köpfe. Ungefähr 2000 Menschen. Agnia und ich standen am Fuß des Podiums und versuchten in Deckung zu bleiben; neugierig warteten wir darauf, was als Nächstes passieren würde. Plötzlich beugte sich der Admiral zu uns herunter, gestikulierte fieberhaft und sagte zu mir: «Und was ist mit Ihnen? Hier herauf bitte! Hier herauf!»

Der Admiral begann, mich und Agnia auf das Podium hochzuziehen. Jemand half von hinten nach, und einen Moment später standen wir an der Seite des Admirals, der erneut kraftvoll mit den Armen wedelte und der Menge zurief: «Kommt näher! Hierher! Keine falsche Scheu!»

Die Leute kamen weiter nach vorne und drängten sich dicht an dicht. Evans nahm seine Mütze ab, schwenkte sie und rief: «Unser Land ist das Land der Fairness! Habe ich recht?»

Ein ratloses Raunen ging durch die Menge. Man konnte es als Zeichen der Zustimmung oder als Zeichen der Missbilligung deuten. Der Admiral ließ sich nicht beirren und fuhr fort: «Vor ein paar Tagen haben der König und die Königin euch hier besucht!»

Dasselbe unschlüssige Raunen durchflutete die Menge, und aus einer der hinteren Reihen rief jemand laut: «Na und?»

Der Admiral machte weiter, ohne mit der Wimper zu zucken.

«Und heute», rief er mit plötzlicher Emphase, «habe ich euch einen anderen Gast mitgebracht! Ich habe euch den sowjetischen Botschafter mitgebracht!»

Mit einer ausholenden Armbewegung deutete Evans auf Agnia und mich.

Ungebremster Jubel aus der Menge. Alle stimmten in den Ruf ein: «Hurra! Lang lebe die Sowjetunion! Lang lebe der sowjetische Botschafter!»

Dann ging Evans zu anderen Themen über. Er sagte, die Menschen des East End hätten sein ganzes Mitgefühl. Er könne ihnen keine Wunder versprechen, werde aber sein Möglichstes tun, um ihre Lage zu verbessern. Man habe schon die Hälfte des Tunnels freigemacht, damit er als Luftschutzraum genutzt werden könne. Man habe Müll und Gestank beseitigt. Das sei ein Fortschritt, aber es sei erst der Anfang.

[...] Der Admiral wischte sich über die Stirn, setzte seine Mütze auf, und wir alle traten an den Rand des Podiums, um hinabzusteigen. Ich fühlte mich schon «in Sicherheit» – angesichts meines diplomatischen Status wäre es für mich heikel gewesen, auf dieser improvisierten Versammlung im East End zu sprechen. So beeilte ich mich hinabzuklettern, als mir plötzlich der ohrenbetäubende Sprechchor entgegenschlug: «Maiski! Reden! Reden!»

Ich setzte mein breitestes Lächeln auf und tat mein Bestes, mich zu verdünnisieren, aber die Rufe wurden lauter und lauter, und die in vorderster Reihe stehenden Leute drängten zum Podium, um mich am Herabsteigen zu hindern. Der Admiral breitete die Arme aus, klatschte mir freundlich auf die Schulter und rief: «Ja, wirklich, warum sagen Sie nicht ein paar Worte? Reden Sie! Sie müssen reden!»

Alle Fluchtwege waren abgeschnitten. Am Rand des Podiums stehend, bat ich mit einer Handbewegung um Ruhe und sagte: «Im Namen meiner Frau und meiner Wenigkeit danke ich euch, liebe Freunde, herzlich für den freundlichen Empfang, den ihr uns heute hier bereitet habt.»

Meine Stimme war zu leise für den riesigen Raum, aber die Menge antwortete mit wildem Geschrei: «Hurra! Hurra!»

«Ich bin besonders gerührt über diese Begrüßung», fuhr ich fort, «weil ich sehr gut weiß, dass eure Grüße sich nicht so sehr an mich und meine Frau richten als an das Land, das ich repräsentiere.»

Die Schreie wurden noch wilder. Ein Teil der Menge begann die «Internationale» zu singen.

«Lasst mich euch noch einmal von ganzem Herzen danken!», schloss ich meine Rede und begann vom Podium hinunterzuklettern.

Nach ein paar Sekunden waren wir alle auf festem Boden. Die Menge drehte fast durch. Eine Gasse öffnete sich für uns drei – mich, Agnia und den Admiral. Agnia und ich wurden erneut von allen Seiten eingezwängt, umarmt und mit Händedrucken überhäuft. Eine ältere Frau mit hellbraunem Haar und tiefen Runzeln im Gesicht rief auf Russisch: «Unser Russland lebt noch!»

Hunderte Leute auf beiden Seiten rissen grüßend die geballte Faust hoch. Die «Internationale» wurde lauter und lauter.

«Was singen die da?», fragte der Admiral naiv. «Rote Fahne?»

«Nein», antwortete ich, «sie singen die ‹Internationale›. Es ist unsere sowjetische Nationalhymne.»

«Ist das so?» Der Admiral war überrascht. «Ich habe sie noch nie gehört.»

Wir erreichten schließlich unsere Autos und stiegen ein, begleitet von lauten Rufen: «Lang lebe die Sowjetunion!»

Und noch einmal die «Internationale». Und noch einmal hochgereckte Fäuste.

Der Admiral war ziemlich verblüfft. Er hatte wohl kaum damit gerechnet, dass dem sowjetischen Botschafter ein so herzlicher Empfang bereitet würde. Er verlor jedoch weder seine Geistesgegenwart noch seinen Frohsinn. Wir fuhren auf eine Tasse Tee zur Botschaft. Unterwegs dachte ich: «So begrüßt das East End heute den sowjetischen Botschafter. Wenn der Krieg noch zwei Jahre andauert, wird Piccadilly ihn auf ähnliche Weise begrüßen.»

[...] Randolph Churchill kam vorbei. Er versicherte mir, die Invasion sei aufgegeben. Die Perspektiven für das Winterhalbjahr skizzierte er wie folgt.

Ein englisch-deutscher Luftkrieg und defensive Operationen in Ägypten. Die britische Regierung sei sicher, die Italiener dort zurückdrängen zu können. Im Frühjahr 1941 werde England die Luftüberlegenheit über

Deutschland erringen. Dem werden sich britische Offensiven gegen Deutschland in der Luft und gegen Italien in der Luft, am Boden und auf See anschließen – in Afrika und in Europa. Für eine Bodenoffensive gegen Deutschland werde England 1941 noch nicht bereit sein. Die Blockade gegen Deutschland werde natürlich unaufhörlich und gnadenlos weitergehen.

Ich frage mich, wie die Dinge tatsächlich ablaufen werden.

▶ Bilainkin schildert in seinem Tagebuch eine Besichtigung des 1500 £ (entsprechend rund 65 000 £ in heutigem Geld) teuren Luftschutzbunkers «viele Fuß unter dem Erdboden» auf dem Gelände der sowjetischen Botschaft (der sich heute noch dort befindet!):

> Die Röhre aus Stahlbeton hat die Größe der Londoner U-Bahn-Röhren; überdeckt ist sie mit einer einen Fuß dicken Schicht Stahlbeton, darüber Erde, darüber noch einmal Stahlbeton, weitere Erde, weiterer Stahlbeton und darüber noch einmal sehr viel mehr Erde. Das Ganze ist gut belüftet und in mehrere Abteilungen gegliedert. Eine ist für den Botschafter und Frau Maiski; ich sah dort ein tragbares Funkgerät (der Haustechniker stellte prompt Radio Moskau auf Kurzwelle ein), ein Haustelefon, eine Telefonvermittlung, zwei Lichtquellen, gutes Bettzeug (geschmackvoller blauer Satin). Die Botschaft verfügt über eine besondere Vorrichtung für die Reinigung der Luft im Bunker; Pickel stehen bereit, Schaufeln, eindrucksvolle Kisten voll mit Fleischkonserven, Sardinen, Pfirsichen; auch Sodawasser, Messer, Gabeln und Löffel.[69]

Die Familien und Kinder des sowjetischen Botschaftspersonals wurden Anfang Oktober 1940 in ein «ziemlich großes und komfortables Haus» in einem Dorf bei Cheltenham evakuiert. Agnia lehnte es kategorisch ab, London zu verlassen. «Dass sie an meiner Seite blieb», erinnerte sich Maiski später, «war eine große Hilfe für mich. Und aus politischen Gründen gereichte es uns eher zum Vorteil, dass die Briten die Frau des sowjetischen Botschafters ‹an vorderster Front› zu sehen bekamen und nicht im Hinterland.» Um versäumten Schlaf nachzuholen, verbrachten die Maiskis das Wochenende oft außerhalb Londons, im Haus ihres guten Freundes Juan Negrin, des einstigen Premierministers der Regierung der spanischen Republik.[70] Maiski gab Molotow mehrere Male zu verstehen, dass man die Deutschen vielleicht bitten könne, die Botschaft zu verschonen. Er war, wie er an Molotow telegraphierte, überzeugt, dass die sowjetische Botschaft nicht zufällig zu den bevorzugten Zielscheiben der Deutschen gehöre. Er schrieb dies Ribbentrops «extremer Abneigung» gegen ihn persönlich zu, die noch auf die Zeit zurückgehe, als der jetzige deutsche Außenminister als Botschafter in London amtierte. «Es mag wie eine Ausgeburt der Phantasie erscheinen», schloss Maiski, «aber wir leben heute in phantastischen Zeiten.»[71]

22. Oktober

Auf Weisung und im Namen der britischen Regierung hat Cripps den Genossen Molotow um eine Audienz in einer Angelegenheit von «überragender politischer Bedeutung» gebeten. Genosse Molotow konnte Cripps nicht empfangen, daher sprach Cripps stattdessen mit dem Genossen Wyschinski[1], dem er ein spezielles Memorandum übergab. Dieses enthielt in seinem Schlussteil drei Punkte:

(1) Die britische Regierung gibt ihre Bereitschaft bekannt, de facto die Veränderungen im Baltikum anzuerkennen, mit der Maßgabe, die ganze Frage später, wahrscheinlich nach dem Krieg, auch de jure zu regeln.

(2) Die britische Regierung erklärt, dass sie bereit ist, die Teilnahme der UdSSR – auf gleichberechtigter Basis – an der Regelung europäischer Angelegenheiten nach dem Krieg sicherzustellen.

(3) Die britische Regierung sagt zu, sich an keinerlei militärischen Handlungen gegen die UdSSR zu beteiligen.

Genosse Wyschinski erklärte Cripps, er werde die Sache der sowjetischen Regierung vortragen.

29. Oktober

Cripps übergab dem NKID eine Protestnote gegen die Entscheidung der sowjetischen Regierung, sich an der Donaukommission zu beteiligen; an die UdSSR erging der Vorwurf der Neutralitätsverletzung.

---

1 Andrei Januarjewitsch Wyschinski, ehemaliger Menschewik, 1935–1939 als Generalstaatsanwalt der UdSSR Regisseur der politischen Schauprozesse, die meist mit Todesurteilen endeten, 1939–1944 Stellvertretender Vorsitzender des Rates der Volkskommissare, 1940–1946 Erster Stellvertreter des Volkskommissars für die äußeren Angelegenheiten, 1949–1953 Außenminister der UdSSR.

2. November

Genosse Wyschinski übergab Cripps die Antwort der sowjetischen Regierung hinsichtlich der Donaufrage; sie lief auf die Bitte an die britische Regierung hinaus, sich nicht in Dinge einzumischen, die sie nichts angehen. […]

► Die britische Initiative erfolgte, fünf Tage, nachdem im Kreml die deutsche Einladung an Molotow eingegangen war, am 11. November in Berlin mit Hitler zusammenzutreffen. «Es sieht so aus», schrieb Lloyd George an Maiski, «als seien wir ein weiteres Mal zu spät gekommen.»[72]

4. November

In meinem Gespräch mit Churchill am 3. Juli hatte ich die Frage gestellt: Worin besteht die «große Strategie» der britischen Regierung?

Churchill hatte gegrinst, mit den Achseln gezuckt und gesagt: «Große Strategie? Zuallererst geht es darum, die nächsten drei Monate zu überleben, dann werden wir weitersehen.»

Seither sind vier Monate vergangen. England hat nicht nur überlebt, es steht stärker da als zum Zeitpunkt meines Gesprächs mit dem Premierminister. Die deutschen Pläne für eine Invasion sind geplatzt. Der berühmte *Channel* hat Großbritannien ein weiteres Mal gerettet, wie er es im Lauf der Jahrhunderte öfter als einmal getan hat. Hitlers Schwäche zur See hat, zusammen mit dem Unvermögen Deutschlands, sich die Luftherrschaft über dem Ärmelkanal zu sichern, Hitlers einzige Chance zunichtegemacht, die Hürde einer 40 Kilometer breiten Wasserstraße zu überspringen. Hitler erlitt dasselbe Schicksal wie Napoleon 135 Jahre vor ihm: Er hat die *Battle of Britain* verloren. Es ist noch zu früh, alle Folgen dieser Tatsache erfassen zu können, aber dass sie schwer wiegen, steht außer Frage.

Soweit man es auf der Grundlage aller in London verfügbaren Informationen beurteilen kann (und die passen gut zu den Tatsachen), sah Hitlers «große Strategie» eine triumphale Beendigung des Krieges vor Wintereinbruch vor. […] Hitlers sämtliche Pläne und Hoffnungen sind zu Bruch gegangen. Englands Widerstandskraft, mit der Hitler nicht gerechnet hatte, und die zunehmend aktivere Rolle der USA in diesem Krieg durchkreuzten all seine Berechnungen. […]

Jedoch zieht für England jetzt eine äußerst schwierige Situation herauf. Englands offen erklärtes Ziel ist es, «den Hitlerismus am Boden zu zerstören», was darauf hinausläuft, Deutschland am Boden zu zerstören. Alle, von rechts bis links, geloben, dies zu tun. Sehr gut ... Aber wie? Es ist eine Sache, die Niederlage abzuwenden – England darf sicher sein, das geschafft zu haben. Doch den Krieg zu gewinnen ist eine ganz andere Sache. Und es ist nicht klar, wie sich das in absehbarer Zukunft bewerkstelligen ließe.

[...] Ein langwieriger Abnutzungskrieg über viele Jahre birgt ein riesiges revolutionäres Potenzial in sich – nicht nur für Deutschland, sondern auch für England und das britische Empire. Es kann kein Zweifel daran sein, dass die englische Elite darauf aus sein wird, einen «Kompromiss» mit dem «Hitlerismus» zu schließen, lange bevor aus diesen Möglichkeiten Wirklichkeiten werden.

Deswegen habe ich den Eindruck, dass die herrschenden Klassen hier vor einem akuten Dilemma stehen: Entweder sie finden neue Verbündete, die mit ihrer Autorität und ihren Machtmitteln England helfen können, diesen Krieg mit rein militärischen Mitteln «abzuschließen», oder sie bemühen sich, sollte sich das als unmöglich erweisen, um einen Kompromissfrieden ...

Die Suche nach Verbündeten ist jetzt angelaufen, und die Vereinigten Staaten sind der Favorit. Doch langfristig träumen die herrschenden Kreise trotz aller Dementis, Erklärungen etc. von einem Bündnis mit der Sowjetunion. [...]

So sehe ich die Dinge jetzt von meinem «Londoner Fenster» aus.

Vieles wird von diversen anderen Faktoren abhängen, die man zurzeit nur schwer in die Gleichung einsetzen kann – von Deutschland, seinem militärischen und diplomatischen Vorgehen und seiner inneren Verfassung, von den Gefühlen der breiten europäischen Massen und von den Aktivitäten und vom Bewusstsein des Proletariats ...

Wer kann all das voraussehen?[73]

11. November

In der Nacht vom 10. auf den 11. hat eine dicke Bombe neben der Handelsmission eingeschlagen und schwere Schäden angerichtet. Das Gebäude steht noch, aber alle Fenster sind kaputt, Innenwände und Raumteiler sind eingestürzt, die Möbel beschädigt etc. Das Gebäude ist unbewohnbar geworden, und es wird viel Zeit und Geld kosten, es zu reparieren. Unsere Wirtschaftsplaner werden umziehen müssen. Zum Glück ist niemand verletzt worden. Alle haben im Schutzraum der Mission geschlafen und sind mit einem Schrecken davongekommen. [...]

12. November

Subbotić war da. Er ist in höchster Alarmstimmung und Besorgnis wegen des Berlinbesuchs des Genossen Molotow.

«Der italienisch-griechische Krieg», sagte Subbotić, «die Pläne Grazianis[1] in Ägypten und die britischen Operationen im Mittelmeer – all das ist verblasst im Vergleich dazu. Der Ausgang des Krieges und vielleicht sogar das Schicksal der Welt wird sich bei diesem Treffen in Berlin entscheiden!»

Es ist nur natürlich, dass Subbotić sich am allermeisten über den möglichen Zusammenhang zwischen dem Treffen in Berlin und den Entwicklungen auf dem Balkan sorgt, vor allem bezogen auf Jugoslawien und die Türkei. Er hoffe, dass «Russland Jugoslawien nicht vergessen» und dass das Treffen in Berlin nicht auf Kosten seines Landes gehen werde. Auf jeden Fall habe der Berlinbesuch des Genossen Molotow in Belgrad großes Unbehagen ausgelöst.

Ich sagte Subbotić, ich sei in die Tagesordnung des Berliner Treffens nicht eingeweiht, doch nach den Personen zu urteilen, die Genosse Molotow mit auf die Reise genommen habe, würden wirtschaftliche Themen im Mittelpunkt der Aufmerksamkeit stehen. Ich könne ihm auch im Voraus zusichern, dass das Berliner Treffen nicht das Geringste an unserer Politik der Neutralität ändern werde.

► Seit der Kapitulation Frankreichs stand Hitler vor einem Dilemma: Sollte er versuchen, den Ribbentrop-Molotow-Pakt durch Vereinbarungen über Südosteuropa zu erweitern, oder sich mit aller Kraft auf die Kriegsvorbereitungen gegen die Sowjetunion konzentrieren? Die Erkenntnis, dass Russland nicht die Absicht hatte, sich aus dem Balkan zurückzuziehen, veranlasste Schulenburg, den deutschen Botschafter in Moskau, die Idee eines Viermächtepakts zwischen Deutschland, Russland, Italien und Japan zum Zwecke

1 Rodolfo Graziani (Marquess di Neghelli), 1936/37 italienischer Vizekönig von Äthiopien, 1939 Stabschef der italienischen Streitkräfte, 1940 Gouverneur von Libyen.

der Festlegung von Einflusssphären ins Gespräch zu bringen. Allein, die Erwartungen, mit denen Hitler in das Treffen ging, deckten sich nicht mit den Ideen seines Botschafters: Hitler rechnete damit, dass die Verhandlungen, wenn er erst einmal seine generellen Vorstellungen von einem «neuen Europa» vorgestellt hatte, sich nach und nach in Richtung auf eine konkrete Sphärenabgrenzung bewegen würden, die Russland den Zugang zu Europa und zum Balkan verwehren und die militärische Vormachtstellung Deutschlands widerspiegeln werde. Er dachte nicht daran, den Russen entgegenzukommen; er wollte nur der Türkei gewisse Garantien in Bezug auf die Meerengen und Zugeständnisse für eine Stabilisierung in der Region Baku abpressen. Es gibt wenig, was die verbreitete Auffassung unterstützen würde, Molotow habe in Berlin mit Hitler Vorabsprachen über die Aufteilung der ganzen Welt und konkreter über die Aufteilung des britischen Empire getroffen.

Die Weisungen für die Gespräche, die Stalin in seiner Datscha Molotow diktierte und die handschriftlich festgehalten wurden, bezogen sich ausschließlich auf innersowjetische Interessen auf dem Balkan und entlang der Meerengen und standen ganz im Zeichen von Sicherheitsüberlegungen. Zentral waren wiederholte Forderungen nach Anerkennung der sowjetischen Kontrolle über die Donaumündung und nach einer sowjetischen Mitwirkung an allen Entscheidungen über die «Zukunft der Türkei». Bulgarien solle, wie nach dem Krieg von 1877/78, «der Hauptgegenstand der Verhandlungen» sein und, so Stalins Erwartung, der sowjetischen Einflusssphäre zugeschlagen werden. Um den deutschen Einfluss zu limitieren, suchte Stalin nach Mitteln und Wegen, Großbritannien (und sei es auch ein geschwächtes Großbritannien) in Friedensverhandlungen einzuschließen, von denen er erwartete, dass sie bald beginnen würden. Maiskis Beteuerung, Großbritannien dürfe nicht abgeschrieben werden und könne am Ende eines langwierigen und mühsamen Prozesses vielleicht sogar als Sieger dastehen, war für die Zielvorstellungen, mit denen die sowjetische Seite in das Berliner Treffen ging, von höchster Bedeutung.[74] Ein Telegramm Stalins erreichte Molotow im Zug, der ihn nach Berlin brachte. Stalin bekräftigte darin seine Anweisung, mit Deutschland nicht über Belange, die das britische Empire betrafen, zu verhandeln. Tatsächlich vertrat Molotow in Berlin Maiskis Sicht, es sei «zu früh, England zu begraben».[75]

19. November

[...] Kennedy kam zum Abschiedsbesuch vorbei. Der Form nach reist er zwar nur zu «Konsultationen» mit Roosevelt ab, doch machte er keinen Hehl daraus, dass er nicht wiederkommen werde.

Kaum erstaunlich, dass wir über den Krieg und über die Aussichten für England sprachen. Kennedy bleibt ein «Pessimist»: Die Gefahr einer Invasion sei natürlich vorbei, aber was werde in Ägypten passieren? Nach zuverlässigen und sehr genauen Informationen des US-Botschafters stehen die Engländer dort vor einer Niederlage.

Ich antwortete, ich hätte zwar keinen Grund für Anglophilie, müsse aber in meiner Tätigkeit als Botschafter versuchen, «objektiv» zu bleiben und jedes Für und Wider leidenschaftslos abzuwägen, um meiner Regierung zuverlässige Informationen liefern zu können. Wenn ich nach diesen Vorgaben den Krieg in Ägypten beurteile, müsse ich wiederholen, was ich schon im Juni über die Invasion gesagt hätte: Die Briten haben genügend Trümpfe in der Hinterhand, um ihre Position in Ägypten und ganz allgemein im Nahen Osten zu halten – alles hängt davon ab, ob sie ihre Karten gut auszuspielen wissen. Ich könne nicht sagen, ob ihnen das gelingt oder nicht, aber die Art und Weise, wie die Engländer reagierten, als sie mit der Gefahr einer Invasion konfrontiert waren, verleite mich zu der Annahme, dass es ihnen wahrscheinlich auch in Ägypten gelinge, ihre Trümpfe im richtigen Moment auszuspielen. Kommt Zeit, kommt Rat.

Ich fragte Kennedy, wie er die Möglichkeit eines Eintritts der Vereinigten Staaten in den Krieg sehe.

Kennedy wich der Frage aus; er sagte, er sei schon seit Längerem nicht mehr in seinem Land gewesen und mit der dort vorherrschenden Stimmung nicht vertraut. Er persönlich glaube, die Vereinigten Staaten sollten nicht in den Krieg eintreten; eine direkte Teilnahme der USA an kriegerischen Operationen werde den Briten nach seiner Ansicht weniger nützen als die Fortsetzung der amerikanischen Nichteinmischungspolitik. Kennedy sagte dann noch, wie zur Selbstrechtfertigung: «Ich habe mich nie für Appeasement um des Friedens willen starkgemacht. Alles, was ich dazu gesagt habe, ließe sich in diesem Satz zusammenfassen: Wenn die britische Regierung es durch ihre Politik geschafft hat, all ihre Freunde, sowohl frühere als auch noch mögliche, zu vergraulen, wäre es widersinnig von ihr, einen Krieg zu riskieren.»

Beim Abschied erklärte Kennedy unter seinem laut schallenden Lachen: «Hier in England amerikanischer Botschafter zu sein ist leicht, doch der sowjetische zu sein ist verteufelt schwierig! Aber Sie machen Ihren Job weiß Gott hervorragend.»

Ich dankte Kennedy für das Kompliment (er teilt gerne Komplimente nach links, rechts und Mitte aus), konnte es ihm aber nicht zurückgeben, nicht einmal höflichkeitshalber. Denn obwohl es in der Tat leicht ist, amerikanischer Botschafter in England zu sein, hat Kennedy den Job überhaupt nicht gut gemacht. Roosevelt, Churchill und die politische Welt Englands – alle sind enttäuscht von ihm.[76] Das ist der Grund für seine Ablösung, nicht sein Wunsch, zu seinen «Geschäften» zurückzukehren, wie er mir heute sagte. Der tiefere Grund dafür liegt darin, dass Kennedy als wohlhabender, orthodoxer irischer Katholik nichts mehr fürchtet als die Revolution und es vorzöge, auf gutem Fuß mit den «faschistischen Diktatoren» zu stehen. Daraus erklärt sich seine Abneigung gegen die Sowjetunion, seine Sympathie für Chamberlain, den er immer unterstützt hat, und seine Angst vor einem Krieg, der unter gewissen Umständen revolutionäre Potenziale entfesseln könnte.

Der Besuch des Genossen Molotow in Berlin hat in England für Furore gesorgt.

Zuerst bekamen alle einen großen Schrecken. Die Deutschen taten das Ihre dazu, indem sie die Bedeutung des Besuchs aufbauschten und Beschlüsse von «weltgeschichtlicher Bedeutung» ankündigten. Sie ließen durchsickern, man arbeite an einem außerordentlich bedeutsamen Dokument, und sprachen von einer «Aufteilung der Welt» zwischen der «Achse» und der UdSSR: Europa werde an Deutschland fallen, Afrika an Italien, China und Ostasien an Japan, Indien und Iran an die UdSSR. Hier in London schenkte man diesen Sprüchen allenfalls halb Glauben, was die Leute aber nicht daran hinderte, sich in heiße Diskussionen darüber hineinzusteigern. Die anfängliche Reaktion in politischen Kreisen lautete: «Seht an, wo Halifax uns hingebracht hat! Anstatt Russland von der Seite Deutschlands wegzuziehen, hat er Molotows Berlinbesuch möglich gemacht.»

Wieder einmal machen Gerüchte über die bevorstehende Entlassung Halifax' die Runde. Der *News Chronicle* und der *Daily Herald* haben Sensationsgeschichten dieses Inhalts veröffentlicht: Halifax werde innerhalb der nächsten 14 Tage aus dem FO ausscheiden. Das wurde offiziell dementiert, aber die Gerüchte und Spekulationen sind weitergegangen. [...]

30. November

Agnia und ich fuhren aufs Land, um dem jungen Paar Churchill einen Besuch abzustatten.[77] Sie leben in dem Dorf Ickleford in Herts [Hertfordshire] direkt neben der Kirche – im Pfarrhaus, das seit über einem Jahrhundert leer stand. Das große Haus – 15 Zimmer – ist für den Pfarrer der Dorfgemeinde zu teuer. Er bewohnt ein kleines Haus in der Nähe und zahlt dafür eine geringe Miete. Das Pfarrhaus vermietet die Gemeinde für 100 Pfund pro Jahr (die Miete ist seit 50 Jahren unverändert – so stellt man sich britischen Konservativismus vor!), und der Pfarrer bestreitet mit diesem Geld seine laufenden Ausgaben.

Randolph und seine Frau sind schrecklich stolz auf ihren sieben Wochen alten Stammhalter, den sie auf den Namen Winston[I] getauft haben. Sie zeigten uns ihren Schatz, ein wunderbarer Junge und sehr aufgeweckt für sein Alter. Er hat tatsächlich eine gewisse Ähnlichkeit mit seinem Großvater. An einem anderen Enkel des Premierministers habe ich noch größeren Gefallen gefunden – Julian Sandys, ein rothaariger Knabe von drei Jahren, ein agiles und fröhliches Energiebündel. Sandys[II] ist mit der Tochter des Premierministers verheiratet, und seine Familie teilt sich das Haus mit Randolph und seiner Familie. Die andere Tochter des PM [Sarah], die nicht verheiratet ist und als Filmschauspielerin arbeitet, lebt ebenfalls dort. Insgesamt ist Ickleford also eine «Churchill-Kommune». Randolph wird sich bald ans Mittelmeer verabschieden. Er und seine 20-jährige Frau saßen heute ein bisschen auf Kohlen, vielleicht wegen seiner bevorstehenden Abreise.

Randolph war sehr gesprächig. Wir unterhielten uns ausführlich über die Kriegsaussichten. Er konnte natürlich nichts anderes gelten lassen als einen Sieg Englands auf ganzer Linie. Als ich ihn fragte, wie das zu schaffen sei, geriet er ein bisschen ins Stammeln. Was er mir vortrug, lässt sich so zusammenfassen: Wenn England im nächsten Sommer Italien einen

---

I 1970 bis 1983 Abgeordneter der Konservativen.

II Edwin Duncan Sandys (Baron Duncan-Sandys), ab 1935 Abgeordneter der Konservativen, verheiratet mit Churchills Tochter Diana. 1941 in Norwegen verwundet, wurde er im Kabinett seines Schwiegervaters und nach dem Krieg in mehreren weiteren Kabinetten konservativer Regierungen Minister.

vernichtenden Schlag versetze und danach die USA in den Krieg eintrete, werde das der deutschen «Moral» einen Knacks versetzen.

«Was ist, wenn dieser Knacks ausbleibt? Was dann?», fragte ich. Dann werde, so glaubt Randolph, der Krieg weitergehen: ein, zwei, drei, vielleicht zehn Jahre, bis die Übermacht der britischen Ressourcen und Personalreserven (unter Einschluss des Empire) schließlich das erwünschte Ergebnis zeitige. Eine Milchmädchenrechnung!

Ich trug ihm meine Gedanken über eine «politische Offensive» vor als die einzige Prämisse, die es England ermöglichen wird, «den Krieg zu gewinnen». Randolph wischte meine Argumente mit dem Satz beiseite: «Eine solche Offensive wird es unter dem gegenwärtigen Premierminister nicht geben! Mein Vater ist kein Sozialist.»

Ich fragte, weshalb sich der Premierminister bereitgefunden habe, die Führung der Konservativen Partei zu übernehmen. Diese Position könne innen- und außenpolitisch seinen Handlungsspielraum für taktische Manöver einengen, einen Spielraum, auf den man in Kriegszeiten nicht verzichten könne.

Randolph sagte, seinem Vater bereite eine solche Eventualität kein Kopfzerbrechen. Er sehe die Sache selbstbewusst so, dass er der Chef der Konservativen Partei sei und nicht deren Geisel.

Ich habe an dieser Sicht der Dinge meine ernsten Zweifel. Nun ja, wir werden sehen.

12. Dezember

Ich besuchte heute Vansittart. Ich hatte ihn mehrere Monate nicht gesehen und erschrak über sein Aussehen. Er wirkt ausgemergelt, viel älter und steht unter Hochspannung. Die Furchen in seinem Gesicht haben sich tiefer eingegraben. Seine Hände zittern. Obwohl er erst 59 ist, wirkt er fast wie ein alter Mann. Er ist erkältet. Seine Frau magert ab und ist ans Bett gefesselt. Im Großen und Ganzen war sein Leben in letzter Zeit kein Zuckerschlecken.[78]

[…] Vansittart hielt mir einen ausführlichen und beredten Vortrag darüber, wie sehr das Ausland den englischen Charakter missverstehe und unterschätze. Das sei schon immer so gewesen. Napoleon, Bismarck, der Kaiser und jetzt Hitler, Ribbentrop und Mussolini – sie alle hätten sich von der falschen Vorstellung leiten lassen, die Engländer seien ein «Volk von Ladenbesitzern», «dekadenten Gentlemen», «verluderten Plutokraten» etc., das unter keinen Umständen kämpfen wolle und kämpfen könne. Ein folgenschwerer Irrtum. Es sei gewiss richtig, dass die Engländer in Friedenszeiten den Luxus, die Bequemlichkeit, den Sport und das Reisen liebten. Was sie nicht mögen, seien Drill, protzige Uniformen, Stechschritt und Sporen. Sie erweckten den Eindruck, eine zutiefst «zivile», verwöhnte Nation zu sein. Und tatsächlich habe sich auf ihren Knochen in den letzten Jahrzehnten ein bisschen zu viel Fett angesetzt.

Wenn sie jedoch mit dem Rücken zur Wand stünden und ihr Leben in Gefahr gerate, wenn man sie ärgere und in Wut versetze, könnten sie sich bis zur Unkenntlichkeit verändern. Sie würden bösartig, trotzig, kampflustig wie wilde Tiere und gingen dem Feind an die Gurgel. Das sei der Grund dafür, dass die Engländer, auch wenn sie in jeden Krieg unvorbereitet gingen, mit zu wenig Truppen und oft auch mit unterqualifizierten Führern, nie einen Krieg verlören. Aus alledem zieht Vansittart den Schluss, dass England Deutschland 1942 oder 1943 zu Boden ringen werde.

So sieht heute die typische Philosophie der herrschenden Klasse aus und nicht nur der herrschenden Klasse. [...]

16. Dezember

[...] Ich wanderte durch die Kensington Gardens nach Hause. Es war feucht und leicht neblig. Der Park war menschenleer. Am Ufer des kleinen Sees wurde ich Zeuge einer fast biblischen Szene: Ein junger Soldat mit Brille und in verknitterter, schmutziger Uniform fütterte die Schwäne und Möwen. Er hatte einen großen Beutel unter dem Arm, aus dem er die Krumen herausholte und den Vögeln zuwarf. Drei große Schwäne stiegen aus dem Wasser und fraßen unter anmutigem Senken des Kopfes dem Soldaten die Krumen direkt aus der Hand. Hunderte von Möwen umkreisten den Soldaten, schrien wild durcheinander und schlugen ebenso wild mit den Flügeln. Wie besessen flatterten sie um ihn herum, fischten Brotkrumen aus der Luft und landeten auf Schultern und Armen des Mannes, sogar auf seinem Kopf. Und er, ein ungelenker, gedankenverlorener kleiner Soldat, musterte durch seine Brille mit leichtem Erstaunen sein Vogelkönigreich, als wolle er sagen, ja, Mensch und Natur sind eins.

29. Dezember

War bei Lloyd George in Churt. Fand den alten Herrn aufgeweckt, energisch und gut gelaunt vor. Ein erstaunlicher Mann: Immerhin wird er in drei Wochen 78!

Lloyd George erzählte mir Einzelheiten über das Angebot Churchills, ihn als Botschafter nach Washington zu schicken. Am 16. Dezember lud der PM ihn zum Mittagessen ein und unterbreitete ihm das Angebot. (Ich erinnere mich, dass bei meiner letzten Unterredung mit Lloyd George in seinem Büro Sylvester hereinkam und dem alten Mann zuraunte, es sei ein Anruf aus Downing Street 10 gekommen und man bitte ihn, um ein Uhr dort zu sein.)

Doch Lloyd George hatte das Angebot abgelehnt. Warum?

«Es beginnt damit», erklärte der alte Herr, «dass ein Botschafter keine Kontrolle über die Politik hat, die er repräsentieren muss. Ich möchte mich nicht in einer solchen Position sehen. Das ist die Hauptsache. Zum Zweiten würde mich der Posten in Washingtons physisch überfordern. Der arme Lothian beklagte sich bei seinem letzten Besuch in London bitter darüber, dass er sich in eine Sprechmaschine hat verwandeln müssen ...»

[...] «Wie auch immer, das politische Ergebnis ist ein positives: Eden ist zurück im Foreign Office, und Halifax geht nach Amerika. Seltsamerweise wollte er erst gar nicht (worüber Lady Halifax regelrecht wütend war). Auch der Hof war nicht angetan. Wie Sie sicher wissen, ist Lady Halifax eine der Hofdamen der Königin. Aber Churchill ließ nicht locker und setzte sich durch.»

Am 20. Dezember aß Lloyd George erneut mit dem Premierminister zu Mittag. Sie unterhielten sich über Themen des Kriegs und der Politik.

Ich fragte Lloyd George nach der aktuellen Einstellung Churchills zur Sowjetunion. Lloyd George antwortete, im Großen und Ganzen sei der PM dafür, die englisch-sowjetischen Beziehungen zu verbessern, und werde Eden in dieser Beziehung unterstützen, er werde jedoch wohl kaum bereit sein, dabei so weit zu gehen wie Eden. Churchill würde gerne den Krieg ohne sowjetische Hilfe gewinnen, um nicht irgendwelche Verpflichtungen gegenüber der Sowjetunion zu haben. Außerdem zähle er darauf, aktive Unterstützung aus den Vereinigten Staaten zu erhalten.

Dann sprachen wir über die Situation in der Regierung. Lloyd George sagt, Churchills Position sei unangefochten, doch nicht wenige seiner Minister seien «eine Enttäuschung». Bevin[I] sei einer davon.

«Im Großen und Ganzen», resümierte Lloyd George, «haben wir eine gute alte Tory-Regierung, auch wenn darin mehrere Labour-Leute vertreten sind, die aber manchmal konservativer sind als die Konservativen selbst.»

Der alte Mann brach in ein ansteckendes Gelächter aus und fügte hinzu: «Die glauben wirklich, sie könnten den Krieg allein mit militärischen Mitteln gewinnen. Echte kapitalistische Idiotie!»

[...] Ich fragte, was Lloyd George selbst über den Krieg denke. Seine Antwort lief auf das Folgende hinaus: Er schließt die Möglichkeit aus, dass England mit Waffengewalt allein «den Krieg gewinnt». [...] Einen echten «Sieg» könne England nur erringen, wenn die militärische Offensive von einer politischen Offensive untermauert oder von einem bestimmten Stadium an sogar überlagert werde; d. h., wenn England es schaffe, wie eine Schlange seine kapitalistische Haut im Verlauf des Krieges abzustreifen und zu einem in seinem Wesen sozialistischen Staat zu werden. [...] Möge das sein, wie es will, der alte Mann ist sehr skeptisch – und nicht ohne Grund –, was die Bereitschaft der britischen Regierung angeht, «die kapitalistische Haut abzustreifen». Womit kann man also rechnen? [...] Eine Situation, die der Eröffnung von Friedensverhandlungen den Weg bahne, könne sich im nächsten Herbst oder Winter auftun. Die Sowjetunion und die Vereinigten Staaten könnten dann eine wichtige Rolle als Friedensvermittler und als Architekten der künftigen Welt übernehmen.

▸ Maiski erwartete gewiss «keine Wunder», aber die Rückkehr Edens ins Foreign Office an Heiligabend weckte doch neue Erwartungen. Es gebe, schrieb er an Eden, «eine Menge Schutt wegzuräumen, und je früher wir damit anfangen, desto besser».[79] Kurz nach den Feiertagen stattete Maiski dem Foreign Office einen Besuch ab und fand einen freudestrahlend erregten Eden vor. Die Düsternis, die Halifax in seinem Amtszimmer verbreitet hatte, war einer hellen und aufgeräumten Atmosphäre gewichen. Eden bot das Bild eines triumphierenden Rückkehrers. Er wollte Maiski davon überzeugen, dass

---

I Ernest Bevin, 1925–1940 Mitglied des Generalrats des TUC; 1940–1945 Minister für Arbeit und Wehrdienst; entschiedener Gegner des Appeasement, aber auch des Kommunismus; diente in der ersten Labour-Nachkriegsregierung als Außenminister.

zwischen den beiden Ländern außenpolitisch kein bedeutsamer Interessenkonflikt bestehe. Der Botschafter redete nicht um den heißen Brei herum; er erklärte Eden, nur wenn Großbritannien die sowjetischen Erwerbungen im Baltikum anerkenne, könne man zu einer Verbesserung der Beziehungen gelangen. Bald wurde klar, dass der Personalwechsel nicht mit einem Politikwechsel einherging. Die Interessen Edens blieben, wie die seines Vorgängers im Amt, taktischer Natur. Sie zielten darauf ab, einen Keil zwischen Russland und Deutschen zu treiben. Maiski, der darauf erpicht war, aus der Rückkehr Edens politisches Kapital zu schlagen, überreizte wieder einmal seine Kompetenzen, indem er Eden eröffnete, die Sowjetunion habe ganz gewiss nicht den Wunsch, Deutschland als die siegreiche Macht in Europa aus dem Konflikt hervorgehen zu sehen. Die sowjetische Außenpolitik ruhe, wie er prägnant darlegte, auf drei Grundsätzen:

> Erstens gelte ihre Sorge der Förderung ihrer nationalen Interessen. Zweitens wolle sich ihre Regierung aus dem Krieg heraushalten. Drittens wolle sie die Ausweitung des Krieges auf an Russland angrenzende Länder verhindern. Allgemein sei die sowjetische Politik nicht expansionistisch; die Sowjets verfügten bereits über genügend Territorien.

Maiski tat sicherlich sein Äußerstes, um seinen Vorgesetzten in Moskau den personellen Wechsel an der Spitze des Foreign Office als bedeutenden Fortschritt darzustellen.[80]

30. Dezember

Konzentrierte Luftangriffe sind endlich auch in London angekommen, genauer gesagt, im Zentrum der Stadt – in der City.

Am Abend des 29., zwischen 19 und 22 Uhr, ließen rund 150 deutsche Bomber Brandbomben auf die City regnen. Wie man hört, haben die deutschen Flugzeuge Zehntausende Bomben abgeworfen. Da die City bei Nacht menschenleer ist (es halten sich dort tagsüber 500 000 Menschen auf, nachts aber nur 20 000), waren keine Leute da, die sich um die Bombenschäden hätten kümmern können. Die Brände breiteten sich auf sehr viele Gebäude und Straßen aus, bevor die Feuerwehren eintrafen. Es war ein furchtbares und zugleich schönes Schauspiel. Von unserer Botschaft aus war Richtung Osten der halbe Nachthimmel erleuchtet. Die City brannte die ganze Nacht und auch heute den ganzen Tag über. Selbst jetzt sind noch nicht alle Brände gelöscht.

Maiskis privates Arbeitszimmer, das Allerheiligste, bewacht vom «Voshd»

[...] Gewöhnlich schließt sich an einen Regen aus Brandbomben ein Angriff mit Sprengbomben an. Dieses Mal blieb es jedoch bei den Brandbomben. Doch selbst ohne Sprengbomben haben die Zerstörungen in der City ein immenses Ausmaß. Zwar sind die Bank von England und die Börse verschont geblieben (wie symbolisch!), aber die berühmte Guildhall liegt in Schutt und Asche, und fast ein Dutzend alter Kirchen (erbaut von Wren[1]) von hohem geschichtlichen und architektonischen Wert sind zerstört. Viele Büros, Geschäfte, kleine Läden etc. sind ausgebrannt. Die ganze Moorgate Street, in der sich bis 1927 unsere Handelsmission befand, liegt in Trümmern und ist gesperrt worden. Was «militärische Ziele» betrifft, so hat offenbar nur das zentrale Telegrafenamt, das sich in der City befindet, schwere Schäden davongetragen, während die Waterloo Bridge nur leicht beschädigt wurde. Die Zahl der menschlichen Opfer ist gering.

---

1 Sir Christopher Michael Wren, britischer Astronom und Architekt, erbaute u. a. St. Paul's Cathedral, Mitbegründer der Royal Society.

1941

1. Januar

Das neue Jahr: 1941. Was wird es uns bringen?

Meine hypothetische Vorhersage sieht so aus:

Es wird das entscheidende Jahr des Krieges sein. Hitler muss einen unerhörten Kraftakt vollbringen (wahrscheinlich im Frühjahr oder im Sommer), um den Krieg dieses Jahr zu beenden, natürlich zu seinen Gunsten. Es wäre für ihn eine Katastrophe, wenn sich der Krieg bis 1942 und vielleicht darüber hinaus hinzöge, weil in dieser Phase des Krieges die Zeit für England (und die USA) arbeiten würde. Spätestens Anfang 1942 wird die britische Rüstungsproduktion am oberen Limit sein, während die US-amerikanische Rüstungsindustrie dann gerade in die Hochphase der Produktion gehen wird. England und die USA werden in der Lage sein, Deutschland mit Bomben und Granaten einzudecken. Auch das britische Empire wird dann mit der Mobilisierung seiner menschlichen und materiellen Ressourcen so weit sein. In einem Wort, von 1942 an wird für Deutschland keine Hoffnung mehr bestehen, den Krieg auch nur unentschieden zu gestalten, geschweige denn ihn zu gewinnen, da die Welt in den «normalen» kapitalistischen Verhältnissen bestehen bleibt. [...] So wird ein finaler, entscheidender K.-o.-Schlag immer erforderlicher.

Aber wo? In welche Richtung?

Ich glaube, er wird sich gegen England richten, denn in jede andere Richtung kann ein solcher Schlag die erwünschte Wirkung nicht erzielen.[1] [...]

12. Januar

Gestern Abend um etwa 20.30 Uhr saß ich an meiner Schreibmaschine und hatte gerade mit dem Tippen des dritten Kapitels meiner Memoiren über die Zeit meiner Emigration begonnen. Da hörte ich draußen plötzlich das Knattern eines Maschinengewehrs. Ich hob den Kopf. Was war das? Ein deutscher Sturzkampfbomber? ...

In diesem Augenblick kam Agnia ins Zimmer gerannt. Aufgeregt und außer Atem rief sie: «Bomben! Feuer ... Auf der Straße ist es taghell!»

Wir liefen zusammen zum Badezimmerfenster. In der Tat brannte draußen alles lichterloh. Hunderte weiß glühender Feuer waberten funkensprühend unter den Bäumen der Kensington Gardens: Brandbomben. Auch im Garten unserer nepalesischen Nachbarn loderten zwei Brandbomben. Dasselbe im Hof des Nachbarhauses der Nepalesen. So weit unser Blick reichte, waren die Vorplätze aller Häuser entlang den Kensington Palace Gardens von den weiß bis bläulich gleißenden Flammen abgeworfener Brandbomben erleuchtet.

Wir rannten zu einem anderen Fenster, von dem aus wir unseren Garten überblicken konnten. An mehreren Stellen unweit unseres Bunkers und nahe der Treppe vor der weißen Halle sahen wir etliche Brandbomben sprühen.

Ich raste nach unten und begann unsere Leute aufzuscheuchen. Zwei weitere Bomben loderten vor unserer Vorderveranda, weitere unweit der Garage und im Durchgang zwischen unserem Gebäude und dem unserer nepalesischen Nachbarn. Gleißende Feuerbomben auch im Vorhof der Litauer und an weiteren Stellen die Straße entlang. Es war hell genug, um Zeitung zu lesen, aber danach war keinem zumute.

Unsere Leute strömten zusammen. Einige rannten los, um die Bomben auf dem Vorplatz des Gebäudes zu löschen, andere eilten in den Garten. Die Bomben waren ziemlich schnell gelöscht. Ich selbst löschte eine; Agnia lief, eine andere zu löschen. All unsere Bomben waren nach etwa 15 Minuten gelöscht. Zum Glück war keine auf unserem Dach gelandet. [...]

3. Februar

Vor einigen Tagen bekam ich unerwarteten Besuch: Es war der bekannte Zionistenführer Dr. Weizmann[1]. Er ist ein hochgewachsener, elegant gekleideter älterer Herr mit einem leicht gelblichen Teint und einer großen kahlen Platte auf dem Kopf. Sein Gesicht ist sehr runzlig und mit undefinierbaren dunklen Flecken gesprenkelt. Er hat eine Adlernase und spricht ruhig und langsam. Kann ausgezeichnet Russisch, obwohl er schon vor 45 Jahren aus Russland weggegangen ist.

---

1 Dr. Chaim Weizmann, 1921–1931, 1935–1946 Präsident der Zionistischen Weltorganisation und der Jewish Agency for Palestine, 1949–1952 Präsident des Staates Israel.

Weizmann kam zu mir, um über das folgende Thema zu reden: Palästina hat keinen Markt für seine Orangen. Würde die UdSSR sie im Tausch gegen Felle importieren?

[...] Im Verlauf unserer Unterhaltung über Orangen erzählte Weizmann auch einiges über Palästina im Allgemeinen. Er sprach über die gegenwärtige Lage der Juden der Welt und über ihre Aussichten. Weizman ist sehr pessimistisch gestimmt. [...] Er sprach insbesondere auch über die sowjetischen Juden: «Um sie mache ich mir keine Sorgen. Ihnen droht keine Gefahr. In 20 oder 30 Jahren werden sie, wenn es bei dem gegenwärtigen Regime in Ihrem Land bleibt, assimiliert sein.»

«Was meinen Sie mit assimiliert?», fragte ich. «Sie wissen doch sicher, dass den Juden in der UdSSR alle Rechte einer nationalen Minderheit zustehen, wie den Armeniern, den Georgiern, den Ukrainern usw.?»

«Natürlich weiß ich das», antwortete Weizmann, «und wenn ich ‹assimiliert› sage, meine ich damit nur, dass die sowjetischen Juden allmählich mit dem großen Strom des russischen Lebens verschmelzen und ein unveräußerlicher Teil von ihm werden. Mag sein, dass mir das nicht gefällt, aber ich bin bereit, es zu akzeptieren; zumindest haben die sowjetischen Juden sicheren Boden unter ihren Füßen, und ihr Schicksal jagt mir keinen Schauder über den Rücken. Dagegen kann ich nicht ohne blankes Entsetzen an das Schicksal der sechs bis sieben Millionen Juden denken, die in Mittel- oder Südosteuropa leben, in Deutschland, Österreich, der Tschechoslowakei, auf dem Balkan und insbesondere in Polen. Was wird mit ihnen geschehen? Wohin werden sie gehen?»

Weizmann seufzte tief auf und fuhr fort: «Wenn Deutschland den Krieg gewinnt, werden sie alle schlicht und einfach zugrunde gehen. Ich glaube allerdings nicht, dass die Deutschen gewinnen. Aber selbst wenn England den Krieg gewinnt, was wird das Los [der Juden] sein?»

An dieser Stelle begann er mir seine Befürchtungen auseinanderzusetzen. Die Engländer und insbesondere ihre Statthalter in den Kolonien mögen Juden nicht. Besonders deutlich bekomme man das in Palästina zu spüren, wo sowohl Araber als auch Juden lebten. Die britischen «Hohen Kommissare» behandeln dort zweifellos die Araber besser als die Juden. Warum? Aus einem sehr einfachen Grund. Ein englischer Kolonialbeamter durchläuft seine Ausbildung gewöhnlich in britischen Kolonien wie Nigeria, dem Sudan, Rhodesien usw. In diesen Ländern gibt es ein wohldefiniertes Muster staatlichen Handelns und staatlicher Präsenz: ein paar

Straßen, ein paar Gerichte, etwas missionarische Aktivität, ein wenig ärztliche Betreuung für die Bevölkerung. Alles ist so einfach, so geradeaus, so unaufgeregt. Keine ernsthaften Probleme, keine Beschwerden seitens der Regierten. Der englische Kolonialbeamte mag das und gewöhnt sich daran. Aber in Palästina?

Weizman hatte jetzt Feuer gefangen und fuhr fort: «Mit einem derartigen Programm kommt man hier nicht sehr weit. Es gibt große und komplizierte Probleme. Während die palästinensischen Araber genau die ‹Meerschweinchen› sind, die dem Kolonialbeamten vertraut sind, treiben die Juden ihn in den Wahnsinn. Sie sind unzufrieden mit allem, stellen Fragen, fordern Antworten, und nicht immer sind diese Antworten leicht zu geben. Der Kolonialbeamte beginnt wütend zu werden und die Juden als ein Ärgernis zu betrachten. Die Hauptsache ist jedoch, dass der Beamte beständig das Gefühl hat, der Jude beobachte ihn und denke: ‹Bist du intelligent? Aber vielleicht bin ich doppelt so intelligent wie du.›»

[...] Schließlich stellt Weizmann sich unter Anrechnung all dieser Faktoren die Frage: «Was werden die Juden von einem britischen Sieg haben?» Die Frage führt ihn zu einigen unbequemen Überlegungen. Denn der einzige «Plan», den Weizmann sich für eine Rettung des mitteleuropäischen Judentums (und in erster Linie des polnischen Judentums) vorstellen kann, sieht so aus: eine Million Araber, die derzeit in Palästina leben, in den Irak umzusiedeln und vier oder fünf Millionen Juden aus Polen und anderen Ländern in den Gebieten anzusiedeln, die bis dahin von den [palästinensischen] Arabern bewohnt waren. Dass die Briten dem zustimmen, ist kaum zu erwarten. Und wenn sie das nicht tun, was dann?

Ich äußerte meine Verwunderung darüber, wie man hoffen könne, fünf Millionen Juden in einem Gebiet anzusiedeln, das zuvor eine Million Araber ernährt hatte.

«Ach, keine Sorge», versetzte Weizmann unter lautem Lachen. «Man nennt die Araber oft Söhne der Wüste. Es wäre zutreffender, sie Väter der Wüste zu nennen. Mit ihrer Faulheit und Primitivität verwandeln sie einen blühenden Garten in eine Wüste. Geben Sie mir einen von einer Million Arabern bewohnten Landstrich, und es wird mir ein Leichtes sein, darauf fünfmal so viele Juden anzusiedeln.»

Am Ende schüttelte Weizmann traurig den Kopf und sagte: «Das einzige Problem ist: Wie kommen wir an dieses Land?»

► Im Oktober traf sich Ben-Gurion[I] mit Maiski und versuchte, wie zuvor Weizmann, ihn für die Ziele seiner Bewegung zu gewinnen. Zwar sei der Zionismus, so betonte Ben-Gurion, für diese Bewegung «eine Sache von Leben oder Tod», doch meine sie es auch mit ihren sozialistischen Zielen «sehr ernst»; als Beleg dafür führte er die Tatsache an, dass man es geschafft hatte, in Palästina die «Keimzelle eines sozialistischen Gemeinwesens» zu pflanzen. Unabhängig von diesem ideologischen Lippenbekenntnis bemühte sich Ben-Gurion um die Unterstützung Maiskis für die zionistischen Bestrebungen in Palästina. Er rühmte in diesem Zusammenhang die Sowjetunion, von der er erwartete, sie werde «mindestens eine der drei führenden Mächte sein, die über die Geschicke der neuen Welt entscheiden werden».[2] Diese Bemühungen kulminierten in einem Abstecher Maiskis nach Palästina auf seiner Rückreise aus Russland 1943.[3]

11. Februar

Subbotić kam vorbei; die neuesten Meldungen darüber, dass die Deutschen Bulgarien zunehmend unter Druck setzen, haben ihn aufs Höchste alarmiert.

Er sagt, die Atmosphäre in Belgrad sei noch ruhig und friedlich. Vor drei Tagen habe er von dort sogar ein beruhigendes Telegramm erhalten: Die deutschen Truppen haben ihren Vormarsch Richtung bulgarischer Grenze angeblich erst einmal gestoppt. Dann war er aber gestern im Foreign Office, und dort habe man ihm bestätigt, was Churchill am 9. übers Radio bekannt gegeben hat: dass die Deutschen zügig ihre Leute nach Bulgarien «einschleusen». Subbotićs erste Reaktion in dieser schwierigen Lage war sein Entschluss, mich aufzusuchen, meine Meinung zu hören und mich zu bitten, der sowjetischen Regierung seine inbrünstige Hoffnung zu übermitteln, dass die Sowjetunion eingreifen und die Inbesitznahme des Balkans durch die Deutschen verhindern werde.

► Victor Gollancz nahm den Umstand, dass der Künstler Jacob Epstein[II] linken Überzeugungen anhing, zum Anlass, Maiski und seine Frau zu

---

I David Ben-Gurion, 1935–1948 Vorsitzender der Jewish Agency Executive in Palästina.

II Jacob Epstein wurde als Sohn polnisch-jüdischer Eltern in New York geboren. Studierte bei Rodin in Paris, ließ sich 1905 in London nieder und machte sich einen Namen als revolutionärer und umstrittener Bildhauer. Einige seiner Fassadenskulpturen der Strandserie wurden offiziell und öffentlich verunstaltet.

einem Besuch in dessen Studio einzuladen. Agnia fand besonderes Gefallen an Epsteins *Madonna mit Kind* und meinte, die Russen könnten an einem Erwerb dieser Skulptur interessiert sein, auch wenn der Titel nicht zur sowjetischen «Ideologie» passe.[4] Maiski hatte über Agnia von Epsteins Interesse erfahren, sich an einer Maiski-Büste zu versuchen. Er beeilte sich, den Künstler für den 12. Februar zu einem Mittagessen mit den Edens in die Botschaft einzuladen. Das Angebot des Künstlers schmeichelte ihm offenbar sehr, denn trotz seiner vielen Verpflichtungen fand er die Zeit, Modell zu sitzen.[5]

14. Februar

Jacob Epstein hat mich überzeugt, ihm für eine Büste zur Verfügung zu stehen. Ich gab dem Bildhauer zu bedenken, dass die UdSSR ein demokratisches Land durch und durch ist und ein sowjetischer Botschafter daher einem Künstler aus der kapitalistischen Welt nicht ein Honorar bezahlen kann, wie er es vermutlich gewöhnt ist. Epstein bestand darauf. [...] Mich faszinierte der Arbeits- und Schaffensprozess eines bedeutenden Künstlers. Man kann es drehen und wenden, wie man will: Epstein und Vigeland sind die bedeutendsten zeitgenössischen Bildhauer.

[...] Heute war die zweite Sitzung. Sehr interessant. Ich sitze auf einem abgewetzten Sessel, der auf einer kleinen Plattform steht. Die «Staffelei» des Bildhauers steht vor mir. Es ist ein dreibeiniges Tischchen, aus dessen Mitte eine Eisenstange von einem halben Meter Länge herausragt. Mein Kopf entsteht allmählich aus dem grauen Tonklumpen, der auf der Spitze der Stange sitzt. Epstein vermischt in einem verzinkten Waschzuber Tonbrocken mit Wasser und wälzt sie zwischen seinen Handflächen zu dicken und dünnen Würstchen, aus denen er mein Konterfei modelliert. In nur zwei Sitzungen ist er schon recht weit gekommen: Man erkennt die Konturen meines Kopfes, Gesicht, Augen, Schnauzer und Bart ... Epstein selbst murmelt immer wieder: «Das ist erst der Anfang ... eine grobe, primitive Skizze.»

Mal sehen, was als Nächstes passiert. Im Ganzen werden es fünf oder sechs Sitzungen sein. Bei so kreativen Künstlern wie Epstein weiß man nie, was am Ende herauskommt – das eigene Abbild oder das eines Ungeheuers. Wir werden sehen. Ich bin auf das Schlimmste gefasst.

Das Interieur des Studios ist interessant. Epstein wohnt seit zwölf Jahren in einem typischen englischen Häuschen nicht weit von uns: Hyde

Epstein bewundert seine Büste von Maiski.

Park Gate 18. Ein langer Gang führt vom Flur zu seinem Studio hinter dem Haus. Ein großer, heller Raum mit zwei riesigen Fenstern, das eine oben, das andere links. Ein erstaunliches künstlerisches Chaos. Verstreut über Tische, Stühle, Bänke und den Boden, sieht man Statuen, Köpfe, Arme, Beine und andere Teile des menschlichen Körpers aus Ton und Stuckgips. In der Ecke steht ein verrußter und verrosteter alter Ofen, in dem ein Feuer brennt, das aber den Raum nicht wärmt. Der Bildhauer selbst bewegt sich behände und geschickt durch das ihn umgebende Chaos. Angetan ist er mit einer unansehnlichen Anorakjacke über einem verschlissenen grauen Hemd. Seine ausgebeulte graue Hose ist mit Resten von Ton und Stuckgips verschmiert.

Epstein ist ein ziemlich charmanter Mensch. Er ist 60, aber in seinen blauen Augen wohnt ein besonderes Funkeln, das eines Genies und eines Kindes. Seltsamerweise erinnern mich seine Gestalt und sein Gebaren sehr an M. M. [Litwinow], besonders wenn er während der Arbeit die Lippen spitzt wie ein Kind. Ich habe Epstein wissen lassen, dass er M. M. ähnlich sieht. Er freute sich, das zu hören, und sagte: «Ein und derselbe

Typus, gleiches Volk, gleiche Herkunft. Meine Eltern waren immerhin polnische Juden.»

Wenn Epstein arbeitet, kann man die Inspiration förmlich spüren. Er tut einen Schritt zur Seite und starrt mit wilden, nach innen blickenden Augen umher. Er rennt zu seiner «Staffelei» und knallt mit Feuereifer ein Tonwürstchen auf die feuchtgraue Tonmasse, aus der mein Kopf entsteht. Oder er lässt sich plötzlich auf die Knie fallen und mustert das allmählich Gestalt annehmende Oval des Gesichts mit loderndem Blick. Oder er reißt sich seine Jacke vom Leib, als sei ihm heiß geworden, und verteilt kleine Stücke feuchten Tons auf der Büste. [...]

23. Februar

Epstein hat schon eine ganze Reihe von Köpfen, er spricht von «Porträts», modelliert, darunter prominente Literaten wie Tagore[I], Bernard Shaw, Priestley[II] und andere. Er hatte dabei nicht immer vollen Erfolg. Bernhard Shaws Frau mochte die Büste ihres Mannes nicht. Shaw selbst fand sein «Porträt» gut, doch Mrs Shaw erklärte, wenn er es annehme, würde sie ausziehen. Mit einer solchen Drohung konfrontiert, konnte Bernard natürlich nur kapitulieren. Sein Porträt blieb in Epsteins Studio. Epstein zeigte es mir. Ich machte ihm ein Kompliment für seine Arbeit (es war eine meisterhaft gestaltete Büste), dachte aber im Stillen, dass dieses «Porträt» von Bernard Shaw den Mann nicht 100-prozentig «einfing». Etwas fehlte.

«Rodins[III] Büste ihres Mannes hat Mrs Shaw sehr gefallen», sagte Epstein. Er grunzte, zuckte mit den Achseln und fügte hinzu: «Ich weiß nicht, was sie daran fand. Meiner Meinung nach taugt das Porträt nichts, obwohl Shaw Rodin einen Batzen Geld dafür bezahlt hat. Aber wie man weiß, haben Frauen immer ihre Vorstellungen.»

Epsteins Skizzen von Tagore sind interessant. Der Dichter pflegte stets in Begleitung einer Gruppe junger Hindus in Epsteins Studio einzufallen, seiner Schüler. Während der Sitzungen saß er reglos und ohne ein Wort zu sagen auf dem Sessel und führte sich auf, als wäre er ein

I Sir Rabindranath Tagore, in Kalkutta geborener Dichter und Pädagoge, erhielt 1913 den Literaturnobelpreis.

II John Boynton Priestley, englischer Romancier, Dramatiker und Hörfunkautor.

III François-Auguste-René Rodin (1840–1917), französischer Bildhauer.

Heiliger. Er wahrte ein bedeutungsvolles Schweigen und starrte ins Leere, aber so, dass es tiefschürfend aussah. Tagores hochnäsiger Umgang mit seinen «Schülern» grenzte mitunter an Grausamkeit, was sie nicht daran hinderte, ekstatisch zu ihm aufzublicken, ihm jeden Wunsch von den Augen abzulesen und jede seiner Gesten mit einem Raunen zu quittieren. Tagore schenkte den jungen Leuten nicht die geringste Aufmerksamkeit, er schien sie gar nicht zu bemerken, schaute über ihre Köpfe hinweg und erteilte in einem abgehackten, diktatorischen Ton abrupte Befehle. Wenn er vom Studio in den Empfangsraum hinabstieg, wo seine Schüler warteten, bellte er ihnen einen übel gelauntes «Taxi!» entgegen.

Woraufhin die «Schüler» nach draußen eilten und in die benachbarten Straßen ausschwärmten, um ein Taxi für ihn aufzutreiben.

Einmal kam es zu dem folgenden Zwischenfall: Wie der Zufall es wollte, lebte zu der Zeit, als Epstein an Tagores Büste arbeitete, ein kleiner indischer Junge in seinem Haus. Er war der Sohn von Epsteins Muse und Modell (sie saß für einige von seinen besten Skulpturen, so auch für die *Madonna mit Kind*). Die mutige und fortschrittliche Frau hatte ihren Mann verlassen und war nach England gegangen, und das als Muslimin! Später kehrte sie nach Indien zurück und starb unter eigenartigen Umständen. Epstein vermutet, dass sich eine Tragödie abgespielt hat. Wie auch immer, der kleine Junge, der Sohn von Epsteins Freundin, kam eines Tages übermütig ins Studio gerannt, als Tagore da war. Epstein tätschelte dem Jungen den Kopf und sagte zu seinem Gast: «Darf ich Ihnen einen kleinen Landsmann vorstellen!»

Tagore warf dem Jungen ein freundliches Lächeln zu, fragte dann aber, als erinnere er sich plötzlich an etwas, in strengem Ton: «Ist er ein Hindu oder ein Moslem?»

«Er ist ein Moslem», antwortete Epstein. «Tut das etwas zur Sache?»

Tagore drückte das Kreuz durch, sein Lächeln war verschwunden. Er wandte sich ab, verfiel in seine Heiligenpose und zeigte kein weiteres Interesse an dem Jungen. Er sah ihn einfach nicht mehr. Für ihn hatte der Junge aufgehört zu existieren.

Epstein war schockiert. Tagore hatte sein wahres Gesicht gezeigt.

25. Februar

Wohnte dem Empfang bei, den Skljarow[I] (der Militärattaché) zur Feier des Gründungsjubiläums der Roten Armee gegeben hat. [...] Während des Empfangs sprach ich mit Butler. [...] Butler ist sehr angetan von Cripps' Reise nach Ankara zu einem Treffen mit Eden. Er bat mich zweimal sehr nachdrücklich, Moskau wissen zu lassen, dass die sowjetische Regierung, wenn sie Cripps während seiner Abwesenheit etwas mitteilen möchte, dies über die britische Botschaft in Moskau tun solle, die direkten Kontakt zu Cripps halten werde. Die Engländer sind ein naives Völkchen. Glauben sie wirklich, die Gespräche zwischen Cripps und Eden in Ankara würden uns sonderlich interessieren, so wie sich die englisch-sowjetischen Beziehungen zurzeit darstellen? [...]

► Kurz nach seiner Ernennung zum Außenminister begab sich Eden zusammen mit General John Dill[II], Chef des Generalstabes, nach Nahost, um in letzter Minute noch einmal den Versuch zu unternehmen, die Trümmer des Balkanblocks (bestehend aus der Türkei, Griechenland und Jugoslawien) zusammenzukitten. In Moskau wusste Cripps sehr genau, welcher Schreck Stalin in die Glieder gefahren war, als Bulgarien, das seit jeher als Eckpfeiler des russischen Sicherheitssystems in der Schwarzmeerregion und zugleich als Sprungbrett zur Donaumündung und den türkischen Meerengen gegolten hatte, am 1. März seinen Beitritt zur Achse erklärte. Er wollte daher Eden unbedingt dazu bringen, im Rahmen seiner Rundreise durch den Nahen Osten auch einen Abstecher nach Moskau zu machen, die Russen zu «umgarnen» und ihr Misstrauen zu zerstreuen. Churchill wies die Idee jedoch zurück; er erklärte, er wolle den Russen nicht einmal Edens «persönliche Sicherheit oder Freiheit» anvertrauen.[6] Eden selbst blieb, zumal ihn seine Bemühungen um die Wiederbelebung des Balkanblocks ganz in Anspruch nahmen, bei seiner unverbindlichen Haltung im Verhältnis zu Russland.[7]

I Generalmajor Iwan Andrejewitsch Skljarow, 1940–1946 sowjetischer Militärattaché in London.

II Sir John Greer Dill, 1939/40 Befehlshaber des Ersten Armeekorps in Frankreich, 1940 Vizechef des Generalstabs der Armee, 1940/41 General und Aide-de-camp des Königs sowie Chef des Generalstabs der Armee.

27. Februar

Zum Mittagessen mit Agnia bei Subbotić und seiner Frau. Dabei waren auch Aras, der türkische Botschafter, Sargent[1] vom FO und ein oder zwei andere. Dank der letzten Nachrichten vom Balkan glich die Atmosphäre beim Lunch der auf einer Beerdigung. Subbotićs Frau warf die etwas kokette Bemerkung ein: «Der Balkan liegt in den letzten Zuckungen.»

Subbotić selbst wirkte deprimiert und ließ ziemlich deutlich durchblicken, dass die UdSSR die Hoffnungen enttäuscht hatte, die die Balkanstaaten in sie gesetzt hatten.

[...] Nach dem Lunch befragte ich Aras über seine letzte Unterredung mit Churchill (24. Februar). Aras sagte, der Premierminister habe keine konkreten Vorschläge oder Forderungen an die Türkei gerichtet. Er habe Aras nur darüber informiert, dass Eden nach Ankara fliegen wird, wo er die Türkei in aller Deutlichkeit fragen werde, wo sie im gegenwärtigen Krieg stehe. Sodann hatte Churchill Aras zugesichert, dass die britische Regierung nicht im Geringsten den Wunsch habe, eine neue Front auf dem Balkan zu eröffnen; falls der Balkan dennoch zum Kriegsschauplatz werde, trüge dafür allein Deutschland die Verantwortung. Churchill hatte im Übrigen auch den Gedanken geäußert, «Russlands wahres Interesse» in diesem Teil der Welt decke sich eher mit dem englischen. Man könne die gegenwärtige Politik der Sowjets aus dem Wunsch Russlands erklären, einen Konflikt mit Deutschland zu vermeiden. Das sei zwar verständlich, doch müsse Russland früher oder später «einen anderen politischen Weg einschlagen». [...]

2. März (1)

Wir waren zu Besuch bei Lloyd George. Als seine Frau starb, schickten Agnia und ich ihm ein Beileidstelegramm. Er antwortete uns vor Kurzem mit einem warmherzigen und freundlichen Brief. Ich schrieb ihm eine kurze Antwort und bat den alten Herrn, uns wissen zu lassen, wenn er sich fit genug fühle, Besuch zu empfangen. Vor drei Tagen lud Lloyd George Agnia und mich für heute zum Lunch in Churt ein.

Lloyd George sieht nicht allzu schlecht aus, aber man hat den Eindruck, dass sich ein Schatten über ihn gelegt hat. Dazu kommt, dass er

1 Sir Orme Sargent, 1939–1946 Stellvertretender Unterstaatssekretär im Foreign Office.

erkältet ist: Er hustet und schnäuzt sich die Nase, wofür er jede zweite Minute ein Tuch aus der Hosentasche zieht. Seine Hände zittern, besonders wenn er sich Wasser einschenkt. Der unverwüstliche *welshman* wird alt. Ich frage mich, ob sein Lebenswille noch lange durchhält ...

Lloyd George hält eine Invasion für unwahrscheinlich. Er wedelt verächtlich mit der Hand und schnaubt: «Ein Ding der Unmöglichkeit!»

Dennoch beunruhigt ihn die Lage auf See. [...] «Offen gesagt», führte er aus, «sehe ich da eine ernste Gefahr auf England zukommen. Vielleicht die einzige ernsthafte Gefahr. Die Deutschen können uns aus der Luft nicht besiegen. Eine Invasion kommt nicht in Frage, zumindest nicht in absehbarer Zukunft.»

[...] Ich war nicht zu einem übermäßigen Pessimismus, was die britischen Aussichten im Seekrieg betraf, aufgelegt. «Sehen Sie», erklärte ich, «es ist schwierig, eine große Nation in ihrem eigenen Element zu bezwingen. Ihr Element ist das Meer, das deutsche Element ist das Land. Deswegen glaube ich nicht, dass die Deutschen Sie auf See besiegen können. Sie werden es irgendwie schaffen. Sie werden etwas hinkriegen. Auf der anderen Seite zweifle ich an Ihrer Fähigkeit, Deutschland im Landkrieg zu besiegen, denn das Land ist seit Jahrtausenden das Element der Deutschen. Und wie könnte es auch anders sein? Die britische Armee ist im Grunde genommen eine Amateurtruppe. Sie hat nicht die Fertigkeiten und Traditionen des Landkrieges. Die Briten haben keine wirkliche Kriegswissenschaft und keinen wirklich guten Generalstab. Ihre Erfahrung mit Kolonialkriegen ist das Einzige, worauf sie zurückgreifen können. Und die passen nicht auf Europa. Deswegen höre ich mit Skepsis dieses ganze Kampfgeheul vom ‹Krieg bis ans Ende› oder ‹Krieg bis zur Vernichtung des Militarismus›. Aber was den Seekrieg betrifft ... auf See werden Sie irgendwie klarkommen. Da wird Ihnen etwas einfallen.»

Lloyd George lachte und schaute mich schelmisch an.

«An dem, was Sie sagen, ist viel Wahres dran», sagte er. «Ja, das Meer ist unser Zuhause. Das Meer liegt uns im Blut. Nehmen Sie Megan: Es gibt nichts, was ihr größeres Vergnügen bereitet, als das Meer. Sie liebt das Wasser und schwimmt wie ein Fisch. Oder Gwilym: Jachten sind sein ein und alles. Je aufgewühlter die See ist, desto mehr Spaß macht es ihm. Ja, wir werden es auf See irgendwie schaffen.»

[...] Mit einer ausholenden Handbewegung fügte er hinzu: «Winston führt einen ‹Tory-Krieg›. Er will ihn gewinnen, ohne die Privilegien der herrschenden Oberschicht anzutasten. Das wird nicht gut gehen. Etwas muss geopfert werden: entweder der Sieg oder die Privilegien. Tatsächlich habe ich den Eindruck, das Kriegskabinett hat keinen ‹Generalplan› für den Krieg. Ich bin sicher, sie haben über einen solchen Plan nie ernsthaft gesprochen. Sie glauben, der Plan ist irgendwo in Winstons Kopf versteckt. Ich bezweifle das.»

Nach einer kleinen Pause ergriff der alte Mann wieder das Wort: «Winston ist zur Geisel der Konservativen Partei geworden und schwimmt mit dem Strom. Ich habe ihnen mehr als einmal gesagt, dass ich nur einen Weg sehe, wie wir einen wirklichen Sieg über Deutschland erringen können: indem wir die Sowjetunion auf unsere Seite herüberziehen. Das ist aber genau das, was die britische Regierung nicht will. Die Regierung hat furchtbar Angst vor den möglichen Auswirkungen einer solchen ‹Allianz› auf das Innenleben des Landes. Lieber den Krieg verlieren als ‹dem Bolschewismus den Weg ebnen›.»

[...] Ich erzählte Lloyd George, wie Churchill sich in seiner letzten Unterredung mit Shigemitsu[1] verhalten hat. Danach zu urteilen, müsste man wohl kaum einen Kompromissfrieden befürchten.

«Tränen in seinen Augen?» Lloyd George schmunzelte. «Ja, das kommt bei Winston vor. Er ist ein sehr gefühlsbetonter Mensch. Na und? ... Er hat jetzt Tränen in den Augen, weil er Hitler vernichten will. In einem Jahr hat er vielleicht Tränen in den Augen, weil ihn die Schrecknisse des Krieges erschüttern ... Dinge ändern sich.»

Plötzlich fiel Lloyd George etwas ein, und er brach in schallendes Gelächter aus. «Wenn Sie sich erinnern, ich habe im Dezember zweimal mit Winston zu Mittag gegessen. Seine Frau saß mit uns am Tisch. Sie ist eine ziemlich intelligente Frau, und vor allem hat sie jede Menge typisch englischen *common sense* ... Winston spuckte ziemlich große Töne in Sachen Kampf bis zum Ende. Er werde sich auf keinen Frieden einlassen, ehe nicht Deutschland besiegt ist. Er werde keinen Vertrag mit Hitler machen etc. Ich stritt mich mit ihm und sagte, die Zukunft ist ein zugeschlagenes Buch. Es mag eine Zeit kommen, da man seine Taktik revidieren muss. Man sollte sich nicht für immer und ewig die Hände binden. Doch Winston knurrte weiter. Plötzlich schaltete sich Mrs Churchill in unsere Dis-

1 Mamoru Shigemitsu, 1933–1936 Vizeaußenminister von Japan, 1936–1938 Botschafter in Moskau, 1938–1941 in London.

kussion ein und sagte, an ihren Mann gewandt, lächelnd: ‹Dürfen wir nicht unsere Meinung ändern, wenn der Augenblick es erfordert?› Winston schnaufte tief durch, gab aber keine Antwort ... Ja, die Frau ist gescheit! Und Winston hört auf sie.»

[...] Der Abschied von Lloyd George fühlte sich traurig an. Seine Frau ist vor Kurzem gestorben. Weder Megan noch Gwilym noch andere aus seiner Familie wohnen bei ihm. Sein Zuhause ist leer. Zwei Dienstmädchen kümmern sich um den alten Mann. Und er führt immer wieder mit zitternder Hand ein Taschentuch an seine Nase ...

Von Lloyd George aus fuhren wir zum Tee zu den Webbs. [...] Wir besprachen aktuelle Ereignisse. Was mich am meisten beeindruckte, war der verblüffende Gleichklang ihrer Meinungen mit denen von Lloyd George. Auch die Webbs halten eine Invasion für unwahrscheinlich und sehen die Hauptgefahr in der von den Deutschen gegen England verhängten «Blockade». Auch sie wissen nicht, wie England es anstellen soll, Deutschland zu «besiegen». [...] Die einzige Chance für England, diesen Kampf zu «gewinnen», besteht darin, die UdSSR auf seine Seite zu ziehen, aber das werden die herrschenden Kreise Großbritanniens aus Angst vor dem Bolschewismus nie tun. [...]

2. März (2)

Also hat Bulgarien kapituliert: Gestern wurde das Protokoll, das die Zugehörigkeit Bulgariens zur Achse besiegelt, unterschrieben, und deutsche Truppen rückten in Sofia ein. [...]

Subbotić kam vorbei. In einem Zustand höchster Beunruhigung.

«Die Lage auf dem Balkan ist schlimm, sehr schlimm», sagte er und fügte erklärend hinzu: «Jetzt, da sich Bulgarien der Achse angeschlossen hat, ist Jugoslawien von drei Seiten her eingekeilt. Hoffnungen auf eine wirksame sowjetische Unterstützung haben sich als unberechtigt erwiesen. Die jugoslawische Regierung muss manövrieren, um Zeit zu gewinnen, aber das wird mit jedem Tag, der vergeht, immer schwieriger. Jugoslawien ist bereit, mit Deutschland Handel zu treiben und die wirtschaftlichen Beziehungen so weit wie nur möglich zu entwickeln (zumal der deutsche Markt für Jugoslawien heute der einzig verbliebene Auslandsmarkt ist), aber weiter als das will es nicht gehen. Jugoslawien will nicht Mitglied der ‹Achse› werden oder den Durchmarsch deutscher Truppen über sein Staatsgebiet [...] zulassen. Will vielmehr absolut neutral bleiben. Aber Deutschland fordert mehr. Wie agieren? Was ist zu tun?»

[…] Ich versuchte Subbotić zu trösten und ihm unsere Position zu erklären. Ich sagte: «Warten Sie einfach ab! Es ist noch nicht aller Tage Abend!»

[…] Wie es aussieht, mutiert Cripps wegen seiner gescheiterten politischen Anläufe zu unserem Feind, gescheitert an dem Widerstreben der britischen Regierung gegen eine Annäherung an uns. Ich gab Cripps damals, als er nach Moskau abreiste, zu bedenken, dass er sich Londons wegen in einer unangenehmen Lage wiederfinden könnte. Ein Botschafter hat schließlich vieles mit einem Handelsvertreter gemein. Verkauft er qualitativ gute Waren, wird er Erfolg haben, selbst wenn seine persönlichen Qualitäten mittelmäßig sind. Verkauft er schlechte Waren, wird er scheitern, selbst wenn seine persönlichen Qualitäten überragend sind. Cripps hat in diesen verflossenen zehn Monaten praktisch nichts anzubieten gehabt. Das ist der tiefere Grund für sein Scheitern. Doch statt seine Wut gegen seinen Chef zu richten, der ihm keine gute Ware mitgegeben hat, zieht Cripps es vor, seinen Kunden zu verdammen, der aus sehr guten Gründen nicht bereit ist, wertlosen Plunder zu kaufen. Sehr kurzsichtig. Aber auch gescheite Leute sind oft kurzsichtig.[8]

12. März

Ich richtete einen Lunch für Beaverbrook und Alexander aus, zu dem ich des Weiteren Prytz und seine Frau, Monckton, Strang, Cunliffe-Owen[I] und andere einlud.

Beaverbrook sah passabel aus, war indes sehr wütend. Er grantelte und schäumte den ganzen Lunch über. […] Beaverbrook gibt wenig auf die Gefahr einer Invasion, hat aber die ärgsten Befürchtungen, was Angriffe auf die britische Handelsschifffahrt betrifft. Er tröstet sich mit der Hoffnung, dass die Vereinigten Staaten in naher Zukunft auch de jure zur Kriegspartei werden.

[…] Monckton erzählte Nowikow[II], Cripps sei vor seiner Reise nach An-

---

I Sir Hugo Cunliffe-Owen, Vorstandsvorsitzender einer gleichnamigen Flugzeugbaufirma, die im Zweiten Weltkrieg Teile für die Spitfire-Jagdflugzeuge herstellte.

II Kirill Wassiljewitsch Nowikow, nach einer erfolgreichen Laufbahn in der sowjetischen Metallindustrie 1937 vom NKID eingestellt, 1939–1942 Botschaftsrat an der sowje-

kara in «scheußlicher» Stimmung gewesen. Er habe nicht den geringsten Hoffnungsschimmer gesehen; sein Treffen mit Eden habe ihn dann aber etwas froher gestimmt. Neulich schickte er ein Telegramm an Monckton, in dem es unter anderem heißt, Eden werde nach seiner Rückkehr mit vollem Ernst die Frage der englisch-sowjetischen Beziehungen angehen. Wir werden sehen.

▶ Am 20. Februar wurde Maiski zum Kandidaten des Zentralkomitees der Kommunistischen Partei der Sowjetunion (KPdSU) gewählt. Er nutzte dies, um seine prekäre Position in England aufzupolieren, und brüstete sich gegenüber Butler damit, was für eine «große Ehre» ihm mit dieser Ernennung widerfahren sei, in der er «ein Zeichen der Anerkennung für meine Arbeit im Allgemeinen und hier in London im Besonderen» sah.[9] Allein, seine Selbstständigkeit und sein Handlungsspielraum erfuhren eine merkliche Einschränkung, als Anfang März der neue Botschaftsrat Nowikow in London eintraf, der höchstwahrscheinlich für den NKWD arbeitete und Anweisung hatte, an allen Treffen Maiskis mit hochrangigen Gesprächspartnern teilzunehmen. Wie Eden gleich nach der ersten Besprechung im Beisein Nowikows anmerkte, war dieser eindeutig «ein vom Kreml geschickter Wachhund für Maiski».[10]

13. März

Der neue US-Botschafter John Winant[1] hat mir seinen ersten Besuch abgestattet. [...] Winant hinterlässt einen etwas seltsamen Eindruck. Hochgewachsen, dunkelhaarig, mit einem schwerfälligen, spröde wirkenden Auftreten, einer tonlosen, kaum hörbaren Stimme und einem gedankenverlorenen, in sich gekehrten Blick, ist er das genaue Gegenteil seines Vorgängers, des stimmgewaltigen, überbordenden, redseligen und oberflächlichen Joe Kennedy. Ich musste die Ohren spitzen, um zu verstehen, was Winant sagte.

---

tischen Botschaft in Großbritannien, 1942–1947 Leiter der Zweiten Europäischen Abteilung des NKID, 1947–1953 Botschafter in Indien.

1 John Gilbert Winant, 1941–1946 US-amerikanischer Botschafter in Großbritannien.

15. März

Offenbar stehen wir vor einem neuen Aufflackern des Krieges, einer neuen Schlacht zwischen zwei mächtigen Feinden. Es ist schwierig, den Ausgang dieser zweiten «Kraftprobe» vorauszusagen, doch man kann eine Einschätzung dessen wagen, was die kriegführenden Länder an der Schwelle zur «Kriegssaison» 1941 auf Lager haben. Dabei ist es allerdings ziemlich verzwickt, von London aus das deutsche Potenzial einzuschätzen. Und wie verhält es sich mit dem englischen? Was wird England in die grausamen Schlachten, die vor uns liegen, einbringen?

[...] Die «nationale Front» hat sich als vereinte Kraft am Leben gehalten. [...] In Indien hat man durch Einsatz repressiver Mittel vorläufig die «Ruhe» wiederhergestellt. Es ist kein stabiler Zustand, aber er kann Bestand haben, solange die angebrochene «Kriegssaison» andauert. Von daher sieht es so aus, als drohe der britischen Regierung in unmittelbarer Zukunft nicht die Gefahr größerer Komplikationen, weder zu Hause noch im Empire. [...]

Die Moral ist bei der breiten Masse der Bevölkerung inzwischen sehr gut. Die Siege in Afrika, die nicht nennenswerten Verluste an der Front, die Atempause im Luftkrieg über England in den letzten drei oder vier Monaten, das Ausbleiben von Seuchen, die erträgliche Nahrungsversorgung (schlechter als letztes Jahr, aber keineswegs katastrophal) und nicht zuletzt die Festigkeit der Regierung, all dies und vieles andere dazu schafft ein Klima großer Zuversicht quer durch das Volk und eine Bereitschaft zu kämpfen. Die offene Parteinahme der USA für England trägt zur weiteren Stärkung dieser Gefühle bei. Die klare Ansage von Churchill und Co., «bis ans Ende zu kämpfen», verfehlt nicht ihre Wirkung sowohl auf den Staatsapparat als auch auf die Massen. Es ist nichts mehr da, das einen an die Ära Chamberlain erinnert, als die Luft schwirrte von zersetzenden Gerüchten und (nicht immer unzutreffenden) Berichten über Zweifel, Unschlüssigkeit und Ratlosigkeit «ganz oben». [...]

24. März

Ich habe Winant einen Gegenbesuch abgestattet. Der US-Botschafter hat beschlossen, den Demokraten zu geben: Er hat das luxuriöse Domizil aufgegeben, in dem der diplomatische Vertreter der USA gewöhnlich residiert, und sich in einer bescheidenen Dreizimmerwohnung über seinen Diensträumen am Grosvenor Square eingerichtet. Seine Frau wird bald nachkommen, doch hat er nicht die Absicht, deswegen umzuziehen. Wir werden sehen.

[...] Winant begann damit, dass er mich mit Komplimenten überhäufte. Bei unserer Unterredung 1939 in Genf hätte ich eine herausragende Klarsicht in Bezug auf die europäische Situation demonstriert. Jetzt habe er im Botschaftsarchiv ein Protokoll meiner Unterredung mit Botschaftsrat Herschel Johnson am 1. März 1938 gefunden. Meine damaligen Aussagen hätten sich als höchst prophetisch erwiesen. (Ich selbst erinnere mich übrigens kaum an das Gespräch mit Johnson.) Halb im Scherz sagte Winant: «Wenn Sie wieder einmal in prophetischer Stimmung sind, schicken Sie bitte nach mir.»

Mein allgemeiner Eindruck von Winant ist eindeutig: Er ist für einen Kriegseintritt der Vereinigten Staaten, versucht aber noch, dies zu verschleiern. Dagegen nimmt sein Minister Harriman[I], der eifrig dabei ist, in der Botschaft ein spezielles «Referat» zur Überwachung US-amerikanischer Lieferungen nach England einzurichten, in dieser Hinsicht kein Blatt vor den Mund. Bei einem Treffen mit amerikanischen Journalisten vor ein paar Tagen erklärte Harriman «inoffiziell», er hoffe, innerhalb der nächsten paar Monate den Kriegseintritt der Vereinigten Staaten zu erleben.[11]

[...] Ein Besuch von Simopoulos[II]. [...] Er ist der Meinung, die Engländer hätten beschlossen, auf dem Balkan ernsthaft zu kämpfen, weiß aber nicht, wie viele britische Truppen in Griechenland gelandet sind. Er sagt, die Engländer hielten das sogar vor der griechischen Regierung geheim. Er ist überzeugt, dass die britische Regierung erhebliche Kräfte für Griechenland vorgesehen hat. Was verleitet ihn zu dieser Annahme? Dass in den Verhandlungen in Athen zwischen Eden, Dill und der griechischen Regierung Letztere eindeutig sagte: entweder ernst zu nehmende Unterstützung mit Bodentruppen oder gar keine Unterstützung.

[...] Ich versuchte mit Simopoulos die strategische Lage auf dem Balkan zu erörtern, aber ergebnislos: Der alte Mann hat keine Ahnung von Strategie, verwechselt Berge mit Ebenen und kennt nicht den Unterschied

---

I William Averell Harriman, im März 1941 Präsident Roosevelts Sonderbeauftragter in Großbritannien im Rang eines Ministers, 1943–1946 US-Botschafter in der UdSSR.

II Charalambos Simopoulos, 1935–1942 griechischer Botschafter in London.

zwischen einer Division und einem Korps. Fragt man ihn irgendetwas, das mit militärischer Strategie zu tun hat, breitet er erschrocken die Arme aus und murmelt hilflos: «Da fragen Sie besser meinen Militärattaché. Ich habe keinen Schimmer von diesen Dingen.» Ein Frühstücksdirektor in einer Zeit, in der Diplomatie aus Strategie besteht.

4. April

Die Tschechen berichten:

(1) Eden schafft es wegen der Haltung der Türken nicht, einen Dreierblock aus Jugoslawien, Griechenland und der Türkei zu bewerkstelligen.

(2) Die Briten haben bereits sechs Divisionen, voll bewaffnet und ausgerüstet, in Griechenland abgesetzt, dazu eine große Zahl Flugzeuge. Verstärkungen treffen laufend ein.

(3) Truppen in großer Zahl marschieren durch Prag in Richtung sowjetische Grenze. Es gibt in Prag ein geographisches Institut, das sich schon seit längerer Zeit in deutscher Hand befindet. Dieses Institut ist derzeit unter Hochdruck mit der Erstellung detaillierter Landkarten der Ukraine beschäftigt. ...

6. April

Am frühen Morgen hat Deutschland Jugoslawien und Griechenland angegriffen.

Vor zwei Tagen bestellte Genosse Molotow Schulenburg ein; er informierte ihn über die bevorstehende Unterzeichnung eines sowjetisch-jugoslawischen Freundschafts- und Nichtangriffspakts und erklärte dem Botschafter, man schließe diesen Pakt im Interesse des Friedens auf dem Balkan; dieser liege auch im Interesse Deutschlands, und er hoffe, dass Deutschland den Frieden in diesem Teil der Welt bewahren werde. Schulenburg antwortete, er habe gegen einen solchen Pakt zwischen der UdSSR und Jugoslawien grundsätzlich nichts einzuwenden, finde aber den Zeitpunkt «unglücklich».

Heute antwortete Hitler auf die Démarche des Genossen Molotow.

Wir werden das in Gedächtnis behalten und unsere praktischen Schlüsse ziehen. Welche Schlüsse? Die Zeit wird es zeigen. Eines ist klar: Mit seiner Politik auf dem Balkan hat Deutschland den folgenschweren Schritt getan, die UdSSR zur Konfrontation zu zwingen. Das bedeutet nicht, dass die UdSSR jetzt einen Krieg gegen Deutschland vom Zaun brechen wird. Wir werden unser Möglichstes tun, einen solchen zu vermeiden. Doch die UdSSR wird Deutschland jetzt die Stirn bieten. Sie kann es sich nicht leisten, das nicht zu tun. Die UdSSR kann sich nicht mit der Präsenz schwerer deutscher Artillerie in Konstanza und Burgas als Dauerzustand abfinden, einer Präsenz, deren sich die Deutschen selbst vor Kurzem sogar in einer Radiosendung rühmten.

Warum hat die Politik Hitlers zuletzt eine solche Wendung genommen? Ist er vorsätzlich auf einen Kampf gegen die UdSSR aus? Oder sieht er keinen anderen Ausweg aus der gegenwärtigen Lage? Schwer zu sagen. Was aber zunehmend deutlicher wird, ist, dass wir unsere «deutsche Karte» ausgereizt haben und von ihr kaum noch etwas erwarten können (zumindest solange Deutschland in den Händen Hitlers bleibt). Es naht die Zeit, da wir uns nach anderen Karten werden umsehen müssen.

[...] Ein Prophet zu sein ist in diesen Tagen nicht leicht, und ich will mich nicht in Kaffeesatzleserei ergehen. Ich stelle nur fest, dass der Anfang der Kriegssaison 1941 sich völlig anders anfühlt als sein Vorgänger 1940.

Zugunsten Deutschlands: Deutschland besaß damals jenseits der eigenen Grenzen nur Polen, während es jetzt mehr oder weniger ganz Europa beherrscht außer England, der UdSSR und eines Teils des Balkans. Darüber hinaus hat sich der Nimbus der militärischen Schlagkraft Deutschlands erheblich gefestigt. [...] Zu Lande gilt Deutschland als «unbesiegbar».

Zugunsten Englands: Die deutsche Offensive hat das Überraschungselement endgültig verloren. Churchill hat Chamberlain als Regierungschef abgelöst. England ist im Lauf des letzten Jahres in der Luft und am Boden sehr viel stärker geworden und hat in Afrika gegen Italien gesiegt. England hat seine Seeherrschaft verteidigt. Die USA haben sich offen dem Lager Englands angeschlossen. [...]

Ja, einiges hat sich verändert, aber welchen Verlauf wird die bevorstehende Kriegssaison nehmen?

Die Ereignisse der nächsten drei oder vier Wochen könnten uns Hinweise liefern. Alles wird davon abhängen, ob die Deutschen mit ihrem Blitzkrieg auf dem Balkan Erfolg haben. Danach wird sehr vieles klarer werden.

Es gibt auf dem heutigen Schachbrett eine weitere Figur, eine Figur von großer Bedeutung – die Sowjetunion. Die Position der UdSSR ist heute eine etwas andere als vor einem Jahr, und sie könnte sich unter bestimmten Bedingungen noch weiter verändern.

► Am 25. März brachte Hitler Jugoslawien mittels seiner vertrauten Kombination aus Zuckerbrot und Peitsche dazu, sich der Achse anzuschließen. Das Blatt wurde jedoch zwei Tage später neu gemischt, als durch einen unblutigen Staatsstreich der 17-jährige Prinz Peter[I] in Belgrad auf den Thron gelangte. In der Nacht vom 4. auf den 5. April schlossen Jugoslawen und Russen einen Freundschafts- und Nichtangriffspakt, der rückblickend als mutiger Akt des Widerstands gegen Deutschland gerühmt wurde. Stalin sah in dem Pakt lediglich eine Demonstration der Solidarität mit Jugoslawien und hoffte, Hitler werde sich dadurch von einem Angriff auf Jugoslawien abschrecken lassen und an den Verhandlungstisch zurückkehren. Tatsächlich antwortete Hitler unverzüglich mit brutalen Bombenangriffen auf Belgrad und einem Blitzfeldzug, mit dem die Deutschen das gesamte Land innerhalb von zwei Wochen unter ihre Kontrolle brachten. Die ebenso zügige Besetzung Griechenlands schloss sich an.

Zeitgleich mit dieser deutschen Offensive begann ein nicht abreißender Strom sehr konkreter Geheimdienstberichte über die Zusammenziehung deutscher Truppen entlang der Grenze zur Sowjetunion im Kreml aufzulaufen.[12] Die Manöver der Roten Armee im Januar hatten die Verwundbarkeit und die Schwächen der sowjetischen Verteidigungsstreitkräfte offenkundig gemacht.[13] Unter dem Eindruck dieser Erkenntnisse bemühte sich Stalin, Verhandlungen über eine geographische Ausweitung des Ribbentrop-Molotow-Pakts in Gang zu bringen. Das erste Ergebnis dieser Bemühungen war der hastige Abschluss eines Neutralitätspakts mit Japan am 13. April im Kreml. Im Rückblick konnte das als ein genialer Schachzug Stalins gedeutet werden, da damit die Gefahr einer zweiten Front im Falle eines deutschen Angriffs auf die Sowjetunion gebannt war. In Wirklichkeit war es jedoch in allererster Linie Stalins (von den Historikern geflissentlich übersehenes) Ziel, «auf breiter Front mit den Mitgliedern des Dreierpakts zusammenzuarbeiten», wie er dem japanischen Außenminister Matsuoka[II] erklärte.[14]

I 1923 geboren, regierte Peter II. durch seinen Regenten, Prinz Paul, von 1934 bis 1941, als er nach einem Staatsstreich inthronisiert wurde.

II Yosuke Matsuoka, 1940/41 Außenminister von Japan; unterzeichnete im April 1941 den Nichtangriffspakt mit der Sowjetunion.

7. April

Ich war zu Besuch bei Subbotić.

Ich gratulierte ihm zum Freundschafts- und Nichtangriffspakt zwischen der UdSSR und Jugoslawien, der am Abend des 5. April unterschrieben worden ist. Subbotić war tief bewegt: Er umarmte und küsste mich und hatte Tränen in den Augen. «Der Pakt», rief er aus, «hat die Seele Jugoslawiens gerettet. Elend und Leid mögen auf unser Volk warten, und die Deutschen mögen vorübergehend unser Land besetzen, das macht nichts. Jeder Jugoslawe und insbesondere jeder Serbe wird jetzt wissen: Russland denkt an uns und wird uns früher oder später retten. Ich bin kein Kommunist, aber ich verbeuge mich in Würdigung dieses Pakts zutiefst vor Stalin.»

[...] Subbotić führte Klage darüber, dass ihm das Kontakthalten mit seiner Regierung große Schwierigkeiten bereite. Der Radiosender Belgrad wurde von den Deutschen am ersten Tag ihres Angriffs außer Gefecht gesetzt. Die jugoslawische Regierung wurde aus der Hauptstadt evakuiert. Wohin? Subbotić hatte selbst keine Ahnung.

9. April

Subbotić übermittelte mir telefonisch höchst beunruhigende Nachrichten von der Front. Die Deutschen haben Durchbrüche bei Saloniki und Üsküb [Skopje] erzielt. Die bisherigen Verteidigungsplanungen sind Makulatur, neue müssen in aller Eile improvisiert werden. Die Hauptursache für die deutschen Erfolge ist laut Subbotić der neue Panzer, der Berge überwinden kann. Die Deutschen setzten diesen Panzer in großer Zahl ein und durchstießen die jugoslawischen Linien. Die jugoslawischen Streitkräfte finden kein Mittel gegen diese Bergpanzer. Immer deutlicher wird, dass die Deutschen vorhaben, westwärts vorzustoßen, also in Richtung Albanien. Wenn ihnen das gelingt, wird Jugoslawien vollständig von Griechenland und von den Engländern abgeschnitten sein.

Im Parlament, um Churchills Rede zu hören. Churchill war offensichtlich in gedrückter Stimmung. Kein Wunder: Die Deutschen haben heute früh Saloniki besetzt. Dennoch keine Spur von Defätismus. Churchill zeigte sich im Gegenteil zornig und noch hasserfüllter gegen Deutschland. Das Haus teilt diese Stimmung, jedenfalls nach den Zwischenrufen und Kommentaren der Abgeordneten während Churchills Rede und nach ihren Äußerungen in den Wandelgängen zu urteilen. Das politische Barometer steht eindeutig auf «Kampf».

Im Großen und Ganzen herrscht keine Panik, nur gespannte Erwartung. [...] Der Unmut der Engländer über die Türkei ist überaus offensichtlich. [...] Offensichtlich sind auch die Versuche, uns im Zusammenhang mit der neuesten Wendung des Geschehens den Puls zu fühlen. Brendan Bracken unterhielt sich heute mit mir in der Parlamentslobby über dieses Thema und sagte halb im Scherz: «Vielleicht solltet ihr jetzt noch schneller die Straßenschilder in der Ukraine abmontieren.»

Vansittart (den ich gestern besucht hatte) äußerte sich ähnlich und sagte einen baldigen deutschen Angriff auf die UdSSR voraus. Vansittart ist allerdings dieser Tage ein bisschen instabil: Nach seinem *Black Record*[15] sieht er Deutsche überall, sogar unter seinem Bett.

Ich antworte all unseren unerwarteten und unerbetenen Warnern, dass ich bis jetzt keinerlei Gründe sähe, die einen Zusammenstoß zwischen Deutschland und der UdSSR unausweichlich machen würden; sollte es aber dennoch dazu kommen, werde die Sowjetunion sich zu helfen wissen.

▶ Hinter dem Wunsch Stalins, um jeden Preis zu einer Verständigung mit Deutschland zu kommen, stand in erster Linie die Befürchtung, britische Provokationen könnten zu einer Verwicklung Russlands in den Krieg führen. Anders als Churchill es später darstellte, missdeutete auch der britische Nachrichtendienst die massive Konzentration deutscher Truppen im Osten bis in die letzte Woche vor dem Losschlagen der Wehrmacht. Man ging davon aus, dass die Deutschen hier einen «Nervenkrieg» inszenierten, um in den Verhandlungen mit Russland (die nach Meinung der Briten bevorstanden) mehr herausholen zu können.[16] Churchills berühmte, wenn auch kryptische Botschaft an Stalin Anfang April klärte diesen nicht etwa über die deutsche Absicht auf, Russland zu überfallen, sondern unterstellte, dass die Deutschen darauf aus waren, den Krieg zunächst auf den Balkan zu verlagern und den Aufbau einer Angriffsstellung gegen die Russen zu verschieben. Churchill sah in dieser Entscheidung eine Bestätigung dafür, dass Deutschland sich nicht zutraute, gleichzeitig gegen Jugoslawien und die Türkei auf der einen Seite und gegen Russland auf der anderen Krieg zu führen. Er hoffte, Stalin werde die Atempause nutzen, um an der Seite Großbritanniens einen Balkanblock zu schmieden.[17] Doch die Warnung zeitigte die gegenteilige Wirkung: Sie nährte den Verdacht Stalins, dass die Kriegsgerüchte aus einer Londoner Retorte kamen und dass dahinter die Absicht stand, Russland in den Krieg hineinzuziehen. Ganz im Einklang mit der Linie des Kreml berichtete Maiski von einer gut orchestrieren Kampagne der britischen Regierung und der britischen Presse mit dem Ziel, «der Sowjetunion Angst vor Deutschland einzujagen». Maiski verstörten besonders Churchills Parlamentsreden am 9. und 27. April, in denen er einen deutschen Überfall auf Russland voraussagte.[18]

10. April

Sylvester rief an und bat mich, Lloyd George zu besuchen. Der alte Mann war für einen Tag nach London gekommen und wünschte mich zu sehen.

Als ich in sein Büro eintrat, war Lloyd George gerade von einem Lunch mit Churchill zurückgekommen. Er sagte mir, der Premierminister sei besorgt, vielleicht sogar leicht deprimiert. Die Lage in Libyen habe sich ungünstiger entwickelt, als man anfangs angenommen habe. Die Briten verließen sich ganz und gar auf die Straße von Sizilien als Hürde für die Deutschen und hätten die Kyrenaika entblößt. Die Deutschen hätten entgegen allen Erwartungen eine relativ große Streitmacht in Tripolis zusammengezogen, [...] und die Folgen seien für alle Welt sichtbar: Bengasi ist gefallen, deutsche Panzer stehen an der ägyptischen Grenze. Die britische Regierung werde natürlich reagieren, aber bleibt ihr genug Zeit? Und kann man noch auf die Straße von Sizilien zählen?

Die Lage auf dem Balkan ist sogar noch ernster. Das rasche Vordringen der Deutschen auf dem Balkan hat Churchill sehr überrascht. [...] Der alte Mann geriet außer sich und verfluchte die herrschenden Kreise Großbritanniens für ihre «Klassenblindheit». Er ließ nicht einmal für Churchill eine Ausnahme gelten. Offenbar argumentiert der Premierminister jetzt so: Ein deutscher Überfall auf die Sowjetunion in allernächster Zukunft ist unausweichlich wegen der Ukraine, wegen Baku, und dann wird die UdSSR wie eine «reife Frucht» in Churchills Schoß fallen. Welchen Nutzen sollte es daher haben, der UdSSR irgendwelche Angebote oder Anreize zu unterbreiten? Warum sollte man versuchen, sie zu umwerben? Es wird sich alles von selbst ergeben.

L-G teilt diese Zuversicht, dass sich alles von selbst ergeben wird, nicht. Er glaubt nicht, dass Hitler ostwärts gegen uns marschieren wird. Er würde dafür fast seine gesamte Wehrmacht brauchen. Was würde dann in Westeuropa passieren? ...

Ungeachtet dessen glaubt der alte Herr, dass auch wir uns in einer sehr schwierigen Lage befinden. Angenommen, Hitler griffe die Türkei an? Würde die UdSSR in Ruhe zusehen können, wie Deutschland die Kontrolle über die Meerengen übernimmt?

Ich antwortete in meinem gewohnten Tenor, nämlich dass wir selbst auf uns aufpassen können. Der alte Mann schüttelte den Kopf und sagte: «Sie sollten nicht mit dem Feuer spielen! Die deutsche Wehrmacht ist eine furchterregende Maschine. Wenn der Balkanfeldzug erst einmal beendet ist, wird es in Europa keine Streitkräfte mehr geben, die auch nur daran denken könnten, sich Deutschland am Boden entgegenzustellen außer Ihnen. Wird Hitler einen solchen Zustand dulden? Ich bezweifle es. Hitler strebt schließlich nach der Weltherrschaft. Und was noch schwerer wiegt: Er wird eine disponible Streitmacht von mehreren Millionen Mann zur Verfügung haben, berauscht von ihren Erfolgen und nach neuen Aufgaben dürstend. Wird Hitler der Versuchung widerstehen können, dieses Machtinstrument im Osten zum Einsatz zu bringen?»

11. April

Quo Tai-chi kam zu seinem Abschiedsbesuch vorbei. Er wird England in wenigen Tagen verlassen und über die USA seinen neuen Posten in Chongqing ansteuern. Wir werden sehen, was für einen Außenminister er abgibt.

[...] Der Besuch Quo Tai-chis stimmte mich etwas traurig. Er ist drei Monate vor mir nach London gekommen, und wir sind in diesen acht Jahren immer gute Kollegen gewesen. Wir haben einander oft gesehen, haben lange Gespräche geführt und uns aneinander gewöhnt. Ein vertrauensvolles Verhältnis hat sich zwischen uns entwickelt (sofern Vertrauen möglich ist zwischen einem sowjetischen und einem bürgerlichen Diplomaten). Quo Tai-chi hat mich nie hinters Licht oder auf eine falsche Fährte geführt. Natürlich hat er mir nicht immer alles gesagt und hat über manche Dinge Stillschweigen bewahrt; aber wenn er mir etwas sagte, wusste ich, dass es die Wahrheit war. Ich zahlte es ihm in gleicher Münze zurück. Wir trafen uns auch mehrere Male in Genf, wo er häufig als chinesischer Delegierter auftrat. Auch dort, an den Ufern des Genfersees, gingen wir

Maiski kämpft mit dem ungewohnten Besteck im Haus von Quo, dem chinesischen Botschafter, April 1941.

immer freundlich miteinander um. So viele meiner Erinnerungen an mein Diplomatenleben haben mit Quo Tai-chi zu tun: Empfänge im Buckingham Palace, Botschafterbankette, schicke «Gartenpartys», politische Arbeitsessen, halboffizielle «*weekends*» ...

Acht Jahre Diplomatenalltag und Routine und jetzt verabschiedet sich Quo Tai-chi für immer aus London! Sein Abgang lässt mich an die Zeiten zurückdenken, die vergangen sind, seit ich als Botschafter englischen Boden betreten habe. Und gemahnt mich auch daran, dass nichts ewig hält und dass bald der Zeitpunkt kommen wird, an dem auch ich mich für immer aus London verabschieden muss. Nun gut, ich bin immer auf Abruf. Um die Wahrheit zu sagen, als ich im Oktober 1932 nach London kam, hätte ich nie gedacht, dass ich hier so lange hängen bleiben würde. Ich malte mir damals aus, vielleicht fünf Jahre in London bleiben zu können, aber länger als das wäre mir nicht mal im Traum eingefallen!

Beim Abschiednehmen von Quo Tai-chi machte ich eine Bemerkung aus dieser Stimmung heraus. [...] Die Windungen und Wendungen des Schicksals! «Manche sind nicht mehr unter uns, andere sind weit fort.»[19] [...]

15. April

Bin gerade von dem großen Empfang zurückgekommen, den Quo Tai-chi gegeben hat, um sich von seinen zahlreichen Freunden und Bekannten zu verabschieden. [...] Äußerlich macht Quo Tai-chi nicht viel her: eine Miniaturausgabe eines Chinesen, fast nur Haut und Knochen, mit einem runden, typisch orientalischen Gesicht, einer ziemlich platten Nase und einer großen Hornbrille auf derselben. Wenn er die Brille abnimmt (was er von Zeit zu Zeit tut), wirken seine Augenhöhlen geradezu winzig klein und sein Gesicht vollkommen flach. Man kann aus seinem Aussehen sein Alter nicht ablesen: Er könnte 35 sein, vielleicht aber auch 60. Tatsächlich ist er ungefähr 50 Jahre alt. Seine Bewegungen sind gleichförmig, unaufgeregt und glatt. Sie sind ein Spiegel seines Naturells und seiner Nationalität. Wie bei vielen anderen Chinesen beeindruckte mich auch bei ihm stets jenes unbewusst würdevolle Auftreten, das den Chinesen eigen ist, eine Art majestätische Abgeklärtheit, die sich wohl aus der tausendjährigen Geschichte seines Volkes speist. Wie viele Male im Laufe unserer Gespräche habe ich die Beherrschung verloren, habe meinem Ärger oder meiner Empörung über das eine oder andere Vorgehen der britischen Regierung oder über irgendwelche Machenschaften Japans Luft gemacht? Dagegen bewahrte Quo Tai-chi immer eine unerschütterliche Ruhe und sagte: «Es wird vorbeigehen ... Es wird sich ändern ... Man darf die Geduld nicht verlieren ...»

Immer hatte ich bei ihm das Gefühl, er beobachte mich aus der hohen Warte der 5000-jährigen Geschichte seines Volkes und schmunzle in sich hinein wie ein weiser alter Mann im Gespräch mit einem aufgeregten Jüngling, als wolle er mir sagen: «Ja, viele Dinge haben sich in meinem Leben ereignet ... viele Dinge ... gute und schlechte .... Ich bin auch oft in Aufregung geraten wie dieser Jüngling, aber das passiert mir jetzt nicht mehr. Das Leben hat ein eigenes Gleichgewicht. Man muss lernen zu warten, und es wird kommen ... es wird kommen!»

Und sind nicht in der Tat alle europäischen Völker (auch die Deutschen, die Franzosen und die Engländer, von den jungen Russen ganz zu schweigen) Grünschnäbel im Vergleich zu den Chinesen? Die Engländer messen ihre Traditionen und Institutionen nach Jahrhunderten, die Chinesen messen sie nach Jahrtausenden. Wenn ein Chinese über aktuelle Vorgänge spricht, kann es sein, dass ihm die Formulierung entschlüpft:

«In der Zeit der Tang-Dynastie kam es einmal vor ...» oder: «Wie der Dichter soundso vor 2000 Jahren schrieb ...» usw. und so fort.

[...] Kaum nötig zu sagen, dass Quo Tai-chi auch seine Schattenseiten hatte. Er war ein Feinschmecker und hat sich immer mehr an den verweichlichten Lebensstil der Bourgeoisie gewöhnt. Er hatte einige zwielichtige Einkommensquellen: Ich habe den starken Verdacht, dass er seinen Diplomatenstatus nutzte, um mit Schmuggelware etwas Schwarzgeld dazuzuverdienen. Seltsame Dinge spielten sich auch in seinem Familienleben ab. Seine Frau (eine korpulente, wenig kultivierte und ziemlich ordinäre Chinesin) versuchte er immer weit weg zu halten, sei es in China oder Amerika. Hier in London hatte er stets ein Gefolge von jungen, hübschen Chinesinnen. Nun ja, Quo Tai-chi ist halt ein bürgerlicher Diplomat, und ein chinesischer noch dazu. Es wäre absurd, an ihn die Maßstäbe einer kommunistischen Moral anzulegen. [...]

26. April

Es ist erst 20 Tage her, dass ich zu Beginn des deutschen Angriffs auf Jugoslawien die Frage stellte: Werden die Deutschen mit ihrem Blitzkrieg auf dem Balkan Erfolg haben?

Heute gibt es für Zweifel keinen Raum mehr: Ja, der deutsche Blitzkrieg war ein Erfolg. Vielleicht sogar noch beeindruckender als die vorausgegangenen.

Wie sehr sich die Ereignisse in diesen Tagen überstürzen! Erst 20 Tage sind vergangen, und schon existiert Jugoslawien nicht mehr; weitere zwei bis drei Tage, und auch Griechenland wird Geschichte sein.

[...] Die Einnahme Jugoslawiens und Griechenlands, d. h. des gesamten Balkans (zusammen mit den schon früher *gleichgeschalteten* Ländern Rumänien und Bulgarien) durch die Deutschen wirft eine ganze Reihe ernster Probleme auf. Die wichtigste Frage ist die: Was wird Hitler als Nächstes tun?

Wie mir scheint, gibt es zwei gleich wahrscheinliche Möglichkeiten. Die erste: Deutschland wird Druck auf die Türkei ausüben, um sie sich entweder diplomatisch oder mit Gewalt untertan zu machen und dann über türkisches Gebiet nach Kleinasien und Ägypten vordringen zu können. Die zweite: Deutschland wird die Türkei erst einmal in Ruhe lassen, mit Spanien (oder besser noch mit Spanien und Frankreich) einen Dreierpakt schließen, nach Gibraltar marschieren, über die Straße von Gibraltar setzen, Marokko, Algerien und Tunesien besetzen, von dort aus Ägypten erobern und Irak und Iran ins Visier nehmen. Die zweite Möglichkeit ist die plausiblere. [...] Eines ist klar: Der Krieg tritt in eine neue und außerordentlich bedeutsame Phase. Die nächsten sechs Monate könnten zu einem Wendepunkt nicht nur in der Geschichte dieses Krieges, sondern auch in der Geschichte der Menschheit führen. Wir werden sehen.

29. April

Als ich mich vor einigen Tagen mit Quo unterhielt, sagte ich: «Mindestens einer Sache bin ich mir sicher: Die gegenwärtige ‹polnische Regierung› wird nie in Warschau einziehen.»

Worauf Quo lachend antwortete: «Als ob sie das wollten! Die lassen es sich in London sehr gut gehen.»

Ich erfuhr von Quo interessante Details über das Leben und Gebaren von Mitgliedern der «polnischen Regierung» in London. Sie schmeißen das Geld zum Fenster hinaus. Sie lassen wirklich im Ritz die Korken knallen.[20] Alle haben sie ein Auto, ein Sekretariat, Adjutanten, Dienstboten oder Offiziersburschen. Sie essen und trinken in den extravagantesten Londoner Restaurants. In ihre Bemühungen um persönliche Kontakte beziehen sie nur die führenden Adelshäuser ein (nicht immer mit Erfolg). Die «offiziellen Repräsentanten Polens» verschleudern also ihr Geld und leben auf großem Fuß. Unter den 17 000 Soldaten des polnischen Korps, das einen Abschnitt der schottischen Küste vor einer möglichen Invasion schützen soll, sind 6500 Offiziere!

Wie sehr das alles an die alte polnische Szlachta erinnert![21] Als Polen in den 1670er Jahren eine Gesandtschaft in England eröffnete, schickte es ein Personal von nicht weniger als 1600 Leuten! Das zu einer Zeit, als Schweden, Deutschland und andere Länder höchstens 70–100 Personen aufboten. Die polnischen «Pans», du weißt schon! Die wollen sich von niemandem übertreffen lassen! ...

30. April

Brendan Bracken kam zum Mittagessen vorbei. Ich habe ihn seit drei, vier Monaten nicht gesehen. Wir hatten viel zu besprechen. Er blieb fast drei Stunden. Unsere Unterhaltung kreiste hauptsächlich um zwei Themen: das englisch-sowjetische Verhältnis und den Krieg.

[...] Ich fragte Bracken: Was dürfen wir im Bereich der englisch-sowjetischen Beziehungen in naher Zukunft erwarten?

Bracken antwortete, Eden strebe zweifellos eine Verbesserung dieser Beziehungen an, doch ist Bracken nicht sicher, ob es dazu kommt. Warum? Aus zwei Gründen. (1) Eden ist oft zu vorsichtig: Er scheut sich, Risiken einzugehen und Verantwortung zu übernehmen. (2) Es ist nicht klar, ob die UdSSR eine Verbesserung unserer Beziehungen wünscht.

Ich protestierte gegen den zweiten Punkt: Die UdSSR sei bereit, auf Basis der Gegenseitigkeit gute Beziehungen zu allen Staaten aufrechtzuerhalten, ob sie Krieg führen oder nicht. Bracken hörte mir sehr interessiert zu und sagte: «In konservativen Kreisen hört man oft das folgende Argument: Falls Deutschland die Sowjetunion überfällt (woran jetzt viele glauben), wird die UdSSR von sich aus zu uns kommen. Wenn Deutschland die UdSSR nicht angreift, wird sie in keinem Fall etwas für uns tun. Ist es also der Mühe wert, die UdSSR zu umwerben?»

Ich lachte laut auf und wies darauf hin, dass die britische Regierung noch nicht einmal den Versuch gemacht habe, uns zu umwerben; wie könne sie also wissen, wie sich ein solches Umwerben womöglich auf das Verhalten der sowjetischen Regierung auswirken würde? Ich verurteilte dann entschieden die in der englischen Presse und bei britischen Politikern vorherrschende Neigung, uns mit Deutschland Angst einjagen zu wollen. Ich erwähnte in diesem Zusammenhang Churchills jüngste Reden (9. und 27. April), in denen er diesem verrückten Volkssport ebenfalls seinen Tribut gezollt hatte. Ich sagte, ich könne solche Reden nur bedauern. Welchem Zweck dienen sie? Warum hat Churchill plötzlich angefangen, sich so sehr um sowjetische Interessen zu sorgen? Wir können uns um unsere Interessen selbst kümmern, nicht wahr? Die Sowjetunion braucht keine Mentoren. Die Äußerungen des Premierministers wirken vor dem Hintergrund der aktuellen Lage sehr deplatziert und sogar taktlos. Sie rufen in Moskau ziemlich genau das Gegenteil der beabsichtigten Wirkung hervor.

Meine Worte schienen Bracken zu beeindrucken. Er sagte sogar: «Ja, manchmal wäre es besser, bestimmte Dinge nicht laut zu sagen.»

Ich erkundigte mich, ob der britischen Regierung irgendwelche Informationen über die Absicht Hitlers, die UdSSR zu überfallen, vorlägen oder ob es sich dabei nur um theoretische, auf Wunschdenken beruhende Spekulationen handelte.

Wie Bracken zugeben musste, liegen der britischen Regierung im Wesentlichen keine konkreten Informationen über deutsche Vorbereitungen auf einen Angriff vor. Es handle sich nur um Vermutungen auf Grundlage verschiedener Anzeichen und verschiedener Äußerungen Hitlers in Gesprächen mit vertrauenswürdigen Gewährsleuten. Als ein Beispiel für die letztere Kategorie nannte Bracken den früheren US-Botschafter in Belgien, Cudahy[I], inzwischen ein angesehener Journalist, der vor Kurzem Berlin besuchte und ein langes Gespräch mit dem Führer hatte. Cudahy ist ein großer Bewunderer Hitlers, so dass man das, was er berichtet, nach Meinung Brackens besonders ernst nehmen sollte. Hitler habe sich in dieser Unterredung sehr schneidend über die UdSSR geäußert und gesagt, seine gegenwärtige Politik gegenüber Moskau sei lediglich ein Manöver der taktischen Kriegführung; er werde das, was er in *Mein Kampf* geschrieben habe, Wort für Wort wahr machen. [...]

Dann fügte Hitler angeblich hinzu: «Der sowjetisch-finnische Krieg hat uns eine Menge gelehrt. Ich zweifle nicht daran, dass meine Armeen durch Russland gleiten werden wie ein Messer durch Butter.»

[...] Klar wurde, dass die von der britischen Regierung und der Presse aufgerührte Kampagne über einen bevorstehenden deutschen Überfall auf die UdSSR keine solide Grundlage hat und sich an dem Motto orientiert: *Der Wunsch ist der Vater des Gedankens.*[22] [...]

I John Clarence Cudahy, 1933–1937 US-Botschafter in Polen, 1937–1940 in Irland, 1940 in Belgien, 1940 in Luxemburg.

6. Mai

Stalin ist zum Vorsitzenden des Rates der Volkskommissare ernannt worden, Molotow zu seinem Stellvertreter und zum Volkskommissar für Auswärtige Angelegenheiten. Wir kehren zurück in die Zeiten Lenins, als der Führer unserer Partei und der Völker der UdSSR zugleich auch Vorsitzender des Rates der Volkskommissare war.

Das ist ein Signal. Die Kriegsgefahr klopft an unsere Türen. Es wird Zeit für bedeutsame, große Entscheidungen. Da ist es erforderlich, dass Stalin selbst das Steuerruder übernimmt.

▶ Das über der Sowjetunion schwebende Damoklesschwert des Krieges veranlasste Stalin, sich weniger denn je in die Karten schauen zu lassen. Er griff zur Taktik des «Teilens und Herrschens», ließ selbst seine Militärs im Ungewissen über seine politischen Schritte. Auch die Diplomaten hatten nicht sein Vertrauen, am wenigsten Maiski, den Molotow von Beginn seiner Amtszeit an auf Distanz gehalten hatte.[23] Moskau ließ Maiski bewusst im Unklaren über die politischen Initiativen, die Stalin im Interesse der Vermeidung eines Krieges ergriff. Der Botschafter konnte nur raten, welche Absichten Stalin verfolgte, und bemühte sich, diesen vermeintlichen Absichten gerecht zu werden; mit seinen dementsprechend vorsichtig formulierten Berichten trug er, ohne es zu wollen, zur verhängnisvollen Fehleinschätzung der deutschen Absichten am Vorabend des Krieges bei.

Schulenburg, der bei seinem Berlinbesuch die Wut des Führers über den Pakt der Sowjets mit Jugoslawien zu spüren bekommen hatte, war entschlossen, den Schaden zu reparieren.[24] Auch er bestärkte Stalin, ohne es zu wollen, in dem Glauben, es sei noch möglich, einen Krieg abzuwenden. Schulenburg verfolgte die Taktik, Stalin für sowjetische Verhandlungen mit Hitler zu gewinnen, «die diesem vorerst alle denkbaren Vorwände für ein militärisches Vorgehen aus der Hand nähmen». Der deutsche Botschafter vertrat diese Linie in drei heimlichen Unterredungen mit Dekanosow[1], Stalins Botschafter in Berlin,

1 Wladimir Georgijewitsch Dekanosow, 1939/40 Stellvertretender Volkskommissar für Auswärtige Angelegenheiten der UdSSR, 1940/41 sowjetischer Botschafter in Berlin. Vor Eintritt in die diplomatische Laufbahn war Dekanosow ein hochrangiger NKWD-Funktionär. Als enger Mitarbeiter Berias wurde er im Dezember 1953 mit diesem zusammen verhaftet und erschossen.

die am 5., 9. und 12. Mai in Schulenburgs Moskauer Wohnung stattfanden, außer Sicht- und Hörweite potentieller Informanten in der Botschaft.[25]

Schulenburg, der nicht viele Pfeile in seinem Köcher hatte, versuchte Dekanosow seine Überzeugung zu vermitteln, dass «jegliche Gerüchte über einen bevorstehenden Krieg zwischen der Sowjetunion und Deutschland eine so hohe Brisanz haben, dass man sie unterdrücken, ihnen die Knochen brechen muss». Hieraus lässt sich erklären, dass Stalin in der Folge geradezu besessen war von der Angst, eine offene und effektive Massierung von Truppen entlang der Grenze zu Deutschland könne in Berlin als Provokation empfunden werden.[26] Schulenburg kam mit seiner Initiative freilich nicht weit. «Alle Diplomatie», beschied Hitler seinem Botschafter, «werde an der ihm klar gewordenen russischen Haltung nichts mehr ändern».[27] Am 12. Mai fand sich Dekanosow zu seinem dritten Frühstückstreffen mit Schulenburg innerhalb einer Woche in dessen Wohnung ein und bestätigte, dass Stalin bereit sei, einen persönlichen Brief an Hitler zu schreiben.[28] Er sah sich einem teilnahmslos reagierenden Schulenburg gegenüber, der ihm gestand, dass seine bisherigen Verhandlungen mit ihm «privater Natur» gewesen seien und dass er seine Vorschläge «aus eigener Initiative ohne Ermächtigung» unterbreitet habe.

Die merkwürdige Melange aus beständigen Hinweisen auf einen drohenden Krieg, ebenso glaubwürdigen Bemühungen um diplomatische Lösungen und lupenreiner Desinformation steigerte die Verwirrung, die im Kreml ohnehin schon herrschte, immer weiter. Ein hin und her gerissener Stalin konnte immer noch versucht sein zu glauben, mit einer vorsichtigen Politik doch noch eine Verständigung zu erreichen. Er konnte aber auch nicht ausschließen, dass die Deutschen ihn in die Falle eines übereilten Verhandlungsangebots locken wollten, das sie dann als Trumpfkarte in ihre weiteren Verhandlungen mit Großbritannien einbringen konnten. Schulenburg verstieg sich gegenüber Dekanosow in der Tat zu einer vollkommen spekulativen Einschätzung: «Seiner Meinung nach sei der Tag nicht fern, an dem England und Deutschland sich einig werden und die unheilvolle Zerstörung und Bombardierung ihrer Städte einstellen werden.» Diese Äußerung wurde sicherlich noch am selben Abend im Kreml seziert, als dort die von Radio Berlin verbreitete Nachricht aufgefangen wurde, dass Hitlers Stellvertreter Rudolf Heß als selbsternannter Friedensbotschafter nach England geflogen war.[29] Die Tatsache, dass sowohl Schulenburg als auch Cripps bei ihren Gesprächen im Kreml die Möglichkeit eines Separatfriedens angedeutet hatten, brachte Stalin jetzt zu der Überzeugung, er müsse dieser Gefahr durch weitere Zugeständnisse an Hitler vorbeugen. Diese sowjetische «Appeasement-Politik» gegenüber Deutschland und die damit einhergehende Unsicherheit forderten auch von Maiski ihren Tribut. Alexander (Labour-Mann und Erster Lord der Admiralität, von Maiski als «ein alter Freund» eingestuft) gewann in diesen Tagen den Eindruck, Maiski habe «ziemliche Angst um seine Position, [...] auch wenn er das natürlich nicht sagte».[30]

7. Mai

Ich verbrachte den gestrigen und den heutigen Tag im Parlament. Größere Debatten über den Verlauf des Krieges, mit den britischen Rückschlägen in Griechenland als häufigstem Stein des Anstoßes. Als ich den Blick von der Diplomatengalerie über die mir so vertraute Kammer schweifen ließ, zog ich unbewusst einen Vergleich zu den thematisch ähnlichen Debatten vor einem Jahr (8./9. Mai) im Anschluss an Norwegen, die der Regierung Chamberlain das Genick brachen. Angesichts dieses Vergleichs stellte sich mir die Frage: Ist das hier die Wiederholung desselben oder nicht?

Nein, natürlich nicht. Es besteht ein großer Unterschied.

[...] Der allgemeinste aus der Debatte zu ziehende Schluss ist der, dass die herrschenden Klassen Großbritanniens nicht auf Frieden aus sind, sondern eher dafür, weiter gegen Deutschland zu kämpfen.

Warum?

Weil ein Friede heute nichts anderes sein könnte als ein Friede auf der Grundlage der deutschen Zugewinne. Anders gesagt: Deutschland würde sich in einem solchen Frieden seine Herrschaft über sämtliche materiellen, technischen und anderen Ressourcen in den von ihm besetzten oder unterworfenen Ländern, also im gesamten europäischen Raum westlich der UdSSR, bestätigen lassen. Das wiederum würde Deutschland in die Lage versetzen, innerhalb von rund fünf Jahren eine Kriegsflotte aufzubauen, die der englischen in nichts nachstünde, und das würde das Ende des britischen Empire bedeuten.

Es lässt sich allerdings nicht ausschließen, dass die herrschenden Klassen Englands trotz dieser Erwägungen in einem bestimmten geschichtlichen Moment lieber Frieden schließen würden, als den Krieg fortzuführen, aber in welchem Moment? Unter zwei Voraussetzungen: (1) falls England vernichtende Niederlagen erlebte und seine Lage hoffnungslos würde; oder (2) falls der englischen Bourgeoisie der Boden unter den

Füßen anbrennen würde, sei es im eigenen Land oder im Empire. Für keine dieser Eventualitäten lassen sich bis jetzt Anzeichen beobachten.

Das ist der allgemeine Hintergrund, vor dem die Persönlichkeit Churchills, eine höchst bedeutende Rolle spielt. Der Premierminister ist zweifellos ein zu spät Geborener. Von seinem Wesen her ist er ein Abenteurer historischen Formats, willensstark und entschlossen, ein Romantiker des britischen Imperialismus und des Krieges. Hätte er in einem früheren Jahrhundert gelebt, er hätte es sicher mit Cortés oder Admiral Drake aufnehmen können, als Eroberer neuer Welten oder als gefeierter Pirat. [...] Nicht ohne Grund verehrt Churchill seinen Vorfahren, den Herzog von Marlborough, der an der Wende vom 17. zum 18. Jahrhundert lebte und ein glänzender Feldherr, ein politisches Chamäleon und zu alledem noch Hauptdarsteller schamloser Liebesaffären war. Der Premierminister hat denn auch vier dicke Wälzer über die Karriere des Herzogs von Marlborough geschrieben.

Im Lauf der Jahre hat Churchill mir mehr als einmal gesagt, und ich habe keinen Grund, es ihm nicht zu glauben, das britische Empire sei sein Ein und Alles. 1918 bis 1920 organisierte Churchill einen Kreuzzug gegen den «Bolschewismus», in dem er eine schwere Bedrohung für das britische Empire sah. [...]

Eine ebenso große Leidenschaft Churchills ist der Krieg. Wie Megan Lloyd George mir einmal erzählte, hat sie seit früher Kindheit mitbekommen, dass Churchill, wenn er zu Besuch zu ihrem Vater kam, ständig voller Begeisterung und Erregung über Schlachten, Feldzüge und Eroberungen redete. Er versetzte sich in seiner Phantasie stets in die Rolle eines großen Heerführers, der Armeen von einem Ende Europas zum anderen jagte, Königreiche eroberte und glänzende Siege feierte. Auch heute noch dreht sich bei Churchill, ich weiß das aus zuverlässigsten Quellen, alles um den Krieg. Die Schicksalsgöttin meint es jetzt endlich gut mit ihm. Er hat «seinen» Krieg, einen gigantischen Krieg, in dem er wie ein fanatischer Schachspieler mit aller Entschlossenheit darangeht, Hitler mattzusetzen. In diesem Krieg ist Churchill Oberbefehlshaber, Generalstabschef und Truppenführer in einer Person. Er wird «seinen» Krieg an niemanden delegieren. Und jetzt, da die britische Bourgeoisie für die Fortsetzung des Krieges ist, kann sie sich über Churchill als Gottesgeschenk freuen. Er könnte aber auch zum Hindernis werden, falls und wenn sie auf Friedenswunsch umschaltet.

All das ist jedoch reine «Zukunftsmusik». Heute hat Churchill in England eine überragende Rolle übernommen. Er ist ganz gewiss «Herr im Land», denn er überragt alle anderen politischen Führer mit Ausnahme von Lloyd George (der 78 Jahre zählt!). Des Weiteren ist Churchill ein fähiger Schriftsteller und Redner – äußerst wichtige Qualifikationen für einen großen «historischen Abenteurer» unserer Zeit.

[...] Das ist auch von großer Bedeutung für die englisch-sowjetischen Beziehungen. Mein genereller Eindruck ist der, dass Eden aufrichtig an deren Verbesserung interessiert ist, aber nicht viel in der Richtung bewirken kann. [...] Eden hat zwei Probleme. Das erste ist Churchill. Der Premierminister macht folgende Rechnung auf: Könnte er auf den sofortigen Kriegseintritt der Sowjetunion zählen, würde er vielleicht den Versuch machen, die Beziehungen zu verbessern. Da er darauf aber nicht zählen kann, macht er sich keine Gedanken über die Sowjetunion und sagt, das Problem der englisch-sowjetischen Beziehungen interessiere ihn vorerst nicht. Churchill leidet auch an der fixen Idee, ein Krieg zwischen Deutschland und der UdSSR sei unvermeidlich. So gesehen, braucht er nur zu warten: Die UdSSR wird von sich aus auf England zukommen, sobald deutsche Granaten über ihre Grenze geflogen kommen. Kein Grund, sich den Kopf zu zerbrechen. Dieses Denken ist sehr seltsam und unsinnig.[31] [...] Die USA sind Edens zweites Problem. Eden testete nach unserer Unterredung am 16. April, wie in Washington der Wind weht, stieß aber wohl mit seinem Plan für die Lösung der baltischen Frage auf keine Gegenliebe.

9. Mai

Hatte Lunch mit Prytz, der in Kürze nach Stockholm fliegen wird, aber auf die seltsame und riskante Tour in einem britischen Flugzeug über die deutschen Linien hinweg. [...] Im Hinblick auf seine Abreise brachte Prytz den Wunsch nach einer Unterredung mit Churchill zum Ausdruck. Der Premierminister lud ihn und seine Frau zum Mittagessen (mit einem halben Dutzend weiteren Gästen) ein. [...] Prytz fragte Churchill, wie er sich die weitere Entwicklung des Krieges vorstelle. [...] Churchill antwortete ihm mit der folgenden Fabel.

Es lebten einmal zwei Frösche, ein Optimist und ein Pessimist. Eines Abends hüpften sie über eine Wiese und schnupperten den wunderbaren Duft frischer Milch, der aus einer nahe gelegenen Milchfarm herüberwehte. Die Frösche gerieten in Versuchung und sprangen durch ein offenes Fenster in das Molkereigebäude. Sie hatten schlecht gezielt und plumpsten direkt in eine große Kanne voller Milch. Was tun? ... Der Pessimist blickte sich um und sah, dass die Innenwand der Kanne hoch und glatt war und dass man unmöglich hinaufklettern konnte; er verlor jede Hoffnung, drehte sich auf den Rücken, faltete seine Beine und sank auf den Grund der Kanne. Der Optimist wollte nicht eines so sang- und klanglosen Todes sterben. Er sah ebenfalls die hohe und glatte Innenwand, beschloss aber, nach Kräften zu zappeln, solange er konnte. Die ganze Nacht planschte er umher, schlug die Milch kräftig mit seinen Beinen und hielt sich mit Aktivitäten aller Art an der Oberfläche. Und? ... Als der Morgen kam, hatte der optimistische Frosch ganz unversehens aus der Milch einen großen Klumpen Butter geschlagen und sich so das Leben gerettet. Dasselbe wird auch dem britischen Empire gelingen.

Churchills Fabel war unter literarischen Gesichtspunkten sehr nett, konnte aber natürlich Prytz nicht ganz zufriedenstellen. Doch all seine Versuche, etwas Bestimmteres über die «große Strategie» der britischen Regierung in diesem Krieg zu erfahren, waren vergeblich.[32]

[...] Im Gespräch mit Prytz erwähnte Churchill unter anderem den bevorstehenden Konflikt zwischen der UdSSR und Deutschland (der ist seit einiger Zeit Churchills «Tick»). Prytz brachte in diesem Zusammenhang seine Befürchtung zum Ausdruck, dass Schweden zwischen die Mühlsteine geraten könnte, weil beide Kriegsparteien auf die Nutzung schwedischen Territoriums für ihre Zwecke pochen würden. Er stellte die Frage, ob die UdSSR im Falle eines Konflikts mit Deutschland automatisch zu einer Bündnispartnerin Englands werden würde.

Churchill lief rot an, bekam blutunterlaufene Augen und brüllte dann mit wütender Stimme: «Um Deutschland zu zerschmettern, bin ich bereit, ein Bündnis mit wem auch immer einzugehen, selbst mit dem Teufel!»

► Der Englandflug von Hitlers Stellvertreter Rudolf Heß am 10. Mai ist von grundlegender Bedeutung für das Verständnis des sowjetischen Verhaltens im Angesicht des heraufziehenden Konflikts. Wie die britischen Archive verraten, nutzte der MI6 mit dem Segen des Foreign Office die Gelegenheit für eine Geheimoperation: Über verdeckte Kanäle wurden irreführende Informationen nach Moskau geschleust in dem Bemühen, Stalin von weiteren bindenden Zusagen an Deutschland abzuhalten. Auf Maiski kam die undankbare Aufgabe zu, Heß' «Friedensmission» objektiv zu bewerten, wobei ihm die zunehmenden Gerüchte über einen baldigen Kriegsausbruch ganz und gar keine Hilfe waren. Zudem galt es, die Einschätzungen, die sich in Moskau durchgesetzt und verfestigt hatten, sorgfältig zu beachten. Entgegen seiner sonstigen Gewissenhaftigkeit als Tagebuchschreiber enthielt er sich zehn Tage lang jeglichen Eintrags, und seine wortkargen Telegramme ans Narkomindel standen in grellem Kontrast zu den intensiven Gesprächen, die er in dem Bemühen, der Affäre einen Sinn abzugewinnen, führte.[33] Im Foreign Office erfuhr Maiski von Butler, Heß habe unter dem Eindruck eines heftigen Streits mit Hitler «beschlossen, seinen Flug nach England durchzuführen, in der Hoffnung, es werde ihm hier gelingen, Zugang zu einflussreichen Kreisen zu gewinnen, die bereit sind, mit Deutschland Frieden zu schließen».[34] Maiski gelangte (wie auch Stalin) zu der Überzeugung, Heß sei entweder vom britischen Geheimdienst zu seinem Flug verlockt worden oder habe ihn mit vollem Wissen der deutschen Regierung unternommen, die von den deutschen Nachrichtendiensten zu der falschen Annahme verleitet worden sei, er könne Kontakt zu einer einflussreichen Gruppierung aufnehmen, die «zu Verhandlungen mit Hitler bereit» sei. Obwohl Maiski überzeugt war, dass Churchill auf nichts eingehen werde, unterließ er es, seiner Regierung in deutlichen Worten mitzuteilen, mit welcher britischen Reaktion zu rechnen war.[35]

22. Mai

Wir besuchten die Webbs. Ich hatte den Wunsch, aus dem «Brunnen der Weisheit» zu trinken, um mehr über die politische «Mentalität» der Briten zu lernen und mir eine Ahnung davon zu verschaffen, was man in naher Zukunft von England erwarten kann. Ich weiß noch gut, dass die Webbs mir vor einem Jahr auf meine Frage, was England tun würde, wenn Frankreich das Schlachtfeld räumte, ohne das geringste Zögern antworteten: «Es wird alleine weiterkämpfen.»

Die Ereignisse haben ihre Prognose voll und ganz bestätigt.

Heute stellte ich den Webbs eine andere Frage: Was wird England tun, wenn es Ägypten und seine Stellungen im Nahen Osten verliert? Ihre Antwort war ebenso kategorisch: «England wird den Krieg weiterführen, denn solange diese Insel nicht von den Deutschen erobert wird (und die führenden Leute scheinen sicher zu sein, dass eine Invasion unmöglich ist), besteht immer die Hoffnung, dass der Verlust Ägyptens usw. nur eine Episode ist bis zum Ende des Krieges. Außerdem macht Hitler mit seinen ständigen Siegen unsere Bourgeoisie nervös und wütend. Sie können sich mit seinen Erfolgen nicht abfinden. Sie sind unnachgiebig und werden ihr Möglichstes tun, Deutschland zu schlagen.»

Ich hatte Interesse herauszufinden, ob die zunehmende Unruhe im Mutterland oder im britischen Empire die Einstellungen der herrschenden Elite Großbritanniens beeinflusst. Denn diese Unruhe wird mit jedem weiteren Monat Krieg zwangsläufig wachsen. Wird dieser Umstand die britische Bourgeoisie nicht zu einer «weicheren» Haltung in der Frage eines Friedensschlusses mit Deutschland bewegen? Die Webbs gaben mir auch auf diese Frage eine ziemlich entschiedene Antwort: «Es gibt zurzeit keine nennenswerte Unruhe bei den Massen, und es steht zu bezweifeln, ob sich daran in absehbarer Zeit etwas ändern wird.» [...]

3. Juni

Beaverbrook kam zum Mittagessen (wir waren zu dritt: Beaverbrook, Agnia und ich). [...] Ich fragte Beaverbrook, was er von Heß halte. Beaverbrook antwortete ohne Zögern: «Ach, Heß ist natürlich Hitlers Sendbote.»

Es gebe dafür viele Beweise, doch hält Beaverbrook zwei für die überzeugendsten: An Heß' Flugzeug war ein zusätzlicher Treibstofftank befestigt, und er absolvierte den Flug von Deutschland nach Schottland unter Zuhilfenahme eines Pelengators[I]. Heß (d. h. Hitler) zählte auf britische «Quislinge», den Herzog von Hamilton[II], den Herzog von Buccleuch[III] und andere. Nicht ohne Grund landete Heß in der Nähe von Hamiltons Landsitz. Nach allen verfügbaren Belegen zu urteilen, plante Heß, zwei bis drei Tage in England zuzubringen, mit den «Quislingen» in der Umgebung zu verhandeln und dann nach Hause zurückzufliegen. Heß bot England einen Frieden zu «ehrenhaften» Bedingungen an: Das britische Empire würde intakt bleiben, das europäische Festland und dazu einige Kolonien in Afrika an Deutschland gehen, ein Nichtangriffspakt für die Dauer von 25 Jahren. All dies wurde mit einer scharfen antisowjetischen Sauce zum

---

I Ein Funkpeilgerät.

II Douglas Douglas-Hamilton (14. Duke of Hamilton), 1939–1945 Royal Air Force, 1930–1940 Abgeordneter der Konservativen.

III Walter John Montagu Douglas Scott (8. Duke of Buccleuch), vertrat die Tories im Oberhaus.

Schutz «der Zivilisation vor der bolschewistischen Barbarei» serviert. Die Vorbedingung für einen solchen Frieden und einen solchen Pakt war jedoch die Entfernung Churchills aus dem Machtzentrum. Heß ist überzeugt, dass es, solange Churchill an der Spitze der Regierung bleibt, keine «Freundschaft» zwischen Deutschland und England geben kann. Wie Beaverbrook sarkastisch anmerkte: «Heß hat wahrscheinlich geglaubt, die Herzöge würden, sobald er ihnen seinen Plan vorlegt, zum König rennen, Churchill stürzen und eine ‹vernünftige Regierung› einsetzen ... Idiot!»

Heß hat auf die Karte der britischen «Quislinge» gesetzt und verloren. Als «Sendbote» gestartet, ist er jetzt als Kriegsgefangener gelandet. Nach Aussage Beaverbrooks geht Churchill mit dieser Theorie nicht vollständig konform. Da der PM selbst jedoch noch kein klares Bild von der «Heß-Affäre» gewonnen hat, möchte er sich vor dem Parlament zu dieser Frage nicht äußern.

Beaverbrook kam auf die Pläne Hitlers zu sprechen. Hitler wolle zweifellos Frieden. Er hat schon unmittelbar nach dem Zusammenbruch Frankreichs über Schweden ein Friedensangebot («zu ehrenhaften Bedingungen») unterbreitet. Er hat jetzt durch Heß ein Friedensangebot geschickt und ist dabei, in den Vereinigten Staaten eine große «Friedensoffensive» zu lancieren; daraus ist bis jetzt nichts geworden, und daraus wird nichts werden! Schon gar nicht wird Roosevelt die Rolle des Friedensstifters übernehmen, was immer die Deutschen auch glauben mögen. Dagegen sieht es so aus, als suche der Papst Mittel und Wege, näher an Hitler heranzukommen. Doch dies wird Hitler in der Frage des Friedens nicht weiterhelfen.

Nach Ansicht Beaverbrooks sieht Hitlers strategischer Plan derzeit so aus: als Erstes ein Angriff auf Ägypten und den Suezkanal, dann die Einnahme Gibraltars, danach die Vernichtung der britischen Flotte im Mittelmeer.

[...] Beaverbrook ritt eine heftige Attacke auf die Engländer: Sie seien sorglos und pomadig, unterschätzten den Ernst der Lage, dächten nicht voraus, seien immer zu spät dran, hätten sich an das ruhige Leben gewöhnt und wollten ihre Bequemlichkeiten nicht aufgeben. Sie seien zu so vielen Dummheiten imstande! Beispiele? Da gebe es jede Menge.

[...] Warum ging Kreta verloren? Sicherlich nicht, weil die Deutschen übermächtig oder besonders fähig gewesen wären. Es passierte aus dem einfachen Grund, dass trotz der Tatsache, dass Kreta sieben Monate lang in britischer Hand war, das Middle East Command nichts unternahm, um die Insel zu befestigen. Deshalb fiel sie den Deutschen in den Schoß.

Die militärische Befehlszentrale für den Nahen Osten? Wo ist sie? Wavell[I]? Man denke nur an die Lobreden, die erst vor Kurzem auf ihn gehalten wurden! Und jetzt? *Sic transit gloria mundi.*

Im Großen und Ganzen seien die Engländer, so sieht es Beaverbrook (der selbst Kanadier ist!), Schlafmützen. Man müsse sie aufwecken. Man müsse ihnen einen heftigen Klaps auf den Kopf geben. [...]

3. Juni

Zusammen mit Nowikow suchte ich Leathers[II] auf, den neuen Minister für Kriegstransporte. [...] Ich bekam die folgende schillernde Geschichte über die Ernennung Leathers' zum Minister für den Kriegstransport zu hören. Seine Berufung traf ihn vollkommen unverhofft. Wie er selbst mir in unserem Gespräch bestätigte, musste er die Ernennung innerhalb von 24 Stunden akzeptieren. Er hat sein ganzes Leben mit Kohle und dem Transportwesen zu tun gehabt. Ich weiß nicht, wer dem Premierminister Leathers als einen geeigneten Kandidaten für die Leitung dieses Ministeriums empfohlen hat, aber sicher ist, dass Churchill ihn vor einem Monat zu sich kommen ließ und ihm das neu geschaffene Amt anbot. Leathers' erste Reaktion war ablehnend: Er sagte, er sei noch nie in der Politik tätig gewesen und habe Angst vor dem Parlament, von dem er gar nichts verstehe; er ziehe es vor, das zu bleiben, was er immer gewesen war: ein Geschäftsmann.

Der Premierminister sah ihn schief an und sagte: «Sie haben Angst vor dem Unterhaus? ... Ich verstehe ... aber da weiß ich einen Ausweg: Wir werden Sie zum Lord machen.»

«Zum Lord?» fragte Leathers ziemlich perplex zurück.

Mit einer solchen Wendung hatte er nun gar nicht gerechnet. Nun freundete er sich doch mit dem Angebot des Premierministers an und sagte zu, das Amt eines Ministers für den Kriegstransport zu übernehmen.

I Feldmarschall Archibald Percival Wavell, 1939–1941 Oberbefehlshaber Nahost, 1941–1943 Oberbefehlshaber Indien, 1942 Oberbefehlshaber Südwestpazifik, 1943–1947 Vizekönig und Generalgouverneur von Indien.

II Frederick James Leathers, 1941–1945 Minister für den Kriegstransport.

Als Leathers in sein Büro zurückkehrte, rief er seine Frau an: «Darling, stell fürs Abendessen eine Flasche Sekt kalt.»

«Wieso?», fragte seine Frau erstaunt.

«Darling, du wirst morgen Baroness.»

Und so kam es.

► Maiski überspringt ein überaus wichtiges Treffen mit Eden am 2. Juni. Dabei gab Eden ihm Einblick in Geheimdienstberichte über deutsche Truppenkonzentrationen entlang der Grenze zur Sowjetunion. Er beschränkte sich dabei allerdings, um nicht preiszugeben, dass die Engländer den Enigma-Code geknackt hatten, auf pauschale Aussagen. Als Maiski jedoch nachfragte, fand Eden sich zu der Aussage bereit, die Truppenkonzentrationen könnten «Teil eines Nervenkrieges» sein, eines Versuchs, die sowjetische Regierung «zu Zugeständnissen zu zwingen». Aus den Notizen Edens geht hervor, dass Maiski zwar die «Gerüchte» leidenschaftlich dementierte, aber doch auch den Eindruck machte, «dass er versucht sein könnte, bei näherer Betrachtung zu einem anderen Schluss zu gelangen».[36] Wenige Tage später wurde Cripps überraschend nach London zitiert, um an Besprechungen darüber teilzunehmen, welche Gefahren Großbritannien im Nahen Osten von deutscher Seite drohen würden, wenn die Sowjetunion ein Militärbündnis mit Deutschland schlösse. Die Briten gaben den Rückruf ihres Botschafters nicht bekannt, was im Zusammenwirken mit Äußerungen von Cripps bei seinem letzten Treffen mit Wyschinski, dass Umstände eintreten könnten, die eine Rückkehr auf seinen Posten in Moskau verhindern würden, dazu führte, dass eine Lawine von Gerüchten losgetreten wurde. Maiski setzte alles daran herauszufinden, ob der Rückruf des Botschafters etwas mit der Mission von Heß zu tun hatte und auf ein Eingeweihtsein der Briten in das deutsche Vorgehen im Osten hindeutete.[37]

10. Juni

Seit der letzten Generaldebatte im Parlament über den Krieg (6./7. Mai) ist erst ein Monat vergangen, und doch hat sich seither so vieles verändert! Die Zeit rast inzwischen nicht mehr wie ein Expresszug, sondern wie ein superschnelles Jagdflugzeug. [...] Es wäre ein Fehler, von einer wachsenden Friedenssehnsucht zu sprechen. Von einer solchen ist noch nichts zu spüren. Ungeachtet des Rückschlags in Kreta ist die Entschlossenheit zu kämpfen, bis zum «Sieg» zu kämpfen, sowohl in Regierungskreisen als auch in der öffentlichen Meinung ungebrochen.

[...] Eine so hitzige Debatte hat schon lange nicht mehr stattgefunden, jedenfalls nicht seit Churchill an die Macht gekommen ist. [...] Wie reagierte der Premierminister? Sehr nervös. Er war nervös und gereizt, nicht so redegewandt wie sonst und beging sogar einige taktische Fehler in der Redeschlacht mit seinen Kritikern (insbesondere Hore-Belisha). Doch im Großen und Ganzen parierte Churchill die Angriffe mit Erfolg, auch wenn heute nichts an den Abend des 7. Mai erinnerte, an dem euphorisierte Abgeordnete dem PM eine stürmische Ovation bereiteten.

[...] Das generelle Fazit: Die heutige Debatte hat gezeigt, dass die Aktien der Regierung (und auch die von Churchill) ein wenig gefallen sind, dass das Kabinett jedoch noch in keiner ernsthaften Gefahr schwebt. Denn tief in ihrem Innern kennen alle (ohne dass jemand es offen sagen will) den Hauptgrund für die englischen Rückschläge, und zugleich wissen und verstehen auch alle, dass sich das Land trotz allem in einer viel stärkeren und sichereren Position befindet als vor einem Jahr.

[...] In den Wandelgängen des Parlaments traf ich auf Lloyd George (der heute nicht redete), und wir wechselten bei einer Tasse Tee ein paar Worte über die aktuelle Lage.

Der alte Mann ist deprimiert und angespannt. Zumindest er macht sich keine Illusionen. Angesichts der gegenwärtigen Position der UdSSR (an der er der britischen Regierung sehr viel Schuld gibt) schließt Lloyd George die Möglichkeit eines britischen Sieges aus. Das bedeute, dass man sich um einen Kompromissfrieden bemühen müsse. Zu welchen Bedingungen? Nach Meinung von Lloyd George ließe sich ein Friede erlangen, wenn Hitler erklären würde, dass er sich mit einem «Großdeutschen Reich» zufriedengibt.

[...] Ich fragte Lloyd George, wie er die von Heß vorgeschlagenen Friedensbedingungen findet.

«Absolut unannehmbar», antwortete der alte Herr entschieden. «Wenn Hitler auf diese Bedingungen besteht, führt kein Weg an einer Fortsetzung des Krieges vorbei.»

10. Juni

Unterredung mit Eden.

(1) In Beantwortung der Frage Edens nach einer «Allianz» zwischen Hitler und der UdSSR erklärte ich, es gebe weder eine neue Vereinbarung zwischen uns, noch sei die bestehende aufgekündigt worden. Knisternde

Spannung und Misstrauen. Eden sagt, ihm lägen Informationen vor, die auf höchst ernsthafte Verhandlungen zwischen Deutschland und der UdSSR in Angelegenheiten von immenser Bedeutung hindeuteten. Ich: «Man sollte nicht jedem Gerücht Glauben schenken.» [...]

(2) Eden fragt, ob ich eine Antwort auf seine Démarche vom 2. Juni in Sachen Nahost erhalten habe. Nein! Meine persönliche Meinung: In Anbetracht des gegenwärtigen Zustands der Beziehungen zwischen England und der UdSSR täten wir uns mit einer Antwort auf diese Démarche schwer. [...]

(3) Ich frage nach dem Verbleib von Heß. Eden antwortet, er wird einige Zeit in England verbringen müssen – bis zum Ende des Krieges. Edens Theorie: Heß hat die Flucht ergriffen, nicht weil er mit Hitler Streit hatte, sondern mit einem anderen hochrangigen Nazi (Ribbentrop oder Himmler[1]). All diese Männer gehen einander an die Kehle.

12. Juni

Die Presse fährt eine Kampagne auf breitester Front, fokussiert auf die massive Konzentration deutscher Truppen entlang der sowjetischen Grenze und die Unausweichlichkeit eines Krieges zwischen der UdSSR und Deutschland ...

Was ich gerade über den Hintergrund dieser Kampagne erfahren habe: Am 7. Juni bestellte Churchill die Chefredakteure der Londoner Zeitungen zu sich und gab ihnen ein Briefing über die militärische Lage im Geist seiner Parlamentsrede vom 10. Juni. Diese Rede des PM lieferte wenig Anlass zum Jubel. Vor allem vermochten die Zuhörer nicht zu erkennen, wie und wann England den Krieg gewinnen könnte.

Einer der Presseleute stellte Churchill eine Frage zum Verhältnis zwischen der britischen und der sowjetischen Regierung. Churchill antwortete, die sowjetische Regierung sei wie ein Krokodil, das zubeißt, gleich ob man es prügelt oder streichelt. Er sagte, die britische Regierung habe immer wieder mit unterschiedlichen Mitteln versucht, das Verhältnis zur Sowjetunion zu verbessern, aber vergeblich. Schließlich sei die britische Regierung zu dem Schluss gelangt, dass es besser wäre, die Dinge ihren natürlichen Gang gehen zu lassen. Ein Zusammenstoß zwischen Deutschland und der UdSSR sei unvermeidlich. Die Massierung

---

1 Heinrich Himmler, seit 1929 Reichsführer SS, ab 1936 Chef der Deutschen Polizei.

deutscher Truppen entlang der sowjetischen Grenze gehe weiterhin zügig voran. Man müsse abwarten ...

13. Juni

Eden rief an, lud mich ein und bat mich, alleine zu kommen, weil auch Eden allein sein werde. Ich antwortete, dass ich keinen Grund sehe, nicht Nowikow mitzubringen. Als wir den Empfangsbereich betraten, kam uns der Sekretär entgegen und sagte, es wäre besser, wenn N. hier draußen wartete. Ich nahm jedoch N. mit zu E. hinein. Als E. uns erblickte, lief er vor Zorn rot an, was ich bei ihm noch nie erlebt hatte, und herrschte uns an: «Ich möchte nicht unhöflich sein, aber ich darf doch sagen, dass die heutige Einladung an den Botschafter alleine ging, nicht an den Botschafter und den Botschaftsrat.» Ich antwortete, es gebe zwischen mir und N. keine Geheimnisse, und ich verstünde nicht, warum er mich nicht zu dem Gespräch begleiten könne. E. versetzte erregt, er habe nichts gegen N. persönlich, er könne aber nicht einen unerwünschten Präzedenzfall schaffen: Wenn der sowjetische Botschafter seinen Botschaftsrat mitbringen dürfe, könne man das anderen Botschaftern nicht verwehren. Und wenn man Botschaftsräte mitbringen könne, weshalb dann nicht auch zwei oder drei Sekretäre? Dann werden ganze Delegationen kommen anstatt des einen Botschafters. Das sei ein Ärgernis. Er habe Botschafter immer unter vier Augen empfangen und habe nicht die Absicht, an dieser Gepflogenheit etwas zu ändern. Ich zuckte mit den Schultern. N. blieb, aber Eden war während der gesamten Unterredung rot im Gesicht und verdrießlich. Eine abnorme Situation entstand. Sollte sich eine solche Szene wiederholen, müsste ich meinen Diener machen und in die Botschaft zurückkehren.[38]

(1) Eden ließ mich im Namen des Premierministers wissen, die Konzentration deutscher Truppen entlang der sowjetischen Grenze habe weiter zugenommen, namentlich in den letzten 48 Stunden. Das Ziel dieser Truppenkonzentration? Krieg oder Nervenkrieg? Falls es sich als Krieg entpuppen sollte, wolle die britische Regierung die sowjetische Regierung davon in Kenntnis setzen, dass die britische Regierung im Falle eines deutschen Angriffs bereit sei, Unterstützung zu gewähren: Mit Hilfe der britischen Luftwaffenverbände im Nahen Osten könne man eine britische Militärmission nach Moskau entsenden, die den Russen über die im Verlauf des Krieges gesammelten Erfahrungen berichten und eine wirt-

schaftliche Zusammenarbeit auf jede erdenkliche Weise (durch den Persischen Golf und über Wladiwostok) in die Wege leiten könne.

(2) Ich gab zu bedenken, dass die vorgeschlagenen Maßnahmen auf einen Grad der Freundschaft zwischen den beiden Ländern hindeuteten, der gegenwärtig nicht bestehe.

(3) Selbst wenn es diese Truppenkonzentrationen an der Grenze gebe, glaube ich nicht, dass Deutschland die Sowjetunion angreifen werde.

(4) Ich lenkte die Aufmerksamkeit Edens auf die Pressekampagne im Zusammenhang mit der Rückkehr Cripps' nach England. Wie schade, dass sie sich aufs Spekulieren verlegten.

▶ In seinen Memoiren überzeichnet Maiski seine Warnungen an Stalin. Er hat es geschafft, den Historikern weiszumachen, dass er am 10. Juni ein «dringliches» verschlüsseltes Telegramm mit einschlägigen nachrichtendienstlichen Erkenntnissen, die er von Cadogan erhalten hatte, nach Moskau übermittelt habe. Er habe daher, so behauptet er, mit «außerordentlichem Erstaunen» die Reaktion Stalins zur Kenntnis genommen, der am Abend des 13. Juni in einem Kommuniqué die Gerüchte über einen bevorstehenden Krieg zwischen Deutschland und Russland als unzutreffend zurückwies. In Wirklichkeit war dieses Kommuniqué das logische Ergebnis von Maiskis eigenen Einschätzungen. Was er übertüncht, ist die Tatsache, dass die bedeutsame Unterredung mit Cadogan, in deren Verlauf er detaillierte Belege für deutsche Truppenkonzentrationen erhielt, nicht am 10. Juni stattfand, wie er behauptet, sondern am 16. Juni. Maiski hat hier eine flagrante Fälschung in seine Darstellung eingebaut, um den eigenen Beitrag zu den Selbsttäuschungen und Illusionen zu verdecken, denen der Kreml am Vorabend des Krieges unterlag.[39]

Am 13. Juni rief Eden Maiski zu sich, um ihn über die wachsende Flut zuverlässiger Erkenntnisse aus den vorausgegangenen 48 Stunden zu informieren. Sie hatten beim Joint Intelligence Committee inzwischen die Überzeugung gefestigt, dass Hitler «sich entschlossen hat, der sowjetischen Obstruktion überdrüssig zu sein, und dass er vorhat, [die Sowjetunion] anzugreifen».[40] Maiski ließ sich, noch unter dem Eindruck der Pressekampagne nach der Rückkehr Cripps' aus Moskau stehend, von Edens verzweifelten Bemühungen, ihm klarzumachen, dass die Informationen aus äußerst zuverlässigen Quellen stammten, nicht beeindrucken.[41] Nichtsdestotrotz war er sich der schweren Verantwortung bewusst, den Stellenwert dieser Erkenntnisse abschätzen zu müssen, und er drängte deswegen Eden, ihm «zum frühestmöglichen Zeitpunkt, entweder heute oder im Lauf des Wochenendes», konkrete Details zukommen zu lassen.[42]

Die Entscheidung, die aus den Enigma-Entschlüsselungen gewonnenen schicksalsträchtigen Belege weiterzugeben, wurde schließlich am Sonntag, den 15. Juni, zu später Stunde von Churchill sanktioniert. Es befand sich darunter eine Karte, die in großer Detailschärfe die Stationierung der deutschen Truppen entlang der Grenze zeigte.[43] Maiskis Erstaunen wuchs, als Cadogan ihm gleichmütig und mit monotoner Stimme die «präzisen und konkreten» Beweise vortrug. Was ihn beunruhigte, war nicht so sehr die später in seinen Memoiren so plastisch geschilderte Erkenntnis, dass «diese Feuer und Tod atmende Lawine jeden Augenblick [über Russland] hereinbrechen» konnte, sondern der Inhalt seiner bisherigen irreführenden Berichte, die Stalin veranlasst hatten, in dem besagten Kommuniqué die Kriegsgerüchte zu verurteilen. Maiski beeilte sich daher jetzt, in einem Telegramm an Moskau seine bisherigen Einschätzungen zu revidieren.[44] Als Cripps am 18. Juni mit Maiski zu Abend aß, drängte sich ihm der deutliche Eindruck auf, Maiski sei «bei Weitem nicht mehr so überzeugt davon, dass es keinen Krieg geben würde», wie er es noch bei ihrer Unterredung ein paar Tagen zuvor gewesen war. Wie Cripps bemerkte, war der sowjetische Botschafter im Lauf des Gesprächs «völlig in sich zusammengesunken» und machte «jetzt einen sehr deprimierten Eindruck».[45]

18. Juni

Eine Woche nach seiner Ankunft in London kamen Cripps und seine Frau zu Besuch zu Agnia und mir. Wir aßen zusammen in der Botschaft zu Mittag.

In welcher Stimmung sind die Cripps'?

[...] Cripps ist absolut überzeugt von der Unausweichlichkeit eines deutschen Angriffs auf uns und ist sicher, dass es sehr bald so weit sein wird.[46]

«Wenn es dazu nicht vor Mitte Juli kommt», sagte er, «wäre ich sehr überrascht.»

Cripps fügte hinzu, nach der britischen Regierung vorliegenden Informationen habe Hitler 147 Divisionen entlang der sowjetischen Grenze postiert.

Ich ging daran, das zu widerlegen. Der gemeinsame Nenner meiner Einwände war der, dass meinem Verständnis nach Hitler noch nicht zum Selbstmord bereit ist. Ein Feldzug gegen die Sowjetunion ist schließlich gleichbedeutend mit Selbstmord. Aus diesem Grunde fällt es mir schwer,

Stafford Cripps, 18. Juni 1941

an einen deutschen Angriff auf die Sowjetunion zu glauben, insbesondere in den nächsten paar Tagen. Es ist schwierig, die Konzentration deutscher Truppen entlang unserer Grenze zu bestreiten, aber ich meine, dass es sich hier eher um einen neuen Schachzug Hitlers im «Nervenkrieg» handelt. Ich kann die Möglichkeit nicht ausschließen, dass Hitler demnächst Forderungen an uns stellt im Hinblick auf Versorgungsgüter und Handel. Politiker sind bestrebt, eine förderliche psychologische Atmosphäre zu erzeugen, um ihren Forderungen zusätzliches Gewicht zu verleihen. Aber Krieg? Eine Invasion? Ein Angriff? ... Ich kann das nicht glauben! Es wäre wahnwitzig.

[...] Cripps war partout nicht meiner Meinung. Er führte die folgenden Argumente ins Feld: Hitler kann sich nicht in eine Entscheidungsschlacht gegen England stürzen, ehe nicht die potentielle Gefahr, die Deutschland von Osten her droht, ausgeschaltet ist. Das muss dieses Jahr passieren. Denn die Rote Armee ist ein ernst zu nehmender Gegner. 1942 wird es für einen Angriff auf die UdSSR zu spät sein, weil diese bis dahin alle im Krieg gegen Finnland zutage getretenen Schwächen ausgebügelt haben wird. Die Rote Armee wird immer stärker, während die Kampfstärke der

Wehrmacht wahrscheinlich eher abnehmen wird. Heute, nach acht Feldzügen (Österreich, Tschechoslowakei, Polen, Norwegen, Frankreich, Holland, Belgien und Balkan), steht die Wehrmacht auf ihrem Zenit. Die soldatische Moral ist außerordentlich hoch, der Vorrat an gesammelter Erfahrung riesig. Gewiss verfügt die UdSSR über mehr Soldaten und Gerätschaften, doch sind die Deutschen den Russen organisatorisch überlegen. Cripps meint, wenn man die beiden Kontrahenten objektiv vergleicht, tut man sich schwer, den Ausgang einer militärischen Kraftprobe zwischen Deutschland und der UdSSR vorauszusagen. Eines sei jedoch klar: Die Siegchancen für Hitler liegen im Moment sehr viel höher, als sie es nächstes Jahr sein werden. Aus diesem Grund ist Cripps sich so sicher, dass Hitler demnächst zuschlagen wird. Damit nicht genug, verfügt Cripps auch über absolut zuverlässige Informationen, dass Hitler genau das plant. Wenn es ihm gelingt, die Sowjetunion zu besiegen, wird er anschließend den Moloch der deutschen Wehrmacht gegen England in Marsch setzen. Cripps hat mit einigen Mitgliedern der britischen Regierung gesprochen, die glauben, Hitler werde der Sowjetunion, bevor er sie attackiert, ein Ultimatum stellen. Cripps ist nicht dieser Meinung. Er sagt, Hitler werde uns ohne Vorwarnung angreifen, denn ihm gehe es nicht so sehr darum, der UdSSR Nahrungsmittel, Rohstoffe etc. abzupressen, als vielmehr um die Vernichtung des Landes und der Roten Armee.

Wir führten ein langes Streitgespräch. Cripps ließ sich nicht von seiner Meinung abbringen.

Ich fragte Cripps, wann er nach Moskau zurückkehren werde. Er zuckte mit den Achseln und sagte, das hänge von vielen Umständen ab. Er begann ins Detail zu gehen. Er erwähnte zuerst das von TASS verbreitete Kommuniqué vom 13. Juni, das nach Cripps' Ansicht Schulenburg zuliebe veröffentlicht worden ist. Die Botschaft dieses Kommuniqués sei klar: Die sowjetische Regierung lässt durchblicken, dass Cripps für sie keine Persona grata mehr ist und gut beraten wäre, Moskau zu verlassen. Ich bestritt das und versicherte Cripps, die sowjetische Regierung schätze ihn persönlich sehr, und all seine Probleme in der UdSSR resultierten aus der Politik der britischen Regierung. Dem stimmte Cripps jedoch nicht zu; zum Beweis des Gegenteils zitierte er ein ihm heute aus Moskau zugegangenes Telegramm, in dem steht, das Moskauer diplomatische Korps sehe in dem Kommuniqué einen «höflichen Hinweis» der sowjetischen Regierung, dass Cripps nicht mehr erwünscht sei. Immer und immer wieder bezeichnete Cripps Schulenburg als den Urheber all seiner Probleme in Moskau. Es wurde deutlich, dass Schulenburg für Cripps ein rotes Tuch ist.

[...] Als Cripps gegangen war, kam ich ins Grübeln: «Hat Cripps recht? Wird Hitler uns wirklich angreifen?»

Ich gelangte zu keinem eindeutigen Ergebnis. Mir erschien es unwahrscheinlich, dass Hitler in Kenntnis unserer Kampfstärke und unserer Wehrhaftigkeit angreifen würde. Aber kennt er unsere Stärken? ... [47]

21. Juni (Bovingdon)

Der Morgen.

Ein wunderschöner Sommertag. Strahlende Sonne. Heiß. Wir zogen uns heute helle Sachen an und gingen Rad fahren. Ich erziele bemerkenswerte Fortschritte in dieser Kunst.

Dann legte ich mich ins Gras, ließ meinen Kopf auf meinen Händen ruhen und starrte in den tiefblauen Himmel. Ich lag da und fragte mich: «Wird es wirklich Krieg geben?»

In den vergangenen zwei bis drei Wochen war die Luft in London aufgeladen mit Vorahnungen und Gerüchten über einen deutschen Angriff auf die Sowjetunion. Die Presse schreibt darüber, in den Wandelhallen des Parlaments diskutiert man darüber, Churchill hat mehr als einmal öffentlich darüber geredet und uns die Unterstützung der britischen Regierung angeboten, und Cripps hat mir vor drei Tagen erklärt, wie absolut sicher er sich in diesem Punkt ist ...

[...] Um die Wahrheit zu sagen: Ich will nicht glauben, dass Hitler uns angreift. Gegen Russland Krieg zu führen war immer ein hartes Stück Arbeit. Der Versuch, Russland einzunehmen, hat immer unglücklich für den geendet, der ihn unternahm. Man braucht sich nur an die Polen (in der «Zeit der Wirren») zu erinnern, an Karl XII., Napoleon und an den deutschen Kaiser 1918. Gewiss hat der Dieselmotor zu großen Veränderungen in den Methoden und Möglichkeiten der Kriegskunst geführt, aber gleichwohl ... Die geographischen Gegebenheiten in Russland sind immer noch dieselben. [...]

Der Abend.

Nach dem Mittagessen wurde ich auf Bitten von Cripps dringend nach London gerufen. Er suchte mich um 16.30 Uhr auf.

Er sprach erneut über die Unausweichlichkeit eines deutschen Überfalls auf die UdSSR. Sehr bald.

«Um die Wahrheit zu sagen», sagte er, «habe ich den Überfall schon an diesem Wochenende erwartet morgen, am 22. aber Hitler hat ihn offensichtlich auf nächsten Sonntag, den 29., verschoben.»

Ich fragte: «Warum genau auf ‹Sonntag›?»

«Weil Hitler», antwortete Cripps, «seine Opfer einfach gerne an Sonntagen überfällt. Das beschert ihm immerhin einen kleinen Vorteil: Der Feind ist an Sonntagen etwas weniger wachsam als sonst.»

Gemäß seinem Glauben an die Unvermeidlichkeit eines Krieges zwischen der UdSSR und Deutschland hat Cripps schon einmal ein paar vorbeugende Maßnahmen getroffen: Er hat mit der britischen Regierung vereinbart, dass unmittelbar nach Ausbruch der Feindseligkeiten eine britische Militär- und Wirtschaftsmission nach Moskau entsandt wird.

[...] Cripps wollte von mir wissen, welche Haltung die sowjetische Regierung zu solchen Plänen einnimmt. Würde die sowjetische Regierung die Möglichkeit bejahen, im Falle einer deutschen Invasion mit England zusammenzuarbeiten? Oder würde sie es vorziehen, ganz und gar selbstständig zu handeln?

Ich konnte Cripps diese Frage nicht mit Bestimmtheit beantworten und versprach, sofort mit Moskau Rücksprache zu halten.

Beim Abschied sagte Cripps: «Ich fahre jetzt gleich aufs Land, ich brauche ein bisschen Ruhe, bevor es losgeht.»

Gegen 20 Uhr kehrte ich nach Bovingdon zurück. Negrin und ich machten einen ausgedehnten Spaziergang durch den Garten und erörterten dabei die Lage. Wie Cripps ist sich auch Negrin sehr sicher, dass ein Krieg zwischen Deutschland und der UdSSR unmittelbar bevorsteht.

Ich wägte anschließend im Kopf alle Argumente für und gegen einen unmittelbar bevorstehenden Angriff ab. Er erschien mir unwahrscheinlich nicht im Prinzip, aber im jetzigen Moment. Dennoch ging mir die Rätselfrage nicht mehr aus dem Kopf: «Wird es wirklich Krieg geben?»

Als ich schlafen ging, war ich fast zu der Überzeugung gekommen, dass Hitler dieses Mal nicht bluffte, sondern ernsthaft eine Invasion plante. Doch noch immer wollte ich es nicht wirklich glauben.

22. Juni

Krieg!

Um acht Uhr wurde ich durch einen Anruf aus der Botschaft geweckt. Mit atemloser, erregter Stimme teilte Nowikow mir mit, Hitler habe der UdSSR den Krieg erklärt, und um vier Uhr früh hätten deutsche Truppen unsere Grenze überschritten.

Ich weckte Agnia. Ein Weiterschlafen kam natürlich nicht in Frage. Wir kleideten uns schnell an und gingen hinunter, um die Neun-Uhr-Nachrichten des englischen Rundfunks zu hören. Nowikow hatte ein paar Minuten zuvor ein zweites Mal angerufen: Eden wollte mich um 11.30 Uhr sprechen.

Wir nahmen ein eiliges Frühstück zu uns, hörten die Neun-Uhr-Nachrichten, die nichts brachten, was wir nicht schon wussten, und machten uns auf den Weg nach London. In der Botschaft erwarteten uns eine Schar von Menschen, eine laute Geräuschkulisse, große Unruhe und allgemeine Erregung. Es erinnerte an einen aufgescheuchten Bienenschwarm.

Als ich ins Auto stieg, um zu Edens Amtssitz zu fahren, sagte man mir, Genosse Molotow werde um 11.30 Uhr eine Radioansprache halten. Ich bat Eden, unser Treffen um eine halbe Stunde zu verschieben, so dass ich mir die Rede des Volkskommissars anhören könne. Eden akzeptierte das bereitwillig. Vor dem Radio sitzend, lauschte ich, mit dem Bleistift in der Hand, den Worten des Genossen Molotow und machte mir ein paar Notizen.

Zur Mittagsstunde traf ich im Foreign Office ein. Man führte mich in Edens Amtszimmer. Es war ohne Zweifel ein bedeutsamer, ernster und geschichtsträchtiger Moment. Niemand hätte es einem übel nehmen können, wenn man sich mit geschlossenen Augen vorgestellt hätte, dass ein solcher Moment eine ganz besondere, feierliche und «majestätische» Note haben müsste. In Wirklichkeit war es ganz anders. Eden erhob sich wie gewohnt aus seinem Armsessel und tat mit einer leutseligen Geste ein paar Schritte auf mich zu. Er trug einen ungemusterten grauen Anzug, eine ungemusterte Krawatte, und an seiner linken Hand hatte er einen improvisierten Verband, bestehend aus so etwas wie einem weißen Lappen. Offenbar hatte er sich geschnitten. Der Lappen rutschte immer wieder von der Wunde ab, und Eden rückte ihn immer wieder zurecht, während wir redeten. Edens Gebaren, sein Anzug, seine Krawatte und ins-

Maiski hört Molotows Radioansprache zum deutschen Überfall auf die Sowjetunion.

besondere dieser weiße Stofflappen beraubten unsere Unterredung jeder Spur einer «historischen» Aura. Die bescheidene Dosis an Feierlichkeit, die ich bis zu dem Moment in meinem Herzen trug, da ich über die Schwelle in Edens Amtszimmer trat, verflog beim Anblick dieses Lappens restlos. Alles wurde ziemlich trivial, gewöhnlich und prosaisch. Dieser Eindruck verstärkte sich noch, als Eden unsere Unterredung mit der in höchst alltäglichem Ton gestellten Frage einleitete, wie die Dinge an der Front liefen und was Genosse Molotow in seiner Rede gesagt habe. Bei diesem «alltäglichen» Ton blieb es das ganze Gespräch über. Unwillkürlich erinnerte ich mich an die Parlamentssitzung vom 3. September 1939, in der Chamberlain das Unterhaus über den Kriegsausbruch informiert hatte. Auch damals war mir diese Sitzung zu routiniert und gewöhnlich vorgekommen und hatte nicht die angemessene «historische Feierlichkeit» ausgestrahlt. Im wirklichen Leben ist alles, so scheint es mir, sehr viel unzeremonieller als in Romanen und Geschichtsbüchern.

[...] Um 21 Uhr lauschte ich mit stockendem Atem der Radioansprache

Churchills. Eine kraftvolle Rede! Eine gute Vorstellung! Der Premierminister musste sich natürlich in allem, was mit Kommunismus zusammenhing, bedeckt halten, sei es zum Gefallen der USA oder zum Gefallen seiner Partei. Aber das sind nur Kleinigkeiten. Im Großen und Ganzen war Churchills Rede kriegerisch und entschlossen: keine Kompromisse oder Verständigungen! Krieg bis zum bitteren Ende! Genau das, was das Gebot der Stunde ist.

Zur gleichen Zeit traf aus Moskau die Antwort auf die gestern von Cripps gestellte Frage ein: Die sowjetische Regierung ist bereit, mit England zusammenzuarbeiten, und hat keine Einwände gegen den Besuch britischer Missionen.

Ich rief Eden an und bat ihn, Churchill meinen uneingeschränkten Beifall für seine Rede zu übermitteln. Ich vereinbarte außerdem mit Eden ein Treffen für den folgenden Vormittag.

Also Krieg! Legt Hitler es wirklich darauf an, sich selbst ins Jenseits zu befördern?

Wir wollten diesen Krieg nicht, wir wollten ihn auf keinen Fall. Wir taten alles, was wir konnten, um ihn abzuwenden. Doch jetzt, da der deutsche Faschismus uns den Krieg aufgezwungen hat, werden wir kein Pardon geben. Wir werden mit voller Kraft, entschlossen und unnachgiebig bis ans Ende kämpfen, wie es sich für Bolschewisten gehört. Zuerst gegen den deutschen Faschismus; später werden wir dann weitersehen.

► Bis weit in den Vormittag des 22. Juni hinein schloss Stalin die Möglichkeit nicht aus, dass die Deutschen Russland lediglich einschüchtern und zur politischen Unterwerfung zwingen wollten. Stalins Fehlkalkulation beruhte auf seiner Überzeugung, Hitler werde einen Angriff auf die UdSSR nur wagen, wenn er vorher eine Friedensvereinbarung mit Großbritannien zustande gebracht hätte. Als der Krieg da war, waren in Moskau, wie Litwinow sich später erinnerte, «alle überzeugt davon, die britische Flotte würde durch die Nordsee dampfen für einen mit Hitler abgesprochenen Angriff auf Leningrad und Kronstadt».[48] Hieraus erklärt sich die ominöse Stille und Verwirrung, mit der Maiski sich in den ersten Kriegstagen konfrontiert sah. Es ist in der Tat höchst aufschlussreich, dass Maiski zum Zeitpunkt seiner Unterredung mit Eden am Tag des deutschen Überfalls immer noch befürchtete, ein Friedensvertrag zwischen England und Deutschland könne vor der Tür stehen. «Könnte man nicht der sowjetischen Regierung versichern, dass die [britischen] Kriegsanstrengungen nicht nachlassen werden?», fragte Maiski bei Churchill an und bat ihn inständig, in seiner Radioansprache an die Nation, die für den Abend angekündigt war, die Gerüchte über einen Friedensvertrag zu zerstreuen, die seit dem Englandflug von Rudolf Heß durch alle Lüfte schwirrten.[49]

Auch Großbritannien war auf die neue Realität eines wie auch immer gearteten Bündnisses nicht besser vorbereitet. Der Ribbentrop-Molotow-Pakt hatte im Foreign Office ein fatalistisches politisches Konzept genährt, das die Beamten seither eifrig kultiviert hatten: dass die Sowjetunion «eher ein politischer Gegner als ein politischer Verbündeter» sei.[50] Als man sich in England fast sicher war, dass es zum Krieg kommen würde (das war erst eine Woche vor dem deutschen Angriff der Fall), gelangten die Stabschefs zu der Einschätzung, die Wehrmacht werde durch Russland gleiten «wie ein heißes Messer durch Butter» und nur drei bis sechs Wochen brauchen, um Moskau einzunehmen. Weil die britische Regierung die Aussichten der Sowjetunion so düster einschätzte, glaubte sie, die sowjetische Gegenwehr werde ihr bestenfalls eine Atempause verschaffen, die es erlaubte ihre auf die Peripherie konzentrierte Stratgie weiter zu verfolgen. Ein ausgewachsenes Bündnis legte diese Lagebeurteilung nicht nahe, eher, wie Eden es formulierte, «eine Art Annäherung», zu der man sich wohl «automatisch gezwungen sehen» würde.[51]

Churchill wandte sich in seiner berühmten Rede vom 22. Juni an unterschiedliche Adressaten und verstand es glänzend, die Tatsache zu überspielen, dass er entschlossen war, keine weitreichenden Verpflichtungen einzugehen. Im Vorfeld der Rede hatte Churchill einer Bitte sowohl der Stabschefs als auch des Foreign Office stattgegeben, die Russen nicht als «Verbündete» zu bezeichnen.[52] Die entschiedene rhetorische Unterstützung, die er den Russen gleichwohl zuteil werden ließ, stärkte seine Stellung zu Hause, die unter einer Kette militärischer Fehlschläge in Nordafrika, Griechenland und Kreta (mit den schweren deutschen Bombenangriffen auf Großbritannien als Begleitmusik) gelitten hatte. Die Sowjets waren vorerst beruhigt, dass Churchill jedes Einverständnis mit dem deutschen Angriff entschieden verneinte und sich öffentlich zu einer Fortsetzung des Krieges bis ans Ende bekannte.[53]

Churchills eigentliches Ziel war es, eine Änderung seiner Gesamtstrategie zu verhindern, die Auswirkungen auf den nahöstlichen Kriegsschauplatz hätte zeitigen können. Noch während er an seiner Rede arbeitete, beeilte er sich, Weisungen für die Unterstützung Russlands auf den Weg zu bringen; Rüstungslieferungen und militärische Operationen sollten sofort anlaufen, aber mit der Maßgabe, sie dürften die Bereitstellung britischer Truppen an anderen Kriegsschauplätzen nicht erschweren und geplante oder bereits laufende britische Operationen nicht gefährden.[54]

27. Juni

Fünfter Tag des Krieges. Man kann heute die folgenden Erkenntnisse über die Situation Englands im Allgemeinen gewinnen.

(1) Die erste Runde im Ringen um politische Unterstützung für den Krieg ist gewonnen, wenn wir von Großbritannien und dem britischen Empire reden. Hitlers Rechnung sah ganz offensichtlich so aus: im Osten losschlagen, seinen Ruhm als «Retter der europäischen Kultur vor der bolschewistischen Barbarei» festigen, einen Keil in die öffentliche Meinung der «Demokratien» treiben und sich entweder einen vorteilhaften Frieden sichern oder zumindest ihren Rückzug aus dem Krieg erreichen, bis er mit den Bolschewisten fertig ist. Bis jetzt geht dieser Plan gründlich schief. [...]

(2) Vor diesem Hintergrund hat Churchill eine äußerst prominente und positive Rolle gespielt. Seine Fabel vom optimistischen Frosch hat sich als unerwartet prophetisch erwiesen. Ohne auch nur einen Moment zu zögern, warf er seinen ganzen Einfluss und seine ganze Eloquenz in die Waagschale. Die Radioansprache des Premierministers am 22. Juni war nicht nur ihrer Form und ihrer inneren Kraft wegen bemerkenswert; sie war auch ein Plädoyer für den Kampf bis zur Entscheidung und ein Angebot für unbegrenzte Unterstützung an die UdSSR, das an Klarheit und Unerbittlichkeit nichts zu wünschen übrig ließ. [...]

(3) Die erste Runde ist also gewonnen. England ist an unserer Seite. Hitlers Hoffnungen auf einen Separatfrieden mit den «Demokratien» haben sich bis jetzt nicht erfüllt. All dies ist gut. Doch es bleiben auch einige graue Flecken. Zum Ersten: Wie sieht Englands Unterstützung genau aus? Wird sie wirklich gewichtig sein? Ich bin nicht sicher. [...] Zum Zweiten ist in der öffentlichen Meinung die Verunsicherung noch mit Händen zu greifen. Psychologisch ist das leicht zu verstehen. Noch vor Kurzem galt «Russland» als ein heimlicher Verbündeter Deutschlands, nahezu als Feind. Und plötzlich, von heute auf morgen, ist es zum Freund geworden! Dieser Umschwung erfolgte zu abrupt, die britische Mentalität muss sich erst auf diesen neuen Stand der Dinge einstellen.

(4) Zum Dritten und Letzten: Eine große Skepsis, was die Kampfstärke

der Roten Armee betrifft, lässt sich in allen Lagern erkennen. Im Kriegsministerium gibt es viele, die der Überzeugung sind, unsere Gegenwehr werde nicht länger als vier bis sechs Wochen dauern.

▶ Maiski legte einen Blitzstart hin und war nach der langen Phase seines diplomatischen Abgemeldetseins und seiner Entfremdung vom Kreml, die seit der Unterzeichnung des Ribbentrop-Molotow-Pakt angedauert hatte, sofort wieder im Kampfmodus. Nicht nur dass er sein Selbstvertrauen wiedergewann, so sehr, dass er schon zu seiner ersten Unterredung mit Eden ohne den endlich abgeschüttelten Nowikow erschien, er brachte es auch fertig, den Eindruck zu erwecken, er habe die sowjetische Zusammenarbeit mit den Deutschen immer schon kritisch gesehen und habe damit jetzt recht behalten. «Wie du aus meinen früheren Mitteilungen weißt», erinnerte er Molotow unter ziemlicher Beschönigung dessen, was er noch kurz vor Ausbruch des Krieges gesagt hatte, «stufte ich den Willen der Briten, den Krieg weiterzuführen, als ziemlich stark ein und rechnete für die absehbare Zukunft nicht mit einer englisch-deutschen Verständigung.» Er vergaß freilich nicht, etwas kokett hinzuzufügen, dass ihn die «Promptheit und Entschiedenheit», mit der die britische Regierung zur Tat geschritten sei, «angenehm überrascht» habe. Schließlich lobte er Churchill, Eden und Beaverbrook, die «Troika der Freunde Russlands», um die er sich viele Jahre bemüht hatte, für die «feste und wohlwollende Haltung, die sie uns gegenüber bezogen haben».[55]

6. Juli (Bovingdon)

Die zweite Kriegswoche ist vorbei. Ich fühle mich etwas erleichtert. Es ist natürlich sehr bedauerlich, dass unsere besten Kräfte, unsere junge Generation, auf den Schlachtfeldern zu Tausenden zugrunde gehen, dass ein Meer von Blut unseren sowjetischen Boden tränkt. Auf der anderen Seite ist der Beweis dafür geliefert worden, dass die Rote Armee nicht nur in unserer patriotisch gefärbten Phantasie, sondern auch in der Praxis der Wehrmacht Paroli bieten kann, dass sie in der Lage ist, dem donnernden Ansturm des mechanisierten deutschen Attila standzuhalten. Ich war mir dessen schon vorher sicher, doch in dem Wissen, wie oft die Engländer sich durch Wunschdenken den Blick haben trüben lassen, habe ich mich manchmal gefragt: Haben sich bei mir nicht auch bestimmte Elemente des Wunschdenkens in Bezug auf die Kampfkraft der Roten Armee eingeschlichen?

Jetzt sind meine Zweifel verflogen. Wir haben zwar große Verluste an Männern, Panzern, Flugzeugen und Territorien erlitten, in der zweiten Kriegswoche überschritten die Deutschen die Westliche Dwina, erreichten Ostrow, überquerten den Pruth, drangen in Bessarabien ein, näherten sich der Beresina und der Region Nowograd-Wolynskij, aber darauf kommt es nicht an. Worauf es ankommt, ist, dass es den Deutschen nirgendwo gelungen ist, einen entscheidenden Durchbruch durch unsere Linien zu erzielen und die Gegenwehr der Roten Armee zu brechen. [...]

Schon jetzt ist allerdings klar ersichtlich, dass wir es hier mit einem Fall des Typs «Diamant schneidet Diamant» zu tun haben. Zum ersten Mal ist Hitler auf eine Streitmacht getroffen, die in Bezug auf Bewaffnung, Kampfmethoden und taktische Mittel der seinen ebenbürtig ist und sie an Truppenstärke und Moral sogar übertrifft. Damit nicht genug, sieht Hitler sich zum ersten Mal einem Land gegenüber, das innerlich eine festgefügte Einheit bildet und dessen politische Führung der seinen in Bezug auf Willensstärke, Klugheit und Selbstvertrauen überlegen ist. Die Ansprache des Genossen Stalin am 3. Juli, die ich zu nachtschlafender Zeit am Radio mithörte, ist ein Dokument von allergrößter historischer Bedeutung. Ihre Grundidee lässt sich auf die einfache Formel bringen: Ein patriotischer Krieg bis ans Ende! Bis zum Sieg! Kein Wanken! Keine Kompromisse! Kein Pfund Brot, kein Liter Benzin soll dem Feind in die Hände fallen! [...]

► Trotz der kritischen Lage an der Front bestanden die Russen von Anfang an auf der Festlegung von Kriegszielen und strategischen Prioritäten sowie auf Gesprächen über eine Nachkriegsordnung. Die am 12. Juli unterzeichnete englisch-sowjetische Vereinbarung hatte allerdings einen rein deklamatorischen Charakter; sie sicherte den Sowjets feierlich britische Unterstützung zu, ohne jedoch «Quantität und Qualität zu definieren»; das Entscheidende aus sowjetischer Warte war aber, dass beide Seiten sich verpflichteten, keinen Separatfrieden zu schließen.[56]

Die sowjetische Militärmission, angeführt von General Golikow,[1] dem Stellvertretenden Stabschef der Roten Armee und Chef des militärischen Nach-

---

1 Filipp Iwanowitsch Golikow, ab Juli 1940 Stellvertretender Generalstabschef der Roten Armee, Direktor des sowjetischen Militärgeheimdiensts GRU, 1941 Leiter der Militärmission, die in Großbritannien und in Washington Verhandlungen führte.

Maiski und die Sowjetische Militärmission, angeführt von General Golikow und Admiral Charlamow, argwöhnisch beäugt vom allgegenwärtigen Nowikow

richtendienstes der Sowjetunion, traf in der zweiten Juliwoche in London ein. General Dill, der britische Stabschef, sah in der Zusammenarbeit mit den Russen vor allem eine Last: «Es sind die Russen, die um Unterstützung bitten; wir tun das nicht. [...] All unsere Kräfte sind heute in die Umsetzung einer entschiedenen Strategie für eine siegreiche Beendigung des Krieges eingebunden, ohne Berücksichtigung russischer Hilfe.»[57] Tatsächlich äußerte sich Eden besorgt über die «mangelnde Rückendeckung seitens der Stabschefs und auch des PM, der ungeachtet all seiner wackeren Worte zögert, seine Zustimmung zu Luftangriffen zu geben».[58]

13. Juli (Bovingdon)

Die dritte Kriegswoche ist vorbei. [...] Heute wurde um 14 Uhr eine bedeutsame Verlautbarung in London und Moskau übers Radio verbreitet: Ein Abkommen über ein Militärbündnis zwischen der UdSSR und England ist gestern Abend in Moskau unterzeichnet worden. Die Vertragspartner verpflichten sich, einander, solange der Krieg dauert, in jeglicher

Form zu unterstützen und weder einen separaten Waffenstillstand noch einen Separatfrieden zu schließen.

Sehr gut!

Ich erinnere mich, was ich vor rund zwei Jahren, als eine englisch-französische Militärabordnung nach Moskau reiste, um über einen Beistandspakt auf Gegenseitigkeit zu verhandeln, in mein Tagebuch schrieb: Die Logik des Geschehens werde die UdSSR und England ungeachtet der subjektiven Bestrebungen beider Parteien zwangsläufig dazu bringen, einen gemeinsamen Block gegen Deutschland zu bilden. Das war die Logik der internationalen Lage. Ich formulierte damals allerdings den Vorbehalt, die beiden Länder würden sich vielleicht so entwickeln, dass sie keine gemeinsamen Interessen mehr haben und dass ihre Wege sich trennen würden, falls und wenn eine endgültige Spaltung zwischen Kapitalismus und Sozialismus aufs Tapet käme. Nachdem ich diese Zeilen in mein Tagebuch geschrieben hatte, traten viele Ereignisse ein, die meine Theorie voll und ganz zu widerlegen schienen: der sowjetisch-deutsche Nichtangriffspakt, die Wiederannäherung an Berlin in wirtschaftlichen und politischen Bereichen, die Konfrontation mit England im Zuge des sowjetisch-finnischen Krieges, die Abkühlung des Verhältnisses zwischen London und Moskau, das im Verlauf des letzten Jahres fast feindselige Formen annahm ... Mehr als einmal fragte ich mich in dieser Zeit: Lag ich mit meiner Prognose falsch? War die Theorie, die ich im August 1939 meinem Tagebuch anvertraute, korrekt? Sollte ich sie nicht überarbeiten?

Doch eine innere Stimme sagte mir immer wieder: Nein, du hast nicht falschgelegen! Deine Theorie ist korrekt! Und so habe ich keinerlei Korrekturen an ihr vorgenommen. Jetzt hat das Leben mir recht gegeben: Die UdSSR und England sind Verbündete. Sie haben sich zusammengetan, um mit vereinten Kräften einen tödlichen Kampf gegen Deutschland zu führen.

Beide Länder können sagen: «Unsere Wege haben uns zusammengeführt.» Doch nichts hält ewig. Die «Wege» können sich auch wieder trennen ... Unter einer breiten Palette von Umständen. Besonders wenn die Entscheidung zwischen Kapitalismus und Sozialismus in der einen oder anderen Form auf die Tagesordnung kommt.

Cripps darf sich als Triumphator fühlen! Sein Lebenstraum (zumindest seit Kriegsausbruch) hat sich erfüllt. Mehr noch: Der Erfolg ist seiner. Das wird seine Position massiv stärken. Er wird als Held nach England zurückkehren, was Männern wie Citrine, Bevin und Attlee großes Missbehagen und große Verlegenheit bereiten wird, die ihn letztes Jahr in der Hoffnung nach Moskau schickten, einen Unruhe stiftenden und gefährlichen Rivalen loszuwerden, und die im Verlauf des letzten Jahres nach Kräften versuchten, Cripps keinen Zentimeter in Richtung auf eine Verbesserung der sowjetisch-englischen Beziehungen vorankommen zu lassen.

Die Welt befindet sich im Griff der gravierendsten Widersprüche. Der heutige Tag machte diese Tatsache aufs Lebhafteste deutlich.

Seit dem Kriegseintritt der UdSSR ist in England eine tragikomische Kontroverse aufgeflammt. Die BBC hat letztes Jahr die folgende Pflichtübung eingeführt: An jedem Sonntag vor der Nachrichtensendung um 21 Uhr werden die Nationalhymnen aller mit Großbritannien verbündeten Länder abgespielt. Natürlich stellte sich nach dem 22. Juni die Frage: Sollte auch die «Internationale» im Radio gespielt werden oder nicht? Eigentlich liegt die Antwort auf der Hand: Sie sollte. Nun vergesse man aber bitte nicht, dass die «Internationale» nicht nur die Nationalhymne der UdSSR ist, sondern auch das Kampflied des internationalen Proletariats und insbesondere der britischen Kommunistischen Partei. Tausenden britischer Spießbürger stehen die Haare zu Berge, wenn sie die «Internationale» hören. Die Wellen schlugen hoch in der Presse, im Parlament, in der Gesellschaft. [...] Duff Cooper rief mich am 11. Juli an und fragte, ob wir irgendein anderes sowjetisches oder russisches Lied finden könnten, das anstelle der «Internationale» gespielt werden könne. Er habe zum Beispiel ein Orchester nach der Rede Molotows am 22. Juni «Kutusows Marsch»[59] spielen hören. Wäre das nicht ein möglicher Ersatz für die «Internationale»? Kaum nötig zu sagen, dass ich der Idee eine kategorische Absage erteilte. Am 12. besuchte ich Duff Cooper. [...] Ich verdanke meiner Unterredung mit Duff Cooper die Erkenntnis, dass hinter all dem Churchill persönlich steckt. Er erklärt: Ich bin bereit, alles für Russland zu tun, werde aber nicht zulassen, dass die Kommunisten aus der «Internationale» politisches Kapital schlagen. [...]

Der Abschluss eines Militärbündnisses zwischen der UdSSR und Großbritannien wurde heute um 14 Uhr bekannt gegeben. Ich wartete neugierig, was die BBC um 20.45 Uhr verlautbaren werde. Und? Das erste Stück in der Parade der Nationalhymnen war ... ein sehr schönes, aber ziemlich unbekanntes sowjetisches Lied. Keine «Internationale». Anschließend wurden alle anderen Nationalhymnen nacheinander abgespielt.

[...] Wir saßen beim Abendessen, als die BBC diesen Beweis für die Feigheit und Torheit der britischen Regierung lieferte. Agnia regte sich heftig auf und verübelte es mir sehr, dass ich ruhig blieb und mich über das Ganze amüsierte (ich machte mich über die britische Regierung lustig). Sie rief aus: «Wie ich merke, haben wir diese neun Jahre in England nutzlos zugebracht!»

Sie schaffte es nicht, an sich zu halten, sprang auf und rannte weinend aus dem Zimmer. Es kostete mich einige Zeit, sie zu beruhigen. [...]

20. Juli[60]

Gestern Morgen erhielt ich Stalins «persönliche Botschaft» an Churchill, mit der Bitte, sie ins Englische zu übersetzen und sie unverzüglich auszuhändigen. Es war Samstag. Am Vormittag hatte ich einen Termin bei Eden zu Fragen, die Iran betrafen, und bat ihn, für mich ein Gespräch mit dem Premierminister zu arrangieren. Eden fragte mich vertraulich, ob er dabei sein solle, wenn ich dem PM die «Botschaft» übergab. Ich erwiderte, es gehe in der «Botschaft» um militärische und strategische Fragen, woraufhin Eden ausrief: «Wenn das so ist, kann die Sache ohne mich erledigt werden.»

[...] Gegen 13 Uhr rief Eden mich aus dem Foreign Office an und sagte, Churchill werde mich um 17 Uhr empfangen, lasse mich aber bitten, nach Chequers zu kommen, wo er sein Wochenende verbrachte. Nachdem ich die Botschaft übersetzt und abgetippt hatte (aus Gründen der Geheimhaltung machte ich alles alleine), fuhr ich los. Das Wetter war launisch, auf Regenschauer folgte strahlender Sonnenschein. Teterew, der noch nie in Chequers gewesen war, bog einmal falsch ab und verfuhr sich. Als wir endlich den Landsitz des PM erreichten, war es schon fast 17.30 Uhr. Es war peinlich, aber nicht zu ändern.

Ein junger Sekretär empfing mich an der Tür und führte mich zum Premierminister.

«Sie sitzen beim Tee», sagte er unterwegs.

Dunkle Flure, alte Gemälde, seltsame Treppen ... wie es in einem achtbaren, gediegenen, mehrere Jahrhunderte alten englischen Haus sein sollte. Nicht dass ich wüsste, wie alt Chequers ist. Vielleicht ist es vergleichsweise jung, nach englischen Maßstäben natürlich.

Schließlich stieß der Sekretär eine Tür weit auf, und ich betrat einen großen, hell erleuchteten Raum, der die Form eines länglichen Rechtecks hatte. Er war voller Lärm und Leben. Mrs Churchill saß am Tisch und schenkte Tee ein. Ich sah mehrere junge Leute beiderlei Geschlechts am Tisch und um den Tisch herum. Auf einer Seite saß nahe bei einem Fenster General Ismay[I]. Alle redeten, lachten, tauschten Bemerkungen aus. Stimmengewirr füllte den Raum. Winston Churchill, der einen seltsamen graublauen Overall mit Gürtel trug (eine Kreuzung zwischen der Arbeitskluft eines Maurers und etwas, das man sich im Luftschutzkeller überstreifen könnte), saß in der entfernten Ecke des Zimmers und spielte mit einem hübschen jungen Mädchen Halma. Er schüttelte mir freundlich die Hand und beantwortete meine Entschuldigung für das Zuspätkommen mit dem launigen Satz: «Ist schon gut. Nehmen Sie eine Tasse Tee, bis ich mit dem Spiel fertig bin.»

Mrs Churchill bot mir sehr gastfreundlich den Platz neben ihr an, und Randolphs rothaarige Frau reichte mir Biskuits. Ich trank zwei Tassen, aß ein paar Biskuits. Randolph wurde erwähnt. Seine Frau klagte, sie habe wenig Hoffnung, ihn bald einmal wiederzusehen. Stolz gab sie bekannt, dass «das Winston-Baby» gerade laufen lerne.

Endlich war der Premierminister mit seinem Spiel durch, stand auf, nickte den Gästen zu und führte mich die Treppe hinab in einen ziemlich großen und schmucklosen Salon. Wir setzten uns auf ein Sofa vor dem Kamin, und ich überreichte Churchill Stalins «persönliche Botschaft». Der Premierminister begann sie zu lesen, langsam, aufmerksam und unter gelegentlicher Hinzuziehung einer griffbereit daliegenden Landkarte. Er war offensichtlich angetan, schon einmal davon, eine «persönliche Botschaft» bekommen zu haben, und gab sich keine Mühe, es zu verbergen. Als Churchill zu dem Absatz kam, in dem Stalin erklärte, unsere Streitkräfte befänden sich heute in einer unermesslich schlechteren Position, wenn sie den Abwehrkampf an den alten Grenzen der UdSSR anstelle der neuen hätten aufnehmen müssen, hielt er inne und rief: «Ganz recht! Ich habe die Politik der ‹begrenzten Expansion›, die Stalin in den letzten zwei Jahren verfolgt hat, immer verstanden und zu rechtfertigen versucht.»

I General Hastings Ismay, Churchills Militärberater und 1940–1945 Mitglied des Kriegskabinetts im Ministerrang.

Als der Premierminister die Botschaft durchgelesen hatte, fragte ich ihn, wie er sie beurteile. Churchill antwortete, er müsse erst mit dem Hauptquartier Rücksprache halten. Er könne mir nur mit ein paar vorläufigen Kommentaren dienen. Die Idee, in Norwegen eine nördliche Front zu eröffnen, finde er gut.

[...] Wie um seine Aussage zu unterstreichen, nahm Churchill den Telefonhörer zur Hand und bat, mit Admiral Pound[I] verbunden zu werden, dem Stabschef der Marine. Er befragte ihn zunächst über die Vorbereitungen auf die geplanten maritimen Operationen von Admiral Vian[II] und über die Flugzeugträgeroperation im Raum Petsamo. Beide sollen Ende des Monats gestartet werden. Er drängte Pound, aufs Tempo zu drücken, und erteilte ihm Weisungen in einem scharfen, gereizt klingenden Ton.

Zur Frage einer zweiten Front in Frankreich äußerte Churchill sich auf Anhieb negativ. Das sei nicht zu machen. Es sei riskant. Es würde mit einer Katastrophe für England enden und gar keinen Nutzen bringen. Alle Argumente des Premierministers sind in seiner Antwort auf Stalins «persönliche Botschaft» im Detail ausgeführt. Um sich Rückendeckung zu verschaffen, wandte Churchill sich an Ismay, der gerade den Raum betreten hatte. Ismay gab dem PM in jeder Beziehung recht. [...] Vielleicht um den Eindruck abzumildern, den seine abschlägige Antwort hinterlassen hatte, begann der Premierminister über eine Luftoffensive gegen Deutschland von Westen her zu sprechen.

«Wir werden Deutschland gnadenlos mit Bomben eindecken», rief er inbrünstig aus. «Tag für Tag, Woche für Woche, Monat für Monat! Wir werden unsere Luftangriffe ausweiten und verschärfen. Am Ende werden wir Deutschland mit Bomben in die Knie zwingen. Wir werden die Moral der Bevölkerung brechen.»

Churchill kam dann plötzlich auf Iran zu sprechen; er wiederholte alles, was ich an diesem Morgen von Eden gehört hatte, nur in zugespitzter und entschiedenerer Form.

I Admiral Sir (Alfred) Dudley Pound, 1939 Flottenadmiral; 1939–1943 First Sea Lord und Stabschef der Marine.

II Admiral Sir Philip Louis Vian, leitete im Mai 1941 die Jagd auf das Schlachtschiff *Bismarck*; im Juli 1941 zum Konteradmiral befördert und mit dem Auftrag nach Russland entsandt, die Mithilfe der britischen Marine bei der Evakuierung von Russen aus Spitzbergen zu organisieren.

«Man darf dem Schah nicht erlauben, uns an der Nase herumzuführen», sagte der Premierminister erregt. «Persien muss an unsere Seite! Der Schah muss sich für oder gegen uns entscheiden.»

Churchill sagte des Weiteren, falls der Schah sich uneinsichtig zeige, könne eine militärische Besetzung Persiens durch englische und sowjetische Truppen nötig werden. Er deutete überdies an, die Operation in Iran könne im Verein mit der in Norwegen als eine Art «zweiter Front» fungieren.

Jetzt, da klar war, dass mit Churchill über eine Landeoperation an der französischen Kanalküste bis auf Weiteres nicht zu reden war, wandte ich mich der Frage der Nachschublieferungen zu und betonte deren Wichtigkeit.

[...] Churchill begann, mich darüber zu belehren, dass ein Sieg nur mit einer aktiven Teilnahme der Vereinigten Staaten am Krieg möglich sei, wobei er bemerkte, die UdSSR werde in der Frage der Nachschublieferungen in allererster Linie auf die USA zählen müssen. Er versprach, uns, wenn nötig, den Zugang zum amerikanischen Rüstungsmarkt zu erleichtern.

[...] Als unsere Unterredung sich dem Ende näherte, betrat Hopkins[1], der das Wochenende als Gast Churchills auf Chequers verbrachte, das Zimmer. Wir begrüßten einander, ohne viele Worte zu wechseln. Ich fragte Hopkins nach bestimmten amerikanischen Lieferungen, bei denen sich Schwierigkeiten ergeben hatten. Er versprach, sich zu erkundigen und mich über die Ergebnisse zu informieren. Es ist seltsam, aber Hopkins erinnert mich in seinem Auftreten, seinen Umgangsformen, seiner Garderobe an einen Semstwo-Statistiker ganz alter Schule.

Churchill und ich verabschiedeten uns wie gute Freunde. Im Weggehen hörte ich, wie sein Sekretär die Stabschefs für den Abend zu einer Konferenz einlud. Churchill versprach, über Cripps eine schleunige Antwort auf Stalins Botschaft zu liefern und mir eine Abschrift davon zu schicken.

Um 23 Uhr kam Admiral Pound vorbei und überreichte mir tatsächlich eine Kopie der Antwort des PM. Ich fand darin alles wieder, was ich gestern aus seinem Mund gehört hatte. Im Großen und Ganzen können

1 Harry Lloyd Hopkins, 1938–1940 US-Handelsminister, in den Kriegsjahren Sonderberater und persönlicher Assistent Roosevelts.

wir daraus wenig Trost schöpfen. Keine zweite Front in Frankreich erst einmal. Die gesamte Last des Kampfes gegen die deutsche Kriegsmaschinerie ruht auf unseren Schultern. Aber wenigstens bin ich mir jetzt im Klaren über den Standpunkt des PM. Das ist wichtig. Illusionen sollte man sich verkneifen! Wunschdenken ist das Schlimmste überhaupt.

► Eden und Beaverbrook wandten sich gegen Churchills Russlandpolitik. Es war Beaverbrook, der als Erster in seinem Gespräch mit Maiski am 27. Juni die Idee einer zweiten Front aufgebracht hatte.[61] Eden hatte sich oft gewünscht, sein Image als Churchills verwöhnter Erbe loszuwerden. Frühere Versuche, sich als selbstständige Größe zu etablieren, hatten zu nichts geführt.[62] Der deutsche Überfall auf Russland eröffnete Eden, von dem es hieß, er genieße in Russland großes Ansehen, die Chance, mehr politische Statur zu gewinnen. Churchill jedoch, der fürchtete, Eden könne zu große Verpflichtungen für England eingehen, drängte Eden jetzt von der Bühne und verlegte sich, obwohl er bis dahin kein nennenswertes Interesse an Russland gezeigt hatte, auf einen direkten Schriftwechsel mit Stalin. Unter Freunden machte Eden keinen Hehl aus seinem Widerwillen gegen Churchills «sentimentale und schwülstige» Telegramme, aus denen Stalin den zutreffenden Schluss ziehen werde, dass «Gerede kein Ersatz für Kanonen» sei.[63]

29. Juli

Harry Hopkins ist also in Moskau! Was für eine bemerkenswerte Geschichte hat sich da entwickelt!

Am 25. Juli traf ich Hopkins in der amerikanischen Botschaft. Winant war zugegen. Molotow hatte mich gebeten, mit Hopkins zu besprechen, ob die USA uns eine Reihe von Materialien und Jagdflugzeuge zur Verfügung stellen könnten, die sie den Engländern in den Nahen Osten geliefert hatten. Meine Unterredung über dieses Thema mit dem «persönlichen Gesandten» des US-Präsidenten trug kaum Früchte. [...] Zwar versicherte mir Hopkins, Roosevelt sei bereit, der UdSSR im Kampf gegen Hitler jede erdenkliche Unterstützung zu gewähren, warnte mich aber zugleich davor, uns irgendwelchen Illusionen hinzugeben, was die Schnelligkeit und das Ausmaß amerikanischer Rüstungshilfe betraf.

[...] Als wir mit diesem Thema durch waren, fragte Hopkins unvermittelt: Was könnte man tun, um Roosevelt und Stalin einander näherzubringen?

Ich verstand nicht sofort, worauf Hopkins hinauswollte. Er begann dann, mir zu erklären, dass Stalin für Roosevelt kaum mehr als ein Name war. Das abstrakte Oberhaupt der sowjetischen Regierung vielleicht. Das Bild, das Roosevelt sich von Stalin mache, enthalte keine konkreten dinglichen oder persönlichen Mosaikstücke. [...] Es wurde deutlich, dass es Hopkins ein sehr wichtiges Anliegen war, Roosevelt und Stalin besser miteinander «bekannt» zu machen, und dass er sich über das Wie einige ernsthafte Gedanken gemacht hatte.

[...] Am 27. war ich in Bovingdon. Um etwa 22 Uhr kam ein Anruf aus der Botschaft, und ich erfuhr, dass Winant mich in einer wichtigen Sache dringend zu sprechen wünschte. Ich machte mich sofort auf den Weg in die Stadt. Als ich die Botschaft betrat, war es 23.10 Uhr. Winant saß in meinem Dienstzimmer und unterhielt sich mit Nowikow. Wie sich herausstellte, hatte Winant die Reisepässe von Hopkins und seinen beiden Assistenten mitgebracht. Er bat mich, auf der Stelle Visa in ihre Pässe einzustempeln, da die drei in einer halben Stunde nach Moskau abreisen wollten. Ich verstand nicht, worüber er redete. Aber Winant rief ungeduldig: «Ich werde Ihnen alles nachher erklären. Geben Sie mir jetzt erst einmal die Visa. Der Zug nach Schottland fährt 23.40 Uhr ab. Hopkins ist schon auf dem Bahnhof. Ich muss ihm die Pässe mit den Visa überbringen, bevor der Zug abfährt.»

Das sagt sich leicht: Geben Sie mir die Visa! Alle Stempel und Siegel waren im Konsulat. Die Fahrt zum Konsulat würde eine Viertelstunde dauern, und zu dieser späten Stunde würde wahrscheinlich ohnehin niemand dort sein. Was tun?

Ich ließ mir schnell etwas einfallen, im Bolschewistenstil. Man konnte doch nicht Hopkins' Moskaureise an ein paar Paragraphen der konsularischen Geschäftsordnung scheitern lassen! Ich griff mir Hopkins' Reisepass und schrieb von Hand auf eines der leeren Blätter: «Ich ersuche darum, Herrn Harry Hopkins ohne Inspizierung seines Gepäcks durchzulassen. Botschafter der UdSSR in Großbritannien I. Maiski. 27. Juli 1941.» Dann zitierte ich Lepechin zu uns und ließ ihn unser Siegel aufbringen. Dasselbe machte ich mit den beiden anderen Pässen. Ich rechne damit, dass der Leiter der Konsularabteilung des NKID in Ohnmacht fällt, wenn er «mein» Visum sieht. Ich könnte mir vorstellen, dass ein solches Visum noch niemals in der Geschichte unserer Diplomatie ausgestellt worden ist. Doch warum sich den Kopf zerbrechen? Selbst Peter der Große pflegte zu sagen: «Wir können sogar das Gesetz ändern, wenn der Notfall es erfordert.» Hier war der «Notfall» fraglos gegeben.

Winant nahm die Pässe an sich und ging. Um Mitternacht kam er zurück.

«Ich kam gerade noch rechtzeitig», rief er beim Hereinstürmen in mein Dienstzimmer. «Der Zug setzte sich schon in Bewegung.»

► Hopkins, Roosevelts einflussreicher enger Berater, ließ Churchill nicht im Zweifel darüber, dass der US-Präsident der Atempause, die sich dank des Krieges im Osten ergab, höchste Bedeutung zumaß, dass er sehr unglücklich über die schweren Lasten war, die der Feldzug in Nordafrika den Vereinigten Staaten aufbürdete, und dass er eine Neuverteilung der Ressourcen befürwortete.[64] Dass Hopkins jetzt als Sendbote Churchills in Moskau auftauchte, eröffnete Cripps die Möglichkeit, sich einzuschalten und Hopkins klarzumachen, dass die *conditio sine qua non* für ein Bündnis eine unverzüglich zu vereinbarende militärische Zusammenarbeit war, unterfüttert von langfristig angelegten politischen Vereinbarungen. Er schlug eine Konferenz vor, auf der die Vereinigten Staaten, die Sowjetunion und Großbritannien «die relativen Interessen jeder Front vollständig und gemeinsam ausloten» sollten. Die Unterstützung für Russland dürfe man nicht so verstehen, dass «wir einem Partner oder Verbündeten einfach nur das geben, was wir glauben erübrigen zu können». Diese Unterstützung sei vielmehr «das Ziel, auf das wir all unsere Anstrengungen konzentrieren sollten». Cripps lieferte Hopkins sogar den Entwurf für ein Telegramm an Stalin, dem Churchill bei seinem ersten Gipfeltreffen mit Roosevelt 14 Tage später in der Placentia Bay widerwillig sein Plazet gab.[65]

30. Juli

Heute haben wir endlich den sowjetisch-polnischen Vertrag unterzeichnet! Ich kann es kaum glauben.

Nowikow, Korzh, Sintschenko,[I] Zonow[II] und ich trafen um 16.15 Uhr im F[oreign] O[ffice] ein. Es regnete in Strömen, dumpfe graue Wolken

---

I Konstantin Jemeljanowitsch Sintschenko, 1940–1942 Zweiter, dann Erster Sekretär an der sowjetischen Botschaft in Großbritannien, 1942–1944 in der NKID-Zentrale in Moskau.

II Wassili Matwejewitsch Zonow, 1939–1941 Chef der Konsularabteilung der sowjetischen Botschaft in Großbritannien, 1941–1944 Zweiter Botschaftssekretär.

schleppten sich am Himmel entlang. Wir betraten das Empfangszimmer. Ich fing an unseren jungen Leuten zu erzählen, dass einst Treffen zur «Nichtintervention» in Spanien in diesem Raum stattgefunden hatten. Bevor ich meine Geschichte beendet hatte, erschien Sikorski in seiner Generalsuniform, begleitet vom Vorsitzenden des polnischen Sejm und einigen Ministern. [...]

Eden warf einen Blick auf seine Uhr und sagte wie in Eile: «Der Premierminister ist noch nicht eingetroffen ...»

Dann fügte er hinzu, als wolle er sich entschuldigen: «Sie müssen wissen, der Premierminister legt sich gerne nach dem Lunch eine Stunde schlafen. Das ist seine Gewohnheit. Er wird jeden Moment hier sein.»

Eden legte seine Hand auf Sikorskis Schulter, führte ihn zur Seite und flüsterte ihm ein paar Worte ins Ohr. Danach kam er zu mir, legte seine Hand auf meine Schulter und sagte mit gesenkter Stimme und in einem Ton leichter Verlegenheit: «Bitte verzeihen Sie mir meine törichte Frage. Bei der Unterzeichnung am Tisch werde ich in der Mitte sitzen ... Macht es Ihnen etwas aus, wenn der General rechts von mir sitzt und Sie links von mir? Er ist schließlich Premierminister ...»

Ich lachte herzlich und antwortete: «Nein, es macht mir nichts aus. Es ist nicht die Platzierung, die einen Menschen ausmacht ...»

Eden seufzte erleichtert auf und sagte frohgemut: «Ganz herzlichen Dank.»

Noch immer kein Churchill. Die Anwesenden trotteten ziemlich ziellos durch Edens Amtszimmer. Strang und Nowikow streiften um den Tisch, der für die Unterzeichnung vorgesehen war. Dieser Tisch, länglich und mit einem Tuch bedeckt, stand rechts von dem Tisch, an dem Eden gewöhnlich seine Gäste empfing, vor der Wand, an der eine Pitt-Büste prangte.[66]

Sikorski wandte sich auf Französisch an mich. Er sei hocherfreut, dass wir den Vertrag unterzeichneten. Er sei schon vor langer Zeit zu der Erkenntnis gelangt, dass Polen nicht für immer und ewig zwischen seinen Nachbarn im Westen und denen im Osten balancieren könne. Es müsse sich entscheiden: entweder mit Deutschland gegen Russland oder mit Russland gegen Deutschland. Er selbst sei, so sagte Sikorski, immer der Meinung gewesen, Polen müsse sich mit Russland gegen Deutschland zusammentun.

[...] Es war, als wehe eine Windbö durch den Raum. Alle hörten auf zu

Eisige Stimmung – Sikorski und Maiski unterzeichnen das sowjetisch-polnische Abkommen.

reden und richteten den Blick zur Tür: Der Premierminister war im Türrahmen aufgetaucht. Edens Erläuterung erwies sich als treffend: Churchill kam wirklich geradewegs aus dem Bett. Man sah das an den Hautsäcken in seinem Gesicht, an seinen roten, leicht wässrigen Augen und seinem insgesamt etwas müden Auftreten.[67] Er trug einen schwarzen Mantel und gestreifte Hosen, stellte mit seinen breiten Schultern, seiner beleibten Figur und seinem trotzig eingezogenen Schädel eine echte englische Bulldogge dar und erschnüffelte die Szene mit einem verstohlenen Lächeln. Eden beeilte sich, ihn zu begrüßen, und führte ihn in die Mitte des Raums. Sikorski stellte Churchill sein «Gefolge» vor, ich ihm das meine.

Dann kamen wir zum Geschäftlichen. Es war schon halb fünf. Wir nahmen unsere Plätze am Tisch ein, um den Vertrag zu unterschreiben. Eden saß in der Mitte, Churchill zu seiner Linken. Ich saß links am Tischende, während Sikorski auf dem Stuhl rechts von Eden Platz nahm. Der polnische Pan hatte vergeblich gemauschelt, denn das Schicksal hatte ihn ausgebootet; er saß zwar rechts von Eden, doch ich saß neben Churchill.

[...] Endlich ist der Unterzeichnungsvorgang abgeschlossen. [...] Wir drücken einander die Hände und verabschieden uns. Die Kameraleute wollen einen Händedruck zwischen Sikorski und mir im Bild festhalten. Wir erfüllen ihnen die Bitte. Im Weggehen sagt Churchill zu mir: «Ich bin bereit, Ihnen zu helfen, so gut ich kann. Wenn Ihnen dazu irgendetwas einfällt, kommen Sie mich besuchen. Wir werden reden.»

3. August

Hopkins' Besuch in Moskau war offenbar ein Erfolg. Wir werden seine Ergebnisse natürlich erst später beurteilen können (wie wird das mit den amerikanischen Lieferungen klappen?), aber nach dem Stand heute können wir mit der Lage zufrieden sein.

Hopkins traf zweimal mit dem Genossen Stalin zusammen, am 30. und 31. Juli. Ihre Unterredungen waren lang und eingehend. Hopkins erklärte im Namen Roosevelts, die Vereinigten Staaten würden uns Hilfen aller Art auch ohne Abschluss einer einschlägigen Vereinbarung gewähren. Genosse Stalin dankte Hopkins für diese Erklärung und legte ihm dann unsere Wunschliste vor (vor allem schwere Maschinengewehre und kleine Flugabwehrgeschütze). Genosse Stalin bat auch darum, das Darlehen über 500 Millionen Dollar, das die US-Regierung uns zugesagt hat, möglichst schnell auf den Weg zu bringen. Damit werde man auch öffentlich die Existenz eines Blockes aus USA, Sowjetunion und Großbritannien demonstrieren. Hopkins stimmte dem zu und versprach, Roosevelt telegraphisch eine entsprechende Botschaft zu übermitteln. Genosse Stalin gab Hopkins ferner die feste Zusicherung, dass unser Sieg unausweichlich ist und dass Hitler und seine Bande entmachtet werden müssen, weil sie das Gegenteil von «Gentlemen» seien und jede Vereinbarung brechen. Dass man sich an geschlossene Vereinbarungen halte, sei in Anbetracht der Existenz unterschiedlicher Staatssysteme in unterschiedlichen Ländern von besonderer Bedeutung.

Genosse Stalin machte einen sehr tiefen Eindruck auf Hopkins. Winant, der Hopkins nach seiner Rückkehr nach Schottland traf (er reiste von dort aus nach Amerika weiter, ohne noch einmal in London vorbeizukommen), berichtete mir, Roosevelts Sondergesandter habe aus seinem Moskaubesuch die folgenden Erkenntnisse mitgebracht: Genosse Stalin zeichne sich durch einen außerordentlich klaren Verstand aus und sei sehr realistisch. Er wisse, was er wolle, und sei jederzeit Herr der Lage. Er kenne die Front wie seine Handfläche. Seine Siegeszuversicht sei absolut.

Stalin fordere nicht das Unmögliche und habe nicht verzagt, als Hopkins ihm gesagt habe, die USA könnten der UdSSR im Moment noch nicht viel geben. Er habe im Gegenteil mit Hopkins in aller Ruhe über ein Hilfsprogramm für die Zukunft und über mehrere Möglichkeiten gesprochen, ab Frühjahr 1942 Hilfslieferungen an die UdSSR zu organisieren. Hopkins gewann daraus den Eindruck, dass die Rote Armee fest genug auf eigenen Füßen steht und dass die UdSSR ganz allgemein ein vertrauenswürdiger Partner ist, mit dem die USA Geschäfte machen können. [...]

10. August (Bovingdon)

Sieben Wochen Krieg.

Die Zukunft liegt natürlich im Dunkeln, aber einige sehr wichtige Dinge sind schon jetzt klar. Die Hauptsache ist, dass die Rote Armee sich gegen die Wehrmacht behauptet. Die Hitler'sche Kriegsmaschine hat es nicht geschafft, die Rote Armee zu überrennen, zu übertölpeln und zu zermalmen, wie es ihr zuvor mit allen anderen Armeen, die französische eingeschlossen, gelungen ist. Sie hat das auch in den ersten zwei bis drei Wochen des Krieges nicht geschafft, als sie alle Vorteile auf ihrer Seite hatte. [...]

Die Idee einer zweiten Front im Westen, die Genosse Stalin Churchill nahezubringen versucht hat, ist wegen der Schwierigkeiten ihrer Umsetzung verworfen worden. Dagegen ist die Idee einer gemeinsamen Front im Norden auf grundsätzliche Zustimmung gestoßen, aber ihre Umsetzung geht so langsam und so spärlich voran, dass unsere Leute von der Marine und vom Heer in Verzweiflung geraten. Luftangriffe auf Deutschland von Westen her werden zwar durchgeführt, aber zum einen können sie unmöglich einen nennenswerten Abzug deutscher Truppen von der Ostfront bewirken, und zum Zweiten fallen sie auch etwas spärlich aus. In Bezug auf Nachschublieferungen versuchen die Engländer ebenfalls, sich auf das absolute Minimum zu beschränken. Sie wollen uns keine ausreichenden Kredite gewähren und uns nicht mit den Waffen ausstatten, die wir am dringendsten brauchen (kleinkalibrige Flugabwehrgeschütze, Jagdflugzeuge etc.). Ich habe ihnen mit allergrößter Mühe 200 amerikanische *Tomahawks* abgetrotzt, jetzt kriegen sie das nicht mehr aus dem Kopf und brüsten sich bei jeder passenden oder unpassenden Gelegenheit mit diesem Beispiel ihrer Großzügigkeit. Sie alle sagen: Die haben nicht einmal wir selbst! Es ist oft eine lahme Ausrede. Tatsache ist, dass [...] Mitglieder der Regierung, einschließlich Churchills, nach wie vor den Kurs jener

«Defensivstrategie» steuern, die sie das ganze letzte Jahr über gefahren sind und die auch ganz angemessen und vernünftig war, bevor wir in den Krieg verwickelt worden sind, die nach dem 22. Juni jedoch zum Anachronismus geworden ist.

Das alles führt dazu, dass sich im Land ein Klima des Gleichmuts breitgemacht hat, das bis zu einem gewissen Grad auch die Arbeiter ansteckt. Am 2. August, einem Bank Holiday, stauten sich die Menschenmassen an den Bahnhöfen, um «aufs Land» zu fahren, genau wie in Friedenszeiten. Mehr als 300 Sonderzüge mit «Urlaubmachern» gingen aus London ab. Brauchen wir einen weiteren Beweis für die weitverbreitete Gelassenheit?

Das ist der Grund, warum ich in nächster Zukunft keine auf Volldampf hochgefahrene Hilfe von England erwarte, außer möglicherweise im Nahen Osten. In der Hauptsache müssen wir uns auf uns selbst verlassen.

26. August

Eden erkundigte sich bei mir nach der Stimmung in der UdSSR. Ich antwortete ihm als Privatmann (nicht im Namen der Regierung).

Das Verhalten Großbritanniens ruft bei der breiten Masse der Sowjetbürger Verunsicherung und Enttäuschung hervor. Wir stehen seit zehn Wochen in einem fürchterlichen Abwehrkampf gegen die machtvollste Kriegsmaschinerie aller Zeiten. Allein! Die Bevölkerung und die Streitkräfte kämpfen tapfer, aber die Verluste sind riesig: 700 000 Mann, 5500 Panzer, 4500 Flugzeuge, 1500 Geschütze sowie Territorien, darunter einige, die wertvoll und wichtig sind.

Und was hat England in dieser Zeit gemacht? Unser Vorschlag, eine zweite Front im Westen zu eröffnen, wurde im Juli verworfen.

[...] Gewiss, es tut sich etwas. Danke. Aber ... es reicht nicht aus, der mörderischen Bestie in den Schwanz zu kneifen; man muss ihr mit einem schweren Hammer Kopftreffer zufügen! Die britischen Bomber haben die Deutschen nicht dazu gezwungen, auch nur ein einziges Geschwader aus dem Osten abzuziehen ... Viel Begeisterung, viel Bewunderung etc. Es ist ganz schön, aber platonisch. Ich denke oft: «Ich würde die Bewunderung jederzeit gegen mehr Jagdflugzeuge eintauschen!» Kein Wunder, dass der Sowjetbürger Enttäuschung und Verunsicherung empfindet. Als der Botschafter, der ich bin … etc., fühle ich mich bemüßigt, Eden von solchen Gefühlen in Kenntnis zu setzen.

Starker Eindruck auf Eden. Eine halbherzige Verteidigung (er selbst befürwortet eine zweite Front): England ist auf eine Invasion nicht vorbereitet, USA lässt sich mit Lieferungen Zeit. Großbritannien arbeitet an einer Luftoffensive, Zusammenarbeit zwischen Großbritannien und UdSSR in Iran. Gute Aussichten im Nahen Osten. Bevorstehende Operationen in Libyen.

Ich antwortete: Iran und Libyen sind zweitrangige Aufgaben.[68] Die wichtigste: Wie ist Deutschland zu schlagen? […] Ich sagte: «Wenn die britische Regierung wirklich die Beziehungen verbessern möchte, hier ein guter Rat: Verkündet wichtige Beschlüsse *(deus ex machina)* nicht mitten auf dem Atlantischen Ozean. Es geht nicht um den Inhalt (der ist in Ordnung), sondern um die Art und Weise ihres Zustandekommens. Es ist der Eindruck entstanden, dass Großbritannien und die USA sich als die Herren und Meister sehen, die ihr Urteil über eine Welt voller Sünder sprechen, zu der auch die UdSSR zählt. Auf einer solchen Grundlage kann man keine Freundschaft begründen.»[69]

30. August

Meine Initiative hat ins Schwarze getroffen. Meine Unterredung mit Eden am 26. hat in Moskau Eindruck gemacht. Die Antwort, die ich von D. I.[70] erhielt, begann mit den Worten: «Deine Unterredung mit Eden zum Thema Strategie spiegelt voll und ganz die Stimmung der sowjetischen Bevölkerung wider. Ich freue mich, dass du diese Stimmung so gut getroffen hast.» Darauf folgen Überlegungen politischer Art. Hitlers Ziel ist es, seine Feinde einen nach dem anderen zu schlagen, die Russen heute, die Briten morgen. Die derzeitige Passivität der britischen Regierung spielt Hitler direkt in die Hände. Gewiss, die Briten zollen uns Beifall und schleudern Hitler verbale Beschimpfungen entgegen. Das ändert aber in der Praxis überhaupt nichts. Verstehen die Briten das? Natürlich verstehen sie es. Was also wollen sie? Offenbar wollen sie uns geschwächt sehen. Wenn ja, müssen wir im Umgang mit ihnen höchst wachsam sein.

D. I. gab mir einige Informationen zur Lage an der Front. Die Situation in der Ukraine und im Raum Leningrad hat sich zuletzt verschlechtert. Der Grund: Die Deutschen haben weitere 30 Divisionen aus dem Westen dorthin verlegt. Die 20 finnischen und 22 rumänischen Divisionen mitgerechnet, stehen uns jetzt fast 300 Divisionen gegenüber. Die aus dem Westen drohende Gefahr betrachten die Deutschen als einen Bluff, und so fällt es ihnen ziemlich leicht, jede halbwegs kampffähige Einheit von dort abzuziehen. Woher kommt die Zuversicht der Deutschen? ... Wenn die Engländer sich nicht sehr bald berappeln, wird unsere Lage kritisch werden. Wird das den Briten zum Vorteil gereichen? Nein, ich glaube, sie werden verlieren.

Die Schlussfolgerungen, die D. I. zieht, sind sehr bedrückend: Wenn nicht innerhalb von drei bis vier Wochen eine zweite Front in Europa eröffnet wird, könnten wir und unsere Verbündeten alles verlieren. Es ist traurig, aber es könnte Wirklichkeit werden.

Nach dem Erhalt dieser Botschaft lief ich lange Zeit in meinem Zimmer auf und ab und grübelte. Natürlich kennt D. I. die Lage besser, aber es fällt mir trotzdem schwer zu glauben, dass wir verlieren könnten. Ich bin seit dem ersten Tag dieses Krieges fest von unserem letztendlichen Sieg überzeugt. Unsicher war ich mir nur über den Preis des Sieges. Noch halte ich an meiner Überzeugung fest. Doch was D. I. mir geschrieben hat, bezeugt, dass die Lage inzwischen extrem angespannt ist. Man muss alles versuchen, um die Anspannung zu lockern oder sie zumindest für einen Weckruf an die Engländer zu nutzen. Mehr auf das Letztere setzend, antwortete ich sogleich in diesem Sinn.

Ich erklärte, dass man, wenn die Lage so ernst sei, einen weiteren Versuch machen sollte, die britische Regierung zur Eröffnung einer zweiten Front in Frankreich oder auf dem Balkan zu drängen. Zugleich fügte ich hinzu: Ich möchte keine unbegründeten Illusionen wecken. In einem Moment wie dem jetzigen muss man mehr denn je die Tatsachen so, wie sie sind, zur Kenntnis nehmen. Erlaube mir also, gleich vorneweg zu sagen, dass nach meinen persönlichen Eindrücken die Stimmung in Regierungskreisen (nicht aber bei den Massen) einer zweiten Front nicht gewogen ist. Dies fand ich insbesondere durch meine Unterredung mit dem Premierminister beim Mittagessen am 29. August bestätigt. Ein komplizierter Strauß von Motiven liegt dieser Haltung zugrunde: die hypnotische Wirkung der deutschen Unbesiegbarkeit zu Lande; die wachsende Gelassenheit, hervorgerufen durch unsere starke Gegenwehr (viele sagen: Die Russen kämpfen so gut, dass wir uns Zeit lassen und in Ruhe unsere Pläne für eine entscheidende Offensive 1942 oder 1943 verwirklichen können); der Wunsch, die UdSSR zu schwächen (ein bedeutsamer

Teil der Konservativen hegt eindeutig diesen Wunsch);[71] dass die Briten für groß angelegte Landungsoperationen nicht gerüstet sind; und die Angst vor einem neuen Dünkirchen (das die Stellung der Regierung von innen heraus unterhöhlen und ihr Ansehen in den USA beschädigen würde). Das ist eine Analyse der Gründe für die besagte Stimmung, keine Rechtfertigung. Von der bestehenden Lage ausgehend, erscheint es mir, als sei unsere größere Chance die, den Briten einen «Weckruf» im Bereich der Lieferungen zu verpassen.

[...] Dessen ungeachtet könnten wir in Anbetracht der der Sowjetunion drohenden Gefahr der britischen Regierung ein weiteres Mal das Anliegen einer zweiten Front vortragen. Churchill und andere müssen endlich einsehen, dass, wenn die UdSSR von der Bühne abträte, das britische Empire am Ende wäre. [...] Wir müssen jedoch auch die andere Seite der Medaille betrachten: Wenn die Briten keine zweite Front eröffnen und wir ihnen reinen Wein über unsere kritische Lage einschenken, könnte dies nachteilige Auswirkungen auf die Lieferungen haben. Die Briten könnten sagen: Da es nichts mehr bringt, den Russen zu helfen, behalten wir die verfügbaren Panzer und Flugzeuge lieber selbst. Alle positiven und negativen Aspekte der Démarche, die mir vorschwebt, müssen abgeschätzt werden. Wenn wir sie auf den Weg bringen, ist das in zweierlei Form möglich: (1) als persönliche Botschaft von Stalin an Churchill oder (2) in Form einer ausführlichen Unterredung zwischen mir und Churchill über die gegenwärtige Lage. Nach meiner Ansicht wäre die erste Option die bessere und wirkungsvollere.

► Cripps erhielt Stalins Botschaft an Churchill am 4. September. «Es ist ein so schwerwiegendes Dokument», schrieb er in sein Tagebuch, «dass es mich vollkommen erschüttert hat. [...] Wenn wir nicht unverzüglich etwas Wirksames tun, um zu helfen, ist das Spiel zu Ende, zumindest für eine lange Zeit, wenn nicht *endgültig*. Sie werden nicht in der Lage sein, den Winter zu überstehen. Wenn Russland jetzt zusammenbricht, werden wir ohne Aussicht auf Sieg dastehen [...] Ich fasste den Entschluss, sofort nach London zurückzukehren und General Mason-Macfarlane[1] mitzunehmen.» Churchill war fest entschlossen, Cripps von der Schaffung eines *fait accompli* abzuhalten.[72] Weil es ihm aber nicht

1 Generalleutnant Sir Frank Noel Mason-Macfarlane, 1937–1939 britischer Militärattaché in Berlin und Kopenhagen, 1941/42 Chef der britischen Militärmission in Moskau.

mehr möglich war, den Vorstoß von Cripps einfach zu ignorieren, nahm er ihn sich persönlich zur Brust, indem er ihm ausführlich die Argumente vortrug, die gegen ein direktes Eingreifen an der Seite der Russen sprachen, wobei er sich insbesondere über Cripps' Forderung nach einem übermenschlichen Kraftakt mokierte mit der rhetorischen Frage, ob damit «ein über Raum, Zeit und Geographie triumphierender Kraftakt» gemeint sei.[73] Der Brief markierte den Beginn einer langen und erbitterten Korrespondenz zwischen den beiden, die in Cripps' Griff nach der Macht nach seiner Rückkehr aus Moskau gipfelte.[74]

Das Zerwürfnis zwischen Churchill und Cripps am Vorabend der Moskauer Konferenz fiel zeitlich mit einer sich verschärfenden Krise an der russischen Front zusammen. Am 8./9. September gingen die Deutschen vor Leningrad wieder zum Vormarsch über. Davor hatte Hitler am 21. August gegen die dezidierte Meinung seiner Generäle entschieden, den Vormarsch nach Moskau vorübergehend zu stoppen. Nach einer heftigen, aber kurzen Panzerschlacht gelang es Guderian[I] am 7. September, im Raum Brjansk und an Abschnitten der südöstlichen Front die russischen Verteidigungslinien zu durchbrechen. Am 11. September saß der legendäre General Budjonny[II] im Kiewer Frontbogen in der Falle; als er um die Erlaubnis zum Rückzug bat, wurde er unverzüglich seines Kommandos enthoben und durch Marschall Timoschenko[III] ersetzt. Ein paar Tage später vereinten sich Guderian und Feldmarschall Ewald von Kleist[IV] rund 160 Kilometer östlich von Kiew zu einer Zangenbewegung und kesselten die Truppen Timoschenkos ein. Schaposchnikow[V] telegraphierte an diesem Tag

---

I Generaloberst Heinz Guderian, Architekt der deutschen Panzerkriegsdoktrin und Vater der Siege im Westen und in den Anfangsstadien des Russlandfeldzuges. Nach Kritik an der Kriegführung im Osten wurde er im Winter 1941 von Hitler kaltgestellt, 1943 jedoch wieder mit einem Kommando betraut.

II Marschall Semjon Michailowitsch Budjonny, einstiger zaristischer Dragoner; dass er im Bürgerkrieg an Stalins Seite gekämpft hatte, bewahrte ihn davor, den Säuberungen zum Opfer zu fallen. Zu Kriegsbeginn Oberbefehlshaber der russischen Streitkräfte in der Ukraine und in Bessarabien, wurde er im September 1941 nach den verheerenden Niederlagen seiner Truppen seines Kommandos enthoben.

III Semjon Konstantinowitsch Timoschenko, Marschall der Sowjetunion, Mai 1940 bis Juli 1941 Volkskommissar für Verteidigung; Juli bis September 1941 Stellvertretender Volkskommissar für Verteidigung, Juli 1942 Kommandeur der Stalingrader Front, Oktober 1942 bis März 1943 Kommandeur der Nordwestfront.

IV Feldmarschall Paul Ewald von Kleist, 1941 Kommandeur der in der Ukraine kämpfenden Ersten Panzergruppe, 1942 mit der Eroberung der Ölfelder um Baku beauftragt.

V Boris Michailowitsch Schaposchnikow, 1928–1931, 1937–1940, 1941 Stabschef der Roten Armee, 1941–1943 Stellvertretender Volkskommissar für Verteidigung.

an den Generalstab: «Das ist der bekannte Anfang der Katastrophe, eine Frage von wenigen Tagen.» Und in der Tat fiel Kiew am 18. September, und das Gros der an dieser Front eingesetzten sowjetischen Streitmacht wurde teils aufgerieben, teils gefangen genommen. Die Lage an der Südfront sah ebenso trostlos aus: Deutsche Truppen hatten einen Ring um Odessa gelegt und bedrohten die Krim.[75]

4. September

Mein Vorschlag ist angenommen worden. Heute Morgen habe ich den Text von Stalins persönlicher Botschaft an den Premierminister erhalten. Feste, klare und rücksichtslose Worte. Keine Illusionen, nichts Versüßendes. Die Tatsachen sind so, wie sie sind. Die Gefahren so, wie sie lauern. Ein bemerkenswertes Dokument.[76]

Ich ging gegen 16 Uhr zu Cadogan, um die iranische Affäre zu erörtern. Ich ließ ihn wissen, dass ich Churchill eine persönliche Botschaft von Stalin überbringen müsse, und bat ihn, ein Treffen mit dem Premierminister am Abend (wenn möglich) oder morgen Vormittag zu arrangieren. [...] Ich bat Cadogan auch, die Teilnahme Edens an meinem Treffen mit dem Premierminister zu ermöglichen.

«Es tut mir sehr leid», füge ich hinzu, «dass es sich nicht vermeiden lässt, die Ruhe des Außenministers zu stören, aber es geht um eine sehr ernste Angelegenheit, und ich meine, er wird es mir in diesem Fall nicht nachtragen.» [...]

Eden war einige Tage zuvor für eine Woche aufs Land gefahren, um Urlaub zu machen.

Cadogan nahm an, er werde noch während unserer Diskussion über die iranischen Angelegenheiten eine Antwort aus dem Sekretariat des Premierministers bekommen, aber die Antwort ließ dann doch auf sich warten. Ich beschloss, nach Hause zu gehen, und bat Cadogan, mich telefonisch über Zeit und Ort meines Treffens mit dem PM zu informieren. Das Telefon klingelte, kaum dass ich wieder in der Botschaft war. Cadogan sagte, der PM werde mich um 22 Uhr in Downing Street 10 empfangen, und Eden werde dem Treffen beiwohnen.

Ich verließ das Haus eine Viertelstunde vor der verabredeten Zeit. Der Mond schien hell. Phantastisch geformte Wolken rasten von West nach Ost. Wenn sie den Mond verdeckten und ihre Ränder in Rot und Schwarz getaucht waren, erschien der Anblick düster und unheilverkündend. Als stehe die Welt am Vorabend ihrer Vernichtung. Ich fuhr durch die vertrauten Straßen und dachte: «Noch ein paar Minuten, und ein wichtiger, vielleicht entscheidender historischer Moment, befrachtet mit den schwersten Konsequenzen, wird über uns kommen. Werde ich ihm gewachsen sein? Habe ich genug Stärke, Energie, Raffinesse, Beweglichkeit und Verstand, um meine Rolle mit möglichst großem Erfolg für die UdSSR und für die Menschheit zu spielen?» ...

Ich betrat das Foyer des berühmten Hauses in aufgepumpter Stimmung, erfüllt von einer vibrierenden inneren Spannung. Doch die Prosa des Lebens holte mich sogleich mit Karacho auf den Erdboden zurück. Der Pförtner, ein sehr gewöhnlicher englischer Pförtner in Livree, verbeugte sich und nahm mir den Hut ab. Ein anderes Faktotum, vom ersten nicht unterscheidbar, führte mich durch schwach beleuchtete Gänge, in denen junge Männer und Frauen an mir vorbeihuschten, wahrscheinlich Sekretäre und Schreibkräfte des Premierministers. Man setzte mich dann an einen kleinen Tisch und meldete meine Ankunft. Diese ganze gewöhnliche Routine, die mir aus langjähriger Erfahrung vertraut war, fühlte sich an wie eine auf meine Seele gekippte Wanne kalten Wassers.

Ich wurde dann ins Dienstzimmer des Premierministers geführt, genauer gesagt, ins Sitzungszimmer des Kabinetts. Churchill saß, im Smoking und mit der notorischen Zigarre zwischen den Zähnen, ungefähr in der Mitte eines langen Tisches mit grünem Tischtuch, beidseitig von einer langen Reihe leerer Stühle flankiert. Neben dem PM saß Eden, der einen dunkelgrauen Anzug aus dünnem Stoff trug. Churchill blickte mich misstrauisch an, nahm einen Zug aus seiner Zigarre und brummte wie eine Bulldogge: «Bringen Sie gute Nachrichten?»

«Ich fürchte, nein», antwortete ich und reichte dem Premierminister das Kuvert mit der Botschaft Stalins.

Er nahm den Brief heraus, setzte die Brille auf und begann aufmerksam zu lesen. Wenn er mit einem Blatt durch war, gab er es an Eden weiter. Ich setzte mich neben den Premierminister, sagte nichts und musterte sein Mienenspiel. Als Churchill mit Lesen fertig war, konnte ich deutlich sehen, dass Stalins Botschaft einen starken Eindruck auf ihn gemacht hatte.

Ich ergriff das Wort: «Somit kennen Sie, Mr Churchill, und die britische Regierung jetzt den wirklichen Stand der Dinge. Wir haben dem furchterregenden Ansturm der deutschen Kriegsmaschine jetzt elf

Wochen lang standgehalten. Die Deutschen haben bis zu 300 Divisionen an unsere Front geworfen. Niemand hilft uns in diesem Kampf. Die Lage ist schwierig und bedrohlich geworden. Es ist noch immer nicht zu spät, sie zu verändern. Aber wenn das geschehen soll, ist es absolut unerlässlich, schnell und entschlossen das zu tun, worüber Stalin schreibt. Wenn nicht unverzüglich die richtigen Maßnahmen ergriffen werden, wird sich die Tür vielleicht schließen. [...] Entweder Sie tun klare und entschlossene Schritte, um der UdSSR die Unterstützung zu verschaffen, die sie braucht – dann werden wir den Krieg gewinnen, dann wird der Hitlerismus ausgelöscht, und für die Menschheit wird sich die Aussicht auf eine freie und fortschrittliche Entwicklung auftun. Oder aber, wenn Sie uns nicht die Unterstützung verschaffen, die wir brauchen, wird die UdSSR Gefahr laufen unterzugehen, mit allen sich daraus ergebenden Konsequenzen.»

[...] Während ich redete, saugte der Premierminister an seiner Zigarre und lauschte; nur hin und wieder reagierte er mit Gesten oder Gesichtsausdrücken auf das, was ich sagte, derweil Eden noch in die Lektüre von Stalins Botschaft vertieft war und die eine oder andere Randbemerkung auf das Papier kitzelte.

Dann setzte Churchill zu seiner Antwort an. [...] «Ich zweifle nicht daran», sagte er laut, «dass Hitler nach wie vor sein altes Ziel verfolgt, seine Feinde einen nach dem anderen zu besiegen ... Ich wäre bereit, 50 000 englische Leben zu opfern, wenn ich damit auch nur 20 deutsche Divisionen von Ihrer Front wegbekommen könnte!»

Unglücklicherweise fehle es England aber gegenwärtig an der Schlagkraft, eine zweite Front in Frankreich zu errichten. An dieser Stelle wiederholte Churchill alles, was er mir zu diesem Thema im Juli gesagt und was er anschließend in seiner Antwort auf Stalins Botschaft vom Juli dargelegt hatte.

«Der Ärmelkanal, der den Sprung Deutschlands nach England verhindert», führte der Premierminister weiter aus, «hindert ebenso auch England daran, den Sprung hinüber ins besetzte Frankreich zu tun.»

Churchill schließt auch die Möglichkeit einer zweiten Front auf dem Balkan gegenwärtig aus. Es fehle den Briten an den dafür notwendigen Truppen, Flugzeugen und Transportkapazitäten.

«Vergegenwärtigen Sie sich nur», rief Churchill, «dass wir im Frühjahr volle sieben Wochen gebraucht haben, um drei bis vier Divisionen aus

Ägypten nach Griechenland zu verlegen. Und das vor dem Hintergrund, dass Griechenland kein feindliches, sondern ein befreundetes Land ist! Nein, nein! Wir können nicht in die sichere Niederlage hineinlaufen, weder in Frankreich noch auf dem Balkan!»

[...] In der Erkenntnis, dass jedes weitere Drängen in der Frage einer zweiten Front sinnlos war, zog ich mich auf meine «zweite Argumentationslinie» zurück und lenkte das Augenmerk auf das Thema Rüstungslieferungen. Hier zeigte sich der PM sehr viel zugänglicher, so wie ich es erwartet hatte. Er versprach, Stalins Ersuchen um die Lieferung von Panzern und Flugzeugen mit einem Höchstmaß an gutem Willen zu prüfen und bald eine verbindliche Antwort zu geben.

«Erwarten Sie aber nur nicht zu viel von uns!», warnte mich Churchill. «Wir leiden selbst an einem Mangel an Waffen. Mehr als eine Million britische Soldaten sind noch heute unbewaffnet.»

Wie ein Schuljunge, der stolz darauf ist, wie trickreich er seine Klassenkameraden hereingelegt hat, erzählte Churchill mir zwinkernden Auges, wie er es auf der Atlantikkonferenz geschafft hatte, Roosevelt 150 000 Gewehre aus den Rippen zu leiern. 150 000! So sehen also die zahlenmäßigen Größenordnungen aus, über die wir uns heute unterhalten müssen. Was Panzer betrifft, so seien 500 pro Monat außerhalb jeder Diskussion. Die gesamte Panzerproduktion in England reiche an diese Zahl nicht heran!

«Ich will Ihnen nichts vormachen», fuhr Churchill fort. «Ich werde offen sein. Wir werden vor dem Winter nicht in der Lage sein, Ihnen irgendwelche nennenswerte Unterstützung zu geben, sei es durch Errichtung einer zweiten Front oder durch reichliche Lieferungen. Alles, was wir Ihnen zum jetzigen Zeitpunkt liefern können – Panzer, Flugzeuge etc. – sind Bagatellen im Vergleich zu dem, was Sie brauchen. Es tut mir weh, das zu sagen, aber die Wahrheit hat oberste Priorität. In der Zukunft wird es anders aussehen. 1942 wird sich die Lage verändern. Sowohl wir als auch die Amerikaner werden Ihnen 1942 sehr viel mehr geben können. Aber bis dahin ...»

Churchill beendete den angefangenen Satz mit einem angedeuteten Lächeln. «Nur Gott, an den Sie nicht glauben, kann Ihnen in den nächsten sechs bis sieben Wochen helfen. Zumal auch dann, wenn wir Ihnen jetzt Panzer und Flugzeuge schicken würden, sie nicht vor Winterbeginn bei Ihnen ankommen würden.»

An dieser Stelle brachte ich ein anderes Thema ins Spiel, das mir seit Längerem schwer auf dem Herzen lag: «Die UdSSR und England», sagte ich, «sind Verbündete. Sie führen gemeinsam einen Krieg gegen einen gemeinsamen Feind. Daraus müsste, so sollte man denken, die Existenz eines gemeinsamen strategischen Plans für die Kriegführung folgen (und sei es nur in grundrissartiger Form). Haben [die Alliierten] einen solchen Plan? Nein, haben sie nicht. Wir wissen nicht, wie die Briten Hitler besiegen wollen, und die Briten wissen nicht, wie wir uns die Erreichung dieses Ziels vorstellen. Es finden keine militärischen Besprechungen zwischen den Stabschefs statt. Man denkt nicht einmal laut über eine ernsthafte militärische Zusammenarbeit nach. Das ist nicht normal. Könnte man nicht die Parameter der bevorstehenden Moskauer Konferenz dahingehend ausweiten, dass dort nicht nur über Lieferungen diskutiert wird, sondern auch über eine gemeinsame Strategie?»

Churchill stimmte mir grundsätzlich zu, wenn auch ohne große Begeisterung. Er erklärte, er sei bereit, mit uns zusammen ein strategisches Grundkonzept zu entwickeln.

Ich fragte nach, wie der Premierminister den weiteren Verlauf und den Ausgang des Krieges sehe.

[...] «Meine Pläne für 1942 sind sehr bescheiden», antwortete Churchill. «Sie sehen so aus: gut auf das Mutterland aufpassen und keine Invasion zulassen, das Niltal und den Nahen Osten halten, uns Libyen zurückholen (und Tripolis einnehmen, wenn möglich), Nachschubwege in die UdSSR über Iran und andere Routen sichern, die Türkei auf unsere Seite ziehen, Deutschland unter Dauerbombardement setzen, einen gnadenlosen U-Boot-Krieg führen. Was den Rest angeht: die Streitkräfte kampfbereit machen, die Luftwaffe stärken, die Rüstungsproduktion steigern, den Nahen Osten befestigen. Ich habe vor, bis Ende dieses Jahres dort 750 000 Soldaten stehen zu haben (derzeit sind es rund 600 000) und bis zum Frühjahr 1942 eine runde Million.»

Was Churchill damit im Wesentlichen aussagte, war, dass 1942 lediglich ein «vorbereitendes» Jahr werden sollte. Keine größeren Landungsoperationen, keine Versuche, den Krieg zu entscheiden. 1943 könnte dann zum Jahr der Entscheidung werden, wenn England mit Unterstützung der USA seine Panzerproduktion auf 20 000 erhöht. Aber auch das ist reine «Zukunftsmusik». Es lässt sich nicht ausschließen, dass der gordische Knoten erst 1944 durchschlagen wird.

[…] Es war Viertel vor zwölf, als ich mich vom Premierminister verabschiedete. Wir hatten uns fast zwei Stunden unterhalten. Der Mond war untergegangen, und die in tiefste Verdunkelung getauchten Straßen von London waren von einer bedrohlichen Grabesruhe erfüllt. Das Fazit der Unterredung ziehend, fragte ich mich: «Wie wird das alles ausgehen?»[77]

5. September

Heute um elf Uhr fand in Edens Amtszimmer das von Churchill vorgeschlagene Treffen mit den Stabschefs statt. Eden führte den Vorsitz. Zugegen waren Admiral Pound, General Dill, Luftmarschall Portal[I] und zwei oder drei andere Militärs. Von unserer Seite nahmen ich und Charlamow[II] teil sowie Baranow, der für den Admiral dolmetschte. Es dauerte ungefähr zwei Stunden. Wir konferierten über die Machbarkeit (oder eben nicht) einer zweiten Front in Frankreich unter rein strategischen Gesichtspunkten. Ich wurde aufs Schwerste enttäuscht, nicht davon, dass die Stabschefs eine solche Operation für unmöglich halten (darauf war ich nach allem bereits gefasst), sondern von der Dürftigkeit und Banalität ihrer Argumente.[78] Absolut nichts Neues, nichts, das überzeugender gewesen wäre als das, was ich zuvor schon von anderen Dutzende Male zu hören bekommen habe, vom Premierminister abwärts bis zu ganz gewöhnlichen Journalisten. Es war zu spüren, dass die Stabschefs geradezu hypnotisiert sind von der Übermacht der deutschen Kriegsmaschine, die ihnen anscheinend jede Initiative und jeden Schneid geraubt hat. Dill machte noch den besten Eindruck auf mich, Pound den schlechtesten. Eden gab nur den Moderator und brachte kaum eigene Meinungen ein. Wir wurden gerade pünktlich zum «Lunch» fertig. Das Verdikt der Stabschefs lautet, dass eine zweite Front unmöglich ist, sowohl in Frankreich als auch auf dem Balkan.

[…] Ich fragte Eden: «Wenn ich es richtig verstehe, erwägt die britische Regierung eine Steigerung der Unterstützung für uns in Form von Lieferungen. Auf welcher Basis wird dies geschehen? Gegen Bargeld? Auf Kredit?»

I Charles Portal, 1940–1945 Stabschef der britischen Luftwaffe.

II Admiral Nikolai Michailowitsch Charlamow, ab Juni 1941 Marineattaché und Leiter der sowjetischen Militärmission in Großbritannien, ab 1944 Stellvertretender Generalstabschef der Marine.

Maiski im Gespräch mit der heimlichen Opposition, Lloyd George und Anthony Eden

Meine Frage brachte Eden in Verlegenheit, und er sagte, er müsse den Premierminister fragen. Ich hakte nach: «Wenn Sie mit Churchill über dieses Thema reden, könnten Sie dann nicht die Frage ansprechen, ob die Lieferungen sich auf der Grundlage von *Lease and Lend* abwickeln ließen?» […] Eden nickte erleichtert und sagte, das sei auch seine Meinung. Es wurde deutlich, dass meine Idee ihm gefiel. Er versprach, in seinem Gespräch mit dem Premierminister einen entsprechenden Vorschlag einzubringen.

Um 18 Uhr sollte ich eine kurze Rede auf der Trauerfeier für Tagore halten. […] Kaum hatte ich zu Ende geredet, da wurde mir eine Nachricht aus der Botschaft zugesteckt: Churchill bat mich, unverzüglich in die Downing Street 10 zu kommen. Ich musste mich […] bei den Versammelten entschuldigen und die Feier verlassen.

Ich saß runde zehn Minuten im Empfangszimmer des Premierministers. Einmal steckte Eden den Kopf durch den Türspalt und sagte: «Entschuldigen Sie die Verspätung. Die Antwort wird gerade getippt.»

Dann fügte er mit halbwegs bedauerndem Lächeln hinzu: «Wir konnten Sie nicht ganz zufriedenstellen, haben aber unser Bestes getan ... Sie werden selbst sehen.»

Eden verschwand wieder, und ich fragte mich, wie die britischen Zugeständnisse wohl aussehen mochten.

Schließlich baten sie mich herein. Derselbe längliche Raum mit dem mit grünem Tuch bezogenen Tisch. An dem Tisch saßen Churchill und Eden, vor ihnen standen eine Flasche Whisky und ein Vorrat Sodawasser. Der Premierminister, mit der gewohnten Zigarre zwischen seinen Zähnen, forderte mich mit einer freundlichen Geste auf, Platz zu nehmen, und schenkte mir einen Whisky mit Soda ein. Dann sagte er grinsend: «Der Text unserer Botschaft wird in einer Minute hier sein ... Bis dahin würde ich gerne eine andere Sache ansprechen.»

Wie sich herausstellte, hatte Churchill tags zuvor mit Lloyd George gesprochen. Der alte Mann hatte Churchills Politik gegenüber der UdSSR kritisiert und dabei in einem Nebensatz gesagt, die britische Regierung liege ja nicht einmal bei ihren Lieferungen an uns im Soll. [...] Churchill hat den Eindruck, ich hätte mich bei Lloyd George über die britische Regierung beschwert. Das brannte ihm unter den Fingernägeln. «Wenn Sie mit etwas unzufrieden sind», sagte der PM, «kommen Sie zu mir, zu Eden oder zu Max [Beaverbrook], und wir werden versuchen, unser Möglichstes zu tun. Warum sich bei der Opposition beklagen? ... Lloyd George repräsentiert schließlich die Opposition gegen die Regierung. Es bringt Ihnen mehr Nutzen, mit der Regierung zu arbeiten. Die Opposition hat jetzt gar nichts zu melden.»[79]

Schließlich wurde eine Kopie der Antwort des PM an den Genossen Stalin hereingereicht. Churchill schob das Dokument zu mir herüber und sagte mit einem etwas überheblichen Grinsen: «Hier steht, was wir im Moment tun können. Ich meine, es wird dann doch eine gewisse Hilfe für Sie sein.»

Ich überflog die Antwort. Ich fand darin Dinge, die meine Vorschläge widerspiegelten: die grundsätzliche Bereitschaft zur Entwicklung gemeinsamer Kriegspläne und die Bereitschaft, im Bereich der Lieferungen das Leih- und Pachtgesetz [lend-lease] anzuwenden. Das tat gut. Was nicht guttat, war die kategorische Absage an eine zweite Front.

15. September

Eine neue Botschaft von Genosse Stalin an Churchill als Antwort auf Churchills Botschaft an Genosse Stalin vom 5. September ist heute angekommen.[80] Ihr zentraler Punkt: Wenn die britische Regierung die Errichtung einer zweiten Front im Westen für unmöglich erachtet, könnte sie dann nicht 25–30 Divisionen in die UdSSR entsenden, die Seite an Seite mit unseren Soldaten gegen die Deutschen kämpfen?

[...] Eden war bei der Unterredung nicht dabei, so dass sie als Zwiegespräch zwischen dem Premierminister und mir ablief.

Nachdem Churchill die Botschaft des Genossen Stalin durchgelesen hatte, begann er «laut zu denken». Seine «Gedanken» liefen auf Folgendes hinaus:

Grundsätzlich wäre Churchill bereit, der Bitte Stalins zu entsprechen und britische Truppen in die UdSSR zu entsenden. Er würde es sogar als eine Ehrensache betrachten, das zu tun. Er müsse dies aber erst mit seinen Kollegen und Beratern durchsprechen.

Der Premierminister sieht im Hinblick auf die Erfüllung der Bitte des Genossen Stalin zwei Probleme. Das erste: Wo soll er die Truppen für ein solches Expeditionskorps hernehmen? Die Briten haben rund 600 000 Mann in Nahost stehen und hoffen, diese Zahl bis Weihnachten auf 750 000 steigern zu können. Das hatte Churchill mir schon früher gesagt. Die Zahl ausgebildeter und bewaffneter Soldaten im Inland liegt bei nicht mehr als einer Million (ohne Berücksichtigung der Home Guard, der Luftverteidigungskräfte, der Küstenwache etc.). Zurzeit wird eine Offensive in Libyen vorbereitet. Ist es unter diesen Umständen möglich, Truppen in nennenswerter Größenordnung für ein Expeditionskorps auf dem sowjetischen Kriegsschauplatz zu erübrigen? 25 bis 30 Divisionen sprengen natürlich jeden Rahmen – das übersteigt die derzeitigen Fähigkeiten Englands –, aber lässt sich überhaupt etwas Substantielles finden, das man in die UdSSR entsenden könnte? Churchill war sich nicht sicher.

[...] Ich fragte sodann: Darf ich davon ausgehen, dass sich die britische Regierung im Prinzip bereiterklärt, die Bitte Stalins zu erfüllen? Wenn das der Fall ist, könnte man unverzüglich in Moskau oder London in praktische militärische Verhandlungen darüber eintreten. Der Premierminister wich einer direkten Antwort auf meine Frage aus und wiederholte nur, er werde diese Frage baldmöglichst mit seinen Beratern erörtern und mich umgehend informieren. Das klingt für mich verdächtig. Die «Berater» (mir kamen sofort die Gesichter von Pound, Dill und Portal in den Sinn) werden sich natürlich gegen die Wünsche des Genossen Stalin aussprechen, und selbst wenn sie das nicht offen tun, werden sie einen Stacheldrahtzaun aus unerfüllbaren Bedingungen für die praktische Durchführung hochziehen. Wird Churchill da standhaft bleiben können? Ich fürchte, wir werden nicht weit kommen. Aber wir werden sehen.

Churchill fasste die Situation wie folgt zusammen: «Ich wiederhole, was ich Ihnen bei unserem letzten Treffen gesagt habe: Ich will Ihnen nichts vormachen. Selbst wenn die britische Regierung beschließt, Ihnen ein Expeditionskorps zu schicken, wird das nicht vor Winterbeginn eintreffen. Ich fürchte, die nächsten sechs Wochen werden eine schwere Zeit für Sie, aber ich werde Ihnen in dieser Phase keinerlei substantielle Unterstützung zukommen lassen können. Das ist traurig, aber leider nicht zu ändern.»

Der Premierminister vertiefte sich noch einmal in Genosse Stalins Botschaft und ergänzte mit einem zufriedenen Lächeln: «Es ist sehr gut, dass Herr Stalin jetzt endlich an unsere guten Absichten gegenüber der UdSSR glaubt. Ja, wir wollen, dass Sie siegen, denn das wird auch unser Sieg sein. Und ich bin bereit, für Ihren Sieg alles zu tun, was ich kann. Das Dumme ist, dass meine Möglichkeiten begrenzt sind. Bitte haben Sie dafür Verständnis.»[81]

Nach einem Moment des Nachdenkens fügte Churchill hinzu: «Ich glaube an Ihre Kooperation. Ich glaube Herrn Stalin. Ich glaube ihm aus zwei Gründen. Erstens, weil unsere Interessen übereinstimmen: Wir sind einer tödlichen Bedrohung durch denselben Feind ausgesetzt. Zweitens, weil ich weiß, dass die sowjetische Regierung bis jetzt immer Wort gehalten hat.»

Ich bestärkte den Premierminister in beiden Punkten.

22. September

In den Fabriken. Versammlungen.

Auf der Tribüne vor den Panzern. «Stalin» heißt der erste, der vom Band rollt.

Die Menge in einer Stimmung wie bei unseren Kundgebungen in den Jahren der Revolution.

Versammlung der Betriebsvertrauensleute, alle versprechen, «uns nicht im Stich zu lassen».

Maiski dankt Arbeitern für «Stalin», den ersten Panzer für die russische Front, der in Birmingham vom Band lief.

Genialer Beaverbrook. Er hat alles organisiert, einschließlich der Versammlung der Vertrauensleute. Er hat keine Angst.

Ist es der Mühe wert, etwas für die Steigerung der Produktion in England zu tun? Unter der Bedingung, dass ein fester Prozentsatz an uns geht.

[...]

Die «Woche für russische Panzer» brachte eine 20-prozentige Steigerung der Produktion.[82]

Ohne Datum,
geschrieben zwischen 24. September und 10. Oktober

[...] Moskauer Konferenz

Eden sagte auf der Interalliierten Konferenz am 24. September, die Moskauer Konferenz werde in ca. sieben bis zehn Tagen zu Ende sein. Alles ist gut vorbereitet. Das ist Churchills Stil – er hofft, die wichtigsten Aufgaben innerhalb weniger Tage gelöst zu bekommen, wie Beaverbrook mir vor seiner Abreise sagte. («Was jetzt nottut, ist handeln, nicht verhandeln.») «Ich bewundere die Tapferkeit und den Behauptungswillen der

Russen», sagte Beaverbrook. «Sie sind ein wirkliches Volk. Sie haben mir am ersten Kriegstag gesagt: Wir werden kämpfen wie die Teufel. Ich ging zum PM und sagte ihm: ‹Maiski sagt, die Russen werden kämpfen wie die Teufel. Wir müssen ihnen helfen!› Es ist so gekommen, wie Sie gesagt haben.»[83]

▶ Am 29. September, dem Tag bevor die Deutschen zu ihrer entscheidenden Offensive auf Moskau antraten, trafen Beaverbrook und Averell Harriman, von Roosevelt mit der Koordinierung der amerikanischen Lieferungen an Großbritannien betraut, in Moskau ein. Eden wiegte Maiski in dem Glauben, man werde General Ismay ermächtigen, über die Verlegung britischer Truppen an die Ostfront zu reden.[84] Beaverbrook durfte jedoch auf ausdrückliche Weisung Churchills keinerlei politische oder strategische Gespräche führen. Gleichwohl war er entschlossen, aus der überwältigenden Unterstützung für Russland bei der britischen Bevölkerung einen größtmöglichen Nutzen zu ziehen und damit auch seinen politischen Einfluss in London zu stärken, und inszenierte zu diesem Zweck die Konferenz als «Weihnachtsparty», auf der die Vereinigten Staaten und Großbritannien «dem armen Russland Geschenke überreichen» würden.[85] Mit der Ausweitung des Leih- und Pachtgesetzes auf Russland und indem er die strittigen Fragen unter den Teppich kehrte, hoffte Beaverbrook, Stalin von der Fokussierung auf die «zweite Front» und auf die Nachkriegsordnung abzubringen.[86]

Es kam zwischen Stalin und Beaverbrook zum Austausch etlicher Klatschgeschichten, was uns einen seltenen Einblick in Stalins persönliches Verhältnis zu Maiski eröffnet. Offenbar äußerte Beaverbrook sich sehr lobend über Maiski als Botschafter und hatte an ihm einzig auszusetzen, dass er sich «manchmal zu aufdringlich» gebärde. Stalin schien sich jedoch mehr an der Gewohnheit Maiskis zu stören, den Briten «Vorträge über die kommunistische Lehre» zu halten. «Und was gibt es über unseren Mann zu sagen?», fragte Beaverbrook, kaum einen Hehl aus seiner persönlichen Abneigung gegen Cripps machend. Stalin zuckte nur mit den Achseln. «Ach, der ist in Ordnung.» «Die qualifizierte Zustimmung zu Cripps», berichtete Beaverbrook an Churchill, habe ihn zu der Feststellung gelangen lassen, dass es an Cripps zwar nichts auszusetzen gebe, dass er aber ein Langweiler sei. «‹Kann man ihn in dieser Hinsicht›, fragte Stalin, ‹mit Maiski vergleichen?› Ich antwortete: ‹Nein, mit Madame Maiski.› Stalin schüttete sich aus vor Lachen.»[87]

12. Oktober (Bovingdon)

Eine schwere Woche! Diese letzten sieben Tage bilden in meiner Erinnerung eine Kette aus deprimierenden Gliedern. Hitler bot in seiner letzten Rede nicht nur Zerknirschung und Prahlerei. Er verkündete auch die finale Großoffensive gegen Moskau. Die größte Offensive dieses Krieges. Und in der Tat verzeichnete er in den ersten sechs bis sieben Tagen beachtliche Erfolge: Die Armee Timoschenkos musste sich 70 bis 80 Kilometer zurückziehen. Orel wurde von den Deutschen eingenommen, bei Wjasma und Brjansk gehen die Kämpfe weiter, im Süden sind Berdjansk und Mariupol an die Deutschen gefallen. Wir haben es zwar in den letzten drei, vier Tagen geschafft, das Tempo des deutschen Vormarschs im Zentrum erheblich zu bremsen, aber gestoppt ist der Vormarsch nicht. Heute ist unser weiterer Rückzug «auf neue Stellungen» bekannt gegeben worden. Werden wir diese neuen Stellungen halten können? Werden wir den Vormarsch des Feindes zum Stehen bringen? Werden wir Moskau halten können?

Ein inneres Gefühl sagt mir, dass wir es schaffen werden, Moskau zu halten, wenn auch um den Preis größter Mühen und immenser Verluste. Aber innere Gefühle eignen sich schlecht als Bürgen. Die Zeit wird es zeigen. Weitaus düsterer sind meine Erwartungen für den Süden. Werden wir das Donezbecken halten können? Ich weiß es nicht. Schwächen in unserer Gegenwehr an der ukrainischen Front sind spürbar. [...]

Die Entwicklungen an unserer Front rufen in England komplexe Reaktionen hervor. [...] Enttäuschung darüber, dass wir es nicht fertigbringen, dem Krieg ohne gigantische und mühselige Beiträge Englands eine hoffnungsvolle Wendung zu geben, und Angst vor dem Fortgang der Dinge im Osten und dem weiteren Verlauf und Ausgang des Krieges als Ganzen. Diese Gefühle haben sich in der verflossenen Woche intensiviert. Donnerstag, der 9. Oktober, war der schlimmste Tag. Die Zeitungen erschienen mit panischen Schlagzeilen. Der Eindruck entstand, die gesamte sowjetische Front stürze in sich zusammen wie ein Kartenhaus. Eine Welle des Pessimismus griff um sich. In der Stadt kursierten Gerüchte (vermutlich von deutschen Quellen lanciert), «Russland» habe beschlossen, aus dem Krieg auszusteigen, und Verhandlungen zwischen Berlin und Moskau über einen Waffenstillstand seien bereits im Gang. Manche fanden nur einen ziemlich fragwürdigen Trost: «Was für ein Glück, dass

Hitlers Teufelsmaschine, deren ganze Vernichtungskraft wir erst jetzt zu sehen bekommen haben, nicht gegen uns aufgefahren worden ist, sondern gegen Russland!»

[...] Das ist die eine Facette der englischen Reaktion. Es gibt eine andere, die parallel zu der ersten läuft. Ich meine die kolossale Zunahme des Wohlwollens und Mitgefühls für die UdSSR, besonders (aber nicht nur) bei den unteren Schichten. [...]

[...] Alles «Russische» ist jetzt en vogue: russische Lieder, russische Musik, russische Filme, Bücher über die UdSSR. Ein Büchlein mit den Reden Stalins und Molotows seit Kriegsbeginn, erschienen in einer Auflage von 75 000 Stück, [...] war im Nu ausverkauft. Das Bedürfnis, uns Gutes zu tun, hat besonders in den letzten zwei, drei Wochen stark zugenommen. Die «Woche für russische Panzer», die Beaverbrook vor seiner Abreise nach Moskau veranstaltet hat, war ein glänzender Erfolg. Der Bürgermeister von Kensington arrangierte einen Empfang für Agnia und mich: Rund 500 Gäste nahmen teil, darunter viele Diplomaten, Politiker und Persönlichkeiten des öffentlichen Lebens, die Geistlichkeit und alle möglichen Aristokraten. [...] Am 10. Oktober war ich als Ehrengast in den Livery Club eingeladen, den heiligsten der heiligen Grale der City; ich erhielt eine echte Ovation. Das Athenaeum und der St. James Club haben mich zum Ehrenmitglied ernannt.[88] Meine Grußbotschaft an die Kundgebung der internationalen Jugend am 11. Oktober in der Albert Hall wurde mit lautem Beifall quittiert, während die Grußbotschaften vom König, von Churchill, von Beneš, vom Erzbischof von York[I] und von anderen auf eisiges Schweigen stießen.

Aus dem Meer dieses Wohlwollens und Mitgefühls der breiten Masse erhebt sich lauter und lauter die Frage: «Hat England alles in seiner Macht Stehende getan, um der UdSSR zu helfen?»

Und viele kommen, nicht ohne Grund, zu dem Ergebnis, dass das bei Weitem nicht der Fall ist. [...] Wird die Kampagne für die Eröffnung einer zweiten Front praktische Folgen zeitigen? Ich zweifle daran. [...] Churchill selbst ist gegen eine zweite Front in Europa. [...] Mir scheint, Churchill hat einfach Angst vor der Potenz der deutschen Kriegsmaschine und hört außerdem zu sehr auf seine «militärischen Berater», besonders Admiral Pound.

I William Temple, 1929–1942 Erzbischof von York, 1942–1944 Erzbischof von Canterbury.

Kann Druck von unten die Regierung zu einer Kursänderung bewegen? Ich weiß es nicht. Es hat vorläufig nicht den Anschein.

13. Oktober

Als wir mit den dienstlichen Dingen fertig waren (einem Dreimächtebündnispakt zwischen der UdSSR, England und Iran),[89] räkelte Eden sich plötzlich lässig in seinem Sessel und fragte in Gastgebermanier: «Whisky mit Soda?»

«Ich sage nicht Nein», antwortete ich.

Es war ca. 20 Uhr. Edens Amtszimmer war nur schummrig beleuchtet, eine Atmosphäre, die zu Vertraulichkeit und offenherzigem Gedankenaustausch einlud.[90]

Eden holte aus einem schönen Schränkchen neben dem Fenster zwei Flaschen und stellte sie auf seinen Schreibtisch. Ich goss die klassische englische Mixtur in zwei Gläser. Eden rückte seinen Sessel näher zum Kamin und sagte: «Ja, das ist eine schreckliche Zeit, die wir durchleben! Die ganze Welt ist in einem Zustand von Chaos und Krieg.»

Er überlegte einen Moment und fügte hinzu: «Wir tragen auch einen Teil der Verantwortung ... Ich meine mein Land ... Unsere Politik ist nicht immer klug oder erfolgreich gewesen.»

Ich nippte an meinem Whisky mit Soda und antwortete: «Ja, dem stimme ich zu. Es gibt zwei Männer, die eine besonders große Verantwortung für das tragen, was heute geschieht. Ich bin überzeugt, die Geschichte wird ein hartes Urteil über die beiden fällen.»

«Welche beiden?», fragte Eden sichtlich interessiert.

«Baldwin und Chamberlain.»

Nach kurzem Schweigen fügte ich hinzu: «Nach meiner Meinung tragen sie sogar noch größere Verantwortung als Hitler. Denn sie haben mit ihrer Politik Hitler hochgepäppelt.» [...]

«Sie glauben also, dass eine Einigung möglich war?», fragte Eden ein wenig skeptisch.

Ich hatte den Eindruck, dass Eden in der Sache selbst eigentlich keine Zweifel hatte und von mir nur die Bestätigung seiner Gedanken hören wollte.

«Natürlich war sie möglich», antwortete ich im Brustton der Überzeugung.

«Das denke ich auch», gestand Eden. «Wissen Sie, was ich während der Gespräche gemacht habe? ... Als ich erfuhr, dass Halifax vorhatte, Strang nach Moskau zu schicken, ging ich zu ihm und sagte: ‹Tun Sie das nicht! Aus einem solchen Schritt wird nichts Gutes erwachsen!› Ich muss gestehen, ich fand das unerhört. Warum? Nachdem Chamberlain und Halifax in Rom gewesen waren, nachdem der Premierminister und der Außenminister – beide! – einen ‹Canossagang› vollführt hatten, nach all dem Strang nach Moskau zu schicken ... das käme einer Beleidigung gleich! Ich hatte Verständnis für all das, Verständnis dafür, welche Gefühle ein solcher Schritt in Moskau auslösen könnte, und ich wollte ein Platzen der Verhandlungen verhindern. Ich bat daher Halifax, nicht Strang zu schicken, sondern selbst zu fahren. Das lehnte Halifax ab; sagte, er könne nicht fahren, habe sehr viel zu tun etc. Dann schlug er vor, ich könne ja selbst als Sondergesandter hinfahren und Verhandlungen führen. Ich sagte Halifax, dass das die bessere Lösung sei und dass Moskau, soweit ich es beurteilen könne, keine schlechte Meinung von mir habe – gebt mir also die Chance, mich in dieser außerordentlich wichtigen Angelegenheit zu bewähren! Halifax versprach, darüber nachzudenken. Ein paar Tage später sagte er mir, es wäre schwierig, meinen Plan in die Tat umzusetzen. Ich wusste, was Sache war: Chamberlain war natürlich dagegen, mich nach Moskau fahren zu lassen. Strang ging an meiner Stelle.»

«Sie glauben also, dass das alles auf Chamberlain zurückzuführen ist?», fragte ich Eden und setzte sogleich hinzu: «Nach meiner Meinung sollten wir einen großen Teil der Schuld auch bei Halifax selbst suchen. Ich sage Ihnen auch, warum.[91] Am 12. Juni 1939, dem Tag, an dem Strang nach Moskau abreiste, besuchte ich Halifax und fragte ihn, nachdem wir verschiedene Routinedinge abgehandelt hatten, genau hier in diesem Zimmer: ‹Lord Halifax, glauben Sie nicht, dass man die Probleme mit den Verhandlungen beträchtlich verringern könnte, wenn Sie selbst nach Moskau führen? Ich kann Ihnen mit guten Gründen versichern, dass die sowjetische Regierung ihren Besuch begrüßen würde.› Ich sagte Halifax damals nichts davon, dass ich Anweisung aus Moskau hatte, ihm das auszurichten, aber das war auch nicht nötig. Wenn der Botschafter eines Staates eine solche Aussage macht, welcher Außenminister würde dann nicht verstehen, dass das seine guten Gründe haben muss?»

«Haben Sie das wirklich zu Halifax gesagt?», platzte es aus Eden heraus.

«Ja, natürlich habe ich das», antwortete ich, «und zwar mit größtem Nachdruck. Er konnte es unmöglich missverstehen.»

«Ich habe diese Geschichte nie gehört», sagte Eden. «Und wie hat Halifax auf Ihre Aussage reagiert?»

«Halifax antwortete, meine Anregung sei sehr interessant, und er werde sie im Kopf behalten. Das war's dann. Halifax kam nie wieder darauf zu sprechen. Halifax' Moskaubesuch ist nie zustande gekommen. Für mich ist der 12. Juni, an dem ich Halifax antrug, nach Moskau zu fahren, der Wendepunkt in der ganzen Geschichte der Verhandlungen. Oder um genauer zu sein, nicht der 12. Juni, sondern die Tage danach.»

[...] In diesem Augenblick klingelte das Telefon auf Edens Schreibtisch. Es war seine Frau. Sie rief aus der «Privatresidenz des Außenministers» an, wo Eden derzeit wohnt, und fragte, womit er beschäftigt sei. Da Beatrice gehört hatte, dass ich bei Eden war und dass der dienstliche Teil meines Besuchs vorbei war, lud sie uns beide ein, nach oben zu kommen (die «Privatresidenz» befindet sich zwei Stockwerke über den Amtsräumen des Außenministers). Wir trafen dort den berühmten Komödienautor Noël Coward[I], dessen neues Stück gerade uraufgeführt worden ist. Edens Frau trug ein kurzes, leuchtend rotes Kleid und sah bestechend aus. Ich hatte sie lange nicht gesehen, denn seit einem Jahr fährt sie mit ihrer Feldküche kreuz und quer durchs Land und macht sich in London ziemlich rar.

Wir unterhielten uns über das Theater, über Literatur und Kunst. Es war eine angenehme Erholung vom Krieg und von der Politik. Ich warf die Frage in den Raum: Wer ist der größte Dramatiker, wer der größte Romanautor und wer der größte Dichter aller Zeiten und aller Länder?

Beim Dramatiker waren sich alle einig: Shakespeare. Und beim Romanautor: Leo Tolstoi. Beim Dichter gingen die Meinungen auseinander. Coward sagte, er halte Shakespeare nicht nur für den größten Dramatiker, sondern auch für den größten Lyriker (womit ich nicht konform ging). Eden zögerte eine Weile und benannte dann Dante. Edens Frau lehnte es ab, sich überhaupt festzulegen. Ich nannte Goethe als den größten Dichter, wogegen Eden und Coward Einwände erhoben. Sie mögen Goethe nicht. Ich entgegnete ihnen, dass ich selbst Goethe nicht allzu sehr mag und dass mein deutscher Lieblingsdichter Heine ist, aber ganz objektiv

---

I Sir Noël Coward, beliebter Dramatiker und Produzent einiger Kriegsfilme.

und neidlos müsse ich Goethe als den größten (wenn auch nicht meistgeliebten) der mir bekannten Dichter anerkennen. Wir stritten uns eine gute Weile, ohne uns darauf einigen zu können, wer denn nun der größte Dichter aller Zeiten und aller Länder sei.

▶ Die Operation Taifun, von den Deutschen am 2. Oktober 1941 gestartet, führte zur Eroberung Orels im Süden und Torschoks im Norden und schließlich zur Vernichtung der im Kessel von Wjasma eingeschlossenen sowjetischen Kräfte. Die Reserveverbände der Verteidigungslinie von Moschaisk waren den beweglichen deutschen Panzerdivisionen in keiner Weise gewachsen. Am 13. Oktober fiel an der südlichen Flanke Kaluga, zwei Tage später Kalinin, eine wichtige Station auf dem Weg nach Moskau. Die Zone für die Verteidigung Moskaus war mittlerweile auf einen Radius von teilweise nur noch knapp 100 Kilometern zusammengeschrumpft. Bataillone zwangsrekrutierter Zivilisten hoben in fieberhafter Eile Panzerabwehrgräben aus, während zugleich in den Richtung Kreml führenden Hauptverkehrsstraßen der Hauptstadt Barrikaden und Straßensperren errichtet und Panzerfallen aufgestellt wurden. Disziplin und Moral gerieten in einen steilen Sinkflug, und was bis dahin ein Rinnsal aus der Hauptstadt flüchtender Zivilisten gewesen war, schwoll zu einem reißenden Strom an. Die rapide Verschlechterung der Lage an der Front führte zu einer hastigen Evakuierung mehrerer Ministerien und des gesamten diplomatischen Korps von Moskau nach Kuibyschew[1], einer Stadt an der Wolga, in der Maiski einige Jahre seiner Kindheit zugebracht hatte. Die Bevölkerung Kuibyschews verdoppelte sich innerhalb von Tagen von einer halben Million auf eine Million.[92]

19. Oktober

Wir sind an diesem Wochenende nicht nach Bovingdon gefahren. Agnia hält heute eine Rede auf einer Veranstaltung über Hilfsaktionen des Roten Kreuzes für die UdSSR. Ich bleibe in der Stadt und denke nach.

Wieder ist eine Woche vergangen. Sie hat keine Entscheidung gebracht. Aber die Lage hat sich auch nicht verbessert, wenn überhaupt, hat sie sich verschlechtert. [...] Im Süden haben wir Odessa evakuiert. Das war für mich keine Überraschung. Ich wusste schon von Beaverbrook, dass

---

1 Heute Samara.

Stalin mit dem Gedanken spielte, Odessa aufzugeben, falls die Krim gestärkt werden musste. [...] Ich finde jedoch, die Verschlechterung unserer Position zeigt sich nicht so sehr an dem, was an der Front passiert, als an Entwicklungen auf internationaler politischer Ebene. [...]

Ich traf am 16. und 17. mehrmals mit Eden zusammen und fragte, ob die Möglichkeit bestehe, dass England und die USA Japan die «Warnung» zukommen lassen, dass jeder Versuch, die UdSSR anzugreifen, zu einem Krieg zwischen Japan und den englischsprachigen Demokratien führen würde. Eden wandte sich mit dieser Frage telegraphisch an Washington und sprach auch mit Winant darüber. Ich habe keine Ahnung, was dabei herauskommen wird, bin aber nicht sehr optimistisch ...[93]

[...] Die sowjetische Regierung ist von Moskau nach Kuibyschew umgezogen. Das ist eine zugleich positive und negative Entwicklung. Positiv insofern, als es von einem festen Glauben an den Sieg zeugt, und negativ insofern, als es deutlich macht, dass Moskau in großer Gefahr schwebt. Offiziell bekannt gegeben wurde der Umzug bislang nicht, und im Großen und Ganzen stellt sich die Lage als etwas konfus und unübersichtlich dar. [...] Am Vormittag des 17. erhielt ich ein Telegramm von Molotow in Moskau, in dem er mir mitteilte, dass in der Nacht vom 15. auf den 16. Oktober die meisten Regierungsbehörden und das diplomatische Korps nach Kuibyschew verlegt worden sind, dass er selbst jedoch in Moskau bleiben werde. Molotow sagte auch zu, dass eine offizielle Verlautbarung über die Evakuierung der sowjetischen Regierung «wahrscheinlich» am 17. herausgegeben werde. Bis heute ist jedoch keine solche Mitteilung erfolgt. In den letzten beiden Tagen habe ich kein einziges Telegramm bekommen, weder aus Moskau noch aus Kuibyschew.

Was ist los? Sehr wahrscheinlich ist die oberste politische Führung aus Moskau nach Kuibyschew umgezogen, und unsere Kommunikationswege mit der Regierung sind deswegen vorübergehend unterbrochen. Dabei wird es aber natürlich nicht lange bleiben.[94]

20. Oktober

Agnia und ich schauten uns im Savoy-Theater *Sorochintsy Fair*[95] an. Aufgeführt wird das Stück von einer Kompanie von Weißen unter der Regie des «Königs der Schwarzen Börse», eines gewissen Pomeroy, eines schlauen Juden aus Charkow. Alle Einnahmen aus den Aufführungen gehen an das Rote Kreuz für dessen Einsätze in der UdSSR. Wir bekamen

Plätze in einer Sonderloge. Unsere Nachbarn in dieser Loge waren Churchills Frau und Baron Iliffe[I] mit seiner Frau. «God save the King» und die «Internationale» erklangen vor Beginn der Aufführung. Alles stand. Auch Mrs Churchill stand, trotz der Tatsache, dass ihr Mann dem Rundfunk untersagt hat, die «Internationale» zusammen mit den Nationalhymnen der anderen Verbündeten abzuspielen. Das Publikum applaudierte der Frau des Premierministers, aber noch mehr Applaus erhielten Agnia und ich. Wie dieser Krieg die Verhältnisse durcheinandergewirbelt hat! Der sowjetische Botschafter wohnt einer Theateraufführung einer Weißen Kompanie bei, die Weiße Kompanie sammelt Geld für die Rote Armee [sic], und die Frau des britischen Premierministers gibt dem Ganzen ihren Segen.

[...] In der Pause nahmen wir einen Tee, und Mrs Churchill weihte uns in ein paar interessante Details zum Lebensstil ihres Mannes ein. Vor dem Krieg, in Friedenszeiten, pflegte er um Mitternacht schlafen zu gehen und um acht Uhr aufzustehen. Jetzt hat er keine Chance mehr, zu seinen gewohnten acht Stunden Schlaf zu kommen. Fast immer geht er erst um zwei oder drei Uhr morgens zu Bett, muss aber wie zuvor um acht Uhr aufstehen. Was bedeutet: nie mehr als fünf bis sechs Stunden Schlaf. Das ist nicht genug. Der Premierminister macht das Defizit nach dem Lunch wett: Er zieht sich aus, legt sich im vollständig abgedunkelten Schlafzimmer ins Bett und schläft eine Stunde oder eineinhalb Stunden. Die Erfahrung hat gezeigt, dass dieser kurze Mittagsschlaf ihm eine Menge Kraft zurückgibt, und er weiß ihn sehr zu schätzen. An Tagen, an denen Churchill vormittags keine Besprechungen oder andere mehr oder weniger dienstliche Termine hat, bleibt er bis zum Lunch im Bett, holt seinen Sekretär an die Bettkante und erledigt mit ihm Arbeiten.

[...] Als ich das Parlamentsgebäude verließ, sprach mich ein junger Mann in Soldatenuniform an und sagte mit schmerzvoller Stimme: «Mr Maiski, ich möchte Ihnen nur sagen, dass ich mich für mein Land schäme dafür, wie es sich derzeit verhält.» Ich drückte dem jungen Mann kräftig die Hand.

I Edward Mauger Iliffe (1. Baron Iliffe), Zeitungs- und Zeitschriftenverleger, 1923–1929 Abgeordneter der Konservativen.

23. Oktober

Heute habe ich den halben Tag im Parlament verbracht. Gegenstand der Debatte war der Kriegsverlauf. Es waren vergleichsweise wenig Leute anwesend, aber die Wogen der Leidenschaft schlugen hoch.

[...] Aneurin Bevan[1] war besonders scharf: In einer wahrhaft kriegerischen Rede attackierte er unter anderem Halifax für seine in den USA öffentlich getätigte Aussage, eine «Invasion auf dem Festland» sei wegen des Mangels an Schiffskapazität und Waffen bis auf Weiteres «unmöglich». Bevan warf Halifax vor, er bewege sich in der Nähe des «Hochverrats» (besonders weil er all das just in dem Augenblick gesagt hatte, als Hitler letzte Vorkehrungen für den Endkampf um Moskau traf). An die Regierung gewandt, rief Bevan mehrere Male: «Wenn ihr eure Politik nicht ändern könnt, dann tretet zurück!»

Das alles tat eine machtvolle Wirkung: Solche Worte hat man im Unterhaus seit den kritischen Tagen im Mai 1940, die mit dem Rücktritt Chamberlains endeten, nicht gehört.

3. November

Die Luft in der Stadt schwirrt von Gerüchten über einen «Umbau» der Regierung und vor allem über den möglichen Rücktritt Beaverbrooks. [...] Ein Rücktritt Beaverbrooks zum gegenwärtigen Zeitpunkt wäre für uns sehr nachteilig. Am Morgen suchte ich Eden auf und fragte ihn am Ende unserer Unterredung, was hinter den besagten Gerüchten steckte. Eden zuckte mit den Achseln und sagte, er wisse nichts darüber. Er neige jedoch zu der Annahme, Beaverbrook sei in eine seiner Launen geraten, die gewöhnlich mit schlimmen Asthmaanfällen zusammenfallen. Ich enthielt Eden meine Meinung zum möglichen Rücktritt des Versorgungsministers nicht vor.

Am selben Tag nach dem Lunch stattete ich Beaverbrook einen Besuch ab und fragte ihn rundheraus: «Was bedeutet das?»

Beaverbrook war schlecht gelaunt. Auf meine Frage hin erbleichte er, um dann unvermittelt mit der Faust auf den Tisch zu hauen.

---

1 Aneurin Bevan, 1929–1960 Abgeordneter der Labour-Partei, 1945–1951 Gesundheitsminister.

Maiski wird von seinen linken Freunden verwöhnt, Bevan (am Boden zu seiner Rechten) und Gollancz (mit Hut).

«Ich werde nicht zurücktreten, wenn das Kabinett mir sagt, ich solle es nicht tun!»

Er drehte sich ruckartig zu mir und schmetterte: «Die Öffentlichkeit wird meinen Rücktritt nicht zulassen!»

Wie mir im weiteren Verlauf des Gesprächs klar wurde, verstand sich Beaverbrook zwar noch ausgezeichnet mit Churchill, hatte sich aber in letzter Zeit mit einigen Ministerkollegen überworfen. Die Namen dieser Kollegen wollte Beaverbrook nicht nennen, aber er sagte: «Jetzt gerade liege ich mit Eden im Streit.»

«Worüber?», fragte ich überrascht.

«Worüber?», warf Beaverbrook meine Frage zurück und antwortete: «Er hat nicht genug Rückgrat! Er lässt mich oft in der Stunde der Not im Stich.»

[...] Ich tat mein Bestes, Beaverbrook deutlich zu machen, dass sein

Rücktritt die denkbar unangenehmsten Folgen für England und die englisch-sowjetischen Beziehungen nach sich ziehen würde, insbesondere so schnell nach der Moskauer Konferenz. Die UdSSR würde darin ein Zeichen dafür sehen, dass England von der Politik der Zusammenarbeit zwischen unseren beiden Ländern, die allein zum Sieg führen kann, abrücken oder zumindest Abstriche daran vornehmen will. Ich war mir natürlich der Tatsache bewusst, dass ich mit einer solchen Aussage Beaverbrook eine Trumpfkarte in die Hand gab, aber das war mir gar nicht unrecht. Im Gegenteil: Ich hatte mich persönlich entschieden, alles in meinen Möglichkeiten Stehende zu tun, um Beaverbrook zu stützen, denn es könnte für uns zum gegenwärtigen Zeitpunkt keinen besseren Versorgungsminister als ihn geben. Beaverbrook war sehr erfreut. Meine Worte waren Balsam für seine Seele.

► Was Beaverbrook Maiski verschwieg, war, dass die eigentlichen Gründe für die Krise im Kabinett sein Auftreten bei den Moskauer Gesprächen und seine Intrigen gegen Cripps waren, Dinge, die erst durch eine Reihe persönlicher Briefe des Botschafters an Eden ans Licht gekommen waren.[96] Mitte Oktober sah Churchill sich mit einer heftigen Debatte im Kabinett konfrontiert, ausgelöst durch die unerhört scharfe Kritik Cripps', nach dessen Überzeugung die Entscheidung, keine britischen Truppen an die russische Front zu entsenden, auf den Versuch Großbritanniens hinauslief, «zwei relativ unzusammenhängende Kriege zum großen Nutzen Hitlers zu führen anstatt einen einzigen Krieg auf der Grundlage eines gemeinsamen Plans». «Die sowjetische Regierung» sei, so fügte er hinzu, «ohne Vertrauen und wie ein zweitrangiger Partner behandelt worden und nicht wie ein vertrauenswürdiger Verbündeter.»[97]

Auch Eden störte sich an Churchills «sehr sichtbaren Anzeichen antibolschewistischer Ressentiments».[98] Der Verteidigungsausschuss (den Churchill ins Leben gerufen hatte, um sich selbst die unanfechtbare Kontrolle über das Kriegsgeschehen zu sichern) befasste sich nun erstmals aufgeschlossen mit den von Cripps unterbreiteten Vorschlägen.[99] Allein, Churchill beeilte sich, seine Autorität wiederherzustellen. In den persönlichen Weisungen, die er Cripps erteilte, betonte er erneut und unmissverständlich seine Absicht, an der britischen Strategie unverändert festzuhalten, weil «wir demnächst nach Maßgabe seit Langem ausgearbeiteter Pläne selbst kämpfen werden».[100] Als Nächstes bewerkstelligte er den überfälligen Rücktritt von General Dill und die Ernennung seines Beraters und Vertrauten, General Alan Brooke[1], zum neuen Stabschef der Armee.[101] Ende November trugen die Maßnahmen Churchills Früchte, als die reorganisierten Stabschefs ihm huldigten: «Weil die Unterstützung für Russland sehr heikle politische Fragen aufgeworfen hat, muss die letzte Entscheidung voll und ganz beim Premierminister liegen.»[102]

9. November (Bovingdon)

Eine weitere Woche. Die 20. Kriegswoche.

Die Lage scheint sich etwas verbessert zu haben. Zwar haben die Deutschen den größeren Teil der Krim besetzt und nähern sich Sewastopol und Kertsch. [...] Doch die wichtigste Nachricht ist die, dass die Deutschen an der Moskauer Front gestoppt worden sind. [...] Es sieht so aus, als gehe der deutschen Offensive an dieser Front die Luft aus, erst recht mit dem Einbruch des Winters. Andererseits, gebranntes Kind scheut das Feuer. Ich traue mich nicht, irgendwelche Schlüsse zu ziehen.

[...] Die vergangene Woche hat mir zwei freudige Ereignisse beschert. Das erste – und wichtigere – war die Rede Stalins zum 24. Jahrestag. Es war eine freudige Überraschung, dass Stalin am Abend des 6. November auf einer feierlichen öffentlichen Veranstaltung im Bolschoi-Theater sprach und dass am Morgen des 7. November eine glanzvolle Militärparade auf dem Roten Platz stattfand, der Stalin mit seiner kurzen zweiten Rede noch mehr Glanz verlieh. Es geht das Gerücht, Hitler habe vorgehabt, am 7. November eine Truppenparade auf dem Roten Platz abzunehmen.

[...] Das zweite freudige Ereignis, wenn auch eines von sehr viel kleinerer Dimension, war die Ernennung Litwinows zum Botschafter in den USA. Mein vor zehn Tagen abgeschicktes Telegramm, in dem ich die Notwendigkeit betonte, unverzüglich einen Botschafter nach Washington zu schicken, spielte offenbar eine Rolle bei der beschleunigten Lösung dieses Problems. [...] M. M. wird sicherlich der richtige Mann am richtigen Platz sein. Wir brauchen dort heute, mehr als je zuvor, eine zuverlässige, starke und einflussreiche Persönlichkeit. [...]

---

1 Alan Brooke (1. Viscount Alanbrooke), 1940/41 Oberbefehlshaber der «Home Forces», 1941–1946 Chef des Generalstabs der Armee.

11. November

Es scheint, dass wir in der ersten Beziehungskrise zwischen den «Alliierten» angekommen sind!

Heute übergab ich dem Premierminister die Antwort Stalins auf seine Botschaft vom 4. November. Churchill empfing mich in seinem Büro im Parlament. Auf meine Bitte hin war auch Eden zugegen. Eden und ich waren zusammen vom Foreign Office gekommen, wo ich mit ihm ein Vorgespräch zu diversen Themen des Tages geführt hatte. Als wir das Büro des Premierministers betraten, erhob sich Churchill, um uns zu begrüßen, und sagte, während er meine Hand schüttelte, mit einem freundlichen Lächeln: «Ich freue mich auf unser Gespräch.»

Wir setzten uns an den langen Tisch mit dem grünen Tischtuch, an dem gewöhnlich die Kabinettsitzungen stattfinden, und ich reichte Churchill das Kuvert, das ich mitgebracht hatte. Er nahm den Brief heraus und begann darin zu lesen. Ich beobachtete ihn. Seine Miene verdüsterte sich zusehends. An der Schlusszeile angelangt, reichte er das Dokument schweigend an Eden weiter. Dann sprang er von seinem Sessel auf und durchquerte, immer noch schweigend, mehrfach schnellen Schrittes den Raum. Der Premierminister war schwer wiederzuerkennen: Sein Gesicht war kreideweiß, und er atmete schwer. Er war sichtlich wütend. Als er sich schließlich wieder einigermaßen unter Kontrolle hatte, stieß er hervor: «*Grave message!*»[103]

Und fügte mit eisiger Stimme hinzu: «Ich will auf diese Botschaft jetzt nicht antworten. Ich muss meine Kollegen zurate ziehen.»

Er sagte das in einem Ton, der es mir geraten erscheinen ließ, aufzustehen und mich zu verabschieden. Doch Eden hielt mich zurück, und so blieb ich.

Churchill schaffte es nicht lange, seine Beherrschung zu bewahren. Wieder stapfte er durch das Zimmer und geriet dabei in immer größere Erregung. Schließlich konnte er nicht mehr an sich halten. «Stalin will also unsere Nachkriegspläne kennenlernen? Wir haben keine solchen Pläne, die Atlantik-Charta! Was sonst kann man im gegenwärtigen Augenblick sagen?»

Ich wandte ein, die Atlantik-Charta sei ein zu allgemeines Dokument (das auch wir anerkennen); in seinem Rahmen ließen sich aber doch vielleicht einige Punkte zum besseren Verständnis verdeutlichen. Nur ein Beispiel: Vor rund drei Wochen habe mir Eden unter Bezugnahme auf die

Frage, die Stalin während der Moskauer Konferenz an Beaverbrook gerichtet hatte, gesagt, die britische Regierung sei gerne bereit, das Nachkriegsverhältnis zwischen England und der UdSSR auf der Grundlage einer freundschaftlichen Kooperation zu gestalten. Könne man diese Sache nicht zum Nutzen beider Seiten im Rahmen einer Vereinbarung über die Nachkriegspläne beider Mächte regeln?

«Es stimmt, dass ich mit Ihnen darüber gesprochen habe», warf Eden ein, «ich habe aber auch Herrn Stalin gebeten, seine Ideen zu diesem Thema darzulegen.»

«Ich neige dazu, den Punkt (a) auf Stalins Wunschliste», versetzte ich, «als Antwort auf Ihre Aussage mir gegenüber zu interpretieren.»

Eden lächelte skeptisch.

Churchill kochte unvermittelt wieder über und rief: «Wenn Sie mit Ihren Nachkriegsplänen England in ein kommunistisches Land verwandeln wollen, möchte ich Sie hiermit wissen lassen, dass Sie das niemals schaffen werden!»

«Wie kommen Sie auf diese Idee?», konterte ich mit einem unterdrückten Lachen. «Stalins letzte Rede müsste Sie in dieser Beziehung doch eigentlich beruhigt haben.»

Der Premierminister nahm Stalins Botschaft wieder zur Hand und vertiefte sich in das zweite Blatt. Er wirkte wie jemand, den man verletzt hatte.

Nach einem stöhnenden Laut rief Churchill wütend aus: «Ich schicke zwei meiner Oberbefehlshaber zu ihm, aber er findet nicht die Zeit, sie zu empfangen, solange sie nicht bevollmächtigt sind, diese Vereinbarungen abzuschließen ...»

Voller Ingrimm stieß der PM seinen Finger auf die Stelle, an der Stalin auf das Nichtvorhandensein von Vereinbarungen zwischen England und der Sowjetunion über gegenseitigen militärischen Beistand und über Planungen für die Nachkriegszeit hinweist.

«Nein, ich werde keine militärischen Verhandlungen mehr vorschlagen!», fuhr Churchill in unverminderter Lautstärke fort. «Genug!»

Noch einmal durchstapfte der Premierminister mit schnellen Schritten den Raum und fügte hinzu: «Und warum findet Stalin es nötig, einen solchen Ton in unsere Korrespondenz einzuführen? Nicht mit mir. Ich könnte auch Dinge sagen! Wer soll davon einen Nutzen haben? Weder wir noch Sie, nur Hitler!»

Ich merkte an, dass ich keinen Anlass für so viel Aufregung sähe. Was Stalin jetzt vorschlage, sei im Wesentlichen dasselbe, worüber ich vor zwei Monaten mit Churchill diskutiert hätte – ein gemeinsamer strategischer Plan für die Weiterführung des Krieges. Sei das so unzumutbar?

«Was für einen strategischen Plan kann es heute geben?», rief Churchill gereizt aus. «Wir sind noch in der Defensive, ihr seid noch in der Defensive, die Initiative liegt noch in den Händen Hitlers ... Welchen gemeinsamen strategischen Plan kann es unter solchen Umständen geben? Doch nur, so lange die Stellung zu halten, bis der Augenblick kommt, an dem wir unserem Feind die Initiative aus der Hand reißen können. Das ist unser Plan!»

«Ich stimme Ihnen darin zu, dass sowohl Sie als auch wir im Moment an die Defensive denken müssen», warf ich ein, «aber auch die Defensive erfordert einen Plan. Was werden wir zum Beispiel 1942 tun, Sie und wir? Wäre es nicht eine gute Sache, sich darüber zu verständigen?»

[...] Churchill geriet wieder außer sich, als hätte er ein glühendes Eisen berührt, und rief erbittert aus: «Ich war es, der am 22. Juni ohne Zögern gehandelt und euch meine Hand angeboten hat, obwohl ich ein paar Wochen davor noch keine Ahnung hatte, was ihr machen würdet! Vielleicht hattet ihr vor, euch mit Deutschland zusammenzutun? ... Wer braucht alle diese Streitereien und Meinungsverschiedenheiten? ... Wir kämpfen schließlich um unser Leben und werden weiter um unser Leben kämpfen, was immer auch geschieht!»

«Auch wir kämpfen um unser Leben», antwortete ich. «Und wir tun das wohl nicht schlecht.»

«Ihr kämpft hervorragend», bestätigte Churchill lautstark und leidenschaftlich.

Er dachte eine Minute nach, warf Eden einen Blick zu, der sich die ganze Zeit in Schweigen gehüllt hatte, und sagte schließlich: «Im Moment möchte ich Stalin nicht antworten ... Ich könnte in der Hitze des Gefechts eine Menge unerquickliche Dinge sagen ... Ich werde mich mit unseren Leuten beraten, werde mich beruhigen und dann schreiben ... Sie werden rechtzeitig informiert.»

«Ob Ihnen Stalins Botschaft gefällt oder nicht», sagte ich abschließend, «sich übermäßig darüber aufzuregen hat keinen großen Nutzwert. Man muss einen nüchternen und kühlen Kopf bewahren. Wir haben ein gemeinsames Anliegen und einen gemeinsamen Kampf vor uns. Wenn ich mithelfen kann, Brücken zu bauen, stehe ich Ihnen voll und ganz zur Verfügung.»

12. November

Beaverbrook rief mich heute an und brüllte in seiner üblichen Art durch die Leitung: «Maiski! Was für eine Schande! Wir müssen Mittel und Wege aus der Klemme finden! Kommen Sie herüber, wir müssen reden.»

Als ich in Beaverbrooks Büro kam, saß dort Bennett[I] (der ehemalige Premierminister von Kanada). Er drückte mir kräftig die Hand und bekundete seine große Bewunderung für die Rote Armee und den Widerstandswillen des sowjetischen Volkes. Er verabschiedete sich dann, und Beaverbrook und ich blieben allein zurück.

«Was hat Stalin so wütend gemacht?», fragte Beaverbrook ohne Umschweife. «Finnland?»

«Und was macht Sie glauben, dass er wütend ist?», erwiderte ich.

«Sagen Sie's mir!», rief Beaverbrook aus. «Ich habe ihn kennengelernt! Mir bleibt nicht verborgen, dass er wütend ist, dass er böse auf uns ist. ... Ist es wegen Finnland?»[104]

Ich antwortete, die Art und Weise, wie die britische Regierung mit Finnland und anderen Vasallen Deutschlands umgehe, könne Stalin wohl kaum erfreut haben. Ebenso wenig wie das ausweichende Gebaren der britischen Regierung in der Frage der Entsendung eines Expeditionskorps. Stalin ist ein wahrer Realist. Er gibt nicht viel auf Worte und versteht nur Taten. Und was waren die Taten der britischen Regierung in diesen beiden Fällen?

«Ja, aber wenn wir von Lieferungen sprechen», protestierte Beaverbrook, «da tun wir inzwischen so viel. Ich bin bereit, alles zu tun, um meine Zusagen zu erfüllen. Ihr werdet alles bekommen. Wenn ihr Beschwerden oder Wünsche habt, unsere Lieferungen betreffend, zögern Sie nicht, sich direkt an mich zu wenden. Sagen Sie Stalin, er soll mich direkt antelegraphieren. Ich bin Vorsitzender des Ausschusses für Lieferungen an die UdSSR. Ich werde ihm nichts krumm nehmen. Ich habe ein dickes

I Richard Bedford Bennett, 1930–1935 kanadischer Premier- und Außenminister, ließ sich 1938 in England nieder.

Fell ... Stalin ist mein Freund. Ich tue alles für ihn. Haben Sie die Rede gelesen, die ich in Manchester gehalten habe?»

Ich bestätigte, dass ich sie gelesen hatte und sie sehr gut fand.

«Aber natürlich!» Beaverbrook blühte auf, geschmeichelt von meinem Lob. «Habe ich nicht eine hervorragende Werbung für Stalin gemacht? ... Hahaha!» Er lachte zufrieden. Dann wurde er wieder ernster und sagte: «Wir sollten es vermeiden, unseren Premierminister mit Beschwerden über Pannenflugzeuge oder fehlende Munition zu ärgern. Er nimmt sich so etwas zu sehr zu Herzen! Da soll Stalin mich direkt antelegraphieren. Ich werde mit eisernem Besen all diese Saboteure hinwegfegen, die beim Verpacken unserer Lieferungen schludern.»

Beaverbrook hielt für einen Moment inne.

«So viel dazu», sagte er dann mit Verve. «Aber wir müssen alles daransetzen, dieses Zerwürfnis zwischen unseren Regierungschefs zu kitten! ... Stalins Brief ist denn doch ziemlich starker Tobak .... Ihre Seite muss das zugeben. Churchill ist schrecklich dünnhäutig und stur. Wie können wir die Scharte auswetzen?»

Beaverbrook warf mir einen fragenden Blick zu.

Ich antwortete, dass das meiner Meinung nach nicht so schwierig sein werde. Dass wir zuallererst das Problem Finnland, Rumänien, Ungarn aus der Welt schaffen müssten. [...]

«Das Problem ist, dass Stalin mit Verhandlungen über beide Fragen die Generäle betrauen möchte ... Was für Nachkriegsprobleme können Generäle besprechen? Das ist nicht deren Terrain. Hier sagen die Leute: Wenn Stalin es so haben möchte, bedeutet das, dass er gar keine Verhandlungen will.»

Ich lachte und sagte, das sei ein Trugschluss. Natürlich seien die Generäle nicht die beste Instanz für Diskussionen über den Wiederaufbau Europas nach dem Krieg, aber was spräche dagegen, wenn Politiker und Diplomaten hier in London oder in Moskau diese Fragen erörtern würden?

Beaverbrook stürzte sich auf die Idee und rief aus: «Ich werde mich definitiv für die Ansetzung solcher Verhandlungen in London starkmachen.»

«Und was militärische Verhandlungen angeht», fuhr ich fort, «wäre es wirklich an der Zeit, dass Sie sich dazu eine Meinung bilden. Wenn Sie ein Expeditionskorps in die UdSSR entsenden wollen, sehr gut. Dann ist es aber auch sinnvoll, dass die Generäle nach Moskau reisen.» [...]

Ich erhob mich, um zu gehen. Beaverbrook brachte mich zum Aufzug, drückte mir die Hand und sagte: «Das alles war natürlich inoffiziell. Ich vertraue Ihnen und teile meine Gedanken und Gefühle mit Ihnen. Aber niemand sollte etwas davon erfahren.»

Ich gelobte, dass es unter uns bleiben werde.

Um 19 Uhr fand ich mich auf Bitten Edens in dessen Amtszimmer ein. Der Außenminister fühlte sich offensichtlich nicht wohl in seiner Haut,[105] und nachdem er mich aufgefordert hatte, mich zu setzen, sagte er, er wolle mir die folgende offizielle Verlautbarung vortragen: «Das Kabinett prüft die Botschaft von Herrn Stalin. Im jetzigen Augenblick sehe ich mich nicht in der Lage, darauf zu antworten, da sie so gravierende Fragen aufwirft. Jedoch kann ich Ihnen nicht verhehlen, dass der Premierminister und die Mitglieder des Kabinetts von der Tonlage und vom Inhalt der Botschaft überrascht und verstimmt waren.»

Eden las die Verlautbarung von einem vor ihm liegenden Blatt ab. Ich bat ihn, sie zu wiederholen, und schrieb sie Wort für Wort mit.

«Das ist alles, was ich Ihnen für den Moment offiziell mitteilen kann», setzte er hinzu.

Er sagte das auf eine Art und Weise, der ich die unterschwellige Botschaft entnahm: «Und wenn Sie jetzt Lust haben, inoffiziell zu reden, stehe ich Ihnen zur Verfügung.»[106]

[...] Eden räumte ein, dass nichts in den von Stalin unterbreiteten Vorschlägen an und für sich inakzeptabel oder unzumutbar sei. Er hege lediglich gewisse Zweifel, ob es zweckmäßig sei, zum gegenwärtigen Zeitpunkt etwas Konkretes zur Frage der Neuordnung der Welt nach dem Krieg zu sagen. [...] Außerdem sagte Eden, Beaverbrook habe ihm sehr dabei geholfen, die entstandene Situation unter Kontrolle zu halten, und wies immer wieder auf die Empfindlichkeit und Sturheit des Premierministers hin. Es war offensichtlich – und Eden versuchte nicht, es zu bemänteln –, dass die Sache den Premierminister tief getroffen hatte und dass das Misstrauen Stalins gegenüber der Regierung Churchill ihm sehr zu schaffen machte.

[...] «Bitte helfen Sie mir dabei, diese unangenehme Geschichte auszubügeln. Ich werde für meinen Teil alles mir Mögliche dafür tun.»

Ich antwortete: «Sie können sich meines guten Willens sicher sein.» [...]

► Am 24. November besetzten deutsche Truppen Klin, eine Schlüsselstelle am nordwestlichen Einfallstor nach Moskau. Vier Tage später drangen die Deutschen weiter vor und standen nur noch 35 Kilometer vom Kreml entfernt. Der deutsche Panzergeneral Guderian arbeitete akribisch an einer weiträumigen Zangenoperation weiter südlich und bahnte sich den Weg nach Kaschira; jenseits von Kaschira befand sich kein einziger sowjetischer Verband mehr, der sich der Einnahme Moskaus in den Weg hätte stellen können. Einen Anlauf zum finalen deutschen Vorstoß unternahm am 1. Dezember Feldmarschall von Kluge[I] entlang der Überlandstraße von Minsk nach Moskau bei extrem winterlichen Bedingungen. Am nächsten Tag hatte General Schukow[II] seinen großen Auftritt und drängte die Deutschen auf die Linie zurück, die sie ein paar Tage vorher innegehabt hatten. Den Auftrieb nutzend, den dieses erstmalige Parieren eines deutschen Vorstoßes bewirkte, holte Schukow am 5. Dezember bei Temperaturen von bis zu minus 30 Grad zu einem Gegenschlag aus. Am 9. Dezember sahen sich die Deutschen auf Stellungen zurückgeworfen, die sie vor ihrer großen Schlussoffensive eingenommen hatten; von da an hatten sie es mit ständigen Schikanen in ihrem Rückraum und am Ende des Monats mit einer weiteren sowjetischen Gegenoffensive zu tun.[107]

23. November (Bovingdon)

[...] Letzte Woche (am 18. November) starteten die Briten endlich ihre lang erwartete Offensive in Libyen. [...] Eden ist optimistisch gestimmt. Wenn den Briten in Libyen ein erfolgreicher Blitzkrieg gelingt, könnte das ernste Folgen für den allgemeinen Fortgang des Krieges haben, weil sie dieses Mal sicherlich nicht in Bengasi stehen bleiben, sondern weiter nach Tripolis und womöglich bis nach Tunesien vordringen werden. Das wäre von immenser Bedeutung für Nordafrika, würde den Schiffstransport im Mittelmeer erleichtern und Marschrouten für An-

---

I Feldmarschall Günther von Kluge, erfolgreich als Kommandeur der Vierten Armee in den Schlachten um Polen und Frankreich, sah sich im Dezember 1941 zum Rückzug aus den Vororten Moskaus gezwungen. Er bewährte sich später als Befehlshaber der Heeresgruppe Mitte und schließlich als Oberbefehlshaber West.

II Marschall Georgi Konstantinowitsch Schukow brachte als Chef des Generalstabes der Roten Armee im Dezember 1941 den deutschen Vormarsch vor den Toren Moskaus zum Stehen; 1942 zum Stellvertretenden Volkskommissar für Verteidigung ernannt, befehligte er die Gegenoffensiven, die mit dem Einzug der Roten Armee in Berlin endeten, 1955–1957 sowjetischer Verteidigungsminister.

Ankunft in Moskau mit Eden

griffe auf Sizilien, Sardinien und Italien eröffnen. Eine zweite Front in Europa ließe sich dann dort spätestens im Frühjahr eröffnen. Doch können die Briten einen solchen Krieg durchführen? Ich bin nicht sicher. Nun ja, wir werden sehen.

30. November

Wir sind nicht nach Bovingdon gegangen. Es gibt in London viel zu tun.

Die Entwicklungen an der Front nehmen eine Wende zum Besseren. Hitler tritt vor Moskau weiterhin auf der Stelle. Erleidet massive Verluste. Der allgemeine Eindruck ist der, dass die Deutschen nicht stark genug sind, um nach Moskau durchzubrechen.

[...] Ich reise nach Moskau. Um Eden zu begleiten und an den Verhandlungen teilzunehmen! Hurra!

[...]

▶ Es finden sich im Tagebuch keine weiteren Eintragungen für 1941. Maiski, der (auf Edens Wunsch hin) aktiv in die Vorbereitungen auf die

Maiski und Eden zurück aus Moskau, Dezember 1941

Konferenz in London[108] eingebunden wurde, begleitete den Außenminister auf dessen Moskaureise vom 7. bis zum 30. Dezember. Da er nicht wissen konnte, was ihn erwartete, nahm er zur Sicherheit «eine beträchtliche Menge der besten Dunhills» für Stalin mit.[109] Eden teilte im Großen und Ganzen die Hoffnung Molotows, die Konferenz mit zwei Vereinbarungen abschließen zu können: einer, die die gemeinsame Strategie und das wechselseitige Verhältnis während der Dauer des Krieges festlegte, und einer, die sich auf die Gestaltung Europas und seiner Grenzverläufe nach dem Krieg bezöge (wobei Eden sich die zweite nicht allzu konkret und detailliert wünschte).[110] Auf Anregung Edens nahm das Foreign Office die Entwurfsarbeit an der sogenannten Wolga-Charta in Angriff, die als Teilelement der «Atlantik-Charta» gedacht war und der sowjetischen Forderung nach einer Pufferzone im Baltikum und im östlichen Polen Rechnung trug. Die Sowjets beteuerten, dies sei kein Ausdruck expansionistischer Ambitionen, sondern entspringe «legitimen Sicherheitsbedürfnissen».[111] Churchill hatte ein weiteres Mal ausschließlich den taktischen und propagandistischen Wert des Moskaubesuchs im Auge. Um zu verhindern, dass seine Regierung unerwünschte Verpflichtungen einging, sorgte er dafür, dass der Besuch erst nach Beginn der britischen Offensive in Libyen stattfand. Er wusste, dass diese Offensive jede Debatte über strategische Prioritäten im Keim ersticken und Eden in die Lage versetzen würde zu erklären, die Briten hätten jetzt doch eine zweite Front eröffnet.[112]

Edens Moskaubesuch wurde von zwei bedeutsamen Ereignissen überschattet. Schon auf dem Weg nach Russland erhielt er die Meldung vom japanischen Angriff auf Pearl Harbor. Am Tag vor diesem Angriff hatte Churchill in seinem Abschiedstreffen mit Maiski noch einen versöhnlichen und offenen Eindruck gemacht und sich detailliert über seine Vision eines Nachkriegseuropa ausgelassen, in dem der Sowjetunion eine prominente Rolle zukommen werde.[113] Churchills hastige Abreise nach Washington wenige Tage nach Pearl Harbor in Begleitung aller britischen Stabschefs und die im Weißen Haus geführten Gespräche über eine gemeinsame Strategie standen in scharfem Kontrast zu der eher herablassenden Behandlung, die die Russen so oft erfahren hatten.

Das zweite Ereignis, das den Eden-Besuch überschattete, war die eindrucksvolle sowjetische Gegenoffensive vor den Toren Moskaus. Während die Russen dadurch Selbstvertrauen tankten, büßte Eden einen Großteil seines Verhandlungskapitals ein.[114] Die Sowjets konfrontierten ihn, wie erwartet, mit Fragen der Nachkriegsgrenzen und der strategischen Zusammenarbeit. Die anfänglich herzliche Atmosphäre, die durch sowjetische Erwartungen genährt wurde, machte bald Enttäuschung und Konflikten Platz. Die intensiven Verhandlungen gerieten in eine Sackgasse, wobei immerhin noch eine unverbindliche gemeinsame Schlusserklärung zustande kam – und ein prächtiger Abschiedsempfang im Kreml, der Stalin als Triebmittel für die Moral der eigenen Bevölkerung und als Demonstration der Einheit gegenüber dem deutschen Feind diente.[115]

1942

► Aus der Zeit nach der Rückkehr Maiskis aus Moskau finden sich fast keine Tagebucheinträge. Zum Teil lässt sich das mit einer Serie schwerer Malariaattacken und mit der immensen Arbeitsbelastung erklären, der er ausgesetzt war. Nicht viel anders als 1939 waren es aber auch jetzt wieder seine Bedenken gegen die Politik des Kreml, die den Hauptgrund für seine wiederholten längeren Auszeiten bildeten.[1] Zu den dramatischen Selbstfindungs- und Richtungskämpfen, die im ersten Quartal 1942 in Moskau wüteten, finden sich im Tagebuch nur Andeutungen.

Edens positive Reaktion auf die Nachkriegspläne Stalins und der von Eden in Moskau verbreitete Eindruck, die britische Regierung werde «keine Hürden aufbauen», stimmten Maiski euphorisch. Der Entwurf für ein Abkommen, den Eden aus Moskau mitgebracht hatte, wurde im Kabinett jedoch erst am 5. und 6. Februar erörtert. Beaverbrook war der Einzige, der sich nachdrücklich dafür aussprach, den Forderungen Stalins entgegenzukommen; er nannte die baltischen Staaten «das Irland der Russen». Churchill, dessen Blick jetzt stärker auf die Vereinigten Staaten gerichtet war, bestand darauf, die Forderungen Stalins «auf der Friedenskonferenz zu behandeln».[2] Maiski teilte Edens große Sorge, das vom Kabinett beschlossene Vorgehen, zunächst die USA zu konsultieren, werde zur Verschleppung des Ganzen führen. Unter Missachtung seiner Weisungen aus Moskau, sich bedeckt zu halten, verständigte er sich daher konspirativ mit Eden auf Dreimächtegespräche in London mit dem Ziel, Wege zu einer «engen Zusammenarbeit» zu finden, «sowohl im Hinblick auf die Kriegführung als auch im Hinblick auf die Zeit nach dem Krieg».[3]

31. Januar[1]

Dreitägige Parlamentsdebatte (27. bis 28. Januar) [sic] über die Politik der Regierung. Vertrauensfrage: 464 Stimmen zu einer bei 27 Enthaltungen. Ein cleverer Schachzug von Churchill: Zeigt euer Vertrauen! [...] Die Regierung sieht in absehbarer Zukunft stürmischen Zeiten entgegen; viele derzeitige Minister werden über Bord gehen, aber Churchill wird bleiben. Die Elite der britischen Bourgeoisie mag ihn nicht und traut ihm auch nicht, aber solange der Krieg gegen Deutschland währt, kann sie nicht auf ihn verzichten. Es gibt keinen anderen britischen Politiker mit Churchills Qualität und Popularität.

27. Februar[4]

Lieber Maxim Maximowitsch [Litwinow],

ich halte es für angebracht, dich auf Folgendes aufmerksam zu machen: Am 2. Februar traf Harriman aus Amerika in London ein, er rief mich am 4. an und lud mich für den 5. zum Mittagessen ein. Wir aßen nur zu zweit in Harrimans Hotelzimmer. Zuerst besprachen wir die verschiedensten Themen, aber dann fragte Harriman, ob es möglich sei, ein Treffen zwischen Roosevelt und Stalin zu arrangieren. Harriman glaubte, dass zwischen den USA und der UdSSR großes Misstrauen bestehe, ebenso zwischen der UdSSR und England. Dem könne man am besten mit einem persönlichen Treffen zwischen Roosevelt und Stalin abhelfen. Harriman weiß, dass Roosevelt dem gerne nachkäme, aber wie stehe es mit Stalin? Harriman schlug entweder Island oder die Beringstraßenregion als Treffpunkt vor und betonte dabei, für Roosevelt spiele es keine Rolle, auf wessen Territorium das Treffen stattfinde.

[...] Nach dem, was Harriman mir sagte, hatte ich den Eindruck, dass ein mögliches Treffen zwischen Roosevelt und Stalin nicht im Außenministerium diskutiert werde, sondern im engen Kreis um den Präsidenten, etwa unter Hopkins, Harriman und anderen. Wahrscheinlich hielten sie es für praktikabler und unverbindlicher, unsere Haltung zu dieser Frage über London anstatt über Washington zu erkunden, also

1 Mehrere Einträge, die Maiski offenbar in aller Eile und im Telegrammstil niedergeschrieben hat, sind hier für eine bessere Lesbarkeit ausformuliert.

über die Verbindung Harriman–Maiski und nicht über die Verbindung Hull–Litwinow.[1]

[…] Ich habe unser Gespräch nach Moskau gemeldet und acht Tage später die Antwort erhalten, dass die Sowjetregierung ein Treffen für wünschenswert erachte, aber da Stalin die UdSSR aufgrund der angespannten Lage an der Front nicht verlassen könne, wurden Archangelsk oder Astrachan als Treffpunkte vorgeschlagen. Darüber habe ich Harriman informiert.

[…] Ich wollte dich aus rein persönlichen Gründen über das Geschehen unterrichten, weil die Angelegenheit in deinen Kompetenzbereich fällt und ich gegen meinen Willen und mein Wünschen hineingezogen wurde. Selbstverständlich werde ich die Angelegenheit bei der ersten Gelegenheit Washington übertragen.

Mit warmem Händedruck

I. Maiski

► Bei den drei Schlüsselfiguren Halifax und Litwinow in Washington und Maiski in London weckte die Lage beunruhigende Erinnerungen an 1939. Alle drei befanden sich gleichsam «im Exil» und besaßen nicht das volle Vertrauen ihrer Regierung. Halifax, der für die Fehler, die er am Vorabend des Kriegsausbruchs begangen haben mochte, büßte, hatte das größte Interesse daran, einen möglichen Separatfrieden zwischen der Sowjetunion und Deutschland im Keim zu ersticken und die Kriegsallianz am Leben zu erhalten. Litwinow strebte dasselbe Ziel an, teilte aber Stalins und Molotows Misstrauen gegen die Briten, die ihn in München und bei den Verhandlungen über einen Dreierpakt im Regen hatten stehen lassen. Maiski und Litwinow, in ihrer Zeit die wohl effektivsten Anwälte der Interessen ihres Landes, waren nach wie vor Molotows schärfste Rivalen. Zusammen mit Alexandra Kollontai waren sie die einzigen noch aktiven Vertreter der alten Schule der sowjetischen Diplomatie.

15. Februar

Wie reagiert England auf die militärischen Erfolge der UdSSR in den letzten zehn Wochen?

[…] Das Prestige der Roten Armee wächst. Stürmische Bewunde-

1 Cordell Hull, 1933–1944 Außenminister der USA.

rung. Der Mythos der deutschen «Unbesiegbarkeit» ist zerstört. Bald werden wir die deutsche Wehrmacht aufreiben. Halb im Scherz, halb im Ernst wird gefragt: «Könnten wir nicht ein paar von Ihren Generälen ausleihen?»

[...] Solange unsere Erfolge halbwegs bescheiden bleiben, werden die Bedenken der herrschenden Klasse schweigen. Aber was, wenn die Rote Armee auf Berlin marschiert? Und noch dazu auf eigene Faust? Ein Albtraum! Kalte Schweißausbrüche!

Und eine solche Situation ist durchaus möglich: 1942, 1943. Wenn unsere Berechnungen aufgehen (und dafür gibt es gute Gründe), könnte die Rote Armee Berlin allein erreichen, vor England und den USA. Um das zu vermeiden, könnten die Engländer gegen Jahresende eine «zweite Front» eröffnen. Sind sie dazu in der Lage? Ich bezweifle es. Die Sabotage unseres Nachschubs ist denkbar, um eine «Entscheidung» bis 1943 hinauszuzögern, wenn England und die USA besser vorbereitet sind. [...]

18. Februar

Die politische Atmosphäre bleibt angespannt und beklommen. Ich war am 17. im Parlament. Churchill sprach über den Fall Singapurs.[5] Er sah nicht gut aus, war gereizt, schnell eingeschnappt und störrisch. Die Abgeordneten waren bissig und schnippisch. Sie bereiteten Churchill einen unangenehmen Empfang und Abgang. So etwas habe ich noch nie erlebt. Scharfe Fragen verärgerten den PM.

[...] Die allgemeine Situation ist klar. Churchills persönliche Rolle: Er macht es selbst seinen Freunden schwer, seine Regierung zu unterstützen. «Ich bin für alles verantwortlich!» Das bedeutet, dass man seine Minister, Generäle etc. nicht kritisieren kann, obwohl sich unter seinem Schutzschild eine erkleckliche Anzahl an Idioten, Mittelmaß und potentiellen Vertretern der «Fünften Kolonne» versammelt haben. «Das Kriegskabinett ist gut, Änderungen sind nicht erforderlich!» [...]

Wer könnte Churchills Nachfolger werden, wenn er zurücktreten würde? Zwei Namen werden allgemein gehandelt: Eden und Cripps. Eden wird schon seit einiger Zeit genannt. Cripps' Stern ist seit Kurzem in rasantem Aufstieg begriffen (vor allem nach seinen Reden im Radio und in Bristol). Die Gründe: Der gemeine Mann ist überzeugt, dass Cripps «Glück bringt» («Russland ist in den Krieg eingetreten»), dass er «frisch» ist und «außerhalb der Parteien» steht (die Leute haben die Parteien satt), er ist progressiv, clever, ein guter Redner, und vor allem hat er auf das richtige Pferd gesetzt, die UdSSR. [...]

Ich persönlich bin für Churchill als PM. Er ist verlässlich: gegen Deutschland. Willensstark: Er regiert aus eigener Kraft. Weder Cripps noch Eden sind stark genug. Churchill steht mit beiden Beinen fest auf dem Boden. Wirkt kompromissbereit. [...] Möglicherweise macht Churchill nach der gestrigen Parlamentssitzung Zugeständnisse sowohl bei der Frage der Regierung als auch beim Oberbefehl über das Militär. Dass das nötig ist, wird immer deutlicher. Als ich gestern das Parlament verließ, hielt mich ein MP, den ich kenne, in der Lobby an und fragte: «Was könnte heute einen Begeisterungsschub in England auslösen?» «Ja, was denn?» «Wenn Marschall Timoschenko zum Oberbefehlshaber der britischen Armee ernannt werden würde!»

20. Februar

[...] Regierungsumbildung [...] Churchill hat sich beim Kabinett kompromissbereit gezeigt [...] Ein gewiefter Taktiker.

[...] Insgesamt betrachtet, ist eine Umbildung ein Pluspunkt. Beaverbrook – ein Minus. Wird Cripps ihn ersetzen? Cripps spielt sehr geschickt. Wurde Mitglied des Kriegskabinetts und «Führer des Unterhauses» (ein guter Posten für ihn plus Rampenlicht). Ihm wird die ironische Genugtuung zuteil, der Labour-Partei (wie auch den anderen Parteien) Vorschriften machen zu können, nachdem sie ihn vor drei Jahren ausgeschlossen hat. Ein Mann ohne Partei ist «Führer des Unterhauses» (unter Lloyd George war es Bonar Law). Cripps' Aufstieg in den letzten beiden Jahren ist ein britisches Politmärchen. Seine starke Position verdankt er jedoch nur dem Glanz, den die Macht der UdSSR und der Heroismus der Roten Armee auf ihn zurückwerfen.

► Der Empfang, der Cripps nach seiner Rückkehr aus Moskau bereitet wurde, erinnerte an Churchills «finest hour» ein Jahr vorher. In politischen Kreisen wurde damit gerechnet, dass Cripps von «Woche zu Woche an Statur gewinnen» werde, während Churchill in gleichem Maße «an Ansehen verlieren» würde.[6] Cripps' kategorische Ansage, nicht Mitglied eines Kabinetts werden zu wollen, dem Beaverbrook angehörte, zwang Letzteren schließlich zum Rückzug. Wie Winant nach Washington meldete, herrschte die breite Erwartung, der Eintritt Cripps' ins Kriegskabinett sei ein Vorzeichen für die

«Intensivierung des Bemühens um engere Beziehungen zu Russland».[7] Kein Wunder, dass Maiski sich beeilte, Cripps zu seiner Berufung ins Kriegskabinett zu gratulieren, einer Berufung, von der er hoffte, sie könne als gutes Omen «für die Kriegführung im Allgemeinen und für die Beziehungen zwischen der Sowjetunion und Großbritannien im Besonderen» gedeutet werden.[8] Allein, Beaverbrook lag absolut richtig mit seiner Einschätzung, dass zwar Cripps «den großen Russenfreund gab, [...] dass tatsächlich jedoch *er* der einzige wirkliche Unterstützer der russischen Sache im Kabinett» sei, weshalb sein Rückzug aus diesem «Ärger für die Russen» bedeuten werde.[9] Churchill gelang es, unter Rückgriff auf seinen großen politischen Erfahrungsschatz seine Autorität im Kabinett zu wahren. Er neutralisierte Cripps, indem er ihn ins Kriegskabinett aufnahm und ihn zusätzlich zum «Führer des Unterhauses» machte. Diese Rolle passte, wie Churchill wissen musste, nicht zu Cripps' spartanischem, rechtschaffenem und asketischem Wesen. Es war ein zeitaufwendiges Amt und entfremdete ihn von seinen potentiellen Unterstützern. Als im März die Diskussionen über Russland zunahmen, betraute Churchill Cripps mit einer langwierigen und aussichtslosen Mission in Indien – ein «Geniestreich» des Premierministers, mit dem er Cripps ins Abseits manövrierte.[10] Unter diesen Vorzeichen zehrte Cripps' fortdauernde Zugehörigkeit zum Kabinett in Ermangelung jeder Profilierungsmöglichkeit nach und nach an seiner Glaubwürdigkeit. Er stand klar als Verlierer da, als er gegen Ende des Jahres, nach dem Sieg bei el-Alamein, seinen Platz im Kriegskabinett räumen musste.[11]

26. Februar

Eden.

Ich frage nach Lieferungen im März/April, zusätzlich zu den im Moskauer Protokoll festgelegten Gütern: die Frühjahrsoffensive und die Gefahr für die Kommunikationslinien (Schiffe, die durchbrechen). Eden verspricht, alles zu tun, was in seiner Macht steht.

Eden sagt, er habe Winant, der heute abflog, ein Memorandum für Roosevelt mitgegeben, das im Geiste meines Gesprächs mit Winant verfasst sei (was wir allerdings nicht abgesprochen hatten). Eden sei sehr dafür, die Unterzeichnung der Verträge zu beschleunigen. Rechne mit einem Monat. Ich sage, wenn er sie nicht bald unterschreibt, wird der Effekt von Edens Besuch in Moskau verpuffen.

Eden ist mit der Regierungsumbildung zufrieden. Das Kabinett sei umgänglicher und kompetenter geworden. Setzt große Hoffnungen auf Cripps. Dessen erste Rede im Parlament ein Erfolg gewesen sei.

Ich gebe meinen Eindruck wieder, das Land und das Parlament seien bereit, der Regierung «eine Chance» zu geben, aber ohne große Begeisterung. Eden stimmt mir zu.

28. Februar

Bei Beaverbrook auf Cherkley. Dinner. Harriman und seine Tochter. Mrs R. Churchill, M. Foot[1] und andere.

Vor dem Dinner im Arbeitszimmer ... Porträts von Stalin und Roosevelt und vom König auf dem Kaminsims.

Erregt. Er will, dass Stalin die Wahrheit erfährt.[12]

2. März

Beaverbrook.

Kam am Abend. Höchste Unterstützung für die UdSSR. Außerhalb der Regierung ist es einfacher als innerhalb. Stalin wird das erkennen. Wenn es etwas gibt, was Stalin möchte, steht ihm Beaverbrook stets zur Verfügung ... Konzentration auf die Lieferungen [...] Zweite Front. [...] Versteht Stalins Verstimmung: «Ich kämpfe allein.»

4. März

Cripps.

Cripps aß bei mir zu Abend.

Cripps bemüht sich sehr, Arrangements für den Vertrag zu treffen. Das Kabinett hat die Grenzen von 1941 akzeptiert, allerdings ohne große Begeisterung.

[...] «Leider versprach die britische Regierung vor etwa einem Jahr, als England allein kämpfte und die USA am Krieg beteiligen wollte, den Amerikanern, dass man Veränderungen der europäischen Grenzen nicht ohne vorherige Beratung anerkennen würde. England wurde völlig abhängig von den Amerikanern. Das ist peinlich, aber was können wir tun?» Die Amerikaner haben es nicht eilig (der Entwurf für den Vertrag wurde vor

1 Michael Foot, 1937/38 Stellv. Chefredakteur der *Tribune*, 1942 Chefredakteur des Evening Standard, 1945–1955, 1960–1992 Abgeordneter der Labour-Partei.

drei Wochen verschickt). Cripps' Plan, Eden in die USA zu senden, ist gescheitert. Interne Krise. [...]

5. März

Eden und Cripps.

Militärische Lage: (1) Libyen. Die Engländer haben gute Verteidigungsstellungen und hoffen, sie zu halten. [...] (2) Fernost. Niederländisch-Indien gilt als verloren. Jetzt ist Burma dran. Die britische Regierung wird Burma verteidigen, ist aber nicht sicher, ob man es halten kann. [...] Japan könnte Indien angreifen, aber das ist ein großes Land, die Japaner könnten dort zu viele Kräfte binden. Nächste Woche wird Churchill im Parlament eine wichtige Erklärung zu Indien abgeben. [...]

► Am 7. März machte Eden einem widerstrebenden Churchill klar, dass es nur «einen Weg gebe, die amerikanische Waagschale zu kippen», und zwar mittels einer persönlichen Botschaft an Roosevelt.[13] Man müsse dem «Unbehagen» in den Vereinigten Staaten und in Russland über das Ausbleiben britischer Unterstützung ebenso den Boden entziehen wie den alten, jetzt wiederkehrenden Verdächtigungen, die Briten wollten Russland «ausbluten lassen». Ein ebenso großes Gewicht hatte aber auch das negative Argument, nur mit einem unverzüglichen Einsatz auf dem europäischen Festland lasse sich eine ausreichend starke Präsenz englisch-amerikanischer Truppen sicherstellen, um «allen erdenklichen Expansionsplänen der sowjetischen Regierung den Weg zu verlegen».[14]

«Die zunehmende Schwere des Krieges», telegraphierte Churchill an Roosevelt, «hat mich zu der Ansicht gebracht, dass man die Grundsätze der Atlantik-Charta nicht so gestalten sollte, dass sie den Russen die Grenzen absprechen würden, die sie zu dem Zeitpunkt innehatten, als Deutschland sie überfiel. [...] Ich hoffe daher, Sie werden sich dazu verstehen, uns freie Hand für die Unterzeichnung des Vertrages zu lassen, den Stalin so bald wie möglich abschließen möchte.» Roosevelt ließ indes eingedenk der Warnung seiner Militärplaner, es sei «von erstrangiger Bedeutung», sich Russland als kriegführenden Partner zu erhalten, keinen Zweifel daran, dass ihm sehr viel daran lag, noch «in diesem Sommer» die Errichtung einer zweiten Front in Europa zu erleben. «Nichts», schrieb er, «wäre schlimmer als ein Zusammenbruch der Russen. [...] Ich würde lieber Neuseeland, Australien oder was auch immer verlieren, als die Russen einknicken zu sehen.»[15]

In diesem Sinne wurde Litwinow am 12. März ins Weiße Haus einbestellt und mit der offenherzigen Aussage konfrontiert, da es «schwierig sei, mit den Engländern und dem Foreign Office auf einen grünen Zweig zu kommen», ziehe der Präsident es vor, über die Frage des Baltikums direkt mit ihm, Litwinow, zu reden. In der Tat landete Roosevelt innerhalb weniger Tage einen Coup in Bezug auf Russland. Während er einerseits weiterhin um ein gutes Einvernehmen mit Churchill bemüht zu sein schien, rieb er ihm andererseits gnadenlos seine militärischen Rückschläge und deren Rückwirkungen auf sein politisches Ansehen unter die Nase, um auf diese Weise ein eigenständiges Zugehen auf die Russen zu rechtfertigen:

> Ich weiß, Sie werden mir meine brutale Offenheit nicht übel nehmen, wenn ich Ihnen sage, dass ich der Meinung bin, dass ich persönlich mit Stalin besser zurechtkomme als Ihr Foreign Office oder mein State Department. Stalin hat eine geradezu körperliche Abneigung gegen all Ihre Topleute. Er meint, mich sympathischer zu finden, und ich hoffe, er wird das weiterhin tun.

Jetzt selbst die Zügel in die Hand nehmend, versprach Roosevelt, Churchill innerhalb weniger Tage «einen konkreteren Plan für einen gemeinsamen Angriff im europäischen Kernland» zu übersenden.[16]

10. März

[...] Eine zweite englische Front in Europa zu dem Zeitpunkt, da alle Offensiven starten, ist erforderlich, sonst wäre womöglich die einzige Chance vertan, den Krieg zu gewinnen.

Roosevelt bestellte Litwinow zu sich und sprach mit ihm über das Baltikum. Er ist im Grunde mit uns einig, aber aufgrund der öffentlichen Meinung gegen ein offenes oder geheimes Abkommen. R. sagte direkt, wenn die britische Regierung ein geheimes Abkommen abschließe, über das er nicht informiert sei, werde er keine Einwände erheben. Moskau hatte L. zuvor informiert, man habe kein Interesse mehr an einem Abkommen.

12. März

Eden gab mir eine Kopie von Churchills Nachricht an Stalin vom 9. März.

Meine Fragen: (1) Wann sandte Ch. das Telegramm an Roosevelt, und wie war die Reaktion? Telegramm wurde am 7. März verschickt. Bislang keine Reaktion. Halifax teilte heute mit, dass R. mit Litwinow über die

Sache sprechen möchte. […] (2) Was ist mit «anderen Mitteln» zur Erleichterung der Situation der UdSSR gemeint (Punkt 3 der Nachricht)? Eden antwortete, an erster Stelle eine Luftoffensive und Luftangriffe. Ich fragte: Und an zweiter Stelle? Könnte eine zweite Front gemeint sein? … Eden sagte weder Ja noch Nein zu einer zweiten Front. […][17]

13. März

Eden.

Die britische Regierung hat die Grenzen von 1941 akzeptiert. Wandte sich am 10. an Washington. Die Frage wurde entsprechend formuliert, um eine möglichst positive Antwort zu erhalten, also keine Einwände seitens der USA. Winant unterstützt die britische Regierung, weiß aber nicht, ob er damit die Meinung der US-Regierung zum Ausdruck bringt: Er war schon lange nicht mehr in den USA, reist aber in ein paar Tagen ab. Verspricht Kooperation. […]

► Das Nichtzustandekommen einer gemeinsamen strategischen und politischen Grundlage konfrontierte die Russen mit einem ernsten Dilemma im Hinblick auf die bestmögliche Antwort auf die zu erwartende deutsche Frühjahrsoffensive. Wie Maiski wusste, hatten die Katastrophen, die im Fernen Osten über Großbritannien hereingebrochen waren, bei Stalin Zweifel nicht nur an «Unterstützungswillen und Aufrichtigkeit» der Briten geweckt, sondern auch an ihrer «Entschlossenheit, den Krieg bis ans Ende durchzufechten». Obwohl er bekundete, es selbst besser zu wissen, ließ Maiski ominöse Bemerkungen darüber fallen, dass «manche, wie Stalin, nie aus Russland herausgekommen sind und dass es ihnen ziemlich schwerfällt, [die Briten] zu verstehen». Stalin werde zu dem Schluss gelangen, die Briten hätten «den Schwarzen Peter an Roosevelt weitergegeben und wollen auf Nummer sicher gehen».[18] Das konnte verheerende Folgen haben, da Stalin glaubte, 1942 werde das kriegsentscheidende Jahr sein, in dem man die Deutschen niederwerfen könne, wenn die Briten sich zu einem «Großunternehmen» in Italien oder auf dem Balkan entschlössen oder wenn sie gar eine Landung über den Ärmelkanal in Frankreich wagten. Maiski mühte sich nach Kräften, die offensichtliche Diskrepanz zwischen den sowjetischen und den englischen Zeitplänen aufzulösen; nach seiner Überzeugung wollten «die Briten nicht ernsthaft schon 1942 den Sieg erringen», sondern waren im besten Fall auf eine siegreiche Beendigung des Krieges 1943 ausgerichtet.[19]

Die wachsende Ernüchterung Moskaus schlug sich in Molotows verblüffender und kategorischer Weisung an Litwinow nieder, kein Wort mehr über eine zweite Front zu verlieren – eine Weisung, gegen die der Botschafter offen Stellung bezog. Er handelte sich damit einen Verweis Molotows ein, der ihm noch einmal einschärfte, dass «die Sowjetregierung die Alliierten gegenwärtig nicht zur Eröffnung einer zweiten Front drängt».[20] Er erhielt des Weiteren Anweisung, den in die gleiche Richtung gehenden Direktiven hinsichtlich des ins Auge gefassten politischen Abkommens «streng Folge zu leisten».[21]

Diese verwirrende Kehrtwende in der sowjetischen Position ist von westlichen Historikern entweder übersehen oder missdeutet worden; viele von ihnen haben die Gerüchte über einen Separatfrieden in einen Zusammenhang mit den Versuchen Stalins gebracht, die Westmächte durch Drohungen und «Erpressung» zu weiteren verbindlichen Zusagen zu bewegen. Das maßgebliche Motiv derjenigen im Westen, die die Russen im alliierten Lager einbinden wollten, war, ebenso wie 1939, die Angst vor einer Aussöhnung zwischen Deutschland und der Sowjetunion. Letztere hegte im Stillen ähnliche Befürchtungen hinsichtlich eines denkbaren englisch-deutschen Separatfriedens.[22] Es ist vorstellbar (und es liegen sogar Indizien dafür vor), dass Stalin in seiner Verzweiflung auf dieselben Taktiken zurückgriff, die er im Frühjahr 1939 verfolgt hatte, nämlich ein Vorfühlen bei den Deutschen unter Vermittlung Berias. Im Kern wäre dies auf eine Einstellung der Feindseligkeiten im Mai 1942 hinausgelaufen, gekoppelt mit der Inaussichtstellung eines russischen Eintritts in den Krieg Deutschlands gegen die Westmächte Ende 1943. Als Belohnung stellten sich die Russen die Wiederherstellung der im Ribbentrop-Molotow-Pakt getroffenen territorialen Vereinbarungen vor, ergänzt durch die Zuteilung von Einflusssphären auf dem Balkan, wahrscheinlich bis nach Griechenland hinunter.[23] Hieraus könnten sich die Nervosität sowohl Litwinows als auch Maiskis ebenso erklären wie gewisse kryptische Anmerkungen in Maiskis Tagebuch (und vielleicht auch die längeren «Auszeiten»).

Als Indiz für diese Mutmaßungen lässt sich eine Reihe von Anweisungen Molotows an Litwinow anführen, die Rückschlüsse auf die Stimmungslage im Kreml erlauben. Wie daraus hervorgeht, betrachtete die sowjetische Regierung die Moskauer Verhandlungen, nachdem sie zu keinem Abkommen geführt hatten, rückblickend nur noch «als vorläufige Gespräche über diverse Themen» und erklärte, sie sei, da keine Fortsetzung absehbar sei, an einer solchen «nicht mehr interessiert» und betrachte es «nicht als förderlich, in dieser Angelegenheit die Initiative zu ergreifen» oder auch nur «die Briten zur Eile zu mahnen».[24]

16. März

Am Samstag, den 14., erhielt ich die von Genosse Stalin gesandte Nachricht für Churchill. Ich rief sofort im Foreign Office an und bat für Montag, den 16., um einen Termin beim Premierminister. Binnen einer Stunde rief das FO zurück und informierte mich, dass Churchill mich am Montag um 17 Uhr sehen werde. Gestern, am Sonntag, erhielt ich einen weiteren Anruf vom FO. Es gibt eine Planänderung: Der Premierminister kann mich am Montag um 17 Uhr nicht empfangen. Stattdessen wurde ich für denselben Tag zum Lunch nach Chequers eingeladen. Ich war einverstanden.

Also traf ich heute gegen 13 Uhr in Chequers ein. Eden, den ich gebeten hatte, bei meinem Gespräch mit Churchill dabei zu sein, erschien ein paar Minuten später. Als er in den Raum kam, wo ich wartete, nahm er mich beiseite und sagte angespannt: «Ich habe gerade ein Telegramm aus Washington erhalten, das die Grundzüge von Roosevelts Erklärung gegenüber Litwinow enthält ... Eine sehr unerfreuliche Erklärung. Wir müssen das besprechen.»

In dem Moment kam der Adjutant des Premierministers und rief uns ins Speisezimmer. Eigentlich war es kein Speisezimmer, sondern ein kleines Eckzimmer im ersten Stock, das sehr privat wirkte. Für uns drei war ein kleiner Tisch gedeckt: für Churchill, Eden und mich. Der PM in seiner üblichen Feueralarmkluft begrüßte mich jovial und freundlich und entschuldigte sich für sein legeres Auftreten. Er habe sich heute einer kleineren Operation unterziehen müssen und könne nicht mehr in die Stadt zurückkehren, daher müsse er mich zu Hause empfangen.

Als wir uns setzten, reichte ich Churchill die Nachricht von G[enosse] Stalin. Er las sie rasch durch und war eindeutig zufrieden. Dann las Eden die Nachricht. Zunächst drehte sich unser Gespräch um die aktuelle Kriegslage. Anschließend kam Eden auf die Frage der Verträge zu sprechen. Noch einmal erwähnte er das Telegramm aus Washington und verlieh seiner Befürchtung Ausdruck, die Haltung der USA könnte die Situation verkomplizieren.

«Das heißt natürlich nicht, dass wir die Verträge mit Ihnen nicht unterschreiben», fügte Eden hinzu, «aber Sie müssen wissen, wie wichtig es wäre, Amerika auf unserer Seite zu haben.»

Churchill schaltete sich ein und erläuterte seine Position: «Ich habe von Anfang an gezögert, die Grenzen von 1941 anzuerkennen, aber da Stalin so darauf beharrte, erklärte ich mich schließlich bereit ... Vielleicht ist es eine voreilige Meinung, aber ich glaube sehr an das Prinzip der freien Selbstbestimmung der Völker, das auch in der Atlantik-Charta enthalten ist, wohingegen hier ...»

«Aber im Baltikum wurde eine große demokratische Volksabstimmung abgehalten», unterbrach ich, denn ich verstand sehr gut, worauf Churchill hinauswollte.

Churchill grinste verschlagen und erwiderte: «Ja, natürlich gab es eine Volksabstimmung, aber dennoch ...»

Er beendete den Satz mit einer unbestimmten Geste.

«Offen gesagt», antwortete ich, «verstehe ich die Position der b[ritischen] R[egierung] in dieser Angelegenheit nicht so ganz. Soweit ich weiß, hat die Regierung die USA in der Frage der europäischen Grenzen ‹konsultiert›, ich betone ‹konsultiert›, und nicht um ihre Erlaubnis gefragt. So wie ich das verstehe, hat die ‹Konsultation› bereits stattgefunden. Es gab eine Demarche Ihrerseits in Washington, die zeigte, dass es einen deutlichen Unterschied zwischen der Haltung der am[erikanischen] und der britischen Regierung gibt. Nun gut. Was jetzt? Meiner Meinung nach hätten Sie den Amerikanern sagen sollen: ‹Wir haben Sie über unsere Absicht informiert, die sowjetischen Grenzen von 1941 anzuerkennen. Das mag Ihnen nicht gefallen, aber wir bleiben dabei, dass dies im Interesse unseres Sieges über unseren gemeinsamen Feind liegt. Wir unternehmen diesen Schritt in der Hoffnung, dass Sie die Korrektheit unseres Vorgehens verstehen und anerkennen werden.› Unsere Verträge hätten direkt nach einer solchen Erklärung unterzeichnet werden sollen. Allgemein sollte sich die britische Regierung ein bisschen weniger an den ‹amerikanischen Onkel› wenden und ein bisschen mehr an die Unabhängigkeit ihrer Politik denken.»

Churchill und Eden ließen mich ausreden, wollten sich aber nicht direkt festlegen. Churchill sagte nur: «Sprechen Sie mit Eden, und finden Sie eine akzeptable Lösung.»

Also wurde beschlossen: Morgen, am 17., soll ich mich mit Eden treffen und die aktuelle Situation besprechen.

Dann erwähnte ich Genosse Stalins Nachricht und lenkte Churchills Aufmerksamkeit auf den Abschnitt, in dem Genosse Stalin seine Zuversicht darüber ausdrückt, dass 1942 ein Entscheidungsjahr werde. Ich fragte Churchill, wie er über das Thema denke.

Churchills Miene verfinsterte sich fast sofort. Er zuckte mit den Schultern und murmelte leicht irritiert: «Ich sehe nicht, warum 1942 ein entscheidendes Jahr werden sollte.»

Ich wollte schon protestieren, aber Churchill schnitt mir mit einer scharfen Frage das Wort ab: «Sagen Sie mir, wie fühlen Sie sich selbst heute, stärker oder schwächer als 1941?»

«Stärker natürlich», antwortete ich ohne Zögern.

«Tja, ich fühle mich schwächer», erwiderte Churchill. Und dann fügte er zur Erklärung hinzu: «Letztes Jahr mussten wir gegen zwei große Mächte kämpfen, dieses Jahr gegen drei.»

«Aber jetzt», antwortete ich, «haben Sie zwei mächtige Verbündete.»

Churchill wollte mir jedoch nicht zustimmen und nannte zusätzliche innenpolitische Probleme wie Indien, die Presse, das Parlament, die Produktion ...

Also beschloss ich, den Stier an den Hörnern zu packen, und sagte zu Churchill: «Ich weiß nicht, wie Sie das sehen, aber meiner Meinung nach stehen wir vor einer sehr bedrohlichen Situation. Schon bald wird es wirklich zu einem entscheidenden Moment im Kriegsverlauf kommen. Es heißt, entweder – oder. Wie stehen die Dinge? Deutschland bereitet eine enorme Offensive für das Frühjahr vor. Es wird dieses Jahr alles auf eine Karte setzen. Wenn wir es schaffen, die deutsche Frühjahrsoffensive zurückzuwerfen, haben wir im Grunde den Krieg gewonnen. Das Rückgrat von Hitlers Kriegsmaschinerie wäre dann in diesem Jahr gebrochen. Dann müssten wir der tollwütigen Bestie nur noch den Todesstoß versetzen. Wenn Deutschland erst einmal geschlagen ist, wäre alles andere relativ einfach. Nun, nehmen wir an, wir schaffen es nicht, die deutsche Frühjahrsoffensive zurückzuschlagen. Nehmen wir an, die Rote Armee müsste noch einmal den Rückzug antreten, wir würden noch einmal Territorien verlieren, die Deutschen würden zum Kaukasus durchbrechen – was dann? Denn Hitler wird nicht am Kaukasus haltmachen, wenn er erst einmal so weit ist. Er wird noch weiter vorrücken in den Iran, die Türkei, nach Ägypten, Indien. Irgendwo im Indischen Ozean wird er sich mit den Japanern zusammenschließen und dann die Hände nach Afrika ausstrecken. Deutschlands Probleme mit Öl, Rohstoffen und Lebensmitteln werden gelöst sein. Das britische Empire wird zusammenbrechen, gleichzeitig wird die UdSSR sehr wichtige Territorien verlieren. [...] Wie sähen dann unsere Chancen auf einen Sieg aus? Und wann? ... Das ist die Wahl, vor der wir stehen. Es heißt jetzt oder nie!»

Churchill, der mir mit gerunzelter Stirn und schräg geneigtem Kopf zugehört hatte, richtete sich plötzlich mit einem Ruck auf und rief in großer Erregung: «Wir würden lieber sterben als uns mit so einer Situation abfinden!»

Eden fügte hinzu: «Ich stimme dem Botschafter durchaus zu. Das genau ist das Thema: Jetzt oder nie!»

Ich fuhr fort: «Die Rote Armee ist im Vergleich zum letzten Jahr auf jeden Fall stärker geworden und die deutsche Wehrmacht schwächer. Gewiss werden wir dieses Jahr erbittert kämpfen. Aber wer kann für die Zukunft bürgen? [...] England und die USA beratschlagen noch, wägen die Dinge ab, überlegen und sind schlicht nicht in der Lage zu entscheiden, welches Jahr den Ausschlag geben soll: 1942 oder 1943. Die Situation ist unerträglich. Die verschiedenen ‹Kriegszeitpläne› der UdSSR auf der einen Seite und der USA und Englands auf der anderen stellen den größten Fehler der alliierten Strategie dar. Dieser Fehler muss beseitigt werden. England und die USA müssen ebenfalls alles auf das Jahr 1942 setzen. Das ist das Jahr, in dem sie all ihre Truppen und Ressourcen in die Schlacht werfen müssen, unabhängig davon, wie weit ihre Vorbereitungen gediehen sind.» [...]

Wieder war Eden mit mir völlig einer Meinung.

Churchill saß gedankenversunken da. Schließlich hob er den Kopf und sagte: «Vielleicht haben Sie recht. Alle Informationen, die mir zur Verfügung stehen, belegen, dass die Deutschen einen Angriff im Osten vorbereiten. Unzählige Züge fahren Richtung Osten, transportieren Männer und Waffen. [...] Ja, Sie müssen in diesem Frühjahr mit einem furchtbaren Schlag rechnen. Wir müssen Ihnen auf jede erdenkliche Weise helfen. Alles tun, was wir können.»

Es war jedoch klar, dass es Churchill nicht leichtgefallen war, zu dieser Schlussfolgerung zu gelangen.

Nachdem ich mich in dieser grundsätzlichen Angelegenheit gegen Churchill durchgesetzt hatte, verlagerte ich das Gespräch auf praktischere Themen. [...]

Es folgte ein langer, lebhafter, mitunter auch hitziger Meinungsaustausch. [...] Churchill sagte, er befasse sich nun mit der Frage einer zweiten Front in Europa. Daraufhin war klar, dass Eden nach meinem Gespräch mit ihm am 12. März das Thema bereits gegenüber dem PM angeschnitten hatte. Ich versuchte, das Thema weiter voranzubringen, und brachte das Argument zugunsten einer zweiten Front vor, das bei Eden so gut angekommen war (dass man die britische Armee in Hinblick auf mehr Kampf- und Angriffsgeist ausbilden müsse). Churchill reagierte auf mein Argument nicht weniger positiv als Eden. Er meinte sogar, theoretisch wäre es im Vergleich zum letzten Jahr jetzt einfacher, eine zweite Front zu eröffnen, weil die Engländer derzeit über zahlreiche Schiffe verfügen, die sich für Landeoperationen eignen. Dennoch vermied es der Premierminister hartnäckig, konkrete Versprechungen zu machen.

[...] Indien. Ich erwähnte das Problem flüchtig. Churchill reagierte sehr verärgert und irritiert.

«Cripps wird dort nichts erreichen», erwiderte er kurz angebunden. «Die Inder sind sich untereinander nicht einig ... Aus militärischer Sicht ist das nicht so wichtig. Aus militärischer Sicht ist die Front zwischen dem Kaspischen und Levantinischen Meer viel wichtiger als Indien. Politisch und emotional betrachtet, sieht das natürlich anders aus. Wir werden sehen.»

Churchill machte eine abrupte Handbewegung und fuhr fort: «Allgemein betrachtet, sind die Inder keine historische Nation. Wer hat sie nicht erobert? Wer immer aus dem Norden nach Indien kam, machte sich die Inder untertan. Während ihrer gesamten Geschichte kannten die Inder kaum wirkliche Unabhängigkeit. Man muss sich nur die indischen Dörfer betrachten: Jedes liegt auf einer Anhöhe. Wo kommt diese Anhöhe her? Jedes Dorf baut seit Jahrhunderten, seit Jahrtausenden Lehmhütten. Jedes Jahr werden die Hütten in der Regenzeit weggespült. Die alten werden durch neue aus demselben Material ersetzt. Die werden wieder weggespült. Und so geht es von einer Generation zur nächsten. Dadurch wurden die Hügel immer höher. Was ist das für ein Volk, das nicht in der Lage ist, im Lauf der Jahrtausende etwas Besseres zu erfinden?» [...]

Churchill trank einen Schluck Wein und fuhr noch erregter fort: «Ich bin bereit, sofort aus Indien abzuziehen. Leben werden wir dort ohnehin nicht. Aber was würde dann geschehen? Sie denken vielleicht: Freiheit, Wohlstand, die Entwicklung von Kultur und Wissenschaft ... Wie falsch das wäre! Wenn wir abziehen, kommt es überall zu Kämpfen, es wird einen Bürgerkrieg geben. Schließlich werden die Muslime die Oberhand gewinnen, denn sie sind Krieger, die Hindus dagegen sind Schaumschläger. Ja, Schaumschläger! Sicher, wenn es um schöne Reden geht, raffiniert ausgetüfftelte Resolutionen und legalistische Luftschlösser, da sind die Hindus wahre Experten! Da sind sie in ihrem Element! Aber wenn es ums Konkrete geht, wenn etwas schnell entschieden, umgesetzt, ausgeführt werden muss, da passen die Hindus. Hier zeigen sie sofort ihre interne Schlaffheit.»

Ich hörte dem Premierminister zu und dachte unwillkürlich: «Gewiss ist Churchill ein bemerkenswerter Mann und wichtiger Staatsmann. Und ja, er ist 67 Jahre alt. Aber trotzdem hat er immer noch etwas von einem kleinen Jungen: Der Iran ist ein Spielzeug, das ihm gefällt, Indien ein Spielzeug, das ihm nicht gefällt.»

[...] Churchill sprach mit Bewunderung über die Rote Armee und sagte, man betrachte die UdSSR nun in England mit enormem Wohlwollen, und auch das Ansehen der Sowjetunion sei sehr gestiegen. Lachend fügte er hinzu: «Stellen Sie sich nur vor, meine eigene Frau ist völlig sowjetisiert ... Sie redet nur vom sowjetischen Roten Kreuz, der sowjetischen Armee und von der Frau des sowjetischen Botschafters, mit der sie korrespondiert, telefoniert und bei Demonstrationen auftritt!»

Mit einem verschmitzten Funkeln in den Augen fügte er hinzu: «Könnten Sie sie nicht in einen Ihrer Räte wählen? Sie hat es wirklich verdient.»

[...] Beim heutigen Gespräch mit dem Premierminister fiel mir eine Eigenschaft auf, die ich zuvor noch nicht bemerkt hatte: Churchill ist in einer Endzeitstimmung. Ihm rutschte sogar die Bemerkung heraus: «Ich werde nicht mehr lange leben ... Schon bald werde ich Asche sein ...»

Diese Haltung klang in mehreren Äußerungen durch. Aber sobald Deutschland erwähnt wurde, reagierte Churchill aufbrausend und mit einem zornigen Funkeln in den Augen. Ich habe den Eindruck, er spürt gerade massiv, dass seine Kräfte nachlassen, und mobilisiert seine verbleibende Kraft und Energie für ein fundamentales und ausschließliches Ziel: den Krieg zu gewinnen. Weiter schaut und denkt er nicht.

Eden begleitete mich nach draußen und flüsterte mir auf der Veranda schnell ins Ohr: «Sie haben beim Premierminister heute sehr viel erreicht. Er war in guter Stimmung. Er wird unnötig gereizt; die Kritik im

Parlament und die Verdächtigungen der Presse regen ihn sehr auf ... Unterdessen werden Sie feststellen, dass vieles in Vorbereitung ist, auch wenn es noch zu früh ist, offen darüber zu sprechen ... Sie haben hier viele Freunde ... Wenn Sie etwas tun könnten, um die Situation des PM zu erleichtern, würden wir alle davon profitieren.»

17. März

Eden.

Wir berieten über die Verträge. Halifax hat den Bericht über Roosevelts Erklärung an Litwinow geschickt; Sumner Welles hat ihn weitergeleitet, damit er informiert ist. Eine lange Erklärung (zwei Seiten, einzeilig geschrieben). Die wichtigsten Punkte: Angesichts der vorherrschenden öffentlichen Meinung in Amerika war Roosevelt «alarmiert», als er von den englisch-sowjetischen Verhandlungen über die Anerkennung der Grenzen von 1941 erfuhr, er würde sich gern intensiver mit der Angelegenheit auseinandersetzen, kann auf keinen Fall einen Geheimvertrag billigen und kann auch keinen Vertrag über zukünftige Grenzen unterzeichnen. [...]

Eden fragte: Was ist jetzt zu tun? Obwohl die USA unseren Hoffnungen einen Dämpfer verpasst haben, müssen die Verträge rasch unterzeichnet werden. Es ist jedoch offensichtlich, dass das Telegramm von Halifax Roosevelt verärgert hat. Ich habe mich bemüht, ihn zu beruhigen. Die britische Regierung muss Mut zeigen. Roosevelts Erklärung ist mehr eine Absicherung als ein Protest.

[...] Nach unserem Gespräch kam Eden zu folgendem Schluss: Stalin soll antworten (die Erklärung ist an ihn adressiert), dann wird Eden eine Antwort im gleichen Sinn aufsetzen. Danach machen wir uns an die Ausarbeitung der Verträge. Stalins Antwort soll sich laut Eden auf folgende Vorstellungen stützen: Ein Geheimvertrag steht außer Frage, niemand hat die USA aufgefordert zu unterschreiben; das Sicherheitsbedürfnis der UdSSR erfordert jetzt eine Anerkennung der Grenzen von 1941, um Vertrauen zwischen England und der UdSSR herzustellen.

Ich werde Moskau um eine Kopie der Antwort an Roosevelt und um Details des Gesprächs zwischen Roosevelt und Litwinow bitten.

► Maiski gab sich alle Mühe, ein Steckenbleiben der politischen Gespräche zu verhindern. Eden überging in seinem Bericht über die Unterre-

Die «Verschwörer» Eden und Maiski

dungen den Umstand, dass er und Maiski sich trotz der «kalten Dusche» aus Washington vertraulich darüber verständigt hatten, dass und wie sie die politischen Verhandlungen fortsetzen würden. Laut ihrem Plan sollte Stalin Roosevelt versichern, dass es bei dem Abkommen keine Geheimklauseln geben werde und dass Roosevelt es nicht mit unterzeichnen müsse, auch wenn man

Maiski überreicht Orden an Hurricane-Piloten für ihren Einsatz in Nordrussland.

seine stillschweigende Zustimmung begrüßen würde. Eden hoffte, Stalin werde den Ball ins Rollen bringen, indem er erklärte, es komme im Sinne der «Sicherstellung gegenseitigen Vertrauens und einer stabilen Zusammenarbeit zwischen den Alliierten wesentlich darauf an, die Grenzen jetzt anzuerkennen und nicht erst nach Kriegsende».[25]

23. März

Ich informierte Eden, dass die sowjetische Regierung beschlossen hat, nicht auf Roosevelts Erklärung gegenüber Litwinow zu reagieren, und sie nur als Information betrachtet. Sie hat lediglich M. M. Litwinow instruiert, dem Präsidenten zu sagen, die sowjetische Regierung werde seine Erklärung in Erwägung ziehen. Eden war völlig perplex. Ich versicherte ihm: Wir haben bei unseren Beziehungen zu den USA keine Verpflichtungen und Roosevelt um nichts gebeten. […]

▸ Ein weiteres Mal schien es, als sei Molotow alles andere als erpicht auf eine Fortführung der Verhandlungen. Er sei, so ließ er seinen Botschafter in London wissen, verwundert darüber, wie Eden an die Sache herangehe. Litwinow in Washington war ebenso perplex wie Maiski in London über den «unverständlichen» politischen Kurs, den der Kreml steuerte. Er rechnete damit, dass die Sowjetunion es auf der Friedenskonferenz mit einem «geschwächten und zertrümmerten» britischen Empire und mit «mächtig erstarkten» Vereinigten Staaten zu tun haben würde, und sah es daher als wenig zielführend an, die Briten zur Unterzeichnung eines Abkommens zu drängen, das Roosevelt nicht wollte, und damit dessen Unmut zu provozieren.[26] Es ist angesichts dessen bemerkenswert, dass Moskau jetzt nicht mehr ausdrücklich eine Landung in Frankreich verlangte, sondern die Alliierten nur noch darauf drängte, die Ostfront auf den ersten Platz ihrer strategischen Prioritätenliste zu setzen. «Wir haben keine Zeit», sagte Maiski, als er britischen Piloten, die in Russland geflogen waren, den Leninorden an die Brust heftete, «zu warten, bis der letzte Knopf an der Uniform des letzten Soldaten angenäht ist.»[27]

24. März

Kerrs[I] erster Besuch bei Molotow. Molotow bemerkte, [...] dass wir 1942 als das entscheidende Jahr im Kampf gegen Deutschland betrachten. Deutschland bereitet eine Frühjahrsoffensive vor. Wir tun alles, was wir können, um die Organisation der Offensive zu stören. Sowjetische Truppen greifen unablässig entlang der gesamten Front an und gönnen den Deutschen keine Ruhepause, damit wollen wir die deutschen Offensivpläne behindern. Wenn England und die USA dort, wo sie den Hitler-Anhängern Schaden zufügen können, dasselbe tun, wird 1942 tatsächlich zum Wendepunkt. [...]

5. April (Bovingdon, Ostern)

[...] Eine unklare Lage. Die Fakten könnten auf eine Auflösung des Empire hindeuten, doch es könnte sich auch um eine Übergangsphase bei dessen Umbildung handeln. Alles wird vom englischen «Geist» und vor allem vom Geist der herrschenden Klasse abhängen. Wenn die Herrschenden nicht die nötige Flexibilität zeigen und es versäumen, rechtzeitig die erforderlichen Zugeständnisse in verschiedenen Teilen des Empire zu machen, wird seine Auflösung infolge des Krieges unvermeidlich sein.

I Archibald Clark Kerr (1. Baron Inverchapel), 1938–1942 britischer Botschafter in China, 1942–1946 in der UdSSR, 1946–1948 in den USA.

Wenn die Herrschenden allerdings diese Qualitäten zeigen, ist eine Umgestaltung des Empire möglich. Ein Beispiel: Indien könnte nach dem Krieg ein Dominion oder sogar ein offiziell unabhängiger Staat werden, aber wenn die britische Regierung mit Indien sowie mit Ägypten im Voraus geeignete Abkommen für den Handel sowie politische und militärische Vereinbarungen trifft, kann England eine beträchtliche Anzahl seiner Vorteile dort wahren. Das gilt auch für andere Teile des Empire.

In welche der beiden Richtungen deuten die Ereignisse? Ich habe den Eindruck, dass sich die Dinge eher in die zweite Richtung entwickeln, d. h., dass die herrschende Klasse erhebliche Anstrengungen unternimmt, von ihrer Position im Empire und im eigenen Land zu retten, was zu retten ist.

[...] Es ist völlig klar, dass die herrschende Klasse Englands auf eine Verarmung zusteuert, mit allen daraus resultierenden Konsequenzen. Sie erlebt eine rasante Talfahrt. [...] Deshalb wird sie bei der Planung eines Wiederaufbaus nach dem Krieg nur so viel tun, wie sie auf Druck der unteren Klassen und der UdSSR tun muss. [...] Die Stimmung in dieser Klasse ist derzeit sehr bedrückt und düster. Vor nicht allzu langer Zeit war ich zum Mittagessen beim Bankier Rothschild. Ich lenkte das Gespräch sachte in Richtung der Aussichten nach dem Krieg. Schon bald zeigte sich, dass ich einen Nerv getroffen hatte. Es entwickelte sich eine scharfe Debatte. [...] Der Gastgeber beendete die Diskussion mit einer typischen Bemerkung: «Um schlaflose Nächte zu vermeiden, hat mir meine Frau verboten, an die Zukunft zu denken.»

6. April

Wenn ich die Gedanken wieder aufgreife, die ich gestern notiert habe, komme ich zu folgendem Schluss.

Wie wird die Welt bei Kriegsende aussehen? Bei einem Kriegsende, versteht sich, das wir uns wünschen und auf das wir zählen.

Deutschland, Italien und Japan werden vernichtet und für lange Zeit geschwächt sein. Frankreich wird seinen Status als Großmacht verlieren und eine langsame und schmerzhafte Phase der Erholung durchmachen. Das britische Empire wird erheblich geschwächt sein (ich habe mich für das beste Szenario entschieden: keine Auflösung, sondern eine Umgestaltung). China wird triumphieren, aber seine Wunden lecken und nur mit großer Mühe seine alte Stärke wiedererlangen.

Vor diesem Hintergrund ergibt sich für zwei Mächte ein etwas anderes Bild: für die UdSSR und die USA.

Auch die UdSSR wird sich um ihre Wunden kümmern müssen, jedoch mit einer mächtigen Armee, einer umfangreichen Industrie, mechanisierten Landwirtschaft und einem Reichtum an Rohstoffen aus dem Krieg hervorgehen, sie wird die stärkste internationale Macht sein. Das sozialistische System wird der UdSSR helfen, die gravierenden Folgen des Krieges schneller als andere Länder zu überwinden.

Die USA wiederum werden die zweitstärkste Macht, weil sie aller Wahrscheinlichkeit nach am wenigsten unter dem Krieg leiden werden und mehr als alle anderen ihre Stärke bewahren können. Für eine ernsthafte Schlacht wird die amerikanische Armee wahrscheinlich erst nach Kriegsende bereit sein. Zusammen mit der starken Marine, Luftwaffe und Rüstungsindustrie wird diese Armee die USA sehr mächtig machen.

Die UdSSR und die USA werden die beiden gesellschaftlichen und internationalen Pole des Sozialismus und Kapitalismus in der Nachkriegszeit bilden. Denn in den USA wird der Kapitalismus bei Kriegsende unendlich mehr von seiner Lebenskraft bewahrt haben als in England. Die USA werden zur Hochburg des Kapitalismus. Deshalb wird die Nachkriegszeit wahrscheinlich vor allem von einem Wettbewerb zwischen der UdSSR und den USA geprägt sein und weniger von einem Wettkampf zwischen England und den USA. [...]

Ich schließe natürlich auch nicht die Möglichkeit aus, dass Hitler im Monat April mit der einen oder anderen Neuigkeit von sich reden machen wird. [...] Ich persönlich denke auf jeden Fall, dass Hitler aller Wahrscheinlichkeit nach dieses Jahr das Ziel verfolgt, den Kaukasus zu erobern, mit allen entsprechenden Konsequenzen.

[...] Da nun der Frühjahrs-Sommer-Feldzug näher rückt, stellt sich die Frage, in welcher Verfassung sind wir?

Die Winteroffensive war von großer Bedeutung. Sie hat dem Kampfgeist der Roten Armee und der gesamten sowjetischen Bevölkerung enormen Auftrieb gegeben. Für die Rote Armee war das eine sehr wertvolle Kriegserfahrung. Wir brachten eine Reihe von Gebieten wieder in unseren Besitz. Der Feldzug nahm Hitler die Möglichkeit, ruhig den Winter abzuwarten und gleichzeitig eine enorme Reservetruppe für das Frühjahr aufzubauen. Die Deutschen mussten den ganzen Winter durch kämpfen und erlitten schwere Verluste. [...] Das sind natürlich lauter Plus-

Ein Botschafter bei der Arbeit: Maiski mit «Flo», seiner streng kommunistischen Sekretärin, und Zinchenko, dem ersten Sekretär

punkte. Aber ich bin etwas enttäuscht, weil unsere territorialen Gewinne hinter meinen Erwartungen zurückblieben. Ich hatte gedacht, dass wir bis zum Ende des Winters mindestens Smolensk erobert, die Deutschen aus Leningrad vertrieben und die Krim befreit hätten. Aber das ist nicht passiert, und nun kann man nichts mehr daran ändern.

Wie sind die Aussichten? Das ist schwer zu sagen, vor allem da keine genauen Informationen aus der UdSSR vorliegen. Hitler hat sich anscheinend wieder etwas erholt von der anfänglichen Verwirrung im deutschen Militär, die durch unsere Dezemberoffensive hervorgerufen wurde. Im Februar war klar, dass es noch zu früh war, um von einer Auflösung der deutschen Armee zu sprechen. Die deutschen Truppen haben sich nicht in völliger Unordnung und Panik zurückgezogen. [...]

Unterdessen sind wir mit den Vorbereitungen der Roten Armee für den Frühling gut vorangekommen. Reserven wurden angefordert, und es wurden erhebliche Anstrengungen zur Ausweitung der Rüstungsproduktion getroffen, außerdem haben wir so viel wie möglich aus dem Ausland importiert. [...]

► In der Folge weist das Tagebuch bis Mitte Juni keine weiteren Eintragungen auf, abgesehen vom Kurzprotokoll eines Treffens mit Beaverbrook am 7. Mai (hier nicht abgedruckt) und einigen zwischen Stalin und Churchill ausgetauschten Telegrammen zu den Besuchen Molotows in London und Washington im Mai und Anfang Juni. Die Spannungen, die das Verhältnis zwischen Maiski und Molotow strapazierten – Spannungen, die während Molotows Aufenthalt in London und unmittelbar danach ein paarmal hochkochten[28] –, und die Ungewissheit über die Absichten des Kreml in der Zeitspanne vor der erwarteten deutschen Frühjahrsoffensive waren wahrscheinlich die Hauptgründe für Maiskis ominöses Schweigen.

Eden hatte Maiski erklärt, dass Churchill sich um eine zumindest stillschweigende amerikanische Unterstützung für das Abkommen bemühte, da Großbritannien doch in Sachen «militärischer Unterstützung für Russland relativ wenig» zu bieten habe.[29] Eine unbeabsichtigte Folge dieser Ausflucht war, dass sie Roosevelt die Möglichkeit eröffnete, das politische Abkommen zu hintertreiben, indem er sich der russischen Forderung nach einer zweiten Front anschloss und damit den Schwarzen Peter den Briten zuschob.[30] Mit Geheimdienstberichten über verbreitete «Angst, Verzagtheit und Pessimismus» in der britischen Bevölkerung überschwemmt, fragte Roosevelt sich, ob Churchill dabei war, die Kontrolle über das innenpolitische Geschehen zu verlieren. Als vor allem wünschenswert bezeichnete er «ein offensives Auftreten der kämpfenden Truppen anstelle ständiger Rückzüge und Defensiven, eine effiziente und starke Führung im Inneren auf dem Weg zu einem wahrhaft totalen Kriegseinsatz».[31] Hopkins hatte Roosevelt seit seiner Rückkehr aus Moskau gedrängt, General Marshalls[1] akribisch ausgearbeitete Pläne für eine Landung an der französischen Kanalküste aufzugreifen und Churchill darauf einzuschwören. Diese Entscheidung müsse, so forderte er nachdrücklich, «jetzt» getroffen werden, um sicherzustellen, dass alle erforderlichen logistischen und militärischen Vorkehrungen rechtzeitig genug abgeschlossen sein würden, um die Landung Anfang April 1943 durchzuführen. Für die Zwischenzeit präsentierte er einen Ausweichplan, der als «Opfer im Sinne der gemeinsamen Sache» eine Offensive im September 1942 vorsah.[32]

1 George Catlett Marshall, 1939–1945 Stabschef der U. S. Army, 1947–1949 Außenminister der USA.

Als Marshall und Stimson[1], Veteran des Ersten Weltkriegs und erfahrener Kriegsminister, am 25. März bei Roosevelt im Weißen Haus zu Mittag aßen, drängten sie den Präsidenten, ihre Pläne Churchill vorzulegen und dann «mit ganzer Kraft auf eine rücksichtslose Neujustierung der Lieferzuteilungen und auf die Bereitstellung von Landungsausrüstungen für die letztendliche Invasion» spätestens im September hinzuwirken.[33] Am 1. April wurden die Pläne, die drei separate Operationen vorsahen, mit einer Landung auf dem europäischen Festland am 1. April 1943 als Abschluss und Höhepunkt, vom Präsidenten abgesegnet. Es handelte sich um Operation *Bolero*, in deren Rahmen die Amerikaner rund 30 Divisionen, sechs Panzerdivisionen und 3250 Flugzeuge in Großbritannien stationieren würden, um Operation *Round Up*, in deren Verlauf diese Truppen und weitere 18 britische Divisionen in dem Küstengebiet zwischen Boulogne und Le Havre anlanden sollten, und um Operation *Sledgehammer*, die als Notmaßnahme die Errichtung von Brückenköpfen in einem französischen Seehafen im Frühherbst 1942 vorsah, falls der Sowjetunion der militärische Zusammenbruch drohte.[34]

Churchill hatte die Entscheidung, das politische Abkommen zu schließen, mit seinem Unvermögen begründet, Russland auf dem Schlachtfeld zu unterstützen. Um dem britischen Premier zuvorzukommen und einem politischen Abkommen den Boden zu entziehen, brachte Roosevelt die militärische Option ins Spiel. Er beeilte sich, Stalin einen «sehr wichtigen militärischen Vorschlag» anzukündigen; es gehe dabei um ein «militärisches Vorgehen unserer Truppen in einer Weise, die Ihre lebenswichtige westliche Front entlasten würde». Er drängte Stalin, unverzüglich «Molotow und einen General» nach Washington zu schicken; man brauche unbedingt deren Rat, bevor man gemeinsame Strategien und Vorgehensweisen «endgültig festlegen» könne.[35] Anschließend teilte er Churchill en passant mit, er habe zwei «spezielle Vertreter» Moskaus zur Erörterung seines Plans eingeladen und hoffe, sie würden diesen «mit Begeisterung begrüßen». Sehr beunruhigt über Roosevelts Vorstoß, fragte Churchill an, ob er sich nicht für ein Wochenende nach Hyde Park (Roosevelts Landsitz im Norden des Staates New York) «hinüberschwingen» könne; es gebe «so viel zu entscheiden, das man im Gespräch leicht erledigen» könne.[36]

---

1 Henry Stimson, 1929–1933 Außenminister unter Präsident Hoover, 1940–1945 Roosevelts Kriegsminister (obwohl er Republikaner und bei seinem Amtsantritt 72 Jahre alt war).

Am 8. April erhielt Maiski von Eden die Mitteilung, das Kabinett sei nunmehr trotz der Bedenken Roosevelts bereit, über einen «Vertrag nach den Vorstellungen von Mr Stalin» zu verhandeln.[37] Es müssten lediglich aus Rücksicht auf amerikanische Empfindlichkeiten einige geringfügige Änderungen vorgenommen werden.[38] Vor dem Hintergrund einer wachsenden Sorge, dass es entweder zu einem sowjetisch-deutschen Separatfrieden kommen könnte oder zu einer erfolgreichen sowjetischen Offensive, die den Russen den Weg nach Berlin bahnen würde, wollte Eden Molotow unbedingt dazu bewegen, auch in London vorbeizukommen. Ein erheblicher Stein des Anstoßes war und blieb jedoch das Beharren Stalins auf Anerkennung der Curzon-Linie als Russlands künftiger Grenze zu Polen. Eden übermittelte, wahrscheinlich nach Rücksprache mit Maiski, den Vorschlag nach Moskau, falls Molotow verhindert sei, den Botschafter zur Unterzeichnung des Abkommens zu autorisieren.[39] In der Tat zog Molotow es vor, sich bei den Verhandlungen von Maiski vertreten zu lassen (eine ominöse Reminiszenz an den Mai 1939, als der Botschafter in Vertretung Molotows den Vorsitz der Völkerbundsversammlung übernommen hatte). Man ließ Eden wissen, Molotow wisse die Einladung sehr zu schätzen, sei aber von Stalin «mit wichtigeren Aufgaben» betraut worden.[40]

Marshall und Stimson zeigten sich zunehmend besorgt über die zögerliche Haltung der Briten. Sie schrieben die britischen Bedenken zwar einem Mangel an ausreichenden Ressourcen zu, hatten aber den Eindruck, in der Hauptsache stecke die Entschlossenheit Churchills dahinter, keine Abstriche am Nordafrikafeldzug zu machen und sicherzustellen, dass nicht etwa für den mediterranen Kriegsschauplatz gedachte Lieferungen an die Ostfront umgeleitet würden. Es war unübersehbar, dass der Premierminister die Möglichkeit einer Landung an der französischen Kanalküste selbst für 1943 skeptisch beurteilte.

General Marshall stellte sich in seinen Besprechungen mit den britischen Stabschefs am 12. und 13. April in London auf die Hinterfüße und erklärte kategorisch, die Amerikaner wollten «nicht erleben, dass mögliche Rückschläge und zusätzliche Verpflichtungen an anderen Kriegsschauplätzen die vollumfängliche Durchführung des einmal beschlossenen Planes» beeinträchtigten.[41] Hopkins machte Churchill zweifelsfrei klar, dass «die Vereinigten Staaten bereit seien, zur Rettung der russischen Front große Risiken einzugehen». Die unstrukturierte Debatte, die auf den Besuch folgte, weckte Zweifel an der Durchführbarkeit des Plans, solange Churchill weiter darauf beharrte, dass man «die Verteidigung Indiens und des Nahen Ostens» keinesfalls vernachlässigen dürfe. Großbritannien könne nicht «zugunsten der von General Marshall formulierten Hauptziele alles andere beiseitelegen».[42]

Als Marshall nach Washington zurückkehrte, tat er dies in der Überzeugung, mit den Briten eine «vollständige Einigung» erzielt zu haben, zumindest in Bezug auf die Notwendigkeit, 1943 eine Landung an der französischen Kanalküste durchzuführen. Gewiss schienen sich beide Seiten über den Vorrang des europäischen Kriegsschauplatzes einig zu sein, doch angesichts der strategischen Ausrichtung der Briten auf die Nebenkriegsschauplätze konnte man kaum damit rechnen, dass eine Landung in Frankreich vor Mai 1943 «ausreifen» würde.[43] Vorläufig schloss Roosevelt sich der Linie seiner Berater an und akzeptierte die sowjetische Einschätzung, der zufolge die zweite Front ungeachtet der ihr offenkundig entgegenstehenden Hindernisse den Preis, den sie kosten werde, wert sei.[44] Während die Amerikaner die Vorkehrungen für die Errichtung einer zweiten Front anschoben, versicherte Churchill seinem Kabinett, Großbritannien habe sich «nicht verpflichtet, eine solche Operation dieses Jahr durchzuführen».[45]

Kein Wunder, dass Maiski deprimiert war, von Eden zu erfahren, das Defence Committee habe zwar während der Anwesenheit Marshalls einen Grundsatzbeschluss gefasst, aber noch keine «präzise» Entscheidung über die tatsächliche Eröffnung einer zweiten Front getroffen, die in enger Koordinierung mit den Amerikanern geplant werden müsse.[46] Seine langjährige Erfahrung als Diplomat machte es Maiski leicht, die Manöver Churchills zu durchschauen. Er erkannte sofort, dass dessen Erklärung weder das «Wann» noch das «Wo» spezifizierte.[47]

Am 20. April reagierte Stalin, der seine Hoffnungen inzwischen auf die Amerikaner setzte, positiv auf Roosevelts Einladung an Molotow, nach Washington zu kommen und Ideen über die Errichtung einer zweiten Front auszutauschen. Er gab des Weiteren bekannt, dass Molotow einen Zwischenstopp in London einlegen werde. Roosevelt teilte Litwinow voller Enthusiasmus mit, die Amerikaner seien entschlossen, «jetzt» eine zweite Front zu eröffnen. Er hoffe, Molotow werde auf dem Rückweg nochmals in London Station machen; er könne dort dann «doppelten Druck» auf die Briten ausüben, indem er auch im Namen des amerikanischen Präsidenten sprach.[48] Molotow schien sich freilich nicht sehr auf ein Abkommen mit den Briten zu freuen, da er nicht erwartete, dass es den sowjetischen Forderungen Rechnung tragen werde. In einer barschen und fast brutalen Reaktion auf die positiven Berichte Maiskis erklärte er, er wolle am liebsten «die Verhandlungen unterbrechen [...] und sie auf unbe-

Ein kämpferischer Molotow in Pilotenkleidung bei der Ankunft in Schottland

stimmte Zeit vertagen, anstatt noch mehr kleinlaute Zugeständnisse zu machen».[49] Maiski fand sich infolgedessen in einer Zwickmühle wieder, die an die turbulenten Jahre 1938/39 denken ließ. Er brauchte unbedingt ein Abkommen, um sein weiteres Verbleiben in London zu sichern, tatsächlich vielleicht sogar sein Überleben.

Kein hochrangiger britischer Amtsträger fand sich zur Begrüßung Molotows ein, als dieser schließlich am 20. Mai an Bord eines sowjetischen Bombers des technisch sehr fortgeschrittenen Typs TB-7 landete, von dem bis dahin nur sechs Exemplare gebaut worden waren.[50] Das Flugzeug hatte vier Tage vorher auf derselben Route einen Testflug nach England absolviert, mit Stalins persönlichem Dolmetscher und einer Reihe von Molotows Mitarbeitern an Bord. Pawlow[I], der schon vorher nach London gekommen war, um Molotows Besuch vorzubereiten, hatte die Aufgabe, Maiski den neuesten überarbeiteten

I Wladimir Nikolajewitsch Pawlow, 1939 von Molotow rekrutiert, diente er 1939–1941 als Erster Sekretär an der sowjetischen Botschaft in Berlin. Daneben fungierte er während des Zweiten Weltkriegs immer wieder als Dolmetscher für Molotow und Stalin.

sowjetischen Entwurf für ein Abkommen zu übergeben. In Moskau war die Paranoia inzwischen so weit gediehen, dass man Pawlow befohlen hatte, den Vertragsentwurf vor dem Abflug persönlich zu verschlüsseln und ihn erst in der Londoner Botschaft wieder zu entschlüsseln; das verschlüsselte Dokument hatte man ihm ins Futter seines Mantels eingenäht.[51] Anders als Pawlow stieß Maiski erst auf halber Strecke zwischen dem Landeplatz und London zu Molotow, wahrscheinlich nachdem dieser der Abneigung des Ministers gegen den Botschafter ausgiebig neue Nahrung gegeben hatte, etwa durch eine entsprechend eingefärbte Schilderung seines Aufenthalts in der Botschaft. Was Pawlow über Maiski zu sagen hatte, wies, zusammen mit der Konfrontation zwischen Litwinow und Molotow in Washington ein paar Wochen später, bereits auf die Entlassung der beiden Botschafter im kommenden Jahr voraus und verdient daher, im vollen Wortlaut zitiert zu werden:[52]

> I. M. Maiski schlug mir vor, ich solle in seiner Wohnung im Botschaftsgebäude logieren und auf die Ankunft von V. M. Molotow in England warten. Ich hielt es eine Nacht aus, fühlte mich aber unwohl, da ich das Gefühl hatte, mit meiner Anwesenheit den englischen Tagesablauf meiner Gastgeber zu stören. Ich ‹riss› daher aus und ging zu A. E. Bogomolow[I], dem Botschafter für die Exilregierungen. Er hieß mich herzlich willkommen.[53]
>
> Einen besonders schlechten Eindruck hinterließ bei mir ein Mittagessen in Maiskis Wohnung, zu dem die ranghöheren Mitglieder der Botschaft eingeladen waren. Die Gespräche am Tisch drehten sich um die schwierige Situation an der sowjetisch-deutschen Front im Sommer 1941. Von der Unterhaltung angespornt und besorgt über das Schicksal ihres Mannes und ihrer selbst, sagte die Frau von I. M. Maiski, Agnia Alexandrowna, zu I. M. Maiski: «Wanetschka, ich meine, die Engländer werden sich genauso um uns kümmern, wie sie sich nach der deutschen Besetzung Österreichs im März 1938 um den österreichischen Botschafter gekümmert haben.» Maiski antwortete nicht. Das waren die Gedanken, die A. A. Maiski durch den Kopf gingen.

Die Verhandlungen verhakten sich an der sowjetischen Forderung nach sofortiger Anerkennung der sowjetisch-polnischen Grenze, wie sie zum Zeitpunkt

---

Als Beteiligter am Ribbentrop-Molotow-Pakt wurde er unter Chruschtschow kaltgestellt und in den Progress-Verlag abgeschoben.

I Alexander Efremowitsch Bogomolow, 1939–1940 Generalsekretär und Chef der Ersten Westabteilung des Volkskommissariats für Auswärtige Angelegenheiten, 1940/41 Botschaftsrat und anschließend Botschafter in Frankreich, 1941–1943 sowjetischer Botschafter für die Exilregierungen, 1943/44 sowjetischer Gesandter beim Französischen Nationalen Befreiungskomitee, 1944–1950 Botschafter in Frankreich.

des deutschen Überfalls auf Russland bestanden hatte. Was die beteiligten Personen betraf, so besaß Molotow als Diplomat allem Anschein nach nicht die Klasse eines Litwinows oder Maiskis. Wie Cadogan festhielt, hatte er «den Charme und die Gewandtheit eines Totempfahls». Das kontrastierte aufs Schärfste mit den Qualitäten Maiskis, dem Churchill bescheinigte, er sei «der beste aller Dolmetscher, übersetzt schnell und mühelos und besitzt ein breites themenübergreifendes Wissen».[54] Churchill bekannte sich im Prinzip zu einer zweiten Front, machte aber von Anfang an gewisse Bedenken geltend: Er versprach, die Landeoperation werde durchgeführt, «sobald ausreichende Voraussetzungen dafür gegeben sind», beschäftigte sich aber ausführlich mit den Hemmnissen und Widrigkeiten, die der Regierung dabei im Weg standen.

Die optimistischen Erwartungen Maiskis (die ebenfalls ein Spiegelbild seiner Einschätzungen von 1939 waren) gingen mit denen Molotows keineswegs konform. Sie waren wieder einmal Ausdruck seines Wunschdenkens und vielleicht auch seines Überlebensinstinkts, befördert von einem wachsenden Zutrauen in seine Fähigkeit, die Briten zu beeinflussen. Wie er an Kollontai schrieb, glaubte er, die westlichen Alliierten hätten sich jetzt verbindlich auf die zweite Front festgelegt, und die Antwort auf die entscheidende Frage nach dem Zeitpunkt der Landung werde lauten: «Irgendwann im Verlauf des Jahres.» Er sah seine dringendste Aufgabe darin, «den Geburtsvorgang zu beschleunigen».[55] Im Gegensatz dazu zeigte sich Molotow sehr niedergeschlagen; er empfand Churchill, wie er Stalin wissen ließ, als «äußerst zugeknöpft». Seinem Eindruck nach zog Churchill es vor, den Gang der Dinge an der russischen Front bloß zu beobachten, und hatte es «überhaupt nicht eilig», zu einem Abschluss zu kommen.

Während die Verhandlungen in London ins Stocken gerieten, verschlechterte sich an der Front, wie Stalin Molotow mitteilte, die Situation. Die Gegenoffensive von Marschall Timoschenko bei Charkow sei «ungünstig ausgegangen», der mühelose Durchmarsch der Deutschen auf der Krim hatte den Kreml «ziemlich überrascht».[56] Da die Kluft zwischen den sowjetischen und den britischen Erwartungen unüberbrückbar schien, unterbreitete Eden einen Alternativvorschlag für ein sehr viel allgemeiner gehaltenes Abkommen.[57] Am Abend des 24. Mai erhielt Molotow überraschend von Stalin die Weisung, sich mit Edens Vertragstext einverstanden zu erklären. Dieser sah ein Bündnis mit einer Laufzeit von 20 Jahren vor, bekräftigte den Willen zu gegenseitigem militärischen Beistand, stellte unbestimmte allgemeine Grundsätze für die Zusammenarbeit nach dem Krieg auf und klammerte die umstrittene Frage der

Grenzverläufe ganz aus. Weit davon entfernt, Molotows Urteil über diesen Vertrag («eine inhaltsleere Deklaration») zu teilen, bezeichnete Stalin ihn als «ein wichtiges Dokument», ein Aufputschmittel für die Moral im Innern und eine Demonstration alliierter Einigkeit den Deutschen gegenüber. Wichtiger noch: Nach Überzeugung Stalins (in der sich indirekt wieder einmal das fortdauernde gegenseitige Misstrauen im alliierten Lager offenbarte) war dieser Vertrag geeignet, einem potentiellen Separatfrieden zwischen England und Deutschland einen Riegel vorzuschieben. Stalin versuchte die Bedenken Molotows weiter zu zerstreuen, indem er ihm versicherte, ein Verzicht auf die Festlegung der Nachkriegsgrenzen habe immerhin den Vorteil, dass Russland in Zukunft «freie Hand» haben werde (was wiederum genau das war, was Eden befürchtete).[58]

«Es ist wünschenswert», mahnte Stalin seinen Außenminister im Schlussabsatz seiner Weisungen, «den Vertrag möglichst schnell abzuschließen, und anschließend fliegst du nach Amerika.» Stalin rechnete damit, für den Abschluss des «verwässerten» Abkommens mit Unterstützung von Seiten Roosevelts belohnt zu werden, der als überzeugter Befürworter einer zweiten Front heftige Kritik an dem ursprünglichen Vertragsentwurf geübt hatte.[59] Tatsächlich schien das mit der Zustimmung zu dem neuen Vertrag (dem die Amerikaner ihren Segen erteilt hatten) verbundene Kalkül aufzugehen. Churchill war jedoch weiterhin entschlossen, eine verbindliche Festlegung Roosevelts auf die Errichtung einer zweiten Front zu verhindern. Kaum waren die Russen Richtung Washington abgeflogen, da schickte er ein Telegramm an den US-Präsidenten, dem das Protokoll seiner Unterredung mit Molotow beigeheftet war, in der er die vielen einer zweiten Front entgegenstehenden Hindernisse erläutert hatte. Die wichtigste Botschaft hob Churchill sich freilich, wie es seine Gewohnheit war, für den Schluss auf: Er sehe mit freudiger Erwartung der «Kraftprobe» entgegen, die sich aus Rommels[1] bevorstehender Offensive in Libyen ergeben werde und für die man frische Ressourcen mobilisieren müsse. «Wir dürfen *Gymnast*[60] nie aus den Augen verlieren», sagte er abschließend. «Alle anderen Vorbereitungen wären hilfreich, wenn sie uns diesem Ziel näher brächten.»[61]

Als am Abend des 29. Mai die Verhandlungen in Washington begannen, sprang Molotow über seinen Schatten und bemühte sich intensiv um die Gunst

---

1 Feldmarschall Erwin Rommel, den die Briten wegen seiner intelligenten Kriegführung als Befehlshaber deutscher und italienischer Truppen in Nordafrika 1940–1943 den «Wüstenfuchs» nannten.

Molotow inspiziert den Garten von 10, Downing Street (v. l. n. r.: Cadogan, Attlee, Maiski, Molotow, Eden und Churchill).

Roosevelts. Der Präsident versicherte ihm, er persönlich sei bereit, ein neues Dünkirchen in Kauf zu nehmen, selbst wenn das bedeutete, dass man «100 000 bis 120 000» Mann opfern müsse. Sein Vorschlag, höchstens acht bis zehn Divisionen für die Landeoperation einzusetzen, stellte Molotow jedoch nicht zufrieden, da er Anweisung hatte, den Abzug von mindestens 40 deutschen Divisionen von der Ostfront zu erreichen.[62] Die anschließende, ebenso offene wie bedrückende Schilderung der Lage an der Front durch Molotow brachte den US-Präsidenten dann zu der Einsicht, dass ohne eine mit massivem Einsatz durchgeführte Landung in Frankreich noch im laufenden Jahr die Russen gezwungen sein könnten, sich aus Moskau und aus den kaukasischen Ölfeldern zurückzuziehen, wodurch sich auch für die Westalliierten eine Verschlechterung ihrer Lage ergäbe. «Wir sind willens, die zweite Front noch 1942 zu errichten», erklärte Roosevelt dem Volkskommissar. «Das ist unsere Hoffnung. Das ist unser Wunsch.» Und trotzdem schien Roosevelt noch zu schwanken, beeindruckt von Marshalls Zweifeln daran, ob es zu schaffen war, amerikanische Truppen in großer Zahl erst nach Großbritannien zu verlegen und dann von dort aus über den Ärmelkanal. Roosevelt stellte Marshall schließlich direkt die Frage, ob er Stalin sagen könne, die USA würden «eine zweite Front vorbereiten». Der General bejahte dies. Doch alles Weitere hing von den Briten ab, von denen erwartet wurde, dass sie das Gros der Truppen für die Landung stellten. Der Präsident wartete jedoch nicht länger, sondern «autorisierte Mr Molotow, Mr Stalin mitzuteilen, dass wir noch dieses Jahr mit der Errichtung einer zweiten Front rechnen».[63]

Roosevelt gab damit den Schwarzen Peter an Churchill weiter, in der Hoffnung, dieser werde in der Lage sein, «den Teil der Arbeit, der unerledigt geblieben ist, zu Ende zu bringen».[64] Molotow verließ die Vereinigten Staaten «deutlich glücklicher, als er angekommen war, und war voll und ganz zufrieden». Er ließ Botschafter Davies[1] vertraulich wissen, die zweite Front sei «beschlossen und vereinbart». Seinen Optimismus konnte Litwinow nicht teilen, der an Maiski schrieb: «Ich bin natürlich zutiefst enttäuscht von den dürftigen Ergebnissen der Londoner Verhandlungen über die zweite Front. [...] Ich fürchte, die Militärs werden diese Sache schleifen lassen, bis das erwünschte Ergebnis außer Reichweite gerät.» An den Kreml richtete Litwinow die Mahnung, es gelte nunmehr, «der Rolle der Vereinigten Staaten sowohl im Verlauf des Krieges als auch danach große Beachtung zu schenken». So enttäuscht war Litwinow von den Westalliierten und so uneins mit Moskau, dass er an Maiski schrieb, er werde sich «bis zum Tag des Sieges in Schweigen hüllen, falls ein solcher Tag zu meinen Lebzeiten überhaupt noch kommt».[65] Seine Skepsis, nicht unähnlich seinen unguten Gefühlen über die britische Politik in den Jahren 1938/39, führte ihn zu dem zutreffenden Schluss, Churchill arbeite nunmehr «aus politi-

---

1 Joseph E. Davies, politischer Weggefährte Roosevelts, 1936–1938 US-Botschafter in Moskau. In seinem viel gelesenen Tagebuch und seinen Erinnerungen an die Moskauer Jahre kehrte er die Säuberungen unter den Tisch. Im Mai 1943 schickte Roosevelt Davies als Sondergesandten zu Stalin und kam damit Churchill zuvor, der sich in Moskau um vorteilhafte Abmachungen bemühte.

schen und imperialen Gründen» der Errichtung einer zweiten Front noch 1942 entgegen.[66]

Aufbauend auf dem Bekenntnis Roosevelts zu einer Landung an der französischen Kanalküste, für die jetzt nur noch die Zustimmung der Briten ausstand, setzte Stalin seine Politik des Teilens und Herrschens fort. An Molotow erging die Weisung, «Churchill unter Druck zu setzen, damit er eine zweite Front bereits in diesem Jahr organisiert und in die Tat umsetzt».[67] Zurück in der Downing Street, befolgte Molotow Stalins Weisungen buchstabengetreu. Churchill, der über alles in Washington Besprochene auf dem Laufenden war, machte sogleich deutlich, dass er nichts von der Idee der Stabschefs hielt, noch 1942 Angriffe auf dem Festland durchzuführen. Er verwarf solche Pläne, in denen er eine Antwort auf einen «cri du cœur» aus Russland sah und bei denen er «die ruhige Entschlossenheit und praktische Vernunft des professionellen Beraters» vermisste. Anders als Roosevelt sah er sich nicht in der Lage, einer Operation zuzustimmen, bei der die Gefahr der Vergeudung wertvoller Menschenleben und Materialien bestand und die «uns selbst und unsere Fähigkeit zur Kriegführung dem Gelächter der Welt preisgeben» würde. Obwohl durch das amerikanische Kommuniqué gebunden, ließ Churchill Molotow nicht im Zweifel darüber, dass er die Festlegung eines verbindlichen Zeitpunkts für die Landungsoperation ablehnte. Zwar sagte er zu, mit den Vorbereitungen auf eine zweite Front fortzufahren, doch hielt er in seinem abschließenden Aide-mémoire fest, er habe «in der Sache keine Zusage» gegeben.[68]

Dass Molotows Reise als Erfolg gewertet wurde, war für Maiski vor dem Hintergrund der zunehmenden Entfremdung zwischen ihm und dem Narkomindel lebenswichtig. Der Botschafter riss sich hinter den Kulissen Arme und Beine aus, um die Konflikte auf ein Mindestmaß zu reduzieren und die Unterzeichnung des Bündnisabkommens sicherzustellen, und kümmerte sich zugleich darum, dass Molotow eine «königliche Behandlung» zuteilwurde. Tatsächlich rühmten führende britische Politiker Maiski dafür, dass er die sowjetische Botschaft in London zum «Zentrum der Weltpolitik» gemacht habe.[69] Sein Erfolg hatte freilich insofern etwas Zweischneidiges, als er von dem Einfluss kündete, den er sich in London erarbeitet hatte, von seinem direkten persönlichen Zugang zu führenden Politikern, von seiner Autonomie und seiner wachsenden Bekanntheit und Beliebtheit bei der Bevölkerung. All das sprach eigentlich für ihn, doch in Stalins autokratischem Russland lieferte es paradoxerweise ebenso viele Gründe für seinen Sturz.[70]

13. Juni

Besuch bei Lloyd George in Churt. Wir besprachen vieles, vor allem den englisch-sowjetischen Vertrag. Lloyd George dankte mir für meinen Vorschlag (den ich über Sylvester übermittelt hatte), dass er im Parlament Edens Kommunikation in Bezug auf den Vertrag und Molotows Besuch ansprechen solle. Lloyd George hatte nicht die Absicht gehabt, darüber zu sprechen, doch nachdem er meine Nachricht erhalten hatte, dachte er: «Tja, vielleicht wäre es gut, ein paar Worte dazu zu sagen.»

Und das tat er auch. Ich gratulierte ihm zu seinem Auftritt. Der alte Mann war erfreut. [...]

21. Juni (Bovingdon)

Ein drückend heißer Sonnentag, genau wie vor einem Jahr ...

Ich muss immer wieder an die Gedanken, Gefühle und Empfindungen denken, die mich am Vorabend des deutschen Überfalls auf die Sowjetunion überkamen. So viel hat sich seitdem verändert. Die wichtigste Veränderung ist wohl die folgende.

Vor einem Jahr waren die Deutschen von ihrem Sieg überzeugt, die einzige Frage war: <u>wann?</u> Jetzt haben sie diesen Glauben verloren. Noch denken sie nicht, dass ihre Niederlage unvermeidlich ist, doch deren furchtbarer Geist spukt bereits durch ihre Köpfe. Es ist kein Zufall, dass das Hauptgesprächsthema in Deutschland in diesem Sommer den neuesten Informationen zufolge die Frage ist: «Wie vermeiden wir die Niederlage?», und nicht: «Was machen wir, wenn wir gesiegt haben?» [...]

24. Juni[71]

Letztes Wochenende jährte sich der Beginn des deutsch-sowjetischen Krieges. Die Engländer begingen das Jubiläum lautstark, mit Eifer und Begeisterung ...

[...] Ich selbst besuchte eine Massenversammlung mit 10 000 Teilnehmern in der Empress Hall. Cripps war der Hauptredner. Seine Rede war insgesamt angemessen. Am meisten Applaus erhielt er, als er zu verstehen gab, dass die britische Regierung dieses Jahr eine zweite Front vorbereite. Es gab auch sehr kräftigen Applaus, als Cripps mich zu meiner großen Verlegenheit mit Lob überhäufte. Die Engländer können einfach nicht auf

Komplimente verzichten! Agnia und ich saßen auf dem Podium in der ersten Reihe, und das Publikum spendete stürmischen Beifall. Nach der Rede tadelte ich Cripps wegen seiner Indiskretion, aber es war schwer, zu ihm durchzudringen.

«Genau das, was nötig war!», antwortete er unschuldig.

Dann fragte er mich doch etwas angespannt: «Haben Sie den kompletten Text meiner Rede ... für Moskau?»

Ich verneinte. Daraufhin zog er das Originalmanuskript aus der Tasche und gab es mir.

[...] Das Wochenende hat klar gezeigt, dass die Vorstellung einer zweiten Front bei den Massen angekommen ist. Das werde ich mir merken. Eine nützliche Information bei meinen diesbezüglichen Verhandlungen mit der britischen Regierung. Nebenbei bemerkt, was ist eigentlich mit der britischen Regierung? Ich frage mich, was Churchill aus Amerika mitbringt ...

Ja, es gibt Veränderungen in England, und zwar große. Der nationale Patriotismus mischt sich mit einem soziopolitischen Radikalismus, und all das kleidet sich in eine heftige Sowjetophilie. Wir werden sehen, was als Nächstes kommt.

29. Juni

Die Situation in Libyen hat einen kritischen Punkt erreicht.[72] Heute habe ich Eden getroffen und ihn gebeten, mich über die Lage zu informieren. Für die Antwort forderte Eden seinen Sekretär auf, Auchinlecks[1] verschlüsselte Meldungen der letzten Tage zu bringen, und ließ mich sie lesen. Eine düstere Lektüre!

Die Stadt Mersa Matruh, die als der wichtigste Stützpunkt der Briten in Ägypten gilt, ist im Verlauf von drei Tagen gefallen. Rommel griff vom Süden über die Flügel an. Die Briten zogen sich hastig nach Fuka zurück, wo sie derzeit in ein heftiges Hinhaltegefecht mit den Deutschen verwickelt sind. Weiter östlich, etwa 60 bis 70 Meilen von Alexandria, gibt es noch eine weitere befestigte Stellung, el-Alamein. Sie hat den Vorteil, dass es dort zwischen der Küste und der Qattara-Senke einen schmalen «Hals» von etwa 40 Meter Breite gibt. Er bietet eine relativ schmale Front, die

1 Feldmarschall Sir Claude John Auchinleck, 1941, 1943–47 Oberkommandierender in Indien, 1941/42 Oberbefehlshaber des britischen Middle East Command.

leichter zu verteidigen ist. Dort wollen die Briten erbittert Widerstand leisten. Werden sie es schaffen?

Ich weiß es nicht. Die britischen Niederlagen zu Land (und es gab schon einige) stimmen mich skeptisch. Vor allem seit ich die Einzelheiten kenne. Unter den verschlüsselten Meldungen war eine, die mich wirklich entsetzte. Die Kommandeure in Kairo gaben eine Einschätzung der Lage ab und entwarfen provisorische Pläne für die unmittelbare Zukunft – was für ein furchtbares Dokument! Kein Wort über eine Attacke oder eine Offensive, nicht einmal die Entschlossenheit, die eine oder andere Stellung um jeden Preis zu halten! Ganz im Gegenteil, ständiges Gerede über Evakuierung, Rückzug und die Räumung von Stellungen ... «Wir werden el-Alamein verteidigen ... Wenn es sich als unmöglich erweist, el-Alamein zu halten, werden wir uns in zwei Kolonnen zurückziehen: die eine Richtung Kairo und die andere Richtung Alexandria ... Wir bilden spezielle Einheiten zur Verteidigung des Nildeltas ... Wenn sie Rommel nicht aufhalten, werden wir uns kämpfend zum Sueskanal zurückziehen» etc. etc. In diesem Geist sind die Meldungen verfasst ... Weiß der Teufel! Purer Defätismus! Und das klingt alles so neutral, so ruhig und methodisch, als ob es um die Berechnungen eines Landvermessers ginge ...

Während ich die Meldungen las, musste ich an den österreichischen General Weyrother in Tolstois *Krieg und Frieden* denken, der dem Kriegsrat vor der Schlacht von Austerlitz monoton seine «Gefechtsanordnung» für den nächsten Tag vorliest: «Die erste Kolonne marschiert» ... «Die zweite Kolonne marschiert» ... Aber wenigstens plante Weyrother, nach vorne zu marschieren; Auchinleck plant zurückzumarschieren ... Verachtenswert!

Wenn im Oberkommando so eine Stimmung herrscht, kann man nicht gewinnen!

So viel ist klar. Tobruk fiel binnen 24 Stunden.

[...] Eden nannte noch ein aufschlussreiches Detail. Heute Morgen erhielt er ein Telegramm aus Kairo mit der Frage: «Was machen wir mit der ägyptischen Regierung?» Wohin sollte man sie evakuieren, wenn es nötig sein sollte?

Ich brachte meine Gefühle ganz offen zum Ausdruck. Eden versuchte nicht einmal, Kairo zu verteidigen (wo sich, das sollte man nicht vergessen, 160 britische Generäle befinden!). Im Gegenteil, er versicherte mir, dass Churchill der defätistischen Haltung von Auchinleck und Co. einen vernichtenden Schlag versetzen werde. Eden sagte auch, er habe bereits ein sehr scharf formuliertes Telegramm als Antwort auf die Frage zur ägyptischen Regierung aufgesetzt und klargemacht, dass er sich weigere, die Frage auch nur zu diskutieren ... Umso besser!

Aber wo liegt die Ursache für das Desaster in Libyen?

[...] Unter den chiffrierten Meldungen aus Kairo fand ich eine sehr interessante, die etwas Licht auf die Sache wirft. Anscheinend sandte das Kriegskabinett Auchinleck vor ein paar Tagen einen detaillierten Fragebogen über die Ereignisse in Libyen, und er schickte die Antworten zurück. Lange und ausführliche Dokumente. Aber im Grunde lassen sie sich wie folgt zusammenfassen: Die Ursache für das Desaster ist laut Auchinleck in zwei entscheidenden Elementen zu suchen: in der Unerfahrenheit der britischen Armee und der Unterlegenheit ihrer Waffen.

Zum ersten Punkt erklärt Auchinleck kurz und bündig: «Unsere Armee aus Amateuren kämpft gegen eine Armee von Profis.» Ein wertvolles Eingeständnis! Und gerechtfertigt, wenn man an den Mangel an «Offensivgeist» denkt.

Beim zweiten Punkt betont Auchinleck vor allem die Schwäche der britischen Panzer (Zweipfünder gegen die deutschen Acht-Achter-Panzerabwehrkanonen) und bestätigt zweifelsfrei, dass die Typen *Crusader, Stewart* [sic!], *Valentina* [sic!] und *Matilda* für den Einsatz in Nordafrika völlig nutzlos sind.

[...] Ich fragte Eden: «Und wie lauten nun die Pläne der britischen Regierung?»

Eden zuckte mit den Achseln und antwortete: «El-Alamein halten und Ägypten verteidigen. Wir schicken Verstärkung. Eine frisch ausgerüstete Division (350 Panzer mit Zweipfündern) ist gerade eingetroffen.»

Ich argumentierte, dass die britische Regierung ihre Strategie überdenken müsse. Sie muss im Nahen Osten zu aktiver Verteidigung wechseln und ihre gesamten Offensivkräfte in Europa konzentrieren. Wir hatten eine lange Unterhaltung darüber. Eden war insgesamt mit mir einer Meinung. Aber was ist mit Churchill? Am Ende hängt alles von ihm ab.

Es scheint unwahrscheinlich, dass Churchill meine Meinung teilt. Heute fragte ich Eden nach den Ergebnissen des Treffens zwischen Roosevelt und Churchill, vor allem in Hinblick auf eine zweite Front. Eden sagte, es sei alles wie gehabt, das heißt so wie bei Churchills Gesprächen mit Molotow am 9./10. Juni. Die Ereignisse im Nahen Osten wirken sich nicht auf die Pläne der britischen Regierung für eine zweite Front aus. Der Premierminister hat Eden eigens gebeten, mir das zu übermitteln.

Ich fragte: «Bei Molotows Gesprächen mit Churchill wurde kein Datum für die Eröffnung einer zweiten Front festgelegt. Können Sie mir nach Churchills Besuch in Washington etwas Genaueres sagen?»

Eden konnte es nicht und schlug vor, dass ich den Premierminister persönlich sprechen solle. Ich war einverstanden. Aber das klingt alles nicht gut. Ich fürchte, dass es 1942 keine zweite Front geben wird und dass Churchill zusammen mit Roosevelt versuchen wird, 1943 zum «Entscheidungsjahr» zu machen.

2. Juli

Verbrachte zwei Tage bei Parlamentssitzungen. Die Kriegführung wurde in Verbindung mit einem Misstrauensvotum debattiert, das eine Gruppe von 21 Abgeordneten unter Führung von Sir John Wardlaw-Milne[1] eingebracht hatte.

Schlussfolgerungen?

Die wichtigste und grundlegendste Schlussfolgerung lautet, dass man im Land aufgrund des Desasters in Libyen sehr beunruhigt und verärgert ist. Die Stimmung ist fast so wie nach Dünkirchen.

[...] In Libyen gibt es keine «mildernden Umstände». Das war die beste britische Front, der ureigene «Darling» des PM, dem Militär dort wurde nie etwas verweigert, die Stellungen wurden hartnäckig und systematisch über die letzten beiden Jahre aufgebaut. Churchill sprach darüber heute ganz offen: Im fraglichen Zeitraum sandte die britische Regierung 950 000 Soldaten, 6000 Flugzeuge, 4500 Panzer, 5000 Geschütze, 50 000 Maschinengewehre und so weiter nach Libyen. Was hätte man mehr tun können?

Und doch erlitten die Briten gerade an dieser «Darling-Front» in den letzten Tagen ihre entscheidendste Niederlage! Sie wurden geschlagen, obwohl sie zu Beginn der Schlacht zahlenmäßig nicht im Nachteil waren, sie waren sogar in der Überzahl (100 000 Briten gegen 90 000 Deutsche,

1 Sir John Wardlaw-Milne, 1939–1945 Vorsitzender des konservativen Foreign Affairs Committee, 1922–1945 Abgeordneter der Konservativen.

britische Lufthoheit, ein Vorteil von sieben zu fünf bei den Panzern und acht zu fünf bei der Artillerie). Wie ist das zu erklären?

Es ist schwer, auch nur irgendeine geeignete Erklärung zu finden. [...]

Die Situation im Parlament selbst stellte jedoch keine Gefahr für Churchill dar. Die Parteidisziplin spielte eine wichtige Rolle. Ebenso die Angst der Abgeordneten, in einer so schwierigen Zeit interne Konflikte nach außen dringen zu lassen (vor allem gegenüber dem Feind). Und zuletzt sollte man auch auf den uneinheitlichen und schwachen Charakter der offiziellen Opposition verweisen. Unter den 21 Abgeordneten fanden sich die unterschiedlichsten Persönlichkeiten, etwa der sturköpfige Wardlaw-Milne, der linke Labour-Mann A. Bevan und der gekränkte Karrierist Hore-Belisha.[73] [...] Für einen gewieften Parlamentsstrategen und Redner wie Churchill war es nur allzu leicht, seine Gegner schachmatt zu setzen. Und genauso kam es auch. Die Schlussrede des Premierministers war kraftvoll und beeindruckend, und die Abstimmung fiel folgendermaßen aus: 476 Stimmen für die Regierung, 25 dagegen, etwa 30 Enthaltungen.

Churchill hat also einen brillanten Sieg im Parlament errungen. Aber er sollte auf dem Boden bleiben. Tatsächlich ist die überwältigende Mehrheit im Unterhaus in sehr angespannter und kritischer Stimmung und gibt der Regierung die Schuld an der langen Reihe militärischer Niederlagen, die nun einstweilen in Libyen ihren Höhepunkt gefunden hat. Und unter den Massen ist diese Stimmung noch stärker. [...]

Ich persönlich halte Churchill trotz all seiner Versäumnisse für den besten aller möglichen Premierminister derzeit. Deshalb vertrete ich eine Linie «pro Churchill». Allerdings darf man nicht vergessen, dass die heutige Abstimmung den Premierminister nicht von seiner enormen Verantwortung dafür befreit, wie sich die Dinge in naher Zukunft entwickeln werden. [...]

3. Juli

Heute hatte ich endlich die ausführliche Unterredung mit Churchill, auf die ich seit seiner Rückkehr aus Amerika gehofft hatte. Ich wollte erfahren, welche Auswirkung das Treffen mit Roosevelt auf die Aussichten für eine zweite Front hat. Aber Churchill hat mit seinen Reisen in die USA nicht viel Glück: Sobald er zurückkommt, erwartet ihn ein innenpolitischer Sturm. So war es im Januar, und so war es auch im Juni. Während er völlig damit beschäftigt war, dem aktuellen Sturm zu trotzen, kam man nur schwer an ihn heran. Aber gestern hat sich der Sturm gelegt, zumindest vorerst. Und heute hatte ich meine Unterredung mit dem Premierminister.

Wir waren für 12.45 Uhr verabredet. Als ich eintraf, tagte das Kabinett noch. Ich musste 20 Minuten im Empfangszimmer warten. Kurz nach 13 Uhr rief Churchill mich endlich zu sich. Er entschuldigte sich für die Verzögerung, sah auf die Uhr und sagte: «Wissen Sie was? ... Wir könnten doch zusammen mittagessen! Ich habe Sie so lange warten lassen. Haben Sie Zeit?»

Das war ein bisschen unangenehm für mich, weil ich Vansittart, Lobkovich und die anderen zum Mittagessen treffen wollte, aber wenn man vom Premierminister eingeladen wird, kann man schlecht Nein sagen. Außerdem musste ich wirklich dringend mit ihm sprechen. Ich rief Agnia zu Hause an, sagte ihr, dass ich nicht zum Mittagessen mit Vansittart kommen könne, bat sie, mich dort zu vertreten, und blieb in Downing Street 10.

Bevor wir uns zu Tisch setzten, gratulierte ich dem Premierminister zu seinem Sieg gestern im Parlament. Ein zufriedenes Lächeln lag auf seinem Gesicht, bevor er mit betonter Bescheidenheit antwortete: «Derartige Siege sind nicht das Schwierigste im Leben.»

[...] Churchill sieht die Welt immer in Hinblick auf die Wirkung eines Auftritts im Parlament. Doch ist das eine Überraschung? Das Parlament liegt jedem Engländer im Blut, und Churchill drückt seit über 40 Jahren die Parlamentsbank in Westminster.

Der Premierminister fragte, welchen Eindruck die Debatten bei mir hinterlassen hätten. Ich antwortete, die derzeitige Opposition stelle keine Gefahr für die Regierung dar, und zwar aus dem einfachen Grund, dass es sich um eine bunt zusammengewürfelte Truppe handle. [...] Churchill gefiel meine Bemerkung sehr, und er rief mit zustimmendem Lachen: «Genau!»

Aber dann fügte ich hinzu: «Dennoch ist die Lage ernst. Trotz Ihres gestrigen Sieges.»

Der Premierminister lief sofort rot an und runzelte die Stirn. Er stand abrupt auf und sagte: «Gehen wir und suchen Mrs Churchill! Sie hat sicher genug davon, so lange auf uns zu warten.»

Wir fanden Mrs Churchill im Garten sitzend unter dem ausladenden Geäst eines Baumes. Sie schrieb mit Bleistift in ein Notizbuch. Ihre Cousine war auch da. Der PM ließ uns kurz allein, und Mrs Churchill sprach mit mir über die jüngsten Ereignisse im Parlament. Sie war höchst beunruhigt. Die Abstimmung gestern sei natürlich ein Sieg für die Regierung, aber dennoch ...

«Wenn sich die Lage an der Front nicht verbessert», fuhr Mrs Churchill fort, «wer weiß, was dann passiert?»

Bei Tisch waren wir zu viert, Churchill, seine Frau, die Cousine seiner Frau und ich. Als der Premierminister ins Esszimmer kam, fragte er etwas angespannt: «Und wo ist Mary?»

«Mary isst heute auswärts», antwortete Mrs Churchill.

Der PM sagte nichts, doch seine Enttäuschung war offensichtlich; Churchill ist ganz vernarrt in seine jüngste Tochter!

Das Gespräch beim Essen drehte sich um allgemeinere Themen.

[...] Nach dem Essen zogen sich Churchill und ich in sein Arbeitszimmer zurück. Dort begann unser eigentliches Gespräch.

Ich fragte Churchill, welche Neuigkeiten zur zweiten Front er aus Amerika mitbringe.

Churchill antwortete, er habe keine Neuigkeiten. Alles sei immer noch so wie bei Molotows Abreise, d. h., wie es im Memorandum vom 10. Juni festgelegt wurde.

Damit wollte ich mich natürlich nicht zufriedengeben, deshalb versuchte ich, den Premierminister zu einer anderen Position zu bewegen. [...] Wir müssen uns den Tatsachen stellen. Es ist völlig klar, dass man sich einstweilen von der Vorstellung verabschieden muss, dass die britische Regierung ihre ursprünglichen weitreichenden Pläne für Nordafrika umsetzen kann. Sie gehen derzeit weit über ihre Kräfte. Daher müssen diese Pläne fallengelassen werden, und England muss sich in die Defensive begeben – keine statische Defensive natürlich, sondern eine aktive Defensive, die offensive Operationen in begrenztem Umfang nicht ausschließt, sondern im Gegenteil sogar voraussetzt. Um die Sicherheit Ägyptens zu gewährleisten, muss beispielsweise Mersa Matruh von den Deutschen zurückerobert werden oder noch besser Sollum. Außerdem muss eine effektivere Kontrolle über das zentrale Mittelmeer erreicht werden. Insgesamt wäre es jedoch ratsam, wenn sich die Briten im Nahen Osten verschanzten und die entsandten Truppen und das Material entsprechend reduzierten.

[...] Anstelle der weitreichenden Pläne für Nordafrika wäre es besser, die Aufmerksamkeit und Anstrengungen auf wesentliche Ziele näher an der Heimat zu konzentrieren, Ziele, die einen direkteren und entscheidenderen Einfluss auf den allgemeinen Kriegsverlauf haben als die Operationen in Ägypten und Libyen. Ich halte eine zweite Front in Europa, und besonders in Frankreich, Belgien und Holland, für ein solches Ziel. Damit würde man den Gegner direkt treffen, außerdem gäbe es zahlreiche weitere Vorteile: Probleme der Nachschubsicherung wären hier minimal (die Distanz von England zur zweiten Front würde sich auf ein paar Dutzend Seemeilen anstelle mehrerer Tausend belaufen), das Kommando an der Front wäre einfacher, häufige Besuche von London an die Front wären möglich, und der psychologische Effekt für die Briten wäre gewaltig. Das Land hätte sofort das Gefühl, dass es wirklich kämpft.

«Mit einem Wort», schloss ich, «ich glaube, dass Ägypten jetzt nicht in Ägypten, sondern in Frankreich verteidigt werden muss.»

Churchill hörte mir aufmerksam zu und legte dann seine Argumente dar: Natürlich sei es durchaus möglich, dass England seine Operationen in Nordafrika einschränken und sich dort verschanzen müsse, aber das habe keine direkten Auswirkungen auf eine zweite Front. Die Vorbereitungen für diese Front seien in vollem Gang. Landeoperationen werden derzeit und auch weiterhin geübt. Aber es habe keinen Sinn und bringe auch nichts, sich in ein Abenteuer zu stürzen, das zum Scheitern verurteilt sei.

Churchill hat mit Roosevelt viel über eine zweite Front gesprochen. Roosevelt befürwortet sie voll und ganz, doch die Zahl der US-Soldaten in England liegt immer noch bei weniger als 80 000 Mann. [...] Aufgrund der Transportsituation kann ein mehr oder weniger regelmäßiger Transfer von US-Truppen nach England erst im September beginnen, und selbst dann sind nicht mehr als 90 000 Mann pro Monat möglich. [...] Und ohne die Amerikaner halten die Briten eine zweite Front für unmöglich.

«Ich wiederhole noch einmal», fügte Churchill hinzu, «dass ich alles unternehme, um die Eröffnung einer zweiten Front zu beschleunigen, Sollte sich in irgendeiner Form eine Möglichkeit ergeben, werden wir 1942 eine zweite Front eröffnen, aber ich kann Ihnen keine bindenden Versprechungen machen. Ich habe es Molotow gesagt und sage es Ihnen noch einmal: Seinen Feind muss man täuschen, man kann manchmal die Öffentlichkeit zum Wohl der Allgemeinheit täuschen, aber man darf nie seinen Verbündeten täuschen. Ich möchte Sie nicht täuschen und auch nicht hinters Licht führen. Deshalb weigere ich mich, Zusicherungen zu geben, von denen ich nicht sicher bin, ob ich sie einhalten kann.»[74]

Ich deutete in etwas verschleierter Form die psychologische Wirkung in der Sowjetunion an, wenn 1942 keine zweite Front zustande käme, doch der Premierminister blieb ungerührt.

[...] Dann sprach Churchill vom Nahen Osten. Er wurde sofort sehr lebhaft. Es ist offensichtlich, dass ihm viel am Nahen Osten liegt, dass das Thema sein Denken beherrscht. [...] «Ja, wir werden kämpfen», fuhr Churchill fort. «Wir werden um el-Alamein kämpfen, wir werden im Delta kämpfen, wenn es sein muss, und über das Delta hinaus, im Sinai, in Palästina, Arabien ... Wir werden kämpfen!»

Der Premierminister fügte energisch hinzu: «Wir werden Ihre linke Flanke schützen, koste es, was es wolle! Wir verteidigen Sie jetzt in Ägypten. Wenn nötig, verteidigen wir Sie in Kleinasien und im Nahen Osten.»

Ich fragte Churchill, wie er die britischen Niederlagen in Afrika erkläre.

«Die Deutschen führen besser Krieg als wir», antwortete Churchill offen. «Vor allem Panzerkriege ... Außerdem fehlt uns der ‹russische Geist›: Lieber sterben als sich ergeben!»

Ich fragte nach den näheren Umständen, die zum Fall von Tobruk geführt hatten. Churchills Gesicht lief blutrot an, wie immer, wenn er sehr wütend ist, und er sagte, Tobruk sei eine schändliche Episode in der Geschichte des britischen Militärs. In Tobruk seien ausreichend Soldaten, Munition und Vorräte gewesen (genug für drei Monate!). Tobruk hätte wie Sewastopol Widerstand leisten müssen, aber der Kommandeur von Tobruk, der südafrikanische General Klopper[1], habe kalte Füße bekommen und 24 Stunden nach Beginn des deutschen Angriffs die weiße Flagge geschwenkt.

«Einen solchen General würde ich auf der Stelle erschießen lassen!», platzte es aus mir heraus.

«Ich auch», antwortete Churchill. «Aber versuchen Sie das mal!»

Ich sah den PM verwundert an. Er verstand mich und erklärte, Klop-

1 General Hendrik Balthazar Klopper, ein Südafrikaner, befehligte die 3. Infanteriebrigade in Nordafrika. Er wurde nach dem Desaster von Tobruk offiziell von allen Vorwürfen entlastet.

per sei Südafrikaner, und die Südafrikaner (einschließlich Smuts) würden sofort ein großes Geschrei machen, sobald man versuche, Kloppers Handeln zu thematisieren: «Hände weg von den Helden von Tobruk!»

Churchill riss sich wütend die unvermeidliche Zigarre aus dem Mund, als ob er sagen wollte: «Sehen Sie, wie schwer es ist, einen Krieg zu führen!»

Welche Schlussfolgerungen ziehe ich nun aus meinem heutigen Gespräch mit Churchill?

Keine sonderlich rosigen. Churchills Besuch in Amerika hat in Hinblick auf eine zweite Front keine günstigen Resultate erbracht. Wenn überhaupt, dann ist eher das Gegenteil der Fall: Churchill hat Roosevelt überzeugt, nichts zu überstürzen. Gleichzeitig ist der PM immer noch im Bann des Nahen Ostens. Er hofft nach wie vor auf eine plötzliche Wende, die England die Gelegenheit bietet, seine ursprünglichen Ambitionen in Nordafrika umzusetzen.

Ich hatte Churchill vor zwei Jahren genau am selben Tag getroffen, am 3. Juli 1940, und wir hatten ebenfalls über die militärische Lage gesprochen. Ein tragischer Moment. Frankreich war gerade zusammengebrochen. England stand alleine da, ohne Verbündete, ohne Freunde, ohne eine Armee und ohne Waffen. [...] Damals fragte ich den Premierminister: «Worin besteht die ‹große Strategie› der britischen Regierung?»

Sein Gesicht verzog sich zu einem noch breiteren Grinsen, und er murmelte: «Zuallererst geht es darum, die nächsten drei Monate zu überleben, dann werden wir weitersehen.»

Wie hat sich die Situation doch seit damals verändert! Kein Vergleich zu Englands Lage heute; sie hat sich enorm verbessert. Und selbst wenn wir die Gesamtsituation im Krieg betrachten und das Kräfteverhältnis zwischen dem faschistischen und antifaschistischen Lager, sieht die Zukunft trotz aller derzeitigen Probleme unendlich besser und heller aus als 1940!

Daraus schöpfen wir unsere Hoffnung auf einen Sieg und unsere Zuversicht für die Zukunft.

► Auch wenn Eden behauptete, seit der Abreise Molotows habe sich nichts geändert, ermunterte er Maiski, sich direkt vom Premierminister berichten zu lassen, was in Washington besprochen worden war.[75] Churchill schaffte es, einen offenen und ehrlichen Eindruck zu machen, aber Maiski nichtsdestotrotz zu täuschen. Durch die Vieraugengespräche Mountbattens[1] im Weißen Haus (nur Tage nach der Abreise Molotows) war Churchill klar geworden, dass das Eintreten Roosevelts für eine zweite Front nicht nur mit seiner Befürchtung zu tun hatte, die russische Front könnte nicht standhalten, sondern auch mit dem Umstand, dass er darauf brannte, «in den Krieg einzutreten und seine Truppen kämpfen zu lassen». Hinter Churchills Blitzbesuch stand der Wunsch, die Wirkung des Besuchs des sowjetischen Außenministers zu konterkarieren, indem er das Augenmerk von der Operation *Sledgehammer* auf die Operation *Round Up* verlagerte, die die Voraussetzungen für eine Invasion in Frankreich 1943 schaffen sollte.[76] Roosevelt drängte, gerissen, wie er war, und als ließe ihn Marshalls heftige und gut begründete Opposition kalt, sein Kriegskabinett dazu, sich angesichts des «Problems, das derzeit in Gestalt eines neuen britischen Besuchers vom Ozean her auf uns zukommt, den Fall *Gymnast* noch einmal vorzuknöpfen».[77]

Churchill fand sich in Washington, wie von den Militärs befürchtet, «mit viel Pessimismus und mit neuen Vorschlägen für Ablenkmanöver im Gepäck» ein. «Sein Pessimismus galt der Operation *Bolero*, sein Interesse hingegen *Gymnast*.» Er flog auf direktem Weg nach Hyde Park, um Roosevelt zu treffen, zum spürbaren Verdruss des US-Kriegsministers, der sich «ein Unbehagen über den Einfluss des Premierministers auf den Präsidenten» nicht verkneifen konnte. Und sein Gefühl trog ihn nicht. Churchill erinnerte sich später, wie er von Roosevelt persönlich abgeholt wurde und dieser darauf bestand, ihn alleine über sein prächtiges Anwesen zu fahren. «Dabei sprachen wir die ganze Zeit über die Geschäfte», schrieb Churchill, «[...] wir erzielten größere Fortschritte als in einer offiziellen Konferenz.» Noch am selben Abend schickte der Präsident eine Liste von Churchill gestellter Fragen an Marshall. Das war praktisch der Todesstoß für jedwede Operationen auf dem europäischen Festland im laufenden Jahr. Im Gegenzug wurden dafür einige andere Operationen neu vorgeschlagen, «die uns vorteilhafte Positionen verschaffen». Um diese Vorschläge den Amerikanern schmackhaft zu machen, wollte man sie der Öffentlichkeit als etwas präsentieren, das «direkt oder indirekt etwas Druck von Russland nimmt».[78]

Marshall hielt an seiner Einschätzung fest, wenn man die eigenen Kräfte

---

1 Lord Louis Francis Albert Mountbatten, 1942/43 Oberkommandierender für kombinierte Operationen, 1943–1946 Alliierter Oberbefehlshaber für Südostasien, 1947 Vizekönig von Indien.

verzettle, könne das sogar eine Landung in Frankreich im Jahre 1943 gefährden. Doch nach der dramatischen Niederlage der Briten bei Tobruk, von der Churchill und Roosevelt bei ihrer Rückkehr nach Washington erfuhren, wurden die Einwände Marshalls vom Tisch gewischt. Tobruk war, wie Churchill sich später erinnerte, «einer der schmerzhaftesten Schläge», die er im Verlauf des Krieges einstecken musste.[79] Im Grunde kam dieser Schlag ins Kontor jedoch genau zur rechten Zeit. Er eröffnete ihm die Möglichkeit, den heftigen Widerstand der amerikanischen Militärs gegen seine Absicht, eine zweite Front 1942 zugunsten verstärkter Operationen in Nordafrika und Nahost zurückzustellen, auf elegante Weise aus den Angeln zu heben. Churchill verlor keine Zeit: In Anwesenheit Marshalls und Hopkins' ritt er eine «vernichtende Attacke auf *Bolero*» und warb stattdessen für die Operation *Gymnast*, «wohl wissend, dass sie das große heimliche Lieblingskind des Präsidenten war». Wie sich herausstellte, hatte Roosevelt Churchill die Entsendung erheblicher Kräfte zur Stärkung der entblößten Nahostfront in Aussicht gestellt. Über die zu erwartenden negativen Auswirkungen einer solchen Prioritätenverlagerung auf die russische Front verloren die Beteiligten kein Wort, und das gerade mal eine Woche nachdem Molotow in der Überzeugung, die Amerikaner auf eine zweite Front eingeschworen zu haben, aus Washington abgereist war.

Zwei Tage nach einer Unterredung mit Maiski trug Churchill den Stabschefs seine einschneidenden Argumente gegen die Operation *Sledgehammer* vor. «Ein vorzeitiges Vorgehen», argumentierte er, werde mit einiger Wahrscheinlichkeit in der Katastrophe enden und «die Aussichten auf eine gut organisierte, groß angelegte Operation 1943 entscheidend schwächen». Im vertrauten Kreis gab Churchill offen zu, welche Strategie er verfolgte: «Durch Bluffen die Deutschen glauben zu machen, dass wir noch dieses Jahr die zweite Front eröffnen, und den Russen zu verschweigen, dass wir dazu nicht in der Lage sind!»[80]

9. Juli

Ich habe aus meiner Lebenserfahrung folgende Schlussfolgerung gezogen: «Sag in der Politik niemals nie.»

Und noch etwas: Hitler hat Siege, aber er hat keinen Sieg. Mehr ist dazu nicht zu sagen.

11. Juli

Manchmal will ich mich von der blutbefleckten Gegenwart losreißen und in Gedanken in die ferne Zukunft reisen, wenn die Menschheit ihre brillante Begabung nicht für die Erfindung raffiniertester Mittel der Selbstzerstörung einsetzt, sondern für wirklich kreative, konstruktive Dinge ...

Heute bin ich in so einer Stimmung. Und ich habe mir Folgendes überlegt.

Im 21. oder 22. Jahrhundert, wenn der Kommunismus überall voll ausgebildet und etabliert ist, wird die Schaffung einer geeinten Menschheit im Vordergrund stehen. Es ist nicht so, dass nationale Unterschiede völlig beseitigt werden sollten – nein, das wäre schwierig und vielleicht auch gar nicht wünschenswert. Es soll ruhig Vielfalt auf der Welt geben. Verschiedene Charaktere, verschiedene Gesichter, verschiedene Lieder, verschiedene Geschmäcker. Sonst wäre das Leben sehr langweilig und der menschliche Fortschritt eingeschränkt.

Gleichzeitig wird es notwendig sein, die vielfältigen nationalen Strömungen zu einem einzigen, schwellenden Fluss der Menschlichkeit zusammenzuführen. Es wird notwendig sein, Lebensformen zu schaffen, bei denen nationale Unterschiede das gemeinsame Leben der Menschheit bereichern, anstatt Letztere in feindliche Elemente zu spalten. Der Kommunismus wird natürlich eine solide wirtschaftliche Basis für das Gebäude einer geeinten Menschheit bilden, doch im Denken der Menschen werden die «Gebäude der Vergangenheit» immer noch eine Rolle spielen. Vielleicht müssen wir spezielle Maßnahmen entwickeln, um den Prozess der Schaffung einer geeinten Menschheit zu beschleunigen. [...]

Wie weit entfernt ist das doch alles von heute![81]

12. Juli (Bovingdon)

Die Deutschen haben nun endlich ihre große Sommeroffensive gestartet. Bereits seit zwei Wochen gibt es erbitterte Kämpfe in der Region Kursk-Charkow. Sie flammten gleich nach dem heroischen Fall von Sewastopol auf (was liefert uns diese Stadt doch für ein beispielloses heroisches Vorbild!). Die deutsche Seite hatte unstrittige Erfolge. Sie zogen zahlreiche Panzer und Flugzeuge zusammen (es wurden 8000 Panzer genannt, doch das scheint mir übertrieben), durchbrachen unsere

Linien bei Kursk und kämpften sich nach Woronesch vor. […] Wenn die Alliierten in diesem Sommer eine effektive zweite Front im Westen errichten würden, könnten wir 1942 eine größere strategische Offensive riskieren (oder, um genau zu sein, im Sommer 1942) mit dem Ziel, Hitler jetzt das Rückgrat zu brechen und den Krieg in Europa 1943 zu beenden. Leider ist mit einer zweiten Front im Westen weder im Sommer noch im Frühherbst zu rechnen. Das wurde bei meinem Gespräch mit Churchill am 3. Juli ziemlich deutlich. Nach allem, was ich hier sehe, höre und lese, scheint es wenig Zweifel daran zu geben, dass die Briten und Amerikaner keine ernsthaften Absichten hegen, vor 1943 eine zweite Front zu eröffnen.

[…] Wenn sich der Krieg weiter hinzieht, können wir im Sommer 1942 kein zu großes Risiko eingehen, schließlich kämpfen wir allein gegen die gesamte Macht der deutschen Kriegsmaschinerie. Wir müssen unsere Kräfte schonen, um nicht auszubluten, damit wir die Ziellinie nicht völlig erschöpft überschreiten (was den Amerikanern und Briten natürlich ganz recht wäre).

Daher meine Schlussfolgerung: Wir können uns jetzt keine große Offensive gegen Deutschland leisten. Wir müssen im Grunde in der Defensive bleiben. […]

14. Juli

War heute Morgen bei Eden. Er sagte mir, dass aus dem Norden sehr unerfreuliche Nachrichten eingetroffen sind: Dem Konvoi Nr. 17 wurden von den Deutschen schwere Verluste zugefügt. Von den 35 Schiffen wurden 19 versenkt (das ist bestätigt), vier haben es nach Archangelsk geschafft, fünf sind auf Nowaja Semlja, zwei auf Island, das Schicksal von fünf ist noch ungewiss. Dieser furchtbare Schlag lässt erheblich an der Möglichkeit zweifeln, weitere Konvois zu entsenden, zumindest nicht, bis es in der arktischen Zone nachts wieder dunkel ist. Die Admiralität ist laut Eden gegen die Entsendung weiterer Konvois. Doch noch ist keine Entscheidung gefallen.

Mich beunruhigt das sehr, und ich fragte Eden, ob vor der Entscheidung noch ein Treffen arrangiert werden könne, mit ihm, Alexander, Pound, mir, Charlamow und Morosowski[1]. Eden war einverstanden, und ich versprach, mit den Betreffenden über Datum und Zeitpunkt des Tref-

---

1 Admiral N. G. Morosowski, 1942–1945 sowjetischer Marineattaché in London.

Maiski überreicht Mrs Woodward, der Witwe eines Marineoffiziers, der beim Schutz der arktischen Konvois gefallen war, einen Orden. Mrs Woodward hält ihre fünf Monate alte Tochter im Arm.

fens zu sprechen. Eden sagte, als ob er laut denken würde, es wäre nicht schlecht, wenn auch Churchill dabei wäre. Ich hatte natürlich nichts dagegen.[82] [...]

► Am 20. April forderte die Admiralität: «Konvois in den Norden Russlands sollten in den Monaten dauernder Tageshelligkeit ausgesetzt werden, es sei denn, eine sehr hohe Verlustquote könnte akzeptiert oder ein ausreichender Schutz aus der Luft könnte gewährt werden.»[83] Churchill, der nur noch wenige Trümpfe in der Hand hatte, nachdem dem angedachten politischen Abkommen alle Zähne gezogen waren und eine zweite Front noch im laufenden Jahr für ihn nicht zur Debatte stand, räumte ein, dass eine Aussetzung der Konvois «unseren Einfluss auf unsere beiden wichtigsten Verbündeten schwächen würde». So erhielt der Konvoi PQ 16 Befehl auszulaufen.[84] Trotz schwerer Attacken erlitt er nur relativ geringe Verluste. Was das tragische Schicksal von PQ 17 anging, so hatte Churchill von Anfang an Bauchschmerzen wegen der Entscheidung der Admiralität, die sechs Zerstörer von dem Konvoi abzuziehen und diesem dann die Auflösung der Formation zu befehlen, als man aufgrund von Falschmeldungen annahm, die *Tirpitz* habe ihren Liegeplatz in Norwegen verlassen und nähere sich dem Konvoi.

15. Juli

[...] Gestern, so gegen 16 Uhr, erhielt ich einen Anruf aus dem Büro des Premierministers, mit dem meine Frau und ich am selben Abend zum Essen eingeladen wurden. Ich nahm die Einladung an. Wir aßen im Erdgeschoss der Downing Street 10. Am Tisch saßen Churchill und seine Frau, ich und meine Frau und ... Admiral Pound. Ich erkannte sofort, dass die Lage eine ernste Wendung genommen hatte. Ich täuschte mich nicht. Eden kam nach dem Essen. Doch bis dahin war alles schon besprochen.

Churchill redete zuerst. Er erwähnte den Konvoi Nr. 17 und nannte mir die Einzelheiten, die ich schon am Morgen von Eden erfahren hatte.

«Was sollen wir jetzt tun?», fuhr Churchill fort. «Die Seeleute haben uns geraten, Konvoi 17 nicht loszuschicken. Sie vertraten die Ansicht, es sei zu gefährlich. Das Kriegskabinett setzte sich über ihren Rat hinweg und befahl, dass der Konvoi in See stechen sollte. Wir dachten, wenn auch nur die Hälfte der Schiffe Archangelsk erreicht, hätte sich das Risiko gelohnt. Doch es kam schlimmer, als wir erwartet hatten: Drei Viertel des Konvois sind vernichtet. 400 Panzer und 300 Flugzeuge liegen auf dem Meeresgrund! ... Mir blutet das Herz.»

Der Premierminister schnaufte wütend und schlug mit der Faust auf den Tisch. Dann fuhr er fort: «Trotzdem, was sollen wir tun? Es hat keinen Sinn, Panzer und Flugzeuge in den sicheren Untergang zu schicken. Dann könnten wir sie gleich in der Themse versenken.»

[...] Ich widersprach heftig. Was sollte das? Die UdSSR nicht mehr beliefern? Wann? Genau jetzt, da es um Leben und Tod geht? Da sie Waffen dringender denn je benötigt? Welche Wirkung hätte ein solcher Schritt auf den Verlauf des Krieges? Welche Wirkung hätte er auf die psychische Verfassung meines Landes? ... Eine Einstellung der Konvois kommt nicht in Frage.

[...] Ich sagte, der Bericht über Konvoi 17 lasse bei mir viele verstörende Fragen offen. Warum zum Beispiel bestand der Geleitschutz in diesem entscheidenden Moment nur aus Zerstörern, Korvetten und U-Booten, warum waren keine großen Schiffe in der Nähe? Wir wissen, dass zwei Schlachtschiffe, ein Flugzeugträger und 17 Zerstörer 400 Meilen von der Katastrophe entfernt kreuzten. Warum wurde, sobald bekannt wurde, dass die *Tirpitz* die norwegischen Fjorde verlassen hatte und Kurs Richtung Norden nahm, die schwache Eskorte, die den Konvoi begleitete, hastig abgezogen, ganz zu schweigen von dem Versäumnis, eine starke Flotte zu entsenden, um die *Tirpitz* abzufangen? Warum wurde angeordnet, dass sich der langsame Konvoi danach auflösen sollte, wo es doch offensichtlich war, dass eine effektive Auflösung nicht mehr möglich war? Warum blockiert die Admiralität die Ausgänge der Fjorde, wo die *Tirpitz* und andere deutsche Schiffe ankern, nicht mit Minen und U-Booten? Warum führt die Admiralität nicht spezielle Aufklärungsexpeditionen durch, wenn der Konvoi unterwegs ist? Warum werden keine Flugzeugträger zur Begleitung der Konvois entsandt? ... Diese und viele andere Fragen stellen sich, wenn man das Schicksal von Konvoi 17 analysiert. Selbstverständlich bin ich kein Seemann und gebe gerne zu, dass es auf all diese Fragen die eine oder andere Antwort geben mag; aber von einem bin ich überzeugt: Der Schutz der Konvois ließe sich besser organisieren als bisher. Man benötigt nur den nötigen Willen und den erforderlichen Mut dazu.

Pound machte sich daran, meine Einwände erneut zu widerlegen. Sehen Sie denn nicht, dass die Briten nur einen Flugzeugträger in nördlichen Gewässern haben, sie können nicht riskieren, den zu verlieren. Außerdem sind die Flugzeuge des Trägers den Flugzeugen der deutschen Küstenwache deutlich unterlegen. Die Eskorte wurde abgezogen, weil sie es mit der *Tirpitz* nicht aufnehmen konnte und sonst sinnlos versenkt worden wäre. Die Hauptflotte war 400 Meilen vom Ort der Katastrophe entfernt, um nicht den deutschen Bombern zum Opfer zu fallen. Der Befehl, dass sich der Konvoi «zerstreuen» sollte, wurde gegeben, weil die *Tirpitz* sonst binnen einer Stunde jedes einzelne Schiff versenkt hätte.

[...] Der PM unterstützte Pound, allerdings ohne große Begeisterung. [...] Churchill überlegte kurz und antwortete dann, als ob er ein Zugeständnis machen würde, er würde bei den Amerikanern nachfragen. Da über 22 Schiffe im Konvoi Nr. 18 amerikanische Schiffe seien, sollten sie entscheiden: Wenn sie das Risiko eingehen wollten, würde die britische Regierung den Geleitschutz liefern.

[...] Für mich war die Situation klar: Pound wird den Amerikanern die Situation in den düstersten Farben schildern, und das wäre dann das Ende von Konvoi Nr. 18.

«Also», schloss ich, «stellen Sie die Lieferung militärischer Güter im entscheidenden Moment für uns ein. In dem Fall ist die Frage einer zweiten Front umso dringlicher. Welche Aussichten bestehen hier?»

Churchill antwortete, dass wir seine Position in dieser Angelegenheit kennten. Sie sei im Memorandum vom 10. Juni dargelegt, das an Molotow gegangen sei. Er habe sie bei unserem Gespräch am 3. Juli bekräftigt.

«Das weiß ich», sagte ich, «aber die Situation hat sich nicht nur seit dem 10. Juni, sondern auch seit dem 3. Juli dramatisch verändert. Die vergangenen zehn Tage waren von enormer Bedeutung. Sie haben gezeigt, dass Hitler mehr Truppen für seine Offensive aufstellen konnte als vorausgesehen. Zudem waren unsere Verluste an der Front viel höher als erwartet. Die Lage an der sowjetisch-deutschen Front ist jetzt äußerst gefährlich. Die Rote Armee wird natürlich heroisch kämpfen, wie sie es schon die ganze Zeit tut, aber alles hat seine Grenzen. Wer weiß, was geschehen wird? Wenn die UdSSR keine sofortige Unterstützung durch den Westen in Form einer zweiten Front erhält, kann ein Rückzug bis weit nach Osten nicht ausgeschlossen werden.»

[...] Churchill hörte mir aufmerksam zu. Dann sagte er: «Ja, ich stimme Ihnen zu. Ich habe diese Argumente bereits bei Molotows Besuch gehört. Es ist durchaus möglich, dass Sie sich weiter nach Osten zurückziehen müssen. Es ist sehr gut möglich, dass wir im Frühjahr 1943 auf dem Kontinent nicht die 25 zweitklassigen Divisionen sehen werden, die derzeit Frankreich und Belgien schützen, sondern 50 oder 60 der besten deutschen Divisionen ... Das verstehe ich alles ... Aber was sollen wir tun? ... Wir sind 1942 einfach nicht in der Verfassung, die erforderlichen Operationen zur Eröffnung einer zweiten Front zu unternehmen. Es hat keinen Sinn, sich auf ein absurdes Abenteuer einzulassen, das nur in einer Katastrophe enden kann. Das würde weder Ihnen noch uns helfen. Nur die Deutschen würden davon profitieren.»

Pound beeilte sich, dem Premierminister mit einem selbstzufriedenen Grinsen beizupflichten. Ihn nahm ich mir besonders vor. Dieser gichtige 65-Jährige, der in seinem ganzen Leben keine einzige Schlacht gewonnen hat, sich aber umso geschickter darin erwiesen hat, Auszeichnungen und hohe Positionen in der Ministeretage zu ergattern, hatte meine Geduld überstrapaziert. Churchill ging bei unserem Disput dazwischen und sagte: «Wir sind bereit, Sie auf jede mögliche Weise zu unterstützen. Beispielsweise sind wir bereit, uns an der nördlichen Operation mit jeder verfügbaren Waffe zu beteiligen.» [...]

Dann sagte Churchill: «Meine Sorgen lassen sich in diese Reihenfolge bringen. Zuerst der Kampf in Russland. Das ist die Hauptsache. An zweiter Stelle die Situation zur See. Dann schließlich, mit bedeutendem, ja wirklich bedeutendem Abstand, der Kampf in Ägypten.»

Nach dem Abendessen begaben wir uns in ein kleines angrenzendes Zimmer. Wir rauchten. Pound paffte arrogant an seiner Zigarre und entließ kleine Rauchkringel in die Luft. Eden traf ein. Er wirkte verlegen. Er fragte Churchill: «Also, sollen wir über die Konvois und die Operation im Norden sprechen?»

«Das haben wir bereits getan», brummte Churchill schlecht gelaunt.

Das Gespräch kam zum Erliegen. Mrs Churchill, die beim Essen nicht sie selbst gewesen war, bemühte sich heldenhaft, das Gespräch in Gang zu halten. Die arme Mrs Churchill! Sie war ganz durcheinander und unternahm während des Essens mehrere vorsichtige Versuche, mich zu unterstützen. Aber der PM reagierte sehr aufbrausend, worauf sie verstummte. Churchill war selbst in düsterer Stimmung. Er musste die Wörter herausquetschen und sprach grob und undeutlich und war merklich gereizt, entweder über sich selbst oder über die Umstände, die ihm böse Taten aufzwangen.

Agnia fragte Churchill: «Und wie können Sie uns nun helfen?»

Churchills Antwort klang missmutig und genau kalkuliert: «Leider können wir nur sehr wenig tun, Mrs Maiski, sehr wenig.»

[...] Dann fügte er, plötzlich lebhaft, hinzu: «Aber den Sieg werden wir trotzdem zusammen feiern!»

Es war offensichtlich, dass der PM sich unwohl fühlte.

Nur Pound war guter Dinge; er rauchte, lachte und scherzte. Kein Wunder, er hatte seine Aufgabe erfüllt! Es sind Leute wie Pound, diese ranghohen Bürokraten, die durch Tausende Fäden an die Spitze der Bourgeoisie gebunden sind, die England regieren, nicht die Minister, die kommen und gehen!

Das gestrige Abendessen ist ein ausgezeichnetes Beispiel dafür ...

Ich kehrte voller niederdrückender Gedanken nach Hause zurück. Ich fühlte mich unruhig und beklommen.

16. Juli

[...] Nach dem Mittagessen ging ich zu Beaverbrook und sprach auch mit ihm über die Konvois.

[...] Er zeigte sich sehr besorgt über die Situation an unserer Front («Ich hätte nie damit gerechnet, dass die Deutschen im Juli bis zum Don vordringen») und fügte in geheimnisvollem Ton hinzu, die Entwicklung in der UdSSR könnte größere Auswirkungen auf England haben.

[...] Beaverbrooks Strategie ist leicht zu durchschauen: Er will Premierminister werden und wartet nur darauf, dass die sowjetischen Niederlagen zusammen mit Churchills Zögern, sofort eine zweite Front zu eröffnen, eine Situation im Land schaffen, in der Churchill den Hut nehmen muss.

Auch Churchills Strategie ist offensichtlich: Er will Beaverbrook in der Regierung haben, damit wäre er an die Kette gelegt. Persönliche Machenschaften vor dem Hintergrund einer globalen Tragödie.

19. Juli (Bovingdon)

Eine harte Woche!

Die Lage an der Front ist äußerst ernst. [...] Die deutsche Offensive im Tal des Don hat in der vergangenen Woche schnelle und erfolgreiche Fortschritte gemacht, und Rostow ist eindeutig bedroht. Es ist ganz offensichtlich, dass die Deutschen nach Stalingrad wollen, mit dem Ziel, die Wolgalinie zu durchbrechen und den Kaukasus von der übrigen Sowjetunion abzutrennen. Wenn sie Erfolg haben, wird die Lage kritisch. Werden sie Erfolg haben? Mein Gefühl sagt Nein. [...] Doch in der Zwischenzeit müssen wir uns der Tatsache stellen, dass unser Land einer tödlichen Bedrohung gegenübersteht, und nicht nur unser Land, auch die Revolution und die gesamte Zukunft der Menschheit.

Doch nicht nur aufgrund der Lage an der Front war diese Woche schwierig. Es war auch hart hier in London. Aus meinen Gesprächen mit Churchill, Eden, Cripps, Beaverbrook und anderen und aus allem, was ich hörte, sah und las, ziehe ich folgende Schlussfolgerungen:

(1) Es wird 1942 keine zweite Front geben.

(2) Die Lieferungen an die UdSSR aus England und den USA werden reduziert (aufgrund der Schwierigkeiten bei der Durchführung der nördlichen Konvois).[85]

(3) Es gibt folgende Möglichkeiten: eine Operation im Norden (Petsamo etc.), eine Landung über den Ärmelkanal, wie bei Molotows Besuch angesprochen (auch wenn ich für die Umsetzung keine Garantie abgäbe), die Intensivierung der Bombardierung Deutschlands und der Luftangriffe entlang der französischen Küste (vorausgesetzt, wir üben genügend Druck aus). [...]

Kurz und knapp gesagt, bedeutet das, dass wir uns beim diesjährigen Feldzug nur auf uns selbst verlassen können. Anders ausgedrückt, unsere Verbündeten haben uns im entscheidenden Moment unserem Schicksal überlassen. Das ist eine unangenehme Erkenntnis, aber es hat keinen Sinn, die Augen davor zu verschließen. Wir müssen sie bei all unseren Plänen und Berechnungen berücksichtigen. Und dürfen sie auch in Zukunft nicht vergessen.

► Wieder lag Maiski goldrichtig. Stimson und Marshall waren wütend wegen Churchills Entschlossenheit, bei seinem Besuch «den Beschluss zu revidieren, der in so mühsamer Arbeit erreicht worden war», und auf diese Weise die militärische Potenz der USA «in einen Kanal umzuleiten, in dem wir sie nicht effektiv zur Wirkung bringen können, nämlich in den Nahen Osten».[86] Auch die Vereinigten Stabschefs der USA, die sich nie sicher sein konnten, was der Präsident wirklich dachte, waren entschieden gegen die Verlagerung, die nach ihrer Überzeugung bedeutete, dass es «1942 definitiv keinen *Bolero*» geben werde und dass «die Durchführung von *Bolero* wahrscheinlich sogar 1943 nicht mehr in Frage» komme. «Marshall glaubt», hinterbrachte General Dill dem Premierminister, «dass Ihre erste Liebe *Gymnast* ist, so wie *Bolero* die seine, und dass Sie beim geringsten Anlass immer zu Ihrer ersten Liebe zurückkehren.»[87]

Um zu verhindern, dass Großbritannien und die Vereinigten Staaten auseinanderdrifteten, entsandte Roosevelt Marshall und Hopkins nach London; sie sollten die miteinander unverträglichen Strategien innerhalb einer Woche auf einen Nenner bringen. Dem US-Präsidenten war es wohlweislich lieber, dass Churchill den beiden ihre Wünsche ausredete. In den Notizen, die Churchill für das Treffen mit den amerikanischen Sendboten anfertigte, erteilte er in der Tat der zweiten Front eine kompromisslose Absage und verlagerte das gesamte Gewicht auf den Einsatz in Nordafrika. «Weil die Amerikaner dieses Jahr ihr Massaker in Frankreich nicht bekommen», beklagte er sich im privaten Kreis, «wollen sie schmollen und im Pazifik baden!»[88]

21. Juli

Ich verbrachte das letzte Wochenende in Bovingdon und dachte über einen Aktionsplan für die unmittelbare Zukunft nach. Eine Frage beschäftigte mich besonders: Was kann ich, der sowjetische Botschafter in London, noch tun, um meinem Land in dieser kritischen Zeit zu helfen? Was kann ich tun, um die herrschenden Kreise in England aus ihrer gefährlichen Lethargie zu reißen, die festgefahrenen Kräfte in diesem Land zu mobilisieren und die Einrichtung einer zweiten Front zu beschleunigen?

Während ich über diese Fragen nachdachte, ging ich durch den Garten und legte mich ins Gras, schaute in den blauen fernen Himmel und ließ Gesicht, Hals, Arme und Brust von der heißen Sonne bescheinen, wie es in England so selten möglich ist. Und ich entwickelte den folgenden Plan:

(1) Stalin sollte Churchill wegen der Frage der Konvois und der zweiten Front zur Rede stellen. [...]

(2) Sobald Stalin eine entsprechende Botschaft an Churchill gesandt hat, werde ich bei einem informellen Treffen von Abgeordneten und vor den Chefredakteuren der Londoner Zeitungen über das Thema sprechen. [...]

Ich habe Moskau den Plan vorgeschlagen und warte auf eine Antwort.

Meine Überlegung: Dieser Plan könnte eine gewisse Wirkung zeigen und die Bildung einer zweiten Front beschleunigen. Zumindest könnte er die Umsetzung zweitrangiger Maßnahmen erleichtern, etwa die Wiederaufnahme der Konvois, die Intensivierung der Luftschläge gegen Deutschland etc.

Und schließlich, wenn es hart auf hart kommt, dient mein Plan als Rechtfertigung der sowjetischen Regierung vor unserem Volk und vor der Geschichte, denn er wird zeigen, dass die sowjetische Regierung alles Menschenmögliche getan hat, um die britischen herrschenden Kreise aus ihrer Lethargie zu reißen, und dass es nicht unser Fehler war, falls dies nicht geschah.

▸ Unter seiner zunehmenden Isolierung leidend, griff Maiski auf seine alte Taktik zurück, politische Initiativen zu ergreifen. Am 16. Juli schrieb er an Molotow, da Churchill in seiner Botschaft an Stalin keinen Ton über eine zweite Front gesagt habe, sei es geboten, «darauf hinzuweisen, dass unsere

Alliierten uns in einem für uns höchst kritischen Augenblick faktisch der Gnade des Schicksals überlassen». Der taktische Plan, den er sich ausgedacht hatte, sah vor, dass Stalin Churchill heftige Vorwürfe machen und ihm dann den versöhnlichen Vorschlag eines Treffens der beiden Regierungschefs unterbreiten solle.[89] Sein Plan ebnete immerhin den Weg für Operation *Bracelet*, Churchills erstem Treffen mit Stalin in Moskau Anfang August 1942.

23. Juli

Moskau hat meinen Plan akzeptiert.

Ich überbrachte heute am späten Abend Churchill Stalins Botschaft. Sie fällt etwas sanfter aus, als ich erwartet hatte, ist aber ausreichend stark und resolut.[90] […] Churchill trug seinen Luftschutzanzug und war schlechter Laune. Wie ich schon bald erfahren sollte, hatte er entmutigende Nachrichten aus Ägypten. Der britische Angriff, in den der PM so viele Hoffnungen setzte, hat nichts bewirkt. […] In seinem Kummer hat Churchill wohl einen Tropfen zu viel Whisky getrunken. Ich sah es an seinem Gesicht, seinen Gesten und in seinen Augen. Manchmal schüttelte er wunderlich den Kopf und verriet damit, dass er im Grunde schon ein alter Mann ist, es wird nicht mehr lange dauern, bis es schnell mit ihm bergab geht. Nur durch eine ungeheure Willens- und Geistesanstrengung bleibt Churchill kampfbereit.

Stalins Botschaft hinterließ beim PM die Wirkung, die ich erwartet hatte. Er war deprimiert und gekränkt zugleich. Sein Selbstwertgefühl war ernstlich verletzt (vor allem durch Stalins Vorwurf, er habe es versäumt, seinen Verpflichtungen nachzukommen), anscheinend ging ihm sogar der Gedanke durch den Kopf, die UdSSR könne sich aus dem Krieg zurückziehen, weil er völlig unerwartet sagte: «Nun, wir standen schon einmal allein … Wir kämpften auch damals … Es ist ein Wunder, dass unsere kleine Insel überlebt hat … Aber …»

«Unsinn!», unterbrach ich Churchill abrupt. «Niemand denkt auch nur daran, die Waffen zu strecken. Unser Weg ist ein für alle Mal vorgegeben bis zum bitteren Ende. Aber man muss die derzeitige Situation berücksichtigen: 1942 sind wir aller Wahrscheinlichkeit nach stärker als 1943. Das sollten weder wir noch Sie ignorieren!»

Churchill beruhigte sich, argumentierte aber noch lange, dass er alles tue, was er könne, und was die zweite Front betreffe, so sei das Memorandum vom 10. Juni immer noch in Kraft. […]

Zum Abschluss erklärte der Premierminister, er werde Stalins Nachricht dem Kriegskabinett vorlegen und sei erst dann in der Lage, etwas dazu zu sagen.

Im Verlauf des Gesprächs nutzte ich den Eindruck, den Stalins Botschaft bei Churchill hinterlassen hatte, und sprach eine Wiederaufnahme der Konvois und eine Verstärkung der Bombardierung Deutschlands an. Ein guter Schachzug: Churchill war bereit, mir zuzustimmen, dass Konvoi Nummer 17 nicht als Präzedenzfall für die Zukunft dienen solle, denn möglicherweise waren die Maßnahmen der Admiralität in diesem Fall nicht die geeignetsten. Er war der Idee zugeneigt, den nächsten Konvoi im September zu entsenden. Ich sprach mich für August aus, ohne Erfolg. [...]

24. Juli

Nach seiner Rückkehr aus Nottingham bestellte mich Eden zu sich und sagte, er habe Stalins Nachricht gelesen. Churchill sei sehr gekränkt und bekümmert darüber. Gleichzeitig quält den Premierminister der Gedanke, dass er in dieser schweren Stunde so wenig für seinen Verbündeten tun könne. Auch das Kriegskabinett fühle sich durch Stalins Botschaft getroffen. Um eine weitere Verschärfung und polemische Äußerungen zu vermeiden, halte Eden es für besser, Stalins letzte Botschaft unbeantwortet zu lassen. Die Gefühle sollten erst einmal abklingen, und die Atmosphäre solle sich beruhigen.

«Schließlich», ergänzte Eden, «erwarten Sie von uns keine Reaktion mit Worten, sondern mit Taten. Warten wir auf die Taten.»

Dann bemerkte er mit einem schwachen Lächeln: «Zwei große Männer sind aneinandergeraten. Sie hatten eine Kabbelei ... Sie und ich müssen die beiden wieder versöhnen ... Zu schade, dass sie sich nie von Angesicht zu Angesicht getroffen haben!»

Das klang alles gut. Bis jetzt läuft alles so, wie ich es erwartet habe.

Churchill ist ein hitziger Charakter, lässt sich aber schnell wieder beschwichtigen. Nach einer anfänglichen emotionalen Reaktion beginnt er, wie ein Staatsmann oder noch mehr wie ein Parlamentarier zu denken und abzuwägen. Und am Ende zieht er die nötigen Schlussfolgerungen. Je stärker der Schock, desto größer die Chancen, dass Churchill das Richtige tut. Ich erinnere mich an Stalins Schreiben vom 8. November im letzten Jahr. Zuerst bekam Churchill einen Wutanfall direkt vor mir. Dann versuchten Eden und Beaverbrook, ihn zu beruhigen. Dann fing er selbst an zu überlegen und die Angelegenheit zu durchdenken. Als Ergebnis machte Churchill Stalin den Vorschlag, Eden nach Moskau zu senden, und der Friede war wiederhergestellt. Daraus folgten Edens Besuch im Dezember 1941, Gespräche im Kreml, Molotows Besuch in London und die Unterzeichnung des englisch-sowjetischen Vertrags.

Wie wird dieses Mal das Ergebnis aussehen? Ich weiß es nicht. Auf jeden Fall haben sich meine Überlegungen bisher als richtig erwiesen. Wir werden sehen.

Ich versprach Eden meine Unterstützung bei der Wiederherstellung des «Friedens» zwischen den beiden großen Männern. [...]

26. Juli (Bovingdon)

Eine weitere harte Woche!

Unsere Truppen ziehen sich weiter zurück. Die Deutschen erobern weiterhin eine Region nach der anderen. Rostow ist gefallen. Der Feind hat den Unterlauf des Don bei Zimljansk übersprungen. Die faschistischen Horden rücken immer näher an Stalingrad heran. Näher an den Kaukasus. Werden wir uns wirklich als unfähig erweisen, die Deutschen aufzuhalten? Werden sie uns wirklich vom Kaukasus abschneiden und eine solide Basis an der Wolga gewinnen? Das wirkt wie ein Albtraum aus einem schrecklichen Märchen. [...]

30. Juli

Ein heißer Tag und ein Tag, der vielleicht weitreichende Konsequenzen haben wird!

Heute Nachmittag um drei hielt ich meine Rede vor dem Parlament. [...] Es waren etwa 300 Zuhörer anwesend, und die «alten Hasen» haben mir versichert, dass es so etwas in der Geschichte derartiger Versammlungen noch nie gegeben hat. [...] Während ich sprach, hätte man eine Stecknadel fallen hören, das Publikum hing an meinen Lippen, was ebenfalls ungewöhnlich ist für solche Sitzungen, wenn man den Älteren Glauben schenken darf. Ich hatte den Eindruck, dass meine Worte «ins Schwarze trafen». Manchmal wurde meine Rede durch lauten Applaus unterbrochen, etwa als ich sagte, dass die Alliierten vor allem eine gemeinsame Strategie benötigten. [...] Als ich erwähnte, dass wir bereits im Juli 1941 die Frage einer zweiten Front angesprochen hätten, hatte ich das Gefühl, als ob elektrischer Strom durch die Zuhörer flösse.

Nach der Versammlung führte mich Lloyd George in sein Zimmer im Parlament. Megan schaute vorbei. Es war bereits 16.15 Uhr (die Versammlung hatte über eine Stunde gedauert). Es wurde Tee serviert. Wir tranken und redeten. Der alte Herr sagte, von den vielen Sitzungen, an denen er in seinem langen Leben im Parlament teilgenommen habe, erinnere er sich nur an wenige, die es mit der heutigen in Hinblick auf die Zahl der Anwesenden, die Aufmerksamkeit der Zuhörer und den Eindruck, den der Redner hinterlassen habe, aufnehmen könnten.

[...] Lloyd George meinte, eine solche Sitzung müsse einen gewissen Einfluss auf die Regierung haben, das könne gar nicht anders sein.

«Aber welches praktische Resultat wird sie haben?», fragte ich und fügte dann hinzu: «Natürlich freue ich mich über den Erfolg meiner Rede, aber hier geht es nicht um meine Fähigkeiten als Redner. [...] Wird die Sitzung die Bildung einer zweiten Front beschleunigen?»

Lloyd George zuckte mit den Achseln. [...] Anscheinend hat er den Eindruck, dass sich Churchill derzeit in einer mentalen Verfassung befindet, die ihn daran hindert, eine wichtige Entscheidung zu treffen. Das komme bei Churchill gelegentlich vor. Es sei eine Schande.

«Er hat», fuhr Lloyd George fort, «einen Minderwertigkeitskomplex, wenn es um offensive Operationen geht. Er hat bereits im letzten Krieg bei der Schlacht von Gallipoli einen schweren Dämpfer bekommen. Und in diesem Krieg hatte er bisher auch noch kein Glück: Norwegen, Griechenland, Libyen ... Churchill fürchtet Offensivoperationen.»

[...] Um 0.30 Uhr kam ein Anruf aus dem Büro des Premierministers. Sein Sekretär bat mich, sofort in die Downing Street 10 zu kommen. Was war los? Was war geschehen? Mir ging alles Mögliche durch den Kopf. Eine innere Stimme sagte mir, dass die mitternächtliche Einladung zum Premierminister etwas mit der heutigen Parlamentssitzung zu tun hatte. [...] Churchills Sekretär empfing mich im Gang, ein paar Sekunden später kam Bracken dazu. Zu dritt saßen wir im Empfangszimmer und unterhielten uns über die verschiedenen Themen des Tages. Schließlich sagte Bracken: «Ich würde gerne Ihre Voraussagen für die Zukunft hören. Sie haben schon oft richtiggelegen. Was erwarten Sie, was wird in den kommenden beiden Monaten passieren?»

Mir blieb keine Zeit für eine Antwort, denn genau in dem Moment wurde ich zum Premierminister gerufen. Churchill saß am Kabinettstisch. Er trug seine übliche Luftschutzkleidung, darüber einen schwarzgrau gemusterten Morgenmantel. Eden saß neben ihm, mit Pantoffeln und dem grünen Samtjackett, das er abends «zu Hause» trägt. Beide wirkten müde, aber aufgeregt. Der Premierminister war in einer dieser Stimmungen, in denen sein Geist voll unternehmungslustiger Ironie funkelt und er schrecklich charmant ist.

«Schauen Sie mal. Ist das zu gebrauchen?», fragte Churchill lächelnd und reichte mir ein Blatt Papier.

Es war der Text seiner Botschaft an Stalin. Rasch überflog ich das Dokument. «Aber natürlich! Das ist viel wert, sehr viel!», antwortete ich, nachdem ich den Text gelesen hatte.

Und wie! Ein Treffen zwischen Churchill und Stalin könnte enorme Bedeutung haben. Ich befürwortete die Absicht des Premierministers in jeder erdenklichen Weise. Er lächelte, trank Whisky und paffte an seiner unvermeidlichen Zigarre. Ich sah ihn an und dachte: «Meine Berechnung ist voll aufgegangen. Von der Verärgerung, die Churchill zeigte, als er Stalins Botschaft vom 23. Juli erhielt, ist nichts mehr zu spüren. Der PM hat sich abgeregt. Jetzt ist er mit seiner Reise in die UdSSR und seinem Treffen mit Stalin beschäftigt. Umso besser.»

[...] Ich versprach, die Nachricht sofort nach Moskau zu telegraphieren. Da Churchill plante, am 1. August ins Ausland zu fliegen, bat er, Stalins Antwort während seiner Abwesenheit an Eden zu übermitteln.

Eden begleitete mich zur Tür. Beim Abschied sagte er beiläufig: «Es wäre so gut, wenn Sie den PM begleiten könnten!»

Ich antwortete, dass ich sehr gerne mitreisen würde, die Entscheidung aber bei der sowjetischen Regierung liege.

31. Juli

Eden rief mich um 12.30 Uhr zu sich. Er äußerte sich sehr zufrieden über die Entscheidung des Premierministers, die UdSSR zu besuchen, obwohl der PM nach Ägypten fliegt, bevor eine Antwort eintreffen kann, für ein paar Tage, vermutlich für eine Woche. Das Ministerium für Luftfahrt wird ein Flugzeug für mich bereithalten.

Ich dankte Eden und sagte, ich hätte ihm nichts zu der Angelegenheit zu sagen, die ihn interessiere. Alles hänge von Moskau ab.

Im Zusammenhang mit dem anstehenden Besuch des Premierministers in Moskau äußerte Eden die Hoffnung, dass Churchill und Stalin gut miteinander auskommen und sich verstehen würden.

«Es wäre so gut, wenn Sie als Dolmetscher fungieren könnten! Man muss nicht nur die Worte übersetzen können, sondern auch den Geist des Gesprächs! Sie haben diese Gabe! Der Premierminister sagte mir, als Sie bei unseren Gesprächen mit Molotow dolmetschten, hätte er den Eindruck gehabt, die Sprachbarriere zwischen ihm und Molotow sei gefallen, sie habe gar nicht mehr existiert.»

Ich wiederholte erneut, die Entscheidung in dieser Angelegenheit liege bei Moskau ...

▶ Das Tagebuch für 1942 bricht in diesem dramatischen und schicksalhaften Moment unvermittelt ab, sehr wahrscheinlich weil die Hoffnung Maiskis, an dem Gipfeltreffen teilnehmen und Einfluss auf den Gang der Dinge nehmen zu können, sich nicht erfüllte. Das Treffen war, wie gesehen, Bestandteil des von Eden und Maiski gemeinsam ausgeheckten subversiven Plans. Nur ein erfolgreiches Gipfeltreffen konnte den sich beschleunigenden Niedergang von Maiskis Einfluss in Moskau noch aufhalten. Den beträchtlichen Einfluss, den er sich in London erarbeitet hatte, nutzte er jetzt, um die britische öffentliche Meinung zu mobilisieren und damit indirekt Churchill unter Druck zu setzen. Nicht wenige empfanden seinen beispiellosen emotionalen Appell an die Abgeordneten des Unterhauses an der Regierung vorbei als Aktion «eines Menschen in einer verzweifelten Lage». Nie seit Gondomar[1], merkten Kritiker an, «haben wir einem ausländischen Botschafter eine solche Einmischung in unsere inneren Angelegenheiten gestattet». Maiski war es bis jetzt gelungen, Moskau in der Gewissheit zu wiegen, dass Churchill (bei allen persönlichen Vorbehalten und bei aller Skepsis hinsichtlich seiner militärischen Fähigkeiten) der Premierminister war, «bei dem die Chance am größten ist, dass er [Großbritannien] im Krieg hält», wogegen jeder denkbare Nachfolger sich als «Lückenbüßer» erweisen könne, der «nach ganz kurzer Zeit in Richtung Appeasement und Separatfrieden umsteuert».[91]

Maiski setzte darauf, dass Churchill sich gezwungen sehen würde, sein po-

1 Diego Sarmiento de Acuña, Graf von Gondomar, 1613–1922 spanischer Botschafter in London, sah seine Botschaft als eine Festung in Feindesland. Er pflegte jedoch intensive und intime Freundschaften zu Würdenträgern am Hof von König James I., über die er großen Einfluss auf die britische Politik gewann. Es hieß von Gondomar, er sei «schlauer als irgendjemand in England».

litisches Ansehen zu Hause durch eine Demonstration der Einigkeit mit Stalin aufzupolieren. Er erkannte jedoch nicht, dass für Churchill ein anderes Ziel noch wichtiger war: sich eine Atempause zu verschaffen, während der er ungestört seine Vorbereitungen auf eine Landung in Nordafrika vorantreiben konnte; die Forderung nach Eröffnung einer zweiten Front wollte er derweil an sich abprallen lassen, andererseits aber auch sicherstellen, dass Russland sich auf dem Schlachtfeld weiterhin behaupten konnte.[92]

Bis jetzt hatte Churchill hartnäckig jedem Versuch seiner neuen russischen und amerikanischen Alliierten widerstanden, ihn zu einer Modifizierung seiner auf die Peripherie setzenden Strategie zu veranlassen. Er hatte diese Strategie widerstrebenden Stabschefs aufgezwungen (wenn auch erst nach Auswechslung einiger ranghoher Militärs) und sie auch Roosevelt (gegen den klügeren Rat der professionellen Militärberater des Weißen Hauses) schmackhaft gemacht. Sosehr eine Moskaureise Churchill auch gegen den Strich ging, so begründet schien ihm die Aussicht, Stalin im persönlichen Gespräch überzeugen zu können, dass eine Landung an der französischen Kanalküste mit unüberwindlichen Problemen verbunden sein würde, und ihn für eine Offensive durch Nordafrika und das Mittelmeer als die bessere zweite Front gewinnen zu können.[93]

Wenn Maiski die Hoffnung hegte, sich im Kreml als Mittler profilieren und damit an Statur gewinnen zu können – eine Rolle, die er bei den beiden Moskaubesuchen Edens und bei Molotows Aufenthalt in London mit Erfolg gespielt hatte –, so wurde diese Hoffnung grausam enttäuscht. Sein Versuch, die eigene Mitreise nach Moskau sicherzustellen, indem er Eden bat, für ihn zu intervenieren, verschlechterte seine Position eher noch. Am 4. August musste ein gedemütigter Maiski Eden gegenüber nicht nur einräumen, dass er in Moskau nicht dabei sein werde, sondern musste ihn sogar bitten, «in der Sache keine weiteren Schritte gegenüber der sowjetischen Regierung zu unternehmen». In seinen Memoiren hielt Maiski es für opportun, die Aufmerksamkeit seiner Leser von den wirklichen Gründen für seine Nichtberücksichtigung abzulenken. Er nennt dort als Grund die «Unzufriedenheit der Sowjetunion mit dem Verhalten Englands bezüglich der zweiten Front».[94] Tatsächlich erlebte Maiski seine «Ausbootung» als einen schweren persönlichen Schlag; offenbar brachte er sie in einen Zusammenhang mit der Kritik an der defätistischen Einstellung, die er während Molotows Londonbesuch angeblich an den Tag gelegt hatte.[95] Maiski versuchte, sich gegenüber dem Kreml von diesem Vorwurf reinzuwaschen, und nutzte jeden ihm zu Gebote stehenden Kanal, um zu zeigen, dass er absolut loyal und überzeugt hinter dem Kriegskurs seiner Regierung stand.[96]

Dass Churchill sich für ihn starkmachte, half ihm wenig. Der Premierminister erlebte in London die Sprachbarriere als lästig und frustrierend und klagte bei Attlee darüber, dass Pawlow, «der kleine Dolmetscher, ein sehr schwacher Ersatz für Maiski» sei. In seiner abschließenden, offenen Unterredung mit Stalin in dessen Wohnung im Kreml erfuhr Churchill zu seiner Überraschung, dass Stalin «Maiski sehr kritisch» sah. Als Churchill Maiski als «einen guten Botschafter» bezeichnete, schien das seinen Gastgeber nur noch in seinen Zweifeln zu bestärken, wem die Loyalität des Botschafters in erster Linie galt. Wie Churchill festhielt, stimmte Stalin dem Lob für Maiski zwar zu, «sagte aber, er könnte besser sein; er rede zu viel und könne seine Zunge nicht hüten».[97] Churchill kehrte, wie er Cripps anvertraute, in der Überzeugung nach London zurück, die sowjetische Regierung werde Maiski, der «zu viel rede», abberufen und durch eine zweitklassige Figur ersetzen.[98]

Maiski bemühte sich dennoch, Einfluss auf die Verhandlungen zu nehmen, indem er sich «die Freiheit nahm», Stalin persönlich eine ausführliche und detaillierte Analyse der Ziele Churchills zuzuschicken. Auf seine beispiellose Vertrautheit mit dem Premierminister setzend, wagte er es, Stalin konkrete Empfehlungen für den Umgang mit Churchill zu geben. Jetzt, da er das Schlimmste fürchten musste, kam es für ihn darauf an, alle Illusionen (die nicht zuletzt unter seiner Mitwirkung im Kreml Fuß gefasst hatten) darüber, dass Churchill grünes Licht für eine zweite Front geben würde, zu zerstäuben. Tatsächlich hob Maiski in einem am gleichen Tag geschriebenen persönlichen Brief an Litwinow zweimal hervor, er habe «kein besonders optimistisches Gefühl» und sei überzeugt, dass Churchill die zweite Front auf 1943 vertagen wolle. Es war ihm jedoch auch sehr wichtig, sich gegen die in Moskau seit der Rückkehr Molotows aus London und Washington vorherrschende, ideologisch geprägte Einschätzung zu wenden, Churchill und Roosevelt drückten sich vorsätzlich vor der Eröffnung einer zweiten Front, um so eine Schwächung der russischen Wehrkraft zu erreichen. Er wusste, dass solche Gedanken, die er nicht teilte, zu sowjetischen Absetzbewegungen, zu einem weiteren strategischen Rückzug oder, schlimmer noch, zu einem Separatfrieden führen konnten.

Allein, Maiski musste erfahren, dass es zunehmend schwieriger wurde, die neue Deutung des Geschehens, die sich im Kreml zusehends verfestigte, ins Wanken zu bringen. Er sprach sich zwar weiterhin dafür aus, die Forderung nach einer Landung an der französischen Kanalküste aufrechtzuerhalten, plädierte aber zugleich für «praktikablere [...] subsidiäre Forderungen» wie die nach erhöhten Liefermengen und nach militärischer Unterstützung im Norden und im Kaukasus; vor allem aber sprach er sich für ein langfristiges politisches und militärisches Zusammengehen mit Churchill aus.[99] Stalin schenkte den Ratschlägen seines Botschafters trotz seiner persönlichen Abneigung gegen ihn ein durchaus hintersinniges Gehör. Es war nicht das erste Mal, dass Stalin die Ideen eines Gegenspielers als seine eigenen adoptierte, um danach den Urheber in die Wüste zu schicken.

Die lang erwartete Begegnung zwischen den beiden Regierungschefs fand am Abend des 12. August 1942 statt, kurz nach der Ankunft Churchills in der sowjetischen Hauptstadt. Nach der Schilderung des britischen Botschafters in Moskau legte sich Stalins Gesicht einige Male «in Falten», als Churchill damit herausrückte, dass es 1942 keine zweite Front geben würde. Besonders erbost war Stalin über den Bruch der Molotow gegebenen Zusage, wobei Churchill beteuerte, er habe sich dieser Zusage nur unter schwerwiegenden Vorbehalten angeschlossen. Die Ratschläge Maiskis berücksichtigend, beendete Stalin die erste Runde der Gipfelgespräche mit der versöhnlichen Aussage, er habe nicht das Recht, eine zweite Front zu fordern, komme aber nicht umhin «zu sagen, dass er mit den Argumenten von Herrn Churchill nicht konform gehe».

Churchill stürzte sich anschließend voller Begeisterung in eine in die Länge gezogene Präsentation der Operation *Torch* als Alternative zur zweiten Front auf französischem Boden. Diese Operation habe den Vorzug, dass sie «nicht notwendigerweise in Europa gestartet werden muss». Mit der Zeichnung eines Krokodils wedelnd, die er angefertigt hatte, während Stalin redete, erklärte Churchill, es sei seine Absicht, «den weichen Unterbauch des Krokodils anzugreifen, während [die Russen] seine harte Schnauze attackierten». Im Weggehen blieb Churchill vor einem in der Raummitte aufgestellten Globus stehen und erläuterte die immensen Vorteile, die sich ergeben würden, wenn man die Deutschen aus dem Mittelmeer vertreiben konnte. Er kehrte in der Überzeugung in sein Gästehaus in den Wäldern zurück, dass es ihm gelungen war, Stalin umzupolen. Botschafter Kerr übermittelte voller Begeisterung (aber ach so voreilig) die Nachricht, Churchill habe seine Sache «meisterhaft» gemacht. Die knallharte Offenheit, mit der Churchill die Aussichten auf eine zweite Front auseinandergenommen habe, «in die Stalin sich mit seinem ganzen Herzblut verkeilt hatte, ließ das, was der Premierminister ihm jetzt [als Alternative] vorsetzte, umso attraktiver erscheinen». Der Besuch habe, so schloss Kerr, «sehr verheißungsvoll begonnen».[100]

Churchill, noch immer in Euphorie schwebend, konnte es kaum erwarten, sich am nächsten Morgen mit Molotow weiter über *Torch* zu unterhalten. Keinen Gedanken an die in der Datscha installierten Mikrofone und an das anwesende russische Personal verschwendend, kam er beim Mittagessen in Fahrt und sagte über Stalin, der sei «doch nur ein Bauer», und wie man mit Bauern fertigwerde, das wisse er «ganz genau».[101] Zu seinem Kummer musste Churchill einen sowjetischen Außenminister erleben, der sich nicht festlegen ließ und es vorzog, die heiklen Fragen auf das für den Abend vorgesehene Treffen Churchills mit Stalin zu vertagen. Als Churchill abends im Kreml ankam, konfrontierte Stalin ihn mit einem gallenbitteren Aide-mémoire, das den Beschluss, die Errichtung einer zweiten Front im laufenden Jahr abzublasen, kritisierte und der Operation *Torch* keinerlei Beachtung schenkte. Churchill war mit dem sicheren Gefühl, er habe es auf meisterliche Weise geschafft, Stalin von der zweiten Front auf dem europäischen Festland auf den Feldzug in Nordafrika umzuprogrammieren, und in der Überzeugung, in den restlichen Besprechungen «freie Bahn» zu haben, in den Tag gestartet. Umso größer war seine Erschütterung, als Stalin sein Konzept jetzt gnadenlos zerpflückte. Aber dabei ließ der sowjetische Regierungschef es nicht bewenden.

Um Stalin von einer rein ideologisch motivierten Deutung des Churchillschen Zauderns abzuhalten, hatte Maiski für ihn ein psychologisches Profil des britischen Premierministers erstellt. Er führte darin Churchills schwankende Position auf die traumatische Erinnerung an die vernichtenden und kostspieligen Niederlagen zurück, die er bei den Dardanellen (im Ersten Weltkrieg) sowie in Norwegen, Kreta, Singapur und Frankreich (im gegenwärtigen Krieg) erlitten hatte. Stalin machte reichlichen Gebrauch von dieser Analyse, indem er dem Premierminister unverblümt und ironisch vorhielt, die Briten sollten nicht so viel «Angst vor den Deutschen haben». Wenn sie erst einmal den Kampf gegen sie aufnähmen, «würden sie herausfinden, dass sie nicht unbesiegbar sind. Soldaten müssten sich mit Blut beflecken.» Eine Reihe von Vorwürfen folgte. Am Ende sprach sich Stalin, nachdem er betont hatte, er finde Meinungsverschiedenheiten zwischen den Alliierten «nicht tragisch», vehement gegen die Annahme aus, die von Churchill propagierte Operation in Nordafrika sei, selbst wenn sie «aus militärischer Sicht richtig sein möge», von irgendeiner Relevanz für die Sowjetunion.[102]

In seinen Berichten an Roosevelt und das Kabinett sprach Churchill von einer «höchst unangenehmen Diskussion», in deren Verlauf Stalin «sehr viele kränkende Dinge» gesagt habe. Er rühmte sich, diese «ohne irgendwelche

Schärfe» zurückgewiesen zu haben. Die Wirklichkeit sah etwas anders aus. Wie sein Arzt festhielt, kehrte Churchill von diesem Treffen mit Stalin zurück «wie ein durch die Lanzenstiche der Picadores zur Weißglut getriebener Stier». Während er viel Aufhebens um die unschöne Behandlung machte, die ihm im Kreml widerfahren war, verstand er es glänzend, vor seinem Gefolge und ebenso vor dem Kabinett und vor späteren Historikern den eigentlichen Grund für seinen Ingrimm geheim zu halten: dass sein Plan, Stalin auf *Torch* umzuprogrammieren, durchkreuzt worden war. Die Angst vor der Reaktion darauf in England machte ihm in allererster Linie zu schaffen, und diese Angst steigerte sich noch, als er den Entwurf des Kommuniqués zu Gesicht bekam, in dem die Russen das Fazit der Gespräche zogen; in diesem fand die Wüstenoffensive erst gar keine Erwähnung, wogegen das Nichtzustandekommen einer Einigung über die von den Sowjets geforderte Landung in Frankreich hervorgehoben wurde. Churchill versicherte, schon um die Neueröffnung der strategischen Debatte zu verhindern, dem Kabinett und dem US-Präsidenten, Stalin wisse «tief in seinem Herzen, sofern er eines hat, dass wir im Recht sind», und sein «trittsicheres und schnelles militärisches Urteil» werde ihn zu einem «starken Befürworter von *Torch* machen».[103]

Ein frustrierter Churchill beschloss, gleich am nächsten Morgen nach London zurückzufliegen. Dem britischen Botschafter fiel die Aufgabe zu, den Premierminister «vom hohen Ross seines unbändigen und leider nicht mehr sehr zeitgemäßen Familien- und Nationalstolzes herunterzuholen». Kerr hinterließ eine vernichtende Beschreibung von Churchills Benehmen und ließ es an Vorwürfen nicht fehlen. «Ich mag es nicht», schrieb er in sein Tagebuch, «dass ein Mann, in dessen Händen das Schicksal ganzer Völker liegt, sich wie ein verwöhntes Kind benimmt. Ich mag es nicht, wenn ich einem großen Menschenführer Flausen oder sogar regelrechte Verrücktheiten austreiben muss.» In einer Besprechung von frappierender Offenheit machte Kerr Churchill klar, dass er «Russland nicht hängen lassen dürfe, ganz gleich, wie sehr Stalin seinen Stolz gekränkt habe. Er müsse die Kränkung hinunterschlucken, und sei es nur, um das Leben junger Leute zu retten.»[104]

Der dritte Akt des Dramas bahnte sich an. Maiski hatte Stalin den Tipp gegeben, dass man an den Gefühlsmenschen Churchill am besten durch «eine rein persönliche Plauderei über verschiedene Themen» herankam, in deren Verlauf man sein Vertrauen gewinnen und ihn besser verstehen lernen könne. Nach einer Stunde unfruchtbarer Diskussionen in Stalins Amtszimmer im Kreml am letzten Abend von Churchills Aufenthalt rang sich der sowjetische

Führer zu einer beispiellosen Geste durch, indem er Churchill zu einem «guten Tropfen» in seine Privatgemächer einlud. Stalin hatte auf Churchills Ersuchen um ein abschließendes Treffen bewusst nicht reagiert, zugleich aber in aller Eile das häusliche Ambiente in Form eines für drei Personen gedeckten Tisches (Molotow sollte später zu den beiden stoßen) herrichten lassen und ein aufwendiges Abendessen bestellt; seine Tochter hatte er angewiesen, sich für eine Begegnung mit dem prominenten Gast bereitzuhalten.[105]

So saß man sich also gegenüber, «mit einer üppig gedeckten Tafel, Speisen aller Art, gekrönt von einem Spanferkel und unzähligen Flaschen». Das Ganze wirkte «merry as a marriage bell».[106] Stalin scheute im gesamten Verlauf des trauten Abendessens (das bis drei Uhr morgens andauerte) keine Mühe, seinen Gast zu verwöhnen, und umschiffte dabei die Klippen der zweiten Front. Er ließ sich die von Maiski so genannten «weichen zweitrangigen» Hilfen zusichern, doch das vielleicht angesichts seiner weiter zunehmenden Angst vor einem Separatfrieden bedeutsamste Resultat des Abends war, dass er Churchill dazu brachte zu erklären, man müsse den preußischen Militarismus ausmerzen und nach dem Krieg Deutschland entwaffnen.[107]

Churchill kehrte in Jubelstimmung in seine Gästedatscha zurück, überzeugt, dass er «in die Familie aufgenommen worden» war, einschließlich «Begegnung mit der Tochter, Essen und Trinken und Witzeerzählen». Er hielt von da an ganz große Stücke auf «Onkel Joe» und war sicher, «eine persönliche Beziehung zu Stalin gefunden zu haben, die der mit Präsident Roosevelt nicht nachstand».[108] Churchill verließ Moskau in der lauthals verkündeten Überzeugung, die für die Russen enttäuschende Botschaft in Sachen zweiter Front hätte niemand außer ihm persönlich überbringen können, «ohne ein wirklich schweres Zerwürfnis auszulösen». Mit viel Aufwand versuchte er sowohl das britische Kabinett als auch Roosevelt glauben zu machen, Stalin werde, wenn er sich erst einmal mit der schlechten Nachricht abgefunden hatte, «die großen Vorteile von *Torch*» erkennen. Nun gelte es, fügte Churchill hinzu, diese Operation «auf beiden Seiten des Ozeans mit übermenschlicher Energie voranzutreiben».[109] Es dauerte indes nicht lange, bis sich seine Voraussage als Luftnummer entpuppte. Als Maiski Eden erklärte, wie schwierig es sei, «das russische Volk davon zu überzeugen, dass, welche Operationen auch immer wir in Afrika durchführen, diese ein gleichwertiger Ersatz für eine zweite Front in Europa sein können»,[110] war die Forderung nach einer zweiten Front unversehens wiederauferstanden. Maiski lancierte ausdauernd «pessimistische Berichte» über Churchills Besuch in Moskau an die Presse. In seinen Augen war das Ausbleiben einer zweiten Front ein «Unglück», und ungeachtet seiner «großen persönlichen Bewunderung für den Premierminister» meinte er, dies könne «als die größte Fehlleistung seiner Karriere» in die Geschichte eingehen.[111]

Ungeachtet dessen unternahm Maiski einen letzten Versuch, Molotow davon zu überzeugen, dass der Moskaubesuch Churchills, den er eingefädelt hatte, in London als großer Erfolg verbucht werde. Er zitierte aus den Auszügen der Telegramme Churchills, die Eden ihm vorgelesen hatte: Darin hatte Churchill Loblieder auf «den wahren Stalin» gesungen, den er kennengelernt habe, und auf dessen «profundes Verständnis für militärische Dinge». Eden hatte Maiski versichert, die in Moskau besiegelte Kameradschaft werde «in Zukunft noch bessere Früchte tragen». Allein, Maiskis Einfluss war im Dahinschwinden begriffen. Molotow, der spürte, dass es den Botschafter wieder in den Fingern juckte, eigene Initiativen zu ergreifen, wie er es 1939 getan hatte, gab ihm unmissverständlich zu verstehen, man habe die von ihm aufs Tapet gebrachte Idee, «eine einheitliche Gesamtstrategie auszuarbeiten», bei dem Treffen in Moskau bewusst nicht angesprochen, weil so etwas, solange Russland den Krieg auf sich allein gestellt führe, absolut «inakzeptabel» sei. «Du solltest», schärfte Molotow Maiski ein, «diese Idee den Briten nicht vortragen. Du hast von uns nie eine diesbezügliche Weisung erhalten und könntest sie unter keinen Umständen erhalten.»[112]

Die unangenehme Aufgabe, die Maiski jetzt übertragen wurde, bestand darin, den von Churchill verbreiteten Eindruck, die Moskauer Verhandlungen seien erfolgreich verlaufen, abzuschwächen und zugleich die Kampagne für eine zweite Front wiederzubeleben. Maiski lud zu diesem Zweck Redakteure aller führenden Londoner Zeitungen zu Unterredungen unter vier Augen ein.[113] Er geriet damit zwangsläufig auf Kollisionskurs mit seinen «Verbündeten» innerhalb der britischen Regierung. Der Eindruck, Maiski schmiede «allerorten Intrigen mit den Unwissenden und Unzufriedenen», veranlasste Eden, bei Churchill Beschwerde darüber zu führen, dass «Maiski seine Vorrechte als Botschafter überreizt» habe; er verlangte, ihm eine Rüge zu erteilen.[114] Maiski verlor aber bereits zusehends den Einfluss auf Medien und öffentliche Meinung, den er jahrelang gehabt hatte. Der katastrophal verlaufene Landungsversuch bei Dieppe Ende August versetzte, wie sich herausstellte, seiner Kampagne für eine zweite Front den Todesstoß. «Die Arbeiter», notierte Brendan Bracken, Churchills Vertrauter, zeigten eine «sehr gute» Haltung, «nicht sehr empfänglich für die Forderungen Stalins nach einer zweiten Front».[115]

Die erfolgreiche englisch-amerikanische Landung in Nordafrika und der Sieg bei el-Alamein Anfang November machten der Bewegung «Zweite Front jetzt» den Garaus, die Maiski mit so großem Aufwand ins Laufen gebracht hatte und mit deren Erfolg er seine weitere diplomatische Laufbahn, wenn nicht sein Überleben, verknüpfte.[116] Der sowjetische Sieg in Stalingrad gab Stalin großen Auftrieb und schmälerte ironischerweise die Wahrscheinlichkeit, dass es im Verlauf des Krieges überhaupt noch zu einer Einigung auf eine gemeinsame Strategie kommen würde. Die Trümpfe, die Maiski in der Hand gehabt hatte, verloren rasch an Wert. Den alternden Webbs erzählte er vertraulich von dem im Kreml grassierenden schweren Verdacht, die britischen Generäle und herrschenden Klassen spekulierten darauf, dass «die deutschen und die russischen Streitkräfte einander aufreiben» und dass damit Großbritannien und die Vereinigten Staaten in die Lage versetzt würden, die Friedensverhandlungen zu dominieren. Er äußerte die Befürchtung – womöglich war das eine Projektion der zuvor von den Sowjets angestellten Überlegungen, sich mit den Deutschen zu arrangieren –, die britische Regierung «könne vielleicht nicht mit Hitler und seiner NS-Partei, aber mit den deutschen Kapitalisten ein Geschäft machen, die froh wären, die Herrschaft über Deutschland wiederzugewinnen». Die Russen erhoben absurde Vorwürfe, etwa dass Heß in Großbritannien ohne Prozess festgehalten werde, um in Verhandlungen mit Hitler als Mittelsmann zu fungieren, oder dass man nach dem Krieg in Deutschland eine englandfreundliche Regierung etablieren wolle, «nachdem Russland Hitlers Wehrmacht besiegt hat und dabei selbst verblutet ist».[117]

Aufgrund seiner Meinungsverschiedenheiten mit dem Kreml geriet Maiski auch in Großbritannien in eine zunehmend unbequemere Lage; man hatte dort den Eindruck, er lege «ein sehr seltsames und in der Tat beunruhigendes Verhalten an den Tag».[118] Nachdem Stalin sich abwertend über seinen eigenen Botschafter geäußert hatte, glaubten die Briten annehmen zu können, Maiskis kritische Querschüsse und Ausbrüche seien «auf seinem eigenen Mist gewachsen». Eden erklärte, Maiski langweile ihn; er finde ihn zunehmend «nervig» und «sehr schwierig». Als Maiski sich einmal für die Russland gewährte Unterstützung bedankte, hörte jemand, wie Eden murmelte: «Ich habe noch nie erlebt, dass der kleine Kerl sich für irgendetwas bedankt.»[119] Für Maiski sprach aber immerhin noch das Vertrauensverhältnis zu Churchill, das er sich erarbeitet hatte; es war und blieb ein Pfand für sein politisches Überleben und sein Verbleiben in London, besonders angesichts einer neuen Welle von Gerüchten, die besagten, man werde ihn bald nach Stockholm versetzen. Er klammerte sich jetzt verzweifelt an Churchill, korrespondierte privat mit ihm und erinnerte ihn an ihre «langjährige und freundschaftliche Verbindung», die «in der Vergangenheit bestand, in der Gegenwart besteht und, wie ich aufrichtig hoffe, in der Zukunft bestehen wird». Er erhielt darauf freilich nur die unverbindlich höfliche Antwort, der Premierminister erwidere diese Empfindungen.[120]

Am 18. Oktober meldete Maiski nach Moskau, er habe Bemühungen der britischen Regierung vereitelt, die Öffentlichkeit davon zu überzeugen, dass Stalin die von Churchill angeführten Gründe für den Verzicht auf eine zweite Front und für deren Ersetzung durch Operationen in Nordafrika akzeptiert habe. Schon am nächsten Tag erläuterte Stalin seinem Botschafter telegraphisch, Churchills Ablehnung einer zweiten Front zeige deutlich, dass London die Sowjetunion besiegt sehen wolle, «um sich danach mit dem Deutschland Hitlers oder Brünings[I] zu arrangieren». Er erwähnte auch Heß als einen potentiellen Mittelsmann in britischen Verhandlungen mit Deutschland.[121]

Nach einigen vermutlich schlaflosen Nächten verfasste Maiski eine ausführliche, behutsame und argumentativ stimmige Antwort. Vielleicht fühlte er sich durch die Offensive Montgomerys[II] bei el-Alamein ermutigt, die an diesem Tag begann und in den Sieg über Rommel am 11. November mündete. Maiski widersprach Stalin; er erklärte kategorisch, Churchill könne sich unmöglich die Niederlage der Sowjetunion wünschen, da diese «zwangsläufig das Ende des britischen Empire» bedeuten würde, wenn Deutschland zur Hegemonialmacht in Europa oder gar in großen Teilen Asiens und Afrikas aufstiege. Heß werde im Übrigen in Großbritannien deshalb nicht vor Gericht gestellt, weil man Hitler keinen Vorwand für Vergeltungsmaßnahmen gegen britische Kriegsgefangene liefern wolle. Einen ungewohnt kühnen Ton anschlagend, eröffnete Maiski Stalin, er habe einige «praktische Schlussfolgerungen» zur sowjetischen «Politik und Strategie» gezogen, die er ihm demnächst unterbreiten werde.[122] Stalin machte der Diskussion jedoch ein Ende und wischte die Argumente Maiskis beiseite. «Als Verfechter eines bequemen Krieges», beschied er Maiski, «steht Churchill eindeutig unter dem Einfluss derjenigen, die an der Niederlage der Sowjetunion [...] und an einem Kompromiss mit Deutschland interessiert

---

I Heinrich Brüning, deutscher Reichskanzler in der Endphase der Weimarer Republik.

II Feldmarschall Bernard Law Montgomery, Juli 1942–1943 Befehlshaber der Achten Armee in Nordafrika, besiegte die Deutschen und Italiener bei el-Alamein (November 1942), eroberte Tripolis und Tunesien (1943), befehligte im September 1943 die alliierte Invasion in Italien.

sind.» Mit klarem Blick tat er das von Churchill gegebene Versprechen, die Landung in Frankreich 1943 durchzuführen, als wertlos ab, gehöre Churchill doch «zu den politischen Figuren, die gerne Versprechungen machen, nur um sie ebenso gerne zu vergessen oder zu brechen».[123]

In der Tat teilte Churchill Maiski Anfang Dezember mit, er trete zwar nach wie vor für die Eröffnung einer zweiten Front 1943 ein, glaube aber nicht, dass die Amerikaner in der Lage seien, ihre Truppenstationierungen auf englischem Boden bis dahin abzuschließen. Das war alles, nur nicht die Wahrheit. Anstatt direkt auf Stalins wiederholte Nachfragen zu den Chancen auf eine zweite Front 1943 zu antworten, legten Churchill und Roosevelt jetzt den Vorschlag vor, auf einem Gipfeltreffen die strategischen Zukunftsperspektiven zu bereden. Für Stalin stand freilich fest, dass der einzige Zweck der Übung darin bestand, ihm die schlechte Nachricht beizubringen, dass man die Landung auf dem europäischen Festland noch weiter verschieben müsse; angesichts dessen entschied sich Stalin, auf die Teilnahme an dem für Anfang des Folgejahres geplanten Gipfeltreffen in Casablanca zu verzichten.[124]

1943

1. Januar

1. Januar 1943. Das alte Jahr ist gestorben, ein neues ist geboren. Wir haben das neue Jahr guten Mutes begrüßt. Die Stimmung war eine ganz andere als vor einem Jahr. Der Hauptunterschied ist: Im Verlauf dieser zwölf Monate haben wir uns in jeder Disziplin mit dem Feind gemessen, haben seine Stärke ebenso gespürt wie die unsrige, haben unsere Stärke mit der seinen verglichen und sind der festen Überzeugung, dass unsere die größere ist. Gewiss wird es noch sehr viel Zeit und Mühe kosten, den Gegner zu vernichten, aber wie es ausgehen wird, steht fest. Entscheidend wird jetzt sein sicherzustellen, dass wir uns im weiteren, siegreichen Verlauf unseres Kampfes gegen den Feind nicht überanstrengen und die Ziellinie nicht im Zustand vollständiger Erschöpfung erreichen. Es bedarf hierfür eines geschickten Taktierens – auf dem Schlachtfeld ebenso wie in der diplomatischen Sphäre. Wird uns das gelingen? Ich meine, ja. Stalin hat gezeigt, dass er die Kunst des kalkulierten Manövrierens überragend beherrscht.

Meine Gedanken eilen unwillkürlich der Zeit voraus.

Ich stehe zu der Meinung, die ich erstmals im Oktober geäußert habe, dass wir mit einem Ende des Krieges in Europa nicht vor 1944 rechnen können. Und selbst dann nur unter der Voraussetzung, dass es für die Alliierten gut läuft, also dass es nicht zu einer Spaltung zwischen ihnen kommt, nicht zu Spannungen, die die Wirksamkeit ihrer gemeinsamen Operationen lähmen könnten, und nur wenn es gelingt, 1943 eine echte Front in Europa zu eröffnen.

Und die Aussichten für 1943? Ich hoffe, dass wir im Verlauf des Winters die Wolga, den Don, den Nordkaukasus und vielleicht das Donezbecken befreien und die Blockade Leningrads aufbrechen können. Ich hoffe auch, dass wir Rschew, Wjasma und vielleicht Smolensk zurückerobern können. [...] Mehr als das dürfen wir bis zum Ende des Winters nicht erwarten. [...] Wie unsere Pläne für den Sommer und Herbst aussehen, ist noch nicht absehbar. Wenigstens für mich. Viel wird vom Verhalten Großbritanniens und der USA abhängen. [...] Da liegt noch vieles im Ungewissen. Wie es scheint, sind Churchill und die britische Regierung gegenwärtig dafür, im Frühjahr eine ernst zu nehmende zweite Front in Frankreich zu errichten. Roosevelt und die US-Regierung stehen dieser Idee momentan offenbar eher kühl gegenüber.[1] Im Vergleich zu 1942 haben London und Washington allem Anschein nach ihre Positionen getauscht. Da die Briten eine zweite Front in Frankreich nicht ohne die Amerikaner eröffnen wollen, wäre es gewagt, sich darauf zu verlassen, dass es dieses Frühjahr dazu kommt. Vielleicht wird die zweite Front eröffnet, vielleicht aber auch nicht. Würde sich die Rote Armee schon in diesem Winter der Grenze zu Polen nähern, würden Briten und Amerikaner natürlich um die Wette laufen, um eine zweite Front in Frankreich zu eröffnen. [...] Ich bezweifle jedoch, dass die Rote Armee bis zum Frühjahr so weit vorankommt.

[...] Jetzt zur Politik. Man muss damit rechnen, dass 1943 politische Themen immer stärker in den Vordergrund rücken werden. Aus zwei Gründen. Erstens, weil die Welt zunehmend erkennt, dass sich im Krieg eine Wende vollzieht und sich der letztendliche Sieg der Alliierten immer deutlicher abzeichnet, womit die Fragen der Nachkriegsordnung sich konkreter als bisher stellen. Zum Zweiten, weil für die Deutschen der Ausgang des Krieges immer weniger eine Frage der Kriegführung ist (sie können militärisch nicht mehr gewinnen) und immer mehr zur politischen Frage wird (sie können versuchen, sich der Niederlage durch Abschluss eines Separat- oder Kompromissfriedens zu entziehen).

Das Wichtigste aus politischer Sicht ist, die Allianz zwischen der UdSSR, Großbritannien und den USA zu festigen. Ich hoffe, dieses Ziel kann erreicht werden. Es bestehen aber auch hier Gefahren. Das schwächste Glied in der Kette sind die USA.

Ich rechne in dieser Phase nicht mit irgendwelchen ernst zu nehmenden Schwierigkeiten im Verhältnis zwischen der UdSSR und Großbritannien. Wir haben ein Bündnisabkommen, und, wichtiger noch, England ist in Sachen von Krieg und Frieden mehr als früher auf uns angewiesen; seine Bourgeoisie ist erfahren und flexibel genug, um die Notwendigkeit herzlicher Beziehungen zur UdSSR anzuerkennen. Churchill als Chef der britischen Regierung und Eden als Außenminister sind die Verkörperung dieser Tendenz.

Anders sieht es bei den USA aus. Dieses Land tritt allem Anschein nach in eine Phase der schwindelerregenden imperialistischen Expansion ein. [...] Die USA wollen eine maßgebliche Rolle in Europa spielen. Dieses Ziel vor Augen, sind sie bereits dabei, sich durch diverse konservativ-katholische Elemente eine Basis in Europa zu verschaffen. [...] Ich gelange zunehmend zu der Überzeugung, dass im Gegensatz zu der hochtrabenden Atlantik-Charta die «Kriegsziele» der USA auf die Errichtung eines amerikanischen Reichs in Afrika und Asien hinauslaufen. Das umso mehr, als bekannt ist, dass die Amerikaner sehr leidenschaftlich sind, wenn es um den Kampf gegen Japan geht, und sehr gelassen, was den Kampf gegen Deutschland betrifft.

[...] Was die spätere Friedenskonferenz betrifft (wenn es überhaupt zu einer solchen kommt), wird die UdSSR sich als das Land mit den kampfstärksten Streitkräften der Welt an den Konferenztisch setzen, vorausgesetzt, wir sind taktisch so klug, die totale Erschöpfung zu vermeiden. Der Grund dafür ist, dass die britischen Streitkräfte trotz ihrer vergrößerten Truppenstärke weiterhin eine deutlich weniger effektive Kriegsmaschinerie sein werden als die Rote Armee und dass die U. S. Army ungeachtet ihrer Größe und Ausrüstung zu «grün» und «unreif» sein wird, um ernsthafte, groß angelegte Operationen durchführen zu können.

Die Aussichten sind nicht schlecht. Doch der Schlüssel liegt in einem geschickten politischen Vorgehen.

3. Januar (Bovingdon)

Siege an den Fronten. Wir haben im Zuge dieser sechswöchigen Offensive eine Menge geschafft. Stalingrad ist befreit worden, 22 feindliche Divisionen wurden bei Stalingrad eingekesselt und gehen langsam zugrunde. Fast die gesamte Donschleife ist zurückerobert. [...] Im Kaukasus haben wir uns Mosdok zurückgeholt und bei Naltschik eine erfolgreiche Offensive gestartet. An der mittleren Front haben wir Welikije Luki eingenommen und Rschow fast vollständig eingekreist. Kolossale Verluste an Truppen und Material sind den Deutschen zugefügt worden. Unsere Menschenverluste sind relativ gering, während wir Zugewinne an Material verzeichnen. In der Donregion zum Beispiel haben wir mehr als 500 unbeschädigte Flugzeuge und 2000 unbeschädigte Panzer von den Deutschen erbeutet. Wir werden den bestmöglichen Nutzen aus ihnen ziehen.

Die Lage stellt sich heute sehr, sehr anders dar als im letzten Sommer und Herbst, als die Deutschen auf dem Vormarsch waren und ich Woche für Woche mit Bitterkeit und schwerem Herzen unsere Rückschläge zusammenfassen musste. Stalin hatte recht, als er sagte, der Tag werde kommen, an dem wir feiern würden. [...] Die ersten Sonnenstrahlen sind am Horizont durch die schweren dunklen Wolken gebrochen.

6. Januar

Eden.

[...] (5) Eden äußert sich besorgt über die Schwächung der Stellung Roosevelts und den zunehmenden Isolationismus in den USA. Er sagt: «Es wäre tragisch, wenn sich die Geschichte des letzten Krieges wiederholte und wenn just in dem Moment, in dem den USA eine besonders wichtige Rolle in der Weltpolitik zufällt, die Isolationisten die Oberhand bekämen. Dies macht die Zusammenarbeit zwischen unseren beiden Ländern umso wertvoller. Sie ist unsere einzige Hoffnung, der einzige Anker für unsere Länder, für Europa, für Asien.»

► Jetzt, da seine Kampagne für eine zweite Front in Scherben lag, hing Maiskis weiterer Verbleib in London von seiner Fähigkeit ab, die Briten zu einer politischen Zusammenarbeit mit den Russen in Hinblick auf den Wiederaufbau nach dem Krieg zu animieren. «Das Wichtigste für uns ist nach meiner Meinung», erklärte er dem Abgeordneten und hochrangigen Journalisten Vernon Bartlett, «uns nicht zu viele Gedanken über die Vergangenheit zu machen, sondern uns der Zukunft zuzuwenden.»[2] Wie es seine Art war, schrieb er in seinen Berichten nach Moskau die eigenen Initiativen Eden zu. Von Eden erfahren wir, dass Maiski ihn ermahnte: «Falls Amerika weiter Interesse an Europa zeige, umso besser, aber wir müssten die Möglichkeit einkalkulieren, dass dieses Interesse nachlassen könne.» Von daher sei es «nötiger denn je», dass die beiden Länder «eng zusammenarbeiten». «Ich stimmte dem zu», notierte Eden.[3] Maiskis ständiges Drängen tat freilich seinem Verhältnis zu Churchill nicht gut, der von Casablanca aus Eden aufforderte, Maiski wissen zu lassen, er habe «von diesem ständigen russischen Gequengel die Nase voll», und der Versuch, ihn weiterhin in die Enge zu treiben, «nützt nicht das Geringste».[4]

7. Januar

Churchill und Roosevelt werden sehr bald zusammentreffen und über Planungen für 1943 reden. Es gibt zwei Alternativen:

(1) im Frühjahr oder im Sommer eine Landung in Frankreich zu versuchen und

(2) Sizilien einzunehmen mit der Option anschließender Landungsoperationen in Süditalien.

Die Frage nach Operationen auf dem Balkan liegt noch nicht auf dem Tisch: Sie würde erst relevant werden, wenn die Türkei sich uns anschlösse, aber allem Anschein nach macht die Türkei noch keine Anstalten, die Seiten zu wechseln. Nach Aussage Edens bevorzugt Churchill eindeutig die französische Option, während Roosevelt und seine Berater eher geneigt scheinen, auf Sizilien und Italien zu setzen.[5]

Ich fürchte, die Entscheidung wird zugunsten der zweiten Option fallen, weil sie vom militärischen Standpunkt aus als die leichtere erscheint; davon abgesehen, haben Briten und Amerikaner diverse politische Gründe, eine effektive zweite Front in Europa hinauszuzögern.

17. Januar (Bovingdon)

Es läuft gut an der Front! Wir erleben doch noch, wie es Tag wird.

Die 22 deutschen Divisionen, die am 23. November in Stalingrad eingekesselt wurden, stehen kurz vor ihrer völligen Vernichtung. Als Folge der Kämpfe, des Hungers und der Kälte ist ihre Truppenstärke bereits um zwei Drittel geschrumpft und liegt derzeit noch bei 70 000 bis 80 000. Am 8. Januar stellte ihnen unser Oberkommando ein Ultimatum: entweder Kapitulation zu ehrenhaften Bedingungen (einschließlich Heimführung nach dem Krieg) oder die totale Vernichtung. Die Deutschen weigerten sich zu kapitulieren. Ihre Vernichtung ist jetzt im Gang. Noch eine oder zwei Wochen, dann ist es vorbei. Das ruhmreiche Stalingrad wird ein für alle Male befreit sein.

[...] Wir haben ein wunderbares Volk, eine wunderbare Armee und einen wunderbaren Führer!

Und doch liegen kolossale Aufgaben, große Schwierigkeiten und schwere Verluste noch vor uns. Die Deutschen haben den Krieg zwar schon verloren, wir ihn aber noch nicht gewonnen. Um den Krieg so schnell und so leicht wie möglich zu gewinnen, brauchen wir eine zweite Front, brauchen wir die Engländer und die Amerikaner.

[...] Lloyd George feiert heute seinen 80. Geburtstag. Die Zeitungen bringen Artikel über ihn und Fotos. Lord Winterton hat ihm eine Radioansprache gewidmet. (Lord Winterton ist der dienstälteste Unterhausabgeordnete – seit 1904.) Lloyd George erhielt Geburtstagsgrüße auf Walisisch, und am Abend sendete der Rundfunk ein Konzert mit walisischer Musik.

▸ Maiski hatte seine private Korrespondenz stark zurückgefahren, schickte aber Lloyd George einen außergewöhnlich herzlichen Brief, in dem er ihm seine lebenslange Bewunderung offenbarte und ihm erklärte, er sei «nach meinem Urteil und ohne jede Schmeichelei der wahrscheinlich größte Staatsmann, den Großbritannien in unserer Zeit hervorgebracht hat». Maiski äußerte seinen Dank für die «guten Ratschläge und wertvollen Informationen», die Lloyd George ihm während seiner Amtszeit als Botschafter hatte zukommen lassen. Der «Welsh wizard» schickte ein überschwängliches Antwortschreiben, in dem er die Erfolge der Roten Armee bejubelte, die nach seiner Überzeugung das Zeug hatten, «die ganze Zukunft der europäischen Demokratie zu revolutionieren», und deren Einfluss «sich vielleicht sogar bis nach Amerika erstrecken könnte». Er bestärkte damit allerdings Maiski in seiner Befürchtung, die Briten sähen in der sowjetischen Politik nach wie vor eine revolutionäre Kraft und hätten keine Antenne für deren realpolitische Facetten. Er beeilte sich daher, Lloyd George zu korrigieren. Er teile zwar dessen Hoffnung, dass es der Sowjetunion gelingen möge, «maßgeblichen Einfluss auf die Gestaltung der künftigen Friedensordnung» zu nehmen, verneinte aber jeden Wunsch, «die europäische Welt zu revolutionieren».[6] Damit lag er ganz auf der Linie Stalins, der dies wenig später durch die Auflösung der Kommunistischen Internationale im Mai 1943 deutlich machte, mit der er den Weg für eine systemübergreifende Zusammenarbeit im Rahmen einer europäischen Nachkriegsordnung ebnete.[7]

18. Januar

Diese Amerikaner sind ein eigenartiger Haufen!

Roosevelt hat mehrere Botschaften an Stalin geschickt. Sie laufen auf Folgendes hinaus: eine Lieferzusage für 200 Transportflugzeuge (vielen Dank dafür); der Wunsch, 100 Bomber mit amerikanischen Besatzungen möglichst bald in unseren Fernen Osten zu verlegen, «für den Fall, dass» Japan die UdSSR angreifen sollte; und der Vorschlag, dass General Bradley[1] und einige andere von Roosevelt dazu berufene Offiziere unver-

1 General Omar Nelson Bradley, April bis September 1943 Befehlshaber des II. United States Corps im nördlichen Tunesien und in Sizilien, Juni 1944 Befehlshaber von US-Truppen bei der Landung in der Normandie.

züglich in Verhandlungen mit sowjetischen Vertretern eintreten, eine «vorläufige Inspektion» unseres Fernen Ostens vornehmen und zusammen mit unseren Leuten Pläne ausarbeiten sollen. Wie Roosevelt berichtet, plant er, demnächst General Marshall (seinen Stabschef) nach Moskau zu entsenden mit dem Auftrag, uns über den Stand der Dinge in Afrika und über die für 1943 geplanten militärischen Operationen ins Bild zu setzen.

Stalin hat sich eine gute Antwort einfallen lassen. Er schickte Roosevelt jüngst eine Botschaft, in der er ihm für die 200 Transportflugzeuge dankt, aber seine Verwunderung über Roosevelts Absicht äußert, eine Flotte von 100 Bombern in den Fernen Osten der Sowjetunion zu entsenden. Zum einen haben wir den Amerikanern mehr als einmal gesagt, dass wir Maschinen brauchen, keine Piloten. Zum Zweiten brauchen wir Flugzeuge nicht im Fernen Osten, wo wir keinen Krieg führen, sondern an der sowjetisch-deutschen Front, wo wir einen sehr akuten Mangel an Fluggerät haben.

[...] Roosevelt wird wahrscheinlich sauer sein. Da ist nichts zu machen! Die Amerikaner müssen ihre Lektion lernen. Sie bilden sich wirklich ein, das Salz der Erde und die Mentoren der Welt zu sein.

19. Januar

Ich werde heute 59. Noch ein Jahr, und ich werde meinen 60. feiern.

Ich habe gemischte Gefühle. Auf der einen Seite sagt mir die kühle, nüchterne Vernunft, dass der Herbst meines Lebens angebrochen ist. Auf der anderen Seite kann mein subjektives Gespür für meine physische und geistige Verfassung keinen Hinweis auf irgendwelche Symptome oder Anflüge des Abbaus erkennen. Meine Gesundheit ist ganz gut, meine Arbeitsfähigkeit unvermindert, und ich meine, geistig wacher zu sein denn je (welch Letzteres aber auch das Resultat akkumulierter Erfahrung sein könnte).

Mein Verstand sagt mir: «Du wirst demnächst ein alter Mann sein.» Doch mein Leib erwidert: «Du bist noch lange nicht alt.»

Vor vier Jahren, als ich 55 wurde, schrieb ich, ich hätte, wenn ich von einer durchschnittlichen Lebenserwartung ausginge, noch rund 20 Jahre vor mir. Ich skizzierte damals einen groben «Plan» für diese 20 Jahre: In den ersten zehn Jahren (bis 65) würde ich mich noch aktiv politisch betätigen, um in den darauffolgenden zehn Jahren (bis 75) meine Lebensbahn zu einem guten Abschluss zu bringen.

[...] Weiter als bis 75 blicke ich nicht voraus. Wozu auch? Ich kenne mehrere herausragende Menschen hier, die älter als 75 sind: Bernard Shaw und seine Frau – er ist 87, sie dürfte etwa 89 sein.

Die Webbs – sie ist 85, er 83einhalb.

Lloyd George ist 80.

Wenn ich sie mir ansehe, habe ich nicht den Wunsch, ihr Alter zu erreichen.

[...] Gestern Abend kam im Radio die Meldung, dass die Belagerung Leningrads vorbei ist. Was für eine Freude! Und was für ein wunderbares Geschenk zu meinem Geburtstag!

21. Januar

Ich hatte diese Woche zwei interessante Unterredungen mit Eden, eine am 18. und eine heute.

Churchill und Roosevelt haben sich getroffen: Die beiden waren seit Ende letzter Woche in Marokko, bei Marrakesch. Es war Churchills Idee, sich dort zu treffen. Sie haben ihre Stabschefs und weitere ranghohe Vertreter des Heeres und der Marine bei sich. Die bisherigen Resultate des Treffens sehen wie folgt aus:

(1) Militärische Belange in Nordafrika. Der Feldzug der Achten Armee nähert sich seinem Ende. Montgomery plant, am 22. oder 23. Januar Tripolis zu erreichen. [...] Im Grunde künden die von Churchill und Roosevelt in dieser Hinsicht gefassten Beschlüsse von der Einsicht, dass die U. S. Army noch zu «grün» ist, um ernst zu nehmende militärische Operationen durchzuführen, und dass der englische Einfluss innerhalb des englisch-amerikanischen Tandems zugenommen hat. Nach der Tonlage der Telegramme Churchills zu urteilen (in die Eden mir Einsicht gewährte), ist der Premierminister äußerst zufrieden. Was ihn besonders freut, ist, dass General Alexander, den er von der Front zu der Konferenz zitierte, einen guten Eindruck auf die Amerikaner gemacht und ein gutes Verhältnis zu Eisenhower[1] aufgebaut hat.

(2) Allgemeine Strategie für 1943. Es wurde beschlossen, dass die

1 General Dwight David Eisenhower, im März als Oberbefehlshaber für den europäischen Kriegsschauplatz nach England entsandt, November 1942 bis 1944 Oberbefehls-

«Entschuldigung, ich suche drei andere Typen»: Karikatur von David Low

Alliierten unmittelbar nach Abschluss des Tunesienfeldzugs eine militärische Operation auf Sizilien anlaufen lassen. Zugleich ist beschlossen worden, unverzüglich starke Kräfte auf den Britischen Inseln zusammenzuziehen mit dem Ziel einer «Rückkehr auf das europäische Festland» noch im Laufe dieses Jahres. Was die Telegramme Churchills freilich im Unklaren lassen: Werden die Alliierten, wenn sie Sizilien besetzen, den Schritt aufs italienische Festland tun? Wann soll die «Rückkehr auf das europäische Festland» stattfinden – gleichzeitig mit der Operation auf Sizilien oder danach? Wo soll diese «Rückkehr auf das europäische Festland» stattfinden? Mit welchen Kräften? Ich bemühte mich um Antworten Edens auf diese Fragen, erhielt aber keine. Eden weiß die Antworten offenbar selbst nicht. Ich werde auf die Rückkehr des Premierministers

haber der Alliierten Streitkräfte in Nordafrika, 1944/45 Oberbefehlshaber der Alliierten Streitkräfte in Westeuropa.

warten müssen, um mehr über die englisch-amerikanischen Pläne für Europa zu erfahren. [...]

► In seinen Telegrammen an den amerikanischen Präsidenten und an Churchill erkundigte sich Stalin immer wieder, wann und wo die zweite Front in Europa errichtet werden solle. Nach seinem Dafürhalten hatte man ihm eine Invasion noch 1942 versprochen, die man dann auf 1943 verschoben hatte. Er sah keinen Sinn darin, sich zu einer Gipfelkonferenz zu treffen, sondern betrachtete es als sein Recht, sich «zurückzulehnen und die Erfüllung der britischen und amerikanischen Zusagen zu fordern». Churchill war, wie er Roosevelt wissen ließ, der Meinung, dass es «fatal» wäre, sich mit Stalin an den Verhandlungstisch zu setzen, bevor man sich auf eine gemeinsame englisch-amerikanische Strategie für das Jahr 1943 geeinigt hatte. In Casablanca machte General Marshall deutlich, dass er sich auf keinen Fall «auf endlose Operationen im Mittelmeerraum festlegen lassen» wolle, während King[1] den Briten vorhielt, sie hätten keine klaren Vorstellungen darüber, «welche Operation als Nächste» kommen solle, und hätten es versäumt, «einen übergreifenden Plan für die Fortführung des Krieges» zu erarbeiten.[8] Churchill sorgte dafür, dass die militärischen Verhandlungen sich weiter hinzogen wie ein «stetes Tröpfeln von Wasser auf einen Stein». Solange diese Verhandlungen andauerten, hatte er die Möglichkeit, den US-Präsidenten dahin zu bringen, wo er ihn haben wollte, wie er es im Mai 1942 in Washington getan hatte. Eine Operation «mittlerer Größenordnung» in Nordfrankreich tauchte am unteren Ende der von Churchill erstellten Liste möglicher Operationen auf, während der Vorrang weiterhin den laufenden Operationen in Nordafrika und der geplanten Landung auf Sizilien mit der nachfolgenden Besetzung Italiens gehörte, das Churchill jetzt als den «weichen Unterbauch Europas» bezeichnete. Obwohl der Schatten Stalins über der Konferenz schwebte, verloren die Teilnehmer fast kein Wort über die russische Front.[9] Die amerikanischen Feldzugsplaner meldeten aus Casablanca zerknirscht: «Wir kamen, wir sahen, wir wurden besiegt.»[10]

Ungeduldig wie eh und je, schlachtete Churchill seine Erfolge ohne Zeitverzug aus. Von Casablanca aus flog er direkt zu einem improvisierten Blitzbesuch in die Türkei (auf den Maiski sich in einem späteren Tagebucheintrag bezieht).

---

1 Admiral Ernest King, nach dem japanischen Angriff auf Pearl Harbor Oberbefehlshaber der US-Marine, ab März 1942 Chief of Naval Operations.

Churchill stellte diesen Türkeibesuch Maiski gegenüber als Bestandteil seiner Bemühungen dar, die Sowjetunion zu unterstützen, aber er passte doch auch allzu gut in seine «große Strategie». Ein Kriegseintritt der Türkei an der Seite der Alliierten würde den Weg zu einem Balkanfeldzug nach Abschluss der Operation *Husky* (der Landung in Sizilien) und der wahrscheinlichen Invasion Italiens. Eine solche Ausweitung des Krieges auf den östlichen Mittelmeerraum hätte die Landung an der französischen Kanalküste erneut in weite Ferne gerückt. Daraus erklärt sich die Tatsache, dass Churchill in seiner Botschaft vom 1. Februar an Stalin alle Register zog, um die Sowjets versöhnlich zu stimmen, indem er das gemeinsame Interesse an einem britischen Engagement in der Türkei und auf dem Balkan nach erfolgreicher Beendigung der Kämpfe in Nordafrika betonte.[11]

26. Januar

Die Uhr hatte abends gerade halb acht geschlagen. In Edens Amtszimmer herrschte Schummerlicht. Eine helle Flamme züngelte in dem großen offenen Kamin.

[...] Ich erkundigte mich, ob in letzter Zeit irgendwelche «Friedensfühler» von der deutschen Seite gekommen seien. Eden verneinte das.

«Wir bekommen allerdings Berichte, dass es mit der Kampfmoral der Deutschen rasch bergab geht», fuhr Eden fort. «Ich weiß aber nicht, wie weit man denen trauen kann. Was meinen Sie?»

«Ich bin geneigt, solche Informationen mit einer großen Prise Skepsis aufzunehmen», antwortete ich. «Ich glaube, der Zeitpunkt für einen wirklichen Zusammenbruch ihrer Moral ist noch nicht gekommen.»

«Warum nicht?», wollte Eden wissen.

«Sehen Sie, Mr Eden», holte ich aus, «die Frage der ‹Moral› ist kompliziert. Man kann sie nicht mit pauschalen Feststellungen angehen. Man sollte zwischen den verschiedenen Elementen differenzieren, aus denen sich Nazideutschland zusammensetzt. Da sind einmal die breiten Massen. Was kann man über ihre Moral sagen? Ich zweifle nicht daran, dass bei ihnen eine fortschreitende Demoralisierung im Gang ist. [...] Wir sollten uns jedoch keinen Illusionen hingeben: Dieser Prozess ist noch in seiner Anfangsphase. Die breiten deutschen Massen wissen wenig darüber, was an der Front wirklich passiert; sie sind der unaufhörlich von allen Seiten auf sie einprasselnden faschistischen Propaganda ausgesetzt, und deshalb erscheint es mir voreilig, von einem bevorstehenden Zusammenbruch der Moral der deutschen Bevölkerung zu reden. Und ich glaube auch nicht, dass Hitlers eigene ‹Moral› wirklich erschüttert ist.»

[...] «Die Leute, die als Folge der jüngeren Entwicklungen tatsächlich einen ‹moralischen Knacks› erlitten haben», fuhr ich fort, «sind die Generäle und alle, die an ihnen dranhängen. Die Generäle wissen, was an der Front passiert, und teilen nicht den Mystizismus Hitlers. Ihnen muss inzwischen klar sein, dass Deutschland den Krieg auf dem Schlachtfeld nicht mehr gewinnen kann. [...] Wenn aber ein Sieg nicht mehr möglich ist, was bleibt den Generälen? Nur eines: der Versuch, für Deutschland einen Frieden zu günstigen Bedingungen herauszuholen. Ein Separatfriede wäre für sie das Allerbeste; das Nächstbeste wäre ein umfassender Kompromissfriede. Je früher es dazu käme, desto besser, denn derzeit hat Deutschland noch viele Trümpfe auf der Hand, aber das Blatt hat sich gegen die Deutschen gewendet. Sie werden von jetzt an immer weniger und weniger Stiche machen. Hitler selbst ist natürlich in dieser Situation kaum eine Trumpfkarte. Aus diesem Grund wäre ich überhaupt nicht überrascht, wenn wir eines schönen Morgens aufwachen und in der Zeitung lesen würden, dass Hitler Selbstmord begangen hat oder einem ‹Autounfall› zum Opfer gefallen ist. Hitlers Tage sind gezählt: 1943 könnte gut und gerne sein letztes Jahr sein, politisch und vielleicht auch physisch. Wäre Hitler erst einmal weg, würde sich den Generälen die Möglichkeit eröffnen, eine neue Regierung zu bilden. Im Wesentlichen wäre das natürlich noch immer derselbe blutrünstige deutsche Faschismus in anderer Verkleidung, aber wer weiß – vielleicht würden manche Elemente in England und den USA den Köder schlucken? Namentlich wenn die Generäle – was sie bestimmt tun werden – das ‹Schreckgespenst Kommunismus› aus der Versenkung holen würden, um damit ihren Köder aufzupeppen. Ich habe keinen Zweifel, dass sie dieses Schreckgespenst sehr bald aus der Besenkammer hervorholen werden. Es mag mottenzerfressen und von Mäusen zernagt sein, aber was soll's? Die deutschen Bosse können nicht mehr wählerisch sein. Vielleicht werden manche kleinen Fische in Großbritannien und den USA sogar nach einem so verdächtigen Köder schnappen?»

«Das glaube ich nicht», versetzte Eden protestierend. «Ich weiß, auf welche Elemente Sie anspielen, und versichere Ihnen, dass die heute absolut machtlos sind.»

«Umso besser!», entgegnete ich. «Was immer auch passiert, wir sollten in den nächsten paar Monaten mit Folgendem rechnen: erstens mit andauernden Versuchen seitens der Deutschen, die Einheitsfront aufzuspalten – die alliierte Front –, und zweitens mit ebenso hartnäckigen Versuchen, die Chancen für einen Kompromissfrieden auszuloten. Ist das der britischen Regierung klar? Ist sie bereit, alle derartigen Versuche im Keim zu ersticken?»

Eden schoss erregt aus seinem Sessel hoch und antwortete mit einer für ihn untypischen Verve: «Solange Churchill Premierminister ist und ich Außenminister bin, wird es keinen Kompromiss mit Deutschland geben!»

1. Februar

Bei all seiner Ernsthaftigkeit ist Churchill doch auch ein höchst unterhaltsamer Mensch!

Eden rief mich heute spätabends zu sich. Er zeigte mir einen Stapel verschlüsselter Botschaften vom und an den Premierminister, dessen Besuch in der Türkei betreffend. Sie waren eine interessante Lektüre. Churchill ist in einer freudigen, überschäumenden Stimmung, fast wie ein Schuljunge. «Schuljungenhaft» ist wirklich das richtige Wort. Wenn man diese Telegramme durchblättert, möchte man manchmal kaum glauben, dass sie vom Regierungschef Großbritanniens inmitten des schlimmsten Krieges aller Zeiten geschrieben worden sind.

Zunächst zum Hintergrund dieses Türkeibesuchs. Churchill geht schon lange mit der Idee schwanger, die Türkei auf unsere Seite zu ziehen. Als er in Casablanca war, setzte er sich in den Kopf, dass ein Treffen mit İnönü[1] diesem Ziel dienlich sein könnte. Roosevelt gab seine Zustimmung, doch London erhob Einwände mit der Begründung:

(1) Churchills Ansehen könnte Schaden nehmen, wenn die Türken es ablehnten, in den Krieg gegen Deutschland einzutreten, und

(2) London wollte den Premierminister keinen unnötigen Risiken und Strapazen aussetzen.

«Churchill ist immerhin 68!», rief Eden aus, als er mir von den Bedenken des Kabinetts erzählte. Auch Mrs Churchill war gegen die Reise, weil

1 Mustafa İsmet İnönü, 1923/24, 1925–1937 Premierminister der türkischen Republik, 1938–1950 Präsident der türkischen Republik.

sie um die Gesundheit ihres Mannes fürchtete. Sie bat sogar einige Regierungsmitglieder, gegen den Vorschlag zu stimmen.

Aber Churchill stellte sich auf die Hinterbeine. Und wenn er sich auf die Hinterbeine stellt, kann es niemand mit ihm aufnehmen. Seine Telegramme ließen keinen Zweifel daran, dass er fest entschlossen war, die Reise zu machen. Nicht nur aus Gründen der Staatsräson, sondern auch – und vielleicht vor allem – weil er es satthatte, in London herumzusitzen, und weil es ihn in den Fingern juckte. Er wollte sich ein wenig die Beine vertreten und die Welt sehen. In einem der Telegramme wandte sich das Kabinett mit der Begründung gegen die Reise, das Parlament warte schon ungeduldig auf seinen Bericht über das Treffen in Casablanca. Auf dem Sprung ins Flugzeug diktierte Churchill ein witziges Antworttelegramm: Ich wünsche euch viel Spaß beim Abstauben der Abgeordnetenbänke in Westminster, während ich durch Afrika und den Nahen Osten düse und mir einen schönen Lenz mache. Nur in einem Punkt beugte sich Churchill dem Kabinett: Sein Treffen mit Inönü fand nicht in Ankara statt, wo leicht ein Attentat auf ihn verübt hätte werden können, sondern in Adana.

Nach seinen Botschaften zu urteilen, befand er sich dort die meiste Zeit in Hochstimmung. İnönü, Saracoğlu[I], Çakmak[II], Menemencioğlu[III] und andere machten ihm ihre Aufwartung. Es wurden lange und eingehende Gespräche geführt. [...] Aus irgendeinem seltsamen Grund nennt er diese in den verschlüsselten Telegrammen «die Morgengedanken eines frommen Mannes»! Sie gehen sehr ins Einzelne, diese «Gedanken»: drei engzeilige Schreibmaschinenseiten. Ihr Wesensgehalt ist simpel. Churchill konfrontiert die Türken klar und deutlich – und auch mit einem Schuss Zynismus – mit der Frage: Wir (Großbritannien, die UdSSR und die USA) werden gewinnen – wollt ihr auf der Seite der Gewinner stehen? Wenn ja, unterstützt uns während der Dauer des Krieges. Unterstützt ihr uns nicht, werdet ihr euch nach dem Krieg in der Position eines Neutralen befinden, und zwar eines nicht sehr einflussreichen Neutralen. Ihr habt die Wahl. Ihr sagt, ihr habt keine Waffen? Na gut, wir werden euch welche geben. Wenn ihr die habt, denkt darüber nach und entscheidet.

I Mehmet Şükrü Saracoğlu, 1938–1942 türkischer Außenminister, 1942–1946 Premierminister.

II Marschall Mustafa Fevzi Çakmak, Generalstabschef der türkischen Streitkräfte.

III Hüseyin Numan Menemencioğlu, 1942–1944 türkischer Außenminister.

So sehen Churchills «Morgengedanken» aus. Was werden die Türken tun?

[...] Auf dem Nachhauseweg legte Churchill einen Zwischenstopp auf Zypern ein. Warum, ist nicht ganz klar. Übrigens hätte sich während des Aufenthalts des PM in Zypern fast eine «Verschlüsselungskatastrophe» ereignet. Churchill, der in allem, was mit Verschlüsselung zu tun hat, ziemlich achtlos agiert, war drauf und dran, von Zypern aus eine zur Veröffentlichung gedachte Meldung zu übermitteln, die nur mit einem ziemlich primitiven militärischen Code verschlüsselt wurde. Wäre die Meldung im Wortlaut veröffentlicht worden, wäre die Dechiffrierung des Codes ein Kinderspiel gewesen, und die Achse hätte den Schlüssel zu allen Geheimnissen der britischen militärischen Kommandozentrale im Nahen Osten in Händen gehabt. Die Chiffrierabteilung des FO war in heller Aufregung, aber im letzten Augenblick wurde die «Katastrophe» abgewendet.

5. Februar

Wie reagiert man in Großbritannien auf unsere Siege?

Es ist unmöglich, diese Frage in wenigen Worten zu beantworten. Denn die Reaktion Englands auf die Erfolge der Roten Armee ist komplex und widersprüchlich. Ich will versuchen, meine Eindrücke zusammenzufassen.

Was mir als Erstes in den Sinn kommt, wenn ich mir diese Frage stelle, ist die allgemeine Verblüffung über die Stärke der UdSSR und die Kampfkraft der Roten Armee. Nach den schweren Prüfungen des letzten Sommers hat niemand damit gerechnet, dass wir uns eine solche Kampffähigkeit bewahrt haben. [...] Deshalb ist die erste und vordergründigste Reaktion der Engländer auf unsere Siege Erstaunen. Dieses Gefühl findet sich überall in gleich starker Ausprägung, von der Spitze der gesellschaftlichen Pyramide bis zu ihrer untersten Stufe.

Das zweite Gefühl, eine Reaktion auf die Dinge, die sich in der UdSSR vollziehen, ist eine große Bewunderung für das sowjetische Volk, die Rote Armee und den Genossen Stalin persönlich. Dieses Gefühl ist jedoch nicht so weit verbreitet wie die zuvor beschriebene Verblüffung. Bei den Massen ist es vorbehaltlos und ungedämpft vorhanden. Bei ihnen hat das Ansehen der UdSSR in den letzten drei Monaten zu einem Höhenflug angesetzt. [...] Ich erwähne hier nur die Popularität Stalins. Sein Erscheinen auf der Leinwand ruft immer lauten Jubel hervor, sehr viel lauter als der Jubel für Churchill oder den König. Wie mir Frank Owen[1] neulich berichtet hat (er ist jetzt beim Militär), ist Stalin das Idol und die Hoffnung der Soldaten. Wenn ein Soldat mit etwas unzufrieden ist, wenn er von einem hohen Tier beleidigt worden ist oder ihm ein von oben kommender Befehl gegen den Strich geht, quittiert er das oft mit einer vielsagenden Reaktion: Mit einer drohenden Handbewegung ruft er: «Wartet nur, bis Onkel Joe kommt, dann wird abgerechnet!»

Je höher man auf den Stufen der gesellschaftlichen Pyramide kommt, desto mehr mischen sich in die Bewunderung Gefühle anderer Art, meistens negativer. [...] Die herrschenden Klassen sind verstimmt oder vielmehr beunruhigt: Werden die Bolschewisten nicht zu stark? Wird das Ansehen der UdSSR und der Roten Armee nicht zu groß? Wird die Wahrscheinlichkeit einer «Bolschewisierung Europas» nicht zu sehr zunehmen? Je mehr Erfolge das sowjetische Militär feiert, desto größer werden die Befürchtungen in den Herzen der herrschenden Elite.

Diese beiden widerstreitenden Gefühle wohnen Seite an Seite in der Brust der herrschenden Klasse Großbritanniens und finden ihren Ausdruck in den Gefühlen ihrer beiden wichtigsten Fraktionen, die man der Kürze halber als die Churchillianer und die Chamberlainianer bezeichnen könnte. [...] Auch wenn die Churchillianer derzeit zweifellos die dominierende Gruppe sind, neigt die englische Politik doch dazu, einen mittleren Kurs zwischen den beiden Richtungen zu steuern. Das Ergebnis? Die britische Regierung sucht nach Mitteln und Wegen, ihren Krieg weiterhin von anderen (also von uns) ausfechten zu lassen, zugleich aber sich selbst eine maßgebliche Rolle auf der Friedenskonferenz nach Kriegsende zu sichern.

[...] Anders verhält es sich mit der Frage der zweiten Front. Gewiss gibt es auch hier einen internen Dissens in den Reihen der herrschenden Klasse. Auf der einen Seite würde sie am liebsten die Eröffnung einer zweiten Front so lange wie möglich hinausschieben und darauf warten, dass wir den Deutschen das Rückgrat brechen, so dass die englisch-amerikanischen Truppen eine «komfortable» Landung in Frankreich hinlegen und unter geringstmöglichen Verlusten nach Berlin marschieren können. Auf der ande-

1 Frank Owen, 1938–1941 Redakteur beim *Evening Standard*, 1942/43 Oberstleutnant im Royal Armoured Corps.

Maiski schneidet das Gitter vor der Botschaft, das als Beitrag zu den britischen Kriegsanstrengungen eingeschmolzen werden soll.

ren Seite gilt, dass, wenn man mit der Eröffnung einer westlichen Front zu lange wartet, die Briten (und die USA) womöglich den richtigen Zeitpunkt verpassen und zusehen müssen, wie die Rote Armee als Erste nach Berlin gelangt. Das wäre den herrschenden Klassen ein Gräuel: Das Gespenst der «Bolschewisierung Europas» nimmt einen großen Raum in ihrer Phantasie ein. Der Zeitpunkt für die Eröffnung der zweiten Front ist demgemäß die wichtigste taktische Frage, vor die sich die britische Regierung (und ebenso die amerikanische) gestellt sieht. Nach ihrem Kalkül sollte es nicht zu früh passieren, aber auch nicht zu spät – *just in time.* [...] Mein gegenwärtiger Eindruck ist der Folgende: Großbritannien und die USA werden in diesem Frühjahr keine zweite Front eröffnen, und im Sommer und Winter werden sie sich die Zeit mit diversen sekundären Operationen im Mittelmeerraum vertreiben (Sizilien, Kreta, Dodekanes und andernorts). Vielleicht lassen sie sich im Norden ein Himmelfahrtskommando wie Dieppe einfallen, aber einen ernsthaften Landungsversuch in Frankreich werden sie wohl kaum unternehmen.

Das ist unschön, aber so liegen die Dinge nun einmal. Man muss den Tatsachen ins Auge sehen. Es gibt nach meiner Überzeugung nur einen Umstand, der an dieser wenig erbaulichen Aussicht etwas ändern könnte: Falls unsere militärischen Erfolge eine so kolossale Dimension annähmen, dass ein Zusammenbruch Deutschlands und der Einmarsch der Roten Armee in Berlin noch im laufenden Jahr zu einer realen Möglichkeit würden. Liege ich falsch? Die Zeit wird es zeigen.

7. Februar (Bovingdon)

[...] Das bemerkenswerteste und mit Sicherheit dramatischste Ereignis der letzten beiden Wochen war die endgültige Vernichtung der Sechsten deutschen Armee unter Feldmarschall Paulus[I] in Stalingrad. Der 2. Februar ist ein Datum, das man sich merken muss.[12] Paulus und zwei Dutzend deutsche und rumänische Generäle wurden gefangen genommen. 90 000 Kriegsgefangene, überwiegend deutsche, wurden zwischen dem 10. Januar und dem 2. Februar gemacht, den drei Wochen, in denen unsere Truppen die entscheidende Offensive vortrugen, nachdem Paulus eine Kapitulation abgelehnt hatte. [...] Die moralische und psychologische Bedeutung Stalingrads ist kolossal. Nie zuvor in der Militärgeschichte ist es vorgekommen, dass eine mächtige Armee, die eine Stadt belagerte, selbst zu einer belagerten Wagenburg wurde und dann der Vernichtung anheimfiel – bis hin zum letzten General und zum allerletzten Soldaten.

[...] Und jetzt die zweite Front ... Falls es trotz all unserer Bemühungen nicht zur Eröffnung einer zweiten Front käme, wäre das wirklich ein Unglück reinsten Wassers? Ich zweifle daran.

Gewiss wäre es auf kurze Sicht eine schlechte Nachricht: Der Krieg würde sich weiter hinziehen, und unsere Verluste würden größer werden. Aber wie sieht es auf lange Sicht aus? Hier wäre die Bilanz womöglich eine andere. Zum einen, sollten sich die Alliierten weigern, eine tragende Rolle auf dem Schlachtfeld zu übernehmen, würden wir allein den Ruhm ernten, Deutschland besiegt zu haben. Das würde dem Prestige der Sowjetunion, der Revolution und des Kommunismus noch einmal einen massiven Schub verleihen – nicht nur für den Moment, sondern auch zukünftig.

I Feldmarschall Friedrich Wilhelm Ernst Paulus, 1942 Befehlshaber der Sechsten Armee bei ihrem gescheiterten Anlauf zur Eroberung Stalingrads.

Zum Zweiten würden England und die USA mit schwachen und unerfahrenen Streitkräften aus dem Krieg hervorgehen, während die Rote Armee sich als mächtigste Streitmacht auf der Welt fühlen könnte. Das würde zwangsläufig das internationale Machtgleichgewicht zu unseren Gunsten verändern. Zum Dritten: In Ermangelung einer zweiten Front im Westen hätte die Rote Armee eine gute Chance, als Erste in Berlin einzumarschieren, mit der Folge, dass [die Sowjetunion] entscheidenden Einfluss auf die Friedensbedingungen und auf die Situation in der Nachkriegsperiode nehmen könnte.

Welcher Gang der Dinge wäre also für uns unter dem Strich der vorteilhafteste?

Schwer zu sagen. Auf den ersten Blick wäre eine zweite Front wohl vorzuziehen. Aber ist das wirklich so?

Die Zeit wird es zeigen.

► Die sowjetischen Erfolge auf dem Schlachtfeld waren jedoch zunächst begrenzt. Die sowjetische Winteroffensive Anfang 1943 war eine logische Fortsetzung des Sieges bei Stalingrad. Die Rote Armee startete, nachdem sie ihre Truppen neu formiert hatte, zwischen Dezember 1942 und Februar 1943 eine Reihe von Offensiven, mit denen sie Wehrmachts- und Achsentruppen vom Südufer des Flusses Don vertrieb. Anschließend ließ sie ihre Truppen westwärts vorstoßen, ins Donezbecken und in die Region Charkow, mit dem Ziel, Kursk zu befreien. Jedoch nutzte Feldmarschall von Manstein[I] durch brillante Manöver und Truppenverlegungen die überdehnte Südwestflanke der Roten Armee aus und brachte die sowjetische «Winteroffensive» spätestens am 6. März zum Stehen. Ende März sah sich die Stawka[II] zur Errichtung defensiver Stellungen im Kursker Bogen gezwungen. Aus den anfänglich ambitionierten sowjetischen Plänen erklärt sich das selbstbewusste Auftreten des Kreml im politischen Dialog mit den Westalliierten, das sich in Maiskis Tagebucheinträgen widerspiegelt. Daher rührten auch das etwas voreilige Bemühen der Russen, über die Nachkriegsordnung zu verhandeln, und ihr zeitweiliges

---

I Feldmarschall Erich von Manstein, im Februar 1941 Kommandeur des 56. Panzerkorps und beim Unternehmen Barbarossa der Elften Armee, nach seiner Niederlage in der Schlacht um Kursk (1943) und dem Rückzug der Wehrmacht aus Russland von Hitler 1944 entlassen.

II Das russische Kürzel steht für «Hauptquartier des Kommandos des Obersten Befehlshabers».

Abrücken von den Forderungen nach einer zweiten Front. Diese Wünsche wurden aber sofort wieder akut, als die Deutschen im Mai ihre nächste brachiale Offensive starteten, wobei es ihnen jedoch zum ersten Mal seit Beginn des Krieges im Osten nicht gelang, die sowjetischen Verteidigungslinien zu durchstoßen. Hitler sah sich daher gezwungen, die Offensive am 17. Juli 1943 abzubrechen. Die aus Stalingrad und der sowjetischen Winteroffensive gezogenen Lehren mahnten zur Vorsicht, weswegen die Rote Armee sich nur das gemäßigte Ziel setzte, bis an die Dnjepr-Linie vorzudringen.[13] Dies hinderte Kerr allerdings nicht daran, seiner Regierung vorzuhalten, wie «grauenhaft» es für das Ansehen Großbritanniens wäre, wenn die Russen mit Panzern in Berlin einrollten, «während wir in aller Ruhe mit dem Zug hinfahren, um sie zu begrüßen».[14]

9. Februar

Am 7. Februar ist Churchill endlich nach London zurückgekehrt. Ich war in Bovingdon und habe ihn nicht gleich aufgesucht. Man hatte mich aber auch nicht über das Datum seiner Rückkehr informiert.

Als ich am Nachmittag des 8. Eden traf, sagte ich ihm, dass ich Churchill gerne die Botschaft zum Thema Türkei übergeben würde, die ich gerade von Stalin erhalten hatte. Am frühen Abend teilte mir der Sekretär des PM mit, Churchill werde mich um 22.30 Uhr empfangen.

Das Treffen fand in der Privatwohnung des Premierministers statt. Ich wurde zum Arbeitszimmer geführt und gebeten zu warten. Es brannte ein Feuer. Eine Flasche Whisky stand auf dem Tisch, dazu Sodawasser. Ein paar Minuten war ich ganz alleine und vertrieb mir die Zeit damit, eine große Landkarte der UdSSR zu studieren, die an der Wand hing. Schließlich kam Eden herein (ich hatte um seine Teilnahme an der Unterredung gebeten).

«Unsere Truppen haben Kursk eingenommen», sagte ich, um Eden auf den neuesten Stand zu bringen.

«Wunderbar!», antwortete Eden herzlich. «Eine Sekunde bitte, ich sage das gleich Beaverbrook. Er ist im Zimmer nebenan.»

Eden verschwand für kurze Zeit und rief, als er wiederkam: «Max ist außer sich vor Freude!»

Churchill kam wenig später herein. Er trug über seinem gewohnten Luftschutzanzug einen Morgenrock. Seine Augen waren noch nicht ganz offen. Sein Haar war zerzaust. Offensichtlich war er gerade erst aus dem Bett gekrochen.

«Willkommen zu Hause», begrüßte ich ihn.

Er gönnte mir ein freundliches Lächeln und fragte dann sofort mit einem Anflug von Ungeduld: «Ich nehme an, Sie bringen mir eine Antwort von Stalin?»

Ich bestätigte das und reichte dem Premierminister das Kuvert. Wie schon bei früheren Gelegenheiten fragte mich Churchill, bevor er es öffnete: «Es wird mir nicht den Tag verderben, oder?»[15]

Ich lachte und antwortete: «Nein, ich glaube nicht.»

Churchill öffnete den Umschlag und begann die Botschaft vorzulesen. Dass Stalin sich beschwerte, unvollständig über den Konferenzort Adana informiert worden zu sein, irritierte den Premierminister, aber nur kurz. Am Ende angekommen, sprach Churchill sein zusammenfassendes Urteil: «Eine gute Botschaft! ... Nicht wahr?»

Die Frage richtete sich an Eden, der sich beeilte, sie mit Ja zu beantworten.

Churchill war jetzt guter Laune und begann über sein Treffen mit den Türken zu reden. [...] Mich interessierte freilich viel mehr, welche militärischen Pläne in Casablanca beschlossen worden waren. Einige Dinge wusste ich schon aus meinen vorherigen Besprechungen mit Eden und aus der einschlägigen Botschaft Roosevelts und Churchills an Stalin. In meiner Informationslage klafften jedoch einige große Lücken, und ich wollte versuchen, der Sache auf den Grund zu gehen.

Ich fragte Churchill, was er mir über die militärischen Pläne der Engländer und Amerikaner für 1943 sagen könne. Der Premierminister hatte mit dieser Frage offensichtlich gerechnet. Er forderte aus dem Sekretariat die betreffenden Dokumente an und las mir sein Telegramm an Roosevelt sowie dessen Antwort zu dem mich interessierenden Thema vor. Churchills Telegramm enthielt den Entwurf für eine Antwort auf die Botschaft Stalins vom 30. Januar. Roosevelt hatte in seinem Antworttelegramm einige (unbedeutende) Änderungen an Churchills Vorschlägen angeregt.

Worauf laufen die Planungen hinaus?

Die Hauptpunkte sind folgende:

(1) Man erwartet, dass die Operation in Tunesien spätestens im April abgeschlossen sein wird.

(2) Als Nächstes steht, ca. im Juni oder Juli, die Besetzung Siziliens auf dem Programm, die als Vorstufe zur Besetzung des italienischen «Stiefels» gedacht ist. Danach gibt es zwei Alternativen: Wenn sich herausstellt, dass die Italiener nur schwachen Widerstand leisten, oder wenn es bis dahin zu einem Staatsstreich proalliierter Kräfte kommt, werden Briten und Amerikaner zügig den Norden der Apenninhalbinsel besetzen und von dort aus westwärts nach Südfrankreich und ostwärts auf den Balkan marschieren. Leisten die Italiener hingegen, unterstützt von den Deutschen, ernsthaften Widerstand und kommt es nicht zu einem proalliierten Staatsstreich, werden Briten und Amerikaner aus Italien, Apulien und Kalabrien nach Jugoslawien und Griechenland übersetzen, d.h. den Balkan von Westen her aufrollen.

(3) Irgendwann später eine Operation (von sekundärer Bedeutung) zur Besetzung des Dodekanes und möglicherweise Kretas.

(4) Irgendwann im August oder September und unabhängig von den Operationen im Mittelmeerraum wird eine Landungsoperation an der französischen Kanalküste durchgeführt.

(5) Angloamerikanische Kräfte werden die Luftoffensive gegen Deutschland und Italien verstärken.

(6) Extrem heftiger U-Boot-Krieg.

Ich fragte Churchill, welche Streitkräfte für die Durchführung der aufgezählten Operationen im Süden und im Norden zur Verfügung stünden.

Churchill antwortete, nach der Einnahme Tunesiens könnten Briten und Amerikaner 300 000 bis 400 000 Mann für andere Operationen im Mittelmeerraum abstellen.

«Was die Landung in Frankreich betrifft», fuhr der PM fort, «so kann ich im Moment ehrlicherweise nichts Endgültiges sagen. Wir, die Engländer, wären in der Lage, 12 bis 15 Divisionen dafür bereitzustellen. Aber die Amerikaner? ...»

An dieser Stelle zuckte Churchill ratlos mit den Achseln und rief dann aus: «Im Moment haben die Amerikaner nur eine Division hier stehen!»

«Wieso nur eine?», fragte ich überrascht zurück. «Im November haben Sie mir gesagt, dass eine amerikanische Division in England stationiert sei ... Ist seitdem nichts mehr dazugekommen?»

«Das ist so», antwortete Churchill. «Die Amerikaner haben seit November nichts geschickt.»

«Mit wie vielen amerikanischen Divisionen rechnen Sie bis August?», hakte ich nach.

«Ich wünschte, ich wüsste das», antwortete Churchill mit gespielter Verzweiflung. «Als ich in Moskau war, ging ich von der Annahme aus, die Amerikaner würden bis zum Frühjahr 1943 27 Divisionen nach England verlegen, wie sie es zugesagt hatten. Davon ging ich während meiner Gespräche mit Stalin aus. Aber wo sind sie, diese 27 Divisionen? Jetzt versprechen die Amerikaner, bis August nur vier bis fünf Divisionen zu schicken! ... Wenn sie ihr Wort halten, wird die Landungsoperation über den Ärmelkanal mit 17 bis 20 Divisionen durchgeführt werden.»[16]

«Und was ist, wenn die Amerikaner wieder nicht Wort halten?», fragte ich.

Churchill überlegte einen Moment lang und erwiderte dann mit Bestimmtheit: «Ich werde diese Operation durchführen, wie auch immer!»

Der Premierminister konkretisierte allerdings nicht, was er tun wird, wenn die amerikanischen Truppen nicht rechtzeitig eintreffen.

Unvermittelt brach Churchill in Gelächter aus, als erinnere er sich an etwas Spaßiges, und fragte mich: «Wissen Sie, wie viel Mann eine amerikanische Division umfasst?»

Ein kleines bisschen verdutzt, antwortete ich: «Ganz sicher bin ich nicht, aber ich denke einmal, 18 000–19 000.»

«Richtig!», versetzte Churchill mit noch lauterem Gelächter. «Wenn Sie nur die Kombattanten zählen ... Aber 50 000, wenn Sie das ganze Hilfspersonal mitzählen!»

Ich sperrte den Mund auf. «Wie meinen Sie das, 50 000?»

«Ich meine 50 000!», rief Churchill noch einmal und begann dann mit schneidendem Sarkasmus in der Stimme die Posten aufzuzählen. «Was hat man nicht alles in einer amerikanischen Division! ... Natürlich gibt es da Transportpersonal, medizinisches Personal, Quartiermeisterabteilungen usw. Das ist normal. Sie haben aber auch zwei Wäschereibataillone, ein Bataillon Milchpasteurisierer, ein Bataillon Friseure, ein Bataillon Schneider, ein Bataillon für die Unterhaltung der Truppen und was nicht alles! ... Hahaha! ... Wir haben fast eine halbe Million Kombattanten nach Nordafrika geschickt ... aber die tatsächliche Kampfstärke liegt bei nicht mehr als zehn bis elf Divisionen.»

Noch einmal brach Churchill in schallendes Gelächter aus und fügte hinzu: «Wir, die Engländer, geben in dieser Beziehung schon kein gutes Beispiel ab, aber die Amerikaner sind noch schlimmer.»

Unsere Unterhaltung sprang von einem Thema zum anderen. Churchills Gedanken bogen immer wieder in andere Richtungen ab. Ein paar interessante Beispiele: «Stalin war sehr streng mit Roosevelt», bemerkte Churchill halb spöttisch, halb vorwurfsvoll. «Der Präsident zeigte mir Stalins letzte Botschaft.»

Dann fügte er, an Eden gewandt, mit einem Lachen hinzu: «Stalin ist mit mir auch nicht immer sanft umgesprungen ... Erinnern Sie sich? ... Aber Roosevelt hat es schlimmer erwischt ...»

«Roosevelt hatte es verdient», versetzte ich. «Kennen Sie den Inhalt von Roosevelts Botschaft, auf die Stalin die Antwort gab, von der Sie reden?»

«Was für eine Botschaft war das?», fragte Eden, der davon offensichtlich noch nie gehört hatte.

«Oh, es ist eine bemerkenswerte Botschaft!», rief Churchill fast juchzend aus. «Ich habe sie auch gelesen.»

Churchill referierte dann in Kurzfassung den Inhalt der Botschaft Roosevelts an Stalin, in der Ersterer vorgeschlagen hatte, 100 amerikanische Bomber mit amerikanischen Besatzungen nach Wladiwostok zu schicken – «nur für den Fall» –, und gebeten hatte, dass die amerikanischen Generäle unsere Luft- und Flottenstützpunkte in Fernost «inspizieren» dürften. Ferner hatte Roosevelt vorgeschlagen, General Marshall zu Gesprächen über den 1943er-Feldzug nach Moskau zu schicken.[17]

Eden machte eine völlig entgeisterte Miene, als er das mit den angebotenen 100 Bombern hörte. Seine Reaktion ließ sich in diese Worte übersetzen: «Wie unbeholfen und naiv die Amerikaner doch sind!»

«Nun ja», fuhr Churchill fort, «Roosevelt war, offen gesagt, wütend über die Antwort Stalins und wollte in aller Schärfe retournieren. Ich schaffte es jedoch, ihm das auszureden. Ich sagte ihm: ‹Hören Sie zu, wer kämpft derzeit wirklich? ... Stalin allein! Und schauen Sie, wie er kämpft! Wir müssen ihm einiges zugutehalten.› ... Der Präsident hatte schließlich ein Einsehen und war klug genug, keinen Streit mit Stalin anzufangen.»

Churchill nahm einen langen Zug aus seiner Zigarre und sagte, während er zu den im Kamin züngelnden Flammen hinstarrte: «Roosevelt fragte mich, was der wirkliche Grund für die Nichtteilnahme Stalins an der Konferenz sein könnte ...»

«Aber Sie kennen doch den Grund», fiel ich ihm ins Wort, «und der Präsident kennt ihn auch.»

«Ja, natürlich», sagte Churchill. «Stalin ist vollauf mit der Leitung militärischer Operationen beschäftigt usw. … Das stimmt, aber es ist nicht alles. Ich beantwortete die Frage Roosevelts wie folgt: Stalin ist Realist. Mit Worten allein kriegt man ihn nicht. Wäre Stalin nach Casablanca gekommen, dann hätte die erste Frage, die er an Sie und mich gestellt hätte, gelautet: ‹Wie viele Deutsche habt ihr 1942 getötet? Und wie viele werdet ihr 1943 töten?› Und was hätten wir beide darauf sagen können? Wir sind beide nicht sicher, was wir 1943 tun werden. Das war Stalin von Anfang an klar. Welchen Sinn hätte es also für ihn gehabt, zu der Konferenz zu kommen? … Zumal er zu Hause große Dinge vollbringt.»

Es scheint aber doch, dass das Geplänkel zwischen Stalin und Roosevelt Churchill ernste Sorgen bereitet. Er erklärte mir ausführlich, wie wichtig es sei, dass zwischen den Chefs der beiden Regierungen – der UdSSR und der USA – eine gute, von wechselseitigem Verständnis geprägte Beziehung bestehe.

«Das ist jetzt wichtig, und es wird nach dem Krieg sogar noch wichtiger sein.»

An dieser Stelle wurden Churchills Augen plötzlich wässrig, und er verfiel in einen von Herzen kommenden, gefühlsbeladenen Ton: «Mir persönlich kann es egal sein … Ich bin ein alter Mann. Ich bin fast 70. Aber das Land, die Bevölkerung wird bleiben … Wenn der Friede kommt, wird sich eine außerordentlich schwierige Situation ergeben … Ich sehe kein anderes Heil für die Menschheit als eine enge Zusammenarbeit zwischen uns dreien – der UdSSR, den USA und England. Das wird alles andere als einfach sein. Die USA sind ein kapitalistisches Land und politisch mit Riesenschritten auf dem Weg nach rechts. Die UdSSR ist ein sozialistisches Land. Großbritannien wird als Brücke zwischen beiden fungieren müssen. Deshalb ist jede persönliche Zwietracht zwischen Roosevelt und Stalin eine äußerst ungute Sache.»

Churchill setzte ein Grinsen auf und fuhr fort: «England und die UdSSR brauchen einander zu sehr – in Europa, in Asien und in diversen gemeinsamen Belangen. Sie werden immer zu guter Letzt eine Einigung erzielen. Mit Amerika verhält sich das anders. Die Amerikaner glauben, weil sie durch zwei Ozeane von euch und von uns getrennt sind, bräuchten sie euch und uns nicht wirklich … Ein fataler Irrtum! Aber Sie wissen, wie naiv und unerfahren die Amerikaner in Sachen Politik sind. Deswegen bereitet mir dieser Konflikt zwischen Stalin und Roosevelt so große Sorgen. Es wäre das Beste, wenn die beiden sich treffen könnten. Ich denke darüber schon eine ganze Weile nach ...»

Churchill paffte wieder an seiner Zigarre, verzog sein Gesicht zu einer furchtbar listig-schlauen Miene und fragte mich hintersinnig: «Was meinen Sie, warum habe ich auf dem Rückweg von Adana einen Zwischenstopp in Zypern eingelegt?»

Ich zuckte mit den Achseln.

«Die Zeitungen schrieben», erklärte Churchill, «dass ein Regiment, in dem ich einmal gedient habe, auf Zypern stationiert sei usw. Das stimmt, ein solches Regiment gibt es. Aber das ist alles Mumpitz! Dass ich in Zypern Station machte, hatte in Wirklichkeit einen anderen Grund: Ich wollte sehen, ob es ein geeigneter Ort für ein Treffen zwischen Stalin und Roosevelt zu einem späteren Zeitpunkt ist. Und es war eine prima Sache, dass ich dorthin geflogen bin. Die Insel ist perfekt. Leicht von allen Seiten abzuschirmen. Niemand wird das Geringste erfahren. Von Tiflis sind es nur fünf Flugstunden nach Zypern. Der Präsident ist bereit, nach Zypern zu reisen. Nach seinem ersten Vorgeschmack auf das Fliegen hat er es lieben gelernt. Er wird nach Zypern kommen, wenn es sein muss. Ich gestehe, dass ich schon Anweisung gegeben habe, auf der Insel ein paar bescheidene, aber komfortable Häuser zu bauen, die drei Delegationen Platz bieten.»

Churchill erzählte mir das alles mit spürbarer Euphorie, beseelter Gestik und funkelnden Augen. Ich fühlte, wie sehr er diese Geheimnistuerei, diesen ganzen Romantizismus genießt. Es ist wirklich etwas Schuljungenhaftes an diesem Premierminister von Großbritannien, trotz seiner 68 Jahre.

Dann fuhr er plötzlich hoch und rief aus: «Eine Bitte nur: Sagen Sie keiner Seele etwas davon!»

Ich versprach, niemandem ein Wort zu sagen.

Um noch einmal auf Churchills Schuljungenhaftigkeit zurückzukommen: Er schilderte mir in allen Einzelheiten, welche Maßnahmen er auf seiner Reise ergriff, um ein Attentat auf ihn auszuschließen. Er hatte alles, was man sich vorstellen kann: gepanzerte Autos, kugelsichere Fenster, automatische Pistolen und Revolver, geheime Aufenthaltsorte mit bewaffneten Wachtposten davor und dahinter, unvermittelte Änderungen der Reiseroute und noch viel mehr. Klang ein bisschen nach Räuberpistole. Natürlich muss ein Churchill sich schützen. Doch so, wie er von seinen Abenteuern erzählte, bekam man den Eindruck, dass er sich in all dies hineinsteigerte und es auf eine ziemlich kindische Spitze trieb.

[...] Im Verlauf unseres Gesprächs erwähnte Churchill de Gaulle[I] und Giraud[II]. Der Premierminister ist auf de Gaulle sehr schlecht zu sprechen, und das ist vielleicht der Grund dafür, dass er mehr zu Giraud tendiert. Das überrascht mich nicht: Churchill konnte de Gaulle noch nie leiden, und die Episode im Zusammenhang mit seiner Reise nach Casablanca brachte den Premierminister noch mehr auf.

«Ich habe die Nase voll von dieser Jeanne d'Arc in langen Hosen!», schnaubte Churchill.[18]

Eden machte einen Versuch, Churchill zu besänftigen und zu beruhigen, aber es half nicht viel.

Ich fürchte, die Folge wird sein, dass die gesamte De-Gaulle-Bewegung darunter leidet. Wir werden sehen.[19]

Mehrmals kam Churchill auf unsere Siege und auf die Rote Armee zu sprechen. Er kann nicht über die Rote Armee sprechen, ohne emotional zu werden und seine Bewunderung zu zeigen. Sogar seine Augen erstrahlen ... Man fühlt sich unwillkürlich an 1920 erinnert! Wie sich doch das Rad der Geschichte drehen kann![20]

«Wenn man alle Faktoren berücksichtigt», erklärte Churchill, «kommt man zu dem klaren Schluss, dass das Russland von heute fünfmal so stark ist wie das Russland des letzten Krieges.»

Ich neckte ihn ein wenig: «Und wie erklären Sie sich dieses Phänomen?»

Churchill verstand und zahlte in gleicher Münze zurück: «Wenn euer System die Menschen glücklicher macht als unseres, bin ich ganz und gar

I Charles de Gaulle, nach dem militärischen Zusammenbruch Frankreichs Befehlshaber der französischen Exilarmee, 1940–1942 Chef des Komitees Freies Frankreich, danach des Komitees für die nationale Befreiung.

II General Henri Honoré Giraud, Kommandeur der Siebenten und Neunten französischen Armee, entkam an Bord eines britischen U-Boots aus Frankreich, befehligte französische Truppen in Nordafrika und diente als Hoher Kommissar, teilte sich nach dem Gipfeltreffen von Casablanca vorübergehend den Vorsitz des Komitees für die nationale Befreiung mit de Gaulle, blieb Oberbefehlshaber der freifranzösischen Streitkräfte, bis der Posten im Frühjahr 1944 abgeschafft wurde.

Maiski: der Mittelsmann zwischen Churchill und Stalin

für eures! ... Nicht dass es mich sonderlich interessieren würde, was nach dem Krieg passiert: Kommunismus, Sozialismus, Kataklysmus ... Läuft das nicht alles auf dasselbe hinaus? ... Hauptsache, die Hunnen werden in Grund und Boden gerammt!»

Wir werden sehen.

Churchill wird tatsächlich alt. Er verlor gestern im Gespräch mehrmals den Faden und fragte, an Eden gewandt, ungeduldig: «Sagen Sie's mir – wo waren wir stehen geblieben?» Ich hoffe, Churchill bleibt uns bis ans Ende des Krieges erhalten. Das ist sehr wichtig. England braucht ihn. Wir brauchen ihn auch.[21]

17. Februar

Heute übergab ich Churchill Stalins Botschaft, in der Letzterer auf die rasche Eröffnung einer zweiten Front in Europa drängt. Diese Botschaft ist die Antwort Stalins auf Churchills Botschaft vom 9. Februar, die all das zusammenfasste, was ich am Abend davor vom Premierminister gehört hatte.

Ich erhielt die Botschaft am Nachmittag und rief sofort Eden an, um ihm zu sagen, dass ich gerne am Abend Churchill die neue Botschaft Stalins vorlegen würde. Die Verabredung wurde für 22 Uhr getroffen. Doch als ich in der Wohnung des PM ankam, empfing mich Eden und sagte, Churchill liege mit Fieber im Bett. Er kämpfe seit ein paar Tagen gegen die Krankheit an, doch jetzt habe sie ihn ins Bett gezwungen. Um was für eine Krankheit es sich handelt, ist noch nicht ganz klar, aber offenbar sind die Bronchien betroffen und die Atemwege im Allgemeinen.[22]

Eden nahm die Botschaft aus meinen Händen entgegen und brachte sie in das Schlafzimmer, in dem der Premierminister lag. Er kehrte rund 20 Minuten später zurück und sagte, Churchill finde, dass Stalins Botschaft in etwa seinen Erwartungen entspreche; der Premierminister werde eine Antwort aufsetzen, sobald er körperlich dazu in der Lage sei.

Ich wandte mich zum Gehen, als Eden mir einen Whisky mit Soda einschenkte, sich selbst ebenfalls einen, und mir vorschlug, dass wir uns zusammensetzen und kurz miteinander plaudern könnten. Aus der kurzen wurde eine ziemlich lange Plauderei.

Zuerst redeten wir über die Botschaft Stalins und die militärischen Planungen der Alliierten für den Sommer. Ich beharrte darauf, dass man die gegenwärtige Verunsicherung der Deutschen bestmöglich ausnutzen und möglichst schnell eine zweite Front in Europa eröffnen müsse. Darüber hinaus skizzierte ich den folgenden konkreten Plan: die Operation in Tunesien beenden, weitere Operationen im Mittelmeerraum (Sizilien, Italien etc.) verschieben und alle Kräfte auf den Sprung über den Ärmelkanal konzentrieren, die Achte Armee für diese Operation nach England verlegen und Alexander zum Oberbefehlshaber der gesamten Landungsoperation in Frankreich machen.

Eden gefiel mein Plan. Er gestand, dass er immer schon für eine Landung an der französischen Kanalküste gewesen sei, dass er Operationen im Mittelmeerraum (mit Ausnahme Tunesiens) wenig hilfreich finde und der Überzeugung sei, ein direkter Angriff auf Deutschland über Frankreich sei indirekten Schlägen in Italien oder auf dem Balkan unbestreitbar vorzuziehen. Eden versprach, diese Idee gleich am nächsten Morgen dem Premierminister vorzutragen und ihm meinen Plan nahezubringen.

Dann kamen wir auf Edens bevorstehende Reise in die USA zu sprechen. Er fährt hin, weil er seit Beginn des Krieges nicht mehr in den USA gewesen ist. Außerdem sei es, so sagte er, sehr wichtig, mit der amerikanischen Regierung in Kontakt zu bleiben, besonders jetzt, da das Ende des

Krieges bereits am Horizont auftauche (auch wenn wir es noch nicht morgen erleben werden).

[…] Eden hat mit Amerika kein Glück! 1938, kurz nach seinem Ausscheiden aus der Regierung Chamberlain, unternahm er mit seiner Frau eine Reise in die Vereinigten Staaten. Er traf dort alle hochrangigen Leute, angefangen mit Roosevelt, aber … es gelang ihm nicht, einen guten Eindruck auf die Amerikaner zu machen. Er konnte ihre Herzen nicht gewinnen.

Nach seiner Rückkehr aus Moskau Ende 1941 versuchte Eden eine Reise nach Washington zu arrangieren, offensichtlich um die «Balance» zu wahren; er war in der Sowjetunion gewesen, also galt es, auch den Vereinigten Staaten einen Besuch abzustatten. Obwohl Eden schon lange vorher beschlossen hatte, die Verbesserung der englisch-sowjetischen Beziehungen zu seinem persönlichen Anliegen zu machen, war es für ihn als Außenminister Großbritanniens wichtig, zu den Vereinigten Staaten ein ebenso gutes Verhältnis zu pflegen. Allein, nachdem die meisten Vorbereitungen für seine Reise nach Amerika getroffen waren, kam sie nicht zustande, was im Wesentlichen daran lag, dass Halifax sie hintertrieb. (Halifax und Eden sind schließlich «beste Freunde»!)

[…] Was Edens Amerikareise bringen wird, werden wir sehen. Wird er es diesmal schaffen, die Amerikaner zu beeindrucken? Oder werden es umgekehrt die Amerikaner schaffen, Eden zu beeinflussen? Ich weiß es nicht, fürchte aber, dass Letzteres das Wahrscheinlichere ist: Bei allen seinen Verdiensten kann man Eden nicht nachsagen, dass er eine sehr starke Persönlichkeit ist.

In unserer heutigen Unterredung sagte er unter anderem: «Ich habe gerade mit einer Gruppe von Abgeordneten zu Mittag gegessen. Sie fragten mich nach den Perspektiven des englisch-sowjetischen Verhältnisses in der Zeit nach dem Krieg. Könnte ein englisch-sowjetisches Bündnis Realität werden? Wissen Sie, was ich zur Antwort gab?»

«Was?», fragte ich.

«Ich sagte den Abgeordneten», fuhr Eden fort, «dass das fast zur Gänze davon abhängt, welche Rolle England bei der Niederwerfung Hitlers spiele. Wenn es eine wesentliche Rolle ist – auch im Bodenkrieg –, wird das Bündnis Realität werden. Im anderen Fall kann niemand dafür garantieren.»

«Ganz recht», antwortete ich.

«Deswegen bin ich so entschieden für die Eröffnung einer zweiten Front in Frankreich», sagte Eden abschließend.

▶ Von der entgegenkommenden Haltung Edens lässt sich in dessen ausführlichem Bericht über die Unterredung nichts wiederfinden; sehr wahrscheinlich konspirierten er und Maiski wieder einmal hinter dem Rücken ihrer Vorgesetzten. Angesichts der veränderten strategischen Konstellation nach den Erfolgen der Roten Armee auf dem Schlachtfeld hoffte Maiski, es sei doch noch möglich, die in Casablanca getroffenen strategischen Entscheidungen rückgängig zu machen und damit die Tür für einen zielführenden politischen Dialog über die Nachkriegszukunft Europas zu öffnen. Ein solcher Dialog würde sich mit Sicherheit positiv auf seine Chancen für ein weiteres Verbleiben in London auswirken. Viel inständiger, als es aus dem Tagebuch hervorgeht, drängte er bei Eden darauf, die Verschiebung der zweiten Front und den Start der Operation *Husky* zu überdenken.[23]

21. Februar

Die verflossene Woche brachte an der Front glanzvolle Fortschritte: Wir haben Rostow, Charkow, Losowa, Krasnograd und Pawlograd eingenommen. Unsere Truppen stehen kurz vor der Dnjepr-Linie. Saporoschje und Dnjepropetrowsk sind die nächsten Ziele.

Churchill gratulierte Stalin herzlich zur Rückeroberung Rostows, und Stalin schickte eine freundliche Antwort.

Wie sind die Aussichten? Schwer zu sagen. Ich neige zu der Annahme, dass sich unser Vormarsch etwas verlangsamen wird. Zum einen wird bald die Saison der unpassierbaren Straßen anbrechen. Zum Zweiten müssen die Deutschen alles daransetzen, ein zweites Stalingrad im Donezbecken oder, schlimmer noch, am Dnjepr zu vermeiden (wozu es kommen könnte, wenn wir die Dnjepr-Linie erreichen, bevor die Deutschen ihre östlich des Dnjepr stationierten Truppen abziehen können). Drittens brauchen unsere Truppen eine Ruhepause und müssen neu formiert werden. Eine dreimonatige Winteroffensive ist kein Kinderspiel. Wir werden sehen.

Die britische Regierung hat heute feierlich den 25. Jahrestag der Gründung der Roten Armee begangen. Eine britische Regierung unter Führung desselben Churchill, der im russischen Bürgerkrieg den Kreuzzug gegen die Bolschewisten angeführt hat! Wie sich die Zeiten ändern! Innerhalb eines Vierteljahrhunderts hat die Geschichte eine volle Kehrtwende vollzogen.

Ich nahm an der Veranstaltung in der Albert Hall teil. Es war alles sehr feierlich, majestätisch sogar. Eine schöne, durchinszenierte Aufführung. Manche Details könnte man unter rein künstlerischen Gesichtspunkten kritisieren, aber darauf kommt es nicht wirklich an. Im Großen und Ganzen war es ein sehr, sehr eindrucksvolles Spektakel. Insbesondere die Episode, in der auf der Bühne eine riesengroße Hammer-und-Sichel-Fahne aufgezogen wurde und sich vor diesem Hintergrund die Gestalt eines Rotarmisten in Uniform und mit Gewehr erhob.

[...] Die Bewunderung für die Rote Armee ist in England mittlerweile unaufhaltsam geworden. Überall – bei den Massen und in den Streitkräften. Gegen diese Woge anzukämpfen wäre gefährlich gewesen. Deshalb hat die Regierung beschlossen, sich an deren Spitze zu stellen – also auf der Welle zu reiten. Das macht es leichter, etwaige scharfe Kanten glatt zu schleifen. Oder sogar politisches Kapital zu gewinnen. Das ist die Logik hinter der heutigen Feier.

Man fühlt sich unwillkürlich an den englischen Ausspruch erinnert: Wenn du sie nicht schlagen kannst, schließ dich ihnen an. [...]

24. Februar

Selbstgefälligkeit und der Wunsch, zu den Regeln und Gepflogenheiten der Friedenszeit zurückzukehren, wo immer es möglich ist, gehen Hand in Hand mit unseren Siegen und eilen diesen sogar voraus. Der königliche Hof bildet natürlich keine Ausnahme von dieser allgemeinen Neigung. Seit Juli 1941 hatten im [Buckingham] Palace keine Empfänge mehr stattgefunden, und die damalige Veranstaltung war eine sehr bescheidene Geschichte mit einer geringen Zahl von Gästen. Wir tranken Tee und redeten über den sowjetisch-deutschen Krieg, der kurz vorher ausgebrochen war. Jetzt hat der Palace beschlossen, drei *tea parties* zu veranstalten. (Ein ausgewachsener königlicher Empfang würde noch immer deplatziert erscheinen.) Zu jeder der drei Partys sind ungefähr 300 Gäste eingeladen. Die erste hat heute stattgefunden. Agnia und ich gehörten ebenso zu den geladenen Gästen wie die Bogomolows und die Charlamows.

Ich wurde für ein Gespräch mit dem König ausgewählt. Ich leitete es damit ein, dass ich dem König für seine Ankündigung dankte, der Stadt

Stalingrad das «Ehrenschwert» zu verleihen. Eden hatte mir erzählt, dass der König selbst auf diese Idee gekommen war, und ich hielt es für eine gute Sache, ihm meinen Dank für diese Initiative auszusprechen. Das umso mehr, als mir die Idee wirklich gut gefällt.

[...] Der König erkundigte sich dann bei mir nach der militärischen Lage, nach dem Zustand der deutschen Wehrmacht, nach der inneren Lage in Deutschland, stellte die Frage, welche Verteidigungslinie die Deutschen wahrscheinlich zu halten versuchen würden etc. Als wir auf politische Themen zu sprechen kamen, äußerte sich der König zufrieden mit der Verbesserung der englisch-sowjetischen Beziehungen und fragte, was man meiner Meinung nach tun könne, um auch nach dem Krieg eine enge Zusammenarbeit zwischen unseren Ländern beizubehalten.

Ich antwortete: Die Nachkriegszukunft der englisch-sowjetischen Beziehungen wird derzeit auf dem Schlachtfeld geschmiedet. Wir führen einen gemeinsamen Krieg gegen einen gemeinsamen Feind. Wenn beide Länder, die Sowjetunion und Großbritannien, diesen Krieg in der Gewissheit beenden, dass beide alles in ihrer Macht Stehende getan haben, um ihre Pflicht zu erfüllen, können wir sicher sein, dass es auch nach dem Krieg bei einer engen Partnerschaft und einem vertrauensvollen Verhältnis bleiben wird. Wenn jedoch eines der Länder nicht dieser Überzeugung ist, werden sich die Dinge anders entwickeln. Aus diesem Grund ist es so wichtig, eine zweite Front zu eröffnen. Es ist unter militärischen Gesichtspunkten wichtig, aber auch vom politischen Standpunkt aus.

Der König widersprach meinen Ausführungen weder, noch stimmte er ihnen zu. Er blieb, wie immer, absolut indifferent. Aber ich hatte nichts anderes erwartet.

26. Februar

Ging heute Eden besuchen. Wegen der Erkrankung des Premierministers ist er jetzt doch nicht in die USA gereist. Unsere Unterredung verlief nicht besonders angenehm.

Als Erstes teilte er mir mit, Churchill habe sich entschieden, jetzt doch an den in Casablanca gefassten militärischen Beschlüssen festzuhalten. Am Morgen nach unserer letzten abendlichen Unterhaltung am 17. trug Eden dem Premierminister meine Ideen vor. Churchill schien interessiert zu sein und bat Eden, ein Memorandum zu erstellen. Eden entwarf das Memorandum, und Churchill leitete es zur Stellungnahme an den Generalstab weiter. Der Generalstab unterbreitete dem Premierminister seine Kommentare. Churchill deklinierte alle relevanten Details durch und kam zu der Erkenntnis, dass das, was ich mir ausgedacht hatte, praktisch nicht durchführbar sei. Sein Hauptargument war, dass man die Truppen nicht rechtzeitig für die Landungsoperation an der Kanalküste aus Nordafrika nach England bringen könne. Churchill ist daher der Ansicht, man solle nach der Besetzung Tunesiens die Operationen im Mittelmeerraum (Sizilien, Dodekanes etc.) fortsetzen und gleichzeitig – unabhängig vom Mittelmeer – «heroische» Anstrengungen zur Vorbereitung der Landung in Frankreich unternehmen. Churchill ist bereit, diese Landungsoperation notfalls auch ohne die Amerikaner durchzuführen, wird aber natürlich alle Register ziehen, um die Amerikaner so früh wie möglich mit ins Boot zu holen. Eden teilte mir das alles auf vorläufiger Basis mit. Churchill möchte mich, sobald er wieder auf dem Damm ist, sehen und es mit mir persönlich besprechen.

Mir behagt das alles nicht. Die Operationen in Tunesien ziehen sich wegen der jüngsten Niederlagen der Amerikaner in die Länge und werden wohl kaum vor April abgeschlossen sein. Das heißt, dass die Operationen im Mittelmeer nicht vor Juni oder Juli anlaufen werden. Sie werden kein Spaziergang sein. Sie werden sich wahrscheinlich auch hinziehen, und ich bin nicht sicher, dass sie reibungslos vonstattengehen. Die Briten werden ihre Aufmerksamkeit darauf konzentrieren müssen, Verstärkungen nach Sizilien, zum Dodekanes oder wohin auch immer zu bringen. Sie werden Transportschiffe mit Nachschubgütern beladen und auf eine 1000 Meilen weite Reise schicken müssen. Was die Landung an der französischen Kanalküste betrifft, so wird die britische Regierung sie hinauszögern, sie aufblasen, sie vertagen. Ich kenne sie nur zu gut! ... Die Engländer können nichts schnell erledigen. Und hier stoßen sie auf so viele zusätzliche Hürden! ... Was wird aus der zweiten Front werden? Wann wird die Rote Armee endlich eine echte Entlastung bekommen? Nein, mir gefällt das alles überhaupt nicht.

Das zweite Thema, das ich mit Eden besprach, war die Rede Simons am 23. Februar im Oberhaus. [...] Simon war der Letzte, der für die britische Regierung das Wort ergriff, und er lieferte eine bösartige, wahrhaft «simonische» Rede ab, deren Quintessenz lautete: Eine zweite Front ist nicht nötig, da die britische Flotte, die Luftangriffe auf Deutschland, die Lieferungen an die UdSSR und die Operationen in Nordafrika bereits diese zweite Front konstituieren. [...] Eden wollte sich auf nichts festlegen lassen, versprach aber, Churchill hierauf anzusprechen. Ich hatte den Eindruck, dass meine Démarche ihm nicht unbedingt missfiel. Kaum verwunderlich: Eden und Simon können einander nicht ausstehen!

Simon konnte an unserem Empfang am 23. nicht teilnehmen, weil er eine Rede im Oberhaus hielt. Immerhin ließ er uns das eine Stunde vorher telefonisch wissen. Gestern erhielt ich auch einen persönlichen, handgeschriebenen Brief von ihm, in dem er sein «tiefes Bedauern» darüber ausdrückte, dass er nicht kommen könne, habe er doch, man höre und staune, den brennenden Wunsch, seine Bewunderung für die «ruhmvollen Leistungen» der Roten Armee persönlich zu bekunden. [...] Simon! Der wahre Simon! [...][24]

► Eden fand an den von Maiski vorgebrachten Ideen Gefallen. Wie sein Privatsekretär Harvey in seinem Tagebuch notierte: «Eine Landung in Frankreich könnte gegen einen nachlassenden [deutschen] Widerstand in diesem Sommer möglich sein. Nach den jetzigen Plänen würden all unsere Landungsboote sich entweder auf den langen Weg um das Kap [der Guten Hoffnung] machen, von dem man sie nicht mehr so schnell zurückrufen kann, oder in einer großen, aber nicht unbedingt kriegsentscheidenden Operation in Sizilien zum Einsatz kommen.»[25] Angesichts der Entschlossenheit Churchills, an *Husky* festzuhalten, ist es höchst unwahrscheinlich, dass Eden ihn mit Nachdruck drängte, die getroffenen strategischen Beschlüsse zu revidieren – abgesehen davon, dass er eine redigierte Fassung seines jüngsten Gesprächs mit Maiski noch einmal dem Defence Committee zuleitete. Dieser beschloss jedoch, in der Sache nichts zu unternehmen, bis Churchill sich von seiner Krankheit erholt hätte. Churchill stellte sich stur und gab der Idee Maiskis von Anfang an keine Chance; von seinem Krankenbett aus ließ er das Committee wissen: «Eine Änderung des Plans kann es nicht geben. Ich werde mich in ein paar Tagen telegraphisch an Mr Stalin wenden.»[26] Eden kam einen Monat später bei seinen Gesprächen mit Hopkins in Washington wohlwollend auf Maiskis detaillierte Ausführungen über das Europa der Nachkriegszeit zu sprechen, die der Botschafter ihm offenbar bei ihrem Treffen am 26. Februar vorgetragen hatte. Was Eden als Einziges nicht gefiel, war die Kritik Maiskis an seiner Vision einer europäischen Föderation, ein Modell, das Maiski als «vegetarisch» bezeichnet hatte, «was vermutlich im Sinne von ‹harmlos› gemeint war».[27] Der Wunsch, die sowjetische Kritik zum Schweigen zu bringen und Großbritannien unter Handlungszwang zu setzen, erklärt vermutlich die Inbrunst, mit der Churchill am 17. Februar Eisenhower drängte, durch einen möglichst schnellen Abschluss des Feldzugs in Tunesien das Anlaufen der Operation *Husky* zu beschleunigen.[28]

26. Februar

Kerr hat seit seiner Rückkehr nach Moskau eine Reihe fast fieberhafter Aktivitäten entfaltet.[29] Am 20. Februar suchte er Molotow auf und erklärte ihm, er werde sich an einigen Debatten über Fragen der Nachkriegsordnung beteiligen, da die britische Regierung es für unerlässlich erachte, in diesen Fragen noch vor Ende des Krieges Einigkeit mit den USA und der UdSSR zu erzielen. [...] Kerr bat Molotow, ihm zu erklären, was Stalin mit seiner Aussage in der Rede vom 6. November 1942 gemeint habe, die UdSSR habe nicht vor, den deutschen Staat und die deutschen Streitkräfte zu vernichten. Diese Äußerungen hätten in London Verwunderung ausgelöst. Sie schienen dem zu widersprechen, was Stalin Eden im Dezember 1941 gesagt hatte.

Molotow wich den Fragen Kerrs aus und sagte ihm lediglich, Stalin könne diese besser beantworten. Daraufhin kleidete Kerr seine Fragen in das Gewand eines Briefs. Am 24. Februar empfing ihn Stalin und überreichte ihm eine schriftliche Antwort, deren Quintessenz lautete, es habe keinen Sinn, jetzt allgemeine, unverbindliche Gespräche über Nachkriegsangelegenheiten zu führen; es würde viel mehr bringen, wenn sich offizielle Vertreter beider Staaten zusammensetzen, diese Dinge besprechen und dann im Namen beider Staaten eine bindende Vereinbarung unterzeichnen würden. Genau das hatte Stalin Eden schon im Dezember 1941 vorgeschlagen, doch Eden hatte sich vor einer verbindlichen Antwort gedrückt. Wenn die britische Regierung es jetzt für nötig befinde, eine solche Konferenz anzusetzen und eine Vereinbarung mit der UdSSR über die Zukunft Deutschlands oder anderer Staaten zu schließen, seien wir bereit, unseren Teil dazu beizutragen.

27. Februar

Agnia und ich haben uns in Wembley ein Fußballmatch zwischen England und Wales angeschaut. Es waren 75 000 Menschen im Stadion. Es war ein herrlicher Tag: sonnig und wolkenlos. Wir saßen in der königlichen Loge, zusammen mit dem König, der Königin, Mrs Chur-

Maiski hatte eine Schwäche für Clementine, die Frau des Premierministers.

chill, Alexander, Attlee, Morrison, Leathers und anderen Ministern. Unbeschreibliche Stimmung. Natürlich nicht bei mir (ich bleibe bei solchen Anlässen immer ruhig), aber bei dieser gigantischen Menschenmasse. Das Ergebnis: England schlug Wales mit fünf zu drei. Wären da nicht die Spitfires gewesen, die regelmäßig ihre Kreise über dem Stadion zogen, man hätte sich glatt in Friedenszeiten wähnen können. Ja, die Selbstgefälligkeit breitet sich in England rapide aus, Hand in Hand mit unseren Siegen, und eilt ihnen sogar voraus.

Mrs Churchill saß neben mir. Sie ist eine sehr sympathische Frau, und wir verstehen uns gut. Mrs Churchill äußert sich mir gegenüber zuweilen offen zu diversen persönlichen und familiären Themen. Heute ließ sie mich an ihren Befürchtungen und Hoffnungen in Bezug auf die Gesundheit ihres Mannes teilhaben. Churchill ist vor etwa zwei Wochen erkrankt. Es war nur eine milde Form von Lungenentzündung, aber mit Fieber verbunden. Er ist ein furchtbarer Patient, ignoriert alles, was die Ärzte ihm sagen. Sich eine Ruhepause zu gönnen lehnt er ab. Er denkt beständig über alle möglichen politischen Fragen nach. Er arbeitet. Sogar mit hohem Fieber hat er noch gearbeitet. Jetzt fühlt er sich besser, hat wieder Normaltemperatur. Die Lungenentzündung ist abgeklungen. Das Schlafzimmer des Premierministers ist dunkel und ohne Sonne. Mrs Churchill möchte ihren Mann Anfang nächster Woche nach Chequers bringen – wegen der frischen Luft und der Sonne. Er werde sich dort schneller erholen und zur Ruhe kommen.

Mrs Churchill erzählte mir das alles in atemlosem Stakkato, verschluckte halbe Wörter und garnierte das Ganze mit einem ansteckenden Lachen. So redet sie immer. Dann überlegte sie einen Moment und sagte im Brustton der Überzeugung: «Er muss wieder gesund werden! Es wird ihm nichts zustoßen: Es ist ihm bestimmt, sein Land durch solche Zeiten zu führen!»

«Nicht schlecht!», dachte ich.

Mit einem Anflug von Bitterkeit fügte Mrs Churchill hinzu: «Es ist ein Jammer, dass wir den Krieg jetzt bekommen haben, da er schon 68 ist. Es wäre besser gewesen, wenn er ein wenig jünger wäre. Aber da kann man nichts machen.»

Ja, diese Frau glaubt an die Vorsehung. Da haben wir sie, die bürgerliche Gesellschaft von heute!

Ich drehte mich zu Mrs Churchill und sagte: «Vor fünf oder sechs Jahren, lange vor dem Krieg, fragte mich ein Freund aus Moskau, ob Ihr Mann irgendeine Chance hätte, an die Macht zu kommen. Wissen Sie, was ich ihm sagte?»

«Was?», fragte Mrs Churchill höchst interessiert.

«Ich sagte ihm: unter normalen Umständen: nein, denn die Mediokritäten in der Konservativen Partei würden nie zulassen, dass er an die Macht kommt. Zu groß wäre ihre Angst, dass er sie einengen oder an die Wand drücken würde. Doch in einem Augenblick großer Gefahr für das Land würde Churchill zweifellos die Zügel in die Hand nehmen.»

Woraufhin Mrs Churchill mit Inbrunst ausrief: «Wie bemerkenswert! Ich hatte genau denselben Gedanken. Ich habe meinem Mann immer gesagt: Du wirst an die Macht kommen, wenn ein Krieg ausbricht.»

Sie hielt inne und fügte hinzu: «Er ist schließlich dafür geboren! ... Aber was für ein Jammer, dass er schon 68 Jahre alt ist!» [...]

3. März

Was für eine originelle Art und Weise, einen Abend zu verbringen.

Vor einer Weile luden uns die Crippsens ein, bei ihnen zu Abend zu essen und uns anschließend die Musik von Myra Hess[1] anzuhören. Wir verabredeten uns für den heutigen Abend. Wir trafen uns in einem französischen Restaurant in der Charlotte Street. Cripps' Tochter, die zunächst mit ihrem Vater nach Moskau gegangen war, dann an der britischen Botschaft in Teheran gearbeitet hatte und jetzt eine Stelle im Informationsministerium innehat, war auch dabei.

Wir hatten uns gerade gesetzt, als die Sirenen losheulten. Ein seltenes Ereignis heutzutage! Es ist fast zwei Jahre her, dass die Luftangriffe auf London aufgehört haben. Heute gab es einen besonderen Anlass: In der Nacht vom 1. auf den 2. März haben 700 viermotorige englische Bomber einen Angriff auf Berlin geflogen und müssen wohl sehr große Schäden angerichtet haben. Das konnte Göring natürlich nicht auf sich sitzen lassen, und heute Abend flogen 40 deutsche Bomber einen «Vergeltungsangriff». 40! Nur 40! ... So sehr haben die Deutschen nachgelassen (die aber sicher, wenn es darauf ankäme, noch 100 bis 150 Maschinen für einen Großangriff auf London zusammenkratzen könnten). Nur ein paar dieser 40 «Deutschen» erreichten London. Die erzielte Schadwirkung war natürlich vernachlässigbar. Aber das Flakfeuer von unten war erstaunlich. Überhaupt nicht zu vergleichen mit dem, was 1940, in den denkwürdigen Tagen des «Big Blitz», geboten war. Es war das Sperrfeuer der Flugabwehrbatterien, das uns bis kurz vor 22 Uhr im Restaurant festhielt.

Wir schafften es aber dennoch zum Haus von Myra Hess. Ihre Wohnung war mir sehr sympathisch: zwei Flügel, Bücherregale mit einer riesigen Musikbibliothek, einfache, aber irgendwie intelligente Möblierung, Porträts bedeutender Musiker und Komponisten, eine schöne Beethoven-Statuette auf dem Tisch ... Alles strahlte Hochkultur aus, die Höhenflüge des menschlichen Geistes ...

---

1 Dame (Julia) Myra Hess, britische Pianistin, veranstaltete und spielte während der Bombenangriffe auf London und auch später noch bis Kriegsende eine Serie täglicher Kammermusikkonzerte in der National Gallery in London. Mehr als eine Dreiviertelmillion Menschen besuchten ihre Konzerte.

Bei einem der berühmten Kriegskonzerte von Myra Hess in der National Gallery

Myra spielte für uns Beethovens «Appassionata». Eine wunderschöne Interpretation! Ich sagte Myra, dass das Iljitschs[I] Lieblingsstück gewesen sei. Das machte großen Eindruck auf sie und auf die Crippsens sogar noch größeren.[30]

4. März

Die Polen benehmen sich ziemlich idiotisch. Vor nicht langer Zeit verabschiedeten die polnische Regierung und der polnische «Nationalrat» eine offizielle, später veröffentlichte Resolution, in der sie erklärten, sie stünden fest auf dem Boden der Grenzen von 1939. Wir antworteten mit einem schneidenden TASS-Kommuniqué. […] Ich meine, der Austausch von Nettigkeiten dürfte sich damit erschöpft haben, es sei denn, die Polen ließen sich weitere Provokationen einfallen. Nach meiner Meinung wäre es unzweckmäßig, die Sache weiter eskalieren zu lassen –

I Lenin.

warum Wasser auf Goebbels' Mühlen leiten? Er tut schon alles, was er kann, um Zwietracht in unserer Koalition zu schüren.

Die Polen sind ein seltsames Volk! Im Lauf ihrer ganzen Geschichte haben sie ihren völligen Mangel an Talent für den Aufbau eines Staatswesens (in der außen- wie in der innenpolitischen Sphäre) unter Beweis gestellt. [...] Es fällt schwer, sich des Eindrucks zu erwehren, dass Polen generell unfähig ist, über einen längeren Zeitraum hinweg als uneingeschränkt selbstständiger und souveräner nationaler Organismus zu bestehen. Das Schicksal Polens in den Jahren zwischen den beiden Kriegen und das Auftreten Sikorskis und Co. in den letzten 20 Monaten illustrieren dies aufs Perfekteste. Nun ja, wir werden sehen, was die Zukunft bereithält. Eines ist schon jetzt klar: Die Polenfrage wird bei Kriegsende eine der härtesten zu knackenden Nüsse sein. [...]

9. März

Am 6. März ist Stalin in den Rang eines Marschalls der Sowjetunion erhoben worden. Er hat sich diese höchste militärische Ehre voll und ganz verdient – mehr als irgendjemand anderes nicht nur in unserer Zeit, sondern in der langen Geschichte unseres Landes.

Welches seltene Glück ist dem sowjetischen Volk zuteilgeworden: im Verlauf der letzten 25 Jahre, der entscheidenden Phase in unserer Entwicklung und in der Entwicklung der Menschheit als Ganzer, gleich zwei solche Führer wie Lenin und Stalin zu haben! Das ist eine weitere Demonstration der ungehobenen Schätze an Talent und Tatkraft, die im Schoße unseres Volkes schlummern. Unser Volk wird zweifellos eine sehr große Rolle in der weiteren Geschichte der Menschheit spielen.

11. März

Eden ist heute nach Amerika abgeflogen. Er rechnet damit, drei bis vier Wochen fort zu sein. Wir werden ohne ihn klarkommen müssen. Das ist ein bisschen schade: Wir haben zu einem guten Verhältnis gefunden, und ich erfahre von ihm eine Menge. Wir haben auch gelernt, uns zwischen den Zeilen zu verstehen. Das macht unsere Arbeit leichter. Aber es ist, wie es ist. Ich werde das Beste aus der Situation machen müssen.

Gestern hatte ich noch eine Unterredung mit Eden, vor seinem Abflug. Ein interessantes Gespräch.

«Also, welche Gute-Reise-Wünsche haben Sie für mich?», fragte Eden, als ich es mir in dem Sessel ihm gegenüber bequem gemacht hatte.

«Welche Wünsche ich für Sie habe?», fragte ich zurück. «Einen Wunsch vor allen anderen: Gehen Sie in den USA keine Verpflichtungen in einer Frage ein, die auch uns betrifft. Wenn Sie sich in Washington auf irgendwelche Verpflichtungen festlegen, könnten Sie sich hinterher uns gegenüber in einer schwierigen Position wiederfinden ... So war es zum Beispiel bei Ihrem Besuch in Moskau im Dezember 1941.»

«Sie können in dieser Hinsicht ganz beruhigt sein», sagte Eden im Brustton der Überzeugung. «Ich werde mich in Amerika auf keine Verpflichtungen einlassen. Wir haben ein Bündnis mit Ihnen. Wir müssen uns erst mit Ihnen einig werden, bevor wir in trilaterale Verhandlungen eintreten können.»

[...] Die Unterhaltung wandte sich dann den wichtigsten europäischen Problemen zu. Eden wollte vor seiner Abreise in die USA unsere Auffassungen zu diesen Fragen allgemein umreißen und abgleichen. [...] Die erste Frage betraf Deutschland. Wie sollte nach unserem kollektiven Sieg seine Zukunft aussehen?

Das war klar genug formuliert. Wir erinnerten uns an die Moskauer Gespräche über dieses Thema (im Dezember 1941) und an weitere Äußerungen dazu aus dem Mund Stalins und anderer sowjetischer Vertreter. Das Fazit war: Deutschland muss nach dem Krieg auf Dauer so schwach gehalten werden, dass es von einem neuen Akt der Aggression nicht einmal mehr träumen kann. Die Mittel zu diesem Zweck sind Entwaffnung, Teilung (vielleicht in Form einer Föderation aus mehreren deutschen Staaten) und diverse wirtschaftliche Sanktionen, darunter Reparationen in Form von Sachwerten. Eden erklärte sich mit diesem Fazit voll und ganz einverstanden.

Die zweite Frage bezog sich auf Polen. Wie sollte seine Zukunft aussehen? Was sollte mit Polen geschehen?

«Ich werde mich hüten, darüber zu spekulieren», sagte ich, «aber zumindest eines ist mir schon jetzt klar: Die westliche Ukraine und das westliche Weißrussland werden in die Sowjetunion eingegliedert. Dass sie wieder unter polnische Herrschaft fallen, kommt nicht in Frage. Zufällig ist die britische Regierung derselben Meinung: Die Curzon-Linie entspricht im Großen und Ganzen unseren Grenzen von 1941.»

«Aber Sie verlangen, wie mir scheint, mehr als die Curzon-Linie – Lemberg zum Beispiel», wandte Eden vorsichtig ein.

«Ja, wir verlangen Lemberg, weil es eine ukrainische Stadt ist, keine polnische», erwiderte ich. «Lemberg bedeutet jedoch nur eine kleine Abweichung von der Curzon-Linie, und wir akzeptieren die Curzon-Linie auch nur ‹im Großen und Ganzen›. [...] Es gibt hier Verhandlungsspielräume.» [...] Eden beeilte sich, das Thema zu wechseln, und äußerte seine Sorge um die Zukunft Polens. Ich teilte seine Befürchtungen. Ich sagte, die Zukunft Nachkriegspolens sei mir ganz und gar nicht klar. Eden kennt unsere Auffassungen hierzu. Ich äußerte sie klar und deutlich gleich zu Beginn unserer Gespräche über einen Beistandspakt auf Gegenseitigkeit mit den Polen 1941. Wir stehen ein für ein unabhängiges und freies Polen, aber innerhalb seiner ethnographischen Grenzen. Wir sind gern bereit, einem solchen Polen zu helfen; wir werden in guter Nachbarschaft mit ihm leben können. Wir haben nicht vor, uns in die inneren Angelegenheiten Polens einzumischen. Sie sollen ihre Dinge so ordnen, wie sie es wollen. Und wir haben, wie Eden ebenfalls weiß, nichts dagegen, Ostpreußen ins künftige Polen einzugliedern – mit einem Bevölkerungstausch. Aber auch hier reden wir von einem Polen innerhalb seiner ethnographischen Grenzen.

«Das Problem ist», fuhr ich fort, «dass die polnische Regierung in London ganz andere Vorstellungen hat ... Sie hat einen Haufen imperialistische Ambitionen! ... Das entspricht sehr dem Geist der polnischen Geschichte über die Jahrhunderte hinweg. Die Polen sind nie in der Lage gewesen, einen stabilen, sich systematisch fortentwickelnden Staat zu schaffen. Warum nicht? Der Grund liegt auf der Hand: Das Wesen der staatsmännischen Weisheit besteht darin, dass man sich politische Ziele setzt, die mit den zur Verfügung stehenden Ressourcen und Mitteln vereinbar sind. Die Polen haben sich nie an diesem Grundsatz orientiert. Im Gegenteil, sie haben sich fast immer unerreichbare Ziele gesetzt. Sie hatten immer, um es mit einem russischen Sprichwort zu sagen, für jeden Rubel Ambition nur eine Kopeke Munition. Es reicht, sich ihren Versuch aus dem 17. Jahrhundert vor Augen zu führen, Russland zu erobern. Wie absurd! ... Die Folge war, dass die Polen es nie geschafft haben, ein starkes und lebensfähiges Staatswesen zu errichten.»

Eden unterbrach mich. «Es ist viel Wahres an dem, was Sie sagen. Sie kennen doch den Ausspruch von Bismarck: ‹Politik ist die Kunst des Möglichen›?»

«Ganz recht», pflichtete ich bei, «aber weiß das die polnische Regierung in London? Nein, sie weiß es nicht. Sie würde sonst keinen so abenteuerlichen Kurs steuern. Es liegt klar auf der Hand, dass die UdSSR nach dem Krieg die maßgebliche Kraft in Osteuropa sein wird; welchen Sinn sieht die polnische Regierung unter diesen Umständen darin, sich mit der UdSSR zu streiten?»

[...] Von Polen kam die Rede auf die baltischen Staaten.

«Wenn Sie mit den Amerikanern reden», sagte ich, «sollten Sie ihnen zu verstehen geben, dass es höchste Zeit ist, diese ganze Herumtrickserei in Betreff der baltischen Frage sein zu lassen. Aus unserer Sicht hat sich das Schicksal der baltischen Länder für alle Zukunft entschieden. Diese Frage steht, soweit es uns betrifft, einfach nicht mehr zur Debatte. Wenn die Amerikaner sie trotzdem aufbringen, wird sich daraus nichts ergeben außer bösem Blut zwischen den USA und der UdSSR. Wer braucht das? Die baltischen Staaten werden, was auch immer passiert, Bestandteil der UdSSR bleiben.»

Eden entgegnete, aus seiner persönlichen Sicht sei die baltische Frage erledigt. Er wird die Haltung der Amerikaner dazu bei seinem Besuch ausloten. «Und wie steht es mit Finnland?», fragte Eden dann.

Ich antwortete, dass Eden aus unserer Korrespondenz und unseren Verhandlungen mit unserem Standpunkt in dieser Frage vertraut sein müsste. Wir wollen, dass die Konditionen des sowjetisch-finnischen Friedensvertrags von 1940 wiederhergestellt werden, plus Petsamo plus ein Beistandspakt auf Gegenseitigkeit. Etwas, das dahinter zurückbliebe, könnten wir nicht akzeptieren. Die Gefahr, die unserem Staat von Finnland her droht, muss ein für alle Male beseitigt werden. Das sind wir unseren künftigen Generationen schuldig.

Eden äußerte sich dazu weder zustimmend noch ablehnend. Nach meinem Eindruck lief seine Haltung in etwa auf das Folgende hinaus: «Wie Sie mögen, Hauptsache, es führt nicht zu irgendwelchen Komplikationen mit den Amerikanern.»

[...] «Darf ich Sie abschließend bitten», fuhr ich fort, «die Amerikaner wissen zu lassen, dass das schlechteste Mittel zur Verbesserung der Beziehungen zwischen den USA und der UdSSR ein onkelhaftes Schulterklopfen ist. [...] Es gibt in Amerika eine Denkschule, die die These vertritt, das 20. Jahrhundert werde das ‹amerikanische Jahrhundert› sein. Ich finde solche Slogans ganz allgemein abwegig. Wenn wir aber unbedingt zu solchen Formeln greifen müssen, hätte man in meinen Augen mehr Grund zu sagen, dass das 20. Jahrhundert das ‹russische Jahrhundert› sein wird.»

«Warum glauben Sie das?», fragte Eden interessiert.

«Aus den folgenden Gründen», antwortete ich. «Wenn Sie einmal versuchen, die allgemeinen, wichtigen Vektoren des geschichtlichen Prozesses in den Blick zu nehmen, welche Entwicklungen sehen Sie dann, die sich in der Welt heute vollziehen? Es ist doch ziemlich offensichtlich, dass die Ära der kapitalistischen Zivilisation von der Ära der sozialistischen Zivilisation abgelöst wird. Diese Entwicklung hat 1917 eingesetzt. Ich weiß nicht, wie viel Zeit der Wandlungsprozess brauchen wird, aber an seiner grundlegenden Richtung und Tendenz kann kein Zweifel sein. Wie wird die Welt im, sagen wir, 21. Jahrhundert aussehen? Sie wird natürlich eine sozialistische Welt sein. Somit deutet alles darauf hin, dass sich das 20. Jahrhundert als ein Jahrhundert des Übergangs vom Kapitalismus zum Sozialismus erweisen wird. Von einer hochgelegenen historischen Warte aus erkennt man ziemlich klar, dass die UdSSR die aufgehende Sonne und die USA die untergehende Sonne verkörpern, was die Möglichkeit einer noch relativ lange fortdauernden Existenz der USA als einer tonangebenden kapitalistischen Macht nicht ausschließt.»

[...] Ich weiß nicht, ob Eden mich verstand oder ob ich ihn mit meinen Argumenten überzeugen konnte, aber eines stand fest: Meine Ideen stießen auf sein reges Interesse und lieferten ihm Stoff für eigene Überlegungen.

[...] Eden lächelte und sagte: «Vieles von dem, was Sie sagen, ist interessant und vielleicht auch richtig. ... Wenn also nun die USA eine untergehende Sonne sind, was verkörpern dann wir, Großbritannien?»

«Sie?», versetzte ich. «Sie versuchen, wie immer, einen kompromisslerischen Mittelweg zwischen zwei Extremen zu gehen. Werden Sie ihn finden? Ich weiß es nicht. Das ist Ihr Problem. Nach den Reaktionen auf den Beveridge-Bericht[1] zu urteilen, tun Sie sich noch immer schwer, die Bedeutung der radikalen geschichtlichen Umbrüche, die unsere Ära mit sich bringt, zu verstehen.»

Beim Abschiednehmen sagte Eden zu mir: «Ich bin Ihnen wirklich

---

1 William Henry Beveridge, Volkswirtschaftler und Sozialreformer. Sein Bericht über das britische Sozialwesen befasste sich vorrangig mit Arbeitslosigkeit, Gesundheitswesen und Armut und wurde zur Blaupause für die gesetzgeberische Begründung des «Wohlfahrtsstaats» in den Jahren 1944 bis 1948.

dankbar für diese Unterredung. Sie wird mir für meine Gespräche in Amerika und auch ganz allgemein eine große Hilfe sein ...»

«Ich wünsche Ihnen jeden erdenklichen Erfolg!», entgegnete ich.

Wir werden sehen, was daraus wird. Gewiss hat Eden viele gute Absichten, und ich habe keinen Grund, an seiner Aufrichtigkeit in der Frage des englisch-sowjetischen Bündnisses zu zweifeln. Andererseits ist er aber kein starker oder gefestigter Mensch, und ich habe gewisse Befürchtungen, dass die amerikanischen Milieus einen negativen Einfluss auf ihn ausüben könnten. Deswegen hielt ich es für eine gute Idee, Eden vor seiner Abreise etwas den «Rücken zu stärken». Ich habe ihm im Grunde nichts Neues erzählt. Ich hatte ihm dieselben Gedanken bei Gesprächen über dieses oder jenes Thema schon viele Male stückweise auseinandergesetzt. Aber Redundanz (besonders in Form einer kompletten und ausgefeilten Darstellung) erweist sich manchmal als hilfreich, zumal wenn sie zum passenden Zeitpunkt kommt. Und das scheint hier der Fall gewesen zu sein.

▶ In Maiskis eher lakonischem Bericht an Molotow über dieselbe Unterredung mit Eden erweckte er den Eindruck, er habe nur zugehört – «zu keinem Zeitpunkt suchte ich das Gespräch».[31] Dagegen deckt sich Edens amtlicher Bericht über das Treffen mit Maiskis Tagebucheintrag, wobei Eden darin als der vollkommen passive Akteur erscheint, der das Reden zur Gänze Maiski überlässt.[32] In seinen Memoiren hat Eden von seinem eigenen Bericht nur das Gerüst stehen gelassen und alles weggestrichen, was auf seine Zustimmung zu Maiskis Argumentationslinie schließen ließ. In Washington teilte Eden jedoch Sumner Welles mit, «Mr Maiski habe ihn aufgesucht und ihm die Position der Sowjetunion bis ins kleinste Detail erläutert». Eden referierte gegenüber Welles die sowjetischen Positionen in allen Einzelheiten und fügte unter Hinweis darauf, dass er natürlich nicht als «russischer Botschafter» nach Washington gekommen sei, hinzu, die «ihm von Mr Maiski vorgetragenen Auffassungen» könnten nach seiner Überzeugung «für uns von Nutzen sein». In seinen vom Kalten Krieg überschatteten Memoiren zog Eden es vor, sich von diesen Ideen zu distanzieren, und resümierte das betreffende Gespräch mit Maiski mit einer ebenso knappen wie tendenziösen Aussage: «Das meiste davon war verbohrt und negativ.»[33] Tatsächlich funktionierte Maiskis Modus Operandi gerade in diesem Fall perfekt. Nach London zurückgekehrt schilderte Eden dem Botschafter en détail seine Verhandlungen in Washington und die Zustimmung des Präsidenten zu den meisten von Eden vorgetragenen Ideen, die, ohne dass Moskau dies geahnt hätte, ursprünglich die Ideen Maiskis gewesen waren. Stalin und Molotow zeigten großes Interesse an diesen Überlegungen und erlaubten Maiski, sie ausführlicher darzulegen. Dies geschah in einem 23-seitigen Telegramm über die Aussichten einer gemeinsamen politischen Plattform zur Neugestaltung Europas nach dem Krieg.[34] Allein, die wenige Tage später hochkochende Krise um das Massaker von Katyn mischte die Karten neu, und nach dem Triumph der Roten Armee in der Schlacht um Kursk gingen die Verhandlungen in Moskau, wo sich die Außenminister im Herbst trafen, unter völlig veränderten atmosphärischen Bedingungen weiter – Maiski war zu dem Zeitpunkt schon nicht mehr Botschafter in London.[35]

Während an der politischen Front Fortschritte erzielt wurden, blieben die Meinungsunterschiede in Bezug auf die militärische Strategie bestehen. An dem Tag, an dem Eden mit Maiski konferierte, beantwortete der Rekonvaleszent Churchill die Fragen Stalins nach den in Casablanca beschlossenen strategischen Plänen für das Jahr 1943. Churchill schrieb, es sei sein und des US-Präsidenten «ernster Wunsch», ihre Truppen aufs europäische Schlachtfeld zu werfen, doch müsse er zu seinem Bedauern mitteilen, dass die Kampagne in Nordafrika, die man keinesfalls vernachlässigen dürfe, die britischen Reserven «bis auf die Knochen» aufgezehrt habe und dass man die zweite Front nur errichten könne, wenn Deutschland ausreichend geschwächt werde. Er behalte sich die «Freiheit der Entscheidung» für einen Zeitpunkt «näher am Sommer» vor.[36]

In London hatte sich die Haltung zu den russischen Forderungen eindeutig verschoben. Die Begeisterung für eine zweite Front flaute nach den britischen Siegen im Wüstenkrieg erheblich ab – vor allem bei den Konservativen reinsten Wassers im Parlament. Einer ihrer prominentesten Vertreter, Sir Cuthbert Headlam, beklagte sich in seinem Tagebuch über die Weigerung der Russen zuzugeben, dass der Feldzug in Nordafrika «eindeutig zu einer ‹zweiten Front› gegen Hitler» geworden sei. «Ich sehe, dass dieses kleine Schwein Maiski noch immer behauptet, wir täten nicht alles uns Mögliche, um seinem Volk zu helfen – ich misstraue diesem Mann aufs Tiefste: Nach allem, was ich von ihm höre, ist er politisch ein echter Gefahrenherd in diesem Land.»[37] Auch Roosevelt zeigte erste Anzeichen des Unmuts über Litwinows «Drängelei nach einer zweiten Front». Er bat Harriman, den Botschafter zur Ordnung zu rufen, «notfalls bis zu dem Punkt, wo wir sagen, wir könnten um seine Abberufung bitten».[38]

14. März (Bovingdon)

Die Lage an der Front hat sich in der vergangenen Woche verschlechtert.

Auf der einen Seite feiern wir weitere Erfolge im Mittelabschnitt: Wir haben Wjasma eingenommen und rücken weiter nach Westen vor. In den zurückliegenden Wochen haben die Deutschen drei wichtige «Igel» verloren: Rschew, Gschatsk und Wjasma. Die Straße Richtung Smolensk wird immer breiter.

Auf der anderen Seite haben aber auch die Deutschen eine Reihe bedeutender Erfolge erzielt: Im Süden haben sie nicht nur unseren Vormarsch in Richtung Dnjepr gestoppt, sondern uns im Donezbecken und bei Charkow sogar ein erhebliches Stück zurückgedrängt. Wir haben Pawlograd, Krasnograd, Krasnoarmeisk, Kramatorsk, Barwenkowo und andere Zentren geräumt. Die Deutschen stehen wieder am Donez, haben ihn allerdings noch nicht überschritten. Auch nach Charkow sind sie durchgebrochen und kämpfen um die Zugänge zur Stadt sowie, wenn man den Deutschen selbst glauben will, bereits auch in den Straßen der Stadt.

[...] So ist das Leben: Der Krieg ist ein guter Lehrmeister. Wir werden aus den jüngsten Rückschlägen sicherlich unsere Lehren ziehen. Unangenehm sind sie trotzdem. Und noch ein Weiteres: Die Wut über die Engländer und Amerikaner nimmt weiter zu. Hätten sie eine zweite Front eröffnet, lägen die Dinge heute ganz anders.

16. März

Heute übergab ich Churchill die Botschaft von Stalin zu dem amerikanischen Angebot, zwischen der UdSSR und Finnland zu vermitteln.

Churchills Reaktion kam prompt und spontan. «Das ist voll und ganz eure eigene Sache», rief er aus. «Finnland hat weder uns noch die Amerikaner angegriffen. Finnland hat euch angegriffen. Also liegt die Entscheidung bei euch, wann und wie ihr mit Finnland Frieden schließt.» [...] «Auf jeden Fall», schloss Churchill, «sehe ich keinen Grund, weshalb ihr einen hohen Preis für Frieden mit Finnland zahlen solltet. Die militärische Lage ist so, dass ihr euch nicht um Finnland bemühen müsst; vielmehr sollte Finnland sich um euch bemühen. Wenn die Finnen Frieden wollen, müssen sie sich selbst an euch wenden.»

Beim Thema Finnland fiel Churchill auch etwas zu den baltischen Staaten ein. Mit einem verschmitzten Funkeln in den Augen meinte er: «Wenn eure Truppen erst einmal das Baltikum besetzt haben, wird das ganze Thema erledigt sein.»

Churchill sagt, er habe in dieser Frage nur einen Rat für uns, wie wir «das Herz der Amerikaner erweichen» können: indem wir all denen im Baltikum, die nicht in der UdSSR leben wollen, erlauben, mit allem, was ihnen gehört, auszuwandern.

Ich antwortete mit einem Kopfschütteln und sagte, soweit es uns betreffe, sei die baltische Frage ein für alle Male entschieden. Inwendig sagte ich mir jedoch: «Es lohnt sich, diesen Rat im Hinterkopf zu behalten. Vielleicht erweist er sich eines Tages als nützlich.»

Wir wandten uns dem Thema Tunesien zu. Ich war wie vor den Kopf geschlagen, als Churchill mir eröffnete, dass die englischen und amerikanischen Truppen noch 60 bis 70 Tage brauchen würden, um die Operation dort abzuschließen. Das bedeutet eine weitere Verzögerung bis Mitte Mai! Widerwärtig! Churchill wollte mich mit der schnell nachgeschobenen Ankündigung trösten, dass die Sizilienoperation schon einen Monat früher anlaufen wird, im Juni. Was die Landung an der französischen Kanalküste betrifft, so haben sich die Planungen nicht geändert: Sie wird frühestens im August stattfinden. Churchill gibt den Amerikanern die Schuld, die ihre Divisionen nicht nach Europa verlegen. Wenn man nach dem Grund fragt, ist die Antwort immer dieselbe: das Transportproblem. [...] Ich konnte mit Churchill nicht einig werden. Wir stritten uns lange, doch Churchill gab mir nicht einmal den kleinen Finger. Schlecht. [...]

29. März

War bei Churchill. Auf Weisung Moskaus informierte ich ihn über unsere Antwort auf die amerikanische Botschaft zum Thema Finnland. Molotow hat Standley[1] zu verstehen gegeben, dass er die Chancen für den baldigen Abschluss eines Separatfriedens mit Finnland zu für uns akzeptablen Bedingungen gering einschätzt. Angesichts des von der US-Regierung bekundeten Interesses an dieser Frage sei er aber bereit, ihm unsere Mindestbedingungen für einen Separatfrieden zur Kenntnis zu geben.

---

1 Admiral William Harrison Standley, 1933–1937 Chief of Naval Operations der USA, 1941–1943 US-Botschafter in der Sowjetunion.

[...] Als wir die Finnlandfrage ausdiskutiert hatten, fragte ich Churchill, warum der Märzkonvoi Verspätung habe. Die Schiffe sind vor fünf Tagen beladen worden, haben sich aber noch nicht in Bewegung gesetzt.

Churchill legte unvermittelt die Stirn in Falten und verfiel in einen düsteren Modus.

«Es gibt Komplikationen mit diesem Konvoi», sagte er.

«Hoffentlich nichts Ernstes?», fragte ich in Erwartung schlechter Nachrichten.

«Ich kann Ihnen heute nichts dazu sagen», erwiderte Churchill mürrisch. «Ich werde Sie morgen über die endgültige Entscheidung informieren. Ich warte auf eine Antwort von Roosevelt.»

Ich machte einen weiteren Versuch, mehr über die Hintergründe zu erfahren, doch Churchill gab nichts preis.

Ich werde also bis morgen warten müssen. Aber mir gefällt das überhaupt nicht. Ich fürchte, da läuft etwas schief mit den Konvois.

30. März

Meine Befürchtungen haben sich bewahrheitet, und zwar in einer schlimmeren Weise, als ich es erwartet hatte.

Heute Abend lud mich Cadogan ins Foreign Office ein und reichte mir eine Kopie der Antwort Churchills an Stalin, die am Vormittag nach Moskau übermittelt worden war. Sie setzt Stalin in Kenntnis davon, dass die britische Regierung sich angesichts der Massierung deutscher Großkampfschiffe in Narvik (*Tirpitz*, *Scharnhorst*, *Lützow* und andere) nicht in der Lage sieht, den nächsten Konvoi nach Nordrussland loszuschicken, dass sie angesichts der bevorstehenden Operationen im Mittelmeer ab Mai gar keine Konvois mehr nach Archangelsk und Murmansk schicken kann und dass die Konvoifahrten frühestens im September wieder aufgenommen werden können, aber nur wenn die Aufstellung der deutschen Kriegsflotte im Atlantik und die dortige Seekriegslage es zulassen.[39]

Sehr schlecht. Das wird für unsere Leute in Moskau ein Tiefschlag sein. Besonders in einem so kritischen Augenblick – am Vorabend der deutschen Frühjahrsoffensive.

► Auf Anregung Maiskis wählte die sowjetische Regierung diesen Zeitpunkt, um Auszeichnungen an Mitglieder der Royal Navy und der britischen Handelsmarine zu verleihen, in Anerkennung des Standvermögens und der Tapferkeit, mit denen sie die Nordmeerkonvois unter schwierigsten Bedingungen ans Ziel gebracht hatten. Maiski nutzte den Anlass, bei dem Admiral Pound und andere Würdenträger zugegen waren, um zu erklären, die Orden seien nicht nur «Ausdruck der Dankbarkeit für in der Vergangenheit Geleistetes», sondern auch als «Ansporn für künftige Leistungen» gedacht. Das sowjetische Volk erwarte, dass «die Westalliierten in den militärischen Feldzügen dieses Jahres ihr volles Gewicht in die Waagschale des gemeinsamen Kampfes gegen unseren gemeinsamen Feind werfen».[40]

31. März

Heute suchte ich erneut Churchill auf.

Als Erstes musste ich ihm die Botschaft Stalins übermitteln, die gestern eingetroffen ist. Zum Zweiten hielt ich es für nötig, mit ihm ein ernstes Gespräch über die Konvois zu führen.

Churchill begrüßte mich mit finsterer Miene, seine Augenbrauen waren buschiger als sonst. Er nahm wahrscheinlich an, ich würde ihm die Antwort Stalins auf die gestrige Mitteilung die Konvois betreffend überbringen, und rechnete mit etwas Unerfreulichem. Ich übergab ihm das Kuvert. Er zog langsam den Briefbogen heraus, setzte langsam seine Brille auf und begann langsam zu lesen. Dann plötzlich hellte sich das Gesicht des PM auf. Kein Wunder! Stalin gratulierte Churchill zum Erfolg in Tunesien und äußerte die Hoffnung, die mechanisierten britischen Verbände würden den in die Flucht geschlagenen Feind unerbittlich verfolgen und ihm keine Ruhepause gönnen.

Churchill sprang von seinem Stuhl auf, ging um den langen Tisch herum, an dem das Kabinett seine Sitzungen abhielt, und blieb vor der an der Wand hängenden Landkarte stehen. Dort legte er mir mit Inbrunst und großer Expressivität seine strategischen Pläne dar: In ca. zwei Wochen werde man die Deutschen und Italiener in der nordöstlichen Ecke Tunesiens eingekesselt haben, auf einem Areal mit einem Radius von 50 Meilen um Bizerta. Den Fluchtweg übers Meer würde ihnen die britische Flotte abschneiden, und aus der Luft werde man sie mit Bomben eindecken.

«Es reicht nicht, den Feind aus Tunesien zu vertreiben», rief Churchill aus. «Der Feind muss vernichtet werden! Das muss unser Stalingrad werden!»

Ich hörte wohl die Botschaft und dachte bei mir: «Wir werden sehen.

Wie oft schon sind Churchills hochfliegende Ankündigungen von der Realität entzaubert worden!»

Churchill kehrte auf seinen Platz zurück und fuhr mit der Lektüre der Botschaft fort, in der Stalin ihn wissen ließ, dass er sich am Vorabend den Film *Desert Victory* angeschaut habe, den Churchill ihm geschickt hatte. Stalin fand an dem Film großen Gefallen. Und das war noch nicht alles. Er schrieb, der Film zeige auf herausragende Weise, wie Großbritannien kämpfe, und demaskiere damit all jene «Schurken (von denen es manche auch in unserem Land gibt), die behaupten, Großbritannien kämpfe überhaupt nicht, sondern schaue nur zu». Am Ende des Briefes kündigte Stalin an, man werde *Desert Victory* flächendeckend der kämpfenden Truppe an der Front und den Massen im Land vorführen.

Ich beobachtete aufmerksam Churchills Mienenspiel. Als er zu dem Satz mit den «Schurken» kam, ging etwas Seltsames mit ihm vor: Das Gesicht des Premierministers verkrampfte sich und fing an zu zucken, seine Augen schlossen sich für einen Augenblick, und als er sie wieder öffnete, sah ich Tränen. Churchill steigerte sich in einen so großen Erregungszustand hinein, dass er nicht sitzen bleiben konnte. Er sprang wieder auf, stapfte zum Kamin und rief bewegt aus: «Mein tiefster Dank an Stalin! ... Sie haben mir noch nie eine so wunderbare Botschaft überbracht.»

War das alles echt? Oder spielte er mir etwas vor? Ich glaubte, in seinem Verhalten ein bisschen von beidem zu erkennen. Der Ausdruck «Schurken» muss irgendetwas tief in seinem Inneren zum Klingen gebracht haben. Und er empfand die Botschaft als Ganze offenbar als die lang entbehrte und vermisste Anerkennung seiner Leistungen als Kriegspremier in den verflossenen drei Jahren. Und aus wessen Mund? ... Aus dem Mund Stalins! Das könnte und muss Churchill zutiefst bewegt und ihm Tränen in die Augen getrieben haben. Der Premierminister hat das gefühlsbetonte Naturell eines Künstlers. Plötzliche Gefühlswallungen ergreifen Besitz von ihm wie künstlerische Eingebungen von einem Dichter. In solchen Momenten verliert Churchill manchmal die Selbstkontrolle und versteigt sich zu Versprechungen, die er später, wenn er sich wieder in einer normalen, nüchternen Gemütsverfassung befindet, nicht zu erfüllen vermag. Churchill ist aber auch ein Schauspieler. In seinen Oppositionsjahren studierte er seine Parlamentsreden vor dem Spiegel ein. Wie ein guter Schauspieler besitzt Churchill die Fähigkeit, in bestimmten

Momenten seinen Gefühlen freien Lauf zu lassen, so dass dann auch manchmal echte Tränen rollen.

Nachdem Churchill die Fassung wiedergefunden hatte, eröffnete er mir, wie begeistert er von *Stalingrad* sei, dem Film, den ich ihm ein paar Tage vorher auf Anweisung Stalins hatte zukommen lassen.

[...] Ich kam auf Churchills Botschaft vom 30. März zu sprechen und sagte, sie habe mich bestürzt. Was solle ich daraus entnehmen? Dass es bis September definitiv keine Konvois mehr geben werde? Ich äußerte meine Zweifel, dass danach die Konvois wieder anlaufen würden, denn man habe ihre Fortsetzung an zu viele verwickelte und dehnbare Wenns und Abers geknüpft. Ich hätte den Eindruck, man wolle die Konvois effektiv so lange aussetzen, bis im November/Dezember wieder die dunkle Jahreszeit beginnt. Das bedeute, dass wir in den nächsten acht oder neun Monaten nicht damit rechnen könnten, auch nur einen Bruchteil der Lieferungen zu erhalten, die wir bräuchten. Das sei für uns absolut nicht akzeptabel.

«Und welche Auswirkungen», fuhr ich fort, «wird das auf die Stimmungslage in der Roten Armee und in der Bevölkerung als Ganzer haben? ... Versetzen Sie sich an deren Stelle. Das ist jetzt der dritte Sommer, für den wir die Eröffnung einer zweiten Front seitens der Westalliierten erwarten. Wird es diese zweite Front geben oder nicht? ... Sie wissen es besser als ich. Mein persönlicher Eindruck ist der, dass man nichts Bestimmtes sagen kann – vielleicht wird es eine geben, vielleicht nicht. Und das ist das Beste, was wir heute über die Eröffnung einer zweiten Front sagen können ...»

[...] «Ja, ich weiß, dass das für Sie ein harter Brocken ist», rief Churchill aus. «Es ist schrecklich! Ich fürchte, die Aussetzung der Konvois wird unsere Beziehungen auf eine schwere Probe stellen ...»

Wieder füllten sich seine Augen mit Tränen. Er stand auf und lief erregt im Raum auf und ab.

«Aber was konnte ich tun? ...» Churchill war emotional sehr bewegt. «Ich hatte keine Alternative! ... Bitte verstehen Sie, ich habe nicht das Recht, den ganzen Fortgang des Krieges aufs Spiel zu setzen, nicht einmal für die Lieferungen an Sie! ... Ich kann das nicht machen! Ich kann es nicht! ... Es mag Ihnen seltsam erscheinen, aber unsere ganze Überlegenheit zur See basiert auf der Präsenz und Verfügbarkeit einer Handvoll erstklassiger Kampfverbände. Eure Leute verstehen das vielleicht nicht, aber eure Regierung muss es verstehen!»

Churchill drehte eine weitere Runde durch den Raum und fuhr dann fort: «Ich hielt es für meine Pflicht, Stalin die ganze Wahrheit zu sagen. Einem Verbündeten darf man nichts vormachen. Stalin sollte die wahren Gegebenheiten kennen. Man sollte selbst der unangenehmsten Nachricht mutig ins Gesicht sehen. Und Stalin ist ein mutiger Mann.»

[...] Bevor ich ein Wort dazu sagen konnte, stellte Churchill sich dicht vor mich, schaute mir geradewegs in die Augen und fragte: «Sagen Sie mir aufrichtig, wie denken Sie persönlich über diese Lage? ... Wird es darüber zu einem Zerwürfnis mit Stalin kommen oder nicht?»

«Ich maße mir nicht an, für Stalin zu sprechen», antwortete ich. «Er wird für sich selbst sprechen. Aber eines weiß ich ganz sicher: Ihr Beschluss wird Stalin sehr tief treffen.»

Churchill trat einen kleinen Schritt zurück. Seine Enttäuschung war nicht zu übersehen. Er seufzte, stapfte erneut um den Tisch und haspelte: «Alles, nur kein Zerwürfnis. Ich will kein Zerwürfnis. Auf keinen Fall! Ich möchte mit Stalin zusammenarbeiten, und ich spüre, dass ich das kann! ... Wenn es mir vergönnt ist, länger zu leben, kann ich euch sehr nützlich sein ... Bei der Einrenkung eurer Beziehungen zu Amerika. Das ist sehr wichtig. Es ist extrem wichtig. Was immer auch passiert, wir, die drei Großmächte – die UdSSR, die USA und Großbritannien –, sollten uns unsere Freundschaft zueinander bewahren und nach dem Krieg zusammenarbeiten. Andernfalls wird die Welt zugrunde gehen.»

2. April

[...] Heute übergab ich Churchill die Antwort Stalins auf seine Botschaft (vom 30. März) zur Einstellung der Konvois. Vor dem Hintergrund der allgemeinen Situation hatte ich es für möglich gehalten, dass Stalins Antwort nicht allzu scharf ausfallen würde; tatsächlich fiel sie noch sehr viel milder aus als erwartet. Stalin reagierte fast wie ein weiser alter Mann: Er äußerte weder Empörung noch Verärgerung. Er nahm lediglich den Beschluss Roosevelts und Churchills zur Kenntnis, die Konvois auszusetzen, und wies darauf hin, dass sich dies zwangsläufig auf die Kampfstärke der sowjetischen Truppen im bevorstehenden Sommerfeldzug auswirken würde.

Churchill war perplex. Er hatte bei meiner Ankunft ausgesprochen bedrückt und angespannt gewirkt. Ich spürte, dass er mit einer schneidenden, wenn nicht sogar grobschlächtigen Antwort gerechnet hatte. Er setzte die Brille auf und faltete den Briefbogen langsam und zögerlich auseinander, als wolle er den Augenblick, da er die bittere Pille schlucken musste, hinauszögern. Und dann das!

Churchill hielt es nicht auf seinem Platz. Er schoss aus seinem Sessel hoch und begann in höchster Erregung den Saal zu durchmessen.

«Sagen Sie Stalin», rief er mir schließlich zu, während er noch immer seine Kreise um den Kabinettstisch zog, «dass dies eine hochherzige und mutige Antwort ist. Er hat mich damit einfach überwältigt.[41] Nach so einer Antwort fühle ich mich doppelt verpflichtet, absolut alles Menschenmögliche zu tun, um ihm das zu vergelten. Ich werde arbeiten wie ein Berserker! Und ich werde Lösungen finden.»

Churchill drehte zwei weitere Runden um den Tisch und ergriff dann wieder das Wort: «Mit dieser Antwort hat Stalin wieder einmal gezeigt, was für ein bedeutender und kluger Mann er ist. ... Ich will unbedingt mit ihm zusammenarbeiten! Wenn der Krieg zu Ende ist, werde ich nichts unversucht lassen, Russland zu helfen, seine Wunden so schnell wie möglich zu heilen ... Wir werden auch gemeinsam der Welt helfen, so schnell wie möglich wieder auf die Füße zu kommen ... Stalin ist ein Mann von großem Format, auch Roosevelt ist ein Mann von großem Format ... Ja, wir drei können viel auf die Beine stellen!»

11. April (Bovingdon)

[...] In Tunesien scheint das Ende in Sicht. Gestern haben die Briten Sfax erobert. Die englisch-amerikanisch-französischen Truppen nähern sich Kairouan und Bizerta. Nach Tunis ist es auch nicht mehr weit. Es wird auch Zeit! Höchste Zeit! Tunesien war eine große Enttäuschung. Es hieß, seine Besetzung sei eine Sache von zwei bis drei Wochen, aber jetzt schleppen sich die Kämpfe schon fünf Monate hin! So viel wertvolle Zeit ist verloren gegangen! Und als Folge davon sind so viele strategische Gelegenheiten verpasst worden! Auch wenn dort jetzt das Ende naht, blicke ich ohne große Begeisterung in die Zukunft. Ich sehe keine Chance für eine ernst zu nehmende zweite Front im laufenden Jahr, jedenfalls nicht im Frühjahr oder Sommer, da wir sie am dringendsten brauchen würden.[42]

► Der wie immer gut informierte Maiski lag mit seiner Einschätzung richtig. Während er auf dem Rückweg von Bovingdon nach London war, eröffneten die Stabschefs einem sich überrascht gebenden Churchill, sie müssten, um die Operation *Husky* durchführen und deren Erfolgsdynamik für eine Landung auf dem italienischen Festland nutzen zu können, so viele der verfügbaren Landungsboote nach Nordafrika verlegen, dass es ausgeschlossen sei, noch 1943 eine Landung an der französischen Kanalküste durchzuführen. «Wir müssen anerkennen», lautete dann auch Churchills Fazit, «dass in diesem Jahr keine hochkarätige Landungsoperation am Ärmelkanal möglich ist.» Während er den Truppenaufbau in Großbritannien für eine Operation im Jahr 1944 weiter vorantrieb, vermied er es, sich festzulegen, und knüpfte die Durchführung des Vorhabens an das Vorliegen einer Situation, in der man «aus Anzeichen für einen Zusammenbruch beim Feind Kapital schlagen könnte». Er hielt ausdrücklich fest, Stalin solle über die Entscheidung nicht informiert werden.[43]

20. April

Moskau zeigt großes Interesse an den Berichten Edens über seine Gespräche in Amerika. Ich wurde gebeten, Eden den Dank der sowjetischen Regierung für seine Informationen zu übermitteln und einen möglichst detailgetreuen Abriss der Gespräche zu verfassen.

23. April

Stalins Botschaft traf vor dem Mittagessen ein. Sie betrifft Polen. Stalin informierte Churchill, in Anbetracht des vollkommen abnormalen Verhältnisses zwischen der UdSSR und Polen, bedingt durch das Verhalten der polnischen Regierung und insbesondere ihr Auftreten im Zusammenhang mit der jüngsten deutschen Provokation (der «Entdeckung» der Leichen von 10 000 polnischen Offizieren bei Smolensk), sehe die sowjetische Regierung sich gezwungen, die Beziehungen zur Regierung Sikorski «abzubrechen». Die Botschaft artikuliert des Weiteren die Überzeugung, es müsse in dieser Geschichte eine Verabredung zwischen den Regierungen Sikorskis und Hitlers geben: Die Kampagne über die «Entdeckung» der Leichen begann gleichzeitig in der deutschen und der polnischen Presse. Stalin brachte seine Hoffnung zum Ausdruck, die britische Regierung werde Verständnis für die Unvermeidlichkeit dieses Schrittes aufbringen, der der sowjetischen Regierung durch die von der Regierung Sikorski verfolgte politische Linie aufgezwungen worden sei. Eine ähnliche Botschaft schickte Stalin auch an Roosevelt.[44]

Heute ist «Karfreitag», und mir schwante sogleich, dass der Premierminister wahrscheinlich auswärts weilte. Ich rief eigenhändig seinen Sekretär an. Meine Vermutung traf zu: Churchill ist gestern Abend abgereist, um Ostern auf seinem kleinen Landgut Chartwell (30 Meilen südlich von London) zu verbringen. Ich hatte die Wahl, entweder selbst nach Chartwell zu fahren oder die Botschaft durch das Sekretariat des Premierministers übermitteln zu lassen. Angesichts der Dringlichkeit entschied ich mich für Ersteres. Der Sekretär rief Churchill an und teilte mir dann mit, der Premierminister werde mich zum Dinner in Chartwell erwarten und werde einen Wagen nach mir schicken.

Ich verließ die Botschaft gegen 19 Uhr und war schon eine Stunde später am Ziel. Obwohl der Wagen aus der Garage des PM stammte und ein uniformierter Army-Chauffeur am Steuer saß, wurden wir am Einfahrtstor von militärischen Wachtposten angehalten. Mehrere bewaffnete junge Soldaten riefen: «Halt!», legten sich sehr ins Zeug und richteten sogar ihre Bajonette auf uns. Ich lächelte unwillkürlich in mich hinein. Churchill sagte später mit einem Kichern: «Ich brauche sie nicht (die Soldaten), aber das Kriegsministerium besteht darauf ...»

Er machte eine Handbewegung, als wolle er sagen: «Sollen sie doch ihren Spaß haben. Mir ist das einerlei.»

Das Hauptgebäude auf Churchills Landgut, in dem er in den Jahren vor dem Krieg wohnte und wo ich ihn mehr als einmal besucht habe, war abgesperrt. Nur ein kleiner Anbau dicht beim Hauptgebäude war noch bewohnt. Churchill hatte diesen eigenhändig (er ist schließlich Maurer!) dort hochgezogen, wo sich früher der Stall befunden hatte. Ich weiß noch, wie stolz Churchill mir (1938, wenn ich mich nicht irre) sein frisch gemauertes Werk präsentierte. Es diente ihm zunächst als Studierzimmer und Malstudio (denn Churchill ist auch Künstler!). Jetzt ist darin Churchills Wohnung untergebracht, in der er sich bei seinen sporadischen Besuchen auf dem Landgut einquartiert.

Einer von Churchills Sekretären begrüßte mich und bot mir sogleich ein Glas Sherry an.

«Der Premierminister zieht sich gerade um», sagte der Sekretär. «Er wird bald wieder da sein.»

Ich fragte mich unwillkürlich: «Hat der Prozess der ‹Normalisierung› wirklich den Punkt erreicht, an dem Churchill im Smoking zum Dinner erscheint?»

Ich fragte den Sekretär, ob außer dem Premierminister irgendjemand anderes zu Hause sei. Der Sekretär sagte, Mrs Churchill sei am Meer und die Töchter in London. Bracken sei jedoch gekommen und werde das Wochenende beim Premierminister verbringen.

«Der Informationsminister nimmt gerade ein Bad», sagte der Sekretär grinsend. «Er wird sich auch bald einfinden.»

Wie zur Bestätigung des Gesagten hörte ich das Geräusch einer sich entleerenden Badewanne, das direkt von der Rückseite einer der Wände zu kommen schien.

«Und hier ist der Premierminister!», rief der Sekretär plötzlich aus, während er von seinem Stuhl aufsprang und in Richtung Türe ging.

Auftritt Churchill. Meine Befürchtungen erwiesen sich als unbegründet. Der Premierminister trug seinen gewohnten Luftschutzoverall. Er begrüßte mich herzlich mit einem kräftigen Händedruck.

Der Sekretär entfernte sich, und ich überreichte Churchill Stalins Botschaft. Er begann zu lesen, und je weiter er kam, desto dunkler wurde sein Gesicht. Bracken betrat den Raum, just als Churchill mit der Lektüre fertig war. [...] Der Informationsminister trug einen Smoking! Teufel noch mal!

Churchill reichte das Schriftstück wortlos an Bracken weiter, wandte sich zu mir und fragte: «Was heißt das: Abbruch der Beziehungen?»

Ich antwortete, es bedeute, dass wir de facto die Beziehungen abbrechen, ohne jede öffentliche Verlautbarung und ohne der polnischen Regierung irgendein offizielles Dokument zukommen zu lassen. So lauteten wenigstens die Anweisungen, die wir hier in London erhalten hatten. Fürs Erste. Was danach komme, wisse ich nicht. Viel werde vom Verhalten der polnischen Regierung abhängen.

«Es müssen auf jeden Fall Schritte unternommen werden, um zu verhindern, dass die von der sowjetischen Regierung getroffene Entscheidung öffentlich bekannt wird», fuhr Churchill fort. «Eine Veröffentlichung wäre eine sehr ungute Sache. Sie könnte nur den Deutschen zum Vorteil gereichen.»

[...] In diesem Moment betrat der Butler den Raum und verkündete, das Abendessen sei aufgetragen. Wir speisten in einem kleinen Zimmer an einem kleinen Tisch. Wir waren zu fünft (Churchill, Bracken, ich, der Sekretär und die Haushälterin), und ich könnte nicht behaupten, dass um den Tisch herum viel Platz gewesen wäre. Die Speisenfolge war fast spartanisch, Milchsuppe (essbar!), eine Schnitte gebratenen Lachs mit etwas Spargel von Churchills «eigenen Beeten». Danach tranken wir Kaffee und rauchten. Churchill paffte natürlich seine unvermeidliche Zigarre.

Während des Dinners meldete der Sekretär dem PM, man habe seine Weisung ausgeführt und den Inhalt der Botschaft telefonisch an Eden übermittelt.

«Eden ist sehr aufgebracht!», fügte der Sekretär hinzu.

Nach dem Essen verließen die Haushälterin und der Sekretär die Tischrunde. Wir drei, Churchill, Bracken und ich, waren unter uns. Wir nahmen unser Gespräch über die Botschaft wieder auf.

Churchill berichtete, er sei gerade heute mit dem Schreiben einer Botschaft an Stalin fertig geworden – ebenfalls zu derselben polnischen Angelegenheit! Wäre ich nicht gekommen, hätte er sie heute Abend losgeschickt. Jetzt, im Licht von Stalins Botschaft, halte er es für notwendig, an der seinen einiges zu ändern oder vielleicht sogar eine ganz neue zu verfassen. Der Premierminister klingelte nach seinem Sekretär und bat ihn, das Manuskript der nicht abgesandten Botschaft zu holen. Er reichte es mir mit der halb scherzhaften Bemerkung: «Da haben Sie's, wenn Sie es lesen wollen. Aber anschließend vergessen Sie es bitte, denn diese Botschaft existiert nicht mehr.»

Ich lachte, nahm Churchill das Manuskript aus der Hand und überflog es. Churchill ließ Stalin wissen, die Verschlechterung der polnisch-sowjetischen Beziehungen, die man in letzter Zeit habe beobachten können, bereite der britischen Regierung große Sorge; mehrere von der sowjetischen Regierung ergriffene Maßnahmen (das Betätigungsverbot für polnische Hilfsorganisationen in der UdSSR, die Bekanntmachung, der zufolge alle auf dem Territorium der UdSSR befindlichen Polen sowjetische Bürger seien, die Weigerung, die Familien von aus der UdSSR evakuierten polnischen Soldaten ausreisen zu lassen, etc.) hätten bei den im Nahen Osten eingesetzten polnischen Truppenverbänden sehr viel Unmut ausgelöst; auch wenn polnische Emigranten in Großbritannien und den USA sich zweifellos provokant verhalten hätten, sei es im Interesse der Einigkeit unter den Alliierten wünschenswert, die polnisch-sowjetischen Beziehungen zu verbessern. Diesem Zweck wäre es dienlich, den Familien der im Nahen Osten stationierten polnischen Soldaten sowie den 40 000 wehrfähigen Polen, die sich noch in der UdSSR aufhalten, die Ausreise aus der Sowjetunion zu erlauben.

«Gut, dass Sie dieses Dokument nicht abgeschickt haben», bemerkte ich und resümierte damit meine Meinung zu der Botschaft Churchills. «Es wäre in Moskau nicht gut angekommen.»

«Warum nicht?», fragte Churchill.

«Einfach weil der Tenor Ihrer Botschaft der ist, dass für die Verschlechterung der polnisch-sowjetischen Beziehungen in erster Linie die sowjetische Seite verantwortlich ist. Die Betrachtung der Wirklichkeit liefert uns jedoch genau das gegenteilige Bild.»

[...] Ich kam dann auf das Verhalten der polnischen Regierung im Zusammenhang mit der jüngsten Provokation von Goebbels zu sprechen und wies darauf hin, dass es alle Grenzen sprenge. Die sowjetische Regierung weiß ebenso gut wie die britische, wie wichtig es ist, Einigkeit im Kreis der Alliierten zu bewahren. Aus dieser Einsicht heraus hat die sowjetische Regierung mehr als ein Jahr lang eine außerordentliche Geduld mit der polnischen Regierung und den polnischen Immigranten an den Tag gelegt. Aber alles hat seine Grenzen. Hier ist jetzt eine Grenze überschritten worden, und die sowjetische Regierung sah sich gezwungen, scharf zu reagieren.

Churchill bat Bracken, ihn in die Einzelheiten der jüngsten Affäre einzuweihen. Als Bracken die Absicht der Polen und der Deutschen erwähnte, die Umstände des Verbrechens durch das Rote Kreuz «untersuchen» zu lassen, rief der Premierminister ungehalten aus: «Was für ein Unsinn! Welchen Wert kann eine Untersuchung unter deutscher Besatzungsherrschaft haben?»

Dann fügte Churchill mit einem durchtriebenen Lächeln hinzu: «Die Deutschen sollen erst ihre Truppen aus dieser Region abziehen, dann werden wir eine Untersuchung durchführen! ... Ich bezweifle nur, dass Hitler den nötigen Edelmut aufbringen würde!»

Ich sagte, das ganze Vorhaben einer «Untersuchung» müsse im Keim erstickt werden. Die britische Regierung und die britische Presse hüllten sich dazu jedoch in Schweigen, womit der Eindruck entstehe, dass sie, auch wenn sie diese «Untersuchung» nicht notwendigerweise befürworten, doch zumindest nichts gegen sie einzuwenden haben.

«Bracken!», schnauzte Churchill. «Dieses ganze idiotische Vorhaben muss sofort abgewürgt werden. Tun Sie das Notwendige.»

Bracken versprach, die Anweisung des Premierministers mit aller gebotenen Eile auszuführen.

Churchill fuhr fort: «Das ändert nichts daran, dass der Konflikt zwischen euch und den Polen eine äußerst unangenehme Sache ist. Man sollte ihn so bald wie möglich beenden. Wenn ihr euch bereiterklärt, die Familien polnischer Soldaten und die 40 000 wehrfähigen Polen aus der UdSSR ausreisen zu lassen, könnte der Friede wiederhergestellt werden.»

[...] Gelegentlich von Bracken unterbrochen und ergänzt, kam Churchill dann auf Sikorski zu sprechen und erzählte mir, dass dieser in eine heikle Lage geraten sei. Die «Extremisten» hätten eine heftige Kampagne gegen ihn gestartet und beschuldigten ihn der Schwäche und der Anbiederung an die Bolschewisten. Es sei nicht absehbar, ob Sikorski sich werde halten können. Wenn nicht, wer wird an die Macht kommen? Genau diese «Extremisten» werden sich die Regierungsgewalt sichern. Daraus zieht Churchill den Schluss, dass man die jetzige polnische Regierung mit Nachsicht behandeln solle.

Bracken wiederum steuerte eine lebhafte Beschreibung der «amerikanischen Gefahr» bei. Auch Roosevelt befinde sich in einer sehr heiklen Lage: In den Vereinigten Staaten gebe es viele Polen, ein erhebliches Wählerreservoir, und 33 Millionen Katholiken, die sich ohne Weiteres entscheiden könnten, für die Polen Partei zu ergreifen. Die Präsidentenwahl stehe bevor. Roosevelt könne die Stimmungslage der Katholiken im Allgemeinen und der Polen im Besonderen nicht ignorieren. All dies könnte dem Präsidenten die Hände binden und zu einer Verschlechterung des Verhältnisses zwischen den USA und der UdSSR führen.

[...] Churchill verfiel in Schweigen und zog langsam an seiner Zigarre. Von Zeit zu Zeit nippte er an dem vor ihm stehenden Glas Whisky mit Soda. Schließlich sagte er: «Diese polnische Angelegenheit braucht unsere volle Aufmerksamkeit ... In den nächsten paar Tagen werde ich mit Eden reden. Und ich werde Stalin wieder eine Botschaft schicken. Ich muss die Sache durchdenken.»

Ich blieb bis gegen Mitternacht bei Churchill. Wir redeten viel, erörterten viele Fragen. Neben Polen kam auch vieles andere zur Sprache. Zu vieles, um es sich zu merken. Ich will ein paar besonders interessante Gesprächsmomente zu Papier bringen.

Churchill betonte, dass er die deutschen Lügen über die Ermordung von 10 000 polnischen Offizieren natürlich nicht glaube ... Aber stimmt das? An einer Stelle unseres Gesprächs ließ Churchill die folgende Bemerkung fallen: «Selbst wenn sich die deutschen Behauptungen als wahr erweisen würden, würde sich meine Haltung euch gegenüber nicht ändern. Ihr seid ein mutiges Volk. Stalin ist ein großer Krieger, und im Augenblick sehe ich alle Dinge in erster Linie als Soldat, dem es darum geht, den gemeinsamen Feind so rasch wie möglich zu besiegen.»

An einer anderen Stelle unseres Gesprächs sagte mir Churchill, Sikorski habe ihm vor einigen Tagen etwas von mehreren Tausend polnischen Offizieren erzählt, die in der UdSSR «verschollen» seien. Sikorski habe Stalin im Dezember 1941 nach dem Verbleib dieser Männer gefragt, aber «keine klare Antwort erhalten». An einer dritten Stelle entwickelte Churchill plötzlich den Gedanken, dass «in einem Krieg alles passieren kann» und dass Kommandeure niederen Ranges, die aus eigenem Antrieb handeln, manchmal zu «schrecklichen Taten» fähig seien.[45]

Ich kritisierte Churchill deutlich für seine vagen Verdächtigungen. Er beeilte sich, mir zu versichern, dass er keine Verdächtigungen irgendwelcher Art äußern wolle. Es blieb jedoch der Eindruck zurück, dass Churchill gewisse «mentale Vorbehalte» hat, was unsere Nichtbeteiligung an der Ermordung der polnischen Offiziere betrifft.

An seine Begegnung mit Stalin erinnerte sich Churchill mit großem Vergnügen. [...] Churchill ist höchst beeindruckt nicht nur von Stalins militärischem Können, sondern auch von seinem militärischen Rang. Man glaubt sogar einen gewissen Neid zu spüren. Wie Churchill mir heute sagte: «Ich nenne Stalin nicht mehr Premierminister, ich nenne ihn Marschall! Natürlich ist er Marschall und Oberbefehlshaber!»

Dann fügte er, an Bracken gewandt, mit einem Lachen hinzu: «Vielleicht sollte ich auch ein Marschall sein?»

Bracken bestärkte Churchill darin, doch dieser gab zurück: «Nein, ich kann kein Marschall sein ... Bei uns gibt es einen solchen Titel nicht. ‹Captain General› vielleicht?»

Wieder brach Churchill in Gelächter aus, aber ich konnte trotzdem spüren, dass die Vorstellung, einen hohen militärischen Rang zu bekleiden, ihn fasziniert. Dann sagte er in ernstem Ton zu mir: «Im Grunde genommen bin ich hier Oberbefehlshaber. Ich kann natürlich nicht immer alles durchführen, was ich will, aber ich kann immer das verhindern, was ich nicht will.» [...]

Ich fragte Churchill: «Sie waren im letzten Krieg Mitglied der Regierung und führten Verhandlungen mit der zaristischen Regierung. Jetzt sind Sie in diesem Krieg Chef der Regierung und führen Verhandlungen mit der sowjetischen Regierung. Sagen Sie mir: Nehmen Sie irgendeinen Unterschied wahr zwischen den beiden Regierungen, und wenn ja, worin besteht der?»

Churchill antwortete: «Natürlich. Der Hauptunterschied ist der, dass die sowjetische Regierung unendlich viel stärker ist, als die zaristische es war.»

Er fügte hinzu: «Doch was für mich vor allem zählt, ist Russland ... Russland ... Seine Bevölkerung, seine Äcker, seine Wälder, seine Kultur, Musik, Tanzkunst ... Die ändern sich nie ... Ich verhandle mit Russland, führe Krieg mit Russland, und ich will mit Russland die Zukunft bauen ...»

Trotz alledem gibt sich Churchill, was seine Einstellung zum Kommunismus betrifft, unversöhnlich. An einer Stelle schnaubte er: «Ich will keinen Kommunismus! Er geht gegen unsere Natur, unsere Geschichte, unsere Auffassung vom Leben ... Wenn irgendjemand hierherkäme und in unserem Land den Kommunismus einführen wollte, würde ich ihn ebenso unversöhnlich bekämpfen, wie ich jetzt die Nazis bekämpfe!»

Churchills Stimme durchschnitt den Raum wie ein Trompetenstoß, und seine Augen spuckten hasserfüllte, wütende Flammen.

Es war nach ein Uhr morgens, als ich nach Hause zurückkehrte.

► Nach der Teilung Polens 1939 waren sehr viele polnische Männer in sowjetische Kriegsgefangenschaft geraten. Die meisten von ihnen wurden im Zuge des im Juli 1941 zwischen Maiski und Sikorski ausgehandelten sowjetisch-polnischen Abkommens auf freien Fuß gesetzt. Doch von annähernd 20 000 Offizieren fehlte jede Spur. Stalin setzte, wie das Tagebuch zeigt, alles daran, die kaltblütige Ermordung dieser Offiziere, die das Politbüro im März 1940 billigte, zu verschleiern. Bis heute konnte kein Historiker die Beweggründe für dieses Massaker schlüssig und überzeugend erklären. Die Deutschen, die im Zuge ihres Vormarschs im Sommer 1941 die Region besetzten und im Frühjahr 1943 die Leichengruben entdeckten, nutzten die Affäre weidlich aus, um Zwietracht zwischen den Alliierten zu säen. Am 12. April 1943 informierten sie die Weltöffentlichkeit über ihren Fund und luden die Polen ein, in Zusammenarbeit mit dem Roten Kreuz das Massaker zu untersuchen. Die Katyn-Affäre entwickelte sich zu einer hochnotpeinlichen Angelegenheit für Stalin. Wenn die Wahrheit über das Schicksal der Offiziere herausgekommen wäre, hätte das zu Rissen im empfindlichen Gewebe der Allianz mit den Westmächten führen können, vergleichbar mit dem großen Terror und den Säuberungen, die die sowjetische Diplomatie gelähmt und 1939 die Verhandlungen mit den Westmächten erschwert hatten. Stalin reagierte daher allergisch auf alle Anschuldigungen und ordnete eine Vertuschungsoperation an, sogar bis hin zu einer auf gefälschte Ergebnisse angelegten Obduktion der Leichen, nachdem die Rote Armee Katyn befreit hatte.[46]

27. April

Gestern wurde ich dringend aus Bovingdon, wo Agnia und ich die Ostertage verbrachten, nach London zitiert.

Eine neue Botschaft von Stalin war gekommen, die ich prompt bei Churchill ablieferte. Wie sich herausstellte, hatte Churchill am 24. April nach meinem Abgang [aus Chartwell] eine neue Botschaft an Stalin zur polnischen Frage geschickt. Er hatte Stalin ersucht, die Situation nicht zu verschlimmern, und dabei als schlagendes Argument auf die «amerikanische Drohung» verwiesen. Näher ins Detail war er nicht gegangen.

Stalin antwortete, die sowjetische Regierung habe die Beziehungen zur polnischen Regierung bereits «gekappt»; Molotow habe Romer[I] (dem polnischen Botschafter in Moskau) am 25. April eine entsprechende Note zugestellt. Zudem würden die Moskauer Abendzeitungen unsere Note an Romer am 26. April veröffentlichen.

So verschärft sich also die Situation. Unser Ziel ist es, wie mir scheinen will, die Regierung Sikorski zu sprengen und den Weg für die Einsetzung einer demokratischeren und uns freundlicher gesinnten polnischen Regierung zu ebnen, spätestens dann, wenn die Rote Armee auf polnisches Territorium vordringt. Dieser Kurs ist der richtige: Ich bin in den letzten eineinhalb Jahren zu der Erkenntnis gelangt, dass die polnische Emigrantenszene in London, die Regierung Sikorski eingeschlossen, ein ziemlich hoffnungsloser Haufen ist. Andererseits wird uns dieser Kurs auch Gegenwind eintragen – von britischer Seite und mehr noch von Seiten der USA. Nun gut, damit werden wir fertigwerden müssen. Vielleicht ergibt sich der eine oder andere akzeptable Kompromiss. Die Zeit wird es zeigen.

Ich ziehe aus unserer Note den folgenden Schluss: Am Vorabend der bevorstehenden Sommerfeldzüge ist die sowjetische Regierung sehr zu-

---

I Tadeusz Romer, 1942/43 polnischer Botschafter in der Sowjetunion, 1943/44 polnischer Außenminister.

versichtlich und hält den richtigen Moment für gekommen, um Großbritannien und den USA durch die Propaganda der Tat zu verkünden: «Was Osteuropa betrifft, so sind wir der Herr und Meister!»

Das tut gut.

28. April

Masaryk erzählte mir die folgende Geschichte.

Berlin 1950. Ein Fremder betritt ein großes Wirtshaus und nimmt an einem Tisch Platz, an dem ein Deutscher sein Bier trinkt. Der Fremde bestellt sich ebenfalls einen Krug Bier. Nach einer Weile kommen sie ins Gespräch. Der Fremde fragt: «Sie wissen nicht zufällig, was aus diesem seltsamen krakeelenden Mann geworden ist, oder? Mit dem kleinen Schnauzbart?»

«Mit dem kleinen Schnauzbart?», fragt der Deutsche zurück. «Ach, Sie meinen vielleicht Hitler?»

«Ja, Hitler, Hitler», sagt der Fremde nickend.

«Aber natürlich weiß ich das!», antwortet der Deutsche. «Er arbeitet wieder in seinem alten Beruf als Anstreicher – in Australien.»

Der Fremde nimmt zwei Schlucke aus dem Bierkrug und stellt eine weitere Frage: «Und wissen Sie, was aus diesem großen Dicken geworden ist? ... Der sich so gerne mit Orden und Medaillen behängt hat, wohin er auch ging?»

«Meinen Sie vielleicht Göring?», tippt der Deutsche.

«Ganz recht, Göring! Jetzt fällt's mir wieder ein!», antwortet der Fremde.

«Göring?», wiederholt der Deutsche. «Ach ja, auch Göring hat etwas Passendes für sich gefunden: Er arbeitet als Pilot für eine private Fluggesellschaft in Südamerika.»

Nach weiteren zwei Schlucken Bier fragt der Fremde weiter: «Und was ist mit dem finsteren Giftzwerg mit der Quäkstimme und dem lahmen Bein, wo ist er gelandet?»

«Quäkstimme und lahmes Bein?», fragt der Deutsche und kratzt sich am Kopf. «Ach, Sie meinen wohl Goebbels?»

«Ja, natürlich, Goebbels! Dass mir das nicht einfiel!»

«Goebbels lässt es sich gut gehen», sagt der Deutsche. «Er ist Chefredakteur einer Zeitung in Westafrika.»

An die zwei Minuten lang sagt keiner von beiden etwas. Schließlich richtet der Deutsche eine Frage an den Fremden: «Und warum interessiert Sie das alles so brennend? Wer sind Sie denn?»

«Ich? Ich bin Lord Heß», antwortet der Fremde in perfektem Deutsch mit leichtem englischen Akzent.

29. April

Die polnischen Ereignisse nehmen Tempo auf.

Nachdem ich am 26. April Stalins Botschaft an Churchill weitergegeben hatte, beschloss ich, auf den Modus «abwarten und Tee trinken» umzuschalten. In polnisch-britischen Kreisen entwickelte sich freilich eine wuselige Aktivität. Eine Unterredung nach der anderen fand statt, zwischen Churchill und Eden auf der einen sowie Sikorski und Raczyński auf der anderen Seite. Die Hauptfrage lautete, wie die polnische Regierung auf die Note Molotows vom 25. April reagieren sollte. Die Polen saßen auf dem hohen Ross, die Engländer versuchten sie im Zaum zu halten. Den Textentwurf für das polnische Kommuniqué bekam die polnische Regierung zweimal mit der Bitte um Überarbeitung zurück. Es heißt, Churchill habe den Polen für ihr Verhalten die Ohren lang gezogen. Ich weiß nicht, was daran stimmt. Wie auch immer, das lang erwartete und mehrmals überarbeitete polnische Kommuniqué erschien schließlich am Abend des 28. Rothstein[1] las es mir übers Telefon vor. Es war schlimmer, als ich es mir hätte ausmalen wollen.

Gegen 23 Uhr erhielt ich einen unerwarteten Anruf von Eden.

«Ihre *Soviet War News* sind eine gute Zeitung», sagte er, «aber warum attackiert sie Sikorski und seine Regierung so vehement? ‹Agenten Hitlers› ... ‹Helfer der Faschisten›.»

Als dieser Teil der Diskussion vorbei war, fragte Eden: «Haben Sie das polnische Kommuniqué gelesen, das gerade herausgekommen ist? ... Der PM und ich haben wirklich viel Arbeit damit gehabt!»

«Nein, gelesen habe ich es nicht, aber es wurde mir telefonisch durchgegeben», antwortete ich.

«Und was war Ihr Eindruck?»

«Negativ», versetzte ich.

«Negativ?» Eden klang enttäuscht. «Aber warum?»

---

1 Andrew Rothstein, Aktivist der Kommunistischen Partei Großbritanniens und Mitarbeiter der TASS in London.

«Ich möchte mich lieber nicht festlegen, bevor ich nicht das Kommuniqué selbst gelesen habe», antwortete ich. Und das war das Ende unseres Telefongesprächs.

Heute Morgen erhielt ich einen dringenden Anruf von Eden, ob ich bei ihm vorbeikommen könne. Es war unser erstes Treffen seit meinem Besuch bei Churchill ... Eden hatte mich während der polnisch-britischen Gespräche vom 27. und 28. April nicht auf dem Laufenden gehalten; ich erfuhr aus anderen Quellen das eine und andere. Jetzt hatte er offenbar beschlossen, seine Pflicht als «Verbündeter» zu erfüllen und mich offiziell zu informieren.

[...] Eden sah ziemlich verstört aus.

«In den letzten Wochen», sagte er, «war alles so gut gelaufen. Unsere Beziehungen zu Ihnen waren besser als je. Der Premierminister war sehr zufrieden. Und jetzt plötzlich so ein Hammer! ... Ich fürchte, diese vermaledeite polnische Angelegenheit könnte das Verhältnis zwischen unseren Ländern verkomplizieren. Ich werde meinesteils natürlich alles tun, was ich kann, damit das nicht passiert, aber wer weiß? ... Ich würde Sie bitten, dass Sie mir Ihrerseits helfen, die englisch-sowjetischen Beziehungen in den bisherigen freundlichen Bahnen zu halten.»

Ich entgegnete, Eden solle an meiner Hilfsbereitschaft nicht zweifeln, doch sei ich nicht der Meinung, dass es meiner Hilfe überhaupt bedürfe. Ich erklärte ihm, dass in Moskau vollkommen vernünftige Leute sitzen, die ihrerseits alles tun werden, was sie können, um die entstandenen Komplikationen einzugrenzen.

[...] Dann kam ich auf das Kommuniqué zu sprechen. Ich sagte, dass ich inzwischen Gelegenheit hatte, es zu lesen und mir einen klaren Eindruck davon zu verschaffen. Meine Meinung habe sich nicht geändert. Ich wolle nicht anfangen, die wesentlichen Punkte des Kommuniqués zu erörtern. Ich wolle Eden nur eine Frage stellen: «Die ‹Integrität der polnischen Republik› wird in dem Kommuniqué mehrere Male hervorgehoben. Im Klartext bedeutet das: die Grenzen von 1939. Sie sagten mir gestern Abend, Sie und der Premierminister hätten viel Arbeit mit dem Kommuniqué gehabt. Das scheint darauf hinzudeuten, dass Sie und Churchill die Koautoren des Dokuments sind. Sollte ich daraus ableiten, dass die britische Regierung die polnischen Grenzen von 1939 anerkannt hat? Es ist wichtig, dass ich das erfahre, bevor ich meiner Regierung einen Rat gebe, wie sie den Sinn und die Bedeutung des Kommuniqués bewerten soll.»

Eden war fast wie vom Donner gerührt. Der Gedanke war ihm offenbar noch nicht gekommen, dass die Ereignisse der letzten beiden Tage Anlass zu einer solchen Interpretation geben könnten.

«Nichts dergleichen!», rief Eden mit einer für ihn untypischen Inbrunst aus. «Der Standpunkt der britischen Regierung zu den polnischen Grenzen hat sich um keinen Deut verändert. Alles bleibt beim Alten. Es ist auch falsch, den Premierminister und mich als Koautoren des Kommuniqués zu bezeichnen. Falsch! Wir haben Sikorski klar und deutlich gesagt: ‹Das ist euer polnisches Kommuniqué! Wir sind dafür nicht verantwortlich!› Der Premierminister und ich nahmen an dem ursprünglichen polnischen Entwurf einige Korrekturen vor. Das ist alles. Wissen Sie, was darin stand? Nur die Gräber von Smolensk und sonst nichts. Der Premierminister sagte zu Sikorski: ‹Hören Sie auf, an die Toten zu denken. Sie können sie nicht wieder lebendig machen! Denken Sie an die Lebenden, denken Sie darüber nach, was Sie für die tun können!› Die Polen beugten sich unserem Druck. Das, was veröffentlicht wurde, ist das Beste, was zu erlangen war. Doch weder der Premierminister noch ich sind Koautoren.»

Ich ließ Eden ausreden und sagte dann: «Ihre Unterscheidung zwischen Koautor und Korrektor ist so subtil, dass sie mein Differenzierungsvermögen übersteigt. Aber das ist jetzt nicht das Wesentliche. Die Hauptsache ist: Was kann ich meiner Regierung über die britische Position in der Frage der polnischen Grenzen sagen?»

«Sagen Sie Ihrer Regierung», antwortete Eden erregt, «dass die britische Regierung heute ebenso wenig wie bisher die polnischen Grenzen von 1939 auf irgendeine Weise garantiert!»

30. April

Heute, um fünf Uhr morgens, ist Beatrice Webb gestorben!

Sie hatte schon seit zehn Tagen gekränkelt, dann mehrere Tage bewusstlos gelegen und verabschiedete sich schließlich von dieser Welt.

Was für ein schmerzlicher Verlust! Beatrice Webb war zwar über 85, aber was heißt das schon? ... Sie war noch ganz die Alte, als wir vor wenigen Wochen Liphook besuchten – lebhaft, gesprächig, mit nachhaltigem Interesse an allem, was um sie herum war. Ihre besondere Aufmerksamkeit galt der UdSSR und allen Entwicklungen an der «russischen Front».

Was für eine traurige Nachricht! Ich hatte gerade Pläne für einen Besuch bei den Webbs gemacht, wollte sie sehen und mit ihnen reden ...

Beatrice ist also die Erste der ruhmreichen «Vier», die gegangen ist. Was für eine Überraschung. Ich hätte nie gedacht, dass sie die Erste sein würde.[47]

30. April

Heute gegen 17 Uhr kam eine unerwartete Einladung von Churchill. Er wollte mich unverzüglich sehen. [...] Churchill erklärte, er wolle mich über eine Textpassage informieren, die seiner Botschaft an Stalin vom 28. April angefügt werden und nachträglich nach Moskau übermittelt werden solle, als Ergebnis eines expliziten Kabinettsbeschlusses. In dieser Passage äußere er, Churchill, sein Bedauern über die allzu hastige Entscheidung des Genossen Stalin, die Beziehungen zur polnischen Regierung zu kappen, eine Entscheidung, die so schnell gefallen sei, dass Churchill mit seinen Bemühungen um eine «Versöhnung» zu spät gekommen sei. Nachdem Churchill mir die Textpassage vorgelesen hatte, sagte er: «Das Kabinett ist der Meinung, ich hätte mich zu weit in Ihre Richtung bewegt, und wünscht, mit diesem Nachtrag das Gleichgewicht wiederherzustellen.»

Ich konnte ein Kichern nicht unterdrücken.

[...] In diesem Moment beugte sich Cadogan zu Churchill und flüsterte ihm etwas ins Ohr.

«Ja, und übrigens», setzte der Premierminister neu an, «hat es den Anschein, als wollten Sie in Moskau eine polnische Parallelregierung einsetzen. ... Seien Sie sich bewusst, dass wir, die britische Regierung, Sikorski weiterhin unterstützen werden. Und dasselbe werden, soweit ich weiß, auch die Amerikaner tun.»

In Churchill begann es wieder einmal zu rumoren, und seine Stimme wurde lauter. Ich blieb weiterhin ruhig und antwortete: «Sie sollten nicht alles glauben, was Sie hören! Die Deutschen streuen falsche Gerüchte, die Polen schnappen sie auf, und wohlmeinende Engländer schenken ihnen Glauben. Das ist alles völliger Unsinn. Wir haben nicht die Absicht, in Moskau irgendeine Parallelregierung aufzustellen.»

«Wirklich nicht?», fragten Churchill und Cadogan unisono, als trauten sie ihren Ohren nicht. Die Miene beider Männer hellte sich sogleich auf.

«Nein, wirklich nicht!», versicherte ich ihnen. «Ich kann das mit absoluter Sicherheit sagen.»

Denn nur wenige Stunden vor diesem Treffen mit Churchill hatte ich eine entsprechende Botschaft aus Moskau erhalten, verbunden mit der Aufforderung, den von den Deutschen verbreiteten Gerüchten entgegenzutreten.

«Andererseits», fuhr ich fort, «werden wir die Beziehungen zur gegenwärtigen polnischen Regierung nicht wieder aufnehmen.»

Sogleich kühlte sich Churchills und Cadogans Laune wieder ab.

«Aber warum nicht?», fragte Churchill.

«Wie meinen Sie das, warum nicht?», lautete meine überraschte Gegenfrage. «Hat nicht die Regierung Sikorski mit ihrem Verhalten ihr wahres Gesicht gezeigt? Sie steht der UdSSR feindselig oder bestenfalls ablehnend gegenüber. Die Beziehungen wiederherstellen können wir nur zu einer polnischen Regierung, die Mittel und Wege finden würde, ein freundschaftliches Verhältnis zu uns aufzubauen.»

Cadogan griff in das Gespräch ein und war sogleich bestrebt, an die Frage pragmatisch heranzugehen.

«Sagen Sie mir bitte: Ist die gegenwärtige polnische Regierung für Sie zur Gänze inakzeptabel? Oder gilt das nur für Einzelne, zum Beispiel Sikorski?»

Ich entgegnete, die Zusammensetzung der polnischen Regierung sei Sache der Polen. Es würde mir nicht einfallen, mich da einzumischen. Was Sikorski persönlich betreffe, so erscheine er mir als ein Mann, der um die Bedeutung guter Beziehungen zur UdSSR wisse, aber leider zu schwach sei.

«Warten Sie einen Monat oder zwei, und Sie werden Veränderungen erleben!», rief Churchill aus.

Beim Abschied sagte er mit Bewunderung in der Stimme: «Stalin ist ein weiser Mann!»

Mir die Hand drückend, fügte er hinzu: «Jetzt gehe ich mit einem ruhigeren Gemüt ins Wochenende.»

Das Wochenende! Oh, diese heilige britische Institution!

► Obwohl die Briten überzeugt waren, dass in Katyn ein Massaker stattgefunden hatte, betrieben sie bewusst eine sorgfältige «Vertuschung»[48] der Tatsachen, um den englisch-sowjetischen Beziehungen keinen Schaden zuzufügen. Sie drängten die Polen, von ihrer Forderung nach einer Untersuchung abzurücken, und der britische Informationsminister wurde angewiesen, dafür zu sorgen, dass die britische Presse «keinen großen Zirkus um den russisch-polnischen Konflikt» machte. Zwar wurde auch Maiski gebeten, Zurückhaltung zu üben, doch hatte er allem Anschein nach wesentlich mehr Angst vor Stalin als vor Churchill. Die von der sowjetischen Botschaft herausgegebene Zeitschrift *Soviet War News* druckte bösartige Attacken auf die polnische Regierung, in denen die Polen als «Komplizen des Kannibalen Hitler» geschmäht wurden. Das löste heftige Reaktionen von Seiten Edens und Churchills aus. Wie schwer die an Maiski gerichteten Vorwürfe waren, davon künden weder seine Tagebucheinträge noch seine Berichte für Moskau. Cadogan, der dabei war, bezeugt indessen, dass Maiski beschuldigt wurde, «Gift zu streuen». «Einer nach dem anderen setzten wir Maiski zu», schrieb er mit spürbarem Vergnügen in sein Tagebuch, «und das klappte sehr gut.»[49]

1. Mai

Ein Überraschungsbesucher: Inspektor Wilkinson von Scotland Yard (ausgerechnet derselbe Inspektor, der letztes Jahr Molotow in London beschützte) kam im Auftrag des Chefs der Metropolitan Police, Sir Philip Game[I], um mir besondere Schutzmaßnahmen anzubieten, nachdem Berichten zufolge, die Scotland Yard vorliegen, in den Kreisen «unverantwortlicher Polen» eine zunehmende Zahl von Todesdrohungen gegen mich kursiert.

Ich brachte diesen Berichten eine gewisse Skepsis entgegen, aber Wilkinson ließ das nicht gelten. Ich stimmte schließlich seinem Angebot zu, auf unserer Straße und im Umkreis unserer Botschaft mehr Polizisten patrouillieren zu lassen (das Hauptquartier Sikorskis, direkt gegenüber unserer Botschaft gelegen, bereitet mir schon Sorgen), lehnte es aber ab, mich bei meinen Fahrten in der Stadt ständig von einem Streifenwagen begleiten zu lassen.

2. Mai

Die Uhr tickt, und die Alten nähern sich ihrem Ende ...

Dieser Gedanke meldete sich mit besonderer Vehemenz, als Agnia und ich vor ein paar Tagen die Shaws besuchten. Wir hatten sie mehrere Monate lang nicht gesehen. Von den Webbs hatten wir gehört, dass die Shaws eine schwere Zeit durchmachten: krank, deprimiert, allein. Dass

I Vizemarschall der Luftwaffe Sir Philip Game, 1935–1945 Commissioner of Police of the Metropolis.

sie den einen oder anderen Ärger mit [Rationskarten], Benzin, Dienstboten hatten. Wir hatten schon länger vorgehabt, das greise Paar zu besuchen – und jetzt waren wir da.

Es kam wenig Freude auf! Mrs Shaw ist bettlägerig. Agnia ging in ihr Zimmer und redete mit ihr. Mrs Shaw geht es nicht gut: Sie hat eine schwere Rückgratverkrümmung und ist total verbogen. Sie ist sehr klein und krumm geworden, beklagt sich, ihr Gedächtnis zu verlieren, liest ständig und kann sich hinterher an kein Wort erinnern. Vergisst sogar die Namen und Gesichter von Freunden. Wie sie Agnia erzählte, war sie mit 16 vom Pferd gestürzt und hatte sich die Wirbelsäule verletzt. Das hatte sich gegeben, aber es waren später noch mehrere Rückenverletzungen dazugekommen. Als sie noch jünger und gesünder war, hatte es ihr kaum etwas ausgemacht, aber jetzt hat sich die Natur an ihre alten Sünden erinnert und fordert die Strafe ein.

«Ich spüre, dass ich sterbe», sagte Mrs Shaw, «Zoll für Zoll ...»

Gewiss, Mrs Shaw ist fast 90, aber trotzdem ... Was für ein Jammer!

Bei Shaw selbst sieht es besser aus. Er ist immerhin erst 87! Er sieht noch weitgehend so aus, wie man ihn kannte: groß, schlank, mit einem großen grauen Bart und buschigen, struppigen weißen Augenbrauen. Seine Augen sind lebhaft, rastlos, ausdrucksvoll. Nur seine Gesichtsfarbe ist ein wenig blasser geworden, und ein verdächtiger blauer Schimmer zeigt sich in seiner Augenpartie unterhalb der Augenlider. Als mangle es seinem Körper an Blut.

An seiner Leidenschaft für das Paradoxe und an seinem Witz hat sich nichts geändert.

«Ich habe neulich eine Entdeckung gemacht», rief er mit einer weit ausholenden Armbewegung aus. «Stalin ist der wichtigste Fabianer aller Zeiten!»

«Wie das?», entgegnete ich lachend.

«Weil Stalin den Sozialismus, von dem die Fabian-Gesellschaft nur träumte und schwärmte, in die Tat umgesetzt hat.»

Ich lachte schallend. Shaw hat sich nicht verändert.

Dann ließ Shaw eine wütende Philippika gegen Pawlow[1] vom Stapel. Er ist ganz und gar kein Bewunderer unseres großen Forschers. Das liegt

---

1 Iwan Petrowitsch Pawlow, berühmter russischer Physiologe und Verhaltensforscher, der bahnbrechende Forschungen zum Phänomen des bedingten Reflexes leistete,

wahrscheinlich daran, dass Pawlow Hunde und Kaninchen zerschnippelt hat und Shaw bekanntlich ein Antivivisektionist ist! Shaw will das natürlich nicht offen zugeben und versucht daher, Pawlow von hinten durch die Brust ins Auge zu treffen. Er bemühte sich, mich davon zu überzeugen, dass «Pawlows sogenannte Entdeckungen über konditionierte Reflexe und anderen Unsinn dieser Art» zum einen keine Entdeckungen und zum Zweiten schon lange vor Pawlow erforscht worden seien ... von keinem anderen als Shaw!

Ich schüttelte mich wieder vor Lachen.

Shaw hat noch nicht mit dem Schreiben aufgehört. Im Moment ist er mit einer «Anleitung» für Politiker und öffentliche Figuren der Gegenwart beschäftigt. Er arbeitet daran schon seit zwei Jahren. Er klagt darüber, dass er langsamer vorankommt, als er es gerne täte, aber immerhin gehe es noch voran. Ich kann mir das Endergebnis gut vorstellen! Wenn das stimmt, was Shaw mir über den Inhalt der «Anleitung» erzählte (wobei man seinen Angaben über die gerade in Arbeit befindlichen Werke nicht immer trauen kann), wird es eine sehr witzige Schrift, mit Shaws notorischer Suche nach Paradoxien als Leitmotiv. Auch der arme Pawlow bekommt darin sein Fett ab.

Dann begann Shaw in Erinnerungen zu schwelgen, erzählte eine Menge über seinen Maifeiertag – 1889! Ich konnte vieles davon ein paar Tage später in den *Reynolds News* nachlesen.

Wie lange wird dieses Paar noch durchhalten? Ich habe kein gutes Gefühl.

Wir glaubten, wir würden im Lauf der folgenden Tage die Webbs besuchen.[1] Wir hatten ihnen unser Wort gegeben, dass wir die Shaws besuchen und sie ein bisschen auf andere Gedanken bringen würden. Dieses Versprechen ist erfüllt, und so können wir uns jetzt mit den Webbs treffen und mal wieder schön plaudern. Doch wie ich gestern erfuhr, geht es Mrs Webb nicht gut. Wir werden also eine Weile warten müssen.

1904 Nobelpreis für Biologie. Maiskis Vater hatte eine Zeit lang in Pawlows Labor in St. Petersburg gearbeitet.

1 Beatrice Webb starb am 30. April. Zwei Tage später blickte Maiski in seinem Tagebucheintrag auf den Besuch bei den Shaws kurz vor Beatrices' Tod zurück. Wir müssen annehmen, dass er sich hier in die Situation bei den Shaws und in seine damalige Hoffnung zurückversetzte, den Webbs wenig später einen Besuch abzustatten – zu dem es nicht mehr kam.

Zwei Ehepaare. Unsere Zeitgenossen. Genossen in der Weltanschauung, Genossen im Kampf. Freunde. Beide weltberühmt. Beide ungefähr im gleichen Alter. Bei beiden ist die Lebenskerze fast abgebrannt ...

Traurig.

Agnia und ich sind jetzt schon so lange in England! Als wir 1932 ankamen, waren die Shaws und die Webbs noch so tatendurstig, aktiv, energiegeladen. Die Shaws machten jeden Winter irgendeine große Kreuzfahrt um die Erdkugel, in deren Verlauf er ein neues Stück schrieb, und die Webbs arbeiteten noch intensiv an ihrem Buch *Soviet Communism* und bereisten die UdSSR, um neue Eindrücke und neues Material zu sammeln. Ihre letzte Auslandsreise unternahmen die Webbs im Frühjahr 1936, eine Urlaubsreise nach der Veröffentlichung ihres Monumentalwerks über die UdSSR. Sie besuchten damals unter anderem die Balearen. Ich verabschiedete sie auf dem Bahnhof. Sie kehrten genau am Vorabend des Krieges in Spanien zurück. Wie symbolisch! Damals setzte Europa seinen Fuß auf den «Kriegspfad». Seither hat das alte Paar England nie mehr verlassen.

3. Mai

Sind gerade von Beatrice Webbs Begräbnis zurückgekehrt. Eine private Angelegenheit. Nur Mitglieder ihrer weitläufigen Familie nahmen teil, darunter Stafford Cripps und seine Frau. Die einzige Ausnahme bildeten Agnia und ich: Uns verband mit der Verstorbenen eine äußerst enge Freundschaft. Die Einäscherung des Leichnams fand in Woking statt. Das Krematorium ist ein ruhiger, feierlicher Ort: ein schönes Gebäude von bescheidener Größe in einem riesigen Park mit mächtigen alten Bäumen. Ein Gottesdienst ging der Feuerbestattung voraus, der jedoch sehr kurz war – ungefähr fünf Minuten. Der Priester las einige Abschiedsgebete und sagte einige Abschiedsworte. Dann verschwand der Sarg hinter die Wand, wo sich die Brennkammer befindet ...

Mehr als 60 Personen nahmen an der Bestattung teil, überwiegend ältere und alte Leute. Viel graues Haar, viele Runzeln. Nach der Bestattung kam Beatrices' Schwester – die jüngste der neun Potter-Schwestern und die einzige, die noch lebt – zu uns her. Eine wirklich uralte Frau! Und äußerlich ein Nichts gegen die majestätische, beseelte Beatrice.

Sidney Webb war natürlich auch dabei. Mit seinem gut sitzenden schwarzen Anzug und seinem schönen schwarzen Hut strahlte er eine außergewöhnliche Feierlichkeit aus. Seine weißgraue Haar- und Barttracht kontrastierten scharf mit seiner dunklen Kleidung. Bemerkenswert fand ich sein Gesicht: hellrosa, ungewöhnlich gesund. [...] Gesund? War das vielleicht irgendeine List der Natur? Solche Dinge gibt es. Aber seine Augen! Sie erschreckten mich: weit geöffnet, die Lider angeschwollen, voller Schmerz. Als Sidney uns erblickte, füllten sich seine Augen mit Tränen und jagten mir noch mehr Schrecken ein. Aber er behielt die Beherrschung und gab seinen Gefühlen nicht nach. Tatsächlich erzählte uns Barbara Drake (eine Nichte von Beatrice), die die letzten Tage ihrer Tante in Passfield Corner miterlebte, Sidney habe in dieser schweren Zeit einen unerwarteten Vorrat an Kraft, Tapferkeit und Beherrschung mobilisiert.

Auf der Rückfahrt von Woking empfanden Agnia und ich tiefe Trauer. Für immer von uns gegangen war ein großartiger Mensch, ein geistiges Kraftpaket, eine Herzensfreundin der UdSSR und eine enge persönliche Freundin, vielleicht die einzige unter all unseren englischen Freunden, die wir wirklich geliebt haben.

▸ Maiski hatte von der Abberufung Litwinows (Vorbotin seiner eigenen Abberufung) kurz vor dem Begräbnis von Beatrice Webb erfahren, während eines Besuchs bei der todkranken Mrs Shaw. Diese Begegnung mit den Shaws sowie die Treffen mit H. G. Wells und Lloyd George einige Tage später, alle langjährige enge Freunde, erfüllte ihn mit einer intensiven – vielleicht spiegelbildlichen – Vorahnung des eigenen Alt- und Gebrechlichwerdens, wenn nicht der eigenen Endlichkeit.[50] Nach der Heimkehr von der Bestattung setzte Maiski sein persönliches politisches Testament auf und vertraute es Agnia an.[51]

12. Mai

[...] H. G. Wells kam zum Lunch.[52] Wir waren zu dritt – unser Gast, Agnia und ich.

Wells ist schrecklich gealtert. Seine Hände zittern, er kann kaum noch gehen. Nur ein paar Treppenstufen, und er ist vollkommen außer Atem. Gelegentlich kann man in seinen Augen noch das Funkeln des Autors von *Krieg der Welten* und *Die Zeitmaschine* erkennen, aber die meiste Zeit liegt ein lebloser Belag über seinem Blick. Wells ist jetzt 76, und ich dachte bei seinem Anblick unwillkürlich: «Lohnt es sich, so alt zu werden?»

Immerhin schreibt Wells noch. Und er schreibt noch gut. Es genügt, seinen Nachruf auf Beatrice Webb zu lesen. Er rührte mich zutiefst, und ich teilte Wells dies schriftlich mit. Es bedeutete ihm eine Menge.

Der Organismus eines jungen Menschen ist bis zum Platzen mit Lebensenergie gefüllt. Er hat davon genug für alles: für das Schreiben vielversprechender Romane, das Erlernen von Fremdsprachen, für sportliche Betätigung und für die Pflege eines strahlenden Äußeren. Je näher man dem hohen Alter kommt, desto mehr schwinden die Reserven an Lebensenergie dahin, und desto sparsamer muss man mit ihnen haushalten: kein Sport mehr, keine Fremdsprachen, kein strahlendes Äußeres. Die Energie, die man noch hat, muss man auf die eine, wichtigste, wesentlichste Sache konzentrieren – auf das Schreiben. Das ist das Stadium, in dem Wells sich derzeit befindet. Alles, was ihm noch an Energie bleibt, wird ausschließlich ins Schreiben investiert. Natürlich hilft ihm seine immense Erfahrung als Autor, hilft ihm seine hoch entwickelte Schreibkunst, helfen ihm die Routinen und die Eigendynamiken eines langen literarischen Lebens ...

[...] Wells sagte heute unter anderem auch: «Was für ein Riese dieser Lenin war!»

Und er fügte dann, unter Bezugnahme auf seine Begegnung mit ihm 1920, hinzu: «Er hatte damals recht und ich unrecht!»

Danke für diese Richtigstellung! Ein Jammer nur, dass Wells fast ein Vierteljahrhundert und einen zweiten Weltkrieg gebraucht hat, um seinen Irrtum einzusehen. Ein hoher Preis!

Dann kamen wir auf Stalin zu sprechen, und Wells merkte an: «Ich mag ‹Onkel Joe› sehr ... Er ist ein großer Mann. Ich bin nicht einmal sicher, wer der größere ist: Lenin oder Stalin. Es wäre richtiger zu sagen, dass jeder auf seine Weise die Nummer eins ist.»

Wenn das kein Fortschritt ist! Wells anerkennt die Größe Stalins schon jetzt, ohne 23 Jahre vergehen zu lassen.

27. Mai

Gestern statteten Agnia und ich Lloyd George einen Besuch in Churt ab.

Der alte Mann wird immer gebrechlicher. Sein Alter hat ihn in den letzten fünf, sechs Monaten wirklich eingeholt. Das ist nicht der Lloyd George, den ich kannte. Wie lange wird er es noch machen? ...

Wir tranken Tee. Plauderten. Lloyd George ist in reizbarer, unleidlicher Stimmung. Besonders schlecht ist er auf Churchill zu sprechen. Lloyd George entdeckt an allem, was Churchill tut, etwas Finsteres.

Könnte das daran liegen, dass der alte Mann in diesem Krieg zur Untätigkeit verdammt ist und das jetzt an Churchill auslässt? [...] Lloyd George ist zu der Einsicht gelangt, dass der Krieg sich hinziehen und gigantische Opfer fordern wird; er hält es für undenkbar, dass der Krieg in Europa 1944 endet.

Wir sprachen auch über Polen. Lloyd George unterstützt unsere Position und kritisiert die Polen. Er erinnerte sich daran, wie viel Ärger die Polen im letzten Krieg machten.

«Es gab keinen einzigen vernünftigen Mann unter ihnen!», rief Lloyd George aus. «Alles Träumer, Größenwahnsinnige, schamlose Aggressoren! ... Der Beste von der Meute war noch Paderewski,[I] aber er war politisch ahnungslos und charakterlich schwach. Von Clemenceau[II] angespornt, legten die Polen jede Zurückhaltung ab und weigerten sich, auf mich oder Wilson[III] zu hören. Die Folgen sind jetzt klar ersichtlich.»

Lloyd George ist überzeugt, die UdSSR täte am besten daran, die polnische Regierung zu ignorieren und deren «Umbildung» zu verschieben, weil es sowieso nicht möglich wäre, eine vernünftige Regierung zusammenzustellen. Es fehle außerhalb Polens an geeignetem Personal dafür. Wenn die Rote Armee die Grenzen von 1941 wiederherstelle, werde sich alles Weitere von selbst regeln.

Ich denke, dass Lloyd George in dieser Beziehung recht hat. Meine Gedanken gehen oft in dieselbe Richtung. [...]

29. Mai

Eine Woche ist vergangen, seit die Komintern aufgelöst wurde. Was hat es gebracht?

Zuerst und vor allem: Es ist ein sehr wichtiger Meilenstein in der Entwicklung nicht nur der Sowjetunion, sondern der ganzen Welt. Es bedeutet, dass wir nicht auf eine Revolution nach dem Krieg zählen. Der Krieg kann und wird, kaum nötig zu sagen, zu Verwerfungen, Streiks,

---

I Ignacy Jan Paderewski, 1919 polnischer Premierminister und Außenminister, vertrat Polen auf der Pariser Friedenskonferenz von 1919.

II Georges Benjamin Clemenceau, 1917–1920 französischer Premierminister.

III Thomas Woodrow Wilson, amerikanischer Politiker, Demokrat, 1913–1921 Präsident der Vereinigten Staaten.

Aufständen und Ähnlichem in etlichen Ländern führen, aber das ist etwas anderes. Eine echte, lupenreine proletarische Revolution steht eindeutig nicht auf unserem Programm. Was mich nach den Unterredungen, die ich im Dezember 1941 in Moskau führte, nicht überrascht.

Aber wenn keine proletarische Revolution, was dann? Das ist und bleibt im Ungefähren, und anders kann es auch gar nicht sein. Die Zeit wird es zeigen. Ich schließe aber nicht aus, dass nach dem Krieg eine neue Internationale die Bühne betritt – keine zweite und keine dritte Internationale, sondern eine andere.

Sodann: Warum wurde die Komintern aufgelöst? Die Gründe liegen auf der Hand: Die Komintern war im Grunde seit Längerem tot, sorgte aber als Gespenst für große Probleme in den Beziehungen zwischen der UdSSR und anderen Mächten und ebenso auch im Verhältnis zwischen kommunistischen Parteien und anderen Parteien und Organisationen der Arbeiterschaft in diversen Ländern. Jetzt, da die grundlegende Aufgabe darin besteht, eine Einheitsfront aller Kräfte zum Zwecke der Niederwerfung Hitlerdeutschlands zusammenzuschmieden, musste dieses Gespenst liquidiert werden.

Zum Dritten: Wie hat die Außenwelt auf die Auflösung der Komintern reagiert? Sehr positiv. Auf der einen Seite sehen wir einen wutentbrannten Goebbels, dem man sein wirkungsvollstes propagandistisches Schreckgespenst weggenommen hat; auf der anderen Seite hat der Durchschnittsamerikaner erleichtert aufgeatmet – keine beängstigenden «Roten» mehr unter seinem Bett. In England sind die Konservativen wunschlos glücklich. Als Churchill in Washington von einem Journalisten gefragt wurde, was er von der Auflösung der Komintern halte, gab er eine knappe, aber vielsagende Antwort: «*I like it.*» [...]

In Labour-Kreisen hat die Auflösung der Komintern dagegen für gemischte Gefühle gesorgt. [...] Vor Kurzem kam Bevin zum Lunch vorbei. Im Verlauf der Unterhaltung fragte er: «Sagen Sie mir, ist die Komintern wirklich ordnungsgemäß aufgelöst worden?»

Ich warf Bevin einen erstaunten Blick zu und antwortete: «Wie, glauben Sie etwa, wir treiben Scherze?»

Bevin geriet in Verlegenheit und machte einen schnellen Rückzieher. Wir wechselten das Thema. Nach einiger Zeit fragte Bevin wie nebenbei: «Aber glauben Sie nicht, dass auf die Auflösung der Komintern vielleicht die Auflösung der KPdSU folgen könnte?»

Auch jetzt wieder schaute ich ihn erstaunt an und stellte ihm die Gegenfrage: «Und was sollte an die Stelle der KPdSU treten?»

Bevin überlegte und antwortete dann unsicher: «Ich weiß nicht, vielleicht eine Militärdiktatur ... oder etwas in der Art.»

Ich lachte Bevin aus, aber die Logik seines Gedankengangs konnte ich vollkommen nachvollziehen. Denn wäre es nicht wunderbar, wenn sich die KPdSU auflösen würde und an ihre Stelle eine russische Ausgabe der Labour-Partei träte? Wie einfach wäre es dann, mit all den kommunistischen Parteien auf der Welt fertigzuwerden, insbesondere mit der englischen!

[...] Eine Revolution wäre in England nur möglich – und dann sogar unabwendbar –, wenn das Land sein Empire verlieren würde. Es steht aber jetzt schon fest, dass England nach Beendigung dieses Krieges sein Empire nicht nur behalten, sondern es sogar ausbauen wird, wenn auch nur in indirekter Form. Seine herrschende Klasse wird also nicht auf den Faschismus zurückgreifen müssen, sondern wird die Nation und das Empire weiterhin mit Samthandschuhen regieren können. [...]

▶ Die Komintern war seit den späten zwanziger Jahren ein Mühlstein am Hals der sowjetischen Diplomatie gewesen. Stalin hatte schon während seiner verzweifelten Versuche Mitte 1941, sich den Deutschen anzubiedern, beschlossen, die ideologischen Fesseln abzustreifen, die seinen politischen Handlungsspielraum einengten, und hatte erste Schritte hin zur Auflösung der Komintern getan.[53] Die förmliche Auflösung der Organisation im Mai 1943 diente demselben Zweck, ebnete aber jetzt den Weg zu einem Modus Vivendi mit den Alliierten nach dem Krieg. Maiski bemühte sich, den Beamten im Foreign Office zu erklären, dass die Komintern in Wirklichkeit schon «jahrelang todgeweiht» gewesen und dass ihre Auflösung eine gleichsam natürliche Folge von «Stalins Politik des Nationalismus war. [...] Lenin glaubte, die russische Revolution könne nur überleben, wenn auf sie die Weltrevolution folgte; Stalin war überzeugt, dass Russland groß genug war, um das Experiment alleine durchzuführen, und dass ein Erfolg dieses Experiments die beste Propaganda für den Kommunismus sein würde.»[54] Russland habe, so erklärte Maiski Lloyd George, nicht den Wunsch, «kommunistische Revolutionen für andere Länder zu machen, sondern Grenzen zu sichern und ganz allgemein das Wiedererstarken [Russlands] sicherzustellen».[55]

2. Juni

Butler kam zum Lunch. Wir unterhielten uns ausführlich über die Nachkriegsaussichten Englands. […] Butler rechnet damit, dass die künftige Entwicklung Großbritanniens die folgenden Richtungen einschlagen wird:

(1) eine gemischte Wirtschaft, d. h., manche Sektoren (Stromversorgung, die Eisenbahnen, vielleicht die Kohle) werden verstaatlicht, andere (Transport auf der Straße und zur See, Zivilluftfahrt etc.) werden unter öffentliche Kontrolle kommen. […]

(2) Der «konstitutionelle Faktor» wird sich allmählich entwickeln, d. h. Unternehmen, in denen Vertreter der Belegschaft an der Geschäftsführung mitwirken. […]

(3) Das Bildungssystem sollte demokratisiert werden, d. h., fast alle *public schools* sollten abgeschafft werden (wobei Butler gerne zwei oder drei von ihnen erhalten würde). […]

Ich fragte Butler: «Sie wünschen sich also, dass England sich gemäß den Vorstellungen der Fabianer entwickelt?»

Butler antwortete: «Nennen Sie es, wie Sie wollen. Wir Engländer können, das müssen Sie wissen, revolutionäre Dinge tun, solange wir es bei den alten Namen belassen.»

Der Fabianismus ist natürlich nicht revolutionär, außer vielleicht in den Augen der Konservativen. Butler (der zweifellos die Stimmungslage der herrschenden Tory-Elite artikuliert) hat eindeutig fabianistische Vorstellungen, nur will er sie nicht so nennen. […]

3. Juni

Morrison kam zum Lunch. Es ergab sich, dass unsere Unterhaltung sich ebenfalls zum größten Teil um die Probleme der Nachkriegsordnung drehte. […]

Je länger ich Morrison zuhörte, desto verblüffter war ich über die Konvergenz seiner Ansichten mit denen Butlers. Natürlich bestehen zwischen den beiden Männern bestimmte Unterschiede in Nuancierung und Akzentuierung, aber ihre programmatische Grundausrichtung ist im Wesentlichen deckungsgleich. Erstaunlich! Was Morrison sagte, brachte mich auf den Gedanken: Wie leicht wird es nach dem Krieg für die Konservativen sein, sich mit der Labour-Partei in allen Fragen der inneren Neugestaltung Englands zu einigen. […]

Morrison sagte, er persönlich sei noch unentschieden in der Frage, ob Labour die Koalition mit den Konservativen nach dem Krieg weiterführen solle. Er bat mich sogar um meinen Rat. Ich wich jedoch der Rolle eines Beraters aus. […]

4. Juni

Agnia und ich fuhren [Sidney] Webb besuchen.

Das Haus, das wir so gut kennen, ist noch dasselbe. Aber als wir uns ihm dieses Mal näherten, wurden wir nicht, wie in der Vergangenheit, von einer großen, schönen alten Dame mit lebhaften Augen und einem zutiefst vergeistigten Antlitz begrüßt …

[…] Wir begaben uns in den Salon, in dem wir in der Vergangenheit so oft zu Gast gewesen waren. Wir setzten uns in die Lehnsessel, wie so oft in der Vergangenheit. Doch die Dame des Hauses befand sich nicht an ihrem gewohnten Platz – eine Stufe tiefer nahe dem offenen Kamin. Doch auf dem unweit davon stehenden Bücherregal stand eine große weiße Urne mit der Asche der für immer von uns Gegangenen.

«Ich habe eine Stelle im Wald gefunden», sagte Webb stockend, «die genau die richtige für diese Urne ist, aber im Moment dauern Bestellungen so lange, und ich warte noch immer auf die Bronzetafel mit der Inschrift …»

Nach einer Schweigepause fügte der alte Mann hinzu: «Dort werde auch ich am Ende landen.»

Webb schafft es offensichtlich nicht, den Gedanken an seinen eigenen nahen Tod abzuschütteln. Ich beobachtete einige andere Anzeichen dafür. Kein Wunder, er ist 83 und hat vor fünf Jahren einen Schlaganfall erlitten, von dem er sich bis heute nicht vollständig erholt hat. Und die Gefährtin, mit der er 50 Jahre seines Lebens teilte und mit der er zu einer physischen und spirituellen Einheit verwachsen war, hatte ihn gerade für immer verlassen.

«Ich fühle mich sehr einsam», sagte er zum Abschied.

[…] Wie der alte Mann mir anvertraute, hat fast alle von den Webbs veröffentlichten Bücher er geschrieben. Die Konzeptidee für jedes Buch, die Gliederung, die Materialrecherche usw. hatten beide gemeinsam oder arbeitsteilig gemacht. Doch für die Niederschrift der Texte war er zuständig gewesen. Beatrice beschränkte sich normalerweise darauf, das Manuskript aufmerksam durchzulesen und Korrekturen und Ergänzungen anzubringen – nach gemeinsamer Erörterung natürlich. Und Webb schrieb sein Leben lang harmonisch, gewissenhaft und schnell – von Hand. An Schreibmaschinen konnte er sich einfach nicht gewöhnen. Das Buch *Soviet Communism* (über 1000 Seiten lang) zum Beispiel wurde in etwas mehr als zweijähriger Arbeit geschrieben. «Geschrieben» im engstmöglichen Sinn des Wortes. Für das Zusammentragen des Materials, die konzeptionelle Arbeit etc. hatten die Webbs zuvor schon rund zweieinhalb Jahre gebraucht.

Was Sidney Webb mir da eröffnete, überraschte mich ein bisschen. Ich meinte zu wissen, dass innerhalb dieses wunderbaren Zweiergespanns Beatrice der geistige Kopf gewesen war. Ich hatte das bei zahlreichen Gelegenheiten selbst erlebt. Ich wusste auch, dass Sidney meist derjenige gewesen war, der das erste Entwurfsmanuskript niedergeschrieben hatte, und dass Beatrice gewöhnlich diejenige war, die Themen, Ideen und das Konzept für den inneren Aufbau eines jeden Buches beisteuerte, während Sidney es dann mit Zahlen und Fakten ausfütterte. Ich hatte immer angenommen, dass Sidney den Löwenanteil ihrer Bücher geschrieben und Beatrice lediglich die Kapitel mit den wichtigen Schlussfolgerungen und Bewertungen beigesteuert hatte. Aber nie wäre ich auf den Gedanken gekommen, dass Sidney praktisch die gesamte Schreibarbeit geleistet hatte. [...]

14. Juni

Vor ein paar Tagen (am 9. Juni) kam Luftmarschall Sir Arthur Harris[1], Oberbefehlshaber des Bomber Command der Royal Air Force, mit seiner Frau zum Lunch. Harris ist ein verbissener Verfechter der These, dass man den Krieg aus der Luft gewinnen könne. Ich fragte ihn, ob er nach wie vor dieser Überzeugung sei.

«Natürlich bin ich das!», rief Harris. «Heute mehr denn je. Alles hängt von der Zahl der Bomber ab, die man bereitstellen kann. Ich kann Ihnen ganz kategorisch versichern, dass, wenn ich die Möglichkeit hätte,

1 Arthur Travers Harris, «Bomber Harris», Air Chief Marshal der Royal Air Force, 1940/41 Stellvertretender Stabschef der britischen Luftwaffe, 1942–1945 Oberbefehlshaber des Bomber Command.

in jeder Nacht, in der wir fliegen, 1000 schwere Bomber nach Deutschland zu schicken, das Land nach höchstens drei Monaten kapitulieren würde. Die gesamte Besatzungsarmee könnte dann aus drei Polizisten bestehen – einem amerikanischen, einem englischen und einem sowjetischen, und die würden bei der Einnahme Berlins nicht nur auf keinerlei Widerstand stoßen, sondern von der Bevölkerung begeistert willkommen geheißen.» [...]

16. Juni

[...] Eden teilte mir mit, dass [H.] Alexander[1], der vor wenigen Tagen in England war, die Anweisung erhalten habe, «Husky» unter Einsatz aller Mittel zu beschleunigen. Es ist demnach möglich, dass die Operation früher beginnt als geplant. Ich hätte nichts dagegen, habe aber meine Zweifel, ob es klappt. Wir werden sehen. Ich erfuhr von Eden des Weiteren, dass man sich mit den Amerikanern darauf geeinigt hat, die Bahnanlagen von Rom zu bombardieren. (Noch vor einem halben Jahr lehnte Washington jede Bombardierung Roms ab.)

Ich erkundigte mich nach der Türkei. Eden sah sich nicht in der Lage, mir irgendeine beruhigende Auskunft zu geben. Die Türken wollen sich nach wie vor heraushalten. In den letzten Tagen haben sie nachdrücklicher als je zuvor ihre Neutralität betont. [...]

► Der Tagebucheintrag über das Treffen mit Eden blendet den heftigen Konflikt zwischen Churchill und Stalin aus, der in der Abberufung Maiskis aus London gipfelte (und wohl auch der Grund dafür war, dass Maiski danach keine Tagebucheinträge mehr machte). Nach dem entscheidenden Sieg über die Achsentruppen in Nordafrika fühlte Churchill sich stark genug, um sich offen zu seiner Strategie des Aufrollens von der Peripherie her zu bekennen. Er entwickelte jetzt die Vision einer auf einer besonderen und gleichberechtigten Partnerschaft zwischen Großbritannien und den USA beruhenden Nachkriegsordnung. Seine tiefe Enttäuschung über Stalin hatte zerstörerische Rückwirkungen auf die Stellung Maiskis. Bevor Churchill sich auf den Weg zu seinem fünften Gipfeltreffen mit Roosevelt in Washington machte, ließ er Eden die

---

1 Feldmarschall Sir Harold Alexander, seit August 1942 Oberbefehlshaber für die Operationen in Nordafrika und Stellvertreter Eisenhowers nach dessen Ernennung zum «Supreme Commander» der alliierten Expeditionsstreitmacht.

folgende Mahnung zukommen: «Es wäre sehr bedauerlich, es zum Prinzip zu erheben, dass Botschafter Maiski Kopien aller Telegramme erhält, die ich an Marschall Stalin schicke, von rein operativen Dingen einmal abgesehen. Ich würde dem sehr heftig widersprechen.»[56]

Churchill machte sich am 5. Mai an Bord der *Queen Mary* auf den Weg nach Amerika, mit einem Tross von 150 Beratern – «eine amüsante Form winstonischen Größenwahns», wie Halifax in sein Tagebuch schrieb, «aber er hätte zweifellos das Gefühl, es würde dem Krieg schweren Abbruch tun, wenn er mit weniger Bedienpersonal auf die Reise ginge».[57]

Churchill war überzeugt, auch dieses Mal wieder Roosevelt zu seiner eigenen strategischen und politischen Konzeption bekehren zu können, die eine definitive Verschiebung der «zweiten Front» in das Frühjahr 1944 (oder noch später) ebenso beinhaltete wie die Einrichtung mehrerer Nebenkriegsschauplätze im Mittelmeerraum und im Fernen Osten. Er hoffte außerdem, den Präsidenten von der Idee abbringen zu können, nach Kriegsende eine internationale Körperschaft zu errichten, der die Sowjetunion und vielleicht auch China als gleichberechtigte Partner angehören würden.[58] In dem Bestreben, sich den Rückhalt des Präsidenten für eine Landung auf dem italienischen Festland zu sichern, wurde Churchill nicht müde, immer wieder die ungelösten Probleme bei einer Landung auf dem französischen Festland hervorzukehren – eine Operation, die man nach seiner Überzeugung erst in Angriff nehmen konnte, wenn «ein Plan vorgelegt werden kann, der vernünftige Erfolgsaussichten bietet». Das stürmisch verlaufende Gipfeltreffen endete damit, dass die Operation «Avalanche», der Plan für die Eroberung Italiens, zu guter Letzt verbindlich beschlossen wurde, während man als Termin für die Landung in Frankreich jetzt das Frühjahr 1944 festlegte.[59] Sowohl Admiral Pound als auch General Dill beklagten sich bei Halifax über Churchills Unschlüssigkeit, während Alan Brooke, der britische Stabschef, sich über die Neigung Churchills mokierte, «in einem Moment in eine Richtung zu denken und im nächsten Moment in eine andere».

«Ist er nicht ein durchtriebener Spitzbube?», war die Reaktion Maiskis auf die Dinge, die er aus Washington erfuhr. «Nicht genug damit, dass er Großbritannien weiterhin die Herrschaft über den Mittelmeerraum sichern und den Amerikanern nicht gestatten will, sich dort umzutun, plant er auch noch, das Ganze auf Kosten amerikanischer Truppen und Ressourcen zu bewerkstelligen.»[60] Als Maiski sich mit Churchill unmittelbar nach dessen Rückkehr aus den USA traf, fand er in der Tat seine Befürchtung bestätigt, dass der Premierminister nunmehr in der Eroberung Italiens in Verbindung mit dem Luftkrieg einen vollwertigen Ersatz für die Landung an der französischen Kanalküste sah. Churchill blieb bewusst im Unverbindlichen, als der Botschafter sich nach den Aussichten erkundigte, den Krieg in Europa 1944 zum Abschluss zu bringen.[61]

Stalin, der von Maiski erfuhr, was aus Washington und Algier[62] durchgesickert war, beklagte sich bei Roosevelt heftig darüber, dass man die Sowjetunion aus der strategischen Diskussion ausgeschlossen hatte, und das, obwohl sie doch der Allianzpartner war, der, auf sich allein gestellt, «einem nach wie vor sehr starken und gefährlichen Feind» gegenüberstand. In seiner Abrechnung mit den Alliierten (die Churchill am 11. Juni als Kopie zuging) warnte Stalin vor den ernsten Folgewirkungen dieser Entscheidung auf «die Bevölkerung und die Streitkräfte der Sowjetunion». Jetzt, da «Avalanche» feststand, erinnerte Churchill Stalin daran, dass er immer schon entschieden den Standpunkt vertreten habe, «niemals eine Landungsoperation über den Ärmelkanal zu autorisieren, die [...] nur zu einem nutzlosen Massaker führen würde». Er könne nicht erkennen, inwieweit «eine krachende britische Niederlage und ein Blutbad den sowjetischen Streitkräften helfen» könnten. Stalin konterte, indem er seinen westlichen Verbündeten Untreue vorwarf, und verwies erneut auf die «kolossalen Opfer», die die Rote Armee gebracht habe und noch bringe. Am 26. Juni zog Churchill schließlich unter Hinweis darauf, dass seine «eigene seit Langem strapazierte Geduld nicht unerschöpflich» sei, die Samthandschuhe aus: Er erinnerte Stalin daran, dass Großbritannien im Gefolge des Ribbentrop-Molotow-Pakts «ganz alleine der größten Zerstörungskraft, die Nazideutschland gegen uns auffahren konnte», ausgesetzt gewesen sei und dass man froh sein könne, dass sich jetzt «eine hoffnungsvollere und fruchtbarere strategische Option [...] auf einem anderen Kriegsschauplatz» eröffne.[63]

Ein in Panik geratener Maiski tat sich plötzlich sehr schwer, an Eden heranzukommen, dem Churchill geraten hatte, «sich nicht mehr mit ihm abzugeben». Als es ihm endlich gelang, konnte er ihm nur noch die Nachricht von seiner Rückberufung nach Moskau überbringen.[64] Doch selbst in diesem hochdramatischen Augenblick ließ Maiski nicht von seinen fieberhaften Bemühungen ab, die Spannungen zwischen den beiden Führern abzumildern. In letzter Minute appellierte er an Beaverbrook, beim Premierminister zu intervenieren.[65] Am Ende gelang es ihm, am Vorabend seiner Abreise einen Termin beim Premierminister zu bekommen. Wie Churchill überliefert hat, erlebte er bei diesem Treffen einen «außerordentlich zivilen» Maiski, der ihm mehrmals versicherte, er solle «der Tonlage der Stalin'schen Botschaften keine große Bedeu-

Gerade erst von seiner Abberufung informiert, empfängt ein trauriger Maiski Ensemblemitglieder des «Old Vic»-Theaters nach einer Aufführung des Stückes *Die Russen.*

tung beimessen». Was die dornige Frage der zweiten Front betraf, so stellte sich schnell heraus, dass Churchill an seiner Überzeugung festhielt, seine Mittelmeerstrategie werde «Russland wertvolle Luft zum Atmen» und Zeit zum Kräftesammeln verschaffen. Maiski verwies ein weiteres Mal auf die «großen Leiden und Verluste Russlands» und erklärte, auch wenn Stalin den Premierminister hart angehe, seien seine Botschaften nicht böse gemeint. Maiski, der auf keinen Fall mit leeren Händen nach Moskau reisen wollte, schaffte es, Churchill die Zusage abzuringen, dass er weiterhin mit Stalin zusammenarbeiten wolle. Maiski wollte sichergestellt sehen, dass die Tatsache, dass man sich nicht auf eine gemeinsame Strategie einigen konnte, die angelaufenen Verhandlungen über die politische Nachkriegsordnung nicht gefährden würde. Er konnte in dieser Frage einen Teilerfolg verbuchen: Churchill akzeptierte seinen

Ein trauriger Abschied von Großbritannien, 15. September 1943

Vorschlag, Eden nach Moskau zu schicken; aus dieser Initiative ging das Moskauer Gipfeltreffen der alliierten Außenminister im Herbst 1943 hervor.[66]

2. Juli

Morgen fliege ich nach Moskau.

Vor rund einer Woche erhielt ich ein Telegramm mit der Aufforderung, mich zu Beratungen über Nachkriegsangelegenheiten in Moskau einzufinden. Sehr gut. Ich freue mich auf die Chance, meine Leute wiederzusehen und wieder einmal «heimatlichen Boden zu betreten».

Ich glaube indes, dass dahinter mehr steckt als nur Konsultationen. Mir scheint, dass Moskau mit meiner Rückberufung vielleicht auch seinen Unmut darüber bekundet, dass die britische Regierung in der Frage der zweiten Front wortbrüchig geworden ist. Genau so hat Eden die Nachricht von meiner bevorstehenden Abreise gedeutet. Er zeigte sich sehr beunruhigt und rief aus: «Was? In einem solchen Augenblick verlassen Sie London?»

«Was ist das Besondere an diesem Augenblick?», fragte ich zurück.

«Eine zweite Front ist nun ja nicht in Sicht. Ich sehe also keinen Grund, warum ich nicht für einige Zeit nach Moskau fliegen sollte.»

Es dauerte eine Woche, den Flug zu arrangieren. Die Briten stellen mir ein Flugzeug zur Verfügung, in dem sie auch einige neue Mitarbeiter für ihre Botschaft in Moskau mitschicken. Einer unserer militärischen Beamten, der in die UdSSR zurückkehrt, wird mich begleiten. Die Flugroute ist interessant: Gibraltar–Kairo–Habbaniya–Kuibyschew–Moskau. In Ägypten war ich noch nie – ich werde die Pyramiden sehen!

Bon voyage!

ENDE EINER ÄRA: MAISKIS ABBERUFUNG

Sowohl Litwinow als auch Maiski stellten ihre Rückberufung nach Moskau als einen Akt des Protests gegen die Entscheidung der Westalliierten dar, die Errichtung der zweiten Front zu verschieben – und nicht etwa als ihre persönliche Niederlage in dem anhaltenden Tauziehen zwischen der Sowjetdiplomatie alter Schule und Stalins mittlerweile voll ausgebildetem autoritären Machtapparat. Beide gaben sich größte Mühe, ihre Gesprächspartner im Westen glauben zu machen, ihre Beförderung innerhalb des Ministeriums (beide wurden zu Stellvertretenden Außenministern ernannt) sei Ausdruck ihres hohen persönlichen Ansehens im Kreml und ihres weiterhin großen Einflusses. Diejenigen, die mit Maiski auf vertrautem Fuß standen, wie vor allem Beaverbrook, übernahmen von ihm die Sprachregelung, das wachsende Misstrauen Stalins in die Absichten der Briten sei der Grund für seine Abberufung, und die Verantwortung dafür liege «voll und ganz beim Premierminister, der zutiefst antirussisch eingestellt [ist] und inzwischen zu alt, um sich noch zu ändern».[1] Der altgediente Diplomat und Russlandspezialist Bruce Lockhart schildert, wie sehr Maiski darum bemüht war herauszufinden, wie die britische öffentliche Meinung auf seine Abberufung reagierte. Als er feststellte, dass es in dieser Beziehung zwei widerstreitende Denkschulen gab – eine, die Stalins Unmut über England als Motiv anführte, und eine andere, die meinte, Stalin werde «von der Rückkehr eines so hochkarätigen Englandkenners wie [Maiski] profitieren» –, kommentierte er das augenzwinkernd mit der Bemerkung, es gebe «auch in Moskau zwei Deutungen».[2] Die dritte Option, dass er womöglich die Gunst Stalins verloren hatte, blieb unerwähnt. Litwinow vermittelte dem stellvertretenden US-Außenminister Welles den Eindruck, er habe seine Rückkehr nach Moskau selbst forciert, um direkteren Einfluss auf Stalins Außenpolitik nehmen zu können. Im gleichen Atemzug klagte er freilich darüber, er sei «von jeglicher Information über die Politik oder die Pläne der eigenen Regierung abgeschnitten».[3]

In Moskau angekommen, beeilte sich der nimmermüde Maiski, die britische Presse über die neue «höhere» Stellung ins Bild zu setzen, die er dort bekleiden werde – und darüber, dass er «bei Joe einen Stein im Brett» habe, wie die Journalisten es ausdrückten.[4] Wie die *Times* berichtete, wünsche Stalin sich Maiski jetzt, da Russland seine Nachkriegspolitik formulieren müsse, «zusammen mit Mr Molotow an seiner Seite», da sein «aus erstrangigen Quellen gespeistes Wissen über und sein Verständnis für Großbritannien» dabei ebenso nützlich seien wie seine klugen Ansichten zu «Deutschland, Frankreich und anderen Ländern».[5] Die Zeitschrift *Time* rückte eine weniger rosarote Realität ins Blickfeld, indem sie die Befürchtung äußerte, der «kleine Maiski» werde sich «im bürokratischen Labyrinth des Narkomindel verirren (zur Strafe dafür, dass seine unermüdlichen Hansdampfaktionen in London seinen Vorgesetzten unangenehm aufgestoßen sind)».[6] Ironischerweise hatte Maiski selbst 1938 die «Beförderung» Vansittarts ähnlich kommentiert: «Man wird die Berufung in sein neues Amt als eine Degradierung betrachten müssen, genauer gesagt, als eine Vorstufe zum Altenteil, allerdings mit Uniform, Auszeichnungen und einer Pension.»[7]

Molotow hatte die Abberufung Maiskis und Litwinows aus London bzw. Washington, wo die beiden Botschafter sich auf ihrem «persönlichen Terrain» wähnten, schon lange betrieben.[8] Das hinderte aber Stalin nicht daran, das einzigartige Beziehungsnetz der beiden Botschafter und ihre Vertrautheit mit dem Westen zu nutzen, wenn auch unter strenger Aufsicht und in einem von ihm gesteckten Rahmen. Weder Maiski noch Litwinow gaben sich Illusionen hin; beide wussten sehr gut, dass hinter ihrer Rückberufung in erster Linie das Bedürfnis Stalins stand, sie der relativ großen Gestaltungsfreiheit zu berauben, die sie in London bzw. Washington genossen hatten. Keiner von beiden kehrte aus freien Stücken nach Moskau zurück. Die Erinnerung an das grausame Schicksal vieler ihrer nach Moskau beorderten Kollegen war noch schmerzlich frisch. Wie Averell Harriman rückblickend schrieb, erlebte er Litwinow als eine «überschäumende» Persönlichkeit – bis der Rückkehrbefehl aus Moskau kam. «Ich habe nie wieder einen solchen Zusammenbruch eines Menschen erlebt. Sein ganzes Verhalten zeigte, dass er sich der Gunst Stalins keineswegs sicher war und um sein Leben fürchten musste, falls seine Washingtoner Mission ungnädig endete.» Litwinows Frau Ivy, die noch eine Weile in Washington blieb, vertraute Freunden an, sie fürchte, ihren Mann nicht lebend wiederzusehen.[9]

In ihren unveröffentlichten Memoiren schildert sie mit großer Emphase, wie Litwinow «fast durchdrehte [...] Er wollte bleiben [...] Er begann mit dem, was sein Herz am allermeisten begehrte [seine Memoiren zu schreiben], weil er nicht nach Russland zurückwollte.» Sie schilderte Litwinows ständige Auseinandersetzungen mit Stalin zu dieser Zeit, seinen «unversöhnlichen Streit mit Stalin [...] Er kam zu nichts anderem mehr, als sich ständig mit allen zu streiten [...] Mit Molotow [...] Mit allen, und sie konnten ihm nichts recht machen.»[10] Als Ivy wieder mit Litwinow in Moskau vereint war, hielt sie (und das galt sinngemäß auch für Maiski) «wachsam nach allen Seiten die Augen offen. Sie bat ihre Freunde inständig, Litwinow keine Bücher zu schicken und auch nicht zu Besuch zu kommen; das sei ‹sicherer für beide›.»[11]

Die Darstellung der beiden Botschafter, ihre Abberufung sei ein Protest gegen die Westalliierten gewesen, hat die Historiker auf eine falsche Fährte geführt. Die Entscheidung, Litwinow abzuberufen, war bekanntlich schon Ende April getroffen worden, vor dem Zerwürfnis zwischen den Alliierten.[12] Es war für Maiski das Signal dafür gewesen, dass seine Tage in Großbritannien gezählt waren. Als die Meldung aus Washington kam, verlor er keine Zeit und übergab seiner Frau zu treuen Händen sein politisches Testament:

> Liebe Agnia,
> meine Anweisungen für jeden erdenklichen Fall der Fälle:
> (1) Meine Aufzeichnungen (das Tagebuch oder meine alte Dame, wie ich es gerne nenne) sollten an den Genossen Stalin geschickt werden. Sie befinden sich in meinen zwei kleinen Koffern.
> (2) Du selbst solltest all meine Papiere durchgehen und sie danach sortieren, ob sie von öffentlichem Interesse oder rein persönlicher Natur sind. Diejenigen, die von öffentlichem Interesse sind, sollten dem Genossen Molotow übergeben werden. All diese Materialien sind in meinem persönlichen Tresor, in dem Eisenschrank neben dem Safe, in den kleinen Koffern, einige auch an anderen Stellen in unserer Wohnung.
> (3) Ich wünsche mir, dass meine Kindheitserinnerungen veröffentlicht werden.[13]

Andrei Gromyko[I], der zu Beginn seiner diplomatischen Laufbahn erheblich von Molotow protegiert wurde, berichtet in seinen Memoiren, die

---

I Andrei Gromyko war einer von Molotows ersten Neurekrutierungen für das Außenministerium nach der Entlassung Litwinows. Er leitete sechs Monate lang die Amerika-

Ernennung Maiskis zum Sowjetbotschafter in London habe «viele schockiert: Wie konnte jemand, der im Bürgerkrieg Teil der Menschewiken-Regierung in Saratow gewesen war, einen so hochkarätigen diplomatischen Posten bekleiden, und dann auch noch für so lange Zeit?» Alles, was Maiski in London machte, sei in Moskau, so Gromyko weiter, «mit einem gewissen Misstrauen registriert worden. [...] Die politische Vergangenheit dieses Mannes überschattete alle Einschätzungen seiner Arbeit.» Im Verlauf des Krieges seien Maiskis «ungerechtfertigt» langatmige Telegramme, in denen seine ausführlichen Berichte über Gespräche mit britischen Politikern regelmäßig «in seinen persönlichen Lageeinschätzungen ertränkt worden» seien, zum «Ärgernis für die [sowjetische] Führung» geworden. Gromyko erinnerte sich an ein Treffen mit Molotow und Stalin, bei dem diese beiden entschieden, dass «Maiski ersetzt werden» müsse.[14]

Maiski wurde in Moskau zum nominellen Leiter der Kommission für Reparationen ernannt, aber von jedem politischen Einfluss ferngehalten. Sein Ersuchen, die Kommission mit einem «ausreichenden Maß an Vollmachten und Unabhängigkeit» auszustatten und ihn persönlich unmittelbar dem Außenminister zu unterstellen, wurde nicht erhört.[15] Litwinow erging es etwas besser. Ihm widerfuhr wenigstens die Ehre, bis Ende 1943 fünfmal mit Stalin zusammenzutreffen, und die Führung suchte seinen Rat im Vorfeld des Treffens der alliierten Außenminister und der darauffolgenden Konferenz in Teheran. Maiski blieb der Zugang zum Kreml verwehrt. «Ich bat Stalin, mich zu empfangen, um ihm unmittelbar über die Situation in England und alle damit verbundenen Probleme zu berichten», schrieb er in seinen Erinnerungen, «Stalin erachtete dies jedoch nicht für notwendig.»[16] Litwinow und Maiski auf Abruf bereit zu halten war typisch für Stalin und seine Taktik des Teilens und Herrschens: Es half ihm, seine Macht zu festigen und den Einfluss des ehrgeizigen Molotow auf die Formulierung der sowjetischen Außenpolitik zu dämpfen.[17] Ein interessantes Indiz für Maiskis prekäre Stellung waren die Verrenkungen, die er unternahm, um dem britischen Botschafter in Moskau, Kerr, aus dem Weg zu gehen. Dieser versuchte eine Zeit lang verzweifelt, Maiski, Litwinow und den amerikanischen Botschafter zu einem «Abend-

---

Abteilung und ging 1940 als Erster Sekretär an die sowjetische Botschaft in Washington, 1943 stieg er zum Botschafter auf. 1957–1985 war er Außenminister der Sowjetunion.

essen mit Gesprächen ohne Blatt vor dem Mund» einzuladen. Maiski habe, so berichtete Kerr nach London, «so viele Konferenzen, dass er nicht mehr ein noch aus weiß»; dann wieder halte er sich derzeit «auf dem Land auf und wird mich informieren, wenn er wieder da ist». Kerr bekam Maiski schließlich nur im amtlichen Revier des Narkomindel zu sehen, wo der Exbotschafter ihm gestand, dass er noch immer nicht wisse, was genau seine Aufgaben seien. Aus der Tatsache, dass Maiski den Wunsch hatte, wieder nach England zu gehen, zog Kerr den Schluss, «dass es mit dem Antritt seines neuen Postens in Moskau nicht eilig sei».[18]

Weder Stalin noch Molotow konnte der Kult um Maiski in London kaltlassen, der in seinen Dimensionen nur noch vom Kult um Stalin selbst übertroffen wurde.[19] Maiski war immer auf der Hut vor den Reizen der bürgerlichen Welt gewesen, die verlockend zu finden eine unausbleibliche Konsequenz des Daseins als Diplomat und Botschafter war. Das hohe Ansehen, das ihm insbesondere nach dem Molotow-Besuch in London im Mai 1942 zuwuchs, konnte sich schnell gegen ihn wenden – eine Paradoxie, deren er sich von Anbeginn seiner Botschaftermission an voll und ganz bewusst gewesen war.[20]

Sosehr ihm der sich um seine Person entwickelnde Kult schmeichelte, so peinlich achtete Maiski darauf, ihn auf kleiner Flamme zu halten. Eine Einladung des Bildhauers Epstein, an einer nichtöffentlichen Vernissage in den Leicester Galleries teilzunehmen, schlug er mit der nicht sehr plausiblen Begründung aus: «Ich glaube nicht, dass es schicklich für mich wäre, mich dort zu zeigen, wo mein eigener Kopf als Büste ausgestellt ist.»[21] Ein ähnliches Unbehagen bereitete ihm die Tatsache, dass kurz nach seiner Rückberufung die von dem aus Russland stammenden Journalisten Bilainkin (der immer ein gern gesehener Gast in seinem Haus gewesen war) geschriebene Maiski-Biographie erschien. Er distanzierte sich nicht nur vom Autor des Buches, sondern löcherte die Mitarbeiter der Londoner Botschaft, denen er noch vertraute, mit Fragen, ob die Biographie irgendwelche ihn belastenden Dinge enthalte. Desgleichen lehnte er dankend eine Einladung der Universität von Birmingham ab, die ihm wenige Tage vor seiner Abreise nach Moskau die Ehrendoktorwürde verleihen wollte.[22]

Nach der Unterzeichnung des Bündnisabkommens, das aus dem Londonbesuch Molotows im Mai 1942 hervorgegangen war, hatten Lord Cecil und andere Sprecher des Oberhauses einander in Lobreden auf Maiski überboten. Cecil hatte seine «wertvollen Beiträge zur englisch-russischen Verständigung [...] über eine lange Zeitspanne hinweg» ebenso gerühmt wie die «geduldige und überaus schwierige Arbeit», die er «im Verlauf der vielen Jahre in London geleistet hat». Im Unterhaus zollte ihm Eden ein ähnlich hohes Lob für seine Vermittlungsarbeit. Von Stalin und Molotow war dabei immer nur am Rande die Rede gewesen.[23] Bei einer imposanten Großveranstaltung in der Albert Hall, die der Forderung nach Eröffnung einer zweiten Front Nachdruck verleihen sollte, erklärte Cripps, nachdem er Molotow en passant erwähnt hatte: «Ich komme nicht umhin, [...] einen ganz besonderen Tribut an einen anderen sowjetischen Staatsmann zu entrichten. Wir sehen in ihm im Allgemeinen einen Diplomaten, doch ich kann Ihnen versichern, dass er auch ein Staatsmann ist: der sowjetische Botschafter Mr Maiski.» Vergeblich versuchte Maiski, Huldigungen wie diese herunterzuspielen. «Man sollte wissen», erklärte er seinen Freunden, «dass bei all diesen Vorgängen die Ehre zuerst und zuvörderst unserem großartigen Volk und unserer brillanten Führung gebührt.»[24] Auch nach seiner Abreise aus London trafen noch Abschiedsbriefe von Ministern ein, die sicherlich das eine oder andere Stirnrunzeln im Kreml verursacht hätten. «Es muss kaum betont werden», schrieb Noel-Baker in einem typischen solchen Brief, «und ich bin sicher, dass Hunderte andere Ihnen bereits Ähnliches geschrieben haben, wie sehr wir alle bedauern, dass Sie und Ihre Frau London verlassen; wie sehr wir Sie vermissen werden und für wie lange und mit wie viel Dankbarkeit die Erinnerung an Sie hier lebendig bleiben wird. Wie die Regierung Ihnen sicher auch offiziell bescheinigt hat, sehen wir alle uns zu tiefem Dank verpflichtet für all das, was Sie getan haben, um unsere Länder einander näherzubringen.»[25] Unter normalen Umständen hätte so viel Anerkennung einem Botschafter auch im eigenen Land zur Ehre gereicht, doch der Kreml sah darin nur eine weitere Bestätigung dafür, dass Maiski sich zu große Freiheiten herausgenommen hatte und ganz sicher nicht der ergebene diplomatische Vertreter war, den Molotows Narkomindel zum neuen Standard erhoben hatte.

Eine der für Maiski peinlichsten Folgewirkungen des unwillkommenen Persönlichkeitskults war ein höchst imposantes Maiski-Porträt von der Hand des berühmten österreichischen Malers Oskar Kokoschka, das kurz vor der Abberufung des Botschafters entstand. Das ganze Unterfangen war für beide Beteiligten eine eher unangenehme Erfahrung. Maiski fühlte sich nicht wohl in seiner Haut, was für ihn ungewöhnlich war. «Er las [beim Modellsitzen] andauernd die *Times*», lästerte Kokoschka in seiner Autobiographie, «und war nicht zu bewegen zu sprechen. [...] Vielleicht, dass er das Porträtiertwerden als eine listige Art der Gehirnwäsche gefürchtet hat».[26] Es sollte jedoch noch schlimmer kommen. Es fand sich ein Mäzen, der bereit war, die erzielte Kaufsumme für das Porträt an einen «Stalingrad Hospital Fund» zu spenden, allerdings mit der Maßgabe, es solle für die Behandlung sowohl russischer als auch deutscher verwundeter Soldaten verwendet werden. Ebenso unangenehm für Maiski war der Wunsch des Künstlers, das Bild dem Moskauer Museum für Gegenwartskunst als Leihgabe anzubieten. Man trug Eden die Idee an, auf diese Weise «ein kleines Zeichen des englisch-russischen Verständigungswillens» zu setzen, und Eden wandte sich damit an Maiski, als dieser noch einmal nach England kam, um vor seiner endgültigen Abreise seine Angelegenheiten zu ordnen.[27]

Sir Edward Beddington-Behrens[I], der als Mittelsmann fungierte, wurde dringend in die sowjetische Botschaft gebeten. Er überlieferte eine sehr verstörende Beschreibung von Maiskis Gemütszustand zum Zeitpunkt seiner Abberufung:

> Während ich draußen wartete, wurde ein kleiner Guckschlitz in der Tür geöffnet, durch den mich zwei Augen musterten. Als ich schließlich in die Botschaft eingelassen wurde, folgten mir zwei Männer ins Wartezimmer, die bei mir blieben, ohne ein einziges Wort mit mir zu reden. Schließlich führte man mich ins Amtszimmer des Botschafters, wo ich auch Mrs Maiski antraf. Das Erste, was Mr Maiski – zu meinem Erstaunen – tat, war, die drei Türen des Raums zu verriegeln. Dann bat er mich, nicht darauf zu bestehen, dass das von Kokoschka gemalte Bild an das Moskauer Museum geschickt werde. [...] Er bat mich des Weiteren, in keinem amtlichen Schreiben an die Botschaft die großzügige Geldspende in irgendeinen Zusammenhang mit dem Porträt und dem Leihangebot an das Moskauer Museum zu bringen. Seine Frau flehte mich an, ihm diesen Wunsch zu erfüllen, und mir wurde plötzlich klar, dass Maiski wahrscheinlich auf der Opferliste von einer von Stalins berüchtigten Säuberungen stand. Beide wirkten äußerst nervös, und es rührte mich sehr, mit wie viel hingebungsvoller Liebe Mrs Maiski ihren Mann umhegte und wie sie sich bemühte, ihn mit allen ihr zu Gebote stehenden Mitteln zu beschützen.[28]

I Major Sir Edward Beddington-Behrens, Geschäftsmann und Kunstmäzen.

Oskar Kokoschkas Maiski-Porträt, Tate Gallery, London

Die Befürchtungen Maiskis entpuppten sich als wohlbegründet, als Kokoschka mit seinem Leihangebot ernst machte, nur um sich letztlich eine Absage der sowjetischen Regierung einzuhandeln. Das Porträt landete dann als Leihgabe in der Londoner Tate Gallery.

Hin- und hergerissen zwischen Angst und Stolz, sah Maiski sich erneut in einer Zwickmühle, als Epstein ihm einen Bronzeabguss der Büste anbot, die er drei Jahre zuvor von ihm gemacht hatte. Die Korrespondenz über diese Schenkung lief über die Londoner Botschaft, nachdem Maiski bereits wieder in Moskau war, und es scheint, als habe sie ihn in große Verlegenheit gebracht, weil die Popularität, die er in London genoss, seinen Beziehungen zum Kreml nicht zuträglich war. Er traf zwar, wie es seine Art war, akribische Vorkehrungen für den sicheren Versand der Büste, bemühte sich aber zugleich, seinem Nachfolger zu versichern, Epstein habe die Büste seinerzeit «nicht auf meinen Wunsch hin, sondern aus eigener Initiative» angefertigt.[29] Als durch die Kokoschka-Geschichte gebranntes Kind entschuldigte er sich nachträglich dafür, dass er damals keine ausreichende Vorsorge hinsichtlich des Verbleibs der Büste getroffen habe; er habe sich einfach darauf verlassen, dass Epstein «im Großen und Ganzen fortschrittlich eingestellt ist und keinen Missbrauch damit treiben wird». Er erklärte, er sehe keine andere Möglichkeit, als das Geschenk anzunehmen, denn immerhin sei die Büste das Werk «des berühmtesten zeitgenössischen Bildhauers in England, der uns noch dazu sehr wohlgesinnt ist».[30]

Während die politischen Ideen, die Maiski vertrat, vom Kreml nicht beanstandet wurden, verriet der Umgang mit Maiski, der als Überbleibsel der «alten Garde» galt, Geringschätzung und persönliche Antipathie. Pawlow (Stalins und Molotows persönlicher Dolmetscher) hat einen Bericht über die Abberufung Maiskis und dessen letzte kurze Reise nach London überliefert, die er unternahm, um seine dortigen Angelegenheiten zu ordnen. Bezeichnenderweise ist diese Schilderung mit einer vernichtenden Kritik am Verhalten des Botschafters und seiner Frau während Molotows Londonaufenthalt im Mai 1942 zusammengeheftet.[1] Maiski nutzte in einem letzten verzweifelten Versuch, seine Vorgesetzten in Moskau zu besänftigen und auch seinem neuen formellen Status als Vizeaußenminister Glanz zu verleihen, den kurzen Aufenthalt in London, um eine Reihe kurzfristig verabredeter, von Moskau nicht autorisierter Gespräche mit Churchill und Eden zu führen. Er wollte beide nach Moskau locken und glaubte, er könne, wenn ihm dies gelänge, als Vermittler und Dolmetscher doch noch eine bedeutende Rolle beim

1 Siehe S. 626 f.

Schmieden einer politischen Allianz für die Nachkriegszeit übernehmen. Es fiel ihm offenbar schwer, sich mit der Tatsache abzufinden, dass er nicht mehr der amtierende Botschafter in London war, und er liebäugelte wohl mit dem Gedanken, er könne, wenn seine Gespräche Früchte trügen, seinen Aufenthalt in der britischen Hauptstadt verlängern. Doch sehr rasch sah er sich mit dem eiskalten zynischen Rat Molotows konfrontiert, «nicht seine Kräfte zu vergeuden und seine Gesundheit sinnlos aufs Spiel zu setzen»; man empfahl ihm die schnellstmögliche Rückkehr nach Moskau. Gleichzeitig lobte Moskau den jungen sowjetischen Geschäftsträger in London, Arkadi Alexandrowitsch Sobolew (eine von Molotows Neuentdeckungen), für sein barsches und unkooperatives Auftreten gegenüber Eden. Derselbe Sobolew schrieb allerdings ein Jahr später an Maiski, der neue Botschafter Gussew tauge nichts und mache die von Maiski geleistete gute Arbeit «zunichte».

Auch wenn Maiski äußerst vorsichtig taktierte, hatte er sich zuletzt schwer getan, die ihm aufgetragene neuartige Rolle als «passiver Botschafter» in London in der erwünschten Weise zu spielen. Es ist kaum verwunderlich, dass es in ihm gärte. Er hatte den Kampf gegen das Vorhaben Molotows verloren, sowjetische Diplomaten zu reinen Briefträgern zu degradieren.[31] Die Verwandlung des diplomatischen Dienstes in einen Apparat mit militärischen Befehlsstrukturen und Hierarchien beraubte die Botschafter ihrer Individualität und isolierte sie damit von ihren Kollegen aus anderen Ländern. Es handelte sich vielleicht um eine Anleihe bei Peter dem Großen, der mit seiner «Rangtabelle» die öffentliche Verwaltung militarisiert hatte, um damit eine eiserne Loyalität zum Zaren zu erzwingen, dessen Gunst und Anerkennung für geleistete Dienste das einzige Beförderungskriterium war. So unscheinbar die Veränderung sein mochte, signalisierte sie doch eine Schwächung der sowjetischen Diplomaten im Ausland und ihre zunehmende Unterwerfung unter das Diktat Moskaus.

Kurz bevor Maiski von seiner Abberufung erfuhr, erlaubte er sich in einem persönlichen Schreiben an Molotow eine kritische Anmerkung von der Sorte, die der Außenminister wohl eher selten zu hören bekam:

> Lieber Wjatscheslaw Michailowitsch,
> Gerüchte pflanzen sich schneller fort als das Licht, und so ist mir zu Ohren gekommen, dass im Narkomindel beschlossen worden sei, unsere Diplomaten in Uniformen zu stecken – ja dass sogar die Uniform bereits entworfen worden ist und dass zu ihr, wenn man den Gerüchten glauben

In Uniform, mit den Schulterstücken eines Marschalls der Sowjetunion

> will, sogar … ein Dolch gehört! Ist das wahr, ein Dolch?[1] Ich verstehe, dass, wenn sich ein Matrose einen Dolch umschnallt, dieser in gewisser Weise ein Symbol für seinen soldatischen Beruf ist. Aber welche Bedeutung sollte ein Dolch in der Diplomatie haben? Und was sollte er in diesem Fall symbolisieren? Soweit ich mich erinnere, tragen weder englische noch französische Diplomaten, noch die allermeisten Diplomaten anderer Länder einen Dolch.[32]

Mit einer solchen unerhörten und offenen Kritik an Molotow machte Maiski sich in Moskau kaum Freunde, sondern lieferte wohl eher denen weitere Munition, die seine Abberufung betrieben – Letztere bewahrte ihn davor, die neue Uniform in London tragen zu müssen, doch in Moskau blieb es ihm nicht erspart. Im November 1943 wurde ihm, der jetzt

1 Vielleicht eine Anspielung auf Macbeths berühmte Frage: «Ist das ein Dolch, was ich vor mir erblicke …».

nominell ein hohes Amt im Narkomindel bekleidete, seine neue Uniform übergeben. Sein Tagebucheintrag dazu offenbart eine eigenartige Mischung aus Befremden und uneingestandener Eitelkeit:

> Die Uniform ist besser, bequemer und schöner, als ich es erwartet hatte. Aber ich fühle mich in ihr trotzdem unbehaglich. Ich habe 40 Jahre lang keinerlei Uniform mehr getragen, seit meinem Ausschluss aus der Universität von St. Petersburg 1902. Ich habe mein ganzes Leben in Zivilkleidung gesteckt. Jetzt, mit fast 60 Jahren, streife ich noch einmal eine Uniform über. Es ist nur natürlich, dass sich das ein bisschen seltsam anfühlt. Ich werde mich daran gewöhnen müssen. Und noch etwas: Ich bekleide einen hohen Rang und trage die Schulterstücke eines Marschalls, was die Aufmerksamkeit von Passanten erregt. Soldaten salutieren vor mir. Auch das fühlt sich neuartig und seltsam an.[33]

Das britische Foreign Office ging zunächst davon aus, die Abberufung der Botschafter sei in erster Linie Ausdruck des sowjetischen Unmuts über das Nichtzustandekommen der zweiten Front, und übersah den Charakterwandel des Narkomindel (oder unterschätzte zumindest seine Bedeutung und Tragweite). Die starke moralische Unterstützung, die die Briten Maiski in dieser Phase gewährten, bewirkte nicht viel mehr, als den Kreml in seinem Misstrauen gegen den langjährigen Botschafter zu bestärken; dieser stand ohnehin schon in dem Verdacht, nicht mehr loyal zu Moskau zu stehen. Varianten dieses Vorwurfs traten beim Prozess gegen Maiski 1955 denn auch deutlich zutage.[34] Botschafter Kerr sagte Molotow ganz offen, dass es unklug sei, Maiski aus London abzuziehen, selbst wenn man glaube, seine Dienste in Moskau dringend zu benötigen. Er wollte dem sowjetischen Außenminister begreiflich machen, dass Maiski in London «eine Position wie kein Botschafter vor ihm» innehabe. Es sei eine «in jeder Beziehung einzigartige Position». Maiski habe sich in England «die Zuneigung aller [erworben], von links bis rechts, alle schätzten ihn als vertrauenswürdig». Molotow hörte höflich zu, um dann, ohne mit der Wimper zu zucken, um ein Agrément für den neuen Botschafter zu bitten. Doch Kerr gab noch nicht auf. Die Sowjetunion habe 180 Millionen Einwohner, sagte er, doch sei es «schwer, unter ihnen einen Nachfolger für Maiski zu finden». Noch schwereres Geschütz auffahrend, erklärte er: «Eden [...] tue es sicherlich leid, Maiski gehen zu sehen.» Als Kerr davon sprach, wie viel herzliche Zuneigung Maiski in London genieße, erwiderte Molotow zynisch: «Wir hier in Moskau mögen Maiski auch.» Er erwähnte seinen Besuch in London und dass er bei der Gelegenheit Maiskis weitgespanntes Netz von Kontakten schätzen gelernt habe – eigentlich ein Lob für jeden Botschafter, aber nicht in Stalins Russland. Kerr ließ sich dazu verleiten, in seinem kurzen Bericht über die Unterredung von «warmen, lobenden Worten» Molotows über Maiski zu sprechen, die er offensichtlich für bare Münze genommen hatte. Kurz darauf hielt er Eden in einem Telegramm vor, er interpretiere in die Ernennung eines neuen Botschafters «zu viel hinein». Er ging von der irrigen Annahme aus, es gebe als Folge der Säuberungen in Moskau «nur noch eine Handvoll Leute mit dem nötigen Format», so dass Maiskis Präsenz unverzichtbar sei.[35]

Dass das britische Außenamt beschloss, eine Lanze für Maiski zu brechen, «um ihn in London halten zu können», gereichte Maiski keineswegs zum Vorteil. Eden wies Kerr an, Molotow wissen zu lassen, «wie hoch wir die Verdienste von Mr Maiski um die Sache der englisch-sowjetischen Zusammenarbeit schätzen und wie sehr wir den Weggang eines so alten und vertrauten Freundes bedauern». Eden selbst äußerte in Gesprächen mit dem sowjetischen Geschäftsträger in London ebenfalls sein «Bedauern» über den Abzug Maiskis. Er ging sogar so weit, die Frage zu stellen, ob es «wirklich wichtiger ist, einer von sechs stellvertretenden Volkskommissaren [für Auswärtige Angelegenheiten] zu sein als Botschafter in einer der wichtigsten Hauptstädte».[36] Anders als Eden ließen sich viele von der anscheinenden Beförderung Maiskis täuschen.[37] Die Vorstöße derer, die sich für sein Verbleiben in London einsetzten, wurden für Maiski zu einer persönlichen und politischen Peinlichkeit, und schließlich machte er ihnen in einer förmlichen Mitteilung (die ihm sehr wahrscheinlich diktiert wurde und wohl kaum von Herzen kam) ein Ende, die er über Kerr an Eden übermitteln ließ:

> Wir wissen Ihre Gefühle zu schätzen, doch werden Sie sicherlich verstehen, wie glücklich ich bin, nach so vielen Jahren im Ausland wieder in meinem Land leben und beim Narkomindel arbeiten zu können. Ich werde Ihnen mehr dazu sagen, wenn ich nach London komme, um Abschied zu nehmen. Ich hoffe, Sie werden beste Beziehungen zu meinem Nachfolger aufnehmen.[38]

Die Ernennung von Fjodor Tarassowitsch Gussew zum neuen Botschafter in London trotz seines offensichtlichen Mangels an Erfahrung war ein wohlüberlegter Schritt. Gussew war das Kontrastprogramm zu Maiski, ebenso wie Gromyko in Washington das zu Litwinow. Seine Berufung zeigte, welches Gesicht die sowjetische Diplomatie künftig präsentieren würde – ein Signal, das beim Foreign Office nicht ankam. Man entschied sich dort zu ignorieren, was Stalin und Molotow dem britischen Botschafter deutlich genug erklärt hatten, dass nämlich Generalbevollmächtigte dazu da seien, «Vereinbarungen zu unterschreiben», nicht «Meinungen auszutauschen». Gussew, ein loyaler Parteigenosse, hatte Jura studiert und in mehreren Instituten in Leningrad gearbeitet. In der Zeit der Säuberungen hatte man ihn ins Ministerium geholt. Nach der Amtsübernahme Molotows wurde er zum Leiter der Westeuropaabteilung befördert. Seine britischen Gesprächspartner in Moskau waren von seinen Fähigkeiten und seinem Charakter wenig angetan und empfanden ihn als «ziemlich ungehobelt». Sein Englisch sei «spärlich und sonderbar. [...] Er ergriff keine Initiativen und sah aus wie jemand, der von einer Kolchose kam und einen Kurzlehrgang bei der GPU[1] absolviert hatte». Kerr charakterisierte Gussew zusammenfassend als einen Menschen, der «nichts Gewinnendes an sich hat und einen traurigen Anblick bietet». Nicht genügend Beachtung fand eine weitere Eigenart Gussews: Wann immer man ihm etwas vortrug, weigerte er sich, etwas anderes zu sagen als: «Ich werde die Angelegenheit meinen Vorgesetzten vorlegen.» Als Alan Brooke Gussew zum ersten Mal traf (bei einem Essen zu Ehren Brookes Ende Oktober 1943), war auch er wenig beeindruckt von dem «‹Froschgesicht› Gussew, einem ehemaligen Metzger», der «ganz bestimmt nicht so viel hermacht wie dieser alte Haudegen Maiski!» Immer weniger Leute in London gaben sich irgendwelchen Illusionen im Zusammenhang mit Gussew hin. Sie erkannten, dass diese Personalie «jeglichen freien Meinungsaustausch in London praktisch unmöglich» machen würde. Langsam dämmerte es den meisten, dass Maiski nicht befördert, sondern «abgehalftert und im Moskauer Außenministerium unter Molotows direkte Aufsicht gestellt» worden war und dass an seiner Stelle in London ein Diplomat saß, der als Gesprächspartner «für irgendwelche ernsthaften politischen Diskussionen absolut nicht das Format hat, Maiski zu ersetzen». Die wiederholten Warnungen Maiskis, der Verzicht auf Beschlüsse zu einer europäischen Nachkriegsordnung könne die Russen veranlassen, «sich auf einen einsamen Weg zu begeben», schienen sich zu erfüllen.[39]

---

1 Sowjetische Geheimpolizei, Vorgängerin von NKWD und KGB.

Bis zu seiner Abberufung hatte Maiski es meisterhaft verstanden, auch in den stürmischen Phasen seiner Laufbahn alle Klippen zu umschiffen – einer Laufbahn, in der der Erfolg auf diplomatischem Parkett und das persönliche Überleben Hand in Hand gingen. Jetzt war der Augenblick der Wahrheit gekommen. Die Abberufung drohte mit einem Schlag all sein politisches Kapital zu vernichten, und zugleich sein Ansehen in Großbritannien wie auch in der Sowjetunion zu untergraben. Dem äußeren Anschein nach war Maiskis Abberufung Folge der Verärgerung der Russen darüber, dass Casablanca ohne sie stattgefunden hatte, dass Churchill nach Washington gereist war, ohne sie zu informieren, und dass die Westalliierten, ebenfalls ohne Rücksprache mit der Sowjetunion, beschlossen hatten, die Landung an der französischen Kanalküste bis zum Frühjahr 1944 zu verschieben. Maiski fürchtete ernsthaft, das Abreißen des strategischen und politischen Dialogs könne «schwerwiegende» negative Folgen haben und «unsere Beziehungen nicht nur im Endstadium des Krieges, sondern auch bei den Verhandlungen und Beschlüssen über die Nachkriegsordnung gefährden». Im Falle einer erfolgreichen sowjetischen Winteroffensive könne die Rote Armee schnell an der deutschen Ostgrenze stehen, und das könne Moskau in dem Gefühl bestärken, die Alliierten hätten nur wenig zum Sieg über Deutschland beigetragen, was wiederum zu einseitigen Festlegungen und zu einer Selbstisolierung der Sowjetunion führen könne. Maiskis Zukunft als aktiver Politiker in Moskau hing am Fortbestand der Zusammenarbeit mit den Westalliierten, und er war finster entschlossen, während seines Kurzaufenthalts in London mit allen Kräften darauf hinzuwirken.[40]

In einer Serie persönlicher Briefe an Molotow und eindringlicher Telefonate mit ihm (die im Stil an seine Appelle an Litwinow in den zwanziger Jahren erinnerten)[41] führte Maiski eher profane Gründe für seinen Wunsch ins Feld, noch einmal für einige Tage nach London zu reisen: Er machte sich Sorgen um Agnia, die er allein zurückgelassen hatte und der man nicht zumuten könne, in Kriegszeiten die Heimreise nach Moskau alleine anzutreten; er erwähnte Agnias «Ohrenprobleme», die ihr das Fliegen zur Tortur machten, ihre «Anfälligkeit für die Seekrankheit» und die «große Masse an Gepäck (ich habe viele Bücher und andere Dinge)», die er auf den Weg nach Russland bringen wolle. Er versäumte es nicht, Molotow den Köder hinzuwerfen, dass er mit seiner persönlichen Präsenz in London Russland viel Geld sparen könne, da die Briten ihm wahrscheinlich alle benötigten Transportmittel gratis zur Verfügung stellen würden. Molotow war entschieden gegen einen «Abschiedsbesuch» Maiskis in London, mit der Begründung, dies würde die Protestwirkung seiner Abberufung zunichtemachen. Doch Maiski ließ nicht locker. Er gab sich überzeugt, die britische Regierung, die sich «daran gewöhnt hat, meinen Namen mit der Idee einer englisch-sowjetischen Zusammenarbeit zu verbinden», werde seinen Weggang auch weiterhin «als Symptom unserer Unzufriedenheit mit der britischen Politik [deuten], als Symptom dessen, dass das englisch-sowjetische Verhältnis einige Risse bekommen hat». Seine Reise nach London, die er, das versprach er, zu einer «behutsamen Verabschiedung» nützen werde, könne auch ein wenig dazu beitragen, seinem Nachfolger Gussew «den Boden zu bereiten». Maiski wäre freilich nicht Maiski gewesen, hätte er seine Abberufung nicht als persönliche Niederlage empfunden. Der wirkliche Beweggrund für seinen Wunsch, noch einmal nach England zurückzukehren, war das Bedürfnis (das er auch im Entwurf eines Schreibens an Molotow formulierte, dann aber wieder strich), sicherzustellen, dass «im Ausland und erst recht bei unserer sowjetischen Bevölkerung nicht der Eindruck entsteht, der Unmut der sowjetischen Regierung über die Politik der britischen Regierung offenbare auch eine Unzufriedenheit mit dem Botschafter der Sowjetregierung in London (natürlich vorausgesetzt, dass es eine solche Unzufriedenheit tatsächlich nicht gibt)». In seinen in der Periode der «Entstalinisierung» veröffentlichten Memoiren schildert Maiski eine Begegnung mit Molotow, in deren Verlauf er dem Außenminister «bedeutungsvoll» in die Augen schaute und ihm erklärte, er wolle «vor allem» deshalb noch einmal nach London reisen, um den sich ausbreitenden Gerüchten über die Hintergründe seiner Abberufung entgegenzutreten. Er führte aus:

> Es gab in jener Zeit Fälle, da sowjetische Botschafter überraschend nach Moskau gerufen wurden und später einfach verschwanden. Deshalb kam im Westen die Vorstellung auf: Wenn ein sowjetischer Botschafter nach Moskau gerufen wird, dann erwarten ihn zu Hause irgendwelche Unannehmlichkeiten. Ich wollte mich gegen derartige Gerüchte und Vermutungen sichern.[42]

Molotow, der Maiski durchschaute, war entschlossen, das letzte Hindernis zu beseitigen, das seinem Projekt eines autoritär geführten Ministeriums noch im Weg stand. Nach fast einem Monat flehentlichen Insistierens erhielt Maiski schließlich die Erlaubnis, für lediglich fünf Tage nach London zu fahren und in dieser Zeit sein elfjähriges Wirken in der britischen Hauptstadt abzuwickeln; damit machte man es ihm praktisch unmöglich, eingehende politische Gespräche zu führen. In diese zeitliche Zwangsjacke gesteckt, kam Maiski nicht um die Peinlichkeit herum, seinen britischen Freunden erklären zu müssen, welche Fesseln man ihm angelegt hatte. Bekannte, die ihn aufsuchten, um sich von ihm zu verabschieden, erlebten ihn «traurig und bedrückt» und «in niedergeschlagener Stimmung». Sie bemerkten «einen eigenartig in die Ferne gerichteten Blick in seinen mongolischen Augen, der zu besagen schien, dass er traurig war, London verlassen zu müssen».[43] Da er so wenig Zeit hatte, musste er zahlreiche Einladungen mit fadenscheinigen Begründungen ausschlagen – sogar eine Einladung von Churchills Frau Clementine, an einer Kundgebung der Alliierten teilzunehmen.[44]

Das Ziel Maiskis war es, wie schon 1939,[45] nach Moskau mit konkreten politischen Resultaten im Hinblick auf die Zusammenarbeit nach Kriegsende und die Festlegung europäischer Grenzverläufe zurückzukehren. In der kurzen Zeit, die ihm in London blieb, konspirierte er erneut mit Eden, dem es große Sorge bereitete, dass Churchill eine «gefährliche antirussische Richtung» eingeschlagen hatte.[46] Die beiden Männer trafen sich fast täglich, an einem Tag sogar dreimal. Maiski zeigte sich Eden gegenüber völlig offen und weihte ihn «inoffiziell» in seine persönlichen Überzeugungen ein. Das wiederum machte es für Eden schwer zu entscheiden, ob Maiski «nur die eigene Meinung zum Ausdruck brachte bzw. in welchem Grad diese die Meinung seiner Vorgesetzten reflektierte».[47] Maiski strebte ein rasches Abkommen an – bevor die militärische Realität auf dem Schlachtfeld das politische Ergebnis des Krieges diktieren würde –, mit der Perspektive eines unteilbaren Europa, in dem sowohl britische als auch russische Interessen Berücksichtigung finden würden. Wie er Eden anvertraute, war er persönlich ein überzeugter Gegner «jeder russischen Vormachtstellung in Mitteleuropa und verabscheute den Panslawismus seit jeher fast so sehr, wie er den Pangermanismus hasst». Auch an seiner althergebrachten Überzeugung, dass zwischen Großbritannien und der Sowjetunion kein Interessenkonflikt in Bezug auf Einflusssphären bestehe, hielt er unbeirrt fest. In seiner Vision werde das künftige Europa eine Gemeinschaft unabhängiger Demokratien mit gemäßigt linker politischer Orientierung sein. Wie Litwinow lehnte er die Vorstellung ab, in den befreiten Ländern revolutionäre Regime einzusetzen. Die russische Interessensphäre ging dieser Vision zufolge nur geringfügig über die russischen Grenzen von 1941 hinaus, und das auch nur auf dem Balkan und entlang den Küsten des Schwarzen Meeres.

Als einer, der das Ausmaß der Verheerungen in Russland und den hohen auf den Schlachtfeldern entrichteten Tribut aus nächster Nähe mitbekommen hatte, wollte Maiski unbedingt dazu beitragen, den in Moskau um sich greifenden Verdacht zu zerstreuen, Churchill und Roosevelt hätten ein Interesse daran, den Krieg zu verlängern. Obwohl er nicht bevollmächtigt war, dieses Thema Eden gegenüber anzuschneiden, wusste er, dass Stalin und Molotow größtes Interesse an einer baldmöglichen Konferenz der alliierten Außenminister sowie an der Einrichtung einer permanenten Kommission in Sizilien hatten, die für die strategische Ausrichtung und Weiterführung des Krieges zuständig sein solle. Maiski war noch immer von der Notwendigkeit einer zweiten Front in Frankreich überzeugt (und er wollte sich ein letztes Mal dafür starkmachen und damit den Schlusspunkt unter seine unermüdliche Kampagne für diese zweite Front in den vorausgegangenen beiden Jahren setzen), zeigte sich jetzt aber kompromissbereit, indem er auch die Eröffnung einer neuen Front an anderer Stelle, «den Balkan eingeschlossen», befürwortete, vorausgesetzt, dass dies die Deutschen zum Abzug einer nennenswerten Zahl von Divisionen von der russischen Front zwingen und den Krieg verkürzen würde. Bemerkenswerterweise gewann Eden den zutreffenden Eindruck, dass Maiski «offenbar den Wunsch hat, an der [ins Auge gefassten Konferenz] teilzunehmen», und dass er demgemäß hoffte, sie werde in London stattfinden. Stalin war indes fest entschlossen – und fand damit zum großen Verdruss Churchills und eines schwer enttäuschten Maiskis Unterstützung bei Roosevelt –, die Konferenz in Moskau zu veranstalten.[48] Mit Churchill traf Maiski noch einmal zusammen. Am 9. September übergab er ihm die Antwort Stalins auf Churchills Bericht über seine Amerikareise, doch leider sind über dieses letzte Treffen keine Aufzeichnungen erhalten geblieben.

Maiski legte verständlicherweise großen Wert darauf, sich öffentlich bedeckt zu halten. «Je weniger Sie und ich in der Öffentlichkeit sagen, desto besser», versuchte er Eden einzuschärfen. Er «wirkte erleichtert», als Eden ihm versicherte, dass bei dem Abschiedslunch für ihn am nächsten Tag keine öffentlichen Reden gehalten würden. Andererseits war es ihm aber auch wichtig, seinen Vorgesetzten in Moskau sein großes Ansehen in London zu demonstrieren, da er glaubte, sich damit die Gunst Stalins und eine Rolle als einflussreicher Mittelsmann sichern zu können. Der von Eden zu Ehren Maiskis veranstaltete Abschiedslunch im schicken Dorchester Hotel, an dem Halifax, Lloyd George, Bevin, Brooke, Cripps und viele andere prominente britische Politiker teilnahmen, war diesem Zweck sicher dienlich.[49] Allein, diese zweischneidige Strategie sorgte in Moskau zwangsläufig für gemischte Gefühle, insbesondere bei Molotow, dem Zeitungsüberschriften wie «Heute eröffnen Eden und Maiski umfassende Gespräche», die Maiskis neue Rolle im Außenministerium herausstrichen, zweifellos missfielen.

In Kairo, wo Maiski auf dem Heimweg nach Moskau Station machte, traf er mit sieben Überseekoffern voller persönlicher Habseligkeiten und rund 70 weiteren großen Gepäckstücken ein, für deren Transport ins südliche Russland (über Palästina, Irak und Iran) sechs Kleinlaster mit jeweils drei Tonnen Nutzlast benötigt wurden. Alle Versuche, Maiski von seinem Reisegepäck zu trennen, stießen auf hartnäckige Ablehnung, trotz der langen und langsamen Überlandfahrt mit maximal 25 Kilometern pro Stunde. Die Sicherheitsvorkehrungen waren nach Aussage des britischen Nachrichtenoffiziers, dem die Bewachung des Konvois oblag, «absolut unverhältnismäßig für einen in den Ruhestand gehenden Botschafter». In den Augen des Offiziers gab es keinen Grund, weshalb irgendjemand Maiski nach dem Leben trachten oder «weshalb eine kritische Lage entstehen sollte, falls er getötet würde». Der Konvoi bestand aus elf Fahrzeugen. Jedes Mal, wenn eines von ihnen eine Panne hatte, bestand Maiski darauf, dass der ganze Konvoi anhielt, und er «beobachtete die Reparaturarbeiten ungerührt von Anfang bis Ende».[50] Der britische Gesandte in Damaskus, Generalmajor Sir Edward Spears, war völlig entgeistert, als er zusah, wie Bücher und Dokumente in unüberschaubarer Zahl bündelweise aus den Lastwagen in Maiskis Hotelzimmer geschafft wurden, wobei «an jedem Transportgang immer zwei Mann beteiligt waren, denn es war organisatorische Vorsorge dafür getroffen, dass nie ein Einzelner mit einer Traglast allein war. Und den Männern stand die Angst in den Augen. Ich nehme nicht an, dass ich je in die Verlegenheit kommen werde, Menschen zu beschreiben, die an der Treppe zur Guillotine Schlange stehen.

Maiski inspiziert in Bagdad seine Schätze und prüft, ob noch alles da ist.

Müsste ich das tun, brauchte ich nur die Erinnerung an den Gesichtsausdruck dieser russischen Kuriere wachzurufen.»[51]

In dem Bewusstsein, in London beträchtliche Fortschritte im Hinblick auf eine Entschärfung der Krise erzielt und Edens nächsten Moskaubesuch festgezurrt zu haben, wollte Maiski jetzt seine Präsenz im Nahen Osten für einen kühnen Anlauf nutzen, den zionistischen Jischuw in das sowjetische Schwerefeld zu ziehen. Den Anstoß zu seiner Initiative gaben Informationen, die er am Vorabend seiner Abreise von Weizmann, dem Präsidenten der Zionistischen Weltorganisation, erhalten hatte. Sie betrafen englisch-amerikanische Pläne für die Beilegung des Konflikts zwischen Juden und Arabern, bei denen die Russen wieder einmal übergangen werden sollten. Offenbar schöpfte Maiski Zuversicht aus der positiven Reaktion der sowjetischen Führung auf die Aufnahme diplomatischer Beziehungen mit Ägypten, die er im Juli bei seinem vorherigen Aufenthalt im Nahen Osten eingefädelt hatte. «Als ich das Telegramm mit meinem Rückruf nach Moskau erhielt», schrieb er später, «kam mir blitzartig der Gedanke: ‹Aha! Wenn ich über Kairo reise, werde ich versuchen, direkt mit Premierminister Nahhas Pascha

Maiski trifft sich mit Ben-Gurion und anderen Führern der zionistischen Bewegung in Palästina in dem Kibbutz Ma'ale HaHamisha.

eine Vereinbarung über diplomatische Beziehungen auszuhandeln.›»[52] Maiski hatte in London bereits alle Weichen gestellt und bei seiner Ankunft in Kairo, wie der britische Botschafter notierte, «all seine Ideen akkurat sortiert. Er wusste genau, was er tun wollte und wann. [...] Einer der ersten Punkte auf seiner Tagesordnung war, wie von mir erwartet, ein Besuch bei unserem lokalen Premierminister. [...] Das Ergebnis stand von vornherein fest: die Beseitigung aller Hindernisse, die der sofortigen Aufnahme diplomatischer Beziehungen zwischen Kairo und Moskau im Weg standen.»[53]

Auf seiner Heimreise im Oktober verbrachte Maiski drei wichtige Tage in Palästina, was ihm die seltene Gelegenheit eröffnete, sich einen unmittelbaren Eindruck von den Aussichten der zionistischen Bewegung in Palästina und von der Fähigkeit des Landes zu verschaffen, eine große Zahl jüdischer Einwanderer aufzunehmen. Gegen den Willen des britischen Hohen Kommissars besuchte Maiski auch die alten Wohnviertel der frommen Juden in Jerusalem und machte einen Rundgang durch den modernen Teil der Stadt. In den Vorzeigekibbuzim Ma'ale HaHamischa und Kirjat Anavim traf er mit Ben-Gurion, Golda Meirson (Meir) und anderen führenden Persönlichkeiten des jüdischen Jischuw zusammen. Ungeachtet seines bewussten lebenslangen Bemühens, sich von seiner jüdischen Herkunft zu distanzieren, empfand er diesen Besuch offenbar als «fesselnd». Agnia nahm an allem «intensiv teil: Sie erkundigte sich nach den hebräischen Bezeichnungen für alle möglichen Dinge». Das Gefühl der Vertrautheit, das Maiski an diesen Orten empfunden haben muss, verstärkte zweifellos die wechselseitige Affinität. Die meisten der zionistischen Führer, die er kennenlernte, sprachen fließend Russisch, glaubten fest an einen künftigen jüdischen Staat in Palästina (nach Abzug der Briten) und erwiesen sich als überzeugte Anhänger sozialistischer Ideen.[54]

In seinem Bemühen, den eigenen Status hochzuspielen, vermittelte Maiski Ben-Gurion (und späteren Historikern) fälschlicherweise den Eindruck, er spreche für seine Regierung. Er behauptete, er sei jetzt «die Nummer drei in der Außenpolitik» hinter Stalin und Molotow, und als Europaexperte sei es seine Aufgabe, sich um die Zukunft der Region zu kümmern.[55] In Unkenntnis von Maiskis prekärer Stellung in Moskau behaupteten die zionistischen Führer später, es gebe einen direkten Zusammenhang zwischen Maiskis Besuch in Palästina 1943 und der überraschenden Entscheidung der Sowjetregierung im November 1947, den Teilungsplan zu unterstützen, der den Weg für die Gründung des Staates Israel ebnete.[56] Zwar arbeitete Maiski offenbar einen glühenden Bericht für Stalin aus, doch als er in Moskau ankam, fand er die Tore zum Kreml verschlossen, und statt Anerkennung zu erfahren, saß er im Ministerium für Auswärtige Angelegenheiten fest, wo er seine Zeit mit Recherchearbeiten zur Reparationsfrage und zu Nachkriegsplanungen zubringen musste.[57] Es ist kaum bekannt, dass Stalin im Frühjahr 1947 die sowjetische Delegation bei den Vereinten Nationen anwies, sich für die Schaffung «eines vereinten, unabhängigen und demokratischen Palästina» einzusetzen, in dem die Juden eine Minderheit gewesen wären. Seine dramatische Kehrtwende hin zur Unterstützung des Teilungsplans, der zwei Staaten schuf, hatte wenig mit dem arabisch-zionistischen Konflikt als solchem zu tun, sondern war eine Folge des sich entwickelnden Kalten Krieges und der Versuche der Westmächte, die Sowjetunion von den den Nahen Osten betreffenden Entscheidungsprozessen auszuschließen.[58]

Nach zwei Tagen in Teheran setzte Maiski seine strapaziöse, aber nach eigenem Bekunden aufregende Reise fort und konnte schließlich in Täbris einen Zug nach Moskau besteigen. Er brachte letztlich wenig mit, das seine Position und sein Ansehen in Moskau hätte aufwerten können. Es ist zwar denkbar, dass er mit seiner hartnäckigen Überzeugungsarbeit einen Beitrag zum Treffen der Außenminister im Oktober und zum anschließenden Gipfeltreffen in Teheran geleistet hat, doch war es ihm nicht gelungen, verbindliche Zugeständnisse der Westmächte zu erwirken. Churchill schickte Eden auf dessen Weg in die sowjetische Hauptstadt ein ausführliches Telegramm hinterher, in dem er ihm ausdrücklich untersagte, über Strategiefragen und Lieferungen zu verhandeln – ein Manöver, das stark an die Begleitumstände von Edens Moskaubesuch 1941 erinnerte. Der Premierminister lehnte es sogar ab, sich verbindlich zu einer Landung in Frankreich 1945 zu verpflichten. Er kündigte vielmehr an, einer «soliden Strategie» folgen zu wollen, da er ein «überraschendes Comeback» der Deutschen nicht ausschließen könne.[59]

Maiski traf zu spät in der sowjetischen Hauptstadt ein, um an dem Außenministertreffen teilnehmen zu können, für das er so hart gearbeitet hatte. Innerhalb von Tagen wurde über seine Verwendung entschieden: Er solle zusammen mit Litwinow Nachkriegsthemen bearbeiten und zugleich «Munition für künftige Friedensverhandlungen sammeln».[60] Zu seiner großen Enttäuschung wurde er mit Ausarbeitungen zu Reparationsfragen betraut, während Litwinow der zentralen Kommission vorsaß, die sich mit der Nachkriegsordnung ingesamt befasste. An Gussew, seinen Nachfolger in London, erteilte Maiski die Weisung, bekannt zu geben, dass er und Litwinow an Fragen der Friedensordnung arbeiteten, schärfte ihm jedoch ein, nichts über die thematische Arbeitsteilung zwischen ihm und Litwinow verlauten zu lassen.[61] Vergeblich bemühte sich Maiski, eine enge persönliche Beziehung zu Molotow aufzubauen. Als Maiski seinen 60. Geburtstag feierte, überreichte er Molotow seine im Druck erschienenen Jugenderinnerungen. «Man sagt», schrieb er in seinem Begleitbrief, «dass das Verfassen von Memoiren ein Zeichen des hohen Alters ist.» Er habe jedoch, rühmte er sich, noch «genug Schießpulver in der Kanone», um weiterhin aktive Arbeit im Dienst der Partei und der Nation leisten zu können.[62] Ebenso wichtig war es ihm, seinem Nachfolger und seinen Kollegen in London, die ihn schnell abgeschrieben hatten, zu versichern, er stecke «bis zum Hals» in wichtigen Arbeiten zur Reparationsfrage und habe Freude an der Unterstützung und der Teamarbeit, die er im Narkomindel erfahre.[63] Großen Wert legte Maiski auch darauf, die besonderen Beziehungen weiter zu pflegen, die er in London geknüpft zu haben glaubte.

Er schickte seine Memoiren an Churchill – «von einem Mann des Wortes an einen anderen ganz ohne Beachtung unserer offiziellen Ämter. [...] Erinnerungen eines Mannes, mit dem Sie in den schwärzesten Tagen unseres großen Kampfes gegen den gemeinsamen Feind einen so engen Umgang gepflegt haben.»[64] Das für Eden bestimmte Exemplar kam mit einem kurzen Begleitbrief, in dem Maiski von seiner «wichtigen und interessanten Arbeit» über die Probleme der Nachkriegsordnung berichtete, die seinen «vollen Einsatz für die Planung der Zukunft» erfordere.[65] Allein, das alles war vergebliche Liebesmüh. Zu seiner tiefsten Demütigung wies ihn Molotow immer wieder einmal an, in den sowjetischen Zeitungen sehr kritische Artikel über die britische Politik zu veröffentlichen, die schwerlich mit Maiskis Ansichten übereinstimmten.[66]

Ungeachtet des dramatischen Knicks in seiner politischen Laufbahn rückte Maiski, wie er Eden wissen ließ, nicht von seinem althergebrachten Glauben an die Parallelität der historischen Entwicklung Großbritanniens und Russlands «und an die komplementäre Natur unserer natürlichen Interessen» ab. «Wir befanden uns beide am Rand Europas. Weder Sie noch wir wollten Europa beherrschen, aber keiner von uns würde zulassen, dass irgendeine andere Macht dies tut.» Doch das war der Schwanengesang der alten Schule der sowjetischen Diplomatie. Wie Maiski an den greisen Lloyd George schrieb, als er ihm seine Memoiren übersandte, gehörte er einer Generation an, «die so viel zum Aufbau des modernen Russland – der UdSSR – beigetragen» habe, jetzt aber in der Versenkung verschwunden sei.[67] Nach Maiskis und Litwinows Abberufung aus London und Washington hatte Stalins autoritäre Außenpolitik freie Bahn für ihren Triumphzug, just als am Horizont die dunklen Wolken des Kalten Krieges aufzogen.[68]

DER PREIS DES RUHMS: SPÄTE REPRESSION

In die Katakomben des Narkomindel verbannt, während draußen die Kampagne gegen das Kosmopolitentum wütete und die Entzweiung mit den Westmächten ihren Lauf nahm, war Maiski dem Vergessen preisgegeben – zumal er selbst eifrig bemüht war, sich von seinen britischen Bekannten zu distanzieren. Als einer von diesen unangemeldet an die Tür seiner Moskauer Wohnung klopfte, «weigerte sich Maiski, ihn einzulassen. ‹Sie bringen mich nur in Gefahr, wenn Sie mich besuchen kommen›, flüsterte er ihm erregt zu.»[1] Die Korrespondenz mit seinen Freunden aus der politischen Welt Englands reduzierte er auf knappe, seltene und triviale Mitteilungen. Als Churchill ihm für das neue Jahre 1945 Glück wünschte, beschränkte Maiski seine Antwort auf einen einzigen Satz: «Aufrichtigen Dank für Ihre freundlichen Grüße und guten Wünsche für 1945, die wir beide gerne erwidern.»[2] Als Maiski und Litwinow vom diplomatischen Korrespondenten der *Times* besucht wurden, hielt Litwinow mit seiner Enttäuschung nicht hinterm Berg: «Sie sind zu mir gekommen, um etwas über die sowjetische Außenpolitik zu erfahren? Warum zu mir? Was weiß ich darüber? Zieht meine Regierung mich jemals zurate? Das wäre ja noch schöner. Ich bin ja nur Litwinow. Ich bin nur der Mann, der viele Jahre lang mit der Leitung der Außenpolitik dieses Landes betraut war, der Amerika kennt, der Großbritannien kennt. Die brauchen *meinen* Rat nicht, recht herzlichen Dank.»[3] Die Heimkehr nach Moskau brachte auch wirtschaftliche Probleme mit sich, die die Familie Maiski bis dahin nicht gekannt hatte. Sie musste sich jetzt mit einem ganz anderen Lebensstil anfreunden. Als Maiski bei der Konferenz von Jalta weilte, gab Agnia sein gesamtes Monatsgehalt für neues Besteck aus (da sie es allmählich peinlich fand, «das alte Zeug weiterzubenutzen»); sie zögerte, ihm zu sagen, wie viel es gekostet hatte, aus Angst vor dem Vorwurf der Gedankenlosigkeit.[4]

Die Konferenz von Jalta sollte Maiskis letzter glanzvoller Auftritt auf der internationalen Bühne sein. Churchill, Eden und Roosevelt sahen

Der Schwanengesang – als Dolmetscher für Stalin auf der Konferenz von Jalta. Roosevelt sitzt am rechten Ende des Tisches, Churchill am linken unteren Ende.

ihn direkt neben Stalin sitzen (wenn auch meistens nur als dessen Dolmetscher). Sein Expertenwissen zum Thema Reparationen brachte ihm viel Lob ein (wenn auch zugegebenermaßen nur von westlicher Seite), aber seine herausgehobene Rolle war trügerisch.[5] In einem Brief an Agnia berichtete er, die Arbeit gehe «besser voran als erwartet», fügte aber hinzu: «Man soll den Tag nicht vor dem Abend loben.» Aus der Tatsache, dass man ihn in einer «trostlosen und primitiven» Bleibe einquartiert hatte, konnte er ablesen, wo er stand.[6] Molotow hielt Maiski offenbar vorsätzlich von der Konferenz fern, bis Stalin Alarm schlug und Pawlow, dessen Dolmetscherdienste erkennbar mangelhaft waren, durch Maiski ersetzt sehen wollte. Stalins rüder Umgang mit Maiski trotz dessen ausgezeichneter Arbeit sprach Bände über das Verhältnis der beiden Männer zueinander. Nach Aussagen Maiskis fuhr Stalin ihn wütend an: «‹Warum warst du in der ersten Verhandlungsrunde nicht da?› Ich antwortete, niemand habe mir gesagt, dass man mich in dieser Runde brauche. Stalin wütete weiter: ‹Niemand hat dich informiert? Was meinst du damit – du warst nicht informiert? Dir fehlt einfach die Disziplin. Machst, was du willst. Deine Schlamperei hat uns mehrere Land-Lease-Geschäfte gekostet.›»[7]

Einen kurzen Einsatz hatte Maiski noch auf der Potsdamer Konferenz. Für einen Juden, dessen ganzes berufliches Streben am Ende dem Kampf gegen Nazideutschland gegolten hatte, zeigte er erstaunlicherweise keine Rachegefühle oder Schadenfreude, als er der enormen Zerstörung gewahr wurde, die Berlin erlitten hatte. Dies wird in einem Brief an Agnia sehr gut deutlich, den er noch in Potsdam verfasste: «Ich habe es zweimal nach Berlin geschafft (wir sind in der Nähe von Potsdam untergebracht) und habe die Ruinen gesehen, den Reichstag, Hitlers Reichskanzlei, und – was am wichtigsten ist – ich habe die Berliner gesehen: finster und bedrückt, man hört und sieht kein Lachen. Sie tragen große Bündel auf ihren Rücken, sie schieben Karren, die mit allen möglichen Arten von Müll beladen sind, zwei oder drei fahren zugleich auf einem einzelnen Fahrrad. Es gibt lange Schlangen vor Lebensmittelgeschäften und an Bushaltestellen (die Busse sind abgenutzt, zusammengeflickt und sehr selten). Unter den Linden ist komplett zerstört; es gibt keine Läden mehr, und der S-Bahntunnel ist aufgerissen. Unsere Botschaft ist schwer beschädigt. Die Friedrichstraße ist voller Schutt, voll mit Steinen, Ziegeln und Stahlklumpen und kaum passierbar. Alles ist nur schrecklich. Wenn Berlin noch einmal wiederaufleben soll, wird das mindestens 25–30 Jahre dauern.»[8]

Churchills Wahlniederlage und das «überraschende Auftauchen» von Attlee und Bevin auf der Potsdamer Konferenz, die Maiski eher in herzlicher Feindschaft als in Freundschaft verbunden waren, offenbarten allerdings nur noch deutlicher, dass Maiski irrelevant geworden war. Paradoxerweise war es gerade Maiskis hohes Ansehen bei den britischen Konservativen gewesen, das ihm den Respekt Stalins verschafft hatte, wogegen sein Verhältnis zu den Mitgliedern der Labour-Regierung ihm jetzt eher zum Nachteil gereichte. Die Machthaber im Kreml konnten, wie Kollontai Kerr erläuterte, bevor er Moskau verließ, um die Botschaft in Washington zu übernehmen, «nicht vergessen, dass [Bevin] ein Mann der ‹alten Internationale› war, die 1917 gegen die Bolschewisten Stellung bezogen hatte». Es werde «noch viel Zeit brauchen, bis sich das verwachsen hat». Auf jeden Fall war angesichts dieser neuen Konstellation Maiski kein Pfund mehr, mit dem man wuchern konnte, und dazu kam, dass der sowjetische Argwohn gegen die Labour-Vertreter ähnliche Ressentiments gegen Maiski wegen seiner Vergangenheit als Menschewik wachrief.[9]

Nach der Rückkehr aus Potsdam wurde Maiski im Ministerium in Quarantäne gesteckt. Seines Amtes als Leiter der Reparationskommission enthoben, erhielt er kein neues Arbeitsgebiet. Er bekam nicht einmal mehr einen Termin bei Molotow. Schließlich erklärte sich der Außenminister nach wiederholten Bitten doch bereit, ihn zu empfangen – im März 1946 –, aber nur um ihm einen Verweis wegen «Passivität und mangelnder Teilnahme an der alltäglichen Arbeit des Volkskommissariats» zu erteilen und seinen Arbeiten zum Thema Reparationen nachträglich das Zeugnis «schwach» auszustellen. Es folgte eine weitere Degradierung: Maiski wurde einer großen Arbeitsgruppe zugeteilt, die ein Wörterbuch der sowjetischen Diplomatie zusammenstellte. Zweifellos empfand er diese Arbeit – es handelte sich um eine stark zensierte Hommage an Molotow und das, was er aus dem Narkomindel gemacht hatte – als demütigend.[10]

Sein Überlebensinstinkt veranlasste Maiski jetzt zu dem Versuch, wieder in der weniger verminten und nach wie vor prestigeträchtigen Sphäre der Russischen Akademie der Wissenschaften Fuß zu fassen. Maiski spürte, dass seine Karriere im diplomatischen Dienst zu Ende war, und zögerte nicht, sein Schicksal selbst in die Hand zu nehmen. Auf das Mittel der Schmeichelei setzend, gratulierte er Stalin in einem persönlichen Schreiben zu seiner Erhebung zum «Helden der Sowjetunion»:

> Mein Herz ist voller Freude. Ich kann mich an keine andere Gelegenheit erinnern, bei der die Auszeichnung so sehr dem Geleisteten entspricht. Es fällt mir schwer, mir vorzustellen, was unserem Volk zugestoßen wäre, unserer Partei, uns allen, wenn du nicht durch all diese Jahre hindurch und besonders in diesen furchtbaren letzten vier Jahren der Führer der Sowjetunion gewesen wärst.
>
> Und noch etwas. Was für eine wunderbare Rede, die du beim letzten Empfang im Kreml gehalten hast! Sie hatte Tiefgang und kam genau zur rechten Zeit.
>
> Der Deine mit tiefem Respekt,
>
> I. Maiski[11]

Bald darauf richtete Maiski ein kühnes persönliches Ersuchen an Stalin, in dem er erklärte, er könne von seiner literarischen Begabung und von seinen Fähigkeiten als Rechercheur an der Akademie der Wissenschaften einen viel besseren Gebrauch machen als an seiner jetzigen Wirkungsstätte – und legte dem Anschreiben zwei teure britische Tabakspfeifen von einem namhaften Hersteller bei. Mit 62 Jahren, schrieb er, «tut man gut daran, ernsthaft über einen Umzug ins akademische und literarische Milieu nachzudenken [...] Wenn du keinen Einwand gegen meinen Plan hast, wäre ich dir außerordentlich dankbar, wenn er in die Tat umgesetzt werden könnte. Es fügt sich gerade so, dass die Akademie beschlossen hat, sich durch die Rekrutierung frischer Kräfte zu stärken [...] Namen von Anwärtern müssen spätestens am 24. Juni eingereicht werden.» Es bedurfte keiner großen Nachhilfe Stalins, um sicher zu stellen, dass Maiski einen Monat später per einstimmigem Votum in die Akademie aufgenommen wurde.[12]

Obwohl er erstklassige Referenzen vorweisen konnte – fast 250 Veröffentlichungen und umfassende Erfahrungen als scharfsinniger Analytiker zeitgeschichtlicher Entwicklungen –, lösten die Umstände seiner Berufung das eine oder andere Stirnrunzeln aus. Denn Stalin machte sich, nachdem er die Aufnahme Maiskis abgesegnet hatte, einen Spaß daraus, weiteren Politikern, denen er nicht mehr vertraute, die Mitgliedschaft in der Akademie anzubieten. Während Wyschinski annahm, lehnten sowohl Litwinow als auch Molotow die Ehre dankend ab.[13]

Der «Umzug» kam zur rechten Zeit. Im Januar 1947 wurde Maiski seines Postens im Ministerium enthoben, und das Zentralkomitee der Kommunistischen Partei beschloss einstimmig, ihm den Kandidatenstatus abzuerkennen. Die lähmende Atmosphäre des Terrors, die in den frühen fünfziger Jahren wieder um sich griff, beeinträchtigte jede ernsthafte wissenschaftliche Arbeit an der Akademie. Die Projekte, die man Maiski jetzt anvertraute, waren kaum geeignet, seinen Geist zu beflügeln. Wie der Neffe Jewgeni Tarles (des berühmten russischen Historikers, der den Maiskis während der Haftzeit und während des Prozesses zur Seite stand) bemerkte: «Maiski hatte sich aus einem vorsichtigen, aber sehr selbstbewussten Diplomaten in einen betriebsblinden Akademiker verwandelt, der über irgendein Problem der spanischen Geschichte forschte, das außer ihm keiner kannte und das nicht einmal ihn wirklich interessierte.»[14]

Beobachtern erschien Maiski in der Tat nicht mehr als der «vorsichtige, aber sehr selbstbewusste Diplomat», der er einmal gewesen war. Die Reihen seiner Kollegen aus der «Tschitscherin-Litwinow-Schule der Diplomatie» hatten sich gelichtet – durch Säuberungen, natürliche Ursachen und oft auch durch «Abordnung zu anderen Aufgaben». Nur dem brütenden Litwinow konnte man irgendwo in dem Gebäude an der Moskwa noch über den Weg laufen. Sensible Bekannte, die einst voller Bewunderung für das glanzvolle Botschafterehepaar Maiski gewesen waren, ließen sich bald nicht mehr blicken, «und das unzertrennliche kinderlose Paar blieb sich selbst überlassen, in angstvoller Wartestellung». Die Kampagne gegen das Kosmopolitentum verurteilte «die Anbetung ausländischer Dinge», etwas, womit Maiski identifiziert wurde. Wie traurig war es, erleben zu müssen, dass die alternde und kranke Alexandra Kollontai die Porträts des schwedischen Königs Gustav Adolf und seines Sohns abhängen musste, die sie als anerkennende Erinnerungsstücke an ihre gute Arbeit in Stockholm erhalten hatte.[15] Bei einem Abendessen in der Datscha eines Freundes erlebte der Gastgeber Maiski, den er als «leidenschaftlichen Geschichtenerzähler» kannte, «der es gewohnt war, im Mittelpunkt zu stehen», nunmehr als «dumpf und passiv, während Agnia wie eine Rose aufblühte, wenn sie sich als Botschaftergattin fühlte, aber unvermittelt das Visier herunterklappte, wenn ihr einfiel, wer sie jetzt war». Es sei «schwer, sich dem Gefühl der Angst, das sie ausstrahlen, zu entziehen».[16]

Das Jahr 1952 brachte den Tod Litwinows, Suriz' und Kollontais. Eine kritische «Würdigung» der Arbeit Maiskis an der Akademie der Wissenschaften im Oktober 1952 war ein Vorbote dessen, was kommen sollte. Sein Verhältnis zu Molotow hatte sich weiter verschlechtert, bis zu dem Punkt, an dem Molotow Chruschtschow[1] sagte, er halte Maiski für einen «englischen Spion»[17]. Am 19. Februar 1953 wurde Maiski denn auch verhaftet und von seinen Vernehmern mit dem Vorwurf des «Hochverrats» konfrontiert. Nicht lange, und er «gestand», dass er sich in der Tat von Churchill als Spion hatte anwerben lassen. Seine Verhaftung war Teil der neuen, durch die «Ärzteverschwörung» vom Januar 1953 ausgelösten Welle von Säuberungen – eine Reihe von im Kreml tätigen Ärzten (überwiegend Juden) wurden beschuldigt, ein Mordkomplott gegen sowjetische Staats- und Parteiführer geschmiedet zu haben. Die Amnestie, die nach dem Tod Stalins am 5. März verkündet wurde, schloss Maiski nicht ein.[18]

---

1 Nikita Sergejewitsch Chruschtschow, 1953–1964 Erster Sekretär der Kommunistischen Partei, 1958–1964 Vorsitzender des Ministerrats.

In Einzelhaft in einer Zelle im Keller der Lubjanka sitzend, wurde Maiski vor dem Tod Stalins nicht weniger als 36 Mal verhört. Es muss eine verheerende Erfahrung für den 70-jährigen einstigen Spitzendiplomaten gewesen sein, der es in den dreißiger Jahren so geschickt verstanden hatte, sich den schlimmsten Exzessen der Repression zu entziehen.[19] Das Elend, seinen 70. Geburtstag hinter Gittern begehen zu müssen, fand einen bewegenden Ausdruck in einem Gedicht, das er für seine Frau schrieb. Es erinnert im Ton an Beethovens *Fidelio*, genauer an Florestans einsamen Hilferuf aus dem Gefängnis, als er sich vor Sehnsucht nach seiner Geliebten und nach Freiheit verzehrt:

[…] Heute bin ich 70 Jahre alt!
Von unserer Welt habe ich in diesen Jahren
Bewegungen, Revolutionen, Kriege, Neuanfänge gesehen!
In einer anderen Zeit wäre das genug, um drei Jahrhunderte zu füllen …
All dieses verleibte ich mir
mit dem stolzen Denken eines Mannes ein,
der weiß, dass es der Lauf der Geschichte ist,
der ihn an den Ort führt,
wo das Banner des Kommunismus hell erstrahlen wird.
Mein Leben verbrachte ich unter dem Banner der Arbeit,
verbrachte es im Glauben an das Studium des Optimismus …
Ich lebte heiter, und froh war ich auch in Kampf und Leid,
Sparte meine Kräfte nicht in der Schlacht,
lebte mein Leben in Dur …
Und jetzt gerät mein Stern an einem finsteren Himmel ins Flackern,
und der Weg vorwärts verliert sich in einem dunklen Nebel,
und ich begrüße diesen Tag hinter einer steinernen Wand;
[…] Meine Liebste! Heute, an diesem kostbaren Tag,
aus meinem düsteren Quartier,
rufe ich dir meine Grüße zu
und drück' dich in Gedanken an meine Brust.
Ich danke dir so sehr, meine Teuerste,
für all das Glück, dass du mir gabst,
für die Liebe, die mir, leuchtend und verspielt,
so viel Wärme und Hochgenuss bedeutet hat –
in Zeiten des Kampfes, in Zeiten der Fron, in Zeiten des Nachdenkens …[20]

Agnia war nach der Verhaftung ihres Mannes am Boden zerstört. Ihre ganze Affektiertheit und ihr Dünkel waren, wie sich Bekannte erinnern, mit einem Mal wie weggeblasen. «Aus einer hosentragenden Lady im englischen Stil verwandelte sie sich in eine Dame von trauriger Gestalt, die um Audienzen bettelte und herauszufinden versuchte, wie es ihm ‹dort› erging.»[21] Maiskis Ansehen trübte sich weiter ein, als das Institut für Allgemeine Geschichte ihn offiziell zum «Volksfeind» erklärte und all seine Studenten aufgefordert wurden, ihn öffentlich anzuprangern.[22]

Das Verlangen, seine Parteimitgliedschaft zurückzuerlangen und voll und ganz rehabilitiert zu werden, veranlasste Maiski später dazu, die kurzlebige Partnerschaft zu vertuschen, die er damals mit Beria eingegangen war. «Wie ich schon lange bemerkt habe», kommentierte sein Schüler und Vertrauter, der namhafte Historiker Alexander Nekrich, «lässt sich I. M. nicht gerne Fragen zu diesem Thema stellen.»[23] In den zahlreichen Texten, die Maiski in diesen Jahren zu Papier brachte, vermied er konsequent jede Aussage über die Periode nach seiner Rückkehr nach Moskau 1943 und insbesondere über seine Verhaftung und seinen Prozess. Seinen Freunden wurde klar, dass dies eine «düstere Periode» seines Lebens gewesen war und dass es in diesem Zusammenhang «Dinge gab, die er nicht mit uns zu teilen bereit war». In den seltenen Fällen, in denen er dann doch einmal auf diese Zeit zu sprechen kam, wies er darauf hin, dass er in seinem ganzen Leben Beria nur zweimal getroffen habe, und zwar bei offiziellen Arbeitsessen im Kreml während des Krieges. Er gab nur preis, dass er «angesichts der Drohung mit harter körperlicher Folter» nach seiner Verhaftung «in einem Moment der Schwäche [...] den Weg der Selbstbezichtigung eingeschlagen» habe.[24] Er zog alle Register, um seinen Schüler Nekrich glauben zu machen, Beria persönlich habe ihn gefoltert – doch als er die Vorgänge in einem Brief an Chruschtschow noch einmal Revue passieren ließ, flocht er in diesen die Aussage ein, er habe Beria erst nach dem Tod Stalins und in einer sehr viel kommoderen Situation kennengelernt. Offenbar erzählte er auch Walentin Bereschkow, Stalins persönlichem Dolmetscher, der später selbst als sowjetischer Diplomat Karriere machte, Beria persönlich habe ihn verhört und ihn durch «Hiebe mit einer Kette und einer Peitsche» gezwungen, seine Spionagetätigkeit zu gestehen. Im Verlauf des Verhörs habe er den Eindruck gewonnen, dass «Beria versuchte, Molotow dranzukriegen». Tatsächlich wurden in der Folge auch einige der wenigen Mitarbeiter der Londoner Botschaft, die die Repressionswellen überstanden hatten, inhaftiert. Man erwartete von ihnen Beweise für Stalins abenteuerliche Theorie, Molotow sei 1942 von Eden für den britischen Nachrichtendienst angeworben worden, als er auf der Zugfahrt nach London einmal mit ihm unter vier Augen gewesen war.[25] Wieder einmal befand sich Maiski, diesmal ohne es zu wollen, auf Kollisionskurs mit Molotow. Maiski vertraute nur einigen wenigen engen Freunden an, dass die Tatsache, dass er als Jude wahrgenommen wurde, ebenfalls zu seiner Verhaftung kurz nach der Affäre um die «Mörder im weißen Kittel» beigetragen hatte. Bekanntlich hatte Maiski versucht, Stalin mit dem Zionismus zu versöhnen.[26]

Der Tod Stalins am 5. März 1953 rettete Maiski das Leben. Doch leider erwiesen sich auch die weiteren Ereignise als tückisch und sollten ihn für den Rest seines Lebens verfolgen. Im Zuge seiner späteren Versuche, sich rehabilitieren zu lassen, behauptete er, er habe am 13. Mai 1953, als er von Stalins Tod erfuhr, von sich aus um eine Unterredung mit seinem Vernehmer Generalleutnant Pjotr Fedotow ersucht, dem damaligen Chef der sowjetischen Auslandsaufklärung, und seine früheren falschen Geständnisse widerrufen. Die Unterredung mit Fedotow im Innenministerium sei durch einen Anruf Berias unterbrochen worden, der verlangt habe, Maiski «sofort» zu ihm zu schicken. Maiski beteuerte, das sei seine einzige Begegnung mit Beria nach seiner Verhaftung gewesen. Was genau bei diesem Treffen passierte – es handelte sich keinesfalls um ein Verhör –, lag lange Zeit im Dunkeln. Dank neu freigegebener Dokumente können wir heute den Gang der Ereignisse authentischer nachzeichnen. Es ist demnach kaum verwunderlich, dass Maiski bis an sein Lebensende alles daransetzte, seine unheilvolle Partnerschaft mit Beria unter den Teppich zu kehren. Diese brachte ihm nämlich nicht nur zwei weitere Jahre hinter Gittern ein, sondern verstärkte auch das Misstrauen und die Ressentiments gegen ihn wegen seiner menschewistischen Vergangenheit, die er nie abzuschütteln vermochte.

Unbestreitbar ist, dass es zwischen dem 15. Mai und dem 5. August 1953 – genau in diese Zeit fiel Berias angeblicher Griff nach der Macht – zu einer, wie Maiski selbst schrieb, unerklärlichen «Unterbrechung der Verhöre» kam. Wie Sergio Beria in seinen Memoiren schreibt, hielt sein Vater wenig von Litwinow (in seinen Augen ein «schwacher, für Druck von oben empfänglicher» Mensch), aber umso mehr von Maiski, den er «besonders schätzte» und der in seinen Augen «schlagfertiger war als Litwinow [...]

ein Diplomat durch und durch, der seine Tätigkeit liebte». Wir haben keinen Grund, das anzuzweifeln, was Berias Sohn über das Verhältnis zwischen seinem Vater und Maiski schreibt, zumal Sergio für den «agilen kleinen Juden, der einer Maus ähnelte», wenig übrighatte. Beria hätte nach Aussage seines Sohnes schon 1939 gerne Maiski anstelle Litwinows zum Außenminister gemacht, befand sich aber zu der Zeit noch nicht in einer Position, um mitentscheiden zu können. Sergio behauptet des Weiteren, sein Vater habe in den Jahren, die Maiski in England verbrachte, «eine enge Verbindung zu ihm gehalten – mehr als zu anderen Diplomaten», und Maiski sei «regelmäßig zu uns zu Besuch gekommen». Es hätte sehr gut zu Berias erklärter Bewunderung für England wie zu seinem Eintreten für den Dreierpakt 1939 und zu seiner imposanten Privatbibliothek mit Dutzenden von Büchern über die Geschichte Englands und seine Kultur gepasst, wenn er viel von Maiski gehalten hat. Nach dem Tod Stalins stieß Beria mit seinen Plänen, den sowjetischen Klammergriff über das östliche Europa zu lockern und sich um eine Verständigung mit den Westmächten zu bemühen, auf den heftigen Widerstand Molotows. Angesichts des «dummen Starrsinns», den Molotow an den Tag legte, schlug Beria sogar vor, diesen durch Maiski zu ersetzen. Bei einem seiner Zusammenstöße mit Molotow in der Frage der außenpolitischen Ausrichtung herrschte Beria den Außenminister an: «Wenn du das nicht einsiehst, kannst du ja zurücktreten.» Beria sorgte dafür, dass die Machtbefugnisse Molotows im Ministerium beschnitten wurden; er versuchte durchzusetzen, dass über wichtige außenpolitische Fragen im Präsidium des Ministerrats beraten wurde.[27] Molotow berichtet in seinen Memoiren, Beria habe 1953 tatsächlich vorgehabt, an seiner Stelle «Maiski zum Minister für Auswärtige Angelegenheiten zu ernennen». Er erinnert sich auch an einen «heftigen Streit» in der Woche nach Stalins Tod. Kein Wunder, dass Molotow nach diesem Treffen «im Zustand höchster Erregung» in sein Amtszimmer zurückkehrte.[28]

Maiski erfuhr von Stalins Tod – und in Ansätzen auch von der neuen Kräftekonstellation, die sich im Kreml bildete – viel früher, als er es uns glauben machen möchte. Am 31. März schrieb er einen Brief an Georgi Malenkow, den neu gewählten Vorsitzenden des Ministerrats; darin bekannte er sich schuldig, das Mutterland verraten zu haben, und äußerte den «brennenden Wunsch, etwas zu tun, womit er wenigstens einen kleinen Teil dessen wiedergutmachen» könne, was er der UdSSR angetan habe. Er sei bereit, «jede Form der Sühne zu akzeptieren, die von der zuständigen *instanzija* beschlossen» werde. Beria, der um Maiskis weitgespanntes Netz von Kontakten in Großbritannien wusste, das bei dem von ihm angestrebten Tauwetter in den Beziehungen zu den Westmächten gute Dienste zu leisten vermochte, hielt den Brief zurück.

Am 7. Mai 1953 wurde Maiski, anders als er selbst es später darstellte, von Fedotow zu einem Verhör bestellt, bei dem er sich, da er eine Provokation befürchtete, erneut zu seiner «Schuld» bekannte. Vier Tage später ersuchte er um eine weitere Besprechung. Weit davon entfernt, sein Geständnis zu widerrufen, wie er es später darstellte, unterfütterte er seine früheren Aussagen. Seine dritte Vernehmung, am Abend des 13. Mai, wurde von einem Anruf Berias unterbrochen, der befahl, Maiski sofort zu ihm zu schicken. Als er in Berias Büro eintrat, sagte dieser ihm auf den Kopf zu: «Du hast deine Aussage zurechtgebogen.» Maiski schloss aus dem, was Beria sagte und wie er es sagte, «dass er überzeugt war, meine Aussage sei unwahr gewesen». «Damit», erklärte Maiski seinen späteren Vernehmern, «ermutigte mich Beria – wenn er mich nicht sogar ausdrücklich aufforderte –, in einer offiziellen Erklärung meine früheren Aussagen zu widerrufen.» Offenbar versprach Beria, ihn zu rehabilitieren, und stellte ihm einen Posten als Leiter einer Arbeitsgruppe in Aussicht, die unter Aufsicht des Innenministeriums mit dem britischen Geheimdienst zusammenarbeiten würde. Maiski brauchte nur einen Tag, um seine schriftliche Widerrufserklärung einzureichen.

Um ihm einen guten Start in sein neues Amt zu ermöglichen, sollte Maiski zum Vorsitzenden der Gesellschaft für kulturelle Beziehungen zum Ausland gewählt werden. Maiski, der, wie er später beteuerte, «nicht die Spur eines Verdachts» gehabt habe, dass Beria einen Staatsstreich planen könnte, war Feuer und Flamme und entwarf sogleich einen detaillierten Arbeitsplan, den er an Beria übermittelte – kurz vor dessen Verhaftung Ende Juni.[29] Es ist natürlich undenkbar, dass Maiski solche Pläne in seiner Zelle hätte ausarbeiten können. Wie sich Bereschkow später erinnerte, erzählte ihm Maiski, man habe ihn aus seiner Gefängniszelle geholt und in Berias Büro geführt, wo auf einem Tisch Obst und eine Flasche georgischen Weins bereitgestellt waren. Man habe ihm seine Kleider und persönlichen Habseligkeiten zurückgegeben und ihn nach Hause gehen lassen.[30] An dieser Darstellung mag ein Körnchen

Wahrheit sein, aber der weitaus wahrscheinlichere Ablauf ist der, den Generalleutnant Pawel Sudoplatow, im Innenministerium für Spionageabwehr und Sondereinsätze zuständig, überliefert hat und den auch Beria in seiner Vernehmung bestätigte. Beria unterstellte Maiski der Führung Sudoplatows und empfahl ihn ihm als «den idealen Mann, um dem Westen unsere neue Außenpolitik zu präsentieren».[31] Maiski war jedoch von den Führern des Jüdischen Antifaschistischen Komitees mit erzwungenen Falschaussagen belastet worden, bevor diese 1952 hingerichtet wurden. Man konnte ihn daher nicht auf freien Fuß setzen, ehe nicht die Urteile gegen diese Männer abschließend überprüft waren. Man fand für die Zwischenzeit die Lösung, Maiski zu «verstecken» und brachte ihn und seine Frau in Räumlichkeiten, die an General Fedotows Diensträume angrenzten, komfortabel unter. Agnia erzählte einigen ihrer Freunde gar, Maiski habe «dort» ausgezeichnete Arbeitsbedingungen und habe sogar mit der Niederschrift seiner Memoiren begonnen. Das war der Aufenthaltsort, an dem ihn seine Gegner Molotow und Malenkow nach der Verhaftung Berias fanden.[32]

Der Arbeiteraufstand vom 17. Juni 1953 in Ostberlin lieferte Chruschtschow einen willkommenen Anlass, die Gegner Berias hinter sich zu versammeln und dessen Reformen zu stoppen. Beria wurde am 26. Juni verhaftet und den Militärs zur Verwahrung übergeben, um zu verhindern, dass die Sicherheitsdienste des Innenministeriums ihm zu Hilfe kamen. Auf einer außerordentlichen Vollversammlung des Zentralkomitees traten Molotow und Chruschtschow als Ankläger Berias auf und machten ihn für die Ereignisse in der DDR verantwortlich, die er nach ihrer Meinung mit seinen Versuchen, die Beziehungen zu den Westmächten zu entkrampfen, ausgelöst hatte. Beria wurde beschuldigt, auf «Einflüsterungen der Chefs ausländischer Nachrichtendienste» gehört zu haben. Paradoxerweise tendierte die neue Führung genau zu dem Entspannungskurs, für den Maiski und Litwinow schon seit 1943 eingetreten waren, wobei es allerdings eine Weile dauerte, bis Chruschtschow der Partei seinen Willen aufzwingen und danach Maiski aus der misslichen Lage, in die er geraten war, befreien konnte.[33] Nach der Inhaftierung Berias beeilten sich Chruschtschow und Molotow, die einen Gegenschlag aus dem Innenministerium fürchteten, auch seine Mitarbeiter und Gefolgsleute zu verhaften. In Anbetracht von Molotows intensiver Abneigung gegen Maiski, der nach Überzeugung Molotows das Angebot Berias, sein Nachfolger zu werden, angenommen hatte, verwundert es kaum, dass «auch Maiski zu den Ausgewählten gehörte», wie Molotow es lakonisch formulierte. Zwar werden die meisten Dokumente zur Verhaftung Maiskis nach wie vor unter Verschluss gehalten, doch deuten die wenigen greifbaren Belege darauf hin, dass seine Festnahme der Berias unmittelbar auf dem Fuß folgte – und dass er, was ebenso wenig überrascht, im Gefängnis «einen Nervenzusammenbruch erlitt.[34] Dieser Gang der Dinge findet seine Bestätigung in dem unveröffentlichten Entwurf von Ivy Litwinows Autobiographie. Sie war offensichtlich die letzte und einzige Freundin, die Agnia «zu der Zeit noch hatte; niemand besuchte sie, sie war absolut einsam». Von Agnia erfuhr Ivy, dass «Maiski nach dem Tod Stalins wegen Beria in Schwierigkeiten geriet, weil er sich mit ihm gut verstand». Agnia erzählte ihr, Maiski habe in dem traumatischen Moment seiner Festnahme «einen Hilferuf an Beria geschickt. Er wusste nicht, was er tat.» Das überraschte Ivy nicht sehr, da sie Maiskis paradoxe Lage kannte: «[Er] musste zwangsläufig verhaftet werden – weil er mit fast jedem einen freundlichen Umgang pflegte.» Agnia änderte später, auch hierin ihrem Mann treu bleibend, ihre Geschichte dahingehend, dass nach dem Tod Stalins absurde Vorwürfe gegen Maiski erhoben worden seien, etwa dass er «staatliche Gelder unterschlagen» habe.[35]

In der Anklageschrift gegen Beria wurde dessen angeblicher Plan enthüllt, «eine bürgerliche Ordnung zu errichten, die den Eisenhowers, Churchills und Titos dienlich wäre». «Mit großem Geschick, wie ein Agent», hieß es weiter, habe Beria «ein Netz aus Intrigen aller Art gesponnen», mit dem Ziel, eigene Leute an Schlüsselpositionen des Staates zu platzieren. In dem Urteil des Obersten Gerichtshofs der UdSSR, das am 24. Dezember 1953 erging, war explizit die Rede von Berias «kriminell-verräterischen Aktivitäten» mit dem Ziel, «geheime Verbindungen zu ausländischen Geheimdiensten» herzustellen. Maiski, den Beria mit dem Knüpfen von ebensolchen Kontakten nach Großbritannien beauftragt hatte und der vermutlich als Außenminister vorgesehen war, musste also in den Augen der Ankläger – und insbesondere seines lebenslangen Gegenspielers Molotow – als einer von Berias Komplizen erscheinen.[36] Auch wenn Maiskis Name in dem gegen Beria ergangenen Urteil nicht ausdrücklich vorkam, erfuhr die Öffentlichkeit von seiner angeblichen Mittäterschaft aus einem Brief, der an alle Gruppierungen der Partei verschickt wurde. Es hieß darin, Beria habe die Absicht gehabt, «den britischen Agenten» Maiski aus der Haft zu entlassen und ihn zu seinem Außenminister zu machen. Der Brief enthielt Auszüge aus Maiskis früheren, erzwungenen Geständnissen wie die Aussage, er habe «so viele Arbeitsjahre im Ausland verbracht, dass er das Zugehörigkeitsgefühl zu seinem Heimatland verloren» habe. Als Agnia den Brief sah, wurde sie «verrückt vor Angst», da sie fürchten musste, auch Maiski werde nun schuldig gesprochen. Weitere Demütigungen fügte ihr die eigene Parteizelle zu, die sie zwang, in einem Aufsatz ihre Beziehungen zu ihrem Mann offenzulegen. Andere, die auf Beria gesetzt hatten, darunter Dekanosow und der frühere NKWD-Chef Merkulow, wurden von einem Erschießungskommando hingerichtet. Die sowjetische Außenpolitik kehrte wieder ganz in die Hände Molotows zurück.[37]

Die Vernehmung Maiskis begann am 5. August 1953 von Neuem, als er aus der Obhut des Innenministeriums in die des Generalstaatsanwalts überstellt wurde. Vorgeworfen wurden ihm jetzt – gemäß der Artikel 58/1, 10 und 11 des sowjetischen Strafgesetzbuches – «konterrevolutionäre» Betätigungen mit dem Ziel, den Staat umzustürzen, zu untergraben oder zu schwächen. In einer der wenigen Äußerungen Maiskis zu seiner Haftzeit fasste er die schweren Anklagevorwürfe in dem Wort «Verrat» zusammen und stellte damit auch einen Bezug zu den absurden Spionagevorwürfen her, die Stalins Gehilfen gegen ihn erhoben hatten. Zusätzlich waren die neuen Anklagepunkte, wie er selbst sofort erkannte, ein Versuch, «mich in den Fall Beria zu verwickeln». Der schwerste Anklagevorwurf gegen Beria lautete, er habe «bis zur Minute seiner Verhaftung geheime Kontakte mit ausländischen Nachrichtendiensten gepflegt», die ihn bei seinem Staatsstreich unterstützen sollten. Der konkrete Bezugspunkt dieser Anklage war die von Beria getroffene Entscheidung, das Verfahren gegen Maiski einzustellen und den ehemaligen Botschafter als Mittelsmann für die Kontaktaufnahme zu Churchill und britischen Geheimdienstkreisen zu verwenden.[38]

Maiski wurde jetzt aus der Lubjanka in das Butyrka-Gefängnis verlegt, wo er, offenbar weil er Provokationen anderer Häftlinge befürchtete, darum bat, in Einzelhaft bleiben zu dürfen. Er widerstand erfolgreich den Bemühungen von zehn Verhörspezialisten, ihm ein Geständnis zu entlocken, das man in das laufende Verfahren gegen Beria hätte einbringen können. Zur Strafe dafür wurden alle Bücher aus seiner Zelle entfernt, und man entzog ihm für die nächsten beiden Jahre seiner Haft auch den Gebrauch von Schreibstift und Papier.

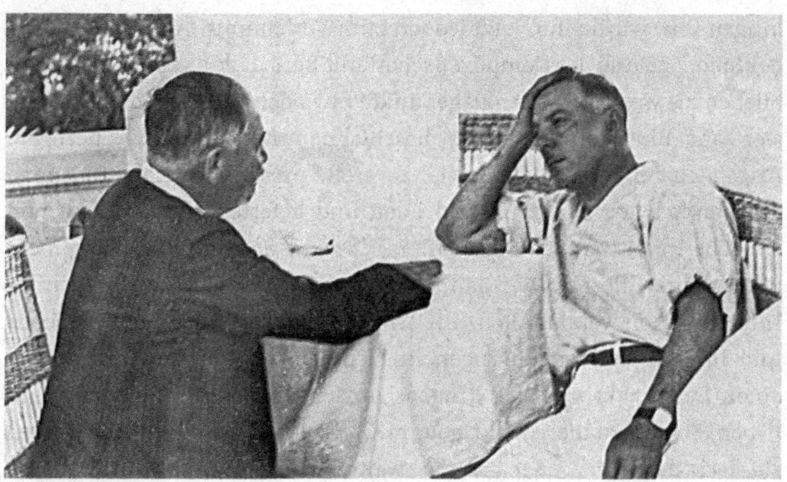

Woroschilow und Maiski in besseren Tagen, 1934 in Sotschi

Es folgten weitere end- und fruchtlose Verhöre, die sich bis in die ersten Monate des Jahres 1955 hinzogen und in deren Verlauf Maiski immer wieder an Chruschtschow und Woroschilow appellierte, die Anklage fallen zu lassen und ihn vollständig zu rehabilitieren. Doch er blieb hinter Gittern, bis es endlich zur förmlichen Anklageerhebung gegen ihn kam. Mitte Mai 1955 händigte man ihm die 39 Seiten umfassende Anklageschrift aus – und dazu einen Bleistift. Da er einen Verteidiger abgelehnt hatte, erlaubte man ihm, auf der unbeschriebenen Rückseite der 39 Blätter einen Schriftsatz für seine Verteidigung zu entwerfen. Nach der Hinrichtung Berias im Dezember 1953 hatten die Vernehmer Maiskis sich vergeblich bemüht, ihn mit Hilfe der Geständnisse, die seinen Kollegen an der Londoner Botschaft nach ihrer Verhaftung 1937 abgepresst worden waren, in die Falle zu locken. Ferner zwangen sie G. A. Deborin, einen Professor von der Militärakademie, sich in Maiskis beschlagnahmte Papiere zu vertiefen und belastendes Material aus seiner Botschafterzeit in London zutage zu fördern.

Als Maiski 1932 nach London aufbrach, hatte Litwinow ihm den Tipp gegeben, man werde in Moskau die Qualität seiner Arbeit als Botschafter «an den engen persönlichen Beziehungen messen, die er in London zu schmieden verstehe». Dass ihm das mit außerordentlichem Erfolg gelungen war, wurde ihm jetzt jedoch zum Verhängnis. Als die Vorwürfe der Spionage und der Komplizenschaft mit Beria fallen gelassen wurden, blieben als wesentliche Anklagepunkte nur noch Tatbestände übrig, die sich auf Einträge in seinem beschlagnahmten Tagebuch bezogen. Angeblich zeigten diese eine viel zu große persönliche Nähe in seinen Beziehungen zu Churchill und Eden und lieferten Hinweise auf persönliche Initiativen des Botschafters, über die er seine Regierung nicht immer informiert hatte. Man warf ihm vor, der Regierung wichtige Informationen vorenthalten, ihr irreführende Informationen geliefert und ihr falsche Empfehlungen hinsichtlich der Verhandlungen über einen Dreierpakt und des Ringens um eine zweite Front gegeben zu haben. So absurd diese Anklagen im Großen und Ganzen waren, hatten sie doch den einen oder anderen wahren Kern. Maiski vermochte die Wahrheitswidrigkeit der «Märchen aus 1001 Nacht», wie er sie nannte, zu demonstrieren, tat sich aber trotzdem schwer, das Gericht davon zu überzeugen, dass hinter seinen Bemühungen um enge persönliche Beziehungen zu Mitgliedern der britischen Elite ausschließlich lautere Motive gestanden hatten. Das stümperhafte Agieren des Staatsanwalts, das in an den Haaren herbeigezogenen und in keiner Weise belegten Vorwürfen des Hochverrats gipfelte, war in Zeiten der Entstalinisierung nicht mehr ausreichend für eine Verurteilung. Umso weniger, als die Anklage nie irgendwelche handfesten Beweise vorlegen konnte und der historische Kontext, der Maiskis Handeln bestimmt hatte, nie angemessen ausgeleuchtet wurde.

Der Ankläger stolperte dann aber doch noch über eine heikle Geschichte, die Maiski in schwere Verlegenheit brachte. Dieser neue Anklagevorwurf, der am Ende auch zu einer Verurteilung gemäß Artikel 109 des sowjetischen Strafgesetzbuches führte, besagte, Maiski habe sich des Machtmissbrauchs schuldig gemacht, indem er «der sowjetischen Regierung einen Mikrofilm des britischen «Weißbuchs» von 1939 über die trilateralen Verhandlungen zwischen der Sowjetunion, Großbritannien und Frankreich vorenthalten» habe. Maiski griff diesem Vorwurf gegenüber zu der Verteidigungsstrategie, den Rechtsverstoß zuzugeben, ihn aber als geringfügig abzutun. Er argumentierte, das «Weißbuch» sei ein Versuch gewesen, die Sowjetunion zu diskreditieren, es sei aber eingestampft worden, weil es auch den Konflikt zwischen Franzosen und Briten in der Frage des Abschlusses eines Dreierpakts offenbart hätte. Wie Maiski ferner behauptete, habe er erst in der zweiten Julihälfte 1941, nach Abschluss des englisch-sowjetischen Abkommens, von «englischen Freunden der Sowjetunion» eine Mikrofilmkopie des «Weißbuchs» erhalten. In diesen Kriegszeiten habe es Störungen und Unterbrechungen der Kurierdienste gegeben, so dass es schwer gewesen wäre, den Mikrofilm nach Moskau zu verfrachten. Außerdem habe er noch einmal nachprüfen wollen, ob die Dokumente und Kommentare nicht manipuliert worden seien. Er habe jedoch wegen der hohen Arbeitsbelastung in jener Zeit den Mikrofilm mit anderen Dokumenten zusammen abgelegt und ihn dann schlicht vergessen; die darin enthaltenen Dokumente habe er «nicht einmal gelesen». Er erinnerte das Gericht daran, dass sein umfangreiches Archiv rund 80 große Kisten fülle, in denen ein ziemliches Durcheinander geherrscht habe. Der Mikrofilm «von der Größe einer kleinen Streichholzschachtel verschwand wie eine Nadel im Heuhaufen». Erst im Verlauf der Ermittlungen gegen ihn, als er «jedes kleine Detail in seinem Kopf hin und her wendete», habe er sich «plötzlich wieder an den Mikrofilm erinnert» und die Ermittler aus freien Stücken auf ihn aufmerksam gemacht. Es habe sich nicht um eine vorsätzliche Unterschlagung gehandelt, sondern um einen Fall von «Vergesslichkeit»; nicht um ein «Verbrechen», sondern um eine «Unachtsamkeit ... ein Versehen».[39] Maiski erklärte, wenn er nicht von sich aus auf die Existenz des Mikrofilms hingewiesen hätte, hätte dieser nie wieder das Licht der Welt erblickt, da «niemand in der Londoner Botschaft oder in Moskau» etwas von ihm gewusst habe. Die Leidenschaft, mit der er in dieser Sache plädierte, unterstrich freilich nur, welch große Bedeutung er selbst diesem Corpus Delicti beimaß, und lenkte die Aufmerksamkeit des Gerichts erst recht auf den kompromittierenden Charakter des Films und auf die undurchsichtigen Umstände, unter denen Maiski in seinen Besitz gelangt war – wahrscheinlich schon 1940.[40]

Kurz nach seiner Entlassung aus dem Gefängnis begann Maiski, an einem Brief an Chruschtschow zu der Mikrofilmepisode zu arbeiten; es ist ein Textentwurf für diesen Brief enthalten, in dem einige Sätze akkurat ausgestrichen sind, die Maiski vielleicht zu entschuldigend klangen, aber doch Rückschlüsse auf seinen wahren Gemütszustand zu der Zeit zulassen.[41] Die für die Gerichtsverhandlung zurechtgestrickte Geschichte findet sich auch in dem persönlichen Appell wieder, in dem Maiski Chruschtschow vier Jahre nach seinem Prozess um seine vollständige Rehabilitierung ersuchte.[42] Die politische Führung akzeptierte seine Version, wenn auch mit großem Argwohn, und Ende 1960 wurde Maiskis Antrag auf Rehabilitierung endgültig bewilligt. Zu diesem Zeitpunkt war der innerparteiliche Machtkampf freilich bereits entschieden; Molotow war kaltgestellt, und das Thema hatte keine politische Relevanz mehr.[43]

Im Prozess lieferte Maiski als sein eigener Verteidiger offenbar eine glänzende Vorstellung. Die Zeugenaussagen seiner früheren Untergebenen an der Botschaft – des Marineattachés Charlamow und des ersten Sekretärs Sintschenko – waren «irgendwie zahnlos» und sprachen eher für als gegen Maiski. Und den giftspritzenden Deborin riss Maiski nach eigenen Angaben «in Stücke». «Als Lügner und Halunke entlarvt, geriet er in Verwirrung, verlor die Fassung» und verharrte beim Kreuzverhör in «vollständigem Schweigen». Maiski spürte, dass sich das politische Klima zu verändern begann, als man ihm vor dem Rücktransport ins Gefängnis «Kaffee und Waffeln» anbot.[44]

Das Plädoyer der Verteidigung war für den 2. Juni 1955 angesetzt, doch dann wurde die Verhandlung vertagt. Maiski vermutete zutreffenderweise, das Gericht habe «um Anweisungen des Zentralkomitees ersucht, aber keine bekommen». Nach einem zweiten Appell an Woroschilow zitierte man ihn schließlich am 12. Juni zur Urteilsverkündung ins Gericht. Die Anklage wegen Verrats wurde durch den Vorwurf ersetzt, Maiski habe sich gemäß Artikel 109 des Missbrauchs von Macht und Privilegien während seiner Zeit als Botschafter schuldig gemacht, ein Vergehen, auf das sechs Jahre innere Verbannung standen. Allem Anschein nach repräsentierte dieses Urteil einen Kompromiss zwischen Molotow und Chruschtschow, der als Primus inter Pares mittlerweile fest im Sattel saß. Diese Entwicklungen gereichten Maiski unerwarteterweise zum Vorteil. Er wurde zwar schuldig gesprochen und zu sechs Jahren Verbannung verurteilt, vom Präsidium des Obersten Sowjet aber postwendend begnadigt, musste seine Strafe nicht antreten und durfte nach Hause zurückkehren. Einen Tag vorher war ein Sondererlass in Kraft getreten, der Maiski ausdrücklich von der Amnestie vom 27. März 1953 ausschloss, die automatisch seine vollständige Rehabilitierung bedeutet hätte.

Einer der Beweggründe für die Freilassung Maiskis war offenbar der Konflikt zwischen Chruschtschow und Molotow über den außenpolitischen Kurs der Sowjetunion. Für Juli 1955 war eine Gipfelkonferenz in Genf angesetzt, an der Chruschtschow teilnehmen wollte. Ein im Gefängnis sitzender Maiski wäre eine potentielle Peinlichkeit beim Zusammentreffen mit Anthony Eden gewesen, der als neu gewählter britischer Premierminister die Delegation seines Landes anführte und den mit dem früheren sowjetischen Botschafter in London eine so intensive und enge Beziehung verbunden hatte. Zur vollständigen Rehabilitierung Maiskis kam es jedoch erst 1960, als Chruschtschow sich im Ringen um die innerparteiliche Vorherrschaft gegen Molotow durchgesetzt hatte.[45]

Da Maiski jetzt nur noch wegen einer Verletzung seiner Dienstpflichten anstelle eines politischen Verbrechens verurteilt war, bekam er auf seinen Antrag hin einen Schreibtisch, Papier und Schreibzeug zur Verfügung gestellt. Er hatte schon wieder genug Selbstbewusstsein, um sich beim Gefängnisdirektor darüber zu beschweren, dass der ihm hingestellte Schreibtisch «Beine von unterschiedlicher Länge hat und wackelt und dass ich beim Schreiben keinen Platz für meine Beine habe. Der Schreibtisch ist auch zu niedrig. Wäre es nicht möglich, mir einen Küchentisch einfachster Bauart zu bringen, so dass ich wenigstens meine Beine irgendwo hinstrecken kann, während ich schreibe?»[46]

Als Erstes brachte er ein Gnadengesuch an Woroschilow zu Papier. Darauf folgte zwei Tage später eine eingehende Kritik an dem gegen ihn ergangenen Urteil, die er mit rund 60 Korrekturen am Verhandlungsprotokoll unterlegte.[47] Das Gericht akzeptierte diese Korrekturen und erlaubte ihm «nach ausdauerndem Feilschen», dem Protokoll sein Verteidigungsplädoyer sowie ein Gedicht beizufügen, das er am Ende des Prozesses den Richtern vorgetragen hatte:

Unter einem Steingewölbe, auf einer Häftlingspritsche,
liege ich verlassen, vergessen, allein ...
inhaftiert ... von wem? ... Nicht von Feinden, nein!
Hinter Schloss und Riegel, inhaftiert von Freunden!

Oh, welcher Wahnwitz! Bin ich wirklich ein Staatsfeind?
Und verhalten sich Feinde so?
Dreißig lange Jahre gingen wir denselben Weg,
Schulter an Schulter, im gleichen Schritt!

Wir gingen und wir kämpften, und höher
und höher zogen wir das Siegesbanner hinauf.

СССР
МИНИСТЕРСТВО
ВНУТРЕННИХ ДЕЛ

Форма «А»
ВИДОМ НА ЖИТЕЛЬСТВО НЕ СЛУЖИТ.
ПРИ УТЕРЕ НЕ ВОЗОБНОВЛЯЕТСЯ.

8-АА

Бутырская тюрьма
УМВД МО

СПРАВКА № 990

22 июля 1955 г.

Выдана гражданину (ке) Майскому (Ляховецкому) Ивану Михайловичу
1884 года рождения, уроженцу (ке) г. Кириллова Вологодск. обл.
гражданство (подданство) СССР национальность русский
осужденному (ой) Военной Коллегией Верховного Суда СССР
26 мая – 13 июня 1955 г. по ст.ст. 109 УК
к ~~лишению свободы~~ ссылке на шесть лет с поражением в правах на нет года, имеющему (ей) в прошлом судимость нет

в том, что он (она) отбывал (ла) наказание в местах заключения МВД по «22» июля 1955 г. и по пост. Президиума Верховного Совета СССР от 22/VII-55 г.
С применением
Освобожден (на) «22» июля 1955 г. и следует к избранному месту жительства г. Москва, ул. Горького дом 8
(город, село, дер., район, область)
кв 83
до ст. жел. дороги.

Начальник лагеря (ИТК)
( )
Начальник части)
( )

Demütigung: Maiskis Entlassungspapiere aus dem Gefängnis, 22. Juli 1955

Viele von uns starben ... doch die Flamme des Kommunismus
loderte in der Ferne für die von uns, die blieben.

Dann plötzlich geht's drunter und drüber! ... und ich finde mich
im Kerker wieder, ausgestoßen, zum Feind erklärt.
Und warum? Wofür? Für welche schrecklichen Untaten?
Von wem werde ich verleumdet? Und wer reibt sich die Hände?

[...] Und ihr Genossen Richter, schaut mit offenen Augen
auf die lebendige Wahrheit, wie die Pflicht es euch befiehlt!
Vor euch steht heute kein Verbrecher,
sondern ein ehrlicher sowjetischer Kämpfer und Patriot![48]

Maiski verbrachte seine restliche Gefängniszeit mit der Niederschrift eines allegorischen Romans, den er in den zwei Jahren seiner Gefängnishaft im Kopf konzipiert hatte: *Blizco-Daleko [So nah und doch so fern]*. Am 22. Juli 1955 gab das Präsidium des Obersten Sowjet der UdSSR seinem Gnadengesuch statt. Der Beamte, der Maiski das Begnadigungsschreiben überbrachte, chauffierte ihn unverzüglich vom Butyrka-Gefängnis nach Hause.

Wieder zurück in der Akademie der Wissenschaften, fand Maiski sich vieler seiner ehemaligen Rechte – einschließlich seines Gehaltsanspruchs – beraubt. Er wurde auf ein Nebengleis geschoben und mit Arbeiten zur Geschichte Spaniens beauftragt. Erst nach seiner vollständigen Rehabilitierung und nach seiner Wiederaufnahme in die Partei 1960 (sowie in verstärktem Maß nach der Gründung des Instituts für Allgemeine Geschichte) konnte er seine Laufbahn wieder in eine Richtung lenken, die der eigenen Lebensvorstellung entsprach – er ging jetzt daran, seine Memoiren zu schreiben, wobei er allerdings sorgfältig darauf achtete, welcher Wind gerade aus dem Kreml wehte.[49] Seine große literarische Produktivität wurde durch einen schweren Schlaganfall, den er im Alter von 81 Jahren erlitt, kaum gebremst, auch wenn die teils heftige Kritik an seinen Arbeiten, die nach dem Sturz Chruschtschow laut wurde, seine Wiedergenesung verzögerte. Ein bahnbrechendes Buch seines loyalen Schülers, des anerkannten Historikers A. M. Nekrich, *22. Juni 1941*, wurde öffentlich angeprangert, der Autor aus der Partei ausgeschlossen. Die englische Ausgabe von Maiskis Memoiren, die kritische Urteile über das Verhalten Stalins in der Periode vor dem deutschen Überfall auf Russland enthielt, wurde als «subjektiv» verurteilt.[50] In einer für den sonst so vorsichtigen Maiski ungewohnten Aufwallung unterzeichnete er zusammen mit dem regimekritischen Physiker Andrei Sacharow und anderen eine Protestpetition gegen alle Versuche, Stalin zu rehabilitieren.[51]

In der Zurückgezogenheit seiner Datscha außerhalb Moskaus arbeitete Maiski, von Agnia beschirmt und umsorgt und bis zuletzt geistig vollkommen auf der Höhe, bis zu seinem Tod am 3. September 1975 weiter an seinen Memoiren. Obwohl er zu den herausragenden Persönlichkeiten an der Akademie der Wissenschaften gehörte, war und blieb er ein Einzelgänger. Nie wieder versuchte er, an vorderster Front der politischen und kulturellen Elite der Sowjetunion mitzuspielen. Von den engen Freunden, die er im Kreis der Mächtigen in London gefunden hatte, musste er sich gegen seinen Willen distanzieren. In wehmütigen Erinnerungen an seine große Zeit in London schwelgend, erweckte Maiski zuweilen den Eindruck, neidisch auf seinen Freund Denis Pritt, den radikalen britischen Anwalt und Abgeordneten, zu sein, dem er bescheinigte, nach wie vor ein «großer Weltenbummler» zu sein, während er selbst ein «eher beschauliches» Leben führe, mit seiner Frau fleißig im Datscha-Garten arbeite und an seinen Memoiren schreibe.[52]

Wie tragisch muss es für Maiski gewesen sein, auf Dauer und bis zum letzten Tag seines Lebens einen so hohen Preis für sein Überleben zahlen und für seine «vorvorgestrigen» Fehler büßen zu müssen – die vergeben waren, aber nicht vergessen. Von seinem letzten Buchprojekt, unter dem Titel «Erinnerungen an Churchill, seinen Kreis und seine Zeit», konnte er nur einen ersten, noch unvollständigen Manuskriptentwurf fertigstellen. Er legte ihn seinem Verlag Nauka vor, der das Manuskript ablehnte und dann – verlor. «Der Schlag, den das Verlagshaus mir versetzt hat», schrieb Maiski daraufhin an die Verantwortlichen, «ist umso schmerzlicher, als ich mittlerweile 91 Jahre alt bin, an diesem Buch die letzten fünf Jahre gearbeitet habe und gehofft hatte, es werde der Höhepunkt meines Schaffens sein. (Mir ist klar, dass ich jetzt nicht mehr weit vom Ende meines Lebens entfernt bin.)»[53]

Maiskis lange Dienstzeit in London war und blieb zweifellos seine «größte Stunde». Die letzten 20 Jahre seines Lebens an der Russischen Akademie der Wissenschaften widmete er ganz und gar der literarischen

Das unzertrennliche Paar: im Alter mit Agnia auf der Datscha

Aufarbeitung dieser prägenden und dramatischen Jahre. «Er liebte Großbritannien und die Briten aufrichtig», bezeugte Charlamow, in den Kriegsjahren sowjetischer Militärattaché an der Londoner Botschaft. «Er sprach fließend Englisch, wenn auch mit einem merklichen Akzent, [und] er schien mit jeder Konnotation jedes englischen Wortes vertraut zu sein.»[54] In einen Brief, den Maiski kurz vor seinem Tod an den sowjetischen Botschafter in London schrieb, ließ er die Essenz seiner Wehmut einfließen:

> Wir haben elf Jahre in London verbracht, und etwas Vergleichbares hat es nie wieder gegeben! [...] Und ich habe dort auch fünf Jahre (1912–1917) als Emigrant aus dem zaristischen Russland gelebt. Natürlich wurde mir diese Stadt lieb und teuer, und das gilt besonders für bestimmte Schauplätze, Gebäude und Denkmäler. [...] Ich ertappe mich heute noch manchmal dabei, wie ich mich frage: Wie hat er sein Arbeitszimmer eingerichtet? Wie sieht ihr Speisezimmer heute aus? Und gibt es noch irgendwelche Überbleibsel aus der Zeit der Bombenangriffe im Zweiten Weltkrieg? [...] Wir denken immer an die Freundschaft zurück, die wir mit den Webbs und Bernard Shaw schlossen. Natürlich dürfte das London Ihrer Zeit sich sehr vom London unserer Zeit unterscheiden ...[55]

Als Nekrich Maiski kurz vor seinem Tod besuchte, war dieser gerade dabei, sich durch den Raum zu bewegen.

> Einen Korbsessel vor sich herschiebend und sich darauf stützend, machte er schwere Schritte, das eine Bein vorsetzend und das andere nachziehend. Abgesehen von seinen Beinen, hätte man sich nie vorstellen können, dass I. M. auf die neunzig zuging: Seine dunklen Augen waren beweglich und gedankensprühend, und obwohl er langsam und sozusagen leicht stockend sprach, war das, was er sagte, vollkommen kohärent und logisch, und es wurde deutlich, dass sein Gedächtnis noch vollständig funktionierte.

Auf die Frage Nekrichs, wie er es geschafft habe, trotz der vielen Male, die er am Rand des Abgrunds gestanden hatte, zu überleben, schaute Maiski ihm in die Augen, «schmunzelte und sagte: ‹Ich habe immer einen kühlen Kopf behalten.› Und ich dachte: Hätte Stalin nur einen oder zwei Monate länger gelebt, nichts hätte Iwan Michailowitsch retten können.»[56]

ANHANG

ANMERKUNGEN ZU DEN QUELLEN UND ZUR BIBLIOGRAPHIE

Die veröffentlicht vorliegenden Sekundärquellen, Memoiren und Tagebücher werden an der Stelle ihres ersten Vorkommens in der jeweiligen Endnote vollständig, an den nachfolgenden Bezugstellen in Kurzform angeführt.

Die wichtigsten konsultierten staatlichen Archive und die für sie verwendeten Abkürzungen sind:

- Archiv des Russischen Außenministeriums (AVP RF).
- Archiv der Russischen Sicherheitsdienste (TsA SVR RF und FsA FSB RF).
- Russisches Staatsarchiv für Sozio-Politische Geschichte (RGASPI): Nachlässe Maiskis, Stalins, Litwinows und Molotows.
- Archiv der Russischen Akademie der Wissenschaften (RAN).
- The National Archives, London (TNA): Archive des Foreign Office (FO), des Prime Minister's Office (PREM), des Joint Intelligence Committee (JIC), der Chiefs of Staff (COS), des Joint Planning Staff (JP), des Ministry of Economic Warfare (MEW), des War Office (WO), der Cabinet Offices (CAB), des Defence Committee (DO), des Cipher and Signal Department (KV).
- The National Archives, Washington DC, (NA): Akten State Department (SD) und Military Archives (RG).

In den Endnoten finden sich für die Sammlungen amtlicher Dokumente die folgenden Abkürzungen:

DDF – P. Renouvin und J. B. Duroselle (Hg.), *Documents diplomatiques français*, Bde. 1932–1939.

DGFP – *Documents on German Foreign Policy 1918–1945*, Serie C, 1933–1937, London 1957; Serie D, 1937–1945, London 1956.

DPSR – S. Bieganski u. a. (Hg.), *Documents on Polish-Soviet Relations, 1939–1945*, London 1961.

DVP – *Dokumenty vneshnei politiki SSSR*, Moskau 1957 ff.

FRUS – *Foreign Relations of the United States*, Bde. 184–221, 1937–1943.

God krizisa – Russisches Außenministerium, *God krizisa, 1938–1939. Dokumenty I materialy*, 2 Bde., Moskau 1990.

HC Deb – *Hansard, House of Commons Debates*, Reihe 5, Bde. 267–391, London 1931–1943.

HL Deb – *Hansard, House of Lords Debates*, Reihe 5, Bde. 83–130, London 1932–1943.

Korrespondenz – Sowjetisches Ministerium für Auswärtige Angelegenheiten, *Korrespondenz zwischen dem Vorsitzenden des Ministerrats der UdSSR und den Präsidenten der USA sowie den Premierministern Großbritanniens während des Großen Vaterländischen Krieges von 1941–1945*, Moskau 1957.

SAO – G. P. Kynin, P. P. Sevostianov und V. P. Suslov, *Sovetsko-angliiskie otnosheniia vo vremia Velikoi Otechestvennoi voiny, 1941–1945*, 2 Bde., Moskau 1983.
SPE – *Soviet Peace Efforts on the Eve of World War II (September 1938 – August 1939)*, 2 Bde., Moskau 1973.

Die ungekürzte russische Ausgabe der Memoiren Maiskis wird in den Endnoten mit dem Kürzel *VSD* angeführt, Maiski, *Vospominania sovetskogo diplomata*, Moskau 1987.

Die nachfolgend aufgeführten Sammlungen privater nachgelassener Papiere wurden vom Herausgeber konsultiert:

Großbritannien

C. R. Attlee, Bodleian Library, Special Collections and Western Manuscripts, Universität Oxford.
A. V. Alexander, Churchill Archives, Churchill College, Cambridge.
L. C. Amery, Churchill Archives, Churchill College, Cambridge.
N. Astor, Bibliothek der Universität Reading.
A. W. Beaverbrook, House of Lords Record Office: The Parliamentary Archives.
R. A. Butler, Bibliothek des Trinity College, Universität Cambridge.
A. Cadogan, Churchill Archives, Churchill College, Cambridge.
A. N. Chamberlain, Universität Birmingham, Special Collections Department.
L. S. Churchill, Churchill Archives Center, Churchill College, Cambridge.
R. S. Cripps, Bodleian Library, Special Collections and Western Manuscripts, Universität Oxford.
P. Cunliffe-Lister, Churchill Archives Center, Churchill College, Cambridge.
H. J. Dalton, Bibliothek der London School of Economics, Archives Division.
G. G. Dawson, Bodleian Library, Special Collections and Western Manuscripts, Universität Oxford.
J. L. Garvin, Harry Ransom Humanities Research Center Library, University of Texas in Austin.
V. Gollancz, Modern Records Centre, Universität Warwick.
B. Hamilton, Record Office des House of Lords: The Parliamentary Archives.
L. Hore-Belisha, Churchill Archives, Churchill College, Cambridge.
T. W.H. Inskip, Churchill Archives Center, Churchill College, Universität Cambridge.
J. M. Keynes, King's College, Archive Centre, Universität Cambridge.
B. H. Liddell Hart, Liddell Hart Centre for Military Archives, King's College, University of London.D. Lloyd George, Department of Collection, National Library of Wales, Aberystwyth, sowie Record Office des House of Lords: The Parliamentary Archives.
R. B. Lockhart, Tagebücher, Record Office des House of Lords: The Parliamentary Archives.
H. D. Margesson, Churchill Archives Center, Churchill College, Universität Cambridge.
W. T. Monckton, Bodleian Library, Special Collections and Western Manuscripts, Universität Oxford.
I. Montagu, People's History Museum, Manchester.
P. J. Noel-Baker, Churchill Archives, Churchill College, Cambridge.
H. L. Samuel, Record Office des House of Lords: The Parliamentary Archives.
W. Seeds, nachgelassene Papiere im Besitz seiner Enkelin Corinna Seeds in Hydra (Griechenland).

E. L. Spears, Churchill Archives Center, Churchill College, Universität Cambridge.

A. J. Sylvester, Tagebuch und nachgelassene Papiere, Department of Collection, National Library of Wales, Aberystwyth, sowie Record Office des House of Lords: The Parliamentary Archives.

R. G. Vansittart, Churchill Archives Center, Churchill College, Universität Cambridge.

B. Webb, Bibliothek der London School of Economics, Archives Division.

USA

Nachlass A. A. Berle, Franklin D. Roosevelt Library, Hyde Park, N. Y.

Nachlass J. E. Davies, Washington, Library of Congress.

Nachlass H. L. Hopkins, Franklin D. Roosevelt Library, Hyde Park, N. Y.

Nachlass G. Marshall, Marshall Research Library, Virginia.

Nachlass F. D. Roosevelt, Franklin D. Roosevelt Library, Hyde Park, N. Y.

Nachlass und Tagebuch von W. H. Standley, University of Southern California, Los Angeles.

Nachlass H. Stimson, Manuscripts and Archives, Yale University Library, New Haven, Connecticut.

Nachlass L. Truscott, U.S. Army Military History Institute, Carlisle, Pennsylvania.

ANMERKUNGEN

Einleitung

1 Die andere Ausnahme war Alexandra Kollontai, sowjetische Botschafterin in Stockholm, die auf Anregung Maiskis ein (wenn auch lückenhaftes) Tagebuch führte.

2 J. Hellbek, *Revolution on my Mind. Writing a Diary under Stalin*, Harvard University Press 2009; M. David-Fox, «Stalinist Westernizer? Aleksandr Arosev's Literary and Political Depictions of Europe», *Slavic Review*, 62/4, (2003); B. Farnsworth, «Conversing with Stalin, Surviving the Terror. The Diaries of Aleksandra Kollontai and the Internal Life of Politics», *Slavic Review*, 69/4 (2010).

3 Siehe S. 790 f.

4 RAN f. 1702 op. 2 d. 77 l. 15, d. 49 l. 639.

5 Siehe S. 782 f.

6 Siehe D. Reynolds' aufschlussreichen Essay «Churchill's Writing of History. Appeasement, Autobiography and ‹The Gathering Storm›», *Transactions of the Royal Historical Society*, 11 (2001), S. 221 f., 227; RAN f. 1702 op. 4 d. 282 ll. 5–6, 10. Sept. 1928.

7 Siehe Eintrag 19. Januar 1943.

8 Siehe S. Dullin, *Des Hommes d'Influences. Les ambassadeurs de Staline en Europe, 1930–1939*, Paris 2001, S. 334–338; K. Schlögel, «Unter den Linden 7. Sowjetische Botschaft», *Das russische Berlin. Ostbahnhof Europa*, München 2007. Die Zahl der in Europa stationierten sowjetischen Diplomaten wurde halbiert. Nur acht der 83 europaweit amtierenden Diplomaten blieben nach 1939 auf ihrem Posten.

9 Dass Maiski wichtige Informationen bezüglich der zweiten Front und anderer Themen zurückgehalten hatte, war Teil der Vorwürfe gegen ihn während seines Prozesses im Jahr 1955. Siehe dazu S. 800; siehe auch Richard Beeston, *The Times*, 5. März 2002.

10 Siehe Webb, Tagebuch, 12. Juni 1939, S. 6667; J. Maiski, *Vor dem Sturm*, Berlin 1950, S. 295. Seine letzten dreißig Lebensjahre verbrachte er in der Tat am Institut für Geschichte an der Russischen Akademie der Wissenschaften, siehe S. 788 f., 805 f.

11 I. Maisky, *Spanish Notebooks*, London 1966, S. 17.

12 RAN f. 1702 op. 4 d. 1495 l. 10, 4. Juli 1944.

13 Siehe Eintrag 29. Jan. 1940.

14 Eintrag 25. Nov. 1938.

15 *Vor dem Sturm*, Berlin 1950; *Journey into the Past*, London 1962; *Wer half Hitler?*, Moskau o. J. [1964]; *Spanish Notebooks*, London 1966; *Memoiren eines sowjetischen Botschafters*, Berlin 1967.

16 Zu Inhaftierung und Prozess siehe S. 790 ff.

17 Siehe S. 793.

18 RGASPI f. 17. op. 171. d. 466 l. 201–210, Bericht über Vernehmung Berias, 19. Aug. 1953.

19 RAN f. 1702 op. 2 d. 79 l. 34, Brief an Bulganin, 25. Okt. 1956.

20 Entwurf und Endfassung seines Briefes an Chruschtschow, RAN f. 1702 op. 2 d. 79 ll. 9–13, ll. 17–18, 7. und 30. Dez. 1955.

21 RAN f. 1702 op. 2 d. 79 ll. 9–13, Maiski an Woroschilow, 5. Aug. 1955. Die politische Aufladung der projektierten Memoiren wurde zwei Jahre später noch deutlicher: In einem langen persönlichen Schreiben an den Präsidenten der Russischen Akademie der Wissenschaften entfaltete Maiski einen konkreten (später offiziell übernommenen) Plan zur Ingangsetzung eines solchen Programms, RAN f. 1702 op. 3 d. 478 ll. 40–41, Maiski an Nesmejanow, 14. Feb. 1957.

22 Das provozierte eine heftige Reaktion seitens A. Ulam, Harvard-Historiker für die Geschichte der sowjetischen Außenpolitik (*New York Times*, 23. Sept. 1971), sowie seitens der *Times* (7. Juli 1971).

23 Bilainkin, Tagebuch, S. 37–39. Als Erster vertrat S. Aster diese These in seinem ausgezeichneten Beitrag «Ivan Maisky and Parliamentary Anti-Appeasement 1938–39», in: A. J. P. Taylor (Hg.), *Lloyd George. Twelve Essays*, London 1971.

24 J. Rothenstein, *Brave Day Hideous Night. The Tate Gallery Years, 1939–1965*, London 1966, S. 32. Die Liste der Politiker, Journalisten und Intellektuellen, die sich in der sowjetischen Botschaft in London die Klinke in die Hand gaben, übertraf bei Weitem die Besucherzahl in Paris, und es waren überwiegend Konservative. Siehe S. Dullin, *Men of Influence. Stalin's Diplomats in Europe, 1930–1939*, Edinburgh 2008, S. 59–62. Dullins Studie gibt der sowjetischen Diplomatie auf einzigartige Weise ein menschliches und persönliches Gesicht. Maiski übermittelte Molotow eine faszinierende Beschreibung seines Modus Operandi (siehe S. 408–411).

25 I. McDonald, *A Man of the Times*, London 1976, S. 62.

26 I. McDonald, in: *The Times*, 6. Sept. 1975; Webb, Tagebuch, 12. Juni 1939, S. 6667. Eine frühe, sehr eindrückliche Studie der Methoden Maiskis hat S. Aster vorgelegt: «Ivan Maisky and Parliamentary Anti-Appeasement», S. 317–357.

27 J. V. Sheean, *Between the Thunder and the Sun*, London 1943, S. 203.

28 Webb, Tagebuch, 3. Aug. 1933, S. 5559–5561.

29 Nachlass Beaverbrook, BBK/C/238, 12. Nov. 1936; siehe den exzellenten Artikel von A. Foster, «The Beaverbrook Press and Appeasement. The Second Phase», *European History Quarterly*, 21/5 (1991).

30 Nachlass Beaverbrook, BBK/C/238, 29. Juni 1939.

31 Nachlass Beaverbrook, BBK/C/238, 17. Mai 1939.

32 RAN f. 1702 op. 4 d. 1373 l. 1, 22. Dez. 1936.

33 TNA FO 371 36 996 N753/753/38, mins., 3. Dez. 1942.

34 Ebd.

35 RAN f. 1702 op. 4 d. 1141 l. 37, 7. April 1934; siehe *The Correspondence of H. G. Wells*, Bd. III, S. 474, 24. April 1934.

36 Francis Williams, *Nothing so Strange. An Autobiography*, London 1970, S. 120 f.

37 Webb, Tagebuch, 23. Jan. 1938, S. 6434 f.

38 H. Nicolson, *Tagebücher und Briefe*, Bd. 1: *1930–1941*, Frankfurt a. M. 1969, S. 436.

39 E. Spears, *Fulfilment of a Mission. The Spears Mission to Syria and Lebanon, 1941–1944*, London 1977, S. 286.

40 Webb, Tagebuch, S. 6316 f., 18. April 1937.

41 Nicolson, *Tagebücher und Briefe*, S. 217 f. Über die Nicolson-Tagebücher, die Maiski Jahre später zu lesen bekam, sagte er: «Was darin über mich und die sowjetische Botschaft steht, ist nicht sehr profund, aber stellenweise sehr amüsant. Während meiner Zeit in London fiel mir gar nicht auf, dass er ein solcher ‹Gourmand› ist – immer das Essen kommentierend, das ihm verabreicht wird.» RAN f. 1702 op. 4 d. 1031 l. 26, Maiski an Montagu, 2. März 1967. Andere äußersten sich anerkennender über Maiski

als Gastgeber, so etwa Bilainkin, der festhielt, dass Maiski «an einem reizvollen Beistelltischchen Tee einschenkte und Milch in seine Tasse goss. Ich hatte Zitronentee mit Zucker. In der unteren Etage des Serviertisches viele klitzekleine Leckereien mit Kaviar, Kaviar auf weißem und gebräuntem Toast, Meringuen (eine für den Botschafter), Räucherlachsbrötchen, Schokoladenpralinen, Sahnetörtchen und andere Sandwiches, deren Belag schwer zu erkennen war.» G. Bilainkin, *Diary of a Diplomatic Correspondent*, London 1942, S. 37–39.

42 H. Morrison, *An Autobiography by Lord Morrison of Lambeth*, London 1960, S. 226 f.

43 *Russia and the Peace*, London 1944, S. 158.

44 Bruce Lockhart, *Comes the Reckoning*, London 1947, S. 256.

45 L. Fischer, *Men and Politics*, London 1941, S. 467 f.

46 RAN f. 1702, op. 4 d. 155 l. 28, 10. Jan. 1939.

47 V. Gollancz, *Reminiscences of Affection*, London 1968, S. 132.

48 Der Titel des Liedes aus dem Musical *Me and My Girl* (1937) wurde zum Synonym für einen Modetanz im Cockney-Milieu, der das Leben der Londoner Arbeiterschaft darstellte.

49 H. Morrison, *An Autobiography by Lord Morrison of Lambeth*, London 1960, S. 226.

50 Webb, Tagebuch, 16. März, 18. April 1935, S. 6317, 6360; *HC Deb*, Bd. 450, cc. 521–562, 28. April 1948.

51 Webb, Tagebuch, 22. Aug. 1934, 12. Juni 1939, S. 5827, 6664.

52 Siehe Eintrag 1. Juli 1937; siehe auch Unterredung mit Churchill, 23. März 1938.

53 Unterredungen mit US-Botschafter Joseph Kennedy und mit Churchill, Tagebuch, 22. März, 30. Sept. 1938.

54 Eintrag 7., 8., 12. März 1935.

55 Eintrag 24. Nov. 1937.

Der Werdegang eines sowjetischen Diplomaten

1 V. S. Mjasnikov (Hg.), *Ivan Mikhailovich Maiskii. Izbrannaya perepiska s rossiiskimi korrespondentami*, Moskau 2005, I, S. 7. Webb, Tagebuch, 15. Okt. 1939, S. 6734.

2 V. Gollancz, *Reminiscences of Affection*, S. 132.

3 Maiski, *Vor dem Sturm*, S. 18, 33, 219.

4 Ebd., S. 57 f.

5 Ebd., S. 50.

6 Ebd., S. 23, 28 f., 100–102.

7 Stanford, Nachlass Nekrich, Gespräche mit Maiski, 7. Aug. 1973.

8 Nachlass Passfield, II.4.l, 117a, Maiski an die Webbs, 28. Aug. 1940. Maisky, *Journey into the Past*, S. 173 f.

9 RAN f. 1702 op. 4. d. 149 ll. 33–4, 25. März 1910. Siehe Maiski, *Vor dem Sturm*, S. 40, 49 f., 80 f., 218–220.

10 RAN f. 1702 op. 4 d. 1184 ll. 2–3, 20. Jan. 1936.

11 Brief an seinen Onkel E. M. Chemodan, 20. Okt. 1912, RAN f. 1702 op. 4 d. 279 ll. 75–6.

12 Maisky, *Journey into the Past*, S. 54.

13 RAN f. 1702 op. 4 d. 149 ll. 73–4, 28. Dez. 1912. Siehe Maisky, *Journey into the Past*, S. 53–55. Heine-Zitat, *Shakespeares Mädchen und Frauen. Englische Fragmente*, 1838.

14 In seiner Eigenschaft als Schriftsteller fühlte Maiski sich besonders zur britischen Literaturszene hingezogen, ganz gleich, welchen politischen «Abweichungen» er dort begegnete. Ihm gefiel die Aussage Shaws, die Welt sei «nicht nur von der Bourgeoisie und dem Proletariat bevölkert. In den Reihen des britischen Proletariats gibt

es vermutlich ebenso viele Bourgeois wie in den Reihen der Kapitalisten. Ich tue mich jedenfalls leichter, einen intelligenten Bourgeois zu verstehen als die Sprösslinge der Proletarier.» Maiskis enge Freundschaft mit Shaw überdauerte ungeachtet Shaws zunehmender Kritik an Stalin die Jahre seiner Botschaftertätigkeit. Siehe Maisky, «Bernard Shou – Vstrechy I razgovory», *Novy Mir*, 1 (1961).

15 Nachlass Ivy Litwinow, unveröff. Biographie. Siehe J. Carswell, *The Exile. Life of Ivy Litvinov*, London 1983, S. 62–68.

16 Maiski vertraute dies Beatrice und Sidney Webb an, als er mit ihnen ein Wochenende in ihrem Landhaus verbrachte. Webb, Tagebuch, 8. Aug. 1933, S. 5502.

17 Zit. n. Mjasnikov, *Maiskii. Izbrannaya*, S. 152–154. Siehe Maiskis verständnisvolle Beobachtung ebd., S. 8 f.; ferner Maisky, *Journey into the Past*, S. 58 f.

18 Ein typisches Beispiel hierfür ist die heftige Rüge, die Maiski einstecken musste, als er während des spanischen Bürgerkriegs Anweisungen Litwinows nicht befolgte. Siehe Maiskis Entschuldigung in RAN f. 1702 op. 4 d. 143 ll. 57–8, 10. Jan. 1937. Im Juli 1937 schickte Litwinow einen Entwurf für einen Artikel, der in der *Iswestija* publiziert werden sollte, an Maiski zurück – mit zahlreichen Korrekturen in roter Tinte und der Ansage, er benötige noch «wesentliche Änderungen», wenn er je das Tageslicht erblicken solle. RAN f. 1702 op. 4 d. 546 ll. 39–40.

19 G. Hilger und A. G. Meyer, *The Incompatible Allies. A Memoir-History of German-Soviet Relations, 1918–1941*, New York 1953, S. 111. Alexandra Kollontai gewann einen ähnlichen Eindruck, kleidete ihn aber in feinere Worte: «Er verrät nicht viel in seinen Worten, aber es gebietet sich, gut auf seine Stimmung zu achten.» *Diplomaticheskie Dnevniki*, S. 249. Siehe Aleksei Roshchin, «People's Commissariat for Foreign Affairs before World War II», *International Affairs*, Moskau (Mai 1988).

20 Z. Sheinis, *Maxim Litvinov*, Moskau 1990, S. 261, 284.

21 Siehe S. 176, 284 f.

22 RAN f. 1702 op. 4 d. 143 l. 41, 9. Dez. 1933.

23 Maisky, *Journey into the Past*, S. 89–94. Kollontai, *Diplomaticheskie Dnevniki*, Bd. II, S. 125 f.

24 S. B. Smith, *Captives of Revolution. The Socialist Revolutionaries and the Bolshevik Dictatorship, 1918–1923*, Pittsburgh 2011, S. 95, 102. Maiski hielt auch während seiner Zeit in der Mongolei Verbindung mit der Opposition; siehe J. D. Smele, *Civil War in Siberia. The Anti-Bolshevik Government*, Cambridge University Press 1997, S. 556.

25 Martov, «Vospominaniya renegata», *Sotsialisticheskii Vestnik*, 9. Dez. 1922. Siehe V. N. Brovkin, *The Mensheviks after October*, Cornell University Press 1987, S. 275 f.; E. Mawdsley, *The Russian Civil War*, London 2001, S. 63–66.

26 André Liebich, «Diverging Paths. Menshevik Itineraries in the aftermath of Revolution», *Revolutionary Russia*, 4/1 (1991), S. 28–30.

27 RGASPI f. 2 op. 1 d. 12945 ll. 1–4, 20. Feb. 1921.

28 Maisky, *Journey into the Past*, S. 77.

29 Webb, Tagebuch, 16. März 1935, S. 5947.

30 Nachlass Nekrich, Gespräche mit Maiski, 7. Aug. 1973, sowie «The Arrest and Trial of I. M. Maisky», *Survey*, 22/3–4, S. 315.

31 Maisky, *Journey into the Past*, S. 59.

32 Trotzki zum Beispiel tadelte Stalin noch lange dafür, Maiski, Potemkin und Suriz, die «während der Oktoberrevolution auf der anderen Seite der Barrikade» gestanden hätten, auf hochrangige Posten im diplomatischen Dienst befördert zu haben. Trotzki, *Die verratene Revolution*, Essen 2014, S. 130.

33 RGASPI f. 82 op. 2 d. 1452. l. 2, 10. März 1924.
34 RAN f. 1702 op. 4 d. 149 l. 141, d. 546 l. 1, 30. Aug., 17. Okt. 1925.
35 RAN f. 1702 op. 4 d. 153 ll. 2–3.
36 Maiski an Scott, 30. Mai 1927, Archiv des *Manchester Guardian*, A/m29/12.
37 RAN f. 1702 op. 4 d. 1141 ll. 8 12, d. 862 ll. 3–4, 12. Nov. 1927, 27. Mai 1928.
38 I. Maisky, *B. Shou I drugie. Vospominaniya*, Moskau 1967, S. 3–12.
39 Eintrag 15. Jan. 1938; RAN f. 1702 op. 4 d. 862 ll. 1–2; eine ausführliche Schilderung der Episode in einem Brief an Eden, 19. Jan. 1938, d. 940 ll. 3–5; Maiski an Brailsford, 5. Nov. 1927; Maiski an H. G. Wells, 2. Jan. 1928, d. 1141 ll. 13 18.
40 RAN f. 1702 op. 3 d. 50 l. 41, Maiski an Trenowskaja, 6. Dez. 1928.
41 F. Utley, *Odyssey of a Liberal. Memoirs*, Washington 1970, S. 99.
42 RAN f. 1702 op. 4 d. 282 ll. 5–6, 10. Sept. 1928.
43 RAN f. 1702 op. 4 d. 143 l. 6, 23. Jan. 1939.
44 Briefwechsel zwischen Maiski und Litwinow, RAN f. 1702. op. 4 d. 143 ll. 3–4, d. 546 l. 2, RGASPI f. 17 op. 3 d. 721 l. 1, 8. Nov., 6. Dez. 1928, 10. Jan. 1929; Mjasnikov, *Maiskii. Izbrannaya perepiska*, I, S. 506.
45 Eintrag 26. Aug. 1930; RAN f. 1702 op. 4 d. 1141 ll. 26–29.
46 Briefwechsel zwischen Brailsford und Maiski, RAN f. 1702 op. 4 d. 1248 ll. 8–9, d. 862 ll. 8–10, 27. Juni 1928, 25. Aug. 1929, 6. März 1930; siehe u. a. Brailsfords Briefe an Maiski, 16. März, 5., 30. April, 19. Dez. 1927, ll. 1–7; Briefe von H. G. Wells, 30. März, 16. April, 25. Mai, 8. Dez. 1927, 6. März 1930, RAN f. 1702 op. 4 d. 1628 ll. 1–5, ll. 10–11.
47 RAN f. 1702 op. 4 d. 1141 ll. 26–29, d. 143 l. 14–5, 19, 26. Aug., 2. Nov. 1930, 9. Juni 1931.
48 RAN f. 1702. op. 4. d. 143. l. 17, d. 546, l., 8., 10., 14. Feb. 1931.
49 RAN f. 1702 op. 4 d. 143 l. 43, 1. März 1931; Kollontai, *Diplomaticheskie Dnevniki*, S. 111.
50 RAN f. 1702 op. 4 d. 143 l. 19, 9. Juni 1931.
51 Siehe Maiski, Tagebuch, 27. Okt. 1932.
52 Kollontai, *Diplomaticheskie Dnevniki*, II, S. 136 f.
53 A. A. Gromyko, *Pamyatnoe*, Moskau 1990, II, S. 416 f. (dt.: *Erinnerungen*, Düsseldorf u. a. 1989). In den übersetzten Ausgaben seiner Memoiren fehlt das etwas kritische Porträt Maiskis.
54 Zur Krise von 1927 siehe G. Gorodetsky, *The Precarious Truce. Anglo-Soviet Relations, 1924–7*, Oxford University Press 2008 (Nachdr.), Kap. 6.
55 TNA FO 371 16 339 N5131/5131/38.
56 RAN f. 1702 op. 4 d. 153 l. 8, 9. Feb. 1934.
57 TNA FO 371 16 339 N6160/5131/38, 20. Okt. 1932.
58 Kollontai, *Diplomaticheskie Dnevniki*, II, S. 136–139.
59 Webb, Tagebuch, 20. Feb. 1930, 24. Nov. 1932, 11. April 1933, 12. Juni 1939, S. 4882, 5375, 5474–5477, 6667; TNA FO 371 16 290 N5909/3509/56, Hervorhebung im Original.
60 Webb, Tagebuch, 25. Juli 1937, S. 6630 f.
61 RAN f. 1702 op. 4 d. 1184 l. 7, d. 1687 ll. 64 66, Korrespondenz mit Bernard Shaw, 16., 18. Nov. 1936; Webb, Tagebuch, 15. Nov. 1936, S. 6262.
62 RAN f. 1702 op. 4 d. 546 ll. 10–11.
63 Siehe zu diesem Thema Dullins kenntnisreiche und bahnbrechende Arbeit über die sowjetische Außenpolitik in den dreißiger Jahren: *Men of Influence*, S. 92–95.
64 Maisky erwartete in der Tat wenig von Ramsay MacDonald, dem Labour-Premierminister, der ihm bei seinem ersten Besuch «kalt und glatt» erschien. Die leicht bos-

hafte Bemerkung des Premiers, zum Zeitpunkt ihrer letzten Begegnung sei Maiski «ein höchst aktiver Menschewik» gewesen, fand der Botschafter sicher nicht amüsant. TNA FO 371 16 321 N6617/22/38, 15. Nov. 1932; *VSD*, S. 169.

65 Siehe Eintrag 27. Okt. 1932; ferner Maiski, *Wer half Hitler?*, S. 14; *VSD*, S. 146 f., 154–159; Aster, «Ivan Maisky and Parliamentary Anti-Appeasement», S. 317.

66 RAN f. 1702 op. 4 d. 862 ll. 11 14, 1. April 1930. Webb, Tagebuch, 11. April 1933, S. 5474.

67 Mjasnikov, *Maiskii. Izbraniya Perepiska*, S. 229–301. RAN f. 1702 op. 4 d. 282 l. 1–2, 2. Juni 1928. A. Gromyko vermittelt in seinen *Erinnerungen*, Düsseldorf u. a. 1989, S. 432, denselben Eindruck: Litwinow habe behauptet, er sei «eher bei der britischen Arbeiterklasse als beim Hof von St. James akkreditiert». Lenin habe «ihn deswegen scharf kritisiert und getadelt».

68 RAN f. 1702 op. 4 d. 282 ll. 1–2, 2. Juni 1928.

Prolog

1 Gedanken anlässlich des fünften Jahrestages seiner Ankunft in England, Tagebucheintrag vom 27. Oktober 1937.

2 Narkomindel, Volkskommissariat für Auswärtige Angelegenheiten; ab Anfang der dreißiger Jahre setzte sich zunehmend der konventionellere Ausdruck «sowjetisches Außenministerium» durch, desgleichen die Bezeichnung «Botschafter» für die *polpreds*.

3 Als Maiski 20 Jahre vorher mit einem Ticket dritter Klasse an Bord einer Fähre, von Frankreich aus, in Folkestone ankam, hätten ihn die Briten um ein Haar zurückgeschickt, weil er den «Mindestbarbestand für Einreisende», fünf britische Pfund, nicht vorweisen konnte. Erst als er einen zerknitterten Brief Tschitscherins aus der Tasche zog, der seinen Status als «politischer Flüchtling vor dem Zarismus» bestätigte, hatten sie ihn zähneknirschend nach London weiterreisen lassen.

1934

1 Draft communiqué, RAN f. 1702 op. 3 d. 98 ll. 1–2.

2 G. W. Morrell, *Britain Confronts the Stalin Revolution. Anglo-Soviet Relations and the Metro-Vickers Crisis*, Ontario 1995. Zu den wirtschaftlichen Aspekten siehe G. L. Owen, «The Metro-Vickers Crisis. Anglo-Soviet Relations between Trade Agreements, 1932–1934», *The Slavonic and East European Review*, 49/114 (1971).

3 Zit. n. M. J. Carley, «Down a Blind-Alley. Anglo-Franco-Soviet Relations, 1920–39», *Canadian Journal of History*, 29/1 (1994), S. 157.

4 Siehe die überzeugenden Argumente hierzu in B. J. C. McKercher, «The Last Old Diplomat. Sir Robert Vansittart and the Verities of British Foreign Policy, 1903–30», *Diplomacy and Statecraft*, 6/1 (1995); S. Bourette-Knowles, «The Global Micawber. Sir Robert Vansittart, the Treasury and the Global Balance of Power 1933–35», *Diplomacy and Statecraft*, 6/ 1 (1995), S. 91 f.; S. Neville, «Lord Vansittart, Sir Walford Selby and the Debate about Treasury Interference in the Conduct of British Foreign Policy in the 1930s», *Journal of Contemporary History*, 36/4 (200), S. 628 f.

5 M. L. Roi, «From the Stresa Front to the Triple Entente. Sir Robert Vansittart, the Abyssinian Crisis and the Containment of Germany», *Diplomacy and Statecraft*, 6/1 (1995), S. 63 f.; *Alternative to Appeasement. Sir Robert Vansittart and Alliance Diplomacy*, 1934–1937, Connecticut 1997, S. 1–4, 169–75. Siehe J. R. Ferris, «‹Indulged in

All Too Little?›. Vansittart, Intelligence and Appeasement», *Diplomacy and Statecraft*, 6/1 (1995), S. 132 f.

6 G. Bilainkin, «The Ivan Maisky Legend», *Contemporary Review*, 211 (1967), S. 195; Maiski, *Wer half Hitler?*, S. 35–37; I. Colvin, *Vansittart in Office*, London 1965, S. 33; N. Rose, *Vansittart. Study of a Diplomat*, London 1978, S. 292.

7 D. C. Watt, «Sir Nevile Henderson Reappraised», *Contemporary Review* (März 1962).

8 B. Pimlott (Hg.), *The Political Diary of Hugh Dalton*, London 1986, S. 209.

9 *VSD*, 1934, S. 315; Maiski, *Wer half Hitler?*, S. 36; zu der besonderen Beziehung zwischen beiden siehe K. Neilson, *Britain, Soviet Russia and the Collapse of the Versailles Order, 1919–1939*, Cambridge University Press 2006, S. 108 f.

10 Ein umfassender Bericht findet sich in *DVP* 1934, Dok. 246.

11 Simon verband seine Zustimmung zur Aufnahme Russlands in den Völkerbund mit der Einschätzung, der gegenseitige Beistandspakt werde Russland «an den bestehenden Vertrag von Locarno binden». Diese Feststellung diente dem Zweck, den Russen die Angst vor der Isolation zu nehmen. *HC Deb*, Bd. 292, cc. 691 f., 13. Juli 1934. Litwinow maß dem Sinneswandel in der Tat große Bedeutung bei, blieb aber, wie Maiski, den britischen Absichten gegenüber misstrauisch, da er von den Meinungsunterschieden innerhalb des Foreign Office wusste. *DVP* 1934, Dok. 258, S. 489.

12 Die Initiative ging von Barthou aus, der in Genf und London die hauptsächlichen Vorarbeiten leistete. Maiski versicherte Lord Cecil am 28. März 1934, die UdSSR sei bereit, im Interesse des Friedens mit dem Völkerbund zusammenzuarbeiten. Die 15. Vollversammlung des Völkerbundes beschloss, die UdSSR im September als Mitglied aufzunehmen, und bot ihr die dauerhafte Zugehörigkeit zum Völkerbundrat an. *DVP* 1934, Anm. 128, S. 792; Dok. 133; TNA FO 371 18 298 N1741/2/38. Siehe Maiski, VSP, S. 313.

13 Im Zeichen der NEP reaktivierte die britische Firma Lena Goldfields ihre Konzession für das Schürfen nach Gold in Sibirien, doch mündeten ungeklärte Streitfragen in die Anrufung eines Schiedsgerichts, das von der britischen Firma jedoch nicht anerkannt wurde. Die Verbesserung der Beziehungen führte zu einer Beilegung des Konflikts im November 1934. *DVP* 1934, Dok. 380.

14 Vansittart wurde noch deutlicher: «Wie lägen die Dinge wohl in einem Spielzimmer eines Klubs, wenn die Mitglieder einander beständig beschuldigen würden, das fünfte Ass im Ärmel und eine Thomson-Maschinenpistole unter dem Tisch im Anschlag zu haben?» Anhaltendes wechselseitiges Misstrauen belasteten die Beziehungen weiterhin. «Ich werde Herrn Maiski bei unserem nächsten Wiedersehen ein weiteres Mal wissen lassen», notierte Vansittart, «dass es keinen Sinn hat, in einem Moment von verbesserten Beziehungen zu sprechen und im nächsten uns systematisch zu diffamieren.» TNA FO 371 18 305 N4027/16/38 & 18 299 N4718/2/38, 13. Juli, 9. Aug. 1934.

15 K. Young (Hg.), *The Diaries of Sir Robert Bruce Lockhart*, London 1973, I, S. 285.

16 Maiski an Narkomindel, *DVP* 1934, XVII, Dok. 71, 2. März 1934.

17 TNA FO 371 18 305 N6328/16/38, Boothby an Eden, 6. Nov. 1934, sowie Protokoll.

18 TNA FO 371 18 305 N6462/16/38, Protokoll 23. Nov. 1943.

19 Nachlass Garvin, 10. März, 12. Dez. 1933, 1. Jan., 20., 26. Feb. 1935. Maiski kümmerte sich ebenso aufmerksam um Journalisten wie J. Cummings, politischer Redakteur beim *News Chronicle*, die der Sowjetunion äußerst kritisch gegenüberstanden. Siehe *VSD*, S. 304; *LSF*, S. 99 f.

20 In seinem Bericht an Moskau lässt Maiski, dem sehr daran gelegen war, die Verhandlungen voranzubringen, die Schwierigkeiten unter den Tisch fallen, die sich aus

Simons explizit geäußerter Einschränkung ergaben, die Verbesserung der britischen Beziehungen zu Russland bedeute auch, «dass wir auf die Beibehaltung und den Ausbau guter Beziehungen zu anderen Völkern, etwa zu Japan, hoffen». *DVP* 1934, Dok. 384; TNA FO 371 18 305 N6462/16/38. Eine gekonnt retuschierte und selektive Berichterstattung nach Hause mit dem Ziel, die eigene Agenda voranzubringen, sollte zum Markenzeichen von Maiskis Wirken als Botschafter werden.

21 Maiski erzählte Beatrice Webb (meldete das aber nicht nach Moskau), der Prince of Wales habe tatsächlich den Wunsch durchblicken lassen, die Sowjetunion zu besuchen. Siehe N. und J. MacKenzie (Hg.), *The Diary of Beatrice Webb*, London 1985, IV, S. 345.

22 *DVP* 1934, Dok. 394; *VSD*, S. 314–316.

23 Der Herzog von Kent heiratete Prinzessin Marina von Griechenland und Dänemark, seine Cousine zweiten Grades, am 29. November 1934 in der Westminster Abbey.

24 *VSD*, S. 198–201, 238–240; siehe Maiski, *Wer half Hitler?*, S. 45–48, 60 f.

25 Auf dem 17. Parteitag der KPdSU, dem sogenannten Parteitag der Sieger, hielt Kirow eine feurige Rede, für die er stürmisch gefeiert wurde – deutlich mehr als Stalin für seine ziemlich uninspirierte Rhetorik. Viele haben seither die Vermutung geäußert, die Ermordung Kirows habe damit zu tun, dass er 1934 für Stalin zu einem gefährlichen politischen Konkurrenten geworden war. J. Haslam tat in *The Soviet Union and the Struggle for Collective Security in Europe*, 1933–39, New York 1984, S. 408 f., alle für diese Annahme angeführten Belege als «dünn und überwiegend hypothetisch» ab. O. Khlevniuk hat in *Master of the House*, New Haven 2009, S. 65–68, 108–16, 128 f., die sich hartnäckig haltenden Mutmaßungen auf Basis einer gründlichen Auswertung russischer Archive überzeugend entkräftet. Beide Autoren haben freilich auch weitere Belege dafür geliefert, dass und wie Stalin sich den Mord an Kirow zunutze machte, um den Großen Terror in die Wege zu leiten. Noch am Tag des Verbrechens ordnete er in einer Weisung eine harte Linie im Umgang mit «Terroristen» an, für die er die Todesstrafe vorschrieb. Molotow, der dabei war, als Stalin die Nachricht vom Tod Kirows bekam, und der tags darauf in Leningrad persönlich die Leitung der Ermittlungen übernahm, bestritt vehement jede Verwicklung Stalins. Siehe Albert Reiss (Hg.), *Molotov Remembers – Inside Kremlin Politics. Conversations with Felix Chuev*, Chicago 1993, S. 218–222. Auf der anderen Seite geht aus jüngst freigegebenen Archivdokumenten zum Tod Kirows hervor, dass dessen Mörder Nikolajew aus eigener Initiative handelte und dass es ein Hassverbrechen war, nicht etwa ein Komplott konterrevolutionärer Terrorgruppen, als das Stalin es ohne jede Beweisgrundlage darstellte. Es war typisch für Maiski, dass er die Darstellung Stalins zunächst für bare Münze nahm und ihr beipflichtete, um sich später, als er erkannte, was daraus folgte, bedeckt zu halten.

26 Die Matrosen der britischen Atlantikflotte streikten gegen eine zehnprozentige Soldkürzung.

27 Nach der Weigerung Deutschlands und Polens, sich am Ostpakt zu beteiligen, suchten die Russen ihr Heil in einem gemeinsam mit Frankreich aufgesetzten «Protokoll», das am 5. Dezember 1934 in Genf unterzeichnet wurde. Beide Staaten sicherten einander zu, nicht in Verhandlungen mit potentiellen Mitgliedern des Ostpakts einzutreten, die zu multi- oder bilateralen Vereinbarungen führen könnten, die einem regionalen Ostpakt den Boden entzögen. Sie vereinbarten ferner, das Protokoll nie aufzukündigen und einander über alle diplomatischen Avancen seitens interessierter Länder zu informieren. Die Tschechoslowakei trat dem Protokoll zwei Tage später

bei. *DVP* 1934, XVII, Dok. 416. Noch aus Genf erteilte Litwinow Maiski Anweisung, Vansittart zu erklären, das Protokoll sei die Antwort auf das Bemühen Hitlers, zwischen der Sowjetunion und Frankreich durch das Streuen von Gerüchten über separate Verhandlungen Deutschlands «einmal mit der UdSSR, ein andermal mit Frankreich. [...] Misstrauen zu säen». Seine Hauptsorge, die Maiski teilte, galt jedoch einem denkbaren Zugehen der Briten auf Deutschland, womit man den Franzosen die Hände binden würde. RAN f. 1702 op. 4 d. 475 ll. 50–52, Litwinow an Maiski, 7. Dez. 1934. Siehe *DVP* 1943, Dok. 415.

28 Gemeint war ein Protest führender Vertreter der Labour-Partei und der britischen Gewerkschaften gegen die Stalin'schen Geheimprozesse und die unter Berufung auf die Ermordung Kirows verhängten Todesurteile.

29 Eine direkte Anspielung auf die Situation, in die Maiski geraten könnte, wenn er in Deutschland landete. Zu seiner jüdischen Herkunft siehe S. 32.

30 Der Artikel mit der Überschrift «Terror in Russland» schloss mit dem Satz: «Die russischen Hinrichtungen sind barbarisch und eines Regimes, das den Anspruch erhebt, das fortschrittlichste auf der Welt zu sein, nicht würdig.»

31 Maiski hatte von Litwinow die Vorgabe erhalten, jede künftige Vereinbarung mit Deutschland, Frankreich oder England müsse vom Festhalten am Ostpakt abhängig gemacht werden; eine Wiederbelebung des Viererpaktes, den Großbritannien, Frankreich, Italien und Deutschland am 15. Juli 1933 unterzeichnet hatten, der aber wegen ernster Meinungsverschiedenheiten zwischen den Unterzeichnermächten nie in Kraft getreten war, müsse ausgeschlossen sein. *DVP* 1934, XVII, Dok. 437, 21. Dez. 1934.

32 Maiski fasste sich in seinem Bericht extrem kurz und schrieb, wie er es in der Folge regelmäßig tun sollte, Vansittart Initiativen zu, die in Wirklichkeit er selbst in eindeutiger Überschreitung seiner Kompetenzen angestoßen hatte. So behauptete er, Vansittart habe «festgestellt», dass es zwischen der Sowjetunion und Großbritannien keine prinzipiellen Interessenkonflikte gebe, während der Unterstaatssekretär in Wirklichkeit nur die ausführliche Darlegung Maiskis zu diesem Thema bestätigt hatte. Auch verschwieg Maiski, dass er sich in der Annahme geirrt hatte, der britische Außenminister werde im Kabinett eine umfassende Bestandsaufnahme des englisch-sowjetischen Verhältnisses präsentieren und ihn, Maiski, dann wieder zum Gespräch bitten. Wie aus den Akten des FO hervorgeht, beschäftigten sich Beamte des Northern Department mit den Aufzeichnungen über Maiskis Unterredung mit Simon und kamen zu dem (mit spöttischer Ironie gewürzten) Fazit, Maiski sei «zweifellos einer Fehleinschätzung erlegen». *DVP* 1934 XVII, Dok. 431; TNA FO 371 18 306 N6953/16/38.

33 Dieses Diktum lässt sich schwerlich auf Maiski anwenden. Siehe seine Auffassungen zur Rolle einzelner Persönlichkeiten, S. 11.

1935

1 Maiski zitiert hier den Titel der englischen Ausgabe des Buches *And Quiet Flows the Don*.

2 Es ist kaum anzunehmen, dass Maiski zu diesem Zeitpunkt etwas von der Anwerbung Philbys, Burgess', Blunts und Macleans in Cambridge durch den sowjetischen Nachrichtendienst wusste. Aber natürlich war er bestens darüber im Bilde – und schlug Kapitel daraus –, dass in bestimmten studentischen Kreisen die Sowjetunion große Sympathien genoss.

3 Eine typische Anspielung auf die zentrale Scharnierfunktion seines Botschafterpostens in Stalins Räderwerk.

4 Das französisch-britische Kommuniqué brachte den gemeinsamen Willen zum Ausdruck, die den deutschen Streitkräften durch Versailles auferlegten Beschränkungen aufzuheben, und regte eine neue Vereinbarung über Truppenstärken im Einklang mit der Rückkehr Deutschlands in den Völkerbund, den Abschluss eines Ostpakts und die Festschreibung der Unabhängigkeit Österreichs an. Siehe Z. Steiner, *The Triumph of the Dark*, Oxford 2011, S. 83. Die sowjetische Position dazu findet sich in *DVP* 1935, XVIII, Dok. 68.

5 Welch große Bedeutung Maiski seinem Vortrag beimaß, erhellt sich aus der Kritik, die er an Garvins Leitartikel im *Observer* übte, dem es an der Einsicht fehle, dass «Frieden und Sicherheit in Europa unteilbar» seien. Ein zweiter Leitartikel eine Woche später korrigierte den Fehler. Nachlass Garvin, 20. Feb. 1935.

6 Die russische Fassung findet sich in *DVP* 1935, XVIII, Dok. 72. Simon ließ, wie aus seiner Darstellung hervorgeht, Maiski nicht im Zweifel darüber, dass der hauptsächliche Zweck des Ostpakts darin bestand, «so viel Vertrauen zu generieren, wie nötig ist, um eine Rüstungsvereinbarung möglich zu machen». «Je früher die Russen sich an diesen Gedanken gewöhnen», resümierte das Foreign Office, «desto besser.» Vansittart und Eden teilten diese Auffassung nicht; siehe TNA FO 371 18 827 C1429/55/18. Der Grund für die fortbestehende Uneinigkeit beider Länder in dieser Frage (und die wesentliche Ursache für Englands Weg in die Appeasement-Politik) war die Überzeugung der britischen Regierung, eine umfassende europäische Rüstungsvereinbarung liege nach wie vor im Bereich des Möglichen, wenn man Deutschland in seinen legitimen Anliegen entgegenkomme. Dagegen waren die Russen inzwischen zu der Überzeugung gelangt, dass man Hitler nur mit Gewalt stoppen konnte. Maiski beschwor Dalton: «Reden Sie meinetwegen mit Hitler, und schließen Sie mit ihm Vereinbarungen und Kompromisse. Aber halten Sie ein Gewehr im Anschlag, wenn Sie mit ihm sprechen, sonst wird er keinen Pfifferling auf Ihre Wünsche geben.» Dalton, *Diary*, S. 188.

7 Maiski hielt sich getreulich an die Anweisungen, die Litwinow ihm am Vorabend erteilt hatte. *DVP* 1935, XVIII, Dok. 93.

8 Maiski drängte Litwinow, Eden zu empfangen, und griff dafür sogar zu dem irreführenden Argument, der Berlinbesuch hänge «im gegenwärtigen Augenblick in der Luft, und es ist nicht klar, ob er überhaupt stattfinden wird». *DVP* 1935, XVIII, Dok. 102 und Anm. 60.

9 TNA FO 371 19 450 N1072/17/38, Chilston an Vansittart und FO, Protokollnotizen, 2. und 5. März 1935.

10 *DVP* 1935, XVIII, Dok. 51, 63 und Anm. 29.

11 Zit. nach Mjasnikov, *Maiski, Izbrannaya perepiska*, II, S. 13.

12 TNA FO 371 19 450 N1110/17/38, 28. Feb., 6. März 1935. Simon fuhr in seinem Bemühen fort, Berlin für seine Aussöhnungspläne zu gewinnen; zugleich hielt er die Sowjetunion auf dem Laufenden, indem er einen nachrangigen Minister ohne Entscheidungsbefugnis nach Moskau entsandte. Siehe TNA FO 18 827 C1429/55/18, 20. Feb. 1935.

13 Maiski drängte Eden, dafür zu sorgen, dass der Besuch «mit der geringstmöglichen Verzögerung» anberaumt werde, damit nicht der Eindruck entstehe, die britische Regierung schiebe den Besuch auf bis «zu einem Zeitpunkt, an dem Berlin bereit ist, einen ähnlichen Besuch zu empfangen». Nach Darstellung Edens klang Maiski «sowohl eindringlich als auch besorgt», und Eden fürchtete, «ihn nicht voll und ganz beruhigen zu können». TNA FO 371 19 468 N1270/1167/38.

14 Maiski hatte Litwinow eingeschärft, wie viel Bedeutung Eden und Simon einem Treffen mit Stalin beimaßen, der in der Vergangenheit schon Bernard Shaw, Lady Astor und Lord Lothian empfangen hatte. Eden würde der erste Minister überhaupt sein, der einen Termin bei Stalin erhielt. *DVP* 1935, XVIII, Dok. 108.

15 Maiski erklärte Eden, Stalin sei nicht mehr nur der Generalsekretär der Kommunistischen Partei, sondern bekleide eine «besondere Stellung im Politbüro des Zentralkomitees. M. Maiski klärte mich nebenbei mit einem Grinsen darüber auf, dass er inzwischen selbst ein M. P. [Member of Parliament]» sei. Tatsächlich war Maiski ins Zentralkomitee der Kommunistischen Partei gewählt worden. TNA FO 371 19 468 N1329/1167/38.

16 Maiski zeigte sich im Verlauf des bei den Webbs verbrachten Wochenendes «triumphierend, erfreut darüber, dass es nicht Simon ist, sondern Eden, den er am 27. nach Moskau begleitet. Er hegt eine intensive Abneigung gegen Simon – hauptsächlich weil er das Gefühl hat, dass die UdSSR in der Person dieses Winkeladvokaten einen Feind hat. Eden repräsentiert die Konservative Partei und ist ein ‹English Gentleman› – Attribute, die Simon nach Ansicht des Botschafters fehlen.» Webb, Tagebuch, 16. März 1935, S. 5944.

17 Ohne die Franzosen zu konsultieren, schickte die britische Regierung am 18. März eine Protestnote an die Deutschen, in der sie deren einseitiges Vorgehen verurteilten und abschließend fragten, ob Deutschland noch an einem Treffen Hitlers mit Simon interessiert sei. Steiner, *The Triumph of the Dark*, S. 86.

18 An diesem Tag traf Maiski mit Eden zusammen, «dem ein bedeutsamer Satz herausrutschte: ‹Wer weiß, ob sich nicht nach unseren Gesprächen in Berlin die englisch-sowjetischen Beziehungen als ein wichtigeres Thema entpuppen als das Kommuniqué vom 3. Februar.› Vollkommen möglich. Offenkundig ist Eden nicht sehr optimistisch, was die Gespräche mit Hitler betrifft.» Das Zitat findet sich in dem nicht in diese einbändige Fassung aufgenommenen Teil des Tagebucheintrags vom 19. März 1935.

19 *The Times*, 27. März 1935. Maiskis vollständiger Terminkalender für den Besuch findet sich in RAN f. 1702, op. 3, d. 105 ll. 1–2.

20 J. Gleasor, *War at the Top – Based on the Experiences of General Sir Leslie Hollis*, London 1959, S. 125; Z. Sheinis, *Maxim Litwinow*, Moskau 1990 S. 272 f.

21 Siehe Maiskis eingehenden Bericht über das Treffen, *DVP* 1935, XVIII, Dok. 146, 28. März. Die britischen Akten (in TNA FO 371 18 833 C2726/55/18) und die Umstände, die zu den Reisen nach Berlin und Moskau führten, sprechen eher nicht dafür, dass Stalin ein verzerrtes Bild mit einem überzeichneten britischen Wunsch nach Aussöhnung mit Hitler präsentiert wurde. Siehe C. Andrew und V. Mitrokhin, *The Mitrokhin Archive. The KGB in Europe and the West*, London 1999, S. 71 f. Eden bezeugt in seinen Memoiren, sein Bericht über die Gespräche sei «wesentlich ausführlicher als der Bericht, den Simon in Berlin den Botschaftern Frankreichs und anderer [sic!] Mächte unterbreitet hatte». A. Eden, *Memoiren*, Bd. I: *Angesichts der Diktatoren. Memoiren 1923–1938*, Köln 1964, S. 180.

22 Ebd. S. 177 f. Eine ausgezeichnete, aber in Vergessenheit geratene Quelle ist D. Bardens, *Portrait of a Statesman*, London 1955, hier S. 125–129.

23 TNA FO 371 18 833 C2726/55/18.

24 Als Eden Anfang 1936 zum Außenminister berufen wurde, telegraphierte Maiski an Litwinow: «Im März 1935 äußerte Eden noch Zweifel daran, ob die sowjetische Einschätzung Hitlers als eines potentiellen Aggressors zutrifft. Heute ist seine Über-

zeugung eine diametral andere. [...] Er ist überzeugt, dass Hitler ein potentieller Aggressor ist. Unsicher und unschlüssig ist Eden einzig und allein in der Frage, wann Hitler die Maske fallen lassen wird.» *DVP* SSSR, XIX, Dok. 42.

25 In *Angesichts der Diktatoren*, S. 155, erinnert sich Eden, dass Stalin «bei dieser Vorstellung [kicherte], während Maisky ein bißchen nervös grinste».

26 Siehe S. 143 f.

27 Zit. n. Neilson, *Britain, Soviet Russia and the Collapse of the Versailles Order*, S. 135. Rückblickend entwickelte Eden ein positiveres Stalin-Bild. «Seine starke Persönlichkeit war spürbar, ohne daß er sie durch Anstrengung oder Übertreibung zur Geltung bringen mußte. Er hatte von Natur gute Umgangsformen [... Ich] respektierte [...] seine Geistesgaben [...]. Möglich, daß es an Stalins Pragmatismus lag. Man vergaß leicht, daß man mit einem Parteimann sprach; niemand hätte weniger doktrinär sein können. [...] Ich habe keinen Menschen kennengelernt, der sich in Konferenzen besser in der Hand gehabt hätte als er. Gut informiert über alle Fragen, die für ihn wichtig waren, ging Stalin vorsichtig, aber nicht langsam vor. Selten erhob er die Stimme, war ein guter Zuhörer und der ruhigste der mir bekanntgewordenen Diktatoren». Eden, *Angesichts der Diktatoren*, S. 153.

28 Maiski, *Wer half Hitler*, S. 43–45. Schon in den Erläuterungen, die er am 29. und 30. März aus Moskau an den Korrespondenten der *Times* schickte, wurde das deutlich. Eine ausgezeichnete Analyse der Gespräche bietet R. Manne, «The Foreign Office and the Failure of Anglo-Soviet Rapprochement», *Journal of Contemporary History*, 16/4 (1981), S. 735–737.

29 Nachlass Sylvester, Tagebuch, A32, A40, 6. Juli 1936, 15. Okt. 1937.

30 *DVP* 1935, XVIII, Dok. 201, 29. März 1935, Litwinow an Maiski. Eine ausgezeichnete, gut dokumentierte Erörterung der eher vernachlässigten Geschichte dieser Vereinbarung findet sich bei M. J. Carley, «‹A Fearful Concatenation of Circumstances›. The Anglo-Soviet Rapprochement, 1934–36», *Contemporary European History*, 5 (1996).

31 *DVP* 1935, XVIII, Dok. 1935. Siehe Manne, «The Foreign Office and the Failure of Anglo-Soviet Rapprochement», S. 738–741.

32 TNA FO 371 19 467 N2761/998/38, 28. Mai 1935; *DVP* 1935, XVIII, Dok. 247, 250, 2., 3. Juni 1935.

33 Im Zuge der Kabinettsumbildung wurde Baldwin Premierminister, und Hoare folgte Simon als Außenminister nach. 16 der 22 Mitglieder des neuen Kabinetts waren Konservative.

34 Maiski, der auf das Pferd Eden gesetzt hatte, machte in seinen Berichten nach Moskau Klimmzüge, um zu erklären, Eden werde, auch wenn er kein bedeutsames Ministerium bekommen hatte, Vollmitglied des Kabinetts werden und in seiner neuen Position «mehr Einfluss auf die Außenpolitik haben als vorher» – das habe Vansittart ihm versichert. *DVP* 1935, XVIII, Dok. 261.

35 Siehe die voluminöse Korrespondenz zwischen Beaverbrook und Maiski im Nachlass Beaverbrook, BBK/C/238. Maiski erhielt sogar eine Einladung, ein Wochenende in Beaverbrooks Landhaus zu verbringen. Siehe seine Korrespondenz mit Lady Astor im Nachlass Astor, 1416/1/2/144, und in Duchess of Atholl, *Working Partnership. Being the Lives of John George, 8th Duke of Atholl and of His Wife Katharine Marjory Ramsay*, London 1958, S. 200; *DVP* 1935, XVIII, Dok. 272, Maiski an Narkomindel, 15. Juni 1935; Nachlass Keynes, PP/45/207/4, Briefwechsel mit Maiski Ende Juli 1935; Webb, Tagebuch, 12. Juli 1935, S. 6003–6005.

36 Die mit Abstand beste Darstellung ist nach wie vor Manne, «The Foreign Office and the Failure of Anglo-Soviet Rapprochement», S. 740–742.

37 Wahrscheinlicher ist, dass die lange Unterredung Hoare aufgedrängt wurde. «Obwohl es [Maiskis] erster Besuch und daher eine Formsache war, watete er alsbald tief in die europäische Politik hinein», mokierte sich Hoare. Er nahm aus dem Treffen freilich den unzutreffenden Eindruck mit, für Maiski sei «das Gespräch mit einem wie mir, der bekanntlich seit jeher das Bolschewikenregime abgelehnt hat, offenbar eine freudige Überraschung gewesen». TNA FO 371 19 451 N3187/17/38. Siehe Neilson, *Britain, Soviet Russia and the Collapse of the Versailles Order*, S. 146.

38 Maiski berichtete nach Moskau, er habe den «starken Eindruck» gewonnen, dass Hoare bestrebt sei, rasch zu einer Einigung mit Deutschland zu kommen. Tatsächlich wurde fünf Tage später das Flottenabkommen unterzeichnet. *DVP* 1935, XVIII, Dok. 268. Hoare «versucht sich an Experimenten auf dem Feld der Außenpolitik», schrieb Maiski an Kollontai. «Er lernt nach und nach dazu, doch wäre es gut, wenn der Lernprozess England und viele andere nicht zu teuer zu stehen käme.» RAN f. 1702 op. 4 d. 111 l. 11.

39 Maiskis Tagebuch ist eine unverzichtbare Quelle für dieses Treffen. Vielleicht ist diese klarsichtige Äußerung, die einen denkbaren Kuhhandel zwischen Deutschland und der Sowjetunion auf Kosten Polens suggeriert, der Grund dafür, dass die Russen seinen dienstlichen Bericht nicht freigeben.

40 Besessen von der Idee, das untergegangene Römische Reich wiedererstehen zu lassen, versuchte Mussolini, sein Reich in Nordafrika und Äthiopien zu arrondieren, nachdem er von Laval eine verklausulierte Zustimmung dazu bekommen hatte. Im September 1935 marschierten italienische Truppen in Äthiopien ein. Der Völkerbund verurteilte die Invasion und verhängte Wirtschaftssanktionen gegen Italien. Diese wurden jedoch von Deutschland und den USA unterlaufen, die weiterhin mit Italien Handel trieben. Damit war der Völkerbund desavouiert und blamiert, was die Annäherung zwischen Hitler und Mussolini beschleunigte, die letztlich in die Entstehung der «Achse» mündete. Siehe R. Overy, *The Road to War*, London 1999, S. 183–188.

41 Im englisch-deutschen Flottenabkommen vom 18. Juni 1935 gestattete die britische Regierung der deutschen, ihre Marine auf 35 %, gemessen an der britischen Stärke, und ihre U-Boot-Flotte auf bis zu 45 % der britischen auszubauen. Hitler kündigte das Abkommen am 28. April 1939 auf. Als Maiski in der sowjetischen Botschaft mit Ashton-Gwatkin Tee trank, sagte er zu ihm: «Mit der Unterzeichnung des Flottenabkommens mit Deutschland hat Großbritannien von einem scheinbar guten Geschäft genascht, wie ein heißhungriger Junge von einem Kuchen auf dem Tisch; die Folge wird wahrscheinlich eine akute Verdauungsstörung sein. Dieser Schritt Großbritanniens war ein Vertrauensschock für Frankreich, Italien und die UdSSR.» Die von seinem Gesprächspartner geäußerte Meinung, Deutschland habe es einfach satt, eine zweitrangige Macht zu sein, wolle aber keinen Krieg, wischte er vom Tisch. «Erzählen Sie das der Babuschka [kleine Oma]», entgegnete er: «Hitler hat seine Ambitionen in *Mein Kampf* dargelegt und sie nie widerrufen.» TNA FO 371 19 460 N3423/135/38, 4. Juli 1935.

42 *DVP* 1935, XVIII, Dok. 327, 330.

43 RAN f. 1702 op. 4 d. 143. l. 50, 2. Dez. Um seine Position zu festigen und zu demonstrieren, welches hohe Ansehen er in London genoss, unterbreitete Maiski Litwinow am folgenden Tag einen Bericht über zwei Unterredungen – mit Churchill und mit

Beaverbrook, der gerade von einem Besuch bei Hitler zurückgekehrt war. Maiski schilderte, dass Beaverbrook bei Hitler einen unversöhnlichen Hass auf die Sowjetunion beobachtet hatte. Der Pressezar sah dagegen die Zukunft der englisch-sowjetischen Beziehungen optimistisch und versprach, mit seinen Zeitungen die weitere Verbesserung dieser zu unterstützen. Aus der Begegnung mit Churchill schöpfte Maiski Zuversicht, weil Churchill von jeder Form der Annäherung zwischen den beiden Ländern «sehr angetan» sei. *DVP* 1935, XVIII, Dok. 430, 440, 3. Dez. Maiski intensivierte auch seine Kontakte zu dem *Observer*-Redakteur Garvin weiter. Siehe seinen Brief an Garvin, Nachlass Garvin, 14. Dez. Von 1937 an schloss Garvin sich zunehmend dem «Cliveden Set» an, was mit einer gewissen Entfremdung von den Maiskis einherging; siehe z. B. Agnia Maiski an Garvin, ebd., 2. April 1937. Um die im Ministerium kursierenden Gerüchte über seine prekäre Lage zu zerstreuen, bemühte sich Maiski, Alexandra Kollontai davon zu überzeugen, dass es «im Moment wenig wirklich Neues» gebe, und bezeichnete das Verhältnis zu Großbritannien als «so befriedigend wie nur möglich». RAN f. 1702 op. 4 d. 111 l. 12–14, 2. Dez. 1935.

44 Die Konservative Partei errang 432 Parlamentssitze, Labour 154 und die Liberalen 21.

45 Der Hoare-Laval-Plan vom 8. Dezember 1935 sah eine Beilegung des Konflikts zwischen Italien und Äthiopien vor; die äthiopische Regierung sollte große Teile ihres Staatsgebiets an Italien abtreten und als Gegenleistung den Seehafen Aseb im südlichen Eritrea bekommen, einschließlich eines schmalen Verbindungskorridors zum äthiopischen Kernland. Das Nein des Völkerbundes zu diesem Plan veranlasste Mussolini zur Weiterführung seines Eroberungskrieges, mit der Folge, dass die Italiener am 5. Mai 1936 Addis Abeba einnahmen. Die Empörung darüber in Großbritannien bewog Baldwin, Hoare als Außenminister abzulösen und durch Eden, einen Befürworter des Völkerbundes, zu ersetzen.

1936

1 Maiski konnte nicht einmal seinem eigenen Chauffeur trauen, der offenkundig beauftragt war, seine Wege zu protokollieren. Beatrice Webb erinnerte sich später an eine Party, an der neben den Maiskis ein gewisser Captain Bennett teilnahm, der während des russischen Bürgerkriegs in bolschewistische Gefangenschaft geraten, dann aber entwichen war. Als die Maiskis ihren Chauffeur für die Heimfahrt herbeiriefen, «kam es zu einem spontanen Wiedererkennen zwischen ehemaligem Gefängniswärter und entflohenem Gefangenen – der sowjetische Chauffeur entpuppte sich als Agent des Geheimdienstes (GPU). Sie steckten die Köpfe zusammen und erhielten dann Gesellschaft von Dick und Lord William Percy – die beide mit dem britischen Geheimdienst verbandelt waren –, woraufhin die vier ‹Dunkelmänner› zu einem freundschaftlichen Glas und einer Zigarre davonschlenderten – zum großen Erstaunen Ihrer Exzellenzen und der anderen Gäste!» Webb, Tagebuch, 27. August 1934, S. 5763.

2 *VSD*, S. 138–40; siehe I. Colvin, *Vansittart in Office*, London 1965, S. 33 f., 56. Maiskis Beileidschreiben an Eden in RAN f. 1702 op. 4 d. 940 l. 1.

3 Titel des Filmklassikers mit Fred Astaire und Ginger Rogers.

4 Zur Verärgerung Litwinows über Edens Ausweichen siehe *DVP* 1936, XIX, Dok. 32.

5 TNA FO 371 19 452 N5966/17/38, C7730/55/18, 20. Nov., N6030/17/38, 21. Nov. 1935. Wie Maiski Beatrice Webb anvertraute, achtete er peinlich darauf, sich von der Partei der britischen Kommunisten fernzuhalten, deren Mitglieder nicht einmal zu Anlässen in der Sowjetbotschaft eingeladen wurden. Ihr selbst fiel auf, dass militante

Labour-Führer wie Stafford Cripps oder sie selbst immer nur «alleine und nicht ‹in Gesellschaft› eingeladen» wurden; Webb, Tagebuch, 18. Nov. 1935, S. 6092. M. J. Carley, «‹A Fearful Concatenation of Circumstances›. The Anglo-Soviet Rapprochement, 1934–1936», *Contemporary European History*, 5 (1996); Carley gehört zu den wenigen Historikern, die Edens Defizite registrieren und einräumen, dass er sich als «falscher Freund» entpuppte.

6 *DVP* 1936, XIX, Dok. 3; TNA FO 371 20 338 N125/20/38; N120/20/38, Unterredungen mit Collier und Eden, 6. Jan. 1936, nebst Protokollen. Siehe K. Neilson, *Britain, Soviet Russia and the Collapse of the Versailles Order, 1919–1939*, Cambridge University Press 2009, S. 157.

7 Zit. n. Manne, «The Foreign Office and the Failure of Anglo-Soviet Rapprochement», S. 747, 748–750.

8 *DVP* 1936, XIX, Dok. 42, 11. Feb.; TNA, FO 371 20 339 N833/20/38, 19. Feb. 1936.

9 Steiner, *The Triumph of the Dark*, S. 136–155; R. Lamb, *The Drift to War 1922–1939*, New York 1991, S. 192; P. M. H. Bell, *The Origins of the Second World War in Europe*, London 1987, S. 210.

10 Die Weisungen finden sich in *DVP* 1936, XIX, Dok. 71. Seiner persönlichen Überzeugung Luft machend, warnte Maiski vor dem von Hitler vorgeschlagenen Nichtangriffspakt mit der Tschechoslowakei und Österreich. Er rechnete damit, dass die Deutschen eine innenpolitische Agitation inszenieren würden, die «in einen *Anschluss* münden» werde. Verhandlungen über eine Rückkehr Deutschlands in den Völkerbund dürfe es erst geben, nachdem die «drei großen Nationen des Völkerbunds», England, Frankreich und Russland, eine Demonstration ihrer Macht und Einigkeit geliefert hatten. In einer Nachbesprechung betonte Maiski die ernsten Bedenken und den Widerspruch der sowjetischen Regierung gegen jedwede Verhandlungen oder Sondierungsgespräche mit der deutschen Regierung. Ein solches Vorgehen wäre «der letzte in einer langen Abfolge von Schritten, […] die, wenn kein Riegel vorgeschoben wird, nur […] mit der vollständigen Demontage des Völkerbundes und der kollektiven Sicherheit enden kann». Deutschland sei, «um einen amerikanischen Ausdruck zu benutzen, zum ‹Aggressor Nr. 1› geworden», und die Sowjetunion sei bereit, «sich an jeder Maßnahme, welcher Art auch immer, die der Völkerbund beschließt, zu beteiligen»; TNA FO 371 19889, 19890, C1602/4/18, C1716/4/18. Den Widerspruch der Sowjets gegen jedwede Verhandlungen brachte Maiski über den französischen Botschafter in London, Corbin, in Umlauf und löste damit heftige deutsche Reaktionen aus; *DGFP*, Series C, V, Dok. 141. Siehe H. Ragsdale, *The Soviets, the Munich Crisis, and the Coming of World War II*, Cambridge University Press 2004, S. 28.

11 RAN f. 1702 op. 4 d. 143 ll. 51–4. Siehe Dullin, *Men of Influence*, S. 129.

12 RAN f. 1702 op. 4 d. 1184 l. 5, Maiski an Bernard Shaw, 4. Mai 1936.

13 Webb, Tagebuch, 6. Aug. 1936, S. 6208.

14 RGASPI, Nachlass Stalin, f. 558 op. 11 d. 214 ll. 31–36. Siehe Dullin, *Men of Influence*, S. 137–139.

15 Ivy Litwinow, *Entwurf einer Autobiographie*. Als sie beschloss, Litwinow zu verlassen, war er am Boden zerstört. Ivy hatte den Eindruck, er wünsche sich, wie die meisten Männer, neben der Ehefrau noch eine Geliebte. «Ich flanierte gerne durch die Stadt», erinnerte sie sich, «und ging durch die Straßen, und plötzlich glitt unser riesiger Cadillac vorbei, mit Zita auf dem Sitz neben dem Chauffeur; sie war einkaufen gewesen. […] Sie tauchte in voller Reitmontur im Außenministerium auf, um ihn abzuholen.» Wenn Litwinow aus der Familiendatscha in die Stadt zurück-

kam, «hatte er den Arm um sie gelegt; sie kreischten vor Lachen und kicherten, kitzelten einander [...], und Fahrgäste in der Straßenbahn starrten vor Scham auf den Boden». Mit diesem der westeuropäischen Boheme nachempfundenen Lebensstil konnte Litwinow, wie S. S. Montefiore in *Stalin. Court of the Red Tsar*, New York 2004, S. 246 f., nahelegt, bei dem puritanischen Stalin wohl kaum Punkte sammeln. Übrigens liegen für die von Dullin in *Men of Influence*, S. 216 f., angestellte Vermutung, Litwinow habe Ivy bewusst zum Wegzug aus Moskau angehalten, um sie vor dem Stalin-Terror zu schützen, keinerlei Belege vor.

16 RAN f. 1702 op. 4 d. 878 l. 3, Maiski an Webb, 20. Okt.; Nachlass Beaverbrook, BBK/C/238 1936, Brief von Maiski, 9. Nov. 1936.

17 Maiski, *Spanish Notebooks*, S. 20–22. Maiski plante, einige Monate in Russland zu verbringen; siehe Maiski an Beaverbrook, RAN f. 1702 op. 4 d. 854 l. 2, 10. Aug. 1936.

18 Ein offenherziges Porträt der im Komitee vertretenen *dramatis personae* findet sich bei Maiski, *Spanish Notebooks*, Kap. 7. Siehe *The Times and Appeasement. The Journals of A. L. Kennedy, 1932–1939*, Cambridge Universtity Press 2000, S. 273; Girard de Charbonnières, *La plus evitable de toutes les guerres*, Paris 1985, S. 109–122. Zu der Verwirrung um die sowjetische Politik am Beginn des Konflikts und zu deren Auswirkungen auf Maiski siehe die Kommunikation zwischen Kaganowitsch, Litwinow und Stalin in Khlevniuk u. a. (Hg.), *Stalin I Kaganovich perepiska, 1931–1936*, Moskau 2001, insbes. Dok. 861 und Anm.

19 Zit. n. M. J. Carley, «Caught in a Cleft Stick. Soviet Diplomacy and the Spanish Civil War», in: Gaynor Johnson (Hg.), *The International Context of the Spanish Civil War*, New Castle 2009, S. 163. Carleys gründliche und gut dokumentierte Arbeit verdient es, als die verlässlichste und aktuellste Veröffentlichung über die sowjetische Außenpolitik während des Spanischen Bürgerkriegs gewürdigt zu werden.

20 Deutschland und Italien unterzeichneten am 25. Oktober 1936 ein Geheimprotokoll, das sich, nachdem Japan sich ihm angeschlossen hatte, einen Monat später zum «Antikomintern-Pakt» entwickelte. Litwinow und Maiski wurden nie müde, ihren Gesprächspartnern einzuschärfen, dass sie ungeachtet ihres Wunsches, die Republikaner siegen zu sehen, keine sowjetische Einmischung in iberische Angelegenheiten wollten und schon gar nicht die «Geburt einer kommunistischen Republik». Ihr Ziel war es, der Intervention fremder Mächte in Spanien ein Ende zu setzen. Siehe z. B. Corbin an Delbos über eine Unterredung mit Maiski, *DDF*, 2 Serie, V, Dok. 83, 9. März 1937.

1937

1 «Selbsterhaltung» war das Motiv, das in zunehmendem Maß Maiski (wie so viele andere sowjetische Diplomaten in der Zeit des großen Terrors) dazu brachte, seine Erfolge bei der Verbesserung der Beziehungen zu Großbritannien hochzujubeln und bei seinen politischen Bestandsaufnahmen einiges zu beschönigen. Ein typisches Beispiel war ein Telegramm an Litwinow Mitte März, in dem er schrieb: «Die verflossenen drei bis vier Monate haben eine sich Schritt für Schritt abkühlende Beziehung zwischen London und Berlin gebracht.» Er schrieb diese Abkühlung der Erkenntnis zu, dass die Westmächte die Nazis als Bedrohung wahrnahmen. Zugleich relativierte Maiski jedoch seine Einschätzung mit der Warnung, eine Änderung in der internationalen Konstellation könne ohne Weiteres zu einem neuen Tauwetter im englisch-deutschen Verhältnis führen. *DVP* 1937, XX, Anm. 129.

2 In *Spanish Notebooks*, S. 86, fasste Maiski seine Eindrücke von Ribbentrop zusammen:

«Da ich ein ganzes Jahr lang am Tisch des ‹Nichtinterventionskomitees› dem deutschen Botschafter schräg gegenüber saß, hatte ich Gelegenheit, ihn aus nächster Nähe zu studieren. Und ich muss, ohne ein Blatt vor den Mund zu nehmen, sagen, dass dies ein grobschlächtiger, begriffsstutziger Irrer mit dem Horizont und Auftreten eines preußischen Unteroffiziers ist. Es ist mir immer ein Rätsel geblieben, wie Hitler dazu kam, einen solchen Gimpel zu seinem außenpolitischen Chefberater zu machen.»

3 Eine sachlichere Zusammenfassung der Unterredung, die an Stalin ging, findet sich in RGASPI, Nachlass Stalin, f. 558 op. 11 d. 214 ll. 60–3.

4 Eine sehr viel ausführlichere Schilderung der Unterredung, bei der aber Maiskis eigene Überlegungen und Kommentare weggelassen sind, findet sich in *DVP* 1937, XX, Dok. 115.

5 Der deutsche Kreuzer *Deutschland* wurde am 29. Mai 1937 von den republikanischen Streitkräften unter Granatenbeschuss genommen, was Deutschland und Italien zu einem zeitweiligen Rückzug aus dem Nichtinterventionskomitee und von den Patrouillenfahrten entlang der spanischen Küste bewog. Maiski warnte Moskau am 3. Juni, die Briten würden versuchen, das Komitee durch Abschluss separater Vereinbarungen mit Deutschland, Italien und Frankreich – «de facto durch einen Viermächtepakt» – auszumanövrieren. *DVP* 1937, XX, Dok. 192. Die Patrouillenfahrten entlang der spanischen Küste wurden am 16. September eingestellt.

6 Eine von diversen City-Bankern im Zusammenwirken mit der Imperial Policy Group gegründete Gesellschaft mit dem Ziel, Großbritannien in engere Tuchfühlung mit NS-Deutschland und Japan zu bringen.

7 *DVP* 1937, XX, Dok. 195. Maiski, Bericht über Treffen mit Eden, 11. Juni 1937; Nr. 211, 212, 23./24. Juni 1937.

8 Titulescu war Ende 1936 von König Carol abberufen worden, nachdem er den Gedanken eines Beistandspakts auf Gegenseitigkeit mit den Russen aufs Tapet gebracht hatte (woraus nichts wurde). Am 11. Juni traf er sich mit Lloyd George und trug ihm seine Ansicht vor, in Frankreich herrsche eine so schlechte Stimmung, dass das Land «sicherlich zögern werde, seine Verpflichtungen [im Rahmen des französisch-sowjetischen Beistandspakts] zu erfüllen». Nach Überzeugung Titulescus spielte Moskau mit dem Gedanken einer russisch-deutschen Aussöhnung und Entente. Über sein freundschaftliches Verhältnis zu Russland sagte er, es beruhe «nicht auf irgendwelchen Sympathien für Moskau, sondern auf dem Wunsch, Russland freundlich gestimmt zu halten, damit es nicht auf die Idee komme, Bessarabien zu fordern»; Parliament Archives, Nachlass Lloyd George, LG/G/130, 11. Juni 1937. Siehe Steiner, *The Triumph of the Dark*, S. 288–290.

9 Die amtliche russische Version, *DVP* 1937, XX, Dok. 226.

10 Lloyd Georges Einschätzung traf ins Schwarze und veranlasste Maiski, von da an die Position zu vertreten, Chamberlain sei fest entschlossen, einen Viermächtepakt ohne die Sowjetunion zu schmieden und den deutschen Kurs der Expansion nach Osten direkt zu unterstützen. Siehe Aster, «Ivan Maisky and Parliamentary Anti-Appeasement», S. 220–222.

11 Ein Scharmützel zwischen japanischen und chinesischen Truppen am 7. Juli 1937, provoziert von den Japanern, diente Letzteren als Vorwand für eine Großoffensive gegen China.

12 Siehe Maiskis Berichte an Moskau, *DVP* 1937, XX, Dok. 264, 265. Edens Darstellung in TNA FO 371 21343 W14477/7/41 weist erstaunliche Auslassungen durch Zensureingriffe auf. Einen äußerst detaillierten analytischen Bericht über die Unterredung

übermittelte Maiski an Stalin. Halifax' erwogener Deutschlandbesuch gegen den Widerstand Edens reflektiere, so warnte Maiski, den Wunsch Chamberlains, die Politik des Appeasement weiterzutreiben. RGASPI, Stalin's papers, f. 558 op. 11 d. 214 ll. 87–88, ll. 111–114.

13 R. Self, *The Neville Chamberlain Diary Letters*, Bd. 3: *The Heir Apparent, 1928–33*, Aldershot u. a. 2002, 19. Nov. 1932, S. 357 f.; siehe TNA FO 371 16 321 N6619/22/38 und Ran f. 1702 op. 2 d. 3 d. 101 ll. 7–11 für Berichte des FO und Maiskis über das Treffen, 16. Nov. 1932.

14 R. Self, *The Neville Chamberlain Diary Letters*, Bd. 4: *The Downing Street Years, 1934–40*, Aldershot u. a. 2005, S. 264. In 30 Jahren revisionistischer Geschichtsschreibung waren die wirtschaftlichen und militärischen Begrenzungen herausgearbeitet worden, die Chamberlains Appeasement-Kurs gerechtfertigt haben mögen, doch den Vorwurf der ideologischen Voreingenommenheit gegen Russland hatte sie nicht wirklich entkräften können. Viele der Prämissen, auf denen die frühe Kritik Catos (ein Pseudonym, Autor von *Guilty Men*) beruhte, haben neue Bestätigung gefunden. Sidney Aster, der unter Verwendung des Chamberlain-Nachlasses das Jahr 1939 eingehend untersucht hat, fällt ein vernichtendes Urteil über Chamberlains «kritikloses Vertrauen, seinen ungerechtfertigten Optimismus und seine fehlerhaften Beurteilungen». Chamberlain habe, so Aster, «die blindwütige Überzeugung» an den Tag gelegt, «dass es zu der Politik, zu der er sich durchgerungen hatte, keine Alternative gab». Zit. n. D. Dutton, *Neville Chamberlain*, London 2001, S. 184. Duttons Analyse passt haargenau zu der Feststellung Margessons aus dem Jahr 1939, Chamberlain sei «in Birmingham nie irgendjemandem begegnet, der auch nur eine entfernte Ähnlichkeit mit Adolf Hitler gehabt hätte. Er hatte stets die Erfahrung gemacht, dass Leute [...] vernünftig und ehrlich waren und dass es immer möglich gewesen war, mit einem gewissen Maß an gegenseitigem Geben und Nehmen zu einer für beide Seiten tragbaren Einigung zu kommen. [...] In einem von Stalin und Hitler beherrschten Europa sind seine Aussichten so gering, wie Little Lord Fauntleroy sie hätte, wenn er ein Geschäft mit Al Capone abschließen wollte.» Nachlass Margesson, MRGN, 1/5.

15 Eine schwere Malariaattacke hatte Maiski außer Gefecht gesetzt.

16 Wiederholt in *DVP* 1937, XX, Dok. 269. In einem für ihn typischen Versuch, im Nachhinein zu beweisen, dass das Münchner Abkommen im Vorhinein abgekartet war, malte Maiski ein krudes Zerrbild (wie er es auch in seinen Memoiren durchgehend tut). In einem 1971 geschriebenen Brief an die *Times* legte er Chamberlain den Satz in den Mund: «Ach, wenn wir uns nur mit Hitler an einen Tisch setzen könnten, mit Bleistiften in der Hand, und alle Differenzen zwischen uns durchsprechen könnten, dann bin ich sicher, dass sich die Atmosphäre sofort aufhellen würde!» *The Times*, 8. Juni 1971. Diese vorsätzliche nachträgliche Verzerrung ist auch in seinem *Drama von München*, Moskau 1972, und seinem *Wer half Hitler?*, S. 59 f., zu finden. Maiski fühlte sich offensichtlich bemüßigt, die einschränkende und – wie sich herausstellen sollte – irreführende Bemerkung Chamberlains, wenn das Bemühen um eine Einigung scheitere, werde er nach einer alternativen Lösung suchen müssen, besonders herauszustellen. Wenige Monate später war er jedoch, wie er den Webbs erzählte, zu der Erkenntnis gekommen, «dass dieser grobkörnige, aber freimütige Reaktionär» auf eine Erneuerung des Viermächtepakts aus war, um für Frieden im Westen zu sorgen, während die Sowjetunion «draußen bleiben und selbst sehen sollte, wo sie bleibt». Webb, Tagebuch, 27. Okt. 1937, S. 6393.

17 Vansittart riet Masaryk darüber hinaus zu gewissen unvermeidlichen Zugeständnis-

sen an die Sudetendeutschen, wollte aber nicht konkretisieren, an welche er dachte; *DVP* 1937, XX, Anm. 141, Maiski an Narkomindel, 10. Aug. 1937.

18 Chamberlain nutzte die Abwesenheit Edens, um hinter dessen Rücken Verhandlungen mit den Italienern aufzunehmen mit dem Ziel, den Abessinienkonflikt zu beenden. Maiski an Narkomindel, *DVP* 1937, XX, Anm. 161.

19 Dieser Eintrag wurde als Prolog dieses Buchs genutzt, siehe S. 61–65.

20 In einem weniger funkelnden Bericht ans Narkomindel, der vor dem Hintergrund der Säuberungen im Ministerium eindeutig darauf abzielte, seine Unentbehrlichkeit in London herauszustellen, verwies Maiski auf Churchills «freundschaftliche Gefühle mir gegenüber» und erinnerte daran, dass Churchill gesagt hatte: «Was wir jetzt vor allem brauchen, ist ein starkes Russland.» *DVP* 1937, XX, Dok. 411.

21 Halifax nahm die Einladung nach Deutschland in seiner Eigenschaft als «Master of the Middleton Hunt» an; er besuchte die Internationale Jagdausstellung in Berlin und führte am Rande ein langes Gespräch mit Hitler. Wie Maiski am 21. November von Lloyd George erfuhr, hatte Chamberlain die Aussöhnung mit Deutschland zu seinem obersten Ziel erkoren, selbst wenn sie auf Kosten Spaniens, Österreichs und der Tschechoslowakei ging und dem erklärten Willen Edens zuwiderlief. Edens Popularität hielt Chamberlain allerdings davon ab, ihn seines Amtes zu entheben, denn Eden hätte sonst zum Kristallisationskern einer einflussreichen Opposition werden können. *DVP* 1937, XX, Dok. 415, 420. Siehe H. Ragsdale, *The Soviets, the Munich Crisis, and the Coming of World War II*, Cambridge Univerity Press 2004; S. 3 f.

22 T. Uldricks, «The Impact of the Great Purges on the People's Commissariat of Foreign Affairs», *Slavic Review*, 6/2 (1977); S. Dullin, «L'Union soviétique et la France à un tournant. Conjoncture extérieure et évolution interne en 1936–1937», *Matériaux pour l'Histoire de Notre Temps*, 65–66 (2002).

23 RAN f. 1702 op. 4 d. 152 l. 50, 27. Aug. 1937.

24 Zur großen Spannweite und zum Umfang der Säuberungen im Ministerium siehe Haslam, *The Soviet Union and the Struggle for Collective Security in Europe*, S. 148–150.

25 RAN f. 1702. op. 4 d. 155 l. 20, 24. Juli 1927. «Michailitsch» ist eine Koseform von Maiskis Patronym; in ähnlicher Weise wurde Agnia zu «Agneschetschka» verniedlicht.

26 Siehe S. 151 f.

27 RAN f. 1702 op. 4 d. 546 l. 41–2, Litwinow an Maiski, 8. Sept. 1937.

28 Webb, Tagebuch, 27. Okt. 1937, S. 6393.

29 Bilainkin, *Maisky*, S. 160 f.

30 Interview mit Alexej Voskressensky, Privatarchiv des Autors.

31 Webb, Tagebuch, 25. Juli 1937, S. 6358 f., 23. Jan. 1938, S. 6431, 8. März 1938, S. 6454; *The diary of Beatrice Webb*, IV, 12. Dez. 1937, S. 398 f..

32 Hier referiere ich auszugsweise den dem Tagebucheintrag beigehefteten Entwurf eines Briefes an Litwinow.

33 *DVP* 1937, XX, Dok. 380, 381, 385, 26., 27. Okt. 1937.

34 Dullin, *Men of Influence*, S. 150 f.

35 Wenn man die französischen Zeitungen lese, könne man, so klagte Litwinow, meinen, «Frankreich habe einen Beistandspakt nicht mit der Sowjetunion, sondern mit Deutschland oder Italien». Zit. n. Carley, *Cleft*, S. 169.

36 *DVP* 1937, XX, Dok. 390, 29. Okt. Maiski lancierte einschlägige Informationen an die Presse. Siehe *Time Magazine*, 8. Nov. 1937.

37 *DVP* 1937, XX, Dok. 230, Potjomkin an Maiski, 7. Juli. RGASPI, Nachlass Stalin, f. 558

op. 11 d. 214 ll. 115–16, Maiski an Narkomindel, 1. Dez. 1937. In *DDF*, 2 Serie, VII, Dok. 299, findet sich eine ähnliche Äußerung Edens gegenüber dem französischen Botschafter in London.

1938

1 RAN f. 1702 op. 4 d. 143 l. 63 Brief an Kollontai, 6. Feb., d. 111 ll. 15–16.

2 In einem persönlichen Schreiben an Litwinow berichtete Maiski, Kagan selbst habe ihm «vor einigen Tagen gesagt, wenn er jetzt in Urlaub ginge, würde er nie mehr nach London zurückkehren. Umso mehr Gründe, seine Versetzung auf dem normalen Weg abzuschließen. Das ist wichtig für London, wegen der vielen Beziehungen und Kollegen, die er in den Jahren seiner Arbeit in England geknüpft oder gewonnen hat.» RAN f. 1702 op. 4 d. 143 ll. 64–5, 26. April 1938.

3 Am 4. Februar konzentrierte Hitler die Macht weiter in seinen Händen, indem er Werner von Fritsch, den Oberbefehlshaber des Heeres, durch den willfährigen General von Brauchitsch ersetzte, selbst den Oberbefehl über die Wehrmacht übernahm, das Kriegsministerium auflöste (der Reichskriegsminister Werner von Blomberg war kurz zuvor ebenfalls entlassen worden) und Wilhelm Keitel zum Chef des neugeschaffenen Oberkommandos der Wehrmacht ernannte. Sich vielleicht ein Beispiel an Stalin nehmend, säuberte Hitler in der Folge das Außenministerium von der Kerngruppe aus erfahrenen Berufsdiplomaten und ersetzte an der Spitze Neurath durch Ribbentrop.

4 In seiner Rede vom 20. Feb. gab Hitler seine Absicht bekannt, das schwere Los der Deutschen in Österreich und der Tschechoslowakei zu lindern.

5 Aus diesem Eintrag entwickelte sich ein Bericht Maiskis an das Narkomindel, *DVP* 1938, XXI, Dok. 41.

6 Chamberlains Entscheidung, hinter dem Rücken Edens Verhandlungen mit Mussolini aufzunehmen, führte zum Rücktritt Edens am 20. Februar. Wie Chamberlain seiner Schwester anvertraute, war er allmählich zu der Erkenntnis gelangt, dass «Anthony im Grunde weder mit Hitler noch mit Mussolini reden möchte; als ich das machte, tat er recht daran zu gehen.» Self, *Chamberlain Diary Letters*, Bd. 4, S. 303.

7 Rückblickend erkannte Maiski in dieser Antwort schon die Vorlage für die Kapitulation in München; siehe *Drama von München*, wo deutlich wird, dass Hitler freie Hand im Osten zugesichert wurde. Noch klarer wird das in *Vospominanie*, S. 336 f.

8 Der Eintrag scheint der Entwurf für einen Brief zu sein, den Maiski wenig später an Litwinow schickte.

9 In seiner Rede im Unterhaus am 14. März verurteilte Chamberlain den «Anschluss», erkannte aber im gleichen Atemzug deutsche Interessen an Österreich an. Weder Großbritannien noch Frankreich erhoben im Völkerbund die Stimme gegen den «Anschluss». Siehe Maiskis Beobachtungen, *DVP* 1938, XXI, Dok. 82.

10 *DDF*, 2 Serie, VIII, Dok. 254. Wortgleich äußerte sich Maiski bei einem Mittagessen *à deux* mit Harold Nicolson; siehe Nicolson, *Tagebücher und Briefe*, S. 274. Zu seinem Pessimismus siehe sein Telegramm an NKID, *DVP* 1938, XXI, Nr. 88, 17. März.

11 Sylvester, *Life with Lloyd George*, S. 197. Siehe eine ähnliche Prognose in seinem langen Telegramm an Litwinow, *DVP* 1938, XXI, Dok. 52, 26. Feb.

12 Self, *Chamberlain Diary Letters*, Bd. 4, 20. März 1938, S. 307. Self verwirft die von dem «nicht sehr zuverlässigen Maiski» in Umlauf gebrachte Geschichte kurzerhand als einen «Versprecher» Chamberlains, S. 18.

13 «Die Amerikaner», sagte Maiski zu Beatrice Webb, «hätten keine eigene Zivilisation; sie wären erstklassig als Mechaniker, organisatorisch begabt, im Denken offen und agil, aber im Grunde ohne eine nationale Kultur oder einen Unterbau aus Traditionen, wie man sie in Großbritannien, Frankreich, Deutschland und Skandinavien findet.» Webb, Tagebuch, 8. Aug. 1933, S. 5503.

14 Kennedy ließ Roosevelt wissen, dass Maiski, der ihm eine lange Erklärung zu den Prozessen gegeben hatte, «selbst wie in Todesangst wirkte». Nach Kennedys Eindruck wäre Maiski, «wenn das Telefon geklingelt und er den Befehl [zur Rückkehr nach Moskau] erhalten hätte, [...] direkt in meinen Armen gestorben», worauf der Präsident antwortete: «Armer alter russischer Botschafter! Ich hoffe, er wird nicht vor Angst sterben, wenn ihn der Ruf ereilt.» A. Smith (Hg.), *Hostage to Fortune. The Letters of Joseph S. Kennedy*, New York 2001, S. 242 f.; E. Roosevelt (Hg.), *F. D.R. His Personal Letters, 1928–1945*, II, New York 1950, S. 769.

15 Der Tagebucheintrag liefert ein sehr viel detaillierteres und farbigeres Bild der Besprechung als der ans Narkomindel geschickte Bericht, in dem Maiski Churchill mit großer Raffinesse und ebenso großer Umsicht instrumentalisierte, um dem Kreml zu demonstrieren, wie sehr die Schauprozesse die Interessen der Sowjetunion beschädigten, wobei er es fertigbrachte, im gleichen Atemzug Loblieder auf Stalins Führungsqualitäten zu singen. Siehe *DVP* 1938, XXI, Dok. 103, 23. März. Maiski schaffte es, andere Politiker zu einer wohlwollenden Beurteilung Stalins zu bewegen. Großzügig verteilte er Exemplare von Alexej Tolstois Roman *Peter der Erste*, der gerade auf Englisch erschienen war; von Lloyd George erntete er für das Buch den Kommentar: «Es vermittelt mir den historischen Hintergrund Russlands, der besser als jedes mir bekannte Buch über das Thema das Warum, das Wofür und das Wohin der großen Revolution erklärt. Peter war ein großartiger Zeitgenosse, aber er hätte nicht auf ganzer Linie siegen können, ohne skrupellose Methoden anzuwenden.» Siehe Nachlass Sylvester, A45, Brief an Maiski, 4. Feb. 1938; dessen kongeniale Antwort im Nachlass Lloyd George, LG/G/14/1/4, 10. Feb. 1938. Auch Trevelyan lobte das Buch, das «ein lebendiges Bild von der Gesellschaft zeichnet, die Peter mit seiner titanischen Tatkraft in ein gewisses Ordnungsschema zu pressen versuchte». RAN f. 1702 op. 4 d. 1616 l. 5 Trevelyan an Maiski, RAN f. 1702, 1 Jan. 1938, op. 4 d. 1132 l. 1.

16 Die um dieselbe Zeit nach Moskau beorderte Kollontai schrieb einen morbiden Abschiedsbrief – eigentlich ein Testament – an eine enge Freundin, verbunden mit der Bitte, sich «im Falle meines Todes (auf einer Reise kann immer etwas passieren)» ihres Tagebuchs und ihrer persönlichen Korrespondenz anzunehmen. Dann vertraute sie ihrem Tagebuch an: «Die Welt ist jetzt so grauenvoll, verkrampft. Das ist furchterregend für viele Freunde. Ich bin in Sorge, es zerreißt mir das Herz um ihretwegen. [...] Es wird fast einem Wunder gleichkommen, wenn ich nicht ‹unter die Räder der Geschichte› gerate.» Wie Litwinow der Frau und Tochter des sowjetischen Botschafters in Italien, Shtein, erklärte, als sie ihn anflehten, dem Botschafter eine Heimreise nach Moskau für einen Urlaub zu gestatten, war es «besser für ihn, in Rom festzusitzen, als hier zu sein»; Nachlass Ada Nilsson, 21. Juli 1938. Shtein, dessen Nerven zum Zerreißen angespannt waren, erhielt von einem Arzt, den er in Genf konsultierte, den Rat, Dampf abzulassen, indem er einmal pro Woche ein komplettes Essgeschirr «mit aller Kraft und Wut auf dem Boden zerschmetterte»; Z. Sheinis, «Sud'ba diplomata, shtrikhi k portretu Borisa Shteina», *Arkhivy raskryvayut tainy*, Moskau 1991, S. 301.

17 *DVP* 1938, XXI, Dok. 176, 12. Mai.

18 Nachlass Lloyd George, LG/G/14/1/5, 27. Juni; Nachlass Beaverbrook, BBK/C/238, 6. Juli 1938.

19 Nachlass Beaverbrook, BBK/C/238, 20. Juni. Siehe LG und Pritt an Maiski, RAN f. 1702 op. 4 d. 1532 l. 3, 29. Juli.

20 *DVP* 1938, XXI, Dok. 174, 11. Mai.

21 Bilainkin, *Maiski*, S. 204 f. Mjasnikov, «Sud'ba intelligenta v Rossii», *Maiskii, Izbrannaya perepiska*, I, S. 5–23; *Istoricheskii arkhiv* 1998 (4), S. 112.

22 TNA FO 371 21731 C8433/1941/18, 17. Aug.; 22 289 N4317/97/38; Nicolson, *Tagebücher und Briefe*, 22., 26. Juli. 1938, S. 295 f. Maiski versuchte die Briten zum Handeln zu bewegen, doch seine Berichte nach Moskau, in denen er dringend um Instruktionen betreffend die sowjetische Politik bezüglich der Tschechoslowakei ersuchte, zeigen, dass er, wie Litwinow, noch ziemlich im Dunkeln tappte. Siehe *DVP* 1938, XXI, Dok. 318, 28. Aug.

23 Webb, Tagebuch, 7. Aug., S. 6522 f., sowie Maiski an Lloyd George, Nachlass Lloyd George, LG/G/14/1/5, 24. Juli. Der Erste, der das erkannte, war S. Aster in «Ivan Maisky and Parliamentary Anti-Appeasement». Das Tagebuch und die in jüngster Zeit freigegebenen sowjetischen Dokumente offenbaren den großen Umfang dieser Aktivitäten Maiskis.

24 In seinem Bericht ans Narkomindel, in dem er sich gegen eine Isolierung aussprach, gab Maiski sich außerordentliche Mühe, Wilsons Beteuerung, dass Chamberlain keine Ressentiments gegen die Sowjetunion hege, herauszustreichen. Er gab zu bedenken, das Ausbleiben von Avancen an die Adresse der Sowjetunion könnte Ausdruck eines Unbehagens über die sowjetische «Passivität» und einer Skepsis hinsichtlich ihrer offensiven Fähigkeiten sein. DVP 1938, XXI, Dok. 172.

25 Die Quelle war der von Bonnet eingehend ins Bild gesetzte Suriz; DVP 1938, XXI, Dok. 269. Vor seiner Abreise nach Paris hatte Halifax dem Kabinett erklärt, Großbritannien werde sich keinerlei militärische Verpflichtungen auferlegen, und nichts werde die britische Seite daran hindern, den Deutschen zu sagen, dass sie circa 60 Prozent dessen, was sie verlangten, auf dem Verhandlungsweg bekommen könnten und es sich somit nicht lohne, für 100 Prozent einen Krieg zu riskieren. TNA FO/800 Bd. 800, S. 19 f.

26 Ausgelöst worden war die Démarche durch eine Falschinformation, die die tschechoslowakische Regierung zu einer Teilmobilmachung veranlasste, um einer gemeldeten Zusammenziehung deutscher Truppen in der Grenzregion entgegenzutreten. Steiner, *The Triumph of the Dark*, S. 571 f.

27 Daladier bekräftigte nach seiner Ernennung zum Premierminister im April 1938 die französischen Verpflichtungen gegenüber der Tschechoslowakei, doch hinter den Kulissen drängte sein Außenminister Bonnet auf tschechische Zugeständnisse und ließ nicht den geringsten Zweifel daran, dass weder Frankreich noch Großbritannien bereit seien, es auf einen Krieg ankommen zu lassen. Halifax informierte die Franzosen über den Beschluss, Runciman (einen älteren Industriellen und ehemaligen Minister im Kabinett Baldwin) in die Tschechoslowakei zu entsenden, und äußerte die Erwartung, dass Paris Druck auf die Tschechen ausübe, Runcimans «Mittlerdienste» in Anspruch zu nehmen. *Documents diplomatiques français*, 2. Abteilung, Bd. X, Nr. 238 ; J. B. Duroselle, *Politique etrangère de la France. La decadence 1932–1939*, Paris 1979, S. 334–340. Runciman traf am 3. August 1938 in Prag ein und blieb bis zum 15. September.

28 Maiski sagte zu Oliphant: «Die Regierung Seiner Majestät macht Kleinholz aus

Herrn Beneš und Co. und tritt Deutschland gegenüber nicht fest genug auf.» TNA FO 371 21731 C8218/1941/18. Wie enttäuscht die sowjetische Regierung vom Westen war, wird auch aus Suriz' gescheiterten Bemühungen deutlich, eine aktivere französische Reaktion auf die Vorgänge in der Tschechoslowakei zu erreichen. Siehe Carley, *1939*, S. 48 f.

29 Der Kreml äußerte sich kritisch zur «unguten Schwäche der westlichen Demokratien» und über ihre fehlende Bereitschaft, «genug Festigkeit gegen Deutschland zu zeigen, dessen Politik zu mindestens 50 Prozent aus Bluffen besteht». Maiski ließ Moskau wissen, er habe damit gerechnet, dass Halifax die sowjetische Kritik «entschieden zurückweisen» werde, doch zu seiner angenehmen Überraschung habe dieser gar nicht versucht, die britische Politik zu verteidigen. In Wirklichkeit erhielt Maiski sehr wohl eine Abfuhr von Halifax, der ihm offen sagte, eine Änderung der britischen Politik komme «nicht in Frage». Um Litwinow, dessen Teilnahme an der Sitzung jetzt nicht mehr als selbstverständlich vorausgesetzt werden konnte, die Reise nach Genf schmackhaft zu machen, entlockte Maiski Hailfax die Aussage, dass er sich sehr freuen würde, Litwinow zu treffen und sich mit ihm über die aktuellen Entwicklungen beim Völkerbund auszutauschen. TNA FO 371 21731 C8433/1941/18; *DVP* 1938, XXI, Dok. 300, 17. Aug.

30 Chamberlain verkündete, Großbritannien habe keine Verpflichtungen einer Region gegenüber, in der es nicht so vitale Interessen besitze wie etwa gegenüber Frankreich oder Belgien. *HC Deb*, Bd. 333, cc. 1399–1407.

31 Siehe Chamberlain an Ida, 3., 11. Sept. 1938, Self, *Chamberlain Diary Letters*, Bd. 4, S. 342, 344 f.

32 Z. Steiner, «The Soviets Commissariat of Foreign Affairs and the Czechoslovakian Crisis in 1958. New Material from The Soviet Archives», *The Historical Journal*, 42/3 (1999), S. 764 f.

33 Siehe Maiskis rückblickende Einlassungen in *Wer half Hitler*, S. 60 f. Maiski bewahrte sich weiterhin ein förmliches Verhältnis zu Lady Astor und lud sie auch noch nach dem Münchner Abkommen zu Anlässen in der Botschaft ein. Siehe z. B. Nachlass Astor, 1416/1/2/188, 28. Nov. 1938.

34 Bislang war über ein solches Treffen nichts bekannt; dies wirft ein neues Licht auf ihre Unterredung am 4. September.

35 Artikel 11 legte fest, «dass jeder Krieg und jede Bedrohung mit Krieg, mag davon unmittelbar ein Bundesmitglied betroffen werden oder nicht, eine Angelegenheit des ganzen Bundes ist und daß dieser die zum wirksamen Schutz des Völkerfriedens geeigneten Maßnahmen zu ergreifen hat».

36 Das sind bedeutsame Informationen, die bestätigen, dass man sich eindeutig entschieden hatte, die Verpflichtungen zu erfüllen. Die Mitteilung klang für Maiski unzweideutig und entschieden genug, um ihm die nötige Sicherheit für das Ergreifen unautorisierter Initiativen zu geben. Das Zugehen auf Payart war ziemlich sicher von Stalin abgesegnet, der zu der Zeit Ferien im Kaukasus machte, wo Litwinow ihn tags zuvor angesprochen hatte; Steiner, «The Soviet Commissariat of Foreign Affairs and the Czechoslovakian Crisis in 1938», S. 763. J. Haslam trägt in «The Soviet Union and the Czechosvlovakian Crisis of 1938», S. 452 die scharfsichtige Beobachtung vor, dass ein im Verlauf der Krise erschienener *Prawda*-Artikel, der bekräftigte, dass die Politik Litwinows «die einhellige Meinung des ganzen sowjetischen Volkes» widerspiegle, dadurch implizit andeutet, dass darüber zuvor vielleicht keine ganz «einhellige» Meinung geherrscht hat.

37 W. Churchill, *Der Zweite Weltkrieg*, Bd. 1: *Der Sturm zieht auf*, Bern 1948, S. 359 f.; Maiski, *Wer half Hitler?*, S. 70 f.; Maiski, *Das Drama von München*, S. 47 f.; Reynolds, «Churchill's Writing of History», S. 239; Brief an Churchill, 22. Dez. 1947, abgedruckt in M. Gilbert (Hg.), *Winston Churchill and Emery Reeves, Correspondence, 1937–1964*, University of Texas Press 1997, S. 279 f.

38 Der Leitartikel in der *Times* vom 7. September ließ einen Versuchsballon im Namen des inneren Kabinetts steigen. Die tschechoslowakische Regierung wurde darin aufgefordert, das Sudetenland aufzugeben, mit der Begründung: «Die Vorteile daraus, dass die Tschechoslowakei ein homogener Staat würde, könnten unter Umständen die offenkundigen Nachteile eines Verlusts der sudetendeutschen Bezirke im Grenzgebiet überwiegen.» R. Cocket, *Twilight of Truth. Chamberlain, Appeasement, and the Manipulation of the Press*, New York 1989, S. 71.

39 In Artikel 16, auch als die «Zähne» des Völkerbundes bekannt, wurden die Maßnahmen bestimmt, welche der Völkerbund ergreifen sollte, falls eines seiner Mitglieder als militärischer Aggressor auftrat und ebenso die Pflichten der übrigen Mitglieder in diesem Falle. Artikel 19 ermöglichte die Revision von «unanwendbar gewordenen Verträge[n]».

40 Dies ist irreführend, denn es war Maiski, der das Treffen (das nicht die beabsichtigten Ergebnisse brachte) initiiert hatte, siehe Eintrag vom 3. Sept. 1938.

41 Die Zugeständnisse hinsichtlich des Sudetenlandes wurden Beneš von Runciman, dem britischen Unterhändler, am 2. September 1938 aufgezwungen.

42 Byron, *Der Gefangene von Chillon*.

43 «Ich fürchte», schrieb Lloyd George aus London an Maiski, «dass die Tschechen von Neville und Daladier verraten werden.» Nachlass Lloyd George, LG/G/14/1/5, 14. Sept. 1938.

44 Appeasement war, wie Paul Kennedy überzeugend dargelegt hat, ein im «pragmatischen, auf Versöhnung und Vernunft angelegten» britischen Herangehen an zu lösende Konflikte tief verankertes Prinzip. Sofern nicht die eigenen nationalen Interessen «abträglich beeinflusst» wurden, zog man die friedliche Beilegung von Streitigkeiten grundsätzlich dem Krieg vor, *Strategy and Diplomacy, 1870–1945*, London 1983, S. 19. Die britische Geschichtsschreibung über das Münchner Abkommen hat eine radikale Metamorphose durchgemacht: vom «Guilty Men»-Urteil der Zeitgenossen (die die gesamte Verantwortung bei Chamberlain und seiner von Naivität, Ignoranz und Arroganz geprägten Außenpolitik abluden) zum Revisionismus der siebziger Jahre (der die auf Chamberlain einwirkenden Sachzwänge – die wirtschaftliche Lage, eine pazifistische öffentliche Meinung, der bedauernswerte Zustand der britischen Rüstungen – überzeugend dartat). Einen erschöpfenden und umfassenden Überblick über die Appeasement-Debatte gibt S. Aster, «Appeasement. Before and After Revisionism», *Diplomacy and Statecraft* 19/3 (2008). Eine Analyse der Rolle, die die Sowjetunion in München spielte, fehlt fast völlig – eine Rolle, die im Großen und Ganzen die «konterrevisionistische» Auffassung bestätigt, der zufolge die Haltung Großbritanniens zwar mit außerordentlichen Problemen behaftet war, die «Wahrnehmung und Behandlung der Themen jedoch a priori beschlossenen Grundsätzen und Optionen entsprach». Siehe R. J. Beck, «Munich's Lessons Reconsidered», *International Security*, 14/2 (1989); D. Hucker, «The Unending Debate. Appeasement, Chamberlain and the Origins of the Second World War», *Intelligence and National Security*, 23/4 (2008), S. 542 f. Pessimistische Einschätzungen dienten zur Rechtfertigung einer im Vorhinein konzipierten Politik. Die jüngere Forschung ist

unter Berücksichtigung der Sachzwänge doch wieder zu der früheren Einschätzung zurückgekehrt, dass Chamberlains Urteil durch persönliche Vorurteile, Eigensinn, Selbstgerechtigkeit und diktatorische Anwandlungen vernebelt war. Dass es in der München-Krise sehr wohl eine machbare sowjetische Alternative gegeben hatte, wird durch Maiskis Tagebuch und die Fülle neuer, gründlich recherchierter Veröffentlichungen von Carley und anderen bestätigt. Die umfangreichen archivalischen Quellen und scharfsinnigen Argumente legen bloß, wie sehr ein tief wurzelnder kultureller Antikommunismus 1938/39 zur Verhinderung einer wirksamen und breiten Anti-Hitler-Koalition beigetragen hat. Siehe Carley, *1939*, und «‹Only the USSR has ... Clean Hands›. The Soviet Perspective on the Failure of Collective Security and the Collapse of Czechoslovakia, 1934–1938», *Diplomacy and Statecraft*, 21/3 (2010); die ältere Arbeit von Aster, «Ivan Maisky and Parliamentary Anti-Appeasement», S. 326–335. Siehe auch L. G. Shaw, *The British Political Elite and the Soviet Union, 1937–1939*, London 2003. In R. A. C. Parkers grundlegender Arbeit *Chamberlain and Appeasement. British Policy and the Coming of the Second World War*, London 1993, kommt Russland bezeichnenderweise kaum vor.

45 Lord Butler, *The Art of the Possible*, London 1972, S. 70 f., provozierte Maiski zu einer wütenden Stellungnahme: *The Times*, 8. Juni 1971. Ein Artikel, der Butlers Image als angesehener *elder statesman* in Frage stellt und erheblich trübt, ist S. Stafford, «Political Autobiography and the Art of the Possible. R. A. Butler at the Foreign Office, 1938–1939», *The Historical Journal*, 28/4 (1985).

46 Steiner hat mit «The Soviet Commissariat of Foreign Affairs and the Czechoslovakian Crisis in 1938» bewundernswerte Arbeit geleistet: Sie hat die sowjetische Außenpolitik Mosaikstein für Mosaikstein wieder zusammengesetzt und viele bislang unbekannte Dokumente zutage gefördert. Ihrem Urteil, es sei schwer vorstellbar, «dass ein Angebot einseitiger sowjetischer Unterstützung, selbst wenn es unterbreitet worden wäre, am Ausgang der tschechischen Verhandlungen etwas geändert hätte», darf man sich getrost anschließen. Sie hat ebenso recht, wenn sie die späteren sowjetischen (auch von Maiski persönlich vertretenen) Behauptungen zurückweist, die Sowjetunion hätte über einseitige militärische Hilfe für die Tschechoslowakei nachgedacht. Der einzige Schönheitsfehler ihrer Darstellung ist die unkritische Übernahme von Lukes' Feststellung, die in München erlittene Pleite habe die sowjetischen Führer «zu ihren revolutionären Wurzeln» zurückgetrieben; siehe S. 755, 759, 762. Lukes entwickelt in seinem ansonsten spannenden Buch *Czechoslovakia between Stalin and Hitler. The diplomacy of Edvard Benes in the 1930s*, Oxford 1996, sowie in «Stalin and Czechoslovakia in 1938/39. An Autopsy of a Myth», *Diplomacy and Statecraft* 10/2–3 (1999), S. 38, eine eigenwillige Theorie, der zufolge Stalin glaubte, Hitlers Offensive sei «nur das Vorspiel zu einer Welle sozialistischer Revolutionen in Europa». H. Ragsdale hat in *The Soviets, the Munich Crisis, and the Coming of World War II*, Cambridge University Press 2004, und in «Soviet Military Preparations and Policy in the Munich Crisis. New Evidence», *Jahrbücher für Geschichte Osteuropas*, 47/2, (1999), solchen Vorstellungen eine überzeugende Absage erteilt.

47 Maiskis Darstellung der Vorgänge findet sich in Amerys, Tagebuch, AMEL 7/33, 15. Feb. 1939. Siehe P. J. Beck, «Searching for Peace in Munich, not Geneva. The British Government, the League of Nations, and the Sudetenland Question», *Diplomacy and Statecraft* 10/2–3 (1999), D. Dunn, «Maksim Litwinow. Commissar of Contradiction», *Journal of Contemporary History* 23/2 (1988), S. 239 f.; S. Stegnii und V. Sokolov, «Eyewitness Testimony (Ivan Maiskii on the Origins of World War II)», *International*

Affair, 154 (1999). J. Hochmans irreführendes *The Soviet Union and the Failure of Collective Security, 1934–1938*, Cornell 1984, S. 156–160, exkulpiert die Franzosen mittels einer hochgradig tendenziösen Darstellung der Verhandlungsführung von Payart und Bonnet.

48 Kollontai, *Diplomatitscheskije dnewniki*, Bd. 2, S. 396–398; in dt. Ausgabe *Mein Leben in der Diplomatie. Aufzeichnungen aus den Jahren 1922 bis 1945*, Berlin 2003, lediglich ein Fragment des Zitats, S. 471, Fn. 3. Eine sehr überzeugende Analyse der französischen Versuche, die Verantwortung den Russen zuzuschieben, findet sich in M. Thomas, «France and the Czechoslovak Crisis», *Diplomacy and Statescraft* 10/2–3 (1999).

49 TNA FO 371 21777 C10585/5302/18, Aufzeichnungen über das Treffen in Genf und zugehörige Protokolle, 24. Sept. 1938. Einen ausgezeichneten (aber kaum beachteten) Überblick über die von den Russen ergriffenen militärischen Maßnahmen gibt G. Jukes, «The Red Army and the Munich Crisis», *Journal of Contemporary History* 26.2 (1991).

50 Wie die britische Delegation mit der russischen Präsenz umging, wird plastisch geschildert in R. Rhodes (Hg.), *Chips, the Diaries of Sir Henry Channon*, London 1967, S. 164 f.: «In den Bars und Wandelhallen des Völkerbundgebäudes wimmelt es von Russen und Juden, die mit den Vertretern der wichtigen Presseorgane mauscheln und Gerüchte über den baldigen Krieg verbreiten. [...] Zum ersten Mal bekam ich Litwinow zu sehen, den Oberintriganten. Er sah älter aus und glich mehr einem sozialistischen Parlamentarier, als ich es erwartet hatte, und war weder so feixend noch so bösartig wie Maiski.»

51 Bei ihrem zweiten Treffen am 22. September in Bad Godesberg schloss Hitler weitere Verhandlungen aus und drohte damit, am 28. September ins Sudetenland einzumarschieren.

52 In seinen Memoiren führt Maiski den Leser etwas in die Irre, indem er im Weiteren den Eindruck erweckt, noch immer aus seinem Tagebuch zu zitieren, während er in Wirklichkeit die Generallinie der sowjetischen Geschichtsschreibung seiner Zeit wiederkäut: «Als der Volkskommissar für Auswärtige Angelegenheiten und ich auf dem Rückweg zum Hotel Richmond waren, sagte ich: ‹Was du gerade den Briten vorgeschlagen hast, bedeutet Krieg. [...] Hat man sich denn bei uns in Moskau das alles gut überlegt und es allen Ernstes so beschlossen?› Maxim Litwinow sagte mit fester Stimme: ‹Ja, das hat man allen Ernstes beschlossen. [...] Als ich aus Moskau nach Genf abreiste, wurden sowjetische Truppen an den Grenzen zu Rumänien und Polen zusammengezogen.› [...] Ich fragte: ‹Und wenn Frankreich uns im Stich lässt und nicht tätig wird? Was dann?› Litwinow machte eine gereizte Handbewegung und versetzte: ‹Das ist zweitrangig!› Nach kurzem Schweigen sagte er: ‹Das Wichtigste ist, wie sich die Tschechen anstellen. [...] Wenn sie kämpfen, werden wir ihnen Waffenhilfe leisten.» *VSD*, S. 351 f.

53 Litwinow hatte Andrew Rothstein am Abend vorher gesagt, dass «die Engländer die Tschechen verkaufen würden». Sheinis, *Litvinov*, S. 291.

54 Sylvester, Lloyd Georges Sekretär, schildert in seinem Tagebuch freimütig die Reaktion Chamberlains auf die von Hitler übermittelte Einladung zu einem Gipfel in München, die ihn erreichte, während er redete: «Mindestens 60 Sekunden lang überflog der Premierminister, vom Tisch abgewandt, diese Dokumente. Dabei war das ganze Unterhaus so still, dass man eine Stecknadel hätte fallen hören. [...] Ich werde die Demonstration, die folgte [nachdem Chamberlain seine Absicht, nach

Deutschland zu fliegen, verkündet hatte], nie vergessen, denn weder ich noch irgendjemand, den ich kenne, hat je wieder etwas Derartiges erlebt. Alle Gefolgsleute der Regierung standen auf, wedelten mit Taschentüchern und Sitzungsunterlagen und jubelten und jubelten und jubelten wie berauscht mehrere Minuten lang.» Chamberlain selbst räumte ein, der Zeitpunkt des Eintreffens der Einladung sei «ein Drama gewesen, das von keinem literarischen Werk jemals übertroffen worden ist». Selbst Dawson ließ sich in seinem eher lakonischen Tagebuch dazu hinreißen, von «dem denkbar damatischsten Ereignis – vor absolut dicht gedrängtem Haus» zu schwärmen; wie Verdurstende hätten die Leute Chamberlains Bericht über seinen «letzten, allerletzten Kraftakt» in sich aufgesogen. «Er hatte unverkennbar die ganze Zeit über die volle Aufmerksamkeit des Hauses.» Maiski hatte zwar das Drama knapp verpasst, aber dass Chamberlain überschwänglichste Zustimmung zuteilwurde, konnte ihm nicht verborgen bleiben. Nachlass Sylvester, A45, 28. Sept., Self, *Chamberlain Diary Letters*, Bd. 4, 2. Okt., S. 349; Nachlass Dawson, Tagebuch, Box 42, 28. Sept. 1938.

55 «Wir alle mussten uns den Tatsachen stellen», entschuldigte sich Halifax, «und eine dieser Tatsachen war, wie er sehr wohl wusste, dass die Oberhäupter der deutschen und der italienischen Regierung nicht bereit sein würden, [...] mit sowjetischen Vertretern am Konferenztisch zu sitzen.» TNA FO 371 21743 C11100/1941/18. Siehe Carley, *1939*, S. 72 f.

56 Maiski legte sich ins Zeug, um das Narkomindel davon zu überzeugen, dass Halifax noch Interesse an dem Vorschlag zeigte, den Litwinow in Genf De La Warr unterbreitet hatte – die ziemlich exzentrische Idee, die Tschechoslowakei würde einen Nichtangriffspakt mit Deutschland schließen, und zugleich würden Großbritannien, Frankreich und die Sowjetunion die tschechoslowakischen Grenzen garantieren. Churchill, den Maiski am selben Tag traf, zollte nicht nur der Sowjetunion Anerkennung für ihre Haltung während der Krise, sondern äußerte sich auch ausgiebig zum zunehmenden Widerstand innerhalb des Kabinetts. Die führenden Labour-Leute schienen sich in ihrer Ablehnung eines Kompromisses einig zu sein. Ein paar Tage später hob Maiski die Kritik der englischen Presse am Münchner Abkommen hervor. Nachdem Cadogan ihn über die Details des Abkommens ins Bild gesetzt hatte, musste er allerdings einräumen, dass in den Passagen über Garantien «die UdSSR nicht erwähnt ist». *DVP* 1938, XXI, Dok. 391; *God Krizisi*, I, Nr. 13, 14, 29./30. Sept., 2. Okt. 1938. Er machte wenig Aufhebens von dem begeisterten Empfang, den die Londoner Chamberlain auf seinem Weg vom Flughafen zum Buckingham Palace bereiteten. Nachlass Dawson, Tagebuch, Box 42, 29., 30. Sep. 1938; Dilks (Hg.), Cadogan, *Diary*, S. 110 f.

57 TNA FO 371 N5164/97/38, Chilston an Halifax, 18. Okt. 1938.

58 *DVP* 1938, XXI, Dok. 408, 3. Okt. Siehe Haslam, *The Soviet Union and the Struggle for Collective Security in Europe*, S. 195–197.

59 Bericht aus London von Te Water, dem südafrikanischen High Commissioner, zit. n. M. G. Fry, «Agents and Structures. The Dominions and the Czechoslovak Crisis, September 1938», S. 310. Siehe auch J. McDonald, *A Man of the Times. Talks and Travels in a Disrupted World*, London 1976, S. 44. Maiski wirkte, als er sich am 30. Sept. mit Cadogan traf, «verstimmt und zu Beschwerden aufgelegt», Cadogan, *Diary*, S. 110.

60 Webb, Tagebuch, 31. Okt. 1938, S. 6567.

61 RAN f. 1702 op. 4 d. 1115 l. 1, 10. Okt. 1938; Dalton, *The Fateful Years*, London 1957, S. 185; siehe Aster, «Ivan Maisky and Parliamentary Anti-Appeasement», S. 336. Maiski

sagte zu B. Pares, die Russen würden noch etwa weitere sechs Monate warten, um zu sehen, ob die britische Regierung auf dem Kurs des Münchner Abkommens bleibe; wenn ja, so warnte er, «würden wir unsere Türen schließen und uns selbst um unsere Verteidigung kümmern». B. Pares, *A Wandering Student. The Story of a Purpose*, London 1948, S. 360.

62 Zu Maiskis geringschätzigem Urteil über Halifax' ideologisierte Sichtweise finden sich erläuternde Ergänzungen in Halifax' eigenem Bericht, TNA FO 371 21745 C12100/1941/18. Stalin übernahm Maiskis ironische Kommentare später in seiner berühmten «Kastanien»-Rede vom März 1939, siehe S. 28.

63 Zum Hintergrund dieser Besprechungen siehe Carley, *1939*, S. 78 f.

64 Dass ein Mann wie Inskip mit diesem Amt, zu dem Churchill ehrfürchtig aufsah, betraut wurde, provozierte ihn zu Kommentaren wie diesem: «Das ist die zynischste Ernennung, seit Caligula sein Pferd zum Konsul gemacht hat.» R. Adams, *British Politics and British Foreign Policy in the Age of Appeasement*, Stanford 1993, S. 93.

65 Während der Nazizeit wurde das populäre Gedicht «Die Loreley», das von Maiskis Lieblingsdichter Heinrich Heine stammte, als Werk eines «unbekannten Dichters» ausgegeben.

66 Maiskis außerparlamentarische Aktivitäten waren so auffällig geworden, dass der französische Botschafter darüber nach Paris berichtete, *DDF*, 2 Serie, XIII, Dok. 313.

67 Siehe z. B. RAN f. 1702 op. 4 d. 1325 l. 1, Dalton an Maiski; d. 1367 ll. 7–8, Cummings, Redakteur beim *News Chronicle*, an Maiski, 27. Dez.; d. 1357 l. 6, Eden an Maiski, 30. Dez. 1938.

68 Korrespondenz zwischen Maiski und Litwinow, *God krizisa*, I, Dok. 42, 60, 71, 25. Okt., 25. Nov., 4. Dez. 1938.

69 Zit. n. *History of the Russian Ministry of Foreign Affairs*, Moskau 2002, II, S. 201; RAN f. 1702 op. 4 d. 143 l. 62, Maiski an Litwinow, 10. Nov. 1937.

70 AVP RF f. 017 op. 1, pop. 15. S. 3 ll. 16–18.

1939

1 *God krizisa*, I, Dok. 65, 66, 77, 107. Siehe L. Bezymenskii, *Gitler i Stalin pered skhvatkoī*, Moskau 2000, S. 149–151.

2 *God krizisa*, I, Dok. 156, 19. Feb. 1939. Siehe G. Roberts, «The Fall of Litwinow. A Revisionist View», *Journal of Contemporary History*, 27/4 (2000), S. 647.

3 Maiski hatte den Besuch einen ganzen Monat lang akribisch vorbereitet. Seine Hoffnung war, durch Schaffung einer förderlichen Atmosphäre Churchill und andere aufgeschlossene Oppositionspolitiker so weit zu bringen, dass sie Druck auf Halifax ausübten. Wie John Rothenstein bezeugt, zogen sich nach dem Dinner «Churchill und Lord Halifax nacheinander jeweils annähernd eine halbe Stunde lang zu einem persönlichen Gespräch mit Maiski in ein angrenzendes Zimmer zurück. [...] Es war unmöglich mitzubekommen, welche Früchte dieser Versuch trug, führende britische Politiker zu engen Konsultationen mit den Russen zu animieren.» *Brave Day Hideous Night, Autobiography*, London 1966, S. 31.

4 Siehe *Wer half Hitler?*, S. 82–84.

5 Diese wichtige Beobachtung ließ Maiski in seinem munteren Bericht an Litwinow bewusst unerwähnt. Während er die Bedeutung dieses ersten Besuchs eines britischen Premierministers in der sowjetischen Botschaft gebührend herausstrich, räumte er doch auch ein, dass der Wunsch, «irgendwie die Opposition zu besänftigen», mit ein Beweggrund für den Besuch gewesen sei. Bezeichnenderweise hielt

er jedoch die Tür offen und fragte sich, ob nicht «selbst im Herzen Chamberlains eine wabernde Angst wohnt, dass die Unersättlichkeit der Aggressoren England und Frankreich zwingen könnte, zu den Waffen zu greifen, und dass es im Blick auf diesen Eventualfall vielleicht nicht verkehrt sei, Fühler zur UdSSR auszustrecken». *God krizisa*, I, Dok. 128, 168, 4. März 1939.

6 Betreffend diesen Teil der Darlegungen Hudsons (zur Bedeutung seiner Gespräche in Moskau) berichtete Maiski am 8. März 1939 ans NKID, der Besuch Hudsons könne «viel dazu beitragen, die Ausrichtung der britischen Außenpolitik für die nächsten Jahre zu definieren. Hudson selbst wünscht sie sich entlang der Linie London–Paris–Moskau. ... In dem, was Hudson vorträgt, sind natürlich subjektive Elemente enthalten, denn anders als der Premier hat er wenig für Deutschland übrig; aber ganz sicher hätte er die Generallinie, die er in der heutigen Besprechung entwickelt hat, nicht ohne die Einwilligung Chamberlains vertreten.» *DVP* 1939, XXII/1, Dok. 126, S. 169–171. An der Gediegenheit von Hudsons antideutscher Gesinnung müssen freilich Zweifel erlaubt sein, denn im Sommer 1939 nahm er an Geheimverhandlungen mit Görings Sendboten Helmut Wohlthat teil (siehe ebd., Anm. 107).

7 Hitler besetzte die restliche Tschechoslowakei und marschierte am 15. März 1939 in Prag ein.

8 Stalin hatte in seiner Rede auf dem 18. Parteitag, am 10. März, die Isolation Russlands verteidigt und die Partei aufgefordert, «vorsichtig zu sein und nicht zuzulassen, dass unser Land durch Kriegstreiber in einen Konflikt gezogen wird, die daran gewöhnt sind, dass andere für sie die Kastanien aus dem Feuer holen». Stalin hatte an dieser Stelle dieselbe Metapher benutzt wie Maiski einige Monate zuvor.

9 Ein ausgezeichneter Abriss seiner Botschaftertätigkeit auf Basis seines privaten Tagebuchs findet sich bei S. Aster, «Sir William Seeds. The Diplomat as Scapegoat?», in B. P. Ferrell (Hg.), *Leadership and Responsibility in the Second World War*, Montreal 2004.

10 H. Dalton, *The Fateful Years*, London 1957, S. 232.

11 Bericht über Unterredung zwischen Seeds und Litwinow, 21. März, in: TNA FO 371 23 061 C3683/3356/18; *God krizisa*, I, Dok. 206, 215, 20., 22. März 1939.

12 *God krizisa*, I, Dok. 194, 197, 198, 204, 207, Korrespondenz zwischen Litwinow, Maiski und Suriz, 18., 19., 20. März 1939; siehe Maiski an Litwinow, 22. März, *DVP* 1939, XXII, Dok. 16.

13 TNA CAB 23/98 17(39), 31. März 1939; Self, *Chamberlain Diary Letters*, Bd. 4, S. 309–401; James (Hg.), *Diaries of Channon*, S. 193; Dalton, *Fateful Years*, S. 239. Zu der Garantieerklärung siehe A. Prazmowska, *Britain, Poland and the Eastern Front, 1939*, Cambridge University Press 1987.

14 Ein einleuchtendes Argument steuert R. Manne bei: «The British Decision for Alliance with Russia, May 1939», *Journal of Contemporary History* 9/3 (1974), S. 3–17. Siehe W. Wark, «Something Very Stern. British Political Intelligence, Moralism and Grand Strategy in 1939», *Intelligence and National Security*, 5/1 (1990), S. 163 f.

15 Maiski hatte sich vergeblich um ein Treffen mit Halifax bemüht. Man hatte ihn schließlich zu Cadogan umgeleitet, dessen Auftrag lautete, Maiski «auflaufen zu lassen». Wie Cadogan in seinem Fazit am Ende des offiziellen Berichts schrieb, habe «Monsieur Maiski, wie es seine Art ist, meine Erklärung mit lautem Zähneknirschen akzeptiert». Nachlass Cadogan, ACAD 1/8, 23 März 1939; TNA FO 371 23 062 C4155/3356/18, 23 681 N1683/92/38.

16 Nach Fitzroy MacLean von der britischen Botschaft in Moskau hatte Hudson in Mos-

kau «eine Plazebobotschaft der Ermunterung» von Halifax und ein vages Versprechen für eine politische Vereinbarung abgeliefert, die dann als Grundlage für das Kommuniqué diente. Wenige Stunden vor Hudsons Abreise sei ein Telegramm aus London gekommen mit der Anweisung an die Delegation, «sich auf wirtschaftliche Verhandlungen zu beschränken und unter keinen Umständen irgendwelche politischen Fragen anzusprechen». Litwinow, der für das Wochenende schon zu seiner Datscha gefahren war, wurde eilig nach Moskau zurückgeholt. Als er die Neuigkeiten hörte, «bemerkte er bissig, er habe geglaubt, mit einem Generalbevollmächtigten zu verhandeln, stelle jetzt aber fest, dass man ihm einen Büroboten geschickt habe». «Ein Schieber und Gauner», lautete Cadogans derbes Urteil über Hudson. F. Maclean, *Fitzroy Maclean*, London 1992, S. 50 f. Cadogan, Tagebuch, ACAD 1/8, 17. April 1939. Litwinow hatte Stalin schon vorher überzeugt, dass Hudson nicht zu konkreten Vorschlägen ermächtigt war. «Ich denke», sagte er, «dass auch wir keine konkreten Vorschläge machen oder eine konkrete Form der Zusammenarbeit anbieten sollten. Es wird ausreichen, unsere allgemeine Haltung im Sinne deines Berichts an den Parteitag zu erklären.» *DVP* 1939, XXII, Dok. 157. Litwinow ließ Maiski am 28. März wissen, dass das Kommuniqué «absolut unverbindliche Formulierungen» enthalte, dass «keine Seite irgendwelche Vorschläge unterbreitet» habe und dass «der Besuch keine politischen oder wirtschaftlichen Folgewirkungen irgendwelcher Art» nach sich ziehen werde. *God krizisa*, I, Dok. 233, 234.

17 Cadogan teilte Halifax mit, Maiski sei verwundert über den neuen Plan, der, in die Tat umgesetzt, gleichbedeutend mit einer «revolutionären Kehrtwende der britischen Politik» sei und «weitreichende Folgen» zeitigen könne. Sinngemäß dasselbe schrieb er am 30. März an Litwinow; TNA FO 371 22 968 C4401/15/18, 23 062 C4692/3356/18, 23 681 N1721/92/38; *God krizisa*, I, Dok. 243. Maiskis positive Reaktion stand in grellem Kontrast zu der Zurückhaltung, die Litwinow angeraten hatte. A. Resis äußert in «The Fall of Litwinow. Harbinger of the German-Soviet Non-Aggression Pact», *Europe-Asia Studies*, 52/1 (2000), S. 38, zu Recht seine Verwunderung über die unorthodoxe Linie, die Maiski verfolgte.

18 Halifax, der die Begegnung mit Maiski unbedingt vermeiden wollte, teilte dem Kabinett mit, es sei ihm «nicht möglich gewesen, diesen Vormittag Herrn Maiski zu treffen, da der Botschafter nicht verfügbar gewesen sei. Er hoffe, ihn noch vor 15 Uhr zu treffen. Falls dies nicht möglich sei, beabsichtige er, eine telefonische Botschaft nach Moskau zu übermitteln.» Maiski, der sich an jenem Vormittag mit dem Sekretär von Lloyd George traf, beschwerte sich dagegen diesem gegenüber, dass Halifax ihn gebeten habe, «ihn um 10.30 Uhr heute morgen aufzusuchen. Vor einer halben Stunde rief er wieder an und sagte, er könne mich jetzt nicht empfangen und werde sich später melden.» TNA CAB 23/98 17(39), 31. März 1939; Nachlass Lloyd George, LG/G/130, Sylvester an Lloyd George.

19 Halifax erklärte dem Kabinett, seine Hauptsorge gelte der Frage, welche Auswirkungen Konsultationen mit Russland auf die Polen hätten. Auf Maiski angesprochen, sagte er, er rechne damit, dass der sowjetische Botschafter «vollauf zufrieden» sein und erklären werde, die Russen seien «willens, uns zu helfen, wenn wir das zulassen». TNA CAB 23/98 17(39), 31. März 1939.

20 Der Kreis um Chamberlain fand die außerparlamentarischen Aktivitäten Maiskis während der Debatte anstößig. «Ich sah [Churchill] mit Lloyd George, Boothby und Randolph, wie sie in Siegerpose um Maiski herumschwirrten. Maiski, der Botschafter von Folter, Mord und jedem anderen Verbrechen in der Inventarliste», notierte

sich Channon; siehe James, *Channon Diary*, S. 192. Nicolson, der ebenfalls zugegen war, beschreibt die Episode detailliert in seinem Tagebuch, S. 324 f. Lloyd Georges sardonische Kritik an Chamberlain bewirkte nichts. «Als [...] ich auf sein gerötetes Gesicht und sein weißes Haar hinunterschaute», schrieb Chamberlain an seine Schwester, «war mir, als würde all meine Bitterkeit verfliegen, denn ich verachtete ihn und hatte das Gefühl, der bessere Mensch zu sein.» Self, *Chamberlain Diary Letters*, Bd. 4, 1. April 1939, S. 401.

21 Chamberlain fühlte sich im Einklang mit Becks Ansichten über Europa. «Er legte größten Wert darauf, sich nicht an Russland zu binden [...] wegen der Wirkung auf öffentliche Meinung und Politik in Deutschland», schrieb er an seine Schwester. «Ich gestehe, dass ich da entschieden seiner Meinung bin, denn ich betrachte Russland als einen sehr unzuverlässigen Freund mit sehr geringen Kapazitäten für aktive Unterstützung, aber mit einem enormen Potential, andere zu irritieren.» Self, *Chamberlain Diary Letters*, Bd. 4, 9. April 1939, S. 404.

22 *God krizisa*, I, 257, 9. April 1939; *SPE*, I, Dok. 217, 218; Webb, Tagebuch, 8. April 1939, S. 6640.

23 Nachlass Sylvester, Tagebuch, A47, Gespräche mit Maiski am 5. April 1939, TNA FO 371 23 063 C5430/3356/18.

24 Halifax hatte Maiski zum Gespräch gebeten, um « ihn ins Bild zu setzen», doch dann verschwieg er ihm bewusst jegliche Details über die in Arbeit befindliche Vereinbarung mit den Polen; TNA FO 371 23 063 C5262/3356/18, 12. April 1939.

25 Was bei Halifax offenbar nicht ankam, denn der hatte nicht das Gefühl, dass man in Richtung auf eine Bewältigung der realen Probleme, mit denen Großbritannien konfrontiert war, «irgendwelche großen Fortschritte» erzielt hatte; TNA FO 371 23 065 C5068/3356/18.

26 Litwinow an Suriz und Maiski, *God krizisa*, I, Dok. 262, 263, 264, 11. April 1939. *DVP* 1939, XXII, I, Dok. 216, 217, Litwinow an Stalin und Maiski, 13. April.

27 Der britische und der sowjetische Bericht darüber finden sich in TNA FO 371 23 063 C5281/3356/18; *DVP* 1939, XXII, Dok. 221; *DDF*, 2 Serie, XV, Dok. 414, Memorandum von Corbin; siehe Harvey, *Diplomatic Diary*, S. 280, Hervorhebung vom Autor.

28 Diese wohlwollende Darstellung Chamberlains steht im Widerspruch zu dessen eigenem Bekenntnis in einem Brief an seine Schwester, er hege «ein tiefes Misstrauen» gegen Russland, das stets bestrebt sei, «andere anzuspornen, dabei selbst aber nur vage Hilfszusagen gibt. [...] Unser Problem ist es deswegen, Russland auf Abstand zu halten, ohne es uns zum Feind zu machen»; Self, *Chamberlain Diary Letters*, Bd. 4, 29. April 1939, S. 412.

29 *DVP* 1939, 15., 17. April, Dok. 277, 283. Zum Einfluss Maiskis auf Litwinows Umdenken siehe Resis, «The Fall of Litwinow»; Pons, *Stalin and the Inevitable War*, Kap. 5; Roberts, «The Fall of Litwinow», S. 648 f.

30 Zit. n. Dullin, *Men of Influence*, S. 216.

31 Siehe Maiski, *Wer half Hitler*, S. 108–110; «Posetiteli kabineta Stalina. 1938–1939», *Istoricheskii Arkhiv*, 5–6 (1996); Maiskis Unterredung mit Suriz, Litwinow an Suriz, *SPE*, II, Dok. 249, 23. April 1939.

32 Webb, Tagebuch, 12. Juni 1939, S. 6665.

33 Kollontay, *Diary*, 431 f.; Sheinis, *Litwinow*, S. 294.

34 Nachlass Dalton, Tagebuch, I/20, der Aussagen Maiskis bei ihrem Gespräch vom 7. Mai 1939 zitiert.

35 D. Watson, *Molotov. A Biography*, London 2005, S. 148–153.

36 Siehe A. Gromyko, *Pamyatnoe*, II, Moskau 1990, S. 423.

37 L. Bezymenskii, der exklusive Einsicht in die unveröffentlichten Memoiren Merekalows hatte, veröffentlichte die einschlägigen Fragmente in *Novoe Vremya*, 7 (1996); siehe L. Bezymenskii, «Sovetsko-germanskie dogovory 1939», *Novaya i noveishaya istoriya*, 3 (1998); V. I. Trubnikov, «Sovetskaya diplomatiya nakanune Velikoi Otechestvennoi voiny. usiliya po protivodeistviyu fashistskoi agressii», *Voenno-istoricheskii Zhurnal*, 7 (2001), S. 15. Zu dem Treffen Merekalows mit Weizsäcker siehe Pons, *Stalin and the Inevitable War*, S. 164; G. Roberts, «Infamous Encounter? The Merekalov-Weizsäcker Meeting of 17 April 1939», *The Historical Journal*, 35/4 (1992). S. Stegny, «Ivan Maisky's Diary on the Molotov-Ribbentrop Pact», *International Affairs*, 6 (2009), ist ebenfalls von Nutzen. Zur «Drift» der Briten in Richtung Deutschland siehe V. V. Sokolov, «Narkomindel Vyacheslav Molotov», *Mezhdunarodnaya zhizn*, 5 (1991), S. 102 f.

38 In einer beigehefteten handschriftlichen Ergänzung zum Tagebucheintrag vom 28. April hielt Maiski stichwortartig die Weisungen fest, die er aus Moskau erhalten hatte. Demnach sollte das Hauptziel weiterhin eine große Allianz mit Frankreich und England sein, angelegt auf eine Dauer von mindestens fünf Jahren und an mehrere Bedingungen geknüpft: eine unmissverständliche Definition von «Aggression»; das Recht auf Durchmarsch sowjetischer Truppen durch das Staatsgebiet anderer Länder; den gleichzeitigen Abschluss eines politischen und militärischen Beistandspakts; eine einvernehmliche Festlegung der Einflusssphären entlang der Küsten des Schwarzen Meers und eine Verständigung darauf, dass von dem Moment an, da «eine Übereinkunft erreicht ist», keiner der Alliierten mehr separate Verhandlungen führen dürfe. Dass Moskau einer großen Allianz Vorrang einräumte, geht auch aus der Weisung Litwinows an Maiski hervor, Suriz in Paris über das Ergebnis der Konsultationen zu unterrichten. Dabei war sowohl Litwinow als auch Maiski angesichts des britischen Auf-Zeit-Spielens klar, dass die Uhr für diese Lösung bald ablaufen würde. Das arbeitet I. Fleischhauer in ihrer gedankenreichen, noch zu wenig rezipierten Studie *Der Pakt. Hitler, Stalin und die Initiative der deutschen Diplomatie 1938–1939*, Berlin 1990, S. 154–156, überzeugend heraus. In einem Balanceakt ließ Stalin die Verhandlungen mit Großbritannien weiterführen, selbst als schon deutlich wurde, dass die deutsche Option eine reale Möglichkeit war. Dass etwas in der Luft hing, geht aus Maiskis ominöser Warnung an den Sohn von Lloyd George hervor, es sei von «lebenswichtiger» Bedeutung, «noch vor Ablauf eines Monats» ein Abkommen zu erreichen». Nachlass Lloyd George, LG/G/30, 17. Mai 1939.

39 Als Reaktion auf die Einführung der allgemeinen Wehrpflicht in Großbritannien kündigte Hitler das am 18. Juni 1935 geschlossene Flottenabkommen mit England einseitig auf. Zugleich meldete er deutsche Ansprüche auf Danzig an und zerriss damit den deutsch-polnischen Nichtangriffspakt aus dem Jahr 1934.

40 Auf Maiski, der von der von Stalin gesetzten Frist wusste, wirkte die Antwort von Hailfax «wie eine kalte Dusche»; *Wer half Hitler*, S. 111 f. Er drängte Halifax, «im Verlauf der nächsten Woche» eine Antwort an die sowjetische Regierung zu schicken; TNA FO 371 23 065 C6338/3356/18.

41 TNA FO 371 22 969 C5460/15/18, 23 064 C5747/3356/18; CAB 27/624, FP(36)43, 19. April 1939.

42 Carley, *1939*, S. 131; Manne, «The British Decision for Alliance with Russia, May 1939», S. 20.

43 *DVP* 1939, I, Dok. 269.

44 TNA FO 371 23 685 N2293/233/38, Gesprächsprotokoll, 8. Mai 1939.

45 Zu der Debatte über die Absetzung Litwinows siehe Resis, «The Fall of Litwinow» G. Roberts, «The Fall of Litwinow».

46 Kollontay, *Diplomaticheskie Dnevnik*, II, 5. Mai, S. 432–434.

47 Nachlass Ivy Litwinow, Entwurf für Memoiren, 3. Mai 1939.

48 Zit. n. Carley, «End of the ‹Low Dishonest Decade›. Failure of the Anglo-Franco-Soviet Alliance in 1939», *Europe-Asia Studies*, 45/2 (1993), S. 315.

49 Uldricks, «The Impact of the Great Purges», S. 193–198. Siehe A. Kocho-Williams, «The Soviet Diplomatic Corps and Stalin's Purges», *Slavonic and East European Review*, 86/1 (2008); Dullin, *Men of Influence*, S. 240 f.; Chuev, *Molotov Remembers*, S. 67–69.

50 H. D. Phillips, *Between the Revolution and the West*, Boulder 1992, S. 166.

51 Chuev, *Molotov Remembers*, S. 70; Memoiren von A. Roschin in «People's Commissariat for Foreign Affairs before World War II», *International Affairs*, 5, 1988, S. 111 f.

52 TNA FO 371 23 066 C7614/3356/18, persönlicher Brief von Seeds an L. Oliphant im Foreign Office, 22. Mai 1939. Auch Aster zitiert Seeds: «Sir William Seeds. The Diplomat as Scapegoat?», S. 146 f. Churchill, *Der Zweite Weltkrieg*, Bd. 1: *Der Sturm zieht auf*, S. 446.

53 V. N. Khaustov, V. P. Naumov und N. S. Plotnikov (Hg.), *Lubyanka. Stalin i* NKVD-NKGB-GUKR «Smersh», 1939–1946, Moskau 2006, Dok. 37. Zu den Ermittlungen des NKWD und zum Umbau des Narkomindel siehe die höchst respektable und innovative Arbeit von S. Dullin, «Litvinov and the People's Commissariat of Foreign Affairs. The Fate of an Administration under Stalin, 1930–39», in: S. Pons und A. Romano (Hg.), *Russia in the Age of Wars, 1914–1945*, Mailand 2000; siehe E. Gnedin, *Vykhod iz labirinta*, Moskau 1994, S. 25, 28, 35.

54 N. V. Novikov, *Vospominaniya diplomata. Zapiski 1938–1947*, Moskau 1989, S. 24 f. Siehe Sokolov, «Narkomindel Vyacheslav Molotov», S. 103; Chuev, *Molotov Remembers*, S. 192; Uldricks, «The Impact of the Great Purges», S. 191.

55 Lloyd George, der mit Maiski in der Botschaft zu Mittag aß, erlebte den Botschafter als «sehr niedergeschlagen»; fürchtete er doch, «sein Land könnte zu einer Politik der Isolation zurückkehren»; Nachlass Sylvester, Tagebuch, A46, 8. Mai. Das Zustandekommen eines Pakts mit Großbritannien war nach der Absetzung Litwinows für Maiskis eigenes Überleben entscheidend geworden. Das «eigentliche Hindernis», das einem partnerschaftlichen Umgang mit den Russen im Weg stand, war in seinen Augen «der Regenschirmmann», da er glaubte, dass Halifax alleine sehr viel weiter gehen würde als der Premierminister. Siehe Dalton, Tagebuch I/20, 7. Mai. Auch wenn Maiski nach außen den Eindruck eines «ziemlich bissigen Pessimisten» erweckte, machte er doch unter Einsatz wohlmeinender Mittelsmänner weiter Druck auf das Foreign Office und hielt daran fest, dass die breite Kluft noch immer überbrückt werden könne, wenn die britische Regierung bereit sei, «lange Wege zu gehen» und sich in eine Tripelallianz einzubringen. Telefongespräch mit Ewer vom *Daily Herald*, TNA FO 371 23 066 C7108/3356/18, 10. Mai 1939. Ewer war 1929 vom MI5 als sowjetischer Agent enttarnt worden, der eng mit der sowjetischen Botschaft zusammenarbeitete. Die Tatsache, dass er sowohl beim Foreign Office als auch bei der sowjetischen Botschaft weiterhin ein und aus ging, könnte darauf hindeuten, dass er sich als Doppelagent betätigte. TNA KV 2/1016, 1017.

56 TNA FO 371 23 065 C6924, C6925, C6743/3356/18, 10. Mai; *DDF*, 2 Serie, XVI, Dok. 137, Corbin an Bonnet, 11. Mai 1939.

57 Ein ziemlich verzweifelter Maiski missbilligte jedes Vorgehen, das einen Abbruch der Verhandlungen hätte provozieren können; TNA FP (36) 48, in FO 371 23 066 C7499/3356/18, 19. Mai 1939. Maiski vermittelte Vansittart, wie dieser das Kabinett wissen ließ, den Eindruck, er sei bereit, die Frage der Garantien für die baltischen Staaten außen vor zu lassen, wenn die Briten sich zu sofortigen militärischen Gesprächen bereitfänden. TNA FO 371 23 066 C7401/3356/18.

58 Wie Vansittart Halifax berichtete, hatte Maiski «nicht abweisend» reagiert, sondern zugesagt, die Formel «unverzüglich» nach Moskau zu übermitteln. TNA EP (36) 48, in FO 371 23 066 C7499/3356/18. Maiski hielt den Druck auf Halifax aufrecht, während die Antwort aus Moskau noch ausstand, rechnete er doch (wie er dem französischen Botschafter in London anvertraute) mit einer Ablehnung der britischen Vorschläge. Er bediente sich auch informeller Verbindungen ins Foreign Office, um ebendiese Botschaft an den Mann zu bringen und dazu seine Überzeugung, dass, solange die britische Regierung nicht vom hohen Ross klettere und sich auf eine Tripelallianz einlasse, «keinerlei Chance auf eine Vereinbarung» bestehe. *DDF*, 2 Serie, XVI, Dok. 216; TNA FO 371 23 066 C7468/3356/18, Telefonat mit Ewer vom *Daily Herald*.

59 Maiski, «die grinsende Katze», hatte sich, wie Channon festhielt, «über das Geländer der Botschaftsgalerie gebeugt und saß dort so abgründig und selbstgefällig (sollen wir unsere Ehre, unsere Sicherheit in diese blutbeschmierten Hände geben?)». Churchill, den Maiski zuvor telefonisch eingehend über den Stand der Verhandlungen informiert hatte, warf in seiner Rede im Unterhaus Chamberlain vor, sich mehr von Gefühlen leiten zu lassen als von den Staatsinteressen, die ein Zusammengehen mit Russland erforderten. James (Hg.), *The Diaries of Channon*, S. 199; siehe Maiski, *Wer half Hitler*, S. 114 f.; Maiski, Leserbrief, *Times*, 5. Sept. 1969. Am Vorabend der Debatte speiste Maiski mit Amery und einem Dutzend Mitgliedern der «Eden Group» im Haus von General Spears zu Abend. Es handelte sich um Hinterbänkler, die die Politik des Appeasement ablehnten. «Der kleine Mann», schrieb Amery in sein Tagebuch, «vertrat mit großer Bestimmtheit die These, dass Russland entweder eine ausgewachsene Allianz machen werde oder gar nichts.» Amery fand trotz seiner ironischen Anmerkung, er habe jetzt verstanden, «weshalb unsere Vorfahren die Bärenhatz als einen so guten Sport empfanden», Maiskis Argument überzeugend, dass die britische Regierung sich, anstatt Stellung gegen Nazideutschland zu beziehen, «hartnäckig [...] an den Kadaver der mausetoten Appeasement-Politik klammert». Nachlass Amery, Tagebuch, AMEL 7/39.

60 *God krizisa*, I, Dok. 366; TNA FO 371 23 066 C7522/3356/18; Harvey, *Diary*, S. 37–40; Amery, Tagebuch, AMEL 7/39, 19. Mai 1939.

61 *The Times*, 22. Mai 1939; G. Bilainkin, «Mr. Maiski Sees it Through», *The Contemporary Review*, 162 (1942).

62 TNA FO 371 23 066 C7591/3356/18, 22. Mai 1939; Self, *Chamberlain Diary Letters*, Bd. 4, S. 418 f.

63 Auch Seeds und Payart in Moskau wurden von Molotows heftiger Reaktion kalt erwischt. Seeds versuchte vergeblich, Molotow davon zu überzeugen, dass die Entscheidung der britischen Regierung «einen radikalen Wendepunkt in der englischen Außenpolitik markiert»; *God krizisa*, I, Dok. 339.

64 TNA FO 371 23 067 C7937/3356/18, 29. Mai 1939.

65 *SPE*, II, Dok. 314.

66 RAN f. 1702, op. 4 d. 111, l. 20, 31. Mai; Nachlass Lloyd George, LG/G/130, Gwilym Lloyd George an seinen Vater, 1. Juni. Webb, Tagebuch, 12. Juni, S. 6665. Er erweckte

denselben Eindruck gegenüber dem Korrespondenten der *New York Times* (31. Mai, auch noch 24. Juni 1939).

67 Maiski übermittelte Halifax am 12. Juni eine Botschaft Molotows, in der dieser die Forderung der Sowjets nach einer Verbindung der politischen und militärischen Vereinbarungen bekräftigte und den Beschluss, Strang nach Moskau zu schicken, «zur Kenntnis» nahm.

68 Halifax erklärte, wenn Deutschland bereit sei, über «eine wirkliche Problemlösung» zu reden, werde die britische Regierung «dafür eintreten», solange man die Lösung auf dem Verhandlungsweg und unter Verzicht auf Gewalt anstrebe; *HL Deb*, Bd. 113, c. 361.

69 Halifax' Versuch, Strang größer zu machen, als er war, fand bei Maiski keinen Anklang; er ließ Halifax auf dem Umweg über Ewer vom *Daily Herald* wissen, dass er Strang für nicht «groß genug» hielt. Die steilen Forderungen Molotows waren nach Maiskis Überzeugung ein «Lackmustest» für die Glaubwürdigkeit der britischen Regierung, die durch einen Moskaubesuch Halifax' wiederhergestellt werden konnte; TNA FO 371 23 068 C8701/3356/18; *DVP* 1939, XXII, I, Dok. 359, 361, 367, Korrespondenz zwischen Maiski und Molotow, 8., 10., 12. Juni.

70 Maiski, *Wer half Hitler?*, S. 129. TNA FO 371 23 068 C8357/3356/18; Self, *Chamberlain Diary Letters*, Bd. 4, 10. Juni 1939, S. 420 f.; privater Nachlass von Lord Stamford, Tagebuch, 30. April 1940.

71 Molotow missbilligte die «benachteiligende» Vereinbarung: «Es ist klar, dass wir einem solchen Vertrag nicht nähertreten werden.» *God krizisa*, II, Dok. 408. Dagegen hielt Maiski an der Überzeugung fest, dass «es zu einem Pakt mit Moskau kommen wird, der Hitlers Kriegslust lähmen wird»; Webb, Tagebuch, 18. Juni 1939, S. 6669.

72 Maiski selbst war erschüttert ob der rigiden sowjetischen Haltung und fand sich gegenüber Halifax desavouiert, als dieser ihn daran erinnerte, was er ihm noch vor Kurzem in Genf zugesichert hatte: dass, wenn die britische Regierung erst einmal einen Beistandspakt auf Gegenseitigkeit im Grundsatz akzeptiere, «der Rest nur noch Formsache wäre». Dies habe sich, wie Halifax feststellte, «jetzt ganz sicher nicht bestätigt». Siehe Halifax' Bericht, TNA FO 371 23 069 C8979/3356/18. In seinem Erinnerungsband *Wer half Hitler?*, S. 136–139, bastelte Maiski erneut eine apologetische und anachronistische Darstellung zusammen, in der er den falschen Eindruck erweckt, aus seinem Tagebuch zu zitieren.

73 RGASPI, Nachlass Molotow, f. 82 op. 2 d. 1140 ll. 166–8, 173–84.

74 Siehe Haslam, «The Soviet Union and the Czechoslovakian Crisis of 1938», S. 444.

75 G. Roberts, «The Soviet Decision for a Pact with Nazi Germany», *Soviet Studies*, 44/1 (1992), gibt einen guten Überblick über die Verhandlungen, wenn auch hauptsächlich aus der Perspektive der diplomatischen Korrespondenz. Er schreibt die erzielten Fortschritte zur Gänze Deutschland zu und datiert die – reaktive – Entscheidung Stalins, auf die deutsche Karte zu setzen, auf Ende Juli 1939. Wie aus den hier zusammengestückelten Materialien (und dank Bezymenskiis einzigartigem Zugang zu den Präsidentenarchiven) deutlich wird, hatten die beiden Akteure einander schon seit jenem dramatischen Treffen am 22. April im Kreml gegenseitig und kontinuierlich umworben.

76 *SPE*, II, Dok. 355.

77 Bei aller Verzweiflung glaubte Maiski weiterhin an einen Pakt mit England. Als Johnson ihn eindringlichst fragte, ob er mit dem Zustandekommen eines Pakts rechne, sagte Maiski «mit ernster Miene: ‹Nach meiner Meinung nicht vor dem Krieg, aber

nach dem Krieg werdet ihr dazu bereit sein.›» TNA FO 800/322, S. 330, Johnson an Halifax, 25. Okt. 1939. Johnson ließ sich vom Ribbentrop-Molotow-Pakt kaum beirren; er versicherte Maiski, er verfolge die sowjetische Politik mit «tiefem Interesse, Sympathie und als Mutmacher». RAN f. 1702 op. 4 d. 1337 l. 10. Maiski zeichnete in *Vospominaniya*, S. 206–211, ein wohlwollendes Porträt Johnsons.

78 *God krizisa*, II, Dok. 340, Molotow an Maiski, 23. Juni 1939.

79 Carley, *1939*, S. 166; Cadogan, *Diary*, S. 190; *God krizisa*, II, Dok. 340, 361, Molotow an Maiski, 3. Juli 1939; *SPE*, II, Dok. 377.

80 Chamberlain war überzeugt, die Kampagne für eine Aufnahme Churchills ins Kabinett sei eine Verschwörung, «in die Herr Maiski verwickelt ist». Er reagierte wutentbrannt auf einen Artikel, der am 5. Juli in der *Daily Mail* erschien, Frucht einer langen Unterredung ihres Korrespondenten mit Randolph Churchill, der kurz zuvor mit Maiski gesprochen hatte. In dem Artikel hieß es, Churchills «baldige Rückkehr ins Kabinett» stehe so gut wie fest. In seiner Korrespondenz mit Moskau gab Maiski weiterhin seiner Hoffnung auf bevorstehende Änderungen Ausdruck. Ein Jahr später erklärte Maiski im Verlauf einer privaten Unterredung, die Verhandlungen hätten zum Erfolg geführt, wenn Churchill Premierminister gewesen wäre; Self, *Chamberlain Diary Letters*, Bd. 4, 8. Juli 1939, S. 426; Gilbert, *1939*, S. 1556 f. DVP 1939, XXII, Anm. 147; Nachlass Stamford, Tagebuch, 18. Juli 1941.

81 Neilson, *Britain, Soviet Russia and the Collapse of the Versailles Order*, S. 309.

82 Nachlass Inskip, INKP2, Tagebuch, 27. Aug. 1939.

83 Self, *Chamberlain Diary Letters*, Bd. 4, 23. Juli 1939, S. 430 f. Meine Zusammenfassung stützt sich des Weiteren auf die exzellente und ausgewogene Analyse von S. Newton, *Profits of Peace. The Political Economy of Anglo-German Appeasement*, Oxford 1996, Kap. 5. Siehe R. A. C. Parker, *Chamberlain and Appeasement*, S. 269–271; Carley, *1939*, S. 179 f.

84 *God krizisa*, II, Dok. 493, 24. Juli 1939. Zu dem Argwohn, den das Treffen mit Göring auslöste, siehe Nachlass Stamford, Tagebuch, 30. April 1940.

85 Es darf daran gezweifelt werden, ob die Entscheidung der Sowjetunion für die Aufnahme militärischer Gespräche tatsächlich etwas mit Halifax' Entschlossenheit zu tun hatte, sie des «Bluffens» zu überführen; Neilson, *Soviet Russia and the Collapse of the Versailles Order*, S. 309. Schon am 10. Juli legte General Schaposchnikow, der Stabschef der sowjetischen Streitkräfte, Stalin den von diesem angeforderten Entwurf eines Militärbündnisses mit England und Frankreich vor. Er zog darin mehrere Varianten einer denkbaren deutschen Offensive in Betracht und beschrieb detailliert die darauf jeweils zu gebende militärische Antwort. Der Entwurf, den Stalin nach Überarbeitung am 18. Juli abzeichnete, diente der sowjetischen Seite als Arbeitsgrundlage für die militärischen Verhandlungen; RGASPI, Nachlass Stalin, f. 558 op. 11 d. 220 ll. 3–9.

86 In seinen Memoiren vermittelt Maiski wieder einmal ein Zerrbild von dem Treffen. Er habe, so behauptet er (als wäre er ein Hellseher), Halifax «in großer Besorgnis» verlassen. Tatsächlich zeigen sowohl der ungekürzte Tagebucheintrag als auch das knappe Telegramm, das er nach Moskau schickte, einen vorsichtigen Optimismus. Bei Halifax können wir nachlesen, dass Maiski das Arrangement «für eine gute Sache» hielt «und dass sein Abschreckungspotential sehr groß sei und es die Außenwelt mehr beeindrucken werde, als jeder andere Schritt es vermocht hätte». Maiski habe gesagt, Moskau sei der Meinung, dass man «reale Fortschritte erzielt hatte [...] und dass man hoffe, sich jetzt auf das Ende der Verhandlungen zuzubewegen». Es

trifft allerdings zu, dass Halifax Maiski in keiner Weise zur Eile gemahnte, sah er doch «keinen unmittelbaren Ärger» kommen. Maiski, *Wer half Hitler?*, S. 147–149; *God krizisa*, II, Dok. 500; TNA FO 371 23 071 C10456/3356/18.

87 Als Drax Halifax fragte, ob er an dem Lunchbankett teilnehmen solle, antwortete Halifax: «Wenn Sie es ertragen können ...». Zit. n. Carley, *1939*, S. 186.

88 Siehe Nachlass Dalton, Bd. 25/2, Brief v. Boothby, 15. Sep., sowie Boothby, *Recollections of a Rebel*, London, 1978, S. 188–193. Zum Rückgriff Stalins auf Maiskis retuschierte Darstellung siehe Nachlass Balfour (enthalten im Nachlass Beaverbrook), Tagebuch, 1. Okt. 1941.

89 Webb, Tagebuch, 7. Aug. 1939, S. 6698–6700. Hervorhebung im Original.

90 Siehe oben S. 319–321.

91 L. Bezymenskii, «Sovetsko-Germanskie dogovory 1939 g.», «Al'ternativy 1939 goda. vokrug Sovetsko-Germankogo pakta 1939», *Arkhivy raskryvayut tainy*, Moskau 1991; *Gitler i Stalin pered skhvatkoi*, S. 2009. Zugute kamen mir ferner die zahlreichen Gespräche, die ich mit dem inzwischen verstorbenen Lev Bezymenskii führte, dessen intime Vertrautheit mit den archivalischen Quellen und den handelnden Personen einmalig war. Siehe V. V. Sokolov, «Tragicheskaya sud'ba diplomata G. A. Astakhova», *Novaya i noveishaya istoriya*, 1 (1997). Eine große Zahl der zwischen der sowjetischen Botschaft in Berlin und dem Narkomindel ausgetauschten Telegramme ist veröffentlich in *God krizisa*. Eine nicht leicht zugängliche, aber wichtige Quelle ist V. Sokolov (Hg.), «‹Avtobiograficheskie zametki› V. N. Pavlova – perevodchika I. V. Stalina», *Novaya i noveishaya istoriya*, 4 (2000). Nützlich war auch G. Roberts, «The Soviet Decision for a Pact with Nazi Germany», *Soviet Studies*, 44/1 (1992). Roberts meint allerdings, die Politik sei extemporiert worden. Es war sicherlich eine reaktive Politik, wie die Politik aller anderen involvierten Regierungen. Wie ich jedoch in dieser Arbeit zeige, hatte Moskau die deutsche Option seit April 1939 als denkbar in Erwägung gezogen. Siehe dazu weiterführend Roberts, «On Soviet-German Relations. The Debate Continues – A Review Article», *Europe-Asia Studies*, 50/8 (1998); J. Haslam, «Soviet-German Relations and the Origins of the Second World War. The Jury is Still Out», *Journal of Modern History*, 69/4 (1997).

92 Die Weisungen finden sich in TNA FO 371/23072, C10801/3356/18.

93 *SPE*, II, Dok. 398, 4. Aug. 1939. *Les papiers secrets du Général Doumenc*, S. 46–56. Eine lebendige und erkenntnisreiche Beschreibung der Mission liefert Carley, *1939*, S. 183–189.

94 Siehe S. 336 f.

95 Siehe die britische Version in *DBFP*, Third Series, VII, Appendix II.

96 *SPE*, II, Dok. 427, 16. Aug. 1939.

97 *SPE*, II, Dok. 430, 431, 17. Aug., Dok. 435, 20. Aug. 1939.

98 RGASPI, Nachlass Stalin, f. 558 op. 11 d. 220 ll. 125–36.

99 Kollontay, *Diplomaticheskie Dnevniki*, II, S. 446 f.; Nachlass Ivy Litwinow, Entwurf eines Erinnerungsbuchs.

100 TNA FO 371 23 682 N5426/92/38, 13. Okt. 1939.

101 Dalton, *Fateful Years*, S. 256 f.

102 Das Schiff trug den Namen von Lenins Schwester Marija Iljinitschna Uljanowa.

103 Laut Unterhausprotokoll sagte Chamberlain: «Uns bleibt nur, die Zähne zusammenzubeißen und diesen Kampf, den wir selbst von ganzem Herzen zu vermeiden versucht haben, aufzunehmen in dem festen Willen, ihn bis zum Ende durchzufechten.» *HC Deb*, Bd. 351, c. 132.

104 Chamberlain sei, wie Nicolson in seinem Tagebuch notierte, «ganz offensichtlich in echte moralische Agonie [verfallen], und das allgemeine Empfinden im Unterhaus ist tiefes Mitgefühl für ihn und großer Jammer in Bezug auf uns». *The Harald Nicolson's Diaries*, hg. von N. Nicolson, London 2004, S. 417; siehe auch Nicolson, *Tagebücher und Briefe*, S. 342–345.

105 In seinem Tagebuch schildert Sylvester, wie Chamberlain «vom Donner gerührt» war, als Greenwood unter Zurufen von allen Seiten das Rednerpult betrat: «Speak for England»; Nachlass Sylvester, Tagebuch, A46, 2. Sept. 1939.

106 James, *The Diary of Channon*, S. 215, «Wenig später hatte Maiski die Chuzpe aufzutauchen, und er hatte sein typisches breites Grinsen aufgesetzt. Kein Wunder. Jetzt ist der Moment gekommen, auf den er lange hingearbeitet und gehofft hat.»

107 Webb, Tagebuch, 3., 15., 18. Sept. 1939, S. 6720, 6729–6731.

108 Siehe Maiskis Korrespondenz mit beiden, RAN f. 1702 op. 4 d. 1357 l. 7, d. 1677 l. 4, 7. Sept. 1939.

109 Nachlass Dalton, Bd. 2 5/2, Brief Daltons v. 15. Sept. Siehe Webb, Tagebuch, 2. Okt. 1939, S. 6743.

110 Ein in London gestrandetes sowjetisches Schiff, das eigentlich eine Volkstanztruppe in die USA hätte bringen sollen.

111 Die kurze und prägnante Antwort kündete von der Absicht der Sowjets, an ihrer Neutralität festzuhalten. Sie ließ auch durchblicken, dass die Demarkationslinien in Polen «provisorischer Natur» waren und dass die Sowjetunion bereit war, in Wirtschaftsverhandlungen einzutreten. Cadogan fand, die sowjetischen Antworten seien «ausweichend und albern»; nach seiner Überzeugung war es «zwecklos», mit Maiski zu reden, der «nichts weiß und von seiner Regierung nichts erfährt». Bernard Shaw fragte sich jedoch, ob Maiski wohl nicht merkte, «dass Stalin das französisch-sowjetische Projekt ausgestochen hatte und ihn in London als Hochstapler dastehen ließ. Das war ein Kabinettstückchen von Stalin und wird sein Ansehen sicher in keiner Beziehung schmälern.» TNA CAB 65/1/30 WM(39)30; Dilks (Hg.), *The Diaries of Cadogan*, 27. Sep., S. 219; Webb, Tagebuch, 25. Sept. 1939, S. 6740.

112 Ribbentrop traf in Moskau am 27. September ein. Erst jetzt wurden die letzten Geheimprotokolle über die Abgrenzung der Einflusssphären ausgehandelt und in sieben separaten Dokumenten niedergelegt, die I. Fleischhauer erst 1990 in Schulenburgs Archiv entdeckte.

113 Siehe G. Gorodetsky, *Grand Delusion. Stalin and the German Invasion of Russia*, Yale University Press 1999.

114 Das Treffen entsprang eindeutig der Initiative und dem Wunsch Maiskis (siehe I. Maisky, *Memoirs of a Soviet Ambassador. The War 1939–43*, London 1967, S. 32); sehr wahrscheinlich war seine Initiative eine Reaktion auf Churchills berühmte Radioansprache vom 1. Oktober, in der er Russland als «ein Rätsel innerhalb eines Geheimnisses, umgeben von einem Mysterium» bezeichnete, dann aber als Schlüssel zur Lösung des Rätsels «die nationalen Interessen Russlands» präsentierte, die nicht zulassen würden, dass die Russen untätig zusähen, wie Deutschland sich «an den Küsten des Schwarzen Meers aufpflanzt. […] Das würde den historischen Lebensinteressen Russlands widersprechen.» Siehe M. Kitchen, «Winston Churchill and the Soviet Union during the Second World War», *The Historical Journal*, 30/2 (1087), S. 415. Die Initiativen Maiskis wurden nur zensiert und in Teilen an Molotow weitergereicht; *DVP* 1939, XXII, Dok. 667. Der neue Aktivitätsschub, der wieder einmal als Begründung für Maiskis weiteres Verbleiben in London diente, schlug sich in einer

Flut von Einladungen an ehemalige Bündnisgenossen nieder, der Botschaft einen Besuch abzustatten, ferner in der Rekrutierung von Ministern, die in der Lage schienen, Druck auf Halifax auszuüben. Siehe z. B. Briefe an Eden und Butler, RAN f. 1702 op. 4 d. 848 l. 2, d. 940 l. 10, 7. Okt. 1939. Schon Mitte Oktober war Maiski wieder «in überragender Form; euphorisiert durch das wachsende Ansehen der UdSSR als mächtigster und erfolgreichster ‹Weltstaat›» und die «stark veränderte Einstellung» ihm gegenüber, der «erheblich größeren Freundlichkeit von Churchill, Eden und Elliott». Webb, Tagebuch, 15. Okt. 1939, S. 6751.

115 Als Charles Eade, Redakteur beim *Sunday Dispatch*, Churchill aufsuchte, nachdem Maiski gegangen war, traf er ihn in einem «etwas locker sitzenden Abendanzug und in Strümpfen an, seine Schuhe hatte er abgestreift. Er rauchte eine dicke Zigarre und hatte Whisky und Soda auf dem Schreibtisch stehen. Er erschien mir leicht beschwipst.» Nachlass Eade, Eade 2/1, 2/2.

116 Maiski wiederholte seine inzwischen vertraute apologetische Darstellung der Vorgeschichte des Pakts. «In einer Welt wie dieser», schwadronierte er, «in der wilde Bestien frei herumliefen, müsse jedes Land gewisse Vorkehrungen für die eigene Sicherheit treffen.» TNA FO 371 23 682 N5426/92/38.

117 Maiski, der nach Edens Erinnerung «fast die ganze Zeit sprach», gab Eden in der Tat zu verstehen, dass der Kreml es lieber mit jemandem zu tun hätte, der das Vertrauen der britischen Regierung genieße, und die Sowjets würden hieran «wahrscheinlich immer gewisse Zweifel hegen, solange man ihnen einen Politiker der Linken vorsetzt, während die Regierung dieses Landes doch rechts steht». Mit der Gesundheit Seeds' war es schon eine Weile bergab gegangen, und jetzt fand er – praktischerweise – Verwendung als Sündenbock für das Scheitern der Verhandlungen mit den Russen. Nach einer Kabinettssitzung am 30. September, in der Seeds' Urteilsfähigkeit in Frage gestellt wurde, traf Halifax Dawson am 5. Oktober zu einem Dinner zu zweit und sprach mit ihm über «verschiedene Labour-Figuren», die als Nachfolger für Seeds in Frage kämen. Siehe ebd. sowie *DVP* 1939, XXII, Dok. 682. Carley hat auf die Diskrepanzen zwischen den beiden Versionen hingewiesen; er führt sie zu Recht auf das Bedürfnis Maiskis zurück, seine Politik – «und vielleicht auch seinen Kopf – zu retten, zu welchem Zweck er das Interesse der Briten an Verhandlungen aufrechterhalten musste». Carley, «‹A Situation of Delicacy and Danger›. Anglo Soviet Relations, August 1939 – March 1940», *Contemporary European History*, 8/2 (1999), S. 184, 191. Siehe Nachlass Dawson, Box 43, Tagebuch; Aster, «Sir William Seeds. The Diplomat as Scapegoat», S. 142–145.

118 Halifax zufolge war es Maiski, der die Idee aufs Tapet brachte, eine Wirtschaftsdelegation nach Moskau zu schicken; dagegen erweckte Maiski in seinem Bericht an Moskau (wie er es gerne tat) den Eindruck, es sei Halifax' Vorschlag gewesen. Tatsächlich war es so, dass Maiski, der wusste, dass Cripps bei Halifax ein und aus ging, diesem die Idee einer von ihm geleiteten Wirtschaftsdelegation schmackhaft machte. G. Gorodetsky, *Stafford Cripps' Mission to Moscow, 1940–42*, Oxford University Press 1984, S. 12 f.

119 Molotow fragte bei Maiski an, ob seines Wissens Butler die Möglichkeit einer sowjetischen Mittlerrolle «hinsichtlich eines Friedensschlusses mit Deutschland zu bestimmten Bedingungen» angedeutet habe. Maiski hatte zwar keinen derartigen Eindruck gewonnen, glaubte aber, dass Butler diese Idee interessant finde. *DVP* 1939, XXII/2, Dok. 695, 700, 704. Paradoxerweise wurde jetzt ausgerechnet Butler, dem die Russen immer sein begeistertes Eintreten für das Appeasement angekreidet hat-

ten, zum Objekt von Maiskis Werben im Dienst der sowjetischen Bemühungen um die Lancierung einer «Friedensoffensive». Siehe z. B. Maiskis Brief an Butler, RAN f. 1702 op. 4 d. 848 l. 3, 20. Nov. 1939.

120 Was Maiski in seinem ausführlichen Bericht an Moskau nicht erwähnte, war die wichtige Information, dass in London Churchill als der nächste Premierminister gehandelt wurde und dass er selbst aktiv für eine Verbesserung der sowjetisch-britischen Beziehungen warb – was deutlich über das ihm von Molotow erteilte Mandat hinausging; *DVP* 1939, XXII/2, Dok. 775, 776.

121 *DVP* 1939, XXII/2, Dok. 806, 23. Nov.

122 Halifax verließ die Besprechung, ebenso wie Cadogan, in der Überzeugung, es sei «ziemlich sinnlos, mit Maiski zu reden». Die Russen seien, so beklagte er sich, als Verhandlungspartner einfach unbrauchbar. In seinem Bericht nach Moskau erweckte Maiski, der mit der Einfädelung von Wirtschaftsverhandlungen weit über die von Molotow gesetzten Grenzen hinausgegangen war, den Eindruck, das Gespräch souverän geführt zu haben, wohingegen Halifax schrieb, Maiski habe ausweichend agiert und nervös gewirkt. Eingedenk der Wahrscheinlichkeit bewaffneter Auseinandersetzungen im Norden zog Maiski es vor, Halifax' Warnung zu verwässern; TNA FO 371 N6717/99138, FO 800/328, Halifax an General Gort, 28. Nov. 1939; *DVP* 1939, XXII/2, Dok. 811.

123 Vansittart hatte den Ministern geraten, «Maiski auf Abstand zu halten [...], denn er saugt illusionären Honig aus seinen imaginären Erfolgen». Butler, in dessen Augen Maiski ein «liebenswerter Halunke» war, lehnte die Einladung Maiskis zu einem Besuch in der Botschaft dankend ab; er zog ein intimes Mittagessen mit dem Botschafter im Haus von seinem parlamentarischen Sekretär Henry Channon vor, um «nicht mit ihm in der Öffentlichkeit gesehen zu werden». Der Gastgeber vergaß seinerseits nicht, anschließend «die Tabaksdosen durchzuzählen, [...] von denen jedoch keine fehlte». Als Channon, der als Rechtsaußen bekannt war, Maiski zu guter Letzt persönlich traf, fand er ihn «deutlich besser als erwartet: [...] klug, scharfsinnig und humorvoll. [...] Die neue Ordnung ist vielleicht doch nicht so furchtbar, wie ich befürchtet habe; man könnte mit Bevin klarkommen und vielleicht sogar auch mit Maiski.» TNA, FO 371 23 701 N5717/5717/18; RAN f. 1702 op. 4 d. 848 l. 3; James (Hg.), *Diaries of Channon*, S. 21, 261.

124 Die beste Darstellung der Verhandlungen aus finnischer Sicht bietet S. Salmon, «Great Britain, the Soviet Union and Finland at the beginning of the Second World War», J. Hiden und T. Lane (Hg.), *The Baltic and the Outbreak of the Second World War*, Cambridge University Press 1992; siehe H. Shukman und A. O. Chubarian, *Stalin and the Soviet-Finnish War, 1939–1940*, London 2002.

125 Webb, Tagebuch, 1., 19. Dez., S. 6781, 6790–6792; RAN f. 1702 op. 4 d. 143 l. 70, Maiski an Litwinow, 14. Dez. 1939. Siehe Brief Agnia Maiskis an Pritt, abgedruckt in *The Autobiography of D. N. Pritt*, London 1965, S. 213 f.

1940

1 Bilainkin, *Diary of a Diplomatic Correspondent*, 7. Feb. 1940, S. 9, 21.

2 RAN f. 1702 op. 4 d. 940 l. 13, d. 1357 l. 10, 3., 6. Mai 1940.

3 *DVP* 1940, XXIII, 1, Dok. 53–56; TNA FO 418/86 C3564/23/18; siehe Bilainkin, *Diary of a Diplomatic Correspondent*, 16. Jan. 1940, S. 18.

4 Zu Maiskis Verhaftung und Prozess siehe S. 790 ff. Der Entwurf für das «Weißbuch», das zum Zeitpunkt seiner Veröffentlichung nur noch ein «Blaubuch» ge-

wesen wäre, findet sich in TNA Cab/67/4/7. Der Text ist inzwischen publiziert worden, mit einer den Kontext referierenden Einleitung von S. Aster und T. Coates, *Dealing with Josef Stalin. The Moskau White Book, 1939*, London 2009. Zur Komplexität der Auswahl und schließlich der Aufnahme in Woodwards *Documents on British Foreign Policy* siehe den faszinierenden Artikel von U. Bialer, «Telling the Truth to the People. Britain's Decision to Publish the Diplomatic Papers of the Inter-War Period», *The Historical Journal*, 26/2 (1983). Zu der Mikrofilmepisode siehe Maiskis Briefe an den Präsidenten des Supreme Military Court, 7. Mai 1956, an Chruschtschow, 14. Juli 1960, RAN f. 1702 op. 2 d. 76 ll. 24–28, op. 4 d. 275 ll. 43–44.

5 Die Labour-Abordnung nach Finnland leitete Citrine. Sie besuchte die Front und traf mit Marschall Mannerheim zusammen. Nach ihrer Rückkehr notierte Halifax voller Erstaunen die kriegerische Stimmung der Labour-Vertreter, die «voll des Lobes über die bewundernswerte Moral der Finnen» seien, «voller Verachtung für die Russen» und überzeugt, dass die Finnen «standhalten» würden. Auf der anderen Seite drängten ihn Attlee und Greenwood nachdrücklich, von einer Kriegserklärung abzusehen. Nachlass Halifax, A7.8.3, Tagebuch, 9. Feb. 1940; TNA FO 800/281, S. 369–72, Halifax an Chamberlain, 10. Feb. 1940.

6 In einer im Radio übertragenen Rede am 20. Januar prophezeite Churchill, eine Ausweitung der Feindseligkeiten werde wahrscheinlich weitere Staaten in den Krieg hineinziehen. *The Times*, 21. Jan. 1940.

7 *DVP* 1940, XXIII/1, Dok. 27; Nachlass Stamford, Tagebuch, 28. Jan. 1940.

8 Webb, Tagebuch, 29. Jan. 1940, S. 6815.

9 TNA FO 371 24 843 N1390/30/38, 30. Jan. 1940.

10 Ernest L. Woodward, *British foreign policy in the Second World War*, London 1962.

11 Maisky, *Memoirs. The War*, S. 141 f.; Nachlass Alexander, AVAR 5/8, 28. Juni 1940.

12 Eine Razzia in den Londoner Kontoren der sowjetischen Handelsdelegation im Mai 1927 – der Vorwand für den Abbruch der diplomatischen Beziehungen zwischen den beiden Ländern. Siehe Gorodetsky, *The Precarious Truce*, S. 221–231.

13 Zu den Turbulenzen in den englisch-sowjetischen Beziehungen während der Kriegsjahre und der Friedensverhandlungen siehe Shukman (Hg.), *Stalin and the Soviet-Finnish War, 1939–1940*; Kollontay, *Diplomaticheskie Dnevniki*, II, S. 482–522. Den Anlass für diesen Eintrag bildete Molotows Telegramm an Maiski, in dem Molotow der britischen Regierung vorwarf, «lächerliche und verleumderische» Gerüchte über eine Militärallianz zwischen Deutschland und Russland zu verbreiten; *DVP* 1940, XXIII, Dok. 49. Maiski hatte, wie es seine Art war, Butler aufgefordert, die Möglichkeit einer britischen Vermittlerrolle in den Verhandlungen mit den Finnen zur Sprache zu bringen. Molotow erteilte diesem Vorschlag seinen uneingeschränkten Segen und legte die sowjetischen Friedensbedingungen vor, die jedoch vom Kabinett abgelehnt wurden. Es sei, schrieb Channon nach einem Treffen mit Butler in sein Tagebuch «ein diabolisch cleverer Schachzug gewesen, aber Maiskis Taube ist eindeutig ein Geier». Der seit dem Münchner Abkommen einschlägig sensibilisierte Butler spielte ein doppeltes Spiel. Als drei Wochen später ein Friedensvertrag zwischen der Sowjetunion und Finnland geschlossen wurde, ließ er durchsickern, durch seine Weitsicht sei «ein zweites München verhindert worden, das uns sicher vorgeworfen worden wäre, wenn wir auf Maiskis Vorschläge eingegangen wären». *DVP* 1940, XXIII, Dok. 50, Protokoll der Besprechung mit Butler, 22. Feb.; Weisungen des FO an Butler, 24. Feb., Nachlass Butler, RAB G11/21; Rhodes (Hg.), *The Diaries of Channon*, S. 234, 236, 22. Feb., 13. März 1940; *VSD*, S. 470–472.

14 Ein Gefühl, das Halifax teilte: «Ich kann mich eines Gefühls der Dankbarkeit nicht erwehren, dass wir ein Expeditionsheer nicht in eine Sackgasse geschickt haben, in der wir es nicht versorgen hätten können, und ich glaube nicht, dass irgendetwas in der Art auf längere Sicht sehr viel geändert hätte. Aber das werde ich sicher nicht öffentlich sagen.» Nachlass Halifax, Tagebuch, A.7.8.3, 13. März. Er stand dabei sicher unter dem Einfluss des ziemlich zynischen, aber pragmatischen ausführlichen Briefes, den Eden ihm Anfang des Monates geschickt hatte; darin hatte Eden Zweifel daran angemeldet, ob es für die Alliierten «eine welterschütternde Tragödie» wäre, wenn «die Finnen untergehen». TNA FO 800/281, S. 394–400, 2. März 1940.

15 Pares, *A Wandering Student. The Story of a Purpose*, S. 361.

16 TNA FO 418/86 N3485/40/38; Maiskis Version der Unterredung, *DVP* 1940, XXIII/1, Dok. 82; zu Welles siehe Dok. 83. In *Memoirs of a Soviet Ambassador*, S. 55, führt Maiski seine Leser vollständig in die Irre, indem er suggeriert, es sei Butler gewesen, der für den Frieden eingetreten sei, während er selbst «nie» geglaubt habe, «dass der deutsch-sowjetische Pakt lange Bestand haben konnte».

17 Das demütigende Friedensangebot legte Hitler während seines kurzen Treffens mit Mussolini am 18. März in seinem Sonderzug am Brenner vor. Offiziell ging es bei der Unterredung nur darum, den «Stahlpakt» festzuklopfen, doch Hitler bereitete zu der Zeit schon den Boden für seine Frühjahrsoffensive vor und wollte den Kriegseintritt Italiens erzwingen.

18 *DVP* 1940, XXIII/1, Dok. 166.

19 Protokoll der Besprechung, TNA FO 371 24 839 N3706/5/38; *DVP* 1940, XXIII/1, Dok. 100; Maiskis Entwurf: f. 1702 op. 3. d. 112 ll. 7–11. Zu Halifax' Meinung siehe TNA FO 371 24 846 N3698/40/38, 25. März, FO 371 24 888 R4467/5/67, «Record of the Meeting of British heads of missions from South East Europe», 8. April 1940. Den aufschlussreichsten Überblick über die Episode gibt Talbot Imlay, «A Reassessment of Anglo-French Strategy during the Phony War, 1939–40», *English Historical Review*, cxix (April 2004), S. 364–372.

20 Molotow beschäftigte sich in seiner Rede vor dem Obersten Sowjet mit den sowjetisch-finnischen Beziehungen und den Reaktionen – vor allem in Frankreich und Großbritannien – auf den Krieg. Er bekräftigte die feste Entschlossenheit der UdSSR, eine Politik der Neutralität zu verfolgen und die Wiederherstellung und Bewahrung des Weltfriedens sicherzustellen, während das Land sich wirtschaftlich und militärisch auf alle Eventualitäten vorbereite. Möglicherweise leistete Maiski Souffleurdienste für diese Rede, dem Trevelyans geraten hatte, es sei «eine Sache von ziemlich erstrangiger Bedeutung, dass die sowjetische Regierung, sobald eine Einigung mit Finnland erzielt ist, der Welt eine ausführliche Erklärung unterbreitet. [...] Je offenherziger und weitreichender diese Erklärung, desto höher wäre ihr Nutzen für die Verhütung einer späteren Ausweitung des Krieges in Form eines Überfalls auf Russland.» RAN f. 1702 op. 4 d. 1616 l. 21, 13. März 1940.

21 *Der Arzt am Scheideweg* oder *Des Doktors Dilemma*.

22 Maiski spielte eine aktive Rolle bei der Wiederaufrichtung von Churchills Image in Moskau nach seinem «finnischen Rückfall». *DVP* 1940, XXIII/1, Dok. 110, Telegramm an Molotow, 5. April.

23 RAN f. 1702 op. 3 d. 278 ll. 1–9.

24 Selbst der wohlwollende Dawson sprach von einer «lahmen Vorstellung», Nachlass Dawson, Box 44, Tagebuch, 7. Mai 1940.

25 Im Wortlaut: «Ich sage feierlich, der Premierminister sollte mit gutem Beispiel vor-

angehen und ein Opfer bringen, weil nichts mehr zu einem Sieg in diesem Krieg beitragen kann als seine Bereitschaft, sein Amt aufzugeben.» *HC Deb*, Bd. 360, c. 1283, 8. Mai 1940.

26 Kennedy, der auf der Galerie neben Maiski saß, notierte in seinem Tagbuch: «Der Premierminister wirkte konsterniert, und während er es scheinbar mit Fassung trug, wirkte er auf mich wie ein endgültig geschlagener Mann.» A. Smith (Hg.), *Hostage to Fortune. The Letters of Joseph S. Kennedy*, New York 2001, S. 422.

27 Wie der König Halifax sagte, hatte er gehofft, dass er es, «wenn Neville C. geht, mit [Halifax] zu tun bekäme». Chamberlain hätte das befürwortet. Halifax fürchtete jedoch, dass in diesem Fall Churchill als Verteidigungsminister zum De-facto-Regierungschef aufrücken werde, während Halifax, der keinen Zugang zum Unterhaus gehabt hätte, «mehr oder weniger ein Premierminister ehrenhalber geworden wäre und sich in einer Art Dämmerzone bewegt hätte, knapp außerhalb der Dinge, auf die es wirklich ankam. Winston sagte mir mit angemessenen Worten der Anerkennung und Demut, er komme nicht umhin, die Kraft in dem, was ich gesagt hatte, zu spüren; schließlich akzeptierten beide meine Sicht der Dinge, der P. M. widerstrebend und Winston augenscheinlich mit weit geringerem Widerwillen.» Halifax, Tagebuch, A7.8.4, 9., 11. Mai 1940.

28 Maiski bringt in seinen Memoiren mehr Verständnis für Churchill auf. Zwar räumte er ein, dass es in Churchills Persönlichkeit «immer auch den Aspekt des Schauspielerischen gab», doch bei der fraglichen Gelegenheit schildert er einen «aufrichtig bewegten» Churchill. «Sogar seine Stimme ließ ihn von Zeit zu Zeit im Stich.» Was das Drama anging, so sah sich auch Halifax nach einem Besuch in Churchills «Unterstand» zu dem Kommentar veranlasst: «Er wirkte genau wie dieses Wesen auf der Bühne in seiner Kluft, die, soweit ich weiß, von Schwestern üblicherweise ‹Strampelanzug› genannt wird, in einer Farbe, die an die Air-Force-Uniformen oder eine Raubmöve erinnerte. [...] Ich fragte ihn, ob er zum Theater gehen wolle, aber er sagte, er trage das morgens immer. Es ist fast ein bisschen wie bei Göring.» *The Times*, 14. Jan. 1964, sowie Halifax, Tagebuch, A7.8.6, 25. Okt. 1940.

29 Churchills manipulativer Schachzug zielte darauf ab, die Tatkraft von Lloyd George nutzbar zu machen, indem man ihn an die Spitze des Food Council stellte. Wie Churchill indes Halifax versicherte, wollte er Lloyd George «erst einer Inquisition unterziehen», um sicherzustellen, «dass keine Friedensbedingungen, die jetzt oder später angeboten werden, eine zersetzende Wirkung auf unsere Unabhängigkeit ausüben». Lloyd George machte die Annahme des Postens davon abhängig, dass Chamberlain aus dem Kabinett entfernt werde – eine Bedingung, die Churchill zurückwies: «Ich habe von Chamberlain sehr viel Unterstützung erhalten; die Freundlichkeit und Höflichkeit, die er mir im Rahmen unseres neuen Verhältnisses entgegenbringt, haben mich berührt. Wir haben uns die Hand gereicht, und ich muss absolut loyal handeln.» Nach Meinung Sylvesters, des Sekretärs von Lloyd George, hatte die Ablehnung des Angebots sehr viel prosaischere Gründe: Lloyd George habe «auf zwei Hochzeiten tanzen wollen. Er [wollte] eine Aufgabe, aber ohne die Scherereien, er [wollte] sich nicht seinen mittlerweile gewohnten Lebensstil in Churt durchkreuzen lassen, und er [hatte] Todesangst vor den Bomben. Und zu all dem kam, dass er noch nie den ganzen Tag in einem Büro sitzen konnte.» Im Dezember versuchte Churchill vergeblich, ihn in die britische Botschaft in Washington zu befördern. Lloyd George zog einen Brief aus dem Ärmel, den er von Dawson erhalten hatte – es war ein Einspruch gegen seine Berufung in den diplomatischen Dienst: Er sei «kein Botschaf-

ter» und habe «wenig Geduld mit Leuten, die ‹tief unter der Oberfläche graben›; [...] anders gesagt, konnte LG es nicht ertragen, dem Gerede eines Haufens verdammter Trottel zuhören und ein gewisses Interesse an ihnen demonstrieren zu müssen.» Aber auch das war nur ein Teil der Geschichte. Als Nancy Astor und ihre Clique den Wunsch äußerten, Lloyd George zum potentiellen Nachfolger Chamberlains aufzubauen, verwies er auf das Beispiel Clemenceaus, der «gewartet habe, bis Frankreich sich in allergrößter Gefahr befand». Der Analogieschluss war der, dass Lloyd George «es vorzog, noch etwas länger auf den Ruf seines Landes zu warten; er [...] rechnete aber damit, ihn zu empfangen, wenn die Gefahr zunahm». In einem Augenblick der Wahrheit erklärte Lloyd George seinem Sekretär: «Ich bin 78 und möchte mich fit halten, weil ich, wenn diese Burschen die Karre in den Dreck fahren, vielleicht aufgerufen werden, eine enorme Verantwortung zu übernehmen.» Anscheinend rechnete er, so vermutete Sylvester, «damit, für die Aushandlung eines Friedens auf die politische Bühne gerufen zu werden». Wie er seinem Sekretär später anvertraute, wollte er «warten, bis Winston am Ende ist». Nachlass Halifax, Tagebuch, A7.8.4, 6. Juni; Sylvester, Tagebuch, A48, 16., 28., 29. Mai, 14. Dez. 1940. Siehe Lentin, *Lloyd George and the Lost Peace. From Versailles to Hitler, 1919–1940*, London 2001, S. 74–77.

30 W. Churchill, *Der Zweite Weltkrieg*, Bd. 2: *Englands größte Stunde*, Bern 1949, S. 166. Siehe Gorodetsky, *Stafford Cripps' Mission to Moscow, 1940–42*.

31 TNA FO 371 24 841 N5812/5/38. Zu dem von Maiski indirekt auf Moskau ausgeübten Druck, Cripps zu akzeptieren, siehe Maiskis Telegramm an MID, *DVP* 1940, XXIII/1, Dok. 159; und sein rückblickendes «Geständnis», *Memoirs. The War*, S. 137: «Insgeheim war ich hocherfreut darüber, dass Cripps mit dieser Aufgabe betraut wurde [...], ließ mir das aber nicht anmerken, sondern setzte eine Miene völliger diplomatischer Reglosigkeit auf.»

32 S. Clarke, *The Cripps Version. The Life of Sir Stafford Cripps*, London 2002, S. 184. Nachlass Halifax, Tagebuch, A7.8.4, 16.5.40.

33 TNA FO 371, 24 841 NN5812/3/38.

34 Nachlass Halifax, Tagebuch, A.7.8.4, 17. Mai 1940.

35 Webb, Tagebuch, S. 6882.

36 Rose (Hg.), *The Diaries of Blanche Dugdale*, S. 170 f.

37 Seeds, Tagebuch, 20. Mai 1940.

38 TNA FO 371 24 847 N5648/40/38. Maiskis zurückhaltender formulierter Bericht an Moskau, RAN f. 1702 op. 3 d. 112 ll. 26–27. Nachlass Halifax, Tagebuch, A.7.8.4. Eine Bestätigung für die entscheidende Rolle Halifax', Andrew Roberts, *«The Holy Fox». A Biography of Lord Halifax*, London 1991, S. 254.

39 Nachlass Halifax, Tagebuch, A7.8.4., 26. Mai 1940.

40 Cripps war für den Botschafterjob nicht gerade gut gerüstet: «Ich habe genauso wenig Ahnung wie der Mann im Mond, wie ich die Botschaft leiten werde! – die ich mir als eine große Einrichtung mit vielen Bediensteten etc. etc. vorstelle!! Doch zweifellos werden sich all diese Dinge im Lauf der Zeit ergeben.» Nachlass Cripps, Tagebuch, 4. Juni 1940.

41 Cadogan gab in der Tat zu bedenken, dass Cripps sich «noch keine Meriten im diplomatischen Dienst erworben hat». Man ging im FO davon aus, dass Cripps «nicht länger als für eine kurze Zeitspanne» Botschafter in Moskau bleiben würde; TNA FO 371 24 847 N5689/40/38, 2. Juni 1940. Siehe Thursten, US-amerikanischer Geschäftsträger in der Sowjetunion, an Secretary of State, 5. June 1940, *FRUS* 1940, I, S. 605. Cripps blieb bis Anfang 1942 Botschafter in Moskau.

42 Maiski sagte Alexander, dem neuen Ersten Lord der Admiralität, nach seiner Überzeugung habe «nicht Waffengewalt den französischen Zusammenbruch bewirkt, sondern die Aktivitäten von rund 200 Familien, [...] die den französischen Kommunismus mehr fürchteten, als sie Hitler fürchteten». Nachlass Alexander, AVAR 5/8, 28. Juni 1940.

43 Dieser Eintrag diente als Vorlage für sein Telegramm ans NKID, *DVP* 1940, XXIII/1, Dok. 214.

44 Wie Maiski Bilainkin erzählte, hatte sich Kennedy «skeptisch zu den Chancen Großbritanniens [geäußert], Angriffen auf die Insel standzuhalten. «Ich hingegen bin nicht pessimistisch», fügte er hinzu. «Alles hängt davon ab, dass Sie Ihre Karten, von denen Sie so viele haben, im richtigen Geist und mit der nötigen Entschlossenheit spielen.» Bilainkin, Tagebuch, S. 152, 7. Juli 1940.

45 Eine Darstellung seiner Position gibt Maiski in einem Brief vom 6. November an Kalinin, den Präsidenten des Obersten Sowjet der Sowjetunion; der Brief gibt Aufschluss über Maiskis zunehmende Isolation; abgedruckt, *Sovetskoe rukovodstvo perepiska, 1928–1941*, Moskau 1999, S. 416–419.

46 TNA FO 418/86 N5788/93/98, 21. Juni 1940; Maisky, *Memoirs. The War*, S. 104.

47 Nachlass Alexander, AVAR 5/8, 28. Juni 1940; TNA PREM 3/395/1.

48 Maisky, *Memoirs. The War*, S. 99 f.; Maiski, Bericht an Molotow, *DVP* 1940, XXIII/1, Dok. 244.

49 TNA PREM 3/395/1, 3. Juli 1940. Halifax bezweifelte zu Recht, ob Maiski überhaupt einen Bericht über das Treffen zwischen Cripps und Stalin erhalten hätte. In der Tat beschwerte Maiski sich bei Molotow, er sei in eine «ganz peinliche Lage» geraten, als Churchill sich bei ihm nach dem Treffen erkundigt habe, von dem er nichts wisse; *DVP* 1940, XXIII/1, Dok. 244; *The Times*, 16. Aug. 1967.

50 Daladier und Reynaud waren Nachbarn, und ihre Mätressen kannten einander nicht nur, sondern waren auch seit jeher gesellschaftliche Rivalinnen. Siehe Ernest R. May, *Strange Victory. Hitler's Conquest of France*, New York 2001, S. 326. Halifax vertraute seinem Tagebuch die folgende Anekdote an: Der französische Minister Georges Mandel fragte George Lloyd, von Churchill als Sondergesandter nach Paris entsandt, ob er ihn nach London mitnehmen könne, fügte allerdings hinzu, «er habe ‹des bagages› dabei, was Campbell [britischer Botschafter in Paris] gegenüber George als ‹seine Geliebte› übersetzte. Das war George dann doch zu viel.» Nachlass Halifax, Tagebuch, A7–8-4, 20. Juni 1940.

51 Gemeint ist die Entscheidung Churchills, die unter dem Befehl der Vichy-Regierung stehende französische Flotte, die im Hafen Mers-el-Kebir unweit Orans lag, zu versenken, was am 3. Juli geschah.

52 Näheres über die Auffassungen von Cripps findet sich in einem Brief Moncktons an Lady Cripps, Nachlass Monckton, Trustees 03/5, Juli 1940. J. R. Colville, *The Fringes of Power. 10 Downing Street Diaries, 1939–1955*, New York 1985, 10. Aug. 1940, S. 215.

53 TNA FO 371 24 844 N5853/30/38, FO an Cripps, 25. Juni 1940.

54 Einen Überblick über die sowjetische Außenpolitik während dieser Periode anhand von Originaldokumenten gibt Gorodetsky, *The Grand Delusion*.

55 Halifax ging in seinem Tagebuch ins Detail: «Er amüsierte mich mit seiner Definition des Völkerrechts als einer Ansammlung rechtlicher Spitzfindigkeiten gemäß dem Willen der stärksten Mächte: zynisch, aber nicht ganz falsch.» Im Weiteren beschrieb er Maiski als «recht interessant aus Sicht seiner wilden bolschewistischen Auffassung des russischen Grund- und Bodensystems»; Nachlass Halifax, Tagebuch, A7–8-4, 10. Juli 1940.

56 TNA PREM 3/395/1, 12. Juli 1940.

57 Sheean, *Between the Thunder and the Sun*, S. 203.

58 Es bereitete Maiski besonderes Vergnügen zu berichten, was in dieser Geheimsitzung besprochen wurde. Sheean, der US-amerikanische Journalist, der daran teilnahm, erinnerte sich später, dass «Maiski und der Herzog von Alba, Francos Botschafter, die einzigen ausländischen Vertreter hohen Ranges waren. Die Sitzung war kurz, denn Mr Churchill hatte sich für Geheimhaltung entschieden. Als er die altehrwürdige Formel für den Ausschluss der Öffentlichkeit herunterbetete, blickte er zur Diplomatengalerie hinauf und ergänzte trocken: ‹Ich erspähe Fremdlinge.› Im Hinausgehen sagte ich zu Maiski: ‹Wer ist der Fremdling hier – Sie oder Alba?› Er setzte sein undurchdringliches Lächeln auf, das man in London kennt (wir pflegten ihn ‹Il Giocondo› zu nennen), und sagte: ‹Wer weiß?› Und tatsächlich war es 1940 nicht einfach, seiner Sache sicher zu sein.» Sheean, *Between the Thunder and the Sun*, S. 206.

59 Cadogan, *Diaries*, S. 321.

60 Channon, der sich seit zwei Jahren für die Ernennung eingesetzt hatte, sah sie in einem anderen Licht: «Sie werden es lieben, den kleinkarierten Pomp, das hübsche Regency Government House, den Strand und das Badevergnügen; und alle netten Amerikaner werden sich beeilen, nach Nassau zu kommen, um mit Wallis Backgammon zu spielen!», Rhodes (Hg.), *The Diaries of Channon*, S. 260.

61 Maiskis Misstrauen gegenüber Halifax war nicht wirklich gerechtfertigt. Halifax erteilte den Sondierungen der Holländer in Richtung auf einen Verhandlungsfrieden eine klare Absage. «Je mehr ich darüber nachdenke», schrieb er in sein Tagebuch, «desto überzeugter bin ich, dass die Deutschen noch mehr Prügel bekommen müssen, bevor sie in die Stimmung kommen, irgendeine Lektion zu lernen [...] Ließen wir es bei den Bedingungen bewenden, mit denen Hitler sich heute wahrscheinlich anfreunden könnte, so würde das für ihn eindeutig so aussehen, als ob der Krieg doch eine ziemlich lohnende Sache sei.» Nachlass Halifax, Tagebuch, A7.8.5, 19. Aug. 1940.

62 Eine brillante Analyse findet sich bei W. Murray, *Strategy for Defeat. The Luftwaffe 1935–1945*, Princeton 2002. Siehe R. Overy, *The Battle of Britain. The Myth and the Reality*, London 2002.

63 Webb, Tagebuch, 31. Aug. 1940, S. 6954, 6958 f.

64 Siehe unten S. 476 f.

65 Maiski bemühte sich verzweifelt, Brücken zu seinen früheren Verbündeten innerhalb der Regierung zu bauen. «In der Annahme, dass dieses ganze Kriegsgeschäft Sie furchtbar strapaziert», schrieb er an Eden, «möchte ich anfragen, ob Sie es nicht für eine gute Idee hielten, bei einem weiteren ‹erholsamen› Lunch in unserem Wintergarten ein wenig Entspannung zu finden?» RAN f. 1702 op. 4 d. 940 l. 16, 4. Sept. 1940.

66 Im Luxushotel Dorchester, das sie zu ihrer Londoner Residenz erkoren hatten.

67 Halifax' Zahlen zeigten, dass es in den Stadtbezirken des East End mit ihren geschätzt 520 930 Bewohnern nicht weniger als 328 913 private und 81 821 öffentliche Schutzräume gab, während in den Bezirken des West End mit ihren geschätzt 462 520 Bewohnern nur 128 744 private und 70 109 öffentliche Schutzräume vorhanden waren; der Vergleich fiel also «eindeutig zugunsten East Londons» aus. RAN f. 1702 op. 4 d. 1290 ll. 6–7, 24. Sept. 1940.

68 HMS *Broke*.

69 Bilainkin, *Diary of a Diplomatic Correspondent*, S. 100 f.

70 Maisky, *Memoirs. The War*, S. 116–118.

71 *DVP* 1940, XXIII/1, Dok. 401, 25. Sept.

72 Nachlass Lloyd George, LG/G/14/19, 28. Okt. 1940.

73 Maiskis nach Moskau übermittelte Bewertung (basierend auf seinem Tagebucheintrag) schlug sich offensichtlich in Stalins Weisung an Molotow für die Verhandlungen mit Hitler in Berlin nieder: siehe unten S. 476 f.; *DVP* 1940, XXIII/2, Dok. 479.

74 AVP RF, f. 06 op. 2 p. 15 d. 157 ll. 67–8, 3. Nov. 1940.

75 Präsidentenarchiv Moskau, Kopie von Molotows handschriftlichen Notizen, 9. Nov.; AVP RF, f. 059 op. 1 p. 338 d. 2314 l. 2, Stalin an Molotow, 11. Nov. 1940. Um jedwede Missverständnisse auszuschließen, erhielt Maiski von Molotow einen zusammenfassenden, aber akkuraten Bericht über alles, was in Berlin besprochen worden war; siehe AVP RF, p. 059 op. 1 p. 326 d. 2239 ll. 112–114, 17. Nov. 1940.

76 Halifax schrieb in sein Tagebuch: «Am Nachmittag traf ich Joe Kennedy, der mir sagte, er habe beschlossen, seinen Job übernächste Woche hinzuschmeißen, und der auf die eigene Regierung offenbar überhaupt nicht gut zu sprechen ist. Ich halte ihn für keinen sehr guten Mann.» Nachlass Halifax, Tagebuch, A7-8-6, 10. Okt. 1940.

77 Randolph und Pamela Churchill ließen sich 1945 scheiden. Sie heiratete später Averell Harriman, Roosevelts persönlichen Europabeauftragten und späteren US-Botschafter in Moskau.

78 Der Auslöser für Maiskis wenig schmeichelhafte Charakterisierung könnte ein eher schroffer persönlicher Brief gewesen sein, den er von Vansittart erhalten hatte. «Eine zunehmende Zahl von Beschwerden gegen Ihre Botschaft wird laut», hieß es darin, «wegen Verstößen gegen das Verdunkelungsgebot. Ich bin sicher, dass Sie persönlich von den Vorgängen nichts wissen, aber fest steht, dass hier eine feste Hand Ihrerseits vonnöten ist. Ich hoffe, Sie werden sich sofort darum kümmern.» RAN f. 1702 op. 4 d. 1267 l. 12, 27. Nov. 1940.

79 RAN f. 1702 op. 4 d. 940 l. 18, Maiski an Eden, 23. Dez. 1940.

80 TNA FO 371 N7548/40/38; AVP RF f. 069 op. 24 p. 70 d. 43 ll. 132–137.

1941

1 Maiski sagte Eden, er habe «selbst niemals Zweifel an unserer Widerstandsfähigkeit» gehabt; TNA FO 371 29 262 N104/50/59, 6. Jan. 1941.

2 Nachlass Ben-Gurion, Protokoll einer Unterredung mit Maiski, 9. Okt. 1941.

3 Siehe S. 780–783.

4 RAN f. 1702 op. 4 d. 1194 l. 1, 4. Okt. 1940; J. Epstein, *An Autobiography*, London 1955, S. 123.

5 RAN f. 1702 op. 4 d. 1194 l. 2, 3, 27., 31. Jan. 1941, Korrespondenz mit Epstein.

6 TNA PREM 3/395/16, 22. Feb. 1941. A. Eden, *The Reckoning*, London 1965, S. 190.

7 G. Gorodetsky, *Stafford Cripps in Moscow, 1940–1942. Diaries and Papers*, London 2007, S. 91–96; Eden, *The Reckoning*, S. 224 f.

8 Cripps kehrte aus Ankara in der festen Überzeugung nach Moskau zurück (wie er Presseleuten und Botschafterkollegen andeutete), dass es zwischen Russland und Deutschland noch «vor dem Sommer» Krieg geben werde. Er zog General Dills Diktum in Zweifel, wonach Hitler keinesfalls einen Zweifrontenkrieg beginnen werde, und sagte voraus, er werde «spätestens Ende Juni» über Russland herfallen. Siehe NA SD 740 0011 EW/39/8919, Telegramm von Steinhardt, 7. März 1941; V. Assarasson (schwedischer Botschafter in Moskau), *I Skuggan av Stalin*, Stockholm 1963,

S. 56; G. Gafencu, *Prelude to the Russian Campaign*, London 1945, S. 198; W. Duranty, *The Kremlin and the People*, New York 1942, S. 151 f.; A. Werth, *Moscow '41*, London 1942, S. 133.

9 RAN f. 1702 op. 4 d. 848 l. 10, 28. Feb. 1941.

10 TNA FO 371 29 465 N1658/3/38. Eden, der Nowikow für einen NKWD-Agenten hielt, erinnerte sich im Gespräch mit Bruce Lockhart an einen Maiski, der sich in der Situation «sehr unwohl» gefühlt und «zu der Zeit wohl unter Verdacht gestanden» habe. Lockhart, *Diary*, S. 510.

11 Maiski äußerte sich offener als sonst über die sowjetische Außenpolitik. Wie er zwei Tage später Butler gegenüber andeutete, «könne man nicht davon ausgehen, dass der Krieg schon halb vorbei sei. Er werde wahrscheinlich weiter um sich greifen, und die USA würden eingreifen.» Er glaubte, es werde von Vorteil sein, wenn «eine große Nation, nämlich Russland, neutral bliebe und nach Ende des Krieges als Zünglein an der Waage zur Verfügung stünde». TNA FO 371 29 464 N1257/3/38.

12 Russisches Militärarchiv, op. 7237, Bericht Golikows, 16. April 1941; GRU, *Razvedyvatel'noi svodki po zapadu*, 4, 20. April 1941. Eine eingehende Analyse sowjetischer Geheimdiensterkenntnisse bietet Gorodetsky, *Grand Delusion. Stalin and the German Invasion of Russia*, London 1999, S. 130–136, 179–189, 243–245.

13 Die erhellendste und profundeste Darstellung der Manöver liefert M. V. Zakharov, *General'nyi shtab v predvoennye gody voennye memuary*, Moskau 1989, S. 239–251. Siehe Präsidentenarchiv, Moskau, t. 8115 op. 8 d. 44 l. 3, Stalin und Molotow ans ZK der KPdSU, 21. Jan. 1941.

14 Präsidentenarchiv, f. 45 op. 1 d. 404 ll. 91–101.

15 Gemeint ist Vansittarts *Black Record. Germans Past and Present*, veröffentlicht 1941; der Autor vertrat darin die Auffassung, die deutsche Geschichte sei immer durch Militarismus und Aggression geprägt gewesen, und der Nazismus sei nur das bislang letzte Kapitel davon. Er sprach sich für eine harte Bestrafung Deutschlands nach dem Krieg aus.

16 F. H. Hinsley, *British Intelligence in the Second World War*, London 1979, Kap. 14.

17 Siehe G. Gorodetsky, «Churchill's Warning to Stalin. A Reappraisal», *The Historical Journal*, 29/4 (1986). Churchills Version findet sich in W. Churchill, *Der Zweite Weltkrieg*, Bd. 3: *Die große Allianz*, Bern 1951 S. 421–431; sowie (leicht verwässert) bei Gilbert, *Finest Hour*, S. 1050 f.

18 AVP RF f. 059 op. 1 d. 2401 l. 130, f. 069 op. 25 d. 6 l. 58–9, Maiski ans Narkomindel, 9., 30. April 1941.

19 Maiski zitiert hier aus Puschkins *Eugen Onegin*.

20 Maiski verwendet an dieser Stelle den englischen Ausdruck «Puttin' on the Ritz», den Irving Berlin 1930 als Titel für seinen populären Musikfilm ausborgte.

21 Ein Interessenverband des polnischen und litauischen Landadels, der sich seit dem 15. Jahrhundert institutionelle und wirtschaftliche Privilegien verschafft hatte.

22 Die Redewendung «the wish is the father of the thought» stammt aus Shakespeares *König Heinrich IV.*, Teil 2, ist aber nirgendwo so verbreitet wie in Deutschland, so dass Maiski, der sie in seinen Tagebucheinträgen immer wieder verwendet, sie für eine deutsche Redewendung hielt.

23 Monckton Trustees 5/20–21, Cripps an Monckton, 3. Mai; TNA FO 371 29 465 N1658/3/38, 16. April 1941.

24 *DGFF* 1918–1945, XII, S. 666–669.

25 Dekanosows Bericht über eine Unterredung mit Schulenburg, 5. Mai 1941, als Fak-

simile abgedruckt, *Vestnik ministerstva inostrannykh del SSSR*, 20, 1990. Die Aufzeichnungen über die Besprechungen wurden nicht im Archiv des Außenministeriums aufbewahrt, sondern in einer «Spezialsammlung» und sind erst nach der Auflösung der Sowjetunion aufgetaucht. Siehe V. A. Voiushin, S. A. Gorlov, «Fashistskaya agressya. O chem soobshchali diplomaty», *Vizh* 6 (1991), S. 22 f. Hilger, *Incompatible Allies*, S. 331., Anm. 39.

26 TNA FO 371 29 481 N2418178/38, Cripps an FO, 15. Mai 1941.

27 J. von Ribbentrop, *Zwischen London und Moskau. Erinnerungen und letzte Aufzeichnungen*, Leoni am Starnberger See 1953, S. 238 f.; siehe E. v. Weizsäcker, *Erinnerungen*, München u. a. 1950, S. 318–323.

28 Protokoll der Besprechung, abgedruckt in *Diplomaticheskii vestnik*, 11./12. Juni 1993, S. 77 f.

29 Zu dieser bizarren und verwirrenden Episode siehe David Stafford (Hg.), *Flight From Reality. Rudolf Hess and His Mission to Scotland, 1941*, London 2002; Rainer F. Schmidt, *Rudolf Hess. «Botengang eines Toren?» Der Flug nach Großbritannien vom 10. Mai 1941*, Düsseldorf 1997; Lynn Picknett, Clive Prince, Stephen Prior, *Double Standards. The Rudolf Hess Cover-Up*, London 2001; Gabriel Gorodetsky, «The Hess Affair and Anglo-Soviet Relations on the Eve of ‹Barbarossa›», *The English Historical Review*, 101/399 (1986).

30 Nachlass Alexander, AVAR 5/8, 1. April 1941.

31 Maiski traf damit ins Schwarze. Churchill erklärte Eden, die Russen seien sich «absolut im Klaren über ihre Gefährdungen und ebenso darüber, dass wir ihre Hilfe brauchen. Man kriegt viel mehr aus ihnen heraus, wenn man diese Kräfte wirken lässt, als wenn man Purzelbäume schlägt, um ihnen zu versichern, dass man sie liebe.» TNA FO 371 29 465 N1725/3/38, 28. April 1941.

32 In seinen Memoiren verwendete Maiski diese Episode, um in beschönigender Rückschau einen heroischen Churchill zu porträtieren, der gegen alle Widrigkeiten standhaft blieb. Seine (und Prytz') Wahrnehmung im Moment des Geschehens war eine ganz andere. Maisky, *Memoirs. The War*, S. 144 f.

33 Siehe z. B. AVP RF, f. 059 op. 1 d. 2401 l. 283, Telegramm ans Narkomindel, 13. Mai 1941. Zur Reaktion der Sowjetunion auf die Heß-Affäre siehe Gorodetsky, *Grand Delusion*, Kap. 12.

34 AVP RF f. 069 op. 25 d. 6 l. 75–7, Maiski an Molotow, 16., 21. Mai 1941; TsA FSB RF f. 376 d. 28889 t. 1 l. 47, NKWD-Residenz London an Zentrale, 14. Mai 1941; Philbys Berichte aus London deckten sich mit denen Maiskis, TsA FSB RF, f. 338 d. 20566 l. 163, Protokoll der 1. Abt. des NKWD, 3. Juni 1941.

35 Nachlass Lord Stamford, Tagebuch, Gespräche mit Maiski, 30. Juli 1941.

36 TNA FO 371 29 465 N2570/3/38, 954/24 SU/41/12&13, Edens Gedächtnisprotokoll der Unterredung vom 2. Juni, FO-Protokolle, 31. Mai, 2. Juni 1941.

37 TNA FO 800/279 SU/41/1, Protokolle der Abteilung, 30. April 1941. FO 371 29 466 N2628/3/38, Edens Bericht über sein Treffen mit Maiski, 5. Juni 1941. Unterredung Maiskis mit Monckton, 5. Juni, Monckton Trustees, 5/96.

38 Zu Nowikow siehe oben S. 502. Auch wenn es Maiskis Tagebucheintrag nicht zu entnehmen ist, war ihm der Vorfall sehr peinlich. Gleich nach seiner Rückkehr in die Botschaft übersandte er Eden «herzliche Glückwünsche» zu seinem Geburtstag und wünschte ihm «viele glückliche weitere»; RAN f. 1702 op. 4 d. 940 l. 20.

39 Dass das nicht nur ein Versehen war, wird deutlich aus dem hohen Stellenwert, den Maiski dem Vorgang in seiner Veröffentlichung «The British and I», *Atlas World Press*

Review, 11 (1966), einräumte. Maiskis Bericht an Moskau über seine Unterredung mit Cadogan, *DVP* 1941, XXIII, 1, Dok. 864, 16. Juni. Siehe Dilks (Hg.), *Cadogan Diary*, S. 388.

40 Enigma verriet den Briten erstmals am 9. Juni, dass die Deutschen in großer Eile bedeutende Heeres- und Luftwaffenverbände ostwärts in Marsch setzten. Weitere Bestätigungen erfolgten am 12. Juni; TNA CAB 65/22/24 WM(41)58. Siehe F. H. Hinsley, *British Intelligence in the Second World War*, S. 465–483.

41 Nachlass Dawson, Bericht McDonalds über Unterredungen mit Maiski.

42 TNA FO 371 29 482 N2793/78/38; AVP RF f. 059 op. 1 d2402 ll. 203–6, 13. Juni 1941. Eden übermittelte den Amerikanern einen detaillierten Bericht zu seiner Warnung an Maiski, siehe *FRUS* 1941, I, S. 170–173. Zu Maiskis Analyse der nachrichtendienstlichen Erkenntnisse siehe z. B. I. McDonald (Hg.), *The History of the Times*, V., *Struggle in War and Peace. 1939–1966*, London 1984, S. 84.

43 TNA FO 371 29 483 N3047/78/38, Protokoll von Cadogan und Cavendish Bentinck zu den Maiski am 15. Juni übermittelten Erkenntnissen.

44 Maisky, *Memoirs. The War*, S. 149, 165–171. Dilks (Hg.), *Diaries of Cadogan*, S. 388.

45 TNA FO 371 29 466 N3099/3/38, Memorandum von Cripps, 19. Juni 1941.

46 Am 18. und 20. Juni wurden der deutschen Luftwaffe über Enigma konkrete Anweisungen für die Offensive übermittelt. Siehe Hinsley, *British Intelligence in the Second World War*, S. 479. Zu Cripps' Überzeugung siehe Nachlass Dawson, Box 45, Tagebuch, 19. Juni 1941.

47 TNA FO 371 29 466 N3099/3/38.

48 Nachlass Davies, Box 11. Siehe Halifax, Tagebuch, A 7–8-19, 11. Dez. 1941.

49 TNA FO 371 29 560 N3056/3014/38. Ein anderer Bericht Maiskis geht sehr viel weiter ins Detail, *SAO*, I, Dok. 2; Eden, *The Reckoning*, S. 270 f.

50 TNA FO 37124852 N6029/24/38, Memorandum von Sargent, 17. Juli 1940.

51 TNA CAB 79/12 COS(41)210, 14. Juni; JIC in FO 371 29 484 N3047/78/38, 15. Juni; TNA CAB 84/31, 32, JP(41)429, 451, 13., 14. Juni 1941. Ende April fragte Lockhart nach Gesprächen im Foreign Office bei Alan Brooke an, ob er nicht in London eine Kernzelle aus loyalen Russen zusammentrommeln könne für den Fall, dass Deutschland «durch Russland gleitet wie ein Messer durch Butter». Brooke lehnte das mit der Begründung ab, er glaube nicht, dass man irgendetwas in der Art machen könne, «ohne dass Maiski davon erfährt». Nachlass Lockhart, LOC/37–41, Tagebuch, 30. April 1941.

52 TNA FO 371 29 483 N2904, 29 484 N3040/78/38, Memoranden, 13., 17. Juni; Nachlass Harvey, Ms. 53697, Tagebuch, 18. Juni 1941. Als Churchill von dem Angriff erfuhr, reagierte er mit barscher Kritik am Kommunismus: «Die Russen [seien] Barbaren, […] nicht einmal der dünnste Faden verbinde den Kommunismus mit den allerniedrigsten Ausgaben der menschlichen Spezies.» Colville, *The Fringes of Power*, S. 405.

53 TNA FO 371 29 560 N3056/3014/38, Eden an Baggallay in Moskau, 22. Juni 1941; Maisky, *Memoirs. The War*, S. 160.

54 TNA WO 193/666, 29. Juni; CAB 84/32 JP(41)478, 482, 485, 500, 23., 24., 25., 30. Juni; CAB 79/12 COS(41)221, 222, 23., 24. Juni 1941. Zu dem Konzept des Abnutzungskampfs als bleibender Teil von Churchills Strategie (im Gegensatz zu einer offensiven Ausrichtung) siehe B. P. Farrell, «Yes, Prime Minister. Barbarossa, Whipcord, and the Basis of British Grand Strategy, Autumn 1941», *The Journal of Military History*, 57/4, (Okt. 1993); G. Gorodetsky, «Geopolitical Factors in Stalin's Strategy

and Politics in the Wake of the Outbreak of World War Two», S. Pons, A. Romano (Hg.), *Russia in the Age of Wars, 1914–1945*, Mailand 2000.

55 AVP RF, f. 059 d. 1 op. 352, d. 2402, ll. 316–320, 26. Juni 1941. Weitgehend nach demselben Muster verlief Maiskis Unterredung mit Beaverbrook; siehe dessen Bericht, *SAO*, I, Dok. 5, 28. Juni 1941.

56 TNA FO 371 29 467 N3529/3/38, Telegramm von Cripps, 8. Juli; Nachlass Cripps, Tagebuch, 9. Juli 1941.

57 TNA CAB 69/2 DO(41)45, 3. Juli; CAB 79/13 COS (41)234, 5. Juli; WO 193/645A, 10. Juli 1941.

58 TNA FO 954/24 SU/41/36, Eden an Churchill, 16. Juli 1941; J. Harvey (Hg.), *The War Diaries of Oliver Harvey (1941–1945)*, London 1978, S. 20.

59 Tschaikowskis Ouverture *1812*.

60 Maiskis stärker verdichteter Bericht über die Unterredung, *SAO*, I, Dok. 24.

61 Nachlass Beaverbrook, BBK/D/92.

62 E. Barker, *Churchill and Eden at war*, New York 1978, S. 20 f.; D. Carlton, *Anthony Eden. A Biography*, London 1981, S. 168–170; S. Aster, *Anthony Eden*, London 1976, S. 17–19.

63 TNA FO 371 29 467 N3607/3/38, Korrespondenz zwischen Churchill und Eden, 9. Juli 1941; Harvey (Hg.), *The War Diaries*, S. 17–19, 24. Seine Unterredung mit Maiski am 30. Juni 1941, *SAO*, I, Dok. 7, reflektierte sein Engagement.

64 TNA CAB 65/19 72(41)2, 3, 5, 74(41)2, 21., 24. Juli; CAB 79/13 COS(41) 259, 264, 23., 28. Juli 1941. Siehe W. A. Harriman und E. Abel, *Special Envoy to Churchill and Stalin, 1941–1946*, New York 1975, S. 72.

65 Churchills Telegramme vom 25., 28., 31. Juli 1941, TNA PREM 3/170/1. Ein Bericht über den Besuch und der Entwurf für Cripps' Telegramm an Stalin, Nachlass Hopkins, Box 306, 30., 31. Juli; Nachlass Cripps, Tagebuch, 1., 2. Aug. Siehe Nachlass Roosevelt, Box 2987, Cripps an Roosevelt, 1. Aug. 1941. Hopkins' Mission analysiert Gorodetsky, *Stafford Cripps' Mission to Moscow*, S. 193–204. Zur Wende in der Haltung der USA siehe Nachlass General Jacob, Tagebuch, JACB 1/9, S. 46.

66 Nach Colvilles Eindruck «schaute [Pitt] ziemlich missbilligend» auf die Geschehnisse; *The Fringes of Power*, S. 422.

67 J. Retinger bemerkte: «Churchill sah müde aus, und er war zutiefst und sichtlich bewegt. Seine Stimme versagte mehrmals, und in seinen Augen waren Tränen.» *Memoirs of an Eminence Grise*, London 1972, S. 120.

68 England hatte seit Langem Interesse an Iran mit seinen riesigen Ölvorkommen und seiner strategischen Lage mit Zugang zu Indien und zum Persischen Golf. Als die deutschen Armeen in Russland einfielen und sich dem Kaukasus näherten, kam die Befürchtung auf, die Deutschen könnten südwärts Richtung Iran vordringen und die britische Position in der Region bedrohen. Um dem vorzubeugen, begannen England und die Sowjetunion am 25. August mit der Besetzung Irans. Das erklärte Ziel der Operation bestand darin, vorbeugend «Fünfte Kolonnen» der Deutschen in Iran auszuschalten und einen neuen Nachschubweg nach Russland zu eröffnen. Das war aber nur ein fadenscheiniges Alibi für das wirkliche Ziel, eine Teilung Persiens entlang der englisch-russischen Demarkationslinie von 1907 durchzusetzen. Während Churchill seinem Sohn Randolph die «fragwürdige» Operation mit den Worten schmackhaft machte, man reiße damit «ein Blatt aus dem Buch der Deutschen», sprach sein Privatsekretär Colville von einem «aggressiven und eigentlich nicht gerechtfertigten Akt». Eden war nach dem Zeugnis seines Privatsekretärs «beschämt» und bewertete die Invasion, ähnlich wie der PM, als Englands «ersten Akt ‹nackter

Aggression»». Martin Gilbert (Hg.), *The Churchill War Papers,* New York, London 2001, III, S. 1132 f.; Colville, *The Fringes of Power,* S. 430; Harvey (Hg.), *The War Diaries,* S. 36. Molotow verpflichtete Maiski zu der Sprachregelung, die Sowjetunion verbinde mit der Invasion keine territorialen Ansprüche, sondern wolle nur einen Transportweg durch Iran eröffnen, um die Lieferung britischer Versorgungsgüter nach Russland zu erleichtern. AVP RF f. 059 p. 422 d. 3778 l. 152; TNA FO 954/24 SU/41/53, 26., 28. Juli 1941.

69 Maiskis harscher Bericht «hinterließ bei Eden einen sehr starken Eindruck» und brachte ihn in sichtbare Verlegenheit. Er machte einen «schwachen Versuch der Rechtfertigung, doch spürte man, dass er es ohne innere Überzeugung tat und es eher eine Pflichtübung war». TNA FO 954/24 SU/41/72, 74, Eden über sein Treffen mit Maiski, Maiskis Berichte, AVP RF f. 059 op. 1 p. 412 d. 3729 l. 50, ll. 62–63, l. 87, 96, 102, 21., 22., 26. Aug. 1941. Siehe Kharlamov, *Difficult Mission,* S. 64 f.

70 Die russische Abkürzung steht für *instanzija,* womit im Russischen «vlast» verbunden wird, Macht oder Autorität. Maiski zitiert das Telegramm fast in voller Länge, AVP RF f. 059 p. 422 d. 3779 l. 58. Stalins Misstrauen wurde deutlich aus der großen Aufmerksamkeit, mit der er jede öffentliche Äußerung und Rede Edens und Churchills, die er sich übersetzen ließ, studierte, so z. B. Edens Rede in Coventry, siehe RGASPI, Nachlass Stalin, f. 558 op. 11 d. 280 l. 41–2.

71 Am 6. September berichtete Maiski, Moore-Brabazon, Minister für Flugzeugproduktion, habe vor Vertretern des Gewerkschaftskongresses in Edinburgh erklärt: «Sollen doch Deutschland und die UdSSR einander schwächen [...] am Ende des Krieges wird England mit seiner machtvollen Luftwaffe Europa beherrschen.» AVP RF f. 059 p. 415 d. 3729 l. 197, 6. Sept. 1941.

72 TNA CAB 120/678, 5. Sept. 1941; Dilks (Hg.), *Diaries of Cadogan,* S. 405.

73 TNA FO 371 29 490 N5105/78/38, Telefonanruf bei Cripps, 5. Sept. 1941. Bezeichnenderweise unterließ es Churchill, Cripps' Kraftakt zu erwähnen; *The Grand Alliance,* S. 409–411. Eine detaillierte Schilderung der Ereignisse aus Churchills Perspektive findet sich bei Gilbert, *Finest Hour,* S. 1182–1186.

74 Siehe Gorodetsky, *Cripps in Moscow. Diaries and Papers,* S. 5–18.

75 John Erickson, *The Road to Stalingrad,* New York 1975, S. 196–210.

76 Stalin malte ein düsteres Bild der Lage an der Front und leitete daraus Forderungen ab: Noch vor Ende des Jahres müsse eine zweite Front eröffnet werden, entweder auf dem Balkan oder in Frankreich, die zum Abzug von 30 bis 40 deutschen Divisionen von der Ostfront führen würde. Ferner müsse spätestens ab Oktober die Lieferung von monatlich 30 000 Tonnen Aluminium und mindestens 400 Flugzeugen und 500 Panzern in Gang kommen. Ohne Unterstützung in dieser Größenordnung würde die Sowjetunion entweder ein Debakel erleiden oder so stark geschwächt werden, dass sie ihren Verbündeten in deren Kampf gegen den Hitlerismus für eine lange Zeit keine Unterstützung mehr sein könne. «Ich fürchte, diese meine Botschaft mag Eure Exzellenz enttäuschen. Es geht nicht anders. Die Erfahrung hat mich gelehrt, Realitäten direkt ins Auge zu schauen, egal, wie unangenehm sie sind, und mich nicht vor der Wahrheit zu fürchten, ganz gleich, ob der andere sie hören will oder nicht.» V. O. Pechatnov und I. E. Magadeev, *Perepiska I. V. Stalina s Ruzvel'tom I U. Cherchillem v gody Velikoi Oterchestvennoi voiny,* Moskau 2015, I, S. 57–61.

77 Maiski verschwieg sowohl in seinem Bericht nach Moskau als auch in seinem Tagebuch bewusst, dass Churchill auf den Appell, aus dem er einen «unterschwellig dro-

henden Ton» herauslas, wütend reagiert hatte. «Was immer auch geschieht und was immer Sie auch tun», hatte er Maiski vorgehalten, «Sie haben von allen Völkern das geringste Recht, uns Vorwürfe zu machen», nachdem die Sowjetunion doch vor dem Krieg mit den Deutschen gemeinsame Sache gemacht habe. Maiskis Bericht, *SAO*, I, Dok. 39; Edens Bericht, TNA FO 371 29 490 N5096/78/38, 5. Sept. 1941. Dilks, *Cadogan Diaries*, S. 404 f. Siehe AVP RF f. 069 op. 25 d. 7 p. 71 ll. 28–29, Bericht von Jintschenko, zweiter Sekretär an der Botschaft, über eine Unterredung mit McDonald, Auslandskorrespondent der *Times*, 4. September 1941.

78 Eden gewann den unzutreffenden Eindruck, Maiski habe «am Schluss eine klarere Vorstellung von unserer Schwäche und unseren Begrenzungen gewonnen»; Eden, *The Reckoning*, S. 276. Maiskis Bericht, AVP RF f. 059 p. 423 d. 3789 ll. 167–8.

79 Um den erfolgreichen Vollzug dieser Runde staatsmännischer Gespräche zu «feiern», bestand Churchill darauf, Eden und Beaverbrook zu einem Dinner mit «Austern, Rebhuhn etc.» ins Ritz zu schleppen; er ließ bei der Gelegenheit eine Tirade gegen Lloyd George vom Stapel und behauptete, dass er selbst, wenn er nur seine Karten gegenüber der Tory-Partei richtig ausgespielt hätte, der Premierminister des Ersten Weltkriegs hätte sein können. Eden, *The Reckoning*, S. 276 f.

80 Den Anstoß zu der Mitteilung gab Eden, der Maiski am 10. September wissen ließ, Churchill erwarte eine Antwort; TNA FO 371 29 468 N5291/3/38.

81 Maiski war entschlossen, Stalin davon zu überzeugen, dass Churchill es ehrlich meinte. In seinem telegraphisch übermittelten Bericht über die Unterredung hob er stark hervor, wie lobend Churchill sich über Stalin und ihre gemeinsamen strategischen Ziele geäußert habe; AVP RF f. 059 p. 423 d. 3789 ll. 184–180.

82 Beaverbrook initiierte die «Tanks for Russia Week», für die sein *Daily Express* die Werbetrommel rührte. Die Maiskis gaben in einer Fabrik in Birmingham den feierlichen Startschuss für die Aktion: Agnia löste «durch Ziehen an einer Schnur die rote Fahne, die über einen Teil des Panzers gedeckt war», und zum Vorschein kam der Name, den man für diese erste Freundschaftsgabe gewählt hatte (auf Vorschlag Maiskis): *Stalin*. In seiner (durch die Wochenschauen über das ganze Land verbreiteten) Rede kritisierte Maiski die britische Regierung scharf. «Diese guten Maschinen werden bei uns nicht untätig vor sich hinrosten», sagte er. «Sie werden sich in die Schlacht gegen die Nazis einreihen.» *New York Times*, 22. September 1941; P. M. H. Bell, *John Bull and the Bear. British Public Opinion, Foreign Policy and the Soviet Union, 1941–1945*, London und New York 1990, S. 54 f.

83 Stalin persönlich überarbeitete Maiskis Manuskript für seine Rede vor der Interalliierten Konferenz. Diese Rede fand Amery so beeindruckend, dass er «ein kleines russisches Gedicht über das Abbrennen Moskaus und über Borodino», das er als Jugendlicher gelernt hatte, auf einen Zettel kritzelte; RGASPI, Stalin's papers, f. 558 op. 11 d. 211 ll. 1–5, Nachlass Amery, Tagebuch, AMEL 7/35, 24. Sept. 1941.

84 AVP RF f. 059 p. 415 d. 3750 ll. 92–91, Bericht Maiskis über Unterredung mit Eden, 29. Sept. 1941.

85 Nachlass Beaverbrook, D 100, Bericht über die Konferenz, 1. Okt. 1941.

86 Die detaillierten, aber unvollständig erhaltenen sowjetischen Protokolle der Konferenz dokumentieren eindrucksvoll die während der Verhandlungen aufgetretenen Spannungen und bestätigen Cripps' Darstellung des Geschehens in seinem Tagebuch; *SAO*, I, Dok. 132–140; Harriman, *Special Envoy to Churchill and Stalin*, S. 92. RAN f. 1702 op. 4 d. 982 l. 3, Maiski an Laski, 18. Okt. 1941.

87 Siehe die drei Versionen dieser Unterredung: Nachlass Beaverbrook, D 100, Bericht,

1. Okt.; Nachlass Hopkins, Box 306, Memo von Harriman, 30. Sept. 1941; Harriman und Abel, *Special Envoy to Churchill and Stalin*, S. 94. Agnia hatte sich inzwischen den fragwürdigen Ruf einer unermüdlichen Schwatzbase erworben.

88 Die *Times* schilderte den Vorgang so: «Die Glasaugen des leicht mottenzerfressenen ausgestopften Bären, der die Treppe zum Londoner St James's Club bewacht, hätten letzte Woche eigentlich aus ihren Höhlen treten müssen. Der Geist des geschmeidig-arroganten Eierkopfs und Exmitglieds George Nathaniel, Marquess Curzon of Kedleston, in den zwanziger Jahren britischer Außenminister, dürfte sich im Grabe herumgedreht haben. Der 1757 gegründete Club ist berühmt für seinen roten Bordeaux, seine Karikaturen von Sir Joshua Reynolds und die Exklusivität seiner Mitglieder, die er überwiegend aus höchsten Diplomatenkreisen rekrutiert. Ein zaristischer Fürst verlor an den Kartentischen des Clubs einst 10 000 Pfund. Das letzte Woche neu eingeführte, jeder Tradition hohnsprechende Mitglied ist der kurz und korpulent geratene, aber sportliche Iwan Michailowitsch Maiski, 57, sowjetischer Botschafter am Court of St James's, der mit seinem Mondgesicht, seinen lachenden dunklen Augen und seinem zotteligen kaiserlichen Schnauzbart an einen provinziellen Zauberkünstler alter Schule erinnert.» *The Times*, 18. Aug. 1941.

89 Das Abkommen zwischen Iran, Großbritannien und der Sowjetunion (unterzeichnet am 29. Jan. in Teheran), das den Transport von Nachschubgütern durch Persien nach Russland erleichterte; TNA FO 371 27 234 E6629/3444/34.

90 Das Thema der vertraulichen Unterredung hatte Maiski mit seiner Beschwerde über eine Äußerung Halifax' in Washington gesetzt. Dieser hatte gesagt, er rechne nicht damit, dass Großbritannien «auf dem europäischen Festland angreift». TNA FO 371 26 144 A8293/2/45.

91 Maiski bleibt konsequent dabei, den Hergang des Treffens falsch darzustellen, in dem steten Bemühen, die Sowjetunion vom Makel des Ribbentrop-Molotow-Pakts reinzuwaschen. Siehe seinen Tagebucheintrag vom 12. Juni 1939 und meine einschlägigen Kommentare dazu.

92 Die beste Schilderung, R. Braithwaite, *Moskau 1941. A City and its People at War*, New York 2006, Teil 3. Siehe Gorodetsky, *Stafford Cripps' Mission to Moscow*, Kap. 7.

93 General Tôjô, der neue japanische Premierminister, erklärte seinem Kabinett: «Der Angriff muss zu einem Zeitpunkt erfolgen, da die Sowjetunion in der Verfassung ist, wie eine reife Kakipflaume zu Boden zu fallen ...» Siehe A. A. Koshkin, *Krakh strategii «speloi khurmy»*, Moskau 1989, S. 139 f. Wie Maiski Eden am 16. Oktober sagte: «Das Abwartespiel der Japaner ist jetzt vorüber.» Nach seiner Meinung war «General Winter» im Fernen Osten ungnädiger als in Europa, weshalb er damit rechnete, Japan werde zunächst im Süden zuschlagen. TNA FO 371 27 884 F10915/12/23; SAO, I, Dok. 56.

94 Maiskis Bericht an Eden in TNA FO 371 29 492 N6040/78/38, 17. Okt. 1941.

95 *Der Jahrmarkt von Sorotschinzy*, (unvollendete) Oper von Mussorgski nach einer Kurzgeschichte von Gogol.

96 Gorodetsky, *Cripps' Mission to Moscow*, S. 256–261. Siehe Young (Hg.), *Diaries of Lockhart*, 3. Nov. 1941, S. 129.

97 TNA CAB 66/20 WP(41)272, Telegramme von Cripps, 21. Okt. bis 15. Nov. 1941.

98 Harvey (Hg.), *The War Diaries*, S. 57; Dilks (Hg.), *Diaries of Cadogan*, S. 370.

99 TNA CAB 69/2 DO(41)69, 27. Okt.; CAB 79/55 COS(41)34, Protokoll v. Churchill, 28. Okt. 1941.

100 TNA FO 371 29471 N6583/3/38, 28. Okt. 1941.

101 TNA CAB 79/55 COS(41)34, Protokoll v. Churchill, 28. Okt.; CAB 84/37, 79/16, 84/3, 84/38, JP(41)1016, COS(41)404, JP(41)164, 1025, 29. Nov., 1., 2. Dez. 1941. Welcher Art die substantiellen Differenzen zwischen Dill und Churchill waren, arbeitet A. Danchev in seiner strengen, aber wohlbegründeten Kritik an Churchills Darstellung und an Martin Gilberts Churchill-Biographie meisterhaft heraus: «‹Dilly-Dally›, or Having the Last Word. Field Marshal Sir John Dill and Prime Minister Winston Churchill», *Journal of Contemporary History* 22/1 (1987).

102 TNA CAB 120/681, 24. Okt. 1941.

103 Churchill hatte Stalin am 4. November über den Beschluss der Regierung informiert, Finnland und Ungarn, deren Truppen gegen die Sowjets kämpften, nicht den Krieg zu erklären. Stalin war auch sehr verstimmt darüber, dass Churchill nicht auf sein Ersuchen reagierte, britische Truppen an der russischen Front einzusetzen, und dass er General Wavell nach Russland geschickt hatte, wahrscheinlich mit dem Auftrag, weitere Entschuldigungen (oder «Ausreden») zu überbringen. Stalin beklagte sich des Weiteren über den Mangel an Vertrauen zwischen den beiden Ländern, was er darauf zurückführte, dass es noch nicht zu Gesprächen über eine gemeinsame militärische Strategie oder die Perspektiven einer Zusammenarbeit nach Kriegsende gekommen war. Auslöser für die barsche Tonart von Stalins Botschaft war vielleicht ein Brief, den Maiski von H. G. Wells erhalten hatte (den Stalin 1934 kennengelernt hatte und bewunderte). Zum Thema «zweite Front» hatte Wells geschrieben: «Wenn Russland ganz klipp und klar anfragt: ‹Wann erfolgt euer Angriff?›, werdet ihr diesen Angriff bekommen. Fragt ihr nicht, bekommt ihr ihn nicht. [...] 80 Prozent des Landes sind auf eurer Seite. Aber wenn ihr eure Wünsche nicht klar vorbringt, wird die Regierung die Ausrede haben: ‹Oh, die Russen haben darum nie gebeten.›» RAN f. 1702 op. 4 d. 1628 ll. 26–29.

104 Beaverbrook, der sich unter starkem Beschuss sah, weil er dem Kabinett die unschönen Facetten seiner Verhandlungen mit Stalin vorenthalten hatte, versuchte das Kabinett und dessen Verhalten in der Finnlandfrage für das Telegramm Stalins verantwortlich zu machen. Seine eigenen politischen Interessen verlangten nach einem Abbau der Spannungen und nach einer Versöhnung mit Eden, weshalb er ihn drängte, nach Moskau zu reisen.

105 Eden erhielt von Churchill die Weisung, «Maiski eher die kalte Schulter zu zeigen». Dilks (Hg.), *Diaries of Cadogan*, S. 412.

106 Nach Aussage Edens deutete Maiski an, er wisse, dass Stalins Mitteilung «unglücklich» sei; Maiski bat Eden um ein «inoffizielles» Gespräch und ersuchte ihn dringend, dessen Inhalt für sich zu behalten. Maiski trat für politische und strategische Verhandlungen in London ein (natürlich unter seiner Leitung) und wusste noch nichts von Edens Entschluss, nach Moskau zu fahren. Churchill konzentrierte sich in seiner Geschichte des Zweiten Weltkriegs auf ein besonders beißendes Telegramm Stalins, das ihm als Paradebeispiel für die undankbare Haltung des Sowjetführers gegenüber den Westmächten diente. Selbst das Foreign Office musste aber nach einer gründlichen Bestandsaufnahme der britischen Unterstützung für Russland seit Juni 1941 einräumen, dass die Kritik Stalins, vom schneidenden Tonfall einmal abgesehen, gerechtfertigt war. Churchill, *Der Zweite Weltkrieg*, Bd. 3: *Die große Allianz*, S. 177 f.; TNA FO 371 29 470 N6288/3/38, 29 471 N6654/3/38, Protokolle v. 18., 19., 21. Nov. Cripps erkannte ebenfalls schnell den künstlichen Charakter der Krise: TNA FO 418/87, 15. Nov. 1941. Churchill hatte seine demonstrative Wutreaktion inszeniert, um seine Antwort an Stalin bis zur Monatsmitte hinauszögern zu können, bis nach

Beginn der geplanten Operation *Crusader* in Libyen. Damit wäre dann ein Fait accompli geschaffen für die vorrangige Umsetzung der Nahoststrategie. Siehe Harvey (Hg.), *The War Diaries*, S. 62 f.; Eden, *The Reckoning*, S. 280 f.

107 E. Mawdsley, *Thunder in the East. The Nazi-Soviet War, 1941–1945*, London 2005, S. 105–107.

108 AVP RF f. 059 p. 423 d. 3789 l. 344, Maiski an Molotow, 21. Nov. 1941.

109 TNA FO 800/300, Cadogan an Kerr, 1. Mai 1942.

110 AVP RF f. 059 p. 399 d. 3614 ll. 46–45, p. 423 d. 3789 l. 369, Korrespondenz zwischen Molotow und Maiski, 27. Nov., 1. Dez. 1941.

111 TNA FO 371 29 472 N6839/3/38, Memorandum und Protokolle, 18., 25. Nov. 1941. Siehe Harvey, *War Diaries*, S. 63; Dilks (Hg.), *Diaries of Cadogan*, S. 412.

112 Eden, *The Reckoning*, S. 280; Harvey, *War Diaries*, S. 58, 60–63.

113 AVP RF f. 059 p. 423 d. 3789 ll. 377–375, Maiski an Molotow über eine Unterredung mit Churchill, 6. Dez. 1941.

114 Eden, *The Reckoning*, S. 285–303.

115 TNA CAB 66/20 WP(24)8, 5. Jan. 1942; die russische Version, O. A. Rzheshevskii, *War and Diplomacy. The Making of the Grand Alliance. Documents from Stalin's Archives*, London 1996. Viele der an der Mission Beteiligten haben lebendige Schilderungen der Vorgänge hinterlassen, vor allem Eden, *The Reckoning*, S. 285–303; Maisky, *Memoirs. The War*, S. 217–242; Gorodetsky (Hg.), *Cripps in Moscow. Diaries and Papers*, Kap. 9; Dilks, *Cadogan Diaries*, S. 417–425.

1942

1 Nachlass Beaverbrook, BBK/C/238, Briefwechsel mit Maiski, 28., 30. Jan. 1942; RAN f. 1702 op. 4 d. 1438 l. 1, d. 1127 l. 26, mit Bürgermeister John Dayson und Benjamin Tillott, 29. Jan., 2. Feb. 1941.

2 AVP RF f. 059 d. 3850 p. 429 l. 28, 11. Jan.; *FRUS* 1942, III, S. 491–493, 512–521. Die polnische Exilregierung hatte denselben Eindruck von Edens Moskauer Gesprächen, *DPSR*, I, Dok. 183.

3 TNA FO 371 32 876 N113/5/38; CAB 65/25 24(42)2; Nachlass Roosevelt, PSF 4, Great Britain, Aide-mémoire Edens an Winant, 25. Feb. 1942; TNA FO 371 32 876 N1027/3/98, Halifax an Eden, 20. Feb. 1942; AVP RF f. 059 op. 1 p. 427 d. 3832 l. 178, Litwinow an Molotow. TNA FO 371 32 876 N115/5/38; *SAO*, I, Dok. 87, Unterredung Edens mit Maiski, 26. Feb. 1942.

4 Eine Abschrift des Briefes an Litwinow ist diesem Eintrag beigefügt.

5 Die Schlacht wütete vom 8. bis 15. Februar. Über 80 000 britische Soldaten gerieten in Gefangenschaft.

6 Tagebuch Sylvester, B70, Brief an Lloyd George, 9. Feb. 1942.

7 NA SD 841.00/1548, 20. Feb. 1942. In einer vom Chefredakteur des *Daily Express* erstellten gründlichen Bestandsaufnahme heißt es: «Niemand hätte sich Sie als potentiellen Premierminister vorstellen können. [...] Das Land hat in Ihnen einen Draufgänger gesehen, einen Mann der Tat und des schnellen Entschlusses, aber nicht einen Führer der Nation.» Manche hielten Cripps für den wahrscheinlichen Anwärter, falls Churchill weitere Katastrophen widerfahren würden. Nachlass Beaverbrook, BBK/H/111, Anfang Februar, Arthur Christiansen an Beaverbrook.

8 RAN f. 1702 op. 4 d. 973 l. 4, 20. Feb. 1941.

9 W. P. Crozier, *Off the Record. Political Interviews 1933–1943*, London 1973, S. 284; Nachlass Halifax, Tagebuch, A7_8_10, 25. März 1942.

10 Beim Lunch mit Lloyd George gab Churchill das zu und bat ihn: «Wiederholen Sie das nicht!» Tagebuch Sylvester, A52, 28. April 1942. Siehe Clarke, *The Cripps Version*; R. J. Moore, *Churchill, Cripps and India, 1939–1945*, Oxford 1979, S. 63–83, 122–132.

11 Addison, *The Road to 1945*, S. 206–209; C. H. King, *With Malice towards None. A War Diary by Cecil H. King*, London 1970, S. 182, 189 f.; W. Churchill, *Der Zweite Weltkrieg*, Bd. 4: *Schicksalswende*, Bern 1953, S. 202–219, 239–259.

12 Gemeint ist der Grund für seinen Rücktritt.

13 TNA PREM 3/395/12.

14 TNA FO 371 32 906 N1256/30/38, Protokolle von Lockhart und Sargent, 1., 2. März; Nachlass Bruce Lockhart, LOC 42/43, Tagebuch, 9., 10. März 1942.

15 Nachlass Roosevelt, Sammlung Morgenthau, *Presidential Diaries*, Bd. V, S. 1075, Roosevelt an Morgenthau, 11. März 1942.

16 Roosevelt Library, *Map Room Papers*, 18. März 1942.

17 Den ausweichenden Charakter der Antwort brachte Cadogan auf einen prägnanten Nenner: «PM hat ein gutes Telegramm an Stalin geschickt über die Einhaltung von [Liefer-]Quoten, sonst im Moment nichts. Wir werden Möglichkeit einer ‹zweiten Front› im Westen studieren!» Dilks (Hg.), *The Cadogan Diaries*, S. 440. Bei der Formulierung seiner Botschaft an Stalin war Churchill sich mit Eden einig darin, dass es «besser ist, den Russen diese bittere Medizin nicht zum jetzigen Zeitpunkt zu verabreichen», wobei er sich aber zugleich fragte, ob sie «nicht schon von sich aus herausgefunden haben, was vorgeht»; TNA CAB 120/678, Protokoll v. Churchill, 4. März 1942.

18 B. H. L. Hart, *The Liddell Hart Memoirs*, London 1965, S. 200; Dalton, *Tagebuch*, S. 389 f. Harvey (Hg.), *The War Diaries*, 14. März 1942, S. 109.

19 Crozier, *Off the Record*, S. 271–279.

20 So sah das Foreign Office die Sache in der Tat; TNA FO 371 32 906 N1138/30/38, 2. März 1942. Maiski ließ Litwinow wissen, dass seine Rede in den britischen Medien beachtliche Resonanz gefunden hatte. RAN f. 1702 o. 4 d. 143 l. 73. Zur Intensität der Agitation für eine zweite Front siehe Nachlass Davies, Tagebuch, Box 11, 3. März 1942.

21 AVP RF f. 059 op. 1 p. 438 d. 3920 ll. 110–12, 115–16; Nachlass Roosevelt, PSF 5, Litwinow an Hopkins, 4. März 1942.

22 TNA CAB 66/23 WP(42)156, Vertragsentwurf zur Vorlage im Kabinett, 10. April 1942.

23 Das angeblich nicht mehr als geheim eingestufte Dokument wurde von einem Veteranen des militärischen Nachrichtendiensts veröffentlicht; V. Karpov, *Generalissimus*, Moskau 2012, I, S. 458–462. Mir ist das Dokument 2005 von anderer Seite zugänglich gemacht worden, einschließlich beigehefteter Landkarten, die die vorgeschlagenen Demarkationslinien zeigen; aber das geschah außerhalb des Archivsystems und unter Bedingungen, die es schwierig machten, seine Echtheit zu beurteilen.

24 AVP RF f. 059 op. 1 p. 438 d. 3920 ll. 117–120, Molotow an Litwinow, 3. März 1942. Es ist in der Tat höchst aufschlussreich, dass in der veröffentlichten offiziellen Sammlung von Dokumenten des russischen Außenministeriums in der Korrespondenz mit Litwinow eine dreiwöchige Lücke klafft (18. Feb. bis 12. März).

25 TNA FO 371 32 877 N1413/5/38, 17. März 1942; AVP RF f. 059 op. 1 p. 2 d. 5574 ll. 43–44, Maiski an Molotow, 17. März 1942.

26 AVP RF f. 059 op. 1 p. 427 d. 3833 ll. 9–10, Litwinow an Molotow, 27. März 1942. (Be-

zeichnenderweise in der veröffentlichten offiziellen Sammlung sowjetischer Dokumente nicht enthalten.)

27 *Time*, 6. April; *The Times*, 26. März 1942; N. Kharlamov, *Difficult Mission. War Memoirs of a Soviet Admiral in Great Britain during the Second World War*, London 1986, S. 99.

28 Siehe unten S. 626–629.

29 TNA FO 371 32 878 N1526/5/38, 30. März 1942.

30 TNA CAB 65/29 37(42), 25. März; FO 371 32 878 N1670/5/38 & AVP RF f. 059 d. 3852 p. 429 l. 185, Berichte zu Edens Treffen mit Maiski, 27. März 1942.

31 Nachlass Roosevelt, PSF 164/7, 8, Donovan an Roosevelt, 10., 23. März 1942; PSF 154, Great Britain, Memo von Hopkins zu Treffen mit Winant, 11. März 1942. Nützliche Arbeiten zu der strategischen Debatte, wenn auch nur teilweise unter Berücksichtigung der sowjetischen Sicht der Dinge: M. Stoler, *The Politics of the Second Front*, Connecticut 1977; ders., *Allies and Adversaries*, North Carolina 2000; R. W. Steele, *The First Offensive 1942*, Indiana University Press 1973; F. Costigliola, *Roosevelt's Lost Alliances. How Personal Politics Helped Start the Cold War*, Princeton 2012, Kap. 4, 5.

32 Nachlass Roosevelt, PSF 152, Hopkins, 14. März. Nachlass Truscott, Box 9/14, 1. April 1941. Winant, den Maiski gründlich gebrieft hatte, traf zu spät in Washington ein, um auf die politische Einigung noch Einfluss nehmen zu können; er war jedoch «von ganzem Herzen» für eine zweite Front. Nachlass Stimson, Tagebuch, 16. März 1942. Maiski blieb skeptisch, ob die Alliierten wirklich «ihr Äußerstes tun werden, um den Krieg zu gewinnen», ob sie bereit wären, «Männer und Wohlstand für die gemeinsame Sache zu opfern»; Nachlass Beatrice Webb, Tagebuch, 13. April 1942, S. 7306–7309.

33 Nachlass Stimson, Tagebucheintrag, 27. März 1942 und Durchschlag eines Briefes an Roosevelt.

34 Nachlass Truscott, Box 9/14, 1. April 1941; A. Roberts, *Masters and Commanders. How Roosevelt, Churchill and Alanbrooke Won the War in the West*, London 2008, S. 129 f.

35 Nachlass Roosevelt, *Map Room Papers*, 31. März; Nachlass Davies, Box 11, Tagebuch, 6., 7. April 1942. Nachlass Berle, Box 218, Tagebuch, 4. April 1942.

36 Roosevelt Library, *Map Room Papers*, Churchill an Roosevelt, 1. April 1942.

37 In Maiskis Telegramm nach Moskau heißt es, Eden habe vom «Abschluss» einer Vereinbarung gesprochen.

38 «Wir werden in Amerika Ärger bekommen wegen unserer russischen Vereinbarung», kritzelte Cadogan in sein Tagebuch, «aber ich habe A[nthony] davor gewarnt.» Dilks (Hg.), *Cadogan Diaries*, 14. April 1942.

39 AVP RF f. 059 d. 3853 p. 430 l. 6; TNA FO 371 32 878 N1861/5/38; Harvey (Hg.), *The War Diaries*, S. 41–45; Eden, *The Reckoning*, S. 324.

40 AVP RF f. 059 d. 3941 p. 440 l. 127, 11. April 1942; siehe S. 301 f., 306–311 für 1939. D. Watson, «Molotov, the Grand Alliance and the Second Front», *Europe-Asia Studies*, 54/1, 2002, S. 61.

41 Wo nicht anders vermerkt, beruht die Darstellung der Mission von Marshall und Hopkins überwiegend auf NA RG 218, CCS 334, 2-9-42, JCS 6/4, Dill an Marshall, 16. März; JPS 24.3 und JCS, 25. März, U.S.P. (42)3, 14. März; Marshall an McNarney, 14. April; Marshall an Roosevelt, 4. Mai 1942.

42 TNA CAB 69/4 DO(42)10, 14. April 1942.

43 NA RG 165 ABC 381 9-25-41(1) JPS 12th/3, 11. April 1942; Nachlass Hopkins, 308, Hopkins in London, April, 11. April 1942.

44 Roosevelt, Memo an Marshall, Nachlass Roosevelt, PSF 5: Marshall, 28. April 1942.

45 TNA CAB 65/30 WM(42)54, 29. April 1942.
46 AVP RF f. 059 op. 8 d. 5574 l. 67, 17. April 1942.
47 Sylvester, Tagebuch, A52, 29. April 1942.
48 AVP RF f. 059 op. 1 p. 427 d. 3833 l. 64.
49 AVP RF f. 059 d. 3942 p. 440 l. 51, Molotow an Maiski, 2. Mai 1942.
50 Dilks (Hg.), *Cadogan Diaries*, S. 451 f. Nachlass Lockhart, LOC Esco/42, Tagebuch, 15. Mai 1942. Wo nicht anders vermerkt, beruht die Darstellung dieses Besuchs auf AVP RF f. 06 op. 4 d. 55 l. 6, 20. Mai 1942, V. N. Pavlov, «‹Avtobiograficheskie zametki› V. N. Pavlova perevodchika I. V. Stalina», *Novaya i noveishaya istoriya*, 4, 2000, S. 107 f.; Harvey (Hg.), *The War Diaries*, 21. Mai 1942, S. 125; privater Nachlass Kuh, 14. Mai 1942. Churchill, *Hinge of Fate*, S. 300 f. Für eine lebendige Schilderung der Ankunft Molotows siehe Watson, «Molotov, the Grand Alliance», S. 63; ders., *Molotov*, S. 199–203; Maiski, *Memorien eines sowjetischen Botschafters*, Berlin 1967, S. 726, 728.
51 Die Anweisungen und der Vertragsentwurf finden sich in RGASPI, Nachlass Stalin, f. 558 op. 11 d. 280 ll. 53–66.
52 Es steht zu bezweifeln, ob Molotow, der aus seiner Abneigung gegen Litwinow keinen Hehl machte, für Maiski mehr übrighatte, wie Roberts behauptet; *Molotov*, S. 61. Maiski schaffte es allerdings, sich unentbehrlich zu machen.
53 Es bestanden sicherlich Spannungen zwischen ihm und Maiski. Wie Eden seinem Tagebuch anvertraute, war Bogomolow «eine wenig brauchbare Kreatur, in jeder Beziehung ein lausiger Ersatz für Maiski»; Eden, *The Reckoning*, S. 330.
54 Maisky, *Memoirs. The War*, S. 266 f.; Dilks (Hg.), *Cadogan Diaries*, S. 454.
55 In seinen Memoiren streift Maiski die so überaus bedeutsame Molotow-Mission nur en passant. Und auch in seinem Tagebuch kommt sie nicht vor. Maisky, *Memoirs. The War*, S. 280–283; Maiski an Kollontai, RAN f. 1702 op. 4 d. 111 ll. 28–29, 20. Mai 1942. Siehe *Dalton War Diary*, S. 4523, Juni 1942.
56 Nachlass Hopkins, 309, Besuch Molotows, Aufzeichnung Cross (Russischprofessor in Harvard, der als Dolmetscher fungierte), 29. Mai 1942. Den Briten blieb die Situation nicht verborgen; siehe NA RG 165, G-2 Reg. Russia, 6910, 21. Mai 1942.
57 TNA FO 371 32 881 N2500/5/38, 9. Mai 1942.
58 Wie Harvey, Edens Sekretär, in seinem Tagebuch treffend notierte: «Wäre ich Amerika, ich fände diesen neuen Vertrag schockierender als den anderen.» *War Diaries*, 25. Mai 1942, S. 129.
59 AVP RF f. 45 op. 1 ed.xr.232 l. 65, 97, 98, 120 & 122, Stalin an Molotow, 23., 24., 26. Mai 1942, & f. 06 op. 4 d. 48 ll. 13–16, Bericht über Unterredung mit Beneš, der über Deutschland ähnlich dachte, 9. Juni 1942. Die britischen Akten hierzu befinden sich in TNA CAB 66 24/50 WP(42)220. Nachlass Roosevelt, PSF 9: Winant, 3. Juni. Siehe auch Winants Unterredungen mit Davies, in: Nachlass Davies, Box 11, Tagebuch, 24. Feb. 1943.
60 Die geplante Landung in Französisch-Nordafrika.
61 Roosevelt Library, *Map Room Papers*, 28. Mai 1942. AVP RF f. 059 p. 440 d. 3943 l. 136, Molotow an Maiski, 15. Juli 1942.
62 AVP RF f. 45 op. 1 ed. xr.232 ll. 33–7. Das ist eine hochwertige Quelle, denn der Amateurdolmetscher, Prof. Cross aus Harvard, machte keine Notizen und hinterließ nur ein sehr lückenhaftes, im Nachhinein angefertigtes Gedächtnisprotokoll. *FRUS* 1942, III, S. 571.
63 AVP RF f. 45 op. 1 ed. xr.232 ll. 67–70. Siehe Nachlass Roosevelt, PSF 194, Molotow,

Aktennotiz über ein Treffen zwischen Roosevelt, Marshall, King und Hopkins, 31. Mai 1942. Nachlass Davies, Box 11, Aktennotiz über Besuch Molotows. Marshall hielt die Ankündigung einer zweiten Front im Kommuniqué in der Tat für «zu weitgehend» und bat dringend darum, keinen Hinweis auf 1942 einzubauen; darüber setzte sich Roosevelt allerdings hinweg. Nachlass Hopkins, 311, Besuch Molotows, 3. Juni 1942.

64 TNA CAB 66/25 WP (42) 232, 31. Mai 1942.

65 AVP RF f. 059 op. 1 p. 427 d. 3838 ll. 200–204. Siehe Molotow an Stalin, AVP RF f. 45 op. 1 ed. xr. 233, ll. 3–4; RAN f. 1702 op. 4 d. 546 ll. 68–9, 25. Juni 1942.

66 Nachlass Davies, Box 11, Tagebuch, 17. Juni 1942.

67 AVP RF f. 059 p. 425 d. 3808 l. 15, 7. Juni 1942.

68 AVP RF f. 45 op. 1 ed. xr. 233, ll. 101–108; TNA PREM 3/333/8, 10. Juni 1942. Dilks (Hg.), *Cadogan Diaries*, S. 457.

69 RAN f. 1702 op. 4 d. 1491 l. 9, 12. Juni 1942. RAN f. 1702 op. 4 d. 1260 ll. 14–15, Boothby an Maiski. Eden spendete Maiski in seiner Abschiedsrede ein ähnliches Lob, ebenso im Parlament. Dazu siehe unten S. 766.

70 So wurde ihm zum Beispiel die Ehre zuteil, bei einer feierlichen Parade im Buckingham Palace zu Ehren der «Grand Alliance» in Anwesenheit des Königs die sowjetische Fahne tragen zu dürfen; RAN f. 1702 op. 4 d. 1029 l. 8, Maiski an Monck, 12. Juni 1942.

71 Den wesentlichen Inhalt dieses Eintrags übermittelte Maiski auch telegraphisch an Molotow; *SAO*, I, Dok. 118.

72 Die erhellendste Darstellung des Nordafrikafeldzuges liefert M. Kitchen, *Rommel's Desert War. Waging World War II in North Africa, 1941–1943*, Cambridge University Press 2009.

73 Bevan sagte: «Das Land interessiert sich heutzutage mehr dafür, ob der Premierminister den Krieg gewinnt, als ob er aus einer Debatte im Unterhaus als Sieger hervorgeht. Der Premierminister gewinnt eine Debatte nach der anderen und verliert Schlacht auf Schlacht. Die Leute im Land sagen allmählich über ihn, er führe eine Debatte wie einen Krieg und den Krieg wie eine Debatte.» *HC Deb*, Bd. 381, c. 528, 2. Juli 1942.

74 Eden war etwas ehrlicher; er erzählte Bruce Lockhart: «Wir stecken in der Sackgasse in Bezug auf diese zweite Frontgeschichte. Wir müssen die Deutschen täuschen; wenn das gelingen soll, müssen wir im selben Atemzug auch unsere Freunde täuschen.» Nachlass Lockhart, LOC 42/43, 15. Juli 1942.

75 AVP RF f. 059 p. 2 d. 5574 l. 156, Maiski an Molotow, 30. Juni 1942.

76 Nachlass Halifax, geheimes Tagebuch, A7-8-19, 14. Juni; Nachlass Roosevelt, PSF 194: Mountbatten, Mountbatten an Roosevelt, 15. Juni 1942; Roosevelt Library, *Map Room Papers*, Churchill an Roosevelt, 13. Juni 1942. Gilbert, *Road to Victory*, Kap. 7.

77 Nachlass Stimson, Tagebuch; Nachlass Marshall, Pentagon, «Gymnast Operations», 17. Juni 1942.

78 Nachlass Stimson, Tagebuch, 19., 20. Juni; Churchill, *Der Zweite Weltkrieg*, Bd. IV, *Schicksalswende*, S. 435, 440 f.; Nachlass Marshall, Pentagon, Box 80/33, Marshall an Roosevelt, 19. Juni 1942.

79 Gilbert, *Road to Victory*, S. 128.

80 Young (Hg.), *The Diaries of Sir Robert Bruce Lockhart*, London 1980, II, S. 182.

81 Maiskis Vertraute, Beatrice Webb, hatte ein paar Tage vorher angemerkt: «Er bewahrt sich alle Zeit eine seltsame Distanziertheit zum dogmatischen Kommunismus; er ist kein Marxist, kein Heuchler, kein Anbeter Lenins oder Stalins.»

82 Maiskis Ziel war es, Eden die «sehr ernste» Lage an der russischen Front bewusst zu machen. Die russischen Personalreserven seien, so warnte er, «nicht unerschöpflich». Dass die Briten von ihrer Zusage, eine zweite Front zu eröffnen, abrückten, erbitterte ihn, und er mahnte, eine Streichung der Konvois werde zwangsläufig «sehr gravierende Auswirkungen auf die russische Gegenwehr zeitigen»; TNA FO 371 32 910 N3692/30/38. Maiski zeigte sich bei einem Treffen mit Winant zwei Tage später, um das er dringend gebeten hatte, noch vollkommen am Boden zerstört von seiner Unterredung mit Churchill; er hoffte, die Amerikaner würden die Briten umstimmen. *FRUS* 1942, III, S. 714 f.

83 TNA PREM 3/324/17, C. S. 18 an Admiralty, CIC Home Fleet.

84 TNA PREM 3/392/2, 17. Mai; COS(42)151, 152, 15. Mai 1942; Protokolle des FO, FO 371 32 984 N2591/1214/38.

85 Churchill teilte Stalin am 15. Juli mit, dass man die Konvois bis auf Weiteres einstellen werde.

86 Nachlass Stimson, Tagebuch, 10 Juli 1942.

87 NA RG 218, CCS 381, 3–23–42(3/2), JCS an Roosevelt, 10. Juli; TNA CAB 79/22 JP (42) 679, 17. Juli 1942; zu Dill siehe CAB 120/689.

88 Nachlass Roosevelt, PSF 4; Nachlass Hopkins, 308, Entwurf und Endfassung der Anweisungen Roosevelts an Marshall, Protokollnotizen von Hopkins in Nachlass Marshall, Verifax 2428, 15. Juli; Nachlass Halifax, Tagebuch, A7.8.19, 15. Juli; Notizen Churchills, TNA PREM 3/333/9, 20. Juli 1942; CAB 65/31 WM(42)94th Conclusions, 22. Juli; Nachlass Stimson, Tagebuch, 24., 25. Juli 1942.

89 AVP RF f. 059 p. 2 d. 5574 ll. 202–203; TNA FO 371 32 910 N3706 und 37077/30/38, 17. Juli; Sylvester, Tagebuch, A52, 24. Juli 1942.

90 Stalin bezeichnete in seiner kurzen Mitteilung die Argumente der britischen Seekriegsexperten für die Aussetzung der Konvois als fehlerhaft und setzte ihr «offen und ehrlich [...] in der leidenschaftlichsten Weise» seine Sicht entgegen, wonach in Anbetracht der kritischen Lage an der Front seine Regierung sich «mit der Verschiebung einer zweiten Front auf 1943 nicht abfinden» könne; TNA PREM 3/393/3, 23 Juli 1942.

91 Zu Gondomar siehe TNA FO 954/25 SU/42/209, 30. Juli; zu Maiski siehe sein Telegramm an Molotow in: AVP RF, f. 45 op. d. 232. l. 37; siehe auch Maiski, *Memoiren eines sowjetischen Botschafters*, S. 752; Bell, *John Bull and the Bear*, S. 104 f.

92 C. H. King, *With Malice toward None. A War Diary*, London 1970, S. 185–187; Nachlass Sylvester, A52, Tagebuch, 30. Juli 1942.

93 TNA PREM 3/393/14, Churchill an Alexander, 24. Juli 1942.

94 Maiski, *Memoiren eines sowjetischen Botschafters*, S. 758.

95 Siehe S. 627.

96 Siehe z. B. Maiskis Brief an Kollontai, RAN f. 1702 op. 4 d. 111 l. 31, 31. Aug. 1942.

97 TNA PREM 3/76A/12, Protokoll der Unterredung Churchills mit Stalin am 15. Aug. 1942, *DPSR*, I, Dok. 262, Protokoll der Unterredung Churchills mit Sikorski, 30. Aug. 1942.

98 Nachlass Webb, Tagebuch, 26. Okt. 1942, S. 7426.

99 AVP RF f. 059, p. 372, d. 2530, ll. 195a-i; RAN f. 1702 op. 4 d. 143 l. 77, 7. Aug. 1942.

100 TNA FO 800/300, handschriftl. Notizen von Harriman, 13. Aug. 1942.

101 Siehe TNA FO 800/300, Kerr an Cadogan; Protokollnotizen Churchills, PREM 3/395/18, 21. Okt. 1942.

102 Das Memorandum findet sich in RGASPI, Nachlass Stalin, f. 558 op. 11 d. 282 ll. 35–6, ll. 48–52; AVP RF f. 048 op. 24 p. 23 d. 2 l. 263; A. W. Tedder, *With Prejudice. The*

War Memoirs of Marshall of the Royal Air Force, Lord Tedder, London 1966, S. 328, 330 f.

103 TNA PREM 3/76A/11, 14 Aug. 1942; Moran, *Diaries*, S. 66 f.

104 TNA FO 800/300 Kerr, Tagebuch, 15. Aug.; Reed, *Brieftagebuch*; Churchill bedankte sich in einem Brief an den Botschafter für den «weisen Rat», den er erhalten hatte; TNA CAB 120/67, 19. Aug. 1942.

105 S. Alliluyeva, *20 Briefe an einen Freund*, Wien 1967, S. 243 f.

106 TNA FO 1093/247, Cadogan an Halifax, 29. Aug. 1942. Das englische Zitat stammt von Lloyd Byron, «The Eve at Waterloo», *Childe Harold's Pilgrimage*.

107 RGASPI, Nachlass Stalin, f. 558 op. 11 d. 282 ll. 58–61, 16. Aug. 1942.

108 Nachlass Harriman, Box 164, persönliches Tagebuch seiner Mission; Nachlass General Jacob, JACB 1/15 1/17, Tagebuch, 15. Aug. 1942. Stalins junger Dolmetscher Bereschkow kam zu einem ähnlichen Urteil: «Stalin war so liebenswürdig und höflich, dass Churchill erst einmal verblüfft war. Doch er brauchte nicht lange, um sich in das ‹Freundschafts›-Spiel seines Gastgebers im Kreml einzufinden.» *At Stalin's Side*, S. 298.

109 TNA PREM 3/76A/11, Churchill an Attlee, 16. Aug., an Roosevelt, 18. Aug. 1942.

110 TNA FO 371 32 884 N4590/5/38, 4. Sept. 1942.

111 N. West (Hg.), *Guy Liddell Diaries*, London, 2005, I, S. 258; Bruce Lockhart zu seiner Begegnung mit Maiski, TNA FO 800/872; Tagebucheintrag, 17. Aug. 1942.

112 AVP RF, f. 059 op. 8 p. 2 d. 7, ll. 256–257, op. 1, p. 374, d. 2542, ll. 97–101, Korrespondenz zwischen Maiski und Molotow, 20. Aug. 1942. Wie Maiski Eden anvertraute, hatten ihn Gerüchte, die er aus Moskau gehört hatte, «nervös gemacht»; TNA FO 954/25B, 20. Aug. 1942.

113 TNA FO 371 32 884 N4767/5/35, Protokolle, 1. bis 3. Sept. 1942; Nachlass Beaverbrook, BBK/H/111; AVP RF f. 059 p. 2 d. 5574 l. 286, p. 430 d. 385 ll. 30, 40, Maiskis Unterredungen mit Eden und sein Bericht an Molotow, 18. Okt. 1942.

114 TNA FO 371 32 914 N4868 & 4819/30/38, 16., 18. Sept.; Dilks (Hg.), *Cadogan Diaries*, S. 477; Eden, *The Reckoning*, S. 340; McDonald, *A Man of the Times*, S. 78–80; OSS-Bericht aus London, NA RG 226/21957, 7. Okt. 1942.

115 Nachlass Bruce Lockhart, LOC 42/43, Tagebuch, 5. Okt. 1942.

116 Bell, *John Bull and the Bear*, S. 76–82.

117 Nachlass Bruce Lockhart, LOC 42/43, Tagebuch, 4. Okt.; Nachlass Webb, Tagebuch, 15. Okt., S. 7413; Nachlass Davies, Box 12, Gespräche mit Litwinow, 3., 15. Okt. 1942.

118 Harvey (Hg.), *The War Diaries*, S. 168; TNA FO 954/25B, «Maisky's luncheon to journalists», 21. Okt. 1942.

119 Nachlass Lockhart, LOC 42/43, Tagebuch, 27., 28. Okt. 1942. Eden, *The Reckoning*, S. 344; Harvey (Hg.), *The War Diaries*, S. 168 f.; Dilks (Hg.), *Cadogan Diaries*, S. 483 f. Dalton, Tagebuch, S. 502.

120 RAN f. 1702 op. 4 d. 1175 l. 14, ll. 16–17; Nachlass Churchill, CHAR 20/54B/139, 180, Korrespondenz zwischen Maiski und Churchill, 13., 14., 30. Okt., 30. Nov. 1942. Siehe auch Nachlass Sylvester, Tagebuch, A52, 7. Nov. 1942.

121 AVP RF f. 059 p. 430 d. 385 ll. 40 30; *SAO*, I, Dok. 147.

122 AVP RF f. 059a op. 7 p. 13 d. 5 ll. 175–89.

123 AVP RF, f. 059, op. 1 p. 374, d. 2543 ll. 38–43, 28 Okt. 1942.

124 Pechatnov u. a., *Perespiska I. V Stalina s F. Ruzel'tom I U. Cherchillem*, S. 310 f.

1943

1 Der unerschütterliche Optimist Maiski freute sich auf 1943, überzeugt, Großbritannien und die Sowjetunion seien «zunehmend engere» Verbündete geworden. Sowohl Churchill als auch Stalin bestärkten ihn in der irrigen Überzeugung, der eigentliche Hemmschuh für eine Invasion über den Ärmelkanal seien die Amerikaner. Andererseits wusste er um die anderen «Schlaglöcher» auf dem Weg dorthin und ließ nie nach, seine «Verbündeten» in der britischen Regierung unter Strom zu setzen, um eine engere Zusammenarbeit sicherzustellen; RAN f. 1702 op. 4 d. 111 l. 34, Maiski an Kollontai, 28. Dez. 1942. Siehe seine Briefe an Eden und Beaverbrook, d. 940 l. 36, d. 854 l. 31, 1. Jan. 1943.

2 RAN f. 1702 op. 4 d. 847 l. 4, 7. Jan. 1943.

3 TNA FO 371 36 954 N119/66/38, 5. Jan. 1943.

4 TNA FO 954/3/22, 8. Jan. 1943.

5 Das Gegenteil war richtig, siehe unten S. 681 f.; W. F. Kimball (Hg.), *Churchill and Roosevelt. The Complete Correspondence*, Bd. II, Princeton 1984, S. 121.

6 Nachlass Lloyd George, LG/G/14/1/27, 16., 26. Jan., 3. Feb. 1943.

7 Siehe unten S. 750.

8 Diese Zitate sind J. Fenbys ausführlicher und lebendiger Schilderung der Konferenz entnommen, *Alliance. The Inside Story of how Roosevelt, Stalin and Churchill Won One War and Began Another*, San Francisco 2006, S. 164–179.

9 Nachlass General Jacob, JACB 1/17–18, Casablanca-Tagebuch; W. F. Kimball (Hg.), *Churchill and Roosevelt*. Siehe die nach wie vor maßgeblichen Arbeiten von M. Matloff und E. M. Snell, *Strategic Planning for Coalition Warfare, 1941–42*, Washington 1953, S. 372–382, G. A. Harrison, *Cross-Channel Attack*, Washington 1951, S. 33–45; A. F. Wilt, «The Significance of the Casablanca Decisions, January 1943», *Journal of Military History*, 55, 1991.

10 A. C. Wedemeyer, *Wedemeyer Reports*, New York 1958, Kap. 14. Zu dem unverhofften Auftauchen der Dodekanes-Inseln als Sprungbrett für eine Invasion in Griechenland und zu den Feldzügen auf dem Balkan siehe E. Roosevelt, *As He Saw It*, New York 1946, S. 84–87, 93 f.

11 Maiski heftete Kopien der Originaltelegramme, die zwischen Churchill und Stalin hin- und hergegangen waren, in seinem Tagebuch ab. Die hier angeführten Zitate stammen, solange nicht anders angegeben, aus dieser Quelle. Die Telegramme sind abgedruckt in Pechatnov u. a., *Perespiska I. V Stalina s F. Ruzel'tom I U. Cherchillem*, S. 347–354.

12 Churchill rühmte bei einem Termin mit diversen Journalisten in Kairo am Tag der Kapitulation der Sechsten Armee den «großartigen militärischen Kraftakt, den unsere russischen Verbündeten unter dem Oberbefehl und unter Leitung des Premiers Stalin vollbracht haben, eines großen Kriegers, dessen Name zu den meistgeehrten und langlebigsten in der Geschichte des russischen Volkes gehören wird»; Nachlass Churchill, CHAR 9/161, 1. Feb. 1943.

13 D. M. Glantz, *From the Don to the Dnepr. Soviet Offensive Operations, December 1942 – August 1943*, London 1991; ders., «Prelude to Kursk. Soviet strategic operations, February-March 1943», *The Journal of Slavic Military Studies*, 8/1, 1995.

14 Pimlott (Hg.), *The Political Diary of Hugh Dalton*, S. 551.

15 In einer Botschaft aus Casablanca an sein Kabinett hatte Churchill zugestanden: «Stalin wird nichts auf der Welt als Ersatz für die Landung von 50 bis 60 Divisionen

auf französischem Boden spätestens im kommenden Frühjahr akzeptieren. Ich glaube, er wird auf die gemeinsame Verlautbarung mit Enttäuschung und Wut reagieren.» Nachlass Churchill, CHAR 20/127, 26. Jan. 1943.

16 In seinen *Memoiren eines sowjetischen Botschafters*, S. 810, erweckt Maiski den Eindruck, seine Gespräche mit Churchill hätten ihn «endgültig davon [überzeugt], dass mit einer zweiten Front in Nordfrankreich im Frühjahr 1943 nicht zu rechnen war». Wie wir gesehen haben, hatte Maiski die zweite Front schon vorher abgehakt und ihr Ausbleiben sogar als einen potentiellen Vorteil für die Sowjetunion bewertet. Dagegen kam Stalin noch im selben Monat erneut auf das Thema zu sprechen, als ihm klar wurde, dass die sowjetische Offensive langsamer vorankommen würde als erwartet.

17 Maiski hatte Harriman gesagt, Stalin vermute hinter dem Ersuchen den Wunsch, Russland in einen Krieg gegen Japan zu verwickeln – zu einem Zeitpunkt, als nichts auf einen bevorstehenden japanischen Angriff hindeutete. Harriman, *Special Envoy*, S. 198.

18 Dieselbe historische Anspielung verwendend, hatte Churchill in Casablanca gewitzelt: «Und wir halten Ausschau nach ein paar Bischöfen, die ihn verbrennen.» Zit. n. Fenby, *Alliance. The Inside Story*, S. 179.

19 Churchills Haltung in Frage stellend, vertrat Maiski in einem Brief an H. G. Wells die Meinung, de Gaulle sei nicht «weniger akzeptabel» als viele andere Mitglieder des Bündnisses. Ungeachtet seiner politischen Ansichten habe er mit seiner Entscheidung gegen Nazideutschland im Moment des französischen Zusammenbruchs «großen Mut und Entschlusskraft» demonstriert und sich zwei Jahre lang und fortdauernd als «einzig sichtbarer Bannerträger der Unabhängigkeit Frankreichs» profiliert; RAN f. 1702 op. 4 d. 1141 ll. 67–68, 7. Jan. 1943. Pimlott (Hg.), *The Political Diary of Hugh Dalton*, S. 549. Siehe F. Lévêque, «La place de la France dans la strategie Soviétique de la fin de la guerre en Europe (fin 1942–fin 1945)», *Matériaux pour l'Histoire de Notre Temps*, 36, 1994.

20 Churchill spielte hier auf den Sieg Tuchatschewskis über die polnischen Streitkräfte an, nach dem die Russen vor den Toren Warschaus gestanden hatten. General Józef Piłsudski hatte dann jedoch unter Ausnutzung der Schwachstellen in den überdehnten sowjetischen Linien und des Durcheinanders in ihrer Logistik die Rote Armee bis hinter den Njemen (die Memel) zurückgedrängt.

21 Maiski schickte Molotow einen detaillierten und einigermaßen wahrheitsgemäßen Bericht über die Unterredung, in dem er jedoch insbesondere Churchills angebliche Sorge vor einem Zerwürfnis zwischen Roosevelt und Stalin herausstrich; AVP RF, f. 059 op. 10 d. 64 ll. 23–26.

22 An diesem Tag war bei Churchill eine akute Lungenentzündung diagnostiziert worden. Er befolgte zähneknirschend die Anweisung der Ärzte, im Bett zu bleiben und sein Arbeitspensum auf ein Minimum zu reduzieren. Als sie ihm sagten, man nenne diese Krankheit auch den «Freund der alten Männer», und er fragte: «Weshalb?», kam die Antwort: «Weil sie sie so still und leise dahinrafft.» Zit. n. Gilbert, *Road to Victory*, S. 340. Stalin drängte erneut auf eine zweite Front, denn die sowjetische Offensive wurde, obwohl sie vorankam, durch den deutschen General von Manstein gebremst, der für seine meisterhaften Rückzugsmanöver wenig später zum Marschall befördert wurde. Mawdsley, *Thunder in the East*, S. 261.

23 TNA FO 954/32A.

24 Simon übermittelte sein «Pardon und Bedauern» darüber, dass er an dem Empfang

nicht teilnehmen konnte. «Ich wäre überaus gerne dabei gewesen, um den erstaunlichen und ruhmvollen Leistungen Ihrer heldenhaften Landsleute meinen Tribut zu zollen»; RAN f.1702 op.4 d.1561 ll.6–7, 26. Feb. 1943. Maiski berichtete Boothby, Simons Rede sei für Moskau ein heftiger Schlag gewesen und habe «all das Positive, das durch die Demonstrationen für die Rote Armee am letzten Sonntag bewirkt worden ist, zunichtegemacht»; TNA FO 954/26 SU/43/17/A, 25. Feb. 1943. Maiskis «selbstzensierter» Bericht über die Unterredung, in dem er den von Simon angerichteten Schaden zu minimieren suchte und den Kardinalfragen auswich, *SAO*, I, Dok. 191.

25 Harvey (Hg.), The *War Diaries*, 22. Feb. 1943, S. 222.

26 TNA PREM 3/393/14, Memorandum von Ismay, Aktennotiz von Churchill, 24., 25. Feb. 1943.

27 R. E. Sherwood, *Roosevelt and Hopkins. An Intimate History*, New York 1948, S. 714.

28 Gilbert, *Road to Victory*, S. 340–342; D. Reynolds, *In Command of History. Churchill Fighting and Writing the Second World War*, New York 2005, S. 316–318.

29 Für Maiski war das ein schlechtes Omen. Stalin, der mit Kerr gut zurechtkam, führte von jetzt an Verhandlungen bevorzugt direkt über Kerr in Moskau, wodurch Maiski schon vor seiner Abberufung ziemlich auf dem Trockenen saß. Die Berichte Molotows über die Unterredungen in Moskau, die Maiski in seinem Tagebuch rekapituliert, waren lediglich informativ und nicht mit Handlungsanweisungen an ihn verbunden; AVP RF f. 059 p.10 d.174 ll. 53–6, 24. Feb. 1943.

30 Weitere Erinnerungen an diesen Abend finden sich in Maisky, *Memoirs of a Soviet Ambassador*, S. 810.

31 *SAO*, I, Dok. 195.

32 TNA FO 954/19 Pol/43/4

33 Eden, *The Reckoning*, S. 371; *FRUS* 1943, III, S. 19–24.

34 AVP RF f. 06 op. 5 p. 16 d. 154 ll. 2–25, 7., 13. April 1943. Zu den Besprechungen mit Eden finden sich keine nennenswerten Tagebucheinträge. Zum sowjetischen Interesse an seinem Bericht siehe Maiskis Eintrag vom 22. April.

35 Zu Katyn siehe S. 727–742.

36 Nachlass Churchill, CHAR 20/107.

37 S. Ball (Hg.), *Parliament and Politics in the Age of Churchill and Attlee. The Headlam Diaries 1935–1951*, London 2000, S. 362.

38 Harriman, *Special Envoy*, S. 199.

39 Offenbar war es nicht allein die von den großen Schiffen ausgehende Gefahr, die zur Aussetzung der Konvois führte, sondern wohl mehr noch britische Nachschuberfordernisse im Zusammenhang mit den Operationen in Tunesien und Sizilien. Darauf deuten jedenfalls die Aussagen von Admiral Pound in der Kabinettssitzung am Abend zuvor hin. Pound hatte Churchill mitgeteilt, nach «letzten Informationen» sei die «Aussage über eine deutsche Flottenkonzentration bei Narvik [...] in dem Entwurf des Telegramms an Stalin nicht mehr zutreffend. Man wisse, dass die meisten dieser Schiffe den Narvik-Fjord verlassen hätten», und werde einige Tage brauchen, um ihren neuen Standort festzustellen; TNA CAB 65/37/14.

40 TNA FO 371 36 989 N2497/408/38, 23. April 1943.

41 Churchill, der während Edens USA-Aufenthalts den Außenminister vertrat, telegraphierte an den britischen Botschafter in Moskau: «Lassen Sie mich wissen, wie Sie Joes Antwort in Sachen Konvois einschätzen. Mein Eindruck ist, sie haben es wie Männer aufgenommen.» Worauf Kerr erwiderte: «Ich war auf eine sehr herbe Ant-

wort gefasst und war überrascht über Joes verhaltene Reaktion. Ich teile Ihren Eindruck, aber wir sollten nicht vergessen, dass er an Ihren guten Willen glaubt.» TNA FO 954/3 Cosu 43/73, 78.

42 Am 1. April schrieb Maiski an Kollontai: «Ich bin leider nicht sehr optimistisch, was den Beitrag unserer Verbündeten in diesem kommenden Sommer betrifft.» RAN f. 1702 op. 4 d. 111 ll. 35–6.

43 Zit. n. M. Gilbert, *Road to Victory*, S. 382–384. Siehe A. Danchev und D. Todman (Hg.), *Alanbrook. War Diaries*, London 2002, S. 393.

44 Das Verhalten Stalins im gesamten Verlauf der Krise zeichnete sich durch einen schaurigen Zynismus aus, der in seiner Korrespondenz mit Churchill zu dem Thema zutage tritt. Die Sowjetunion unterdrückte die Wahrheit über die Massaker von 1940 konsequent bis 1990, als Gorbatschow General Jaruzelski die Liste der vom NKWD in Katyn ermordeten polnischen Offiziere übergab. Dem Vorschlag Berias, die internierten polnischen Offiziere, die als ungeläuterte Feinde der Sowjetunion galten, ohne Prozess zu erschießen, hatte das Politbüro am 5. März 1940 zugestimmt.

45 Churchill hatte womöglich eine Schwäche für Sikorski, aber sicher sehr viel weniger für die polnische Exilregierung als Ganze. Kurz vorher hatte er im privaten Kreis seinem Unmut über die Polen in einer Sprache Luft gemacht, die an Maiski erinnerte: «Wir sehen all jene Elemente der Instabilität, die ungeachtet der individuellen Qualitäten und Tugenden der Polen durch so viele Jahrhunderte hindurch immer wieder zum Untergang Polens geführt haben.» Als er sich mit Sikorski zu einem Gespräch über die Anschuldigungen traf, räumte er ein: «Die Enthüllungen der Deutschen treffen wahrscheinlich zu. Bolschewisten können sehr grausam sein.» Dilks (Hg.), *Cadogan Diaries*, S. 520 f. Sein alles andere überragendes Interesse galt jedoch dem Bündnis mit Stalin, und für dessen Fortbestand war er bereit, die haarsträubende Geschichte unter den Teppich zu kehren. Dies umso mehr, als er kurz zuvor die Atlantikkonvois ausgesetzt und die Errichtung einer zweiten Front auf unbestimmte Zeit vertagt hatte. «Im Krieg geschehen grausige Dinge», beschied er Maiski. «Diese Geschichte mit den verschwundenen polnischen Offizieren sei in der Tat grausig. Doch wenn sie tot seien, könne man sie nicht wieder zum Leben erwecken. Wir müssten unser Augenmerk auf das Los der in Russland lebenden Polen richten.» TNA FO 954/19 Pol/43/12, 23. April 1943. An dieser Sicht der Dinge hielt Churchill auch während der Konferenz von Teheran am Jahresende fest. Wie er dort im Gespräch mit Stalin sagte: «Nichts ist wichtiger als die Sicherheit der russischen Westgrenze.» Wie Anita Prazmowska überzeugend dargelegt hat, verlor die polnische Exilregierung im Verlauf von 1943 «für die britische und US-amerikanische Politik immer mehr an Relevanz, und das trotz ihrer zunehmenden Beiträge zur Kriegführung». *Britain and Poland, 1939–1943. The Betrayed Ally*, Cambridge University Press 1995, S. 191 f.

46 Natalia Lebedeva war die erste mutige Stimme in Russland, die das Massaker von Katyn aufdeckte. Ihre beispielhafte Arbeit fand ihre Krönung in einem in Teamarbeit entstandenen Buch: A. Cienciala, N. Lebedeva und Wojciech Materski (Hg.), *Katyn. A Crime Without Punishment*, Yale University Press 2008. Zu den möglichen Auswirkungen, die eine Aufdeckung des Massakers auf das Bündnis hätte haben können, siehe G. Sanford, «The Katyn Massacre and Polish-Soviet Relations, 1941–1943», *Journal of Contemporary History*, 2006, 41/1; ders., *Katyn and the Soviet Massacre of 1940. Truth, Justice and Memory*, London 2005. Siehe Roberts, *Stalin's Wars*, S. 172 f.

47 RAN f. 1702 op. 4 d. 1141 l. 73, 5. Mai 1943.

48 Bell, *John Bull and the Bear*, S. 116–122.
49 Dilks (Hg.), *Cadogan Diaries*, S. 525; Churchills Bericht, TNA FO 371 35 474 C5136/258/55.
50 Siehe Einträge 2., 12. und 27. Mai 1943.
51 Siehe unten S. 763.
52 Maiski lud Wells zum Lunch ein, nachdem er im *Manchester Guardian* den Nachruf auf Beatrice Webb gelesen hatte, einen Text, der nach seiner Überzeugung weit über die «kleinen Geschehnisse des täglichen Lebens» hinausweise und «im höchsten Ausmaß jene Bewunderung, Anteilnahme und herzliche Freundschaft» wachrufe, die er selbst für die Verstorbene empfand. Maiski an Wells, RAN f. 1702 op. 4 d. 1141 l. 73, 5. Mai 1943.
53 Eine eingehende Darstellung der 1941 getroffenen Maßnahmen zur Auflösung der Internationale bietet Gorodetsky, *Grand Delusion*, S. 199–201.
54 Harvey (Hg.), *The War Diaries*, S. 261. Maiski drückte sich im Gespräch mit dem US-Botschafter in London ähnlich aus; *FRUS* 1943, III, S. 532 f. Siehe Roberts, *Stalin's Wars*, S. 168–170.
55 Nachlass Sylvester, Tagebuch, A54, 7. Sept. 1943.
56 TNA FO 954/26 SU/43/46, 5. Mai 1943.
57 Halifax, Tagebuch, A7–8-19, 6. Mai 1943.
58 Fenby, *Alliance. The Inside Story*, S. 187–194.
59 Gilbert, *Road to Victory*, Kap. 23. Halifax, Tagebuch, A7–8-19, 16. Mai 1943.
60 Kharlamov, *Difficult Mission*, S. 157.
61 TNA FO 954/26 SU/43/52–4-5. Es handelt sich dabei um nichts anderes als Maiskis Bericht über die Unterredung, den er nach Moskau übermittelt hatte; siehe *SAO*, I, Dok. 224, 9. Juni 1943; Nachlass Churchill CHAR 20/93B/174, Churchill an Maiski, 13. Juni 1943.
62 Seit der Befreiung durch die Alliierten im November 1942 war Algier die Hauptstadt des freien Frankreichs.
63 Gestützt auf Gilbert, *Road to Victory*, Kap. 25.
64 «Das gefällt mir nicht», lautete Cadogans kurzer, aber weitblickender Tagebucheintrag dazu. Dilks (Hg.), *The Diaries of Cadogan*, S. 539. Halifax und Hopkins reagierten ähnlich; Nachlass Halifax, Tagebuch, A7–8-19, 1. Juli 1943.
65 Nachlass Beaverbrook, BBK/D/140, Protokoll über Treffen mit Maiski am 30. Juni 1943.
66 TNA FO 954/26 SU/43/65, 2. Juli 1943.

Ende einer Ära: Maiskis Abberufung

1 Nachlass Beaverbrook, BBK/D/140, 30. Juni 1943; Kenneth (Hg.), *Diaries of Bruce Lockhart*, 3./4. Juli 1943.
2 TNA FO 800/872, Memorandum zu Treffen mit Maiski, 2. Sep. 1943.
3 Maisky, *Memoirs of a Soviet Ambassador*, S. 369; D. Irving, *The Death of General Sikorski*, London 1967, S. 51 f., 66 f.
4 Bilainkin, *Second Diary of a Diplomatic Correspondent*, London 1947, S. 106.
5 The Times, 18. Juli, 26. Aug. 1943. Auch Botschafter Standleys ließ sich diesen russischen Bären aufbinden, siehe *FRUS* 1943, III, S. 567 f., 28. Aug.
6 *Time*, 26. Aug. 1943.
7 Siehe Eintrag 4. Januar 1938.
8 V. Zubok, C. Pleshakov, *Inside the Kremlin's Cold War. From Stalin to Khrushchev*, Bos-

ton 1996, S. 28–33; Uldricks, *Purges*, S. 193–195, hatte schon vor der Öffnung der sowjetischen Archive überzeugend dargelegt, dass die Abberufung den Schlusspunkt unter den Prozess der Verwandlung des revolutionären Narkomindel in ein stalinistisches Außenministerium setzte. Er vertrat auch die Auffassung, die «Beförderung» Maiskis und Litwinows zu «Stellvertretenden Außenministern» habe beide des Einflusses beraubt, den sie zuvor besessen hatten, und sie kaltgestellt.

9 Harriman, *Special Envoy*, S. 199.

10 Nachlass Ivy Litwinow, Box 10/3.

11 Young (Hg.), *Diaries of Lockhart*, II, S. 348 f.

12 G. Roberts, «Litvinov's Lost Peace, 1941–1946», *Journal of Cold War Studies*, 4/2 (2002).

13 Aus dem privaten Archiv der Familie Voskresensky, zit. n. Myasnikov (Hg.), *Maiskii. Izbrannaya perepiska*, II, S. 126.

14 Gromyko, *Pamyatnoe*, Moskau 1990, I, S. 416–418.

15 AVP RF f. 06 op. 6 p. 62 d. 834 ll. 97–8, 22. Juli 1943.

16 *Istoricheskii Arkhiv* 4 (1998); Maiski, *Memoiren eines sowjetischen Botschafters*, S. 824.

17 V. Mastny, «Reconsiderations. The Cassandra in the Foreign Commissariat – Maxim Litvinov and the Cold War», *Foreign Affairs*, 54 (1986), überschätzt die Bedeutung Litwinows nach seiner Rückkehr nach Moskau.

18 TNA FO 371 36 956 N5158/66/38, 10. Aug. 1943.

19 Foster, «The Beaverbrook Press and Appeasement», S. 15.

20 Siehe S. 58–60.

21 RAN f. 1702 op. 4 d. 1194 l. 4, 14. Juli 1943.

22 TNA FO 371 33 021 N3178/3178/38, FO, Protokolle und Korrespondenz, 24. bis 26. Juni 1943. Nachlass Sylvester, Tagebuch, A54, 31. Mai; B74, Brief an Lloyd George, 3. Juni 1943; RAN f. 1702 op. 4 d. 79 l. 12, Maiski an Sintschenko, 21. April 1944.

23 *HL Deb*, Bd. 123, cc. 359–364, 11. Juni 1942; *HC Deb*, Bd. 380, cc. 1347–1354, 11. Juni 1942.

24 Die Rede findet sich in vollem Wortlaut in Maiskis Tagebuch, 20. Juni 1942, wurde aber hier aus Platzgründen weggelassen. Brief an Negrin, RAN f. 1702 op. 4 d. 1040 l. 4, 20. Juni 1942.

25 Nachlass Noel Baker, NBKR 4/639, 15. Sep. 1943. Siehe ähnliche Beispiele, RAN f. 1702 op. 4 d. 1267 l. 26, d. 1399 l. 11, Vansittart und Cranborne an Maiski, 13. Sep. 1943.

26 O. Kokoschka, *Mein Leben*, München [2]1972, S. 74.

27 Mein Dank gilt Beatrice von Bormann, Kuratorin von Ausstellungen mit Porträtbildern von Kokoschka, und der Kunsthistorikerin Anna Müller-Härlin, die über Kokoschka forscht, für mir zugänglich gemachten Informationen. Siehe Kokoschka-Katalog von Richard Calvocoressi, Tate Gallery, 1986.

28 E. Beddington-Behrens, *Look Back Look Forward*, London 1963, S. 165 f.

29 Das entsprach nur teilweise der Wahrheit und war von Agnia stark geschönt (siehe S. 491 f.). Maiski bekundete Epstein später seinen Dank für das «schöne Kunstwerk» und seine große Wertschätzung «für Ihren Wunsch, es anzufertigen». RAN f. 1702 op. 4 d. 1194 ll. 8–9, 21. März 1944.

30 RAN f. 1702 op. 4 d. 1194 ll. 6–7, Maiski an Gussew, 25. Dez. 1943.

31 Siehe z. B. S. 408–411. Zu den Säuberungswellen im Narkomindel allgemein siehe S. 174–176.

32 Privates Archiv der Familie Voskresensky, zit. n. Myasnikov (Hg.), *Maiskii. Izbrannaya perepiska*, II, S. 126, 28. Mai 1943.

33 Maiski, Tagebuch, 5. Nov. 1943.

34 Siehe unten S. 799 f.

35 Molotows detaillreicher Bericht über das Treffen, AVP RF, f. 06 op. 5 p. 17 d. 159 ll. 74–81; Kerrs Kurzprotokoll, TNA FO 371 36 925 N4253/22/38; Nachbetrachtung, FO 371 36 925 N4375/22/38, 7. Aug. 1943.

36 TNA FO 371 36 925 N4323/22/38; *SAO*, I, Dok. 238, 29. Juli 1943.

37 RAN f. 1702 op. 4 d. 1616 l. 41, 5. Aug. 1943.

38 TNA FO 954/26 SU/43/75, Kerr an Eden, 8. Aug. 1943.

39 TNA FO 371 36 925 N4253/22/38; FO 371 36 925 N4375/22/38, Protokolle von Warner, Sargent, Cadogan, Eden, 27./28. Juli, 4. bis 7. Aug. 1943. Danchev und Todman (Hg.), *Alanbrooke. War Diaries*, S. 464.

40 Maiski teilte sein offenes Urteil mit General Spears, dem britischen Botschafter in Damaskus, zu dem er auch schon in der schwierigen Anfangsphase seiner Amtszeit als Botschafter eine enge Beziehung gepflegt hatte. Siehe Spears' Bericht an Eden, TNA FO 954/26A, 6. Okt. 1943. Zu dem sehr besonderen Verhältnis zwischen Maiski und Spears siehe Nachlass Spears, SPRS 1/221, Brief an Maiski, 5. April 1945.

41 Siehe S. 51–53.

42 Brief an Molotow und Briefentwurf aus dem privaten Archiv der Familie Voskresensky, zit n. Myasnikov (Hg.), *Maiskii. Izbrannaya perepiska*, II, S. 128 f.; Maiski, *Memoiren eines sowjetischen Botschafters*, S. 826 f. Ein Jahr später machte Eden eine ähnliche Beobachtung; nach einer höchst frustrierenden Unterredung mit Maiskis Nachfolger Gussew schrieb er: «Versuchte, ihm die Probleme klarzumachen, die die Methoden der Russen uns bereiten. Er gab sich den Anschein, mich zu verstehen, aber Gott weiß, ob er es tat. Man vermisst Maiski sehr, denn mit ihm konnte man immer ein Gespräch von Mensch zu Mensch führen. Was vielleicht der Grund dafür ist, dass Mr Maiski nicht bei uns blieb.» *The Reckoning*, S. 450.

43 Nachlass Lockhart, Tagebuch/45, 9. Sep. 1943; Lockhart, *Comes the Reckoning*, S. 256.

44 RAN f. 1702 op. 4 d. 1172 l. 2, 7. Aug. 1943.

45 Zum Rückruf Maiskis nach Moskau im April 1939 siehe S. 283–292.

46 Harvey (Hg.), *The War Diaries*, S. 41–45.

47 Siehe *DPSR*, II, Dok. 32, Protokoll einer Unterredung zwischen Raczyñski und Eden, 3. Sep. 1943.

48 TNA FO 371 36 956 N4977/66/38, 31. Aug.; FO 954/26A; FO 371 36 956 N5232/66/38, Edens Treffen mit Maiski am 31. Aug., 3., 9. Sep.; FO 800/872, Lockharts Aktennotiz zu einem Treffen mit Maiski am 2. Sep. 1943; Eden, *The Reckoning*, S. 404 f. Siehe S. Kudryashov, «Stalin and the Allies. Who Deceived Whom?», *History Today*, 45/5, Mai 1995.

49 TNA FO 954/13B, 7 Sep.; Danchev und Todman (Hg.), *Alanbrooke. War Diaries*, S. 451; Nachlass Lloyd George, LG/G/14/1, 8. Sep. 1943.

50 A. W. Sansom, *I Spied Spies*, London 1965, S. 152–159.

51 E. Spears, *Fulfilment of a Mission. The Spears Mission to Syria and Lebanon, 1941–1944*, London 1977, S. 285 f.

52 Maisky, *Memoirs of a Soviet Ambassador*. Zu seiner früheren Begegnung mit Weizmann siehe Eintrag 3. Feb. 1941.

53 TNA FO 371/35589, Miles an Eden, 15. Juli 1943. Siehe Rami Ginat, *The Soviet Union and Egypt, 1945–1955*, London 1994.

54 Siehe J. Ben-Tov, «Contacts between Soviet Ambassador Maisky and Zionist Leaders During World War II», *Soviet Jewish Affairs*, 8/1, 1978; B. Pinkus, *The Soviet Government and the Jews, 1948–1967*, Cambridge 2008; N. Levin, *The Jews in the Soviet Union from 1917 to the Present*, New York University Press 1988, S. 395–397.

55 Central Zionist Archives, Jerusalem, S100/40, Ben-Gurions Bericht über die Sitzung des Vorstands der Jewish Agency, 4. Okt. 1943.

56 AVP RF f. 017 op. 1 p. 4 d. 39 ll. 58–9, Ben-Gurion an Maiski, 8. Aug. 1943; AVP RF f. 0118 op. 7 p. 4 d. 4 l. 1. A. Sultanows Bericht über ein Treffen mit M. Shertok in Kairo, 4. Oktober 1943. Ben-Gurion lieferte Maiski weiterhin Informationen über Möglichkeiten, eine große Zahl von Juden in Palästina unterzubringen; er ahnte nicht, dass der Stern des Stellvertretenden Außenministers der UdSSR im Sinken war; siehe AVP RF f. 017 op. 1 p. 4 d. 39 ll. 58–9, 8. Aug. 1944.

57 Siehe die Informationen, die Sulzberger herausgefunden und in der *New York Times* veröffentlicht hatte, 30. Okt. 1943.

58 G. Gorodetsky, «The Soviet Union's Role in the Creation of the State of Israel», *Israeli Studies*, 2003, 22/1.

59 TNA FO 954/3B Churchill an Eden, 18. Okt. 1943.

60 RAN f. 1702 op. 4 d. 79 ll. 4–5, Maiski an Sintschenko, 25. Nov. 1943.

61 RAN f. 1702 op. 4 d. 52 l. 1, 26. Nov. 1943.

62 Aus dem privaten Archiv der Familie Voskresensky, zit. n. Myasnikov (Hg.), *Maiskii. Izbrannaya perepiska*, II, S. 137.

63 RAN f. 1702 op. 4 d. 52 l. 3, d. 79 l. 7, Briefe an Gussew und Sintschenko, 27. Jan. 1944.

64 Nachlass Churchill, CHAR 20/144A/36, 20. März 1944.

65 RAN f. 1702 op. 4 d. 940 ll. 42–43, 20. März 1944.

66 Siehe z. B. Maiski an Molotow, 6. April 1944; privates Archiv der Familie Voskresensky, zit. n. Myasnikov (Hg.), *Maiskii. Izbrannaya perepiska*, II, S. 143.

67 Nachlass Lloyd George, LG/G/14/1/35, 21. März 1944. Siehe Maiskis entsprechenden Brief an Cripps, RAN f. 1702 op. 4 d. 973 l. 14, 21. März 1944.

68 TNA FO 954/26A, Eden zu seinem Treffen mit Maiski am 3. Sep. 1943.

Der Preis des Ruhms: Späte Repression

1 Edward Beddington-Behrens, *Look Back Look Forward*, London 1963, S. 166.

2 RAN f. 1702 op. 4 d. 1677 ll. 23–24, 7. Jan. 1945. In *Men of Influence*, S. 281–284, analysiert Dullin höchst kompetent die politische und administrative Arbeitsweise des Narkomindel und arbeitet dabei das Schwinden des Einflusses der «alten Garde» der sowjetischen Diplomatie anschaulich heraus.

3 McDonald, *A Man of the Times*, S. 93.

4 RAN f. 1702 op. 4 d. 565 ll. 41–42, Agnia an Maiski, 6. Feb. 1945.

5 Was die Konferenz erbrachte und welche Rolle Maiski dabei spielte, TNA CAB 66/63/12 P(45)157, 12. März 1945.

6 RAN f. 1702 op. 4 d. 155 l. 50, 7. Feb. 1945.

7 RAN f. 1702 op. 2 d. 79 ll. 66–7, Unterredung Maiskis mit P. T. Komarew, dem Stellvertretenden Vorsitzenden des Kontrollausschusses der KPdSU, Feb. 1957.

8 RAN f. 1702 op. 4 d. 155 I.51, 28. Juli 1945.

9 Nachlass Inverchapel, Box 61, Kerr an Bevin, 29. Jan. 1946.

10 Myasnikov (Hg.), *Maiskii. Izbrannaya perepiska*, II, S. 532 f.

11 Privates Archiv der Familie Voskresensky, zit. n. Myasnikov (Hg.), *Maiskii. Izbrannaya perepiska*, II, S. 164, 7. Juni 1945.

12 RAN f. 1702 op. 3 d. 418 ll. 1–2, op. 2 d. 157 l. 4, 3. Mai, 20. Juni 1946.

13 Sheinis, *Litvinov*, S. 343.

14 L. Yakovlev, «Ivan Mikhailovich Maiskii s suprugoyu svoeyu Agnei Aleksandrovnoi», *Shtrikhi k portretam i nemnogo lichnykh vospominanii*, Charkow 2005.

15 Sheinis, *Litvinov*, S. 347.
16 L. Yakovlev, *Shtrikhi i portretam*.
17 A. de Baets, *Censhorship of Historical Thought*, London 2002, S. 487; A. Nekrich, *Forsake Fear. Memoirs of an Historian*, London 1991, S. 57.
18 Nachlass Nekrich, Unterredung mit Maiski im Juli 1973.
19 Wo nicht anders angegeben, basiert die Geschichte von Maiskis Inhaftierung (19. Feb. 1953 bis 22. Juli 1955) auf seiner 14-seitigen Darstellung, die er seinem an den Militärgerichtshof gerichteten Antrag auf Rehabilitierung beilegte; RAN f. 1702 op. 2 d. 76 ll. 1–14.
20 RAN f. 1702 op. 1 d. 820 ll. 41–45, 19 Jan. 1954. Weil Maiski jeder Kontakt mit der Außenwelt verboten war, dachte er sich Gedichte aus, die er sich merkte und erst nach seiner Entlassung niederschrieb. Von rund 57 Gedichten, die in dieser Zeit entstanden, sind nur einige wenige erhalten geblieben.
21 L. Yakovlev, *Shtrikhi i portretam*.
22 Nekrich, *Foresake Fear*, S. 69 f.
23 Nekrich, Interview mit Maiski, Stanford, 7. Aug. 1973.
24 RAN f. 1702 op. 2 d. 79 ll. 9–13, Ausführungen Maiskis zum Charakter seines Verhältnisses zu Beria in einem Brief an Woroschilow, 5. Aug. 1955.
25 Zu Molotows Londonbesuch siehe S. 625–629.
26 V. M. Berezhkov, *At Stalin's Side. His Interpreter's memoirs from the October Revolution to the Fall of the Dictator's Empire*, Secaucus, N. J, 1994, S. 340. Zum jüdischen Aspekt siehe «Slozhnaya sud'ba diplomata», B. Efimov und V. Fradkin, *O vremenax i lyudyakh*, Moskau 2000; J. Hen-Tov, «Contacts Between Soviet Ambassador Maisky and Zionist Leaders During World War II», *Soviet Jewish Affairs*, 8/1, 1978, S. 54.
27 S. Beria, *Beria My Father. Inside Stalin's Kremlin*, Bristol 2003, S. 47 f.; Watson, *Molotov*, S. 244.
28 A. Resis (Hg.), *Molotov Remembers. Inside Kremlin Politics – Conversations with Felix Chuev*, Chicago 1999, S. 341.
29 RAN f. 1702 op. 2 d. 79 ll. 9–13, Ausführungen Maiskis zum Charakter seines Verhältnisses zu Beria in einem Brief an Woroschilow, 5. Aug. 1955. Die hier offengelegten Informationen stammen zum größten Teil aus dem Bericht über die Vernehmung Berias am 20. Aug. 1953 sowie aus Aufzeichnungen über die Vernehmung Maiskis einen Tag zuvor, mit denen Beria konfrontiert wurde; RGASPI, f. 17. op. 171. d. 466. ll. 201–210.
30 Berezhkov, *At Stalin's Side*, S. 340 f.
31 P. Sudoplatow, *Die Handlanger der Macht. Die Enthüllungen eines KGB-Generals*, Düsseldorf 1994, S. 394.
32 Ebd.; siehe L. Yakovlev, *Shtrikhi i portretam*; Berezhkov, *At Stalin's Side*, S. 340 f.; Efimov, *O vremenax i lyudyakh*.
33 Zubok und Pleshakov, *Inside the Kremlin's Cold War*, S. 163 f. Nach Angaben von A. I. Mikoyan, *Tak bylo. razmyshleniya o minuvshem*, Moskau 1999, Kap. 47, verlor Beria nach dem Tod Stalins keine Zeit und ließ durchblicken, dass er «den Boden [für die Übernahme der Macht] bereite». A. Knight, *Beria, Stalin's First Lieutenant*, Princeton 1993. Siehe *The Telegraph*, 28. Juli; R. Service, *The Guardian*, 30. Juni 2001.
34 Resis (Hg.), *Molotov Remembers*, S. 341 f., 264, Gromyko, *Erinnerungen*, S. 450; Sudoplatow, *Handlanger der Macht*, S. 395.
35 Nachlass Ivy Litvinow, Manuskript ihrer Memoiren.
36 D. M. Stickle (Hg.), *The Beria Affair. The Secret Transcripts of the Meetings Signalling*

the End of Stalinism, New York 1992, S. 158, 195–197. Nekrichs Bericht über sein Interview mit Maiski in Stanford; Nekrich, *Forsake Fear*, S. 84–86. Sudoplatow, *Handlanger der Macht*, S. 394–396, 435.

37 Entwurf eines Briefes an Malenkow, RAN f. 1702 op. 2 d. 73 ll. 128–29, 1. Juli; Brief an Molotow, ll. 159–60, 8. Juli 1954. Nekrich, «The Arrest and Trial of I. M. Maisky», S. 317 f.

38 S. Dorril, *MI6 – Inside the covert World of her Majesty's Secret Intelligence Service*, London 2002, S. 506. Sudoplatow, *Handlanger der Macht*, S. 408–463.

39 46 Seiten des von Maiski vorbereiteten Verteidigungsschriftsatzes befinden sich in RAN f. 1702 op. 2 d. 75 ll. 1–46. Maiski gab nie den Versuch auf, das Gericht – und später die Politik – davon zu überzeugen, dass er den Mikrofilm nicht vorsätzlich unterschlagen hatte; vielmehr habe er ihn versehentlich verlegt, und dann hätten seine «Vergesslichkeit und die extreme Arbeitsbelastung in den Kriegsjahren» den Rest besorgt. Siehe u. a. RAN f. 411 op. 3 d. 349 ll. 64–6, Brief an den Präsidenten der sowjetischen Akademie der Wissenschaften und Maiskis Rede vor dem Kontrollausschuss der Partei, f. 1702 op. 2 d. 79 ll. 40–48.

40 RAN f. 1702 op. 2 d. 76 ll. 24–28, Maiski an Gorkin, den Präsidenten des Obersten Gerichtshofs, 7. Mai 1956. 8. Januar 1940, S. 385–387. Maiski wurde über den Inhalt des «Weißbuchs» informiert, dessen Veröffentlichung oder Bekanntwerden zu dem Zeitpunkt für ihn hätte gefährlich werden können.

41 RAN op. 2 d. 79 ll. 32–33, 25. Okt. 1956. Siehe Maiskis Rede vor dem Kontrollausschuss der Partei, RAN f. 1702 op. 2 d. 79 ll. 40–48.

42 RAN f. 1702 op. 2 d. 76 ll. 38–39, 21. April 1960.

43 RAN f. 1702 op. 2 d. 76 ll. 47–48, Maiskis Antwort auf Anfrage Chruschtschows, 14. Juli 1960.

44 RAN f. 1702 op. 2 d. 75 l. 57, 18. Juni 1955.

45 O. Troyanovskii, *Cherez gody i rasstoyaniya*, Moskau 1997, S. 173. Zum Hintergrund dieses Machtkampfs siehe den exzellenten Abriss von Y. Gorlizki und O. Khlevniuk, *Cold Peace. Stalin and the Soviet Ruling Circle, 1945–53*, Oxford 2004; Watson, *Molotov*, S. 251; V. V. Sokolov, «Molotov Vyachislav Mikhailovich», *Diplomaticheskii Vestnik*, Juli 2002.

46 RAN f. 1702 op. 2 d. 75 l. 57, 18. Juni 1955.

47 RAN f. 1702 op. 2 d. 76 ll. 38–39, Maiskis an Chruschtschow gerichteter Antrag auf Rehabilitierung, 21. April 1960.

48 RAN f. 1702 op. 2 d. 75 l. 47, 13. Juni 1955.

49 Siehe S. 17 f.

50 *Sovietskaya Kultura* (April 1966).

51 *The Times*, 17. März 1966.

52 RAN f. 1702 op. 4 l. 27, 5. Mai 1962.

53 RAN f. 1702 op. 3 d. 541 ll. 13–16.

54 Kharlamov, *Difficult Mission*, S. 53.

55 Den bombastischen Betonbunker unter dem Botschaftsgarten zurückzubauen erwies sich als viel zu teuer, so dass er noch heute ein monumentaler Bestandteil des Anwesens ist.

56 Nachlass Nekrich, Bericht über sein Interview mit Maiski; Nekrich, *Forsake Fear*, S. 87.

BILDNACHWEIS

S. 768 akg-images © Fondation Oskar Kokoschka/VG Bild-Kunst, Bonn 2016
S. 250, 267, 308, 699, 786 AP/picture alliance
S. 272 Corinna Seeds
S. 13, 256, 512, 545, 616 Getty Images
S. 243, 284, 296, 316, 680 London Evening Standard
S. 10, 64, 65, 117, 120 Russisches Außenministerium
S. 6, 24, 26, 28, 33, 36, 38, 41, 45, 50, 58, 68, 97, 98, 101, 136, 138, 159, 183, 223, 228, 237, 239, 254, 259, 265, 292, 293, 309, 330, 333, 338, 372, 393, 413, 461, 468, 486, 493, 539, 556, 570, 574, 585, 595, 596, 617, 621, 626, 630, 648, 688, 708, 711, 757, 758, 771, 780, 781, 799, 804, 807 Scheffer-Voskressenski
S. 116 SZ-Photo
S. 534 The Cripps Estate

PERSONENREGISTER

Die Abkürzungen in Klammern hinter den Personen werden im Text teilweise anstelle ausgeschriebener Personennamen verwendet.